1 MONTH OF
FREE
READING

at

www.ForgottenBooks.com

By purchasing this book you are eligible for one month membership to ForgottenBooks.com, giving you unlimited access to our entire collection of over 1,000,000 titles via our web site and mobile apps.

To claim your free month visit:

www.forgottenbooks.com/free673711

ISBN 978-0-656-92850-7
PIBN 10673711

Staats-Lexikon

von

Dr. jur. Karl Baumbach.

Handbuch für jeden Staatsbürger

zur Kenntnis des öffentlichen Rechts und des Staatslebens aller Länder,

insbesondere des Deutschen Reichs.

Leipzig

Verlag des Bibliographischen Instituts

1882.

Zur Rechts- und Staatskunde enthält vorliegende Sammlung, im Anschluß an das ‚Staatslexikon':

Lexikon des Strafrechts und Strafprozesses
(Handbuch für Schöffen, Geschworne ꝛc.), von Dr. jur. K. Baumbach.

Lexikon des Handels- und Gewerberechts, von
Dr. jur. A. Löbner.

Lexikon der Volkswirtschaftslehre, von Professor
Dr. K. Birnbaum.

Vorwort.

Nachdem in Deutschland an die Stelle eines Zustands politischer Lethargie nach und nach ein immer lebhafter pulsierendes politisches Leben getreten ist, und nachdem mit der Konstituierung eines deutschen Bundesstaats durch die Einführung des allgemeinen Stimmrechts auch die breiten Massen des Volks zur Teilnahme an dem öffentlichen Leben herangezogen worden sind, tritt an die einzelnen Volksgenossen ohne Rücksicht auf ihre bürgerliche Berufsstellung immer mehr die Notwendigkeit heran, sich mit den Normen des öffentlichen Rechts und mit denjenigen Grundsätzen und Regeln, welche das öffentliche Leben mehr oder weniger beherrschen, wenigstens einigermaßen vertraut zu machen.

Wahlmänner und Wähler, Mitglieder parlamentarischer Körperschaften, der Gemeindebehörden und der kommunalen Vertretungen für die Einzelgemeinden wie für die Kommunalverbände, die zum Schöffen- und Geschwornendienst Berufenen, Kirchen- und Schulvorstände, Mitglieder der Militärersatz-, Steuereinschätzungs- und der Gewerbekommissionen, und wie all die zahlreichen Zweige der Selbstverwaltung, zu deren Dienste der einzelne Staatsbürger herangezogen wird, heißen mögen, — endlich alle diejenigen, welche im Vereins- und Genossenschaftswesen thätig sind, können sich dieser Verpflichtung kaum entziehen. In mehr oder weniger fühlbarer Weise besteht aber auch für jeden Zeitungsleser und für jeden Gebildeten überhaupt das Bedürfnis nach politischer Bildung und Schulung, da die Zahl derjenigen, welche die Beschäftigung mit diesen Dingen zu einer Lebensaufgabe machen oder sich dem Studium der Staatswissenschaften in eingehender Weise widmen können, eine verhältnismäßig geringe ist.

Das vorliegende Buch soll diesem Bedürfnis entgegenkommen. In der Form eines kurzgefaßten Wörterbuchs will es über die wichtigsten Fragen des öffentlichen Rechts und des öffentlichen Lebens orientieren, indem es aus dem Gebiet der allgemeinen Staatslehre, aus dem Verfassungs- und Verwaltungsrecht der einzelnen Staatskörper und aus dem Bereich des Kirchenrechts, des Strafrechts und des Prozeßrechts die notwendigsten Mitteilungen bringt. Ebenso sind Völkerrecht und Politik, Handel und Verkehr, Volkswirtschaft und Statistik, Militär und Marine, Vereins- und Genossenschaftswesen berücksichtigt, endlich auch zahlreiche technische Ausdrücke und Namen erläutert, welche im öffentlichen Leben vorzukommen pflegen. Daß hierbei das Deutsche Reich ganz besonders in den Vordergrund tritt, wird keiner Rechtfertigung bedürfen.

Daß das vorliegende Buch schon jetzt als etwas in seiner Art Vollendetes kaum bezeichnet werden kann; dürften die Neuheit und Schwierigkeit der Aufgabe, welche der Herausgeber dem Verfasser stellte, erklärlich erscheinen lassen. Für Mitteilungen über etwaige Mängel des Buches werden beide dankbar sein.

Schließlich sei allen denen, welche den Verfasser mit Material unterstützten, insbesondere dem Bibliothekar des deutschen Reichstags, Herrn Dr. Potthast, auch an dieser Stelle aufrichtigster Dank gesagt.

Berlin, 14. Juni 1881.

Dr. Baumbach,

Mitglied des Reichstags.

Abänderungsvorschläge (Verbesse=
rungsanträge, Amendements), die=
jenigen Anträge, welche in Versammlun=
gen und bei den Verhandlungen gewisser,
namentlich parlamentarischer, Körper=
schaften zum Zweck der teilweisen Ände=
rung einer Vorlage oder eines Antrags
gestellt werden. So besitzen die Kammern
regelmäßig den Gesetzesvorlagen der Re=
gierung gegenüber das Recht der Amen=
bierung. Ebenso steht dies Amendie=
rungsrecht den Mitgliedern des deutschen
Reichstags den Vorlagen des Bundes=
rats und den aus der Mitte des Reichs=
tags selbst hervorgegangenen Anträgen
gegenüber zu. Nach der Geschäftsordnung
des Reichstags (§ 49) können derartige A.
zu jeder Zeit vor dem Schluß der Ver=
handlungen über einen bestimmten Ge=
genstand gestellt werden. Dieselben müssen
aber mit der Hauptfrage in wesentlicher
Verbindung stehen. Sie sind dem Präsi=
denten schriftlich zu übergeben. Über A.,
welche dem Reichstag noch nicht gedruckt
vorgelegen haben, muß, sofern sie ange=
nommen werden, in der nächsten Sitzung,
nachdem sie gedruckt und an die Mitglieder
des Hauses verteilt worden sind, nochmals
ohne Diskussion abgestimmt werden (Ge=
schäftsordnung, § 50). Dabei ist aber noch
folgendes hervorzuheben: Vorlagen des
Bundesrats und Anträge von Reichstags=
mitgliedern, welche Gesetzentwürfe ent=
halten, bedürfen nach der Geschäftsord=
nung einer dreimaligen Beratung oder
Lesung, und zwar ist die erste dieser Le=
sungen auf eine allgemeine Diskussion
über die Grundsätze des Entwurfs be=
schränkt. Daher ist es denn auch vor
Schluß dieser ersten Beratung nicht ge=
stattet, A., welche sich auf die Vorlage

selbst beziehen, einzubringen. In der
zweiten Beratung wird dann über jeden
einzelnen Artikel der Vorlage und zwar
in der Regel der Reihenfolge nach die
Diskussion eröffnet und geschlossen und
die Abstimmung herbeigeführt. Nunmehr
können in der Zwischenzeit und im Lauf
der Verhandlung A. eingebracht werden.
Dieselben bedürfen in der zweiten Lesung
keiner Unterstützung. Kommt es zur
dritten Beratung, so können zwar eben=
falls A. eingebracht werden, allein sie be=
dürfen der Unterstützung von 30 Mit=
gliedern. Am Schluß der Beratung
wird über die Annahme oder Ablehnung
des Gesetzentwurfs selbst abgestimmt.
Sind A. angenommen worden, so wird
die Schlußabstimmung ausgesetzt, bis das
Büreau diese Beschlüsse zusammengestellt
hat. Anträge der Reichstagsabgeordneten,
welche keine Gesetzentwürfe enthalten, be=
dürfen im Reichstag nur einer einmali=
gen Beratung und Abstimmung. A. hier=
bei müssen ebenfalls von 30 Mitgliedern
unterstützt sein (§§ 18 ff., § 23 der Ge=
schäftsordnung). Wird zu einem bereits
gestellten Amendement ein weiterer Ver=
besserungsantrag gestellt, so bezeichnet man
den letztern als Unteramendement.

Abbāte (ital.), Titel der jungen Geist=
lichen in Italien.

Abbé (franz.), Abt (s. b.); auch Titel
von Weltgeistlichen ohne geistliches Amt.

Abdankung (Abdikation, Thron=
entsagung), der freiwillige Verzicht des
bisherigen Souveräns auf die fernere
Regierung. Hierdurch wird die Thron=
folge ganz in derselben Weise wie bei dem
Tode des Monarchen eröffnet, indem der
nächste Successionsberechtigte zur Nach=
folge berufen wird. Der Abdankende, in

dessen freiem Entschluß die Thronent=
sagung liegt, die aber nicht zurückgenom=
men werden kann, behält regelmäßig den
bisher geführten Titel bei.

Abdizieren (lat.), abdanken; **Abdi=
kation**, Abdankung; **Abdikations=
akte**, **Abdikationsurkunde**, dieje=
nige Urkunde, in welcher ein Monarch die
Niederlegung der Regierungsgewalt er=
klärt (s. **Abdankung**).

Aberacht, s. **Acht**.

Abgeordnete, Vertreter einer größern
Anzahl von Genossen, namentlich Volks=
genossen, d. h. die Volksvertreter der mo=
dernen Staats=Repräsentativverfassung
(s. **Volksvertretung**).

Ablaß (Indulgenz), Nachlaß einer
kirchlichen Buße, welcher auch gegen Geld
bewilligt wird. Der A. wird in der katholi=
schen Kirche dogmatisch durch die Lehre von
den überschüssigen Verdiensten Christi und
der Heiligen begründet, worüber die Kirche
ein Verfügungsrecht habe.

Ablösung, die Aufhebung der auf dem
Grund und Boden lastenden Abgaben und
Leistungen gegen Entschädigung des Be=
rechtigten. Aus politischen und volkswirt=
schaftlichen Gründen für notwendig er=
kannt, ist die A. der Grundlasten in den
meisten deutschen Staaten im wesent=
lichen durchgeführt oder die Durchführung
doch im Gang, so daß der Grundbesitz von
den zahlreichen Lasten, welche ihn seit dem
Mittelalter bedrückten, Zehnten, Grundzin=
sen u. dgl., mehr und mehr befreit und
entlastet wird. Die Entschädigung erfolgt
entweder durch Verwandlung der Grund=
last in eine jährliche Geldrente oder durch
Kapitalisierung des jährlichen Reiner=
trags, und zwar wird diese in den Ab=
lösungsgesetzen der einzelnen Staaten
verschieden bestimmt, die Gesetzgebung
variiert zwischen dem 10—22fachen Be=
trag des jährlichen Reinertrags. Die
Behörden, welche die Ablösungssachen
zu bearbeiten haben, sind in manchen
Staaten die ordentlichen Verwaltungsbe=
hörden oder die ordentlichen Gerichte, wäh=
rend in andern Ländern besondere Aus=
einandersetzungsbehörden (Ablö=
sungskommissionen) eingesetzt sind,
so in Österreich, Altpreußen, Sachsen,

Oldenburg, Braunschweig und den meisten
thüringischen Staaten. Das deutsche
Gerichtsverfassungsgesetz (§ 14) hat diese
besondern Gerichte aufrecht erhalten. Vgl.
Frieblieb, Rechtstheorie der Reallasten
(1860); **Danckelmann**, A. und Rege=
lung der Waldgrundgerechtigkeiten (1880).

Abmusterung, s. **Heuer**.

Abolition (lat.), Niederschlagung einer
strafrechtlichen Untersuchung vor gefälltem
Strafurteil (s. **Begnadigung**).

Abschied, im frühern Deutschen Reich
diejenige Urkunde, in welcher die auf
einem Reichstag gefaßten Beschlüsse zu=
sammengefaßt und verkündet wurden.
Der Name (Reichsabschied, Recessus
imperii) erklärt sich daraus, daß diese
Publikation am Schluß des Reichstags
erfolgte. Seitdem der Reichstag perma=
nent in Regensburg tagte, kam diese Ein=
richtung in Wegfall. Der letzte Reichsab=
schied, der sogen. jüngste Reichsab=
schied (Recessus imperii novissimus),
datiert von 1654. Die Einrichtung eines
solchen Abschieds ist von den Einzelland=
tagen verschiedener deutscher Staaten adop=
tiert und in manchen bis auf die Gegen=
wart beibehalten worden, wenigstens inso=
fern, als am Schluß einer Landtagssession
ein Landtagsabschied publiziert wird,
welcher eine Zusammenstellung der mit
dem Landtag vereinbarten (»verabschiede=
ten«) Gesetze und den Staatshaushalts=
etat enthält, so z. B. in Braunschweig.

Abschoß, ehedem eine Abgabe, welche
dann zu entrichten war, wenn ein Ver=
mögen außer Landes gebracht wurde, na=
mentlich durch Erbgang, daher die Be=
zeichnung Gabella hereditaria. Eine
ähnliche Abgabe war die sogen. Nachsteuer
(s. d.). Vgl. **Freizügigkeit**.

Absolutismus (lat.), diejenige Regie=
rungsform, bei welcher der Staatsbeherr=
scher völlig unumschränkter Gebieter ist.
Den Gegensatz zu der absoluten Monarchie
bildet die konstitutionell=monarchische
Staatsverfassung, welche den Staatsbe=
herrscher bei den wichtigsten Regierungs=
handlungen an die Zustimmung der
Volksvertreter bindet. Das absolute Re=
giment ist namentlich in Rußland, dessen
Kaiser sich den Selbstbeherrscher aller

Reußen nennt, ausgebildet. Gewöhnlich unterſcheidet man aber noch zwiſchen Autokratie und A., indem man unter der erſtern Bezeichnung die völlig unumſchränkte Regierungsgewalt verſteht, während der Ausdruck A. mehr mit der Bedeutung eines Vorwurfs mißbräuchlicher Anwendung derartiger Machtvollkommenheit, daher oft gleichbedeutend mit Despotismus, gebraucht wird. Die Anhänger eines ſolchen Syſtems werden Abſolutiſten genannt, daher A. auch diejenige politiſche Parteirichtung bezeichnet, welche für eine möglichſt große Ausdehnung der monarchiſchen Gewalt eintritt und jeder Neuerung, welche eine Abſchwächung der Herrſchergewalt herbeiführen könnte, mit Entſchiedenheit widerſtrebt. In dieſem Sinn kann der A. als eine Ausartung des Konſervativismus bezeichnet werden.

Abſolvieren (lat.), von etwas ablöſen, freiſprechen (auch beendigen); Abſolution, Freiſprechung; namentlich Losſprechung von kirchlichen und göttlichen Strafen nach abgelegter Beichte.

Abſonderung, im Konkursverfahren die beſondere Befriedigung einzelner Gläubiger; daher Abſonderungsgläubiger, die bevorzugten Gläubiger des Gemeinſchuldners, welche eine vorzugsweiſe Befriedigung ihrer Forderungen beanſpruchen können, im Gegenſatz zu den übrigen Konkursgläubigern. Dahin gehören namentlich diejenigen Gläubiger, welchen ein Pfandrecht an den Grundſtücken oder ein Fauſtpfandrecht an beſtimmten Mobilien des Kridars zuſteht; ferner die Reichskaſſe, die Staatskaſſen und die Gemeinden ſowie die Amts-, Kreis- und Provinzialverbände wegen öffentlicher Abgaben; ferner die Verpächter wegen des laufenden und des rückſtändigen Zinſes ſowie wegen andrer Forderungen aus dem Pachtverhältnis in Anſehung der Früchte des Grundſtücks und der eingebrachten Sachen, ſofern die Früchte oder Sachen ſich noch auf dem Grundſtück befinden; dann diejenigen, welche durch Pfändung ein Pfandrecht an den verpfändeten Sachen erlangt haben, ꝛc. Vgl. Deutſche Konkursordnung, §§ 39 ff.

Abſtimmung, die Willenserklärung der Mitglieder einer Verſammlung oder eines Kollegiums über eine beſtimmte Frage. Dieſelbe erfolgt regelmäßig nach Schluß der gepflogenen Beratung in einer geſchäftsordnungsmäßig feſtgeſtellten Form. Zu einem gültigen Beſchluß iſt zunächſt Beſchlußfähigkeit, d. h. die Anweſenheit der vorſchriftsmäßigen Anzahl von Mitgliedern, und je nach dem einzelnen Fall und nach den beſtehenden Vorſchriften Stimmeneinhelligkeit oder Stimmenmehrheit erforderlich. In letzterer Beziehung wird entweder eine beſtimmte Mehrheit, z. B. zwei Drittel der Mitglieder, oder abſolute Majorität (eine Stimme über die Hälfte ſämtlicher Stimmen), oder nur relative Majorität erfordert. Letztere liegt dann vor, wenn ſich für eine Meinung nur mehr Stimmen erklären als für jede einzelne ſonſtige Meinung. Die A. erfolgt entweder öffentlich durch Handaufheben, Aufſtehen von den Sitzen, Auseinandertreten, Zuruf (Akklamation) oder geheim durch Stimmzettel, Stimmtäfelchen oder ſchwarze und weiße Kugeln (Ballotage). Eine weitere Art der öffentlichen A. iſt die durch Namensaufruf, bei welchem mit »Ja« oder »Nein« geantwortet wird. Letztere Art und Weiſe rechtfertigt ſich aber für größere Verſammlungen nur durch die beſondere Bedeutung des Falles; ſie kann leicht zur Verſchleppung von Gegenſtänden und zur Parteiintrige gemißbraucht werden. Nach der Geſchäftsordnung des deutſchen Reichstags ſind die Fragen, die zur A. kommen, ſo zu ſtellen, daß ſie einfach durch Ja oder Nein beantwortet werden können. Unmittelbar vor der A. iſt die Frage zu verleſen. Iſt vor einer A. infolge einer darüber gemachten Bemerkung der Präſident oder einer der fungierenden Schriftführer zweifelhaft, ob eine beſchlußfähige Anzahl von Mitgliedern anweſend ſei, ſo erfolgt der Namensaufruf. Erklärt dagegen auf die erhobene Bemerkung oder einen diesbezüglichen Antrag auf Auszählung des Hauſes der Präſident, daß kein Mitglied des Büreaus über die Anweſenheit der beſchlußfähigen Anzahl von Mitgliedern (199) zweifelhaft ſei, ſo ſind damit Bemerkung und Antrag erledigt. Die A. geschieht nach absoluter Mehrheit durch Aufstehen oder Sitzenbleiben. Ist das Ergebnis nach der Ansicht des Präsidenten oder eines der fungierenden Schriftführer zweifelhaft, so wird die Gegenprobe gemacht. Liefert auch diese noch kein sicheres Ergebnis, so erfolgt die Zählung des Hauses, und zwar, nach englischem Muster, in folgender Weise (sogen. Hammelsprung): Der Präsident fordert die Mitglieder auf, den Saal zu verlassen. Sobald dies geschehen, sind die Thüren zu schließen, mit Ausnahme einer Thür an der Ost= und einer an der West= seite. An jeder dieser beiden Thüren stellen sich je zwei Schriftführer auf. Auf ein vom Präsidenten mit der Glocke gegebenes Zeichen treten nun diejenigen Mitglieder, welche mit »Ja« stimmen wollen, durch die Thür an der Ostseite, rechts vom Büreau, diejenigen aber, welche mit »Nein« stimmen wollen, durch die Thür an der Westseite, links vom Büreau, in den Saal wieder ein. Die an jeder der beiden Thüren stehenden Schriftführer zählen laut die eintretenden Mitglieder. Demnächst gibt der Präsident ein Zeichen mit der Glocke, schließt die A. und läßt die Thüren des Saals öffnen. Jede nachträgliche A. ist ausgeschlossen, nur der Präsident und die dienstthuenden Schriftführer geben ihre Stimmen nachträglich ab, worauf der Präsident das Resultat der Zählung des Hauses verkündet. Auf namentliche A. kann beim Schluß der Beratung vor der Aufforderung zur A. angetragen werden; ein solcher Antrag muß aber wenigstens von 50 Mitgliedern unterstützt werden. Der Präsident erklärt die A. für geschlossen, nachdem der namentliche Aufruf sämtlicher Mitglieder des Reichstags erfolgt und nach Beendigung desselben durch Wiederholung des Alphabets Gelegenheit zur etwaigen nachträglichen A. gegeben worden ist. Bei allen nicht durch Namensaufruf erfolgten Abstimmungen hat jedes Mitglied des Reichstags das Recht, seine von dem Beschluß der Mehrheit abweichende A., kurz motiviert, schriftlich dem Büreau zu übergeben und deren Aufnahme in die stenographischen Berichte,

ohne vorgängige Verlesung im Reichstag, zu verlangen. — Für die A. in den Richterkollegien hat das deutsche Gerichtsverfassungsgesetz (§§ 198 ff.) besondere Vorschriften gegeben. Hiernach soll die Entscheidung der Regel nach auf Grund absoluter Majorität der Stimmen erfolgen. Bilden sich in Beziehung auf Summen, über welche zu entscheiden ist, mehr als zwei Meinungen, deren keine die Mehrheit für sich hat, so werden die für die größte Summe abgegebenen Stimmen den für die zunächst geringere abgegebenen so lange hinzugerechnet, bis sich eine Mehrheit ergibt. Bilden sich in einer Strafsache, von der Schuldfrage abgesehen, mehr als zwei Meinungen, deren keine die Mehrheit für sich hat, so werden die dem Beschuldigten nachteiligsten Stimmen den zunächst minder nachteiligen so lange hinzugerechnet, bis sich eine Mehrheit ergibt. Die Reihenfolge bei der A. richtet sich nach dem Dienstalter, bei den Schöffengerichten und in den Kammern für Handelssachen nach dem Lebensalter: der Jüngste stimmt zuerst, der Vorsitzende zuletzt. Wenn ein Berichterstatter ernannt ist, so gibt dieser seine Stimme zuerst ab. Bei der A. der Geschwornen richtet sich die A. nach der Reihenfolge der Auslosung. Der Obmann stimmt zuletzt. Vgl. Zacke, über Beschlußfassung in Versammlungen und Kollegien (1876); Trendelenburg, über das Verfahren bei Abstimmungen (»Kleine Schriften«, Bd. 2, 1870).

Abt (v. chald. Abba, »Vater«), Vorsteher eines Klosters, teilweise mit bischöflichen Rechten; gefürsteter A., dessen Abtei als Fürstentum betrachtet wurde; Abtissin, die Vorsteherin eines Nonnenklosters höhern Ranges; Säkularabt, s. v. w. Abbé; infulierter A., A. von dem Rang eines Bischofs.

Abteilungen des Reichstags, s. Reichstag.

Abtreibung der Leibesfrucht, die vorsätzlich und rechtswidrig bewirkte vorzeitige Ausstoßung eines unreifen Kindes aus dem Mutterleib. Das deutsche Reichsstrafgesetzbuch (§§ 218 ff.) bestraft die Schwangere, welche ihre Frucht vorsätzlich abtreibt oder im Mutterleib tötet, mit

Zuchthaus bis zu 5 Jahren und, wenn mildernde Umstände vorhanden, mit Gefängnisstrafe nicht unter 6 Monaten. Dieselben Strafvorschriften finden auch auf denjenigen Anwendung, welcher mit Einwilligung der Schwangern die Mittel zu der Abtreibung oder Tötung der Frucht bei der erstern angewendet oder derselben beigebracht hat. Wurden diese Mittel der Schwangern gegen Entgelt verschafft, bei ihr angewendet oder der Schwangern beigebracht, so tritt Zuchthausstrafe bis zu 10 Jahren ein. Wurde ferner die Leibesfrucht einer Schwangern ohne deren Wissen und Willen vorsätzlich abgetrieben oder getötet, so tritt Zuchthausstrafe von 2—15 Jahren ein, und wurde endlich durch die Handlung der Tod der Schwangern verursacht, so soll Zuchthausstrafe nicht unter 10 Jahren oder lebenslängliche Zuchthausstrafe eintreten. Auch ist der Versuch des Verbrechens der Abtreibung strafbar.

Acceptieren (lat.), annehmen; **Acceptation**, Annahme, z. B. die Annahme eines Vorschlags der Regierung seitens der Kammer u. dgl.

Accession (lat.), das Hinzutreten, der Zuwachs; im Völkerrecht der Beitritt einer Staatsregierung zu einem bereits bestehenden Vertragsverhältnis, dann der Anschluß einer Staatsverwaltung an diejenige eines andern Staats. So hat insbesondere das Fürstentum Waldeck durch einen Accessionsvertrag vom 18. Juli 1867 die Verwaltung des Landes der Krone Preußen übertragen.

Accise (lat.), Abgabe, namentlich städtische Abgabe von Verbrauchsgegenständen, insbesondere von Lebensmitteln, welche von auswärts eingeführt werden. Der Betrag einer solchen A. wird durch die Acciseordnung bestimmt. So ist z. B. die Fleischaccise, welche von dem zum öffentlichen Verkauf bestimmten Schlachtvieh und von dem importierten Fleisch erhoben wird, in vielen Städten Rechtens.

Acht (v. altdeutschen echt, d. h. Bund oder Gesetz), Ausstoßung aus dem bürgerlichen Rechtsverband unter Entziehung des staatlichen Rechtsschutzes. Im Mittelalter war dies eine Strafe, welche insbesondere wegen Landfriedensbruchs verhängt ward. Man unterschied dabei zwei Grade. Auf dreimalige Vorladung erfolgte nämlich gegen den ungehorsamen Angeklagten die Unteracht, wodurch das Vermögen des »Geächteten« mit Beschlag belegt, und wodurch der Ankläger ermächtigt wurde, den erstern zu ergreifen und vor Gericht zu stellen. Blieb diese Maßregel wirkungslos, so erfolgte die Oberacht (Aberacht), die Vogelfreierklärung des Geächteten. Die vom Kaiser erlassene A. hieß Reichsacht.

Act (engl., spr. ätt), in der englischen und nordamerikanischen Rechtssprache Beschluß einer Behörde oder einer ständischen Körperschaft, z. B. A. of parliament, ein vom Parlament gefaßter Beschluß. Dahin gehört z. B. die Schiffahrtsakte (Navigation a.) von 1651. A. of settlement heißt die wichtige Parlamentsakte, wodurch die britische Thronfolgeordnung festgestellt ward, speziell aber die Successionsakte, die Wilhelm III. kurz vor seinem Tod noch sanktionierte, und durch welche das Haus Braunschweig-Lüneburg-Hannover auf den britischen Thron berufen wurde.

Acta (lat.), Akten, Niederschriften über öffentliche Verhandlungen (s. Akten).

Acte (franz., spr. att), Urkunde, namentlich Staatsurkunde (s. Akte).

Actuarius, s. Aktuar.

Ad acta (lat., »zu den Akten«), eine Dekretur, welche andeutet, daß die betreffende Sache zurückgelegt und nicht weiter bearbeitet werden soll.

Additional (lat.), ergänzend, zusätzlich; daher Additionalakte, die Zusatzakte zu einem Staatsvertrag.

Adel (v. altd. od, odal, sächs. edel, d. h. Landgut, auf den Zusammenhang des Adels in Deutschland mit dem Grundbesitz hindeutend), ein gesetzlich bevorzugter Stand, welcher sich mit Ausnahme Norwegens und der Türkei in allen europäischen Ländern findet. In Deutschland ist die Bedeutung des Adels eine sehr verschiedene, je nachdem es sich um hohen oder um niedern A. handelt. Der hohe A. umfaßt die Familienangehörigen der souveränen Fürstenhäuser und der mediatisierten Familien, d. h. derjenigen Familien, welche sich zur Zeit des vormaligen Deutschen Reichs im Besitz reichsunmittelbarer Territorien befanden und Reichsstandschaft, d. h. Sitz und Stimme auf dem Reichstag, hatten. Den letztern sind verschiedene Vorrechte, wie Befreiung vom Militärdienst, Ebenbürtigkeit mit den landesherrlichen Familien, Mitgliedschaft in der Ersten Kammer, eingeräumt (s. Mediatisieren). Der niedere (landsässige) A. ging aus der ehemaligen Ritterschaft und aus denen hervor, welchen der A. vom Kaiser oder vom Landesherrn ausdrücklich verliehen ward. Zum niedern A. ist insbesondere auch die ehemalige reichsfreie Ritterschaft zu rechnen (s. Reichsritterschaft). Bei dem niedern A. wird zwischen altem und neuem A. unterschieden, je nachdem derselbe schon durch eine Reihe von Generationen hindurch bestanden hat oder neuern Datums ist. Gründet sich der A. auf unvordenkliche Verjährung, so wird er als Uradel bezeichnet. Der auf Verleihung beruhende A. wird Brief-, Bullen-, Diplomenadel genannt. Vom Geburtsadel verschieden ist der persönliche A., welcher nicht auf die Nachkommen übergeht. Dieser ist zumeist mit gewissen Orden oder mit besondern Ämtern (Verdienstadel) verknüpft. Zur Zeit des frühern Deutschen Reichs hatten die geistlichen Fürsten den hohen, die Doktoren des Rechts den niedern persönlichen A. Was die Vorrechte des niedern Adels anbetrifft, so können hier die Befähigung zu gewissen Hofämtern und das Recht der Aufnahmefähigkeit in gewisse Stifter kaum als eigentliches Recht in Anbetracht kommen. Das sogen. »Wappenrecht« ist kein ausschließliches Recht des Adels und ebensowenig das Recht, dem Familiennamen ein »von« vorsetzen zu dürfen; denn es gibt auch bürgerliche Familien, welche dies Wörtchen mit ihrem Namen verbinden, und adlige Familien, welche es nicht gebrauchen. Dagegen können nach bayrischem Partikularrecht nur adlige Personen Familienfideikommisse errichten. Der niedere A. wird jetzt erworben durch Geburt und durch landesherrliche Verleihung. In ersterer Hinsicht ist die Abstammung von einem ehelichen adligen Vater erforderlich, der Stand der Mutter ist gleichgültig; auch ist die nachträgliche Legitimation eines unehelichen Kindes statthaft, während der hohe A. allein durch Abstammung aus standesmäßiger Ehe nach dem Rechte der Ebenbürtigkeit erworben wird. In England stuft sich der hohe A. ab in Herzöge, Marquis, Grafen (Earls), Viscounts und Barone. Die Häupter der betreffenden Familien sind Mitglieder des Oberhauses. Der niedere A. (Gentry) umfaßt die Baronets, Knights und Esquires. In Schweden und Dänemark gibt es keinen hohen A. In Frankreich, woselbst der Unterschied zwischen hohem und niederm A. früher ebenfalls bestand, wurde der A. durch die Revolution überhaupt abgeschafft, von Napoleon I. aber wiederhergestellt (prince, duc, marquis, comte, vicomte, baron, chevalier, seigneur de). In Spanien bilden die Granden den hohen, die Hidalgos den niedern A. Auch in Italien, Böhmen, Ungarn, Polen und Rußland wird zwischen hohem und niederm A. unterschieden, während den orientalischen Völkerschaften der A. überhaupt fremd ist. Vgl. Heffter, Sonderrechte der souveränen und der mediatisierten Häuser Deutschlands (1871); Stranz, Geschichte des deutschen Adels (2. Aufl. 1851, 3 Bde.); Gneist, A. und Ritterschaft in England (1853).

Adjoint (franz., spr. ~schoäng, Abjunkt), Amtsgehilfe, namentlich des Maires (s. d.).

Adjudizieren (lat.), gerichtlich zusprechen, zuschlagen, übereignen; Adjudikation, gerichtliche Zusprechung, besonders bei einem Teilungsprozeß und bei einer Versteigerung.

Adjutant (lat.), der einem höhern Befehlshaber zur Vollziehung seiner Befehle beigegebene Offizier; General-, Flügeladjutant, ein der Person des Monarchen, eines Prinzen oder Oberbefehlshabers zu persönlichem Dienst beigegebener A.; ersterer ist General, letzterer Stabsoffizier. Die Korps-, Divisions- und Inspektionsadjutanten sind in der Regel Hauptleute, die Brigade- und Regimentsadjutanten Premierleutnants, die Bataillons- und Abteilungsadjutanten Sekondeleutnants. Adjutantur, Korps von Offizieren, welche den Chefs als Adjutanten beigegeben werden.

Adlerorden, 1) Schwarzer, 1701 vom König Friedrich I. von Preußen gestiftet; höchster Orden des preußischen Staats, nur eine Klasse; Devise: »Suum cuique« (»Jedem das Seine«); 2) Roter, 1705 vom Erbprinzen Georg Wilhelm von Baireuth gestiftet, 1792 zum zweiten Orden der preußischen Monarchie erhoben, vier Klassen; Devise: »Sincere et constanter« (»Aufrichtig und standhaft«); 3) Weißer, russischer (ursprünglich polnischer) Orden, 1326 von Wladislaw I. von Polen gestiftet, 1815 an Rußland übergegangen; Devise: »Pro fide, rege et lege« (»Für Glauben, König und Gesetz«).

Administration (lat.), Verwaltung, namentlich die Staatsverwaltung im Gegensatz zur Gesetzgebung und zur Rechtspflege (s. Verwaltung); Administrativsachen, Verwaltungssachen, welche von den Verwaltungsbehörden (Administrativbehörden) im Administrativverfahren zu erledigen sind. Administrativjustiz, Entscheidung von Rechtsfragen aus dem Gebiet des öffentlichen Rechts sowie von solchen Privatrechtsstreitigkeiten, welche aus Zweckmäßigkeitsgründen ausdrücklich den Gerichten entzogen und den Verwaltungsbehörden zur Entscheidung überwiesen sind, wie Gesindestreitigkeiten, Gewerbeangelegenheiten x. (administrativkontentiöse Sachen). In manchen Staaten, wie in Baden, Hessen, Preußen und Württemberg, ist aber, um auch der Verwaltungsrechtspflege die Garantien einer unabhängigen richterlichen Handhabung zu schaffen, eine besondere Verwaltungsgerichtsbarkeit geschaffen worden, indem die Entscheidung reiner Verwaltungssachen im Instanzenzug der Administrativbehörden erfolgt, während für Verwaltungsstreitsachen besondere Verwaltungsgerichte eingerichtet sind, welche entweder in letzter Instanz oder, wie in Preußen, in der mittlern Instanz (Be-

zirksverwaltungsgerichte) und in dritter und letzter Instanz (Oberverwaltungsgericht) entscheiden. Auch in Österreich ist durch Gesetz vom 22. Okt. 1875 ein Verwaltungsgerichtshof ins Leben gerufen. Administrieren, verwalten.

Admiral (v. arab. Amir al ma, »Befehlshaber des Wassers«), der Oberbefehlshaber einer Flotte, indem der A. das Gros derselben befehligt, während die Vorhut dem Vizeadmiral, die Nachhut dem Konteradmiral unterstellt ist.

Admiralität, die mit der Verwaltung der Marineangelegenheiten betraute Behörde; Admiralitätsgericht, Gerichtsbehörde für Prisenangelegenheiten, Aburteilung der Konterbande x. Im Deutschen Reich ist die kaiserliche Admiralität die oberste Kommando- und zugleich die oberste Verwaltungsbehörde (Marineministerium) der kaiserlichen Marine. Sie hat einen Chef zum Vorstand, welcher den Oberbefehl nach den Anordnungen des Kaisers und die Verwaltung unter der Verantwortlichkeit des Reichskanzlers führt, auch die höhere Gerichtsbarkeit und Disziplinarstrafgewalt ausübt. Dem Chef der Admiralität ist zunächst eine Zentralabteilung der letztern unterstellt. Im übrigen werden die Geschäfte der Admiralität, die alle Angelegenheiten umfassen, welche die Einrichtung, Erhaltung, Entwickelung und Verwendung der Kriegsmarine betreffen, in Dezernaten bearbeitet. Die militär. Dezernate sind in der militärischen Abteilung, die technischen in dem Marinedepartement, die hydrographisch-wissenschaftlichen und kartographischen in dem Hydrographischen Amt zusammengefaßt. Letzteres hat insbesondere die hydrographischen Angelegenheiten, Vermessungen, nautische Geographie und Kartographie sowie die Untersuchung und Beschaffung der für die Navigierung und die wissenschaftlichen Beobachtungen auf den Schiffen erforderlichen Instrumente, Karten und Bücher wahrzunehmen. Von der kaiserlichen Admiralität ressortieren auch das Generalauditoriat der kaiserlichen Marine und der Generalarzt der letztern. Außerdem besteht unter dem Chef der Admiralität als Vorsitzendem ein Admiralitätsrat, welchem die Lösung schwieriger Fragen organisatorischer und technischer Natur obliegt, und der sich aus den vom Chef bezeichneten Mitgliedern der Admiralität und den dazu berufenen Seeoffizieren, Beamten und Technikern zusammensetzt. Die gesamte Kriegsmarine ist dem Chef der Admiralität unterstellt.

Adoptieren (lat.), an Kindesstatt annehmen; Adoption, Annahme an Kindesstatt. Die Adoption bewirkt im öffentlichen Recht insofern nicht die völlige Gleichstellung des adoptierten Kindes mit dem ehelichen, als die Adoptivkinder eines Fürsten nicht successionsberechtigt sind. Manche Hausgesetze haben sogar den Mitgliedern des fürstlichen Hauses die Adoption gänzlich untersagt.

Adresse (franz.), im öffentlichen Leben die schriftliche Äußerung über eine gewisse Angelegenheit, welche von einer Versammlung, einer Korporation und namentlich von einer ständischen Körperschaft an die Staatsregierung oder an eine bestimmte Staatsbehörde oder an ein sonstiges öffentliches Organ gerichtet wird. Gehen derartige Ansprachen von Privaten aus, so werden dieselben gewöhnlich als Petitionen (s. d.) bezeichnet, während man unter A. vorzugsweise die von einer Volksvertretung an die Regierung gerichtete Kundgebung der politischen Gesinnung, der Stimmung und Meinung, der Freude oder des Danks, der Unzufriedenheit oder einer Mißbilligung versteht. Insbesondere wird die sogen. Thronrede nicht selten durch eine A. beantwortet, und manche Verfassungsurkunden räumen den Kammern ein solches Adreßrecht ausdrücklich ein. Die deutsche Reichsverfassung enthält hierüber keine ausdrücklichen Bestimmungen, doch wird das Adreßrecht thatsächlich vom Reichstag ausgeübt. Nach der Geschäftsordnung des letztern (§§ 67 f.) wird der Antrag, eine A. an den Kaiser zu richten, wie ein andrer Antrag behandelt. Beschließt der Reichstag, die Vorberatung des vorgelegten Adreßentwurfs einer Kommission zu überweisen, so wird diese aus dem Präsiden-

ten und bei dessen etwaiger Verhinderung dem Vizepräsidenten des Reichstags als Vorsitzendem und 21 von den Abteilungen des Reichstags zu wählenden Mitgliedern gebildet. Liegt ein Entwurf zu einer A. nicht vor, so ist dieser von einer in gleicher Weise zusammenzusetzenden Kommission zu fertigen und dem Reichstag zu überreichen. Soll die A. durch eine Deputation überreicht werden, so bestimmt der Reichstag auf Vorschlag des Präsidenten die Zahl der Mitglieder, welch letztere alsdann durch das Los gewählt werden. Der Präsident ist jedesmal Mitglied der Adreßdeputation und führt allein das Wort.

Advokat (lat.), Rechtsbeistand; advozieren, das Geschäft eines Rechtsanwalts (die Advokatur) betreiben (s. Rechtsanwalt).

Agents provocateurs (franz., spr. aschāng-prowokatöhr), Name von Gehilfen der geheimen Polizei, welche politisch verdächtige Personen, sich in deren Vertrauen einschleichend, zur Offenbarung ihrer Gesinnung, auch wohl zur Begehung strafbarer Handlungen veranlassen, nachher aber ins Dunkel zurücktreten und der strafrechtlichen Verfolgung mit Hilfe ihrer einflußreichen Auftraggeber entgehen. Die Verwendung von A. p. ist im Interesse der öffentlichen Moral unbedingt zu verwerfen.

Agio (ital., spr. ahschio), Aufgeld, der Betrag, um den ein Wertzeichen (Münze, Effekten) im Verkehr den Nominalwert überschreitet, gewöhnlich nach Prozenten angegeben; Gegensatz: Disagio, Verlust beim Eintauschen einer Geldsorte gegen eine andre.

Agitieren (lat.), für etwas thätig sein, die Menge für etwas zu erwärmen und zu gewinnen suchen; Agitation, Aufregung der Masse, Anregung zur Teilnahme an einer gewissen Bewegung, insbesondere zur Teilnahme an einer Wahl (Wahlagitation); Agitator, derjenige, welcher auf einem Gebiet geistiger Thätigkeit, namentlich auf politischem Gebiet, eine Bewegung ins Leben zu rufen, zu erhalten und zu fördern bemüht ist. Eine Wahlagitation insbesondere wird regelmäßig durch öffentliche Rede in Vereinen und Versammlungen, durch die Presse, namentlich durch Flugblätter, durch die Verteilung von Wahlzetteln u. dgl. in Szene gesetzt.

Agnaten (lat.), männliche Blutsverwandte, die in männlicher Linie von einem gemeinsamen Stammvater abstammen, im Gegensatz zu den Kognaten, die von diesem in weiblicher Linie abstammen. In der altdeutschen Rechtssprache wurden jene Schwertmagen (Verwandte von der Seite des Schwerts), diese Spillmagen genannt.

Agrargesetzgebung, Bezeichnung für die Gesetzgebung, insoweit sie sich auf die Landwirtschaft bezieht; dahin gehören besonders die Normen über Ablösung der Grundlasten, Separationen, Wässerungsangelegenheiten ꝛc.

Agrarier (v. lat. ager, »Acker«, Steuer- und Wirtschaftsreformer), politische Partei in Deutschland, welche für die Berufsinteressen der Landwirte im politischen Leben eintritt. Während sich nun gegen eine derartige Interessenvertretung in Vereinen und in den dazu berufenen Körperschaften, wie z. B. im deutschen Landwirtschaftsrat, sicherlich nichts einwenden läßt, erscheint es auf der andern Seite als ein Rückschritt, wenn man die frühere einseitige Vertretung des Volks nach Ständen in der modernen Volksvertretung wieder aufleben lassen will, in welcher ja doch der Abgeordnete Vertreter des Volks in seiner Gesamtheit und nicht bloß Vertreter eines einzelnen Standes sein soll. Die Anregung zu einer agrarischen Vereinigung wurde von M. A. Niendorf (gest. 1878) und Elsner v. Gronow im Mai 1869 gelegentlich der Breslauer Wanderversammlung deutscher Land- und Forstwirte gegeben. Damals wurde das Organ der Vereinigung, die nachher von Niendorf redigierte, inzwischen aber wieder eingegangene »Deutsche Landeszeitung«, gegründet, und der Kongreß norddeutscher, später deutscher Landwirte war der Hauptsammelpunkt der agrarischen Gesinnungsgenossen. In den Tagen vom 22.—24. Febr. 1876 fand dann in Berlin eine konstituierende Versammlung der deutschen Steuer- und Wirtschaftsreformer statt, welche zur Aufstellung eines ausführlichen Programms der Vereinigung der A. führte, deren Vorsitzender dermalen der Reichstagsabgeordnete Freiherr v. Mirbach ist. Das Programm bezeichnet namentlich die Beseitigung der Grund-, Gebäude- und Gewerbesteuer als ein Ziel der Vereinigung. Es bewegt sich aber noch auf dem Boden des Freihandels, während die Partei demnächst, sobald die schutzzöllnerischen Pläne des Reichskanzlers zu Tage traten und dieser sich in einem Brief an den Freiherrn v. Thüngen zu den Grundsätzen der Steuer- und Wirtschaftsreformer bekannt hatte, in das Lager der Schutzzöllner überging und namentlich für die Getreidezölle eintrat. Die A. haben sich im Parlament der deutschkonservativen Partei angeschlossen. Sie befassen sich übrigens neuerdings nicht bloß mit der Interessenvertretung der Landwirtschaft, sondern geben ihr Votum auch in Fragen ab, welche mit dieser wenigstens nicht in unmittelbarem Zusammenhang stehen. So sprach sich z. B. die Vereinigung der deutschen Steuer- und Wirtschaftsreformer für die obligatorischen Innungen aus, indem überhaupt in der Partei der A. das reaktionäre Element mehr und mehr in den Vordergrund trat. Vgl. Wilmanns, Die goldne Internationale (1876).

Agrikulturstaat, ein Staat, dessen Volks- und Nationalreichtum vorzüglich und wesentlich auf dem Ackerbau beruht, im Gegensatz zu Handelsstaaten.

Ägypten, Vizekönigreich unter türkischer Oberhoheit im NO. Afrikas, zwischen der Libyschen Wüste und dem Arabischen Meerbusen. Hauptstädte: Kairo mit 327,462 und Alexandrien mit 165,752 Einw. Das eigentliche A. hatte 1877 auf 1,021,354 qkm 5,586,280 Einw., daneben 68,653 Fremde (879 Deutsche). Dazu kommen noch Nubien mit 864,500 qkm und etwa 1 Mill. Einw. sowie Sudân mit Dar Fur und den Äquatorialprovinzen mit 1,001,062 qkm und 10,800,000 Einw. Die eingeborne Bevölkerung besteht zumeist aus Fellahs, Arabern (Beduinen), Kopten (Christen, Nachkommen der alten Ägypter), Türken, Negern und Juden.

Die Landesreligion ist der Islam. Das Land wird in Unter=, Ober= und Mitteläghpten eingeteilt. Der Vizekönig, welcher seit 1867 den Titel »Hoheit« und »Chedive« führt, ist absoluter Beherrscher des Landes, jedoch der Hohen Pforte tributpflichtig. Die Armee besteht aus den regulären Truppen und den Kabres für die irreguläre Armee. Die reguläre Armee setzt sich aus 18 Regimentern Infanterie, 4 Jägerbataillonen, 4 Kavallerieregimentern, 2 Regimentern Artillerie zu 6 Batterien à 6 Geschütze, 10 Kompanien Neger und 2 Regimentern Beduinen zusammen. Die Friedenspräsenzstärke soll nach dem Ferman vom 6. Aug. 1879 18,000 Mann nicht übersteigen; nur im Fall einer Bedrohung des Gebiets der Hohen Pforte kann dieselbe erhöht werden. Die irregulären Truppen sind in sieben berittenen Korps zu je 4000 Mann formiert. Die Kriegsflotte zählte 1873: 14 Dampfer, darunter 2 Fregatten und 4 Schraubenkanonenboote. Die Staatseinnahme betrug 1878: 7,432,982 Pfund Sterling, welchen nicht weniger denn 10,873,548 Pfd. Sterl. Ausgaben gegenüberstanden, so daß sich das kolossale Defizit von 3,440,566 Pfd. Sterl. ergab. Ein Generalkonsulat des Deutschen Reichs besteht in Alexandrien, außerdem sind in Kairo, Suez, Luxor, Damiette und an einigen andern Orten deutsche Konsulate errichtet. Zur Entscheidung von Prozessen zwischen Einheimischen und Fremden wurden 28. Juni 1875 infolge von Verträgen mit verschiedenen Mächten, namentlich mit Rücksicht auf den durch den Suezkanal hervorgerufenen Verkehr, besondere Gerichtshöfe eingerichtet, in deren Richterkollegien die auswärtigen Staaten mit vertreten sind, nämlich in Alexandrien, Kairo und Mansura; ein Appellhof befindet sich in Alexandrien. Vgl. Stephan, Das heutige Ä. (1872); Lüttke, Ägyptens neue Zeit (1873, 2 Bde.); »Essai de statistique général de l'Egypte« (1879).

Ahnen, Voreltern, Vorfahren, namentlich solche von Adel; Ahnenprobe, der Nachweis abliger Abstammung. Derselbe zerfällt in die sogen. Filiationsprobe, d. h. den Nachweis, daß man nebst den Voreltern aus rechtmäßiger Ehe stamme, und die Ritterprobe, d. h. den Nachweis der Ritterbürtigkeit aller auf der Ahnentafel oder dem Stammbaum verzeichneter A. Gegenwärtig ist dieselbe nur noch für den Eintritt in gewisse ablige Stifter und in den Johanniterorden von Bedeutung.

Aichen, s. Eichen.

Akademie (griech.), Bezeichnung für Gelehrtenvereine, Universitäten und höhere Fachschulen (Berg=, Forst=, Handels=, Kunst=, Landwirtschafts=, Maler=, Singakademien).

Akkord (franz.), Vertrag, Vergleich; beim Konkursverfahren Nachlaßvertrag, das Übereinkommen des Schuldners mit seinen Gläubigern, wodurch er die Rechtsnachteile des Konkurses abwendet; auch der Vertrag, dem zufolge ein Unternehmer die Arbeiten gegen eine vereinbarte Summe einem andern zur Ausführung überträgt; bei der Arbeitsmiete die vertragsmäßige Feststellung des Preises für die Leistungseinheit (Akkordlohn), im Gegensatz zum Zeitlohn.

Akkreditieren (franz.), jemand beglaubigen oder durch ein Vollmachtschreiben die Gewährleistung für die von einer bestimmten Person innerhalb der Grenzen ihrer Sendung oder ihres Auftrags zu vollziehenden Handlungen übernehmen. So akkreditiert die Staatsregierung diplomatische Personen zum Behuf der Ausrichtung allgemein diplomatischer Funktionen oder bestimmter Aufträge bei auswärtigen Höfen und Regierungen. Die damit Betrauten, Botschafter, Geschäftsträger, Gesandte, bevollmächtigte Minister 2c., pflegen die desfallsigen Beglaubigungsschreiben (Akkreditive) dem auswärtigen Staatsoberhaupt in der ersten feierlichen Audienz (Antrittsaudienz) persönlich zu überreichen.

Akkusativprinzip, s. Anklageprozeß.

Akte (lat.), das über einen besonders wichtigen Vorgang aufgenommene Schriftstück, namentlich eine Staatsurkunde. Unter Akten versteht man die Sammlung der zu einer bestimmten Angelegenheit, z. B. einer Rechtssache, gehörigen Schriftstücke und Urkunden. Regelmäßig sind dieje Akten chronologisch geordnet, auch mit Blatt= oder mit Seitenzahlen versehen. Je nach ihrem Inhalt ist die Bezeichnung der Akten eine sehr verschiedene. So werden die öffentlichen Akten einer Behörde den Privat= (Manual=, Hand=) Akten, namentlich denjenigen eines Anwalts, entgegengesetzt. Der Unterschied zwischen General= und Spezialakten bezieht sich auf den Akteninhalt, je nachdem er allgemeine Angelegenheiten oder spezielle Fälle anbetrifft; Personalakten sind die einen bestimmten Beamten oder eine sonstige bestimmte Person betreffenden Akten. Aktenmäßig nennt man einen in den Akten beurkundeten Vorgang. Das ältere Prozeßverfahren legte auf die Akten ganz besondern Wert, indem es den Richter verpflichtete, nur aktenmäßiges Material bei seiner Entscheidung zu berücksichtigen (»Quod non est in actis, non est in mundo«), ein Grundsatz, mit welchem die moderne Prozeßtheorie mit ihrem mündlichen Verfahren im wesentlichen gebrochen hat (s. Zivilprozeß).

Aktiengesellschaft (anonyme Gesellschaft), diejenige Handelsgesellschaft, bei welcher die sämtlichen Gesellschafter nur mit Einlagen beteiligt sind, ohne persönlich für die Verbindlichkeiten der Gesellschaft zu haften. Der einzelne Gesellschafter wird Aktionär, seine Einlage Aktie (franz. action, engl. share) genannt. Die Aktien sind entweder auf jeden (»au porteur«) oder auf einen bestimmten Inhaber (»Nominativaktien«) ausgestellt. Sie müssen nach dem deutschen Handelsgesetzbuch im letztern Fall auf mindestens 150 Mk., im erstern auf mindestens 300 Mk. lauten. Bei Versicherungsgesellschaften müssen auch solche Aktien und Aktienanteile, welche auf Namen lauten, auf einen Betrag von mindestens 300 Mk. gestellt werden. Der Gewinn des Aktienunternehmens, welcher alljährlich unter die Aktionäre verteilt wird, ist die Dividende. Werden von einer A. Schuldscheine auf den Inhaber ausgegeben, welche diesem vor dem eigentlichen Aktionär ein Vorzugsrecht einräumen, so spricht man von Prioritäten (Prioritätsobli=

gationen, Prioritätsaktien). Es liegt eben dann eine Anleihe vor, welche in einzelne Schuldscheine auf den Inhaber zerlegt und begeben wird. Dem Inhaber wird ein fest bestimmter jährlicher Zinsbetrag zugesichert, indem zugleich die Versicherung gegeben wird, daß diese Darlehnsforderung nebst Zinsen dem Grundkapital der A. und dem Anspruch der Aktionäre auf Dividende vorangeht. Im Gegensatz zu diesen Schuldscheinen werden die eigentlichen Aktien Stammaktien (actions de capital, actions originairement émises; ordinary shares, original shares) genannt. Dagegen ist der Ausdruck Prioritätsaktien unrichtig, denn deren Inhaber sind keine Aktionäre, sondern Gläubiger der A.; sie haben keinen Anteil am Gewinn und Verlust der letztern, aber auf der andern Seite auch kein Stimmrecht in der Generalversammlung; sie beziehen nicht, wie die Aktionäre, eine Dividende aus dem etwaigen Reinertrag, sondern einen ein für allemal bestimmten Zinsbetrag, und sie rangieren im Konkurs mit unter den Gläubigern, welchen die A. als Schuldnerin gegenübersteht. Nur dann läßt sich gegen den Ausdruck »Prioritätsaktien« nichts einwenden, wenn deren Inhaber nicht Gläubiger, sondern wirkliche Aktionäre der Gesellschaft, jedoch ausgestattet mit einem Vorzugsrecht vor dem Aktiengrundkapital, sind; doch ist hierfür jetzt der Ausdruck Prioritätsstammaktien (Stammprioritäten, Stammprioritäts= aktien) gebräuchlich. Vgl. Allgemeines deutsches Handelsgesetzbuch, Art. 207 ff., abgeändert durch Bundes= (Reichs=) Gesetz vom 11. Juni 1870 (Reichsgesetzblatt, S. 375 ff.); Renaud, Das Recht der Aktiengesellschaften (2. Aufl. 1875); Keyßner, Die Aktiengesellschaften (1873); v. Strombeck, über Prioritätsstammaktien (1876); Meili, Die Lehre der Prioritätsaktien (1877).

Aktiv (lat.), thätig, handelnd, wirksam; Aktivität, Thätigkeit, Wirksamkeit. Aktivhandel, früher s. v. w. Ausfuhrhandel im Gegensatz zum Passiv= oder Einfuhrhandel; jetzt Betreibung der Ausfuhr und Einfuhr vorwiegend mit eignen

Kapitalien und Arbeitskräften, wogegen beim Passivhandel Ausfuhr und Einfuhr in den Händen Fremder sind. Aktiva, die positiven Bestandteile (Aktivvermögen) eines Vermögens, im Gegensatz zu den Passiva (Passivvermögen), den Schulden. Im Konkurs versteht man unter der Aktivmasse die Gesamtheit der Außenstände und der positiven Vermögensbestände überhaupt, welche die Konkursmasse aufzuweisen hat, im Gegensatz zur Passivmasse, der Gesamtheit der Schulden des Kridars. Aktivstand, der wirkliche Bestand eines Heers, eines Vermögens ꝛc.

Aktuar (lat. Actuarius), Beamter, der über die gerichtlichen Vorgänge glaubhafte Niederschriften, die sogen. Protokolle, anfertigt. Die deutschen Justizgesetze haben dafür die deutsche Bezeichnung Gerichtsschreiber wieder angenommen; auch Sekretär einer Behörde, z. B. Polizeiaktuar.

Alabamafrage, wichtiger Völkerrechtsfall, welcher 1872 durch ein in Genf zusammengetretenes Schiedsgericht zu Gunsten der Vereinigten Staaten von Nordamerika entschieden ward. Letztere hatten nämlich von England um deswillen Schadenersatz verlangt, weil das südstaatliche Kaperschiff Alabama, so benannt nach dem nordamerikanischen Freistaat dieses Namens, in England erbaut und ausgerüstet worden war und während des Bürgerkriegs der Unionsflotte großen Schaden zugefügt hatte, bis es vor dem Hafen von Cherbourg von einem unionistischen Schiff in den Grund gebohrt ward.

A la suite (franz., spr. -ßwit), im Gefolge; Offiziere à la s. des Generalstabs, eines Regiments ꝛc. tragen die Uniform des Truppenkörpers, in dem sie à la s. stehen, befinden sich aber in etatsmäßigen Dienststellen außerhalb dessen Bereich, z. B. als Lehrer in Militäranstalten, bei der Artillerieprüfungskommission ꝛc.

Albertinische Linie des Hauses Sachsen (Albertiner), s. Sachsen

Albinagii jus (lat., Albinagium, franz. Droit d'aubaine). Heimfallsrecht (s. Fremdenrecht).

Alcalde (span., v. arab. algadi, »Richter«), in Spanien Titel des Vorstands einer politischen Gemeinde, des Vorsitzenden des Ayuntamiento (Gemeinderats), der von der Gemeinde aus den Mitgliedern des letztern auf ein Jahr gewählt und von der Regierung bestätigt wird, zugleich Friedensrichter ist, in Bagatellsachen endgültig entscheidet und in Kriminalfällen die Voruntersuchung leitet.

Alderman (spr. áhld'rmän, »Ältester«), im Angelsächsischen (aldorman) Vorsteher einer Genossenschaft, besonders aber Titel der Oberbeamten der Kreise oder Grafschaften (shires) und der Ältesten (senatores) des Reichs, die, anfangs von den Königen ernannt, dann von den Freigutsbesitzern erwählt, in den Volksversammlungen (witenagemot) stimmten und in Kriegszeiten die Miliz ihrer Grafschaften zu führen pflegten. Nach der dänischen Eroberung wurde der Name durch den der dänischen Jarls (earls) verdrängt. Jetzt bilden in Großbritannien und zum Teil auch in den Vereinigten Staaten von Nordamerika die Aldermen den Stadtrat, an dessen Spitze der Mayor (in London Lord-Mayor) steht, der aus den Aldermen auf ein Jahr gewählt wird, während diese selbst von den Wahlberechtigten eines jeden Stadtviertels (ward) gewählt werden. Ihre Funktionen bestehen vornehmlich in der polizeilichen Oberaufsicht über den Distrikt, den sie repräsentieren. Die drei ältesten unter ihnen sowie die, welche bereits die Würde des Mayors bekleidet haben, fungieren zugleich als Friedensrichter.

Algerien, vormals türk. Vasallenstaat, seit 1830 französische Kolonie, auf der Nordküste Afrikas zwischen Marokko und Tunis; 318,334 qkm mit (1877) 2,867,626 Einw. Das Land zerfällt in die drei Departements Algier, Oran und Konstantine mit den drei gleichnamigen Hauptstädten, von denen Algier 52,702, Oran 40,674 und Konstantine 39,823 Einw. hat. Man unterscheidet den Teil des Landes mit vollständig geordneten staatlichen Verhältnissen als »Territoire civil« von dem übrigen Teil des Landes, welcher ebenfalls unter französischer Oberhoheit steht (Territoire de commandement), und ber 1,514,795 Nomaden und 36,314 Ansässige zählt. An der Spitze der Landesverwaltung steht ein Zivilgeneralgouverneur, dem ein Regierungskonseil beigegeben ist, in welchem er den Vorsitz führt. Der katholische Klerus ist durch zwei Bischöfe vertreten. Vgl. die offizielle »Statistique générale de l'Algérie« (1877) und »Statistique de la France« (1878); Pifre, L'Algérie (1878); Rousset, La conquête d'Alger (1879); Piesse, Itinéraire d'Algérie (1879).

Alibi (lat.), anderswo; der Beweis des A., d. h. in Strafsachen der Nachweis, daß der Angeschuldigte sich zur Zeit der That nicht am Orte derselben, sondern »anderswo« befunden habe, konstatiert seine Unschuld.

Alimente (lat.), Ernährungsmittel (=Kosten); Alimentation, Verabreichung derselben. Gegenseitige Alimentationspflicht legt das Gesetz den Ehegatten sowie den Eltern und Großeltern im Verhältnis zu den ehelichen Kindern und Enkeln auf. Uneheliche Kindern steht nach dem gemeinen Recht und nach deutschen Partikulargesetzen, nicht aber nach dem römischen und französischen Recht eine Alimentenforderung an den lebenden Vater zu. Auf der andern Seite sind auch die ehelichen Kinder den Eltern, uneheliche der Mutter gegenüber für den Fall des Bedürfnisses alimentationspflichtig.

Allegiance (engl., spr. älließch'ns), Gehorsam, Unterthanentreue; daher Oath of a., der Unterthaneneid, den die Engländer dem König als weltlichem Oberhaupt leisten müssen, im Gegensatz zum Oath of supremacy, der dem König als Oberhaupt der anglikanischen Kirche geleistet wird.

Alleinherrschaft, s. Monarchie.

Allergetreuester Sohn der Kirche (Allergetreueste Majestät, lat. Rex fidelissimus, franz. Sa Majesté très-fidèle), Titel der Könige von Portugal, den Johann V. 1748 vom Papst Benedikt XIV. erhielt.

Allgemeines Stimmrecht, die einem jeden Staatsangehörigen, welcher sich im Vollgenuß der staatsbürgerlichen Rechte befindet, eingeräumte Befugnis, zum Zweck der Mitwirkung bei der Gesetzgebung und bei der höhern Staatsverwaltung mitstimmen zu dürfen. Eine solche unmittelbare Mitwirkung des Volks bei der Gesetzgebung und bei der Staatsverwaltung ist jedoch nur in ganz kleinen Staatskörpern möglich, wie es z. B. in Athen der Fall war und in einzelnen Bergkantonen der Schweiz noch heutzutage der Fall ist. Größere Staatswesen mit monarchischer oder republikanischer Verfassung können der Gesamtheit des Volks nur mittelbar ein Mitwirkungsrecht bei der Gesetzgebung und Verwaltung des Staats einräumen, d. h. durch g ähl Vertreter (Volksvertreter), welche die Interessen ihrer Wähler und des Volks überhaupt wahrzunehmen haben. Wird nun das Recht, an diesen Wahlen der Volksvertreter teilzunehmen (aktives Wahlrecht), den Staatsbürgern unmittelbar eingeräumt, ohne Unterschied und ohne Rücksicht auf ihre bürgerliche Stellung und ohne Rücksicht auf den Betrag der Abgaben, welche sie zur Erhaltung des Staatswesens entrichten, so spricht man von einem allgemeinen Wahlrecht (suffrage universel), genauer von einem allgemeinen, unmittelbaren und gleichen Wahlrecht, zu dessen Bezeichnung aber auch der Ausdruck a. S. üblich ist.

Dabei sind aber zwei Momente besonders hervorzuheben, zunächst der Unterschied zwischen direkter (unmittelbarer) und indirekter (mittelbarer) Wahl. Nach dem letztern System besteht nämlich zwischen den Wählern (Urwählern) und den Abgeordneten ein Zwischen- und Mittelglied, die Einrichtung der Wahlmänner. Letztere werden von den Urwählern gewählt, und die Wahlmänner haben dann den Abgeordneten selbst zu wählen. Das allgemeine Stimmrecht dagegen beseitigt jene Zwischenstufe; die Abgeordneten werden direkt von den wahlberechtigten Bürgern gewählt. Dies letztere System ist in England, Nordamerika, Frankreich, Belgien, Italien, in den meisten Schweizer Kantonen und für die Wahlen zum deutschen Reichstag angenommen, während das System der indirekten Wahlen in Preußen, Bayern, Baden und in einer Anzahl deutscher Kleinstaaten maßgebend ist. Einige Staaten, z. B. Österreich, haben ein gemischtes System.

Das zweite charakteristische Unterscheidungsmerkmal des allgemeinen Wahlrechts ist folgendes: die meisten Verfassungen unsrer modernen konstitutionellen Monarchien haben den Grundsatz sanktioniert, daß nur derjenige die politischen Wahlrechte des Staatsbürgers ausüben könne, welcher zu den Lasten des Staats einen verhältnismäßigen Beitrag liefere. Hiernach wird in den betreffenden Verfassungsurkunden die Ausübung des Wahlrechts außer von dem Vollgenuß des Staatsbürgerrechts, wobei männliches Geschlecht der Wähler vorausgesetzt ist, von der Selbständigkeit und besonders davon abhängig gemacht, daß der Wähler einen gewissen, wenn auch den niedrigsten Steuersatz entrichte, so nach dem preußischen Wahlgesetz vom 30. Mai 1849. Dabei werden Höchstbesteuerte und Großgrundbesitzer nach manchen Verfassungsurkunden und Wahlgesetzen besonders berücksichtigt. In England ist in den Grafschaften den bauernden Grundbesitzern bei einem Zinswert von 5 Pfd. Sterl. und den übrigen Besitzern eines Grundstücks von 12 Pfd. Sterl. Wert, in den Städten u. Burgflecken aber allen »Haushaltern« das Stimmrecht verliehen. Selbst die aus der ersten Revolution hervorgegangene französische Verfassungsurkunde vom 3. Sept. 1791 hatte die aktive Wahlfähigkeit nur demjenigen zugestanden, welcher zum mindesten eine dem Werte dreitägiger Arbeit entsprechende direkte Kontribution entrichte. Das allgemeine Wahlrecht, welches im Gegensatz zu jenem Wahlmodus keinen Steuerzensus erfordert, wurde erst infolge der Revolution von 1848 in Frankreich eingeführt. Noch während des Bestehens der Republik aber und zwar gerade deshalb, weil man im Umsturz derselben durch das allgemeine Wahlrecht fürchtete, wurde es wiederum abgeschafft, bis dann Louis Napoleon dasselbe durch Plebiszit vom 2. Dez. 1852 wiederherstellen ließ, um, darauf gestützt, die Republik selbst zu stürzen.

Auch die Frankfurter konstituierende Nationalversammlung hatte durch Gesetz vom 12. April 1849, betreffend die Wahlen der Abgeordneten zum Volkshaus, das allgemeine Stimmrecht einzuführen gesucht, indem sie das diesbezügliche Wahlrecht jedem unbescholtenen Deutschen, welcher das 25. Lebensjahr zurückgelegt habe, einräumte, also ohne Rücksicht auf den Steuerzensus. Freilich ward diesem Gesetz die praktische Verwirklichung nicht beschieden; es blieb jedoch das Verlangen nach Einberufung einer deutschen Gesamtvolksvertretung auf der Grundlage des allgemeinen Stimmrechts, und es war ein kühner Griff Bismarcks, als er nach den Erfolgen des Jahrs 1866 dem Liberalismus die Aufnahme des allgemeinen Stimmrechts in die norddeutsche Bundesverfassung zugestand. Ebenso erklärt die nunmehrige deutsche Reichsverfassung (Art. 20), daß der Reichstag aus allgemeinen und direkten Wahlen hervorzugehen habe, und das nunmehr auch auf die süddeutsche Staatengruppe ausgedehnte u. zum Reichsgesetz erhobene norddeutsche Wahlgesetz vom 31. Mai 1869 enthält im § 1 die jenem Frankfurter Wahlgesetz analoge Bestimmung, daß jeder (Nord-) Deutsche, welcher das 25. Lebensjahr zurückgelegt, in dem Bundesstaat, in welchem er seinen Wohnsitz habe, Wähler für den Reichstag sei. Eine Ausnahme findet nur statt für diejenigen, über deren Vermögen Konkurs- oder Fallitzustand erklärt worden ist, für die unter Vormundschaft oder Kuratel stehenden Personen, für solche, die eine Armenunterstützung beziehen oder in dem letzten der Wahl vorhergegangenen Jahr bezogen haben, und endlich auch für diejenigen, welchen infolge rechtskräftigen Erkenntnisses der Vollgenuß der staatsbürgerlichen Rechte entzogen ist, lauter Ausnahmen, welche auch bereits in dem Wahlgesetz der Frankfurter Nationalversammlung enthalten waren. Dagegen besteht eine Abweichung von dem letztern darin, daß nach dem Wahlgesetz vom 31. Mai 1869 für Personen des Soldatenstands, des Heers und der Marine die aktive Wahlberechtigung so lange ruht, als sich dieselben bei den Fahnen befinden, eine Beschränkung, welche das Frankfurter Wahlgesetz nicht enthielt, indem es vielmehr (§ 11) das aktive Wahlrecht für Soldaten

und Militärpersonen ausdrücklich sta=
tuierte. Auch ist hier noch darauf hinzu=
weisen, daß als Gegengewicht für das all=
gemeine Wahlrecht die Diätenlosigkeit der
Reichstagsabgeordneten von seiten der deut=
schen Bundesregierungen festgehalten wird.

Was schließlich den innern Wert des
allgemeinen Stimmrechts anbetrifft, so
sind gerade über diesen Punkt die Ansich=
ten sehr geteilt und stehen sich noch immer
ziemlich schroff g g nüb r. Lamartine be=
zeichnete das allgemeine Stimmrecht als
einen Adelsbrief, welchen die französische
Nation unter den Trümmern des Throns
gefunden habe. Andre verwerfen es, weil
es die Quantität über die Qualität der
Wähler setze und geeignet sei, der rohen
und ungebildeten Masse über die höhern
Klassen der Gesellschaft Macht zu verleihen
und dadurch die Interessen der Kultur und
Bildung und insonderheit diejenigen der
besitzenden Klasse zu gefährden. Nicht ganz
unbegründet ist auch der Einwand, daß
die geographische Lage mancher Wahlkreise
das indirekte Wahlverfahren um deswillen
als das bessere erscheinen lasse, weil es durch
die Wahlmänner eine gehörige Verstän=
digung und eine Vermittelung zwischen
den Interessen der Wählerschaften ermög=
liche. Dagegen hat das allgemeine Stimm=
recht den Vorzug, daß es unmittelbare
Beziehungen zwischen dem Abgeordneten
und seinen Wählern anknüpft, und daß
es das Interesse der Wähler an der Wahl
und an dem politischen Leben überhaupt
in ungleich höherm Maß in Anspruch
nimmt und rege erhält. Auch hat die Er=
fahrung gezeigt, daß die Masse sich dem
Einfluß der Intelligenz in der Presse wie
in der Wählerversammlung nicht entziehen
kann, wenngleich wieder hiergegen geltend
gemacht wird, daß die Wahlausschüsse und
Wahlkomitees leicht zu großen Einfluß auf
die Wähler erhalten, so daß das Wahl=
ergebnis zuweilen nur von wenigen be=
stimmt und herbeigeführt wird. Allein
im großen und ganzen haben sich doch die
Befürchtungen, welche sich an das allge=
meine Stimmrecht knüpften, nur wenig
bewahrheitet, und man wird mit gutem
Gewissen behaupten können, daß es bereits
tief in das Rechtsbewußtsein des Volks

eingedrungen ist, daß einem jeden Staats=
bürger als solchem das Recht zustehen
müsse, zur Mitwirkung bei der Gesetz=
gebung und bei der Verwaltung des Staats
seine Stimme mit abzugeben, und daß
nur durch das allgemeine Stimmrecht
jenes Mitwirkungsrecht zur Wahrheit wer=
den und zur vollwirksamen Geltung ge=
langen könne. Vgl. Wahl.

Allgemeine Wehrpflicht, s. Wehr=
pflicht.

Allianz (franz. Alliance, spr. =angß),
Bündnis; völkerrechtlicher Vertrag zwi=
schen zwei oder mehreren Mächten, zu
einem bestimmten Zweck abgeschlossen. Im
Gegensatz zu den sogen. Konföderationen
und Unionen, welche dauernde und feste
staatliche Verbindungen bezwecken, hat die
A. regelmäßig einen nur vorübergehenden
Charakter (s. Staat). Die verbündeten
Mächte werden Alliierte genannt; ihre
politische Selbständigkeit bleibt gewahrt.
Je nach dem Zweck der A. ist die Bezeich=
nung derselben eine verschiedene. Zur Ab=
wehr ungerechter Angriffe werden De=
fensivallianzen, zur Durchsetzung ge=
rechter Ansprüche im Weg des Kriegs
Offensivallianzen, auch Offensiv=
und Defensivallianzen (Schutz=
und Trutzbündnisse) abgeschlossen.
Auch pflegt man zwischen allgemeinen
und besondern Allianzen zu unterschei=
den, je nachdem sie für jeden oder nur für
einen bestimmten Fall des Bedürfnisses
abgeschlossen sind. Hilfs=(Auxiliar=)
Allianzen sind Freundschaftsbündnisse,
wobei die Verbündeten sich wechselseitig
zu gewissen Hilfeleistungen verpflichten.
In der sogen. Heiligen A. gaben sich
nach dem Vorgang Rußlands, Österreichs
und Preußens (zu Paris 26. Sept. 1815)
fast sämtliche christlichen Monarchen Eu=
ropas das Wort, sich und ihre Staaten
als Glieder einer großen christlichen Fa=
milie betrachten zu wollen. Zu den Allian=
zen sind auch die Anerkennungsver=
träge zu rechnen, wodurch Veränderungen
von Staatsgebieten und neu konstituierte
Staaten von andern Staatsregierun=
gen als zu Recht bestehend anerkannt
werden. Auch die Garantieverträge
gehören hierher, durch welche ein Staat

dem andern die Mitfürsorge für die Erhaltung seines Staatsgebiets oder seiner Neutralität verspricht. Ferner ist hier der sogen. Subsidientraktate zu gedenken, vermöge deren eine Staatsregierung einer kriegführenden Macht gewisse Truppenteile oder Geldmittel zur Verfügung stellt. Nicht selten wird die Benennung einer A. auch von der Anzahl der kontrahierenden Mächte entlehnt, so in Ansehung der zwischen den drei Mächten England, Schweden und Holland 23. Jan. 1668 gegen Ludwig XIV. von Frankreich abgeschlossenen Tripelallianz, der 15. Juli 1840 zwischen England, Rußland, Österreich und Preußen zur Pacifizierung des Orients abgeschlossenen Quadrupelallianz. Doch ist für Allianzen einer größern Anzahl von Mächten der Ausdruck Koalition gebräuchlicher.

Allmande (Allmende, Allmendgut, Gemeindegut), derjenige Teil des Gemeindegrundvermögens, der nicht unmittelbar im Interesse der gesamten politischen Gemeinde zur Verwendung kommt, sondern der einer gewissen bevorzugten Klasse vollberechtigter Gemeindeangehörigen (Realgemeinde, Altgemeinde, Nachbargemeinde) zur ausschließlichen Nutzung oder auch zum Eigentum zusteht. Das Rechtsverhältnis ist in den verschiedenen Ländern und in den einzelnen Gemeinden verschiedenartig gestaltet. Die neuere Zeit hat vielfach eine Aufhebung desselben herbeigeführt, indem durch sogen. Gemeinheitsteilungen eine Verteilung der betreffenden Grundstücke unter die Interessenten herbeigeführt wurde. Vgl. Stein, Verwaltungslehre, Teil 7, S. 253 ff. (1868).

Allöd (Allodium, v. altdeutschen od, »Eigentum«, und all, »ganz«), freies Grundeigentum, im Gegensatz zum bloßen Nutzungseigentum oder Lehen (s. d.), Feudum; im weitern Sinn (Allodialvermögen) die gesamte freie, nicht im Lehnsnexus befindliche Habe. Allodial, lehnsfrei, erblich; Allodifikation, Verwandlung des Lehnsguts in freies Eigentum.

Altenteil (Ausgedinge, Auszug, Leibzucht), die Rechte und Einkünfte, welche sich ein bäuerlicher Gutsbesitzer beim Überlassen seines Guts an seine Kinder zu seinem Lebensunterhalt ausbedingt.

Alter. Der Einfluß, welchen das Lebensalter auf die körperlichen und geistigen Fähigkeiten des Menschen ausübt, wird nicht nur im Privatrecht, sondern auch im öffentlichen Recht anerkannt. Doch wird zur Ausübung der politischen Rechte, namentlich der aktiven und passiven Wahlrechte, zur Fähigkeit zum Amt eines Geschwornen oder Schöffen ꝛc. vielfach ein höheres A. erfordert als das der bürgerlichen Großjährigkeit oder Volljährigkeit. Letztere, der Endtermin der Minderjährigkeit (Minorennität) und der Eintritt voller Handlungsfähigkeit, ist für den ganzen Umfang des Deutschen Reichs nunmehr durch Reichsgesetz vom 17. Febr. 1875 (Reichsgesetzblatt, S. 71) auf das vollendete 21. Lebensjahr festgesetzt. Es kann jedoch durch landesherrliches Reskript auch vor erreichtem Volljährigkeitsalter eine Majorennisierung oder Großjährigkeitserklärung (Jahrgebung, Venia aetatis) aus besonders triftigen Gründen erfolgen. Nicht berührt werden übrigens durch jene reichsgesetzliche Bestimmung diejenigen hausverfassungsmäßigen und landesgesetzlichen Bestimmungen, welche den Beginn der Großjährigkeit (und damit der Regierungsfähigkeit) der Landesherren und der Mitglieder der landesherrlichen Familien sowie der fürstlichen Familie Hohenzollern bestimmen. Als solche ist z. B. in Bayern, Braunschweig, Oldenburg, Preußen, Sachsen und Württemberg das vollendete 18., in Mecklenburg das vollendete 19. Lebensjahr bestimmt. Aber auch sonst nimmt die Gesetzgebung vielfach auf das A. Rücksicht, so in Ansehung der Fähigkeit, einen Eid zu leisten (Eidesmündigkeit), die nach den neuen deutschen Justizgesetzen bei Minderjährigen mit dem vollendeten 16. Lebensjahr eintreten soll, ferner bei der Verpflichtung zum Kriegsdienst, welche im Deutschen Reich in der Regel mit 1. Jan. desjenigen Kalenderjahrs beginnt, in welchem der Wehrpflichtige das 20. Lebensjahr vollendet, sowie bei der Befugnis zur

Ablehnung gewisser öffentlicher Ämter und zur Ablehnung von Vormundschaften, welche in der Regel 60jährigen Personen zusteht ꝛc. Auch im Strafrecht ist das A. von besonderer Bedeutung. Hier gilt namentlich die Jugend als ein Strafmilderungsgrund, ja es kann sogar gegen Kinder unter zwölf Jahren nach den meisten Strafgesetzgebungen ein strafrechtliches Verfahren gar nicht stattfinden. Nach dem deutschen Strafgesetzbuch (§ 55) kann jedoch ein noch nicht zwölfjähriger Verbrecher in eine Erziehungs= oder sonstige Besserungsanstalt untergebracht, auch können gegen ihn sonstige zur Besserung und Beaufsichtigung geeignete Maßregeln ergriffen werden. Verbrecher, welche zwar das 12., nicht aber das 18. Lebensjahr zur Zeit der That vollendet hatten (jugendliche Verbrecher), sind freizusprechen, wenn sie bei Begehung der strafbaren Handlung die zur Erkenntnis ihrer Strafbarkeit erforderliche Einsicht nicht besaßen. Auch soll gegen jugendliche Verbrecher nie auf Todesstrafe oder Zuchthausstrafe und überhaupt stets auf eine geringere Strafart und Strafdauer als Erwachsenen gegenüber erkannt werden. Ebensowenig darf das Erkenntnis auf Verlust der bürgerlichen Ehrenrechte oder auf Polizeiaufsicht lauten. In besonders leichten Fällen kann bei Vergehen und Übertretungen jugendlicher Personen das Urteil sogar nur auf Verweis lauten. Vgl. Deutsches Strafgesetzbuch, §§ 56 f

Alternieren (lat.), das wechselseitige Ablösen von zweien oder mehreren in irgend einem Geschäft. **Alternät** (neulat.), diplomatischer Gebrauch, wonach im Range gleichstehende Mächte in Verträgen ꝛc. in abwechselnder Reihenfolge aufgeführt werden.

Alterspräsident, das älteste Mitglied einer Körperschaft, welches, solange die Wahl des Präsidiums noch nicht erfolgt ist, inzwischen die Leitung der Geschäfte wahrzunehmen hat. So treten insbesondere nach der Geschäftsordnung des deutschen Reichstags (§ 1) beim Eintritt in eine neue Legislaturperiode nach Eröffnung des Reichstags die Mitglieder des letztern unter dem Vorsitz ihres ältesten Mitglieds zusammen. Das Amt dieses Alterspräsidenten kann von dem dazu Berufenen auf das im Lebensalter ihm am nächsten stehende Mitglied übertragen werden. Für jede fernere Session derselben Legislaturperiode dagegen setzen die Präsidenten der vorangegangenen Session bis zur vollendeten Wahl des Präsidenten ihre Funktionen fort. Also nur bei dem Beginn einer neuen Legislaturperiode des Reichstags ist ein A. zu wählen.

Altersversorgungskasse, s. Invaliden.

Altesse (franz., spr. =äß'), Hoheit, Ehrenprädikat für fürstliche Personen. A. impériale, Kaiserliche Hoheit, für den Kronprinzen des Deutschen Reichs, die österreichischen Erzherzöge und russischen Großfürsten; A. royale, Königliche Hoheit, für die königlichen Prinzen und Großherzöge; A. sérénissime, Durchlaucht.

Altkatholiken, diejenigen Katholiken, welche nach der Verkündigung des Dogmas von der Unfehlbarkeit (s. d.) des Papstes auf dem vatikanischen Konzil 18. Juli 1870 sich nach dem Vorgang Döllingers gegen jenes Dogma erklärten und dadurch in Opposition zu dem päpstlichen Stuhl und seinen Anhängern gerieten. In Deutschland wurde Professor Reinkens in Bonn zum Bischof der A. erwählt und als solcher von der preußischen Staatsregierung anerkannt, während man in der Schweiz den Professor Herzog zum altkatholischen Bischof erwählte. Außer in diesen beiden Ländern hat der Altkatholizismus bisher nur wenige Anhänger gefunden, und auch hier hat die altkatholische Bewegung nicht den Umfang und die Bedeutung erlangt, welche man anfangs erwarten zu können glaubte.

Altliberal, s. Liberal.

Ambassade (franz., spr. angbassahd), Gesandtschaft; Ambassadeur (spr. =döhr), Gesandter ersten Ranges, Botschafter (s. Gesandte).

Amendement (franz., spr. amangd'mang), ein Abänderungs= oder Verbesserungsantrag, welcher namentlich im Schoß einer parlamentarischen Körperschaft zu einem bereits vorliegenden Antrag oder zu einer Regierungsvorlage, insbesondere zu einem

Gesetzentwurf, gestellt wird. Wird zu einem solchen A. wiederum ein weiterer Verbesserungsantrag eingebracht, so spricht man von einem Unteramendement. **Amendieren**, einen Verbesserungsantrag stellen; **Amendierungsrecht**, Recht der Amendierung, die Befugnis ständischer Körperschaften, zu den Regierungsvorlagen Abänderungsvorschläge (s. d.) zu machen.

Ammann, s. v. w. Amtmann, eine in der Schweiz noch gebräuchliche Bezeichnung für Vollziehungsbeamte verschiedener Art, in mehreren Kantonen (Uri, Unterwalden, Schwyz, Glarus, Zug, Solothurn, Appenzell, St. Gallen, Aargau) das Haupt der vollziehenden Gewalt, in einigen derselben zugleich der Präsident der Landesgemeinde oder des Großen Rats. In mehreren Kantonen gibt es außerdem auch Bezirks=, Stadt= und Gemeindeammänner.

Amnestie (griech., »das Vergessen«), allgemeine Begnadigung in Bezug auf eine ganze Klasse von Verbrechen oder von Verbrechern; **amnestieren**, eine A. erlassen (vgl. Begnadigung).

Amortisation (franz., v. lat. mors, Mortifikation), die gerichtliche Kraftloserklärung von Urkunden. So können insbesondere verloren gegangene oder entwendete Wechsel oder sonstige Wertpapiere »amortisiert« werden. Nach der deutschen Zivilprozeßordnung (§§ 837 ff.) erfolgt die A. nach vorgängigem Aufgebotsverfahren, in welchem der Inhaber der Urkunde durch öffentliches Aufgebot (Ediktalladung) aufgefordert wird, in einem mindestens um sechs Monate hinauszurückenden Termin bei Vermeidung der A. der Urkunde die letztere vorzulegen und seine angeblichen Rechte daran anzumelden (s. Aufgebot). Früher wurde mit A. auch die Erwerbung eines Besitztums für die Kirche (»zur toten Hand«) bezeichnet.

Amt, im allgemeinen jede berufsmäßige Thätigkeit, im engern und eigentlichen Sinn aber nur diejenige, welche auf Erreichung allgemeiner und öffentlicher Zwecke gerichtet ist. Man versteht dann insbesondere in subjektiver Beziehung unter A. die Verpflichtung zur berufsmäßigen Thätig-

keit für öffentliche Zwecke infolge besfallsiger Anstellung, im objektiven Sinn aber den bestimmten Kreis der Thätigkeit, zu welcher der Angestellte verpflichtet ist. Je nach der besondern Art dieser Thätigkeit und der erfolgten Anstellung zerfallen die Ämter selbst wiederum in Hof=, Staats=, Kirchen= und Gemeindeämter oder =Stellen und die angestellten Personen entsprechend in Hof=, Staats=, Kirchen= und Gemeindebeamte. Regelmäßig ist mit diesen Ämtern ein bestimmtes Gehalt oder eine Besoldung verbunden, deren Betrag der amtlichen Stellung, dem Dienstalter und den Leistungen der Beamten entsprechen soll. Doch ist dies ein für den Begriff des Amtes und namentlich des Staatsamts an und für sich keineswegs notwendiges Requisit; im Gegenteil würde die unbesoldete Verwaltung der Staatsämter das Ideal des Staatsdienstes sein, wie dies zur Zeit der altrömischen Republik der Fall war, die ebendeshalb für Ehre und für Staatsamt nur das eine Wort »honor« kannte. Auch heutzutage pflegt man die unbesoldeten Ämter regelmäßig als sogen. Ehrenämter zu bezeichnen. In dieser Beziehung waren namentlich zur Zeit des frühern Deutschen Reichs die sogen. Erzämter und Erbämter bemerkenswert. Der Beamte nun, welcher ein öffentliches und namentlich ein Staatsamt bekleidet, erscheint in dieser seiner amtlichen Stellung nicht mehr als Privatmann, sondern als eine öffentliche Person. Der Staatsbeamte oder Staatsdiener ist ein Glied des staatlichen Organismus, dessen Funktionen er in seinem Amtsbereich ausübt. Hiernach muß sich auch die Achtung, welche der einzelne Staatsbürger dem Staat als solchem schuldet, auf die Beamten des Staats mit erstrecken, ebenso wie das Ansehen, welches das Regentenhaus, die Gemeinde, die Kirche als solche genießen, auch die einzelnen Beamten derselben heben und auszeichnen muß. So kommt es denn, daß mit dem A. eine gewisse Amtsehre verbunden ist, welche wie die Autorität, von welcher das A. selbst ausgeht, respektiert werden muß. Aus diesem Grund werden Verletzungen jener amtlichen Ehre strenger bestraft als die gewöhnlichen Ehrenkränkungen (f. Amtsbeleidigung); auch hängt damit die in manchen Staaten bestehende Einrichtung zusammen, wonach mit den höchsten Staatsämtern der persönliche Adel (Amts= oder Dienstadel) verbunden ist. Ebenso haben verschiedene Staatsverfassungen die höhern Ämter dadurch ausgezeichnet, daß ihre Inhaber bei der Zusammensetzung der Volksvertretung besonders berücksichtigt werden, indem die hohen Staatsbeamten und die Mitglieder der hohen Geistlichkeit Sitz und Stimme in der Ersten Kammer haben. Auf der andern Seite legt aber das verliehene A. dem Beamten auch höhere Pflichten auf, welche über die allgemeine staatsbürgerliche Pflicht zum Gehorsam gegen das Gesetz hinausgehen, und darum erscheint es auch als gerechtfertigt, wenn Verbrechen und Vergehen, welche der Beamte in seiner amtlichen Stellung begeht, besonders streng geahndet werden (f. Amtsverbrechen). Auch kann nur eine durchaus unbescholtene Person ein öffentliches A. bekleiden, und darum ziehen der im strafrechtlichen Verfahren ausgesprochene Verlust der bürgerlichen Ehrenrechte sowie eine erkannte Zuchthausstrafe die Unfähigkeit zur Bekleidung öffentlicher Ämter von selbst nach sich, so namentlich nach dem neuen deutschen Reichsstrafgesetzbuch (§§ 31, 34), welches dabei noch ausdrücklich erklärt, daß unter öffentlichen Ämtern im Sinn dieses Strafgesetzes die Advokatur, die Anwaltschaft, das Notariat sowie der Geschwornen= und Schöffendienst mitbegriffen seien. Vgl. Kanngießer, Das Recht der deutschen Reichsbeamten (1874).

Amtmann, der Verwalter eines Amtes, daher früher derjenige Beamte, welcher in einem bestimmten Amtsbezirk die Rechtspflege und die Verwaltung wahrzunehmen hatte. Nach der Trennung der Justiz von der Verwaltung wurde der Titel A. in einzelnen Staaten für den Einzelrichter (Justizamtmann), entsprechend dem jetzigen Amtsrichter, beibehalten. In andern Staaten war und ist es noch jetzt der Titel der Verwaltungsbeamten erster Instanz, wie z. B. der Bezirksamtmann in Bayern. Auch führt derjenige Beamte, welchem die Hebung der Amtsgefälle an-

vertraut ist, in manchen Staaten ebendiesen Titel, z. B. der Rentamtmann in Bayern. In Preußen ist der Titel eines Amtmanns oder Oberamtmanns auf den Pächter eines Kammerguts übergegangen.

Amtsanwalt, derjenige Beamte, welcher das Amt der Staatsanwaltschaft (f. b.) bei den Amtsgerichten und bei den Schöffengerichten wahrzunehmen hat. Vgl. Deutsches Gerichtsverfassungsgesetz, §§ 143, 146; Chuchul, Die Amtsanwaltschaft (1880).

Amtsausschuß, f. Amtsvorsteher.

Amtsbeleidigung (Amtsehrenbeleidigung, Amtsehrenkränkung, Beamtenbeleidigung), die Beleidigung, welche einem öffentlichen Beamten bei Ausübung seines Amtes oder in Beziehung auf dasselbe zugefügt wird. Da nämlich der Beamte in seiner amtlichen Stellung nicht als Privatperson, sondern als Repräsentant der öffentlichen Autorität erscheint, so gebührt ihm auch insoweit eine besondere höhere Achtung, und insofern erscheint der von der Rechtswissenschaft aufgestellte Begriff einer sogen. vorzüglichen bürgerlichen Ehre im Gegensatz zur gemeinen bürgerlichen Ehre als gerechtfertigt. Eine Verletzung dieser amtlichen Ehre aber ist von der modernen Gesetzgebung regelmäßig durch ein höheres Strafmaß ausgezeichnet, in einigen Strafgesetzbüchern sogar als ein besonderes Vergehen behandelt worden. Das deutsche Strafgesetzbuch hat sich jedoch diesem System nicht angeschlossen, und die A. erscheint hiernach nur als ein besonders schwerer und darum strenger zu bestrafender Fall der Beleidigung überhaupt. Nur insofern ist die A. besonders ausgezeichnet, als im § 196 des deutschen Strafgesetzbuchs bestimmt wird, daß, wenn eine Beleidigung gegen eine Behörde, einen Beamten, einen Religionsdiener oder ein Mitglied der bewaffneten Macht, während sie in der Ausübung ihres Berufs begriffen sind, oder in Beziehung auf ihren Beruf begangen wird, sowohl die unmittelbar beleidigte Person wie auch deren amtliche Vorgesetzte das Recht haben, den Strafantrag zu stellen. Auch die Bestimmung des § 197 gehört hierher, wonach es eines Antrags auf Be-

2*

ftrafung überall nicht bedarf, wenn die Beleidigung gegen eine gesetzgebende Versammlung des Reichs oder eines Bundesstaats oder gegen eine andre politische Körperschaft begangen worden ist. Dieselbe darf jedoch nur mit Ermächtigung von seiten der beleidigten Körperschaft verfolgt werden.

Amtsbezirk, der räumlich abgegrenzte Kompetenzkreis einer Behörde; nach der preußischen Kreisordnung vom 13. Dez. 1872 eine Unterabteilung des Kreises (s. b.). Mit Ausschluß der Städte ist nämlich hiernach jeder Kreis behufs Verwaltung der Polizei und Wahrnehmung andrer öffentlicher Angelegenheiten in Amtsbezirke eingeteilt. Die Organe der Amtsverwaltung in diesen Amtsbezirken sind der Amtsausschuß und der Amtsvorsteher (s. b.). Die Größe und Einwohnerzahl der Amtsbezirke ist dergestalt zu bemessen, daß sowohl die Erfüllung der durch das Gesetz der Amtsverwaltung auferlegten Aufgaben gesichert, als auch die Unmittelbarkeit und die ehrenamtliche Ausübung der örtlichen Verwaltung nicht erschwert werden. Daher sind insbesondere Gemeinden und Gutsbezirke zu einem A. vereinigt, welche eine örtlich verbundene Lage haben. Namentlich sollen hierbei die innerhalb der Kreise bestehenden Kirchen=, Schul= und sonstigen Verbände nicht zerrissen werden. Es können aber auch einzelne Gemeinden, welche eine Amtsverwaltung aus eignen Kräften herzustellen vermögen, und einzelne Gutsbezirke von abgesonderter Lage, welche ohne wesentliche Unterbrechung ein räumlich zusammenhängendes Gebiet von erheblichem Flächeninhalt umfassen, jeweilig einen besondern A. bilden.

Amtsdelikt, s. Amtsverbrechen.

Amtsehrenbeleidigung, s Amtsbeleidigung.

Amtseid (Diensteid), Eid, der von einem Beamten bei Übernahme des ihm übertragenen Amtes geleistet wird und die gewissenhafte Erfüllung der eingegangenen Verpflichtungen von seiten des Schwörenden verbürgen soll. Gewöhnlich werden in die Formel des Amtseids die wichtigsten Amtspflichten des Schwörenden aufgenommen, und ein Beamter muß daher beim Eintritt in ein neues Amt entweder nochmals schwören, oder doch wenigstens, wie dies auch häufig geschieht, erklären, daß er sich bei Übernahme des neuen Amtes durch den zuvor abgeleisteten A. für alle seine neuen Amtsverhältnisse eidlich verpflichtet erachte. Der A. ist ein auf pflichtmäßiges Verhalten gerichteter promissorischer Eid; daher wird auch die von dem Beamten nach geleistetem A. verschuldete Pflichtverletzung nicht als Meineid oder Eidesbruch, sondern nur hinsichtlich des dadurch begangenen Amtsverbrechens bestraft, wobei die Rücksicht auf den geleisteten Eid straferhöhend wirkt.

Amtserzeß, s. Erzeß.

Amtsgerichte, nach der neuen deutschen Gerichtsorganisation die mit Einzelrichtern (Amtsrichtern) besetzten Untergerichte (s. Gericht).

Amtsgewalt, Mißbrauch der, s. Amtsverbrechen.

Amtshauptmann, Titel eines Verwaltungsbeamten; im Königreich Sachsen noch jetzt der Amtstitel des Verwaltungschefs eines Bezirks, der danach Amtshauptmannschaft genannt wird. S. Sachsen.

Amtskleidung, s. Amtszeichen.

Amtsmißbrauch. s Amtsverbrechen.

Amtspersonal, s. Personal.

Amtsrichter, s. Gericht.

Amtssässig, s. Schriftsässig.

Amtsverbrechen (Amtsdelikt, Dienstvergehen), im weitern Sinn jede Pflichtverletzung eines Beamten, im engern Sinn und in der juristischen Bedeutung des Worts aber nur die kriminell strafbare Verletzung der besondern Amtspflicht eines solchen. Abgesehen von den allgemeinen Verpflichtungen eines jeden Staatsbürgers, liegen nämlich dem öffentlichen Beamten noch besondere Verpflichtungen ob, welche eben durch seine amtliche Stellung begründet und bedingt sind. Eine Verletzung und Vernachlässigung dieser besondern Amtspflichten kann Disziplinaruntersuchung und Disziplinar= oder Ordnungsstrafe nach sich ziehen, letztere kann entweder in einem Verweis, einer Geld= oder Arreststrafe oder auch in vorläufiger

Suspension vom Amt bestehen. Diese Disziplinarstrafgewalt des Staats und seiner Oberbehörden, welche mit dem staatlichen Oberaufsichtsrecht und mit der Amtshoheit des Souveräns zusammenhängt, wird besonders bei bloßen Amtsordnungswidrigkeiten, bei Nachlässigkeit im Dienst, Ungehorsam gegen den amtlichen Vorgesetzten, Ausschreitungen bei Ausübung der Amtsbefugnisse, unordentlichem Lebenswandel, Verletzung der Amtsverschwiegenheit u. dgl. zur Anwendung gebracht. Das hierbei zu beobachtende Verfahren ist aber regelmäßig durch besondere Gesetze normiert, welche den Beamtenstand gegen Willkürlichkeiten schützen und namentlich auch das Recht der Beschwerde gegen derartige Disziplinarstraferkenntnisse im geordneten Instanzenzug einräumen. Steigert sich aber die Verletzung der Amtspflicht zu einer wirklichen Verletzung der staatlichen Rechtsordnung überhaupt, so reicht eine im Verwaltungsweg zu verhängende Disziplinarstrafe nicht aus, sondern die strafrechtliche Verfolgung und die durch das Strafgesetz normierte öffentliche Strafe müssen Platz greifen, und derartige Fälle werden eben als A. im eigentlichen Sinn bezeichnet. Dabei ist jedoch zu beachten, daß nicht jedes Verbrechen, welches ein Beamter begeht, auch ein A. ist. Ein solches liegt vielmehr nur dann vor, wenn das Verbrechen gerade eine Verletzung der besondern Amtspflicht des Beamten (einerlei übrigens, ob derselbe ein Justiz= oder Verwaltungs=, ein Finanz= oder sonstiger Beamter ist) involviert. Nur hat die moderne Gesetzgebung vielfach auch bei gemeinen Verbrechen die Beamtenqualität des Verbrechers als einen Straferhöhungsgrund hervorgehoben; auch findet zwischen dem von einem Beamten begangenen gemeinen Verbrechen und seinem Amtsverhältnis insofern ein Zusammenhang statt, als ein solches Verbrechen regelmäßig die Unfähigkeit zu öffentlichen Ämtern und den Verlust derselben nach sich zieht. Zuweilen bezeichnet auch die Strafgesetzgebung ein an und für sich gemeines Verbrechen ausdrücklich als ein A., wenn es von einem Beamten begangen wurde, und setzt dafür eine besondere Strafe fest; so z. B. das deutsche Reichsstrafgesetzbuch (§§ 340, 342, 350) in Ansehung der von einem Beamten in Ausübung oder in Veranlassung der Ausübung seines Amtes vorsätzlich begangenen Körperverletzung, eines unter gleichen Verhältnissen begangenen Hausfriedensbruchs und einer Unterschlagung von Geldern und andern Sachen, welche ein Beamter in amtlicher Eigenschaft empfangen oder im Gewahrsam hat.

Im übrigen sind aber von den »Verbrechen und Vergehen im Amt«, wie sie das deutsche Strafgesetzbuch (§ 331 ff.) zusammenstellt, folgende hervorzuheben, welche mit den nachbenannten Strafen belegt sind: Annahme von Geschenken von seiten eines Beamten für eine in sein Amt einschlagende an sich nicht pflichtwidrige Handlung: Geldstrafe bis zu 300 Mk. oder Gefängnis bis zu 6 Monaten. Bestechlichkeit: Zuchthaus bis zu 5 Jahren (s. Bestechung); Bestechlichkeit oder passive Bestechung eines Richters, Schiedsrichters, Geschwornen oder Schöffen: Zuchthaus bis zu 15 Jahren. Parteilichkeit bei Leitung oder Entscheidung einer Rechtssache: Zuchthaus bis zu 5 Jahren. Vorsätzliche Verhängung einer Untersuchung über Unschuldige: Zuchthaus bis zu 5 Jahren. Gleiche Strafe trifft den Beamten, welcher vorsätzlich eine ungerechte Strafe vollstrecken läßt, während eine fahrlässige Handlungsweise in dieser Beziehung mit Gefängnisstrafe oder Festungshaft bis zu einem Jahr oder Geldstrafe bis zu 900 Mk. geahndet wird. Auch die vorsätzliche Pflichtverletzung durch Nichtausübung der Strafgewalt ist mit Strafe (Zuchthaus bis zu 5 Jahren) bedroht. Falsche Beurkundung oder Vernichtung von Urkunden durch einen Beamten zieht Gefängnisstrafe bis zu 5 Jahren und, wenn es in gewinnsüchtiger Absicht geschah, Zuchthaus bis zu 10 Jahren nach sich. Unterschlagung durch Beamte in Ansehung von Geldern und andern Sachen, welche man in amtlicher Eigenschaft empfangen, wird mit Gefängnis bis zu 5 Jahren und nicht unter 3 Monaten geahndet und, wenn eine Fälschung amtlicher Urkunden dazu kommt, mit Zucht=

haus bis zu 10 Jahren; doch iſt faſt in
allen dieſen Fällen eine Herabſetzung der
Strafe nachgelaſſen, wenn mildernde Umſtände vorliegen. Endlich tritt als ſogen.
Aushilfsverbrechen der Mißbrauch der
Amtsgewalt an und für ſich hinzu, indem der Beamte, welcher durch Mißbrauch
der Amtsgewalt oder durch Androhung
eines beſtimmten Mißbrauchs derſelben
jemand zu einer Handlung, Duldung
oder Unterlaſſung widerrechtlich nötigt,
mit Gefängnis bis zu 5 Jahren beſtraft
werden ſoll, wofern ſich das Verbrechen
nicht noch als ein ſtrenger zu beſtrafendes
charakteriſieren ſollte. Endlich ſind noch
eine Reihe von Strafbeſtimmungen für
beſondere Berufsklaſſen und deren A. gegeben, ſo für die Öffnung und Unterdrückung von Briefen von ſeiten eines
Poſtbeamten (Gefängnißſtrafe nicht unter
3 Monaten), Verfälſchung, Unterdrückung,
Offenbarung von Depeſchen ſeitens eines
Telegraphenbeamten (dieſelbe Strafe),
Prävarikation (ſ. b.) eines Advokaten oder
ſonſtigen Rechtsbeiſtands und pflichtwidrige Eheſchließung durch Geiſtliche. Endlich iſt auch noch des ſogen. Arnim-
Paragraphen (§ 353 a des Strafgeſetzbuchs) zu gedenken, der jener bekannten
Affaire des Fürſten Bismarck mit dem vormaligen Votſchafter des Deutſchen Reichs
in Paris, dem Grafen Harry von Arnim,
ſeine Entſtehung verdankt, welch letzterm
um deswillen der Prozeß gemacht wurde,
weil er gewiſſe Aktenſtücke aus dem Vot-
ſchaftsarchiv an ſich genommen hatte.
Hiernach ſoll nämlich ein Beamter im
Dienſte des auswärtigen Amtes des Deutſchen Reichs, der die Amtsverſchwiegenheit
dadurch verletzt, daß er ihm amtlich anvertraute oder zugängliche Schriftſtücke
oder eine ihm von ſeinem Vorgeſetzten erteilte Anweiſung oder deren Inhalt andern widerrechtlich mitteilt, mit Gefängnis
bis zu 5 Jahren oder mit Geldſtrafe bis
zu 5000 Mk. beſtraft werden. Gleiche
Strafe trifft den mit einer auswärtigen
Miſſion betrauten oder bei einer ſolchen
beſchäftigten Beamten, welcher den ihm
durch ſeinen Vorgeſetzten amtlich erteilten
Anweiſungen vorſätzlich zuwiderhandelt
oder in der Abſicht, ſeinen Vorgeſetzten in

deſſen amtlichen Handlungen irre zu leiten, demſelben erdichtete oder entſtellte
Thatſachen berichtet.

Amtsvorſteher, nach der preußiſchen
Kreisordnung vom 13. Dez. 1872 der
Polizeibeamte, welcher über einen Amtsbezirk, die Unterabteilung des Kreiſes
(ſ. b.), geſetzt iſt. Dem A., welchem die
Sicherheits-, Ordnungs-, Sitten-, Geſund-
heits-, Geſinde-, Armen-, Wege-, Waſſer-,
Feld-, Forſt-, Fiſcherei-, Gewerbe-, Land-
und Feuerpolizei, ſoweit ſie nicht dem Land-
ſind, obliegt, ſteht ein Amtsausſchuß
zur Seite. Dieſer ſetzt ſich aus Vertretern ſämtlicher zum Amtsbezirk (ſ. b.) gehöriger Gemeinden oder ſelbſtändiger
Gutsbezirke zuſammen. Beſteht der Amtsbezirk aber nur aus Einer Gemeinde, ſo
nimmt die Lokalgemeindevertretung auch
die Geſchäfte des Amtsausſchuſſes wahr.
In denjenigen Amtsbezirken endlich, welche
nur aus einem einzigen Gutsbezirk beſtehen, fällt der Amtsausſchuß ganz hinweg. Dem Amtsausſchuß ſtehen die Kontrolle ſämtlicher und die Bewilligung derjenigen Ausgaben der Amtsverwaltung
zu, welche vom Amtsbezirk aufgebracht
werden, ferner die Beſchlußfaſſung über
diejenigen Polizeiverordnungen, welche
der A. unter Mitwirkung des Amtsausſchuſſes zu erlaſſen befugt iſt, die Äußerung über eine etwaige Abänderung des
Amtsbezirks, die Beſtellung und Wahl
beſonderer Kommiſſionen oder Kommiſ-
ſare zur Vorbereitung und Ausführung
von Beſchlüſſen des Amtsausſchuſſes und
endlich auch die Beſchlußfaſſung über ſonſtige Angelegenheiten, welche der A. aus
dem Kreiſe ſeiner Amtsbefugniſſe dem
Amtsausſchuß zu ebendieſem Zweck unterbreitet. Die Gemeinde- und Gutsvor-
ſtände ſind dem A. inſofern unterſtellt, als ſie ſeinen Anweiſungen und
Aufträgen innerhalb ſeiner geſetzlichen
Funktionen nachzukommen haben. Der
A. wird auf Vorſchlag des Kreistags je
auf ſechs Jahre vom Oberpräſidenten ernannt und vom Landrat vereidigt. In
denjenigen Amtsbezirken, welche nur aus
Einer Gemeinde oder aus Einem ſelbſtän-
digen Gutsbezirk beſtehen iſt der Ge-

meinde= oder Gutsvorsteher zugleich A. Die Aufsicht über die Geschäftsführung des Amtsvorstehers, welcher übrigens eine Amtsunkostenentschädigung beanspruchen kann, führt der Landrat als Vorsitzender des Kreisausschusses.

Amtszeichen, ein bestimmtes äußeres Merkmal, durch welches die amtliche Eigenschaft der damit versehenen Person angedeutet wird, also namentlich eine vorschriftsmäßige Amtskleidung, eine Uniform, ein Dienstschild u. dgl. Das A. darf nur von dem Beamten, für welchen es bestimmt ist, getragen werden, und das unbefugte Tragen eines solchen ist mit Strafe bedroht, welche nach dem deutschen Reichsstrafgesetzbuch in Geldstrafe bis zu 150 Mk. oder entsprechender Haft bestehen soll.

Analphabeten (griech.), die des Lesens und Schreibens unkundigen Personen.

Anarchie (griech., »Herrschaftslosigkeit«), Zustand des Staats, in welchem es an einer Staatsregierung völlig fehlt, oder in dem es doch der rechtmäßigen Regierung unmöglich ist, sich Geltung zu verschaffen und ihre Funktionen auszuüben; anarchisch, rechtlos, im Zustand der Gesetzlosigkeit befindlich; Anarchist, derjenige, welcher einen anarchischen Zustand anstrebt.

Anciennität (franz. Ancienneté), das Dienst=, Amts= oder Rangalter. Militärisch wird die A. nach dem Tag der letzten Beförderung, bei Offizieren nach dem Patent berechnet. Im Gefecht maßgebend für die Übernahme des Kommandos, wenn der Kommandeur einer Truppe gefallen ist.

Andorra, Miniaturrepublik am Südabhang der östlichen Pyrenäen, zwischen Frankreich und Spanien gelegen, 495 qkm mit 12—18,000 Einw. Die Republik steht unter der Oberherrschaft Frankreichs und des Bischofs von Urgel und wird durch einen Generalrat von 24 Mitgliedern regiert. Präsident dieses Rats ist ein erster Syndikus, der zugleich mit der Exekutive betraut ist und vom Generalrat auf je vier Jahre erwählt wird. Die Republik zerfällt in sechs Gemeinden, zu welchen der Hauptort A. gehört.

Angehörige, im Sinn des deutschen Strafgesetzbuchs (§ 52) die Verwandten und Verschwägerten auf= und absteigender Linie, Adoptiv= und Pflegeeltern und =Kinder, Ehegatten, Geschwister und deren Ehegatten und Verlobte.

Angeklagter (Angeschuldigter), s. Anklage.

Anglikanische Kirche (bischöfliche Kirche, Episkopal= oder Hochkirche), die protestantische Staatskirche Englands. An ihrer Spitze steht der Erzbischof von Canterbury als Primas und erster Peer des Reichs. Die übrigen Bischöfe sind ebenfalls Mitglieder des Oberhauses, und zwar werden deren 21 gezählt. Dem Erzbischof von Canterbury, welcher den König krönt, steht der Erzbischof von York zunächst mit sieben Bistümern. Das Bekenntnis, welches sich dem der reformierten Kirche Calvins nähert, ist in den sogen. 39 Artikeln enthalten, die 1571 festgestellt wurden. Die Selbständigkeit der englischen Hochkirche datiert aus der Zeit Heinrichs VIII., welcher sich 1534 infolge seines Ehestreits vom Papst lossagte und sich selbst zum Oberhaupt der Kirche erklärte. Vgl. Weber, Geschichte der Kirchenreformation in Großbritannien (neue Ausg. 1856, 2 Bde.).

Angloamerikaner, von England abstammende Amerikaner.

Angloindisches Reich, Gesamtbezeichnung für die Besitzungen Englands in Ostindien (s. Großbritannien).

Anglomanie (lat.), übertriebene Vorliebe für England und englisches Wesen.

Anhalt, Herzogtum und Bundesstaat des Deutschen Reichs, 2347 qkm mit 232,747 meist evangel. Einwohnern; Haupt= und Residenzstadt: Dessau mit 23,266 Einw. Nach dem Aussterben der Linie A.=Köthen 1847 und der Linie A.=Bernburg 1863 wurden die bis dahin selbständigen Herzogtümer A.=Köthen und A.=Bernburg mit dem Herzogtum A.=Dessau vereinigt. Die Verfassung von A. ist die einer konstitutionellen Erbmonarchie, an deren Spitze der Herzog (Hoheit) aus dem Haus Askanien steht. Die Volksvertretung ist nach dem Einkammersystem organisiert (Gesetze vom 18. Juli und 31. Aug. 1859, 15. Juli 1871, 19. Febr. 1872, 4. Febr. 1874 und 15. Juli 1875).

Der Landtag besteht aus 2 vom Herzog für die Dauer der Landschaftsperiode ernannten, 8 von den höchstbesteuerten Grundbesitzern, 2 von den meistbesteuerten Handel- und Gewerbtreibenden, 14 von den übrigen Wahlberechtigten der Städte und 10 von den übrigen Wahlberechtigten des platten Landes in indirekten Wahlen gewählten Mitgliedern. Die Legislaturperiode ist eine sechsjährige.

An der Spitze der Staatsverwaltung steht das Staatsministerium in Dessau, welches durch Verordnung vom 28. April 1870 einheitlich organisiert und dem Staatsminister unterstellt ist. Von diesem ressortieren die Regierung mit Abteilungen des Innern, für Schulwesen und für die Finanzen, das Konsistorium für die evangelischen Kirchenangelegenheiten und das statistische Büreau, sämtliche Behörden in Dessau, ferner das Oberbergamt in Bernburg und die Generalkommission für Ablösungs= und Separationsangelegenheiten zu Köthen. Für das Staatsschuldenwesen des Herzogtums besteht eine gemeinsame Schuldenverwaltung, deren Mitglieder zur Hälfte vom Herzog und zur andern Hälfte von dem Landtag ernannt werden. Zum Zweck der innern Landesverwaltung zerfällt das Herzogtum in die fünf Kreise: Dessau, Köthen, Zerbst, Bernburg und Ballenstedt, an deren Spitze Kreisdirektionen stehen, unter deren Aufsicht die Ortspolizei durch die Gemeindevorstände und durch die Eigentümer der selbständigen Rittergüter verwaltet wird; doch stehen die Ortspolizeiverwaltungen in den vier größern Städten unmittelbar unter der Regierung. — Rechtspflege. Zufolge eines Staatsvertrags mit Preußen vom 9. Okt. 1878 fungiert das königliche Oberlandesgericht zu Naumburg zugleich als solches für die anhaltischen Lande. Ein Landgericht für das ganze Herzogtum ist in Dessau errichtet, welches die elf Amtsgerichtsbezirke Ballenstedt, Bernburg, Dessau, Harzgerode, Jeßnitz, Köthen, Koswig, Oranienbaum, Roßlau, Sandersleben und Zerbst umfaßt. — Laut Militärkonvention mit Preußen vom 16. Sept. 1873, welche an Stelle der 28. Juni 1867 abgeschlossenen Konvention trat, ist das Kontingent des Herzogtums in den preußischen Militärverband mit aufgenommen, indem es das anhaltische Infanterieregiment Nr. 93 bildet, welches zur 7. Division des 4. Armeekorps (Magdeburg) gehört. — Finanzen. Die Staatseinnahmen waren nach dem Hauptfinanzetat für 1880—81 auf 16,029,000 Mk. veranschlagt, einschließlich 7,624,000 Mk. an indirekten Steuern für das Reich, die Ausgaben auf 16,017,400 Mk., so daß ein Überschuß von 11,600 Mk. verblieb. Die Staatsschuld betrug 30. Juni 1880: 4,521,730,75 Mk., welcher 6,972,399,19 Mk. Aktiven gegenüberstanden. — Das Landeswappen ist ein zweimal gespaltener und dreimal quer geteilter Schild, welcher also zwölf Felder enthält. Das zweite Feld in der zweiten Reihe zeigt das anhaltische Stammwappen. Letzteres enthält in der vordern silbernen Hälfte einen aus der Teilungslinie hervorgehenden halben roten Adler (Brandenburg), während die hintere Hälfte des Mittelschilds schwarz und golden zehnmal quer gestreift ist, mit einem schrägrechts darüber gezogenen grünen Rautenkranz (Sachsen). Die Landesfarben sind Rot, Grün und Weiß, gewöhnlich aber nur Grün und Weiß; die Militärkokarden sind nur grün. — Für den deutschen Bundesrat ernennt A. einen Bevollmächtigten und entsendet zum Reichstag zwei Abgeordnete. Vgl. Siebigk, Das Herzogtum A., historisch, geographisch und statistisch dargestellt (1867).

Anklageprozeß (Anklageverfahren), diejenige Art des strafrechtlichen Verfahrens, bei welchem das Gericht nicht von Amts wegen die strafrechtliche Verfolgung eintreten läßt, sondern der Regel nach nur auf besondern Antrag und auf ausdrückliches Betreiben einer außerhalb des Gerichts stehenden Person einschreitet, sei es eines öffentlichen Anklägers oder eines Privatanklägers. Das Anklageprinzip (Akkusativprinzip) ist ein Hauptunterscheidungsmerkmal des modernen Strafprozesses von dem frühern Untersuchungs= oder Inquisitionsprozeß, in welchem der Richter von Amts wegen einzuschreiten, die Untersuchung einzuleiten und schließlich das Urteil zu sprechen hatte. Die moderne Gesetzgebung dagegen hat in dem Staatsanwalt einen öffentlichen Ankläger geschaffen, dessen Aufgabe es ist, den durch das Verbrechen verletzten Staat zu vertreten. Nach der deutschen Strafprozeßordnung insbesondere ist die Eröffnung einer gerichtlichen Untersuchung durch die Erhebung einer Klage bedingt. Diese Klage ist regelmäßig eine öffentliche, welche von der Staatsanwaltschaft erhoben und vertreten wird. Nur ausnahmsweise tritt der Verletzte selbst mit der Klage (Privatklage) vor Gericht auf. Dies ist der Fall bei Beleidigungen und bei Körperverletzungen, soweit deren Verfolgung nur auf Antrag eintritt. Außerdem und also auch bei den übrigen sogen. Antragsverbrechen (s. d.) geht die Staatsanwaltschaft mit der öffentlichen Klage vor. Sie ist, soweit nicht gesetzlich ein andres bestimmt, verpflichtet, wegen aller gerichtlich strafbarer und verfolgbarer Handlungen einzuschreiten, sofern zureichende thatsächliche Anhaltspunkte vorliegen. Die öffentliche Klage kann nicht zurückgenommen werden. Derjenige Beschuldigte, gegen welchen sie erhoben ist, wird in der deutschen Strafprozeßordnung als Angeschuldigter bezeichnet. Beantragt die Staatsanwaltschaft im Verfolg der Untersuchung die Eröffnung des Hauptverfahrens, so ist von ihr eine Anklageschrift einzureichen, welche die dem Angeschuldigten zur Last gelegte That unter Hervorhebung ihrer gesetzlichen Merkmale und des anzuwendenden Strafgesetzes zu bezeichnen sowie die Beweismittel und das Gericht, vor welchem die Hauptverhandlung stattfinden soll, anzugeben hat. In den vor dem Reichsgericht, den Schwurgerichten oder den Landgerichten zu verhandelnden Sachen sind außerdem die wesentlichen Ergebnisse der stattgehabten Ermittelungen in die Anklageschrift mit aufzunehmen. Der Angeschuldigte, welchem die Anklageschrift mitzuteilen ist, hat sich alsdann zu erklären, ob er noch die Vornahme einzelner Beweiserhebungen oder, wenn eine Voruntersuchung nicht stattgefunden, eine solche beantragen, oder ob er Einwendungen gegen die Eröffnung des Hauptverfahrens vorbringen will. Hieran schließt sich dann der Gerichtsbeschluß, daß das Hauptverfahren zu eröffnen, oder daß es nicht zu eröffnen, oder daß es vorläufig einzustellen sei. Der Beschuldigte, gegen welchen die Eröffnung des Hauptverfahrens beschlossen, ist damit in den Anklagestand versetzt und wird von der deutschen Strafprozeßordnung als Angeklagter bezeichnet. Vgl. Deutsche Strafprozeßordnung, §§ 151 ff., 414 ff.

Anleihe, Geldaufnahme seitens des Staats oder einer andern öffentlichen Körperschaft, z. B. einer Gemeinde, zur Bestreitung außerordentlicher Ausgaben. Wendet sich dabei der Staat oder die sonstige Korporation, welche die A. aufnimmt, an den Gemeinsinn der Angehörigen der betreffenden Körperschaft oder überhaupt an diejenigen, welche zu diesem Zweck Geld hergeben wollen, so spricht man von einer freiwilligen A. im Gegensatz zur sogen. Zwangsanleihe, welche der Staat zwangsweise von seinen Angehörigen erhebt, indem die einzelnen Beträge gleich einer Steuer umgelegt werden. Weiter unterscheidet man zwischen verzinslicher und unverzinslicher A., je nachdem der Staat zinstragende Obligationen oder Papiergeld ausgibt, welches aber an den Staatskassen bar eingelöst wird, wofern der Staat nicht, wie in Österreich, Rußland, Italien und Nordamerika, die Papierwährung eingeführt hat, so daß das Papiergeld gegen Metallgeld im Wert zurücksteht. Die Staatsanleihen werden regelmäßig entweder durch Subskription oder durch Submission aufgebracht. Im ersten Fall erläßt die Staatsregierung selbst und direkt eine Aufforderung an die Kapitalisten, sich bei der A. zu beteiligen, unter Bekanntgabe der Subskriptionsbedingungen, während im andern Fall von Bankhäusern Offerten darüber eingeholt werden, zu welchen Bedingungen diese die A. übernehmen wollen, so daß alsdann dasjenige Bankhaus, welches die A. »negoziiert«, die Vermittelung zwischen dem Staat und den Kapitalisten übernimmt. Die Anleihen selbst werden in verschiedenen Formen begeben (s. Staatspapiere).

Anmusterung, s. Heuer.

Annälen (lat.), Jahrbücher, welche geschichtliche Ereignisse in chronologischer Reihenfolge enthalten; dann Titel von Zeitschriften, z. B. die »A. des Norddeutschen Bundes und des nunmehrigen Deutschen Reichs«, welche von Hirth (1868 ff., 1872 ff.) herausgegeben werden, und ein »Jahrbuch des Norddeutschen Bundes und des Deutschen Reichs« in politischer, gesetzgeberischer und volkswirtschaftlicher Hinsicht bilden.

Annäten (lat.), Abgabe, welche bei Verleihung gewisser Kirchenpfründen beim Amtsantritt an den päpstlichen Stuhl zu entrichten ist.

Annektieren (lat., »anknüpfen«), ein bestimmtes Gebiet dem eignen Staatsgebiet einverleiben, daher Annektierung (Annexion), die unfreiwillige Einverleibung eines Staatsgebiets oder eines Teils desselben in ein andres Staatsgebiet; Annexionist, Anhänger der Annexionspolitik; jemand, der sich mit Annexionsgelüsten trägt. Der Ausdruck rührt namentlich aus der Zeit Napoleons III. her, welcher z. B. Savoyen annektierte, indem er Sardinien zu dessen Abtretung nötigte als Gegenleistung für die im italienisch-österreichischen Kriege geleisteten Dienste, und indem er zum Schein unter Anwendung des Nationalitätsprinzips eine Volksabstimmung veranstalten ließ. Die nach dem Krieg von 1866 durch Preußen vorgenommene Annektierung von Schleswig-Holstein, Hannover, Kurhessen, Nassau und Frankfurt a. M. stützte sich auf den völkerrechtlichen Titel der Eroberung und ward unter Zustimmung der preußischen Kammern durch besondere Gesetze (vom 20. Sept. und 24. Dez. 1866) sanktioniert.

Annonce (franz., spr. -nóngß), öffentliche Bekanntmachung, namentlich durch Insertion in eine Zeitung; Annoncenbüreau, ein Institut, welches dem Publikum die Benutzung der Zeitungen zu öffentlichen Ankündigungen erleichtert, wie »Haasenstein u. Vogler« (Hamburg) und »Rudolf Mosse« (Berlin) mit ihren zahlreichen Filialen und Agenturen.

Annuitäten (lat.), jährliche Zahlungen zum Zweck der Abtragung oder der Verzinsung einer Schuld. Dieselben kommen nicht nur im Privatleben, sondern auch im öffentlichen Verkehr der Staatskreditinstitute und zum Zweck der Negozierung von Staatsanleihen vor. So gibt es A. in Form einer gleichbleibenden Verzinsung eines eisernen Kapitals (immerwährende Rente). Andre charakterisieren sich als stückweise Abtragung einer unverzinslichen Schuld, oder sie dienen zugleich zur Verzinsung und zur successiven Tilgung (Tilgungsrente) der Schuld, oder sie werden so lange gezahlt, als der Gläubiger oder derjenige, auf dessen Leben die Rente versichert ist, lebt (Leibrente).

Anonyme Gesellschaft, s. Aktiengesellschaft.

Anstandsbrief, s. Moratorium.

Anstifter, derjenige, welcher einen andern zu einer strafbaren Handlung vorsätzlich bestimmt, sei es durch Geschenke oder Versprechen, durch Drohung, durch Mißbrauch des Ansehens oder der Gewalt, durch absichtliche Herbeiführung oder Beförderung eines Irrtums oder durch andre Mittel. Der A. (mittelbarer, intellektueller, psychischer, moralischer Urheber) wird nach dem deutschen Strafgesetzbuch (§ 48) gleich dem Thäter bestraft. Auch der Versuch der Anstiftung ist hier (§ 49a) für strafbar erklärt, wofern es sich um ein Verbrechen (s. b.) im engern Sinn handelt, zu welchem der A. einen andern aufforderte (Aufforderung zum Verbrechen). Es wird jedoch das lediglich mündlich ausgedrückte Auffordern nur dann bestraft, wenn die Aufforderung an die Gewährung von Vorteilen irgend welcher Art geknüpft war. Auch die Annahme einer solchen Aufforderung ist strafbar.

Anti-Cornlaw-League (engl., spr. annti-kornlah-lihg), ein Verein in England, welcher 1831 von Richard Cobben gestiftet ward und (1849) die Aufhebung des Getreidezolls durchsetzte. Zur Gründung einer deutschen A. ist infolge des 1879 eingeführten Getreideschutzzolls wiederholt in der Presse aufgefordert worden.

Antikonstitutionell, konstitutionswidrig, der Konstitution entgegen, mit den

Prinzipien der konstitutionellen Monarchie unvereinbar, z. B. antikonstitutionelles Verfahren, antikonstitutionelle Gesinnung 2c.

Antisemitenliga, eine 1880 in Berlin gegründete Verbindung zur Unterbrückung des Judentums, welche insbesondere durch den Führer der sogen. christlich-sozialen Partei, Hofprediger Stöcker in Berlin, unterstützt ward und 1881 in dem Oberlehrer Henrici u. a. leidenschaftliche Vertreter fand. Die A. kolportierte insbesondere eine Antisemitenpetition an den Reichskanzler, suchte in verschiedenen Volksversammlungen das Volk gegen die Juden aufzureizen und erregte durch die Maßlosigkeit ihres Auftretens gerechte Entrüstung und Widerwillen. Vgl. Juden.

Antrag, im Rechtsleben und im öffentlichen Leben überhaupt die an eine Behörde oder sonstige öffentliche Stelle gerichtete formelle Aufforderung, nach bestimmter Richtung hin eine speziell bezeichnete Thätigkeit eintreten zu lassen. Dergleichen Anträge werden entweder mündlich gestellt, so z. B. in einer Gerichtsverhandlung von seiten des Staatsanwalts oder des Verteidigers des Angeschuldigten, oder in einer Repräsentativversammlung von den Mitgliedern der betreffenden Körperschaft, oder sie werden schriftlich in besondern Eingaben und Gesuchen eingereicht. In beiden Fällen ist aber eine gehörige Begründung des Antrags beizugeben, von deren Klarheit und Stichhaltigkeit die Annahme und die Gewährung des Antrags zumeist abhängen. Dies kann entweder so geschehen, daß in erster Linie der A. gestellt und dann dessen Begründung angefügt wird, oder so, daß zunächst das thatsächliche Material vorgetragen, die nötigen Rechtsausführungen beigefügt werden und endlich als logische Schlußfolgerung des Ganzen der bestimmt formulierte A. (z. B. auf Freisprechung oder auf Verurteilung eines Angeschuldigten) gestellt wird, wie dies namentlich in den Gerichtsverhandlungen zu geschehen pflegt.

Antragsverbrechen (Antragsdelikte), diejenigen strafbaren Handlungen, bei welchen eine strafrechtliche Verfolgung nur auf ausdrücklichen Antrag des Ver-

letzten oder seines gesetzlichen Vertreters eintritt, während der Regel nach der Staat durch seine Organe von Amts wegen gegen den Verbrecher einschreitet. Derartige A. sind z. B. Beleidigung, leichte Körperverletzung, Ehebruch, Bedrohungen 2c. Die Novelle zum deutschen Strafgesetzbuch (§ 64 in seiner nunmehrigen Fassung) gestattet aber die Zurücknahme des einmal gestellten Antrags nur noch ausnahmsweise in den im Gesetz ausdrücklich bestimmten Fällen. Diese Fälle finden sich in den §§ 102—104 (feindliche Handlungen gegen befreundete Staaten), 194 (Beleidigung), 232 (leichte vorsätzliche und fahrlässige Körperverletzungen, gegen Angehörige [s. b.] verübt), 247 (Haus- und Verwandtendiebstahl oder Unterschlagung dieser Art), 263 (Betrug, gegen Angehörige, Vormünder oder Erzieher begangen), 292 (Wilddiebstahl, verübt von einem Angehörigen des Jagdberechtigten), 303 (Sachbeschädigung, einem Angehörigen gegenüber begangen) und 370 des Strafgesetzbuchs (Entwendung von Nahrungsmitteln zum alsbaldigen Verbrauch oder Wegnahme von Viehfutter, um das eigne Vieh des Bestohlenen damit zu füttern). Aber auch in diesen Fällen ist die Zurücknahme des Antrags nur bis zur Verkündigung eines auf Strafe lautenden Urteils zulässig. Vgl. Hergenhahn, Das Antragsrecht im deutschen Strafrecht (1878).

Anwalt, Rechtsbeistand einer Person (s. Rechtsanwalt); Anwaltsprozeß, das Verfahren in bürgerlichen Rechtsstreitigkeiten vor den Landgerichten, einschließlich der Handelskammern, in erster sowie in dem Verfahren vor den Gerichten in zweiter und dritter Instanz (s. Gericht). Für dies Verfahren besteht nämlich der sogen. Anwaltszwang, d. h. jede Partei, auch eine rechtskundige, muß sich in diesem Verfahren durch einen bei dem Prozeßgericht zugelassenen Rechtsanwalt vertreten lassen. Nur ein bei dem Prozeßgericht zugelassener Rechtsanwalt kann sich als Partei selbst vertreten. Den Gegensatz zum Anwaltsprozeß bildet der sogen. Parteiprozeß vor dem Amtsgericht, in welchem die Partei selbst oder durch einen Prozeßbevollmächtigten, der kein A. zu sein braucht, vor Gericht auftreten kann. Vgl. Deutsche Zivilprozeßordnung, §§ 74 ff. Übrigens wird der Ausdruck A. auch zur Bezeichnung des sonstigen Vertreters einer Person oder einer Körperschaft gebraucht, z. B. der A. der deutschen Genossenschaften. Der durch das Verbrechen verletzte Staat wird durch den Staatsanwalt (s. b.) vertreten.

Anzeige, im Strafprozeß die Mitteilung, welche einer Behörde von einer beabsichtigten oder von einer begangenen strafbaren Handlung zum Zweck ihrer Verhütung ob,r ihrer Bestrafung gemacht wird. Eine Verpflichtung zur Erstattung einer solchen A. (Anzeigepflicht) liegt zunächst nur bei hierzu berufenen Organen der öffentlichen Sicherheit und denjenigen Beamten ob, welche bei Ausübung der Strafgewalt mitzuwirken haben. Allein manche Verbrechen enthalten einen so gefährlichen Eingriff in die allgemeine Rechtsordnung und Rechtssicherheit, daß es als eine allgemeine Bürgerpflicht erachtet wird, zur Verhütung einer solchen strafbaren Handlung durch rechtzeitige A. mit beizutragen. Das österreichische Strafgesetzbuch nimmt diese Anzeigepflicht in Bezug auf alle bevorstehenden Verbrechen (im engern Sinn), das deutsche Strafgesetzbuch (§ 139) dagegen nur in Ansehung der Verbrechen des Hochverrats, Landesverrats, Münzverbrechens, Mordes, Raubes, Menschenraubs oder eines gemeingefährlichen Verbrechens an. Es bedroht denjenigen, welcher von einem solchen Verbrechen zu einer Zeit, in welcher die Verhütung desselben möglich ist, glaubhafte Kenntnis erhält und es gleichwohl unterläßt, hiervon der Behörde oder der durch das Verbrechen bedrohten Person zur rechten Zeit A. zu machen, mit Gefängnis bis zu 5 Jahren, wofern das Verbrechen oder ein strafbarer Versuch eines solchen wirklich begangen worden ist. Ist jedoch die A. mit einer Gefahr für Leib oder Leben des Anzeigepflichtigen oder eines Angehörigen (s. d.) von ihm verknüpft, so ist die Unterlassung der A. nicht strafbar (deutsches Strafgesetzbuch, §§ 52, 54). Was aber die A. eines begangenen Verbrechens anbetrifft, so wird die Unterlassung derselben nach dem deutschen Strafgesetzbuch (§ 346) nur dann bestraft, wenn sie zugleich als Unterlassung einer besondern Amtspflicht erscheint. Ein Beamter, welcher vermöge seines Amtes bei Ausübung der Strafgewalt oder bei Vollstreckung der Strafe mitzuwirken hat, wird nämlich mit Zuchthaus bis zu 5 Jahren belegt, wenn er in der Absicht, jemand der gesetzlichen Strafe rechtswidrig zu entziehen, die Verfolgung einer strafbaren Handlung unterläßt. Sind mildernde Umstände vorhanden, so tritt Gefängnisstrafe nicht unter einem Monat ein. Hat eine solche Absicht auf seiten des anzeigepflichtigen Beamten nicht vorgelegen, so wird derselbe sich gleichwohl einer Disziplinaruntersuchung aussetzen. Anzeigen strafbarer Handlungen oder Anträge auf Strafverfolgung können nach der deutschen Strafprozeßordnung (§ 156) bei der Staatsanwaltschaft, bei den Behörden und Beamten des Polizei- und Sicherheitsdienstes und bei den Amtsgerichten mündlich oder schriftlich angebracht werden. Die mündliche A. ist zu beurkunden. Sind Anhaltspunkte dafür vorhanden, daß jemand eines nicht natürlichen Todes gestorben, oder wird der Leichnam eines Unbekannten gefunden, so sind die Polizei- und Gemeindebehörden zur sofortigen A. an die Staatsanwaltschaft oder an den Amtsrichter verpflichtet. Die Beerdigung darf nur auf Grund schriftlicher Genehmigung der Staatsanwaltschaft oder des Amtsrichters erfolgen (deutsche Strafprozeßordnung, § 157). Übrigens wird der Ausdruck A. im strafprozessualischen Sinn auch als gleichbedeutend mit Indiz gebraucht, worunter man ein Moment versteht, dessen Gewißheit auf die Wahrscheinlichkeit der Schuld oder Unschuld eines Angeschuldigten schließen läßt. Wird der Beweis der Schuld des Angeklagten ohne dessen Geständnis lediglich durch Indizien erbracht, so spricht man von Indizienbeweis.

Apanage (franz., spr. -nahsch), die zum standesgemäßen Unterhalt nicht regierender Mitglieder eines fürstlichen Hauses bestimmte Dotation. Das Rechtsinstitut der A. steht mit dem Grundsatz der Primogenitur in Zusammenhang, wonach immer der Erstgeborne und dessen Linie zur Regierungsnachfolge berufen werden. Hierdurch entsteht bei der Unteilbarkeit des Landes die Notwendigkeit, die nachgebornen Prinzen und Prinzessinnen zu versorgen. Dies geschah in älterer Zeit vielfach durch sogen. Paragien, d. h. durch die Überweisung bestimmter Güter und ihrer Einkünfte. Die jetzt übliche Form der Versorgung ist aber die A., d. h. jährlicher Rentenzahlung. Die Höhe dieser Renten ist regelmäßig durch Haus- oder Staatsgesetz festgestellt, und zwar kommen in dieser Hinsicht zwei Systeme vor. Nach dem einen System werden die Linien, nach dem andern die einzelnen Familienglieder ausgestattet. Nach dem letztern System erhalten die Mitglieder des fürstlichen Hauses zumeist mit dem Zeitpunkt der Volljährigkeit ihre A.; diese fällt mit dem Tode des »apanagierten« Prinzen heim. Nach dem erstern System dagegen, welches in Sachsen, Bayern und Württemberg besteht, kommt die A. in Erbgang, bis die Linie ausgestorben ist. Auch die Nachkommen des regierenden Herrn, namentlich auch der Thronfolger, also nicht nur die Seitenverwandten, haben in manchen Ländern Anspruch auf A., während sie in andern Staaten bei Lebzeiten des Vaters von diesem mit unterhalten werden müssen. Die Prinzessinnen des Hauses werden, solange sie unvermählt sind, entweder aus der A. der Linie mit erhalten, oder sie empfangen eine besondere A., für welche auch der Ausdruck Sustentation vorkommt. Im Fall der Verheiratung haben sie Anspruch auf Aussteuer (Prinzessinnensteuer, Fräuleinsteuer). Die Witwe des Monarchen und die Witwen der Prinzen des fürstlichen Hauses haben ein Wittum zu beanspruchen. Der Fonds, aus welchem A., Aussteuer und Wittum zu entrichten, ist in den einzelnen Staaten ein verschiedener, nämlich die Staatskasse, die Zivilliste, das Kammer- oder Domänenvermögen oder das fürstliche Familienfideikommißgut. Vgl. außer den Lehrbüchern des Staatsrechts Heffter, Die Sonderrechte der souveränen und mediatisierten Häuser Deutschlands (1871).

Apostasie (griech.), Abfall, namentlich von einer Partei oder von einer Parteiansicht, auch von einer Religionspartei, namentlich von der christlichen Religion; daher Apostat, s. v. w. Abtrünniger.

Apostolischer König (Rex apostolicus), Ehrentitel der Könige von Ungarn, welcher von dem Papst Sylvester II. dem König Stephan von Ungarn verliehen und 1758 von Clemens XIII. für Maria Theresia erneuert wurde.

Apotheker. Die deutsche Gewerbeordnung hat das Apothekergewerbe nicht freigegeben, sie verlangt vielmehr für A. die staatliche Approbation, welche auf Grund eines Nachweises der Befähigung erteilt wird (§ 29). Das Nähere über die Prüfung der A. (pharmazeutische Prüfung), d. h. über die Prüfung derjenigen, welche den Betrieb einer Apotheke im Gebiet des Deutschen Reichs selbständig betreiben wollen, ist auf Grund eines Bundesratsbeschlusses durch Bekanntmachung des Reichskanzlers vom 5. März 1875 (Reichszentralblatt 1875, S. 167 ff.) bestimmt und über die Prüfung der Apothekergehilfen durch Bekanntmachung vom 13. Nov. 1875 (Reichszentralblatt, S. 761 ff.). Auf die Errichtung und Verlegung von Apotheken findet die Gewerbeordnung und also auch die darin ausgesprochene Gewerbefreiheit keine Anwendung. Hier ist vielmehr das Konzessionssystem der Einzelstaaten, sei es Realprivilegium, sei es persönliche Konzession, beibehalten, trotz einer Agitation von Apothekergehilfen und sonstigen Interessenten, welche eine reichsgesetzliche Regelung dieser Angelegenheit und eine Freigabe des Apothekergewerbes anstrebte. Über die Zubereitung der Medikamente erteilten früher die Arzneibücher (pharmacopoeae) der einzelnen Staaten die nötigen Vorschriften, bis durch Bekanntmachung des Reichskanzlers vom 1. Juni 1872 (Reichsgesetzblatt, S. 172) ein allgemeines deutsches Arzneibuch (»Pharmacopoea germanica«) an deren Stelle trat. Vgl. Eulenberg, Das preußische Apothekerwesen (1874).

Appel comme d'abus (franz., spr. appell komm dabüh), das Rechtsmittel der Beschwerde wegen Mißbrauchs der geistlichen Gewalt, welches an die Staatsgewalt gerichtet wird(s.Recursus ab abusu).

Appellation (lat.), das Rechtsmittel der Berufung (s. d.); appellieren, das Rechtsmittel der Berufung gegen ein Erkenntnis einlegen, durch welches man sich beschwert fühlt. Appellationsgericht, Gericht zweiter Instanz, eine Bezeichnung, welche in die deutschen Justizgesetze nicht aufgenommen worden ist (s. Gericht).

Approbieren (lat.), billigen, genehmigen; Approbation, Billigung, Genehmigung, namentlich die Genehmigung zum Betrieb gewisser Gewerbe, welche auf Grund eines Befähigungsnachweises erteilt wird (s. Gewerbegesetzgebung).

Äquität (lat.), Billigkeit; Äquitätsrücksichten, Rücksichtnahme auf die Forderungen der Billigkeit gegenüber den Vorschriften des strengen Rechts, welch letzteres, wenn es auf die Spitze getrieben wird, zum Unrecht werden kann (Summum jus summa injuria).

Ar (franz. Are, ital. Ara, span. Area, v. lat. area, »Fläche«), die Einheit des metrischen Flächenmaßes; 100 Ar = 1 ha; 1 Ar = 100 qm, = 10 Deziar, 100 Zentiar, 1000 Milliar; 100 ha = 1 qkm.

Arar (lat.), Staatskasse, Kasse des Fiskus (Staatsärar); auch Bezeichnung für bestimmte einzelne Staatskassen, z. B. Zollärar; zuweilen werden auch kommunale Kassen und diejenigen von Privatkorporationen so genannt.

Arbeitergilden, s. Gewerkvereine.

Arbeiterpartei, Bezeichnung der sozialdemokratischen Partei Deutschlands (s. Sozialdemokratie).

Arbeitsbuch, die gewerbliche Legitimation des Arbeiters. Dieselbe ist nach der deutschen Gewerbeordnung für Gesellen und Gehilfen selbständiger Gewerbtreibender nicht mehr unbedingt erforderlich; doch hat die Novelle zur Gewerbeordnung vom 17. Juli 1878 wenigstens für die Arbeiter unter 21 Jahren die Verpflichtung zur Führung von Arbeitsbüchern wieder eingeführt. Das A. muß den Namen des Arbeiters, Ort, Jahr und Tag seiner Geburt sowie seine Unterschrift enthalten. Die Ausstellung des Buches, ohne welches ein Arbeiter unter 21 Jahren nicht beschäftigt werden darf, erfolgt unter dem Siegel und der Unterschrift der zuständigen Behörde. Ferner ist die Beschäftigung eines Kindes in einer Fabrik nicht gestattet, wenn dem Arbeitgeber nicht zuvor eine Arbeitskarte für dasselbe eingehändigt wurde. Neben der Arbeitskarte braucht ein A. nicht geführt zu werden. Die Beschäftigung von Kindern unter 12 Jahren in Fabriken ist untersagt. Die Arbeitskarten müssen Namen, Tag und Jahr der Geburt, Stand und letzten Wohnort des Vaters oder Vormunds und außerdem die zur Erfüllung der gesetzlichen Schulpflicht getroffenen Einrichtungen angeben. Vgl. Reichsgesetz vom 17. Juli 1878, betreffend die Abänderung der Gewerbeordnung (Reichsgesetzblatt, S. 199 ff.), §§ 107—114, 137.

Arbeitseinstellung (engl. Strike, spr. streik), die gemeinschaftliche Unterbrechung eines Arbeitsverhältnisses durch die Arbeitnehmer zur Herbeiführung günstigerer Lohn= und Arbeitsbedingungen. Während das frühere Recht derartige Verabredungen der Arbeiter mit Strafe bedrohte und gänzlich untersagte, und während dieser Standpunkt noch jetzt von dem französischen Recht festgehalten wird, hat das englische Recht (Gesetz vom 13. April 1859) die volle Koalitionsfreiheit eingeführt, wonach derartige Verabredungen nicht unzulässig und nicht strafbar sind. Dasselbe System ist in der Schweiz und in den Vereinigten Staaten von Nordamerika in Geltung, und auch die deutsche Gewerbeordnung hat dasselbe adoptiert. Sie hält jedoch einem jeden Teilnehmer den Rücktritt von solchen Vereinigungen und Verabredungen offen; auch findet aus diesen weder eine Klage noch eine Einrede statt (§ 152). Strafbar ist es dagegen, wenn man andre durch Anwendung körperlichen Zwanges, durch Drohungen, durch Ehrverletzung oder durch Verrufserklärung bestimmt oder zu bestimmen sucht, an derartigen Verabredungen teilzunehmen oder ihnen Folge zu leisten, oder andre durch gleiche Mittel hindert oder zu hindern sucht, von solchen Verabredungen zurückzutreten. Die Gewerbeordnung (§ 153) droht in solchen Fällen Gefängnisstrafe bis zu 3 Monaten an, sofern nicht nach dem Strafgesetzbuch eine härtere Strafe eintritt. Da übrigens die Arbeitseinstellungen nicht selten mit einem Bruch der Arbeitsverträge Hand in Hand gehen, so kommen hier auch die gegen den sogen. Kontraktbruch gerichteten Bestimmungen der Novelle zur Gewerbeordnung vom 17. Juli 1878 mit in Betracht, namentlich diejenige (§ 125 der Gewerbeordnung), wonach ein Arbeitgeber, welcher einen Gesellen oder Gehilfen verleitet, vor rechtmäßiger Beendigung des Arbeitsverhältnisses die Arbeit zu verlassen, dem frühern Arbeitgeber für den dadurch entstehenden Schaden als Selbstschuldner haftet. In gleicher Weise haftet ein Arbeitgeber, welcher einen Gesellen oder Gehilfen annimmt oder behält, von dem er weiß, daß derselbe einem andern Arbeitgeber zur Arbeit noch verpflichtet ist.

Arbeitshaus, in dem Strafensystem der frühern deutschen Partikularstrafgesetzbücher eine Strafart, welche zwischen der Zuchthaus- und der Gefängnisstrafe in der Mitte stand, dem bayrischen und dem preußischen Strafgesetzbuch jedoch fremd war. Das deutsche Strafgesetzbuch folgt in dieser Hinsicht dem preußischen; es kennt jedoch die Arbeitshausstrafe als eine Nebenstrafe, nämlich als korrektionelle Nachhaft in solchen Fällen, in denen die geringe Übertretungsstrafe nicht als genügende Reaktion gegen den gewohnheitsmäßigen widerrechtlichen Willen erscheint. Diese Fälle sind: Landstreicherei, Betteln, Erwerbslosigkeit, welche durch Spiel, Trunk oder Müßiggang verursacht, Unzucht von Weibspersonen, welche gewerbsmäßig und polizeilichen Anordnungen zuwider getrieben wurde, Arbeitsscheu der aus öffentlichen Mitteln unterstützten Almosenempfänger und verschuldete Obdachlosigkeit. In diesen Fällen kann das Gericht dahin erkennen, daß die verurteilte Person nach verbüßter Strafe der Landespolizeibehörde zu überweisen sei. Diese erhält dadurch die Befugnis, die verurteilte Person bis zu zwei Jahren in einem A. unterzubringen oder zu gemeinnützigen Arbeiten zu verwenden. Vgl. Deutsches Strafgesetzbuch, §§ 361, Ziff. 3–8; 362.

Arbeitskarte, s. Arbeitsbuch.

Arbiter (lat.), Schiedsrichter.

Archi..., griech. Vorsilbe zur Bezeichnung des Ersten, Obersten. Eine Nachbildung ist das deutsche »Erz-...«, z. B. Erzherzog (archidux).

Archidiakonus (griech.), kirchliche Würde; in der lutherischen Kirche Titel des ersten Diakonus und Stellvertreters des Oberpfarrers an Stadtkirchen; in der katholischen Kirche ehedem der Stellvertreter eines Bischofs und Vorsteher eines Sprengels der Diözese (Archidiakonat).

Archiv (griech.), Sammlung schriftlicher Urkunden von rechtlicher oder geschichtlicher Bedeutung; Archivar, Archivbeamter; Archivwissenschaft, systematische Darstellung der für die Einrichtung und Verwaltung der Archive maßgebenden Grundsätze. Vgl. Brand, Archivwissenschaft (1854).

Areopag (griech., »Hügel des Ares«), in Athen ein uralter Gerichtshof, so benannt nach seinem Versammlungsort. Neuerdings ist der Name zur Bezeichnung des obersten Gerichtshofs für Griechenland in Athen wieder aufgenommen worden. Auch wird der Ausdruck zuweilen angewendet, um ein völkerrechtliches Schiedsgericht zu bezeichnen, indem man z. B. davon spricht, daß eine Sache vor den A. der Großmächte zu bringen sei.

Argentinische Republik (Republica Arjentina, Argentinien, Vereinigte Staaten von La Plata, La Plata-Staaten), südamerikan. Staatenbund, welcher sich aus 14 Freistaaten zusammensetzt, nämlich: Buenos Ayres, Santa Fé, Entre-Rios, Corrientes, Corboba, San Luis, Santiago, Mendoza, San Juan, La Rioja, Catamarca, Tucuman, Salta und Jujuy. Hierzu kommen die abhängigen Territorien Gran-Chaco, Missiones und Pampas Argentinas, im ganzen 2,080,506 qkm mit (1869) 1,877,490 Einw. Dazu kommt ferner das gewaltige Gebiet von Patagonien, welches freilich auf 971,200 qkm nur 24,000 Einw. zählt. Die Hauptstadt ist Buenos Ayres mit (1878) 200,000 Einw. Die Einwohner sind zum überwiegenden Teil Indianer, Kreolen, Mestizen und Mu-

latten; doch ist die europäische Einwande=
rung neuerdings eine bedeutende. Die
offizielle Sprache ist die spanische. Die
Republik ist aus den südlichen Teilen des
ehemaligen spanischen Vizekönigreichs
Buenos Ayres gebildet. Am 9. Juli 1819
erfolgte die Unabhängigkeitserklärung der
Vereinigten Staaten von La Plata, bis
endlich nach langen Kämpfen und Wirren
neben den Staaten Paraguay und Uruguay
die nunmehrige Republik Argentinien ge=
gründet ward, deren Verfassungsurkunde
vom 1. Mai 1853 datiert und nach der Wie=
dervereinigung mit Buenos Ayres 6. Juni
1860 reformiert ward. Sie ist im wesent=
lichen der Konstitution der Vereinigten
Staaten von Nordamerika nachgebildet.
Die gesetzgebende Gewalt ist dem Kongreß
übertragen, welcher aus zwei Kammern,
einer aus den Deputierten der Nation (von
86 Mitgliedern) und einer aus Senatoren
(von 28 Mitgliedern) gebildeten, besteht.
Die vollziehende Gewalt liegt in der Hand
des Präsidenten, welchem ein Vizepräsident
zur Seite steht. Beide werden jeweilig auf
sechs Jahre gewählt. Unter dem Präsiden=
ten stehen die Ministersekretäre des In=
nern, des Äußern, der Finanzen, der Justiz
und des Kriegs. Der oberste Gerichtshof
des Bundes hat seinen Sitz in Buenos
Ayres. Die Einnahmen der Republik
waren pro 1878—79 auf 16,869,129, die
Ausgaben auf 17,311,613 Pesos (1 Peso
= 4,1 Mk.) veranschlagt. Die Staats=
schuld betrug 1. Jan. 1878: 60,744,109
Pesos. Jeder Einzelstaat hat außerdem
noch sein besonderes Budget. Das Bun=
desmilitär besteht aus 7506 Mann ohne
die Nationalgarde, welche der Leitung der
Provinzialregierungen unterstellt ist und
236,000 Mann und 68,000 Mann Re=
serve betragen soll. Konsulate des Deut=
schen Reichs bestehen in Buenos Ayres,
Cordoba, Gualeguaychu, Rosario, Salta
und San Juan. Ein deutscher Minister=
resident für die A. R. und für die Freistaa=
ten Paraguay und Uruguay hat in Buenos
Ayres seinen Sitz. Die Flagge der Re=
publik ist blau = weiß = blau gestreift. Das
Wappen bildet ein in zwei Felder geteiltes
Schild, darüber die aufgehende Sonne;
im untern Feld zwei verschlungene Hände.

welche einen Stab mit der Freiheitsmütze
halten. Vgl. Napp, Die A. R. (1876).

Argyrokratie (griech.), s. v. w. Pluto=
kratie.

Aristokratie (griech., »Herrschaft der
Besten«), in dem staatsphilosophischen
System des Aristoteles diejenige Staats=
beherrschungsform, nach welcher eine ge=
wisse bevorzugte Klasse der Staatsange=
hörigen im Besitz der Staatsgewalt ist.
Bis auf die neueste Zeit ist nämlich jene
Dreiteilung des Aristoteles beibehalten
worden, welche die Staatsbeherrschungs=
formen in das Königtum (Monarchie),
die A. und die Demokratie einteilte, je
nachdem die Staatsgewalt in der Hand
eines Einzelnen sich befinde, oder je nach=
dem sie einer gewissen bevorzugten Klasse
oder endlich der Gesamtheit des Volks zu=
stehe. Die Ausartungen jener drei Re=
gierungsformen aber sind nach Aristote=
les die Tyrannis, die Oligarchie und die
Ochlokratie. In der ersten Ausartungs=
form ist der despotische Einzelwille des
Staatsbeherrschers unbedingt maßgebend,
während in der Oligarchie nur eine ge=
ringe Anzahl von Männern zu eignem
Vorteil die Regierungsgewalt ausübt und
ausbeutet, und während in der Ochlokratie
endlich die rohe Masse des Pöbels sich der
Herrschaft bemächtigt hat. Mit Rücksicht
auf die modernen Staatsverhältnisse aber
pflegt man jetzt zumeist nur zwei Grund=
formen der Staatsverfassung zu unter=
scheiden, die monarchische u. die repu=
blikanische, je nachdem die Staatsge=
walt einem Einzelnen oder je nachdem sie
der Gesamtheit der Staatsangehörigen
zusteht. In Ansehung der Republik wird
dann allerdings wieder zwischen A. und
Demokratie unterschieden, insofern näm=
lich entweder eine gewisse Klasse von
Staatsbürgern die Führerschaft der übri=
gen und die Zügel des Staats in Händen
hat, oder die Gesamtheit des Volks ohne
Standesunterschied als der Souverän er=
scheint. Dem aristokratischen System aber
ist die Neuzeit nicht günstig. Keine der
dermalen bestehenden Republiken hat eine
aristokratische Staatsform, während diese
im Altertum vielfach vertreten war. Wie
namentlich in Griechenland Athen als das

Musterbild der antiken Demokratie erscheint, so wurde die A. ganz besonders durch Sparta repräsentiert. Auch die altrömische Republik mit ihrer Patrizierherrschaft war recht eigentlich eine A. Ebenso hat man das frühere Deutsche Reich in der Zeit des Verfalls, als die kaiserliche Autorität lediglich ein Schattenbild und die Regierungsgewalt in den einzelnen Territorien in den Händen einer großen Anzahl von Kurfürsten, Fürsten, Grafen, weltlichen und geistlichen Herren war, nicht mit Unrecht als eine A. bezeichnet. Auch in dem Freistaat Venedig hat sich lange Zeit hindurch die aristokratische Staatsform erhalten. Wenn aber auch der Begriff der A. heutzutage als Staatsbeherrschungsform nicht mehr von praktischer Bedeutung ist, so spricht man doch noch von A. in dem Sinn, daß man darunter eine bevorzugte Klasse der Staatsangehörigen versteht, und zwar ist es zumeist die Geburts= (Standes=, Erb=) Aristokratie, welche man dabei im Auge hat, also der Adel (s. d.). Aber auch von einer Beamten= und von einer Geldaristokratie (Plutokratie) wird in ebendiesem Sinn gesprochen, wie ja auch nicht selten von einer A. des Geistes die Rede ist, welcher ein besonderer Grad von Bildung eine bevorzugte Stellung einräumt. Aristokrat wird der Zugehörige oder der Anhänger der A., namentlich der Geburtsaristokratie, genannt; Aristokratismus ist die ausgesprochene Vorliebe für aristokratische Vorrechte und Gebräuche. Aristokratisierend nennt man eine Staatsverfassung, welche zwar nicht die A. als Staatsbeherrschungsform aufweist, aber gleichwohl einen gewissen aristokratischen Zug und Charakter erkennen läßt, wie dies namentlich bei der englischen Staatsverfassung der Fall ist.

Armateur (fr., spr. -öhr), s. v. w. Kaper.

Armatür (lat.), die Ausrüstung eines Schiffs, einer Festung oder eines einzelnen Soldaten.

Armee (franz.), Kriegsheer; die gesamte Truppenmacht eines Staats; dann auch eine größere Truppenmasse, welche unter einem Oberbefehlshaber auf einem bestimmten Kriegsschauplatz in Thätigkeit tritt, teils nach dem Zweck (z. B. Okkupations=, Observationsarmee), teils nach dem Schauplatz ihrer Thätigkeit (z. B. Mainarmee, Loirearmee, Nordarmee 2c.) benannt. Armeekorps, eine aus Truppenkörpern von allen Waffengattungen zusammengesetzte Heeresabteilung, groß genug, um selbständig operieren zu können.

Armenpflege. Während im Mittelalter die A. zumeist in den Händen der Kirche war, hat in neuerer Zeit der Staat dieselbe mehr und mehr in die Hand genommen und namentlich die Gemeinden zur öffentlichen Unterstützung hilfsbedürftiger Personen herangezogen. Die Armenpolizei ist ein wichtiger Teil der öffentlichen Verwaltung, namentlich in den größern Städten zumeist besondern Körperschaften (Armendeputationen, Armenpflegschaftsräten 2c.) übertragen; auch ist die Privatwohlthätigkeit durch zahlreiche Vereine einigermaßen organisiert worden. Für das Deutsche Reich, mit Ausnahme von Bayern und Elsaß=Lothringen, sind die Bedingungen, unter welchen die öffentliche Unterstützung zu gewähren ist, durch das Bundesgesetz über den Unterstützungswohnsitz (s. b.) vom 6. Juni 1870 und durch die Ausführungsbestimmungen der Einzelstaaten geregelt.

Armenrecht, das Recht einstweiliger Befreiung von den Kosten eines bürgerlichen Rechtsstreits, welches nach der deutschen Zivilprozeßordnung diejenige Partei für sich in Anspruch nehmen kann, welche außer Stande ist, ohne Beeinträchtigung des für sie und ihre Familie notwendigen Lebensunterhalts die Kosten des Prozesses zu bestreiten. Das Gesuch um Bewilligung des Armenrechts muß von einem obrigkeitlichen Zeugnis begleitet sein, in welchem unter Angabe des Standes des Gewerbes, der Vermögens= und Familienverhältnisse der Partei sowie des Betrags der von dieser zu entrichtenden direkten Staatssteuern das Unvermögen zur Bestreitung der Prozeßkosten ausdrücklich bezeugt wird. Einer solchen Partei kann das Gericht von Amts wegen einen Rechtsanwalt beiordnen. Vgl. Deutsche Zivilprozeßordnung, §§ 106 ff.; Deutsche Rechtsanwaltsordnung, §§ 34, 37.

Staatslexikon. 3

Armenverbände, Gemeindeverbände, welchen die öffentliche Unterſtützung hilfsbedürftiger Perſonen obliegt. Das norddeutſche Bundesgeſetz vom 6. Juni 1870 über den Unterſtützungswohnſitz (ſ. b.) unterſcheidet in dieſer Beziehung zwiſchen Orts= und Landarmenverbänden. Die Ortsarmenverbände beſtehen in der Regel aus einzelnen Gemeinden. Der Ortsarmenverband, in welchem ſich ein Hilfsbedürftiger bei dem Eintritt der Hilfsbedürftigkeit befindet, muß ihn vorläufig und vorbehaltlich des Anſpruchs auf Erſtattung der Koſten und auf Übernahme des Hilfsbedürftigen gegen den hierzu verpflichteten Armenverband unterſtützen. Zur Erſtattung und Übernahme verpflichtet iſt aber der Ortsarmenverband, in welchem der Unterſtützte ſeinen Unterſtützungswohnſitz hat. Wenn jedoch Perſonen, welche im Geſindedienſt ſtehen, Geſellen, Gewerbsgehilfen oder Lehrlinge an dem Ort ihres Dienſtverhältniſſes erkranken, ſo hat der Ortsarmenverband des Dienſtorts die Verpflichtung, den Erkrankten die erforderliche Kur und Verpflegung zu gewähren. Ein Anſpruch auf Erſtattung der Koſten erwächſt in ſolchen Fällen nur dann, wenn die Krankenpflege länger als ſechs Wochen fortgeſetzt wurde, und nur für den über dieſe Friſt hinausgehenden Zeitraum. Hat der Unterſtützte keinen Unterſtützungswohnſitz, ſo muß der Landarmenverband eintreten, in deſſen Bezirk er ſich bei dem Eintritt der Hilfsbedürftigkeit befand, oder, falls er im hilfsbedürftigen Zuſtand aus einer Straf=, Kranken=, Bewahr= oder Heilanſtalt entlaſſen wurde, derjenige Landarmenverband, aus welchem ſeine Einlieferung in die Anſtalt erfolgt iſt.

Arnim=Paragraph, ſ. Amtsverbrechen.

Arreſt (lat., Haft, Verkümerung, Beſchlagnahme), die amtlich verfügte Feſthaltung eines Menſchen (Perſonalarreſt) oder einer Sache (dinglicher A., Realarreſt). Der Ausdruck A. wird vielfach als gleichbedeugend mit Haft (ſ. b.) gebraucht; im Strafenſyſtem des deutſchen Militär=Strafgeſetzbuchs (§§ 16 ff.) aber verſteht man darunter eine beſtimmte Art der militäriſchen Freiheitsſtrafen, und zwar zerfällt hier der A. in Stubenarreſt (Hausarreſt), welcher nur gegen Offiziere, gelinden A., welcher gegen Unteroffiziere und Gemeine, mittlern A., der gegen Unteroffiziere ohne Portepee und gegen Gemeine zur Anwendung kommt. Der Stubenarreſt wird von dem Verurteilten in ſeiner Wohnung verbüßt; dieſer darf während der Dauer desſelben die Wohnung nicht verlaſſen, auch Beſuche nicht annehmen. Gegen Hauptleute, Rittmeiſter und Subalternoffiziere kann durch Richterſpruch die Strafvollſtreckung in einem beſondern Offizierarreſtzimmer angeordnet werden (geſchärfter Stubenarreſt). Gelinder, mittler und ſtrenger A. ſind in Einzelhaft zu verbüßen. Der zu Mittelarreſt Verurteilte erhält eine harte Lagerſtätte und als Nahrung Waſſer und Brot; doch kommen dieſe Schärfungen am 4., 8., 12. und demnächſt an jedem 3. Tag in Wegfall. Der ſtrenge A., deſſen Höchſtbetrag 4 Wochen iſt, wird in einer dunkeln Zelle, ſonſt aber wie der Mittelarreſt und unter Hinwegfall der Schärfungen am 4., 8. und demnächſt an jedem 3. Tag vollſtreckt.

In bürgerlichen Rechtsſtreitigkeiten kommt der Perſonalarreſt nach dem Hinwegfall der Wechſelhaft in den meiſten Ländern und insbeſondere nach der deutſchen Zivilprozeßordnung (§§ 798 ff.) nur noch ausnahmsweiſe vor, wenn er erforderlich iſt, um die gefährdete Zwangsvollſtreckung in das Vermögen des Schuldners zu ſichern. Der dingliche A. findet ſtatt, wenn zu beſorgen iſt, daß ohne deſſen Verhängung die Vollſtreckung des Urteils vereitelt oder weſentlich erſchwert werden würde. Dieſer A. charakteriſiert ſich als ein Sicherheitsarreſt, welcher auf Grund eines ſchleunigen Prozeßverfahrens (Arreſtprozeß) gegen den Schuldner (Arreſtat) verfügt wird, im Gegenſatz zum ſogen. Vollſtreckungsarreſt, der Beſchlagnahme von Sachen oder Forderungen zum Zweck der zwangsweiſen Verwirklichung eines Anſpruchs der Klagpartei. Vgl. Deutſche Zivilprozeßordnung, §§ 796 ff.

Arretieren (franz.), im Lauf anhalten, festnehmen; verhaften; mit Beschlag belegen (vgl. Arrest).

Arrondieren (lat.), abrunden; Arrondierung, Abrundung, daher Arrondierungspolitik, diejenige Politik, welche ein Staatsgebiet auf Kosten des Nachbarn abzurunden und mit bessern Grenzen zu versehen bemüht ist. Auch wird der Ausdruck Arrondierung gleichbedeutend mit Zusammenlegung der Grundstücke einer Feldmark (Separation) gebraucht.

Arrondissement (franz., spr. arrongdiss'mang), in Frankreich Unterabteilung eines Departements, entsprechend dem preußischen Kreis (s. b.). Das A. steht unter einem Unterpräfekten (sous-préfet). Jedes Departement (s. b.) zerfällt in 3—7 Arrondissements. Die kommunalen Gesamtinteressen des Arrondissements werden durch ein Conseil d'arrondissement, einen Bezirksrat, entsprechend dem preußischen Kreistag, vertreten.

Artikel (lat., »Glied«), Teil eines Ganzen, insbesondere die einzelnen Teile und Bestimmungen eines Gesetzes oder eines Vertrags. Die Kriegsartikel (s. b.) stellen die Pflichtenlehre des Soldaten dar.

Artillerie (franz.), Inbegriff derjenigen Feuerwaffen, welche mehr als einen Mann zur Bedienung brauchen, auch Bezeichnung für das zugehörige Personal (Belagerungs-, Feld-, Festungs-, Küsten- und Schiffahrtsartillerie).

Arzt. Die deutsche Gewerbeordnung vom 21. Juni 1869 hat zwar die ärztliche Praxis völlig freigegeben, allein sie bestimmt (§ 29), daß diejenigen, welche sich als Ärzte (Wundärzte, Augenärzte, Geburtshelfer, Zahnärzte und Tierärzte) oder mit gleichbedeutenden Titeln bezeichnen oder seitens des Staats oder einer Gemeinde als solche anerkannt oder mit amtlichen Funktionen betraut werden sollen, einer staatlichen Approbation auf Grund eines Nachweises der Befähigung bedürfen. Diejenigen, welche die Approbation erlangt haben, sind innerhalb des Reichsgebiets in der Wahl des Orts, wo sie ihr Gewerbe betreiben wollen, unbeschränkt. Die Bezahlung der approbierten Ärzte bleibt der Vereinbarung überlassen, doch kann als Norm für streitige Fälle im Mangel einer Vereinbarung eine Taxe von den Zentralbehörden festgestellt werden. Die Prüfung der Ärzte und Zahnärzte richtet sich in Deutschland nunmehr nach den Beschlüssen des Bundesrats, wie solche in den Bekanntmachungen des Bundeskanzlers vom 26. Sept. 1869 (Bundesgesetzblatt, S. 635 ff.) und vom 9. Dez. 1869 (Bundesgesetzblatt, S. 687) enthalten sind. Vgl. auch die Bekanntmachung, betreffend die Prüfung der Tierärzte, vom 27. März 1878 (Reichsgesetzblatt, S. 10; Zentralblatt des Deutschen Reichs 1878, S. 160 ff.).

Aspirant (lat.), einer, der sich um etwas bewirbt, namentlich um ein Amt, um eine Stelle; z. B. Offiziersaspirant.

Assekurieren (lat.), versichern; Assekurant (Assekurateur, Versicherer), derjenige, welcher gegen das Versprechen einer bestimmten Summe (Prämie) eine gewisse Gefahr übernimmt; Assekurat (Assekurierter, Versicherter), derjenige, welcher sich durch Zahlung der Prämie einer Gefahr gegenüber sicherstellt (vgl. Versicherungswesen).

Assemblée (franz., spr. -sangbleh), Versammlung; in Frankreich Bezeichnung für die Volksvertretung, z. B. A. nationale constituante, die konstituierende Nationalversammlung von 1789; A. nationale wird in der französischen Verfassung von 1875 die Vereinigung der Deputiertenkammer (Chambre des députés) und des Senats genannt.

Assentieren (lat.), beipflichten; für tauglich erklären, z. B. für den Militärdienst; daher (in Österreich) Assentierung, s. v. w. Rekrutenaushebung.

Asserieren (lat.), mit Bestimmtheit aussagen, behaupten; daher assertorischer Eid, die eidliche Bestärkung einer Aussage, im Gegensatz zum promissorischen Eid, der eidlichen Bestärkung einer Zusage (s. Eid).

Aservieren (lat.), aufbewahren, namentlich in behördliche Verwahrung nehmen, daher Asservandum, ein von einer Behörde aufzubewahrender Gegenstand; Asservation, Aufbewahrung.

3*

Affeffor (lat.), Beifitzer, Mitglied einer Behörde, und zwar unterscheidet man je nach der Verschiedenheit der leßtern zwischen Amts=, Gerichts=, Medizinal=, Intenbantur=, Regierungs= 2c. Affefforen.

Affiénto (span.), Vertrag, namentlich Bezeichnung für diejenigen Verträge, welche ehebem von der spanischen Regierung mit andern Nationen abgeschlossen wurden, und woburch diese auf eine bestimmte Zahl von Jahren und gegen eine gewisse Abgabe das Recht eingeräumt erhielten, mit ihren Schiffen (Affientoschiffen) Negersklaven in die spanischen Kolonien einzuführen und mit ihnen Handel (Affientohandel) zu treiben.

Affifen (franz.), ursprünglich jebe feierliche Sißung, dann besondere Gerichte in Frankreich; jeßt Bezeichnung für die Schwurgerichte (s. b.).

Affiftieren (lat.), beistehen, helfen; baher Affiftent, s. v. w. Gehilfe, besonders im Verwaltungswesen; Affiftenz, Beihilfe, Unterstüßung; z. B. Affiftenzarzt, der Gehilfe eines Arztes 2c.

Affoziation (neulat.), allgemeine Bezeichnung für Vereinigungen, Genossenschaften, Gesellschaften, namentlich für freie Vereinigungen zur Erreichung eines bauernben Zwecks (s. Verein).

Afyl (griech.), Freistätte, ein Schuß gewährender Ort; Afylrecht, der Inbegriff der rechtlichen Bestimmungen über Zufluchtsstätten und der Rechtsgrundsäße über die Auslieferung von Verbrechern; bann auch der Rechtsschuß, welcher dem ein A. Auffuchenden gewährt und bezüglich von diesem beansprucht wird. Im Altertum galten Tempel und Götterbilder als solche Zufluchtsstätten, an beren Stelle später christliche Kirchen, Klöster u. dgl. traten. Das moderne Staats= und Völkerrecht erkennt jedoch das Afylrecht in bem frühern Umfang nicht mehr an; namentlich gelten die Wohnungen der Gesandten, obgleich beren Erterritorialität (s. b.) anerkannt wird, nicht als Afyle. Es sind in dieser Hinsicht heutzutage die völkerrechtlichen Verträge über die Auslieferung (s. b.) maßgebend.

Afzendenten (lat.), Verwandte in aufsteigender Linie.

Attaché (franz., spr. =schee), beigeordneter Gehilfe bei einem Geschäft, Amt ober bei einer Miffion; vorzugsweise Begleiter eines Gesandten, der entweder nur zur Vermehrung des Glanzes der Gesandtschaft dient, oder die biplomatische Laufbahn beginnen soll; auch eine Militärperson, die einer Gesandtschaft mit Rücksicht auf die militärischen Interessen beigegeben (»attachiert«) ist (Militärattaché).

Attentát (lat.), Versuch eines rechtswidrigen Angriffs, namentlich auf das Leben einer hervorragenden Persönlichkeit.

Atteft (lat., Atteftat), schriftliches, namentlich von einer Behörde ausgestelltes Zeugnis; attestieren, bescheinigen, bezeugen; z. B. eine Rechnung attestieren, bie Richtigkeit derselben bescheinigen oder beglaubigen.

Attorney (engl., spr. ättörni), in England Bezeichnung für eine gewisse Klasse von Rechtsgelehrten. Es sind bies diejenigen Rechtsanwälte, welche bei den Gerichtsverhanblungen nicht selbst plaibieren, sondern vielmehr den eigentlichen Sachwalter (Barrister) instruieren, den unmittelbaren Verkehr mit dem Klienten übernehmen und für diesen Vorstellungen unb Prozeßschriften einreichen. Attorney general (Kronanwalt) ist der Titel des Rechtsanwalts, welcher bie Krone zu vertreten hat.

Attribút (lat.), das äußere Zeichen (Symbol), woburch die Bedeutung einer Person oder einer Sache angezeigt werden soll; so ist z. B. das Zepter das A. der Könige.

Aubaine, droit d' (franz., spr. broa bobähn), Heimfallsrecht (s. Fremdenrecht).

Auburnfches Syftem (spr. öhb'rn=), f. Gefängniswesen.

Audiátur et altéra pars (»man höre auch ben anbern Teil«), Rechtssprichwort, welches barauf hinweist, daß niemand ungehört oder boch nicht verurteilt werde, ohne baß man ihm Gelegenheit gab, sich über die gegen ihn erhobene Klage oder Beschwerde hören zu lassen.

Audienz (lat.), Gehör, Vorlaffung bei Fürsten und sonstigen hochgestellten Personen, daher »A. erhalten«. In der frühern Gerichtssprache verstand man darunter eine Gerichtssitzung, insbesondere bei dem deutschen Reichskammergericht und den französischen Parlamenten, sowie auch ein Verhör, einen Vorbescheid oder eine mündliche Verhandlung. Auch in der modernen Gerichtssprache wird ein öffentlicher Verhandlungstermin zuweilen noch als Audienztermin bezeichnet.

Auditeur (franz., spr. odittöhr), derjenige rechtsverständige Militärbeamte, welcher bei Untersuchungen das Technische des Rechtsgangs leitet und die Rechtsfrage begutachtet, ohne daß ihm jedoch eine richterliche Gewalt und Stimme zuständue. Auditoriat, die Behörde und öffentliche Stelle, welche durch den A. repräsentiert wird.

Aufbringen, ein feindliches Schiff wegnehmen (s. Prise).

Aufforderung zum Verbrechen, s. Anstifter.

Aufgebot, öffentliche Bekanntmachung, öffentlicher Aufruf, daher man insbesondere von dem A. aller wehrhaften Männer zum Schutz des Vaterlands in Zeiten der Gefahr und namentlich auch von einem A. des Landsturms (s. b.) spricht. Im Kirchenrecht versteht man unter A. (Proklamation) die Bekanntmachung einer beabsichtigten ehelichen Verbindung vor versammelter Kirchengemeinde. Dies A. soll nach dem Tridentiner Konzil durch die beiderseitigen Pfarrer des Domizils der Verlobten an drei aufeinander folgenden Fest-, resp. Sonntagen öffentlich während des Gottesdienstes erfolgen. Eine Nichtigkeit der Ehe hat jedoch die Unterlassung des Aufgebots nicht zur Folge. Auch die evangelische Kirche adoptierte die Vorschriften des kanonischen Rechts über das A. Dagegen ist durch die Einführung des Instituts der Zivilehe in dieser Hinsicht eine wesentliche Änderung hervorgerufen worden. Das A. hat nunmehr durch den Standesbeamten zu erfolgen. Dasselbe soll die Personalien der Verlobten und ihrer Eltern enthalten und ist durch zweiwöchigen Aushang bekannt zu geben und zwar in der Gemeinde oder in den Gemeinden, in welchen die Verlobten ihren Wohnsitz haben. Wenn einer der Verlobten seinen gewöhnlichen Aufenthalt außerhalb seines gegenwärtigen Wohnsitzes hat, so muß das A. auch in der Gemeinde seines jetzigen Aufenthalts erfolgen und, wenn einer der Verlobten seinen Wohnsitz innerhalb der letzten sechs Monate gewechselt hat, auch in der Gemeinde seines frühern Wohnorts. Das A. ist nach vorgängiger Prüfung der Statthaftigkeit der Ehe, welche die Verlobten eingehen wollen, von dem zuständigen Standesbeamten zu erlassen und zu veranlassen. Es verliert seine Kraft, wenn seit dessen Vollziehung sechs Monate verstrichen sind, ohne daß die Ehe geschlossen worden ist. Von dem A. kann nur die zuständige Staatsbehörde dispensieren. Wird jedoch eine lebensgefährliche Krankheit, die den Aufschub der Eheschließung nicht gestattet, ärztlich bescheinigt, so kann der Standesbeamte auch ohne A. die Eheschließung vornehmen. Wenn übrigens die Kirche diesem staatlichen A. gegenüber gleichwohl auch an dem kirchlichen A. festhält, so kann dasselbe lediglich nur als eine Aufforderung zur Fürbitte für die Verlobten aufgefaßt werden. Die evangelischen Landeskirchen Deutschlands haben zudem das A. der Kirche meistens auf eine einmalige Proklamierung beschränkt.

Endlich gebraucht die deutsche Zivilprozeßordnung den Ausdruck A. und Aufgebotsverfahren für die öffentliche gerichtliche Aufforderung zur Anmeldung von Ansprüchen oder Rechten mit der Wirkung, daß die Unterlassung der Anmeldung einen Rechtsnachteil zur Folge hat (Ediktalladung, Ediktalien). Dieser Rechtsnachteil besteht regelmäßig in dem Ausschluß des betreffenden Rechts oder des Anspruchs, um welchen es sich handelt. Das Aufgebotsverfahren gehört zur Zuständigkeit der Amtsgerichte. Für die einzelnen Fälle, in welchen es stattfinden kann, ist die Landesgesetzgebung maßgebend, während das Verfahren durch die deutsche Zivilprozeßordnung geregelt ist. Besondere Vorschriften sind hier namentlich in Ansehung des Verfahrens zum Zweck der Kraftloserklärung (Amortisation) abhanden ge=

kommener oder vernichteter Wechsel und kaufmännischer Waren- und Dispositionspapiere getroffen. In solchen Fällen ist für das Aufgebotsverfahren das Gericht des Orts zuständig, welchen die Urkunde als den Erfüllungsort bezeichnet. Enthält die Urkunde eine solche Bezeichnung nicht, so ist das Gericht zuständig, bei welchem der Aussteller seinen allgemeinen Gerichtsstand hat, und in Ermangelung eines solchen Gerichts dasjenige, bei welchem der Aussteller zur Zeit der Ausstellung seinen allgemeinen Gerichtsstand gehabt hat. Ist der Anspruch, über welchen die Urkunde ausgestellt ist, in einem Grund- und Hypothekenbuch eingetragen, so ist das Gericht der belegenen Sache ausschließlich zuständig. Zur Antragstellung ist der aus der Urkunde Berechtigte, bei Inhaberpapieren und den mit Blankoindossament versehenen, begebbaren Papieren der letzte Inhaber befugt. Der Aufgebotstermin ist in solchen Fällen auf mindestens sechs Monate hinaus zu bestimmen. In dem A. ist der Inhaber der Urkunde aufzufordern, spätestens im Aufgebotstermin seine Rechte bei Gericht anzumelden und die Urkunde vorzulegen. Als Rechtsnachteil ist anzudrohen, daß die Kraftloserklärung der Urkunde erfolgen werde. Die öffentliche Bekanntmachung des Aufgebots erfolgt durch Anheftung an die Gerichtstafel und in dem Lokal der Börse, wenn eine solche am Sitz des Aufgebotsgerichts besteht, sowie durch dreimalige Einrückung in öffentliche Blätter. Das nach fruchtlosem Ablauf der Aufgebotsfrist zu erlassende Urteil, welches den Eintritt des angedrohten Rechtsnachteils ausspricht, wird Ausschlußurteil genannt. Vgl. Reichsgesetz vom 6. Febr. 1875 über die Beurkundung des Personenstands und die Eheschließung, §§ 44 ff; Deutsche Zivilprozeßordnung, §§ 823 ff.; Blumenstengl, Die Trauung im evangelischen Deutschland (1879).

Auflassung, die gerichtliche Erklärung des Grundeigentümers, daß er sein Eigentumsrecht auf einen gewissen neuen Erwerber übertrage. An die Stelle der gerichtlichen Einweisung des neuen Erwerbers, welche im ältern deutschen Rechte durch die A. eingeleitet wurde, hat das moderne Recht den Eintrag in die öffentlichen Bücher (Grundbücher) gesetzt.

Auflauf, im strafrechtlichen Sinn das rechtswidrige Zusammenlaufen und Zusammenbleiben einer Volksmenge an einem öffentlichen Orte. Das deutsche Reichsstrafgesetzbuch (§ 116) verlangt zum Thatbestand des Auflaufs, daß sich eine Menschenmenge auf öffentlichen Wegen, Straßen oder Plätzen versammelt, daß dieselbe von einem zuständigen Zivil- oder Militärbeamten zum Auseinandergehen aufgefordert worden, und daß eine dreimalige derartige Aufforderung erfolglos gewesen ist. Als Strafe wird Gefängnis bis zu 3 Monaten oder Geldstrafe bis zu 1500 Mk. angedroht. Ist jedoch dabei gegen die Beamten oder gegen die bewaffnete Macht mit vereinten Kräften thätlich Widerstand geleistet oder Gewalt verübt worden, so wird das Vergehen als Aufruhr (s. d.) betrachtet und bestraft.

Auflösung der Kammer, die vor Ablauf der gesetzlichen Legislaturperiode durch den Willen des Monarchen herbeigeführte Beendigung eines Landtags. Das Recht des Monarchen zur Vornahme einer solchen Maßregel ist in den modernen Verfassungsgesetzen ausdrücklich anerkannt. Die A., welche die Vornahme von Neuwahlen zur Folge hat, ist im Grund eine Aufforderung der Krone an das Volk, sich durch eigne Prüfung davon zu überzeugen, ob eine bislang bestehende Disharmonie zwischen dem Staatsministerium und der Volksvertretung dem erstern zur Last zu legen sei, und durch die Neuwahlen darzuthun, ob es das bisherige ablehnende Verhalten der oppositionellen Kammermajorität gutheiße oder mißbillige. Der Souverän wird nämlich regelmäßig nur dann zur A. schreiten, wenn er annehmen zu können glaubt, daß die dermalige Volksvertretung in ihrer Mehrheit nicht den wirklichen Volkswillen darstelle; die Neuwahlen sollen mithin in dieser Hinsicht Abhilfe verschaffen. Durch die A. werden daher auch nur die gewählten Mitglieder des Landtags und nicht diejenigen getroffen, welche kraft erblichen Rechts oder

auf Grund einer Ernennung auf Lebens=
zeit der Ersten Kammer eines Landtags
angehören. Die A., welche den alsbal=
digen Schluß der Session bewirkt, erfolgt
durch Verordnung des Monarchen, und
zwar ist regelmäßig in den Verfassungs=
urkunden eine bestimmte Frist vorgesehen,
binnen deren die Neuwahlen stattfinden
müssen, sowie eine weitere Frist, inner=
halb welcher der neue Landtag zu versam=
meln ist. So müssen z. B. in Preußen
binnen 60 Tagen die Wähler und in 90
Tagen muß der neue Landtag versammelt
sein. Diese letztere Bestimmung ist auch
in die deutsche Reichsverfassung (Art. 25)
übergegangen. Die Auflösung des deut=
schen Reichstags setzt aber einen desfall=
figen Beschluß des Bundesrats und die
Zustimmung des Kaisers voraus (Reichs=
verfassung, Art. 24). Die Neuwahlen er=
folgen wiederum auf eine volle Legislatur=
periode. Nur ausnahmsweise (in Olden=
burg und in Sachsen-Koburg-Gotha) fin=
det sich die Bestimmung, daß die an Stelle
der aufgelösten Kammer tretende parla=
mentarische Körperschaft bloß in die Legis=
laturperiode der aufgelösten Ständever=
sammlung eintreten soll.

Aufruhr (Aufstand, Empörung,
Tumult), im weitern Sinn jede öffent=
liche Auflehnung gegen die Obrigkeit; in
der eigentlichen strafrechtlichen Bedeutung
des Worts aber eine bei öffentlicher Zu=
sammenrottung mit vereinten Kräften
gegen die Obrigkeit verübte Nötigung oder
Widersetzung. Das deutsche Reichsstraf=
gesetzbuch insbesondere (§§ 113 ff.) hebt
bei Feststellung des Begriffs dieser straf=
baren Handlung ausdrücklich die beiden
Fälle hervor, daß entweder bei der öffent=
lichen Zusammenrottung einem Beamten
in der rechtmäßigen Ausübung seines Am=
tes mit Gewalt oder mit vereinten Kräften
Widerstand geleistet oder auf denselben ein
thätlicher Angriff erfolgt ist, oder aber,
daß dabei versucht wurde, eine Behörde
oder einen Beamten durch Gewalt oder
Drohung zur Vornahme oder Unterlas=
sung einer Amtshandlung zu nötigen.
Eine Ausführung oder ein Gelingen dieses
Unternehmens ist also für den Thatbe=
stand des Aufruhrs nicht erforderlich. Was

die Strafe anbetrifft, so soll nach dem deut=
schen Strafgesetzbuch für jeden Teilnehmer
Gefängnisstrafe von 6 Monaten bis zu 5
Jahren, für die Rädelsführer und für die=
jenigen Aufrührer aber, welche die eigent=
liche Widersetzungs= und Nötigungshand=
lung selbst verübten, Zuchthausstrafe bis zu
10 Jahren eintreten, wofern nicht etwa
mildernde Umstände vorliegen sollten. Auch
kann neben der Zuchthausstrafe auf Zuläs=
sigkeit der Polizeiaufsicht erkannt werden.

Aufruhrakte (engl. Riot act), ein durch
Parlamentsbeschluß 1817 in England
zustande gekommenes Gesetz, welches, so=
bald eine Versammlung einen aufrühre=
rischen Charakter annimmt, den Tumul=
tuanten, wenigstens teilweise, vorgelesen
werden muß und die Verwarnung enthält,
daß alle Versammelten bei Todesstrafe ru=
hig auseinander gehen sollen. Haben sie die=
ses nach Verlauf einer Stunde nicht gethan,
so kann die bewaffnete Macht einschreiten.

Aufsicht, polizeiliche, s. Polizei=
aufsicht.

Aufsichtsrat (Verwaltungsrat,
Ausschuß), bei Aktiengesellschaften, Ak=
tienkommanditgesellschaften und Erwerbs=
und Wirtschaftsgenossenschaften dasjenige
Organ, welchem die fortlaufende Über=
wachung der Geschäftsführung der Gesell=
schaft oder der Genossenschaft und insbe=
sondere die Kontrolle des Vorstands obliegt.
Bei Aktiengesellschaften und Aktienkom=
manditgesellschaften ist das Vorhandensein
eines Aufsichtsrats ein notwendiges Re=
quisit. Der A. ist hier ein Kollegium von
mindestens drei Aktionären, resp. Kom=
manditisten, welches von der Generalver=
sammlung auf Zeit und zwar das erste
Mal nicht länger als auf ein Jahr und
später nicht länger als auf fünf Jahre ge=
wählt wird; so nach der Novelle zum deut=
schen Handelsgesetzbuch (Bundes=[Reichs=]
Gesetz vom 11. Juni 1870). Für die ein=
getragenen Erwerbs= und Wirtschaftsge=
nossenschaften dagegen ist das Vorhanden=
sein eines Aufsichtsrats nicht unbedingt
erforderlich. Die Gesetzgebung setzt aber,
wofern statutenmäßig ein A. besteht, die
Rechte und Pflichten desselben im allge=
meinen fest. Vgl. Renaud, Das Recht
der Aktiengesellschaften (2. Aufl. 1875);

v. Sicherer, Die Genoſſenſchaftsgeſetz=
gebung in Deutſchland (1872); Deutſches
Handelsgeſetzbuch, Art. 175, 177, 185—
187, 191—195, 204, 225 f., 231; Deut=
ſches Genoſſenſchaftsgeſetz vom 4. Juli
1868, §§ 28 ff.

Augenſchein (lat. Inspectio ocularis),
die von einer Behörde in amtlicher Eigen=
ſchaft vorgenommene Beſichtigung eines
Gegenſtands, und zwar iſt insbeſondere die
richterliche Augenſcheinseinnahme
als Beweismittel von großer Wichtigkeit.
In bürgerlichen Rechtsſtreitigkeiten können
die Parteien darauf antragen, doch kann
der Richter auch von Amts wegen die Ein=
nahme des Augenſcheins veranlaſſen, unter
Zuziehung der Parteien und nach Befin=
den auch unter Zuziehung von Sachver=
ſtändigen. Findet im ſtrafrechtlichen Ver=
fahren eine Beſichtigung ſtatt, z. B. die Be=
ſichtigung einer Brandſtätte, einer Leiche,
des Schauplatzes eines Verbrechens, der
Werkzeuge, womit ein ſolches verübt ward,
u. dgl., ſo iſt nach der deutſchen Straf=
prozeßordnung der vorgefundene Sach=
ſtand im Protokoll feſtzuſtellen und dar=
über Auskunft zu geben, welche Spuren
und Merkmale, deren Vorhandenſein nach
der Beſchaffenheit des Falles vermutet wer=
den konnte, gefehlt haben. Von beſonderer
Wichtigkeit iſt die richterliche Totenſchau.
Vgl. Deutſche Zivilprozeßordnung, §§
336 f.; Deutſche Strafprozeßordnung, §§
86 ff., 191 ff., 224, 248; Öſterreichiſche
Strafprozeßordnung, §§ 116 ff.

Auguſtiner, ſ. Orden.

Auktion (lat.), öffentliche Verſteige=
rung, ſei es eine gerichtliche oder eine außer=
gerichtliche. Die Verſteigerung der im Weg
der Zwangsvollſtreckung gepfändeten Sa=
chen, welche durch den Gerichtsvollzieher
erfolgt, iſt durch die deutſche Zivilprozeß=
ordnung (§§ 716—728) geregelt. Die deut=
ſche Gewerbeordnung (§ 36) hat das Ge=
werbe der öffentlichen Verſteigerer (Auk=
tionatoren) zwar freigegeben, jedoch
den Staats= und Kommunalbehörden die
Berechtigung vorbehalten, Perſonen, welche
dies Gewerbe betreiben wollen, auf die
Beobachtung der beſtehenden Vorſchriften
zu beeidigen und öffentlich anzuſtellen.
Neuerdings will man jedoch dies Gewerbe

mannigfachen Beſchränkungen unterwor=
fen, auch Warenauktionen im Umher=
ziehen gänzlich verboten wiſſen.

Au porteur (franz., ſpr. o portör, »auf
den Inhaber«), ein Ausdruck, welcher zur
Bezeichnung von Geldpapieren (Inha=
berpapieren) üblich iſt, die demjenigen
Gläubiger verzinſt und ausbezahlt werden,
der ſie in Händen hat, im Gegenſatz zu den
auf den Namen lautenden Schuldbriefen.

Ausfuhr (Export, Exportation),
das Verſenden von Waren aus einem
Staat in das Ausland, auch Bezeichnung
für die Geſamtheit der Güter, welche ein
Staat oder ein gewiſſer Bezirk an das
Ausland abſetzt. Während man nun nach
dem frühern Merkantilſyſtem (ſ. b.) die
A. durch ſogen. Ausfuhrverbote, z. B.
in Anſehung von Edelmetallen, vielfach
zu erſchweren ſuchte oder doch wenigſtens
Ausfuhrzölle (Ausgangszölle) auf
gewiſſe Artikel, namentlich auf Rohſtoffe,
legte, deren die heimiſche Induſtrie be=
durfte, ſo fand ein entgegengeſetztes Ver=
fahren in manchen Ländern inſofern ſtatt,
als man durch Ausfuhrprämien (Ex=
portbonifikationen) die A. zu heben
ſuchte. Dahin gehören auch die ſogen.
Rückzölle, welche in Deutſchland noch
bei der A. von Tabak und Tabakfabrika=
ten, Rübenzucker, Bier und Branntwein
gewährt werden. Hier werden nämlich die
für die Produktion und Fabrikation der
ausgeführten Artikel erhobenen indirekten
Steuern rückvergütet. Aus politiſchen
Gründen kommen übrigens Ausfuhrver=
bote namentlich zu Kriegszeiten und bei
drohendem Krieg vor; ſie beziehen ſich zu=
meiſt auf die A. von Waffen, Munition,
Proviant und Pferden.

Ausgangszoll, ſ. Ausfuhr.

Ausgedinge, ſ. v. w. Altenteil (ſ. b.).

Ausgleich, in Öſterreich=Ungarn Be=
zeichnung für diejenigen drei Geſetze,
welche das finanzielle Verhältnis zwiſchen
Öſterreich und Ungarn regeln. Der erſte
A. kam 24. Dez. 1867 auf zehn Jahre zu=
ſtande und ward nach dreijährigen Ver=
handlungen 28. Juni 1878 wiederum
auf zehn Jahre erneuert. Auch zwiſchen
Ungarn und Kroatien beſteht ein ſolcher
A. ſeit 20. Sept. 1868.

Aushebung, s. Ersatzwesen.

Ausland, im staatsrechtlichen Sinn und mit Rücksicht auf das Gebiet eines gegebenen Staats oder auf das Gebiet mehrerer zu einem Bundesstaat vereinigter Staaten jedes nicht zu diesem Gebiet (Inland) gehörige Territorium. Was das Verhältnis zwischen Inland und A. und das zwischen den beiderseitigen Angehörigen derselben, den Inländern und den Ausländern, anbelangt, so liegt es zunächst in der Natur der Sache, daß sich die inländische Staatsgewalt nur auf das ihr unterworfene Staatsgebiet, also nur auf das Inland, beziehen kann, und daß folgeweise der Ausländer, eben weil er jener nicht unterworfen ist, auch an und für sich deren Autorität nicht zu respektieren braucht. Auf der andern Seite kann aber auch der Ausländer im Inland nicht die staatsbürgerlichen und politischen Rechte eines inländischen Staatsangehörigen beanspruchen, weil ja seine staatsrechtliche Persönlichkeit einem andern Staatswesen angehört. Beides hat jedoch im heutigen Völkerleben, in welchem die einzelnen Nationen in politischer, sozialer, geistiger und merkantiler Beziehung durch so manche Bande miteinander verknüpft sind, in verschiedener Hinsicht und namentlich durch völkerrechtliche Staatsverträge, welche zwischen den einzelnen Staaten abgeschlossen sind, Veränderungen erfahren. Daher wird die Autorität befreundeter ausländischer Staaten auch im Inland geachtet, und es ist in dieser Beziehung namentlich an das heutige Gesandtschaftsrecht, an die Exterritorialität des Gesandtschaftspersonals, an die Gerichtsbarkeit der Konsuln und an die sonstigen wichtigen Befugnisse der Gesandten und Konsuln zur Wahrung der Interessen ihrer Staatsangehörigen im A. zu erinnern. Es wird ferner auch im Inland die Rechtsordnung des Auslands insofern anerkannt, als der Ausländer, welcher gegen sie gefrevelt hat, in den schweren, kriminell strafbaren Fällen regelmäßig an die ausländische Regierung ausgeliefert wird (s. Auslieferung). Endlich gehören auch die strafrechtlichen Bestimmungen hierher, welche in betreff der feindlichen Handlungen gegen befreundete ausländische Staaten gegeben sind. Auf der andern Seite ist aber auch der Ausländer im Inland nicht mehr, wie früher im Altertum, rechtlos; er genießt vielmehr den Schutz des Staats und wird regelmäßig auch zur Ausübung aller derjenigen Rechte zugelassen, die nicht staatsrechtlicher Natur sind, und deren Genuß nicht durch die Staatsangehörigkeit des Berechtigten bedingt ist. Umgekehrt steht aber auch der Ausländer im Inland unter der inländischen Staatshoheit und Gesetzgebung. Deshalb ist er bei Eingehung von Rechtsgeschäften, wenigstens in Ansehung der Form, an die inländische Gesetzgebung gebunden (locus regit actum); dieselbe ist für ihn in Ansehung des Erwerbs und des Verlustes von Rechten im Inland maßgebend, und ebenso ist der Ausländer wegen etwaiger im Inland begangener strafbarer Handlungen nach der Rechtsordnung des Inlands, welche er dadurch verletzt hat, zu behandeln und zu bestrafen. Was dagegen ein im A. verübtes Verbrechen anbelangt, so ist deren Behandlungsweise in der Theorie wie in der Gesetzgebung eine verschiedene. Das deutsche Reichsstrafgesetzbuch nähert sich dem sogen. Territorialitätsprinzip (vgl. §§ 3 ff.). Es bestraft nämlich die im A. begangenen Verbrechen der Regel nach nicht, doch wird 1) ein Ausländer bestraft, welcher im A. eine hochverräterische Handlung gegen das Deutsche Reich oder gegen einen einzelnen Bundesstaat oder ein Münzverbrechen begangen hat; 2) ein Inländer, welcher im A. eine hochverräterische oder landesverräterische Handlung gegen das Deutsche Reich oder einen Bundesstaat, eine Beleidigung gegen einen Bundesfürsten oder ein Münzverbrechen begangen hat; 3) ein Deutscher, der im A. eine nach den Gesetzen des Deutschen Reichs als Verbrechen oder Vergehen (also nicht bei bloßen Übertretungen) zu bestrafende Handlung verübt hat, wofern nur diese Handlung auch nach den Gesetzen, welche am Orte der That gelten, mit Strafe zu belegen ist. A. im Sinn des deutschen Strafgesetzbuchs ist aber jedes nicht zum Deutschen Reiche gehörige Gebiet, wie es denn überhaupt einer der größten Fortschritte auf der Bahn unsrer nationalen Entwickelung ist, daß seit der Gründung des Norddeutschen Bundes und des nunmehrigen Deutschen Reichs die Angehörigen der einzelnen deutschen Staaten im Verhältnis zu einander nicht mehr als Ausländer erscheinen, indem Art. 3 der Reichsverfassung vom 16. April 1871 ausdrücklich bestimmt, daß jeder Angehörige eines jeden Bundesstaats in jedem andern Bundesstaat als Inländer und namentlich in Beziehung auf Rechtsschutz und Rechtsverfolgung demselben gleich zu behandeln ist (vgl. Bundesindigenat).

Auslegung der Gesetze, s. Interpretieren.

Auslieferung eines Beschuldigten, die Verabfolgung des einer verbrecherischen Handlung Beschuldigten von dem Gericht des Aufenthaltsorts an ein andres Gericht zum Zweck strafrechtlicher Verfolgung oder zum Zweck der Strafvollstreckung. Gehören beide Gerichte, das ersuchende sowohl wie das ersuchte, ein und demselben Staat an, so bietet die Sache regelmäßig keine Schwierigkeiten dar, da die Gerichte eines Staats einander zur Rechtshilfe und insbesondere zur Auslieferung verpflichtet sind. Nötig ist nur, daß das ersuchende Gericht in der fraglichen Untersuchungssache zuständig ist, und ebendiese Zuständigkeit bestimmt sich nach den bestehenden strafprozessualischen Bestimmungen. Unter mehreren zuständigen Gerichten gebührt dem prävenierenden, d. h. demjenigen der Vorzug, welches die Untersuchung zuerst eröffnet hat. So ist nach der deutschen Strafprozeßordnung (§§ 7 ff.) der Gerichtsstand regelmäßig bei demjenigen Gericht begründet, in dessen Bezirk die strafbare Handlung begangen wurde. Daneben besteht aber auch der Gerichtsstand des Wohnorts, welcher bei demjenigen Gericht begründet ist, in dessen Bezirk der Angeschuldigte zur Zeit der Erhebung der Klage seinen Wohnsitz hat. In dem gegebenen Fall ist also das Gericht zuständig, welches zuerst die Untersuchung eröffnete, und ebendieses Gericht würde von einem andern Gericht desselben Staats die Auslieferung verlangen können. Anders verhält es sich aber, wenn die Auslieferung von einer Gerichtsbehörde verlangt wird, welche nicht demjenigen Staat angehört, in welchem sich der Auszuliefernde dermalen befindet. Hier gilt zunächst die Regel, daß Angehörige des eignen Staats an fremde Staaten nicht ausgeliefert werden, auch nicht wegen Verbrechen, welche sie im Ausland begangen haben; so nach der Gesetzgebung der meisten Staaten und namentlich nach dem Strafgesetzbuch des Deutschen Reichs (§ 9), welches ausdrücklich erklärt: »Ein Deutscher darf einer ausländischen Regierung zur Verfolgung oder Bestrafung nicht überliefert werden«. Es ist damit ja keineswegs gesagt, daß der Inländer wegen Verbrechen, die er im Ausland beging, straflos sein soll. Im Gegenteil kann z. B. nach dem deutschen Strafgesetzbuch ein Deutscher nach den Strafgesetzen des Deutschen Reichs wegen Verbrechen und Vergehen, die er im Ausland verübte, regelmäßig zur Strafe gezogen werden, wofern nur die That nicht nur nach deutschem Strafrecht, sondern auch nach den Gesetzen des Orts, an welchem sie begangen wurde, mit Strafe bedroht ist; aber ausgeliefert, der fremden Regierung zum Zweck strafrechtlicher Verfolgung übergeben, werden darf der Deutsche schlechterdings nicht. Dieser Grundsatz, welcher, wie gesagt, nach der Gesetzgebung der meisten Staaten Rechtens ist, findet sich jedoch im englischen Recht ebensowenig wie in der Gesetzgebung von Nordamerika anerkannt. Ebenso wird nach der Gesetzgebung der meisten Staaten der Ausländer, welcher im Inland eine strafbare Handlung beging, im Inland bestraft und nicht etwa zur Bestrafung an die betreffende ausländische Staatsregierung ausgeliefert. Dagegen können Ausländer, welche im Ausland ein Verbrechen begingen, auf Verlangen der ausländischen Regierung ausgeliefert werden, und die Verpflichtung hierzu ist in zahlreichen Auslieferungsverträgen, welche die einzelnen Staaten miteinander abgeschlossen haben, ausdrücklich anerkannt. So wurde 16. Juni 1852 zwischen Preußen und einigen deutschen Bundesstaaten einerseits und den Vereinigten Staaten von Nordamerika anderseits ein Auslieferungsvertrag abgeschlossen, welcher durch Vertrag vom 22. Febr. 1868

(Bundesgeſetzblatt, S. 228 ff.) auf alle zum damaligen Norddeutſchen Bund gehörigen Staaten ausgedehnt ward. Auch zwiſchen ben ſüddeutſchen Staaten und Norbamerika beſtehen berartige Verträge. Das Deutſche Reich aber hat Auslieferungsverträge abgeſchloſſen mit Italien 31. Okt. 1871, England 14. Mai 1872, mit der Schweiz 24. Jan. 1874, mit Belgien 24. Dez. 1874, mit Luxemburg 9. März 1876, mit Braſilien 17. Sept. 1877, mit Schweben ünd Norwegen 19. Jan. 1878 und mit Spanien 2. Mai 1878. Auch in dieſen Verträgen kehrt regelmäßig die Beſtimmung wieder, baß keiner der kontrahierenben Teile verpflichtet ſei, ſeine eignen Bürger oder Unterthanen auszuliefern. Regelmäßig ſind aber ferner in dieſen Verträgen die einzelnen Verbrechen bezeichnet, wegen deren die Auslieferung beanſprucht werden kann. So werden in dem obenerwähnten Vertrag mit Norbamerika folgende Verbrechen aufgezählt: Mord, Angriff in mörderiſcher Abſicht, Seeraub, Brandſtiftung, Raub, Fälſchung, Ausgabe falſcher Dokumente, Verfertigung oder Verbreitung falſchen Geldes und Unterſchlagung öffentlicher Gelder. Die neueren Staatsverträge haben jedoch die Zahl der Auslieferungsverbrechen bedeutend vermehrt, ſo daß zu denſelben faſt alle Hauptgattungen der Verbrechen, mit Ausnahme der politiſchen und religiöſen Verbrechen, gerechnet werden. Der Auslieferungsantrag iſt auf diplomatiſchem Weg zu beſchäftigen. Was aber das Verhältnis der einzelnen beutſchen Staaten untereinander anbetrifft, ſo war den zum vormaligen Teutſchen Bund gehörigen Staaten bereits durch Bundesbeſchluß vom 18. Aug. 1836 die wechſelſeitige Auslieferung von politiſchen Verbrechern zur Pflicht gemacht worben. Ein Bundesbeſchluß vom 26. Jan. 1854, welcher, ſoweit er die öſterreichiſche Monarchie mit betrifft, noch jetzt praktiſchen Wert hat, begründete bann eine allgemeine wechſelſeitige Auslieferungspflicht für die beutſchen Bundesſtaaten. Die nunmehrige beutſche Reichsverfaſſung aber läßt die einzelnen beutſchen Staaten im Verhältnis zu einander nicht mehr als Ausland erſcheinen. Schon der Norbbeutſche Bund

brachte ein beſonderes Geſetz über die Gewährung der Rechtshilfe vom 21. Juni 1869 (Bundesgeſetzblatt, S. 305 ff.), welches auch auf bie ſübbeutſchen Staaten ausgebehnt ward und welches die Auslieferung beſonders behandelte und ſtatuierte. Allerbings wurde hier die A. für den Fall eines politiſchen Verbrechens ober Vergehens ſowie für den Fall eines Preßvergehens ſuspendiert bis zum Erlaß eines gemeinſamen Strafgeſetzbuchs, ein Vorbehalt, der ſich aber inzwiſchen durch die Publikation des norddeutſchen Strafgeſetzbuchs und nunmehrigen Reichsſtrafgeſetzbuchs erledigt hat. Nach bem beutſchen Gerichtsverfaſſungsgeſetz (§ 157) haben ſich die beutſchen Gerichte in Strafſachen überhaupt Rechtshilfe zu leiſten, alſo auch die Auslieferung auf Verlangen und unter der Vorausſetzung der Zuſtändigkeit zu bewirken. Vgl. Bulmerincq, Das Aſylrecht (1853); Billot, Traité de l'extradition (1874); Clarke, Treatise upon the law of extradition (2. Aufl. 1874); »Deutſche Auslieferungsverträge«, herausgegeben vom auswärtigen Amt (1875); Knitſchky, Die Auslieferungsverträge des Deutſchen Reichs, in v. Holtzendorffs »Jahrbuch für Geſetzgebung im Deutſchen Reich« (1877, S. 651 ff.); v. Holtzendorff, Die A. der Verbrecher und das Aſylrecht (1881).

Auslobung, die öffentliche Aufforderung zu einer beſtimmten Leiſtung mit bem Verſprechen einer gewiſſen Gegenleiſtung.

Ausnahmegeſetz, diejenige Geſetzesvorſchrift, welche nicht für die Geſamtheit der Staatsangehörigen, ſondern nur für eine beſtimmte Klaſſe derſelben erlaſſen wird. Den Gegenſatz bildet das allgemeine oder gemeinſame Recht, welches, dem Grundſatz der Rechtsgleichheit entſprechend, für alle Staatsbürger die gleiche Bedeutung hat und alle in gleicher und gleichmäßiger Weiſe trifft. Das A. charakteriſiert ſich alſo als eine Abweichung von dem im Rechtsſtaat geltenden Prinzip der Gleichheit, und ebendarum erſcheint der Erlaß eines ſolchen nur ausnahmsweiſe aus beſonders triftigen und bringenden Gründen als gerechtfertigt. Auch wird ein A. zuweilen nur auf eine beſtimmte Zeit erlaffen, um den Bruch, welcher dadurch in die allgemeine Rechtsordnung gemacht wird, möglichst bald wieder beseitigen zu können. Ein solches A., über dessen innere Berechtigung viel gestritten wurde, ist das deutsche Sozialistengesetz (Reichsgesetz vom 21. Okt. 1878, verlängert durch Reichsgesetz vom 31. Mai 1880), welches gegen sozialdemokratische, sozialistische und kommunistische Bestrebungen gerichtet ist, die den Umsturz der bestehenden Staats- oder Gesellschaftsordnung bezwecken. Auch das deutsche Reichsgesetz vom 4. Juli 1872, betreffend den Orden der Gesellschaft Jesu, ist ein A., auf Grund dessen den Angehörigen dieses Ordens der Aufenthalt in bestimmten Bezirken oder an bestimmten Orten untersagt werden kann. Als A. bezeichnet man aber auch diejenige Norm, welche nicht auf dem regelmäßigen gesetzlichen und verfassungsmäßigen Weg zu stande kommt, sondern in konstitutionell-monarchischen Staaten einseitig von der Regierung erlassen wird. Ein solches A. kann aber nur in besondern Fällen und nur dann, wenn der Regierung zu dem Erlaß eines solchen besondere Vollmacht erteilt ist, als rechtsverbindlich angesehen werden. In England kann z. B. durch Suspension der Habeaskorpusakte (s. d.) ein solcher Ausnahmezustand herbeigeführt werden, wodurch die Regierung zu außerordentlichen Maßregeln und insbesondere zur Vornahme von Verhaftungen ermächtigt wird. Auf der andern Seite gehört aber auch die sogen. Bill of attainder (Strafbill) hierher, wodurch das Parlament in einzelnen Fällen die Befugnis erhält, eine bestimmte Person ohne gerichtliches Verfahren selbst zur Untersuchung zu ziehen und zu bestrafen. Derartige Ausnahmegesetze haben aber immer einen bedenklichen und nicht selten einen gehässigen Charakter, und nur in besondern Fällen des sogen. Staatsnotrechts kann der Erlaß eines solchen Gesetzes als gerechtfertigt erscheinen.

Auspfändung, s. Pfändung.

Ausschuß, ein aus einer größern Vereinigung von Personen gewählter und mit besondern Funktionen betrauter engerer Kreis von Mitgliedern, so z. B. in man-

chen Ländern Bezeichnung für das Gemeinderatskollegium (Gemeindeausschuß), dann für die Kommissionen der parlamentarischen Körperschaften (s. Kommission). Über die Ausschüsse des deutschen Bundesrats insbesondere s. Bundesrat.

Außer Kurs setzen, s. Börse.

Aussetzung, das Vergehen desjenigen, welcher eine wegen jugendlichen Alters, Gebrechlichkeit oder Krankheit hilflose Person aussetzt oder eine solche Person, wenn sie unter seiner Obhut steht, oder wenn er für ihre Unterbringung, Fortschaffung oder Aufnahme zu sorgen hat, in hilfloser Lage vorsätzlich verläßt. Das deutsche Strafgesetzbuch (§ 221) droht in einem solchen Fall Gefängnisstrafe von 3 Monaten bis zu 5 Jahren an. Wurde die Handlung von leiblichen Eltern gegen ihr Kind begangen, so soll das Minimum der Gefängnisstrafe 6 Monate betragen. Ist aber durch die Handlung eine schwere Körperverletzung der ausgesetzten oder verlassenen Person verursacht worden, so soll Zuchthausstrafe bis zu 10 Jahren und, wenn durch die Handlung der Tod verursacht worden ist, Zuchthausstrafe nicht unter 3 Jahren und bis zu 15 Jahren eintreten. Vgl. Platz, Geschichte des Verbrechens der A. (1876).

Aussonderung, im Konkursverfahren die Ausscheidung von Gegenständen, welche dem Gemeinschuldner nicht gehören, aus der Konkursmasse, sei es auf Grund eines dinglichen oder eines persönlichen Rechts. Vgl. Deutsche Konkursordnung, §§ 9, 35 ff.

Austräge, schiedsrichterliche Entscheidungen; auch Bezeichnung für die zur Erteilung derartiger Entscheidungen berufenen Schiedsgerichte. So sollten nach der Verfassung des vormaligen Deutschen Bundes die Bundesglieder sich unter keinem Vorwand bekriegen oder ihre Streitigkeiten mit Gewalt verfolgen. Letztere sollten vielmehr bei der Bundesversammlung angebracht werden, welche dieselben nötigenfalls zur gerichtlichen Entscheidung durch eine wohlgeordnete Austrägalinstanz (Austrägalgericht) bringen sollte. Das Verfahren war durch die Bundesausträgalordnung vom 16. Juni 1817 und durch einen Bundesbeschluß vom 3. Aug. 1820 über das bei der Aufstellung der Bundesausträgalinstanz zu beobachtende Verfahren geregelt. Die deutsche Reichsverfassung (Art. 76) schreibt dagegen vor, daß Streitigkeiten zwischen verschiedenen Bundesstaaten, sofern dieselben nicht privatrechtlicher Natur und daher von den kompetenten Gerichtsbehörden zu entscheiden sind, auf Anrufen des einen Teils von dem Bundesrat erledigt werden sollen. Vgl. Leonhard, Das Austrägalverfahren des Deutschen Bundes (1838—1845, 2 Bde.).

Australische Kolonien, s. Großbritannien.

Auswanderung, das Aufgeben der bisherigen Staatsangehörigkeit zum Zweck der dauernden Niederlassung im Ausland. Während die frühere Gesetzgebung den Staatsangehörigen die A. vielfach in der engherzigsten Weise erschwerte, haben die neuern Verfassungsurkunden regelmäßig den Grundsatz der Auswanderungsfreiheit sanktioniert; auch ist derselbe für das Deutsche Reich in dem Bundes-(Reichs-)Gesetz vom 1. Juni 1870 über die Erwerbung und den Verlust der Bundes- und Reichsangehörigkeit ausdrücklich anerkannt. Dabei ist aber zu beachten, daß die einzelnen Staaten, welche zu dem nunmehrigen Deutschen Reiche gehören, im Verhältnis zu einander nicht mehr als Ausland erscheinen, und ebendarum ist die Entlassung aus dem bisherigen Unterthanenverband jedem Staatsangehörigen ohne weiteres zu erteilen, welcher nachweist, daß er in einem andern Bundesstaat die Staatsangehörigkeit erworben habe. Man pflegt jetzt diesen Übertritt aus dem einen deutschen Bundesstaat in den andern als Überwanderung zu bezeichnen, im Gegensatz zu dem Ausscheiden aus dem deutschen Reichsverband überhaupt als der eigentlichen A., welche zum Zweck der Erwerbung der Staatsangehörigkeit oder doch zum Zweck der Niederlassung im Ausland erfolgt. Auch hier besteht das Prinzip der Auswanderungsfreiheit, wie dort dasjenige der Freizügigkeit (s. d.) anerkannt ist; allein es bestehen hier gewisse Einschränkungen, welche durch die besondern Pflichten des Beamtendienstes und durch die Unterthanenverpflichtung zum Kriegsdienst begründet sind. Nach deutschem Reichsrecht muß nämlich die Entlassung den aktiven Militärpersonen unbedingt versagt werden, zu welchen auch die zum Dienst einberufenen Reservisten, Land- und Seewehrleute zu rechnen sind, desgleichen Beamten, bevor man sie aus dem Dienst entlassen hat. Andern Personen, welche zwar nicht im aktiven Militärdienst stehen, die aber doch noch einer Wehrpflicht dem Reiche gegenüber zu genügen haben, kann die Entlassung nur unter gewissen Voraussetzungen erteilt werden. Insbesondere besteht die Vorschrift, daß Wehrpflichtigen, welche sich im Alter vom vollendeten 17. bis zum vollendeten 25. Lebensjahr befinden, die Entlassungsurkunde nicht eher erteilt werden darf, bevor sie ein Zeugnis der Kreisersatzkommission darüber beigebracht haben, daß sie die Entlassung nicht bloß in der Absicht nachsuchen, um sich der Dienstpflicht im stehenden Heer oder in der Flotte zu entziehen. Gewisse Klassen des Beurlaubtenstands bedürfen ferner zur A. der Genehmigung der Militärbehörde, ebenso Mannschaften der Reserve, der Landwehr und der Seewehr, auch wenn sie nicht zum Dienst einberufen sind. Übrigens kann der Kaiser für Zeiten des Kriegs oder der Kriegsgefahr auch noch weitere Beschränkungen der Auswanderungsfreiheit anordnen. Die Entlassungsurkunde bewirkt aber mit dem Zeitpunkt der Aushändigung den Verlust der Staatsangehörigkeit. Die Entlassung wird unwirksam, wenn der Entlassene nicht binnen 6 Monaten vom Tag der Aushändigung der Entlassungsurkunde an seinen Wohnsitz außerhalb des Reichsgebiets verlegt oder die Staatsangehörigkeit in einem andern Bundesstaat erwirbt. Der förmlichen A. wird es übrigens gleich geachtet, wenn ein Reichsangehöriger das Reichsgebiet verläßt und sich 10 Jahre lang ununterbrochen im Ausland aufhält, es sei denn, daß der Betreffende sich im Besitz eines Reisepasses oder eines Heimatscheins befindet, oder daß er in die Matrikel eines

Reichskonsuls eingetragen ist, oder daß er mit Erlaubnis seiner Regierung bei einer fremden Macht dient. Für Deutsche, welche sich in einem Staate des Auslands mindestens 5 Jahre lang ununterbrochen aufhalten und in demselben zugleich die Staatsangehörigkeit erwerben, kann durch Staatsvertrag die zehnjährige Frist auf eine fünfjährige vermindert werden, ohne Unterschied, ob die Beteiligten sich im Besitz eines Reisepapiers oder eines Heimatscheins befinden. Ein derartiger Vertrag ist bereits 22. Febr. 1868 zwischen dem Norddeutschen Bund und den Vereinigten Staaten von Nordamerika abgeschlossen worden, zu welchem dann analoge Verträge (sogen. Bancroft-Verträge, so benannt nach dem damaligen nordamerikanischen Gesandten Bancroft in Berlin) mit den süddeutschen Staaten hinzukamen. Nach diesen Verträgen, welche namentlich um deswillen vereinbart wurden, um Konflikte hinsichtlich der Militärpflicht der beiderseitigen Unterthanen zu vermeiden, sollen Angehörige des einen Teils, welche 5 Jahre lang im Gebiet des andern Teils zugebracht und daselbst die Staatsangehörigkeit erworben haben, als dessen Angehörige betrachtet und behandelt werden. Läßt sich der Naturalisierte wieder in seinem Heimatland nieder ohne die Absicht, in sein Adoptivvaterland zurückzukehren, so wird von ihm angenommen, daß er auf seine dortige Naturalisation Verzicht leiste. Dieser Verzicht kann als vorhanden angenommen werden, wenn der Naturalisierte des einen Teils sich länger als 2 Jahre wiederum in dem Gebiet des andern Teils aufgehalten hat. Wer sich dadurch, daß er ohne Erlaubnis das Reichsgebiet verläßt oder sich nach erreichtem militärpflichtigen Alter außerhalb des Reichsgebiets aufhält, dem Eintritt in sein Wehrverhältnis zu entziehen sucht, hat nach dem deutschen Strafgesetzbuch (§ 140) Geldstrafe von 150—3000 Mk. oder Gefängnisstrafe von einem Monat bis zu einem Jahr und Beschlagnahme seines Vermögens zu gewärtigen. Ein beurlaubter Reservist oder Wehrmann der Land- und Seewehr aber, welcher ohne Erlaubnis auswandert, wird in dem Reichs-strafgesetzbuch (§ 361, Nr. 3) mit Geldstrafe bis zu 150 Mk. oder mit Haft bis zu 6 Wochen bedroht. Die gleiche Strafe trifft denjenigen, welcher als Ersatzreservist erster Klasse auswandert, ohne von seiner bevorstehenden A. der Militärbehörde Anzeige erstattet zu haben. Auch die Bestimmung des § 144 des deutschen Strafgesetzbuchs gehört hierher, wonach derjenige, welcher es sich zum Geschäft macht, Deutsche unter Vorspiegelung falscher Thatsachen oder wissentlich mit unbegründeten Angaben oder durch andre auf Täuschung berechnete Mittel zur A. zu verleiten, mit Gefängnis von 1 Monat bis 2 Jahren bestraft werden soll. Im übrigen hat die deutsche Reichsverfassung (Art. 4) die A. nach außerdeutschen Ländern zwar in den Kompetenzkreis der Reichsgesetzgebung gezogen, es ist jedoch eine Regelung des Auswanderungswesens, des Gewerbes der Auswanderungsagenten und der Auswanderungsunternehmer von Reichs wegen noch nicht erfolgt, vielmehr sind in Ansehung der Auswanderungspolizei die Gesetze und Verordnungen der Einzelstaaten noch maßgebend; doch ist eine besondere Reichsbehörde, der Reichskommissarius für das Auswanderungswesen (in Hamburg), bestellt, um die Ausführung der von dem Bundesrat und den betreffenden Bundesstaaten erlassenen Vorschriften über das Auswanderungswesen in den deutschen Häfen zu überwachen. Vgl. die Tabelle auf S. 47. Vgl. Reichsmilitärstrafgesetzbuch, §§ 6, 65—80; Reichsmilitärgesetz vom 2. Mai 1874 (Reichsgesetzblatt, S. 45 ff.), §§ 34, 52, 56, 60 f., 69; Deutsche Wehrordnung vom 28. Sept. 1875; Lammers, Die deutsche A. unter Bundesschutz (1869); Roscher, Kolonien, Kolonialpolitik und A. (2. Aufl. 1856); Kapp, Geschichte der deutschen Einwanderung in den Vereinigten Staaten (1869); Miller, Auswandererbuch für Deutsche nach den Vereinigten Staaten (1873); Duval, Histoire de l'émigration européenne etc. (1862); Hasse, A. und Kolonisation (im »Jahres-Supplement zu Meyers Konv.-Lexikon« 1880).

Übersicht über die deutsche überseeische Auswanderung.

Aus deutschen Häfen wurden Auswanderer überhaupt (deutsche und fremde) befördert:

in den Jahren	davon nach den Verein. Staaten v. N.-A.	in den Jahren	davon nach den Verein. Staaten v. N.-A.
1847	41 310	1863	42 856	33 230
1848	36 532	33 559	1864	52 756	44 118
1849	34 249	32 120		
1850	33 206	31 402	1865	87 549	76 554
1851	49 772	44 531	1866	106 657	95 907
1852	87 586	70 934	1867	116 860	104 966
		1868	116 483	101 933
1853	87 760	71 646	1869	110 813	100 023
1854	127 694	96 847	1870	79 337	71 341
1855	50 202	38 471	1871	102 740	99 057
1856	62 720	52 530		
1857	81 014	69 071	1872	154 824	147 267
1858	42 976	33 015	1873	132 417	123 882
		1874	75 680	69 525
1859	35 253	30 229	1875	56 581	50 497
1860	46 511	42 359	1876	50 802	44 267
1861	30 939	25 508	1877	41 824	33 464
1862	35 264	29 015	1878	46 371	38 793

In deutschen Häfen und in Antwerpen wurden überseeische Auswanderer aus dem Deutschen Reich registriert:

1871:	75 912 Ausw.	1875:	30 773 Ausw.
1872:	125 650 „	1876:	28 368 „
1873:	103 638 „	1877:	21 964 „
1874:	45 112 „	1878:	24 217 „

Von den Auswanderern 1878 waren
männlichen Geschlechts: 14 409
weiblichen „ 9 808

Dieselben wurden expediert auf 712 Auswandererschiffen, von denen 44 (= 6,2 Proz.) Segelschiffe, die übrigen Dampfschiffe waren.

Von den Auswanderern 1878 gingen nach:

v. Ver. Staaten v. Nordamerika . 20 373		Peru	82
Br.-Nordamerika	89	Chile	94
Zentralamerika u.		andern südameri-	
Mexiko . . .	22	kan. Staaten .	72
Westindien . .	74	Afrika	394
Brasilien . . . 1 048		Asien	50
v. Argent. Staaten	201	Australien . . . 1 718	

Die Auswanderer 1878 kamen aus folgenden Staaten, beziehentlich Landesteilen:

Ost- u.Westpreußen 2072		Mecklenb.-Schwerin	422
Brandenburg . . 1635		Sachsen-Weimar .	189
Pommern . . . 2536		Mecklenb.-Strelitz.	38
Posen 1596		Oldenburg . . .	385
Schlesien	792	Braunschweig . .	181
Sachsen	668	S.-Meiningen . .	65
Schleswig-Holstein 1684		S.-Altenburg . .	42
Hannover . . . 2638		S.-Coburg-Gotha	47
Westfalen . . .	823	Anhalt	61
Hessen-Nassau .	757	Schwarzb.-Rudolst.	23
der Rheinprovinz .	893	Schwarzb.-Sondersh.	14
Hohenzollern . .	37	Waldeck	68
Preußen ohne		Reuß ältere Linie	13
nähere Angabe .	10	Reuß jüng. Linie .	29
Preußen überh. 16 141		Schaumburg-Lippe	24
Bayern rechts des		Lippe	70
Rheins 1404		Lübeck	24
der Rheinpfalz . .	344	Bremen	255
Sachsen 1036		Hamburg	680
Württemberg . . 1134		Elsaß-Lothringen	60
Baden	825	Deutschland ohne	
Hessen	665	nähere Angabe	28

Auswärtige Angelegenheiten, diejenigen Staatsgeschäfte, welche von der Staatsgewalt in ihren Beziehungen zu andern Staaten zu erledigen sind. Man pflegt die Staatsgewalt, insoweit sie sich mit der Vertretung des Staats fremden Mächten gegenüber zu befassen hat, als Repräsentativgewalt zu bezeichnen, und zwar sind es namentlich das Bündnisrecht, das Gesandtschaftsrecht und das Kriegsrecht des Staats, welche hierbei in Frage kommen. Die auswärtigen Staatsgeschäfte werden, wenigstens in den größern Staaten, regelmäßig von einem besondern Minister (s. d.) des Auswärtigen oder des Äußern geleitet, in dessen Hand die Leitung der auswärtigen (äußern, hohen) Politik (s. b.) des Staats liegt.

Auswärtiges Amt des Deutschen Reichs (in Berlin), eine aus dem preußischen Ministerium der auswärtigen Angelegenheiten hervorgegangene Reichsbehörde zur Besorgung der Geschäfte der auswärtigen Politik des Reichs. Dasselbe zerfällt in zwei Abteilungen, von welchen sich die erste, aus zwei Unterabteilungen bestehend, mit folgenden Angelegenheiten beschäftigt: Abteilung IA mit den Angelegenheiten der höhern Politik, Abteilung IB mit den Personalien, Generalien, Zeremonialien, Ordenssachen, Etats- und Kassensachen, Angelegenheiten der Kunst und Wissenschaft, mit kirchlichen Angelegenheiten ꝛc. Die Abteilung II ist für die Bearbeitung der Angelegenheiten des Handels und Verkehrs, des Konsulatswesens, der Staats- und zivilrechtlichen Angelegenheiten, der Privatangelegenheiten der Deutschen im Ausland und der Gegenstände, welche das Justiz-, Polizei- und Postwesen, die Auswanderung, die Schiffsangelegenheiten, die Grenzsachen und Ausgleichungen mit fremden Staaten ꝛc. betreffen, bestimmt. Als ständiger Vertreter des Reichskanzlers in der Leitung dieser wichtigen Behörde fungiert der **Staatssekretär des auswärtigen Amtes**, zugleich Chef der Abteilung IA; die Abteilung II ist dem **Direktor des auswärtigen Amtes** unterstellt, während als Dirigent der Abteilung IB einer der ältern Räte fungiert. Von dem auswärtigen Amt ressortieren: die Botschaften des Deutschen Reichs für Frankreich, Großbritannien, Italien, Österreich-Ungarn, Rußland und die Türkei; die Gesandtschaften für Belgien, Brasilien, China, Dänemark, Griechenland, die Niederlande, Portugal, Rumänien, Schweden und Norwegen, die Schweiz, Spanien und die Vereinigten Staaten von Nordamerika; die Ministerresidenturen für Zentralamerika, Chile, Columbia, Japan, Marokko, Meriko, Peru, die La Plata-Staaten, Serbien und Venezuela; endlich auch die deutschen Konsulate im Ausland.

Ausweisung (Landesverweisung), die Maßregel, wodurch jemand amtlich angewiesen und nötigenfalls gezwungen wird, das Gebiet eines gewissen Staats oder eines gewissen Orts zu meiden. Für die Beantwortung der Frage, unter welchen Voraussetzungen eine Staats- oder Gemeindebehörde befugt sei, gegen eine bestimmte Person die A. zu verfügen, ist aber als oberstes Prinzip der völker- und staatsrechtliche Grundsatz zu bezeichnen, daß nur der Angehörige eines Staats ein eigentliches Recht darauf hat, sich innerhalb des Staatsgebiets aufzuhalten. Das Wohn- und Aufenthaltsrecht des Staatsbürgers ist eins der Grundrechte des Unterthanen, und ebendeshalb ist gegen ihn weder eine A. noch eine Aus-

lieferung (s. b.) an eine fremde Staatsregierung zulässig. Dagegen wird dem Fremden, welcher sich im Inland aufhält, nach modernem Völkerrecht (s. Fremdenrecht) der Aufenthalt zwar keineswegs versagt, und auch er steht, wie der Inländer, unter dem Schutz der Staatsgesetzgebung. Es ist aber das unbestrittene Recht des Staats, einem Fremden den Aufenthalt im Inland zu versagen, wenn es die Rücksichtnahme auf das Gemeinwohl erheischt. Wird z. B. auf Grund des deutschen Strafgesetzbuchs gegen einen Ausländer auf Zulässigkeit der Polizeiaufsicht erkannt, so ist die höhere Landespolizeibehörde befugt, denselben aus dem Reichsgebiet auszuweisen (Reichsstrafgesetzbuch, § 39). In gewissen Fällen kann ferner nach dem deutschen Strafgesetzbuch (§§ 361, Nr. 3—8; 362) auf Überweisung des Verurteilten an die Landespolizeibehörde erkannt werden, so gegen Landstreicher, Bettler ꝛc. Ist nun gegen einen Ausländer auf Überweisung an die Landespolizeibehörde erkannt, so kann die A. aus dem Reichsgebiet erfolgen. Endlich bestimmt das Reichsstrafgesetzbuch (§ 284), daß ein Ausländer, der wegen verbotenen Glücksspiels verurteilt wurde, des Reichs verwiesen werden kann. Die Rückkehr eines Ausgewiesenen aber wird nach § 361 des Strafgesetzbuchs mit Haft bis zu sechs Wochen bestraft. Aber abgesehen von solchen speziell im Gesetz vorgesehenen Fällen, in welchen die A. mehr den Charakter einer Strafe trägt, kann dieselbe auch als polizeiliche Maßregel, namentlich mit Rücksicht auf die öffentliche Sicherheit, zur Anwendung kommen. Freilich wird sich eine Staatsregierung, die hier in engherziger und inhumaner Weise vorgeht, gerechtem Tadel aussetzen und möglicherweise ein Einschreiten derjenigen Staatsregierung veranlassen, deren Unterthan durch diese Maßregel betroffen ward. So war es z. B. nicht zu rechtfertigen, wenn Frankreich im deutsch-französischen Krieg von 1870/71 sämtliche Deutsche, einerlei, ob dem Zivil- oder Militärstand angehörig, aus dem französischen Gebiet verwies. Die hierdurch verursachte Schäbigung wurde aber nachmals bei Feststellung der von Frankreich zu zahlenden Kriegskosten berücksichtigt, und ein Reichsgesetz vom 14. Juni 1871 bestimmte ausdrücklich, daß zur Gewährung von Beihilfen an die während des Kriegs ausgewiesenen Deutschen außer den für diesen Zweck in Frankreich erhobenen besondern Kontributionen die Summe von 6 Mill. Mk. aus der von Frankreich zu zahlenden Kriegsentschädigung zu verwenden sei. Auf der andern Seite aber können sehr wohl Fälle vorkommen, in denen die A. eines Ausländers als geboten erscheinen muß; so namentlich dann, wenn ein Ausländer der öffentlichen Armenpflege anheimfällt, denn der Staat ist nicht verpflichtet, fremden Personen auf die Dauer öffentliche Unterstützung zu gewähren.

Dabei ist aber zu beachten, daß die einzelnen Staaten, welche jetzt zum Deutschen Reiche gehören, vermöge des gemeinsamen Bundesindigenats (s. b.) im Verhältnis zu einander nicht mehr als Ausland erscheinen; vielmehr ist jeder Angehörige eines jeden Bundesstaats in jedem andern Bundesstaat als ein Inländer zu betrachten, und das nunmehrige Reichsgesetz über die Freizügigkeit (s. b.) erklärt ausdrücklich: »Die polizeiliche A. Bundesangehöriger aus dem Ort ihres dauernden oder vorübergehenden Aufenthalts in andern als in den durch dieses Gesetz vorgesehenen Fällen ist unzulässig«. Was aber diese Fälle im einzelnen anbelangt, so kann namentlich solchen Personen, welche in einem Bundesstaat innerhalb der letzten zwölf Monate wegen wiederholten Bettelns oder wegen wiederholter Landstreicherei bestraft worden sind, der Aufenthalt in jedem andern Bundesstaat verweigert werden. Auch ist die Gemeinde befugt, einen neu Anziehenden, welcher an seinem neuen Aufenthaltsort den Unterstützungswohnsitz noch nicht erworben hat, auszuweisen, wenn sich nach dem Anzug die Notwendigkeit einer öffentlichen Unterstützung offenbart, die nicht bloß wegen einer vorübergehenden Arbeitsunfähigkeit nötig war. Sind in einem solchen Ausweisungsfall mehrere Staaten beteiligt, so richtet sich das Verfahren nach

dem sogen. Gothaer Vertrag, welcher unterm 15. Juli 1851 von den deutschen Staaten abgeschlossen und durch die Eisenacher Konvention vom 11. Juli 1853 näher ausgeführt worden ist (abgedruckt in Hirths »Annalen des Norddeutschen Bundes«, Bd. 1, S. 478 ff., 1868). Außerdem ist hier das norddeutsche Bundesgesetz über den Unterstützungswohnsitz (s. b.) maßgebend, welches aber in Bayern und Elsaß-Lothringen keine Gültigkeit hat. Als Strafmittel kommt die A., wie oben ausgeführt, im modernen Strafrecht nur noch gegen Ausländer vor, und so statuiert denn auch das Reichsgesetz vom 4. Juli 1872 (Reichsgesetzblatt, S. 253), betreffend den Orden der Gesellschaft Jesu, die A. von Jesuiten aus dem Bundesgebiet nur dann, wenn sie Ausländer sind. Dagegen scheint das Reichsgesetz vom 4. Mai 1874, betreffend die Verhinderung der unbefugten Ausübung von Kirchenämtern (Reichsgesetzblatt, S. 43 f.), allerdings gegen den an die Spitze dieses Artikels gestellten Grundsatz zu verstoßen. Denn nach ebendiesem Gesetz kann auch ein inländischer Geistlicher oder ein andrer Religionsdiener, welcher durch gerichtliches Urteil aus seinem Amt entlassen ist und sich gleichwohl dies Amt anmaßt oder dasselbe thatsächlich ausübt, aus dem Bundesgebiet ausgewiesen werden. Allein dieser Verstoß ist doch nur ein scheinbarer, denn es ist in diesem Gesetz ausdrücklich bestimmt, daß ein solcher Geistlicher durch Verfügung der Kontrollbehörde seines Heimatstaats der Staatsangehörigkeit verlustig erklärt und dann erst ausgewiesen werden kann. Die A. trifft also auch in diesem Fall keinen Staats- oder Reichsangehörigen, da die Bundes- oder Reichsangehörigkeit mit der Staatsangehörigkeit erworben und verloren wird und das in Frage stehende Reichsgesetz ausdrücklich erklärt: »Personen, welche nach den Vorschriften dieses Gesetzes ihrer Staatsangehörigkeit in einem Bundesstaat verlustig erklärt sind, verlieren dieselbe auch in jedem andern Bundesstaat und können ohne Genehmigung des Bundesrats in keinem Bundesstaat die Staatsangehörigkeit von neuem erwerben«. Auch auf Grund des sogen. Sozialistengesetzes (Reichsgesetz vom 21. Okt. 1878) kann eine A. nicht aus dem Reichsgebiet, sondern nur aus einzelnen Bezirken oder Ortschaften, für welche der sogen. kleine Belagerungszustand proklamiert worden ist, erfolgen (s. Sozialdemokratie).

Auszug, s. v. w. Altenteil (s. b.). In der Schweiz versteht man unter A. den einen Hauptteil des Bundesheers, nämlich die Mannschaften von 20—32 Jahren, im Gegensatz zur Landwehr.

Autárch (griech.), s. v. w. Autokrat, Selbstherrscher; Autarchie, Selbstherrschaft.

Authentische Interpretation, s. Interpretieren.

Autokratie (griech., »Selbst- oder Alleinherrschaft«), diejenige monarchische Staatsform, bei welcher der Staatsbeherrscher völlig unumschränkt, während er in der konstitutionellen Monarchie bei den wichtigsten Regierungshandlungen an die Zustimmung der Volksvertreter gebunden ist; Autokrat, Selbstherrscher, unumschränkter Gebieter. So führt der Kaiser von Rußland den Titel eines Selbstherrschers aller Reußen. Autokratismus, Bezeichnung für ein derartiges Regierungssystem und für die auf Herbeiführung eines solchen gerichteten Bestrebungen. Übrigens wird auch zuweilen die unmittelbare Demokratie als autokratische Demokratie bezeichnet (s. Demokratie).

Autonomie (griech., »Selbstgesetzgebung«), die Befugnis gewisser Körperschaften und gewisser Stände, zur Regelung ihrer innern Angelegenheiten Bestimmungen mit rechtsverbindlicher Kraft zu erlassen. Der Umstand, daß die staatliche Autorität im Mittelalter nur wenig entwickelt war, und daß der moderne Grundsatz der Zentralisation auf dem Gebiet der Gesetzgebung noch nicht zu einer konsequenten Aus- und Durchführung gelangt war, mußte der autonomischen Rechtsbildung im Mittelalter ganz besonders günstig sein. Besonders waren es in Deutschland die Städte, welche sich ihr eignes Stadtrecht und ihre eignen Statuten gaben und sich so namentlich auf dem Ge-

biet des Privatrechts ein besonderes Recht schufen, so daß hier neben den durch Gewohnheitsrecht entstandenen Normen ganz besonders die A. für jene Zeiten als Rechtsquelle zu bezeichnen ist. Wie aber das Gewohnheitsrecht heutzutage fast aufgehört hat, eine fließende Quelle des Rechts zu sein, so ist auch die A. der Gemeinden von der modernen Gesetzgebung mehr und mehr absorbiert worden. Gleichwohl besteht auch noch heutzutage das Recht der A. der Gemeinden und andrer Kommunalverbände (Provinzen, Kreise, Bezirke), wenngleich in beschränktem Umfang und mit dem Charakter einer von der staatlichen Gesetzgebung abgeleiteten Befugnis. Diese Verbände haben nämlich regelmäßig das Recht, innere Angelegenheiten durch rechtsverbindliche Statuten zu ordnen. So bestimmt z. B. die deutsche Gewerbeordnung (§ 142), daß die durch das Gesetz bezeichneten gewerblichen Gegenstände durch Ortsstatuten, welche auf Grund eines Gemeindebeschlusses nach Anhörung beteiligter Gewerbtreibenden erlassen werden, mit verbindlicher Kraft geordnet werden können. Derartige Statuten bedürfen jedoch der Genehmigung der höhern Verwaltungsbehörde; auch ist die Zentralbehörde befugt, Ortsstatuten, welche mit den Gesetzen im Widerspruch stehen, außer Kraft zu setzen. Von praktischer Bedeutung ist ferner auch noch die A. des hohen Adels (s. b.). Die deutsche Bundesakte (Art. 14) sicherte nämlich den 1806 und seitdem mittelbar gewordenen ehemaligen Reichsständen und Reichsangehörigen zu, daß ihre noch bestehenden Familienverträge aufrecht erhalten werden sollten, und daß ihnen die Befugnis zustehen solle, über ihre Güter- und Familienverhältnisse verbindliche Verfügungen zu treffen, welche jedoch dem Souverän vorzulegen und bei den höchsten Landesstellen zur allgemeinen Kenntnis und Nachachtung zu bringen seien. Nach manchen Staatsgesetzen (Baden, Bayern, Preußen) müssen übrigens derartige Hausgesetze dem Souverän nicht nur zur Kenntnisnahme, sondern zur Bestätigung unterbreitet werden. Übrigens steht dies Recht der A. auch den regierenden Häusern und ihren Oberhäuptern zu. Auch die Kirche hat ein gewisses Recht der A., sofern es sich um innere kirchliche Verhältnisse, z. B. um Liturgie und Kirchendisziplin, handelt, unbeschadet des staatlichen Oberaufsichtsrechts, welches in einzelnen Staaten, z. B. in Bayern, dadurch zum besondern Ausdruck gebracht ist, daß zu solchen autonomen Satzungen der Kirche das landesherrliche Placet eingeholt werden muß. Endlich haben auch die Geschäftsordnungen der parlamentarischen Körperschaften gewissermaßen den Charakter autonomer Satzungen (s. Geschäftsordnung). Vgl. Heffter, Sonderrechte der souveränen und der mediatisierten Häuser Deutschlands (1871); Schulze, Die Hausgesetze der regierenden deutschen Fürstenhäuser (1862—78, Bd. 1 u. 2).

Autonomisten (griech.), Bezeichnung einer politischen Partei in Elsaß-Lothringen, welche im Gegensatz zur sogen. Protestpartei die Annexion des Landes als eine völkerrechtliche Thatsache betrachtet, aber, wie es in dem Straßburger Programm vom 16. April 1871 heißt, dem Staat Elsaß-Lothringen »eine möglichst ausgedehnte Autonomie«, d. h. eine möglichst selbständige Verfassung, gewährt wissen will. Die autonomistische Partei scharte sich zumeist um das »Elsässer Journal« (den frühern »Niederrheinischen Kurier«) und hat nach langem Ringen und namentlich durch den im Reichstag gestellten Antrag der Reichstagsabgeordneten Schneegans, North, Rack und Lorette eine selbständige, im Land befindliche Regierung erlangt (s. Elsaß-Lothringen).

Autopsie (griech.), Besichtigung, Augenscheinseinnahme (s. Augenschein).

Autorisieren (lat.), ermächtigen, bevollmächtigen; Autorisation, Ermächtigung, Erteilung einer Befugnis oder einer Vollmacht.

Autorität (lat.), Ansehen, Macht; unter öffentlicher A. insbesondere werden das Ansehen und die öffentliche Achtung verstanden, welche die Staatsgewalt und ihre Organe für sich in Anspruch nehmen können und müssen. Eine Auflehnung gegen diese A. ist, wenn sie in Widersetz-

lichkeit (s. d.) übergeht, kriminell strafbar. Denn das Wesen des Staats besteht in der Unterordnung der Gesamtheit der Regierten unter die Staatsregierung, welch letztere die ihr hiermit verliehene A. aufrecht zu erhalten hat, will sie die Existenz des Staats selbst nicht in Frage stellen. Die Macht der Regierung, die Staatsgewalt, gründet sich aber entweder auf die eigne Machtvollkommenheit oder auf das Prinzip der Majorität, und in diesem Sinn spricht man von dem Gegensatz des Autoritätsprinzips zum Majoritätsprinzip. So formulierte bekanntlich Stahl den Grundgedanken des sogen. »Königtums von Gottes Gnaden« dahin: »A., nicht Majorität«. Das Autoritätsprinzip nimmt nämlich die Staatsgewalt für den Monarchen kraft göttlichen Rechts in Anspruch, unabhängig von dem Willen des Volks, aus eigner Machtvollkommenheit. Das Autoritätsprinzip ist daher dasjenige der absoluten Monarchie. Das Majoritätsprinzip dagegen ist der Grundsatz der Republiken, in welchen die Souveränität der Gesamtheit der Staatsbürger zusteht, indem sich der einzelne Staatsangehörige der ihm gegenüberstehenden Mehrheit unterordnen muß. Eine Verschmelzung beider Systeme bietet uns die moderne konstitutionelle Monarchie dar, welche die A. des Einzelherrschers mit dem Willen der Mehrheit des Volks in Verbindung bringt, welch letzterer in der Volksvertretung (s. d.) seinen Ausdruck findet.

Autorrecht, s. Urheberrecht.

Avancieren (franz., spr. awangss-), fortschreiten, vorrücken, aufrücken; Avancement (spr. -ssmang), das Aufrücken in eine höhere Stelle im Zivil- oder Militärdienst.

Avarie (franz.), s. Havarie.

Aversum (lat., Aversionalquantum, Aversionalsumme), Bauschsumme. So wird z. B. von verschiedenen deutschen Einzelstaaten an die Reichspostverwaltung für die portofreie Beförderung der Staatsdienstsachen ein A. bezahlt. Ebenso haben diejenigen Gebiete des Deutschen Reichs, welche außerhalb der gemeinschaftlichen Zollgrenze liegen, zu den Ausgaben des Reichs durch Zahlung

4*

eines Aversums mit beizutragen. Aversionierung, die Festsetzung einer Bauschsumme an Stelle der Erhebung von Einzelbeiträgen.

Avocatórium (lat., Literae avocatoriae, franz. Décret de rappel), Abberufungsschreiben, eine von der Staatsgewalt erlassene öffentliche Bekanntmachung, durch welche ihre im Ausland sich aufhaltenden Angehörigen zur Rückkehr in die Heimat aufgefordert werden. Solche Avokatorien kommen noch insofern vor, als zuweilen bei bevorstehendem Friedensbruch die Regierung ihre in Feindesland lebenden Unterthanen auf die Schutzlosigkeit, welcher sie dort preisgegeben sind, durch Avokatorien aufmerksam zu machen sich verpflichtet hält, wie dies z. B. die österreichische Regierung im italienischen Feldzug von 1859 ihren in der Lombardei lebenden Unterthanen gegenüber gethan hat.

Ayuntamiénto, in Spanien die städtische Munizipalgewalt und Munizipalbehörde.

B.

Baden, Großherzogtum und Bundesstaat des Deutschen Reichs, 15,084 qkm mit 1,570,189 Einw. Haupt= und Residenzstadt: Karlsruhe mit (1880) 50,122 Einw. Der überwiegende Teil der Bevölkerung gehört der katholischen Konfession an. Areal u. Bevölkerung (1. Dez. 1880) Die Bezirke sind die Kreise der Landeskommission.

	Einw.		Einw.
1) Kreis Konstanz	131 878	7) Baden	134 562
2) ˮ Villingen	70 614	8) Karlsruhe	272 536
3) ˮ Waldshut	80 313	Bez. Karlsruhe	407 098
Bezirk Konstanz	282 800	9) Mannheim	124 113
4) Kreis Freiburg	206 626	10) Heidelberg	143 377
5) Lörrach	92 408	11) Mosbach	159 199
6) Offenburg	155 068	Bez. Mannheim	426 689
Bez. Freiburg	454 102	Zusammen:	1570 189

An der Spitze des Staats steht der Großherzog (Königliche Hoheit), welcher sich zur evangelischen Konfession bekennt. Sein vollständiger Titel ist: »Von Gottes Gnaden Großherzog von B., Herzog von Zähringen«. Die Zivilliste beträgt mit den sonstigen Ausgaben für das großherzogliche Haus jährlich 1,788,350 Mk. Das regierende Haus gehört der Linie B.=Durlach an. Der Reichsdeputationshauptschluß vom 25. Juni 1803 brachte dem Markgrafen von B. zur Entschädigung für seine Verluste auf dem linken Rheinufer die Kurfürstenwürde, während im übrigen die Entschädigung durch säkularisierte geistliche und mediatisierte weltliche Besitzungen erfolgte. Durch den Anschluß an Napoleon I. erhielt der Kurfürst Karl Friedrich die Würde eines Großherzogs und die volle Souveränität.

Die Staatsform ist nach der Verfassungsurkunde vom 22. Aug. 1818 die einer erblichen konstitutionellen Monarchie (Abänderungsgesetze vom 5. Aug. 1841, 17. Febr. 1849, 17. Juni 1862, 21. Okt. 1867, 21. Dez. 1869 und 16. April 1870). Es besteht das Zweikammersystem. Die Erste Kammer setzt sich aus den Prinzen des großherzoglichen Hauses, den Häuptern der standesherrlichen Familien, dem Landesbischof und 1 vom Großherzog ernannten protestantischen Prälaten, 8 Abgeordneten des grundherrlichen Adels, 2 Abgeordneten der Landesuniversitäten und höchstens 8 vom Großherzog ernannten Mitgliedern zusammen. Die Zweite Kammer besteht aus 22 Abgeordneten bestimmter Städte und 41 der Ämter, welche in indirekten Wahlen auf vier Jahre gewählt werden. Durch Staatsvertrag mit dem Norddeutschen Bund vom 15. Nov. 1870 trat B. dem nunmehrigen Deutschen Reich bei, und zwar wurde, während Bayern und Württemberg verschiedene Reservatrechte erhielten, für B. nur der eine Vorbehalt gemacht, daß für diesen Staat die Besteuerung des inländischen Branntweins und des inländischen Biers der Landesgesetzgebung vorbehalten bleibe (Art. 35 der deutschen Reichsverfassung). Im Bundesrat führt das Großherzogtum drei Stimmen; in den deutschen Reichstag entsendet es 14 Abgeordnete.

Staatsverwaltung. Die oberste vollziehende Behörde des Landes ist das Staatsministerium, welches unter einem Ministerpräsidenten steht und sich aus den Chefs der einzelnen Ministerialdepartements und verschiedenen Räten zusammensetzt. Ihm steht die Oberrechnungskammer zur Seite, welche das gesamte Rechnungswesen leitet und mit der Superrevision der Staats-, Provinzial- und andrer Kassen betraut ist. Im übrigen bestehen vier Departements des Staatsministeriums, nämlich: das Ministerium des großherzoglichen Hauses und der Justiz, das Ministerium des Innern, das Handelsministerium und das Ministerium der Finanzen.

Justizorganisation. Das Oberlandesgericht des Großherzogtums ist in Karlsruhe errichtet. Es bestehen folgende sieben Landgerichte:

1) Landgericht Konstanz (mit den Amtsgerichten: Donaueschingen, Engen, Konstanz, Meßkirch, Pfullendorf, Radolfszell, Stockach, Überlingen, Villingen);
2) Waldshut (Bonndorf, Säckingen, St. Blasien, Waldshut);
3) Freiburg (Breisach, Emmendingen, Ettenheim, Freiburg, Kenzingen, Lörrach, Müllheim, Neustadt, Schönau, Schopfheim, Staufen, Waldkirch);
4) Offenburg (Achern, Bühl, Kork, Lahr, Oberkirch, Offenburg, Triberg, Wolfach);
5) Karlsruhe (Baden-Baden, Bretten, Bruchsal, Durlach, Eppingen, Ettlingen, Gernsbach, Karlsruhe, Pforzheim, Rastatt);
6) Mannheim (Heidelberg, Mannheim, Schwetzingen, Sinsheim, Weinheim, Wiesloch);
7) Mosbach (Adelsheim, Bogberg, Buchen, Eberbach, Mosbach, Tauberbischofsheim, Walldürn, Wertheim).

Verwaltung. Zum Zweck der innern Verwaltung zerfiel das Staatsgebiet früher in die vier Kreise: Mittel-, Ober-, Unterrheinkreis und Seekreis. Seit 1864 ist dasselbe aber in 11 Verwaltungskreise mit folgenden 52 Amtsbezirken (Bezirksämtern) eingeteilt:

1) Kreis Konstanz mit 6 Bezirksämtern zu Engen, Konstanz, Meßkirch, Pfullendorf, Stockach, Überlingen;
2) Kreis Villingen (3): Donaueschingen, Triberg, Villingen;
3) Kreis Waldshut (4): Bonndorf, Säckingen, St. Blasien, Waldshut;
4) Kreis Freiburg (7): Breisach, Emmendingen, Ettenheim, Freiburg, Neustadt, Staufen, Waldkirch;
5) Kreis Lörrach (4): Lörrach, Müllheim, Schönau, Schopfheim;
6) Kreis Offenburg (5): Kork, Lahr, Oberkirch, Offenburg, Wolfach;
7) Kreis Baden (4): Achern, Baden, Bühl, Rastatt;
8) Kreis Karlsruhe (6): Bretten, Bruchsal, Durlach, Ettlingen, Karlsruhe, Pforzheim;
9) Kreis Mannheim (3): Mannheim, Weinheim, Schwetzingen;
10) Kreis Heidelberg (4): Eppingen, Heidelberg, Sinsheim, Wiesloch;
11) Kreis Mosbach (6): Adelsheim, Buchen, Eberbach, Mosbach, Tauberbischofsheim, Wertheim.

Diese elf Kreise sind vier Landeskommissaren unterstellt (deren Bezirke s. S. 52, Tabelle), unmittelbar unter dem Staatsministerium des Innern stehend, bei dem vier Ministerialräte als Landeskommissare für jene vier Distrikte fungieren. An der Spitze eines Bezirksamts steht der Bezirksamtmann, welchem als Organ der kommunalen Selbstverwaltung ein aus 6—9 Mitgliedern bestehender Bezirksrat beigegeben ist. Der Kreis wird in dieser Hinsicht durch die Kreisversammlung vertreten, welche aus ihrer Mitte einen Kreisausschuß wählt. Derjenige Verwaltungsbeamte, welcher dem Bezirk vorsteht, in dem die Kreisverwaltung ihren Sitz hat, fungiert in Ansehung der letztern als Organ der Regierung (Gesetz vom 5. Okt. 1863, betreffend die Organisation der innern Verwaltung). In Verwaltungsrechtsstreitigkeiten entscheidet in zweiter Instanz der Verwaltungsgerichtshof. Dem Ministerium des Innern ist auch das Schulwesen unterstellt, welches durch einen Oberschulrat verwaltet wird. Was das Kirchenwesen anbetrifft, so ist das Haupt der katholischen Landeskirche der Erzbischof zu Freiburg, zugleich Metropolit der oberrheinischen Kirchenprovinz; unter ihm stehen 35 Landkapitel mit je einem erzbischöflichen Dekan und 660 Pfarreien. Die protestantische Kirche steht unter dem aus geistlichen und weltlichen Mitgliedern bestehenden Oberkirchenrat. Die Pfarrämter sind zu Diözesen zusammengefaßt, welche unter Dekanen stehen.

Die Gesamtkirche wird durch die General=
synode repräsentiert. Für die Diözesen
bestehen Diözesansynoden, während in den
einzelnen Kirchengemeinden Kirchenge=
meinderäte und Kirchengemeindeversamm=
lungen die Repräsentativkörperschaften der
Kirchengemeindemitglieder sind. Von dem
Handelsministerium ressortieren die
Oberdirektion des Wasser= und Straßen=
baus, die Generaldirektion der Eisenbah=
nen, das Statistische Büreau und die
Rheinschiffahrts = Zentralkommission (in
Mannheim).

Finanzen. Das Budget für die Jahre
1880 und 1881 beträgt (in Mark):

Ordentliche Ausgaben für 1880..	37506031
,,　　　　,,　　,, 1881.	37615513
Außerordentl. Ausgaben für 1880/81:	3010739
Ausgaben:	78132283
Ordentliche Einnahmen für 1880 .	38468421
,,　　　　,,　　,, 1881	39224080
Außerord. Einnahmen für 1880/81.	393527
Einnahmen:	78086028

Das hiernach für beide Jahre vorauszu=
sehende Defizit soll aus dem Betriebsfonds
der allgemeinen Landesverwaltung gedeckt
werden. Unter den ordentlichen Einnah=
men pro 1881 sind die direkten Steuern
auf 10,529,533 Mk., die indirekten auf
8,993,429 Mk., die Einnahmen aus der
Domänenverwaltung aber auf 7,560,557
Mk. veranschlagt. Unter den Ausgaben ist
die Erigenz des Unterrichtswesens mit
2,611,493 Mk., diejenige der Bezirksver=
waltung und Polizei mit 2,746,074 Mk.
und die für Wasser= und Straßenbau mit
4,224,819 Mk. in Ansatz gebracht, abge=
sehen von den auf das Extraordinarium
übernommenen Ausgaben für das Bau=
wesen. Die (reine) allgemeine Staats=
schuld belief sich nach Abzug der Aktiven
31. Dez. 1879 auf 11,599,928 Mk., die reine
Eisenbahnschuld auf 324,138,664 Mk.

Bezüglich der Militärverhältnisse ist
die 25. Nov. 1870 zwischen Preußen und
B. abgeschlossene Militärkonvention maß=
gebend, wonach das badische Kontingent
unmittelbarer Bestandteil der königlich
preußischen Armee geworden ist, indem
der König von Preußen alle Rechte und
Pflichten des Kontingents= und Kriegs=

herrn übernommen hat. Das Kontingent
bildet gegenwärtig den Hauptbestandteil
des 14. Armeekorps. — Das badische
Staatswappen hat im Feld rechts oben
einen schrägen goldnen Balken in pur=
purnem Feld und links unten einen gold=
nen, links gehenden Löwen mit ausgeschla=
gener Zunge als Wappenzeichen der zäh=
ringischen Abstammung. Das in 28 Felder
geteilte große Wappen, welches die Wappen
der einzelnen Landesteile enthält, wird
von zwei Greifen gehalten. Die Landes=
farben sind Purpurrot und Gold. Vgl.
Heunisch, Das Großherzogtum B.
(1857); Beck, Das badische Land (1873);
Weech, Geschichte der badischen Verfas=
sung (1868); Weizel, Das badische Ge=
setz vom 5. Okt. 1863 über die Organi=
sation der Verwaltung (1864); »Hof= und
Staatshandbuch des Großherzogtums B.«

Bagatellsachen, bürgerliche Rechts=
streitigkeiten, welche wegen der Geringfü=
gigkeit des Gegenstands im minder förm=
lichen, beschleunigten Verfahren (Baga=
tellprozeß) erledigt werden; im deut=
schen Gerichtsverfassungsgesetz diejenigen
Prozeßsachen, welche in erster Instanz nicht
vor den kollegialisch besetzten Landgerich=
ten, sondern vor den Amtsgerichten (Ein=
zelgerichten) zu erledigen sind.

Balkan, der Hämos der Alten, das bul=
garisch=thrak. Scheidegebirge auf der tür=
kischen Halbinsel, daher man mit der Be=
zeichnung Balkanhalbinsel die Länder
Bosnien, Montenegro, Serbien, Rumä=
nien, Bulgarien und Griechenland zu=
sammenfaßt.

Ballotage (franz., spr. =tahsch), Kuge=
lung, Wahl oder Abstimmung mit schwar=
zen und weißen Kugeln; daher ballotie=
ren, auf diese Weise abstimmen.

Banat, ein von einem Ban regierter
Bezirk; insbesondere Name einer Landschaft
in Ungarn, die Komitate Temes, Toron=
tal und Krassó umfassend, Hauptstadt:
Temesvár, 28,040 qkm, von jeher zu
Ungarn gehörend, 1849—60 ein beson=
deres österreichisches Kronland bildend,
seitdem wieder mit Ungarn verschmolzen.
Ban (Banus, v. slaw. pan, »Herr«) ist
gegenwärtig noch der Titel des Statthal=
ters von Kroatien und Slawonien.

Bancroft=Verträge (spr. bán=), s. Auswanderung.

Bank, eine Anstalt, welche die Aufgabe hat, gewerbsmäßig den Geld= und Kreditverkehr zu vermitteln und zu erleichtern. Im einzelnen sind die Geschäfte solcher Bankinstitute sehr mannigfaltiger und verschiedener Natur. Es kommen hier Wechselgeschäft, Handel mit Münzsorten, Geldwechseln, Depositengeschäft, Banknotenemission, Diskont=, Lombard=, Kontokorrent=, Spekulations=, Effekten=, Börsenkommissions=, Inkasso=, Versicherungs=, Kommissionsgeschäft, Hypothekenbeleihung und Pfandbriefemission ꝛc. vor. Doch beschäftigen sich nicht alle Banken gleichzeitig mit all diesen verschiedenen Bankgeschäften; sie beschränken sich vielmehr zumeist auf einzelne bestimmte Branchen, welche sie ausschließlich oder doch vorzugsweise kultivieren, daher man denn von Wechsel=, Kredit=, Zettel= oder Noten=, Hypotheken=, Giro=, Diskont=, Handels=, Industriebanken u. dgl. spricht. Viele dieser Banken haben den Charakter von Handelsgesellschaften; manche sind Staatsinstitute; andre sind zwar Privatunternehmen, die aber vom Staat mit besondern Vorrechten ausgestattet und der staatlichen Oberaufsicht unterstellt sind, so z. B. die privilegierte Österreichische Nationalbank, die Belgische Nationalbank, die B. von Frankreich und die B. von England. Von besonderer Wichtigkeit sind aber diejenigen Banken (Zettelbanken, Notenbanken), welche zur Ausgabe von Banknoten (franz. billets de banque, engl. bank-notes) ermächtigt sind, d. h. zur Emission von unverzinslichen, auf den Inhaber lautenden Zahlungsanweisungen einer B. auf sich selbst, die jederzeit von der B. mit dem baren Geldbetrag, auf welchen sie lauten, eingelöst werden müssen. Sie sind kein Papiergeld, sondern nur Geldpapier; ihr Geben und Nehmen ist keine Zahlung, sondern nur ein Geben un d Empfangen an Zahlungsstatt. Die Bedeutung, welche derartige Noten für den Verkehr haben, läßt es aber als gerechtfertigt erscheinen, daß der Staat sich die Kontrolle über solche Bankinstitute vorbehält. In manchen Staaten ist daher das Notenprivilegium einem bestimmten Bankinstitut in ausschließlicher Weise erteilt, so in Frankreich, Holland, Norwegen, Österreich, Rußland und Schweden. Im Deutschen Reich dagegen hat man neben der aus der Preußischen B. hervorgegangenen Reichsbank (s. b.) die in den Einzelstaaten von den betreffenden Regierungen konzessionierten Banken bestehen lassen; allein ihr Notenprivilegium ist durch das Reichsbankgesetz vom 14. März 1875 (Reichsgesetzblatt, S. 177 ff.), welches gleichzeitig die Reichsbank ins Leben rief, so beschränkt, daß verschiedene dieser Banken für die Folgezeit auf die Emission von Banknoten Verzicht leisteten. Das Bankgesetz bestimmte nämlich für jede dieser Banken einen Maximalbetrag und verordnete, daß jede B., deren Notenumlauf ihren Barvorrat und jenen Betrag übersteigt, von dem Überschuß eine Steuer von jährlich 5 Proz. zur Reichskasse entrichten müsse. Außerdem ist bestimmt, daß die Befugnis zur Ausgabe von Banknoten künftighin nur durch Reichsgesetz erworben oder erweitert werden kann. Eine Verpflichtung zur Annahme von Banknoten bei Zahlungen, welche gesetzlich in Geld zu leisten sind, findet nicht statt; auch sollen Banknoten nur auf Beträge von 100, 200, 500 und 1000 Mk. oder von einem Vielfachen von 1000 Mk. ausgefertigt werden dürfen. Diejenigen Privatnotenbanken, welche zur Zeit in Deutschland neben der Reichsbank noch Banknoten ausgeben, sind folgende: 1) die Städtische B. zu Breslau; 2) die Kölnische Privatbank; 3) die Magdeburger Privatbank; 4) die Danziger Privataktienbank; 4) die Provinzialaktienbank des Großherzogtums Posen; 6) die Hannoverische B.; 7) die Frankfurter B.; 8) die Bayrische Notenbank; 9) die Sächsische B. zu Dresden; 10) der Leipziger Kassenverein; 11) die Chemnitzer Stadtbank; 12) die Württembergische Notenbank; 13) die Badische B.; 14) die B. für Süddeutschland; 15) die Braunschweigische B.; 16) die Kommerzbank in Lübeck; 17) die Bremer B. Vgl. Wirth, Handbuch des Bankwesens (1870); Soetbeer, Die deutsche Bankverfassung (1875); Coquelin, Le

crédit et les banques (1876); Poschin=
ger, Die Banken im Deutschen Reich
(1876 ff., Bd. 1—5); Saling, Börsen=
papiere, Bd. 3.

Banknote, f. Bank.

Bankrott (Bankrutt, französisch
Banqueroute, engl. Bankruptcy, ital.
Banco rotto, Banca rotta, d. h. zer=
brochene Bank, nämlich der zerbrochene
Wechseltisch des insolventen Geldwechs=
lers), im gewöhnlichen Sprachgebrauch
f. v. w. Falliment (Fallissement), d. h.
die öffentlich erklärte Zahlungsunfähig=
keit (Insolvenz) einer Person, nament=
lich eines Gewerbtreibenden. Im engern
und eigentlichen Sinn aber versteht man
darunter den strafbaren Konkurs (s. d.),
die verschuldete Zahlungsunfähigkeit,
welche den Bankrottierer als straf=
fällig erscheinen läßt. Die für das Deut=
sche Reich in letzterer Hinsicht bisher maß=
gebenden Bestimmungen des Reichsstraf=
gesetzbuchs (§§ 281—283) sind aber nun=
mehr durch die einschlägigen Normen der
deutschen Konkursordnung (§§ 209—214)
ersetzt worden. Hiernach sind folgende
Unterscheidungen zu machen: 1) Betrü g=
licher B., welcher, wenn keine mildern=
den Umstände vorliegen, mit Zuchthaus
bis zu 15 Jahren bestraft wird, ist dann
vorhanden, wenn ein Schuldner, der seine
Zahlungen eingestellt hat, oder über dessen
Vermögen das Konkursverfahren eröff=
net worden ist, in der Absicht, seine Gläu=
biger zu benachteiligen, Vermögensstücke
verheimlicht oder beiseite geschafft, oder
Schulden oder Rechtsgeschäfte anerkannt
oder aufgestellt hat, welche ganz oder teil=
weise erdichtet sind. Ebenso wird ein in=
solventer Kaufmann wegen betrüglichen
Bankrotts bestraft, wenn er in der näm=
lichen Absicht Handelsbücher, deren Füh=
rung ihm gesetzlich oblag, zu führen unter=
lassen oder seine Handelsbücher vernichtet,
verheimlicht oder so geführt oder verändert
hat, daß dieselben keine Übersicht des Ver=
mögens gewähren. 2) Einfacher B. (Ge=
fängnis bis zu 2 Jahren) ist das Vergehen
insolventer Schuldner, welche durch Auf=
wand, Spiel oder Differenzhandel mit
Waren oder Börsenpapieren übermäßige
Summen verbraucht haben oder schuldig

geworden sind oder die Handelsbücher zu
führen unterlassen haben, deren Führung
ihnen gesetzlich oblag, oder dieselben ver=
heimlicht, vernichtet oder so unordentlich
geführt haben, daß sie keine Übersicht ihres
Vermögenszustands gewähren, oder welche
es den Bestimmungen des Handelsgesetz=
buchs zuwider unterlassen haben, die
Bilanz ihres Vermögens in der vorge=
schriebenen Zeit zu ziehen. 3) Wider=
rechtliche Begünstigung einzelner
Gläubiger: Schuldner, welche ihre
Zahlungen eingestellt, oder über deren
Vermögen das Konkursverfahren eröff=
net worden ist, werden mit Gefängnis bis
zu 2 Jahren bestraft, wenn sie, obwohl
sie ihre Zahlungsunfähigkeit kannten,
einem Gläubiger in der Absicht, ihn vor
den übrigen Gläubigern zu begünstigen,
eine Sicherung oder Befriedigung gewährt
haben, welche derselbe nicht oder nicht in
dieser Art oder nicht zu dieser Zeit zu be=
anspruchen hatte. 4) Handlungen
dritter Personen zum Zweck der
Benachteiligung der Gläubiger:
Mit Zuchthaus bis zu 10 Jahren und,
falls mildernde Umstände vorhanden, mit
Gefängnisstrafe bis zu 5 Jahren oder mit
Geldstrafe bis zu 6000 Mk. wird bestraft,
wer im Interesse eines insolventen Schuld=
ners Vermögensstücke desselben verheim=
licht oder beiseite geschafft hat, oder wer
im Interesse eines solchen Schuldners,
oder um sich oder einem andern Vorteile
zu verschaffen, in dem Verfahren erdichtete
Forderungen im eignen Namen oder
durch vorgeschobene Personen geltend ge=
macht hat. 5) Ein Gläubiger, welcher sich
von dem Gemeinschuldner oder von
andern Personen besondere Vorteile da=
für hat gewähren oder versprechen lassen,
daß er bei den Abstimmungen der Kon=
kursgläubiger in einem gewissen Sinn
stimme, wird mit Geldstrafe bis zu 3000
Mk. oder mit Gefängnis bis zu einem
Jahr bestraft. 6) Endlich sind auch die
im Vorstehenden aufgeführten Strafvor=
schriften ausdrücklich für anwendbar er=
klärt gegenüber den Mitgliedern des Vor=
stands einer Aktiengesellschaft oder einge=
tragenen Genossenschaft und gegenüber den
Liquidatoren einer Handelsgesellschaft oder

eingetragenen Genossenschaft, welche ihre Zahlungen eingestellt hat, oder über deren Vermögen das Konkursverfahren eröffnet worden ist, wenn sie in ebendieser Eigenschaft die mit Strafe bedrohten Handlungen begangen haben. Vgl. Konkurs.

Banner (Panier, franz. Bannière), Heerfahne, Feldzeichen. Das vormalige deutsche Reichsbanner (Reichspanier) zeigte einen schwarzen Adler, mit des Kaisers Hauswappen auf der Brust, auf gelbem Feld. Bei Belehnungen hatte der Kaiser aber neben der Reichsfahne, deren Farben also Schwarz und Golden waren, zur Verleihung des Blutbanns noch eine rote Fahne zur Seite, und durch eine allerdings gegen die Regeln der Heraldik vorgenommene Verbindung dieser Farben kam man auf die Trikolore »Schwarz-Rot-Gold«, welche bis in die neueste Zeit als die deutsche Fahne bezeichnet ward. Das dermalige Reichsbanner oder die kaiserliche Standarte enthält in Purpurgrund das Eiserne Kreuz, belegt mit dem kaiserlichen, von der Kette des Schwarzen Adlerordens umgebenen Wappen in weißem Feld, und in den vier Eckfeldern des Fahnentuchs abwechselnd den preußischen Adler und die kaiserliche Krone. Vgl. den allerhöchsten Erlaß vom 3. Aug. 1871, betreffend die Bezeichnung der Behörden und Beamten des Deutschen Reichs sowie die Feststellung des kaiserlichen Wappens und der kaiserlichen Standarte (Reichsgesetzblatt, S. 318). Vgl. Flagge.

Baptisten (griech., »Täufer«), christliche Sekten, welche die Kindertaufe verwerfen und statt derselben die Taufe der Erwachsenen zum Hauptgegenstand ihrer Lehre (Baptismus) gemacht haben.

Barmherzige Brüder und Schwestern (franz. Frères de la charité, ital. Fate bene fratelli, Sœurs ober Filles de la charité oder de la miséricorde), weit verzweigte katholische Vereine zur Pflege von Armen und Kranken ohne Unterschied der Nationalität und des Glaubensbekenntnisses. Der Verein der Barmherzigen Brüder wurde 1540 in Granada von Juan di Dio gestiftet und 1572 vom Papst anerkannt und zwar unter Auferlegung der Ordensregeln des heil. Augustin. Der Orden der Barmherzigen Schwestern aber ward 1625 in Frankreich von Vincenz de Paula gestiftet und ist auch in Deutschland verbreitet. Das preußische Ordensgesetz vom 31. Mai 1875 ließ die bestehenden Niederlassungen der Orden oder ordensähnlichen Kongregationen, welche sich ausschließlich der Krankenpflege widmen, fortbestehen, und das Gesetz vom 14. Juli 1880 statuiert auch neue Niederlassungen für Krankenpflege, gestattet den weiblichen Genossenschaften in widerruflicher Weise die Kindererziehung und stellt die Pflege von Idioten, Blinden, Tauben, Stummen und gefallenen Frauenspersonen der Krankenpflege gleich. Eine Nachbildung der Barmherzigen Schwestern sind die protestantischen Diakonissinnen.

Baron (v. altfranz. bar, »freier Mann«), früher derjenige Adlige, welcher unmittelbar unter dem Kaiser stand, also s. v. w. Freiherr. Gegenwärtig versteht man darunter in Deutschland und in Frankreich die erste Klasse des niedern Adels, welche zwischen den Grafen und den gewöhnlichen Edelleuten die Mittelstufe bildet; in England ist es die unterste Klasse des hohen Adels. Baronesse (franz. baronne), Baronin, Freifrau, Freifräulein; baronisieren, in den Freiherrenstand erheben.

Baronet (engl., abgekürzt Bart.), eine zwischen dem Adel, der Peerage und der Gentry stehende Ritterklasse, gestiftet 1611 von Jakob I. für jeden, der zur Behauptung Irlands und besonders der Provinz Ulster 30 Mann zu Fuß zur Kolonisation auf seine Kosten stellen oder die Summe von 1095 Pfd. Sterl. zu Kolonisationszwecken zahlen würde, und sodann beibehalten. Das Recht, zum B. zu ernennen, haben die Könige.

Barre (franz., engl. Bar), Gerichtsschranke; die Brustwehr, welche die Tribüne des Gerichtshofs von dem Publikum trennt; daher Barreau (franz., spr. -roh), der Stand der Advokaten, welche an der B. ihren Platz haben. Mit der Bezeichnung B. hängt auch diejenige der ersten Stufe der englischen Sachwalter (Barrister) zusammen.

Barrikaden (v. franz. barrique, »Tonne«), aus Möbeln, Steinen, Erde u. dgl. zur Verteidigung eilig hergerichtete Straßensperren, seit dem Mittelalter vorkommend.

Bassermannsche Gestalten, scherzhafte Bezeichnung für verwegene, revolutionäre Typen der bürgerlichen Gesellschaft; der Ausdruck rührt von dem Buchhändler Bassermann aus Mannheim her, welcher als Mitglied der Frankfurter Nationalversammlung von den Berliner Revolutionären eine besonders drastische Schilderung gegeben hatte.

Bastard (altdeutsches Wort, s. v. w. unecht), der natürliche Sohn eines hochadligen Mannes, auch wohl die Bezeichnung für den aus der morganatischen Ehe eines Fürsten hervorgegangenen Sprößling.

Bataillon (franz., spr. -taljong, v. ital. battaglione), im 16. Jahrh. jeder selbständige Schlachthaufe, gegenwärtig taktische Einheit der Infanterie, 500—1000 Köpfe stark, aus 4 (Deutschland) bis 6 Kompanien bestehend, 2 (in Deutschland: Infanterie 3, Fußartillerie 2) bis 5 ein Regiment bildend oder (Pioniere, Jäger, Schützen, Fußartillerie) selbständig. Der Bataillonskommandeur ist ein Major.

Batterie (franz.), Zusammenstellung mehrerer Geschütze zu einem taktischen Zweck, als Feld-, Belagerungs-, Festungs-, Küsten- oder Strand- und schwimmende Batterien; auch Bezeichnung für die diese deckende Erdbrustwehr oder das Festungswerk; auf Kriegsschiffen der Raum über dem Batteriedeck, in dem die Geschütze aufgestellt sind.

Bauerndienste, s. Fronen.

Baupolizei, Inbegriff aller Veranstaltungen, welche die Regierung trifft, um zu bewirken, daß durch Bauen und Gebautes Sicherheit, Bequemlichkeit und Ordnung gefördert und die durch beides etwa entstehenden Gefahren abgewendet werden. Die Vorschriften der B. bilden die Bauordnung; ihre Ausübung steht entweder besondern Baukollegien oder der allgemeinen Wohlfahrtspolizei zu. Vgl. Kletke, Repertorium der baupolizeilichen Gesetze im preußischen Staat (1873).

Bayern, Königreich und Bundesstaat des Deutschen Reichs, 75,863 qkm mit (1880) 5,271,516 Einw., von denen 1875: 3,5 Mill. Katholiken, 1,4 Mill. Protestanten und 51,335 Juden gezählt wurden. Der östliche Teil des Staatsgebiets besteht aus dem ehemaligen Kurfürstentum B., aus den ehemaligen preußischen Fürstentümern Ansbach und Baireuth, den vormaligen Bistümern Augsburg, Bamberg, Eichstätt, Freising, Passau und Würzburg, vielen ehemals freien Reichsstädten (Kaufbeuren, Memmingen, Nördlingen, Nürnberg, Regensburg, Schweinfurt, Ulm u. a.), 13 Abteien (Elchingen, Kempten, Ursberg ꝛc.) und verschiedenen vormals reichsritterschaftlichen Besitzungen. Der westlich vom Rhein abgesondert liegende Gebietsteil, Rheinbayern oder die Pfalz genannt, setzt sich aus dem ehemaligen Herzogtum Pfalz-Zweibrücken, mehreren ehedem reichsfreien Städten, den Besitzungen verschiedener kleiner Fürsten und einigen von Frankreich abgetretenen Gebietsteilen zusammen.

Areal u. Bevölkerung (1. Dez. 1880):

Regierungsbezirke	QKilom.	Einw.
1) Oberbayern	17047	949899
2) Niederbayern	10768	643847
3) Pfalz	5937	676098
4) Oberpfalz und Regensburg	9665	526967
5) Oberfranken	6999	574090
6) Mittelfranken	7559	642344
7) Unterfranken u. Aschaffenb.	8398	625478
8) Schwaben und Neuburg .	9491	632793
Zusammen:	75863	5271516

Die Hauptstadt der Monarchie ist München mit (1880) 229,343 Einw. An der Spitze des Staatswesens steht der König (Majestät) aus dem Haus Wittelsbach, welch letzteres 1180 von Friedrich Barbarossa mit dem damaligen Herzogtum B. beliehen ward und seitdem in B. regiert. Im Dreißigjährigen Krieg erhielt der Herzog Maximilian I. die dem Kurfürsten Friedrich V. von der Pfalz abgenommene Kurwürde. Nachdem B. in dem französisch-österreichischen Krieg von 1805 auf seiten Frankreichs gestanden hatte, wurde der Kurfürst von Napoleon mit dem Königstitel belohnt, welchen er seit 1. Jan. 1806 führte. Schon 17. Sept.

1814 erklärte der nunmehrige König Maximilian Joseph I., daß zu einer Verfassungsreform geschritten werden müsse und solle, und 26. Mai 1818 gab er seinem Volk eine Konstitution, welche im wesentlichen noch jetzt in Kraft ist, wenn sie auch durch das Wahlgesetz vom 4. Juni 1848 wichtige Abänderungen erfahren hat. Hiernach bildet der bayrische Staat eine konstitutionelle Monarchie, an deren Spitze der König steht, dessen Krone im Mannesstamm erblich ist nach dem Rechte der Erstgeburt und der agnatischen Linearerbfolge, mit Ausschluß der weiblichen Nachkommen, solange noch ein successionsfähiger Agnat aus ebenbürtiger, mit Bewilligung des Königs geschlossener Ehe oder ein durch Erbverbrüderung zur Thronfolge berufener Prinz vorhanden ist. Die Titulatur des Königs, welcher sich zur katholischen Konfession bekennt, ist: »Von Gottes Gnaden König von B., Pfalzgraf bei Rhein, Herzog von B., Franken und in Schwaben 2c.« Die Zivilliste beträgt mit den Apanagen 5,342,528 Mk.

Die Volksvertretung besteht aus dem Landtag des Königreichs, welcher sich aus zwei Kammern zusammensetzt. Die Erste Kammer (Kammer der Reichsräte) wird durch die volljährigen Prinzen des königlichen Hauses, die Kronbeamten des Reichs, die Erzbischöfe von München-Freising und von Bamberg, die Häupter der vormals reichsständischen fürstlichen und gräflichen Familien (Standesherren), einen vom König auf Lebenszeit zum Mitglied ernannten Bischof und dem jeweiligen Präsidenten des protestantischen Oberkonsistoriums gebildet. Dazu kommen die vom König erblich oder lebenslänglich ernannten Reichsräte, und zwar darf die Zahl der letztern den dritten Teil der erstern Klasse nicht übersteigen. Die Zweite Kammer (Kammer der Abgeordneten) besteht zur Zeit aus 156 Mitgliedern, indem auf je 31,500 Einw. ein Abgeordneter zu wählen ist. Die Wahl ist eine indirekte durch Wahlmänner, die Wahlperiode ist eine sechsjährige. Aktiv wahlberechtigt ist jeder Staatsbürger und volljährige Staatsangehörige, welcher eine direkte Staatssteuer zahlt. Passiv wahl-

fähig und zwar zum Wahlmann ist jeder Staatsbürger über 25 Jahre, zum Abgeordneten jeder aktiv Wahlfähige über 30 Jahre. Wahlfähigkeit und Wahlberechtigung sind denjenigen Staatsangehörigen entzogen, welchen die bürgerlichen Ehrenrechte aberkannt sind. Ohne zustimmenden Beschluß des Landtags und zwar der beiden Häuser kann kein Gesetz, betreffend die Freiheit der Person oder das Eigentum der Staatsangehörigen, erlassen, abgeändert, authentisch erklärt oder aufgehoben werden. Zur Erhebung aller direkten und indirekten Staatssteuern und zur Erhöhung und Veränderung der bestehenden, insoweit nicht die Besteuerung dem Deutschen Reich zusteht, desgleichen zur Kontrahierung einer Staatsschuld ist die Zustimmung des Landtags erforderlich. Die Finanz- und Etatsperiode der Monarchie ist eine zweijährige, und ebendarum muß der Landtag mindestens alle zwei Jahre einberufen werden. Das Recht der Vertagung und der Auflösung steht dem König zu, doch muß im letztern Fall spätestens binnen drei Monaten die Neuwahl der Abgeordneten für die Zweite Kammer vorgenommen werden. Der erste Präsident des Reichsrats wird vom König je auf eine Sitzungsperiode ernannt, während der zweite von der Reichsratskammer selbst gewählt wird. Die Zweite Kammer wählt ihre beiden Präsidenten. Anträge auf Abänderung der Verfassung können nur vom König an den Landtag gebracht werden und erfordern zu einem gültigen Beschluß die Gegenwart von drei Vierteilen der die Versammlung bildenden Mitglieder in jeder Kammer und eine Mehrheit von zwei Dritteln der Stimmen. Die Sanktion der Gesetze steht dem König zu, welcher dieselben, wenn sie Zustimmung finden, unter der königlichen Unterschrift publiziert. Der Landtag hat das Recht der Beschwerde und der Ministeranklage wegen Verletzung der Verfassung. Die Geschäftsordnung des Landtags ist durch Gesetz vom 19. Jan. 1872 geregelt.

Dem König steht ferner ein Staatsrat zur Seite, welcher sich unter des Königs unmittelbarer oberster Leitung aus dem Kronprinzen, den vom König berufenen Prinzen des königlichen Hauses in der direkten Linie, aus den Ministern und aus einer der Zahl der Minister mindestens gleichkommenden Anzahl von hohen Beamten und Militärs zusammengesetzt (Instruktion vom 18. Nov. 1825, revidiert 3. Aug. 1879). Die oberste vollziehende Behörde des Staats ist das Gesamtstaatsministerium, dessen Vorsitzender zugleich der Staatsminister des königlichen Hauses und des Äußern ist. Dazu kommen die Ministerien des Innern, für Kirchen- und Schulangelegenheiten, der Justiz, der Finanzen und das Kriegsministerium. Dem Ministerium des königlichen Hauses und des Äußern ist die Generaldirektion der Verkehrsanstalten, mit Bau-, Betriebs-, Post- und Telegraphenabteilungen, unterstellt. Im Ministerium des Innern besteht eine besondere Abteilung für Landwirtschaft, Gewerbe und Handel; auch ressortieren von demselben namentlich die oberste Baubehörde, der Obermedizinalausschuß, das allgemeine Reichsarchiv, die Normaleichungskommission, die statistische Zentralkommission, das Statistische Büreau und der Verwaltungsgerichtshof. Dem Staatsministerium der Finanzen sind der oberste Rechnungshof, die General-Bergwerks- und Salinenverwaltung, die Staatsschuldentilgungskommission und die Generalzolladministration unterstellt. Für die römisch-katholische Kirche bestehen die beiden Erzbistümer zu München-(Freising) und Bamberg und die Bistümer zu Augsburg, Eichstätt, Passau, Regensburg, Speier und Würzburg. Die protestantische Landeskirche steht unter dem Oberkonsistorium zu München und dem Konsistorium in Speier.

Was die Stellung Bayerns in dem nunmehrigen Deutschen Reich anbetrifft, so hatte sich B. in dem Friedensvertrag zu Berlin vom 22. Aug. 1866, abgesehen von einer Kriegskostenentschädigung von 30 Mill. Fl., zu der Abtretung des Bezirksamts Gersfeld, eines Distrikts um Orb und der zwischen Saalfeld und Ziegenrück gelegenen Enklave Kaulsdorf verstehen müssen. Gleichzeitig ward aber zwischen Preußen und B. ein Schutz- und Trutzbündnis abgeschlossen; auch kam zwischen dem Norddeutschen Bund samt dem Großherzogtum Luxemburg und der süddeutschen Staatengruppe mit Einschluß Bayerns der Vertrag vom 8. Juli 1867 zustande, wonach der neu begründete Deutsche Zoll- und Handelsverein den Charakter einer staatenbundlichen Vereinigung und in dem sogen. Zollparlament eine Art Volksvertretung erhielt.

Nach dem auf Antrag Bayerns zwischen den gesetzgebenden Faktoren des Norddeutschen Bundes und den Regierungen der süddeutschen Staaten abgeschlossenen Vertrag vom 23. Nov. 1870 (Bundesgesetzblatt vom 31. Jan. 1871, mit Schlußprotokoll) bildet B. nunmehr einen Bestandteil des Deutschen Reichs, indem es in den deutschen Reichstag 48 Abgeordnete entsendet. Es sind aber dem bayrischen Staat mit Rücksicht auf die Größe und Bedeutung desselben wichtige Vor- und Sonderrechte eingeräumt worden. Zunächst ist die Militärmacht Bayerns im Frieden selbständig gestellt. Das bayrische Heer bildet einen in sich geschlossenen Bestandteil des deutschen Bundesheers mit selbständiger Verwaltung unter der Militärhoheit des Königs von B. Im Krieg und zwar mit dem Beginn der Mobilisierung steht aber auch das bayrische Heer unter dem Befehl des Bundesfeldherrn. Auch hat dieser das Recht und die Pflicht, sich durch Inspektionen von der ausdrücklich stipulierten Übereinstimmung in Organisation, Formation und Ausbildung der bayrischen mit den übrigen deutschen Truppen sowie von der Vollzähligkeit und Kriegstüchtigkeit des bayrischen Kontingents Überzeugung zu verschaffen. Im Krieg sind die bayrischen Truppen verpflichtet, den Befehlen des Bundesherrn unbedingt Folge zu leisten, eine Verpflichtung, welche in den Fahneneid mit aufzunehmen ist. Ein weiteres Reservatrecht ist der Krone B. in Ansehung des Post- und Telegraphenwesens eingeräumt: die Einrichtung und Verwaltung des Post- und Telegraphenwesens und die Einnahmen aus demselben sind, ebenso wie für Württemberg, für

B. vorbehalten und also hier nicht Sache des Reichs. Während ferner die Kompetenz der Reichsgesetzgebung im allgemeinen auch auf B. ausgedehnt worden ist, und während die meisten Gesetze des Norddeutschen Bundes auch auf die süddeutschen Staaten mit erstreckt und zu Reichsgesetzen erhoben worden sind, ist die Beaufsichtigung und Gesetzgebung des Reichs ausgeschlossen hinsichtlich der Heimats- und Niederlassungsverhältnisse und in Ansehung des Verehelichungswesens, soweit es mit jenen Verhältnissen im Zusammenhang steht. Daher gilt insbesondere das norddeutsche Bundesgesetz über den Unterstützungswohnsitz (s. d.) in B. nicht. Ferner kann eine reichsgesetzliche Regelung des Immobiliarversicherungswesens in B. nur mit Zustimmung der dortigen Regierung Geltung erlangen. Weiter ist B., ebenso wie Württemberg und Baden, in Bezug auf die Besteuerung des inländischen Biers und Branntweins selbständig gestellt. Diese ist der Landesgesetzgebung vorbehalten, auch verbleibt der Ertrag dieser Steuern dem bayrischen Staat. Auch hinsichtlich des Eisenbahnwesens hat B. eine Sonderstellung, doch steht dem Reich auch B. gegenüber das Recht zu, im Weg der Gesetzgebung einheitliche Normen für die Konstruktion und Ausrüstung der für die Landesverteidigung wichtigen Eisenbahnen aufzustellen. Endlich ist auch die Kompetenz der Normaleichungskommission des Reichs in B. ausgeschlossen. Außerdem ist aber die Krone B. im Bundesrat mit besondern Rechten ausgestattet. Sie führt hier sechs Stimmen, während ihr in dem Plenum des ehemaligen Deutschen Bundes, dessen Stimmenverhältnis sonst berücksichtigt wurde, nur vier Stimmen zukamen. In dem Bundesratsausschuß für Landheer und Festungen hat B. einen ständigen Sitz; es führt den Vorsitz in dem Ausschuß für die auswärtigen Angelegenheiten und hat den Anspruch auf die Stellvertretung im Vorsitz des Bundesrats (s. d.). Auch ist hier an die Bestimmung des Einführungsgesetzes zum deutschen Gerichtsverfassungsgesetz zu erinnern, wonach in den größern Bundesstaaten, in

welchen mehrere Oberlandesgerichte errichtet werden, ein oberstes Landesgericht zur Entscheidung über die sonst an das Reichsgericht gehenden Revisionen gegen zweitinstanzliche Urteile der Oberlandesgerichte in Zivilsachen eingesetzt werden kann. Von dieser Befugnis hat nur B. Gebrauch gemacht und ein partikuläres oberstes Landesgericht in München errichtet. Die Zuständigkeit desselben bezieht sich jedoch nicht auf diejenigen Rechtssachen, welche ehedem vor das Reichsoberhandelsgericht gehörten. In diesen Prozeßsachen bildet vielmehr auch für B. das Reichsgericht zu Leipzig die dritte Instanz.

Justizorganisation. Ein oberstes Landesgericht ist, wie oben bemerkt, in München errichtet. Die Bezirke der im nachstehenden aufgeführten 5 Oberlandesgerichte zerfallen in 28 Landgerichtsbezirke, welche wiederum in die im nachstehenden aufgeführten Amtsgerichtsbezirke eingeteilt sind:

I. Oberlandesgericht Augsburg.

1) Landgericht Augsburg mit den Amtsgerichten: Aichach, Augsburg, Burgau, Friedberg, Landsberg, Schwabmünchen, Wertingen, Zusmarshausen.
2) Eichstätt: Beilngries, Eichstätt, Ellingen, Greding, Ingolstadt, Kipfenberg, Monheim, Pappenheim, Weißenburg.
3) Kempten: Füssen, Immenstadt, Kaufbeuren, Kempten, Lindau, Oberdorf, Obergünzburg, Schongau, Sonthofen, Weiler.
4) Memmingen: Babenhausen, Buchloe, Günzburg a. D., Illertissen, Krumbach, Memmingen, Mindelheim, Neu-Ulm, Ottobeuren, Türkheim, Weißenhorn.
5) Neuburg a. d. Donau: Dillingen, Donauwörth, Greifenfeld, Höchstädt a. D., Lauingen, Neuburg a. D., Nördlingen, Öttingen, Pfaffenhofen, Rain, Schrobenhausen.

II. Oberlandesgericht Bamberg.

6) Aschaffenburg: Alzenau, Amorbach, Aschaffenburg, Klingenberg, Lohr, Marktheidenfeld, Miltenberg, Obernburg, Schöllkrippen, Stadtprozelten.
7) Baireuth: Baireuth, Berneck, Hollfeld, Kulmbach, Pegnitz, Pottenstein, Stadtsteinach, Thurnau, Weidenberg, Weismain.
8) Bamberg: Bamberg I, Bamberg II, Baunach, Burgebrach, Ebermannstadt, Ebern, Forchheim, Höchstadt a. d. A., Kronach, Lichtenfels, Ludwigstadt, Nordhalben, Scheßlitz, Seßlach, Staffelstein.

9) **Hof:** Hof, Kirchenlamitz, Münchberg, Naila, Rehau, Selb, Thiersheim, Wunsiedel.
10) **Schweinfurt:** Bischofsheim, Euerdorf, Gerolzhofen, Hammelburg, Haßfurt, Hofheim, Kissingen, Königshofen, Mellrichstadt, Münnerstadt, Neustadt a. d. S., Schweinfurt, Boltach, Werneck.
11) **Würzburg:** Arnstein, Aub, Brückenau, Dettelbach, Gemünden, Karlstadt, Kitzingen, Marktbreit, Ochsenfurt, Wiesentheid, Würzburg I, Würzburg II.

III. Oberlandesgericht München.

12) **München I:** München I und München II.
13) **München II:** Bruck, Dachau, Dorfen, Ebersberg, Erding, Freising, Haag, Miesbach, Starnberg, Tegernsee, Tölz, Weilheim, Werdenfels, Wolfratshausen.
14) **Deggendorf:** Arnstorf, Deggendorf, Grafenau, Hengersberg, Osterhofen, Regen, Viechtach.
15) **Landshut:** Dingolfing, Eggenfelden, Landshut, Mainburg, Moosburg, Neumarkt a. d. Rott, Rottenburg, Vilsbiburg.
16) **Passau:** Freyung, Griesbach, Passau, Pfarrkirchen, Rotthalmünster, Simbach, Vilshofen, Waldkirchen, Wegscheid.
17) **Straubing:** Bogen, Kötting, Landau a. d. Isar, Mallersdorf, Mitterfels, Neukirchen, Straubing.
18) **Traunstein:** Aibling, Altötting, Berchtesgaden, Burghausen, Laufen, Mühldorf, Prien, Reichenhall, Rosenheim, Tittmoning, Traunstein, Trostberg, Wasserburg.

IV. Oberlandesgericht Nürnberg.

19) **Amberg:** Amberg, Cham, Furth, Kastl, Nabburg, Neumarkt i. d. Oberpfalz, Neunburg v. d. W., Parsberg, Schwandorf, Sulzbach, Waldmünchen.
20) **Ansbach:** Ansbach, Dinkelsbühl, Feuchtwangen, Gunzenhausen, Heidenheim, Heilsbronn, Herrieden, Rothenburg, Schillingsfürst, Uffenheim, Wassertrüdingen.
21) **Fürth:** Erlangen, Fürth, Herzogenaurach, Kadolzburg, Markterlbach, Neustadt a. d. Aisch, Scheinfeld, Windsheim.
22) **Nürnberg:** Altdorf, Gräfenberg, Hersbruck, Hilpoltstein, Lauf, Nürnberg, Roth, Schwabach.
23) **Regensburg:** Abensberg, Burglengenfeld, Hemau, Kelheim, Rittenau, Regensburg I, Regensburg II, Regenstauf, Riedenburg, Roding, Stadtamhof, Wörth.
24) **Weiden:** Auerbach, Erbendorf, Eschenbach, Kemnath, Neustadt a. d. W., Oberviechtach, Tirschenreuth, Vilseck, Hohenstrauß, Waldsassen, Weiden.

V. Oberlandesgericht Zweibrücken.

25) **Frankenthal:** Dürkheim, Frankenthal, Grünstadt, Ludwigshafen, Neustadt a. d. Hardt, Speier.

26) **Kaiserslautern:** Kaiserslautern, Kirchheimbolanden, Kusel, Lauterecken, Obermoschel, Otterberg, Rockenhausen, Winnweiler, Wolfstein.
27) **Landau:** Annweiler, Bergzabern, Edenkoben, Germersheim, Kandel, Landau.
28) **Zweibrücken:** Blieskastel, Dahn, Homburg, St. Ingbert, Landstuhl, Pirmasens, Waldfischbach, Waldmohr, Zweibrücken.

Verwaltung. Was die innere Verwaltung anbetrifft, so ist das Königreich, ebenso wie die übrigen deutschen Bundesstaaten, im wesentlichen vom Reich unabhängig gestellt. Das Land zerfällt zum Zweck der innern Verwaltung in die acht Regierungsbezirke Oberbayern (Hauptstadt: München), Niederbayern (Landshut), Pfalz (Speier), Oberpfalz (Regensburg), Oberfranken (Baireuth), Mittelfranken (Ansbach), Unterfranken (Würzburg) und Schwaben (Augsburg). Für jeden Regierungsbezirk besteht eine Kreisregierung, welche in zwei Kammern, des Innern und der Finanzen, zerfällt und einem Regierungspräsidenten unterstellt ist. Unter den Kreisregierungen stehen dann die Bezirksämter, die unmittelbaren Magistrate der größern Städte, die Bauämter, die Rent- und Forstämter. Zum Zweck der kommunalen Selbstverwaltung bildet jeder Regierungsbezirk eine Kreisgemeinde, deren Vertretung der Landrat ist, und jeder Distrikt eines Bezirksamtmanns eine Distriktsgemeinde, welche durch den Distriktsrat repräsentiert wird. Der Distriktsrat setzt sich aus Großgrundbesitzern und Abgeordneten der Gemeinden zusammen, unter Hinzutritt eines Vertreters des Staatsärars, wenn dieser bei den Umlagen beteiligt ist. Der Landrat besteht aus den Vertretern der Distriktsräte, der der Kreisregierung direkt untergeordneten Städte, der Großgrundbesitzer, der Pfarrer und der Universitäten. Der Landrat wählt aus seiner Mitte einen Landratsausschuß, der Distriktsrat einen Distriktsausschuß, welchen die laufende Verwaltung des Kreis-, resp. Distriktsvermögens und die Aufsicht über die Kreis- und Distriktsanstalten zusteht.

In nachfolgendem geben wir eine Übersicht der Verwaltungsorganisation des Königreichs B.:

(Kreisregierungen, Bezirksämter und Magistrate.)

I. Regierungsbezirk Oberbayern.
Kreisregierung in München.

Bezirksämter zu Aichach, Altötting, Berchtesgaden, Bruck, Dachau, Ebersberg, Erding, Freising, Friedberg, Ingolstadt, Landsberg, Laufen, Miesbach, Mühldorf, München l. d. Isar, München r. d. Isar, Pfaffenhofen, Rosenheim, Schongau, Schrobenhausen, Tölz, Traunstein, Wasserburg, Weilheim, Werdenfels.

Der königlichen Kreisregierung unmittelbar untergeordnete Magistrate: München, Ingolstadt, Freising, Landsberg, Rosenheim, Traunstein.

Für die Residenzstadt München besteht eine königliche Polizeidirektion.

II. Niederbayern.
Kreisregierung in Landshut.

Bezirksämter zu Bogen, Deggendorf, Dingolfing, Eggenfelden, Grafenau, Griesbach, Kehlheim, Kötzting, Landau, Landshut, Mallersdorf, Passau, Pfarrkirchen, Regen, Rottenburg, Straubing, Viechtach, Vilsbiburg, Vilshofen, Wegscheid, Wolfstein.

Der königlichen Kreisregierung unmittelbar untergeordnete Magistrate: Landshut, Passau und Straubing.

III. Pfalz.
Kreisregierung in Speier.

Bezirksämter zu Bergzabern, Frankenthal, Germersheim, Homburg, Kaiserslautern, Kirchheimbolanden, Kusel, Landau, Neustadt a. d. H., Pirmasens, Speier, Zweibrücken.

IV. Oberpfalz und Regensburg.
Kreisregierung in Regensburg.

Bezirksämter zu Amberg, Burglengenfeld, Cham, Eschenbach, Hemau, Kemnath, Nabburg, Neumarkt, Neunburg v. W., Neustadt a. d. W., Regensburg, Roding, Stadtamhof, Sulzbach, Tirschenreuth, Velburg, Vohenstrauß, Waldmünchen.

Der königlichen Kreisregierung unmittelbar untergeordnete Magistrate: Regensburg und Amberg.

V. Oberfranken.
Kreisregierung in Baireuth.

Bezirksämter zu Bamberg I, Bamberg II, Baireuth, Bernedt, Ebermannstadt, Forchheim, Höchstadt a. d. A., Hof, Kronach, Kulmbach, Lichtenfels, Münchberg, Naila, Pegnitz, Rehau, Stadtsteinach, Staffelstein, Wunsiedel.

Der königlichen Kreisregierung unmittelbar untergeordnete Magistrate: Baireuth, Bamberg und Hof.

VI. Mittelfranken.
Kreisregierung in Ansbach.

Bezirksämter zu Ansbach, Beilngries, Dinkelsbühl, Eichstätt, Erlangen, Feuchtwangen, Fürth, Gunzenhausen, Heilsbronn, Hersbruck, Neustadt a. d. A., Nürnberg, Rothenburg a. d. T., Scheinfeld, Schwabach, Uffenheim, Weißenburg.

Der königlichen Kreisregierung unmittelbar untergeordnete Magistrate: Ansbach, Dinkelsbühl, Eichstätt, Erlangen, Fürth, Nürnberg, Rothenburg, Schwabach, Weißenburg.

VII. Unterfranken und Aschaffenburg.
Kreisregierung in Würzburg.

Bezirksämter zu Alzenau, Aschaffenburg, Brückenau, Ebern, Gerolzhofen, Hammelburg, Haßfurt, Karlstadt, Kissingen, Kitzingen, Königshofen, Lohr, Marktheidenfeld, Mellrichstadt, Miltenberg, Neustadt a. d. S., Obernburg, Ochsenfurt, Schweinfurt, Würzburg.

Der königlichen Kreisregierung unmittelbar untergeordnete Magistrate: Würzburg, Aschaffenburg, Kitzingen und Schweinfurt.

VIII. Schwaben und Neuburg.
Kreisregierung in Augsburg.

Bezirksämter zu Augsburg, Dillingen, Donauwörth, Füssen, Günzburg, Illertissen, Kaufbeuren, Kempten, Krumbach, Lindau, Memmingen, Mindelheim, Neuburg, Neu-Ulm, Nördlingen, Oberdorf, Sonthofen, Wertingen, Zusmarshausen.

Der königlichen Kreisregierung unmittelbar untergeordnete Magistrate: Augsburg, Dillingen, Donauwörth, Günzburg, Kaufbeuren, Kempten, Lindau, Memmingen, Neuburg, Nördlingen.

Finanzen. Die Staatseinnahme für jedes Jahr der Finanzperiode 1880—81 beträgt nach dem Voranschlag 220,581,122 Mk., die Ausgabe 221,741,445 Mk., so daß sich ein Defizit von 1,160,323 Mk. pro Jahr ergeben würde. Ein höheres Defizit ist durch die bis 1882 bewilligte Erhöhung des Malzaufschlags von 4 auf 6 Mk. pro Hektoliter vermieden worden. In der Einnahme figurieren die direkten Steuern mit jährlich 22,350,000 Mk. und die indirekten mit 61,470,550 Mk., wovon allein auf die Einnahme aus der Bier- und Branntweinsteuer 42,148,610 Mk. entfallen. Die Einnahme aus den Staatsdomänen ist auf jährlich 33,902,510 Mk. veranschlagt. In die Ausgaben sind 45,826,628 Mk. auf die Staatsschulden, 12,666,626 Mk. für die Erigenz des Justizministeriums, 17,785,458 Mk. für diejenige des Ministeriums des Innern, 19,224,243 Mk. für das Kultusministerium und 3,400,478 Mk. für das Finanzministerium eingestellt. Die Ausgaben für die Armee, welche aus der Reichskasse überwiesen werden, sind auf 42,030,416 Mk. pro 1880—81 veranschlagt. Die Staatsschuld belief sich zu Ende des Jahrs 1879 auf 1,320,470,288 Mk.

Das bayrische Staatswappen ist ein länglich-viereckiger Schild, in vier Teile geteilt, mit einem Herzschild, oben rechts der pfälzische goldne, rotgekrönte Löwe in Schwarz, unten links der blaue, goldgekrönte Löwe (wegen des Fürstentums Velbenz) in Weiß, oben links drei silberne Spitzen in Rot (wegen Franken), unten rechts ein goldner Pfahl auf rot und weiß gestreiftem Grund (wegen Burgau-Schwaben). Der Mittelschild enthält 42 silberne und blaue Rauten, diagonal von der Rechten zur Linken aufsteigend, als Sinnbild aller vereinigten Teile. Schildhalter sind zwei goldne Löwen mit gespaltenem Schweif, von denen jeder eine in silberne und blaue Rauten geteilte Fahne hält. Das Ganze umgibt ein mit Hermelin ausgeschlagenes Zelt, oben mit der Königskrone. Die Landesfarben sind Blau und Weiß. Vgl. Spruner, Leitfaden zur Geschichte von B. (2. Aufl. 1853); »Ortschaftenverzeichnis des Königreichs B.« (herausgeg. vom Statistischen Büreau, 1877); Geistbeck, Das Königreich B. in geographisch-statistischer Beziehung (1878); Pözl, Lehrbuch des bayrischen Verfassungsrechts (5. Aufl. 1877); Brater, Die Verfassungsurkunde des Königreichs B. (3. Aufl. 1878); Pözl, Sammlung der bayrischen Verfassungsgesetze (2. Aufl. 1869, Supplement 1872).

Beamtenadel, s. Dienstadel.

Beamtenbeleidigung, s. Amtsbeleidigung.

Beamter, Inhaber eines Amtes (s. b.); Beamtenvereine, Associationen, die, auf dem Prinzip der Selbsthilfe und der Gegenseitigkeit beruhend, die materiellen Interessen der Beamten zu fördern bestrebt sind; so insbesondere der Preußische Beamtenverein, welcher seinen Sitz in Hannover hat. Zur Aufnahme in diesen Verein, welcher sich namentlich mit Lebens- und Kapitalversicherung befaßt, aber auch Beamtenspar- und Dar-

lehnskassen errichtet, sind die unmittelbaren und mittelbaren deutschen Reichsbeamten, die preußischen Staats-, ständischen und Kommunalbeamten, die innerhalb der deutschen Reichslande und des preußischen Staats angestellten Kirchen- und Schuldiener, die bei der Verwaltung des Vereins angestellten Beamten und endlich die auf Ruhegehalt oder Wartegeld gesetzten Personen der genannten Klassen berechtigt. Es können jedoch auch Staats- und Kommunalbeamte andrer deutscher Staaten sowie Privatbeamte zugelassen werden. Organ des Vereins ist die seit 1877 erscheinende »Monatsschrift für deutsche Beamte«.

Beglaubigung (Fidemation, Bidimation), der Akt, durch welchen eine hierzu ermächtigte Behörde oder sonstige öffentliche Person (Gericht, Konsul, Notar) die Richtigkeit einer Thatsache, insbesondere die Echtheit einer Unterschrift oder die Übereinstimmung einer Abschrift mit dem Original, in amtlicher Form und von Amts wegen bezeugt. Beglaubigungsschreiben (Kreditiv, Lettre de créance) ist das Schriftstück, durch welches die Stellung eines Gesandten (s. b.) als solchen bei der empfangenden Regierung durch die absendende beurkundet wird.

Begnadigung, der gänzliche oder teilweise Erlaß der durch eine strafbare Handlung verwirkten Strafe durch das Staatsoberhaupt. Dabei ist aber zu unterscheiden zwischen der B. im engern Sinn und der sogen. Amnestie, je nachdem es sich um die B. eines einzelnen Verbrechers oder um die B. einer ganzen Klasse von Verbrechern handelt. Eine solche Amnestie (Generalpardon) kommt namentlich politischen Verbrechern gegenüber vor, um nach politisch bewegten Zeiten eine Versöhnung der dermaligen Staatsregierung mit ihren bisherigen Gegnern herbeizuführen. Die Einzelbegnadigung ist aber, ebenso wie die Amnestie, entweder eine B. nach oder vor gefälltem Strafurteil. Für den letztern Fall ist der Ausdruck Abolition (Niederschlagung) gebräuchlich. Die nach gefälltem Strafurteil eintretende B. kann entweder in einem gänzlichen oder in einem teilweisen Erlaß der Strafe bestehen, oder sie tritt erst nach teilweiser Vollstreckung der Strafe ein, indem sie den Erlaß des Strafrestes herbeiführt, oder indem sie die mit der Strafe verbundenen Rechtsnachteile aufhebt. In diesem letztern Sinn wird die B. als **Rehabilitation** bezeichnet, wenn sie die Wiederherstellung der dem Verbrecher entzogenen bürgerlichen Ehrenrechte enthält. Darüber, ob das Begnadigungsrecht des Souveräns, welches verfassungsmäßig in den meisten Kulturstaaten ausdrücklich anerkannt ist, auch vom rechtspolitischen und -philosophischen Standpunkt aus zu rechtfertigen sei, ist viel Streit. Namentlich war der große Philosoph Kant ein Gegner desselben. Es läßt sich ja in der That auch nicht wegleugnen, daß das Begnadigungsrecht eine Abweichung von dem nach der Gesetzesvorschrift stattfindenden strafrechtlichen Verfahren bewirkt, daß ferner die Möglichkeit einer willkürlichen und ungerechten Handhabung desselben nicht ausgeschlossen ist, und daß dasselbe endlich ganz entbehrlich sein würde, wenn die Strafgesetzgebung eine vollkommene wäre. Da dies aber bei der Mangelhaftigkeit aller menschlichen Institutionen nie ganz der Fall sein wird, da vielmehr das formelle Recht, wie es sich in den Durchschnittsregeln der Strafgesetzgebung darstellt, mit dem materiellen Recht, wie es der Idee der höhern Gerechtigkeit und Billigkeit entspricht, in Widerspruch geraten kann, so erscheint das Begnadigungsrecht des Souveräns als dessen schönstes Recht, notwendig zur Vermittelung und Ausgleichung der Härten des starren Rechts. Wohl zu beachten ist aber hierbei, daß die Anwendungssphäre des Begnadigungsrechts eine engere ist, je größer der Spielraum ist, welchen die Strafgesetze dem richterlichen Ermessen bei Ausmessung der Strafe offen lassen, und je mehr der Richter selbst hiernach die individuellen Verhältnisse des Angeschuldigten berücksichtigen kann, wie dies namentlich auch nach dem dermaligen deutschen Strafgesetzbuch der Fall ist. Das Recht der B. steht dem Monarchen und in den Republiken den verfassungsmäßig damit ausgestatteten Organen, so z. B. in den deutschen Freien Städten dem Senat, zu. In leichtern Fällen ist die Ausübung dieses Rechts von dem Souverän vielfach bestimmten Behörden, besonders dem Justizministerium, in Kriegszeiten einem kommandierenden General, einem Statthalter rc., übertragen. Im Deutschen Reich hat der Kaiser als solcher nur in denjenigen Strafsachen das Recht der B., welche in erster Instanz vor das Reichsgericht gehören, also in den Fällen des Hochverrats und des Landesverrats, insofern diese Verbrechen gegen den Kaiser oder das Reich gerichtet sind (deutsche Strafprozeßordnung, § 484), sowie in denjenigen Fällen, in welchen ein deutscher Konsul oder ein Konsulargericht in erster Instanz erkannt hat (s. Konsul). Im übrigen steht das Begnadigungsrecht den Monarchen der deutschen Einzelstaaten und in den Freien Städten, wie bereits bemerkt, den Senaten zu. Todesurteile bedürfen nach der deutschen Strafprozeßordnung (§ 486) zu ihrer Vollstreckung zwar keiner Bestätigung mehr, doch sollen sie nicht eher vollstreckt werden, als bis die Entschließung des Staatsoberhaupts, resp. des Kaisers ergangen ist, in dem vorliegenden Fall von dem Rechte der B. keinen Gebrauch machen zu wollen. Übrigens ist in den Verfassungsurkunden der modernen konstitutionellen Monarchien eine Beschränkung des Begnadigungsrechts insofern anerkannt, als ein Minister oder ein sonstiger höherer verantwortlicher Staatsbeamter, welcher durch die Stände einer Verfassungsverletzung angeklagt worden ist, von der gegen ihn deshalb ausgesprochenen Strafe nicht oder nur auf Antrag der anklagenden Kammer selbst im Gnadenweg befreit werden kann, weil sonst ein Hauptmoment des konstitutionellen Systems, das Institut der Ministerverantwortlichkeit und Ministeranklage, hinfällig werden würde (vgl. die Verfassungsurkunden von Belgien, § 91, Preußen, § 49, Sachsen, § 150, Württemberg, § 205; Bayrisches Gesetz, die Verantwortlichkeit der Minister betr., vom 4. Juni 1848, Art. 12, rc.). Eine weitere Beschränkung des Begnadigungsrechts ist ferner in manchen Verfassungsgesetzen in

Ansehung der Abolition enthalten, die teils für gänzlich unzulässig erklärt, teils wenigstens bei gewissen Verbrechen nicht statthaft ist. Andre Verfassungsurkunden knüpfen die Zulässigkeit der Niederschlagung an die Zustimmung des höchsten Gerichtshofs oder des Landtags. Was ferner die viel erörterte Frage anbetrifft, ob ein Verurteilter auch gegen seinen Willen begnadigt werden könne, so dürfte dieselbe wohl zu bejahen sein, da die B. kein Akt der Willkür, sondern ein Akt der höhern Gerechtigkeit sein soll, welchem sich der einzelne nicht beliebig entziehen kann. Nur in Ansehung der Abolition könnte es für einen Unschuldigen geradezu eine Härte involvieren, wenn er auch gegen seinen Willen eine solche B. annehmen müßte; er hat vielmehr ein Recht, zu verlangen, daß seine Unschuld durch Urteil und Recht dargethan werde, und ebendarum würde er eine B. gegen seinen Willen ablehnen können. Die norwegische Verfassung statuiert übrigens ganz allgemein die Zurückweisung einer B. seitens des gegen seinen Willen Begnadigten. Endlich ist noch darauf hinzuweisen, daß die privatrechtlichen Folgen eines Verbrechens durch eine B. nicht alteriert werden. Vgl. außer den Lehrbüchern des Staatsrechts und des Strafrechts: Lüder, Das Souveränitätsrecht der B. (1860); v. Arnold, Über Umfang und Anwendung des Begnadigungsrechts (1860); R. v. Mohl, Staatsrecht, Völkerrecht und Politik, Bd. 2, S. 634 ff. (1869).

Begünstigung, das Vergehen desjenigen, welcher nach Begehung eines Verbrechens oder Vergehens dem Thäter wissentlich Beistand leistet, um denselben der Bestrafung zu entziehen, oder um ihm die Vorteile des Verbrechens oder Vergehens zu sichern. Bei der bloßen Übertretung kennt das deutsche Strafgesetzbuch eine B. nicht. Während nämlich die frühere Gesetzgebung die B. regelmäßig aus dem Gesichtspunkt der Teilnahme am Verbrechen bestrafte, behandelt das Reichsstrafgesetzbuch die B. als ein besonderes Vergehen und bedroht dieselbe mit Geldstrafe bis zu 600 Mk. oder mit Gefängnis bis zu 1 Jahr und, wenn jener Beistand um des eignen Vorteils willen geleistet ward, sogar mit Gefängnis bis zu 5 Jahren. Die Strafe darf jedoch der Art und dem Maß nach keine schwerere sein als die auf die verbrecherische Handlung selbst angedrohte. War dagegen die B. vor Begehung der That zugesagt worden, so wird dieselbe strenger, nämlich als Beihilfe (s. b.), geahndet. Die B. ist straflos, wenn dieselbe dem Thäter oder Teilnehmer von einem Angehörigen (s. b.) geleistet worden ist, um ihn der Bestrafung zu entziehen. Wurde dagegen die B. des Vorteils wegen begangen, so verwandelt sich dieselbe in das schwerere Vergehen der Hehlerei (s. b.), wofern der Begünstigte Diebstahl, Raub, Unterschlagung oder ein dem Raub gleich zu bestrafendes Verbrechen verübt hat. Der Versuch der B. ist nicht strafbar. Vgl. Deutsches Strafgesetzbuch, §§ 257 ff.; Österreichisches Strafgesetzbuch, §§ 6, 211, 214—221, 307.

Beichtgeheimnis (lat. Sigillum confessionis), die in der katholischen wie in der protestantischen Kirche anerkannte Verpflichtung des Geistlichen zur Geheimhaltung desjenigen, was ihm in der Beichte oder sonst bei Ausübung der Seelsorge anvertraut ward. Das B. wird auch von der staatlichen Gesetzgebung insofern respektiert, als der allgemeine Zeugniszwang sich nicht auf dasjenige erstreckt, was einem Geistlichen bei Ausübung der Seelsorge anvertraut wurde. Vgl. Deutsche Strafprozeßordnung, § 348; Knopp, Der katholische Seelsorger als Zeuge vor Gericht (1849).

Beigeordneter, in manchen Gegenden Amtstitel des Gehilfen des Bürgermeisters.

Beihilfe, die absichtliche Förderung der Begehung eines Verbrechens oder Vergehens. Im Gegensatz zum sogen. Anstifter (s. b.) ist der Gehilfe eines Verbrechers nach dem deutschen Strafgesetzbuch (§ 49) derjenige, welcher dem Thäter zur Begehung eines Verbrechens oder Vergehens durch Rat oder That wissentlich Hilfe geleistet hat. Die B. zu einer Übertretung ist dagegen straflos. Während aber das französische Strafrecht alle Teilnehmer, gleichviel ob Urheber oder Gehilfen, für gleich strafbar erklärt, stellt das deutsche Strafgesetzbuch die B. dem Versuch eines Verbrechens oder Vergehens gleich und straft demnach den Gehilfen zwar nach demjenigen Gesetz, welches auf die Handlung Anwendung findet, zu welcher er wissentlich Hilfe geleistet hat, jedoch milder als den Urheber (Thäter) und als den Anstifter.

Beisassen (Beiwohner, Schutzverwandte, Schutzbürger), im weitern Sinn alle Personen, welche bloß innerhalb einer Stadt ihren Wohnsitz gewählt oder den Schutz der städtischen Obrigkeit ohne das Bürgerrecht erworben haben; im engern Sinn Einwohner, die nicht im Besitz des vollen, sondern nur des sogen. kleinen Bürgerrechts sind. Der Inbegriff der ihnen gewährten Rechte ist das Beisassenrecht, ihre Verfassungsurkunde die Beisassenordnung, die zu entrichtende Abgabe das Beisassengeld. Als Unterpfand für die Einhaltung seiner Obliegenheiten leistet der Beisasse den Beisasseneid. Der Unterschied zwischen Vollbürgern und B. oder Niedergelassenen findet namentlich in der Schweiz praktische Anwendung. Es existiert dort kaum eine Gemeinde, die neben den eigentlichen Gemeindemitgliedern nicht auch eine größere oder geringere Zahl von Niedergelassenen enthielte. Vgl. Rüttimann, Über die Geschichte des schweizerischen Gemeindebürgerrechts (1862). Die nach 1848 erlassenen Verfassungsurkunden der einzelnen deutschen Staaten haben fast durchweg den Unterschied zwischen eigentlichen Bürgern und Schutzbürgern aufgehoben, wie dies auch schon zuvor in einzelnen Staaten, z. B. in Baden durch Gesetz von 1831, geschehen war.

Belagerungszustand (franz. État de siége), eine Art moderner Diktatur, bestehend in der Übertragung der gesamten öffentlichen Autorität auf die Militärbehörden, welche zugleich mit außerordentlichen Vollmachten bekleidet werden. Die französische Revolution regelte zuerst den État de siége und zwar durch Gesetz vom 8. Juli 1791, woran sich dann später, namentlich unter Napoleon I., verschiedene andre wichtige Gesetze anschlossen. Hiernach kann der B. über ganze Distrikte und Provinzen und nicht bloß bei einer eigentlichen Belagerung und überhaupt nicht bloß in Kriegszeiten, sondern auch im Frieden zur Unterdrückung revolutionärer Bewegungen verhängt werden. So erklärte z. B. Karl X. 28. Juli 1830 die Stadt Paris in den B. Auch das Jahr 1848 rief über die Hauptstadt der damaligen französischen Republik den B. herbei, und Gleiches war 1871 infolge des furchtbaren Aufruhrs der Kommune zu Paris der Fall. Ebenso ist in diesem Jahrhundert auch in andern Staaten des Kontinents wiederholt der B. zur Unterdrückung von revolutionären Versuchen verfügt worden, namentlich auch in Deutschland 1848 und 1849. Nach der gegenwärtigen deutschen Reichsverfassung steht dem Kaiser das Recht zu, wenn die öffentliche Sicherheit in dem Bundesgebiet bedroht ist, einen jeden Teil desselben in den Kriegszustand zu erklären (Reichsverfassung vom 16. April 1871, Art. 68). Dabei wird auf das königlich preußische Gesetz vom 4. Juni 1851 über den B. Bezug genommen, dessen Bestimmungen in einem solchen Fall maßgebend sein sollen, und wonach die Erklärung des Belagerungszustands von der vorgängigen Erklärung des Kriegszustands abhängig ist. Nach dem angezogenen Gesetz vom 4. Juni 1851 ist aber für den Fall des Kriegs in den vom Feind bedrohten Provinzen jeder Festungskommandant befugt, die ihm anvertraute Festung mit ihrem Rayonbezirk in B. zu erklären; für andre Bezirke steht die Erklärung dem kommandierenden General zu. Für den Fall eines Aufruhrs kann der B. sowohl in Kriegs= als Friedenszeiten erklärt werden, doch geht die Erklärung dann vom Staatsministerium aus, und nur in bringenden Fällen kann dieselbe provisorisch und vorbehaltlich der ministeriellen Bestätigung rücksichtlich einzelner Orte und Bezirke durch den obersten Militärbefehlshaber auf Antrag des Verwaltungschefs oder, wenn Gefahr im Verzug ist, durch den Militärbefehlshaber allein erfolgen. Die Erklärung des Belagerungszustands geschieht durch öffentlichen Aus-

ruf bei Trommelschlag oder Trompeten=
schall, durch Mitteilung an die Gemeinde=
behörde, durch Anschlag an öffentlichen
Plätzen und durch öffentliche Blätter. Mit
der erfolgten Bekanntmachung geht die
vollziehende Gewalt an die Militärbefehls=
haber über, so daß die Zivilverwaltungs=
und die Kommunalbehörden den Anord=
nungen der Militärbefehlshaber Folge zu
leisten haben. Gleichzeitig können auch
das freie Vereins= und Versammlungs=
recht, das Recht, daß niemand seinem or=
dentlichen Richter entzogen werden darf,
die Freiheit der Presse, die Rechte, welche
sich auf Unverletzlichkeit der Wohnung und
die persönliche Freiheit beziehen, für die
Dauer des Ausnahmezustands suspendiert
werden, und es hängt lediglich von dem
Ermessen des kommandierenden Militär=
befehlshabers ab, welche Beschränkungen
er an die Stelle der hierüber sonst gelten=
den Bestimmungen treten lassen will. Hält
es derselbe oder das Staatsministerium
für nötig, die ordentlichen Gerichte zu sus=
pendieren, so treten an die Stelle dersel=
ben die Kriegsgerichte, welche beson=
ders die Verbrechen des Aufruhrs, Hoch=
verrats, Landesverrats, der thätlichen Wi=
dersetzung, der Meuterei, der Plünderung,
der Erpressung, der Verleitung der Sol=
daten zum Ungehorsam oder zu Vergehen
gegen die militärische Zucht und Ordnung
zur Untersuchung und Bestrafung über=
wiesen erhalten. Die Kriegsgerichte werden
aus Offizieren und Zivilrichtern zusam=
mengesetzt; in eingeschlossenen Festungen
können an Stelle der Zivilrichter selbst
Kommunalbeamte dazu genommen wer=
den. Das Verfahren ist ein sehr summa=
risches, das sogen. standrechtliche. Die
Verhandlungen sind öffentlich und münd=
lich, und der Beschuldigte kann sich eines
Verteidigers bedienen. Der Berichterstat=
ter (öffentliche Ankläger), als welcher ein
Auditeur oder in Ermangelung desselben
ein andrer Offizier fungiert, trägt in An=
wesenheit des Beschuldigten die demselben
zur Last gelegte Thatsache vor. Der Be=
schuldigte wird aufgefordert, sich darüber
zu erklären, und wenn er dieselbe bestreitet,
so wird sogleich zur Aufnahme des That=
bestands durch Erhebung der vorliegenden
Beweise geschritten. Darauf folgt in nicht
öffentlicher Beratung die Fassung des Ur=
teilsspruchs, gegen den kein Rechtsmittel
zulässig ist; nur die auf Todesstrafe lau=
tenden Erkenntnisse unterliegen in Frie=
denszeiten der Bestätigung von seiten
des kommandierenden Generals der Pro=
vinz. Alle Strafen werden sogleich nach
Verkündigung des Erkenntnisses zum Voll=
zug gebracht und zwar binnen 24 Stun=
den, Todesstrafen in gleicher Zeit nach der
erfolgten Bestätigung des Befehlshabers.
Die letztern werden durch Erschießen voll=
streckt. Über den sogen. **kleinen B.** vgl.
Sozialdemokratie.

Beleidigung (Ehrenkränkung,
Ehrverletzung, Injurie, lat. In=
juria), diejenige rechtswidrige Handlung,
durch welche jemand die Ehre einer andern
Person vorsätzlich angreift. Zum That=
bestand einer B. gehört aber folgendes:
1) Die Ehre einer Person, d. h. die Ach=
tung, welche einer Person als solcher ge=
bührt, muß angegriffen sein. Die pri=
vatpersönliche Ehrenhaftigkeit derselben
kommt hierbei nur als Strafausmessungs=
grund in Anbetracht. 2) Eine Ver=
letzung der Ehre muß vorliegen, es gibt
keinen strafbaren Versuch der B. Ob eine
solche Verletzung wirklich vorliege, be=
stimmt sich nach den Umständen des ein=
zelnen Falles, namentlich auch nach der
Lebensstellung des Beleidigers und des
Beleidigten. In letzterer Beziehung er=
scheint es namentlich als ein Strafer=
höhungsgrund, wenn ein Beamter in sei=
ner amtlichen Stellung beleidigt wurde
(s. Amtsbeleidigung), oder wenn eine
Militärperson den Vorgesetzten beleidigt
(s. Militärbeleidigung). 3) Vor=
sätzlichkeit der Handlung ist erforderlich.
Es muß das Bewußtsein des beleidigen=
den Moments der fraglichen Handlungs=
weise vorliegen (animus injuriandi);
doch genügt dazu das Bewußtsein, daß
ebendiese Handlungsweise geeignet sei,
einen andern an der Ehre zu kränken.
4) Widerrechtlichkeit der fraglichen
Handlung muß vorliegen. In dieser Be=
ziehung ist besonders hervorzuheben, daß
man die Wahrheit jederzeit sagen darf,
sollte dies auch der Ehre eines andern Ein=

trag thun. Man nennt den Einwand, daß die angeblich injuriöse Behauptung die Wahrheit enthalte, die Einrede der Wahrheit (exceptio veritatis), deren Beweis derjenige, welcher sich darauf beruft, zu erbringen hat. Ist die Thatsache, um welche es sich handelt, eine strafbare Handlung, so soll nach dem deutschen Reichsstrafgesetzbuch (§ 190) der Beweis der Wahrheit als erbracht angesehen werden, wenn der angeblich Beleidigte wegen dieser Handlung rechtskräftig verurteilt worden ist. Dagegen soll der Beweis der Wahrheit ausgeschlossen sein, wenn der Beleidigte wegen dieser Handlung bereits rechtskräftig freigesprochen worden ist. Dazu kommt die Vorschrift (§ 191), wonach für den Fall, daß wegen der behaupteten strafbaren Handlung Anzeige bei der Behörde gemacht ist, das Verfahren wegen der B. bis zur Erledigung jener Untersuchungssache sistiert werden soll. Dabei ist aber zu beachten und auch in § 192 des Reichsstrafgesetzbuchs ausdrücklich hervorgehoben, daß der Beweis der Wahrheit die Strafbarkeit der Handlungsweise gleichwohl nicht ausschließt, wenn die Form der Behauptung schon an und für sich eine beleidigende war. Diese letztere Einschränkung gilt auch für die § 193 zusammengestellten Fälle; es sollen nämlich hiernach tadelnde Urteile über wissenschaftliche, künstlerische oder gewerbliche Leistungen, ferner Äußerungen, welche zur Ausführung oder Verteidigung von Rechten oder zur Wahrnehmung berechtigter Interessen gemacht werden, sowie Vorhaltungen und Rügen der Vorgesetzten gegen ihre Untergebenen, dienstliche Anzeigen oder Urteile von seiten eines Beamten und ähnliche Fälle, also z. B. auch Rügen des Lehrers den Schülern, der Eltern den Kindern, des Dienstherrn dem Dienstboten gegenüber, an und für sich straflos sein.

Was die Bestrafung der B. anbelangt, so hat das deutsche Strafgesetzbuch die früher üblichen Privatstrafen (Abbitte, Ehrenerklärung, Widerruf) nicht beibehalten; es gewährt dem Beleidigten nur insofern eine Privatgenugthuung, als ihm auf Kosten des Schuldigen eine Ausfertigung des Urteils erteilt und, wenn die B. öffentlich oder durch Verbreitung von Schriften, Darstellungen oder Abbildungen oder in einer Zeitung oder Zeitschrift erfolgte, die Befugnis zugesprochen wird, die Verurteilung auf Kosten des Schuldigen öffentlich bekannt zu machen und zwar im letztgedachten Fall, wenn möglich, durch ebendieselbe Zeitung oder Zeitschrift und in demselben Teil und mit derselben Schrift, wie die B. veröffentlicht worden war (§ 200). Zudem wird dem privatrechtlichen Charakter des Delikts auch dadurch Rechnung getragen, daß die Verfolgung nur auf Antrag eintritt, welch letzterer bis zur Verkündigung eines auf Strafe lautenden Urteils zurückgenommen werden kann (§ 194). Bei Injurien, welche gegen Ehefrauen oder Kinder noch unter väterlicher Gewalt verübt wurden, haben auch die Ehemänner und Väter (§ 195) und bei Amtsbeleidigungen die amtlichen Vorgesetzten des Beleidigten das Recht zur Stellung des Strafantrags (§ 196). Wurde eine B. gegen eine gesetzgebende Versammlung des Reichs oder eines Bundesstaats oder gegen eine sonstige politische Körperschaft begangen, so bedarf es zwar keines Antrags auf Bestrafung, wohl aber der Ermächtigung der beleidigten Körperschaft zur strafrechtlichen Verfolgung (§ 197). Der Antrag auf Bestrafung muß aber binnen drei Monaten von dem Tag an, seit welchem der zu diesem Antrag Berechtigte von der Handlung und von der Person des Thäters Kenntnis gehabt, gestellt werden. Ist bei wechselseitigen Beleidigungen von dem einen Teil Strafantrag gestellt worden, so kann der andre Teil seinerseits bis zum Schluß der Verhandlung in erster Instanz, ohne Rücksicht auf jene Frist, ebenfalls Strafantrag stellen, muß dies aber auch bei Verlust dieses Rechts bis zu jenem Zeitpunkt thun (§ 198). Wurden Beleidigungen auf der Stelle mit solchen oder mit leichten Körperverletzungen oder letztere mit erstern erwidert, so kann der Richter unter Umständen den einen Teil oder auch beide Teile für straflos erklären, indem hier eine sogen. Kompensation der beiderseits verwirkten Strafen eintritt. (§§ 199, 233).

Mit Rücksicht auf die Strafbarkeit der Beleidigungen wird zwischen verleum=derischer und einfacher B. unterschie=den. Eine verleumderische B. oder Ver=leumdung liegt nach dem deutschen Straf=gesetzbuch (§ 187) dann vor, wenn jemand wider besseres Wissen in Beziehung auf einen andern eine unwahre Thatsache behauptet oder verbreitet, welche denselben verächtlich zu machen oder in der öffent=lichen Meinung herabzuwürdigen oder des=sen Kredit zu gefährden geeignet ist. Hier tritt Gefängnisstrafe von einem Tag bis zu zwei Jahren ein. Die Behauptung und Verbreitung solcher Thatsachen ohne das Bewußtsein ihrer Unwahrheit wird dagegen als einfache B. bestraft, wofern nicht etwa jene Thatsachen erweislich wahr sein sollten. Es wird aber bei der ein=fachen B. (§§ 185, 186) zwischen wört=licher (Verbal=) und thätlicher (Real=)Injurie unterschieden. Erstere wird mit Geldstrafe von 300—600 Mk. oder mit Haft von einem Tag bis zu sechs Wochen oder mit Gefängnis von einem Tag bis zu einem Jahr, letztere mit Geld=strafe von 300—1500 Mk. oder mit Ge=fängnis von einem Tag bis zu zwei Jah=ren bestraft. Als Straferhöhungsgrund erscheint es aber sowohl bei der einfachen wie bei der verleumberischen B., wenn diese öffentlich oder durch Verbreitung von Schriften, Abbildungen oder Darstellun=gen begangen ist. Die Strafe besteht dann bei der einfachen B. in Geldstrafe bis zu 1500 Mk. oder Gefängnisstrafe bis zu zwei Jahren und bei der Verleumdung in Gefängnis bis zu fünf Jahren und nicht unter einem Monat. Doch kann bei der verleumderischen B. überhaupt, wenn mil=dernde Umstände vorhanden, die Strafe bis auf einen Tag Gefängnis ermäßigt, oder es kann auf Geldstrafe bis zu 900 Mk. erkannt werden. Übrigens kann, wenn die Verbreitung solcher Thatsachen nachteilige Folgen für die Vermögens=verhältnisse, den Erwerb oder das Fort=kommen des Beleidigten mit sich bringen sollte, auf Antrag des letztern neben der Strafe auf eine an ihn zu erlegende Buße bis zum Betrag von 6000 Mk. erkannt werden (§ 188). Auch die B. eines Ver=storbenen, d. h. die Verdimpfung des An=denkens eines solchen durch wissentlich un=wahre Behauptung oder Verbreitung von Thatsachen, welche denselben bei Lebzeiten verächtlich zu machen oder in der öffent=lichen Meinung herabzuwürdigen geeignet gewesen wären, wird auf Antrag der El=tern, der Kinder oder des Ehegatten des Verstorbenen mit Gefängnis von einem Tag bis zu sechs Monaten, beim Vorhan=densein mildernder Umstände mit Geld=strafe bis zu 900 Mk. bestraft. Beleidigun=gen fürstlicher Personen fallen, weil es sich hier nicht um einen Angriff auf die bürgerliche Ehre, sondern um eine Ver=letzung der Majestät handelt, nicht unter den Begriff der B. (s. Majestätsbelei=digung). Vgl. Deutsches Strafgesetzbuch, §§ 185—200; Reichsgesetz vom 26. Febr. 1876 (sogen. Strafgesetznovelle), Art. I zu §§ 194, 200; Deutsches Militärstraf=gesetzbuch vom 20. Juni 1872, §§ 89, 91.

Belgien, Königreich an der Nordsee, zwischen Holland, Preußen und Frank=reich; 29,455 qkm mit (31. Dez. 1878) 5,412,731 Einw. Hauptstadt: Brüssel mit (31. Dez. 1878) 167,693 Einw. B. ist das am dichtesten bevölkerte Land Europas (181 Einw. auf 1 qkm). Die Bevölke=rung zerfällt in die beiden Hauptstämme der Vlämen mit vlämischer und der Wallonen mit wallonischer Sprache; am weitesten verbreitet und zugleich Amts= und Gerichtssprache ist jedoch die franzö=sische. Dem Glaubensbekenntnis nach ist fast die gesamte Bevölkerung des König=reichs katholisch; die Zahl der Protestanten wird nur auf etwa 15,000, die der Juden auf 3000 geschätzt. Die französische Juli=revolution 1830 gab die äußere Veran=lassung zu einer bald ganz B. ergreifen=den Revolution und zur Lossagung von den Niederlanden. Am 20. Sept. 1830 wurde eine provisorische Regierung ein=gesetzt, welche 4. Okt. d. J. die Unab=hängigkeit Belgiens erklärte und die Be=rufung eines Nationalkongresses ankün=digte. Dieser nahm dann unter Aus=schließung des Hauses Oranien vom Thron eine monarchisch=konstitutionelle Verfas=sung für das Land an, ausgezeichnet durch besonders freisinnige Institutionen, und übertrug die Königswürde 4. Juni 1831 auf Empfehlung Englands dem Prinzen Leopold von Sachsen-Koburg-Gotha, welches Haus somit auf den belgischen Thron gelangte. Nach der Konstitution vom 7. Febr. 1831 ist die Krone im Mannesstamm nach dem Rechte der Erstgeburt erblich; Frauen und ihre Nachkommenschaft sind ausgeschlossen. In Ermangelung männlicher Nachkommen kann sich der König mit Zustimmung der Kammern einen Nachfolger ernennen. Der König kann die Regierung nicht eher führen, als bis er in der Mitte der Volksvertretung einen feierlichen Eid geleistet hat, die Verfassung und die Gesetze des belgischen Volks zu beobachten und die Unabhängigkeit der Nation wie die Unverletzbarkeit des Staatsgebiets aufrecht zu erhalten. Der König besitzt die ausübende Gewalt nach Maßgabe der Verfassung. Die gesetzgebende Gewalt wird von dem König, dem Senat (58) und der Kammer der Repräsentanten (116 Mitglieder) gemeinsam ausgeübt. Die Mitglieder der letztern werden in direkter Wahl von den Bürgern aus der Zahl derjenigen Belgier gewählt, welche, 25 Jahre alt, im Genuß der bürgerlichen und politischen Rechte sind, in B. ihren Wohnsitz haben und nicht unter 40 Frank jährliche direkte Steuern zahlen. Die Mitglieder der Repräsentantenkammer werden auf 4 Jahre gewählt und alle 2 Jahre zur Hälfte erneuert. Sie beziehen Diäten (240 Fr. monatlich). Die Senatoren müssen wenigstens 40 Jahre alt sein und mindestens 2100 Fr. direkte Steuern zahlen. Die Wahlperiode ist eine achtjährige; die Hälfte der Senatoren wird alle vier Jahre erneuert. Die Kammern treten, wenn sie nicht zuvor vom König berufen werden, verfassungsmäßig am zweiten Dienstag des Novembers zusammen. Der König sanktioniert und verkündigt die Gesetze. An der Spitze der Landesverwaltung steht der Ministerrat. Den Departementsministern der auswärtigen Angelegenheiten, des Innern, des öffentlichen Unterrichts, der Justiz, der Finanzen und der öffentlichen Arbeiten sind Generalsekretäre beigegeben.

Das Königreich ist in folgende neun Provinzen eingeteilt: Antwerpen, Brabant, Westflandern, Ostflandern, Hennegau, Lüttich, Limburg, Luxemburg und Namur. An der Spitze der Provinzialverwaltung steht ein vom König ernannter Gouverneur, welchem eine von den Angehörigen der Provinz gewählte Körperschaft, der Provinzialrat, mit einem ständigen Ausschuß von je sechs Mitgliedern zur Seite steht. Die Provinzen zerfallen in Kantone, an deren Spitze königliche Kommissare stehen. Die Gemeindeobrigkeit der einzelnen Kommunen besteht aus dem Gemeinderat, dem Bürgermeister und den Schöffen. Was die Rechtspflege anbetrifft, so besteht ein Kassationshof in Brüssel. In bürgerlichen Rechtsstreitigkeiten entscheiden in erster Instanz die Ziviltribunale, in zweiter die Appellationsgerichtshöfe zu Brüssel, Gent und Lüttich. Daneben bestehen Friedensgerichte und Handelsgerichte. Polizeivergehen gehören vor die Zuchtpolizeigerichte; Assisenhöfe gibt es neun. Außerdem besteht ein Militärgerichtshof. Katholische Bischöfe residieren in Brügge, Gent, Lüttich und Namur. Der Erzbischof und Primas von B. hat seinen Sitz in Mecheln. Die Armee, welche ausschließlich zur Verteidigung des Landes und zur Aufrechterhaltung der von den Großmächten garantierten Neutralität bestimmt, und in welcher die Stellvertretung gestattet ist, beläuft sich im Frieden auf 46,383 Mann, 10,165 Pferde und 204 Feldgeschütze, abgesehen von der aktiven und inaktiven Bürgergarde. Die Hauptfestung ist Antwerpen. **Finanzen.** Die Einnahmen werden pro 1880 auf 273,497,060 Frank, die Ausgaben auf 278,818,548 Fr. veranschlagt. Die Staatsschuld belief sich 1880 auf 1,347,286,720 Fr. Das Staatswappen ist der goldne stehende Brabanter Löwe mit ausgestreckter roter Zunge auf schwarzem Grund und mit der Devise: »L'union fait la force«. Die Landesfarben sind Rot, Gelb, Schwarz, senkrecht nebeneinander. Vgl. »Annuaire statistique de la Belgique« (11. Jahrg. 1880); Doublets de Villers, Dictionnaire national belge (1864); Mote, Histoire de la Belgique (6. Aufl. 1876).

Benediktiner, der nach der Regel des heil. Benedikt von Nursia lebende Mönchsorden (s. Orden).

Benediktion (lat.), in der katholischen Kirche die Einsegnung einer Sache oder Person durch Gebete, Besprengung mit Weihwasser, Räucherung 2c. Der Papst erteilt dreimal im Jahr, am Gründonnerstag, am Osterfest und am Himmelfahrtstag, die feierliche B. der Stadt Rom und dem Erdkreis (»Urbi et orbi«).

Benefizium (lat.), Wohlthat, insbesondere Rechtswohlthat (beneficium juris); in letzterer Beziehung namentlich Bezeichnung für gewisse aus Gründen der Billigkeit statuierte Ausnahmeregeln. Auch wird mit B. die Pfründe oder das Kirchenamt selbst, mit welchem eine solche verbunden ist, bezeichnet.

Bergelohn, die Vergütung, welche man von dem Eigentümer eines Schiffs oder der Ladung eines solchen beanspruchen kann, wenn man Schiff oder Ladung aus Seenot oder die Güter eines gescheiterten oder gestrandeten Schiffs rettete. Man unterscheidet hierbei Zivilbergung und Militärbergung, je nachdem die Seenot durch Sturm oder andre natürliche Ereignisse hervorgerufen oder aber das Schiff aus Feindesgewalt oder aus den Händen von Seeräubern gerettet worden ist. In England bestimmt in solchen Fällen der Admiralitätshof die Größe des Bergegelds je nach der bestandenen Gefahr, der Größe der Arbeit und Anstrengung des Bergenden, nach dem Werte des Schiffs und der Ladung; es wird oft die Hälfte, 1/8 oder 1/10 des Werts des Rettungsobjekts dem Berger zugesprochen. Der B. bei Wiedernahme eines Schiffs aus Feindeshand beträgt 1/8 seines Werts oder einer Ladung, sofern sie von einem königlichen Kriegsschiff, 1/6, wenn dieselbe von einem englischen Kaper oder einem andern englischen Schiff bewirkt wird; ist aber das Schiff vom Feind zu einem Kriegsschiff ausgerüstet worden, so bringt die Bergung dasselbe ganz in das Eigentum des Wiedernehmers. Das deutsche Handelsgesetzbuch (Art. 742) unterscheidet zwischen eigentlicher Bergung und B. einerseits sowie bloßer Hilfeleistung und Hilfslohn anderseits, je nachdem das Schiff oder die gerettete Ladung der Verfügung der Schiffsbesatzung entzogen oder die Hilfeleistungen der betreffenden Personen zu den Bemühungen der Schiffsmannschaft nur hinzugetreten sind. Der Betrag des im letztern Fall zu leistenden Hilfslohns soll ein geringerer sein als bei der eigentlichen Bergung. Der B. aber soll regelmäßig den dritten Teil des Werts des Geborgenen nicht übersteigen und ohne den übereinstimmenden Antrag der Parteien nicht auf einen Quoteteil der geborgenen oder geretteten Güter, und zwar nötigenfalls durch richterliches Ermessen, festgesetzt werden. Der Anspruch auf B. geht verloren, wenn der Berger seine Dienste aufgedrungen, oder wenn er von den geborgenen Gegenständen dem Schiffer, dem Eigentümer oder der zuständigen Behörde nicht sofort Anzeige gemacht hat. Wurde noch während der Gefahr ein Vertrag über die Höhe des Bergelohns abgeschlossen, so kann derselbe wegen Übermaßes der zugesicherten Vergütung angefochten werden. Vgl. Deutsches Handelsgesetzbuch, Art. 742 ff.; Hamburger Statuten, II, 17, 5.

Bergrecht, Inbegriff der Rechtsgrundsätze, welche sich auf den Bergbau, insbesondere auf die Erlangung des Bergeigentums und dessen Verlust und die damit im Zusammenhang stehenden Rechtsverhältnisse, beziehen. Bergregal, die ausschließliche Befugnis der Staatsgewalt zur Gewinnung bestimmter Fossilien. Der Umfang desselben ist in den verschiedenen Landesgesetzen verschieden begrenzt, doch ist der Bergbau in Deutschland zumeist »für frei erklärt«, d. h. es kann jeder unter Beobachtung gewisser Vorschriften das Eigentum an den betreffenden Metallen oder sonstigen Fossilien gewinnen. Verschieden von dem Bergregal ist die Berghoheit, d. h. das dem Staatsoberhaupt als solchem zustehende Recht, das Bergbauwesen zu beaufsichtigen, zu besteuern und mit Rücksicht auf die öffentliche Sicherheit zu regeln und zu ordnen. Dazu dienen die Bergbehörden. So stehen z. B. in Preußen die sämtlichen Oberbergämter unter einem Oberberghauptmann. An der Spitze der Oberbergämter aber steht der Berghauptmann, die Mitglieder derselben sind die Oberbergräte mit den Hilfsarbeitern (Bergassessoren, Markscheibern, Bauinspektoren). Unter den Oberbergämtern stehen die (Privat-) Bergreviere mit Bergmeistern oder Berggeschwornen an der Spitze, während für den Staatsbergbau Berginspektionen und Hüttenämter bestehen. Die meisten andern deutschen Berggesetze schließen sich dem preußischen Berggesetz vom 24. Juni 1865 (kommentiert von Klostermann, 3. Aufl. 1874) an. Vgl. Klostermann, Lehrbuch des preußischen Bergrechts (1871); Achenbach, Das französische B. (1869); Derselbe, Das gemeine deutsche B. (1871, Teil 1).

Bericht, im geschäftlichen und dienstlichen Verkehr die Mitteilung über einen bestimmten Gegenstand, namentlich die Äußerung einer untergeordneten Stelle an die übergeordnete und vorgesetzte Dienstbehörde. In parlamentarischen Körperschaften ist es üblich, Gegenstände von Wichtigkeit zunächst zur Vorberatung an besondere Kommissionen zu verweisen, welche dann dem Plenum mündlichen oder schriftlichen B. erstatten, der zur Grundlage für die weitern Plenarberatungen dient. So wählt nach der Geschäftsordnung des deutschen Reichstags (§ 27) jede Kommission nach geschlossener Beratung aus ihrer Mitte einen Berichterstatter, der die Ansichten und Anträge der Kommission in einem B. zusammenstellt. Dieser B. wird gedruckt und mindestens zwei Tage vor der Beratung im Reichstag an sämtliche Abgeordnete verteilt, auch dem Bundesrat in einer angemessenen Anzahl von Exemplaren übersandt. Die Kommissionen sind aber auch befugt, durch ihren Berichterstatter im Reichstag ohne schriftlichen B. lediglich mündlichen B. erstatten zu lassen. Der Reichstag kann aber in jedem Fall schriftlichen B. verlangen und zu diesem Zweck die Sache an die Kommission zurückverweisen.

Berufung (Appellation), dasjenige Rechtsmittel, durch welches ein gerichtliches Urteil angefochten wird, um eine nochmalige Prüfung und Entscheidung der Sache durch das zuständige Obergericht herbeizuführen; Berufungsgericht (Berufungsrichter), das Obergericht, welches nach der bestehenden Gesetzgebung über die B. zu entscheiden hat; Berufungsfrist, die gesetzlich geordnete Notfrist, innerhalb welcher das Rechtsmittel der B. bei Vermeidung des Verlustes desselben einzuwenden ist. Das Wesen der B. besteht im Gegensatz zur Nichtigkeitsbeschwerde oder Revision (s. b.) darin, daß dadurch eine nochmalige Prüfung der fraglichen Rechtssache in ihrem ganzen Umfang, also nicht nur wie bei der Revision, der Rechtsfrage, sondern auch eine nochmalige Untersuchung des thatsächlichen und des Beweismaterials herbeigeführt wird. Mit dem Grundsatz des mündlichen Prozeßverfahrens ist daher das Rechtsmittel der B. wenig verträglich, denn es ist fast widersinnig, den Richter erster Instanz auf Grund mündlicher Verhandlung urteilen zu lassen und dies Urteil desselben alsbann einer zweitinstanzlichen richterlichen Prüfung zu unterziehen, welche sich doch zumeist auf das schriftliche Aktenmaterial gründen wird. Auf der andern Seite bietet aber die B. die Garantie einer besonders gründlichen und wiederholten richterlichen Prüfung dar, und ebendarum erscheint es als gerechtfertigt, wenn die moderne Gesetzgebung nicht sowohl die gänzliche Beseitigung als vielmehr die Einschränkung dieses Rechtsmittels ins Auge gefaßt hat. Nach der deutschen Strafprozeßordnung insbesondere ist das Rechtsmittel der B. in Strafsachen nur gegen Urteile der Schöffengerichte und gegen diejenigen Urteile des Amtsrichters gegeben, welche mit Zustimmung der Staatsanwaltschaft ohne Zuziehung der Schöffen ergangen sind, wenn der Beschuldigte dem Amtsrichter wegen einer bloßen Übertretung vorgeführt wird und die ihm zur Last gelegte That einräumt. Berufungsgericht ist hier die Strafkammer des Landgerichts. Die Berufungsfrist beträgt eine Woche. Straferkenntnisse der Landgerichte und schwurgerichtliche Urteile sind nur mit der Revision anfechtbar. In bürgerlichen Rechtsstreitigkeiten ist dagegen nach der deutschen Zivilprozeßordnung gegen die in erster Instanz von den Amts- oder von den Landgerichten erlassenen Endurteile stets die B. (an das Landgericht, resp. Oberlandesgericht) zulässig. Die Berufungsfrist beträgt einen Monat. Die Einlegung der B. erfolgt durch die Zustellung eines Schriftsatzes (Berufungsschrift), welcher vom Berufungsbeklagten ebenfalls mittelst eines vorbereitenden Schriftsatzes beantwortet werden kann, bevor es zur mündlichen Verhandlung vor dem Berufungsgericht kommt (s. Gericht). Vgl. Deutsche Strafprozeßordnung, §§ 354—373; Zivilprozeßordnung, §§ 472—506. Neuerdings wird der Ausdruck B. übrigens auch zur Bezeichnung der in Verwaltungsangelegenheiten zulässigen Rechtsmittel gebraucht, also gleichbedeutend mit Rekurs.

Beschädigung fremden Eigentums, s. Sachbeschädigung.

Beschlagnahme von Gegenständen, welche als Beweismittel für eine Untersuchungssache von Bedeutung sind, ist nach der deutschen Strafprozeßordnung (§§ 98 ff.) in der Regel nur dem Richter, bei Gefahr im Verzug aber auch der Staatsanwaltschaft und denjenigen Polizei- und Sicherheitsbeamten gestattet, welche als Hilfsbeamte der Staatsanwaltschaft den Anordnungen der letztern Folge zu leisten haben. Ist eine B. ohne richterliche Anordnung erfolgt, so soll der Beamte, welcher sie angeordnet hat, binnen drei Tagen die richterliche Bestätigung nachsuchen, wenn bei der B. weder der davon Betroffene noch ein erwachsener Angehöriger anwesend war, oder wenn der Betroffene und im Fall seiner Abwesenheit ein erwachsener Angehöriger desselben gegen die B. ausdrücklichen Widerspruch erhoben hat. Der Betroffene kann jederzeit die richterliche Entscheidung nachsuchen. Solange die öffentliche Klage noch nicht erhoben ist, erfolgt die Entscheidung durch den Amtsrichter, in dessen Bezirk die B. erfolgte. Auch können Briefe und sonstige Sendungen auf der Post sowie Telegramme an einen Beschuldigten auf den Telegraphenanstalten mit Beschlag belegt werden. Zur B. ist hier der Richter und, wenn die Untersuchung nicht bloß eine Übertretung betrifft, auch die Staatsanwaltschaft befugt. Die letztere muß jedoch den ihr ausgelieferten Gegenstand sofort, und zwar Briefe und andre Postsendungen uneröffnet, dem Richter vorlegen. Wird die von der Staatsanwaltschaft verfügte B. binnen drei Tagen vom Richter nicht bestätigt, so tritt dieselbe außer Kraft. In bürgerlichen Rechtsstreitigkeiten kann die B. einer Sache zur Sicherung einer künftigen Zwangsvollstreckung oder zur Ausführung einer solchen verfügt werden. Für die B. von Forderungen insbesondere, welche einem Schuldner zustehen, gebraucht die deutsche Zivilprozeßordnung, wie bei Mobilien, den Ausdruck »Pfändung« (s. d.). Eine B. des ganzen Vermögens ist nach der deutschen Strafprozeßordnung, außer in Schöffengerichtssachen, gegen den abwesenden Angeschuldigten durch gerichtlichen Beschluß zulässig, wofern die Voraussetzungen eines Haftbefehls vorliegen. Übrigens können auch, insoweit es zur Deckung einer den Angeschuldigten möglicherweise treffenden höchsten Geldstrafe und der Kosten des Verfahrens erforderlich ist, einzelne zum Vermögen des Angeschuldigten gehörige Gegenstände mit Beschlag belegt werden, eine Maßregel, welche namentlich flüchtigen Militärpflichtigen gegenüber zulässig ist. Vgl. Deutsche Reichsstrafprozeßordnung, §§ 325 ff., 332 ff., 480; Reichsstrafgesetzbuch, § 140.

Beschlußfähigkeit, die Befugnis eines Kollegiums oder einer Versammlung, vollwirksame Beschlüsse innerhalb ihres Kompetenzkreises zu fassen, hängt geschäftsordnungsmäßig zumeist davon ab, daß eine bestimmte Anzahl von Mitgliedern anwesend ist. So verlangen die meisten Verfassungsurkunden der deutschen Einzelstaaten zur B. der Kammern Anwesenheit der Mehrheit der Mitglieder. Zur B. des preußischen Herrenhauses ist dagegen die Anwesenheit von 60 Mitgliedern erforderlich. Der deutsche Reichstag ist beschlußfähig (Reichsverfassung, Art. 28), wenn die Mehrheit der gesetzlichen Anzahl Mitglieder (397), also wenn

199 Mitglieder zugegen sind. Der Umstand, daß zur Zeit einer Abstimmung einzelne Mandate erledigt sind, kommt dabei nicht in Betracht. Es ist aber nicht erforderlich, daß sich nun auch wirklich die Mehrheit der Mitglieder bei der Abstimmung beteiligt. Wenn also z. B. bei der Wahl eines Präsidenten ein Teil der Reichstagsabgeordneten mit weißen Zetteln stimmt, so ist die Wahl immerhin gültig, wofern nur die Mehrheit der Mitglieder anwesend war, was eben durch die abgegebenen Zettel konstatiert wird, einerlei, wie viele Mitglieder wirklich gewählt haben. Für den deutschen Bundesrat sind besondere Bestimmungen in Ansehung seiner B. nicht gegeben. Derselbe erscheint also ohne Rücksicht auf die Zahl der anwesenden Mitglieder als beschlußfähig.

Beschwerde über obrigkeitliche Anordnungen und Verfügungen ist in den meisten Verfassungsurkunden ausdrücklich für zulässig erklärt, und das Beschwerderecht der Unterthanen ist in jedem Kulturstaat anerkannt. Der Regel nach sind derartige Beschwerden bei der vorgesetzten Behörde derjenigen Stelle anzubringen, welche zu der B. Veranlassung gegeben hat. Es ist aber auch den Landständen nachgelassen, Beschwerden entgegenzunehmen und derartige Petitionen der Staatsregierung zur Berücksichtigung und Erledigung zu überweisen (s. Petition). In monarchischen Staaten kann die B. auch dem Staatsoberhaupt selbst unterbreitet werden; namentlich haben die Kammern das Recht der B. den Ministern gegenüber, indem sie in einer Adresse die einzelnen Beschwerdepunkte dem Monarchen vortragen können. Gegen beschwerende Verfügungen und Urteile der Gerichte sind besondere Rechtsmittel (Berufung, B., Revision) gegeben, über welche von den Gerichten höherer Instanz im geordneten Instanzenzug entschieden wird. In der deutschen Strafprozeßordnung und ebenso in der deutschen Zivilprozeßordnung wird die Bezeichnung B. insbesondere für dasjenige Rechtsmittel gebraucht, welches nicht gegen eigentliche Urteile, sondern gegen sonstige beschwerliche richterliche Verfügungen und An-

ordnungen gegeben ist. Sofortige B. heißt dies Rechtsmittel dann, wenn es innerhalb einer bestimmten Frist (im Strafprozeß binnen einer Woche, im Zivilprozeß binnen zwei Wochen) eingelegt werden muß. Gegen Verfügungen der Verwaltungsbehörden ist in der Regel das Rechtsmittel der B. an die übergeordnete Stelle zulässig (Rekurs), und zwar ist in manchen Staaten die Einrichtung getroffen, daß in solchen Fällen ein sogen. Verwaltungsgerichtshof die Entscheidung erteilt (s. Verwaltung). Über die B. gegen Anordnungen der Kirchenbehörde an die Staatsgewalt vgl. Recursus ab abusu.

Beschwerderegister (Beschwerdebuch), Buch, in welches Beschwerden eingetragen werden, z. B. auf Post- und Bahnexpeditionen, Dampfschiffen rc. für die Beschwerden der Passagiere über die betreffenden Beamten.

Besichtigung, s. Augenschein.

Besitz (lat. Possessio), die physische Innehabung einer Sache, im Gegensatz zur rechtlichen Innehabung, dem Eigentum (s. d.).

Besoldung, das Einkommen, welches einem öffentlichen Beamten (des Staats, einer Gemeinde, einer Korporation rc.) für die ihm übertragene fortlaufende Dienstleistung verabreicht oder angewiesen wird. Nicht zur B. ist zu rechnen der Lohn für einzelne Verrichtungen oder Arbeiten, welche vermöge besondern Vertrags oder Auftrags übernommen und geleistet werden (z. B. für eine außerordentliche Kommissionsreise, für die Aufführung eines bestimmten Baues rc.), ebensowenig der für bloße Privatdienste bezogene Gehalt.

Bestallung, die Einsetzung in ein Amt oder einen Dienst; **Bestallungsdekret,** die darüber ausgestellte Urkunde, namentlich das Besoldungsdekret.

Bestechung, das Verbrechen, welches derjenige Beamte begeht, der von einem andern ein Geschenk oder einen sonstigen Vorteil annimmt, fordert oder sich versprechen läßt, auf welchen er rechtlich und gesetzlich keinen Anspruch hat, während er weiß, daß dadurch auf seine Amtsthätigkeit eingewirkt werden soll (passive B.).

Aber auch derjenige, welcher dem Beamten den ungesetzlichen Vorteil zusagt oder gewährt in der Absicht, dadurch auf dessen amtliche Thätigkeit einzuwirken, macht sich des Verbrechens der B. schuldig (aktive B.). Das deutsche Strafgesetzbuch bestraft den Beamten, welcher für eine Handlung, die eine Verletzung einer Amts- oder Dienstpflicht enthält, Geschenke oder andre Vorteile annimmt, fordert oder sich versprechen läßt, mit Zuchthaus bis zu 5 Jahren und, falls mildernde Umstände vorliegen, mit Gefängnis bis zu 5 Jahren. Die aktive B. dagegen wird (§ 333) mit Gefängnis und, wenn mildernde Umstände vorhanden, mit Geldstrafe bis zu 1500 Mk. bestraft; auch kann auf Verlust der bürgerlichen Ehrenrechte erkannt werden. Als Straferhöhungsgrund erscheint es aber (§ 334), wenn ein Richter, Schiedsrichter, Geschworner oder Schöffe Geschenke oder andre Vorteile fordert, annimmt oder sich versprechen läßt, um eine Rechtssache, deren Leitung und Entscheidung ihm obliegt, zu Gunsten oder zum Nachteil eines Beteiligten zu leiten oder zu entscheiden. In solchem Fall tritt Zuchthausstrafe bis zu 15 Jahren ein, und ebendieselbe Strafe ist in diesem Fall für die aktive B. angeordnet. Im § 335 des Strafgesetzbuchs ist endlich noch bestimmt, daß bei der B. das Empfangene oder der Wert desselben für den Staat verfallen ist. Zu beachten ist übrigens, daß nach dem deutschen Strafgesetzbuch (§ 331) ein Beamter schon dann mit Geldstrafe bis zu 1500 Mk. oder Gefängnis bis zu 6 Monaten bestraft wird, wenn er, abgesehen von einer B., für eine in sein Amt einschlagende Handlung, welche an sich nicht pflichtwidrig ist, Geschenke oder andre Vorteile annimmt, fordert oder sich versprechen läßt.

Bestellungsbrief, s. Exequatur.

Betrug, die strafbare Handlung desjenigen, welcher in der Absicht, sich oder einem Dritten einen rechtswidrigen Vermögensvorteil zu verschaffen, das Vermögen eines andern dadurch beschädigt, daß er durch Vorspiegelung falscher oder durch Entstellung oder Unterdrückung wahrer Thatsachen einen Irrtum erregt oder unterhält. Das deutsche Reichsstrafgesetzbuch, welches den Begriff des Betrugs also definiert, beschränkt denselben somit auf die Sphäre der Vermögensverletzung in gewinnsüchtiger Absicht durch eine Täuschung des Benachteiligten oder seines Vertreters. Es bedroht den Betrüger mit Gefängnisstrafe bis zu 5 Jahren, neben welcher auf Geldstrafe bis zu 3000 Mk. sowie auf Verlust der bürgerlichen Ehrenrechte erkannt werden kann. Sind mildernde Umstände vorhanden, so kann ausschließlich auf die Geldstrafe erkannt werden. Das Vergehen des Betrugs, dessen Versuch übrigens ausdrücklich für strafbar erklärt ist, wird von Amts wegen verfolgt; nur wenn der B. gegen Angehörige, Vormünder oder Erzieher begangen ward, ist derselbe bloß auf Antrag zu verfolgen, und zwar ist die Zurücknahme dieses Antrags gestattet. Eine besonders strenge Strafe ist für den Fall angedroht, daß jemand im Inland wegen Betrugs einmal und wegen eines darauf begangenen Betrugs zum zweitenmal bestraft worden ist und nun abermals einen B. verübt. Hier soll Zuchthausstrafe bis zu 10 Jahren, gleichzeitig aber auch Geldstrafe von 150—6000 Mk. eintreten. Sind mildernde Umstände vorhanden, so tritt Gefängnisstrafe nicht unter 3 Monaten ein, neben welcher zugleich auf Geldstrafe bis zu 3000 Mk. erkannt werden kann. Außerdem stellt das deutsche Strafgesetzbuch mit dem B. noch das Verbrechen desjenigen zusammen, der in betrügerischer Absicht eine gegen Feuersgefahr versicherte Sache in Brand setzt oder ein Schiff, welches als solches oder in seiner Ladung oder in seinem Frachtlohn versichert ist, sinken oder stranden macht. In einem solchen Fall tritt Zuchthausstrafe bis zu 10 Jahren und zugleich Geldstrafe von 150—6000 Mk. ein. Sind mildernde Umstände vorhanden, so soll auf Gefängnisstrafe nicht unter 6 Monaten erkannt werden, neben welcher noch eine Geldstrafe bis zu 3000 Mk. ausgesprochen werden kann. Vgl. Deutsches Reichsstrafgesetzbuch, §§ 263 bis 265; Merkel, Kriminalistische Abhandlungen, Bd. 2 (1867); Gryziecky, Studien über den strafbaren B. (1870).

Betrüglicher Bankrott, ſ. Bank=
rott.

Bettelmönche, in der katholiſchen
Kirche Mönche, welche nach ihrer Ordens=
regel kein Eigentum beſitzen dürfen und
nur von milden Gaben leben ſollen (Do=
minikaner, Franziskaner, Karmeliter,
Auguſtiner und Serviten). Vgl. Orden.

Bettler, desgleichen diejenigen, welche
Kinder zum Betteln anleiten oder aus=
ſchicken oder Perſonen, welche ihrer Ge=
walt und Aufſicht übergeben ſind und zu
ihrer Hausgenoſſenſchaft gehören, vom
Betteln abzuhalten unterlaſſen, werden
nach dem deutſchen Reichsſtrafgeſetzbuch
(§ 361) mit Haft bis zu 6 Wochen be=
ſtraft. Iſt der Betreffende aber innerhalb
der letzten 3 Jahre wegen derartiger
Übertretung wiederholt verurteilt worden,
oder hat derſelbe unter Drohung oder mit
Waffen gebettelt, ſo kann auf Überwei=
ſung an die Landespolizeibehörde nach ver=
büßter Strafe erkannt werden, die den
Verurteilten alsdann bis zu 2 Jahren in
einem Arbeitshaus unterbringen oder zu
gemeinnützigen Arbeiten verwenden, reſp.
den Ausländer aus dem Reichsgebiet aus=
weiſen kann.

**Beugung des Rechts aus Parteilich=
keit** (verletzte Richterpflicht, Syn=
dikatsverbrechen, Crimen syndica=
tus), Amtsverbrechen, welches darin be=
ſteht, daß ein Richter in einer ſtreitigen
Rechtsſache durch Nichtausübung oder ge=
ſetzwidrige Ausübung ſeines Amtes in ir=
gend einer Amtshandlung ohne Beabſich=
tigung eines Gewinns, auch nicht aus
bloßer Trägheit oder Ungeſchicklichkeit,
ſondern auf Bitten, aus Freundſchaft oder
Feindſchaft ꝛc., mit Einem Wort wiſſent=
lich, eine Ungerechtigkeit begeht; ſie wird
nach der Beſchaffenheit der Motive und
der Größe des Unrechts mit größerer oder
geringerer Strafe belegt. Die neuere Ge=
ſetzgebung und namentlich auch das Straf=
geſetzbuch des Deutſchen Reichs (§ 336)
beſchränken das Syndikatsverbrechen nicht
bloß auf ſtreitige Rechtsſachen. Jenes
insbeſondere beſtraft den Beamten oder
Schiedsrichter, welcher ſich bei Leitung
oder Entſcheidung einer Rechtsſache vor=
ſätzlich zu Gunſten oder zum Nachteil

einer Partei einer B. ſchuldig macht, mit
Zuchthaus bis zu 5 Jahren.

Beurlaubung, ſ. Urlaub.

Beurlaubungsſyſtem, ſ. Freiheits=
ſtrafe.

Beute, die Aneignung gewiſſer dem
Feind gehöriger Mobilien im Krieg; auch
Bezeichnung für dieſe Mobilien ſelbſt.
Die Frage, welche Gegenſtände als B.
angeſehen werden können, wird von den
Lehrern des Völkerrechts verſchieden be=
antwortet, und auch die völkerrechtliche
Praxis, welche freilich dermalen eine weit
humanere iſt als in frühern Zeiten, iſt
hier noch nicht zum Abſchluß gelangt.
Unzweifelhaft gehört nämlich das geſamte
Kriegsmaterial der feindlichen Macht zu
den Gegenſtänden, welche der Erbeutung
unterliegen, alſo Munition, Waffen,
Kriegskaſſen, Proviant, Transportmittel
u. dgl. Was dagegen das mit dem Kriegs=
zweck nicht zuſammenhängende Privat=
eigentum anbetrifft, ſo beſteht hier immer
noch ein Unterſchied zwiſchen Land= und
Seekrieg. Denn während das Privat=
eigentum der Unterthanen des feindlichen
Staats im Landkrieg der Regel nach re=
ſpektiert werden ſoll, iſt dieſer Satz im
Seekrieg noch nicht zu allgemeiner Aner=
kennung gelangt (ſ. Priſe). Aber auch
im Landkrieg bedürfen einzelne Fragen
noch der Entſcheidung durch die Geſetz=
gebung der Kulturſtaaten, ſo namentlich
die Frage, ob das bewegliche Eigentum
der kämpfenden Soldaten dem Sieger
preisgegeben iſt und alſo von dem letz=
tern einem Gefallenen, Gefangenen oder
Wehrloſen abgenommen werden kann.
Beſonders wichtig ſind in dieſer Hinſicht
die Kriegsartikel für das deutſche Heer
vom 31. Okt. 1872, welche im Anſchluß
an das deutſche Militärſtrafgeſetzbuch
folgendes beſtimmen (Art. 30): »Eigen=
mächtiges Beutemachen iſt dem Soldaten
verboten. Übertretungen dieſes Verbots
werden mit Arreſt oder mit Gefängnis oder
Feſtungshaft bis zu 3 Jahren, nach Um=
ſtänden unter gleichzeitiger Verſetzung
in die zweite Klaſſe des Soldatenſtands,
beſtraft.« Weiter iſt hier (Art. 31) aus=
drücklich erklärt, daß Hab' und Gut des
feindlichen Landes unter dem beſondern

ministerium eingestellt. Die Ausgaben für die Armee, welche aus der Reichskasse überwiesen werden, sind auf 42,030,416 Mk. pro 1880—81 veranschlagt. Die Staatsschuld belief sich zu Ende des Jahrs 1879 auf 1,320,470,288 Mk.

Das bayrische Staatswappen ist ein länglich-viereckiger Schild, in vier Teile geteilt, mit einem Herzschild, oben rechts der pfälzische goldne, rotgekrönte Löwe in Schwarz, unten links der blaue, goldgekrönte Löwe (wegen des Fürstentums Veldenz) in Weiß, oben links drei silberne Spitzen in Rot (wegen Franken), unten rechts ein goldner Pfahl auf rot und weiß gestreiftem Grund (wegen Burgau-Schwaben). Der Mittelschild enthält 42 silberne und blaue Rauten, diagonal von der Rechten zur Linken aufsteigend, als Sinnbild aller vereinigten Teile. Schildhalter sind zwei goldne Löwen mit gespaltenem Schweif, von denen jeder eine in silberne und blaue Rauten geteilte Fahne hält. Das Ganze umgibt ein mit Hermelin ausgeschlagenes Zelt, oben mit der Königskrone. Die Landesfarben sind Blau und Weiß. Vgl. Spruner, Leitfaden zur Geschichte von B. (2. Aufl. 1853); »Ortschaftenverzeichnis des Königreichs B.« (herausgeg. vom Statistischen Büreau, 1877); Geistbeck, Das Königreich B. in geographisch-statistischer Beziehung (1878); Pözl, Lehrbuch des bayrischen Verfassungsrechts (5. Aufl. 1877); Brater, Die Verfassungsurkunde des Königreichs B. (3. Aufl. 1878); Pözl, Sammlung der bayrischen Verfassungsgesetze (2. Aufl. 1869, Supplement 1872).

Beamtenadel, s. Dienstadel.

Beamtenbeleidigung, s. Amtsbeleidigung.

Beamter, Inhaber eines Amtes (s. b.); Beamtenvereine, Associationen, die, auf dem Prinzip der Selbsthilfe und der Gegenseitigkeit beruhend, die materiellen Interessen der Beamten zu fördern bestrebt sind; so insbesondere der Preußische Beamtenverein, welcher seinen Sitz in Hannover hat. Zur Aufnahme in diesen Verein, welcher sich namentlich mit Lebens- und Kapitalversicherung befaßt, aber auch Beamtenspar- und Darlehnskassen errichtet, sind die unmittelbaren und mittelbaren deutschen Reichsbeamten, die preußischen Staats-, ständischen und Kommunalbeamten, die innerhalb der deutschen Reichslande und des preußischen Staats angestellten Kirchen- und Schuldiener, die bei der Verwaltung des Vereins angestellten Beamten und endlich die auf Ruhegehalt oder Wartegeld gesetzten Personen der genannten Klassen berechtigt. Es können jedoch auch Staats- und Kommunalbeamten andrer deutscher Staaten sowie Privatbeamten zugelassen werden. Organ des Vereins ist die seit 1877 erscheinende »Monatsschrift für deutsche Beamte«.

Beglaubigung (Fidemation, Vidimation), der Akt, durch welchen eine hierzu ermächtigte Behörde oder sonstige öffentliche Person (Gericht, Konsul, Notar) die Richtigkeit einer Thatsache, insbesondere die Echtheit einer Unterschrift oder die Übereinstimmung einer Abschrift mit dem Original, in amtlicher Form und von Amts wegen bezeugt. Beglaubigungsschreiben (Kreditiv, Lettre de créance) ist das Schriftstück, durch welches die Stellung eines Gesandten (s. b.) als solchen bei der empfangenden Regierung durch die absendende beurkundet wird.

Begnadigung, der gänzliche oder teilweise Erlaß der durch eine strafbare Handlung verwirkten Strafe durch das Staatsoberhaupt. Dabei ist aber zu unterscheiden zwischen der B. im engern Sinn und der sogen. Amnestie, je nachdem sich um die B. eines einzelnen Verbrechers oder um die B. einer ganzen Klasse von Verbrechern handelt. Eine solche Amnestie (Generalpardon) kommt namentlich politischen Verbrechern gegenüber vor, um nach politisch bewegten Zeiten eine Versöhnung der dermaligen Staatsregierung mit ihren bisherigen Gegnern herbeizuführen. Die Einzelbegnadigung ist aber, ebenso wie die Amnestie, entweder eine B. nach oder vor gefälltem Strafurteil. Für den letztern Fall ist der Ausdruck Abolition (Niederschlagung) gebräuchlich. Die nach gefälltem Strafurteil eintretende B. kann entweder in einem gänzlichen oder in einem teilweisen Erlaß der Strafe bestehen, oder sie tritt erst nach teilweiser Vollstreckung der Strafe ein, indem sie den Erlaß des Strafrestes herbeiführt, oder indem sie die mit der Strafe verbundenen Rechtsnachteile aufhebt. In diesem letztern Sinn wird die B. als Rehabilitation bezeichnet, wenn sie die Wiederherstellung der dem Verbrecher entzogenen bürgerlichen Ehrenrechte enthält. Darüber, ob das Begnadigungsrecht des Souveräns, welches verfassungsmäßig in den meisten Kulturstaaten ausdrücklich anerkannt ist, auch vom rechtspolitischen und -philosophischen Standpunkt aus zu rechtfertigen sei, ist viel Streit. Namentlich war der große Philosoph Kant ein Gegner desselben. Es läßt sich ja in der That auch nicht wegleugnen, daß das Begnadigungsrecht eine Abweichung von dem nach der Gesetzesvorschrift stattfindenden strafrechtlichen Verfahren bewirkt, daß ferner die Möglichkeit einer willkürlichen und ungerechten Handhabung desselben nicht ausgeschlossen ist, und daß dasselbe endlich ganz entbehrlich sein würde, wenn die Strafgesetzgebung eine vollkommene wäre. Da dies aber bei der Mangelhaftigkeit aller menschlichen Institutionen nie ganz der Fall sein wird, da vielmehr das formelle Recht, wie es sich in den Durchschnittsregeln der Strafgesetzgebung darstellt, mit dem materiellen Recht, wie es der Idee der höhern Gerechtigkeit und Billigkeit entspricht, in Widerspruch geraten kann, so erscheint das Begnadigungsrecht des Souveräns als dessen schönstes Recht, notwendig zur Vermittelung und Ausgleichung der Härten des starren Rechts. Wohl zu beachten ist aber hierbei, daß die Anwendungssphäre des Begnadigungsrechts eine engere wird, je größer der Spielraum ist, welchen die Strafgesetze dem richterlichen Ermessen bei Ausmessung der Strafe offen lassen, und je mehr der Richter selbst hiernach die individuellen Verhältnisse des Angeschuldigten berücksichtigen kann, wie dies namentlich auch nach dem dermaligen deutschen Strafgesetzbuch der Fall ist. Das Recht der B. steht dem Monarchen und in den Republiken den verfassungsmäßig damit ausge-

statteten Organen, so z. B. in den deutschen Freien Städten dem Senat, zu. In leichtern Fällen ist die Ausübung dieses Rechts von dem Souverän vielfach bestimmten Behörden, besonders dem Justizministerium, in Kriegszeiten einem kommandierenden General, einem Statthalter 2c., übertragen. Im Deutschen Reich hat der Kaiser als solcher nur in denjenigen Strafsachen das Recht der B., welche in erster Instanz vor das Reichsgericht gehören, also in den Fällen des Hochverrats und des Landesverrats, insofern diese Verbrechen gegen den Kaiser oder das Reich gerichtet sind (deutsche Strafprozeßordnung, § 484), sowie in denjenigen Fällen, in welchen ein deutscher Konsul oder ein Konsulargericht in erster Instanz erkannt hat (s. Konsul). Im übrigen steht das Begnadigungsrecht den Monarchen der deutschen Einzelstaaten und in den Freien Städten, wie bereits bemerkt, den Senaten zu. Todesurteile bedürfen nach der deutschen Strafprozeßordnung (§ 486) zu ihrer Vollstreckung zwar keiner Bestätigung mehr, doch sollen sie nicht eher vollstreckt werden, als bis die Entschließung des Staatsoberhaupts, resp. des Kaisers ergangen ist, in dem vorliegenden Fall von dem Rechte der B. keinen Gebrauch machen zu wollen. Übrigens ist in den Verfassungsurkunden der modernen konstitutionellen Monarchien eine Beschränkung des Begnadigungsrechts insofern anerkannt, als ein Minister oder ein sonstiger höherer verantwortlicher Staatsbeamter, welcher durch die Stände einer Verfassungsverletzung angeklagt worden ist, von der gegen ihn deshalb ausgesprochenen Strafe nicht oder nur auf Antrag der anklagenden Kammer selbst im Gnadenweg befreit werden kann, weil sonst ein Hauptmoment des konstitutionellen Systems, das Institut der Ministerverantwortlichkeit und Ministeranklage, hinfällig werden würde (vgl. die Verfassungsurkunden von Belgien, §91, Preußen, §49, Sachsen, §150, Württemberg, §205; Bayrisches Gesetz, die Verantwortlichkeit der Minister betr., vom 4. Juni 1848, Art. 12, 2c.). Eine weitere Beschränkung des Begnadigungsrechts ist ferner in manchen Verfassungsgesetzen in mit würde ein solcher Bischof wieder fähig, ein preußisches Bistum zu erhalten. Keineswegs aber würde er durch die Begnadigung ohne weiteres in das Amt selbst wieder eintreten; hierzu wäre vielmehr nach dem in Preußen geltenden Recht (Breve quod de fidelium) eine ordentliche Neuwahl durch das Domkapitel erforderlich.

Bistum, Sprengel eines Bischofs (s. b.).

Blanco (span., ital. Bianco), weiß, unbeschrieben,; daher Blankoindossament, das Weiterbegeben eines Wechsels ohne Bezeichnung des Nehmers; Blankokredit, offener, unbegrenzter Kredit; Blankovollmacht, unbeschränkte Vollmacht.

Blankétt (franz. Blanc, ital. Carta bianca), unvollständige, oft nur mittelst Namensunterschrift auf einem leeren Blatt erteilte Vollmacht.

Blasenzins, s. Brausteuer.

Blasphemie (griech.), s. Gotteslästerung.

Blaubuch (engl. Blue Book), in England Sammlung von Aktenstücken, welche die Regierung dem Parlament vorzulegen pflegt, so genannt nach der Farbe des Umschlags. Die diplomatischen Blaubücher enthalten die Korrespondenz zwischen dem Ministerium des Auswärtigen und den Vertretern Englands im Ausland.

Blockade (franz.), die Absperrung eines feindlichen Hafens vom Verkehr. Eine B. ist aber nicht nur für die kriegführenden Mächte, sondern auch für neutrale Schiffe um deswillen von Wichtigkeit, weil bei einem Blockadebruch dasjenige neutrale Schiff, durch welches er verübt ward, von dem blockierenden Teil aufgebracht und »für gute Prise« erklärt werden kann. Der Pariser Friedensvertrag vom 16. April 1856 hat aber hierbei ausdrücklich den völkerrechtlichen Grundsatz anerkannt, daß eine Hafenblockade effektiv (franz. blocus effectif), d. h. daß das Einlaufen in den blockierten Hafen mit wirklicher Gefahr verbunden sein muß, wenn sie auch für neutrale Schiffe verbindlich und für den Fall des Blockadebruchs von jener Wirkung begleitet sein soll. Ein solcher liegt aber dann vor, wenn ein neutrales Schiff mit

Gewalt oder mit List die Blockadelinie zu durchbrechen sucht. Auch ist neuerdings der Grundsatz anerkannt worden, daß dem neutralen Schiff noch eine besondere Notifikation von dem Bestehen der B. zugegangen sein muß, um einen Blockadebruch als thatsächlich vorhanden erscheinen zu lassen. Vgl. außer den Lehrbüchern des Völkerrechts insbesondere Gessner, Le droit des neutres sur mer (2. Aufl. 1876).

Blockieren (franz.), belagern, absperren, namentlich einen feindlichen Hafen vom Verkehr absperren.

Blutbann, das Recht eines Landesherrn über Leben und Tod seiner Unterthanen.

Blutschande, s. Unzuchtsverbrechen.

Böhmen, früher selbständiges Königreich, jetzt österreichisches Kronland, welches unter einem in Prag residierenden Statthalter steht; 51,955 qkm mit 5,140,544 Einw. (s. Österreich-Ungarn).

Bolivia, südamerikan. Freistaat, ca. 1,297,255 qkm mit etwa 2,325,000 Einw. Die Hauptstadt ist dermalen Sucre mit 23,979 Einw. Nach längern Freiheitskämpfen erfolgte 6. Aug. 1825 die Unabhängigkeitserklärung und die Lossagung von Spanien, und die nunmehrige Republik nahm 11. Aug. 1825 den Namen B. an. Langwierige Parteikämpfe und neuerdings der Krieg mit Chile haben das Emporblühen des Landes verhindert. Die letzte Konstitution von 1868 ward 1869 wieder aufgehoben. Zur Zeit ist die oberste Exekutivgewalt einem auf vier Jahre zu wählenden Präsidenten übertragen, welchem die Nationalversammlung als gesetzgebender Körper zur Seite steht. Die Bevölkerung besteht zum größten Teil aus Indianern, die aber meist zum katholischen Glauben bekehrt sind. Die vorherrschende Landessprache ist die spanische. Das Land ist in neun Departements eingeteilt. Die Staatsfinanzen befinden sich in einem sehr traurigen Zustand, und es wird infolge des Kriegs mit einem bedeutenden Defizit gearbeitet. Die Staatsschuld betrug 1879: 6 Mill. Pfd. Sterl. Das stehende Heer besteht aus 8 Generalen, 359 Stabs- und 654 Subalternoffizieren und höchstens 2000 Mann. Deutsche Konsulate bestehen in Cochabamba und La Paz.

Bona fides (lat., »guter Glaube«), die Überzeugung von der Rechtmäßigkeit eines Zustands, z. B. eines Besitzes; daher bona fide, in gutem Glauben.

Bonde, in Schleswig ein Bauer, welcher seine Güter erb- und eigentümlich besitzt, Freibauer.

Bonifikation (lat.), Vergütung; namentlich Rückzoll für bereits versteuerte ausgeführte Produkte.

Bonitierung (neulat.), Abschätzung des kulturfähigen Bodens in Hinsicht auf Ertragsfähigkeit zum Behuf seiner Einordnung in eine gewisse Bonitätsklasse. Sie findet besonders bei Separationen und Konsolidationen, aber auch bei Veranlagung der Grundsteuern statt. Es wird dabei die Lage des Grundstücks, die chemische Zusammensetzung der Ackerkrume, ihre Dicke, der Untergrund, die Wasserhaltigkeit 2c. sowie der fünf- oder zehnjährige Durchschnittsertrag in Betracht gezogen.

Borough (engl., spr. börro), Burg; dann Bezeichnung für bedeutendere Orte mit städtischen Gerechtsamen. Je nachdem diese Flecken Abgeordnete zum Parlament erwählen oder nicht, unterscheidet man zwischen parlamentaren und munizipalen **Boroughs**. **Rottenboroughs** hießen diejenigen verfallenen (»faulen«) Marktflecken, in welchen das Recht zur Parlamentswahl in den Händen weniger Einwohner war, ein Zustand, dem die Parlamentsreform von 1832 ein Ende machte.

Börse (franz. Bourse, engl. Exchange, v. mittellat. bursa, »Geldbeutel«), das für die Versammlungen von Kaufleuten und die Abschließung ihrer Geschäfte bestimmte Gebäude, dann diese Versammlungen selbst und der Markt des kaufmännischen Geschäftslebens überhaupt. Je nach der Art dieser Geschäfte wird zwischen Fonds- oder Effekten-, Korn-, Getreide- und Produkten-, Buchhändler-, Geld-, Waren-, Schiffsversicherungsbörsen 2c. unterschieden. Die Regeln, nach welchen sich der Börsenverkehr zu richten hat, sind durch die Börsenordnung bestimmt.

Die **Börsenfähigkeit,** d. h. die Berechtigung zum Besuch der B., hängt von unbescholtenem Geschäftsruf und von der Zahlung eines Beitrags ab; sie kann ganz oder zeitweise entzogen werden. Minderjährigen und Frauen ist der Besuch regelmäßig untersagt. Nach dem Schluß der B. findet die Feststellung der **Kurse,** d. h. der laufenden Preise, wie sie sich herausgestellt haben, durch die vereidigten **Mäkler (Sensale)** auf Grund bestimmter Usancen und Vorschriften statt. Die Zusammenstellung der Kurse der an einer B. gehandelten Wechsel, Wertpapiere, Geldsorten 2c. bildet den **Kurszettel.** In Preußen befinden sich Geld-, Fonds-, Effekten- und Produktenbörsen in Berlin, Breslau, Danzig, Elbing, Frankfurt a. M., Köln, Königsberg i. Pr., Magdeburg, Memel, Posen, Stettin und Tilsit. Außerdem bestehen Produktenbörsen in Görlitz und in Halle; Kornbörsen existieren in verschiedenen Städten. In Wien besteht neben der Fondsbörse neuerdings auch eine Warenbörse. Vgl. Saling, Die B. und die Börsengeschäfte (4. Aufl. 1878); Swoboda, Börsen und Aktien (1869); Gareis, Die B. und die Gründungen (1874).

Börsensteuer, Steuer auf die im Börsenverkehr üblichen Schlußnoten und Rechnungen über Quantitäten von Geld und Waren jeder Art, welche nach Gewicht, Maß oder Zahl gehandelt werden. Nach einem dem Reichstag wiederholt vorgelegten Gesetzentwurf soll diese B. (Stempelsteuer) bei Geschäften von 300—1000 Mk. Wert: 10 Pf., bei Geschäften von mehr als 1000 Mk. bis 5000 Mk.: 25 Pf. und bei Geschäften von mehr als 5000 Mk.: 50 Pf. betragen. Außerdem ist noch eine Stempelsteuer auf die Ausgabe von Aktien und auf Schuldobligationen und Inhaberpapiere im Betrag von fünf vom Tausend proponiert; ebenso sollen Lombarddarlehen, Checks und Giroanweisungen (10 Pf.) und Lotterielose (5 Proz. des Werts) besteuert werden. Ja, die Vorlage geht sogar so weit, eine Quittungssteuer in Vorschlag zu bringen, welche regelmäßig eine jede Quittung, die über den Betrag von 20 Mk. und darüber lautet, mit einer Steuer von 10 Pf. belasten würde. Gegen diese letztere Steuer haben sich alle Parteien fast ausnahmslos erklärt, und auch im übrigen dürfte die B. nur allenfalls, insoweit sie die eigentlichen Börsengeschäfte betrifft, auf Annahme rechnen können. Man erblickt nämlich in der B. eine Art Ausgleichung gegenüber der Mehrbelastung des Grundvermögens durch die Grundsteuer und sieht zudem in der B. eine Steuer auf Veränderungen im mobilen Kapitalbesitz, ebenso wie die Veränderungen des Besitzstands auf dem Gebiet des Immobiliarvermögens in der Form der Übereignungskosten (in Preußen 1 Proz. vom Wert) einer Stempelabgabe unterliegen. Freilich ist auf der andern Seite nicht mit Unrecht geltend gemacht worden, daß die großen Börsengeschäfte dadurch verhältnismäßig wenig oder gar nicht betroffen werden, und daß die Bankiers die Stempelsteuern einfach ihren Kunden aufrechnen werden, so daß namentlich der kleine Verkehr durch die eigentliche B. belastet werden wird.

Bosnien, ehedem nordwestliche Provinz der europäischen Türkei, wurde mit einzelnen Teilen der Herzegowina (jetzt Kreis Mostar) im Berliner Frieden von der Türkei an Österreich abgetreten, indem die Souveränitätsrechte des Sultans dem Scheine nach gewahrt wurden, dessen Name z. B. nach wie vor in den öffentlichen Gebeten genannt werden soll. Dagegen soll von den Einkünften des Landes nichts nach Konstantinopel fließen, die Erhebung derselben vielmehr durch Österreich-Ungarn erfolgen und die Verwendung zu Gunsten und im Interesse des Landes stattfinden. Eine Volkszählung vom 15. Juni 1879 ergab eine Bevölkerung von 1,142,147 Einw. Das etwa 52,100 qkm große Land zerfällt in die sechs Kreise: Serajewo, Zwornik, Trawnik, Banjaluka, Bihatsch und Mostar (Herzegowina). Sitz der Landesregierung ist Serajewo. Vgl. »Die Okkupation Bosniens und der Herzegowina«, Bericht des k. k. Generalstabs (1879); Büchelen, B. und seine wirtschaftliche Bedeutung für Österreich-Ungarn (1879); Helfert, Bosnisches (1878).

Botschaft, im parlamentarischen Leben eine Eröffnung, welche das Staatsoberhaupt direkt an die Landesvertretung richtet, im Gegensatz zu sonstigen Regierungsvorlagen, welche von dem Ministerium als solchem im Namen des Staatsoberhaupts an die Landesvertretung gelangen. Da im konstitutionellen Staat kein Regierungsakt ohne Mitunterschrift der Minister Gültigkeit hat, so muß auch jede B. von diesen kontrasigniert sein. Man macht von solchen Botschaften nur in außerordentlichen Fällen Gebrauch, so namentlich bei innern Konflikten (z. B. bei einer Kammerauflösung) oder bei wichtigen Vorgängen der äußern Politik (z. B. bei Kriegserklärungen). Der Präsident der Vereinigten Staaten von Nordamerika pflegt an den Kongreß bei dessen Eröffnung eine B. ergehen zu lassen, worin er sich über den Gesamtzustand der Union überhaupt ausspricht. In einem andern Sinn ist B. gleichlautend mit Gesandtschaft (s. Gesandte).

Botschafter, s. Gesandte.

Bottichsteuer, s. Brausteuer.

Bourbon (spr. burbong), altes franz. Geschlecht, welches in dem Herzog Anton von B. auf den Thron von Navarra und 1589 nach dem Erlöschen des Hauses Valois in der Person Heinrichs IV. auf den Thron von Frankreich, in der Folgezeit aber auch in Spanien, wo die Bourbonen noch jetzt regieren, und in Neapel zur Regierung gelangte. In Frankreich regierten die Bourbonen (mit Unterbrechung von 1792—1814) in der Zeit von 1589—1830. Der letzte Sprosse des Hauses in der Hauptlinie ist Heinrich Karl Ferdinand Marie Dieudonné, Herzog von Bordeaux, Graf von Chambord, von seinen Anhängern Heinrich V. genannt. Eine Seitenlinie des Hauses B. ist das Haus der Orleans, welches von Philipp I., Herzog von Orleans, dem Bruder Ludwigs XIV., abstammt und zur Zeit hauptsächlich durch die beiden Söhne des Herzogs Ferdinand von Orleans, den Grafen Louis Philippe von Paris und den Herzog Robert Philippe von Chartres, vertreten ist.

Bourgeoisie (franz., spr. burschoasih), in Frankreich die Bürgerschaft als Stand ober Volksklasse; begreift die selbständigen Handwerker, Handels- und Kaufleute, Künstler, Rentiers, Anwalte ꝛc., überhaupt die Inhaber eines festen und sichern Einkommens, im Gegensatz zu dem Adel, den Bauern, den Arbeitern und Proletariern in sich. Die Sozialdemokratie (s. d.) bezeichnet die B. als den hauptsächlichsten Gegner der Arbeiterbevölkerung, dessen Macht im Kapitalbesitz zu suchen sei. Sie bekämpft die B., indem sie die kapitalistische Produktionsweise durch die gesellschaftliche Arbeit ersetzen und an die Stelle des Kapitalbesitzes den genossenschaftlichen Gesamtbesitz setzen will.

Brahma, ind. Gottheit, mit Wischnu (dem Erhaltenden) und Siwa (dem Zerstörenden) die Dreieinigkeit der Inder bildend; daher die Priester desselben Brahmanen (Braminen) und ihre Religion Brahmanismus genannt wird; besonders merkwürdig durch die Lehre von der Seelenwanderung und vom Kastenunterschied.

Brandstiftung, das Verbrechen, dessen sich derjenige schuldig macht, welcher gewisse im Gesetz bezeichnete Gegenstände (Brandstiftungsobjekte) vorsätzlicher- oder fahrlässigerweise in Brand setzt. Bei der vorsätzlichen B. ist aber wiederum zu unterscheiden zwischen schwerer (qualifizierter) und einfacher B. Eine schwere B. liegt nach dem deutschen Strafgesetzbuch (§ 306) vor, wenn das Verbrechen an einem zu gottesdienstlichen Versammlungen bestimmten Gebäude oder an einem Gebäude, einem Schiff oder einer Hütte, welche zur Wohnung von Menschen dienen, oder an einer solchen Räumlichkeit verübt wurde, welche wenigstens zeitweise zum Aufenthalt von Menschen dient, und zwar zu einer Zeit, während welcher Menschen in derselben sich aufzuhalten pflegen. In einem solchen Fall tritt Zuchthausstrafe von 1 bis zu 15 Jahren ein. Dabei wird es aber noch als besonders schwere B. (§ 307) behandelt und mit Zuchthaus nicht unter 10 Jahren oder mit lebenslänglichem Zuchthaus bestraft, wenn der Brand den Tod eines Menschen verursacht hat, welcher sich zur Zeit der That in einer der in Brand gesetzten Räum-

lichkeiten befand, oder wenn die B. in der Absicht begangen worden ist, um unter Begünstigung derselben Mord oder Raub zu begehen oder einen Aufruhr zu erregen, oder wenn der Brandstifter, um das Löschen des Feuers zu verhindern oder zu erschweren, Löschgerätschaften entfernt oder unbrauchbar gemacht hat. Einfache B. wird mit Zuchthaus bis zu 10 Jahren und, wenn mildernde Umstände vorliegen, mit Gefängnis bis zu 5 Jahren und nicht unter 6 Monaten bestraft, und zwar ist hier zwischen einer unmittelbaren und zwischen einer mittelbaren einfachen B. zu unterscheiden, je nachdem das in Brand gesetzte Objekt fremdes Eigentum oder Eigentum des Thäters selbst ist. In ersterer Beziehung liegt eine (unmittelbare einfache) B. (§ 308) vor, wenn Gebäude, Schiffe, Hütten, Bergwerke, Magazine, Warenvorräte, welche auf dazu bestimmten öffentlichen Plätzen lagern, Vorräte von landwirtschaftlichen Erzeugnissen oder von Bau- oder Brennmaterialien, Früchte auf dem Feld, Waldungen oder Torfmoore, welche fremdes Eigentum sind, vorsätzlich in Brand gesetzt werden. Gehören dagegen derartige in Brand gesetzte Gegenstände dem Thäter selbst eigentümlich zu, so wird eine B. nur dann angenommen, wenn jene Gegenstände ihrer Beschaffenheit und Lage nach geeignet sind, das Feuer einer der § 306 (s. oben) bezeichneten Räumlichkeiten oder einem der ebenbezeichneten fremden Gegenstände mitzuteilen (mittelbare einfache B.). Es wird mithin nach dem deutschen Strafgesetzbuch nicht als B. betrachtet, wenn jemand seine eigne Sache anzündet, wofern dieselbe weder unter die Kategorie des § 306 fällt, noch geeignet ist, das Feuer fremden Gegenständen der bezeichneten Art mitzuteilen. Dagegen können in solchem Fall die Vorschriften des § 265 Platz greifen, wonach derjenige, der in betrügerischer Absicht, also namentlich, um eine Versicherungsgesellschaft zu benachteiligen, eine gegen Feuersgefahr versicherte Sache in Brand setzt, mit Zuchthaus bis zu 10 Jahren und zugleich mit Geldstrafe von 150 bis zu 6000 Mk. und, wenn mildernde Umstände vorliegen, mit Gefängnis bis zu

6*

5 Jahren und nicht unter 6 Monaten bestraft werden soll, neben welch letzterer Strafe noch auf Geldstrafe bis zu 3000 Mk. erkannt werden kann. Fahrlässige (kulpose) B. liegt dagegen vor (§ 309), wenn ein Brand der im § 306 oder der im § 308 (s. oben) bezeichneten Art nicht in vorsätzlicher, sondern nur in fahrlässiger Weise herbeigeführt wird. Als Strafe ist Gefängnis bis zu 1 Jahr oder Geldstrafe bis zu 900 Mk. und, wenn durch den Brand der Tod eines Menschen verursacht worden ist, Gefängnis von 1 Monat bis zu 3 Jahren festgesetzt. Dabei ist die Bestimmung im § 310 hervorzuheben, wonach bei jeder B. Straflosigkeit eintreten soll, wenn der Thäter den Brand, bevor derselbe entdeckt und ein weiterer Schaden als der durch die bloße Inbrandsetzung bewirkte entstanden war, selbst wieder gelöscht hat.

Branntweinsteuer, die auf die Erzeugung von Branntwein (Alkohol, Spiritus) gelegte indirekte Steuer. Diese fast in allen Staaten eingeführte Steuer wird jedoch in sehr verschiedenartiger Form erhoben. Sie kommt nämlich 1) als **Branntweinmaterialsteuer** vor, indem das Rohmaterial einer Besteuerung unterworfen wird. Dies ist in Deutschland (mit Ausnahme von Württemberg, Hamburg und Bremen) in Ansehung des aus nicht mehligen Stoffen bereiteten Branntweins der Fall. Je 60 Quart (68,7 Lit.) eingestampfte Weintreber, Kernobst und Beerenfrüchte zahlen 40 Pf., Trauben- oder Obstwein, Weinhefe oder Steinobst 80 Pf. (nach dem norddeutschen Bundesgesetz vom 8. Juli 1868). 2) Die **Fabrikationssteuer,** mit welcher der Branntwein in einem gewissen Stadium seiner Herstellung belegt wird. Hierher gehört die sogen. **Maischraumsteuer** (in England, Deutschland mit Ausnahme von Württemberg, Baden, Bremen und Hamburg, Belgien, Italien und Holland) für mehlige Stoffe. Bei der Bereitung von Branntwein aus Getreide und andern mehligen Stoffen wird nämlich die Steuer nach dem Rauminhalt der zur Einmaischung oder Gärung der Maische benutzten Gefäße (**Maischbottichsteuer**) erhoben, und zwar sollen nach dem norddeutschen Bun-

desgesetz vom 8. Juli 1868 der Regel nach 30 Pf. für je 20 preußische Quart (22,9 Lit.) des Rauminhalts der Maischbottiche und für jede Einmaischung erhoben werden. Auch der sogen. **Blasenzins** in Baden ist eine Fabrikationssteuer. 3) Die **Fabrikatsteuer,** welche vom fertigen Produkt und vom Fabrikanten erhoben wird, wie in England, Rußland und Österreich. 4) Die **Konsumtionssteuer,** welche, wie in Frankreich, direkt vom Konsumenten erhoben wird. Neuerdings wird auch in Deutschland die Besteuerung des fertigen Branntweins vielfach als die richtigste Form der B. bezeichnet, und man ist in Bayern bereits in diesem Sinn legislatorisch vorgegangen. Die Besteuerung des inländischen Branntweins ist nach der Reichsverfassung (Art. 35, 38) Sache des Reichs; doch findet dies auf Baden, Bayern und Württemberg keine Anwendung, und diese Staaten haben daher auch an dem in die Reichskasse fließenden Ertrag der Steuern vom Branntwein keinen Anteil. Vgl. **Gläser,** Die Steuersysteme der B. (1867); **Materne,** Tabellen zur Berechnung der B. (1875).

Brasilien, Kaiserreich in Südamerika, die einzige Monarchie Amerikas; 8,337,218 qkm mit (1872) ca. 10,108,291 Einw., wozu noch etwa 1 Mill. Indianer zu rechnen sind. Hauptstadt: Rio de Janeiro mit 274,972 Einw. Unter den Einwohnern befanden sich 1876 noch 1,409,448 Sklaven. Durch Gesetz vom 1. Juni 1871 ist nämlich die Sklaverei in der Weise aufgehoben worden, daß alle nach dem Erlaß dieses Gesetzes gebornen Sklavenkinder von selbst frei sind, während allen Sklaven die Freiheit gewährt werden muß, wenn sie sich loskaufen können und wollen. Von 9,930,478 gezählten Einwohnern gehörten 1872: 3,787,289 der kaukasischen, 1,954,452 der afrikanischen und 386,955 der amerikanischen Rasse an; 3,801,782 Bewohner waren Mischlinge. 9,902,712 Einw. bekannten sich zur katholischen Konfession. Aus einer abhängigen portugiesischen Kolonie ging B. durch die Unabhängigkeitserklärung vom 1. Aug. 1822 als selbständiger Staat hervor, indem der bisherige Prinz-Regent Dom

Pedro zum immerwährenden Verteidiger Brasiliens (Defensor perpetuo do Brazil) und demnächst zum Kaiser ernannt ward. Die Verfassung batiert vom 25. März 1824, ist aber durch Nachtragsgesetze vom 12. Aug. 1834 und 12. Mai 1840 mobifiziert. Die Staatsverfassung ist hiernach eine konstitutionell-monarchische. Die Thronfolge bleibt nach dem Rechte der Erstgeburt bei den Nachkommen Dom Pedros (Pedro I.) aus dem Haus Braganza. Dem Kaiser, welcher den Titel »konstitutioneller Kaiser und beständiger Verteidiger Brasiliens« führt, ist die vollziehende und daneben auch eine sogen. ausgleichende Gewalt übertragen, welch letztere er ohne Mitwirkung der Minister bei der Ernennung von Senatoren, bei Berufung einer außerordentlichen Sitzung der Reichsversammlung, bei Sanktionierung von Beschlüssen der letztern, bei Vertagung und Auflösung dieser Versammlung, bei Ausübung des Begnadigungsrechts und in einigen andern verfassungsmäßig festgestellten Angelegenheiten ausübt. Die vollziehende Gewalt wird durch die verantwortlichen Minister (für Finanzen, Inneres, Justiz, Äußeres, Marine, Krieg und öffentliche Arbeiten, Handel und Ackerbau) wahrgenommen. Bei der Ausübung der ausgleichenden Gewalt steht dem Kaiser ein Staatsrat von 24 lebenslänglichen, vom Kaiser ernannten, 12 ordentlichen und 12 außerordentlichen Mitgliedern zur Seite. Der Thronerbe ist mit dem 18. Lebensjahr Mitglied. Die Volksvertretung besteht aus dem Senat (58 Mitglieder) und der Deputiertenkammer (122 Mitglieder). Die Senatoren, vom Kaiser aus drei von jedem Wahlfreis vorgeschlagenen Kandidaten ausgewählt, werden auf Lebenszeit ernannt. Die Deputirtenkammer (Wahlgesetz vom 19. Aug. 1846) wird regelmäßig alle vier Jahre erneuert. Abgeordneter kann jeder Brasilier werden, welcher sich zur katholischen Konfession bekennt, 25 Jahre alt ist und 1200 Frank jährliches Einkommen nachweist. Das Recht der Gesetzgebung wird vom Kaiser und von den beiden Kammern der Reichsversammlung gemeinschaftlich ausgeübt. Die einzelnen

Provinzen, 20 an der Zahl, haben Provinzialstände zur Wahrung der Spezialinteressen der Provinz. — Die Justiz wird, abgesehen von Friedens- und Gemeinderichtern, in erster Instanz durch Zivil-, Kriminal- und Waisenrichter ausgeübt. Verbrechen werden durch Schwurgerichte abgeurteilt. In zweiter Instanz entscheiden die Appellationstribunale; ein oberstes Justiztribunal (Kassationshof) besteht in Rio de Janeiro. Außerdem sind auch Handelsgerichte eingesetzt. — Die brasilische Kirche ist die orthodox-katholische; doch kann verfassungsmäßig niemand aus Rücksichten der Religion verfolgt werden, wenn er die Staatsreligion respektiert und der öffentlichen Sittlichkeit keinen Anstoß gibt. Es bestehen elf Bistümer. Der Erzbischof, Metropolit und Primas von B., residiert in Bahia. — Heerwesen. Durch Gesetz vom 27. Febr. 1875 ist die allgemeine Wehrpflicht eingeführt. Die Dienstzeit beträgt sechs Jahre bei der Armee und drei in der Reserve. Stellvertretung ist zulässig. Die Friedenspräsenzstärke ist auf 13,000, die Kriegsstärke auf 32,000 Mann festgestellt; doch betrug die Friedensstärke der Armee 1880: 1743 Offiziere und 13,561 Mann. Die Kriegsflotte bestand 1880 aus 41 armierten Schiffen mit 166 Kanonen, mit einem Gesamtpersonenbestand von 4984 Mann. — Finanzen. Die Einnahmen waren pro 1881—82 auf 116,958,000 Milreis, die Ausgaben auf 118,286,758 Milreis veranschlagt, so daß ein Defizit von 1,328,758 Milreis zu erwarten stand (1 Milreis = 2,25 Mk.). Die Staatsschuld betrug 31. März 1880: 815,432,114 Milreis. — Das Wappen der Monarchie zeigt in grünem Felde die Himmelskugel Heinrichs des Seefahrers, durch das silberne, mit einem roten Rand eingefaßte Kreuz des Christusordens in vier Teile geteilt und von einem blauen, runden Reif umgeben, welcher mit 19 silbernen Sternen belegt ist und auf beiden Seiten eine silberne Einfassung hat. Den Schild deckt die Kaiserkrone; er ist rechts von einem Zweig des Kaffeebaums, links von einem Zweig der Tabakpflanze umgeben, beide Zweige unten sich kreuzend und mit einem grüngoldnen Band gebunden. Die Flagge ist grün mit eingeschobener goldner Raute, in welcher sich der Wappenschild befindet. Die Landesfarben sind Grün und Golden. Ein deutscher Gesandter residiert zu Rio be Janeiro; daneben bestehen 18 Konsulate des Deutschen Reichs, namentlich befindet sich ein solches in der deutschen Kolonie Blumenau. Vgl. Wappäus, Das Kaiserreich B. (1871); Handelmann, Geschichte von B. (1860); Schultz, Studien über agrarische und physikalische Verhältnisse in Südbrasilien im Hinblick auf die Kolonisation (1865); Canstatt, B., Land und Leute (1877).

Braunschweig, Herzogtum und Bundesstaat des Deutschen Reichs, 3690 qkm, (1880) 350,403 zumeist evangelisch-luther. Einwohner; Haupt- und Residenzstadt: Braunschweig mit 75,073 Einw. Nach dem Landesgrundgesetz vom 12. Okt. 1832, welches nur in einzelnen Bestimmungen durch spätere Gesetze modifiziert worden ist, stellt sich die Staatsform als die einer konstitutionellen Monarchie mit Einkammersystem dar. Nach dem Gesetz vom 22. Nov. 1851 über die Zusammensetzung der Landesversammlung, dem Wahlgesetz vom 23. Nov. 1851 und einem zu dem letztern erlassenen Abänderungsgesetz vom 3. Aug. 1864 besteht der Landtag aus 36 durch indirekte Wahlen jeweilig auf sechs Jahre gewählten Mitgliedern, von welchen 21 von den Höchstbesteuerten, 10 von den Städten, 12 von den Landgemeinden und 3 als Vertreter der Geistlichkeit gewählt werden. Das Oberhaupt des Staats ist der Herzog (Hoheit) aus dem Haus B.-Lüneburg, der ältern Linie des welfischen Fürstenhauses, dessen jüngere Linie die entthronte königliche Linie von Hannover ist. Da der regierende Herzog kinderlos ist, so hat man es nötig erachtet, im Weg der Gesetzgebung eine provisorische Ordnung der Regierungsverhältnisse bei einer Thronerledigung zu treffen. Die Landstände haben das Recht der Steuerverwilligung und der Zustimmung bei der Gesetzgebung, das Beschwerderecht, das Recht der Ministeranklage wegen Verfassungsverletzung und das Recht der Initiative auf dem Gebiete der Gesetz-

gebung. Die oberste Leitung der Staatsverwaltung ist dem Staatsministerium übertragen, welches kollegialisch organisiert ist, und dem das Statistische Büreau und das Landeshauptarchiv unterstellt sind. Daneben besteht eine Ministerialkommission mit Unterabteilungen für innere Landesverwaltung und Polizei, für Finanzen und Handelsangelegenheiten, für die Justiz, für geistliche und Schulsachen und für Militärsachen. Für die Finanzverwaltung bestehen als Mittelbehörden das Finanzkollegium, die Zoll- und Steuerdirektion, die herzogliche Kammer und die Baudirektion.

Verwaltung. Zum Zweck der innern Landesverwaltung zerfällt das Herzogtum in sechs Kreise mit den Kreisdirektionen zu Blankenburg, Braunschweig, Gandersheim, Helmstädt, Holzminden und Wolfenbüttel. Unterverwaltungsbehörden sind die Magistrate der Städte und die Gemeindevorsteher der Landgemeinden. Zum Zweck der Selbstverwaltung ist aber das Land durch die Kreisordnung vom 5. Juni 1871 in acht Kreiskommunalverbände eingeteilt, und zwar zerfällt der Kreis B. in drei Kommunalverbände (die Stadt B., Ribbagshausen-Vechelde und Thedinghausen), während die übrigen fünf Kreise je einen Kommunalverband bilden. —Justizorganisation. Das Oberlandesgericht des Herzogtums ist in der Residenz B. errichtet. Es bestehen zwei Landgerichte, zu B. (mit den Amtsgerichten: B., Ribbagshausen [Sitz ebenfalls in B.], Vechelde, Thedinghausen, Wolfenbüttel, Salder, Schöppenstedt, Harzburg, Helmstädt, Schöningen, Königslutter, Vorsfelde, Kalvörde, Blankenburg, Hasselfelde und Walkenried) und zu Holzminden (mit den Amtsgerichten: Holzminden, Stadtoldendorf, Eschershausen, Ottenstein, Gandersheim, Seesen, Lutter am Barenberg und Greene). — Heerwesen. B. ist der einzige deutsche Kleinstaat, der es verschmäht hat, mit Preußen eine Militärkonvention abzuschließen und sich der eignen Militärverwaltung zu begeben. Das Kontingent des Herzogtums besteht aus einem Regiment Infanterie (Nr. 92), einem Husarenregiment (Nr. 17), einer

ſechspfündigen Batterie und zwei Land=
wehrbataillonen. Es iſt der 20. Diviſion
(10. Armeekorps) zugeteilt; doch iſt das
Infanterieregiment dem 15. Armeekorps
zeitweilig zugewieſen und ſteht dermalen
in Metz. — Finanzen. Der Staats=
haushaltsetat pro 1880—81 bilanziert in
Einnahme und Ausgabe mit jährlich
8,593,570 Mk. Die öffentliche Schuld des
Herzogtums zerfällt in die Kammerſchuld
und in die Landesſchuld, von denen die
erſtere 31. Dez. 1879: 1,029,542 Mk., die
letztere 34,423,706 Mk. betrug. Außer=
dem beſteht ein unverzinsliches Prämien=
anlehen von noch 49,582,860 Mk. Dem
gegenüber beziffern ſich die Aktiven auf
45,006,110 Mk. Das Herzogtum entſendet
zum deutſchen Reichstag drei Abgeordnete;
im Bundesrat führt es zwei Stimmen.
— Das Staatswappen iſt ein ſprin=
gendes ſilbernes Pferd (das alte Zeichen
Niederſachſens) zwiſchen zwei gegenein=
ander gekehrten, mit Pfauenfedern beſetz=
ten Sicheln. Vollſtändiger enthält es noch
die Embleme für B., nämlich zwei über=
einander ſchreitende goldne, blaubewehrte
Leoparden mit ausgeſchlagenen blauen
Zungen, und die für Lüneburg (einen
blauen, rotbewehrten Löwen mit roter
Zunge), mit der Inſchrift: »Immota
fides« und der Unterſchrift: »Nec aspera
terrent«. Die Landesfarben ſind Hellblau
und Gelb. Vgl. Lambrecht, Das Her=
zogtum B. (1863); Guthe, Die Lande
B. und Hannover (1867).

Brauſteuer (Bierſteuer, Malz=
aufſchlag), diejenige indirekte Abgabe,
welche auf die Erzeugung des in der Re=
gel aus Hopfen und Malz erzeugten Biers
gelegt iſt. Die Art der Erhebung dieſer
Steuer iſt jedoch in den verſchiedenen Län=
dern eine ſehr verſchiedene. Die deutſche
Reichsverfaſſung (Art. 35) hat zwar die
Geſetzgebung über die Beſteuerung des im
Bundesgebiet erzeugten Biers dem Reich
zugewieſen und läßt den Ertrag der B. in
die Reichskaſſe fließen; allein es ſind die
ſüddeutſchen Staaten Baden, Bayern und
Württemberg davon ausgenommen, ebenſo
wie in dieſen Staaten die Beſteuerung
des Branntweins Landesſache iſt. Auch
iſt die Beſteuerung des Biers in Elſaß=

Lothringen noch nicht reichsgeſetzlich gere=
gelt, und auch die vom bayriſchen Gebiet
vollſtändig umſchloſſenen weimariſchen
und koburgiſchen Enklaven Oſtheim und
Königsberg ſind vertragsmäßig dem bay=
riſchen Steuerſyſtem angeſchloſſen. Im
übrigen Deutſchland (Deutſche Bier=
ſteuergemeinſchaft) wird die B. nach
der Menge der zum Brauen verwendeten
Gegenſtände und zwar von dem gebroche=
nen Malzſchrot und von etwaigen Surro=
gaten nach dem Gewicht erhoben. Vom
Zentner Malz ſind 2 Mk. Steuer zu ent=
richten; bei den Surrogaten beträgt die
B. 2—4 Mk. In Bayern und Württem=
berg wird die B. von der zum Bierbrauen
verwendeten Gerſte und anderm Getreide
nach dem Maß erhoben; ſie beträgt in
Württemberg 3 Mk. 66 Pf. vom Hekto=
liter. In Bayern iſt der Malzaufſchlag,
welcher bis dahin 4 Mk. vom Hektoliter
betrug, auf die Zeit vom 1. Nov. 1879
bis 1. Jan. 1882 auf 6 Mk. erhöht wor=
den. In Baden wird die B., ebenſo
wie in Frankreich und Elſaß-Lothringen,
nach der Größe der Braukeſſel (Keſſel=
ſteuer) erhoben, in Belgien, Holland und
Rußland nach der Größe der Maiſchbot=
tiche (Bottichſteuer), in Öſterreich nach
dem Gehalt der Würze, in Nordamerika
nach der Menge des erzeugten Biers und
in England endlich nach dem Umfang der
eingeweichten Gerſte. Ein 1880 dem Reichs=
tag vorgelegter, aber nicht angenommener
Geſetzesvorſchlag ſuchte für die Deutſche
Brauſteuergemeinſchaft eine der bayri=
ſchen nachgebildete Bierbeſteuerung und
namentlich den Satz von 4 Mk. pro Hekto=
liter (3 Mk. 93 Pf. pro Zentner), einzu=
führen; auch ſollte das in Bayern be=
ſtehende Verbot der Malzſurrogate einge=
führt werden, was aber mit dem ganzen
Geſetzentwurf abgelehnt ward. Vgl. Deut=
ſches Reichsgeſetz wegen Erhebung der B.
vom 31. Mai 1872 (Reichsgeſetzblatt,
S. 153 ff.); Bayriſches Geſetz vom 31.
Okt. 1879; v. Auffeß, Die Zölle und
Verbrauchsſteuern des Deutſchen Reichs
(1873); Leybhecker, Die Zölle und die
indirekten Steuern in Elſaß-Lothringen
(1877).

Bremen, Freie und Hanſeſtadt, Bun=

besstaat des Deutschen Reichs; 257 qkm mit (1880) 156,089 meist evangel. Einwohnern, wovon 112,158 auf die Stadt B. kommen. Das Freihafengebiet umfaßt einen Flächenraum von 19,087 ha mit 126,225 Einw. Die republikanische Staatsverfassung ist durch die Verfassungsurkunde vom 21. Febr. 1854 normiert, welche durch eine Reihe von Nachtragsgesetzen teilweise Abänderungen erfahren und 17. Nov. 1875 eine neue Redaktion erhalten hat. Hiernach wird die Gesetzgebung von dem Senat und von der Bürgerschaft ausgeübt. Ersterer besteht aus 18 Mitgliedern, wovon wenigstens 10 Rechtsgelehrte und 4 Kaufleute sein müssen, und zwar wählt die Bürgerschaft den betreffenden Senator aus drei Kandidaten aus, über welche fünf Deputierte des Senats und fünf Deputierte der Bürgerschaft sich zuvor geeinigt haben, und die nun vom Senat der Bürgerschaft präsentiert werden. Wählbar ist jeder Bürger, welcher das 30. Lebensjahr vollendet hat und sich im Vollgenuß der staatsbürgerlichen Rechte befindet. Der Senat wählt aus seiner Mitte zwei Bürgermeister, von welchen einer auf die Dauer eines Jahrs auch zugleich Präsident des Senats ist. Alle zwei Jahre tritt einer der beiden Bürgermeister vom Amt zurück. Die Bürgerschaft besteht aus 150 Mitgliedern, welche auf sechs Jahre gewählt werden, und von denen alle drei Jahre die Hälfte ausscheidet. Wählbar und wahlfähig sind alle 25jährigen Staatsbürger. Die Wähler selbst zerfallen zur Vornahme der Wahlen in folgende acht Klassen, von denen jede eine gewisse Anzahl von Abgeordneten zu wählen hat: 1) diejenigen in der Stadt B. wohnhaften Staatsbürger, welche auf einer Universität gelehrte Bildung erworben haben; 2) die Teilnehmer des Kaufmannskonvents und der Handelskammer; 3) die Teilnehmer des Gewerbekonvents und der Gewerbekammer; 4) die übrigen in der Stadt B. wohnhaften Staatsbürger; 5) die Staatsbürger zu Vegesack; 6) die Gemeindegenossen der Stadt Bremerhafen; 7) die für die Kammer für Landwirtschaft wahlberechtigten Landwirte; 8) die übrigen im Gebiet wohnenden Staats-

bürger. Die Gesetzgebung wird von Senat und Bürgerschaft gemeinsam ausgeübt. In den deutschen Bundesrat entsendet B. einen Bevollmächtigten und ebenso einen Abgeordneten in den Reichstag. — Die Staatsverwaltung dagegen ist zumeist Sache des Senats, doch findet namentlich bei der Finanzverwaltung eine Mitwirkung der Bürgerschaft statt, insofern es sich um die Einführung, Aufhebung und Veränderung von direkten und indirekten Steuern, um den Abschluß von Anleihen und um die Feststellung des Staatshaushaltsetats handelt. Die einzelnen Senatsmitglieder sind zugleich republikanische Staatsbeamte, welche an der Spitze einzelner Verwaltungszweige stehen. Hierbei werden sie teils von besondern Berufsbeamten, teils von Kommissionen unterstützt, welche sich aus Mitgliedern des Senats und der Bürgerschaft oder sonstigen Bürgern zusammensetzen. Ein aus der Mitte der Bürgerschaft und von dieser gewählter Ausschuß, das Bürgeramt, bestehend aus einem Geschäftsvorstand und 18 Mitgliedern, hat fortwährend auf Aufrechterhaltung der Verfassung, der Gesetze und der Staatseinrichtungen zu achten, gewisse minder wichtige Funktionen der Bürgerschaft wahrzunehmen und den Verkehr zwischen dieser und dem Senat zu vermitteln. — Rechtspflege. Das Oberlandesgericht zu Hamburg ist den drei Freien Städten B., Hamburg und Lübeck gemeinsam. Außerdem besteht in B. ein Landgericht und in B. und Bremerhafen je ein Amtsgericht. Laut Militärkonvention vom 27 Juni 1867 ist das Bremer Truppenkontingent in den preußischen Militärverband mit aufgenommen; die hanseatischen Infanterieregimenter Nr. 75 und 76 gehören zum 9. Armeekorps (Generalkommando in Altona) und zur 17. Division (Schwerin). — Finanzen. Das Staatsbudget pro 1880 weist eine Einnahme von 10,802,150 Mk. und eine Ausgabe von 11,536,330, mithin ein Defizit von 734,180 Mk. aus. Die Staatsschuld betrug Ende 1879: 81,010,167 Mk. Nach Art. 34 der deutschen Reichsverfassung ist B., ebenso wie Hamburg, mit einem Teil seines Gebiets als Freihafen erklärt so lange, bis die Stadt selbst ihre Aufnahme in den gemeinschaftlichen Zoll= verband beantragen sollte.—Das Wappen der Freien Stadt B. ist ein silberner, schräg rechtshin liegender Schlüssel in rotem Felde. Die Landesfarben sind Weiß und Rot. Die Flagge ist rot und weiß fünfmal hori= zontal gestreift, hinter zwei Reihen ge= schichteter Vierecke von ebendenselben Far= ben. Vgl. Buchenau, Die freie Hanse= stadt B. (1862); Ehmck und v. Bippen, Bremisches Urkundenbuch (1863 — 80, Bd. 1—3); Wesing, Bremische Hei= matskunde (1874).

Breve (v. lat. brevis, »kurz«), ur= sprünglich jede kürzere Zuschrift; jetzt päpstliches Schreiben, worin der Papst über einen minder wichtigen Gegenstand eine Verordnung erläßt.

Briefgeheimnis, der Rechtsgrundsatz, wonach die Unverletzlichkeit von Briefen und ähnlichen Dokumenten gewährleistet ist. Gewöhnlich haben es nämlich die mo= dernen Verfassungsurkunden besonders anerkannt, daß das B. den Unterthanen garantiert sei. Für das Deutsche Reich erklärt das Reichspostgesetz vom 28. Okt. 1871 (§ 5) ausdrücklich: »Das B. ist un= verletzlich. Die bei strafgerichtlichen Un= tersuchungen und in Konkurs= und zivil= prozessualischen Fällen notwendigen Aus= nahmen sind durch ein Reichsgesetz festzu= stellen.« Die deutsche Strafprozeßordnung (§§ 94 ff.) gestattet denn auch die Be= schlagnahme von Briefen in einer Unter= suchungssache regelmäßig nur dem Rich= ter. Ist Gefahr in Verzug, und betrifft die Untersuchung nicht bloß eine Übertre= tung, so ist allerdings auch die Staatsan= waltschaft zur Beschlagnahme befugt; sie muß jedoch Briefe und andre mit Beschlag belegte Postsendungen uneröffnet dem Richter vorlegen. Ist ferner gegen einen Schuldner auf Konkurs erkannt, so sind die Post= und Telegraphenanstalten nach der deutschen Konkursordnung (§ 111) verpflichtet, alle für den Gemeinschuldner eingehenden Sendungen, Briefe und De= peschen dem Konkursverwalter auszulie= fern, welcher zu ihrer Eröffnung berech= tigt ist. Wird ein verschlossener Brief oder eine andre verschlossene Urkunde, welche

nicht zur Kenntnisnahme des Thäters be= stimmt ist, vorsätzlich und unbefugterweise eröffnet, so tritt nach dem deutschen Straf= gesetzbuch (§ 299) Geldstrafe bis zu 300 Mk. oder Gefängnis bis zu 3 Monaten ein; es ist aber ein besonderer Antrag des Verletzten auf Bestrafung erforderlich. Strengere Strafe (§§ 354, 355, 358) trifft Post= oder Telegraphenbeamte, welche die der Post anvertrauten Briefe, Pakete oder Depeschen ohne Willen des Absen= ders vorsätzlich und in andern als von dem Gesetz vorgesehenen Fällen eröffnen oder unterdrücken oder andern bei solchen Hand= lungen wissentlich Hilfe leisten oder ihnen solche Handlungen gestatten. In Öster= reich ist zum Schutz des Brief= und Schrif= tengeheimnisses ein besonderes Gesetz (vom 7. April 1870) erlassen.

Brigade (franz.), taktischer Verband mehrerer Truppenkörper von gleicher Waf= fengattung. Im deutschen Heer besteht 1 Infanterie= und 1 Feldartilleriebri= gade aus je 2, 1 Kavallerie= und in der Regel 1 Fußartilleriebrigade aus je 3 Regimentern, in England und Rußland 1 Artilleriebrigade aus 6, beziehentlich 7 Batterien.

Britannia (lat., Britannien), die Insel Albion, d. h. England mit Schott= land; daher Briten, s. v. w. Engländer; britisch, englisch.

Brotkorbgesetz, scherzhafte Bezeichnung für das preußische Gesetz vom 22. April 1875 (Gesetzsammlung, S. 194 ff.), be= treffend die Einstellung der Leistungen aus Staatsmitteln für die römisch=katholischen Bistümer und Geistlichen, auch »Sperr= gesetz« genannt. Der Ausdruck B. erklärt sich daraus, »daß man den renitenten ka= tholischen Geistlichen den Brotkorb höher hängen«, d. h. die Staatszuschüsse entzie= hen, und so in dem sogen. Kulturkampf eine Pression auf jene ausüben wollte.

Bücherzensur, s. Zensur.

Buddha (sanskr., »der Erleuchtete«), Ehrenname des Königsohns Siddhârtha aus dem Geschlecht der Sâkja, Stifter der Buddhismus genannten indischen Religion, welche als höchstes Ziel des Menschen das Erlöschen (Nirwâna) be= zeichnet. In Vorderindien durch den

Brahmanismus mehr und mehr verdrängt, fand der Buddhismus in Hinterindien, Japan, Tibet, in der Mongolei und in China Eingang, woselbst B. »Fo« genannt wird. Der oberste Priester der Buddhisten ist der Dalai Lama, welcher zu Lhassa in Tibet residiert.

Budget (engl., spr. böddschet; franz., spr. büddscheh), eigentlich Beutel, Tasche, insbesondere Portefeuille für die Staatsrechnungen; daher s. v. w. Voranschlag des Staatshaushalts, Feststellung der Staatsausgaben und -Einnahmen; überhaupt Bezeichnung für den Haushaltsetat einer Korporation (s. Etat). Je nachdem es sich dabei um ordentliche und regelmäßige oder um nur vorübergehende und einmalige Ausgaben handelt, wird zwischen ordentlichem und außerordentlichem B. unterschieden. Budgetrecht, in der konstitutionellen Monarchie das Recht der Stände, bei der Feststellung des von der Staatsregierung vorgelegten Staatshaushaltsetats mitzuwirken, das B. mitzuberaten und Anträge auf Abänderung des Entwurfs zu stellen.

Bulgarien (Bulgarei), der nordöstliche Teil der Türkei zwischen der Donau und dem Balkan, seit 1879 infolge des russisch-türkischen Kriegs als ein besonderer Staat konstituiert. Nachdem im Frieden von San Stefano die Türkei die Errichtung eines halbsouveränen Fürstentums B. hatte zugestehen müssen, wurden die nähern Bestimmungen darüber auf dem Berliner Kongreß getroffen und B. als ein »autonomes und tributäres Fürstentum unter der Suzeränität des Sultans mit christlicher Regierung und mit einer Nationalmiliz« konstituiert. Dabei wurde ausdrücklich bestimmt, daß der Genuß der bürgerlichen und staatsbürgerlichen Rechte vom religiösen Bekenntnis unabhängig sein solle, ebenso die Fähigkeit zu öffentlichen Ämtern, Funktionen und Ehren sowie zur Ausübung von Geschäften und Gewerben. Die Gewissens- und Kultusfreiheit ist den Bulgaren ebenso wie den in B. sich aufhaltenden Fremden gewährleistet. Der Flächengehalt des Landes beträgt 63,865 qkm mit 1,859,000 Einw., Hauptstadt ist Sofia

mit ca. 12,000 Einw. Die 1879 von der konstituierenden bulgarischen Nationalversammlung beschlossene Verfassung (vom 28. April 1879) kennzeichnet B. als eine erbliche konstitutionelle Monarchie, welche zur Hohen Pforte im Vasallenverhältnis steht. Der Fürst bestätigt und verkündigt die von der Deputiertenkammer (Skupschtina) beschlossenen Gesetze. Die Skupschtina besteht aus dem bulgarischen Exarchen, der Hälfte der Bischöfe, der Hälfte der Präsidenten und Mitglieder des höchsten Gerichtshofs, der Hälfte der Präsidenten der Bezirks- und Handelsgerichte und aus Abgeordneten des Volks, je einer auf 20,000 Seelen. Die Minister sind der Nationalversammlung verantwortlich. Der Tribut, welchen der Fürst an die Pforte zu entrichten hat, beträgt nach dem Berliner Frieden die Hälfte des Einkommens des Fürstentums. Das Staatswappen ist ein goldner Löwe auf dunkelbraunem Schild. Als regierender Fürst mit dem Rechte der erblichen Regierungsnachfolge wurde 17. (29.) April 1879 von der Volksvertretung Fürst Alexander I. aus dem Haus Battenberg (Hessen) gewählt. Vgl. »Der Friede von Berlin und die Protokolle des Berliner Kongresses« (1878); Kanitz, Donau-B. (2. Aufl. 1880, 3 Bde.).

Bulle (v. mittellat. bulla), ursprünglich die Kapsel für das an einer Schnur befestigte Siegel einer Urkunde, dann diese Urkunde selbst; so z. B. die »goldne B.« Kaiser Karls IV. Bullen heißen namentlich die im Namen des Papstes ausgefertigten wichtigern Urkunden, welche, auf Pergament geschrieben, in lateinischer Sprache verabfaßt sind und nach den Anfangsworten benannt werden.

Bulletin (franz., spr. büttäng, ital. Bulletino), kurzer offizieller Bericht über gewisse Vorkommnisse, namentlich über den Gesundheitszustand einer hohen Person; dann insbesondere ein zur Veröffentlichung bestimmter Bericht eines Generals über eine Schlacht 2c.

Bund (Bündnis, Union im weitern Sinn), im völkerrechtlichen und politischen Sinn des Worts die Verbindung mehrerer Staaten zur Erreichung eines

gewissen staatlichen Zwecks und zur Ver=
wirklichung einer bestimmten politischen
Idee, sei es nun, daß diese Verbindung
nur einen vorübergehenden Charakter hat
(Allianz, Koalition), sei es, daß der
B. auf die Dauer berechnet ist. In dem
letztern Fall wird dann wiederum zwischen
den Unionen im engern Sinn und den
sogen. Konföderationen unterschie=
ben, je nachdem die verschiedenen Staaten
einen gemeinsamen Souverän haben, oder
je nachdem die verbündeten Staaten zwar
unter besondern Regierungen und beson=
bern Souveränen stehen, aber gleichwohl
vermöge einer gewissen völkerrechtlichen
Verbindung zu einem politischen Gemein=
wesen vereinigt sind. Bei den Unionen
ist dann wieder der Unterschied zwischen
Personal= und Realunion und bei
den Konföderationen derjenige zwischen
Staatenbund und Bundesstaat von
besonderer Bedeutung (s. Staat).

Bundesakte (vom 8. Juni 1815), das
Grundgesetz des vormaligen Deutschen
Bundes (s. d.).

Bundesamt für das Heimatswesen,
eine für die Entscheidung von Heimat=
sachen in höchster und letzter Instanz be=
stimmte Verwaltungsbehörde, welche durch
das — inzwischen auch auf Baden, Süd=
hessen und Württemberg, nicht aber auch
auf Bayern und Elsaß=Lothringen ausge=
behnte — norddeutsche Bundesgesetz vom
6. Juni 1870 ins Leben gerufen worden
ist. Während nämlich die Ordnung des
Instanzenzugs in Ansehung der untern
Verwaltungsstellen, welche in Heimat=
sachen und namentlich bei Streitigkeiten
zwischen verschiedenen Armenverbänden
über die Unterstützung Hilfsbedürftiger
zu entscheiden haben, der Landesgesetz=
gebung der einzelnen Bundesstaaten über=
lassen bleibt, ist für die Entscheidung
in letzter Instanz in dem B., welches
in Berlin seinen Sitz hat, eine gemein=
same Behörde gegeben, die in benjeni=
gen Fällen zu entscheiden hat, in welchen
die streitenden Armenverbände verschiede=
nen Bundesstaaten angehören, und in
benen nicht die Organisation oder die ört=
liche Abgrenzung der Armenverbände Ge=
genstand des Streits ist. Die Landes=

gesetzgebung der einzelnen Staaten kann
jedoch die Kompetenz des Bundesamts für
das Heimatswesen auch auf Streitigkeiten
zwischen Armenverbänden desselben Staats
übertragen, wie dies in Preußen, Hessen,
Sachsen=Weimar=Eisenach, Braunschweig,
Sachsen=Altenburg, Sachsen=Koburg=
Gotha, Anhalt, Schwarzburg=Rudolstadt,
Schwarzburg = Sondershausen, Waldeck,
Reuß jüngere Linie, Lippe, Lübeck und
Bremen geschehen ist. Die Einrichtung
dieses Amtes erfolgte namentlich mit Rück=
sicht darauf, daß die Gesetzgebung in Hei=
matsachen für das ganze Reich eine ge=
meinsame ist, freilich nach Art. 4 der Reichs=
verfassung vom 16. April 1871 mit Aus=
nahme Bayerns, und daß es hiernach zweck=
mäßig erscheint, für die Entscheidung dieser
Heimatsachen in letzter Instanz eine ge=
meinsame Stelle zu schaffen, um so auch
eine einheitliche Spruchpraxis zu sichern.
Das B. ist eine ständige und kollegiale
Reichsbehörde, bestehend aus einem Vor=
sitzenden und mindestens vier Mitgliedern.
Der Vorsitzende sowohl wie die Mitglie=
der werden auf Vorschlag des Bundesrats
von dem Bundespräsidium auf Lebens=
zeit ernannt. Was das Verfahren vor
dem B. anlangt, so muß die Berufung
an dasselbe binnen einer ausschließlichen
Frist von 14 Tagen, von Behändigung der
angefochtenen Entscheidung an gerechnet,
bei derjenigen Behörde, gegen deren Ent=
scheidung sie gerichtet ist, schriftlich ange=
meldet werden. Zur Anführung und Aus=
führung der Beschwerden ist eine weitere
Frist von 4 Wochen verstattet, und eine
gleiche Frist ist der Gegenpartei zur Gegen=
ausführung, von Behändigung der Be=
schwerdeausführung an gerechnet, offen=
gelassen. Alsdann legt die betreffende
Behörde die Akten dem B. vor, wel=
ches (nach Befinden nach vorgängigen
Recherchen durch die Unterbehörde) in
öffentlicher Sitzung und kostenfrei seine
Entscheidung erteilt. Zu dieser Entschei=
dung ist die Anwesenheit von mindestens
drei Mitgliedern erforderlich, von denen
wenigstens ein Mitglied die Qualifikation
zum höhern Richteramt in dem Staat,
dem es angehört, haben muß. Das Er=
kenntnis wird schließlich, und zwar mit

Grünben versehen, durch Vermittelung der Behörde, gegen deren Beschluß es ergangen ist, den Parteien schriftlich zugefertigt. Die Entscheidungen des Bundesamts werden gesammelt und herausgegeben von Wohlers (1873 ff.). Vgl. das norddeutsche Bundesgesetz vom 6. Juni 1870 (Bundesgesetzblatt, S. 360 ff.).

Bundesausträgalinstanz, s. Deutscher Bund.

Bundesexekution, in einem völkerrechtlichen Verein oder in einem Bundesstaat das Verfahren, um die Mitglieder des Bundes nötigenfalls zwangsweise zur Erfüllung ihrer Bundespflichten anzuhalten. Nach der deutschen Reichsverfassung (Art. 19) ist die B. vom Bundesrat zu beschließen und vom Kaiser zu vollstrecken.

Bundesfeldherr, im Bundesstaat, insbesondere im Deutschen Reich, der oberste Kriegsherr der vereinigten Streitkräfte des Bundes. In Deutschland ist dies der Kaiser selbst, unter dessen Oberbefehl die gesamte Landmacht des Reichs im Krieg und im Frieden steht (s. Deutsches Reich).

Bundesgericht (franz. Tribunal fédéral), in der Schweiz der zu Lausanne bestehende Staatsgerichtshof der Eidgenossenschaft (s. Schweiz).

Bundesindigenat (Reichsindigenat), der Inbegriff derjenigen Rechte und Befugnisse, welche einem jeden Angehörigen eines jeden zum Deutschen Reiche gehörigen Staats als solchem gewährleistet sind. Aus dem Wesen eines Bundesstaats als eines wirklichen Staats folgt nämlich, daß die Angehörigen der verschiedenen einzelnen Staaten, welche zusammen den Bundesstaat bilden, eine doppelte Unterthaneneigenschaft und ein zwiefaches Staatsbürgerrecht haben. Sie sind nämlich einmal in ihrer Eigenschaft als Angehörige des Einzelstaats Bürger dieses letztern und Unterthanen der Regierung desselben. Sie erscheinen aber auf der andern Seite auch als Angehörige des Gesamtstaats, zu welchem der betreffende Einzelstaat gehört, und es steht ihnen insofern ein mit den Angehörigen der übrigen verbündeten Staaten gemeinsames

Staatsbürgerrecht zu. So besteht z. B. in der Schweiz ein sogen. Kantonsbürgerrecht für die Angehörigen der einzelnen zum Bund gehörigen Staaten und außerdem ein sogen. Schweizerbürgerrecht vermöge der Zugehörigkeit zu dem Schweizer Föderativstaat. Ebenso bestand bis zur Auflösung des frühern Deutschen Reichs für die Angehörigen der sämtlichen zugehörigen staatlichen Existenzen neben dem Territorialindigenat ein gemeinsames Reichsindigenat oder Reichsbürgerrecht. Freilich war die Bedeutung der darin enthaltenen Rechte mit der Zeit mehr und mehr abgeschwächt worden; aber jenes gemeinsame Reichsindigenat blieb doch immerhin noch insofern von einer nicht zu unterschätzenden Wichtigkeit, als es vorzugsweise dazu geeignet war, das Bewußtsein der nationalen Zusammengehörigkeit in den einzelnen deutschen Stämmen zu beurkunden und aufrecht zu erhalten. Der nachmalige Deutsche Bund dagegen war ein Staatenbund, d. h. ein bloßer völkerrechtlicher Verein, kein wirklicher Staat. Darum mußten auch hier jene zwiefache Unterthanenqualität und jenes doppelte Staatsbürgerrecht wegfallen. Allerdings sprach man auch zur Zeit des vormaligen Deutschen Bundes von einem sogen. B. Dasselbe beschränkte sich jedoch auf einige wenige Rechte, welche in den Bundesgrundgesetzen den Angehörigen der verschiedenen Bundesstaaten als solchen ausdrücklich garantiert waren. Hierzu gehörte insbesondere das Recht des freien Wegziehens von einem Bundesstaat in den andern; ferner das Recht, in den Zivil- und Militärdienst eines andern Bundesstaats zu treten, vorausgesetzt, daß, wie die Bundesakte (Art. 18) sagte, keine Verbindlichkeit zu Militärdiensten gegen das bisherige »Vaterland« bestand; endlich die Freiheit von der sogen. Nachsteuer beim Übergang von Vermögensgegenständen von einem Bundesstaat in den andern. Im übrigen aber standen sich die Angehörigen der einzelnen deutschen Staatskörper als die Bürger verschiedener Vaterländer, also als Ausländer, gegenüber, ein nachgerade unerträglicher Zustand, auf dessen Beseitigung denn auch vorzugsweise die deutschen Einheitsbestrebungen der letzten Jahrzehnte gerichtet waren, wie denn die deutschen Grundrechte von 1848 und in der Folge auch die sogen. Reichsverfassung vom 28. März 1849 ein gemeinsames deutsches Reichsbürgerrecht proklamiert hatten. Die norddeutsche Bundesverfassung vom 26. Juli 1867 aber sanktionierte (Art. 3) in erster Linie für die Angehörigen der sämtlichen Bundesstaaten ein gemeinsames Bürgerrecht, und diese Bestimmung ist mit der Gründung des Deutschen Reichs auch auf die süddeutsche Staatengruppe und nunmehr auch auf Elsaß-Lothringen ausgedehnt worden. Allerdings kennt die neue deutsche Reichsverfassung vom 16. April 1871 den Ausdruck »Reichsbürgerrecht« nicht; sie gebraucht vielmehr nach dem Vorgang der norddeutschen Bundesverfassung statt dessen die Bezeichnung B. Allein dies ist in der That nur ein andrer Ausdruck für dieselbe Sache, denn es sind in diesem B. ebendieselben, ja noch weiter gehende Rechte und Befugnisse enthalten, als sie die sogen. Reichsverfassung vom 28. März 1849 verheißen hatte. Art. 3 der Reichsverfassung vom 16. April 1871 bestimmt nämlich folgendes: »Für ganz Deutschland besteht ein gemeinsames Indigenat mit der Wirkung, daß der Angehörige (Unterthan, Staatsbürger) eines jeden Bundesstaats in jedem andern Bundesstaat als Inländer zu behandeln und demgemäß zum festen Wohnsitz, zum Gewerbebetrieb, zu öffentlichen Ämtern, zur Erwerbung von Grundstücken, zur Erlangung des Staatsbürgerrechts und zum Genuß aller sonstigen bürgerlichen Rechte unter denselben Voraussetzungen wie der Einheimische zuzulassen, auch in betreff der Rechtsverfolgung und des Rechtsschutzes demselben gleich zu behandeln ist«. An diese höchst wichtige Bestimmung über das B. schließen sich nun verschiedene weitere, bereits zur Zeit des Norddeutschen Bundes erlassene Gesetze an, welche inzwischen zu Reichsgesetzen erhoben worden sind, und durch welche das im Art. 3 aufgestellte Prinzip näher aus- und durchgeführt wird. Diese sind: das Gesetz über das Paßwesen vom 12. Okt. 1867 (Bundesgesetzblatt 1867, Nr. 5, S. 33), das Gesetz

über die Freizügigkeit vom 1. Nov. 1867 (Bundesgesetzblatt 1867, Nr. 16, S. 55), das Gesetz, betreffend die Gleichberechtigung der Konfessionen in bürgerlicher und staatsbürgerlicher Beziehung, vom 3. Juli 1869 (Bundesgesetzblatt 1869, Nr. 319, S. 292), das Gesetz über Beseitigung der Doppelbesteuerung vom 13. Mai 1870 (Bundesgesetzblatt 1870, Nr. 14, S. 119), das Gesetz über Erwerbung und Verlust der Bundes- und Staatsangehörigkeit vom 1. Juni 1870 (Bundesgesetzblatt 1870, Nr. 20, S. 355), endlich auch die norddeutsche, jetzt deutsche Gewerbeordnung vom 21. Juni 1869 (Bundesgesetzblatt 1869, Nr. 312, S. 245). Auch das Gesetz über Aufhebung der polizeilichen Beschränkung der Eheschließung vom 4. Mai 1868 (Bundesgesetzblatt 1868, Nr. 11, S. 149) und das Gesetz über den Unterstützungswohnsitz vom 6. Juni 1870 (Bundesgesetzblatt 1870, Nr. 511, S. 360) gehören hierher; doch haben diese beiden Gesetze vermöge der dem Königreich Bayern in Ansehung der Gesetzgebung für Heimats- und Niederlassungsverhältnisse gelassenen Sonderstellung in diesem Staat zur Zeit noch keine Geltung, und ebensowenig ist dies in Elsaß-Lothringen der Fall. Im übrigen aber erscheinen die Angehörigen der einzelnen deutschen Staaten im Verhältnis zu einander nicht mehr, wie zur Zeit des frühern Deutschen Bundes, als Ausländer, sondern als die Bürger eines gemeinsamen Vaterlands, und jene Bestimmung der Reichsverfassung, daß sie insbesondere in betreff der Rechtsverfolgung und des Rechtsschutzes gleich zu behandeln seien, ist nunmehr durch die gemeinsame Justizorganisation im Deutschen Reich in der umfassendsten Weise zur Aus- und Durchführung gelangt. Vgl. außer den Lehrbüchern des deutschen Reichsstaatsrechts: Brückner, über das gemeinsame Indigenat im Gebiet des Norddeutschen Bundes (1867); Stolp, Die deutsche Staatsangehörigkeits- und Heimatsgesetzgebung (1871).

Bundeskanzlei (franz. Chancellerie fédérale), in der Schweiz diejenige Behörde, welche die Kanzleigeschäfte der Bundesversammlung und des Bundesrats be-

forgt und unter einem von der Bundesver=
sammlung jeweilig auf die Dauer von 3
Jahren gewählten Kanzler steht.

Bundeskanzler, in der Schweiz (f. b.)
der Chef der Bundeskanzlei, welcher von
der Bundesversammlung auf je 3 Jahre
gewählt wird.   Im vormaligen Nord=
deutschen Bund war der B. der oberste Be=
amte und der alleinige verantwortliche Mi=
nister des Bundesstaats, zugleich auch der
Vorsitzende des Bundesrats, entsprechend
dem nunmehrigen Reichskanzler (f b.).

Bundesmatrikel, f. Matrikel.

Bundespräfident, in der Schweiz (f. b.)
der Vorsitzende des Bundesrats, welcher,
ebenso wie der Bundesvizepräsident,
von den Mitgliedern des Bundesrats aus
der Zahl derselben jeweilig auf ein Jahr
gewählt wird.

Bundespräfidium, im Staatenbund
und im Bundesstaat diejenige Autorität,
welcher die oberste Leitung der Bundes=
angelegenheiten zusteht; in einem andern
Sinn der Inbegriff der Rechte und Be=
fugnisse, welche jener Autorität als solcher
zukommen. Nach der gegenwärtigen deut=
schen Reichsverfassung gebührt das B. in
dem neuen Bundesstaat, welcher den Na=
men »Deutsches Reich« führt, der Krone
Preußen, wie dies bereits im frühern Nord=
deutschen Bunde der Fall gewesen war.
Seit der Gründung des Deutschen Reichs
aber und nach Art. 11 der Reichsverfas=
sung vom 16. April 1871 führt der König
von Preußen als Inhaber des Bundes=
präsidiums den Titel »Deutscher Kaiser«
(f. Kaiser).   Im vormaligen Deutschen
Bund hatte Österreich das B., weshalb der
österreichische Bundestagsgesandte den Titel
Präsidialgesandter führte.   Die da=
mit verbundenen Rechte waren jedoch keine
eigentlichen politischen, sondern nur Ehren=
rechte, wie namentlich das Recht des Vor=
sitzes in der Bundesversammlung und das
Recht einer entscheidenden Stimme im en=
gern Rat bei etwaiger Stimmengleichheit.

Bundesrat, 1) im frühern Nord=
deutschen Bund und im gegenwärti=
gen Deutschen Reich das Kollegium der
Vertreter der verbündeten Regierungen.
Dies Kollegium besteht nämlich aus den
dazu beauftragten Bevollmächtigten der
einzelnen Regierungen, die zu dem deutschen
Gesamtstaat gehören.   Es sind dies in=
struierte Vertreter, im Gegensatz zu den
Mitgliedern des Reichstags, welch letztere
das Volk in seiner Gesamtheit vertreten,
ohne an irgend eine Instruktion gebunden
zu sein. Der B. ist, wie Gerber sagt, das Zen=
tralorgan des Bundes, in welchem jeder
Bundesstaat als solcher nach einem seinen
Staatskräften entsprechenden Stimmen=
maß für die Zwecke des Bundes zur Mit=
wirkung gelangt. Das Eigentümliche dieser
Körperschaft besteht aber darin, daß dersel=
ben eine zwiefache Funktion übertragen ist.

Einmal nämlich ist der B. einer der gesetz=
gebenden Faktoren des Reichs.   Die Reichs=
gesetze entstehen durch den übereinstim=
menden Mehrheitsbeschluß des Bundes=
rats und des Reichstags, und insofern hat
der B. den Charakter eines gesetzgebenden
Körpers.   Außerdem erscheint der B. aber
auch als Regierungskollegium, als ver=
waltende und vollziehende Behörde des
Reichs. In ersterer Beziehung, in seiner
Eigenschaft als gesetzgebender Körper, hat
aber der B. gleichwohl nicht denselben
Charakter, wie er einem Oberhaus oder
der Ersten Kammer in jenen Staaten inne=
wohnt, in welchen das Zweikammersystem
besteht, auch nicht etwa den Charakter eines
zur Vertretung der Einzelstaaten gegen=
über der Gesamtheit bestimmten Staa=
tenhauses, wie z. B. der Ständerat in der
Schweiz.   Das Eigentümliche der Insti=
tution besteht vielmehr darin, daß sich der
B. lediglich aus Vertretern der Einzel=
regierungen zusammensetzt, die nach be=
stimmter Instruktion ihrer Machtgeber,
d. h. der einzelnen verbündeten Regie=
rungen, zu handeln und abzustimmen
haben.   Dazu kommt, daß der B. eben
auch zugleich ein Organ der Reichsver=
waltung ist, so daß die einzelnen Bundes=
ratsbevollmächtigten gewissermaßen als
Regierungsbeamte und auch insofern als
Vertreter der den verbündeten Regierun=
gen zustehenden Reichsgewalt erscheinen.
Wie aber die Minister in den Einheits=
staaten die Regierungsanträge und Re=
gierungsmaßregeln den Kammern gegen=
über und in den Kammern vertreten, so
haben auch die Mitglieder des Bundes=

rats das Recht, im Reichstag zu erschei=
nen und den Standpunkt der verbündeten
Regierungen in den einzelnen Fällen dar=
zulegen und zu vertreten. Zu ebendem=
selben Zweck können auch von dem B.
besondere Kommissare ernannt werden.
Diese ganz eigentümliche Einrichtung,
welche so wenig in den Rahmen eines kon=
stitutionellen Einheitsstaats und in die
hergebrachten Schulbegriffe eines solchen
paßt, hat denn auch bereits manchen An=
griff erfahren und manchen Vorschlag der
Umgestaltung hervorgerufen, während auf
der andern Seite, nicht etwa nur von
seiten der Mittel= und Kleinstaaten, son=
dern auch von dem Reichskanzler, die
Zweckmäßigkeit der Institution, »in wel=
cher die Souveränität der einzelnen Bun=
desregierungen ihren unbestrittenen Aus=
druck finde«, behauptet worden ist. Noch
ist dabei zu betonen, daß die Regierungen
der Einzelstaaten bei der Wahl der Bevoll=
mächtigten zum B. und bei der Instruk=
tion derselben keineswegs an die Zustim=
mung der Einzellandtage gebunden sind.
Auf der andern Seite bleibt die betref=
fende Regierung den Volksvertretern des
jeweiligen Einzelstaats auch wegen dieser
Regierungsmaßregel verantwortlich und
würde dieserhalb von demselben in der
Kammer des Einzelstaats interpelliert
werden können.

Zusammensetzung. Nach der deut=
schen Reichsverfassung (Art. 6 ff.) besteht
der B. aus den Vertretern der Mitglie=
der des Bundes, unter welchen sich die
Stimmführung so verteilt, daß Preußen
mit den ehemaligen Stimmen von Han=
nover, Kurhessen, Holstein, Nassau und
Frankfurt a. M. (zur Zeit des vormaligen
Deutschen Bundes) zusammen 17 Stim=
men führt, während Bayern über 6, Würt=
temberg und Sachsen über je 4, Baden und
Hessen über je 3 und Mecklenburg=Schwe=
rin und Braunschweig über je 2 Stimmen
verfügen. Die übrigen Staaten: Sachsen=
Weimar, Mecklenburg=Strelitz, Olden=
burg, Sachsen=Meiningen, Sachsen=Alten=
burg, Sachsen=Koburg=Gotha, Anhalt,
Schwarzburg=Rudolstadt, Schwarzburg=
Sondershausen, Waldeck, Reuß ältere Li=
nie, Reuß jüngere Linie, Schaumburg=

Lippe, Lippe, Lübeck, Bremen und Ham=
burg führen je eine Stimme. Die Ge=
samtstimmenzahl ist 58. Jedes Mit=
glied des Bundes kann so viel Bevollmäch=
tigte zum B. ernennen, als es Stimmen
hat. Die Gesamtheit der einem einzel=
nen Mitglied zustehenden Stimmen muß
jedoch in einheitlicher Weise abgegeben
werden. Das Reichsland Elsaß=Lothrin=
gen ist durch stimmberechtigte Bevollmäch=
tigte im B. nicht vertreten, weil eine be=
sondere Landesregierung dort nicht existiert.
Es können jedoch nach dem Gesetz vom 4.
Juli 1879, betreffend die Verfassung und
Verwaltung von Elsaß=Lothringen (§ 7),
zur Vertretung der Vorlagen aus dem
Bereich der dortigen Landesgesetzgebung
sowie der Interessen des Reichslands bei
Gegenständen der Reichsgesetzgebung durch
den Statthalter Kommissare in den B.
abgeordnet werden, die an den Beratungen
des letztern über jene Angelegenheiten teil=
nehmen. Übrigens fungiert der B. auch als
gesetzgebender Faktor für Elsaß=Lothrin=
gen (s. d.) Im einzelnen ist der Geschäfts=
gang im B. durch die Geschäftsord=
nung vom 26. April 1880 geregelt, welche
auf Betreiben des Fürsten Bismarck vom
B. beschlossen ward und an die Stelle der
bisherigen Geschäftsordnung vom 27. Febr.
1871 getreten ist. Veranlassung zur Re=
organisation des Bundesrats und zum
Erlaß dieser neuen Geschäftsordnung hatte
namentlich eine Bestimmung der frühern
Geschäftsordnung gegeben, wonach jeder
Bundesratsbevollmächtigte in Verhinde=
rungsfällen einen andern mit seiner Ver=
tretung und Stimmabgabe beauftragen
konnte. Von dieser Befugnis wurde nun,
von den Kleinstaaten namentlich, ein allzu
ausgiebiger Gebrauch gemacht, welcher
nach der Erklärung des Reichskanzlers das
Ansehen dieser Körperschaft schädigte.
Ebenso stellte es sich als ein Nachteil her=
aus, daß die leitenden und verantwort=
lichen Minister nicht regelmäßig und na=
mentlich nicht immer bei den wichtigern
Vorlagen an den Verhandlungen des
Bundesrats sich beteiligten. Diesem letz=
tern Mißstand soll nun durch die sogen.
Ministersitzungen abgeholfen werden,
welche die neue Geschäftsordnung einge=

führt hat. Von einem durch den Reichskanzler für jede Session des Bundesrats zu
bestimmenden Zeitpunkt an sollen nämlich die wichtigern Geschäftsaufgaben des
Bundesrats und insbesondere die Gesetzesvorlagen in möglichst rasch sich folgenden
Sitzungen, welchen die ersten Bevollmächtigten der Regierungen anwohnen werden,
zur definitiven Erledigung gelangen.
Werden die hier behandelten Angelegenheiten nochmals Gegenstand der Beschluß-
nahme des Bundesrats, so wird der Reichskanzler behufs Ermöglichung der Teilnahme der ersten Bevollmächtigten die
Einleitung treffen, daß jene Angelegenheiten möglichst frühzeitig erledigt werden.
Vorlagen, welche nicht früher als drei
Wochen vor dem vom Reichskanzler bestimmten Zeitpunkt an den B. gelangen,
werden in der laufenden Session nur dann
endgültig festgestellt, wenn sie durch Mehrheitsbeschluß als dringlich erklärt werden.
Im übrigen können die verbündeten Regierungen für die von ihnen zu ernennenden Bevollmächtigten Stellvertreter
aufstellen, welche im Fall der Verhinderung der Hauptbevollmächtigten für dieselben als Mitglieder in den B. eintreten.
Die Vertretung mehrerer Staaten durch
Einen Bevollmächtigten aber ist nur auf
Grund von Vollmachten zulässig, welche
von den Regierungen selbst auf bestimmte
Personen ausgestellt sind. Jeder stimmführende Bevollmächtigte kann in Verhinderungsfällen den Bevollmächtigten
eines andern Staats substituieren. Diese
Substitution gilt jedoch nicht länger als
für Eine Sitzung. In der nächstfolgenden Sitzung aber kann nur ein Bevollmächtigter der Regierung dieselbe vertreten. Von jeder Substitution ist dem Reichskanzler alsbald Mitteilung zu machen.

Der Vorsitz im B. und die Leitung
der Geschäfte stehen dem vom Kaiser ernannten Reichskanzler zu. Da nun aber der
B. nur aus Vertretern der Mitglieder des
Bundes besteht, so folgt daraus, daß auch
der Reichskanzler zu den Bundesratsbevollmächtigten gehören, also einer der 17 Bevollmächtigten, welche die Krone Preußen
ernennen kann, sein muß. Der Reichskanzler kann sich in Verhinderungsfällen

durch jedes andre Mitglied des Bundesrats vermöge schriftlicher Substitution
vertreten lassen (Art. 15 der Reichsverfassung). Bei Gelegenheit des Abschlusses
des Vertrags aber, auf Grund dessen das
Königreich Bayern dem Deutschen Reich
beitrat, hat die preußische Staatsregierung
der bayrischen das Recht eingeräumt, daß
sie im Fall der Verhinderung Preußens,
d. h. der sämtlichen preußischen Bundesratsbevollmächtigten, den Vorsitz im B.
führen solle, ein Ehrenrecht, welches jedoch
kaum einmal zur praktischen Ausübung
kommen dürfte. Anträge und Vorschläge
können von jedem Bundesmitglied durch
dessen Bevollmächtigte vorgebracht werden,
und das Präsidium ist verpflichtet, dieselben der Beratung zu übergeben. Die
Anwesenheit einer bestimmten Anzahl von
Mitgliedern ist zur Beschlußfähigkeit des
Bundesrats nicht erforderlich. Die Beschlußfassung selbst erfolgt nach einfacher
Majorität. Nicht vertretene oder nicht
instruierte Stimmen werden nicht mitgezählt. Bei Stimmengleichheit gibt die
preußische Präsidialstimme den Ausschlag.
In gewissen Fällen ist aber die Präsidialstimme stets ausschlaggebend, wofern sie
sich für die Aufrechterhaltung der bestehenden Zustände ausspricht. Dies ist nämlich dann der Fall, wenn es sich um Gesetzvorschläge über das Militärwesen, die
Kriegsmarine und die Zölle und Verbrauchssteuern von dem im Bundesgebiet
gewonnenen Salz, Tabak, Branntwein,
Bier, Zucker und Sirup oder um Verwaltungsvorschriften und Einrichtungen
handelt, welche zur Ausführung derartiger Zoll- und Steuergesetze dienen sollen
(Reichsverfassung, Art. 5 und 37). Ferner
besteht die wichtige Vorschrift, daß Abänderungen der Reichsverfassung als abgelehnt gelten, wenn sie im B. 14 Stimmen
gegen sich haben (Reichsverfassung, Art.
78). Es bedarf also noch nicht einmal
der sämtlichen 17 Stimmen der preußischen Regierung, um eine Verfassungsänderung abzulehnen. Auf der andern
Seite würden die 6 Stimmen von Bayern,
die 4 Stimmen von Sachsen und die 4
Stimmen von Württemberg zusammen
schon hinreichen, um eine von Preußen

beabsichtigte Verfassungsveränderung zu vereiteln. Handelt es sich ferner um eine Angelegenheit, welche nach den Bestimmungen der Reichsverfassung nicht dem ganzen Reich gemeinschaftlich ist, also z. B. um ein auf Bayern und Württemberg nicht anwendbares Postgesetz, so werden nur die Stimmen derjenigen Bundesstaaten gezählt, welchen die Angelegenheit gemeinschaftlich ist.

Der B. bildet aus seiner Mitte dauernde Ausschüsse, welchen die zu ihren Arbeiten nötigen Beamten zur Verfügung gestellt werden, und zwar 1) für das Landheer und die Festungen, 2) für das Seewesen, 3) für das Zoll- und Steuerwesen, 4) für Handel und Verkehr, 5) für Eisenbahnen, Post und Telegraphen, 6) für Justizwesen, 7) für das Rechnungswesen. Was die Zusammensetzung dieser Ausschüsse anbetrifft, so gelten dafür folgende Regeln: Das Präsidium ist in jedem dieser Ausschüsse vertreten. Außerdem müssen in jedem Ausschuß mindestens vier Bundesstaaten vertreten sein. In dem besonders wichtigen Ausschuß für das Landheer und die Festungen hat Bayern einen ständigen Sitz, während die übrigen Mitglieder desselben von dem Kaiser ernannt werden. Den Staaten Sachsen und Württemberg ist übrigens von der preußischen Staatsregierung in den betreffenden Militärkonventionen die Zusicherung erteilt, daß jederzeit ein Vertreter dieser Staaten in den fraglichen Ausschuß des Bundesrats mit aufgenommen werden soll. Der Kaiser ernennt ferner die sämtlichen Mitglieder des Ausschusses für das Seewesen. Die Mitglieder andrer Ausschüsse dagegen werden von dem B. gewählt. Die Zusammensetzung der Ausschüsse ist aber für jede Session des Bundesrats, resp. mit jedem Jahr zu erneuern, wobei jedoch die ausscheidenden Mitglieder wieder wählbar sind. Zu diesen in der Verfassung vorgesehenen Ausschüssen sind dann auf Grund von Bundesratsbeschlüssen noch weitere ständige Ausschüsse für Elsaß-Lothringen, für die Verfassung und für die Geschäftsordnung hinzugekommen. Verfassungsgemäß ist endlich noch ein besonderer dauernder Ausschuß für die auswärtigen Angelegenheiten zu bilden, welcher sich aus je einem Bevollmächtigten der Königreiche Bayern, Sachsen und Württemberg und zwei vom B. alljährlich zu wählenden Bevollmächtigten zusammensetzt, und in welchem Bayern den Vorsitz führt. Dieser Ausschuß ist dazu bestimmt; von der kaiserlichen Regierung, welcher die Besorgung der auswärtigen Angelegenheiten des Reichs übertragen ist, Mitteilungen über den Stand derselben zu empfangen. Er besteht, ebenso wie der Ausschuß für das Seewesen, aus fünf Mitgliedern, während die übrigen dauernden Ausschüsse deren sieben zählen. Die Ausschußmitglieder, welche vom B. zu wählen sind, werden in folgender Weise bestimmt. Jeder stimmführende Bevollmächtigte bezeichnet bei Beginn jeder ordentlichen Session in geheimer Abstimmung so viel Bundesstaaten, als in dem Ausschuß außer dem Präsidium, resp. den verfassungsmäßig berufenen Bundesstaaten vertreten sein sollen, sowie für die Stellvertreter, welche zu wählen sind, einen oder zwei Bundesstaaten, je nachdem einer oder zwei Stellvertreter zu wählen sind. Ergibt sich bei der Abstimmung keine absolute Stimmenmehrheit, so findet eine zweite Wahl statt, bei welcher die relative Stimmenmehrheit und im Fall der Stimmengleichheit das Los entscheidet. Diejenigen Bundesstaaten, auf welche die Wahl gefallen, ernennen dann die Mitglieder und Stellvertreter der Ausschüsse aus ihren Bevollmächtigten oder den für die letztern ernannten Stellvertretern. Innerhalb des Ausschusses führt jeder Staat nur eine Stimme. Der jeweilige Bevollmächtigte des Präsidiums (Preußens) führt in jedem Ausschuß den Vorsitz, abgesehen von dem Ausschuß für die auswärtigen Angelegenheiten, in welchem Bayern präsidiert. Die dauernden Ausschüsse bleiben auch in der Zwischenzeit zwischen den Sessionen des Bundesrats in Thätigkeit. Die Mitglieder derselben werden je nach Bedürfnis entweder ständig am Sitz des Bundesrats anwesend sein, oder sich daselbst zeitweise auf Einladung des Vorsitzenden zur Erledigung ihrer Geschäfte versammeln. Da aber der

Einfluß, welchen die Ausschußberatungen auf die Verhandlungen im Plenum des Bundesrats ausübten, mit der Zeit ein überwiegender geworden zu sein schien, wurde auf Veranlassung des Reichskanzlers in die revidierte Geschäftsordnung die Bestimmung mit aufgenommen, daß Gesetzentwürfe und sonstige wichtige Vorlagen im Plenum des Bundesrats einer zweimaligen Lesung unterzogen werden müssen. In der ersten Beratung erfolgt eine definitive Beschlußfassung noch nicht. Diese erste Lesung kann einer Berichterstattung der Ausschüsse, wofern eine solche überhaupt beschlossen wird, sowohl vorausgehen, als nachfolgen. Zwischen der ersten und der zweiten Beratung müssen mindestens fünf Tage in der Mitte liegen. Eine Abkürzung dieser Frist sowie die Vornahme der ersten und zweiten Beratung in derselben Sitzung können gegen den Widerspruch von 14 Stimmen nicht beschlossen werden. Der Antrag, die definitive Beschlußfassung auszusetzen, kann auch am Schluß der zweiten Beratung gestellt und durch Stimmenmehrheit genehmigt werden.

Der B. versammelt sich aber nicht aus eigner Initiative; es ist vielmehr das Vorrecht des Kaisers, den B. zu berufen, zu eröffnen, zu vertagen und zu schließen. Der B. muß jedoch alljährlich berufen werden, und zwar kann derselbe zur Vorbereitung der Arbeiten ohne gleichzeitige Einberufung des Reichstags zusammenberufen werden, während umgekehrt der Reichstag nicht ohne den B. berufen werden darf. Übrigens muß die Berufung des Bundesrats erfolgen, sobald sie von einem Drittel der Stimmenzahl verlangt wird (Reichsverfassung, Art. 14). Die Ausschüsse des Bundesrats können auch in der Zeit zwischen den Sessionen des Bundesrats auf Veranlassung ihres Vorsitzenden zusammentreten. Die Verhandlungen des Bundesrats sind dem bestehenden Gebrauch gemäß, und da die Reichsverfassung hierüber eine Vorschrift nicht enthält; auch werden weder die Protokolle über die Sitzungen des Bundesrats noch die Berichte der Ausschüsse desselben offiziell und regelmäßig

veröffentlicht. Doch soll nach jeder Sitzung ein Bericht, welcher die Gegenstände der Verhandlung und den wesentlichen Inhalt der Beschlüsse kurz zusammenfaßt, im »Reichsanzeiger« veröffentlicht werden.

Was nun die **Thätigkeit** des Bundesrats im einzelnen anbetrifft, so ist bereits oben hervorgehoben worden, daß derselbe nach doppelter Richtung hin wirksam ist, nämlich auf dem Gebiete der Reichsgesetzgebung und auf demjenigen der Reichsverwaltung. Die Reichsverfassung (Art. 7) faßt diese Thätigkeit dahin zusammen: »Der B. beschließt 1) über die dem Reichstag zu machenden Vorlagen und die von demselben gefaßten Beschlüsse; 2) über die zur Ausführung der Reichsgesetze erforderlichen allgemeinen Verwaltungsvorschriften und Einrichtungen, sofern nicht durch Reichsgesetz etwas andres bestimmt ist; 3) über Mängel, welche bei der Ausführung der Reichsgesetze oder der vorstehend erwähnten Vorschriften oder Einrichtungen hervortreten«. Hiernach ist also zunächst die Mitwirkung des Bundesrats in allen Zweigen der Reichsgesetzgebung erforderlich, namentlich auch bei der Feststellung des Reichshaushaltsetats, welche verfassungsmäßig im Weg der Reichsgesetzgebung erfolgt. Der B. beschließt daher über alle dem Reichstag zu machenden Gesetzesvorlagen und über die von demselben hierüber gefaßten Beschlüsse sowie über die aus der eignen Initiative des Reichstags hervorgegangenen Gesetzesvorschläge. Die für den Reichstag bestimmten Vorlagen werden im Namen des Kaisers durch den Reichskanzler an den Reichstag gebracht nach Maßgabe der Beschlüsse des Bundesrats. Der Kaiser als solcher hat aber nicht das Recht, Gesetzentwürfe dem Reichstag unmittelbar vorzulegen; er ist vielmehr nur als König von Preußen gleich jeder andern der verbündeten Regierungen berechtigt, dieselben im B. vorzubringen, welcher zunächst darüber Beschluß faßt. Die Vertretung der Vorlagen im Reichstag kann der B. zwar dem Reichskanzler überlassen, es können damit aber auch andre Mitglieder des Bundesrats oder besondere Kommissionen desselben beauftragt werden. Übrigens hat jedes Mitglied des Bundesrats das Recht, im Reichstag zu erscheinen, woselbst es auf Verlangen jederzeit gehört werden muß, um die Ansichten seiner Regierung zu vertreten, auch wenn dieselben von der Mehrheit des Bundesrats nicht angenommen worden sind.

Der B. hat aber ferner innerhalb der Zuständigkeit des Reichs die Befugnis, über die zur Ausführung von Reichsgesetzen erforderlichen allgemeinen Verwaltungsvorschriften und Einrichtungen zu beschließen. Allein dies Verordnungsrecht ist insofern ein beschränktes, als in gewissen Angelegenheiten das Recht zum Erlaß von Verordnungen und allgemeinen Instruktionen dem Kaiser übertragen ist, so namentlich in Angelegenheiten des Militärwesens, der Kriegsmarine, der Post- und Telegraphenverwaltung und des Konsulatswesens. Zuweilen steht das Recht, die nötigen Ausführungsbestimmungen zu erlassen, auch dem Reichskanzler oder einer besondern Reichsbehörde zu, oder es ist den Einzelstaaten überlassen, die zur Ausführung einer reichsgesetzlichen Bestimmung erforderlichen Anordnungen zu treffen. Das betreffende Reichsgesetz bestimmt in solchen Fällen regelmäßig diejenige Stelle, welche die nötigen Verordnungen und Instruktionen zu erlassen hat. Der B. erscheint aber auch weiter als ein Verwaltungsorgan des Reichs und zwar zunächst insofern, als er über Mängel, welche bei der Ausführung der Reichsgesetze und der im Anschluß an diese getroffenen Verordnungsverfügungen und Einrichtungen hervortreten, zu beschließen hat. Hierdurch wird jedoch das dem Kaiser zustehende Recht, wonach dieser die Ausführung der Reichsgesetze zu überwachen hat, keineswegs geschmälert. Der B. hat zwar das Recht, darüber zu beraten und festzustellen, ob und inwiefern sich etwa derartige Mängel ergeben haben; auch kann der B. über die Art und Weise, wie eine Abstellung derselben herbeigeführt werden könnte, Beschluß fassen; allein die Exekutive und die thatsächliche Abstellung solcher Mängel stehen nicht dem B., sondern dem Kaiser und seinen Organen, d. h. dem Reichskanzler und den

ihm unterstellten Reichsbehörden, zu. Wenn ferner Bundesglieder ihre verfassungsmäßigen Bundespflichten nicht erfüllen, so können sie dazu im Weg der Exekution angehalten werden; die Beschlußfassung über eine solche Maßregel steht dem B., ihre Vollstreckung dem Kaiser zu (Reichsverfassung, Art. 19). Sollte ferner in einem Bundesstaat der Fall einer Justizverweigerung eintreten und auf gesetzlichem Weg ausreichend Hilfe nicht zu erlangen sein, so liegt es dem B. ob, erwiesene, nach der Verfassung und nach den Gesetzen des betreffenden Bundesstaats zu beurteilende Beschwerden über verweigerte oder gehemmte Rechtspflege anzunehmen und darauf die gerichtliche Hilfe bei der Bundesregierung, die zu der Beschwerde Anlaß gegeben hat, zu bewirken (Reichsverfassung, Art. 77). Ebenso sind Streitigkeiten zwischen verschiedenen Bundesstaaten, sofern dieselben nicht privatrechtlicher Natur und daher von den kompetenten Gerichtsbehörden zu entscheiden sind, auf Anrufen des einen Teils von dem B. zu erledigen. Verfassungsstreitigkeiten in solchen Bundesstaaten, in deren Verfassung nicht eine bestimmte Behörde zur Entscheidung solcher Streitigkeiten bestimmt ist, hat auf Anrufen eines Teils der B. gütlich auszugleichen oder, wenn dies nicht gelingt, im Weg der Reichsgesetzgebung zur Erledigung zu bringen (Reichsverfassung, Art. 76). Weiter ist hier auch hervorzuheben, daß eine etwaige Auflösung des Reichstags vor Ablauf der verfassungsmäßigen dreijährigen Legislaturperiode desselben von dem B. unter Zustimmung des Kaisers beschlossen werden kann (Reichsverfassung, Art. 24). Ferner ist der B. vorzugsweise bei gewissen finanziellen Angelegenheiten des Reichs beteiligt. Denn nicht nur, daß dem B. gemeinschaftlich mit dem Reichstag die jährliche Feststellung des Reichshaushaltsetats im Weg der Reichsgesetzgebung obliegt, so gebührt dem B. auch z. B. die Beschlußfassung über die Finanzabschlüsse des Ertrags der Zölle und der Verbrauchssteuern und über die alljährliche Feststellung der von der Kasse jedes Bundesstaats an die Reichskasse abzuführenden Beträge (Reichsverfassung, Art. 39). Über die Verwendung aller Einnahmen des Reichs ist aber nicht nur dem Reichstag, sondern auch dem B. alljährlich von dem Reichskanzler Rechnung zu legen (Reichsverfassung, Art. 72). Endlich ist der B. auch bei der Verwaltung der auswärtigen Angelegenheiten des Reichs insofern beteiligt, als der Kaiser zur Erklärung des Kriegs im Namen des Reichs nur mit Zustimmung des Bundesrats berechtigt ist, es sei denn, daß ein Angriff auf das Bundesgebiet oder dessen Küsten erfolgt. Handelt es sich ferner um den Abschluß von Verträgen mit fremden Staaten, welche sich auf Gegenstände beziehen, die verfassungsmäßig in den Kompetenzkreis der Reichsgesetzgebung gehören, so ist zu ihrem Abschluß die Zustimmung des Bundesrats erforderlich, vorbehaltlich der Genehmigung des Reichstags (Reichsverfassung, Art. 11). Was schließlich die persönliche Stellung der Bevollmächtigten zum B. anbetrifft, so erscheinen sie als diplomatische Vertreter ihrer Kabinette, und die Reichsverfassung erklärt ausdrücklich: »Dem Kaiser liegt es ob, den Mitgliedern des Bundesrats den üblichen diplomatischen Schutz zu gewähren«. Hiernach genießen die Bundesratsbevollmächtigten gleich sonstigen Gesandten das Recht der Exterritorialität (Gerichtsverfassungsgesetz, §18), und die Prozeßordnungen des Deutschen Reichs enthalten zudem noch die ausdrückliche Bestimmung, daß die Mitglieder des Bundesrats, während sie sich am Sitz des letztern aufhalten, nur mit Genehmigung ihres Landesherrn an einem andern Ort als Zeugen oder Sachverständige vernommen werden dürfen. Zu bemerken ist endlich noch, daß Mitglieder des Bundesrats nicht auch zugleich Mitglieder des Reichstags sein können (Reichsverfassung, Art. 9).

2) In der Schweiz ist der B. (Conseil fédéral) die oberste vollziehende und leitende Behörde der Eidgenossenschaft, welche aus sieben Mitgliedern besteht (Bundesverfassung vom 29. Mai 1876, Art. 95 ff.), die von der Bundesversammlung aus der Zahl derjenigen Schweizer Bürger, welche als Mitglieder des Natio-

nalrats wählbar sind, auf die Dauer von drei Jahren gewählt werden (s. Schweiz).

Bundesreich, s. v. w. Bundesstaat (s. Staat).

Bundesschiedsgericht, s. Deutscher Bund.

Bundesstaaten, Bezeichnung für die einzelnen Staaten, welche zusammen einen sogen. Staatenbund oder einen Bundesstaat bilden (s. Staat); namentlich braucht die deutsche Reichsverfassung vom 16. April 1871 diese Bezeichnung für die deutschen Staaten, welche jetzt zu dem Deutschen Reich vereinigt sind.

Bundestag, die Versammlung der Delegierten eines Staatenbunds; speziell verstand man darunter die Bundesversammlung zu Frankfurt (s. Deutscher Bund).

Bundesversammlung, in der Schweiz diejenige Körperschaft, welche die oberste Gewalt des Bundes ausübt und aus dem Nationalrat und dem Ständerat zusammengesetzt ist (s. Schweiz). Zur Zeit des vormaligen Deutschen Bundes wurde auch das Organ des letztern, der sogen. Bundestag in Frankfurt, also bezeichnet (s. Deutscher Bund).

Bündnis, s. Bund.

Büreau (franz., spr. -roh), Schreibtisch; Schreib- oder Amtsstube; auch Bezeichnung für gewisse Behörden, z. B. Statistisches B. In öffentlichen Versammlungen und parlamentarischen Sitzungen wird das B. durch den Präsidenten und die Schriftführer gebildet.

Büreaukratie, diejenige Einrichtung, wonach ein gewisser Zweig der Staatsverwaltung von einem einzelnen Staatsbeamten unter dessen alleiniger Verantwortlichkeit geleitet wird, im Gegensatz zum Kollegialsystem. So sind z. B. die einzelnen Departements des Staatsministeriums in der Regel büreaukratisch organisiert, d. h. sie sind dem bestimmten Departementschef unterstellt, welcher allein die Verantwortung trägt, während das Gesamtministerium, welches über die wichtigsten Staatsangelegenheiten zu entscheiden hat, sich als eine Kollegialbehörde darstellt. Vielfach wird aber auch mit dem Ausdruck B. (»Schreibstubenherrschaft«, Regiment vom grünen Tisch aus) der Begriff einer engherzigen und dünkelhaften Beamtenwirtschaft verbunden, welche, dem eigentlichen Volksleben entfremdet, in pedantischer Weise ohne wirkliches praktisches Verständnis verfährt, daher man mit Büreaukratismus die kastenmäßige Absonderung der Beamtenaristokratie und ein Verfahren, wie es eben geschildert wurde, und als Büreaukraten einen Beamten von dieser Sorte bezeichnet.

Bürger, Bezeichnung des vollberechtigten Mitglieds einer Gemeinde, wofür in Landgemeinden vielfach der Ausdruck Nachbar üblich ist (Gemeindebürger). Derselbe besitzt in der betreffenden Gemeinde das Bürgerrecht, welches vielfach durch Zahlung eines Bürgergelds (Nachbar=, Einzugsgeld) erworben wird (s. Gemeinde). Weiter aber wird mit B. der vollberechtigte Angehörige eines Staats (Staatsbürger) verstanden (s. Unterthan).

Bürgeramt, in Bremen ein Ausschuß der Bürgerschaft (s. Bremen).

Bürgerausschuß, s. Hamburg und Lübeck.

Bürgerlicher Tod (franz. Mort civile), die bei den schwersten Verbrechen für den Verurteilten eintretende vollständige Rechtlosigkeit, wie sie das französische Recht statuiert, und wie sie ehemals in Deutschland gegen einen Geächteten eintrat, ähnlich der altrömischen Capitis deminutio maxima. Vgl. Capitis deminutio.

Bürgermeister, Gemeindevorsteher (s. Gemeinde).

Bürgermeisterei, in der Rheinprovinz ein aus mehreren Landgemeinden zusammengesetzter Kommunalverband. Derselbe steht unter einem von der Regierung ernannten Bürgermeister, welcher von der B. besoldet wird, und dem die Bürgermeistereiversammlung als Organ des Verbands zur Seite steht.

Bürgerschaft, in den deutschen Freien Städten Bremen, Hamburg und Lübeck (s. d.) Bezeichnung der Volksvertretung.

Bylaws (engl., spr. beilahs, »Nebengesetze«, Ortsgesetze), Bezeichnung für die englischen Polizeiverordnungen für bestimmte Fälle.

Byzantinisch, öfter gleichbedeutend mit servil; daher Byzantinismus, s. v. w. Servilismus, Bezeichnung für das Benehmen desjenigen, welcher einem Hof oder einer Regierung blind ergeben ist, gleichviel ob dies der eignen Manneswürde Eintrag thut oder nicht. Der Ausdruck hängt mit der geschichtlichen Thatsache zusammen, daß am Hof zu Byzanz (oströmisches Kaiserreich) das Hofzeremoniell in einem solchen Sinn ausgebildet war.

C.

Artikel, die unter C vermißt werden, sind unter K oder Z nachzuschlagen.

Cabotage (franz., spr. -tahsch, v. span. cabo, Kap), Küstenfrachtfahrt (s. d.).

Caisse (franz., spr. käß), Kasse, z. B. C. d'amortissement, Schuldentilgungskasse; C. d'assurance, Versicherungskasse; C. des dépôts, Hinterlegungskasse; C. d'épargne, Sparkasse 2c.

Camera (lat.), Gemach, Kammer, besonders die Lokalität, in welcher man das Privatvermögen eines Fürsten aufbewahrt (s. Kammer); auch Bezeichnung von Behörden, z. B. C. imperialis, das Reichskammergericht; C. apostolica, die päpstliche Rentenkammer.

Cameralia (lat.), Kameral=, Staatswissenschaften (s. d.).

Camerlengo (ital., »Kämmerling«), am päpstlichen Hof der mit der Verwaltung des Schatzes betraute Kardinal.

Cancellaria (lat.), Kanzlei; Cancellarius, Kanzler.

Capitis deminutio (lat.), bei den Römern die Aufhebung oder Verminderung der Rechtsfähigkeit durch Veränderung in einer der drei Rechtsstufen für letztern: Freiheit (libertas), römisches Bürgerrecht (civitas) und Familienstand (familia). Hiernach unterschied man zwi-

schen C. d. maxima, Verlust der Freiheit,
bürgerlicher Tod, C. d. media, Verlust
des römischen Bürgerrechts, und C. d. mi-
nima, Verlust der bisherigen Familien-
rechte, z. B. durch Adoption.

Carolina (eigentlich Constitutio criminalis C., abgekürzt C. C. C.), die peinliche Halsgerichtsordnung Karls V., die
Grundlage des ehemaligen gemeinen deutschen Strafrechts und Strafprozesses;
herausgegeben von Zöpfl (2. Aufl. 1876).

Cäsar, Familienname eines Zweigs
des alten römischen Geschlechts der Julier,
dann Titel der römischen Kaiser, welchen
Augustus, der Adoptivsohn Julius Cä-
sars, annahm. Cäsarismus (Cäsa-
rentum), Gewaltherrschaft, absolute
Militärherrschaft, wie zur Zeit der römischen Cäsaren, jedoch mit besonderer Berücksichtigung des niedern Volks, um dessen Gunst sich der Machthaber, wie z. B.
Napoleon III., besonders bemüht, daher
man unser cäsaristischer Regierungsweise
ein absolutes Regiment mit parlamentarischen Formen versteht. Cäsareopapis-
mus (Cäsareopapät), Vereinigung der
geistlichen mit der höchsten weltlichen Macht.

Cäsarewitsch (Zarewitsch), der russ.
Thronfolger; Cäsarewa, die Kaiserin;
Cäsarewna, eine kaiserliche Prinzessin.

Casus (lat.), Fall, Zufall; C. belli,
Kriegsfall, Veranlassung zur Kriegserklärung, oft willkürlich gesucht.

Causae cognitio (lat.), die richterliche Prüfung, Untersuchung und Erörterung einer Sache.

C. C. C., Abkürzung für Constitutio
criminalis Carolina, s. Carolina.

Cent, 1) (engl. spr. ßent) der 100. Teil
des nordamerikanischen Dollars; Cen-
tesimo (ital., spr. tschent) = 1/100 Lira;
Centima (span.) = 1/100 Peseta; Cen-
time (franz., spr. ßangtihm) = 1/100 Frank.
In den Niederlanden ist C. = 1/100 Fl.
— 2) (v. lat. centena) veraltete Bezeichnung für Gerichtssprengel, Gerichtsbarkeit, insbesondere Kriminalgerichtsbarkeit;
daher Centfall (Kriminalfall), Cent-
pflicht, Centfolge xc.

Ceremoniell, s. Zeremoniell.

Certifikat (lat.), schriftliche und amtliche Bescheinigung, z. B. über den Ein-

trag eines Schiffs in das Schiffsregister.
Ursprungscertifikate, Nachweise über
die Herkunft von Waren, d. h. über deren
Erzeugung und Verfertigung in einem gewissen Land oder Ort, zu dem Zweck ausgestellt, um der Ware in einem andern Staat
unter den durch Handelsvertrag festgesetzten Bedingungen Eingang zu verschaffen.

Chalif (arab., »Stellvertreter«), Titel
der Nachfolger Mohammeds, daher deren
Reich Chalifat genannt wird. Jetzt
führen die türkischen Sultane den Cha-
lifentitel.

Chancelier (franz., spr. schangßl'jeh;
engl. Chancellor, spr. tschännßlör), Kanzler.

Chargé (franz., spr. scharsch), Amt,
Stelle, Rang; Chargé d'affaires (spr.
scharscheh daffähr), diplomatischer Agent, Geschäftsträger, welcher nicht von dem einen
Souverän bei dem andern dauernd akkreditiert, sondern nur von einem Kabinett besonders beauftragt und bevollmächtigt ist.

Charta (lat.), Urkunde, namentlich im
Mittelalter von öffentlichen Urkunden gebraucht; z. B. Magna c. (s. d.).

Charte (franz., spr. schart), Verfassungs-
gesetz, namentlich die C. constitutionelle
Ludwigs XVIII. von Frankreich; in England nannten die Radikalreformer ihr
Programm die C., weshalb sie Charti-
sten genannt werden.

Chartern (engl., spr. tschährt-), privi-
legieren, bevorrechten; auch ein Schiff ver-
frachten oder mieten.

Chausseegeld (Wegegeld, Maut,
Straßen- und Brückengeld), eine Gebühr, welche von dem eine Landstraße be-
nutzenden Fuhrwerken und von dem Vieh,
welches die Straße passiert, erhoben wird,
sei es für die Staats-, sei es für die Gemeindekasse; in vielen Staaten, z. B. in
Preußen, Bayern und Baden, abgeschafft.

Chauvinismus (spr. schow-), übermäßiger und herausfordernder Patriotismus;
Chauvinist, jemand, der seine Partei-
leidenschaft und seinen angeblichen Patriotismus mit besonderer Ostentation zur
Schau trägt. Der Ausdruck ist auf ein
Stück von Scribe (»Le soldat labou-
reur«) zurückzuführen, in welchem ein
blinder Bewunderer Napoleons I., Namens Chauvin, eine komische Rolle spielt.

Chedive (Khidiv), offizieller Titel des Beherrschers von Ägypten (s. b.) seit 1867, etwa s. v. w. Vizekönig.

Chef (franz., spr. scheff), Haupt, Vorsteher; daher Chefpräsident, C. eines Truppenkörpers, einer Ministerialabteilung u. dgl. Über den C. der kaiserlichen Admiralität in Deutschland insbesondere vgl. Admiral.

Chiffre (franz., spr. schiffr), Zeichen, geheimes Schriftzeichen; Chiffreschrift, Geheimschrift, seit Richelieu im diplomatischen Verkehr angewandt; daher Chiffrierkunst (Dechiffrierkunst), das fachmännische Anwenden und Entziffern der Chiffreschrift, eine Hilfswissenschaft der Diplomatie. So besteht z. B. im auswärtigen Amte des Deutschen Reichs ein besonderes Chiffrierbüreau, mit einem Vorsteher (Compositeur des chiffres), einem Büreauinspektor und zehn Mitgliedern (Dechiffreurs) besetzt.

Chile (spr. tschile), Freistaat auf der Westküste von Südamerika, 321,462 qkm mit 2,136,724 Einw. und der Hauptstadt Santiago (150,367 Einw.). Die Unabhängigkeitserklärung und Lossagung von der spanischen Herrschaft erfolgte 18. Sept. 1810. Nach der Staatsverfassung von 1833 teilt sich die der Gesamtheit des Volks zustehende Staats- und Regierungsgewalt in drei Gewalten: die vollziehende, die gesetzgebende und die richterliche Gewalt. Die Exekutivgewalt steht dem Präsidenten zu, welcher auf fünf Jahre gewählt wird und zweimal hintereinander wählbar ist. Ihm steht der Staatsrat zur Seite, welcher aus den Ministern, zwei Mitgliedern der Justizhöfe, einem geistlichen Würdenträger, einem General oder Admiral, einem Chef der Finanzbehörde, zwei Erministern und zwei frühern Provinzialstatthaltern oder Intendanten besteht. Der Präsident ernennt die Minister und die Verwaltungsbeamten der Provinzen; die Munizipalbeamten werden von den Gemeinden gewählt. An der Spitze der 19 Provinzen stehen vom Präsidenten ernannte Gouverneure. Die gesetzgebende Gewalt wird von dem aus zwei Kammern bestehenden Nationalkongreß ausgeübt, welcher all-

jährlich vom 1. Juni bis 1. Sept. tagt. Die Erste Kammer zählt 20 Senatoren, die auf neun Jahre gewählt werden, und von denen nach drei Jahren ein Drittel austritt. Die Abgeordneten der Zweiten Kammer müssen ein Einkommen von mindestens 500 Peso jährlich nachweisen, sie werden, auf je 20,000 Einw. einer, auf je drei Jahre gewählt nach dem Grundsatz des allgemeinen Wahlrechts. Die richterliche Gewalt wird von dem Appellhof zu Santiago, von den Obergerichten in La Serena, Santiago und Conception und von den Provinzialrichterbeamten ausgeübt. Das Budget betrug 1878: 17,506,615 Peso (1 Peso = 4 Mk.) Einnahme und 17,245,431 Peso Ausgabe; die Staatsschuld bezifferte sich auf 54,833,325 Peso. Die Armee zählte 20,000 Mann. Die Kriegsmarine weist 2 Panzerfregatten, 4 Korvetten, 3 Pontons, 12 Transportschiffe 2c. auf. C. ist der geordnetste der spanisch-amerikanischen Freistaaten. Die Chilenen erkennen die Sklaverei nicht an. Das Wappen der Republik ist ein Schild, dessen obere Hälfte blau ist, während die untere in rotem Feld einen silbernen fünfstrahligen Stern zeigt; Wappenhalter sind auf der rechten Seite ein Huemul (eine Art Reh), auf der linken ein Kondor mit goldner Krone; auf dem Schilde drei Straußenfedern. Die Umschrift ist: »Por la razon o la fuerza«. Die Flagge besteht aus zwei horizontalen Streifen, der obere im ersten Drittel blau mit weißem fünfstrahligen Stern, im übrigen weiß; der untere doppelt so breite Streifen ist rot. Vgl. Ernst, Die Republik C. (1863).

China, Kaiserreich, volkreichster Staat der Erde, zerfällt in drei Teile, nämlich 1) die Mandschurei, das Stammland des dermaligen Kaiserhauses; 2) das eigentliche C., welches in 18 Provinzen eingeteilt ist, und 3) die unterthänigen Landschaften (Mongolei, Dsungarei, Korea, Chinesisch-Turkistan und Tibet). Die Bevölkerung wird nach den neuesten Angaben auf 434,5 Mill. Einw., der Flächeninhalt des ungeheuern, für Europäer immer noch verhältnismäßig wenig zugänglichen Reichs auf 11,756,780 qkm geschätzt. Die Einwohnerzahl der Haupt-

ſtadt Peking wird ſehr verſchieden, nämlich zwiſchen 500,000 und 1,650,000, angegeben. Den Europäern war lange Zeit
nur der eine Hafen Kanton geöffnet, bis
in der neuern Zeit durch den Abſchluß
von Handelsverträgen eine Reihe von ſogen. Traktatshäfen den Europäern
zugänglich ward. Dieſe Vertragshäfen
ſind: Kanton, Tientſin, Hankau, Futſchau, Schanghai, Takau und Taiwanfu,
Tſchinkiang, Ningpo, Amoy, Niutſchwang,
Tamſui und Kilung, Wentſchau, Wuhu,
Kiukiang, Tſchifu, Khiungtſchau, Swatau, Pakhoi und Itſchang. Infolge der
Handelsverträge reſidieren die Geſandten
verſchiedener Mächte in Peking. Der chi-
neſiſch-preußiſche Handelsvertrag iſt 2.
Sept. 1861 von dem Grafen Eulenburg
für die geſamten deutſchen Zollvereins-
ſtaaten abgeſchloſſen worden. Ein Ge-
ſandter des Deutſchen Reichs iſt in Peking
akkreditiert; deutſche Konſulate beſtehen
in Schanghai, Ningpo, Amoy, Futſchau,
Takau und Taiwanfu, Tamſui, Swatau,
Tientſin, Niutſchwang, Tſchifu und Kanton. In Schanghai iſt ein Generalkonſu-
lat errichtet. Die Staatsverfaſſung
Chinas iſt die einer abſoluten Monarchie,
die einen theokratiſchen Charakter hat, indem
der Kaiſer (»der Sohn des Himmels«) zugleich geiſtliches Oberhaupt iſt, ebenſo wie
oberſter Richter und oberſter Anführer im
Krieg, und in abgöttiſcher Weiſe verehrt
wird. Der Thronfolger des Kaiſers wird
von ihm unter den Söhnen ſeiner drei
erſten Gemahlinnen auserwählt, doch
wird dieſe Wahl erſt bei dem Tode des Kaiſers bekannt gemacht. Die gegenwärtige
Dynaſtie iſt die der Mandſchu (aus der
Mandſchurei) oder Tſing (ſeit 1644).
Der Kaiſer herrſcht mittelſt einer zahlreichen Gelehrten- und Beamten- (Manda-
rinen-) Ariſtokratie; der Schwerpunkt
liegt aber in den Provinzialregierungen.
Die oberſten Staatskörperſchaften ſind das
Große Sekretariat und das Staatsſekre-
tariat, welch letzteres ſich aus kaiſerlichen
Prinzen, Mitgliedern des Großen Sekre-
tariats, Präſidenten der Miniſterien und
ſonſtigen hohen Beamten zuſammenſetzt,
während jenes aus ſechs hohen Würdenträgern beſteht. Dazu kommen die ſechs

Miniſterien für Zivilverwaltung, Finanzen, Kultus und Zeremonien, Krieg,
Juſtiz und öffentliche Arbeiten. Unabhängig von dieſen Behörden iſt das Kollegium der öffentlichen Zenſoren, welches
allein das Recht hat, dem Kaiſer Vorſtel-
lungen und Beſchwerden zu unterbreiten.
Die Provinzen werden von Generalgou-
verneuren und Provinzgouverneuren geleitet. Die Armee beſteht aus 24 ſogen.
Bannern, der kaiſerlichen Garde und der
Provinzialarmee. Letztere (die »Armee
der grünen Fahnen«) iſt die ſtärkſte und die
eigentliche Kriegsarmee, während die Banner im Frieden zum Polizeidienſt verwendet werden. Zuverläſſige Angaben über
die Heeresſtärke ſind bis jetzt nicht zu erlangen. Die Flotte beſteht aus den drei
Geſchwadern von Kanton, Futſchau und
Schanghai. Auch über die Finanzen fehlt
es an zuverläſſigen Angaben. 1875 ſollen
die Einnahmen 79,500,500 Tael oder
502 Mill. Mk. betragen haben, wovon 18
Mill. auf Grundſteuer, 20 Mill. auf neue
Waren, 12 Mill. auf Zölle unter Verwaltung der Ausländer, 3 Mill. auf Zölle
unter Verwaltung der Einheimiſchen, 5
Mill. auf das Salz und 7 Mill. Tael auf
Verkauf der Rangklaſſen entfielen. Es beſtehen drei vollberechtigte Religionen:
der Buddhismus (Religion des Fo), die
allgemeine Volksreligion; die Lehre des
Konfutſe, die Religion des Hofs und der
Gebildeten, und die des Laotſe; daneben
gibt es etwa 350,000 Chriſten und 3
Mill. Mohammedaner. In den Traktatshäfen beſtanden 1879: 299 engliſche, 31
amerikaniſche, 64 deutſche, 16 ruſſiſche
und 20 franzöſiſche Firmen. Vgl. Giles,
Chineſiſche Skizzen (1880); Käuffer,
Geſchichte von Oſtaſien (1860, 3 Bde.).

Chriſtlich-ſozial, ſ. Sozialismus.

Ci-devant (franz., ſpr. ßi-b'wang),
ehemals, früher; Ci-devants, zur Zeit der
franzöſiſchen Revolution Bezeichnung der
vormals adligen und fürſtlichen Perſonen. Auch jetzt noch wird der Ausdruck
im öffentlichen Leben vielfach zur Bezeichnung einer ehemaligen Größe gebraucht.

Cisleithanien, ſeit der Zweiteilung
Öſterreichs (Öſterreich-Ungarn) 1867 gebräuchliche, wenn auch nicht offizielle Be-

zeichnung für die (von Wien aus) dies=
seit der Leitha gelegenen österreichischen
Kronländer, wie solche im Reichsrat ver=
treten sind, nämlich: Österreich ob und
unter der Enns, Salzburg, Steiermark,
Kärnten, Krain, Triest mit Gebiet, Görz
und Gradisca, Istrien, Tirol, Vorarl=
berg, Böhmen, Mähren, Schlesien, Ga=
lizien, Bukowina und Dalmatien. Den
Gegensatz bildet Transleithanien, d. h.
die ungarischen Kronländer, nämlich: Un=
garn, Siebenbürgen, Fiume, Kroatien,
Slawonien und die Militärgrenze.

Civil, s. Zivil.

Civis (lat.), Bürger; **Civität,** Bür=
gerrecht.

Cobbenklub, in England eine ange=
sehene Vereinigung freihändlerischer Po=
litiker, welcher als Ehrenmitglieder auch
namhafte deutsche Volkswirte angehören;
so benannt nach Richard Cobden (gest.
1865), welcher an der Spitze der Anti-
Cornlaw-League (s. d.) die Aufhebung
des Getreidezolls in England durchsetzte.

Code (franz., spr. kohd), Gesetzbuch, beson=
ders Bezeichnung für die zu Anfang dieses
Jahrhunderts in Frankreich publizierten
umfassenden Gesetzbücher, namentlich für
den C. civil oder C. Napoléon, das franzö=
sische bürgerliche Gesetzbuch vom 20. März
1804. Das französische Strafrecht wird
im C. pénal behandelt, der Strafprozeß
im C. d'instruction criminelle, der Zi=
vilprozeß im C. de procédure civile ꝛc.

Cölibat (lat.), Ehelosigkeit, insbeson=
dere die Verpflichtung des römisch=katho=
lischen Klerus zur Ehelosigkeit, welche von
Papst Gregor VII. 1074 durchgesetzt ward,
um die Geistlichen von dem Familien=
leben loszulösen und ganz dem Dienste
der Kirche zu weihen, Vgl. v. Holtzen=
dorff, Das Priestercölibat (1875).

Colonel (franz., spr. =nell), Oberst.

Columbia, s. Kolumbien.

Commons, House of (engl., spr. hauß'
öw kömm'ns, »Haus der Gemeinen«), in
England im Gegensatz zu dem Oberhaus
die aus Volkswahlen hervorgehende Ver=
tretung der Nicht=Peers oder Gemeinen,
das Unterhaus.

Comparatio literarum (lat.),
Schriftvergleichung (s. d.).

Comte (franz., spr. kongt, v. lat. comes), Graf.

Comtesse (franz., spr. kongtéß), Gräfin,
im Deutschen besonders für unverheiratete
Damen gräflicher Abkunft gebraucht.

Conatus (lat., Konät), s. Versuch
eines Verbrechens.

Conseil (franz., spr. kongsäj), Rat, Rats=
versammlung, namentlich Ministerrat
(Ministerkonseil). C. d'arrondissement, in Frankreich die kommunale Ver=
tretung des Arrondissements; C. d'état,
Staatsrat; C. de préfecture, Präfektur=
rat, der in Frankreich dem Präfekten zur
Seite steht; C. général, Generalrat, die
Kommunalvertretung des Departements;
C. municipal, Munizipalrat, die Lokal=
gemeindevertretung in Frankreich; C. de
prud'hommes, gewerbliches Schiedsgericht
durch sachverständige Vertrauensmänner.

Consensus (lat.), Zustimmung, Über=
einstimmung; z. B. C. principis, landes=
herrliche Genehmigung.

Constable (engl., spr. tönnstäbl), öffent=
licher Sicherheitsbeamter in England. Die
Gemeindeconstables (petty constables)
sind die unten Exekutivbehörden; sie er=
scheinen, obwohl nur mit einem Stabe be=
waffnet, als eine Art Nationalgarde und
werden bei dem Rechtssinn des englischen
Volks und bei dem Takt ihres Auftretens
besonders respektiert. Das im Deutschen
nachgebildete Wort »Konstabler« wird ge=
wöhnlich als gleichbedeutend mit »Poli=
zeidiener« gebraucht, doch entsprechen die
Stellung und das Ansehen unsrer Polizei=
offizianten und Schutzleute denen der eng=
lischen Constables keineswegs.

Constitutio (lat.), Ordnung, Verord=
nung, Verfassung (s. Konstitution).

Coroner (engl.), in England und
Nordamerika ein Beamter, welcher bei
plötzlichen Todesfällen unter Zuziehung
einer Jury deren Ursachen zu untersuchen
und festzustellen und eventuell das gericht=
liche Verfahren gegen dritte beteiligte Per=
sonen einzuleiten hat.

Corps (franz., spr. kohr), Körper, Kör=
perschaft, z. B. Offizierkorps; beim Mili=
tär ein aus verschiedenen Truppengat=
tungen bestehender Truppenverband, ins=
besondere ein Armeekorps. Das diplo=

matische Korps ist die Gesamtheit der an einem Hof akkreditierten Gesandten mit ihrem Beamtenpersonal.

Corpus (lat.), Körper, Körperschaft; dann s. v. w. Sammlung, daher C. juris civilis, Bezeichnung der Gesetzbücher des oströmischen Kaisers Justinian (Institutionen, Pandekten, Kodex und Novellen), welche mit der angehängten Sammlung des lombardischen Lehnrechts (libri feudorum) in Deutschland Eingang fanden und zur Grundlage des gemeinen deutschen Privatrechts wurden (s. Recht). Ausgaben des C. juris civilis sind z. B. von Beck (1825—37, 2 Bde.; 1833—37, 3 Bde.) und von den Gebrüdern Kriegel besorgt, nach dem Tode der letztern fortgesetzt von Hermann und Osenbrüggen (16. Aufl. 1880); kritische Ausgabe von Mommsen und Krüger (1868 ff.); deutsche Ausgabe von Otto, Schilling und Sintenis (1830—33). Eine ähnliche Sammlung kanonischer Rechtsquellen des Mittelalters, päpstlicher Dekretalen, Konzilienschlüsse 2c. wird C. juris canonici genannt (herausgegeben von Richter, 2. Aufl. von Friedberg, 1876 ff.; deutsch von Schilling und Sintenis, 1835—39, 2 Bde.). Auch verschiedene Privatsammlungen von Rechtsquellen werden als C. juris bezeichnet, z. B. C. juris germanici u. dgl. C. delicti, der Thatbestand eines Verbrechens, auch das Werkzeug, womit ein solches begangen worden ist.

Costarica (span., »reiche Küste«), Republik Zentralamerikas, 55,669 qkm, 185,000 Einw. Hauptstadt: San José mit 12,000 Einw. Nachdem 1821 die Unabhängigkeitserklärung von Spanien erfolgt war, gehörte C. zu den »Vereinigten Staaten von Mittelamerika«, bis sich das Land 1840 von der Föderation lossagte und 1848 als selbständiger Staat konstituierte. Die dermalige Verfassung datiert vom 22. Dez. 1871. An der Spitze der Republik steht ein auf vier Jahre gewählter Präsident. Die Volksvertretung besteht in dem Kongreß, welcher sich aus 21 Deputierten zusammensetzt. Das stehende Heer beträgt 900 Mann, während die Miliz sich auf 15,225 Mann beläuft. Die

jährlichen Einnahmen der Republik betrugen 1878: 3,819,211 Dollar, die Ausgaben 3,904,657 Doll., so daß ein Defizit von 85,446 Doll. vorhanden war. Die Staatsschuld belief sich auf ca. 12 Mill. Doll. Ein katholischer Bischof residiert in San José. Ein Geschäftsträger des Deutschen Reichs für Zentralamerika hat in Guatemala seinen Sitz. Deutsche Konsulate bestehen zu San José und Punta Arenas. Vgl. M. Wagner und Scherzer, Der Freistaat C. (1856); Peralta, C., its constitution and resources (1873).

Council (engl., spr. kaunssil), Beratung, Ratsversammlung; Legislative c., gesetzgebende Versammlung.

Counsel (engl., spr. kaunssel), Rat; Titel der Advokaten in England. Queen's C. (spr. twihns), Rat der Königin, Titel einer höhern Stufe der Sachwalter (Sergeants at law), welcher zum Tragen des seidenen Talars berechtigt. Aus den Counsels gehen die Generalanwälte und Generalfiskale, die Richter und selbst der Lord-Kanzler hervor.

County (engl., spr. kaunti), Grafschaft; politische Unterabteilung des Staatsgebiets, entsprechend dem französischen »département« oder dem deutschen »Kreis«.

Coup (franz., spr. kuh), Streich, Schlag; daher C. d'état (spr. detah), Staatsstreich, eine gewaltsame Verfassungsänderung, welche von den Inhabern der Staatsgewalt plötzlich ausgeführt wird.

Cour (franz., spr. kuhr), Hof; dann Empfang oder Vorstellung bei Hof, daher Cour-Tage, s. v. w. Empfangstage eines Hofs; courfähig, Bezeichnung für diejenigen Personen, welche hier zur Vorstellung erscheinen dürfen. Im Französischen bedeutet c. auch s. v. w. Gerichtshof.

Coutume (franz., spr. kutühm), Gewohnheit, Gewohnheitsrecht.

Crimen (lat.), Verbrechen, z. B. C. ambitus, Amtserschleichung; C. laesae majestatis, Majestätsverbrechen; daher Kriminalrecht, s. v. w. Strafrecht.

Culpa (lat.), Schuld, insbesondere schuldhafte Fahrlässigkeit im Gegensatz zum rechtswidrigen Vorsatz (dolus).

Czar (spr. zahr), s. Zar.

Artikel, die unter C vermißt werden, sind unter K oder Z nachzuschlagen.

D.

Dachauer Banken, Bezeichnung für Schwindelinstitute in München, wie namentlich das der Abele Spitzeder (1871—1873), welches anfangs zumeist auf Ausbeutung der Bauern aus Dachau und Umgegend berechnet war.

Dalmatien, s. Österreich=Ungarn.

Dame d'honneur (franz., spr. dam donnöhr, »Ehrendame«), Hofdame, welcher diese Würde aus Rücksicht auf ihren Stand oder den ihres Gatten verliehen ist.

Dame du palais (franz., spr. dam dü paläh, »Palastdame«), besoldete Hofdame, z. B. in Belgien.

Damnum (lat.), Schaden.

Danebrog, dän. Reichsbanner; Danebrogsorden, dänischer Orden, gestiftet von König Waldemar II. 1219 (vier Klassen und »Danebrogsmänner«).

Dänemark, eins der drei skandinavischen Königreiche im nördlichen Europa. Nachdem D. durch den Wiener Frieden vom 30. Okt. 1864 der drei Herzogtümer Lauenburg, Holstein und Schleswig, welche damals an Österreich und Preußen abgetreten werden mußten und in der Folge an Preußen kamen, verlustig gegangen, besteht das Königreich noch aus dem eigentlichen D., d. h. aus der Halbinsel Jütland mit den östlich anliegenden Inseln Seeland, Fünen, Möen, Falster, Laaland, Bornholm 2c., 38,302 qkm mit (1880) 1,969,454 Einw., aus den Färöerinseln, 1333 qkm mit 11,221 Einw., der Insel Island, 102,471 qkm mit 72,000 Einw., und Grönland, etwa 88,100 qkm mit 9531 Einw. Dazu kommen die westindischen Besitzungen (Ste. Croix, St. John und St. Thomas) mit 359 qkm und 37,600 Einw. Bezüglich Nordschleswigs war in dem Prager Frieden vom 23. Aug. 1866 (Art. 5) zwischen Österreich und Preußen vereinbart worden, daß die definitive Zuteilung dieses Landesteils an Preußen oder D. von einer Volksabstimmung abhängig gemacht werden solle; allein ein zwischen Österreich und Preußen 11. Okt. 1878 abgeschlossener Vertrag enthob den letztern Staat dieser Verpflichtung. Die Hauptstadt der Monarchie ist Kopenhagen (235,254 Einw.). Die weitaus größte Zahl der Einwohner (99 Proz.) gehört dem evangelisch=lutherischen Glaubensbekenntnis an. Nach der Verfassung vom 5. Juni 1849, revidiert 28. Juli 1866, ist die Staatsform die einer konstitutionellen Erbmonarchie. Da König Friedrich VII. kinderlos war, so wurde 1853 der Prinz Christian von Schleswig=Holstein=Sonderburg=Glücksburg als Thronerbe anerkannt und 1863 als Christian IX. auf den Thron berufen. Der König besitzt die höchste Gewalt über die Land= und Seemacht, erklärt Krieg, schließt Frieden, Bündnisse und Handelsverträge, kann jedoch ohne Einwilligung des Reichstags keinen Teil des Landes veräußern, über keine Staatseinnahme verfügen oder dem Land eine lastende Verpflichtung aufbürden. In der Ausübung der gesetzgebenden Gewalt ist der König an die Zustimmung des Reichstags gebunden, welcher sich aus dem Landsthing und dem Folkething zusammensetzt. Die Zahl der Mitglieder des Landsthings beträgt 66. Von diesen ernennt der König 12, in Kopenhagen werden 7, in den Wahlbezirken der Städte und des Landes 45, ein Mitglied wird von Bornholm und eins von den Färöern gewählt. Die Wahl geschieht indirekt auf 8 Jahre, so zwar, daß nach je 4 Jahren immer die Hälfte ausscheidet. Zu der Zweiten Kammer, dem Folkething, wird auf je 16,000 Einw. ein Abgeordneter je auf 3 Jahre in allgemeinen Wahlen gewählt. Jedes Thing hat für sich allein die Initiative in der Gesetzgebung. Unter dem Präsidium des Königs tritt der Staatsrat der Monarchie zusammen, bestehend aus dem Kronprinzen und den Ministern (für die Finanzen, Inneres, Justiz [zugleich Minister für Island], Äußeres, Marine, Krieg, Kultus und Unterricht).

Zum Zweck der innern Verwaltung zerfällt das eigentliche D. in 18 Ämter, wovon 9 (Hjörring, Thisted, Aalborg, Viborg, Randers, Aarhus, Veile, Ring-

kjöbing und Ribe) auf die Halbinsel Jütland und 9 (Kopenhagen, Frederiksborg,
Holbek, Sorö, Prästö, Bornholm, Maribo,
Odense und Svendborg) auf die Inseln
kommen. Die Stadt Kopenhagen bildet
einen besondern Bezirk. An der Spitze
der Ämter stehen Amtmänner, welche in
den sieben Stiftsstädten, d. h. den Wohn-
sitzen der Bischöfe, den Titel »Stiftsamt-
mann« führen. Das Land zerfällt nämlich in sieben Sprengel oder Stifter, denen
jeweilig ein (evangelischer) Bischof vorgesetzt ist. Primas ist der Bischof von Seeland, welcher in Kopenhagen residiert.
Die Stifter zerfallen in 69 Propsteien
mit 1697 Kirchspielen. Als apostolischer
Vikar fungiert für die Katholiken des Königreichs der Bischof zu Osnabrück in der
preußischen Provinz Hannover. — Für die
Rechtspflege bestehen Stadt- und
Thinggerichte in erster und die königlichen
Landesobergerichte zu Kopenhagen und
Viborg in zweiter Instanz. Das höchste
Gericht für das Königreich hat seinen Sitz
in Kopenhagen, woselbst auch ein See- und
Handelsgericht besteht. — Heerwesen.
Durch die Gesetze vom 6. Juli 1867 und
25. Juli 1880 ist die allgemeine Wehrpflicht eingeführt. Nach dem letztern Gesetz soll die Infanterie 31 Linienbataillone
(1 Gardebataillon, die übrigen in 10 Regimenter zu je 3 Bataillonen formiert)
zählen; die Kavallerie 5 Regimenter zu
je 3 Linieneskadrons und 1 Eskadron
Garde; die Feldartillerie 2 Regimenter
mit je 6 Linienbatterien; die Festungs-
artillerie 2 Bataillone zu 4 Kompanien;
die Genietruppen 1 Regiment zu 2 Bataillonen. Auf dem Kriegsfuß zählt die
Armee mit dem ersten und zweiten Aufgebot 49,054 Mann. Die Kriegsflotte soll
künftighin aus 8 schweren Panzerbatte-
rien, 2 ungepanzerten Korvetten, 2 ungepanzerten raschen, großen Schiffen zum
Rekognoszieren, 4 gepanzerten Kanonenbooten, 8 ungepanzerten Kanonenbooten,
30 Torpedobooten, 10 kleinern Korvetten,
Schonern 2c. bestehen. — Das Budget
zeigt pro 1880—81 bei einer Einnahme
von 47,145,000 Kronen und einer Ausgabe von 43,052,000 einen Überschuß von
über 4 Mill. Kronen (1 Krone = 1 Mk.

12½ Pf.). Die Staatsschuld betrug
1879: 175 Mill. Kronen, welchen 187
Mill. Aktiven gegenüberstanden. — Das
Staatswappen ist ein himmelblauer,
goldgekrönter Löwe, verbunden mit den
Wappenzeichen der einzelnen Landesteile.
Die Landesfarben sind Rot und Weiß. Die
Flagge (Danebrog) ist hochrot mit
weißem, sie rechtwinkelig durchschneiden-
dem Kreuz und dem Namenszug des Königs in der Mitte; bei Kriegsschiffen ohne
diesen, vorn mit zwei Spitzen. Vgl.
die Geschichtswerke von Allen (deutsch
1865), Müller (1874 ff.), die geogra-
phisch-statistischen Beschreibungen von
Trap (2. Aufl. 1870 ff.), Both
(1870 ff.).

Darmstadt, s. Hessen-Darmstadt.

Dataria (Datarie, lat.), diejenige
päpstliche Verwaltungsbehörde, welche die
kirchlichen Gnadensachen, Dispensationen 2c. zu erledigen, auch gewisse Pfründen
zu besetzen hat. An der Spitze dieser Behörde
steht ein Kardinal mit dem Titel Protodatarius, unter welchem dann der Datarius u. die Subbatarien rangieren.

Dauphin (franz., spr. dofäng, lat. Del-
phinus), früher Titel des ältesten Sohns
und präsumtiven Thronfolgers der französischen Könige. Der letzte D. war der
Herzog von Angoulême, Sohn Karls X.
Der Titel rührt von einem Vorbehalt
her, welchen Humbert II., Beherrscher der
Dauphiné, bei Abtretung seines Landes
an Karl von Valois 1349 machte, wonach
der jeweilige Thronerbe in Frankreich ebendiesen Titel führen sollte.

Debatte (franz., Diskussion), mündliche Beratung und Erörterung eines Gegenstands namentlich in Versammlungen;
daher debattieren, s. v. w. über etwas
verhandeln in mündlicher Rede und Gegenrede. Die D. über einen Antrag oder
über eine Vorlage wird im öffentlichen
Leben von dem Vorsitzenden der betreffenden Versammlung eröffnet und geschlossen.
Bei den Beratungen der Volksvertreter
über Regierungsvorlagen und namentlich über Gesetzentwürfe wird regelmäßig
zwischen General- und Spezialdebatte oder zwischen Generaldiskus-
sion (allgemeiner Beratung) und

Spezialbiskuffion (befonberer Beratung) unterfchieden. Die allge= meine D. befchäftigt fich mit den Grund= fäßen des vorliegenden Gefeßentwurfs überhaupt. Diefelbe findet nach der Ge= fchäftsordnung des beutfchen Reichstags (§ 18) insbefondere zunächft bei der erften Beratung (Lefung) des Gefeßentwurfs oder einer fonftigen Regierungsvorlage ftatt. Die zweite Beratung ift für die Spe= zialbiskuffion beftimmt. Hier wird über jeden einzelnen Artikel der Reihenfolge nach die D. eröffnet und gefchloffen und die Abftimmung herbeigeführt. Doch kann auf Befchluß des Reichstags die Reihen= folge verlaffen, in gleicher Weife die D. über mehrere Artikel verbunden oder über verfchiedene zu bemfelben Artikel geftellte Abänderungsvorfchläge getrennt werden. Die dritte Beratung endlich verbindet eine allgemeine mit der fpeziellen D.; fie hat den Charakter einer revidierenden Schluß= beratung. Die D. wird gefchloffen, wenn fich niemand mehr zum Wort melbet, außerdem wenn ein Antrag auf Schluß der D. geftellt und angenommen wird. Derartige Schlußanträge bebürfen nach der Gefchäftsordnung des beutfchen Reichs= tags (§ 53) der Unterftüßung von 30 Mit= gliedern des Haufes. Nimmt ein Vertreter des Bundesrats nach dem Schluß der De= batte das Wort, wozu er berechtigt ift, da Vertreter des Bundesrats jederzeit gehört werden müffen, fo gilt die Diskuffion aufs neue für eröffnet. Antragfteller und Be= richterftatter erhalten, wenn fie es ver= langen, fowohl bei Beginn als nach Schluß der D. nochmals das Wort (Gefchäftsord= nung des Reichstags, §§ 47, 48).

Debellātio (lat., Debellation), völ= lige Unterwerfung und folgeweife Einver= leibung eines Staats durch und in einen anbern; debellieren, gänzlich befiegen und unterwerfen.

Debitor (lat.), Schuldner.

Debitverfahren, f. Konkurs.

Dechant, f. v. w. Dekan (f. b.).

Decharge (franz., fpr. -fchárfch), Ent= laftung, namentlich die Entlaftung eines Rechnungsführers nach Ablegung der für richtig befundenen Rechnung; im Staats= leben ift es Sache der parlamentarifchen Körperfchaften, für die Einhaltung des bewilligten Etats nach Abfchluß der Rech= nungen der Regierung D. zu erteilen oder, mit andern Worten, die Verwaltung durch Gutheißung und Anerkennung von einer weitern Verantwortlichkeit zu entbinden.

Dechiffrierkunft, f. Chiffre.

Dedition (lat.), Übergabe, Unterwer= fung eines Volks unter die Herrfchaft eines andern.

Defekt (lat.), Mangel; insbefondere Kaffendefekt, das Manko in einer Kaffe, welches bem Kaffenführer zur Laft fällt.

Defenfion (lat.), Verteidigung; De= fenfor, Verteidiger (im Strafprozeß).

Deferieren (lat.), antragen, insbefon= bere einen Eid antragen oder zufchieben. Die Partei, die der andern (dem Dela= ten) einen Eid zufchiebt, heißt der De= ferent. D. heißt auch einem Gefuch ftatt= geben.

Definitiv (lat.), entfcheidend, beftimmt, baher man von der definitiven Anftellung eines Beamten im Gegenfaß zur vorläu= figen oder proviforifchen fpricht. Defi= nitivum, die endgültige Regelung einer Angelegenheit, namentlich im völkerrecht= lichen Verkehr, im Gegenfaß zu einem Proviforium oder Interimiftikum.

Defizit (lat., »es fehlt«), Verluft; na= mentlich im Etat, d. h. im Voranfchlag der Ausgaben und Einnahmen, der Un= terfchied, um welchen die Ausgaben größer find als die Einnahmen; überhaupt der Mehrbetrag der Ausgaben gegen die Ein= nahmen; auch die Summe, um welche der Beftand einer Kaffe (Kaffendefizit) nach den Büchern zu gering ift.

Defraudation (lat.), Hinterziehung ge= feßlicher Abgaben, namentlich indirekter Steuern; Defraudant, derjenige, wel= cher fich einer folchen fchuldig macht; be= fraudieren, eine berartige Abgabe hin= terziehen.

Degradieren (lat.), auf eine niedrigere Stufe herabfeßen; Degradation, die Amts= oder Stanbesherabfeßung, welche als Ehrenftrafe in den meiften Armeen noch bei Unteroffizieren, in Rußland und in ber Türkei aber auch bei Offizieren ftatt= findet, während fie Zivilbeamten gegen= über außer Gebrauch gekommen ift.

Dekän (lat., Dechant), Vorstand eines Domkapitels oder Kollegiatstifts (wörtlich »der Aufseher über zehn Mann«); auch zuweilen Titel eines evangelischen Superintendenten sowie auf Universitäten der Titel des Vorstands einer Fakultät.

Deklarieren (lat.), erklären; eine Ware als steuerbar anmelden. Deklaration, Erklärung; Angabe, welche als Grundlage einer Versicherung gilt; völkerrechtliche Erklärung der Bedeutung eines früher abgeschlossenen Staatsvertrags oder eines bestehenden Rechtsverhältnisses.

Dekorieren (lat.), schmücken, durch einen Orden auszeichnen; Dekoration, Ordenszeichen.

Dekret (lat.), obrigkeitliche, insbesondere richterliche Entscheidung, welche auf einseitigen Parteiantrag ergeht, im Gegensatz zum Bescheid, der nach wechselseitigem Gehör der Parteien erteilt wird; auch eine von der Staatsregierung an eine bestimmte Person erlassene Verfügung (Anstellungs-, Besoldungs-, Entlassungsdekret). Dekretalen, päpstliche Entscheidungen, welche im kanonischen Recht teilweise zu allgemein verbindlichen Normen erhoben wurden.

Delation (lat.), im Prozeßrecht die Zuschiebung des Eides durch den »Deferenten« an den »Delaten«.

Delegieren (lat.), überweisen, abordnen, daher man z. B. von »Delegierten« des Kaufmannsstands oder von einem Delegiertenkongreß einer gewissen Partei spricht. In Österreich-Ungarn ist Delegation gleichbedeutend mit Parlamentsausschuß.

Delikt (lat.), Verbrechen; Delinquent, Verbrecher.

Délit (franz., spr. .lih), im Code pénal die Bezeichnung der zweiten Klasse strafbarer Handlungen, welch letztere in dem französischen Strafgesetzbuch in crimes, délits und contraventions eingeteilt werden. Entsprechend ist die deutsche Einteilung in Verbrechen, Vergehen und Übertretungen.

Demagóg (griech., »Volksführer«), in den griechischen Freistaaten, besonders in Athen, ein Volksredner, welcher in den Volksversammlungen einen bedeutenden Einfluß ausübte, das Volk führte und wohl auch zuweilen verführte. Heutzutage wird der Ausdruck zumeist in dem letztgedachten Sinn gebraucht, welcher jedoch an und für sich nicht in diesem Wort liegt. Demagogische Umtriebe nannte man nach den Freiheitskriegen in Deutschland die Bestrebungen jener politischen Verbindungen, welche es auf eine freiheitliche Gestaltung der Verfassung und nach der Meinung der Regierungen auf den Umsturz der bestehenden Staatsverhältnisse abgesehen hatten. Zu ihrer Untersuchung wurde die berüchtigte Mainzer Zentraluntersuchungskommission eingesetzt. Neuerdings hat die sozialdemokratische Partei manchen Demagogen in jener übeln Bedeutung des Worts großgezogen.

Demarkationslinie (lat.), Begrenzungslinie, welche zumeist gelegentlich einer Waffenstillstandsvereinbarung, zwischen zwei Mächten oder kriegführenden Heeren festgestellt wird, und die von den beiderseitigen Truppen, um einer Kollision derselben vorzubeugen, nicht überschritten werden darf. Die D. folgt in solchen Fällen gewöhnlich sogen. natürlichen Grenzen, Flüssen, Bächen, Wegen ꝛc. So wurde z. B. 1871 in den Friedenspräliminarien von Versailles die D. genau festgesetzt, indem Frankreich auf alle Rechte und Ansprüche auf diejenigen Gebiete verzichtete, welche östlich von dieser Linie lagen. (Vgl. Reichsgesetzblatt 1871, S. 216 f.)

Dementieren (franz.), für unwahr erklären, eine unrichtige Zeitungsnachricht richtig stellen. Démenti (spr. .mangti), Nachweis der Unwahrheit.

Demobilisieren (lat.), eine Truppe aus dem Kriegsstand wieder auf den Friedensstand versetzen.

Demokratie (griech., »Volksherrschaft«), diejenige Staatsform, bei welcher die Staatsgewalt der Gesamtheit der Staatsbürger zusteht. Demokrat, der Anhänger eines derartigen Regierungssystems; Demokratismus, das Streben nach der Herbeiführung einer solchen Regierungsform. Die D. findet sich in der antiken Welt zuerst in Griechenland, woselbst man damit die Herrschaft des

Demos, b. h. die Herrschaft der freien Vollbürger, bezeichnete. Abgesehen nämlich von der sogen. Theokratie, bei der die Gottheit selbst als das Oberhaupt des Staats, welches durch die Priester herrscht, aufgefaßt wird, lassen sich alle Staatsverfassungsformen auf zwei Kategorien zurückführen. Die Staatsgewalt befindet sich nämlich entweder in der Hand eines Einzelnen, dieser allein erscheint als der Regierende, während alle übrigen Staatsangehörigen die Regierten sind; oder das Volk selbst ist der Regierende, die Einzelnen als solche sind die Regierten. Im erstern Fall ist eine Monarchie, eine Fürstensouveränität, im zweiten eine Republik, eine Volkssouveränität, gegeben. In Ansehung der letztern ist aber wiederum zwischen Aristokratie und D. zu unterscheiden. Bei jener übt eine bevorzugte Klasse der Staatsangehörigen oder ein besonderer Stand die Herrschaft aus. Die Angehörigen dieser Klasse stellen sich in ihrer Gesamtheit als die Regierenden dar, während sie in ihrer Stellung als Einzelne als Regierte erscheinen. Bei der D. dagegen besteht vollständige Gleichheit und Gleichberechtigung aller Staatsangehörigen, deren Gesamtheit die regierende Macht im Staat ist, welcher die Einzelnen als solche unterworfen sind. Im Zusammenhang mit dieser Einteilung der Staatsformen, welche übrigens schon den alten Römern geläufig war und namentlich in Ciceros Schriften vorkommt, pflegt man dann als deren Ausschreitungen und zwar als die der Alleinherrschaft die Despotie oder Willkürherrschaft, als die Ausartung der Aristokratie die Oligarchie, d. h. die Herrschaft einiger besonders reicher und vornehmer Personen, und als Ausschreitung der D. endlich die Ochlokratie, die Herrschaft der rohen Masse des Pöbels, zu bezeichnen. Die D. insbesondere ist aber entweder eine unmittelbare. (auch autokratische genannt), oder eine mittelbare (repräsentative). In jener regiert das Volk nicht bloß durch Männer seiner Wahl, sondern es übt die wichtigsten Rechte der staatlichen Machtvollkommenheit unmittelbar selbst aus, während in dieser das Volk nur indirekt durch die von

ihm gewählten Vertreter herrscht. Dabei liegt es aber in der Natur der Sache, daß die unmittelbare D. nur in einem kleinen Staatsgebiet möglich ist, wie sich denn dieselbe heutzutage nur noch in einigen kleinen schweizerischen Kantonen findet. Anders im Altertum, welchem unser heutiges Repräsentativsystem, dessen Ausbildung das große Verdienst der englischen Nation ist, völlig fremd war. Die alte Welt kannte nur die unmittelbare D., weshalb die letztere auch von manchen Publizisten und namentlich von Bluntschli die antike, die repräsentative dagegen die moderne D. genannt wird. Wie der spartanische Staat und die altrömische Republik das Muster einer Aristokratie, so war Athen das Muster dieser unmittelbaren oder antiken D. Die Volksbeschlüsse waren hier für das gesamte Staatsleben maßgebend, und die völlige Gleichstellung aller freien Staatsgenossen ging hier so weit, daß bei der Wahl der Beamten des Freistaats nicht die persönliche Tüchtigkeit, sondern das blinde Los entschied, und daß man völlig unbescholtene, ja um das Vaterland hochverdiente Männer, deren Übergewicht gefürchtet ward, dem Grundsatz der allgemeinen Gleichheit opferte und durch geheime Abstimmung, den Ostrakismos, verbannte. In dieser völligen Gleichstellung aller Bürger lag aber auch der Keim zu dem Verfall Athens, denn die Erfahrung hat gezeigt, daß die schrankenlose Gleichberechtigung aller leicht zu einem verderblichen Dünkel und zu einer verhängnisvollen Selbstüberhebung und Überschätzung der Massen führt, daß die Herrschaft der vielköpfigen und veränderlichen Menge regelmäßig zu politischen Schwankungen und zur Bildung entgegengesetzter Parteien, schließlich aber zur Gewaltherrschaft einzelner ehrgeiziger Männer, zur Despotie, führt. Daher konnte Polybius es mit Recht als das Naturgesetz der Staaten bezeichnen, daß auf die D. die Despotie folge, und die moderne Geschichte Frankreichs zeigt uns, daß dieser Satz nicht bloß für das Altertum zutreffend war. Für die repräsentative D., wie sie uns gegenwärtig in den meisten schweizerischen Kantonen und jetzt auch in Frankreich, vor allem aber in den Vereinigten Staaten Nordamerikas entgegentritt, liegt jene Gefahr weniger nahe. Hier herrſcht das Volk nur mittelbar durch die von ihm periodiſch gewählten Vertreter, zu denen die tüchtigſten Kräfte und die Beſten aus dem Volk herangezogen werden ſollen, ſo daß man die repräſentative D. nicht mit Unrecht eine Wahlariſtokratie genannt hat. Wird es dann zur Wahrheit, daß die Tugend, nach Montesquieu das Prinzip der D., das beſtimmende Moment für das politiſche Leben des Volks und ſeiner Vertreter wird, dann kann ſich der Staat auf der breiten Baſis der Gleichheit aller Staatsbürger zu jener hohen Blüte und die Vaterlandsliebe der Staatsgenoſſen zu jener großartigen Opferfreudigkeit erheben, wie ſie ſich in der nordamerikaniſchen Union gezeigt hat. Allerdings iſt nicht zu verkennen, daß in dem europäiſchen Staatsleben das monarchiſche Prinzip zu feſt gewurzelt iſt, als daß die D. hier auf die Dauer Boden gewinnen könnte, wenn man auch nicht ſo weit gehen will wie Dahlmann, der es als »Unſinn und Frevel« bezeichnete, wollte man unſern von monarchiſchen Ordnungen durchdrungenen Weltteil in Republiken des Altertums umwandeln. Zudem ſcheint es, als hätten wir in der konſtitutionellen Monarchie diejenige Staatsform gefunden, welche unbeſchadet des monarchiſchen Prinzips auch dem Volk ſeinen Anteil an der Staatsverwaltung und an der Geſetzgebung ſichert (ſogen. Repräſentativverfaſſung). Zu beachten iſt übrigens, daß man auch in einem monarchiſchen Staat von einer D. zu ſprechen und dann unter Demokraten diejenigen zu verſtehen pflegt, welche dem demokratiſchen Prinzip Eingang zu verſchaffen ſuchen oder doch eine liberale ſtaatliche Entwickelung durch Vergrößerung der Volksrechte und Verbreitung demokratiſcher Inſtitutionen anſtreben. Im Gegenſatz zu dieſer D. verſteht man dann unter Ariſtokratie (ſ. d.) die mehr konſervativen Elemente der Nation und die Geſamtheit aller derer, welche durch ihre Geburt, durch ihren Stand, durch Vermögen und Intelligenz ausgezeichnet ſind und darum

im öffentlichen Leben eine in mancher Hinſicht bevorzugte Stellung einnehmen. Doch iſt die gegenwärtige Strömung der Zeit mehr dem demokratiſchen als dem ariſtokratiſchen Prinzip günſtig, und in unſerer modernen konſtitutionellen Monarchie ſind dem erſtern Konzeſſionen von hoher Wichtigkeit gemacht worden. Endlich iſt noch der ſogen. Sozialdemokratie zu gedenken, die, anfangs wenig beachtet und in ihrer Bedeutung oder vielmehr Gefährlichkeit vielfach unterſchätzt, in den letzten Jahren mehr und mehr Boden gewann, indem ſie den Kampf der Arbeit mit dem Kapital aufgenommen und die ſoziale und damit auch politiſche Gleichſtellung aller durch Beſeitigung der beſitzenden Klaſſe (Bourgeoiſie) zu ihrem Prinzip erhoben und ſchließlich in Deutſchland ein energiſches Einſchreiten der Regierungen nötig gemacht hat (ſ. Sozialdemokratie). Vgl. außer den Lehrbüchern des Staatsrechts: Zöpfl, Die D. in Deutſchland (2. Aufl. 1853); Schvarcz, Die D. (1877, Bd. 1); May, Democracy in Europe (1877, 2 Bde.).

Demolieren (franz.), zerſtören, insbeſondere die Werke einer Feſtung ſchleifen.

Demonetiſieren (franz.), Münzen außer Kurs ſetzen oder im Kurs herabſetzen.

Demonſtrieren (lat.), darthun, darlegen. Im militäriſchen und im diplomatiſchen Sprachgebrauch verſteht man darunter eine Operation (Demonſtration), welche keinen thätlichen Angriff oder eine eigentliche Verteidigung bezweckt, ſondern mehr zur Verdeckung des eigentlichen Plans dient. Dann verſteht man unter Demonſtration auch eine öffentliche Kundgebung, welche von einer Regierung, einer Partei, einer öffentlichen Körperſchaft, einem Verein ausgeht, um den Standpunkt des Demonſtrierenden in auffallender Weiſe kundzugeben, ſo z. B. dadurch, daß die Mitglieder der Oppoſitionspartei an der Eröffnung der Kammer nicht teilnehmen, durch eine Ovation, durch einen öffentlichen Aufzug u. dgl. Die von den europäiſchen Großmächten 1880 veranſtaltete Flottendemonſtration hatte den Zweck, eine Preſſion auf die türkiſche Regierung auszuüben, um die Übergabe von Dulcigno an die Montenegriner herbeizuführen.

Demos (griech.), Volk, Volksgemeinde; Demographie, »Volksbeschreibung« als Ergebnis der statistischen Untersuchungen.

Denaturieren (lat.), Nahrungs- und Genußmittel, die mit einer Steuer belegt sind, wie Salz und Spiritus, durch Vermengung mit fremden Substanzen zum Genuß untauglich machen, ohne ihre (steuerfreie) Verwendung zu bestimmten technischen, landwirtschaftlichen oder gewerblichen Zwecken zu beeinträchtigen.

Denominieren (lat.), benennen, ernennen. Das Recht der Denomination ist die Befugnis, zu einer gewissen Stelle einen Kandidaten vorzuschlagen.

Denunzieren (lat.), anzeigen, namentlich in strafrechtlichen Fällen eine Anzeige bei der Behörde erstatten. Der Anzeigende ist der Denunziant, der durch die Anzeige Betroffene der Denunziat; die Anzeige selbst wird Denunziation genannt. In gewissen Fällen besteht eine Denunziationspflicht (s. Anzeige).

Departement (franz., spr. -t'mang), Geschäftsbezirk, Abteilung einer Behörde. In diesem Sinn spricht man namentlich von den Departements eines Ministeriums, indem man z. B. unter dem D. des Kultus die Ministerialabteilung für Kultus, unter D. der Justiz das Justizministerium versteht etc. In Frankreich wurde während der Revolution durch Dekret der Nationalversammlung vom 22. Dez. 1789 an Stelle der bisherigen Einteilung des Landes in Provinzen diejenige in Departements eingeführt. Die Zahl der letztern beträgt dermalen 89, einschließlich 3 in Algerien. Jedes D. zerfällt in 3—7 Arrondissements, während die letztern wiederum in Kantone eingeteilt sind. Der Kanton ist der Bezirk des Friedensrichters. Der Verwaltungschef des Departements ist der Präfekt (préfet), welchem ein Präfekturrat (Conseil de préfecture) zur Seite steht, der zugleich als Verwaltungsgerichtshof fungiert. Die Mitglieder des Präfekturrats werden vom Staatsoberhaupt ernannt. Die gemeinsamen Interessen des Departements werden durch

den Generalrat (Conseil général) wahrgenommen, eine Versammlung, die aus allgemeinen Wahlen hervorgeht, indem jeder Kanton ein Mitglied wählt. Die Arrondissements stehen unter dem Unterpräfekt (souspréfet). Hier besteht ein Arrondissementsrat (Conseil d'arrondissement), der auf ebendieselbe Weise wie der Generalrat gewählt wird. An der Spitze jeder einzelnen Gemeinde des Arrondissements steht der Maire, welchem ein Munizipalrat (Conseil municipal) als Lokalgemeindevertretung zur Seite steht.

Depeschen (Depechen, franz., vom ital. dispaccio), amtliche Schreiben, welche zwischen dem Ministerium der auswärtigen Angelegenheiten und den ihm unterstellten diplomatischen Agenten gewechselt werden; sie sind eigentlich von der einen Seite die fortlaufenden Ergänzungen der Instruktionen und von der andern Berichte. Fremden diplomatischen Agenten stellt man nicht D., sondern Noten zu. Den Namen haben die D. von der Notwendigkeit ihrer schleunigen Besorgung. Im weitern Sinn versteht man unter D. überhaupt Papiere von Wichtigkeit, die durch Kuriere befördert werden. Mit Rücksicht auf die schnelle Beförderung hat man den Namen der D. schlechtweg auf die Telegramme übertragen (telegraphische D.).

Deponieren (lat.), niederlegen, hinterlegen, vor Gericht als Zeuge zu vernehmen geben; Deposition, Niederlegung, Hinterlegung; Depositum, Hinterlegungsvertrag, vermöge dessen der eine Kontrahent (Depositar) die vom andern Kontrahenten (Deponent) bei dem erstern niedergelegten Sachen (Depositen) zu bewahren und auf Verlangen zurückzugeben verspricht. Gerichtliche Deposition findet an Stelle der Zahlung statt, wenn diese unmöglich ist, namentlich wenn der Gläubiger die Annahme verweigert. Das Verfahren in solchen Fällen, in welchen die Deposition bei einer Behörde erfolgt, ist durch Depositalordnungen (Hinterlegungsordnungen, z. B. die preußische vom 14. März 1879) geregelt; namentlich muß der Depositar durch eine schriftliche Depositalanweisung zur Annahme des Depositums ermächtigt sein; Depositenbücher sind über die eingegangenen Depositen zu führen; und Depositenscheine sind in den einzelnen Fällen auszufertigen. Depositenbanken sind solche Bankinstitute, welche Geld, Wertpapiere und sonstige Wertobjekte gegen Vergütung in Verwahrung nehmen.

Deportation (lat., Verbringung), diejenige Freiheitsstrafe, bei welcher der Verurteilte unter Minderung seiner bürgerlichen Rechtsfähigkeit zwangsweise an einen bestimmten Ort (Strafkolonie) gebracht und dort festgehalten, regelmäßig auch zu öffentlichen Arbeiten verwendet wird; so in Frankreich (Cayenne, Neukaledonien) und Rußland (Sibirien), Spanien (Philippinen) und Portugal (Mosambik). In England, woselbst früher die D. sehr gebräuchlich war (Nordamerika, Neusüdwales), ist sie gesetzlich abgeschafft. Dem deutschen Strafrecht ist die D. fremd. Vgl. v. Holtzendorff, Die D. als Strafmittel (1859).

Depossedieren (lat.), aus dem Besitz setzen; einen Fürsten aus seinem Reich vertreiben.

Depot (franz., spr. -poh), Niederlage; im Handelsverkehr Warenniederlage; im Militärwesen Magazin von Kriegsmaterialien; auch Bezeichnung der Ersatztruppen (Depotbataillon rc.), auch wohl des Orts, wo dieselben gesammelt und ausgebildet werden.

Deputat (lat.), dasjenige, was einem Beamten oder einem sonstigen Empfangsberechtigten(Deputatisten) außer barem Geld an Naturalbezügen ausgesetzt ist; z. B. Deputatholz, Deputatgetreide u. dgl.

Deputation (lat.), Abordnung, Entsendung einiger Mitglieder aus einem Kollegium, einer Korporation oder aus der Mitte sonstiger Genossen, welche für jene auftreten und sie vertreten sollen; auch Bezeichnung derjenigen, welche auf diese Weise »deputiert« werden. So werden in manchen Gemeinden zur Verwaltung einzelner Zweige des Gemeindewesens (Armenwesen, Schulwesen, Gewerbewesen rc.) besondere Deputationen

gewählt. In den deutschen Freien Städten ist dies der offizielle Titel gewisser Verwaltungskollegien. In der preußischen Kreisverfassung kommen Kreisdeputierte als Vertreter des Landrats vor. Namentlich wird der Ausdruck Deputierte auch für die Mitglieder eines Landtags gebraucht. In Frankreich führt die aus allgemeinen Wahlen hervorgehende Zweite Kammer die Bezeichnung Deputiertenkammer (Chambre des députés). Von besonderer Wichtigkeit sind die Deputationen, welche eine ständische Körperschaft an den Monarchen, namentlich zur Überreichung einer Adresse, übersendet. Nach der Geschäftsordnung des deutschen Reichstags insbesondere bestimmt der letztere auf Vorschlag des Präsidenten die Zahl der Mitglieder einer D., welche dem Kaiser eine Adresse überreichen soll. Die Mitglieder der D. selbst werden dann durch das Los bezeichnet. Der Präsident des Reichstags ist jedoch jedesmal Mitglied und alleiniger Wortführer der D. Zur Zeit des ehemaligen Deutschen Reichs verstand man unter Reichsdeputationen Ausschüsse des Reichstags, welche in der Zwischenzeit zwischen den einzelnen Reichstagen die Geschäfte einstweilen besorgten, später Ausschüsse des Reichstags, welche zur Besorgung gewisser Angelegenheiten deputiert wurden. Wichtig ist z. B. der Reichsdeputationshauptschluß vom 25. Febr. 1803, welcher die deutschen Fürsten, die ihre Besitzungen auf dem linken Rheinufer an Frankreich verloren hatten, teils durch Säkularisationen geistlicher, teils durch Mediatisierungen weltlicher Territorien entschädigte.

Derogieren (lat.), außer Kraft setzen; so sagt man z. B. von einem spätern Gesetz, daß es die Bestimmungen eines frühern derogiere; Derogation, Abänderung eines Gesetzes durch teilweise Aufhebung desselben.

Deroute (franz., spr. -ruht), Zerstörung, völlige Zersprengung einer Truppe, einer Partei.

Derwisch (pers., »Armer«), Name mohammedanischer Mönche, welche in zahlreiche Orden zerfallen, die unter Scheichs (»Pirs«) stehen.

Desertieren (lat.), entweichen, entlaufen; Desertion, Verlassung, namentlich im Militärwesen die eigenmächtige Entfernung eines Soldaten von der Truppe oder von dem dienstmäßigen Aufenthaltsort; Deserteur (franz., spr. -tör), derjenige, welcher sich eines solchen Verbrechens schuldig macht. Das deutsche Militärstrafgesetzbuch (§§ 64 ff.) unterscheidet zwischen unerlaubter Entfernung und Fahnenflucht oder Desertion. Der unerlaubten Entfernung macht sich derjenige schuldig, welcher sich von seiner Truppe oder von seiner Dienststellung eigenmächtig entfernt oder vorsätzlich fern bleibt, oder wer den ihm erteilten Urlaub eigenmächtig überschreitet. Hier tritt Freiheitsstrafe bis zu 6 Monaten ein. Dauert die Abwesenheit durch Verschulden des Abwesenden länger als 7 Tage, im Feld länger als 3 Tage, so tritt Gefängnis oder Festungshaft bis zu 2 Jahren ein. Dauerte dieselbe im Feld länger als 7 Tage, so ist Freiheitsstrafe von 6 Monaten bis zu 5 Jahren verwirkt. Das Vergehen der unerlaubten Entfernung geht aber in das Verbrechen der Fahnenflucht über, wenn jene Entfernung des Soldaten in der Absicht erfolgt, sich seiner gesetzlichen oder von ihm übernommenen Verpflichtung zu entziehen. In diesem Fall tritt Gefängnis von 6 Monaten bis zu 2 Jahren, beim ersten Rückfall aber Gefängnis von 1—5 Jahren und bei wiederholtem Rückfall Zuchthaus von 5—10 Jahren ein. Die Fahnenflucht, bei welcher übrigens auch schon der bloße Versuch strafbar ist, wird im Feld mit Gefängnis von 5 bis 10 Jahren bestraft; im Rückfall tritt, wenn die frühere Fahnenflucht nicht im Feld begangen ist, Zuchthaus nicht unter 5 Jahren und, wenn die frühere Fahnenflucht im Feld begangen war, Todesstrafe ein. Fahnenflucht vom Posten oder aus einer belagerten Festung wird stets mit dem Tod bestraft. Dieselbe Strafe trifft den Fahnenflüchtigen, der zum Feind übergeht. Neben dem wegen Fahnenflucht verwirkten Gefängnis ist auf Versetzung in die zweite Klasse des Soldatenstands zu erkennen. Straferhöhend wirkt es endlich, wenn mehrere eine Fahnenflucht verabreden und gemeinschaftlich ausführen.

Deserviten (lat.), die Gebühren eines Anwalts für geleistete Dienste.

Designieren (lat.), bestimmen, bezeichnen; Designation, Anweisung, Verzeichnis, Bezeichnung; insbesondere Bezeichnung einer Person, welche für ein gewisses Amt in Aussicht genommen ist. Besoldungsdesignation wird das Verzeichnis der Einkünfte genannt, aus welchen sich das Gesamteinkommen eines Beamten, eines Geistlichen oder eines Lehrers zusammensetzt.

Despot (griech., »Herr«), Gebieter, Hausherr, im Altertum insbesondere den Sklaven gegenüber; dann Bezeichnung für einen unumschränkten, willkürlich schaltenden Machthaber; Despotismus (Despotie), diejenige Regierungsform, bei welcher lediglich der Wille und die Willkür des Herrschers entscheiden. Man bezeichnet so die Ausartung und den höchsten Grad eines absolutistischen oder autokratischen Regiments (Tyrannis), die Willkürherrschaft. Im Mittelalter und insbesondere im 17. und 18. Jahrh. hatte der Despotismus in den meisten einzelnen deutschen Territorien einen gewissen patriarchalischen Charakter angenommen und erschien ebendarum als weniger drückend. Auch in Rußland, der frühern Heimat des Despotismus, sind mildere Formen zur Anwendung gekommen, so daß man jetzt nicht selten im Hinblick auf das russische Reich von einem aufgeklärten Despotismus spricht. Aber nicht nur die ultra-absolutistische Staatsform wird als Despotie bezeichnet; man spricht vielmehr auch in andern Staaten von einer despotischen Handhabung der Staatsgewalt, von einem despotischen Auftreten und nicht nur von einem Fürstendespotismus, sondern auch von einem Ministerdespotismus u. dgl.

Deszendenten (lat.), Nachkommen, Verwandte in absteigender Linie; Deszendenz, Nachkommenschaft.

Detail (franz., spr. -taj), das Einzelne; Detailhandel, Kleinhandel; Detaillist, Kleinhändler.

Detective (engl., spr. ditéctiw), in England und Amerika ein Mitglied der Entdeckungs- oder geheimen Polizei.

8*

Detention (lat.), Innehabung, Besitz; auch die vorläufige Festnahme einer Person (s. Haft).

Detractus personalis (lat.), s. Nachsteuer.

Deutsche Fortschrittspartei, s. Fortschrittspartei.

Deutscher Bund, Staatenbund, welcher von 1815—66 die verschiedenen deutschen Einzelstaaten, mit Einschluß Österreichs, umfaßte. Diese Staaten hatten nach der Auflösung des Deutschen Reichs 1806 die volle Souveränität erlangt, und die Vereinigung des größten Teils derselben unter der Botmäßigkeit Napoleons I. zu dem sogen. Rheinbund (s. b.) war glücklicherweise nur von kurzer Dauer. Der erste Pariser Friede vom 30. Mai 1814 bestimmte, daß die deutschen Staaten unabhängig und durch ein föderatives Band vereinigt sein sollten. Die Verfassung dieses Bundes wurde auf dem Wiener Kongreß beschlossen, nachdem verschiedene Versuche, die deutschen Staaten zu einer festern staatlichen Verbindung zu vereinigen, gescheitert waren. Die deutsche Bundesakte, das Grundgesetz des Bundes, datierte vom 8. Juni 1815. Damals traten die meisten deutschen Staaten dem Bund bei. Noch in demselben Jahr erfolgte der Beitritt von Baden und Württemberg, während Hessen-Homburg erst 1817 hinzukam. Die Bundesakte führt 38 Mitglieder namentlich auf; da aber das Fürstentum Reuß jüngere Linie damals in drei Fürstentümer zerfiel, waren es im Grund 40 Mitglieder, deren Zahl sich durch das Hinzukommen von Hessen-Homburg auf 41 erhöhte. Diese Mitglieder waren: 1) der Kaiser von Österreich, 2) der König von Preußen, beide jedoch nur in Ansehung ihrer früher zum Deutschen Reiche gehörigen Länder; 3) der König von Bayern; 4) der König von Sachsen; 5) der König von Hannover; 6) der König von Württemberg; 7) der Großherzog von Baden; 8) der Kurfürst von Hessen; 9) der Großherzog von Hessen; 10) der König von Dänemark für Holstein und Lauenburg; 11) der König der Niederlande für Luxemburg und später auch für Limburg; 12) der Herzog von Braunschweig; 13) der Großherzog von Mecklenburg-Schwerin; 14) der Herzog von Nassau; 15) der Großherzog von Sachsen-Weimar-Eisenach; 16) der Herzog von Sachsen-Gotha, 17) Sachsen-Koburg, 18) Sachsen-Meiningen, 19) Sachsen-Hildburghausen; 20) der Großherzog von Mecklenburg-Strelitz; 21) der Großherzog von Oldenburg; 22) der Herzog von Anhalt-Dessau, 23) Anhalt-Bernburg, 24) Anhalt-Köthen; 25) der Fürst von Schwarzburg-Sondershausen, 26) Schwarzburg-Rudolstadt, 27) Hohenzollern-Hechingen, 28) Hohenzollern-Sigmaringen, 29) Liechtenstein, 30) Waldeck, 31) Reuß-Greiz (ältere Linie), 32) Reuß-Schleiz, 33) Reuß-Lobenstein, 34) Reuß-Ebersdorf (jüngere Linie), 35) Schaumburg-Lippe, 36) Lippe; 37) die Freien Städte Frankfurt, 38) Bremen, 39) Hamburg, 40) Lübeck und 41) der Landgraf von Hessen-Homburg.

Bei Auflösung des Deutschen Bundes waren jedoch nur noch 33 Mitglieder vorhanden. 1825 starb nämlich das Haus Sachsen-Gotha aus, und durch Erbvergleich vom 12. Nov. 1826 entstanden die drei noch bestehenden sächsischen Herzogtümer Sachsen-Koburg-Gotha, Sachsen-Altenburg (vormals Hildburghausen) und Sachsen-Meiningen-Hildburghausen. 1824 erlosch die Linie Reuß-Lobenstein, und 1848 wurde auch Reuß-Ebersdorf mit Reuß-Schleiz, nunmehr Reuß jüngere Linie, vereinigt. Die beiden hohenzollernschen Fürstentümer wurden 1849 in den preußischen Staatsverband aufgenommen. Anhalt-Köthen starb 1847, Anhalt-Bernburg 1863 aus, so daß seitdem nur ein Herzogtum Anhalt besteht. Endlich fiel 1866 die Landgrafschaft Hessen-Homburg mit dem Tode des Landgrafen Ferdinand Heinrich Friedrich an Hessen-Darmstadt.

Was aber die Verfassung des Deutschen Bundes anbetrifft, so war dieselbe, außer in der Bundesakte vom 8. Juni 1815, namentlich durch die Wiener Schlußakte vom 15. Mai 1820 (Schlußakte der Wiener Ministerialkonferenzen) normiert, welch letztere durch Abgesandte sämtlicher deutscher Staaten beschlossen und von der Bundesversammlung ausdrücklich als Bundesgrundgesetz anerkannt worden war.

Außerdem hatten verschiedene Bundesbeschlüsse die Bundesverfassung vervollständigt. Der Bund selbst ward in der Wiener Schlußakte (Art. 1) als »ein völkerrechtlicher Verein der deutschen souveränen Fürsten und Freien Städte« bezeichnet, und die Bundesgrundgesetze stellten als den Bundeszweck »die Erhaltung der äußern und innern Sicherheit Deutschlands und der Unabhängigkeit und Unverletzbarkeit der einzelnen deutschen Staaten« hin. Während aber in dem gegenwärtigen Deutschen Reich die verbündeten Staaten zu einem wirklichen Staat, einem Gesamtstaat oder Bundesstaat, vereinigt sind, war der Deutsche Bund ein bloßer Staatenbund (s. Staat). Die Bundesgrundgesetze betonten ausdrücklich, daß die einzelnen Bundesstaaten vollständig souverän seien, und die Bundesgewalt ward nicht als etwas über den Staaten Stehendes, sondern vielmehr als eine Macht hingestellt, welche sich aus der Souveränität der einzelnen Staaten zusammensetze oder von dieser abgeleitet sei. Auch setzte sich der Deutsche Bund nicht das Ziel und den Zweck eines wirklichen Staats, sondern beschränkte sich auf die Bewahrung der Unabhängigkeit und Unverletzbarkeit der im Bund begriffenen Staaten und auf die Erhaltung der innern und äußern Sicherheit Deutschlands. Das Organ dieses völkerrechtlichen Vereins war die Bundesversammlung, auch Bundestag genannt, zu Frankfurt a. M., eine ständige Vereinigung von Bevollmächtigten (Bundestagsgesandten) der verbündeten deutschen Staaten. Den Vorsitz führte Österreich durch den Bundespräsidialgesandten. Die Verhandlungsweise auf dem Bundestag war eine zwiefache, im sogen. engern Rat und im Plenum. Nur im engern Rat konnte nämlich die Beratung und Erörterung eines Gegenstands stattfinden, selbst wenn die Beschlußfassung darüber im Plenum erfolgen mußte, und zwar waren bundesgesetzlich zur Abstimmung vor das Plenum verwiesen: 1) Abfassung und Abänderung von Grundgesetzen des Bundes und Beschlüsse, welche die Bundesakte selbst betrafen; 2) organische Einrichtungen, d. h. bleibende Anstalten als Mittel zur Erfüllung der ausgesprochenen Bundeszwecke, und gemeinnützige Anordnungen sonstiger Art; 3) Aufnahme neuer Mitglieder in den Bund; 4) Entscheidung über Kriegserklärungen und Friedensschlüsse. Im Plenum hatte jedes Mitglied mindestens eine Stimme, und zwar war die Stimmenverteilung in den letzten Zeiten des Bundes folgende: Österreich, Preußen, Bayern, Sachsen, Hannover und Württemberg hatten je 4, Baden, Kurhessen, Hessen-Darmstadt, Holstein und Luxemburg je 3, Braunschweig, Mecklenburg-Schwerin und Nassau je 2 und die übrigen 19 Staaten je eine Stimme, zusammen 64 Stimmen. Im engern Rate dagegen hatten nur 11 Staaten (Österreich, Preußen, Bayern, Sachsen, Württemberg, Hannover, Baden, Kurhessen, Hessen-Darmstadt, Holstein und Luxemburg) je eine einzelne (Viril-) Stimme, während die übrigen Staaten gruppenweise zu sogen. Kuriatstimmen vereinigt waren. Die 12. Kurie bildeten nämlich die großherzoglich und herzoglich sächsischen Häuser, die 13. Braunschweig und Nassau, während die 14. die beiden mecklenburgischen Großherzogtümer umfaßte. Die 15. Kurie bestand aus den Staaten Oldenburg, Anhalt, Schwarzburg-Rudolstadt und Schwarzburg-Sondershausen, die 16. aus den übrigen kleinen Fürstentümern und die 17. aus den vier Freien Städten. Die Art und Weise, wie die Abstimmung innerhalb der einzelnen Kurie erfolgte, war für jede Kurie besonders festgesetzt. Im engern Rat genügte zur Gültigkeit eines Beschlusses die absolute Stimmenmehrheit, während im Plenum eine Majorität von zwei Dritteln der Votierenden zur Entscheidung erforderlich war. Dies galt aber nur für die Beschlüsse über Krieg und Frieden; für alle übrigen Gegenstände, die vor das Plenum gehörten, war Stimmeneinhelligkeit erforderlich. Ebenso wurde zur Beschlußfassung in Religionsangelegenheiten und in einigen andern wichtigen Fragen Stimmeneinhelligkeit, auch im engern Rat, erfordert. Die Geschäftsbehandlung in beiden Körperschaften richtete sich nach der provisorischen Geschäftsordnung vom 14. Nov. 1816 u. der revidierten Geschäftsordnung vom 16. Juni 1854. Die Beschlüsse des Bundes (Bundesgesetze), welche in die Verhältnisse der einzelnen Bundesstaaten eingriffen, hatten aber keineswegs ohne weiteres für die Angehörigen derselben rechtsverbindliche Kraft, wie dies jetzt in Ansehung der deutschen Reichsgesetze der Fall ist. Es entsprach vielmehr dem staatenbundlichen Charakter der Bundesverfassung, daß die Bundesregierungen zwar die Verpflichtung hatten, die Bundesbeschlüsse zur Ausführung zu bringen, daß aber für die Unterthanen der einzelnen Regierungen das Bundesgesetz erst dadurch wirksam wurde, daß es für den betreffenden Staat als Gesetz durch dessen Regierung verkündet ward. Standen demnach also die Angehörigen der Einzelstaaten zu dem Bund selbst in keinem direkten Verhältnis, so waren ihnen doch bundesgrundgesetzlich gewisse Rechte garantiert, zu deren Realisierung die einzelnen Regierungen nötigenfalls von Bundes wegen angehalten werden konnten. Namentlich war denselben Religionsfreiheit zugesichert; insbesondere sollte die Verschiedenheit der christlichen Religionsparteien in den Ländern und Gebieten des Deutschen Bundes keinen Unterschied im Genuß der bürgerlichen und politischen Rechte begründen. Ferner war den Unterthanen das Recht gewährleistet, Grundeigentum außerhalb des Staats, den sie bewohnten, zu erwerben und zu besitzen, ohne deshalb in dem fremden Staat mehreren Abgaben und Lasten unterworfen zu sein als dessen eigne Unterthanen. Ebenso war die Befugnis des freien Wegziehens aus einem Bundesstaat in den andern, der den Anziehenden erweislich zum Unterthanen aufnehmen wollte, bundesgrundgesetzlich anerkannt; desgleichen die Befugnis, in den Zivil- und Militärdienst eines andern deutschen Bundesstaats zu treten, wofern keine Verbindlichkeit zu Militärdiensten gegen das bisherige Vaterland im Weg stand; endlich auch die Freiheit von aller Nachsteuer, insofern Vermögen aus dem einen in den andern Bundesstaat übergehen würde. Auch die Preßfreiheit war bundesgrundgesetzlich verheißen, aber freilich durch

mancherlei Einschränkungen durch Bundesbeschlüsse bis 1848 ziemlich illusorisch gemacht worden. Außerdem sollte in allen Bundesstaaten eine landständische Verfassung stattfinden; in allen deutschen Staaten sollten Gerichte breier Instanzen bestehen, und die Bundesversammlung sollte ermächtigt sein, aus den einzelnen Bundesstaaten Beschwerden über Justizverweigerung anzunehmen und deren Abstellung zu bewirken. Streitigkeiten unter den Bundesgliedern selbst sollten unter Ausschluß der Selbsthilfe durch die Bundesversammlung erledigt werden. Ein Bundesgericht fehlte; die Bundesversammlung selbst sollte in derartigen Fällen gewissermaßen als Gerichtsbehörde entscheiden oder, wie man es ausdrückte, als Bundesausträgalinstanz fungieren. Doch fand die Verhandlung und Entscheidung nicht vor der Bundesversammlung und unmittelbar durch dieselbe statt, sondern diese beauftragte damit unter Beobachtung gewisser Vorschriften die oberste Justizstelle eines Bundesstaats, welche im Namen und anstatt der Bundesversammlung als Austrägalgericht entschied. Innerhalb der einzelnen Bundesstaaten stand die Aufrechthaltung der innern Ruhe und Ordnung den einzelnen Regierungen zu, und nur ausnahmsweise war ein Einschreiten des Bundes für den Fall vorgesehen, daß eine Regierung nach Erschöpfung der verfassungsmäßigen und gesetzlichen Mittel den Beistand des Bundes anrufen oder durch die Umstände verhindert sein würde, diese Hilfe zu begehren, oder wenn es sich um eine Bewegung handelte, welche die innere Sicherheit des gesamten Bundes bedrohte und sich auf mehrere Bundesstaaten ausdehnte. Auch Streitigkeiten zwischen einzelnen Staatsregierungen und den Landständen konnten an den Bund gebracht werden, und zwar war für solche Fälle die Bildung eines Bundesschiedsgerichts vorgesehen. Die Vollziehung der Bundesbeschlüsse sowie der unter der Autorität des Bundes ergebenen Richtersprüche erfolgte nötigenfalls im Weg der Bundesexekution, über welche die Bundesexekutionsordnung vom

3. Aug. 1820 das Nähere bestimmte. Die Bundesexekution bestand in der militärischen Besetzung des betreffenden Landes, welche einem Bundesstaat oder mehreren Bundesstaaten übertragen wurde, nachdem die Bundesregierung, gegen die sie gerichtet, vergeblich zur Befolgung des in Frage stehenden Bundesbeschlusses innerhalb festgesetzter Frist aufgefordert worden war. Das Bundesheer setzte sich aus den Kontingenten der Einzelstaaten zusammen und war in zehn Armeekorps und eine Reserveinfanteriedivision eingeteilt. Nur für den Fall eines Kriegs sollten ein Bundesoberfeldherr und ein Generalleutnant als dessen Stellvertreter erwählt werden. Was endlich die Finanzen des Bundes anbelangt, so war derselbe als ein bloßer Staatenbund lediglich auf die Matrikularbeiträge der Einzelstaaten angewiesen, welche durch die Bundesmatrikel festgestellt waren.

Daß diese Bundesverfassung die größten Mängel hatte, daß sie sich dem erwachenden Nationalgefühl des deutschen Volks gegenüber als ungenügend erwies, bedarf keiner weitern Ausführung. Es hat ja auch zur Zeit des Deutschen Bundes nicht an Versuchen gefehlt, eine festere Verbindung der einzelnen deutschen Staaten herbeizuführen und Deutschland aus einem Staatenbund in einen Bundesstaat umzuwandeln. Dies war insbesondere das Streben der nationalen Bewegung in den Jahren 1848 und 1849. Namentlich war das Organ des Bundes, der Frankfurter Bundestag, mit der Zeit mehr und mehr zum Gegenstand des Spottes geworden wegen seiner Schwerfälligkeit und wegen der großartigen Unbilligkeit und der innern Unwahrheit, welche in der Art und Weise, wie die einzelnen Staaten dort ihre Vertretung und ihre Teilnahme an der Ausübung der Bundesgewalt fanden, zu Tage traten. Denn von den 64 Stimmen des Plenums hatte z. B. Reuß ältere Linie eine Stimme, also ¹/₆₄ Stimmgewicht, während Österreich 4 Stimmen, also ¹/₁₆ Stimmgewicht, hatte: gewiß ein kolossales Mißverhältnis. Das kleine Liechtenstein repräsentierte nur etwa den 6000. Teil der Gesamtbevölkerung des Bun-

des, hatte aber gleichwohl ebenfalls ¹/₆₄ Stimmgewicht. Es repräsentierten ferner die drei größten zum Bund gehörigen Staaten Österreich, Preußen und Bayern zusammen über ³/₅ der Gesamtbevölkerung des Bundes, hatten aber zusammen nur 12 von 64 Stimmen, also noch nicht einmal ¹/₅ der Gesamtstimmenzahl, und es brauchten nur 13 Kleinstaaten zusammenzustimmen, um zwei Großmächte und den drittgrößten Staat des Bundes dazu zu überstimmen. Hiernach hätten die Kleinstaaten eigentlich die ganze Politik des Bundes bestimmen können. Freilich haben sie von dieser Macht nur wenig Gebrauch gemacht, aber gerade darin zeigen sich die Ungesundheit und die innere Unwahrheit der ganzen Bundesverfassung. Die Hauptschwierigkeit aber, welche eine kräftige Entwickelung des Deutschen Bundes überhaupt unmöglich machte, ist darin zu suchen, daß in diesem Bund zwei Großmächte mit teilweise widerstrebenden Interessen vereinigt waren, und ebendarum war es gewiß die richtige Lösung der deutschen Frage, eine Neukonstituierung Deutschlands herbeizuführen mit Ausschluß Österreichs, wie es mit der Gründung des Norddeutschen Bundes und des nunmehrigen Deutschen Reichs geschehen ist.

Vgl. außer den Lehrbüchern des deutschen Staatsrechts: Häusser, Deutsche Geschichte vom Tode Friedrichs d. Gr. bis zur Gründung des Deutschen Bundes, Bd. 4 (4. Aufl. 1869); Klüber, Übersicht der diplomatischen Verhandlungen des Wiener Kongresses (1816, 3 Bde.); Derselbe, Öffentliches Recht des Deutschen Bundes (4. Aufl. 1840); Dresch, Öffentliches Recht des Deutschen Bundes (1822); Kaltenborn, Geschichte der deutschen Bundesverhältnisse von 1806—56 (1857, 2 Bde.); G. v. Meyer, Staatsakten für Geschichte und öffentliches Recht des Deutschen Bundes (2. Aufl. 1833 ff.).

Deutsche Reichspartei, s. Konservativ.

Deutsches Recht, Inbegriff der Rechtsgrundsätze, welche in Deutschland entstanden und zur Geltung gekommen sind, im Gegensatz zum römischen und kanonischen Recht (s. Recht).

Deutsches Reich, Bundesstaat, umfassend die zum ehemaligen Deutschen Bund (f. b.) gehörigen Länder, mit Ausschluß von Österreich und Liechtenstein, sowie das Reichsland Elsaß = Lothringen (f. b.); 540,477 qkm mit (1880) 45,203,921 Einw. (Bezüglich der zugehörigen Staaten vgl. die Einzelartikel Bayern, Sachsen ꝛc.)

Übersicht über die zum Deutschen Reiche gehörigen Staaten.

Staaten	Areal QKilom.	Bevölkerung 1. Dez. 1880	Konfessionen 1871			Stimmen im Bundesrat	Abgeordnete zum Reichstag	Matrikularbeiträge 1881—82	
			Evangelische Proz.	Katholische Proz.	Juden Proz.			überhaupt Mark	pro Kopf Mk.
Königreiche:									
Preußen	347509	27251067	65,0	33,5	1,3	17	236	52501405	1,93
Bayern	75863	5271516	27,6	71,3	1,0	6	48	20149588	3,82
Sachsen	14993	2970220	97,5	2,1	0,1	4	23	5624998	1,89
Württemberg	19504	1970132	68,7	30,4	0,7	4	17	7281433	3,70
Großherzogtümer:									
Baden	15084	1570189	33,6	64,5	1,8	3	14	5185452	3,30
Hessen	7680	936944	68,6	27,9	3,0	3	9	1806698	1,93
Mecklenburg - Schwerin . .	13304	576827	99,2	0,3	0,5	2	6	1129439	1,96
Sachsen - Weimar	3598	309503	96,3	3,3	0,4	1	3	597434	1,93
Mecklenburg - Strelitz . . .	2929	100269	99,3	0,2	0,5	1	1	195125	1,95
Oldenburg	6400	337454	76,6	22,6	0,5	1	3	651238	1,93
Herzogtümer:									
Braunschweig	3690	349429	97,2	2,3	0,4	2	3	667304	1,91
Sachsen - Meiningen . . .	2468	207147	96,8	0,6	0,9	1	2	396669	1,91
Sachsen - Altenburg . . .	1322	155062	99,9	0,1	—	1	1	297448	1,92
Sachsen - Koburg - Gotha . .	1968	194479	99,1	0,7	0,1	1	2	372409	1,91
Anhalt	2347	232747	97,4	1,7	0,9	1	2	435562	1,87
Fürstentümer:									
Schwarzburg - Rudolstadt . .	942	80149	99,7	0,1	0,1	1	1	156379	1,95
Schwarzburg - Sondershausen	862	71083	99,5	0,3	0,2	1	1	137625	1,93
Waldeck	1121	56548	96,1	2,3	1,5	1	1	111648	1,97
Reuß ältere Linie	316	50782	99,6	0,3	—	1	1	95823	1,89
Reuß jüngere Linie . . .	829	101265	99,7	0,2	—	1	1	188405	1,86
Schaumburg - Lippe . . .	443	35332	97,4	1,2	1,1	1	1	67575	1,91
Lippe	1189	120216	96,7	2,4	0,9	1	1	229343	1,90
Freie Städte:									
Lübeck	283	63571	98,0	0,8	1,1	1	1	116070	1,82
Bremen	255	156229	96,5	2,9	0,5	1	1	290016	1,86
Hamburg	410	454041	90,4	2,3	4,1	1	3	792583	1,75
Reichsland:									
Elsaß - Lothringen	14508	1571971	17,5	79,7	2,6	—	15	3810854	2,42
Deutsches Reich:	540477	45203921	62,3	36,2	1,2	58	397	108288523	—

Die Auflösung des vormaligen Deutschen Reichs war mit der Gründung des Rheinbunds (f. b.) besiegelt worden und mit der daraufhin erfolgten Niederlegung der deutschen Kaiserkrone durch Kaiser Franz II. 6. Aug. 1806 (f. Kaiser). Nach den Freiheitskriegen aber gelang eine Zusammenfassung der deutschen Staaten zu einem eigentlichen Bundesstaat oder Gesamtstaat nicht. Es kam vielmehr unter dem Namen »Deutscher Bund« (f. b.) nur ein Staatenbund zustande, welcher die deutschen Länder durch ein föderatives Band zusammenhielt, das jedoch durch den Krieg von 1866 zerrissen ward, welchen Österreich und Preußen um die

Führerschaft in Deutschland kämpften, und in welchem die übrigen deutschen Staaten teils auf Preußens, teils auf Österreichs Seite standen. Der entscheidende Sieg der preußischen Waffen bei Königgrätz 3. Juli 1866 ermöglichte eine Neugestaltung der deutschen Bundesverfassung mit Ausschluß Österreichs, dessen Kaiser sich im Art. 6 des 23. Aug. 1866 zu Prag abgeschlossenen Friedensvertrags zu der Erklärung verstehen mußte, daß »er die Auflösung des bisherigen Deutschen Bundes anerkenne, seine Zustimmung zu einer neuen Gestaltung Deutschlands ohne Beteiligung des österreichischen Kaiserstaats erteile und das engere Bundesverhältnis, welches Se. Maj. der König von Preußen nördlich der Linie des Mains begründen werde, anerkennen wolle«. Demnächst wurden die Herzogtümer Holstein und Schleswig der preußischen Monarchie einverleibt, während Lauenburg (s. d.) zunächst in Personalunion mit Preußen verblieb. Preußen vereinigte ferner die eroberten Gebiete von Hannover, Kurhessen, Nassau und Frankfurt a. M. sowie das bayrische Amt Gersfeld, einen Bezirk um Orb und die bayrische Enklave Kaulsdorf sowie die hessischen Kreise Biedenkopf und Vöhl nebst einigen andern hessischen Gebietsteilen, wofür jedoch kurhessische Gebietsteile als Entschädigung gegeben wurden, und die Landgrafschaft Hessen-Homburg mit seinem Gebiet. Die übrigen norddeutschen Staaten aber vereinigten sich mit Preußen zu einem Schutz- und Trutzbündnis, aus welchem der Norddeutsche Bund hervorging, welchem auch Hessen-Darmstadt für seine sämtlichen nördlich des Mains gelegenen Gebietsteile beitreten mußte. Die Verfassung dieses Bundes wurde von den beteiligten Regierungen mit einem konstituierenden Reichstag des Norddeutschen Bundes vereinbart und, nachdem die Zustimmung der Einzellandtage erfolgt war, 24. Juni 1867 publiziert. Mit den süddeutschen Staaten Bayern, Württemberg, Baden und Hessen bezüglich seiner nicht zum Norddeutschen Bund gehörigen Gebietsteile wurde ein neuer Zoll- und Handelsvertrag abgeschlossen und vereinbart, daß

die Gesetzgebung des Zollvereins durch einen Zollbundesrat und ein gemeinsames Zollparlament ausgeübt werden solle. Das erste deutsche Zollparlament trat 27. April 1868 in Berlin zusammen. Außerdem hatte Preußen unmittelbar nach dem Feldzug von 1866 mit Bayern, Württemberg und Baden Schutz- und Trutzbündnisse abgeschlossen, wodurch sich die Kontrahenten gegenseitig die Integrität ihrer Territorien garantierten und sich verpflichteten, im Fall eines Kriegs ihre Truppen einander zur Verfügung zu stellen, indem für den Kriegsfall der König von Preußen auch über die Truppen der süddeutschen Staaten den Oberbefehl übernehmen sollte. In dem deutsch-französischen Krieg von 1870/71 ward nun dies Bündnis erprobt, und die Erfolge des glorreichen Feldzugs führten zur Gründung des Deutschen Reichs und zur Wiederherstellung der deutschen Kaiserwürde. Die Verfassung des Deutschen Reichs ist durch Gesetz vom 16. April 1871 verkündet worden. Durch ein weiteres Gesetz vom 9. Juni 1871 ward sodann auch das Gebiet von Elsaß-Lothringen (s. d.) für immer mit dem Deutschen Reich vereinigt.

Im Gegensatz zu dem vormaligen Deutschen Bund stellt sich das Deutsche Reich als ein Bundesstaat, nicht als ein bloßer Staatenbund dar (s. Staat). Den Mitgliedern des Bundes stehen an und für sich gleiche Rechte zu, abgesehen von dem mit Rücksicht auf die Größe der einzelnen Staaten geordneten Stimmenverhältnis im Bundesrat (s. d.). Außerdem sind den Staaten Bayern, Württemberg und Baden gewisse Vor- und Sonderrechte eingeräumt. Endlich nimmt der König von Preußen eine wesentlich bevorzugte Stellung insofern ein, als ihm das Präsidium des Bundes übertragen ist. Ebenso steht ihm als dem Inhaber des Bundespräsidiums, welcher den Titel deutscher Kaiser führt, der Oberbefehl über die Kriegsmarine des Reichs zu, wie er auch der Reichsfeldherr ist. Ihm liegt die völkerrechtliche Vertretung des Reichs ob, die oberste Leitung der vom Reich ressortierenden Verwaltungsangelegenheiten und die Ernennung der Reichsbeamten. Der Kai-

ser hat ferner die Ausfertigung und Verkündigung der Reichsgesetze und die Überwachung der Ausführung derselben wahrzunehmen. Die Reichsgesetze selbst entstehen durch den übereinstimmenden Mehrheitsbeschluß des Bundesrats und des
Reichstags. In der erstgedachten Körperschaft sind die einzelnen Bundesregierungen als solche vertreten, während der
Reichstag eine Gesamtvertretung des deutschen Volks ist. Der einzige verantwortliche Minister des Reichs ist der Reichskanzler, der zugleich den Vorsitz im
Bundesrat führt. Die Anordnungen und
Verfügungen des Kaisers werden im Namen des Reichs erlassen und bedürfen zu
ihrer Gültigkeit der Gegenzeichnung des
Reichskanzlers, welcher dadurch die Verantwortlichkeit übernimmt. Der Kompetenzkreis der Reichsgesetzgebung ist durch
Art. 4 der Reichsverfassung bestimmt, und
ein Nachtragsgesetz vom 20. Dez. 1873 hat
die gemeinsame Gesetzgebung über das gesamte bürgerliche Recht in diesen Kompetenzkreis hineingezogen. Die Ausbildung
der Organisation des Reichs hat ferner
eine große Anzahl von Reichsbehörden ins
Leben gerufen und einen bedeutenden Be-
amtenapparat, ohne daß man jedoch in
dieser Hinsicht schon jetzt zu einem Abschluß
gelangt wäre. Hervorzuheben ist ferner,
daß, abgesehen von Bayern und Württemberg, das gesamte Postwesen ebenso wie
das Telegraphenwesen Reichssache ist.
Ebenso bilden die Kauffahrteischiffe der
sämtlichen Bundesstaaten eine gemeinsame
Handelsmarine, und auch das Konsulatswesen ist Reichssache geworden. Das
Reich bildet ein gemeinsames Zoll- und
Handelsgebiet, und auch das Eisenbahnwesen ist in einem gewissen Umfang vom Reich abhängig (vgl. Eisenbahnen).

Reichsfinanzen. Die Einnahmen
des Reichs bestehen zunächst aus den Erträgnissen der Zölle und der Aversa sowie
der gemeinschaftlichen Verbrauchssteuern.
Als solche sind die Branntwein-, Brau-,
Rübenzucker-, Salz- und Tabaksteuer eingeführt (s. d.). Für Bayern, Württemberg, Baden und Elsaß-Lothringen ist
jedoch die Besteuerung des Biers Landes-,

nicht Reichssache. Dasselbe gilt für die drei
erstgedachten Staaten von der Branntweinsteuer. Daher haben jene Länder an
den betreffenden Reichseinnahmen auch
keinen Anteil. Dazu kommen dann die
Einnahmen aus der Reichspost- und Telegraphenverwaltung. Bayern und Württemberg, welche in Ansehung dieser Verwaltung selbständig gestellt sind, haben
auch an diesen Erträgnissen keinen Anteil
und müssen dem entsprechend höhere Matrikularbeiträge bezahlen. Dazu treten
ferner die Einnahmen aus der für das
Reich zur Erhebung kommenden Wechselstempelsteuer und aus dem Spielkartenstempel, ferner die Zinsen der Fonds des
Reichs, die Einnahmen aus der Reichseisenbahnverwaltung, aus der Reichsdruckerei, die statistische Gebühr, sonstige
Gebühren, Steuern der Banken und endlich die Matrikularbeiträge. Soweit nämlich die direkten Einnahmen zur Bestreitung der gemeinschaftlichen Ausgaben des
Reichs nicht ausreichen, sind die Mittel
durch Beiträge der einzelnen Bundesstaaten nach Maßgabe ihrer Bevölkerung aufzubringen (s. die Tabelle auf S. 120).
Die Einnahmen und Ausgaben des Reichs
werden alljährlich durch ein Etatsgesetz
vom Bundesrat und dem Reichstag
für jedes Etatsjahr, welches mit 1. April
beginnt, festgesetzt. Ebenso ist über die
Verwendung aller Einnahmen des Reichs
dem Bundesrat und dem Reichstag zur
Entlastung jährlich Rechnung zu legen.
Nach dem Reichshaushaltsetat für 1881
bis 1882 balanciert die Einnahme mit der
Ausgabe in der Summe von 592,956,554
Mk. Die Einnahme aus den Zöllen und
Verbrauchssteuern ist auf 335,490,150 Mk.
veranschlagt und zwar: Zölle 188,250,000
Mk., Tabaksteuer 4,578,000, Rübenzuckersteuer 49,553,000, Salzsteuer 36,368,730
Mk.; dazu kommen die Branntweinsteuer
mit 34,854,120 Mk. und die Brausteuer
mit 15,095,760 Mk. sowie die Aversa von
den außerhalb der Zollgrenze liegenden
Bundesgebieten mit 6,790,540 Mk. Die
Einnahme aus dem Spielkartenstempel ist
mit 1,100,000 Mk. und die aus dem Wech-
selstempel mit 6,106,900 Mk. veranschlagt,
die statistische Gebühr mit 300,000 Mk.

Die Überschüsse aus der Post= und Telegra=
phenverwaltung sind mit 18,697,145 Mk.,
aus der Reichsdruckerei mit 1,061,520
Mk. und aus der Eisenbahnverwaltung
mit 11,039,400 Mk. eingestellt. Der An=
teil des Reichs an dem Reingewinn der
Reichsbank (s. b.) beträgt 1,500,000 Mk.
Aus dem Reichsinvalidenfonds fließen
31,071,344 Mk. in die Reichskasse. Die
zu derselben zu vereinnahmenden Zinsen
aus dem Reichsfestungsbaufonds, dem
Reichseisenbahnbaufonds und dem Reichs=
tagsgebäudefonds betragen für das Etats=
jahr 3,842,605 Mk. Die Matrikularbei=
träge belaufen sich pro 1881—82 auf
103,288,523 Mk. Die Ausgaben des
Reichs sind auf

511 652 061 Mk. an fortdauernden und
 81 304 493 · an einmaligen Ausgaben,
592 956 554 Mk. in Summa veranschlagt.

Aus der erstern Kategorie sind besonders
folgende Posten hervorzuheben: 1,105,170
Mk. für das auswärtige Amt, 5,021,300
Mk. für Gesandtschaften und Konsulate,
nicht weniger als 342,190,985 Mk. für
das Reichsheer, 27,518,326 Mk. für die
Marineverwaltung, 1,700,852 Mk. für
die Reichsjustizverwaltung und 10,602,500
Mk. für die Verzinsung und Verwaltung der
Reichsschulden. Der Betrag, welcher aus
den Einnahmen aus den Zöllen und aus
der Tabaksteuer, insoweit diese Einnahmen
die Summe von 130 Mill. Mk. überstei=
gen, in Gemäßheit des Frankensteinschen
Antrags (s. b.) an die Einzelstaaten zu
verteilen ist, beläuft sich auf 62,828,000
Mk. Unter den einmaligen Ausgaben
kommen 51,130,733 Mk. auf die Verwal=
tung des Reichsheers, 11,373,558 Mk.
auf die Marineverwaltung und 3,388,064
Mk. auf die Eisenbahnverwaltung. Für
die Post= und Telegraphenverwaltung sind
9,159,122 Mk. an einmaligen Ausgaben
verwilligt.
Die Schulden des Reichs bestan=
den 31. März 1879 in 138,885,150
Mk. verzinslichen Schuldverschreibungen,
60,004,000 Mk. unverzinslichen Schatz=
anweisungen, 163,097,900 Mk. Reichs=
kassenscheinen, zusammen in 361,987,000
Mk., dazu Zinsrückstände 52,300 Mk

An Fonds waren 31. Jan. 1880 vor=
handen:

	Mark
Reichsinvalidenfonds	549 459 707
Reichsfestungsbaufonds	73 488 596
Fonds für das Reichstagsgebäude	29 522 518
Reichskriegsschatz	120 000 000

Eine vergleichende Übersicht des Haus=
haltsetats seit 1872 ergibt (in Mark):

Jahr	Einnahmen und Ausgaben je	Zölle und Verbrauchs= steuern	Matri= kular= beiträge
1872	340 970 000	187 608 300	96 648 162
1873	356 521 467	196 569 780	73 943 601
1874	449 428 920	208 716 150	67 186 251
1875	515 018 563	229 017 690	68 969 549
1876	474 256 998	242 629 170	71 376 215
1877—78	540 608 165	253 053 810	81 044 171
1878—79	536 496 800	250 826 340	87 145 516
1879—80	540 796 537	251 698 360	90 371 390
1880—81	539 252 640	307 196 470	81 670 950
1881—82	592 956 554	335 490 150	103 288 523

Das Reichskriegswesen ist durch
Bestimmungen der Verfassung (Art. 57—
68), durch das Bundes=(Reichs=)Gesetz vom
9. Nov. 1867, betreffend die Verpflichtung
zum Kriegsdienst, durch das Reichsmili=
tärgesetz vom 2. Mai 1874 und durch die
Novelle zu diesem Gesetz vom 6. Mai 1880
normiert. Jeder Deutsche ist wehrpflich=
tig und kann sich in der Ausübung dieser
Pflicht nicht vertreten lassen (s. Wehr=
pflicht). Die Landmacht des Deutschen
Reichs teilt sich in das stehende Heer, die
Landwehr und den Landsturm. Die Dienst=
pflicht beträgt für das stehende Heer sieben
Jahre und zwar drei Jahre bei der akti=
ven Armee und vier Jahre bei der Reserve;
dann folgt die Verpflichtung zum Dienst
in der Landwehr für fünf Jahre und end=
lich die Landsturmpflicht für alle Wehr=
pflichtigen vom 17. bis zum vollendeten
42. Lebensjahr (s. Ersatzwesen). Die
gesamte Landmacht des Reichs bildet ein
einheitliches Heer, welches im Krieg und im
Frieden unter dem Oberbefehl des Kaisers
steht, unbeschadet der Vor= und Sonder=
rechte der Staaten Bayern und Württem=
berg. Mit den deutschen Kleinstaaten,
abgesehen von Braunschweig, sind beson=
dere Militärkonventionen (s. b.) ab=
geschlossen, durch welche die Militärver=

waltung auf Preußen übergegangen iſt. Das deutſche Reichsheer beſteht aus 18 Armeekorps und zwar:

Gardekorps (Berlin und Umgegend).

1.	Armeekorps.	Prov. Oſt = und Weſtpreußen.
2.	=	Provinz Pommern.
3.	=	Provinz Brandenburg.
4.	=	Provinz Sachſen.
5.	=	Provinz Poſen.
6.	=	Provinz Schleſien.
7.	=	Provinz Weſtfalen.
8.	=	Rheinprovinz.
9.	=	Provinz Schleswig = Holſtein.
10.	=	Provinz Hannover.
11.	=	mit der Großh. Heſſiſchen Diviſion. Prov. Heſſen und Thüringiſche Staaten.
12.	=	Königreich Sachſen.
13.	=	Königreich Württemberg.
14.	=	Großherzogtum Baden.
15.	=	Elſaß und Lothringen.
16.	=	(1. Königl. Bayr. Armeekorps). Gen. = Komm. München.
17.	=	(2. Königl. Bayr. Armeekorps). Gen. = Komm. Würzburg.

Jedes Armeekorps beſteht im Frieden aus 2 Diviſionen, jede Diviſion aus 2 Infanterie = und 1 Kavalleriebrigade. Eine Ausnahme hiervon macht das 11. Armeekorps, welches mit der Großh. Heſſiſchen Diviſion drei Diviſionen zählt. Das Gardekorps hat 1 Kavalleriediviſion von 3 Brigaden zu 2 und 3 Regimentern; das 12. und 15. Armeekorps haben je 1 Kavalleriediviſion von 2 Brigaden, erſtere zu 3, letztere zu 4 Reg.

Eine Infanteriebrigade beſteht aus 2 Reg. regelmäßig zu 3 Bat. und 2 Landwehr = Reg. zu 2 Bat.; eine Kavalleriebrigade aus 2, 3 und 4 Reg.

Ferner gehören zu jedem Armeekorps 1 Feldartilleriebrigade, 1 Fußartillerie = Reg. oder = Bataillon, 1 Jäger =, 1 Pionier =, 1 Train = Bat. und 1 Invalidenkompanie. — 1 Infanterieregiment = 3 Bat. zu 4 Komp. — 1 Kavallerieregiment = 5 Eskadrons. — 1 Feldartillerieregiment aus 3 Abteilungen zu 3 Batterien oder 2 Abt. zu 4 Batt., in Bayern zu 5 Batt. — 1 Fußart. = Reg. = 2 Bat. zu 4 Komp. — 1 Pionier = Bat. zu 4 Komp. — 1 Train = Bat. zu 2 Komp. (Garde = u. Train = Bat. Nr. 2 zu 3 Komp.).

Das deutſche Reichsheer wird gebildet aus:

Infanterie.

161 Infanterieregimenter mit 508 Bataillonen.
(9 Kgl. Preuß. Garde = Reg., 104 Preuß. und deutſche Reg., 11 Kgl. Sächſ. Reg., 6 Großh. Badiſche, 4 Großh. Heſſiſche, 8 Kgl. Württemb., 19 Kgl. Bayr. Reg.)

Jäger und Schützen.

20 Jägerbataillone (inkl. 1 Schützen = Bat.).
(1 Kgl. Preuß. Gardejäger = und 1 Gardeſchützen = Bat., 11 Preußiſche, 2 Kgl. Sächſ., 1 Großh. Mecklenb., 4 Kgl. Bayr. Bat.)

Kavallerie.

93 Kavallerie = Reg. zu 5 Eskadrons.
(8 Kgl. Preuß. Garde =, 8 Preuß. Küraſſier =, 26 Preuß. und deutſche Dragoner = [inkl. 2 Großh. Heſſiſche und 2 Kgl. Württemb.], 19 Preuß. und deutſche Huſaren = [inkl. 2 Kgl. Sächſ.], 20 Preuß. und deutſche Ulanen = [inkl. 2 Kgl. Sächſ. und 2 Kgl. Württemb.], 2 Kgl. Sächſ. ſchwere Reg., 10 Kgl. Bayr. Reg.)

Feldartillerie.

37 Feldartillerieregimenter.
(2 Kgl. Preuß. Garde =, 31 Preuß. und deutſche Reg. [inkl. 2 Kgl. Sächſ., 2 Kgl. Württemb., 2 Großh. Bad., 1 Großh. Heſſ.], 4 Kgl. Bayr. Reg.)

Fußartillerie.

13 Fußartillerieregimenter zu 2 Bat. und 3 Fuß = Art. = Bat., je zu 4 Komp.
(1 Kgl. Preuß. Garde =, 9 Preuß. Reg. u. 1 Preuß. Bat., 1 Kgl. Sächſ. Reg., 1 Kgl. Württemb. Bat., 1 Großh. Bad. Bat., 1 Kgl. Preuß. Reg., 2 Kgl. Bayr. Reg.)

Pioniere.

1 Kgl. Preuß. Eiſenbahn = Reg. zu 2 Bat., 19 Pionier = Bat. zu 4 Komp.
(1 Kgl. Preuß. Garde =, 13 Preuß. Bat., 1 Kgl. Sächſ., 1 Kgl. Württemb., 1 Großh. Bad., 2 Kgl. Bayr. Bat.)

1 Kgl. Bayr. Eiſenbahn = Komp.

Train.

18 Trainbataillone, je zu 2 Komp. (Garde = und Bat. Nr. 2 zu 3 Komp.).
(1 Kgl. Preuß. Garde =, 2 Preuß. Bat., 1 Kgl. Sächſ., 1 Kgl. Württemb., 1 Großh. Bad., 2 Kgl. Bayr. Bat.)

1 Großh. Heſſ. Train = Komp.

Für die Zeit vom 1. April 1881 bis zum 31. März 1888 wird die Friedens = Präſenzſtärke des deutſchen Reichsheers auf 427,274 Mann feſtgeſtellt. Die Einjährig = Freiwilligen ſind dabei noch nicht mitgerechnet. Es werden formieren: die Infanterie 503 Bataillone, die Feldartillerie 340 Batterien, die Fußartillerie 31 Bataillone, die Pioniere 19 Bataillone.

Die Geſamtetatsſtärke des deutſchen Heers beträgt pro 1881—82: 18,128 Offiziere, 51,586 Unteroffiziere, 788 Zahlmeiſteraſpiranten, 5325 Spielleute = Unteroffiziere, 8103 Spielleute = Gemeine, 347,849 Gefreite und Gemeine, 3532 La=

zarettgehilfen, 10,091 Ökonomiehandwerker, 1698 Militärärzte, 784 Zahlmeister, 624 Roßärzte, 656 Büchsenmacher und 93 Sattler; dazu 81,629 Dienstpferde.

Die Kriegsmarine zerfällt in die Kriegsflotte und in die Seewehr, welch letztere der Landwehr entspricht (s. Marine). Der etatsmäßige Personalbestand der kaiserl. Marine war 1881 folgender:

1 Admiral, 2 Kapitäne und 1 Kapitänleutnant à la suite des Seeoffizierkorps; 1 Konteradmiral, 1 Kapitän zur See, 1 Oberstleutnant, 1 Major à la suite der Marine; 2 Generalmajore.

1 Vizeadmiral, 3 Kontreadmirale, 22 Kapitäne, 50 Korvettenkapitäne, 84 Kapitänleutnants, 155 Leutnants und 128 Unterleutnants zur See, 100 Seekadetten, 28 Maschineningenieure, 42 Zahlmeister, 17 Aspiranten, 9 Geistliche, 4 Auditeure, 1 Generalarzt, 6 Oberstabsärzte, 20 Stabsärzte, 34 Assistenzärzte; außerdem 73 Offiziere, 24 Ärzte und 26 Seekadetten der Reserve und Seewehr.

2 Matrosendivisionen, jede zu 4 Abteilungen, und 1 Matrosen-Artillerieabteilung: 79 Deckoffiziere, 26 Feldwebel, 4 Vizefeldwebel, 739 Unteroffiziere, 5902 Matrosen und 4 Büchsenmacher.

1 Schiffsjungenabteilung: 1 Deckoffizier, 1 Feldwebel, 9 Unteroffiziere, 1 Obermatrose, 400 Schiffsjungen.

2 Werftdivisionen, jede zu 1 Maschinisten- und 1 Handwerkerabteilung: 154 Deckoffiziere, 4 Feldwebel, 1808 Unteroffiziere und Gemeine, 73 Lazarettgehilfen und 1 Büchsenmacher.

Seebataillon: 1 General der Infanterie und 1 Major à la suite, 1 Oberstleutnant, Kommandeur; 6 Kompanien Infanterie mit zusammen 6 Hauptleuten, 6 Premierleutnants, 19 Sekondeleutnants, außerdem 6 Sekondeleutnants der Reserve und der Seewehr, 1087 Unteroffizieren und Gemeinen, 1 Büchsenmacher.

Marinestabswacht, attachiert dem Seebataillon: 43 Stabswachtmeister und Stabssergeanten.

An Kriegsschiffen waren 1881 vorhanden 78 Schiffe mit 517 Kanonen, darunter die Panzerfregatten König Wilhelm, Kaiser, Deutschland, Friedrich Karl, Kronprinz, Friedrich d. Gr. und Preußen; ferner die Panzerkorvetten Hansa, Bayern, Sachsen und Württemberg. Über die Flagge der Kriegs- und Handelsmarine s. Flagge, und über das Wappen und die kaiserliche Standarte s. Kaiser.

Was die politischen Rechtsverhältnisse der Reichsangehörigen anbetrifft, so sind dieselben in den betreffenden Einzelartikeln dargestellt; namentlich sind hierüber die Artikel: »Auslieferung, Ausweisung, Beschlagnahme, Beschwerde, Bundesindigenat, Doppelbesteuerung, Durchsuchung, Ehe, Freizügigkeit, Gewerbegesetzgebung, Haft, Heimat, Konfession, Paß, Patent, Petition, Presse, Unterstützungswohnsitz, Urheberrecht und Verein« zu vergleichen. Über die Litteratur des deutschen Reichsstaatsrechts s. Staatsrecht. Vgl. »Handbuch für das Deutsche Reich« (1877 ff.); »Statistisches Jahrbuch für das Deutsche Reich« (1880 f.); Waitz, Deutsche Verfassungsgeschichte (1834—75, 7 Bde.).

Deutschkatholiken, eine 1844 aus der katholischen Kirche ausgeschiedene Religionspartei. Die äußere Veranlassung zur Gründung derselben war durch die Ausstellung des heiligen Rocks in Trier gegeben worden und durch einen offenen Brief, welchen damals der katholische Priester Ronge an den Bischof von Trier richtete. Die deutschkatholischen oder freireligiösen Gemeinden huldigen dem Grundsatz freier Selbstbestimmung in allen religiösen Angelegenheiten auf Grund der Heiligen Schrift, welche der Auslegung der Vernunft völlig anheimgegeben ist. Im Königreich Sachsen sind die Rechtsverhältnisse der D. durch ein besonderes Gesetz vom 2. Nov. 1848 geregelt.

Deutschkonservativ, s. Konservativ.

Devalvieren (lat.), Geld im Wert herabsetzen; Devalvation, die Herabsetzung des Werts einer Münzsorte von Staats wegen.

Devise (v. mittellat. divisa), in der Heraldik s. v. w. Wahlspruch, Motto; vornehmlich auf Wappenschildern, Siegeln, Fahnen u. dgl. gebräuchlich; wie z. B. Suum cuique (Preußen), Viribus unitis (Österreich), Dieu et mon droit (England), Ich dien' (Prinz von Wales), Viel Feind, viel Ehr' (Fürst Bismarck) u. dgl. Vgl. v. Radowitz, Die Devisen und Mottos des spätern Mittelalters (1850).

Devolution (lat., von »devolvieren«, abwälzen), Übertragung, Übergang eines Rechts auf einen andern. Im Kirchenrecht versteht man unter Devolutionsrecht (jus devolutionis) die Befugnis der höhern Kirchenbehörde, eine erledigte geistliche Stelle außerordentlicherweise zu besetzen, wenn dies von der zur Besetzung berufenen Behörde ordentlicherweise, also namentlich innerhalb der geordneten Frist, nicht geschieht. So »devolviert« z. B. das Besetzungsrecht der vom Kapitel zu vergebenden Pfründe an den Bischof, von diesem an den Erzbischof und von diesem letztern wiederum an den Papst. Im Prozeß versteht man unter Devolutiveffekt die Wirkung eines Rechtsmittels, wodurch die Sache von einem Untergericht an ein höheres gebracht wird, wie dies bei den Rechtsmitteln der Berufung, der Beschwerde und der Revision der Fall ist.

Devotion (lat.), Ehrfurcht, Ehrerbietung; Ausdruck, welcher insbesondere zur Bezeichnung der Unterwürfigkeit und Ergebenheit Fürsten und Oberbehörden gegenüber gebraucht wird. Devot, ergeben, unterthänig.

Dezentralisation (lat.), s. Zentralisation.

Dezernieren (lat.), beschließen, einen gerichtlichen oder überhaupt amtlichen Bescheid erteilen; Dezernent, dasjenige Mitglied eines Kollegiums, welches in dem letztern über eine zu erlassende Verfügung oder über einen zu fassenden Beschluß Bericht erstattet (»referiert«); Dezernat, Berichterstattung; auch Bezeichnung für die Unterabteilungen einer Behörde, welche für die Bearbeitung einzelner Fächer eingerichtet sind.

Dezimieren (lat.), den Zehnten nehmen; in der Kriegssprache das Strafgericht über eine Truppe, welche sich der Feigheit oder der Meuterei schuldig gemacht hat, wofür je der zehnte Mann mit dem Tod büßen muß.

Dezisiv (lat.), entscheidend; z. B. Dezisivworte, derjenige Teil eines richterlichen Erkenntnisses, in welchem die Entscheidung enthalten ist, im Gegensatz zu den beigegebenen Gründen; Dezisivstimme (votum decisivum), im Gegensatz zu der bloß beratenden Stimme (votum consultativum) eine solche, welche bei einem Beschluß nach Stimmenmehrheit mitgezählt wird; dann besonders das Recht, bei Stimmengleichheit die Entscheidung zu geben, welches zumeist dem Vor-

sitzenden der Versammlung beigelegt ist. So gibt z. B. im deutschen Bundesrat bei Stimmengleichheit die Präsidialstimme den Ausschlag.

Diakon (Diákonus, griech., »Diener«), in der katholischen Kirche ein Gehilfe des Priesters beim Altardienst; dritter Grad des Priesterstands, der zum Cölibat verpflichtet; in der evangelischen Kirche Hilfsgeistlicher. Diakonissinnen, s. v. w. Krankenpflegerinnen. Eine Diakonissenanstalt wurde 1836 vom Pastor Fliedner in Kaiserswerth gegründet. Seitdem sind zahlreiche Diakonissenanstalten und Arbeitsstationen entstanden und zwar nicht nur in Deutschland.

Diarchie (griech., »Zweiherrschaft«), Regierungsform, wonach zwei Staatsbeherrscher gleichzeitig neben- und miteinander regieren, wie in Sparta; auch Bezeichnung für das Vorhandensein zweier Gegenkaiser oder sonstigen Thronprätendenten.

Diäten (richtiger eigentlich: Diëten, v. lat. dies, »Tagegelder«), Vergütungen, welche an Beamte für Geschäftsreisen, an Anwalte bei auswärtigen Geschäften, an Abgeordnete während der Sitzungsperiode zur Entschädigung für die hierdurch erwachsenden besondern Aufwand gezahlt werden; daher Diät, s. b. w. Sitzungsperiode einer Ständeversammlung; Diätarius (Diätar), der zeitweilig bei einer Behörde unter Verwilligung von D. Angestellte.

Die Frage, ob den Mitgliedern ständischer Körperschaften als solchen während der Legislaturperiode D. zu zahlen seien oder nicht, ist der Gegenstand lebhaften Streits geworden, namentlich seitdem man bei der Errichtung des Norddeutschen Bundes, abweichend von der bisherigen deutschen Gewohnheit, das Prinzip der Diätenlosigkeit der Reichstagsabgeordneten adoptiert hat. Man macht nämlich auf der einen Seite für die Nichtzahlung von D. den Umstand geltend, daß die Stellung des Abgeordneten, der keine D. beziehe, also ein reines Ehrenamt bekleide, eine würdigere und angesehenere sei als im umgekehrten Fall, wo man durch die Zahlung von D. manches unlautere Mitglied in die Kammer ziehe; ja, John Stuart

Mill nennt die D. geradezu »ein immer-
währendes Zugpflaster, auf die übelsten
Seiten der menschlichen Natur gelegt«.
Schwächer ist der weiter für die Nichtver-
willigung von D. geltend gemachte Grund,
daß nämlich die Sessionen der Ständeversammlungen kürzer und der Geschäftsgang
ein rascherer sei, wenn die Abgeordneten
lediglich auf ihre eignen Mittel angewiesen
würden. Namentlich aber wird an der
Diätenlosigkeit von den deutschen Bundesregierungen und vorzugsweise von dem
Fürsten Bismarck um deswillen festgehalten, weil man darin ein konservatives
Gegengewicht gegen das allgemeine Wahlrecht zu erblicken glaubt, da allerdings die
Wahlen regelmäßig konservativer ausfal-
len werden, wenn keine D. bezahlt und
die Abgeordneten also vorzugsweise aus
der besitzenden Klasse gewählt werden, deren
Angehörige erfahrungsmäßig konservativer sind als diejenigen, die nichts zu verlieren haben. Man beruft sich endlich auf
das Beispiel Englands, wo seit der zweiten
Revolution die Mitglieder des Parlaments
keine D. beziehen; doch ist dieser Vergleich
bei der Verschiedenheit des politischen Lebens und der volkswirtschaftlichen Zustände
Englands und der unsrigen wenig zutreffend; auch hat die in Frankreich wiederholt versuchte Nachahmung jenes englischen
Prinzips keinen Erfolg gehabt. Dabei ist
auch das Wort Dahlmanns wohl zu be-
herzigen, daß »nur die D. dem Volk verbürgen, daß seine Wahlkammer dem bürgerlichen Verdienst auch ohne das Geleit
des Reichtums offen stehe«. Gleichwohl
haben die verbündeten Regierungen an
dem §32 der nunmehrigen deutschen Reichsverfassung (»Die Mitglieder des Reichstags dürfen als solche keine Besoldung
oder Entschädigung beziehen«) mit Entschiedenheit festgehalten, obgleich der seiner
Zeit von Schulze-Delitzsch eingebrachte
Gesetzentwurf zur Zahlung von D. und
Reisekosten an die Reichstagsabgeordneten
vom Reichstag angenommen worden ist,
nachdem ein gleicher Antrag des Abgeordneten Waldeck in der Legislaturperiode
von 1868 und 1869 abgeworfen worden
war. Dagegen wird jetzt den Reichstagsabgeordneten auf allen deutschen Eisenbahnen während der Dauer einer jeden
Session sowie acht Tage vor der Eröffnung und acht Tage nach dem Schluß des
Reichstags freie Fahrt gewährt. Den Mitgliedern der deutschen Spez3iallandtage
dagegen, wenigstens, wo das Zweikammersystem besteht, den Mitgliedern der Zweiten Kammern, werden allenthalben neben
dem Ersatz der Reisekosten D. bezahlt, die
allerdings mit Recht nur nach einem niedrigen Satz bemessen sind, da die Stellung
eines Abgeordneten nicht als ein lukratives
Geschäft erscheinen soll; so namentlich in
Preußen, Bayern (Wahlgesetz vom 4. Juni
1848, Art. 30), Sachsen (Gesetz vom 12.
Okt. 1870), Württemberg, Baden, Hessen 2c. Dagegen ist man in Nordamerika,
ähnlich wie in Frankreich unter dem Kaiserreich, in das dem englischen Prinzip entgegengesetzte Extrem verfallen, indem dort
statt mäßiger Tagegelder an die Abgeordneten ein Firum für die Legislaturperiode
bezahlt wird, welches 5000 Doll. beträgt,
abgesehen von den nebenbei noch verwilligten und ebenfalls unverhältnismäßig hoch
gegriffenen Reisekosten. In der Schweiz
beziehen die Mitglieder der kantonalen
Großen Räte oft keine D., während die
Mitglieder der Bundesversammlung D.
und Transportkosten erhalten.

In Bezug auf den Rang und die amtliche Stellung der Beamten werden verschiedene Diätenklassen unterschieden,
indem die höhern Beamten höhere, die
niedern Beamten geringere Diätensätze zu
beanspruchen haben. Für die Beamten des
Deutschen Reichs ist das Diätenwesen durch
Verordnung vom 21. Juni 1875 (Reichsgesetzblatt, S. 249 ff.) und für die Beamten der Reichseisenbahn- und der Postverwaltung insbesondere durch Verordnung
vom 5. Juli 1875 (Reichsgesetzblatt, S.
253 ff.) normiert worden.

Diebstahl (Entwendung, Furtum),
die Wegnahme einer fremden beweglichen
Sache in der Absicht, dieselbe sich rechtswidrig zuzueignen (vgl. Deutsches Reichsstrafgesetzbuch, § 242). Hiernach gehören
zum Begriff eines Diebstahls folgende einzelne Requisiten. Was I. den Gegenstand des Verbrechens anbelangt, so
ist ein D. 1) nur möglich an einer Sache,

b. h. an einem unperſönlichen, körperlichen Gegenſtand. Hieraus folgt, daß die widerrechtliche Aneignung von Gedanken und ſonſtigen Geiſtesprodukten, der ſogen. litterariſche D., kein D. im ſtrafrechtlichen Sinn iſt. 2) Die Sache muß eine bewegliche ſein, ſei es auch, daß ſie erſt zum Zweck des Stehlens beweglich gemacht, daß z. B. ein in eine Wand eingemauerter Spiegel herausgeriſſen und nun entwendet wurde. Da hiernach an einer unbeweglichen Sache ein D. nicht möglich iſt, ſo fällt namentlich auch das Abgraben oder Abpflügen eines Grundſtücks nicht unter den Begriff des Diebſtahls und wird daher im deutſchen Strafgeſetzbuch (§ 370, Ziff. 1) als beſondere Übertretung behandelt und beſtraft. 3) Die Sache muß eine fremde, alſo einer dritten Perſon zugehörig ſein; an ſeiner eignen Sache kann man keinen D. begehen. Aus ebendemſelben Grund kann auch an einer herrenloſen, in niemandes Eigentum ſtehenden Sache ein D. nicht begangen werden. So iſt z. B. das Wild, welches ſich nicht in einem beſondern Gehege, der Fiſch, welcher ſich nicht in einem abgeſchloſſenen Behälter, ſondern im offenen Waſſer befindet, in niemandes Eigentum, und ebendarum fällt das unbefugte Jagen, Fiſchen oder Krebſen, der ſogen. Wild- und Fiſchdiebſtahl, nicht unter den Begriff des eigentlichen Diebſtahls, ſondern unter beſondere Strafbeſtimmungen. (Vgl. Deutſches Strafgeſetzbuch, §§ 292, 296, 370, Ziff. 4.) Auch der Leichnam eines Menſchen ſteht in niemandes Eigentum, und ebendarum iſt auch der ſogen. Leichenraub kein D., ſondern ein beſonderes Vergehen. (Vgl. Deutſches Strafgeſetzbuch, § 168.) 4) Die betreffende Sache muß ſich im Gewahrſam eines andern befinden, und ebendarum iſt die Handlung desjenigen, der eine fremde bewegliche Sache, die er ſelbſt im Beſitz oder im Gewahrſam hat, ſich rechtswidrig zueignet, kein D., ſondern das beſondere Vergehen der Unterſchlagung oder Veruntreuung (deutſches Strafgeſetzbuch, § 246). Aus demſelben Grund iſt auch der ſogen. Fundbiebſtahl, b. h. die rechtswidrige Zueignung einer beweglichen Sache, welche der Eigentümer aus ſeinem

Beſitz verloren hat, kein D., ſondern wird nach dem deutſchen Strafgeſetzbuch als ein Fall der Unterſchlagung beſtraft. Ebenſo kann man auch die widerrechtliche Zueignung verſchoſſener Munition nicht als D. beſtrafen, und ebendeshalb enthält das Strafgeſetzbuch des Deutſchen Reichs (§ 291) hierfür eine beſondere Strafanbrohung.

II. In Anſehung des äußern Thatbeſtands des Diebſtahls iſt 1) die Wegnahme der fremden beweglichen Sache aus dem Gewahrſam eines andern erforderlich; ſolange die Sache noch nicht weggenommen iſt, kann es ſich höchſtens um den Verſuch eines Diebſtahls handeln. 2) Dieſe Wegnahme muß aber ohne Anwendung von Gewalt gegen eine Perſon geſchehen (vgl. Raub).

III. Zum ſubjektiven Thatbeſtand des Diebſtahls gehört folgendes: 1) Der Dieb muß die Abſicht haben, ſich die Sache rechtswidrig zuzueignen; es gibt keinen D. aus Fahrläſſigkeit. 2) Der Dieb muß die rechtswidrige Zueignung einer fremden Sache beabſichtigen, b. h. er muß das Bewußtſein von der Rechtswidrigkeit ſeiner Handlungsweiſe haben; daher ſchließen die Einwilligung des (wirklichen oder vermeintlichen) Eigentümers der fraglichen Sache in deren Wegnahme ſowie die irrige Annahme, daß man ſelbſt der Eigentümer ſei, das Vorhandenſein eines Diebſtahls aus. 3) Die Zueignung der Sache muß es ſein, worauf die widerrechtliche Abſicht des Diebes gerichtet iſt; er muß die Sache ſich zu eigen machen, ganz in ſeine Gewalt bringen wollen. Daher iſt der ſogen. Futterbiebſtahl, b. h. Wegnahme von Getreide oder andrer zur Fütterung des Viehs beſtimmter oder geeigneter Gegenſtände wider Willen des Eigentümers, um beſſen Vieh damit zu füttern, kein eigentlicher D., ſondern eine in unſerm Strafgeſetzbuch (§ 370, Ziff. 6) mit beſonderer Strafe bedrohte Übertretung.

Was ferner die verſchiedenen Einteilungen des Diebſtahls anbelangt, ſo kann man einmal zwiſchen gemeinem und privilegiertem D. unterſcheiden, indem bann unter dem letztern der durch eine mildere Behandlungsweiſe ausgezeichnete D. zu verstehen ist. In diese Kategorie gehört aber namentlich der sogen. Haus= oder Familiendiebstahl. Nach dem deutschen Strafgesetzbuch (§ 247) tritt nämlich in Ansehung eines Diebstahls, der gegen Verwandte absteigender Linie, gegen Verschwägerte in auf= und absteigender Linie, Adoptiv= und Pflegeeltern und Kinder, Geschwister sowie deren Ehegatten oder Verlobte oder gegen Vormünder, Erzieher oder solche Personen, zu welchen der Dieb im Lehrlingsverhältnis steht, oder in deren häuslicher Gemeinschaft als Gesinde er sich befindet, die strafrechtliche Verfolgung nur auf Antrag des Bestohlenen ein, und Diebstähle, von Verwandten aufsteigender Linie gegen Verwandte absteigender Linie oder von einem Ehegatten gegen den andern begangen, bleiben ganz straflos. Auch der sogen. Mundraub gehört hierher, d. h. die Entwendung von Nahrungs= oder Genußmitteln von unbedeutendem Wert oder von geringer Menge zum alsbaldigen Verbrauch, welche von der modernen Strafgesetzgebung und so auch von unserm deutschen Strafgesetzbuch nicht als eigentlicher D., sondern als eine bloße Übertretung mit Geldstrafe oder Haft belegt wird (vgl. Deutsches Strafgesetzbuch, § 370, Ziff. 3). Zu den privilegierten D. ist auch der sogen. Forst= oder Holzdiebstahl, d. h. die Entwendung von Holz oder sonstigen Waldprodukten aus Forsten oder unter Forstschutz stehenden Orten, und der sogen. Felddiebstahl, d. h. die Entwendung von Bodenerzeugnissen vom Feld, zu rechnen. Derartige Entwendungen werden nämlich bei Geringfügigkeit der entwendeten Forst= oder Feldprodukte nach den Forststrafgesetzbüchern und Feldpolizeiordnungen der einzelnen deutschen Staaten mit viel geringerer Strafe als der gemeine D. belegt, und zwar sind diese Strafbestimmungen nach dem Einführungsgesetz zum norddeutschen, jetzt deutschen Strafgesetzbuch vom 31. Mai 1870 (§ 2) neben dem letztern in Kraft geblieben. Eine weitere wichtige Einteilung ist die in einfachen und ausgezeichneten oder schweren D., welch letzterer dann vorliegt, wenn ein D. unter besonders erschwerenden Umständen verübt wurde und ebendeshalb als besonders

strafwürdig erscheint. Nach dem deutschen Strafgesetzbuch (§ 243) wird ein D. als schwerer bestraft, wenn er mittelst Einbruchs oder Einsteigens in ein Gebäude oder einen umschlossenen Raum, oder mittelst Erbrechens von Behältnissen, oder mittelst Anwendung falscher Schlüssel oder andrer zur ordnungsmäßigen Eröffnung von Behältnissen oder Thüren nicht bestimmter Werkzeuge verübt wurde; ferner, wenn aus einem zum Gottesdienst bestimmten Gebäude dem Gottesdienst gewidmete Gegenstände gestohlen werden; wenn auf einem öffentlichen Weg, einer Eisenbahn, in einem Postgebäude oder an einem andern öffentlichen Ort Gegenstände der Beförderung mittelst Abschneidens oder Ablösens der Befestigungs= oder Verwahrungsmittel, oder durch Anwendung falscher Schlüssel oder andrer zur ordnungsmäßigen Eröffnung nicht bestimmter Werkzeuge entwendet werden; wenn der Dieb bei Begehung des Diebstahls Waffen bei sich führte; wenn der D. von mehreren ausgeführt wurde, welche sich zur fortgesetzten Begehung von Raub oder D. verbunden haben; endlich, wenn der D. zur Nachtzeit in einem bewohnten Gebäude, in welches sich der Thäter in diebischer Absicht eingeschlichen, oder in dem er sich verborgen hatte, verübt worden ist. Was die Bestrafung des Diebstahls anbelangt, so ist die Normalstrafe für den D. jetzt Freiheitsstrafe, neben welcher die französische Gesetzgebung fakultativ, die belgische obligatorisch auch Geldstrafe statuiert. Nach dem deutschen Strafgesetzbuch wird der einfache D. mit Gefängnis bis zu 5 Jahren bestraft, so daß also die Minimalstrafe 1 Tag Gefängnis ist. Der schwere oder ausgezeichnete D. dagegen wird mit Zuchthaus von 1—10 Jahren bestraft. Als besonderer Straferhöhungsgrund gilt beim D. der wiederholte Rückfall, da derselbe von einem besonders eingewurzelten Hang zum Stehlen zeugt und deshalb eine besonders strenge strafrechtliche Reaktion erheischt. Das deutsche Strafgesetzbuch (§ 244) läßt eine solche strengere Bestrafung schon beim dritten D. eintreten. Es bestraft denjenigen, welcher im Inland als Dieb, Räuber oder gleich einem solchen

ober als Hehler beſtraft worden iſt, barauf
abermals eine bieſer Handlungen begangen
hat unb wegen berſelben beſtraft worden
iſt, wenn er nun wieberum einen einfachen
D. begeht, mit Zuchthaus bis zu 10 unb,
wenn er einen ſchweren D. begeht, mit
Zuchthaus von 2—15 Jahren. Beim
Vorhandenſein milbernber Umſtände kann
jeboch auch beim britten ebenſo wie beim
ſchweren D. auf Gefängnis, jeboch nicht
unter 3 Monaten, erkannt werben. Übri=
gens iſt es nach § 248 zuläſſig, neben ber
wegen Diebſtahls erkannten Gefängnis=
ſtrafe auf Verluſt ber bürgerlichen Ehren=
rechte unb neben ber wegen Diebſtahls er=
kannten Zuchthausſtrafe auf Zuläſſigkeit
von Polizeiaufſicht mit zu erkennen.

Dienſtadel (Beamtenabel), Abel,
ber burch Verwaltung gewiſſer Ämter unb
Würben erlangt wirb; vgl. Abel.

Dienſteib, ſ. Amtseib.

Dienſtvergehen, ſ. Amtsverbrechen.

Dies (lat.), Tag, insbeſonbere Gerichts=
tage, Termin, Taaſahrt.

Differentialtarif, ſ. Eiſenbahnen.

Differentialzoll, ſ. Zoll.

Diktātor (lat.), eine in Zeiten ber Not
beſtellte außerorbentliche Magiſtratsperſon
ber altrömiſchen Republik. Man griff
zur Diktatur ober zur biktatoriſchen
Gewalt in Zeiten, wo beſonbere Gefahren
ben Staat bebrängten, unb wo es rätlich,
ja notwenbig erſchien, bie ganze Staats=
gewalt in Einer Hanb zur unumſchränkten
Machtbefugnis zu vereinigen. Auch im
mobernen Staatsleben ſpricht man zu=
weilen von biktatoriſcher Gewalt ober von
biktatoriſchem Auftreten eines Staats=
manns, um beſſen allmächtiges, über ben
gewöhnlichen Rahmen bes Staats= unb
Verfaſſungsweſens hinausgehenbes Wal=
ten zu bezeichnen.

Dimiſſoriāle (lat.), Entlaſſungsſchein;
insbeſonbere bie von bem zuſtänbigen Geiſt=
lichen einem Brautpaar ſchriftlich erteilte
Erlaubnis, ſich von einem anbern Pfarrer
trauen zu laſſen.

Dinar, ſerbiſche Silbermünze, = 1
Frank ober 80 Pfennig.

Ding (islänb. Thing), vormals unb
noch jetzt in Skanbinavien, auch wohl
hier unb ba in Deutſchlanb ſ. v. w. Ver=

ſammlung, namentlich Gerichts= ober
Volksverſammlung. Insbeſonbere kommt
ber Ausbruck noch jetzt in Zuſammen=
ſetzungen, wie Folkething, Storthing, vor.

Diözēſe (griech.), Jurisbiktionsbezirk
eines Biſchofs; in ber proteſtantiſchen
Kirche bie Geſamtheit ber unter ber Auf=
ſicht eines Superintenbenten (Ephorus)
ober eines Dekans ſtehenben Pfarreien;
Diözeſan, jebes zu einer beſtimmten D.
gehörige Mitglieb ber Kirche.

Diplōm (griech., eigentlich eine aus
zwei Blättern beſtehenbe Schreibtafel),
wichtige Urkunbe, Erlaß eines Fürſten,
einer Korporation 2c., z. B. Abels=, Dok=
torbiplom 2c. Diplomatik, ber Inbe=
griff von Regeln für bie Auslegung unb
für ben Gebrauch von Urkunben. Di=
plomat, urſprünglich berjenige, welcher
Diplome verabfaßt; bann Bezeichnung
ber Perſonen, welche im internationalen
Verkehr einen Staat zu vertreten haben
(ſ. Diplomatiſches Korps).

Diplomatie, Inbegriff ber bei bem
völkerrechtlichen Verkehr zwiſchen zivili=
ſierten Staaten geltenben Regeln unb
Grunbſätze. Während früher bie D. ben
Charakter einer gewiſſen Unwahrheit,
ängſtlicher Vorſicht unb kluger Zurück=
haltung trug, ſo baß ber Fürſt Tal=
leyranb, bas Muſter eines Diplomaten
ber alten Schule, gerabezu erklärte, bie
Sprache ſei bazu ba, um bie Gebanken zu
verbergen, geht bie moberne Diplomatie
nach bem Vorgang bes Fürſten Bismarck
mit größerer Offenheit vor; ja, bieſer hat
ſogar gerabe baburch ſeine bebeutenbſten
biplomatiſchen Erfolge erzielt, baß er rück=
halts= unb rückſichtslos bie Dinge beim
rechten Namen nannte. Aber noch immer
wirb mit bem Worte Diplomatie ber Be=
griff einer vorſichtigen Gewanbtheit ver=
knüpft; man bezeichnet ein berartiges Vor=
gehen vielfach als ein biplomatiſches
Verfahren unb ſpricht von biplomati=
ſieren, um eine Verhanblungsweiſe zu
charakteriſieren, welche bie Sache hinzu=
halten unb ein beſtimmtes Ein= unb Auf=
treten klüglich zu vermeiben ſucht. Die im
biplomatiſchen Verkehr übliche Sprache
(biplomatiſche Sprache) war früher
bie lateiniſche, an beren Stelle bann bie

französische trat. Doch ist es neuerdings üblich, daß die Großmächte ihre Noten und sonstigen diplomatischen Schriftstücke in der jeweiligen Landessprache ergehen lassen. Vgl. Gesandte.

Diplomatischer Agent, s. Gesandte.

Diplomatisches Korps (franz. Corps diplomatique), die Gesamtheit der diplomatischen Vertreter fremder Staaten bei einem Souverän. Regelmäßig werden nur die eigentlichen Gesandten (s. b.) hierzu gerechnet, Konsuln und sonstige diplomatische Agenten nicht. Da die Gesandten der einzelnen Staaten verschiedene und oft sehr weit auseinander gehende Interessen verfolgen, so kann von einer eigentlichen Körperschaft, einer rechtlichen Korporation der diplomatischen Vertreter der verschiedenen Staaten bei ein und demselben Souverän nicht wohl die Rede sein. Nur bei gewissen zeremoniellen Gelegenheiten bilden sie eine äußerliche Gemeinschaft, so bei Krönungen, Hoffesten, Gratulationen, Eröffnung der Ständeversammlungen u. dgl. Der Vortritt und die Wortführung gebühren hierbei demjenigen Gesandten erster Klasse, welcher am längsten bei der betreffenden Regierung akkreditiert ist, dem Ältesten (Doyen) des diplomatischen Korps. Doch wird bei den katholischen Mächten meist dem päpstlichen Nuntius der Vorrang gelassen. In Deutschland sind gegenwärtig auch die Mitglieder des Bundesrats (s. b.) zum diplomatischen Korps zu rechnen.

Direktion (lat.), Leitung; Direktor, Leiter, Vorsteher; Direktorium, Leitung einer Angelegenheit; dann Bezeichnung für einen Ausschuß oder für eine Behörde, welche mit der Leitung gewisser Angelegenheiten betraut ist, wie z. B. die in der ersten französischen Revolution 1795 eingesetzte oberste Regierungsbehörde.

Dirigieren (lat.), lenken, leiten; daher dirigierender Staatsminister, Bezeichnung für den Chefminister oder Ministerpräsident, welcher an der Spitze des Staatsministeriums steht.

Disagio (ital.), s. Agio.

Diskont (Disconto, ital. Sconto, franz. Escompte, engl. Discount, Rabatt), Vergütung für Zinsverlust bei

Zahlung einer erst später fälligen Summe; im Wechselgeschäft eine an der Wechselsumme in Abzug gebrachte Zinsvergütung; daher der Name Diskontbanken, Diskontgesellschaften, welche sich vorzugsweise mit dem »Diskontieren« von Wechseln befassen.

Diskontinuität (lat.), Unterbrochenheit (s. Kontinuität).

Diskret (lat.), getrennt, rücksichtsvoll; Diskretion, besonnene Zurückhaltung; diskretionär, taktvollem Ermessen anheimgestellt. In diesem Sinn spricht man namentlich von einer diskretionären Gewalt des Richters, namentlich des Vorsitzenden in einer öffentlichen Gerichtsverhandlung, welcher z. B. unter Umständen aus dem Publikum heraus einen Sachverständigen zu einer Auskunftserteilung aufrufen kann. Die preußische Kirchenvorlage von 1880 bezweckte die Erteilung einer diskretionären Gewalt für die Staatsbehörden bei Handhabung der kirchenpolitischen Gesetze.

Diskutieren (lat.), besprechen, über einen Gegenstand verhandeln; Diskussion, die mündliche Besprechung eines Gegenstands in einer Versammlung, namentlich in einer parlamentarischen Körperschaft. Bei Gesetzentwürfen wird dabei in der Regel zwischen General- und Spezialdiskussion, d. h. zwischen allgemeiner und besonderer Beratung, unterschieden (s. Debatte).

Dismembrieren (lat.), zerstückeln, zergliedern; Dismembration, Zerstückelung, Parzellierung, Vereinzelung, Zerschlagung von Grundstücken. In dem Eigentumsrecht an einem Grundstück, also in der totalen rechtlichen Herrschaft über ein solches, liegt an und für sich auch die Berechtigung, Teilungen desselben vorzunehmen, und ebendarum waren dem römischen Recht Beschränkungen der Teilbarkeit des Grundstücks (Dismembrationsverbote) fremd. Im ältern deutschen Rechte dagegen erscheint das Eigentum am Grund und Boden nicht als ein bloßes Privatrecht, sondern es waren damit auch politische Rechte verbunden, und ebendies war der Grund, warum Herkommen und Gesetz die freie Teilbarkeit vielfach erschwerten. Allein mit jener öffentlich=rechtlichen Bedeutung des Grundeigentums verschwanden auch diese Beschränkungen mehr und mehr, und nur die Hausgesetze des hohen Adels haben in dieser Hinsicht den ungeteilten Grundbesitz als eine Grundlage des Standesansehens zu erhalten und einzelne Güter der Teilung zu entziehen gewußt, wie denn auch der niedere Adel durch Familienfideikommisse die Familiengüter in ihrer Integrität zu erhalten suchte. Dagegen hat sich die Unteilbarkeit der Bauerngüter (Geschlossenheit) vielfach durch Sitte und Herkommen, in einzelnen Gegenden sogar durch Gesetz bis auf die Gegenwart erhalten. Wo derartige Dismembrationsverbote bestanden und bestehen, war und ist übrigens dadurch, daß neben den geschlossenen Gütern regelmäßig eine Anzahl ledige (»walzende«) Grundstücke vorhanden, d. h. Liegenschaften, welche von jenem Verbot ausgenommen waren, dem Bedürfnis geringerer Bewirtschaftung und der Nachfrage nach kleinern Parzellen Rechnung getragen. Die verbotswidrige Teilung eines geschlossenen Guts ist wichtig und berechtigt den Eigentümer der Hofstätte und dessen Erben, unter Umständen auch den Gutsherrn zur Anstellung der Eigentumsklage, in dieser Anwendung **Reunionsklage** genannt. Die Frage aber, ob jenes Prinzip der Geschlossenheit der Bauerngüter beizubehalten oder aufzugeben sei, ist eine ungemein bestrittene, namentlich seitdem die deutschen Grundrechte von 1848 die vollständige Freiheit des Grundeigentums proklamiert hatten. Allein die verschiedenen Gründe, welche man gegen die Teilbarkeit der Bauerngüter vorbrachte, und unter denen das Streben nach der Erhaltung eines kräftigen Bauernstands ja an und für sich nicht zu verwerfen war, konnten die Bedenken nicht beseitigen, welche man von juristischen, politischen und volkswirtschaftlichen Gesichtspunkten aus gegen die Beibehaltung des Dismembrationsverbots geltend machte. Auch hat die Erfahrung die Befürchtungen derer, welche durch die Beseitigung des Dismembrationsverbots den Bauernstand in seiner Selbständigkeit für

bedroht und eine rationelle Landwirtschaft für unmöglich hielten und daraus ein ländliches Proletariat entstehen sahen, nicht bestätigt. So ist denn in Preußen schon durch die Landeskulturedikte vom 9. Okt. 1807 und 14. Sept. 1811 das gedachte Verbot beseitigt, in der Verfassungsurkunde die Teilbarkeit des Grundeigentums gewährleistet und neuerdings auch für die 1866 neu erworbenen Gebietsteile adoptiert worden. Dasselbe ist in andern deutschen Staaten, wie Baden, Bayern, Hessen, Sachsen=Koburg=Gotha, Sachsen=Meiningen und Württemberg, geschehen; jedoch ist alsdann richterliche Kognition und Bestätigung der Teilung, resp. gerichtliche Verlautbarung und Konfirmation der Veräußerungs= und Teilungsverträge vorgeschrieben. Auf der andern Seite haben die Gesetzgebungen mancher Staaten, wie z. B. in Bayern und Württemberg, der gewerbsmäßigen Teilung der Grundstücke (der sogen. Güterschlächterei oder Hofmetzgerei) durch zweckmäßige Verbotsbestimmungen entgegenzuwirken gesucht. Vgl. außer den Lehrbüchern des Staats= und des Privatrechts sowie der Nationalökonomie: **Lette,** Die Verteilungsverhältnisse des Grundbesitzes (1859).

Dispache (franz., spr. =pasch), Seeschabenberechnung; Dispacheur (spr. =schör), ein damit betrauter Rechnungsverständiger (s. Havarie).

Dispens (Dispensation, lat., »Los=, Freisprechung«), die Aufhebung einer Rechtsnorm für einen einzelnen Fall; Dispensationsrecht, die Befugnis, die Anwendung einer Rechtsnorm für einen gegebenen Fall auszuschließen; dispensieren, von einer Verpflichtung, namentlich von der Verbindlichkeit zur Befolgung einer Gesetzesvorschrift, entbinden. Es liegt in der Natur der Sache, daß an und für sich nur diejenige Gewalt von einer gesetzlichen Vorschrift dispensieren kann, welche dies Gesetz erlassen hat, und daß die Aufhebung eines Gesetzes für einen bestimmten einzelnen Fall nur durch ein anderweites Gesetz unter Mitwirkung sämtlicher Faktoren der gesetzgebenden Gewalt erfolgen kann. Hiernach würde also an und für sich in einer konstitutionellen Monarchie der Regent nur unter Mitwirkung der Stände und eines verantwortlichen Ministeriums D. erteilen können. Allein fast alle neuern Publizisten, namentlich Zöpfl, Mohl, Rönne und Zachariä, sprechen sich dafür aus, daß die Dispensationsbefugnis des Landesherrn, wenigstens in Ansehung der Zivilrechtsnormen, an die Zustimmung der Stände nicht gebunden und nur insofern begrenzt sei, als dadurch keine wohlerworbenen Rechte einer Person und keine solchen gesetzlichen Vorschriften verletzt werden dürfen, welche unbedingt verpflichtend sind und keinerlei Ausnahmen im Weg des Dispenses zulassen. Dagegen ist neuerdings von Gerber der mit den Prinzipien des Rechtsstaats allein vereinbarliche Satz verteidigt worden, daß der staatsrechtlichen Natur des Gesetzes im modernen Verfassungsstaat der Grundsatz entspreche, daß nur in denjenigen Fällen dispensiert werden könne, in denen das Gesetz oder überhaupt das geltende Recht dies ausdrücklich zulasse: eine Ansicht, welche, da außerdem durch eine wiederholte Erteilung von Dispensationen durch die vollziehende Gewalt die ganze Thätigkeit der Legislative illusorisch gemacht werden könnte, auch von der gerichtlichen Praxis, namentlich in Preußen, adoptiert worden ist. Die Verfassungsurkunden der einzelnen deutschen Staaten erwähnen nämlich das Dispensationsrecht des Landesherrn regelmäßig nur kurz, ohne dasselbe näher zu präzisieren; insbesondere fehlt es in der preußischen Verfassungsurkunde gänzlich an derartigen Bestimmungen. Die Hauptfälle, in welchen die Dispensationsbefugnis ausgeübt zu werden pflegt, sind die Erteilung der Volljährigkeit (Majorennisierung) und die Ergänzung des elterlichen Konsenses bei Verheiratungen sowie in protestantischen Ländern die Ehescheidung und der D. von Ehehindernissen. Die Ausübung dieses letztern Dispensationsrechts, welches den evangelischen Landesherren als den Häuptern der Staatskirche zusteht, wird regelmäßig unter Mitwirkung der Konsistorien oder Kultusministerien ausgeübt. Im katholischen Kirchenrecht ist

das oben entwickelte Prinzip, daß die Dispensationsbefugnis der gesetzgebenden Gewalt korrespondieren müsse, in konsequenter Weise durchgeführt. Dieselbe steht daher in kirchenrechtlichen Angelegenheiten zunächst dem Papst zu; doch findet sie hier in dem sogen. göttlichen Recht ihre Schranke, indem z. B. von dem Verbot der Ehe zwischen Eltern und Kindern auch der Papst nicht dispensieren kann. Der Form nach werden die päpstlichen Dispense eingeteilt in Dispensationen in forma gratiosa und in forma commissoria, je nachdem sie unmittelbar durch die römische Kurie oder durch Vermittelung des Ordinariats, d. h. durch den kompetenten Bischof (ordinarius), erteilt werden. Den Bischöfen selbst steht das Recht zum D. von kirchenrechtlichen Satzungen nur in Ansehung ihres partikulären Diözesanrechts zu, rücksichtlich des gemeinen Kirchenrechts nur, wenn und soweit ihnen eine Dispensationsbefugnis vom Papst übertragen worden ist. Letzteres geschieht durch die sogen. facultates (Vollmachten) und zwar regelmäßig nur auf fünf Jahre (Quinquennalfakultäten). Zu bemerken ist noch, daß in England das Dispensationsrecht der Krone durch die Bill of rights für immer beseitigt worden ist, nachdem dasselbe unter Jakob II. durch systematischen Mißbrauch fast zu einer gänzlichen Beseitigung der alten Landesrechte geführt hatte. Auf dem Gebiet des Strafrechts ist von eigentlicher Dispenserteilung keine Rede; hier tritt das Begnadigungsrecht an die Stelle desselben (s. Begnadigung). Vgl. Gneist, Englisches Verwaltungsrecht (2. Aufl. 1867); Derselbe, Verwaltung, Justiz, Rechtsweg ꝛc., S. 62 ff. (1869); Gerber, über Privilegienhoheit und Dispensationsgewalt im modernen Staat (Tübinger »Zeitschrift für Staatswissenschaften« 1871); Derselbe, Gesammelte juristische Abhandlungen (1872).

Disponieren (lat.), verfügen, bestimmen; Disposition, Anordnung, Verfügung; namentlich im Rechtsleben jede Verfügung über einen vermögensrechtlichen Gegenstand, sei es unter Lebenden (Kauf, Tausch, Schenkung u. dgl.), sei es »auf den Todesfall« (letztwillige Disposition, wie Testament, Erbvertrag); Dispositionsfähigkeit, die rechtliche Handlungsfähigkeit. Im Staats- und Militärdienst versteht man unter Stellung zur Disposition die Versetzung in den zeitweiligen Ruhestand oder auf Wartegeld, welche spätere Verwendung des zur Disposition Gestellten durchaus nicht ausschließt. Das Verfahren, welches in solchen Fällen eintritt, ist in den einzelnen Staaten durch Gesetz geregelt. Für Richterbeamte ist der Grundsatz, daß sie wider ihren Willen nur kraft richterlicher Entscheidung und nur aus den Gründen und unter den Formen, welche die Gesetze bestimmen, dauernd oder zeitweise ihres Amtes enthoben oder an eine andre Stelle oder in den Ruhestand versetzt werden können, auch in dem deutschen Gerichtsverfassungsgesetz (§ 8) ausdrücklich anerkannt.

Disputationstage, s. Mecklenburg-Schwerin.

Dissenters (engl., »Andersdenkende«), in England alle nicht zur Staatskirche gehörigen Personen; namentlich die protestantischen Sekten, wie die Presbyterianer, Baptisten, Quäker, Irvingianer rc., welche sich von der anglikanischen Kirche losgesagt haben.

Dissidénten (lat., »Getrennte«), die außerhalb der staatlich anerkannten Kirchen stehenden Religionsparteien. Dieselben stehen in den meisten Staaten nicht unter einer geordneten staatlichen Oberaufsicht, doch beziehen sich die preußischen und hessischen Vorschriften über kirchliche Straf- und Zuchtmittel auch auf Dissidentengemeinden. Neuerdings ist der Erlaß von Dissidentengesetzen in Anregung gebracht worden. Wichtig ist die Bestimmung der deutschen Zivilprozeßordnung (§ 446), welche ebenso wie die Strafprozeßordnung (§ 64) erklärt, daß es der Eidesleistung gleich geachtet werden soll, wenn ein Mitglied einer Religionsgesellschaft, welcher das Gesetz den Gebrauch gewisser Beteuerungsformeln an Stelle des Eides gestattet, eine Erklärung unter der Beteuerungsformel dieser Religionsgesellschaft abgibt.

Distrikt (lat.), Bezirk, Unterabteilung einer Provinz; in Bayern zerfallen die Kreise in Distrikte, welche den Bezirksämtern unterstellt sind. Der Kommunalverband des Distrikts, die sogen. Distriktsgemeinde, aber wird durch einen Distriktsrat vertreten, welch letzterer wiederum für die laufende Verwaltung einen Distriktsausschuß erwählt.

Disziplin (lat.), Zucht, Ordnung; im Militärwesen die Mannszucht; auch Bezeichnung für einen gewissen Zweig einer Wissenschaft, z. B. die D. des Staatsrechts. Disziplinargewalt, die von der Staatsgewalt ausgehende Aufsichtsgewalt der vorgesetzten über die untergeordneten Behörden, namentlich in den Angelegenheiten des Geschäftsgangs und der sittlichen Führung, insoweit Verstöße dagegen nicht unter die allgemeinen Strafgesetze fallen. Als Disziplinarstrafen kommen Rügen, Warnungen, Verweise, Geldstrafen, Strafversetzungen, Suspension vom Amt und Dienstentlassung vor. Disziplinaruntersuchung, die von der vorgesetzten Dienstbehörde wegen einer dienstlichen Ungehörigkeit eingeleitete Untersuchung; Disziplinarvergehen, Überschreitungen der amtlichen Dienstvorschriften und Dienstanweisungen. Wird gegen einen Beamten des Deutschen Reichs das förmliche Disziplinarverfahren behufs der Entfernung aus dem Amt eingeleitet, so entscheiden darüber besondere Disziplinarbehörden und zwar in erster Instanz die Disziplinarkammern, in zweiter der Disziplinarhof (s. Reichsbehörden).

Diurnist (lat., Diätarius), ein nicht mit festem Gehalt Angestellter, der gegen Diäten (Tagegelder) arbeitet.

Divide et impēra (lat., »trenne und herrsche«), oft als Staatsmaxime des alten Rom den unterworfenen Völkern gegenüber bezeichnet; auch wohl auf die Metternichsche Politik angewandt, welche die verschiedenen Völkerschaften des österreichischen Kaiserstaats gegeneinander in Schach zu halten und sie ebendadurch völlig zu beherrschen suchte.

Dividende (lat., »das zu Verteilende«),

derjenige Gewinnanteil, welcher den Teil=
nehmern an einem Unternehmen, na=
mentlich an einem Aktienunternehmen,
zu teil wird; Dividendengarantie,
die Gewährleistung eines bestimmten jähr=
lichen Dividendenbetrags, wie z. B. von
einer Staatsregierung für die Aktien einer
Eisenbahngesellschaft übernommen wird.

Division (lat.), im Militärwesen eine
Truppenabteilung, welche zumeist aus
zwei Brigaden derselben Waffengattung be=
steht; Divisionär, Befehlshaber der D.,
in Deutschland gewöhnlich ein General=
leutnant.

Doktor (lat. Doctor, »Lehrer«), Ehren=
titel für Gelehrte, 1130 zuerst von der
Universität zu Bologna verliehen; Doc=
tor juris utriusque, D. beider Rechte,
d. h. des römischen und des kanonischen
Rechts. Die Ernennung zum D. einer
Fakultät erfolgt durch deren Dekan ent=
weder nach vorgängigem Examen (Dok=
toramen) oder auf Grund einer schrift=
lichen Arbeit (»in absentia«) oder als eh=
renvolle Auszeichnung (»honoris causa«)
durch Beschluß der Fakultät (Doktor=
promotion). Die über die Verleihung
der Doktorwürde ausgefertigte Urkunde
wird Doktordiplom genannt.

Doktrinäre (v. lat. doctrina, »Wis=
senschaft«), Männer der Wissenschaft, na=
mentlich solche, welche in unpraktischer
Weise lediglich nach theoretischen Grund=
sätzen verfahren. So wandte man diese
Bezeichnung in Frankreich während der
Restauration auf diejenigen Mitglieder der
parlamentarischen Opposition an, welche
der Politik der Willkür gegenüber eine
wissenschaftliche Staatslehre aufstellten
und den Konstitutionalismus auf Grund
der Charte Ludwigs XVIII. weiter aus=
gebildet wissen wollten. Neuerdings hat
man namentlich einzelne nationalliberale
Politiker, freilich mit wenig Recht, zuwei=
len als »D.« bezeichnet.

Dokument (lat., Documentum), Ur=
kunde (s. d.); dokumentieren, beur=
kunden, urkundlich darthun.

Dollar (v. deutschen »Thaler«), die
in Münzen wie in Papiergeld dargestellte
Münzeinheit der nordamerikanischen
Union, eingeteilt in 100 Cent = 4,198 Mk.

Dolmetscher (Dolmetsch), Übersetzer,
Gesprächsvermittler. So sind den Gesandt=
schaften vielfach D. als ständige Unterbe=
amte (im Orient »Dragomane« genannt)
beigegeben. Wird vor Gericht unter Be=
teiligung von Personen verhandelt, welche
der deutschen Sprache nicht mächtig sind,
so ist nach dem deutschen Gerichtsverfas=
sungsgesetz, welches die deutsche Sprache
für die Gerichtssprache erklärt, ein D.
zuzuziehen. Doch kann diese Zuziehung
eines Dolmetschers unterbleiben, wenn die
beteiligten Personen sämtlich der fremden
Sprache mächtig sind. Ebenso ist zur Ver=
handlung mit tauben oder stummen Per=
sonen, sofern nicht eine schriftliche Ver=
ständigung erfolgt, eine geeignete Person
als D. zuzuziehen. Der D. hat als Sach=
verständiger des Gerichts einen Eid dahin
abzuleisten, daß er treu und gewissenhaft
übertragen werde. Der Dienst desselben
kann aber auch von dem Gerichtsschreiber
wahrgenommen werden. Vgl. Deutsches
Gerichtsverfassungsgesetz, §§ 187—193.

Dolus (lat.), vorsätzliches rechtswidriges
Handeln, im Gegensatz zur rechtswidrigen
Fahrlässigkeit (Culpa), daher man
von einer bolosen im Gegensatz zur
kulposen Rechtsverletzung spricht.

Dom, s. Don.

Domäne (v. lat. dominium, »herr=
schaftliches Gut«, Kammergut), Grund=
stücke, namentlich größere geschlossene Gü=
ter, aus deren Ertrag die Staatsausgaben
zum Teil bestritten werden. Die Domä=
nen sind ihrem historischen Ursprung nach
in den einzelnen Staaten von verschiede=
ner rechtlicher Natur; sie sind teils als
Staatseigentum, teils als Eigentum des
regierenden Hauses anzusehen. In man=
chen deutschen Staaten war die Unsicher=
heit der Eigentumsverhältnisse in An=
sehung des Domanialvermögens die Ver=
anlassung zu langwierigen Differenzen
zwischen dem fürstlichen Haus und zwi=
schen der Volksvertretung; doch sind diese
Streitigkeiten jetzt zumeist beigelegt, indem
man die Domänen teils als Staatsgut,
teils als fürstliches Familienfideikommiß=
gut erklärt und über die Verwendung der
Einkünfte bestimmte Abmachungen ge=
troffen, auch wohl Teilung der Substanz

des Domänenguts für den Fall einer Me=
diatisierung des regierenden Hauses vor=
gesehen hat. Die Veräußerung von Be=
standteilen des Domanialguts ist regel=
mäßig von der Zustimmung der Stände
abhängig gemacht.

Dominikaner, s. Orden.

Dominikanische Republik, s. Hayti.

Domizil (lat., Wohnort), im allge=
meinen der Ort, wo sich jemand bleibend
aufhält. In der Jurisprudenz unterschei=
det man ein Domicilium voluntarium,
d. h. freiwilliges D., vom Domicilium ne=
cessarium, d. h. notwendigen D., welch
letzteres bei den durch ihre amtliche Stel=
lung oder sonstige Dienstverhältnisse an
einen bestimmten Ort gewiesenen Personen
sowie bei Ehefrauen, welche das D. ihres
Mannes teilen, stattfindet (vgl. Heimat).

Don (span., portug. Dom, v. lat. do=
minus, »Herr«; Femininum Doña,
Donna), in Spanien und Portugal Titel,
welchen der Adel dem Taufnamen vorsetzt.

Doppeladler, Wappen des ehemaligen
römischen Kaiserreichs, 1846 auch vom
Deutschen Bund als Wappenzeichen ange=
nommen, von Österreich nach Auflösung
des Deutschen Reichs 1806 beibehalten,
auch von Rußland unter dem Zaren Iwan
Wasiljewitsch angenommen. Dagegen ist
als Wappen des neuen Deutschen Reichs
der einköpfige Adler gewählt worden. Vgl.
allerhöchsten Erlaß vom 3. Aug. 1871
(Reichsgesetzblatt, S. 318).

Doppelbesteuerung. Durch das nord=
deutsche Bundesgesetz, jetzt deutsche Reichs=
gesetz vom 1. Nov. 1867 ist für den vor=
maligen Norddeutschen Bund und nun=
mehr für das Deutsche Reich der Grund=
satz der Freizügigkeit gesetzlich sanktioniert
und jedem Deutschen damit das Recht
eingeräumt worden, sich innerhalb des
Reichs und in den einzelnen Bundesstaa=
ten an jedem Ort aufzuhalten oder nieder=
zulassen, wo er eine eigne Wohnung oder
ein Unterkommen sich zu verschaffen im=
stande sei. Schon das Freizügigkeitsgesetz
erklärte, daß ein Bundesangehöriger in
der Ausübung dieses Rechts weder durch
die Obrigkeit seiner Heimat noch durch die
seines Aufenthaltsorts gehindert oder durch
lästige Bedingungen beschränkt werden

dürfe. Damit war denn auch die Heran=
ziehung der Bundesangehörigen, welche
sich außerhalb ihres Heimatstaats nieder=
gelassen, zu den direkten Steuern sowohl
in dem letztern als auch zugleich in dem
Staat, in welchem sie ihren Wohnsitz ge=
nommen, unverträglich, und zahlreiche
Petitionen der durch eine solche Maßregel
Betroffenen veranlaßten eine Beseitigung
dieser D. im Weg der Bundesgesetzgebung.
Das jetzt für das ganze Deutsche Reich
verbindliche Gesetz vom 13. Mai 1870
»wegen Beseitigung der D.« bestimmt
hierüber folgendes: Ein Deutscher soll zu
den direkten Staatssteuern nur in dem=
jenigen Bundesstaat herangezogen werden,
in welchem er seinen Wohnsitz hat. Als
Wohnsitz gilt aber derjenige Ort, an wel=
chem der Betreffende eine Wohnung unter
Umständen innehat, welche auf die Ab=
sicht der dauernden Beibehaltung einer
solchen schließen lassen. Fehlt es über=
haupt an einem eigentlichen Wohnsitz, so
ist der Aufenthaltsort maßgebend. Wer
dagegen sowohl in seinem Heimatstaat
als auch in einem andern Bundesstaat
einen Wohnsitz hat, darf nur in dem
erstern mit direkten Steuern belastet wer=
den. Bei Beamten entscheidet der dienst=
liche Wohnsitz; Militärpersonen und Zivil=
beamte sowie deren Hinterbliebene sind
wegen ihres Gehalts, wegen Pension oder
Wartegeld nur in demjenigen Staat zu
besteuern, welcher die Zahlung zu leisten
hat. Endlich ist noch verordnet, daß der
Grundbesitz und der Betrieb eines Ge=
werbes sowie das aus diesen Quellen her=
rührende Einkommen nur von demjenigen
Bundesstaat besteuert werden dürfen, in
welchem der Grundbesitz liegt oder das Ge=
werbe betrieben wird.

Doppelehe, s. Unzuchtsverbrechen.

Doppelwährung, s. Währung.

Dorfgemeinde, s. Gemeinde.

Dotieren (lat.), ausstatten; Dota=
tion, Ausstattung; auch die außerordent=
liche Zuwendung selbst, mit welcher z. B.
ein verdienter Staatsmann oder ein Feld=
herr für ganz besonders ausgezeichnete
Dienste belohnt wird.

Douane (franz., spr. duahn, v. per=
sisch=arab. Diwan), Zollhaus, Zollbüreau,

Mautamt; auch Bezeichnung für das gesamte zur Kontrolle der Aus- und Einfuhr und zur Erhebung der gesetzlichen Zölle bestellte Beamtenpersonal (Douaniers).

Doyen (franz., spr. doajäng, v. lat. decanus), der Älteste, namentlich in dem diplomatischen Korps der an einem Hof akkreditierten Gesandten, welcher den Vortritt hat und bei gewissen Gelegenheiten Wortführer ist.

Drachme, die dermalige griechische Münzeinheit (= 1 Frank = 80 Pf.).

Dragoman (türk.), Dolmetscher, besonders bei der Pforte und bei Gesandtschaften im Orient.

Dragoner, ursprünglich Büchsenschützen zu Pferd, welche als Kavallerie und als Infanterie gebraucht wurden; jetzt leichte Kavallerie, mit Säbeln und Karabinern bewaffnet.

Dreijährig-Freiwillige, s. Freiwillige.

Dreiklassensystem, s. Wahl.

Drohung(lat.Minatio),die Handlungsweise, durch welche man einem andern die rechtswidrige Zufügung gewisser Nachteile in Aussicht stellt. Abgesehen vom Privatrecht, wird die D. namentlich auf dem Gebiet des Strafrechts berücksichtigt und zwar zunächst insofern, als derjenige, welcher einen andern durch D. vorsätzlich zu einem Verbrechen bestimmte, als Anstifter (intellektueller Urheber) nach Maßgabe desjenigen Strafgesetzes bestraft wird, welches auf die Handlung Anwendung findet, zu der er wissentlich angestiftet hat (deutsches Reichsstrafgesetzbuch, § 48). Auf der andern Seite wird die Strafbarkeit einer Handlung für den Thäter dadurch ausgeschlossen, daß er zu dieser Handlung durch eine D., welche mit einer gegenwärtigen, auf andre Weise nicht abwendbaren Gefahr für Leib oder Leben seiner selbst oder eines Angehörigen verbunden war, genötigt wurde. Als »Angehörige« sind aber nach dem deutschen Strafgesetzbuch (§ 52) Verwandte und Verschwägerte auf- und absteigender Linie, Adoptiv- und Pflegeeltern und Kinder, Ehegatten, Geschwister und deren Ehegatten sowie Verlobte anzusehen. Außerdem kommt die D. bei einer Reihe von Verbrechen, als zu

deren Thatbestand gehörig, in Anbetracht, so beim Raub, dessen Thatbestand darin beruht, daß der Räuber mit Gewalt gegen eine Person oder unter Anwendung von Drohungen mit gegenwärtiger Gefahr für Leib oder Leben einem andern eine fremde bewegliche Sache in der Absicht wegnimmt, sich dieselbe rechtswidrig zuzueignen, ebenso bei der Notzucht, Erpressung, Nötigung, bei dem Widerstand gegen die Staatsgewalt u. dgl. Aber auch die einfache Bedrohung eines andern mit einem Verbrechen wird bestraft und zwar nach § 241 des Reichsstrafgesetzbuchs mit Gefängnis bis zu 6 Monaten oder mit Geldstrafe bis zu 300 Mk. Besonders strafbar erscheint es endlich, wenn durch die Androhung eines gemeingefährlichen Verbrechens, also namentlich durch D. mit Brandstiftung mittelst sogen. Brand- oder Drohbriefe, der öffentliche Friede gestört wird. Nach § 126 des Reichsstrafgesetzbuchs soll hier Gefängnisstrafe bis zu einem Jahr eintreten.

Droit d'aubaine (franz., spr. dröa bobähn), Heimfallsrecht, Fremdlingsrecht (s. Fremdenrecht).

Drost, in Niedersachsen ehedem der Verwalter einer Vogtei; in Hannover seit 1822 Titel der Präsidenten der Regierungsbezirke (Landdrosteien). Der Titel Landdrost ist für diese Beamten auch nach Einverleibung Hannovers in die preußische Monarchie beibehalten worden.

Dualismus (neulat., »Zweiteilung«), in der Politik die Teilung der Gewalt zwischen zwei Faktoren oder Mächten. So war z. B. zur Zeit des frühern Deutschen Bundes der D. Österreichs und Preußens, welche sich in die eigentliche Macht in Deutschland teilen sollten, der Hauptgrund der Schwäche des Bundes. Auch die gegenwärtige Verfassung der österreichischen Monarchie ist insofern eine dualistische, als Cis- und Transleithanien als völlig gleichberechtigte Staatskörper angesehen und behandelt werden.

Duc (franz., spr. dük, lat. Dux, ital. Duca), Herzog (s. b.), in Frankreich höchste Rangstufe des Adels zwischen prince und marquis.

Duell (lat.), s. v. w. Zweikampf.

Dukaten, Goldmünze, angeblich so benannt nach dem Familiennamen »Dukas« der byzantiniſchen Kaiſer Konſtantin und Michael; in Deutſchland ſeit 1559 Reichs= münze, heutzutage noch in Holland (9,588 Mk.), Öſterreich (9,604 Mk.) und Rußland (Imperialdukaten, 10,04 Mk.) gangbare Münze.

Dunkelarreſt, ſ. Arreſt.

Duplik (lat.), die Antwort des Beklag= ten auf die Replik des Klägers, zu welcher ſich die D. wie die Einrede zur Klage verhält; auch Bezeichnung für den vorbe= reitenden Schriftſatz, den vierten Partei= ſatz, welcher die Beantwortung der Replik= ſchrift enthält. Vgl. Deutſche Zivilprozeß= ordnung, § 245.

Duplikat (lat.), Doppelſchrift; das zweite Exemplar einer Schrift, insbeſon= dere einer Prozeßſchrift, welche doppelt (in duplo) einzureichen iſt, damit das eine Exemplar bei den Akten bleibe, das andre aber dem Prozeßgegner zugefertigt werde.

Durchlaucht (durchlauchtig, lat. serenus, serenissimus), Titel fürſtlicher Perſonen, insbeſondere der Souveräne der deutſchen Fürſtentümer und der Ange= hörigen ihrer Häuſer. Durch Beſchluß der Bundesverſammlung vom 18. Aug. 1825 wurde aber auch den vormals reichsſtän= diſchen, jetzt ſtandesherrlichen Fürſten das Prädikat D. erteilt. Zwar ſollte nach dem Bundesbeſchluß vom 12. März 1829 eigentlich nur den Häuptern der mittel= bar gewordenen, vormals reichsſtändiſchen fürſtlichen Familien dieſes Prädikat zu= kommen; doch iſt dasſelbe auch den nicht zum Reichsfürſtenſtand gehörenden Für= ſten Hardenberg, Putbus, Pückler, Wrede u. a. beigelegt worden, weshalb die regie= renden Herzöge ſeit 1844 den Titel »Ho= heit« annahmen. Durchlauchtigſt (sere= nissima) nannten ſich auch ſonſt die Re= publiken Venedig, Genua und Polen ſowie der Deutſche Bund.

Durchſuchung einer Perſon und der ihr zugehörigen Sachen, der Wohnung und andrer Räume (Hausſuchung), als polizeiliche oder ſtrafprozeſſualiſche Maß= regel, iſt nur den geſetzlich dazu ermächtig= ten Beamten unter den geſetzlichen Voraus= ſetzungen geſtattet, ſo z. B. den Zoll= und Steuerbeamten innerhalb ihrer Berufs=

ſphäre mit Rückſicht auf zoll= und ſteuer= pflichtige Gegenſtände. Im ſtrafrechtlichen Verfahren iſt eine D. nach der deutſchen Strafprozeßordnung (§§ 102 ff.) regel= mäßig nur dem Richter und nur bei Ge= fahr im Verzug auch der Staatsanwalt= ſchaft und den Sicherheits= und Polizei= beamten mit der Beſtimmung geſtattet, daß, wenn es ſich um eine Hausſuchung handelt, der Inhaber der zu durchſuchen= den Räume der D. beiwohnen darf und in deſſen Abweſenheit, wenn möglich, ein erwachſener Angehöriger, Hausgenoſſe oder Nachbar zuzuziehen iſt. Findet eine D. der Wohnung, der Geſchäftsräume oder des befriedeten Beſitztums ohne Beiſein des Richters oder des Staatsanwalts ſtatt, ſo ſind, wenn dies möglich iſt, ein Gemeinde= beamter oder zwei Mitglieder der betref= fenden Gemeinde zuzuziehen, und zwar dürfen ſie als Gemeindemitglieder zugezo= genen Perſonen nicht Polizei= oder Sicher= heitsbeamte ſein. Eine D. iſt aber in erſter Linie nur bei demjenigen zuläſſig, welcher als Thäter oder Teilnehmer einer ſtraf= baren Handlung oder als Begünſtiger oder Hehler verdächtig iſt, ſei es zum Zweck ſeiner Ergreifung, ſei es zum Nachſuchen nach Beweismitteln. Bei andern Perſo= nen ſollen Durchſuchungen nur behufs Er= greifung des Beſchuldigten oder behufs Verfolgung von Spuren einer ſtrafbaren Handlung oder zum Zweck der Beſchlag= nahme beſtimmter Gegenſtände ſtattfinden, wofern anzunehmen ſteht, daß die geſuchte Perſon, Spur oder Sache ſich in den zu durchſuchenden Räumen befinde: eine Be= ſtimmung, welche jedoch auf die Räume, in welchen der Angeſchuldigte ergriffen worden iſt, oder die er während der Ver= folgung betreten hat, oder in welchen eine unter Polizeiaufſicht ſtehende Perſon ſich aufhält, keine Anwendung findet. Auch ſollen zur Nachtzeit nur bei Verfolgung auf friſcher That oder bei Gefahr im Ver= zug oder behufs Wiederergreifung eines entwichenen Gefangenen Hausſuchungen vorgenommen werden, abgeſehen von den Wohnungen der unter Polizeiaufſicht ſtehenden Perſonen, den zur Nachtzeit je= dermann zugänglichen Räumen, den no= toriſchen Herbergen und Verſammlungs=

orten bestrafter Personen, den Niederlagen von Sachen, welche mittelst strafbarer Handlungen erlangt sind, und den bekannten Schlupfwinkeln des Glücksspiels oder der gewerbsmäßigen Unzucht. Die sogen. generelle Haussuchung des frühern Strafprozesses, welche sich beliebig auf ganze Häuserkomplexe oder ganze Ortschaften erstreckte, ist abgeschafft.

Durchsuchungsrecht (Besichtigungs- und Untersuchungsrecht, Jus visitationis; franz. Droit de visite, de recherche; engl. Right of visit, of search), die völkerrechtliche Befugnis kriegführender Mächte, die Privatschiffe der Neutralen durch ihre Kriegsschiffe auf der See zum Zweck einer Untersuchung anhalten zu lassen. Vermöge dieses Rechts kann eine im Kriegszustand befindliche Macht, nachdem dies den neutralen Staaten notifiziert worden, auf der hohen See und in den Küstengewässern der kriegführenden Mächte die neutralen Handelsschiffe und sonstigen Transportmittel zum Zweck der Feststellung ihrer Nationalität und der Durchsuchung nach feindlicher Mannschaft oder nach Kriegskonterbande oder behufs Feststellung eines Blockadebruchs anhalten lassen und zwar durch ihre Kriegsschiffe und nötigenfalls unter Anwendung von Gewalt, welche im Fall des Widerstands oder der Flucht bis zur Vernichtung des neutralen Fahrzeugs gehen kann. Zur Vermeidung einer derartigen Durchsuchung pflegen die neutralen Handelsschiffe vielfach unter dem Konvoi (»Geleit«) von Kriegsschiffen ihres Staats zu segeln. Die »Unburchsuchbarkeit« des Kriegsschiffs erstreckt sich dann auch auf das geleitete Schiff, welches von dem erstern überwacht wird, und es genügt die Versicherung des Konvoibefehlshabers, daß die konvoyierten Schiffe keine Kriegskonterbande mit sich führen. Dagegen findet ein D. in Friedenszeiten (sogen. Droit d'enquête du pavillon, engl. Right of approach) völkerrechtlich keine Anerkennung. Nur zur Unterdrückung des Sklavenhandels haben die Seemächte sich gegenseitig ein solches D. zugestanden, die nordamerikanischen Vereinigten Staaten aber auch nicht einmal zu diesem Zweck. Im übrigen ist das D. in Friedenszeiten, zur Feststellung der Nationalität oder wegen Verdachts der Seeräuberei etwa, völkerrechtlich nicht anerkannt. Zur Erörterung der Frage gab das Vorgehen des Kapitäns Werner 23. Juli 1873, welcher als Kapitän des preußischen Kriegsschiffs Friedrich Karl den spanischen Aviso Vigilante vor Cartagena anhielt, mannigfachen Anlaß. Vgl. Tecklenborg, Der »Vigilante«-Fall (1873); Heffter, Europäisches Völkerrecht (6. Aufl. 1873); v. Kaltenborn, Seerecht, Bd. 2 (1851).

Dynastie (griech.), Herrschergeschlecht, Fürstenhaus; Dynast, Machthaber, Herrscher; im Mittelalter solche Grafen und Herren, welche bei dem Verfall der alten Gauverfassung in den Besitz reichsfreier Territorien gelangt waren. Dynastisch, z. B. dynastische Interessen, auf die D. bezüglich, die D. angehend.

E.

Earl (spr. örl, aus dem norwegischen »Jarl« entstanden), englischer Adelstitel, der bis Mitte des 14. Jahrh. die höchste Stufe des englischen Adels bezeichnete; gegenwärtig bloße Standesauszeichnung.

Ebenbürtigkeit, Standesgleichheit der Geburt nach, war früher bei dem Adel allgemein die Bedingung einer standesmäßigen Ehe, während sie heutzutage nur noch bei den souveränen Familien und dem hohen Adel von Bedeutung ist. Dem hohen (ehemals reichsunmittelbaren, reichsständischen oder landesherrlichen) Adel war nämlich in der deutschen Bundesakte vom 8. Juni 1815, durch Bundesgesetz vom 19. Aug. 1825 und laut des Aachener Konferenzprotokolls vom 7. Nov. 1818 das Recht der E. gegenüber den souveränen Geschlechtern garantiert worden. Im Mittelalter war dagegen das Erforbernis der E. der Ehegatten auch bei den Ehen der Ritterbürtigen insofern vorhanden, als Kinder aus einer ungleichen Ehe »der ärgern Hand folgten«, d. h. den Stand des Nichtritterbürtigen teilten. Dies ist später nur beim Herrenstand, den ehemaligen Reichsständen, d. h. dem heutigen ebenbürtigen hohen Adel, in Geltung geblieben, indem dieser Rechtssatz in dieser Sphäre durch Hausgesetze und Hausverträge aufrecht erhalten ward. Von »Mißheiraten« des niedern Adels kann daher heute nicht mehr die Rede sein. Wenn dagegen bei Ehen des hohen Adels die E. fehlt, so ist eine Mißheirat vorhanden, welche außer der Ausschließung der Standesgleichheit der Ehegatten auch die Wirkung hat, daß die Kinder nicht den höhern Geburtsstand und Rang des Vaters teilen, und daß sowohl die Frau als die Kinder nur diejenigen vermögensrechtlichen Ansprüche an die Hinterlassenschaft des Vaters erhalten, welche von der Voraussetzung der E. unabhängig sind. Daher hat die Frau keinen Anspruch auf das standesgemäße Wittum, und die Kinder sind nicht successionsberechtigt in betreff der Stamm=, Fideikommiß= und Lehngüter; jedoch können diese Nachteile durch Verzicht der ebenbürtigen Erben und Einwilligung des Lehnsherrn teilweise gehoben werden. Werden diese Wirkungen der Mißheirat gleich bei Eingehung der Ehe vertragsmäßig bestimmt, so nennt man die Ehe eine Ehe zur linken Hand oder morganatische Ehe. Vgl. Göhrum, Geschichtliche Darstellung der Lehre von der E. nach gemeinem deutschen Recht (1846, 2 Bde.); Zöpfl, Grundsätze des gemeinen deutschen Staatsrechts (5. Aufl. 1863).

Ecclesia (griech.), Kirche; E. militans, streitende Kirche, namentlich Bezeichnung für die katholische Kirche im Kampf mit der Staatsgewalt.

Échec (franz., spr. eschäck), Schachspiel. Einen É. erleiden, eine Schlappe erleiden; en é. halten, ein feindliches Korps beschäftigen.

Echtlosigkeit (v. altdeutsch. echt, d. h. Gesetz), völlige Rechtlosigkeit der Geächteten nach altgermanischem Recht.

Éclaireurs (franz., spr. eklärör), die äußersten Spitzen vorgeschickter Truppenabteilungen, die den Zweck haben, Terrain und Stellung des Feindes zu erforschen; im politischen Leben Bezeichnung für diejenigen, welche die Absicht der Regierung oder einer Gegenpartei erkunden sollen.

Ecuador (Quito), südamerikan. Freistaat; früher nach der Unabhängigkeitserklärung in Ansehung der spanischen Herrschaft ein Bestandteil der Republik Kolumbien (s. d.), konstituierte sich E. 1830 als besondere Republik und behauptete in langwierigen Kämpfen mit den Nachbarstaaten, insbesondere mit Peru, seine Selbständigkeit. Das Land (643,295 qkm) zerfällt in elf Provinzen mit 946,033 Einw., wozu noch etwa 200,000 Indianer kommen. Zu E. gehören die Galapagosinseln, 7643 qkm mit 50—60 Einw. Die Hauptstadt der Republik ist Quito mit ca. 80,000 Einw. Die Verfassung von 1845 (mit Nachträgen von 1852 und 1853) ist die einer Republik. An der Spitze derselben steht der Präsident, welchem zwei Stellvertreter (designados) beigegeben sind. Dieselben werden vom Volk jeweilig auf vier Jahre gewählt. Dem Präsidenten steht ein Rat zur Seite, bestehend aus den Ministern (für Inneres und Auswärtiges, für Krieg und Marine und für Finanzen und öffentliche Arbeiten), dem Vorsitzenden des Obergerichts und einem höhern Geistlichen. Die gesetzgebende Gewalt wird von dem Kongreß ausgeübt, welcher in einen Senat (18 Mitglieder) und ein Repräsentantenhaus (30 Mitglieder) zerfällt. Ein Obergerichtshof besteht in Quito, unter diesem stehen drei Gerichtshöfe und Einzelrichter. Die Kriegsmacht soll verfassungsmäßig aus 2000 Mann stehender Truppen und aus einer Nationalgarde bestehen. Eine eigentliche Kriegsflotte ist nicht vorhanden. Die Religion ist die katholische; an der Spitze der Geistlichkeit steht der Erzbischof von Quito mit Bischöfen in Cuenca, Guayaquil, Loja, Ibarra, Riobamba und Manari. Ein deutscher Konsul hat seinen Sitz in Guayaquil. Die Finanzlage ist keine günstige: es betrugen die Ausgaben 1876: 3,360,000 Piaster (1 Silberpiaster

=4 Mk.), die Einnahmen (meist aus Zöllen) nur 2,317,000 Piaster. Die Staatsschuld belief sich 1877 auf 16,370,000 Piaster. Das Wappen der Republik besteht aus einem ovalen Schild mit zwei Feldern, von benen das obere eine Krone, das untere einen Berg nebst einem Fluß mit einem Dampfschiff enthält. Die Flagge zeigt die horizontal laufenden Farben Gelb, Blau, Rot. Vgl. Wappäus, E. (in Steins »Geographischem Handbuch«, 1871), und über die Rechtsverhältnisse in E. das Werk von Albertini (in spanischer Sprache, Par. 1866).

Edikt (lat.), Verordnung, obrigkeitliche Bekanntmachung.

Ediktalien (lat., Ediktalcitation, Ediktalladung, Aufgebot), öffentliche, durch Anschlag an Gerichtsstelle und Einrückung in öffentliche Blätter erfolgende gerichtliche Vorladung, welche erlassen wird, wenn der Aufenthalt des Vorzuladenden unbekannt oder unbekannte Interessenten, z. B. Gläubiger, Erben ꝛc., zur Wahrnehmung ihrer Rechte aufzufordern sind (vgl. Aufgebot).

Edler (Edler von ...), Titel für Adlige, die im Rang über dem gewöhnlichen Abel, aber unter den Freiherren stehen.

Efendi (türk.), Herr, Gebieter, bei den Türken Ehrentitel der Staatsbeamten und Standespersonen.

Effekten (lat.), s. Staatspapiere.

Effektiv (lat.), wirklich, in Wirklichkeit vorhanden, daher man z. B. beim Militär von dem Effektivbestand der Truppen, als von der wirklichen Zahl der bei den Fahnen befindlichen Mannschaften, spricht. Effektive Blockade nennt man im Seekrieg eine wirklich mit Gefahr verbundene Hafenabsperrung durch die feindliche Macht (vgl. Blockade).

Egalité (franz.), Gleichheit, besonders in politischer Beziehung; auch Name, den der Herzog Ludwig Joseph Philipp von Orleans (guillotiniert 1793) angenommen hatte. Während der ersten französischen Revolution bildeten die Worte: liberté, é., fraternité (Freiheit, Gleichheit, Brüderlichkeit) die Devise der Republik.

Ehe, die nach gesetzlichen Vorschriften eingegangene Vereinigung eines Mannes und Weibes zur lebenslänglichen und ungeteilten Gemeinschaft aller Lebensverhältnisse. Das Tridentinische Konzil (1563) erforderte zur Gültigkeit der E. Konsenserklärung vor dem Pfarrer und vor zwei oder drei Zeugen, woran sich dann die kirchliche Trauung anschließen sollte, welche auch in das protestantische Kirchenrecht überging. In neuerer Zeit hat jedoch das Institut der Zivilehe große Verbreitung gefunden, d. h. die durch Konsenserklärung der Brautleute vor weltlichen Staatsbeamten (Zivilstandsbeamten) mit rechtlicher Wirksamkeit eingegangene E., und zwar: Notzivilehe, wenn die bürgerliche Eheschließung nur ausnahmsweise stattfindet, falls die kirchliche Trauung nicht erlangt werden kann, wie z. B. nach dem Gesetz vom 25. Mai 1868 in Österreich für die sogen. Konfessionslosen; fakultative Zivilehe, wobei den Brautleuten zwischen kirchlicher und bürgerlicher Eheschließung die Wahl gelassen wird, wie in England für die Angehörigen der Staatskirche, und obligatorische Zivilehe, wenn die bürgerliche Gültigkeit der E. von der Konsenserklärung vor dem Standesbeamten abhängt, die unter allen Umständen der kirchlichen Trauung vorhergehen muß, wie in Frankreich, in England für die Dissenters und nach dem Reichsgesetz vom 6. Febr. 1875 auch in Deutschland. Ehehindernisse sind, abgesehen von Zwang, Irrtum und Betrug, nach diesem Gesetz Mangel der Ehemündigkeit (bei Männern 20, bei Weibern 16 Jahre), der Einwilligung des Vaters, solange der Sohn das 25., die Tochter das 24. Lebensjahr nicht vollendet hat, der Mutter, wenn kein Vater vorhanden, und bei Minderjährigen des Vormunds. Ferner ist Witwen der Abschluß einer anderweiten E. vor Ablauf des zehnten Monats nach Beendigung der vorigen E. und Vormündern und deren Kindern die E. mit den Pflegebefohlenen der erstern untersagt. Weitere Ehehindernisse sind: Verwandtschaft in auf- und absteigender Linie; das Verhältnis zwischen voll- und halbbürtigen Geschwistern, zwischen Stiefeltern und Stiefkindern, Schwiegereltern und Schwiegerkindern und zwischen Adoptiveltern und Kindern. Auch ist die E. zwischen einem wegen Ehebruchs Geschiedenen und seinem Mitschuldigen untersagt. Sonstige Ehehindernisse konfessioneller (Priesterweihe) und polizeilicher Natur sind durch die Reichsgesetzgebung beseitigt. Trennung einer rechtsgültigen E. durch Richterspruch oder aus landesherrlicher Machtvollkommenheit (Ehescheidung) ist nur aus bestimmten Ehescheidungsgründen zulässig, wie Lebensnachstellung, Unfruchtbarkeit der Frau, entehrende Strafen, Ehebruch 2c. Die sogen. morganatische E. (s. Ebenbürtigkeit) oder E. zur linken Hand kommt nur beim hohen Adel vor.

Ehebruch, s. Unzuchtsverbrechen.

Ehrenamt, s. Amt.

Ehrenbürger, derjenige, welchem das Bürgerrecht als ein Ehrenrecht unentgeltlich von der städtischen Behörde erteilt ist.

Ehrengericht, zur Schlichtung von Ehrensachen niedergesetzte Kommission, namentlich beim Militär üblich. Über die Ehrengerichte und den Ehrenrat der Anwälte insbesondere vgl. Rechtsanwalt.

Ehrenkränkung, s. Beleidigung, Injurie.

Ehrenlegion, Orden der, einziger Orden Frankreichs, gestiftet durch Gesetz vom 29. Floréal des Jahrs X (19. Mai 1802) zur Belohnung von Verdiensten im Zivil- und Militärdienst, bestehend aus Großkreuzen, Großoffizieren, Kommandeuren, Offizieren und Rittern. Die Dekoration besteht aus einem Stern mit fünf doppelten Strahlen, auf dessen Vorderseite früher das Bildnis Napoleons I. ersichtlich war, welches jetzt durch eine bildliche Darstellung der Republik ersetzt ist. Die Rückseite zeigt zwei Fahnen mit der Devise: »Honneur et Patrie« (»Ehre und Vaterland«).

Ehrenrechte (bürgerliche), die durch den Vollgenuß der bürgerlichen Ehre bedingten Einzelbefugnisse, welche der Mensch als Person und als Staatsbürger im öffentlichen Leben in Anspruch nehmen kann. Verlust dieser bürgerlichen E. tritt nur infolge eines ausdrücklich hierauf gerichteten Strafurteils ein, und zwar ist

nach dem deutschen Reichsstrafgesetzbuch zwischen dem Verlust aller und dem einzelner E. zu unterscheiden. Verlust aller bürgerlichen E. kann nämlich im Strafurteil ausgesprochen werden neben der Todesstrafe und der Zuchthausstrafe; neben der Gefängnisstrafe nur dann, wenn die Dauer der erkannten Strafe 3 Monate übersteigt und entweder das Gesetz den Verlust der bürgerlichen E. ausdrücklich zuläßt, oder die Gefängnisstrafe an Stelle der Zuchthausstrafe wegen Annahme mildernder Umstände ausgesprochen wird. Die Hauptfälle, in denen neben Gefängnisstrafe auch auf Verlust der E. erkannt werden kann, sind: Diebstahl, Unterschlagung, Hehlerei, Erpressung, Urkundenfälschung, Münzverfälschung, Meineid und Verleitung dazu, Blutschande, Kuppelei, widernatürliche Unzucht, öffentliche unzüchtige Handlungen, Leichenraub, Selbstverstümmelung zum Zweck des Untauglichmachens zum Militärdienst, Untreue (§ 266), gewerbsmäßiges unbefugtes Jagen, gewerbsmäßiges Glücksspiel, Fälschung öffentlicher Wahlen und Kauf und Verkauf von Wahlstimmen. Die Zeitdauer des Verlustes, welche von dem Tag an berechnet wird, an dem die betreffende Freiheitsstrafe verbüßt, verjährt oder erlassen ist, beträgt bei zeitlicher Zuchthausstrafe mindestens 2 und höchstens 10, bei Gefängnisstrafe mindestens 1 und höchstens 5 Jahre. Die Folgen der Aberkennung der E. sind: 1) die Unfähigkeit, während der im Urteil bestimmten Zeit die Landeskokarde zu tragen; in das Reichsheer oder in die Marine einzutreten; öffentliche Ämter, Würden, Titel, Orden und Ehrenzeichen zu erlangen, in öffentlichen Angelegenheiten zu stimmen, zu wählen oder gewählt zu werden oder andre politische Rechte auszuüben, Zeuge bei Aufnahme von Urkunden zu sein; Vormund, Nebenvormund, Kurator, gerichtlicher Beistand oder Mitglied eines Familienrats zu sein, es sei denn, daß es sich um Verwandte absteigender Linie handle und die obervormundschaftliche Behörde oder der Familienrat die Genehmigung erteile; 2) Verlust der aus öffentlichen Wahlen für den Verurteilten hervorgegangenen Rechte und der dauernde Verlust der öffentlichen Ämter, Würden, Titel, Orden und Ehrenzeichen. Verlust einzelner bürgerlicher E. kommt einmal bei der Verurteilung zur Zuchthausstrafe vor, die unter allen Umständen die dauernde Unfähigkeit zum Dienst im Reichsheer und in der Marine sowie die dauernde Unfähigkeit zur Bekleidung öffentlicher Ämter, Advokatur, Anwaltschaft, Notariat, Geschwornen- und Schöffendienst mit inbegriffen, nach sich zieht. Außerdem ist es dem Richter nachgelassen, neben einer Gefängnisstrafe, mit welcher die Aberkennung aller bürgerlichen E. verbunden werden könnte, nur auf die Unfähigkeit zur Bekleidung öffentlicher Ämter auf die Dauer von 1—5 Jahren zu erkennen, welche zugleich den dauernden Verlust der bisher bekleideten Ämter von Rechts wegen zur Folge hat. Vgl. Deutsches Reichsstrafgesetzbuch, § 31—37.

Ehrenstrafe, s. Strafe.

Ehrverletzung, s. Beleidigung.

Eichen (Aichen, Verifizieren), das amtliche Abgleichen und Berichtigen der für den Verkehr und den Gebrauch bestimmten Maße und Gewichte; Eichungsamt, Eichungsstelle, die hierzu eingesetzte Behörde; Eichmeister (Eichungsinspektor, Verifikateur), der hiermit beauftragte Beamte; Eichordnung, die Zusammenstellung der beim E. zu beobachtenden gesetzlichen Vorschriften; Eichgebühren, die für das E. an die Eichämter zu entrichtende Vergütung; Eichschein, die amtliche Bescheinigung über die erfolgte Eichung und die Entrichtung der Eichgebühren. Je nach der Beschaffenheit der zu eichenden Maße und Gewichte ist die dabei vorzunehmende Manipulation eine verschiedene. So werden auf hölzerne Gefäße die Eichzeichen oder Stempel eingebrannt, auf gläserne eingeschliffen, auf metallene eingeprägt, nachdem zuvor durch Vergleichung der zu eichenden Maße und Gewichte mit den Normalmaßen und Gewichten die Übereinstimmung der erstern mit den letztern konstatiert worden ist. Nun ist freilich eine absolute Übereinstimmung kaum erreichbar; auch bei der sorgfältigsten Vergleichung mit den besten

Apparaten kann es nicht ausbleiben, daß die geeichten Gegenstände von dem Normalgewicht oder -Maß um ein Minimum abweichen. Ebendeshalb ist in den Eichordnungen regelmäßig eine sogen. Fehlergrenze aufgestellt, welche das Maximum der zulässigen Abweichungen von den Normalen genau bezeichnet. Nach der gegenwärtigen deutschen Reichsgesetzgebung insbesondere werden in Ansehung der Normale folgende Unterscheidungen gemacht: 1) das Urmaß und Urgewicht, 2) die Hauptnormale, 3) die Eichungsnormale. In letzterer Beziehung wird noch zwischen Gebrauchsnormalen und Kontrollnormalen unterschieden. Nach der nunmehr zum Reichsgesetz erhobenen Maß- und Gewichtsordnung für den Norddeutschen Bund vom 17. Aug. 1868 (Bundesgesetzblatt 1868, S. 473 ff.) gilt als Urmaß derjenige Platinstab, welcher im Besitz der königlich preußischen Regierung befindlich und 1863 mit dem im damaligen kaiserlichen Archiv zu Paris aufbewahrten Mètre des archives verglichen worden ist. Ebenso gilt als Urgewicht ein im Besitz der königlich preußischen Regierung befindliches Platinkilogramm, welches 1860 mit dem Kilogramme prototype zu Paris verglichen wurde. Von diesem Urmaß und Urgewicht werden nun von der Normaleichungskommission zu Berlin den Aufsichtsbehörden der Eichungsstellen beglaubigte Kopien geliefert. Auf Grund derselben stellen dann diese Aufsichtsbehörden die sogen. Hauptnormale her, nach denen die Kontrollnormale der einzelnen Eichungsstellen richtig erhalten werden. Diese letztern führen nämlich einmal Gebrauchsnormale, nach welchen die Richtigkeit der zu eichenden Verkehrsgegenstände bei den Eichungsarbeiten beurteilt wird, sodann Kontrollnormale, welche zur Berichtigung der Gebrauchsnormale an der Eichungsstelle dienen. Die Oberleitung des Eichungswesens steht einer besondern Reichsbehörde, der Normaleichungskommission in Berlin, zu. Diese Behörde, deren Zuständigkeit sich auf das ganze Reichsgebiet mit Ausnahme von Bayern erstreckt, hat alle die technische Seite des

Eichungswesens betreffenden Gegenstände zu regeln, die bezüglichen allgemeinen Vorschriften zu erlassen, die Taren für die von den Eichungsstellen zu erhebenden Gebühren festzustellen und darüber zu wachen, daß das Eichungswesen nach übereinstimmenden Regeln, wie solche in der Eichordnung gegeben, und dem Interesse des Verkehrs entsprechend gehandhabt werde. In dieser Hinsicht ist zunächst die Eichordnung vom 16. Juli 1869 (Bundesgesetzblatt 1869, Beilage zu Nr. 32, S. 1 ff.) maßgebend. Die Errichtung der einzelnen Eichungsämter aber ist den Bundesregierungen überlassen und nach Maßgabe der Landesgesetzgebung zu bewirken; dasselbe gilt von den Aufsichtsbehörden der Eichungsstellen. Diese letztern aber haben einmal die ihnen zur Eichung und Stempelung überbrachten, für den öffentlichen Verkehr bestimmten neuen Gegenstände, deren Eichung in ihren Geschäftskreis fällt, ohne Berücksichtigung des Ursprungsorts der Gegenstände auf ihre Richtigkeit, den Vorschriften der Eichordnung entsprechend, zu prüfen und abzustempeln, sofern dieselben größere als die noch zulässigen Abweichungen von der Richtigkeit nicht zeigen. Außerdem sind aber die Eichungsstellen verpflichtet, an den Gegenständen, die bei jener Prüfung noch nicht stempelfähig befunden werden, solche Berichtigungsarbeiten auszuführen, welche sich innerhalb der Grenzen der im Verkehr noch zulässigen Abweichungen halten, und für welche sie die erforderlichen Einrichtungen besitzen, indem weiter gehende Berichtigungsarbeiten der Privatverständigung der Beteiligten überlassen bleiben. Endlich hat jede Eichungsstelle solche bereits im Verkehr befindliche und mit dem Eichungsstempel versehene Gegenstände, zu deren Prüfung sie eingerichtet ist, auf erhaltene Veranlassung entweder auf ihre Richtigkeit im Sinn der Eichordnung (Nacheichung) oder auf die äußersten Grenzen der im öffentlichen Verkehr zu duldenden Abweichungen von der absoluten Richtigkeit (Revision) zu prüfen. Die Eichungsstellen erheben für die Eichungsarbeiten die ihnen nach Maßgabe der Eichgebührentare vom 12. Dez. 1869 (Bundesgesetzblatt 1869, Beilage zu Nr. 40, S. 1 ff.) zukommenden Gebühren, neben welchen sie aber auch noch die Auslagen für etwa verwendetes Material in Ansatz bringen können. Über die von ihnen vorgenommenen Prüfungen haben die Eichungsämter Eichscheine oder Befundbescheinigungen auszustellen, auf denen zugleich über die Gebühren und Auslagen Quittung erteilt wird.

Eid, feierliche Wahrheitsversicherung unter Anrufung Gottes und zwar **assertorischer E.,** wenn es sich um die eidliche Erhärtung einer Aussage, **promissorischer E.,** wenn es sich um die eidliche Bekräftigung einer Zusage handelt, **gerichtlicher E.,** wenn er im gerichtlichen Verfahren, **außergerichtlicher E.,** wenn er außerdem geleistet wird, wie z. B. der Amtseid, Fahneneid, Huldigungseid. Der gerichtliche E. ist entweder **Haupt-** oder **Nebeneid.** Nebeneide sind namentlich die im Zivil- wie im Strafverfahren vorkommenden Eide der Zeugen und Sachverständigen. Der **Haupteid** wird in bürgerlichen Rechtsstreitigkeiten entweder freiwillig von einer Partei (**Deferent**) dem Gegner (**Delat**) zum Beweis einer Thatsache zugeschoben, der ihn dann annehmen oder zurückgeben (**referieren**) kann, oder er wird als notwendiger E. zur Ergänzung (**Erfüllungseid**) oder zur Entkräftung (**Reinigungseid**) eines unvollständigen Beweises vom Richter auferlegt. Wird die Wahrheit oder Unwahrheit einer Thatsache beschworen, so ist der E. ein **Wahrheitseid** (**juramentum veritatis**), während man von einem **Glaubenseid** (**juramentum credulitatis**) spricht, wenn der E. dahin formuliert wird, daß man nach sorgfältiger Prüfung und Erkundigung die Überzeugung erlangt habe, daß die betreffende Thatsache wahr oder nicht wahr sei. Für den Schwurpflichtigen ist geistige Integrität und **Eidesmündigkeit** erforderlich, die nach der deutschen Zivilprozeßordnung mit dem 16. Lebensjahr beginnt. Verletzung der Eidespflicht wird als **Meineid** (s. d.) bestraft.

Eidesmündigkeit, s. Alter.

Eigennutz, im strafrechtlichen Sinn des Worts Bezeichnung für gewisse Vergehen, welche sich als widerrechtliche Eingriffe in fremde Vermögenssphären aus gewinnsüchtiger Absicht charakterisieren, abgesehen von bestimmten vermögensrechtlichen Delikten, wie Diebstahl, Unterschlagung, Raub, Erpressung, Betrug ꝛc. Die Vergehen, welche unter der Rubrik »strafbarer E.« im deutschen Strafgesetzbuch behandelt werden, sind folgende: gewerbsmäßiges Betreiben und Gestatten von Glücksspielen, Veranstaltung öffentlicher Lotterien und Ausspielungen ohne obrigkeitliche Erlaubnis, strafbare Vereitelung einer drohenden Zwangsvollstreckung; ferner das Vergehen desjenigen, der seine eigne bewegliche Sache oder eine fremde bewegliche Sache zu Gunsten des Eigentümers derselben dem Nutznießer, Pfandgläubiger oder demjenigen, welchem an der Sache ein Gebrauchs- oder Zurückbehaltungsrecht zusteht, in rechtswidriger Absicht wegnimmt; unbefugte Gebrauchsanmaßung verpfändeter Sachen von seiten öffentlicher Pfandverleiher, widerrechtliche Zueignung verschossener Munition, Wilderei oder sogen. Wilddiebstahl (s. b.) und Beeinträchtigung fremder Fischereigerechtigkeit; endlich gewisse dem Vertragsbruch und der Untreue verwandte Vergehen der Schiffsleute und Passagiere, welche das Schiff oder den Schiffsdienst gefährden. Vgl. Deutsches Reichsstrafgesetzbuch, § 284 ff., Abschn. 25.

Eigentum (lat. Dominium), die totale rechtliche Herrschaft über eine körperliche Sache, im Gegensatz zum bloßen Besitz, der physischen Innehabung einer solchen.

Eigenwechsel, s. Wechsel.

Einbruch, s. Diebstahl.

Einfuhr (Import, Importation), alles, was ein Staat an Waren und Handelsartikeln aus dem Ausland bezieht, im Gegensatz zur Ausfuhr. Einfuhrzölle (Eingangszölle), diejenigen Zölle, mit welchen die in ein Land eingeführten Waren belegt werden. Dieselben bilden für die meisten Staaten eine Haupteinnahmequelle. Derartige Zölle werden zumeist auf verbreitete Nahrungsmittel oder auf Luxusartikel oder auf industrielle Fabrikate oder Halbfabrikate gelegt. Dagegen werden Rohstoffe in der Regel zollfrei zugelassen, um der heimischen Industrie das zur Verarbeitung erforderliche Material nicht zu verteuern. Da der Eingangszoll von dem Konsumenten regelmäßig getragen werden muß und also die Ware verteuert, ist es ein Grundsatz richtiger Handelspolitik, unentbehrliche Nahrungsmittel, namentlich Getreide, frei von Einfuhrzoll zu lassen oder nur mit ganz geringem Zoll zu belegen. Überhaupt ist es das Streben der Anhänger des Freihandels, die Einfuhrzölle möglichst zu beseitigen oder einzuschränken. Vgl. Zoll.

Eingangszoll, s. Einfuhr.

Einheitsstaat, s. Staat.

Einherrschaft, s. Monarchie.

Einigungsämter, s. Gewerbegerichte.

Einjährig-Freiwillige, s. Freiwillige.

Einkammersystem, das in kleinern Staaten übliche System, wonach der Landtag nur Ein Haus bildet und nicht, wie bei dem Zweikammersystem, in zwei Häuser oder Kammern zerfällt. Die Einrichtung zweier Kammern ist aus der englischen Verfassung, welche das Parlament in ein Oberhaus und ein Unterhaus teilt, in fast alle Verfassungen der größern Staaten übergegangen. Von den deutschen Einzelstaaten haben Preußen, Bayern, Sachsen, Württemberg, Baden und Hessen das Zweikammersystem adoptiert, während die Landtage der übrigen deutschen Staaten nach dem E. organisiert sind. Auch das Deutsche Reich hat eine eigentliche Volksvertretung nur in dem Reichstag, da der Bundesrat als eine Erste Kammer nicht aufgefaßt werden kann. Vgl. Volksvertretung.

Einkommensteuer, s. Steuern.

Einquartierung, im Militärwesen die Unterbringung von Soldaten in Bürgerquartieren. Die Verpflichtung zur Quartierleistung ist eine allgemeine Bürgerpflicht, welche durch das Gesetz geregelt ist, und der seitens des Staats die wenigstens in der neuern Zeit anerkannte Verpflichtung entspricht, in Friedenszeiten einige Entschädigung für den Quartiergeber zu

Staatslexikon.

gewähren. Für das Deutsche Reich ist das Einquartierungswesen geregelt durch das Bundes = (Reichs =) Gesetz vom 25. Juni 1868 (Bundesgesetzblatt, S. 523 ff.), betreffend die Quartierleistung für die bewaffnete Macht im Frieden, durch das Reichsgesetz vom 13. Febr. 1875 über die Naturalleistungen für die bewaffnete Macht im Frieden (Reichsgesetzblatt, S. 52 ff.) und durch das Reichsgesetz vom 13. Juni 1873 über die Kriegsleistungen (Reichsgesetzblatt, S. 129 ff.). Von der Aufnahme von E. sind hiernach nur die Häuser und Wohnungen der Mitglieder der regierenden oder früher reichsunmittelbaren Familien und der fremden Gesandten und Konsuln befreit, ferner Dienstgebäude von Behörden, Post und Eisenbahnen, Unterrichtsanstalten, Bibliotheken, Museen, Kirchen und Häuser, welche zum Gottesdienst, sodann Gebäude, die zu Waisen =, Armen =, Kranken =, Straf = und Besserungsanstalten bestimmt sind, endlich auch Privathäuser in den ersten beiden Kalenderjahren nach demjenigen, in welchem sie bewohnbar wurden. Im Krieg bleiben nur landesherrliche Schlösser und zu Staatszwecken dienende Gebäude von E. frei.

Einrede (lat. Exceptio), im allgemeinen jede Entgegnung eines Beklagten auf die gegen ihn erhobene Klage, insbesondere die vom Beklagten der Klage entgegengesetzte positive und selbständige Behauptung einer Thatsache, welche, wenn sie bewiesen wird, rechtlich geeignet ist, das klägerische Recht oder doch die Klage zu zerstören, sei es eine dilatorische (verzögerliche), wenn sie nicht eine gänzliche Befreiung des Beklagten von dem geklagten Anspruch, sondern nur temporäre Abweisung der Klage, sei es eine peremtorische (zerstörliche), wenn sie eine Zerstörung des der Klage zu Grunde liegenden Rechts für immer bezweckt. Über die E. der Wahrheit (exceptio veritatis) insbesondere s. Beleidigung.

Einstellung der Untersuchung, Gerichtsbeschluß nach geführter Voruntersuchung, daß eine Hauptverhandlung nicht stattfinden soll, so daß es also weder zu einer Verurteilung noch zur Freisprechung

des Angeschuldigten kommt. Das Gericht hat nämlich nach erfolgtem Schluß der Voruntersuchung darüber zu erkennen, ob das Hauptverfahren zu eröffnen, oder ob der Angeschuldigte außer Verfolgung zu setzen, d. h. die Untersuchung einzustellen, oder endlich, ob das Verfahren vorläufig einzustellen sei. Letzteres kann beschlossen werden, wenn dem weitern Verfahren Abwesenheit des Angeschuldigten oder der Umstand entgegensteht, daß derselbe nach der That in Geisteskrankheit verfallen ist.

Einwanderung, der Übertritt aus dem einen Staat in einen andern zum Zweck der dauernden Niederlassung und des Erwerbs des Staatsbürgerrechts (Naturalisation) daselbst. Die Gesetzgebungen der einzelnen Staaten enthalten über das hierbei zu beobachtende Verfahren sowohl als über die Bedingungen, die der um die Aufnahme Nachsuchende zu erfüllen hat, detaillierte Bestimmungen. Vielfach ist ein bestimmter Zeitraum gesetzt, innerhalb dessen sich der Ausländer zuvor in dem Gebiet des Staats aufgehalten haben muß, dessen Bürger er werden will; so in England und Belgien 5, in Österreich und Frankreich 10 Jahre. In den Vereinigten Staaten von Nordamerika muß der zu Naturalisierende zuvor innerhalb der Union 5 und innerhalb des Territoriums, woselbst er das Indigenat erwerben will, mindestens 1 Jahr sich aufgehalten haben. Außerdem sind regelmäßig Zeugnisse über moralische Führung und über die nötigen Subsistenzmittel beizubringen. Anders gestaltet sich die Sache in Ansehung der Angehörigen verschiedener Staaten, welche zusammen zu einem Bundesstaat vereinigt sind. Hier erscheint es als eine unmittelbare Folge der politischen Zusammengehörigkeit der verbündeten Staaten, daß den Angehörigen des einen Staats die E. in einen andern zum Bund gehörigen Staat gewährleistet ist; so in der Schweiz, in den Vereinigten Staaten von Nordamerika und im Deutschen Reich. Die Reichsgesetzgebung unterscheidet dabei zwischen der Naturalisation eines Ausländers, d. h. eines Nichtdeutschen, und der Aufnahme des Angehörigen eines deutschen Bundesſtaats in einem andern Bundesſtaat. Vgl. Heimat.

Einzelherrſchaft, ſ. Monarchie.

Einzelrichter, ſ. Gericht.

Einziehung (Konfiskation), die amtliche Hinwegnahme gewiſſer Vermögensobjekte, namentlich von Verbrechensgegenſtänden, welche infolge einer ſtrafbaren Handlung verfügt wird. Während nämlich das römiſche Recht bei allen Kapitalſtrafen regelmäßig auch die E. des geſamten Vermögens des Verurteilten eintreten ließ, kennt das moderne Strafrecht und ſo auch das deutſche Reichsſtrafgeſetzbuch nur eine E. einzelner Gegenſtände. Letzteres beſtimmt nämlich im allgemeinen, daß die durch ein vorſätzliches Verbrechen oder Vergehen hervorgebrachten oder zur Begehung eines ſolchen gebrauchten oder beſtimmten Gegenſtände eingezogen werden können, ſofern ſie dem Thäter oder einem Teilnehmer gehören. Ausnahmsweiſe ſollen in einzelnen Fällen (und zwar ſelbſt die bem Verurteilten nicht zugehörigen) Verbrechensgegenſtände konfisziert werden, nämlich die bei dem unberechtigten Jagen benutzten Gewehre, Jagdgeräte, Hunde, Schlingen, Netze u. bgl.; ferner die unbefugterweiſe aufgenommenen oder veröffentlichten Feſtungsriſſe; die unerlaubterweiſe aufgeſammelten Vorräte von Waffen oder Schießbedarf; die unbefugterweiſe angefertigten Stempel, Siegel, Stiche, Platten und ſonſtigen Formen zur Anfertigung von Metall- oder Papiergeld u. bgl. ſowie die damit ohne Auftrag der Behörde hergeſtellten Abdrücke; die in der Form oder Verzierung dem Papiergeld nachgeahmten Warenempfehlungskarten, Ankündigungen und ſonſtigen Druckſachen; die bei öffentlichen Glücksſpielen auf dem Spieltiſch oder in der Bank befindlichen Gelder; ferner die öffentlich feilgehaltenen verfälſchten oder verborbenen Eßwaren und Getränke; die ohne polizeiliche Erlaubnis gelegten Selbſtgeſchoſſe, Schlageiſen oder Fußangeln und endlich die geſetzlichem Verbot zuwider geführten Waffen, wie Stockdegen u. bgl. Außer den im vorſtehenden angedeuteten Fällen ſoll nach dem Reichsſtrafgeſetzbuch auch auf E. des

nachgemachten oder verfälſchten Geldes und der dazu dienenden Werkzeuge erkannt werden, ebenſo auf E. ungeeichter Maße, Gewichte und Wagen, welche bei einem Gewerbtreibenden vorgefunden werden. Ausnahmsweiſe iſt in Anſehung der einem Beamten in Beziehung auf deſſen Dienſtgeſchäfte gegebenen Geſchenke oder der zur Beſtechung eines ſolchen gegebenen Gegenſtände beſtimmt, daß an Stelle des Empfangenen auch der Wert desſelben für dem Staat verfallen erklärt werden kann. Außerdem kommt die E. vielfach im Zollweſen vor, indem die Konterbande (ſ. b.) regelmäßig einzuziehen iſt. Vgl. Deutſches Vereinszollgeſetz vom 1. Juli 1869 (Bundesgeſetzblatt 1869, Nr. 30, S. 317 ff.), § 134; Deutſches Strafgeſetzbuch, §§ 40—42, 152, 295, 335, 360, 367 und 369.

Eiſenacher Konvention, ſ. Ausweiſung.

Eiſenbahnen ſtehen teils im Eigentum des Staats, teils im Eigentum von Privaten; gleichwohl muß aber auch im letztern Fall der Staatsregierung vermöge ihrer Oberherrſchaft und ihres Oberaufſichtsrechts über alle öffentlichen Verkehrsanſtalten, welche ſich innerhalb des Staatsgebiets befinden, eine Einwirkung zuſtehen (Eiſenbahnhoheit). Ein Ausfluß dieſes ſtaatlichen Hoheitsrechts iſt das Eiſenbahnrecht (Eiſenbahngeſetzgebung), d. h. der Inbegriff der Rechtsnormen, durch welche die durch die Anlage und durch den Betrieb der E. hervorgerufenen Rechts- und Verkehrsverhältniſſe geregelt werden. Je nachdem ſich nun dieſe Rechtsnormen auf die rechtliche Stellung der Eiſenbahnverwaltungen bem Staat oder den Privaten gegenüber beziehen, erſcheinen ſie als Satzungen des öffentlichen oder des privaten Rechts. Auf Grund des der Staatsgewalt zuſtehenden Oberaufſichtsrechts iſt zunächſt zur Anlage von E. durch Privatperſonen die ſtaatliche Genehmigung erforderlich, ebenſo wie der Betrieb derſelben ſich nach den von der Staatsregierung ergebenden Vorſchriften richten muß. Hier ſind teils die allgemeinen Normen der Eiſenbahngeſetzgebung, teils die bei Erteilung der ſtaat-

10*

lichen Konzession aufgestellten besondern Vorschriften und Bedingungen maßgebend. Übrigens hat der Staat, namentlich nach preußischer Gesetzgebung, das Recht, auch das Eigentum von Privatbahnen gegen vollständige Entschädigung zu erwerben. Diese Abtretung kann aber erst nach 30 Jahren von der Betriebseröffnung an gefordert werden, auch muß der betreffenden Gesellschaft eine solche Absicht mindestens ein Jahr vor dem zur Übernahme bestimmten Zeitpunkt mitgeteilt werden. Die Entschädigung erfolgt durch Zahlung des 25fachen Betrags, welcher in den letzten fünf Jahren durchschnittlich an die Aktionäre als Dividende ausbezahlt worden ist. In manchen Ländern wird auch in den Konzessionen dem Staate das Recht des Erwerbs der Bahn mit oder ohne Entschädigung, meist nach 99 Jahren, vorbehalten. Die Eisenbahnpolitik der Neuzeit ist überhaupt mehr dem Staatseisenbahnsystem als dem Privateisenbahnsystem zugeneigt. Neben diesen beiden Systemen besteht das sogen. gemischte System, wonach Staats- und Privatbahnen nebeneinander bestehen sollen. Dies ist thatsächlich zur Zeit in Preußen das herrschende, nachdem man dort neuerdings von Staats wegen zum Erwerb besonders wichtiger Bahnlinien geschritten ist, so durch Gesetz vom 20. Dez. 1879 in Ansehung der Berlin-Stettiner, Halberstadt-Magdeburger, Hannover-Altenkener und Köln-Mindener, durch Gesetz vom 14. Febr. 1880 bezüglich der Berlin-Potsdam-Magdeburger und der Rheinischen und endlich durch Gesetz vom 7. März 1880 rücksichtlich der im Großherzogtum Hessen belegenen Strecke der Main-Weser-Eisenbahn. Auch in andern deutschen Staaten hat neuerdings der Erwerb privater E. durch den Staat (Verstaatlichung) stattgefunden. Auch das Deutsche Reich hat bereits E. im Besitz, nämlich die vormals der Französischen Ostbahn zugehörigen E. in Elsaß-Lothringen, welche für 325 Mill. Frank angekauft wurden, indem dieser Preis auf die französische Kriegskostenentschädigung aufgerechnet ward. So gingen diese E. in das Eigentum des Reichs über, welch letzteres sie

durch das Reichsamt für die Verwaltung der Reichseisenbahnen (s. b.) verwalten läßt. Sie sind Bestandteil des Reichsvermögens, nicht etwa Eigentum des Reichslands Elsaß-Lothringen. Sollte der großartige Plan, die E. Deutschlands zu Reichseisenbahnen zu machen, jemals in Erfüllung gehen, so wäre dies in der That für die Zentralisation Deutschlands von der entscheidendsten Bedeutung.

Übrigens ist das deutsche Eisenbahnrecht mit der Gründung des Norddeutschen Bundes und des nunmehrigen Deutschen Reichs bereits in eine neue Entwickelungsphase getreten. Nach dem Vorgang der norddeutschen Bundesverfassung bestimmt nämlich die deutsche Reichsverfassung (Art. 4), daß das Eisenbahnwesen der Beaufsichtigung seitens des Reichs und der Gesetzgebung desselben unterliegen solle. Damit ist zwar das Eisenbahnwesen der Gesetzgebung der einzelnen Staaten keineswegs gänzlich entzogen und der Reichsgesetzgebung ausschließlich vorbehalten; doch geht die letztere der Landesgesetzgebung vor, und die Reichsverfassung selbst enthält bereits eine Reihe wichtiger Bestimmungen über die E. (Art. 41—47). Hiernach sollen die deutschen E. im Interesse des allgemeinen Verkehrs wie ein einheitliches Netz verwaltet, und neu herzustellende E. sollen zu diesem Behuf nach einheitlichen Normen angelegt und ausgerüstet werden. Demgemäß sollen übereinstimmende Betriebseinrichtungen getroffen und gleiche Bahnpolizeireglements eingeführt werden. Die Eisenbahnverwaltungen aber sind zur Einführung der für den durchgehenden Verkehr und ineinander greifende Fahrpläne nötigen Personenzüge verpflichtet, nicht minder auch zur Einrichtung direkter Expeditionen im Personen- und im Güterverkehr unter Gestattung des Übergangs der Transportmittel von einer Bahn auf die andre gegen die übliche Vergütung. Ferner ist dem Reich die Kontrolle über das Tarifwesen eingeräumt und dem Kaiser das Recht zugestanden, bei eintretenden Notständen, insbesondere bei ungewöhnlicher Teurung der Lebensmittel, für den Transport, namentlich von Getreide, Mehl, Hül-

fenfrüchten und Kartoffeln, auf Vorschlag
des Ausschusses im Bundesrat für das
Eisenbahnwesen einen besonders niedrigen
Spezialtarif einzuführen. Allerdings finden diese Bestimmungen auf Bayern keine
Anwendung. Dagegen ist die weitere Vorschrift, wonach E., welche im Interesse der
Verteidigung Deutschlands oder im Interesse des gemeinsamen Verkehrs für notwendig erachtet werden, kraft eines Reichsgesetzes auch gegen den Widerspruch der
betreffenden Bundesglieder für Rechnung
des Reichs angelegt oder an Privatunternehmer zur Ausführung konzessioniert
werden können, auch auf Bayern anwendbar. Ebenso steht dem Reich auch Bayern
gegenüber das Recht zu, im Weg der Gesetzgebung einheitliche Normen für die
Konstruktion und Ausrüstung der für die
Landesverteidigung wichtigen E. aufzustellen, wie denn auch Bayern gegenüber
die Vorschrift gilt, wonach die deutschen
Eisenbahnverwaltungen zum Zweck der
Verteidigung Deutschlands den Anforderungen der Behörden des Reichs in betreff der Benutzung der E. unweigerlich
Folge zu leisten haben. Das Reichsgesetz
über die Kriegsleistungen vom 13. Juni
1873 (Reichsgesetzblatt, S. 129 ff.) hat
dann (§§ 28—31) diese letztern Bestimmungen näher ausgeführt. Aber auch
außerdem sind noch verschiedene andre
Reichsgesetze für das Eisenbahnwesen
von Wichtigkeit. Dahin gehört in erster
Linie das Reichsgesetz vom 7. Juni 1871,
betreffend die Verbindlichkeit zum Schadenersatz für die bei dem Betrieb von E.,
Bergwerken, Fabriken, Steinbrüchen und
Gräbereien herbeigeführten Tötungen
und Körperverletzungen (das sogen. Haftpflichtgesetz, Reichsgesetzblatt, S. 207),
welches unter besonderer Normierung der
Beweislast vorschreibt: Wenn bei dem
Betrieb (also nicht bloß bei der Beförderung auf der Bahn) einer Eisenbahn
ein Mensch getötet oder körperlich verletzt wird, so haftet der Betriebsunternehmer für den dadurch entstandenen Schaden, sofern er nicht beweist, daß der Unfall durch höhere Gewalt oder durch eignes
Verschulden des Getöteten oder des Verletzten verursacht ist. Wichtig ist ferner

das sogen. Posteisenbahngesetz (Reichsgesetz vom 20. Dez. 1875, betreffend die Abänderung des § 4 des Gesetzes über das
Postwesen des Deutschen Reichs vom 28.
Okt. 1871), welches die Verpflichtungen
der E. gegenüber der Reichspost normiert
und ihnen insbesondere die Verbindlichkeit
auferlegt, mit jedem regelmäßigen Zug
einen von der Postverwaltung gestellten
Postwagen mit den darin enthaltenen
Briefen, Zeitungen, Geldern, Paketen bis
zu 10 kg sowie den dienstthuenden Post-
beamten unentgeltlich zu befördern; doch
kann bei Eilzügen die Mitbeförderung von
Paketen ausgeschlossen werden. Auch sind
die E. verpflichtet, der Post gegen Vergütung die nötigen Packwagen zu stellen.
Endlich müssen sie bei Anlegung neuer
Bahnhöfe die für die Post erforderlichen
Diensträume und Beamtenwohnungen
gegen Entschädigung beschaffen. Von Bedeutung war ferner auch die Errichtung
des Reichseisenbahnamts (s. d.),
welche durch Gesetz vom 27. Juni 1873
erfolgte, als einer Zentralaufsichtsbehörde
über das Reichseisenbahnwesen. Ein allgemeines Reichseisenbahngesetz, wie es
gleichzeitig in dem letztgedachten Gesetz
verheißen ward, ist freilich noch nicht erlassen; doch ist das Betriebs- und Tarifwesen durch verschiedene Verordnungen,
namentlich durch das Betriebsreglement
vom 11. Mai 1874 (Zentralblatt für das
Deutsche Reich, S. 179 ff.), normiert worden. Bestimmungen über die Höhe der
Frachtsätze sind darin nicht enthalten, obgleich eine einheitliche Regelung dieser
schwierigen Angelegenheit sehr wünschenswert wäre, namentlich mit Rücksicht auf die
Verschiedenartigkeit der Grundsätze, nach
welchen die Bahnverwaltungen innerhalb
der ihnen zustehenden Tariffreiheit handeln (Tarifpolitik, ein Hauptzweig der
Eisenbahnpolitik überhaupt). Insbesondere haben die sogen. Differentialtarife schon manchen Angriff erfahren.
Die im allgemeinen für angemessen er-
achteten Frachtsätze pro Zentnermeile sind
nämlich in den Normaltarifen berechnet, welche in der Regel im Verkehr auf
ein und derselben Bahn oder im Ver-
bandsverkehr zur Anwendung kommen.

Der Konkurrenz der E. und dem Stre=
ben, den großen durchgehenden Verkehr
an sich zu ziehen, verdanken daneben die
Differentialtarife ihre Entstehung, welche
für alle oder einzelne Güterklassen oder
auch nur für einzelne Artikel niedrigere
Einheitssätze als die Normaltarife enthal=
ten und für den Verkehr auf längern
Strecken Anwendung finden. Zu gedenken
ist endlich auch des Bahnpolizeireglements
vom 4. Jan. 1875 (Zentralblatt, S. 57 ff.),
mit welchem gleichzeitig auch eine Eisen=
bahnsignalordnung publiziert ward. Vgl.
Beschorner, Das deutsche Eisenbahn=
recht (1858); Förstemann, Preußisches
Eisenbahnrecht (1869); Koch, Deutsch=
lands E. (1858, 2 Bde.); v. Stein, Zur
Eisenbahnrechtsbildung (1872); Ende=
mann, Die Haftpflicht der E. (2. Aufl.
1876); Stürmer, Geschichte der E. (1872);
Schmeidler, Geschichte des deutschen Ei=
senbahnwesens (1871); Lehr, Eisenbahn=
tarifwesen und Eisenbahnmonopol (1879);
Sax, Die Verkehrsmittel in Volks= und
Staatswirtschaft, Bd. 2: Die E. (1879).

Eisenbahngarantie, s. Staatsga=
rantie.

Eisenbahnregiment, in Preußen Frie=
densstamm für die bei der Mobilmachung
aufzustellende Feldeisenbahnformation,
dem Chef des Generalstabs der Armee
unterstellt. Die Thätigkeit besteht einer=
seits in der Anlage und dem Betrieb von
Eisenbahnen und Telegraphenleitungen,
anderseits in der Zerstörung solcher Anla=
gen. Garnison: Berlin.

Eiserne Krone, die Krone, mit der seit
Ende des 6. Jahrh. die lombardischen Kö=
nige, dann Karl d. Gr. und die meisten
deutschen Könige bis auf Karl V. sowie
auch Napoleon I. 1805 und Ferdinand I.
von Österreich 1838 als Könige von Ita=
lien gekrönt wurden. Sie besteht aus
einem goldnen, mit Edelsteinen besetzten
Reif, auf der innern Seite mit einem
eingelegten schmalen eisernen Reif, der
angeblich aus einem Nagel des Kreuzes
Christi geschmiedet sein soll. Sie wird
im Dom zu Monza aufbewahrt, nachdem
sie 1859 von den Österreichern genommen,
aber 1866 wieder zurückerstattet worden
ist. Der Orden der Eisernen Krone wurde

von Napoleon I. 1805 gestiftet, 1814 auf=
gehoben und 1816 von den Österreichern
wiederhergestellt.

Eisernes Kreuz, preuß. Orden, von
König Friedrich Wilhelm III. 10. März
1813 gestiftet, verliehen für Verdienst um
das Vaterland im Kampf gegen Frank=
reich 1813—15; besteht aus zwei Klas=
sen und einem Großkreuz. Dekoration:
schwarzes, in Silber gefaßtes Andreas=
kreuz von Gußeisen mit dem Namenszug
F. W., der königlichen Krone, einer Ver=
zierung von Eichenblättern und der Jah=
reszahl 1813. Bei Ausbruch des Kriegs
mit Frankreich 19. Juli 1870 erneuert
mit der Änderung, daß auf der glatten
Vorderseite der Buchstabe W. mit der Jah=
reszahl 1870 angebracht wurde. Das Ei=
serne Kreuz wurde an ca. 45,000 Personen,
an Nichtkombattanten am weißen Band,
verteilt. Großkreuze wurden 9 verliehen.

Eklat (franz., spr. eklah), Lärm, Knall;
Glanz, Schein, aufsehenerregender Vor=
fall; eklatant, glänzend, auffallend,
aufsehenerregend.

Elite (franz.), das Beste oder Auser=
lesene, daher E. einer Gesellschaft, Elite=
truppen ꝛc.

Elsaß=Lothringen, deutsches Reichs=
land, 14,508 qkm mit (1880) 1,571,971
Einw. Hauptstadt: Straßburg mit
106,000 Einw. Die Bevölkerung gehört
zum weitaus größten Teil der katholischen
Konfession an (1875: 1,204,081 Katho=
liken, 285,329 Protestanten, 39,002 Is=
raeliten). Durch den Frankfurter Frieden
vom 10. Mai 1871 wurden die Landes=
teile, die das nunmehrige Reichsland bil=
den, von Frankreich abgetrennt und dem
Deutschen Reich, welches sie in einer Zeit
der Schwäche und des Verfalls verloren,
infolge des ruhmvollen Kriegs von 1870/71
wiedergewonnen. Das Reichsland setzt
sich aus den frühern französischen De=
partements des Oberrheins, mit Aus=
nahme des Gebiets von Belfort, des Nie=
derrheins und verschiedenen Teilen der
Departements der Mosel, der Meurthe
und der Vogesen zusammen.

Verfassung. Nach dem Reichsgesetz
vom 9. Juni 1871, betreffend die Vereini=
gung von E. mit dem Deutschen Reich

(Reichsgesetzblatt, S. 212), übt der Kaiser die Staatsgewalt in E. aus. Es ist somit ein reichsunmittelbares Land geschaffen worden, welches dem Oberhaupt des Reichs unmittelbar unterstellt ist. Das Land hat den Charakter einer Provinz des Deutschen Reichs, und während in den übrigen Staaten, welche den deutschen Gesamtstaat bilden, eine besondere Staatsgewalt vorhanden ist, fällt diese für E., was die Person des Trägers anbetrifft, mit der Reichsgewalt zusammen. Die thatsächlichen Verhältnisse aber, unter welchen E. wiedergewonnen ward, ließen eine Zeit des Übergangs als notwendig erscheinen, und so ward denn insbesondere das Inkrafttreten der deutschen Reichsverfassung zunächst bis 1. Jan. 1873, sodann aber durch das Gesetz vom 20. Juni 1872 noch weiter bis 1. Jan. 1874 hinausgeschoben. Die Verwaltung, an deren Spitze der Reichskanzler trat, wurde durch ein besonderes Gesetz für E. vom 30. Dez. 1871 geordnet. Eine besondere Abteilung des Reichskanzleramts für E. wurde geschaffen, an deren Stelle in der Folgezeit ein besonderes Reichskanzleramt für E. trat. Die oberste Verwaltungsbehörde in E. selbst war der Oberpräsident mit dem Amtssitz in Straßburg. Ihn hatte das Gesetz vom 30. Dez. 1871 im § 10 (dem sogen. Diktaturparagraphen) insbesondere ermächtigt, »bei Gefahr für die öffentliche Sicherheit alle Maßregeln ungesäumt zu treffen, welche zur Abwendung der Gefahr für erforderlich erachte«, auch »zur Ausführung der bezeichneten Maßnahmen die in E. stehenden Truppen zu requirieren«. Anlangend die Gesetzgebung für E., hatte das Einverleibungsgesetz vom 9. Juni 1871 bestimmt, daß bis zum Eintritt der Wirksamkeit der Reichsverfassung der Kaiser bei Ausübung der Gesetzgebung an die Zustimmung des Bundesrats und bei der Aufnahme von Anleihen oder bei der Übernahme von Garantien für E., durch welche eine Belastung des Reichs herbeigeführt werde, auch an die Zustimmung des Reichstags gebunden sein solle. Mit der Einführung der Reichsverfassung aber sollte, so bestimmte jenes Gesetz weiter, bis zur anderweitigen Regelung durch Reichsgesetz das Recht der Gesetzgebung auch in den der Reichsgesetzgebung in den Bundesstaaten nicht unterliegenden Angelegenheiten dem Reich zustehen. Inzwischen hatte sich aber in E. eine Parteiströmung nach und nach einigen Einfluß zu verschaffen gewußt, die bemüht war, an Stelle prinzipieller Opposition gegen das deutsche Regiment eine Politik zur Geltung zu bringen, welche, die Annexion als völkerrechtliche Thatsache anerkennend, dem Reichsland die Stellung eines möglichst selbständigen Staatskörpers zu verschaffen suchte. Diesem Einfluß der »autonomistischen« Partei war es insbesondere zu verdanken, daß durch kaiserlichen Erlaß vom 29. Okt. 1874 der Reichskanzler ermächtigt ward, in Zukunft Entwürfe von Gesetzen für E. über solche Angelegenheiten, welche der Reichsgesetzgebung durch die Verfassung nicht vorbehalten sind, einschließlich des Landeshaushaltsetats, einem aus Mitgliedern der Bezirkstage, d. h. der Vertretungen der Kommunalverbände der Bezirke, zu bildenden Landesausschuß zur gutachtlichen Beratung vorzulegen. Einen weitern Erfolg aber hatte die autonomistische Bewegung, als sie das Reichsgesetz vom 2. Mai 1877, betreffend die Landesgesetzgebung in E. (Reichsgesetzblatt, S. 491), erlangte, wonach die Landesgesetze für E., einschließlich des jährlichen Landeshaushaltsetats, mit Zustimmung des Bundesrats vom Kaiser erlassen werden sollten, wenn der Landesausschuß zugestimmt habe; doch blieb in diesem Gesetz der Erlaß von Landesgesetzen im Weg der Reichsgesetzgebung immer noch vorbehalten. Ein weiteres Reichsgesetz vom 4. Juli 1879 aber, betreffend die Verfassung und Verwaltung Elsaß=Lothringens (Reichsgesetzblatt, S. 165 ff.), brachte dem Reichsland die von der autonomistischen Partei ersehnte Regierung im Land selbst, ferner eine beschließende Landesvertretung und endlich eine Vertretung im Bundesrat. Nach dem Gesetz vom 4. Juli 1879 (§ 1) kann nämlich der Kaiser landesherrliche Befugnisse, welche ihm kraft Ausübung der Staatsgewalt in E. zustehen, einem Statthalter übertragen. Der Statt=

halter, welcher vom Kaiſer ernannt und abberufen wird, reſidiert in Straßburg. Der Umfang der ihm zu übertragenden landesherrlichen Befugniſſe ſoll nach dem Geſetz vom 4. Juli 1879 durch kaiſerliche Verordnung beſtimmt werden, und ebendieſe Verordnung ward 23. Juli 1879 (Reichsgeſetzblatt, S. 282 ff.) erlaſſen. Der Generalfeldmarſchall Edwin Freiherr v. Manteuffel wurde dadurch zum kaiſerlichen Statthalter in E. ernannt.

Die landesherrlichen Befugniſſe, welche dem Statthalter durch jene Verordnung übertragen wurden, ſind folgende: 1) Die Vollziehung der Verordnungen, welche zum Gegenſtand haben: die Anordnungen von Wahlen zu den Bezirkstagen und den Kreistagen; die Berufung ſowie die Schließung der Bezirkstage und der Kreistage; die Suſpenſion und die Vernichtung von Beſchlüſſen der Bezirkstage und der Kreistage; die Feſtſtellung des Haushalts= etats und des Rechnungsweſens der Bezirke; Abänderungen in der Umgrenzung der Kreiſe und der Gemeinden; die Auf= löſung von Kreistagen und von Gemeinde= räten; die Ermächtigung von Bezirken, Gemeinden und öffentlichen Anſtalten zur Aufnahme von Anleihen ſowie zur Er= hebung von Steuerzuſchlägen; die Er= mächtigung zur Erhebung von Oktroige= bühren und die Genehmigung der auf die Erhebung dieſer Gebühren bezüglichen Reglements; die Ermächtigung zur Er= hebung von Brücken= und Fährgeld; die Errichtung von Handelskammern, die Feſtſetzung der Mitgliederzahl und die Umgrenzung der Bezirke dieſer Handels= kammern; die Anerkennung gemeinnützi= ger Anſtalten und die Genehmigung der Statuten derartiger Anſtalten; die Ge= nehmigung der Errichtung von Kranken= und Siechenhäuſern; die Genehmigung der Errichtung und die Aufhebung von Sparkaſſen; die Ermächtigung zur Bil= dung von Bodenkreditgeſellſchaften und von Verſicherungsgeſellſchaften ſowie die Genehmigung der Statuten derartiger Ge= ſellſchaften; die Abänderung der Umgren= zung und die Verlegung des Pfarrſitzes katholiſcher oder proteſtantiſcher Pfarreien; die Abgrenzung von Inſpektionsbezirken der Kirche Augsburgiſcher Konfeſſion, von proteſtantiſchen Konſiſtorialbezirken und von israelitiſchen Konſiſtorial= und Rab= binatsbezirken; die Ermächtigung zur Er= öffnung neuer Kultusſtätten; die Ermäch= tigung juriſtiſcher Perſonen zur Annahme von Schenkungen und letztwilligen Zu= wendungen; die Ermächtigung zur Aus= führung gemeinnütziger Arbeiten und die Feſtſtellung der Dringlichkeit derartiger Arbeiten, ſoweit dieſelben nicht für das Reich ausgeführt werden; die Klaſſierung und Deklaſſierung öffentlicher Straßen; die Bezeichnung der Gewäſſer, welche als ſchiffbar oder flößbar anzuſehen ſind; die Erlaubnis zu baulichen Vorrichtungen in derartigen Gewäſſern und die Erlaubnis, aus denſelben Waſſer abzuleiten; die Ge= nehmigung von Verträgen, durch welche Holzberechtigungen in Staatsforſten gegen Abtretung von Waldgrundſtücken abgelöſt werden; die Feſtſetzung des Meiſt= und Mindeſtbetrags des für den Beſuch der höhern öffentlichen Schulen zu erheben= den Schulgelds; die Ermächtigung zu Namensänderungen. 2) Die Befugnis zum Erlaß von Geldſtrafen, welche durch richterliches Urteil oder im Verwaltungs= weg rechtskräftig erkannt ſind, und die Be= fugnis zur Gewährung der Rehabilitation; die Befugnis zum Erlaß von Steuern, Ge= bühren, Gefällen, zur Niederſchlagung von Kaſſendefekten und fiskaliſchen Forderun= gen ſowie die Befugnis zur Genehmigung nachträglicher Abänderung für den Landes= fiskus und für die Bezirke abgeſchloſſener Verträge. 3) Die Ernennung und Abbe= rufung der Bürgermeiſter und deren Beige= ordneten; die Ernennung der Präſidenten der Vereine zu gegenſeitiger Unterſtützung; die Genehmigung der von den katholiſchen Biſchöfen des Landes vorgenommenen Er= nennungen zu geiſtlichen Ämtern und die Genehmigung der Abberufung von ſolchen Ämtern; die Beſtätigung der Er= nennung und der Abberufung proteſtan= tiſcher Pfarrer; die Genehmigung der Wahlen der Präſidenten der proteſtan= tiſchen Konſiſtorien, die Ernennung der geiſtlichen Inſpektoren der Kirche Augs= burgiſcher Konfeſſion und die Genehmi= gung der Wahlen der weltlichen Inſpek=

toren; bie Beſtätigung ber Wahlen zu Ämtern bes israelitiſchen Kultus.

Außerdem ſind auf den Statthalter die durch Geſetze und Verordnungen bem Reichskanzler in elſaß=lothringiſchen Landesangelegenheiten überwieſenen Befugniſſe und Obliegenheiten ſowie die burch den oben gebachten § 10 (Diktaturparagraphen) des Geſetzes vom 30. Dez. 1871 bem Oberpräſidenten übertragenen außerordentlichen Gewalten übergegangen. Das Reichskanzleramt für E. und das Oberpräſidium wurden aufgelöſt, indem ein verantwortliches Miniſterium für E., welches ſeinen Sitz in Straßburg hat, und an beſſen Spitze ein Staatsſekretär ſteht, errichtet ward. Das Miniſterium zerfällt in Abteilungen (für Jnneres, Kultus und Unterricht, für die Juſtiz, für Finanzen und Domänen, für Gewerbe, Landwirtſchaft und öffentliche Arbeiten), welche Unterſtaatsſekretären unterſtellt ſind. Unter dem Vorſitz des Statthalters ſoll ferner ein Staatsrat zuſammentreten, welcher aus dem Staatsſekretär, den Unterſtaatsſekretären, dem Präſidenten des Oberlandesgerichts und dem erſten Beamten der Staatsanwaltſchaft bei dieſem Gericht, endlich aus 8—12 Mitgliedern beſtehen ſoll, welch letztere der Kaiſer ernennt. Drei von dieſen Mitgliedern werden auf Vorſchlag des Landesausſchuſſes ernannt, während die übrigen lediglich durch das allerhöchſte Vertrauen berufen werden. Der Staatsrat iſt berufen zur Begutachtung: 1) der Geſetzentwürfe, 2) der zur Ausführung von Geſetzen zu erlaſſenden allgemeinen Verordnungen, 3) andrer Angelegenheiten, welche ihm vom Statthalter überwieſen werden. Durch die Landesgeſetzgebung können bem Staatsrat auch andre, insbeſondere beſchließende, Funktionen übertragen werden. Das Budgetrecht und das Recht der Zuſtimmung bei Ausübung der geſetzgebenden Gewalt ſind dem Landesausſchuß gewahrt. Die Landesgeſetze werden alſo wie bisher vom Kaiſer erlaſſen, mit Zuſtimmung des Bundesrats und des Landesausſchuſſes. Der Landesausſchuß beſteht aber nunmehr aus 58 Mitgliedern. Von dieſen werden 34 burch die Bezirkstage gewählt

und zwar 10 burch den Bezirkstag des Oberelſaß, 11 durch den Bezirkstag von Lothringen und 13 durch den von Unterelſaß. Von den übrigen 24 Mitgliedern werden je einer in den Gemeinden Straßburg, Mülhauſen, Metz und Kolmar von den Gemeinderäten aus deren Mitte gewählt, während 20 von den 20 Landkreiſen, in den Kreiſen Mülhauſen und Kolmar unter Ausſcheidung der gleichnamigen Stadtgemeinden, gewählt werden. Die Wahlperiode iſt eine breijährige. Das Wahlverfahren iſt geheim und indirekt. Wählbar zum Abgeordneten iſt, wer das aktive Gemeindewahlrecht beſitzt und in dem Bezirk ſeinen Wohnſitz hat. Der Kaiſer kann den Landesausſchuß vertagen und auflöſen. Die Auflöſung des Landesausſchuſſes zieht die Auflöſung der Bezirkstage nach ſich. Die Neuwahlen zu den Bezirkstagen haben in einem ſolchen Fall innerhalb breier Monate, die Neuwahlen zu dem Landesausſchuß innerhalb ſechs Monaten nach dem Tag der Auflöſungsverordnung ſtattzufinden. Der Landesausſchuß hat das Recht, innerhalb des Bereichs der Landesgeſetzgebung Geſetze vorzuſchlagen und an ihn gerichtete Petitionen dem Miniſterium zu überweiſen.

Verwaltung. Zum Zweck der innern Verwaltung zerfällt das Reichsland in drei Bezirke, entſprechend den ehemaligen franzöſiſchen Departements, nämlich: Unterelſaß (Straßburg), Oberelſaß (Kolmar) und Lothringen (Metz). An der Spitze eines jeden Bezirks ſteht der Bezirkspräſident, deſſen Stellung im weſentlichen derjenigen des ehemaligen franzöſiſchen Präfekten entſpricht. Zur Ausübung der Verwaltungsgerichtsbarkeit ſteht dem Bezirkspräſidenten ein dem vormaligen Präfekturrat entſprechender Bezirksrat zur Seite, eine kollegialiſche Behörde, welche ſich aus dem Bezirkspräſidenten, den ihm beigegebenen Räten und dem Steuerdirektor und dem Oberforſtmeiſter zuſammenſetzt. Für jeden Bezirk iſt zur Verwaltung der direkten Steuern ein Steuerdirektor (in Straßburg, Kolmar und Metz) beſtellt. Die Steuerdirektionen ſtehen unter der Leitung der Bezirkspräſidenten. Für die Forſtver=

waltung beſtehen Forſtbirektionen zu Straßburg, Kolmar und Metz. Für die Verwaltung der Zölle und der indirekten Steuern iſt ein Generaldirektor eingeſetzt, unter welchem 6 Hauptzollämter, 5 Hauptſteuerämter, 86 Enregiſtrements = Einnahmeſtellen und 11 Hypothekenämter ſtehen. Den frühern Oberpräfekten entſprechen die nunmehrigen Kreisbirektoren, die an der Spitze der Kreiſe ſtehen, welch letztere den frühern Arrondiſſements entſprechen. Die Zahl der Landkreiſe iſt 20, wovon 7 auf Unterelſaß (Straßburg, Erſtein, Hagenau, Molsheim, Schlettſtadt, Weißenburg und Zabern), 6 auf Oberelſaß (Altkirch, Kolmar, Gebweiler, Mülhauſen, Rappoltsweiler und Tann) und 7 auf Lothringen (Metz, Bolchen, Château = Salins, Diedenhofen, Forbach, Saarburg und Saargemünd) kommen. Zu dieſen treten noch die beiden Stadtkreiſe Straßburg und Metz hinzu. Vorſteher der einzelnen Gemeinden iſt der Bürgermeiſter (Maire), welchem der Beigeordnete (Abjunkt) zur Seite ſteht. Die kommunale Selbſtverwaltung wird für die Gemeinden durch die Munizipalräte, für die Kreiſe durch die Kreistage (Conseils d'arrondissement) und für die Bezirke durch die Bezirkstage (Conseils généraux) wahrgenommen. In den Stadtgemeinden Metz und Straßburg verſehen die Munizipalräte gleichzeitig die Funktionen der Kreistage. Das aktive Wahlrecht für die Vertretungen der Gemeinden und der höhern Kommunalverbände ſteht jedem Deutſchen zu, welcher das 25. Lebensjahr zurückgelegt hat, ſich im Vollbeſitz der bürgerlichen Rechte befindet und in der betreffenden Gemeinde, dem Kreis oder dem Bezirk ſeinen Wohnſitz hat. Wählbar iſt jeder Wähler und außerdem jeder Deutſche, bei welchem die ſonſtigen Bedingungen der Ausübung des allgemeinen Wahlrechts vorhanden ſind, mit Ausnahme des Wohnſitzes, ſofern er in der Gemeinde, dem Kreis oder dem Bezirk direkte Steuern zahlt.

Je ein katholiſcher Biſchof reſidiert in Straßburg und in Metz. Für die reformierte Kirche beſtehen fünf Konſiſtorien zu Markirch, Mülhauſen, Biſchweiler, Straßburg und Metz. Das Direktorium der Kirche Augsburgiſcher Konfeſſion befindet ſich in Straßburg. Israelitiſche Konſiſtorien beſtehen in Straßburg, Kolmar und Metz.

Juſtiz. Die deutſchen Juſtizgeſetze, welche 1. Okt. 1879 in Kraft traten, haben auch für E. eine neue Juſtizorganiſation veranlaßt. Das Oberlandesgericht für das Reichsland iſt in Kolmar errichtet worden. Ihm ſind die folgenden ſechs Landgerichte untergeordnet:

Landgericht **Kolmar** (Amtsgerichte in Barr, Enſisheim, Gebweiler, Kaiſersberg, Kolmar, Markirch, Markolsheim, Münſter, Neubreiſach, Rappoltsweiler, Rufach, Schlettſtadt, Schnierlach, Sulz und Weiler);

Metz (Amtsgerichte in Ars a. d. Moſel, Bolchen, Buſendorf, Château = Salins, Delme, Diedenhofen, Dieuze, Metz, Sierck und Vic);

Mülhauſen (Amtsgerichte in Altkirch, Dammerkirch, Hirſingen, Hüningen, Masmünſter, Mülhauſen, Pfirdt, Sennheim, Sierenz, St. Amarin und Thann);

Saargemünd (Amtsgerichte in Albestorf, Bitſch, Drulingen, Falkenberg, Forbach, Großtänchen, Rohrbach, Saaralben, Saargemünd, Saarunion und St. Avold);

Straßburg (Amtsgerichte in Benfeld, Biſchweiler, Brumath, Hagenau, Hochfelden, Illkirch, Lauterburg, Niederbronn, Schiltigheim, Straßburg, Sulz u. W., Truchtersheim, Weißenburg und Wörth);

Zabern (Amtsgerichte in Buchsweiler, Finſtingen, Lörchingen, Lützelſtein, Molsheim, Oberehnheim, Pfalzburg, Saarburg, Schirmeck, Waſſelnheim und Zabern).

Finanzen. Für den Haushaltsetat pro 1880 — 81 waren die Einnahme des Landes auf 39,137,640 Mk. veranſchlagt. Hierbei ſind die direkten Steuern mit 10,677,500 Mk., die indirekten Steuern und die Zölle mit 15,481,379 Mk. in Anſatz gebracht, während die Einnahmen der kaiſerlichen Tabakmanufaktur in Straßburg auf 3,118,500 Mk., diejenigen aus der Forſtverwaltung aber auf 6,406,000 Mk. veranſchlagt ſind. Die Ausgaben ſind mit 39,905,798 Mk. etatiſiert. Die Staatsſchuld beſteht aus den auf Grund des Geſetzes vom 10. Juni 1872 zur Entſchädigung der Inhaber verkäuflicher Juſtizſtellen ausgegebenen Schuldbriefen, von denen 1880 noch 25,025,000 Frank im

Umlauf waren. Die Eisenbahnen des Reichslands, im Besitz des Reichs befindlich, stehen unter einer besondern Reichsbehörde (s. Reichsamt für die Verwaltung der Reichseisenbahnen) in Berlin; die Generaldirektion derselben befindet sich in Straßburg. Zum deutschen Reichstag entsendet E. 15 Abgeordnete (vgl. Reichstag). Im Bundesrat ist E. durch stimmberechtigte Vertreter nicht repräsentiert, weil ja eine eigentliche Bundesregierung (wie in den übrigen Bundesstaaten) im Reichsland nicht besteht. Es ist jedoch durch das Gesetz vom 4. Juli 1879 vorgesehen, daß zur Vertretung der Vorlagen aus dem Bereich der Landesgesetzgebung sowie der Interessen Elsaß-Lothringens bei Gegenständen der Reichsgesetzgebung durch den Statthalter Kommissare in den Bundesrat abgeordnet werden können, welche an dessen Beratungen über diese Angelegenheiten teilnehmen.

Heerwesen. Es bestehen besondere Truppenkörper, welche sich aus den Militärpflichtigen des Reichslands zusammensetzten, bis jetzt noch nicht. Das Kontingent wird vielmehr unter die verschiedenen deutschen Armeekorps verteilt. Vgl. das offizielle »Jahrbuch für E.« und die »Statistischen Mitteilungen über E.«; »Statistische Beschreibung von E.«, vom kaiserl. Statistischen Büreau (1878); Ab. Schmidt, Elsaß und Lothringen; Nachweis, wie diese Provinzen dem Deutschen Reich verloren gingen (3. Aufl. 1871).

Emanzipation (lat.), Entlassung aus der väterlichen Gewalt; dann überhaupt Befreiung aus einem Abhängigkeitszustand, z. B. E. der Frauen, Befreiung des weiblichen Geschlechts von den Schranken, mit denen es natürliche und soziale Verhältnisse umgeben haben; E. der Juden (s. d.), Gleichstellung derselben mit den übrigen Staatsbürgern; E. der Schule, Befreiung derselben, namentlich der Volksschule, aus der abhängigen Stellung zur Kirche; E. der Katholiken, in Großbritannien die 1829 durchgeführte Maßregel, wodurch es den dortigen Katholiken möglich gemacht wurde, ins Parlament und in Staatsämter einzutreten.

Embargo (span. Embargar), der auf ein Schiff nebst Ladung gelegte Arrest, um das Auslaufen desselben aus dem Hafen, in welchem es sich befindet, zu verhindern. Je nachdem diese Maßregel gegen die eignen Unterthanen oder gegen die Angehörigen eines fremden Staats und deren Schiffe zur Anwendung gebracht wird, unterscheidet man zwischen zivilem oder staatsrechtlichem E. und dem internationalen oder völkerrechtlichen E., welch letzteres auch als E. im engern Sinn oder als E. schlechthin bezeichnet wird. Das zivile E. wird als ein Ausfluß des sogen. Staatsnotrechts, dem sich die Privatinteressen der Unterthanen unterordnen müssen, namentlich dann zur Anwendung gebracht, wenn die Ausfuhr gewisser Artikel im staatlichen Interesse verhindert werden soll. Das internationale E. dagegen kommt einmal als Repressalie den Angehörigen und den Schiffen eines andern Staats gegenüber vor, der zuvor gegen den betreffenden Staat von dem E. Gebrauch gemacht oder sonstige schädliche Maßregeln gegen denselben in Vollzug gesetzt hatte. Außerdem stellt sich das E. als eine Sicherheitsmaßregel bei eingetretenem oder doch bevorstehendem Kriegszustand dar. Bricht im letztern Fall der Krieg zwischen den beteiligten Mächten nicht aus, so werden die mit Beschlag belegten Schiffe samt Mannschaft und Ladung freigegeben, während im umgekehrten Fall die vorläufige Beschlagnahme sich in eine Appropriation umwandelt, weil nach Kriegsrecht das feindliche Gut zur See als gute Prise gilt. Da jedoch neuerdings der Grundsatz der Unverletzlichkeit des Privateigentums im Krieg mehr und mehr zur Geltung kommt, so erscheint auch jenes Prisenrecht als unhaltbar; die neuern Völkerrechtslehrer verdammen es, und auch die Praxis hat es teilweise aufgegeben, wie denn z. B. im letzten deutsch-französischen Krieg durch Verordnung vom 18. Juli 1870 (Bundesgesetzblatt 1870, Nr. 27) bestimmt ward, daß die französischen Handelsschiffe, sofern sie keine Kriegskonterbande führten, der Aufbringung und Wegnahme durch die Fahrzeuge der Bundeskriegsmarine nicht unterliegen sollten. Noch viel weniger kann aber alsdann die Beschlagnahme fremder Schiffe schon vor dem eigentlichen Ausbruch des Kriegs gebilligt werden. So wurde denn auch vor dem Ausbruch des orientalischen Kriegs den in englischen und französischen Häfen befindlichen russischen Schiffen eine Frist von sechs Wochen zum Auslaufen oder zur Heimkehr offen gelassen. Dagegen haben die Dänen im Krieg von 1864 das E. gegen preußische und österreichische Schiffe wieder zur Anwendung gebracht.

Emeritus (lat.), ausgedient; in den Ruhestand versetzter Geistlicher oder Lehrer; Emeritenanstalten, in katholischen Ländern Versorgungsanstalten für emeritierte Geistliche.

Emeute (franz., spr. emöht), Empörung, Meuterei.

Emigranten (lat., »Auswanderer«), solche, welche, um politischer oder kirchlicher Unterdrückung zu entgehen, ihr Vaterland, entweder für immer oder mit Vorbehalt der Rückkehr in bessern Zeiten, verlassen; insbesondere Bezeichnung der während der ersten französischen Revolution ausgewanderten Franzosen, namentlich Edelleute und Priester.

Eminenz (lat., »Erhabenheit, Hoheit«), Titel der Kardinäle und früher der geistlichen Kurfürsten.

Emir (arab., »Fürst«), im Orient und in Nordafrika Titel aller unabhängigen Stammeshäuptlinge sowie aller wirklichen oder angeblichen Nachkommen Mohammeds (von seiner Tochter Fatime), die das Vorrecht haben, einen grau n Turban zu tragen; jetzt auch Titel von Statthaltern von Provinzen. E. al Mumenin (»Fürst der Gläubigen«), Titel der Chalifen; E. al Omra (»Fürst der Fürsten«), Titel der obersten Minister der Chalifen.

Emissär (lat.), ein zu geheimen politischen Zwecken Ausgesandter.

Emission (lat.), Aussendung, Ausgabe (z. B. von Papiergeld); emittieren, aussenden, ausgeben.

Emolument (lat.), Nutzen, Vorteil; Emolumente, Einkünfte, besonders Nebeneinkünfte, die mit einem Amt verknüpft sind.

Empire (franz., spr. angpihr), das Kaiserreich (v. lat. imperium), besonders das französische Napoleons I. (le premier e.) und das Napoleons III. (le second e.); l'e. c'est la paix (»das Kaiserreich ist der Friede«), Ausspruch Napoleons III. 9. Okt. 1852 zu Bordeaux; nachmals oft in ironischem Sinn zitiert, nachdem sich jene Verheißung keineswegs bewährt hatte.

Emploi (franz., spr. angploa), Dienst, Amt; Employé (spr. ·jeh), Angestellter, Beamter.

Empörung, s. Aufruhr.

En bloc (franz., spr. ang blod), in Bausch und Bogen, wird im parlamentarischen Leben insbesondere von der Annahme oder Verwerfung von Gesetzen im ganzen und ohne einzelne Modifikationen gebraucht.

En chef (franz., spr. ang scheff), als Befehlshaber, Haupt; Redakteur en chef, der leitende Redakteur (Chefredakteur) einer größern Zeitung.

Encyklika (griech.), Rundschreiben, insbesondere Erlaß des Papstes an die Bischöfe, namentlich von Pius IX. zu öffentlichen Kundgebungen angewendete Form; so vor allen die E. vom 8. Dez. 1864 mit dem berüchtigten Syllabus als Beilage, wodurch die Lehre von der päpstlichen Unfehlbarkeit verkündet ward.

Engagement (franz., spr. anggaschmang), Verbindlichkeit, Verpflichtung, Anwerbung, Dienstannahme; Dienst, Amt, auch Gefecht; engagieren, anwerben, bereden; sich engagieren, sich einlassen, sich verpflichten.

Engere Wahl, s. Wahl.

England, s. Großbritannien.

Enklave (lat.), kleinerer, von einem andern Staat rings eingeschlossener Teil eines Staatsgebiets.

Enquête (franz., spr. angkäht), Untersuchung, insbesondere amtliche Untersuchung, namentlich das meist von einer aus Mitgliedern des Gesetzgebenden Körpers bestehenden Kommission geleitete öffentliche Untersuchungsverfahren zur Aufklärung und Auskunftseinziehung über gewisse durch die Gesetzgebung zu regelnde Fragen und Verhältnisse des praktischen Lebens.

Enteignung, s. Expropriation.

Entente (franz., spr. angtangt), Einverständnis; e. cordiale, herzliches Einverständnis, Bezeichnung für die intimen Beziehungen zweier Staatsregierungen.

Entführung (lat. Crimen raptus), das Verbrechen, dessen sich derjenige schuldig macht, welcher sich einer Frauensperson entweder wider deren Willen oder doch ohne Einwilligung derjenigen Personen, von welchen sie familienrechtlich abhängig ist, durch Hinwegführung zum Zweck der Ehelichung oder der Unzucht bemächtigt. Nach dem deutschen Strafgesetzbuch wird die E. nur auf besondern Strafantrag strafrechtlich verfolgt und, wenn der Entführer die Entführte geheiratet hat, nur dann, wenn die Ehe für ungültig erklärt worden ist. Im übrigen macht das Strafgesetzbuch folgende Unterscheidung: Es straft einmal denjenigen, welcher eine Frauensperson wider ihren Willen durch List, Drohung oder Gewalt entführt, um sie zur Unzucht zu bringen, mit Zuchthaus von 1 bis zu 10 Jahren und, wenn die E. begangen wurde, um die Entführte zur Ehe zu bringen, mit Gefängnis bis zu 5 Jahren. Weiter wird aber auch derjenige, welcher eine minderjährige, unverehelichte Frauensperson mit ihrem Willen, jedoch ohne Einwilligung ihrer Eltern oder ihres Vormunds entführt, um sie zur Unzucht oder zur Ehe zu bringen, mit Strafe bedroht und zwar ebenfalls mit Gefängnis bis zu 5 Jahren. Wurde das Vergehen an einer verheirateten Frau mit deren Einwilligung begangen, so greifen die strafrechtlichen Bestimmungen über Ehebruch (s. Unzuchtsverbrechen) Platz. Vgl. Deutsches Reichsstrafgesetzbuch, §§ 236—238.

Enthauptung, s. Todesstrafe.

Entlassung aus dem Unterthanenverband, s. Auswanderung.

Entmündigung, Bevormundung einer großjährigen Person durch einen Zustandsvormund. Die E. kann wegen Geisteskrankheit sowie einem notorischen Verschwender gegenüber erfolgen. Das Entmündigungsverfahren findet im erstgedachten Fall unter Mitwirkung der Staatsanwaltschaft, Verschwendern gegenüber ohne diese statt. Vgl. Deutsche Zivilprozeßordnung, §§ 593—627.

Entrepôt (franz., spr. angtr'po, »Lagerhaus«), Warenniederlage, besonders eine solche, worin die Waren vorläufig unverzollt lagern, und woraus die im Inland unverkauften gegen Entrichtung des Durchgangszolls wieder ausgeführt werden können; Surtaxe d'e. (Unterscheidungszoll). Zuschlagsabgabe, welche neben dem Durchgangszoll von solchen Waren erhoben wird. Auch versteht man darunter einen Zuschlagszoll auf alle Waren, welche nicht direkt aus dem Ursprungsland eingeführt werden.

Entrevue (franz., spr. angtr'wüh), Zusammenkunft, Unterredung namentlich zwischen Monarchen.

Entsatz, Befreiung einer Festung von dem sie einschließenden Feind.

Envoi (franz., spr. angwoa), Sendung, Gesandtschaft; Envoyé (spr. angwoajeh), Gesandter (zweiten Ranges).

Epauletten (franz., spr. epo-, »Schulterdecken«), Rangabzeichen an Uniformen; bei Stabsoffizieren mit beweglichen Fransen (Kantillen), bei Generalen mit festen Raupen. In Deutschland tragen auch die Mannschaften der Ulanen E.

Ephoren (gr., »Aufseher«), in Sparta obrigkeitliche Behörde für Aufrechterhaltung der Gesetze in der Staatsverwaltung, bestand aus fünf aus dem Volk auf ein Jahr gewählten Mitgliedern, erhob sich allmählich zur mächtigsten Behörde und riß namentlich die Leitung der auswärtigen Politik an sich. Ephorus, jetzt s. v. w. Superintendent; Ephorie, Bezirk eines solchen; Ephorat, Amt desselben.

Episkopal (griech.), den Bischof oder dessen Amt betreffend, daher Episkopalkirche, Bezeichnung für die englische (anglikanische, bischöfliche) Kirche; Episkopat, Bistum, Bischofsamt. Episkopalsystem, im römisch-katholischen Kirchenrecht diejenige Theorie, wonach die höchste kirchliche Gewalt in der Gesamtheit der Bischöfe beruht und der Papst als der erste unter Gleichberechtigten (primus inter pares) unter der Autorität jener als der Repräsentanten der ganzen Kirche steht, im Gegensatz zum Papalsystem (s. b.); in der protestantischen Kirche die Ansicht von der Übertragung der bischöflichen Gewalt auf den Landesherrn durch den Augsburger Religionsfrieden (1555).

Erbämter, die in einer Familie erblichen Ämter. So waren insbesondere zur Zeit des frühern römischen Reichs deutscher Nation die Erzämter (s. d.) des Reichs erblich mit den Kurwürden verbunden. Die Kurfürsten (s. d.) übertrugen aber die Ausübung ihrer Erzämter wiederum auf adlige Familien, und die Inhaber dieser Reichserbämter wurden Reichserbbeamte genannt. So gab es einen Erbmarschall (Pappenheim), einen Erbschenk (Althan), Erbtruchseß (Waldburg), Erbkämmerer (Hohenzollern) und einen Erbschatzmeister (Sinzendorf). Aber auch in den einzelnen Territorien wurden von den Landesherren derartige E. errichtet, und noch jetzt bestehen solche Titulaturen in Österreich, in Ostpreußen, in Brandenburg, in Bayern (Reichskronämter), Württemberg und Braunschweig.

Erbfolge, s. Erbrecht.

Erbgerichtsbarkeit, s. Patrimonium.

Erbgroßherzog, s. Erbprinz.

Erbieten zu einem Verbrechen wird nach dem deutschen Strafgesetzbuch (§ 49 a, Novelle vom 26. Febr. 1876, Art. II) gleich der Aufforderung zu einem solchen bestraft. Es wird jedoch das lediglich mündlich ausgedrückte Erbieten, wie die Annahme eines solchen überhaupt, nur dann bestraft, wenn das Erbieten an die Gewährung von Vorteilen irgend welcher Art geknüpft worden war. Nach dem Vorgang der belgischen Gesetzgebung (Fall »Duchêsne«) straft das deutsche Recht unter jener Voraussetzung denjenigen, welcher sich zur Begehung eines Verbrechens oder zur Teilnahme an einem Verbrechen erbietet, sowie denjenigen, welcher ein solches Erbieten annimmt, soweit nicht das Gesetz eine andre Strafe androht, wenn das Verbrechen mit dem Tod oder mit lebenslänglicher Zuchthausstrafe bedroht ist, mit Gefängnis nicht unter 3 Monaten und bis zu 5 Jahren und, wenn das Verbrechen mit geringerer Strafe bedroht ist, mit Gefängnis von einem Tag bis zu 2 Jahren oder mit Festungshaft von gleicher Dauer.

Erbkämmerer, s. Kurfürsten.

Erblande, diejenigen Länder, welche ein Fürst von seinen Ahnen kraft der Erbfolge überkommen hat, im Gegensatz zu den durch die Regierungsfolge vereinigten Ländern; ehemals besonders diejenigen Länder des deutschen Kaisers, welche dieser erblich besaß (Hausmacht), z. B. unter den Habsburgern das Erzherzogtum Österreich, Böhmen, Mähren ꝛc., im Gegensatz zum übrigen Deutschland, dessen Oberhaupt er erst durch Wahl wurde.

Erbmarschall, s. Kurfürsten.

Erbmonarchie, s. Monarchie.

Erbprinz, der künftige Nachfolger des regierenden Fürsten oder Herzogs. Gewöhnlich kommt dieser Titel, mit welchem ein dem Rang des regierenden Hauses entsprechendes Prädikat (Durchlaucht, Hoheit) verknüpft ist, nur dem ältesten Sohn des Regenten zu, während präsumtive Nachfolger denselben zu führen nicht berechtigt sind, wenn er ihnen nicht ausdrücklich verliehen ist. Die Gemahlin des Erbprinzen heißt Erbprinzessin. In kaiserlichen und königlichen Häusern führt der E. den Titel Kronprinz (Kaiserliche, resp. Königliche Hoheit), in den großherzoglichen Häusern den Titel Erbgroßherzog (Königliche Hoheit).

Erbrecht, im subjektiven Sinn das Recht einer Person (des Erben), in den Nachlaß eines Verstorbenen (des Erblassers), d. h. in den von ihm hinterlassenen Vermögenskomplex (Erbschaft), einzutreten; im objektiven Sinn der Inbegriff der Rechtsgrundsätze, welche sich auf das Schicksal der Verlassenschaft eines Verstorbenen, insbesondere auf das Eintreten des Erben in die letztere (Erbfolge), beziehen. Erbschaftssteuer, die dem Erbnehmer, sei er durch Testament oder durch das Gesetz (Intestaterbfolge) berufen, oder sei er auch nur Vermächtnisnehmer, zu Gunsten des Staats oder der Gemeinde gesetzlich auferlegte Abgabe. Dieselbe wird regelmäßig nach einem bestimmten Prozentsatz des Erbschaftswerts berechnet. Die Deszendenten des Erblassers, d. h. die Verwandten in absteigender Linie, sind von dieser

Abgabe befreit. Über die Vererbung der monarchiſchen Staatsgewalt ſ. Thron=
folge.

Erbſchatzmeiſter } ſ. Kurfürſten.
Erbſchenk

Erbſtaaten, ſ. v. w. Erblande.

Erbſtände, ſolche Mitglieder ſtändiſcher oder parlamentariſcher Korporationen, welche denſelben vermöge eines erblichen Rechts und nicht erſt durch Wahl oder amtliche Stellung oder Ernennung ange=
hören. Die Erbſtandſchaft iſt entweder rein perſönlich, alſo durch keine Art von Beſitz bedingt, oder dinglich, d. h. vom Beſitz gewiſſer Güter abhängig, oder beides zugleich. E. im erſtern Sinn ſind die Prinzen regierender Häuſer und die engliſchen Peers (ſ. Pairs) der Mehr=
zahl nach. In Deutſchland, wo ſchon ſeit der Mitte des 17. Jahrh. neben der Eben=
bürtigkeit, als der perſönlichen Befähi=
gung zur Erbſtandſchaft, die dingliche not=
wendig geworden war, gibt es außer den Prinzen der ſouveränen Häuſer eigentlich keine perſönlichen E. mehr; denn was die Standesherren anlangt, ſo ſind dieſel=
ben nur inſofern zur Erbſtandſchaft in der Erſten Kammer berufen, als ſie die In=
haber der Güter ſind, auf welchen die=
ſelbe haftet.

Erbtochter, die nächſte kognatiſche Ver=
wandte des letzten der Agnaten (durch Männer verwandte Männer) eines fürſt=
lichen oder abligen Hauſes. In ablige Stamm= und Familienfideikommißgüter ſuccediert eine ſolche erſt nach dem Aus=
ſterben des Mannesſtamms. Von der Thronfolge (ſ. b.) iſt die E. nach dem ſogen. Saliſchen Geſetz in den meiſten Ländern ausgeſchloſſen.

Erbtruchſeß, ſ. Kurfürſten.

Erbverbrüderung, Vertrag zwiſchen zwei fürſtlichen Häuſern, durch welchen ſich dieſelben für den Fall des Ausſterbens eines dieſer Häuſer wechſelſeitig die Thron=
erbfolge zuſichern. Zur Gültigkeit eines ſol=
chen Abkommens wird die Zuſtimmung der Agnaten erfordert; auch würde in unſern modernen konſtitutionellen Monarchien die Zuſtimmung der Volksvertretung nötig ſein.

Erfindungspatent, ſ. Patent.

Erlaucht (abgekürzt aus »erleuchtet«), früher Titel der regierenden Reichsgrafen; nach dem Bundesbeſchluß vom 13. Febr. 1829 Prädikat der Häupter der vormals reichsunmittelbaren, jetzt mediatiſierten gräflichen Häuſer.

**Erneſtiniſche Linie des Hauſes Sach=
ſen** (Erneſtiner), ſ. Sachſen.

Erpreſſung (Konkuſſion, lat. Con-
cuſſio), das Vergehen, beſſen ſich derjenige ſchuldig macht, welcher, um ſich oder einem Dritten einen rechtswidrigen Vermögens=
vorteil zu verſchaffen, einen andern durch Gewalt oder Drohung zu einer Hand=
lung, Duldung oder Unterlaſſung nötigt. Das deutſche Reichsſtrafgeſetzbuch (§§ 253 ff.) ſtellt die E. nach dem Vorgang der meiſten neuern Strafgeſetzbücher mit dem Raub zuſammen. Die E. unterſcheidet ſich nämlich vom Raub einmal durch das Mittel, welches zur Begehung des Ver=
brechens angewendet wird und welches beim Raub in perſönlicher Gewalt oder Drohung mit gegenwärtiger Gefahr für Leib und Leben beſteht, während bei der E. jeder Zwang, ſei es unmittelbar phyſi=
ſcher oder pſychiſcher Zwang, d. h. irgend eine Drohung, durch welche ein wirkſamer Zwang auf den andern ausgeübt wird, genügt, z. B. Drohung mit einer Denun=
ziation, mit Veröffentlichung eines Ge=
heimniſſes u. dgl. Die E. unterſcheidet ſich aber auch hinſichtlich des Zwecks von dem Raub, indem durch letztern die wider=
rechtliche Zueignung einer fremden be=
weglichen Sache bezweckt wird, während bei der E. irgend ein Thun, Handeln oder Unterlaſſen erzwungen werden ſoll, z. B. die Ausſtellung einer Quittung, die Un=
terlaſſung einer Klagerhebung u. dgl. Da=
gegen muß bei der E., wie beim Raub, die Abſicht des Thäters auf die Erlangung eines Vermögensvorteils gerichtet und dieſer letztere ein widerrechtlicher ſein. Hierdurch unterſcheidet ſich die E. von der Selbſthilfe und von der ſogen. Nötigung (ſ. b.). Übrigens iſt das Vergehen der E., deren Verſuch nach dem deutſchen Straf=
geſetzbuch ebenfalls ſtrafbar iſt, vollendet, ſobald die Abnötigung des Thuns, Dul=
dens oder Unterlaſſens vollzogen worden iſt, mag nun der beabſichtigte vermögens=

rechtliche Vorteil vereitelt oder wirklich er=
langt worden ſein. Nach dem Reichs=
ſtrafgeſetzbuch iſt zwiſchen einfacher E.,
welche mit Gefängnis von 1 Monat bis
zu 5 Jahren, und ſchwerer E., welche
mit Zuchthaus von 1—5 Jahren beſtraft
wird, zu unterſcheiden. Letztere (§ 254)
liegt dann vor, wenn die E. durch Be=
drohung mit Mord, Brandſtiftung oder
mit Verurſachung einer Überſchwemmung
verübt wird. Wurde die E. durch Ge=
walt gegen eine Perſon oder unter An=
wendung von Drohungen mit gegenwär=
tiger Gefahr für Leib oder Leben begangen,
ſo tritt (§ 255) die Strafe des Raubes
ein, d. h. Zuchthaus von 1—15 Jahren.
Endlich kann neben der wegen E. erkann=
ten Gefängnisſtrafe auch auf Verluſt der
bürgerlichen Ehrenrechte und neben der er=
kannten Zuchthausſtrafe auf Zuläſſigkeit
von Polizeiaufſicht erkannt werden. Vgl.
Villnow, Raub und E. (1875).

Erſatzweſen, im Deutſchen Reich Be=
zeichnung für alles dasjenige, was mit der
Aushebung, Einſtellung und Entlaſſung
der Soldaten zuſammenhängt. Das E. iſt
durch die Erſatzordnung geregelt, welche
den erſten Teil der deutſchen Wehrordnung
bildet. Das jährliche Erſatzgeſchäft
zerfällt hiernach in drei Hauptabſchnitte,
nämlich in das Vorbereitungsgeſchäft,
Muſterungsgeſchäft und das Aushebungs=
geſchäft. Das Vorbereitungsgeſchäft
begreift diejenigen Maßregeln in ſich,
welche zur Ermittelung der im laufenden
Jahr zur Stellung vor den Erſatzbehörden
verpflichteten Wehrpflichtigen erforderlich
ſind. Das Muſterungsgeſchäft be=
ſteht in der Muſterung und Rangierung
der zur Stellung vor den Erſatzbehörden
verpflichteten Wehrpflichtigen durch die
Erſatzkommiſſion, während das Aushe=
bungsgeſchäft die Entſcheidungen durch
die Obererſatzkommiſſion und die Aus=
hebung der für das laufende Jahr erfor=
derlichen Rekruten umfaßt. In Kriegs=
zeiten wird das Muſterungsgeſchäft mit
dem Aushebungsgeſchäft vereinigt. Außer=
dem findet für die zur Stellung verpflich=
teten ſchiffahrttreibenden Wehrpflich=
tigen ein Schiffermuſterungsgeſchäft
ſtatt. Die Landwehrbataillonsbezirke, in

welche die Infanteriebrigadebezirke der ein=
zelnen Armeekorpsbezirke zerfallen, ſind
in Aushebungsbezirke eingeteilt. In
dieſen Aushebungsbezirken bilden jeweilig
der betreffende Landwehrbezirkskomman=
deur und ein Verwaltungsbeamter des
Bezirks (Landrat, Polizeidirektor) oder ein
beſonders zu dieſem Zweck beſtelltes bür=
gerliches Mitglied die Erſatzkommiſ=
ſion. Dieſe arbeitet der Obererſatzkom=
miſſion vor. Sie nimmt die alljährliche
Muſterung der Wehrpflichtigen unter Zu=
ziehung eines Stabsarztes vor und be=
ſchließt unter Zuziehung von noch einem
Offizier und vier bürgerlichen Mitglie=
bern (verſtärkte Erſatzkommiſſion)
über die nach dem Geſetz zuläſſigen Zurück=
ſtellungen von Militärpflichtigen. Ihre
Beſchlüſſe unterliegen der Reviſion und
endgültigen Entſcheidung durch die Ober=
erſatzkommiſſion. Dieſe wird gebildet
durch den Infanteriebrigadekommandeur
des Brigadebezirks und einen höhern Ver=
waltungsbeamten. Jeder Armeekorpsbe=
zirk, deren im Deutſchen Reich 17 beſtehen,
zerfällt nämlich in 4, das Großherzog=
tum Heſſen, welches einen beſondern Er=
ſatzbezirk bildet, in 2 Infanteriebrigade=
bezirke. (Der Armeekorpsbezirk iſt zugleich
der Erſatzbezirk.) Die Obererſatzkom=
miſſion trifft unter nochmaliger Prüfung
(Generalmuſterung) die endliche Ent=
ſcheidung; ſie nimmt die eigentliche Aus=
hebung vor. Was die Zurückſtellungen
und Befreiungen anbetrifft, ſo wird die
Obererſatzkommiſſion noch durch ein bür=
gerliches Mitglied verſtärkt und entſchei=
bet ſo als verſtärkte Obererſatzkom=
miſſion. Die dritte Inſtanz (Erſatz=
behörde dritter Inſtanz) bildet der
kommandierende General des Erſatz= (Ar=
meekorps=) Bezirks in Gemeinſchaft mit
dem Chef der Provinzial= oder Landesver=
waltungsbehörde. An dieſe gehen Be=
ſchwerden gegen Entſcheidungen der Ober=
erſatzkommiſſion. Endlich aber beſteht über
dieſer dritten Inſtanz noch eine Miniſte=
rialinſtanz, welche die ſämtlichen Erſatz=
angelegenheiten leitet, und zwar iſt dies
in den Bezirken der unter preußiſcher Mili=
tärverwaltung ſtehenden Armeekorps das
preußiſche Kriegsminiſterium im Verein

mit den oberſten Zivilverwaltungsbe=
hörden der betreffenden Bundesſtaaten.
In den Königreichen Bayern, Sachſen
und Württemberg ſtehen die Erſatzange=
legenheiten unter der Leitung der betref=
fenden Kriegsminiſterien in Gemeinſchaft
mit den Miniſterien des Innern. Die=
jenigen Mannſchaften, welche bei der Aus=
hebung als zu klein, ſchwächlich oder wegen
kleiner Gebrechen zum Feldbienſt unbrauch=
bar oder wegen Reklamation oder infolge
hoher Losnummer nicht zur Einſtellung
kommen, bilden die Erſatzreſerve. Die
Erſatzreſervepflicht, welche vom Tag
der Überweiſung zur Erſatzreſerve bis
zum vollendeten 31. Lebensjahr dauert,
iſt die Pflicht zum Eintritt in das Heer
im Fall außerordentlichen Bedarfs. Dieſe
Erſatzreſerve zerfällt in zwei Klaſſen. Die
Dienſtpflicht in der erſten Klaſſe (Erſatz=
reſerve I) dauert 5 Jahre, nach deren
Ablauf die Mannſchaften in die zweite
Klaſſe (Erſatzreſerve II) verſetzt wer=
den. Die Erſatzreſerve I dient zur Ergän=
zung des Heers bei Mobilmachungen und
zur Bildung von Erſatztruppenteilen.
Nach dem Reichsgeſetz vom 6. Mai 1880
(Reichsgeſetzblatt, S. 103 ff.), betreffend
Ergänzungen und Änderungen des Reichs=
militärgeſetzes vom 2. Mai 1874 (Mili=
tärgeſetznovelle), ſollen die Erſatzreſer=
viſten erſter Klaſſe künftighin zu Übun=
gen im Frieden einberufen werden, von
welchen die erſte eine Dauer von 10, die
zweite eine Dauer von 4 und die beiden
letzten eine Dauer von je 2 Wochen nicht
überſchreiten ſollen. Die Mannſchaften
der Erſatzreſerve II ſind in Friedenszeiten
von allen militäriſchen Verpflichtungen
befreit. Bei ausbrechendem Krieg können
ſie im Fall außerordentlichen Bedarfs zur
Ergänzung des Heers verwendet werden.
Außer den Mannſchaften, welche nach
Ablauf des fünfjährigen Zeitraums aus
der erſten in die zweite Klaſſe der Erſatz=
reſerve verſetzt werden, ſind dieſer auch
alle Militärpflichtigen zuzuteilen, welche
der Erſatzreſerve zu überweiſen ſind, aber
als ungeeignet und überſchüſſig nicht der
erſten Klaſſe überwieſen werden. Nicht zu
verwechſeln mit der Erſatzreſerve iſt übri=
gens die Reſerve. Nach dem Reichsmili=

tärgeſetz vom 2. Mai 1874 (Reichsgeſetz=
blatt, S. 45 ff.) iſt nämlich jeder Militär=
pflichtige verbunden, 3 Jahre bei den Fah=
nen, 4 Jahre in der Reſerve und 5 Jahre
in der Landwehr (ſ. b.) zu dienen. Die
Reſerviſten, welche alſo mit den Erſatz=
reſerviſten nicht zu verwechſeln ſind, haben
ſich während des Reſerveverhältniſſes zwei=
mal jährlich zur Kontrollverſammlung zu
ſtellen und können in den vier Jahren zwei=
mal zu Übungen von höchſtens achtwöchi=
ger Dauer zu ihrem Truppenteil einbe=
rufen werden. Neben der Verpflichtung
zum Dienſt im ſtehenden Heer, in der
Reſerve und in der Landwehr beſteht end=
lich noch die Verpflichtung zum Dienſt im
ſogen. Landſturm, dem Aufgebot aller
Wehrpflichtigen vom vollendeten 17. bis
zum vollendeten 42. Lebensjahr, welche
weder dem Heer noch der Marine ange=
hören. Das Aufgebot desſelben erfolgt,
wenn ein feindlicher Einfall Teile des
Reichsgebiets bedroht oder überzieht.

Erſitzung (lat. Usucapio), Eigentums=
erwerb durch beſtimmte Zeit hindurch fort=
geſetzten Beſitz, ſ. Verjährung.

Erz..., deutſche Vorſetzſilbe, dem griech.
Archi... (ſ. d.) nachgebildet, bedeutet die
Erhöhung der durch das einfache Wort be=
zeichneten Würde; daher Erzämter, Erz=
biſchof, Erzherzog ꝛc.

Erzämter, im frühern Deutſchen Reich
Staats= und Hofämter, welche mit der
Kurwürde verbunden waren. Derartige
Ämter kamen, dem byzantiniſchen Hof=
zeremoniell entlehnt, bereits im fränkiſchen
Reich vor und gingen von da in das rö=
miſch=deutſche Kaiſerreich über (ſ. Kur=
fürſten).

Erzbiſchof (Archiepiscŏpus), der erſte
Biſchof eines Landes oder auch einer Pro=
vinz, dem andre Biſchöfe (Suffragane)
untergeordnet ſind, der aber ſelbſt Biſchof
einer Diözeſe iſt. Außer den allgemeinen
biſchöflichen Rechten ſtehen den Erzbiſchö=
fen die Appellgerichtsbarkeit über die Suf=
fraganbiözeſen und das Recht der Zuſam=
menberufung der Provinzialſynode und
der Vorſitz bei derſelben zu; jedoch ſind dieſe
Rechte ſeit der abſolut=monarchiſchen Ge=
ſtaltung der katholiſchen Kirchenverfaſſung
ohne Bedeutung. Zeichen der erzbiſchöf=

lichen Würde ist der weißwollene Schulter=
kragen (das Pallium). In der protestan=
tischen Kirche besteht die erzbischöfliche
Würde nur in England und Schweden.

Erzherzog (Archidux), ein dem öster=
reichischen Haus eigentümlicher Titel, an=
geblich von Kaiser Friedrich I. 1156 zuerst
verliehen. Letzterer soll nämlich den Her=
zog von Österreich den Herzögen, welche
Hofämter bekleideten, auf den Reichstagen
gleichgestellt und ihm überhaupt den näch=
sten Platz nach den Kurfürsten eingeräumt
haben. Von den Kurfürsten ward dieser
Titel aber erst anerkannt, als ihn Kaiser
Friedrich III. 1453 den Herzögen des Hau=
ses Österreich erblich zusprach. Jetzt wird
der Titel E. von den Prinzen und der Titel
Erzherzogin von den Prinzessinnen
des österreichischen Kaiserhauses allgemein
geführt.

Erzkämmerer
Erzkanzler
Erzmarschall } s. **Kurfürsten.**
Erzschenk
Erztruchseß

Escudēro (span., »Schildknappe«), ein
Abliger niedern Ranges.

Eskadre (franz.), s. v. w. Geschwader;
kleinere Anzahl von Kriegsschiffen unter
Einem Kommando.

Eskadron (franz., spr. -drong), Schwa=
dron, taktische Einheit der Kavallerie; in
Deutschland 150 Pferde stark. Fünf Es=
kadrons bilden ein Regiment.

Esquire (engl., spr. -kweir, gewöhnlich
abgekürzt Esq., vom englisch-normänn.
escuier, franz. Ecuyer, lat. Scutarius,
»Schildknappe«), in England ursprünglich
Ehrentitel derjenigen, welche, ohne Ritter
oder Peers zu sein, wappenfähig waren;
jetzt (dem Namen nachgestelltes) Prädikat
aller Leute von Bildung u. sozialer Stellung.

Essentialien (lat.), wesentliche Bestand=
teile, z. B. eines Rechtsgeschäfts; **Essen=
tialität**, Wesenheit.

Estaménto (span.), Ständeversamm=
lung, Cortes.

Etappe (franz.), Marschhalteplatz bei
Militärtransporten.

Etat (franz., spr. etah), Stand, Staat;
Voranschlag der Ausgaben und Einnah=
men, daher man namentlich von dem
Staatshaushaltsetat zu sprechen
pflegt; **etatisieren**, in den E. einstellen,
etatsmäßig feststellen. Je nach den ver=
schiedenen Zweigen der Staatsverwaltung
werden auch in Ansehung des Etats Unter=
scheidungen gemacht, insbesondere zwischen
Zivil= und Militäretat, und je nach=
dem es sich um regelmäßig wiederkehrende
oder um außerordentliche Einnahmen und
Ausgaben handelt, wird zwischen ordent=
lichem und außerordentlichem E.
unterschieden, auch wohl zwischen dem all=
gemeinen E. (Hauptetat) und den Spe=
zialetats der einzelnen Verwaltungs=
zweige. In der konstitutionellen Monar=
chie ist die Mitwirkung bei der Feststellung
des Etats (Staatshaushaltsetats, Bud=
gets) eins der wichtigsten Rechte der Volks=
vertretung. Dasselbe bildete sich zuerst in
England aus, woselbst es aus dem Steuer=
bewilligungsrecht des Parlaments hervor=
ging. Von hier aus ging es in die mo=
dernen Verfassungsurkunden des Konti=
nents über, und so hat denn auch z. B. die
deutsche Reichsverfassung das Budget=
recht des Reichstags in Ansehung des
Reichshaushaltsetats ausdrücklich
anerkannt, indem im Art. 69 der Reichs=
verfassung bestimmt ist: »Alle Einnahmen
und Ausgaben des Reichs müssen für jedes
Jahr veranschlagt und auf den Reichshaus=
haltetat gebracht werden. Letzterer wird
vor Beginn des Etatsjahrs durch ein Ge=
setz festgestellt.« Obgleich nämlich die Fest=
stellung des Haushaltsetats im Grund
eine Verwaltungsangelegenheit ist, hat
doch das Budgetrecht der Volksvertreter
Veranlassung dazu gegeben, den E. jeweilig
im Weg der Gesetzgebung und in der
Form eines Gesetzes festzustellen. Der Zeit=
raum aber, für welchen diese Feststel=
lung erfolgt, wird die Etats= oder
Budgetperiode genannt, und zwar
kommt hier in den einzelnen Verfassungs=
urkunden der Zeitraum von 1 (Deutsches
Reich, Preußen, Schaumburg=Lippe), 2
(Bayern, Sachsen, Baden), 3 (Württem=
berg, Hessen, Sachsen=Weimar, Sachsen=
Meiningen, Sachsen=Altenburg, Braun=
schweig, Oldenburg, Anhalt, Schwarzburg=
Rudolstadt, Reuß ältere Linie, Reuß
jüngere Linie, Waldeck) und 4 Jahren

(Sachsen = Koburg = Gotha und Schwarz= burg=Sondershausen) vor. Die ständische Etatsfeststellung bezieht sich aber nicht nur auf die Ausgabe, sondern auch auf die Ein= nahme. Es findet jedoch dies Recht der Volksvertretung seine Begrenzung darin, daß manche Einnahmen und Ausgaben der Natur der Sache oder gesetzlicher Be= stimmung nach mehr oder weniger fest= stehen, und ebendarum können nur die sogen. beweglichen Einnahmen einer Ver= weigerung seitens der Landstände unter= liegen. Der privatrechtliche Erwerb des Staats, z. B. aus den Staatsgütern, aus Staatswaldungen, kann nicht beliebig fest= gestellt, ermäßigt oder erhöht werden, wenn er auch im E. mit figuriert. Die Ver= kehrssteuern werden auf Grund gesetzlicher Bestimmung erhoben, ebenso die direkten Steuern, insofern sie kontingentiert, d. h. durch Gesetz fixiert, sind. Dagegen ist eine besondere Bewilligung in Ansehung der= jenigen Steuern erforderlich, welche quoti= siert werden, d. h. die nur dem Steuer= objekt und der Steuereinheit nach feststehen, während die Bestimmung darüber, wie= viel Steuereinheiten erhoben werden sollen, für jede Etatsperiode besonders festzustellen ist. Ebenso kann bei gesetzlich feststehenden Ausgaben, also z. B. bei den Matrikular= beiträgen, welche die einzelnen deutschen Bundesstaaten an das Reich zu entrichten haben, keine Minderung seitens der Ab= geordneten eintreten; anders dagegen z. B. bei der Errichtung neuer Ämter, bei der Aufnahme einer Anleihe u. dgl. Ebenso ist zur Übernahme einer Garantie seitens des Staats die Zustimmung der Stände erforderlich. Die notwendige Folge des Budgetrechts ist aber das weitere Recht der Kammern, die Staatsrechnung zu prüfen, namentlich darauf, ob der E. eingehalten ist, und die Staatsregierung in Ansehung derselben zu entlasten (Decharge zu ertei= len). Abweichungen in der Einnahme be= dürfen jedoch nur dann einer nachträglichen Genehmigung, wenn dieselben willkür= licher Natur sind, während sie, insofern sie lediglich auf thatsächlichen Verhältnissen, z. B. auf einer Mindereinnahme aus einer indirekten Steuer, beruhen, der Natur der Sache nach einer besondern Genehmigung

nicht bedürfen. Ebenso kann Überschrei= tungen in der Ausgabe gegenüber die land= ständische Zustimmung nicht versagt wer= den, wenn es sich um Ausgaben handelt, die nach gesetzlicher Bestimmung notwendig waren. In Staaten mit republikanischer Verfassung steht das Budgetrecht ebenfalls der Volksvertretung, so z. B. in den drei deutschen Hansestädten den Bürgerschaften, zu. Für den Fall des nicht rechtzeitigen Zustandekommens des Etats gestatten die meisten Verfassungsurkunden für einen bestimmten Zeitraum eine weitere Staats= finanzwirtschaft auf Grund des bisherigen Etats. Weitere Ausdehnungen einer der= artigen Wirtschaft bedürfen dagegen nach= träglich der Erteilung ausdrücklicher In= demnität (s. b.) für die Staatsregierung seitens der Volksvertretung. Aber nicht nur für den Staatshaushalt, sondern auch für denjenigen der Gemeinden, der Kom= munalverbände, juristischer Personen, Kor= porationen 2c. ist die Aufstellung eines Etats notwendig und üblich, und zwar kommen hier die für die Aufstellung des Staatshaushaltsetats geltenden Grund= sätze in analoger Weise zur Anwendung.

États généraux (franz., spr. etah schenroh), Generalstaaten (z. B. in der Republik der vereinigten Niederlande die höchste Behörde) oder Generalstände, in Frankreich die aus den Abgeordneten des Adels, der Geistlichkeit und der städtischen Korporationen zusammengesetzten Land= stände, von Philipp IV. 1302 zuerst be= rufen, während Abel und Klerus früher allein darin vertreten waren, in der Regel nur mit Bewilligung außerordentlicher Subsidien beschäftigt; von 1614 bis 5. Mai 1789 nicht versammelt, nach Beginn der französischen Revolution in eine National= versammlung umgewandelt.

Europäisches Konzert, die europäischen Mächte in ihrer Vereinigung als völker= rechtliche Körperschaft. Zuweilen werden darunter aber auch nur die europäischen Großmächte: Deutschland, Österreich=Un= garn, Großbritannien, Italien, Frankreich und Rußland, verstanden.

Evangelische Kirche, s. Protestan= tismus.

Examen (lat.), Prüfung, Schulprü=

fung; **eraminieren**, prüfen. **Eraminandus** Prüfling; **Eraminator**, Prüfer.

Exceptio (lat.), Einrede (f. b.); **e. veritatis**, Einrede der Wahrheit (f. Beleidigung).

Exekution (lat., »Hilfsvollstreckung, Zwangsvollstreckung), die zwangsweise Aus- und Durchführung einer amtlichen Anordnung, namentlich eines gerichtlichen Urteils; **Exekutionsinstanz**, das Prozeßstadium, in welchem das richterliche Urteil zur zwangsweisen Ausführung kommt; **Exekutionsordnung**, Gesetz über die Hilfsvollstreckung in bürgerlichen Rechtsstreitigkeiten. Die zwangsweise Anhaltung der einzelnen Mitglieder eines Bundesstaats zur Erfüllung ihrer Pflichten gegen diesen wird **Bundesexekution** genannt. (Vgl. deutsche Reichsverfassung, Art. 19.) Über die E. gerichtlicher Urteile insbesondere f. **Zwangsvollstreckung**.

Exekutivgewalt (**Exekutive**, lat.), vollziehende Gewalt (f. **Verwaltung**); »Exekutive« wird auch die Behörde genannt, welcher der Vollzug der Beschlüsse einer andern Behörde oder Körperschaft obliegt.

Exekutivprozeß (lat.), Urkundenprozeß (f. **Urkunde**).

Exemtion (lat.), Ausnahme, Befreiung von einer allgemeinen Last oder Verbindlichkeit; daher **Eximierte** oder **Exemte**, diejenigen, denen eine solche Ausnahme zu gute kommt; namentlich im Kirchenrecht Befreiung eines Klosters 2c. von der geistlichen Jurisdiktion des Diözesanbischofs und Unterstellung unter die eines höhern Kirchenobern oder des Papstes selbst.

Exequatur (lat., »er vollziehe«), der Akt, durch welchen eine Regierung einem bei ihr akkreditierten Konsul eines fremden Staats die Ausübung seiner Funktionen als solcher innerhalb ihres Staatsgebiets gestattet, ihm die üblichen Privilegien zugesteht und denselben gegenüber den Beamten des eignen Staats anerkennt und legitimiert. Die Ernennung des Konsuls selbst erfolgt nämlich durch die Regierung desjenigen Staats, dessen Interessen er in einem andern Staat wahrnehmen soll, in dem sogen. Bestel-

lungsbrief (**lettres de provision**, **Konsularprovisionen**). Das Ministerium des Auswärtigen des bestellenden Staats hat nun die Konsularprovisionen dem Gesandten desselben in dem Staat, in welchem der neue Konsul wirken soll, mitzuteilen; der Gesandte aber hat sich alsdann mit dem Ministerium des Auswärtigen des betreffenden Staats ins Vernehmen zu setzen, um die Erteilung des E. auszuwirken. Diese kann verweigert werden, wenn der als Konsul Präsentierte eine übel beleumundete Person ist, oder wenn er gegen die Regierung des Staats, in dem er thätig werden soll, eine feindselige Gesinnung an den Tag gelegt hat. Die Erteilung des E. erfolgt nach der deutschen Reichsverfassung, welche (Art. 56) das gesamte Konsulatswesen des Reichs dem Kaiser unterstellt, durch diesen, und die Veröffentlichung der Erteilung geschieht durch das Reichsgesetzblatt.

Exequieren (lat.), ausführen, namentlich zwangsweise, im Weg der Exekution (f. b.), vollstrecken.

Exerzieren (lat.), üben, insbesondere Truppen in der Waffenführung und in den Evolutionen und Bewegungen zum Zweck des Angriffs und der Verteidigung einüben; geschieht nach dem **Exerzierreglement**, d. h. der darüber gegebenen Vorschrift.

Exigenz (lat.), Forderung, Aufwand; insbesondere derjenige Aufwand, welchen ein bestimmter Zweig der Staatsverwaltung erheischt; z. B. die E. der Kriminaljustiz, die E. der auswärtigen Angelegenheiten u. dgl.

Exil (lat.), Landflüchtigkeit, sei es, daß jemand freiwillig, um einer Bestrafung zu entgehen, das Heimatland meidet, sei es, daß dies infolge einer förmlichen Verbannung geschieht.

Exklave (lat.), ein vom Hauptgebiet eines Staats getrennter Gebietsteil.

Exkludieren (lat.), ausschließen; **Exklusion**, Ausschließung; **exklusiv**, ausschließlich, z. B. vornehme Gesellschaft, welche alle nicht Ebenbürtigen ausschließt; **exklusive**, mit Ausschluß. **Exklusivität**, Ausschließlichkeit, Vornehmheit.

Exkommunizieren (lat.), ausschließen

aus der Kirchengemeinschaft, in den Bann thun; **Erkommunikation**, Kirchenbann.

Erkusieren (lat.), entschuldigen; **Erkusation**, Entschuldigung, Ablehnung eines öffentlichen Amtes, besonders einer Vormundschaft; eine solche Ablehnung kann aus bestimmten **Erkusationsgründen** (hohes Alter, Überbürdung mit Vormundschaften 2c.) erfolgen.

Ex officio (lat.), von Amts wegen.

Expedieren (lat.), befördern, ausfertigen. **Expedient**, Ausfertiger; **Expedition**, Beförderung, Versendung, Ausfertigung; Geschäftszimmer; kriegerische oder wissenschaftliche Unternehmung.

Experten (lat.), s. Sachverständige.

Export (lat.), Ausfuhr; **Exportgeschäfte**, Handelsgeschäfte, die in der Versendung von Waren nach fremden Ländern bestehen (s. Ausfuhr).

Expropriation (lat., Enteignung, Zwangsenteignung, Zwangsabtretung), das Verfahren, durch welches jemand im Interesse des öffentlichen Wohls genötigt wird, ein ihm zustehendes Recht gegen Entschädigung an den Staat oder an eine von der zuständigen Behörde dazu ermächtigte Person abzutreten. Der Gegenstand der E. ist allerdings vorzugsweise das Eigentumsrecht an Grundstücken; doch können auch sonstige Berechtigungen an Immobilien, wie Servituten, und auch Mobilien »expropriiert« werden, so z. B. Getreide bei einer Hungersnot, Pferde bei einer Mobilmachung, ebenso Baumaterialien 2c. Insofern nun hierbei der Eigentümer oder sonstige Berechtigte zu einer Veräußerung der ihm zugehörigen Sache oder zur Aufgabe eines Rechts gezwungen wird, liegt allerdings ein Eingriff in dessen Rechtssphäre vor, der nur durch die Rücksicht auf die öffentliche Wohlfahrt, welcher sich das Interesse des Einzelnen unterordnen muß, gerechtfertigt erscheinen kann. Namentlich ist dem Staate das Recht nicht abzusprechen, zur Erreichung des Staatszwecks und im staatlichen Interesse über das Privateigentum seiner Bürger zu verfügen (sogen. Staatsnotrecht), auch die Ausübung dieses Rechts aus Rücksichten des öffentlichen Wohls auf Ge-

meinden, Erwerbsgenossenschaften, Unternehmer und sonstige Privatpersonen zu übertragen. Auf der andern Seite erheischt es aber die Billigkeit, daß der von einer E. Betroffene (der **Expropriat**) von dem Expropriierenden (dem **Exproprianten**) vollständig entschädigt werde. Obgleich schon den Römern eine Zwangsenteignung, namentlich bei Anlegung eines öffentlichen Wegs, bekannt war, so ist doch das Rechtsinstitut der E. im gemeinen Recht zu einer wirklichen Ausbildung nicht gelangt, sondern erst die neuere und neueste Zeit mit ihrem großartig entwickelten Verkehrsleben hat eine solche im Weg der Partikulargesetzgebung herbeigeführt. So ist es denn gekommen, daß die einzelnen deutschen Staaten gerade auf diesem Gebiet eine zwar sehr ins Spezielle gehende, aber keineswegs einheitliche Gesetzgebung haben. Doch ist wenigstens für den preußischen Staat durch das Gesetz über die Enteignung von Grundeigentum vom 11. Juni 1874 eine Rechtseinheit in dieser Beziehung hergestellt worden. Jedenfalls ist es aber höchst wünschenswert, daß dieser wichtige Gegenstand durch die Reichsgesetzgebung für das ganze Deutsche Reich in einheitlicher Weise normiert werde. Von den dermalen geltenden gesetzlichen Bestimmungen über die E. sind folgende hervorzuheben. Was 1) die zwangsweise Abtretung anbelangt, so kann ein derartiger Eingriff in die Privatrechtssphäre und in die Freiheit des Einzelnen nicht willkürlicherweise, sondern nur auf Grund gesetzlicher Bestimmung erfolgen. Es ist nun einmal möglich, und nach der Gesetzgebung verschiedener Staaten, namentlich Englands, Nordamerikas, der Schweiz und der Freien Stadt Hamburg, besteht in der That die Einrichtung so, daß für ein jedes gemeinnützige Unternehmen die Bewilligung des Expropriationsrechts durch einen besondern Akt der gesetzgebenden Gewalt, also durch ein förmliches Gesetz, erfolgen muß, ein zur Sicherung gegen willkürliche Eingriffe in die bürgerliche Freiheit allerdings sehr geeignetes, aber doch zu weitläufiges und ebendarum unpraktisches Verfahren. Dabei ist übrigens zu beachten, daß nach

Art. 41 der deutschen Reichsverfassung vom 16. April 1871 Eisenbahnen, welche im Interesse der Verteidigung Deutschlands oder im Interesse des gemeinsamen Verkehrs für notwendig erachtet werden, kraft eines Reichsgesetzes auch gegen den Widerspruch der Bundesglieder, deren Gebiet die Eisenbahnen durchschneiden, angelegt oder an Privatunternehmer zur Ausführung konzessioniert und mit dem Expropriationsrecht (also auch durch Spezialgesetz) ausgestattet werden können. Abweichend von diesem System des Erlasses von Spezialgesetzen für jedes einzelne Unternehmen, hat die deutsche Partikulargesetzgebung allgemeine Expropriationsgesetze erlassen und zwar entweder so, daß sie das Prinzip sanktionierte, zum öffentlichen Wohl und Nutzen sei die E. gestattet, und dann im einzelnen Fall die Nutzanwendung dieses Prinzips der Administrativbehörde überließ, oder so, daß sie die einzelnen Fälle spezialisierte, in welchen eine E. gestattet sei. Ersteres System ist das des französischen und badischen Rechts sowie des preußischen Expropriationsgesetzes, welches letztere § 1 verordnet: »Das Grundeigentum kann nur aus Gründen des öffentlichen Wohls für ein Unternehmen, dessen Ausführung die Ausübung des Enteignungsrechts erfordert, gegen vollständige Entschädigung entzogen oder beschränkt werden«. Im § 2 ist dann weiter bestimmt, daß die Entziehung und dauernde Beschränkung des Grundeigentums auf Grund königlicher Verordnung erfolge, welche den Unternehmer und das Unternehmen, zu dem das Grundeigentum in Anspruch genommen werde, zu bezeichnen habe. Das bayrische Gesetz vom 17. Nov. 1837 dagegen und im Anschluß an dieses die Expropriationsgesetze verschiedener deutscher Kleinstaaten befolgen das System der Spezialisierung der einzelnen Fälle, in denen eine E. zulässig sein soll. Diese Fälle (überhaupt wohl die regelmäßigen Fälle der E.) sind nach dem bayrischen Gesetz folgende: Erbauung von Festungen und sonstigen Vorkehrungen zu Landes-, Defensions- und Fortifikationszwecken, insbesondere auch von Militäretablisse-

ments; Erbauung oder Erweiterung von Kirchen, öffentlichen Schulhäusern, Spitälern, Kranken- und Irrenhäusern; Herstellung neuer oder Erweiterung schon bestehender Gottesäcker; Regelung des Laufs und Schiffbarmachung von Strömen und Flüssen; Anlegung neuer und Erweiterung, Abkürzung oder Ebnung schon bestehender Staats-, Kreis- und Bezirksstraßen; Herstellung öffentlicher Wasserleitungen; Austrocknung schädlicher Sümpfe in der Nähe der Ortschaften; Beschützung einer Gegend vor Überschwemmungen; Erbauung von öffentlichen Kanälen, Schleusen und Brücken; Erbauung öffentlicher Häfen oder Vergrößerung schon vorhandener; Erbauung von Eisenbahnen zur Beförderung des innern und äußern Handels oder Verkehrs; Aufstellung von Telegraphen zum Dienste des Staats; Vorkehrungen zu wesentlich notwendigen sanitäts- und sicherheitspolizeilichen Zwecken; Sicherung der Kunstschätze und wissenschaftlichen Sammlungen des Staats vor Feuers- oder andrer Gefahr. Über den Umfang des abzutretenden Objekts entscheidet die zuständige Verwaltungsstelle mit Ausschluß des Rechtswegs. Nur im französischen Recht ist angeordnet, daß die E. durch Richterspruch geschehen müsse. Dabei kann der Eigentümer, wofern nur ein Teil seines Grundstücks in Anspruch genommen wird, verlangen, daß der Unternehmer das Ganze gegen Entschädigung übernehme, wenn das Grundstück durch die Abtretung so zerstückelt werden würde, daß das Restgrundstück nach seiner bisherigen Bestimmung nicht mehr zweckmäßig benutzt werden könnte. Gleiches gilt, namentlich auch nach dem preußischen Gesetz (§ 9), für die teilweise E. von Gebäuden. Was 2) die Entschädigung für die exproprierten Gegenstände anbetrifft, so erfolgt die Feststellung der Entschädigungssumme zunächst durch die Administrativbehörden unter Zuziehung von Sachverständigen, welch letztere die betreffende Sache nach ihrem wahren gemeinen Wert, den dieselbe zur Zeit der Abtretung nach ortsüblicher Würderung hat, zu tarieren haben unter gleichzeitiger Berücksichtigung aller Schäden und Nach-

teile, welche den Eigentümer durch die Ab=
tretung dauernd oder vorübergehend tref=
fen, z. B. wegen dadurch verursachter
Unterbrechung einer gewerblichen Thätig=
keit, wegen Beschädigung oder Verlustes
der Früchte, wegen Wertminderung des
verbleibenden Restgrundstücks ꝛc. Gegen
die Entscheidung der Verwaltungsbehörden
ist aber regelmäßig die Berufung auf den
Rechtsweg und auf richterliche Entschei=
dung, und zwar nach § 30 des preußi=
schen Gesetzes binnen 6 Monaten nach
Zustellung des Regierungsbeschlusses, ge=
stattet, welche dann im gewöhnlichen zi=
vilprozessualischen Verfahren und nach den
für dieses bestehenden Beweisregeln zu er=
folgen hat. Die Entschädigungssumme,
welche vom Tag nach erfolgter Besitzein=
weisung an mit landesüblichen Zinsen zu
verzinsen ist, muß alsbald nach beendigtem
Verfahren gezahlt, oder es muß wegen
der Zahlung Kaution geleistet werden.
Für den Fall, daß Hypotheken oder son=
stige Lasten auf dem Expropriationsgegen=
stand haften, ist der Expropriant zur ge=
richtlichen Hinterlegung des Entschädi=
gungsbetrags befugt. Vgl. Thiel, Das
Expropriationsrecht und das Expropria=
tionsverfahren (1866); Meyer, Das
Recht der E. (1868); v. Rohland, Zur
Theorie und Praxis des deutschen Ent=
eignungsrechts (1875); Meyer, Das
Recht der E. nach dem Gesetz vom 11. Juni
1874 (in der »Zeitschrift für deutsche Ge=
setzgebung«, Bd. 8, S. 547 ff., 1875);
Beauny de Récy, Théorie de l'expro=
priation (1872). Ausgaben des neuen
preußischen Expropriationsgesetzes liefer=
ten unter andern Höinghaus (1874),
Kletke (1874), Siegfried (1874).

Exterritorial (lat.), außerhalb eines
Territoriums befindlich; den für dieses
geltenden gesetzlichen Bestimmungen nicht
unterworfen.

Exterritorialität (lat.), das völker=
rechtliche Ausnahmeverhältnis, vermöge
dessen gewisse Personen und Sachen in=
nerhalb eines fremden Staatsgebiets der
Staatsgewalt des letztern nicht unterwor=
fen sind. Das Rechtsinstitut der Exter=
ritorialität beruht auf der Achtung der
Souveränität des fremden Staats und sei=

ner Repräsentanten und findet daher auf
folgende Personen und Sachen Anwen=
dung, welche demzufolge rechtlich so be=
handelt werden, als ob sie sich noch in
dem Gebiet ihres Staats und außerhalb
des Territoriums (ex territorio) des
fremden befänden. 1) Die Souveräne
auswärtiger Staaten genießen dies Pri=
vilegium in jedem fremden Staatsgebiet,
in welchem sie sich zeitweilig aufhalten,
ebenso ihr Gefolge und ihre Effekten,
z. B. Equipagen. Gleiches gilt von dem
Regenten oder Reichsverweser, nicht aber
von den übrigen Mitgliedern eines regie=
renden Hauses, wofern sie sich nicht ge=
rade im Gefolge des Souveräns befinden.
Ebenso haben 2) die Gesandten (s. b.)
samt ihrem Geschäftspersonal, der Diener=
schaft, ihrem Hotel und Mobiliar das
Recht der Exterritorialität, wogegen den
Konsuln dasselbe regelmäßig nicht zusteht,
wenn es ihnen nicht durch besondere
Staatsverträge ausdrücklich gesichert ist,
wie z. B. in Ansehung der europäischen
Konsulate in der Levante, an der Nord=
küste Afrikas, in China und Persien. Für
das Deutsche Reich insbesondere ist durch
das Gerichtsverfassungsgesetz (§ 18) be=
stimmt, daß die Chefs und Mitglieder der
bei dem Deutschen Reich oder bei einem
Bundesstaat beglaubigten Missionen samt
ihrer Familie, ihrem Geschäftspersonal
und ihren Bediensteten, welche nicht Deut=
sche sind, von der inländischen Gerichts=
barkeit eximiert sein sollen. Dasselbe gilt
von den Mitgliedern des Bundesrats,
welche nicht von demjenigen Staat abge=
ordnet sind, in dessen Gebiet der Bundes=
rat seinen Sitz hat. Dagegen soll sich die
Exterritorialität auf Konsuln innerhalb
des Reichsgebiets nicht erstrecken, wofern
nicht in dieser Beziehung besondere Ver=
einbarungen mit auswärtigen Mächten
bestehen. Ferner genießen das Recht der
Exterritorialität 3) fremde Truppen=
körper, die in friedlicher Weise und mit
Genehmigung der Regierung des diesseiti=
gen Staats das Gebiet des letztern pas=
sieren. Das feindliche Heer dagegen wird
in Feindesland nach Kriegsrecht behandelt,
während Truppenteile einer kriegführen=
den Macht, welche auf neutrales Gebiet

gedrängt werden, dort zu entwaffnen und des Rechts der Exterritorialität nicht teilhaftig sind. Endlich steht das Recht der Exterritorialität 4) Kriegsschiffen im fremden Seegebiet und Schiffen zu, welche zur Beförderung von Souveränen oder von Gesandten dienen. Diese müssen sich jedoch dem Seezeremoniell und den polizeilichen Hafenordnungen fügen. Vgl. Bar, Das internationale Privat- und Strafrecht (1862).

Extraordinarium (lat.), derjenige Teil eines Etats (s. d.), welcher außerordentliche Einnahmen und Ausgaben ausweist und ebendeshalb keinen Bestandteil des eigentlichen und regelmäßigen Etats bildet.

Extrem (lat.), das Äußerste; extreme Richtung, diejenige Richtung, welche gewisse Grundsätze auf die Spitze treibt. In diesem Sinn spricht man namentlich von extremen Parteien, indem man darunter die ultra-liberalen und die ultra-konservativen Parteien versteht.

Exzellenz (lat., »Vortrefflichkeit«), Ehrenprädikat zuerst der langobardischen, dann der fränkischen Könige und römisch-deutschen Kaiser bis ins 14. Jahrh.; jetzt Amtstitel der Minister, Wirklichen Geheimen Räte, obersten Hofbeamten, Generale und Gesandten; in Italien von jedem Abligen geführtes Prädikat.

Exzeß (lat.), die Überschreitung der erlaubten Grenzen, z. B. derjenigen Vorschriften, welche sich auf die Aufrechterhaltung der öffentlichen Ordnung beziehen. Exzesse der Beamten (Amtsexzesse), d. h. mißbräuchliche Anwendungen der Amtsgewalt, fallen unter den Begriff der Amtsvergehen. Exzedieren, das Maß des Erlaubten überschreiten, ausschweifen.

F.

Fabrik (lat.), gewerbliche Anstalt, in welcher durch das Zusammenwirken zahlreicher Menschenkräfte zumeist mit Hilfe von Maschinen oder elementarer Kräfte und unter Anwendung des Prinzips der Arbeitsteilung Rohstoffe in Kunst- und Industrieprodukte (Fabrikate) umgewandelt werden. Die Grenze zwischen Fabrik und Kleingewerbe oder zwischen Groß- und Kleinindustrie ist übrigens außerordentlich schwer zu ziehen (s. Handwerk), und ebendies ist der hauptsächliche Grund, warum die neuerlichen Versuche einer Rückkehr zu dem alten Zunftwesen aussichtslos sind (vgl. Gewerbegesetzgebung).

Fabrikgerichte, s. Gewerbegerichte.

Fabrikzeichen, s. Markenschutz.

Fahnen kommen nicht nur als Feldzeichen, sondern auch als Symbole der Herrschergewalt (Banner) und der Nationalität, auch als Abzeichen von Korporationen vor. In der katholischen Kirche sind auch Kirchenfahnen gebräuchlich. Das Fahnenabzeichen eines Schiffs wird Flagge (s. d.) genannt. Im Deutschen Reich hat jedes Infanterie- und Pionierbataillon sowie jedes Artillerieregiment seine Fahne, jedes Kavallerieregiment seine Standarte. Die Fahne zeigt in der Regel die Landesfarben oder das Wappen des betreffenden Fürsten, des Staats oder der sonstigen Körperschaft, welche dabei in Anbetracht kommt. Die rote Fahne ist das Symbol der sozialen (roten) Republik. Die weiße Fahne mit dem roten Kreuz wird seit der Genfer Konvention zur Bezeichnung der Lazarette gebraucht.

Fahneneid, das von den in das stehende Heer und in die Kriegsmarine eintretenden Offizieren und Mannschaften dem Landesherrn zu leistende eidliche Versprechen, die militärischen Pflichten treu erfüllen zu wollen. Der Ausdruck F. hängt mit der bei dieser Eidesleistung üblichen Feierlichkeit, der Ableistung des Eides auf die Fahne, zusammen. Im Deutschen Reich, für welches, abgesehen von Bayern, Art. 64 der Reichsverfassung bestimmt, daß der Höchstkommandierende eines Kontingents sowie alle Offiziere, welche Truppen mehr als eines Kontingents befehligen, u. s. b alle Festungskommandanten vom

Kaiser ernannt werden sollen, leisten diese Offiziere auch dem Kaiser den F. Außerdem sind alle deutschen Truppen verpflichtet, den Befehlen des Kaisers unbedingt Folge zu leisten, und es ist diese Verpflichtung ausdrücklich in den den andern Landesherren zu leistenden F. mit aufgenommen.

Fahnenflucht, s. Desertieren.

Fahrende Habe (Fahrnis), bewegliche Güter, im Gegensatz zu Liegenschaften (Immobilien).

Fahrlässigkeit (lat. Culpa), im Rechtsleben diejenige Handlungsweise, durch die eine von dem Thäter zwar nicht beabsichtigte Rechtsverletzung herbeigeführt wird, die aber von ihm durch gehörige Aufmerksamkeit und Überlegung hätte vermieden werden können. Außer der zivilrechtlichen Verpflichtung zum Schadenersatz kann in derartigen Fällen auch strafrechtliche Verfolgung eintreten; doch ist das Strafmaß, welches alsdann zur Anwendung kommt, ein weit geringeres als bei der entschieden strafwürdigern Übertretung der Strafgesetze aus böswilliger Absicht. Das moderne Strafrecht bezeichnet überhaupt die Fälle speziell, in welchen eine fahrlässige Übertretung der betreffenden Strafrechtsnormen strafbar sein soll. Nach dem deutschen Strafgesetzbuch sind es: Meineid, Tötung, Körperverletzung, Vollstreckung einer ungesetzlichen Strafe von seiten eines Beamten, F. beim Entweichen eines Gefangenen und die sogen. gemeingefährlichen Verbrechen, wie Brandstiftung, Gefährdung eines Eisenbahntransports u. dgl. Zu bemerken ist endlich, daß auch bei den meisten Polizeivergehen mit Rücksicht auf den polizeilichen Charakter derartiger Strafbestimmungen die fahrlässige Übertretung ebensowohl wie die vorsätzliche Verletzung der geltenden Polizeigesetze strafbar ist.

Faktion (lat.), Partei, besonders politische.

Fakultativ (lat.), dem eignen Belieben überlassen; Gegensatz: obligatorisch.

Fallbeil, s. Guillotine.

Fallieren (lat.), seine Zahlungen einstellen; Falliment oder Fallissement (spr. -iss'mang), Zahlungseinstellung, Zah-

lungsunfähigkeit, Bankrott (s. b.). Vgl. Konkurs.

Falschmünzerei, s. Münzverbrechen.

Familie (lat.), die auf Erzeugung (Verwandtschaft) oder Geschlechtsgemeinschaft (Ehegatten) beruhende Verbindung; Familienrecht, Teil des Privatrechts, Inbegriff der Rechtsgrundsätze, welche sich auf die F. und auf die Stellung der Familienglieder als solcher beziehen (Eherecht, Elternrecht, Vormundschaftsrecht); Familienfideikommißgut, s. Fideikommiß.

Familienrat (franz. Conseil de famille), nach franz. Rechte die vom Friedensrichter berufene Versammlung der Familienglieder, welche über wichtige Angelegenheiten eines Bevormundeten zu beraten hat.

Faustpfand, s. Pfand.

Fehlergrenze, s. Eichen.

Felddiebstahl, s. Diebstahl.

Feldjäger, in der deutschen Armee ein Korps Militärs von Feldwebel- und Leutnantsrang, welche zu Kurierdiensten verwandt werden; in der russischen Armee ein Korps von Offizieren zu denselben Zwecken; in andern deutschen Staaten s. v. w. Gendarmen; in Österreich Jägerbataillone aus gelernten Jägern.

Feldmarschall (Generalfeldmarschall), höchster militärischer Rang; s. Marschall.

Feldmarschallleutnant, militärische Würde in Österreich-Ungarn, entsprechend dem Generalleutnant in andern Ländern.

Feldpolizei, der Inbegriff derjenigen Rechtsvorschriften und behördlichen Anordnungen, welche zum Schutz des Landbaus gegen Beschädigungen bestehen; auch wohl die Gesamtheit der hierzu bestellten Behörden und Beamten. Die Feldpolizeiordnung ist eine Zusammenstellung der hierauf bezüglichen Normen. Feldpolizeivergehen sind Übertretungen bestehender feldpolizeilicher Vorschriften, deren Aburteilung und Bestrafung regelmäßig den zuständigen Polizeibehörden überlassen ist. Dahin gehören namentlich die Entwendung von Feldfrüchten in geringem Wertbetrag, das Abbrechen von Zweigen, die Beschädigung von Hecken, die Nachlese in Gärten, Weinbergen oder auf Äckern, das Rösten von Flachs in Privatgewässern, das unbeaufsichtigte Umherlaufenlassen des Viehs, unbefugtes und unbeaufsichtigtes Weiden des Viehs u. dgl. Dabei ist zu beachten, daß nach dem Einführungsgesetz (§ 2) zum norddeutschen, jetzt deutschen Strafgesetzbuch die feldpolizeilichen Vorschriften der einzelnen Landesgesetzgebungen neben dem Reichsstrafrecht in Geltung geblieben sind. Übrigens enthält auch das deutsche Reichsstrafgesetzbuch verschiedene auf die F. bezügliche Strafvorschriften. So wird namentlich § 368 derjenige, welcher polizeilichen Anordnungen über die Schließung der Weinberge zuwiderhandelt, oder wer das durch gesetzliche oder polizeiliche Anordnungen gebotene Raupen unterläßt, endlich derjenige, welcher unbefugt über Gärten oder Weinberge oder vor beendeter Ernte über Wiesen oder bestellte Äcker oder über solche Äcker, Wiesen, Weiden oder Schonungen, welche mit einer Einfriedigung versehen sind, oder deren Betreten durch Warnungszeichen untersagt ist, oder auf einem durch Warnungszeichen geschlossenen Privatweg geht, fährt, reitet oder Vieh treibt, mit Geldstrafe bis zu 60 Mk. oder mit Haft bis zu 14 Tagen bedroht. Auch die Bestimmungen des § 370 gehören hierher, wonach denjenigen, der unbefugt ein fremdes Grundstück, einen öffentlichen oder Privatweg oder einen Grenzrain durch Abgraben oder Abpflügen verringert, eine Geldstrafe bis zu 150 Mk. oder Haft bis zu sechs Wochen treffen soll. Mit ebenderselben Strafe soll endlich auch der belegt werden, der unbefugt von öffentlichen oder Privatwegen Erde, Steine oder Rasen oder aus Grundstücken, welche einem andern gehören, Erde, Lehm, Sand u. dgl. gräbt oder Rasen, Steine u. dgl. wegnimmt. Vgl. Rösler, Lehrbuch des deutschen Verwaltungsrechts, Bd. 2, S. 507 ff. (1873); Lette und v. Rönne, Die Landeskulturgesetzgebung des preußischen Staats, Bd. 2, Abt. 2, S. 705 ff. (1854).

Feldwebel (Feldweibel), der im Rang älteste Unteroffizier einer Kompanie, bei den berittenen Waffen Wacht-

meister; das Organ des Hauptmanns für Regelung des Dienstes; besorgt das Schreib- und Rechnungswesen der Kompanie; der Vizefeldwebel nur für den äußern Dienst.

Feldzeichen, zur Unterscheidung von Freund und Feind im Feld, Zeichen an der Uniform, als Binden, Schärpen, auch die Fahne (s. b.).

Feldzeugmeister, s. General.

Ferien (lat. Feriae), Feier-, Ruhetage; in Lehranstalten, Gerichten ꝛc. die gesetzlich bestimmten Zeiten, wo keine Unterrichtsstunden, Sitzungen ꝛc. stattfinden. Nach dem deutschen Gerichtsverfassungsgesetz (§§ 201—204) beginnen die Gerichtsferien 15. Juli und endigen 15. Sept. Während der F. werden nur in Feriensachen Termine abgehalten und Entscheidungen erteilt. Feriensachen sind: 1) Strafsachen; 2) Arrestsachen und die eine einstweilige Verfügung betreffenden Sachen; 3) Meß- und Marktsachen; 4) Streitigkeiten zwischen Vermietern und Mietern von Wohnungs- und andern Räumen wegen Überlassung, Benutzung und Räumung derselben sowie wegen Zurückhaltung der vom Mieter in Mieträume eingebrachten Sachen; 5) Wechselsachen; 6) Bausachen, wenn über die Fortsetzung eines angefangenen Baues gestritten wird. Auf das Mahnverfahren, das Zwangsvollstreckungs- und das Konkursverfahren sind die F. ohne Einfluß. Das Gericht kann zudem auf Antrag auch andre Sachen, soweit sie besonderer Beschleunigung bedürfen, als Feriensachen bezeichnen. Die gleiche Befugnis hat vorbehaltlich der Entscheidung des Gerichts der Vorsitzende. Zur Erledigung der Feriensachen können bei den Landgerichten Ferienkammern, bei den Oberlandsgerichten und dem Reichsgericht Feriensenate gebildet werden.

Festnahme, s. Haft.

Festungshaft (Festungsarrest, Festungsstrafe), nach dem deutschen Strafgesetzbuch eine minder schwere Freiheitsstrafe, welche in Freiheitsentziehung mit Beaufsichtigung der Beschäftigung und der Lebensweise der Gefangenen besteht und in Festungen oder andern dazu bestimmten Räumen zu verbüßen ist. Die F. ist entweder lebenslänglich oder zeitig. Der Höchstbetrag der zeitlichen F. ist 15 Jahre, ihr Mindestbetrag ein Tag. Einjährige F. ist achtmonatiger Gefängnisstrafe, und einjährige Gefängnisstrafe achtmonatiger Zuchthausstrafe gleich zu achten. Wo das Gesetz die Wahl zwischen Zuchthaus und F. gestattet, darf auf Zuchthaus nur dann erkannt werden, wenn festgestellt wird, daß die strafbare Handlung aus einer ehrlosen Gesinnung entsprungen ist, daher namentlich sogen. politische Verbrechen mit F. (custodia honesta) zu bestrafen sind. Das Militärstrafgesetzbuch für das Deutsche Reich hat die F. in ebendenselben Ausdehnung wie das Reichsstrafgesetzbuch aufgenommen, droht dieselbe aber meist wahlweise neben Gefängnis an und bestimmt, daß die F., wenn sie die Dauer von sechs Wochen nicht übersteigt, als Arrest vollstreckt werden soll. Vgl. Reichsstrafgesetzbuch, §§ 17 ff.; Militärstrafgesetzbuch vom 20. Juni 1872, §§ 16 f.

Festungsrayon, die nächste Umgebung permanenter Festungen, innerhalb deren das Grundeigentum dauernden Beschränkungen unterliegt. Für das Deutsche Reich sind diese Beschränkungen durch Gesetz vom 21. Dez. 1871, betreffend die Beschränkung des Grundeigentums in der Umgebung von Festungen (Reichsgesetzblatt, S. 459 ff.), normiert. Zur endgültigen Entscheidung über jene Beschränkungen, denen die Benutzung des Grundeigentums innerhalb des Rayons der permanenten Befestigungen unterliegt, und insbesondere zur Entscheidung über Beschwerden gegen Anordnungen und Entschließungen der Kommandanturen in Rayonangelegenheiten ist eine besondere Reichsbehörde (die Reichsrayonkommission) bestellt, welche in Berlin ihren Sitz hat, durch den Kaiser berufen wird, und in welcher die Staaten, in deren Gebieten Festungen liegen, vertreten sind.

Feudal, auf das Lehnswesen bezüglich (feudum, Lehen); auch Bezeichnung für die ehemaligen Vorrechte des Adels und für das Streben nach Erhaltung einer bevorzugten Stellung des letztern; Feu-

balstände, Landstände, welche, wie noch in Mecklenburg, nicht das Volk in seiner Gesamtheit, sondern nur den Stand der Grundbesitzer vertreten.

Feuerversicherung, s. Versicherungswesen.

Feuerwehr, die geordnete Hilfsmannschaft zur Löschung von Feuersbrünsten und zur sonstigen Hilfeleistung bei solchen. Im Gegensatz zur freiwilligen Hilfeleistung und zu den freiwilligen Feuerwehren hat neuerdings die Gesetzgebung verschiedener Staaten Pflichtfeuerwehren (obligatorische Feuerwehren) ins Leben gerufen, nachdem die Berufsfeuerwehr in Frankreich schon längst eingeführt war und auch in größern deutschen Städten Eingang gefunden hatte. Das letztere System ist aber auch eben nur in größern Städten durchführbar, und deshalb verdient das System der Pflichtfeuerwehr, welches jeden tauglichen Mann bis zu einem gewissen Alter zum Feuerwehrdienst in seiner Gemeinde verpflichtet, wenigstens für das platte Land und für die kleinern Städte den Vorzug. Vgl. Fiebler, Grundzüge der Organisation der Feuerlösch- und Rettungsanstalten (3. Aufl. 1877).

Feuilleton (franz., spr. föj'tong), Blättchen; der Teil einer politischen Zeitschrift, welcher für Belletristisches, künstlerische und litterarische Kritiken 2c. bestimmt ist. Feuilletonist, Schriftsteller, welcher für ein F. schreibt.

Fideikommiß (lat., »der Treue anvertraut«), im römischen Recht eine letztwillige Verfügung des Erblassers, wonach der Erbe (Fiduziarerbe) die Erbschaft ganz oder teilweise an einen andern (Fideikommissar, Vermächtnisnehmer) herauszugeben hat. Im deutschen Recht versteht man unter F. (Familienfideikommißgut) ein solches Besitztum, welches vermöge ausdrücklicher Festsetzung so lange im Besitz einer Familie unveräußerlich bleiben und forterben soll, als Personen vorhanden sind, die nach der Stiftungsurkunde als successionsberechtigt erscheinen.

Fidelissimus (lat.), Allergetreuester, Titel des Königs von Portugal.

Fidemation, s. Beglaubigung.

Filial (lat.), im Kindesverhältnis stehend; ein Ausbruck, welcher namentlich zur Bezeichnung von Instituten gebraucht wird, die von andern begründet worden sind und zu diesen in einer Art Abhängigkeitsverhältnis stehen (Filialinstitute, Filialen), wie z. B. Filialkirche (Tochterkirche), Filialgemeinde, Filialschule, Filialgeschäft 2c.

Filiationsprobe, s. Ahnen.

Finanzen (wahrscheinlich v. lat. finis, »Zahlungstermin«), Vermögenszustand, Vermögensverwaltung, namentlich die Verwaltung des staatlichen Vermögens und die Vermögensverwaltung andrer öffentlicher Gemeinwesen; finanziell, die F. betreffend, dahin gehörig; Finanzier, Finanzmann, ein berufsmäßig mit der Finanzverwaltung Beschäftigter. Der Inbegriff derjenigen Befugnisse der Staatsgewalt, welche die staatliche Vermögensverwaltung (Finanzverwaltung) betreffen, wird Finanzhoheit genannt. Die Finanzpolitik des Staats, welche die bei der Finanzverwaltung zu beobachtenden Grundsätze bestimmt, ist ein wichtiger Teil der Staatspolitik überhaupt, namentlich was die Art und Weise der Aufbringung der zur Bestreitung der Staatsbedürfnisse erforderlichen Finanzmittel anbetrifft. Um in die Finanzverwaltung und damit in die Verwaltung des Staats überhaupt die nötige Stetigkeit zu bringen, sind das Vorhandensein und die Einhaltung eines bestimmten Finanzplans unerläßlich, und die Finanzoperationen des Staats müssen stets derartige sein, daß die Solidität der Finanzwirtschaft und das Ansehen des Staats in jeder Hinsicht gewahrt bleiben. Die Finanzwissenschaft (Staatswirtschaftslehre) enthält die wissenschaftlichen Grundsätze, welche die Finanzverwaltung beherrschen sollen, das Finanzrecht die in dieser Beziehung maßgebenden Rechtsnormen, die in den einzelnen Finanzgesetzen enthalten sind, welche die besondern Zweige und die speziellen Gegenstände des Finanzwesens betreffen. Die oberste Verwaltungsbehörde für das Finanzwesen des Staats ist das Finanzministe-

rium oder in kleinern Staaten, in welchen ein besonderer Finanzminister nicht vorhanden, die Abteilung (Departement) des Staatsministeriums für die F. Von dieser Stelle ressortieren dann die zahlreichen Finanzbehörden und Finanzbeamten, welche in den verschiedenen Zweigen der staatlichen Finanzverwaltung thätig sind. Im einzelnen läßt sich aber die letztere auf folgende Kategorien zurückführen. Die Finanzverwaltung umfaßt zunächst die Verwaltung des Staatsvermögens, also z. B. der Domänen und der sonstigen Staatsgüter, der Staatseisenbahnen, der Staatsforsten, der Staatsbergwerke u. dgl. Dazu kommt dann die Verwaltung der laufenden Staatseinnahmen. Letztere haben teils einen privatrechtlichen, teils einen staatsrechtlichen Charakter. Ersteres gilt von denjenigen Einnahmen, welche unmittelbar aus dem Staatsvermögen resultieren, wie die Erträgnisse der Staatseisenbahnen 2c.; dem öffentlichen Rechtsgebiet dagegen gehören die Beiträge an, welche von den einzelnen Staatsangehörigen erhoben werden, um die Staatsbedürfnisse zu bestreiten, also namentlich die Steuern (s. d.), Zölle (s. d.) und die in die Staatskasse fließenden Gebühren (s. d.). Ferner umfaßt die Finanzverwaltung die Verwaltung der Staatsausgaben und endlich diejenige der Staatsschulden. Staatseinnahmen wie Staatsausgaben müssen im Staatshaushaltsetat veranschlagt und vorläufig festgestellt werden und zwar auf denjenigen Zeitraum (Finanzperiode), welcher in der betreffenden Staatsverfassung bestimmt ist. Dabei ist das Mitwirkungsrecht der Volksvertretung bei der Feststellung des Finanzetats von ganz besonderer Wichtigkeit (s. Etat), ebenso das Recht derselben, die Staatsrechnung zu prüfen und zu genehmigen. Im Deutschen Reich laufen gegenwärtig neben der Finanzverwaltung der Einzelstaaten die F. des Reichs her, und es ist gerade eine charakteristische Eigentümlichkeit des deutschen Gesamtreichs, daß es die volle Finanzhoheit und Finanzgewalt eines eigentlichen Staats (Bundesstaats) besitzt, während der vormalige

Deutsche Bund als bloßer Staatenbund kein eigentliches Finanzwesen, sondern nur ein Kassenwesen aufzuweisen hatte (s. Staat). Dazu kommt aber noch die Finanzverwaltung der Unterabteilungen des Staats, der Gemeinden und der Gemeindeverbände (s. Kreis), welche nach Analogie der Staatsfinanzverwaltung eingerichtet ist, namentlich insofern, als es sich um die Erhebung der Gemeinde- und Kreisabgaben, um die Feststellung des Gemeindehaushaltsetats und um die Rechnungslegung handelt. Vgl. Adolf Wagner, Finanzwissenschaft (2. Aufl. 1877 ff.); L. v. Stein, Lehrbuch der Finanzwissenschaft (4. Aufl. 1878); Bergius, Grundsätze der Finanzwissenschaft mit besonderer Beziehung auf den preußischen Staat (2. Aufl. 1871).

Finnland, s. Rußland.

Firma (lat.), der kaufmännische Name, unter welchem ein Handels- oder Fabrikgeschäft betrieben wird. Das deutsche Handelsgesetzbuch (Art. 15 ff.) schreibt einzelnen Kaufleuten den Gebrauch des Familiennamens als F. vor und gestattet höchstens auf das Geschäft oder die Person bezügliche Zusätze. Offene Handelsgesellschaften müssen in der F. wenigstens den Namen eines Gesellschafters (Kommanditgesellschaften den eines persönlich haftenden) enthalten und durch einen Beisatz das Kompanieverhältnis zu erkennen geben, Aktiengesellschaften aber in der Regel eine den Gegenstand des Unternehmens bezeichnende Sachfirma wählen. Die F. wird in das Handelsregister eingetragen. Firmieren, im Namen einer Handelsgesellschaft unterzeichnen.

Firmelung (Firmung), Einsegnung, in der griechisch- und römisch-katholischen Kirche das zweite der sieben Sakramente, wird an dem wenigstens siebenjährigen Firmling mittelst Salbung mit dem Chrysam, Gebet und Handauflegung, und zwar in der römisch-katholischen Kirche vom Bischof oder Weihbischof, vollzogen.

Fiskus (lat., eigentlich der »Geldkorb«), der Staat, insofern er Vermögen hat, Subjekt von Vermögensrechten ist und ebendarum in privatrechtliche Verhältnisse eintritt. Fiskalisch, das zum Staatsschatz Gehörige, auf das Staatsvermögen Bezughabende. Fiskal, Beamter, welcher die Gerechtsame des F. zu wahren hat; Fiskalat, Bezeichnung einer damit betrauten Behörde. — Die frühern Vorrechte des F. sind durch die moderne Gesetzgebung vielfach eingeschränkt worden. Nach der deutschen Konkursordnung (§ 54) haben von den Forderungen der Reichskasse und der Staatskassen nur die wegen öffentlicher Abgaben vor andern Forderungen ein Vorzugsrecht und zwar nur, insofern sie im letzten Jahr vor der Eröffnung des Konkursverfahrens fällig geworden sind oder infolge der Konkurseröffnung als fällig gelten. Die Grundsätze über die rechtliche Stellung des Staatsfiskus sind vielfach auch auf den sogen. Kammer- oder Domänenfiskus ausgedehnt, d. h. auf das fürstliche Fideikommißgut oder Domänenvermögen.

Fixieren (lat.), festsetzen; Fixation, Festsetzung, insbesondere die Feststellung einer bestimmten Aversionalsumme an Stelle jeweilig zu erhebender Beträge, wie sie z. B. bei Erhebung der Brausteuer namentlich bei größern Brauereien vielfach vorkommt.

Flagge, die besonders zur Bezeichnung der Nationalität der Schiffe bestimmte Fahne. Je nachdem es sich nun hierbei um Kriegs- oder um Kauffahrteischiffe handelt, wird zwischen Kriegs- und Handelsflaggen unterschieden. Bei manchen Nationen (z. B. Frankreich, Belgien und Holland) sind diese Flaggen übrigens ein und dieselben. Für das Deutsche Reich insbesondere hat die deutsche Reichsverfassung vom 16. April 1871 (Art. 55) bestimmt, daß die F. der Kriegs- und Handelsmarine schwarz-weiß-rot sein soll. Eine Verordnung vom 25. Okt. 1867 (Bundesgesetzblatt 1867, Nr. 5, S. 39) verordnete ferner über die Form der F. für die Kauffahrteischiffe, daß dieselbe ein längliches Rechteck, bestehend aus drei gleich breiten horizontalen Streifen, von welchen der obere schwarz, der mittlere weiß und der untere rot, bilden solle. Das Verhältnis der Höhe der F. zur Länge soll wie zwei zu drei sein. Die Kauffahrteischiffe haben diese F. am Heck ober am hintern Maſt und zwar in der Regel an der Gaffel dieſes Maſtes, in Ermangelung eines ſolchen aber am Topp oder im Want zu führen. Nach dem norddeutſchen Bundes= und nunmehrigen Reichsgeſetz vom 25. Okt. 1867 (Bundesgeſetzblatt 1867, Nr. 5, S. 35 ff.) tritt dieſe F. bei den zum Erwerb durch die Seefahrt beſtimmten Schiffen an die Stelle der Landesflagge, und ſie allein darf als Nationalflagge von denſelben geführt werden. Berechtigt zur Führung der deutſchen F., welche durch die Kriegsmarine des Reichs geſchützt wird, ſind diejenigen Kauffahrteiſchiffe, welche in dem ausſchließlichen Eigentum ſolcher Perſonen ſich befinden, denen das Bundesindigenat zuſteht; ſie ſind dies jedoch nur dann, wenn die betreffenden Schiffe zuvor in das Schiffsregiſter eingetragen worden ſind, und wenn hierüber eine mit dem Inhalt der Eintragung übereinſtimmende Urkunde (Certifikat) von der Regiſterbehörde ausgefertigt worden iſt. Dieſe Behörden werden durch die Landesgeſetze beſtimmt. Schiffe von nicht mehr als 50 cbm Bruttoraumgehalt ſind zur Ausübung des Rechts, die Reichsflagge zu führen, nach dem Reichsgeſetz vom 28. Juni 1873, betreffend die Regiſtrierung und die Bezeichnung der Kauffahrteiſchiffe (Reichsgeſetzblatt, S. 184), auch ohne Eintragung in das Schiffsregiſter und Erteilung des Certifikats befugt. Ein Schiff kann aber nur in das Schiffsregiſter desjenigen Hafens eingetragen werden, von welchem aus die Seefahrt mit ihm betrieben werden ſoll (Heimatsregiſterhafen). Wenn vor dieſem Eintrag und vor Ausfertigung des Certifikats ein Schiff unter der Bundesflagge fährt, ſo wird der Schiffer (§ 14 des Geſetzes vom 25. Okt. 1867) mit einer Geldbuße bis zu 300 Mk. oder verhältnismäßiger Gefängnisſtrafe belegt, wofern er nicht nachweiſt, daß der unbefugte Gebrauch der F. ohne ſein Verſchulden geſchehen ſei. Wird dagegen die deutſche F. von einem Schiff geführt, welches zu deren Führung überhaupt nicht befugt iſt, ſo hat (§ 13) der Führer des Schiffs Geldbuße bis zu 1500 Mk. oder Gefängnisſtrafe bis zu 6 Monaten verwirkt; auch

kann auf Konfiskation des Schiffs erkannt werden. Die Konſuln des Deutſchen Reichs haben die Innehaltung der wegen Führung der deutſchen F. beſtehenden Vorſchriften zu überwachen.

Die deutſche Kriegsflagge iſt weiß, durch ein ſchwarzes Kreuz mit dem Reichsadler in der Mitte in vier Felder geteilt. Drei dieſer Felder bleiben weiß, während das vierte, welches ſich in der linken obern Ecke befindet, durch die horizontal laufenden Reichsfarben Schwarz=Weiß=Rot ausgefüllt wird und in der Mitte das Eiſerne Kreuz enthält. Die F. dient jedoch nicht bloß zur Bezeichnung der Nationalität der Schiffe, ſie kann auch noch außerdem verſchiedenen Zwecken dienen, z. B. zu Signalen, zum Herbeirufen von Lotſen, zur Verſtändigung mit andern Schiffen oder mit Hafenſtationen und Küſtenpunkten. Bei Kriegsſchiffen insbeſondere dient dieſelbe auch zur Bezeichnung des Ranges des Schiffskommandierenden. So führt der Admiral eine viereckige F. an der Spitze des Großmaſtes, der Vizeadmiral eine ſolche am Fockmaſt, der Konteradmiral am Beſanmaſt und der Kommodore eine dreieckige F. am Großmaſt. Beſonders wichtig aber iſt in völkerrechtlicher Beziehung zur Kriegszeit der Gebrauch der Parlamentärflagge, indem die unter dieſer F. ſegelnden Schiffe, ebenſo wie die unter neutraler F. fahrenden, den Feindſeligkeiten entzogen ſind. Mißbrauch der Parlamentärflagge wird jedoch nicht gebuldet, und derjenige, welcher dieſelbe mißbrauchte, um unter ſolcher F. feindliche Stellungen auszukundſchaften, wird als Spion behandelt. Wenn die F. verkehrt aufgehißt wird, ſo wird ſolches als eine Beſchimpfung angeſehen.

Flandern, Graf von, nach Verordnung des Königs Leopold von Belgien vom 16. Dez. 1840 Titel des zweitgebornen Sohns des Königs oder des nächſten Thronfolgers nach dem Kronprinzen.

Fleiſchesverbrechen, ſ. Unzuchtsverbrechen.

Flotte, die Vereinigung einer Anzahl in Dienſt geſtellter Kriegsſchiffe unter gemeinſamem Oberbefehl (ſ. Admiral); **Flottille,** kleine F. oder F. von kleinen

Fahrzeugen. Auch verſteht man unter F. die Geſamtheit aller Schiffe und unter Kriegsflotte insbeſondere die Geſamtheit der Kriegsſchiffe eines Staats, im Gegenſatz zur Handels- oder Kauffahrteiflotte, der Geſamtheit der Handelsſchiffe eines Landes. Die Seemacht eines Landes, einſchließlich des geſamten Materials und aller maritimen Einrichtungen, iſt die Kriegsmarine desſelben (ſ. Marine).

Föderation (Konföderation, lat.), Bund, namentlich die Verbindung mehrerer Staaten zu einem ſtaatlichen Gemeinweſen, einem ſogen. zuſammengeſetzten Staat (Föderativſtaat, Föderativſyſtem); doch bezeichnet letzterer Ausdruck auch die Theorie (Föderalismus), nach welcher verſchiedene ſelbſtändige Staaten zu einem gemeinſamen, möglichſt lockern politiſchen Organismus verbunden ſein ſollen (ſ. Staat). Föderaliſten, die Anhänger dieſes Syſtems, daher in Deutſchland die Gegner des zentraliſierten Einheitsſtaats, welche die Selbſtändigkeit der Einzelſtaaten erhalten wiſſen wollen unbeſchadet ihrer Vereinigung zu einem politiſchen Ganzen; ähnlich in Oſterreich die Vertreter der Autonomie der einzelnen Kronländer. In Frankreich bezeichnete man damit 1792 und 1793 die Girondiſten, welche man beſchuldigte, daß ſie, um das Übergewicht von Paris zu brechen, Frankreich in unabhängige Staaten zerſplittern wollten, ſowie in Nordamerika während des Bürgerkriegs die Anhänger der Union im Gegenſatz zu den »Konföderierten«, den Vorkämpfern des ſüdſtaatlichen Sonderbunds. Neuerdings iſt namentlich in Deutſchland von föderativ im Gegenſatz zum Begriff ſtaatlicher Einheit die Rede; man bezeichnet mit föderativen Einrichtungen, Zwecken, Garantien ꝛc. ſolche Einrichtungen, Zwecke und Garantien, welche ſich auf die Erhaltung der bundesſtaatlichen Verfaſſung und auf die möglichſte Selbſtändigkeit der Einzelſtaaten beziehen, im Gegenſatz zu unitariſchen und zentraliſtiſchen Beſtrebungen, welche auf eine weitere Ausbildung und Erhaltung der nationalen Einheit im Deutſchen Reiche gerichtet ſind.

Föderierte, Verbündete; föderieren, verbünden, zu einem Bund vereinigen.

Folkething (dän.), Volks-Thing, Reichstag; ſ. Dänemark.

Folter, ſ. Tortur.

Fonds (franz., ſpr. fongs), ſ. Staatspapiere.

Foreign office (engl., ſpr. förren offiſſ), in England Bezeichnung für Miniſterium des Äußern, auswärtiges Amt.

Forénsis (lat.), zum Forum gehörig, darauf befindlich; dann, weil das Forum Gerichtsplatz war, ſ. v. w. zum Gericht, Juſtizweſen gehörig, darauf bezüglich, gerichtlich, z. B. **Medicina f.,** gerichtliche Arzneikunde; auch ſ. v. w. Auswärtiger, Fremder, insbeſondere **Forénſe,** Ausmärker, d. h. Beſitzer von Grundſtücken in der Gemarkung einer Ortſchaft, der er nicht als Gemeindemitglied angehört.

Forſtwirtſchaft, die auf die Erzeugung von Waldprodukten gerichtete Thätigkeit. Je nachdem es ſich hierbei um die Bewirtſchaftung von Forſten handelt, welche im Eigentum des Staats ſtehen, oder von ſolchen Forſten, welche Privatperſonen, Gemeinden, Korporationen zugehören, wird zwiſchen Staats- und Privatforſtwirtſchaft unterſchieden. Die wiſſenſchaftliche Lehre von der Erzeugung der Waldprodukte und von der gewerblichen Waldnutzung wird Forſtwiſſenſchaft genannt. Sie umfaßt insbeſondere die Lehre vom Boden, von den Waldbäumen, von der forſtlichen Bedeutung des Waldes für die Landeskultur und für das Gemeinwohl, ferner die Forſtſtatiſtik, die Staats- und Privatforſtwirtſchaftslehre, die Statiſtik und Geſchichte des Waldeigentums, die Lehre von der forſtwirtſchaftlichen Thätigkeit, Forſteinrichtung und Betriebsregelung, Waldbau, Forſtſchutz, Forſtpolizei, Forſtbenutzung, Forſttechnologie, Waldwertberechnung (Forſttaration), Forſtrechtskunde, Forſtverwaltungskunde und Forſtgeſchichte. Forſtſchulen und Forſtakademien ſind zur Pflege der Forſtwiſſenſchaft errichtet. Der Inbegriff der Hoheitsrechte, welche dem Staat in Bezug auf die geſamten im Staatsgebiet gelegenen Waldungen zuſtehen, iſt die Forſthoheit. Dazu gehört namentlich

das Oberaufsichtsrecht der Staatsregierung über die Bewirtschaftung derjenigen
Waldungen, welche sich im Privateigentum physischer oder juristischer Personen
befinden. In manchen Staaten ist dieser
Teil der Forstverwaltung den Staats-
forstbehörden mit übertragen, während
anderwärts besondere Behörden, wenigstens in den untern Instanzen, dafür bestehen. Der Inbegriff der in Bezug auf
das Forstwesen geltenden Rechtsnormen
eines Landes wird Forstrecht genannt.
In manchen Staaten bestehen ausführliche Forstordnungen. Die Forst-
polizei ist der Inbegriff der von der
Staatsregierung ausgehenden Maßregeln
in Bezug auf die gesamten Waldungen
des Landes, welche die Abwendung und
Entdeckung von Schädigungen des Waldeigentums und der Forstwirtschaft bezwecken. Die Bestrafung von Forstvergehen (Forstfreveln) gehört nach der
neuern Gesetzgebung vor die Gerichte, vorbehaltlich der Polizeistrafgewalt der Gemeindebehörden bei Forstpolizeivergehen.
Die Bestrafung der Forstdiebstähle,
d.h. derjenigen Diebstähle, welche an Holz
und an Waldprodukten, die noch nicht vom
Boden getrennt sind, verübt werden, richtet sich nach den Forststrafgesetzen der
einzelnen Staaten. Als Hilfsbeamte der
Staatsanwaltschaft haben die Beamten
der Forstschutzpolizei das Recht, den Thatbestand von Forstvergehen vorläufig festzustellen, nötigenfalls den Thäter vorzu-
führen und vorläufig festzunehmen, auch
Durchsuchungen und Beschlagnahmen von
Werkzeugen, gefrevelten Sachen u. dgl.
vorzunehmen. Widerstand gegen Forst-
beamte in der rechtmäßigen Ausübung
ihres Berufs wird nach dem deutschen
Strafgesetzbuch (§ 117) mit Gefängnis
von 14 Tagen bis zu 3 Jahren bestraft.
Ist durch den Widerstand oder den Angriff eine Körperverletzung dessen, gegen
welchen die Handlung begangen ist, verursacht worden, so kann Zuchthausstrafe
bis zu 10 Jahren eintreten (§ 118). Vgl.
Preußisches Forstdiebstahlsgesetz vom 15.
April 1878 (herausgeg. von Ohlschlä-
ger, 1879); Preußisches Feld- und Forst-
polizeigesetz vom 1. April 1880 (herausgeg.

von Bülow, 1880); Preußisches Gesetz
vom 6. Juli 1875 über Schutzwaldungen
und Waldgenossenschaften; Preußisches
Gemeindewaldgesetz vom 14. Aug. 1876;
E. v. Berg, Staatsforstwirtschaftslehre
(1850); Bernhardt, Waldwirtschaft und
Waldschutz (1869); Roth, Handbuch des
bayrischen Forstrechts (1864); Bern-
hardt, Geschichte des Waldeigentums, der
Waldwirtschaft und Forstwissenschaft in
Deutschland (1872 ff., 3 Bde.); Roth,
Geschichte des Forst- und Jagdwesens in
Deutschland (1879).

Fortschrittspartei, deutsche, entschieden liberale Partei, welche sich 1861
von der großen altliberalen (Vinckeschen)
Fraktion loslöste und sich mit der Fraktion
»Jung-Litauen« sowie mit der seit Wal-
decks Wahl (1860) wieder auf dem politischen Kampfplatz erscheinenden demokratischen Partei verband. Die Reaktion in
Preußen und die schroffe Haltung der Regierung zu Anfang der 60er Jahre trieben
der F. alle liberalen Elemente zu, so daß
sie bald über die Majorität im preußischen
Abgeordnetenhaus verfügte, welche sie
bis 1866 behauptete. Es war dies die
preußische Konfliktsperiode. Hauptsächlich
war es nämlich die Heeresreform, gegen
welche die F. opponierte, indem sie namentlich die Einführung der zweijährigen
an Stelle der dreijährigen Dienstzeit for-
derte. Diese F. gab ihren Forderungen dadurch
Nachdruck, daß sie dem von der Regierung
vorgelegten Etat ihre Zustimmung versagte, während das Herrenhaus denselben
genehmigte und die Regierung auch ohne
die Zustimmung des Abgeordnetenhauses
auf Grund dieses Etats unter Mißachtung
des Budgetrechts des Landtags wirtschaf-
tete. Die großen Erfolge des Jahrs 1866
brachten jedoch einen Umschwung in der
öffentlichen Meinung hervor, und die
Mehrheit des Abgeordnetenhauses bewilligte der Staatsregierung die Indemnität. Als nun im konstituierenden norddeutschen Reichstag ein Teil der F. gegen
die Verfassung stimmte, weil nicht allen
Forderungen der F. entsprochen worden
war, traten viele Mitglieder derselben aus,
um die nationalliberale Partei zu gründen, während die andern unter der Füh-

rung von Hoverbeck, Virchow und Wal=
beck den Namen »F.« beibehielten. Wäh=
rend nun die nationalliberale Partei in
der Folgezeit, eingedenk ihres Wahlspruchs
»Durch Einheit zur Freiheit«, die libera=
len Forderungen im Interesse der natio=
nalen Entwickelung des Norddeutschen
Bundes und des nachmaligen Deutschen
Reichs zu ermäßigen geneigt war, ver=
warf die F. diese Kompromißpolitik und
machte aus ihrer persönlichen Abneigung
gegen Bismarck kein Hehl, wenn sie auch
1871 nicht gegen die Reichsverfassung
stimmte. Während die F. aber bis dahin
mit den Nationalliberalen zumeist in einem
freundlichen Verhältnis gestanden hatte,
kam es Ende 1876 zwischen beiden Par=
teien zu einem heftigen Zusammenstoß,
als die nationalliberale Partei dadurch,
daß sie in einigen Punkten der Re=
gierung nachgab, das Zustandekommen
der großen deutschen Justizgesetzgebung
ermöglichte, ein Vorgehen, welches jetzt
kaum noch Tadel finden dürfte. Der Kon=
flikt zwischen den beiden liberalen Par=
teien kam den Gegnern zu gute. Die
Nationalliberalen verloren über 20 Sitze,
aber auch die F. hatte eine Einbuße zu
verzeichnen. Nur 31 Sitze blieben ihr im
deutschen Reichstag. Auch die Auflösung
des Reichstags 1878, welche recht eigent=
lich gegen die Liberalen gerichtet war,
brachte eine neue Schwächung der F., die
bei der Neuwahl nur 25 Mitglieder durch=
brachte und namentlich in Ostpreußen alle
Sitze verlor. Inzwischen hat sich jedoch
der Einfluß der F., welche dem Kanzler
bei der Zoll= und Steuerreform lebhaft
opponierte, im Land immer noch als ein
bedeutender herausgestellt, und auch im
Reichstag wußte die F. das, was ihr an
Stärke der Mitgliederzahl abging, durch
außerordentliche Rührigkeit und rastlose
Thätigkeit einigermaßen zu ersetzen. Na=
mentlich entwickelte ihr Führer Eugen
Richter (Regierungsassessor a. D., jetzt
Schriftsteller in Berlin, geb. 30. Juli 1838
zu Düsseldorf) eine unermüdliche Thätig=
keit, indem er vorzugsweise das finanzielle
Gebiet mit außerordentlicher Sachkennt=
nis beherrscht. Andre namhafte Mit=
glieder sind: Hänel (Professor der Rechte

in Kiel, geb. 10. Juni 1833), Schulze=
Delitzsch, der Anwalt der deutschen Ge=
nossenschaften (geb. 29. Aug. 1808 zu De=
litzsch), Virchow (Professor der Chirur=
gie und Pathologie in Berlin, geb. 13. Okt.
1821 zu Köslin), Klotz (Landgerichtsrat
in Berlin, geb. 6. Aug. 1813 zu Pots=
dam) u. a. Im deutschen Reichstag 1880
zählte die F. 28 Mitglieder, während die
Fraktion im Abgeordnetenhaus 37 Mit=
glieder hatte. Einige Nachwahlen (Lübeck,
Kassel, Altenburg und Weimar) zeigten,
daß die Stimmung im Volk für die F.
wieder günstiger geworden ist. Der F.
näher als die Mehrzahl der Nationallibe=
ralen stehen die sogen. Sezessionisten (s. b.);
doch ist eine Verschmelzung der letztern
(liberale Vereinigung) mit der F. für die
nächste Zeit schwerlich zu erwarten.
In Süddeutschland, besonders in
Bayern und in Hessen, ist der Gegensatz
zwischen F. und Nationalliberalen über=
haupt nie so schroff hervorgetreten wie
in den preußischen Provinzen, und auch
in Thüringen ist ein solcher Gegensatz
wenig bemerkbar.

Forum (lat., »Marktplatz«), in der
Gerichtssprache Bezeichnung des Gerichts=
stands (s. Gericht).

Foyer (franz., spr. foajeh), Gang, Vor=
saal, Vorplatz neben einem Theater=,
Konzert= oder dem Sitzungssaal einer
parlamentarischen Körperschaft, meist, wie
z. B. im deutschen Reichstag, mit einem
Büffett verbunden.

Frachtmakler, s. Schiffsmakler.

Fragerecht, das Recht des Richters, im
Prozeßverfahren und zwar in der münd=
lichen Verhandlung zur Aufklärung der
Sache Fragen zu stellen; so hat nament=
lich im Zivilprozeß der Vorsitzende durch
Fragen darauf hinzuwirken, daß unklare
Anträge von den Parteien erläutert, un=
genügende Angaben der geltend gemach=
ten Thatsachen ergänzt und die Beweis=
mittel bezeichnet, überhaupt alle für die
Feststellung des Sachverhältnisses erheb=
lichen Erklärungen abgegeben werden.
Im Strafverfahren kann der Angeklagte
nur durch den Vorsitzenden vernommen
und befragt werden, während Zeugen und
Sachverständigen gegenüber auch den bei=

sitzenden Richtern, den Geschwornen und Schöffen, der Staatsanwaltschaft, dem Privatkläger, Nebenkläger, dem Angeklagten und seinem Verteidiger ein F. zusteht. Vgl. Deutsche Strafprozeßordnung, §§ 239 ff.; Deutsche Zivilprozeßordnung, §§ 130 f., 464.

Fragstellung, die Präzisierung einer zur Abstimmung zu bringenden Frage. Die F. ist namentlich in den Gerichtsverhandlungen sowie bei den parlamentarischen Abstimmungen von großer Wichtigkeit. Nach der Geschäftsordnung des deutschen Reichstags (§ 51) stellt der Präsident nach Schluß der Debatte die Fragen. Zur F. kann das Wort begehrt werden. Sind mehrere Fragen vorhanden, so hat der Präsident solche sämtlich der Reihenfolge nach vorzulegen. Die Fragen sind so zu stellen, daß sie einfach durch Ja oder Nein beantwortet werden können. Bei Stimmengleichheit wird die Frage als verneint angesehen. Die Teilung der Frage kann jeder einzelne verlangen. Wenn über die Zulässigkeit einer solchen Teilung Zweifel entstehen, so entscheidet bei Anträgen der Antragsteller, in andern Fällen der Reichstag.

Fraktion (lat., »Bruch, Bruchteil«), in Deutschland gebräuchliche Bezeichnung für die Vereinigung der Gesinnungsgenossen einer Partei in einer Volksvertretung. Unter einem besondern F r a k - tionsvorstand konstituiert, beratschlagt die F. über die Stellung, welche sie im allgemeinen und in einzelnen Fragen im Plenum einzunehmen habe. Hier finden die Vorbesprechungen über etwaige Anträge und Interpellationen, über deren Unterstützung und über die im Plenum vorzunehmenden Abstimmungen statt. Wird dabei auf die freie Willensentschließung der Fraktionsgenossen ein besonderer Druck ausgeübt, so pflegt man von Fraktionszwang zu sprechen. Manche Abgeordnete haben, um sich eine völlig freie Entschließung zu sichern, sich keiner F. angeschlossen (sogen. Wilde); andre gehören nicht zu den eigentlichen Mitgliedern der F., wenn sie auch als sogen. Hospitanten an den gewöhnlichen Beratungen teilnehmen dürfen.

Im deutschen Reichstag bestehen zur Zeit folgende Fraktionen: Zentrum, Nationalliberale, von denen sich die liberale Gruppe und die liberale Vereinigung (Sezessionisten) abgezweigt haben, deutsche Reichspartei, deutschkonservative, konservative, Fortschrittspartei, Polen und Sozialdemokraten (vgl. die Einzelartikel und die Übersichtstabelle zum Art. »Reichstag«).

Franckensteinscher Antrag, ein von dem ultramontanen Reichstagsabgeordneten Freiherrn v. Franckenstein 20. Juni 1879 in der Tariffkommission des Reichstags gestellter Antrag, welcher die Annahme des neuen Zolltarifs durch eine Koalition des Zentrums mit den konservativen Parteien des Reichstags ermöglichte. Während nämlich der Fürst Bismarck zuvor die finanzielle Selbständigkeit des Reichs und die Unabhängigkeit desselben von den Einzelstaaten als ein Hauptziel hingestellt hatte, welches durch die Erhöhung der Tabaksteuer und durch den neuen Zolltarif zu erreichen sei, ging der Franckensteinsche Antrag dahin, den Einzelstaaten föderative Garantien zu bieten und die Matrikularbeiträge beizubehalten. Derselbe verlangte nämlich: 1) daß derjenige Betrag der Zölle und der Tabaksteuer, welcher die Summe von 120 Mill. Mk. in einem Jahr übersteige, den einzelnen Bundesstaaten nach Maßgabe der Bevölkerung, mit welcher sie zu den Matrikularbeiträgen herangezogen würden, zu überweisen sei; 2) daß die Abgabe von Salz und einige andre Zölle nur bis 1. April 1881 bewilligt und von da jährlich im Reichshaushaltsetat festgesetzt werden sollten; 3) daß Garantien für Steuererleichterungen in den Einzelstaaten gegeben werden müßten. Das Kompromiß mit den Konservativen kam nun dahin zustande, daß das Zentrum die Punkte 2 und 3 fallen ließ, und daß die Summe sub 1 auf 130 Mill. Mk. erhöht ward. In dieser Form ward der Franckensteinsche Antrag, nachdem Bismarck zugestimmt hatte, als § 8 des Zollgesetzes vom 15. Juli 1879 (Reichsgesetzblatt, S. 211) zum Gesetz erhoben und damit leider ein Stillstand in der nationaleinheitlichen Entwickelung besiegelt.

Frank, franz. Silbermünze, seit 1803 Einheit des französischen Münzsystems (= 100 Centimes, = 80 Pf.); auch in Belgien, in der Schweiz (= 100 Rappen), in Italien (Lira = 100 Centesimi), Rumänien (Leu = 100 Bani), Griechenland (Drachme = 100 Lepta), Spanien (Peseta = 100 Centimos) und Serbien (Dinar = 100 Para) eingeführt.

Frankfurt am Main, bis zur Auflösung des frühern Deutschen Reichs deutsche freie Reichsstadt (Krönungsstadt des deutschen Kaisers); seitdem einen Freistaat bildend, gehörte die Freie Stadt F. zu dem Deutschen Bunde, dessen Organ, die Bundesversammlung oder der Bundestag, daselbst seinen Sitz hatte (in dem Thurn und Tarisschen Palais in der Eschenheimer Gasse). Nachdem F. 14. Juni 1866 im Bundestag gegen Preußen für die Mobilmachung gestimmt hatte, erklärte die preußische Staatsregierung der Freien Stadt F. den Krieg und ließ die Stadt und deren Gebiet besetzen. Durch königliches Patent vom 18. Okt. 1866 erfolgte die Einverleibung Frankfurts in den preußischen Staat. Der Übergang des Frankfurter Staatsvermögens auf den preußischen Staat wurde durch Vertrag vom 26. Febr. 1869 (Gesetz vom 5. März 1869) geregelt. F. war vom 18. Mai 1848 bis zum 31. Mai 1849 Sitz der deutschen Nationalversammlung. In F. erfolgte 10. Mai 1871 der Abschluß des Frankfurter Friedens (im Gasthof zum Schwan) zwischen Deutschland und Frankreich. Vgl. Kriegk, Geschichte von F. (1871); Stricker, Neuere Geschichte von F., 1806—66 (1881).

Frankreich (la France), bis 4. Sept. 1870 Kaiserreich, seitdem Republik; 528,577 qkm mit (1876) 36,905,788 Einw. und der Hauptstadt Paris (2,095,000 Einw.). Durch den Frieden von Frankfurt a. M. vom 10. Mai 1871 verlor F. an Deutschland das nunmehrige Reichsland Elsaß-Lothringen mit 14,508 qkm.

Nachdem die Schlacht bei Sedan den Sturz des Kaiserreichs herbeigeführt, wurde die Republik proklamiert und zunächst eine Regierung der Nationalverteidigung eingesetzt. Am 12. Febr. 1871 ward

sodann die Nationalversammlung zu Bordeaux eröffnet, welche den großen Staatsmann Thiers zum Chef der exekutiven Gewalt ernannte, der dann 31. Aug. 1871 auf drei Jahre zum Präsidenten der Republik gewählt ward. Die Koalition der monarchistischen Parteien führte jedoch 24. Mai 1873 den Sturz Thiers' und die Wahl Mac Mahons zum Präsidenten herbei. Unter ihm wurde die Republik definitiv konstituiert und die Verfassungsurkunde vom 25. Febr. 1875 publiziert. Hiernach steht an der Spitze der Republik der auf sieben Jahre gewählte Präsident (nach dem Sturz Mac Mahons, seit 30. Jan. 1879, Jules Grévy). Derselbe wird vom Senat und von der Deputiertenkammer, welche sich zu diesem Zweck zur »Nationalversammlung« (s. unten) vereinigen, mit absoluter Stimmenmehrheit gewählt und ist wieder wählbar. Der Präsident der Republik hat, ebenso wie der Senat und wie die Kammer der Deputierten, das Recht der Initiative auf dem Gebiet der Gesetzgebung. Er publiziert die Gesetze, nachdem sie durch die beiden Kammern beschlossen sind, und überwacht deren Ausführung. Er hat das Begnadigungsrecht, doch können Amnestien nur durch Gesetz erfolgen. Er hat die Verfügung über die militärischen Streitkräfte des Landes und ernennt die Zivil- und Militärbeamten. Die Gesandten fremder Mächte sind bei ihm akkreditiert. Jeder Akt desselben muß von einem verantwortlichen Minister kontrasigniert sein. Der Präsident der Republik schließt die Sitzungen der Kammern. Er kann die letztern auch zu einer außerordentlichen Sitzung berufen; er muß sie berufen, wenn dies in der Zwischenzeit während der regelmäßigen Sitzungsperioden durch die absolute Mehrheit der Mitglieder einer jeden Kammer verlangt wird. Der Präsident kann die Kammern vertagen, doch darf die Vertagung nicht länger als einen Monat dauern und in derselben Sitzung sich nur zweimal wiederholen. Mit Zustimmung des Senats kann der Präsident die Kammern vor Ablauf der Legislaturperiode auflösen. Staatsverträge werden durch den Präsidenten der Republik ab-

12*

geschlossen, welcher ihren Inhalt zur Kenntnis der Kammern zu bringen hat, sobald es das Interesse und die Sicherheit des Staats gestatten. Friedens= und Handelsverträge, Verträge, welche den Staat finanziell engagieren, oder die sich auf die persönlichen oder auf die Eigentumsverhältnisse französischer Staatsangehörigen im Ausland beziehen, bedürfen zu ihrer Gültigkeit der Zustimmung der Kammern. Eine Veränderung im Territorialbesitzstand der Republik kann nur durch ein Gesetz erfolgen. Zu einer Kriegserklärung, welche durch den Präsidenten erfolgt, ist die vorgängige Zustimmung der Kammern nötig. Der Präsident kann nur durch die Kammer der Deputierten angeklagt und nur durch den Senat abgeurteilt werden. Was die gesetzgebende Gewalt anbetrifft, so wird dieselbe von den beiden Kammern, dem Senat und der Deputiertenkammer, gemeinsam ausgeübt. Ein Teil der Senatoren und der Präsident der Republik werden von der Nationalversammlung (Assemblée nationale) gewählt. Dies ist die Vereinigung jener beiden Körperschaften. Treten Senat und Deputiertenkammer zur Nationalversammlung zusammen, so wird das Büreau von dem Präsidenten, Vizepräsidenten und den Schriftführern des Senats gebildet.

Der Senat (le Sénat) setzt sich aus 300 Mitgliedern zusammen, von denen 225 von den Departements und den Kolonien und 75 von der Nationalversammlung gewählt werden. Senator kann nur ein Franzose sein, der mindestens 40 Jahre alt und im Vollbesitz der bürgerlichen und politischen Rechte ist. Die Senatoren der Departements und der Kolonien werden von einem Kollegium gewählt, welches aus den Abgeordneten, den Generalräten, den Arrondissements=räten und je einem aus den Wählern jeder Gemeinde entnommenen Delegierten des Munizipalrats besteht. Die Senatoren der Departements und der Kolonien werden auf neun Jahre gewählt und alle drei Jahre zu einem Drittel erneuert. Die von der Nationalversammlung zu ernennenden Senatoren sind unabsetzbar. Der Senat hat das Recht der Initiative in der Gesetzgebung und beschließt mit der Kammer der Deputierten, jedoch in getrennter Verhandlung und Abstimmung, die Gesetze; Finanzgesetze müssen jedoch immer zuerst der Kammer der Deputierten vorgelegt und dort beschlossen werden. Der Senat kann sich übrigens auch als Gerichtshof konstituieren, um über den Präsidenten der Republik oder über die Minister und über Verbrechen zu urteilen, welche gegen die Sicherheit des Staats verübt wurden. Die Kammer der Deputierten (Chambre des députés) geht aus allgemeinen und direkten Wahlen auf Grund des allgemeinen Stimmrechts hervor. Die Zahl der Mitglieder ist 738. Wähler ist jeder Franzose, welcher 21 Jahre alt ist und sich im Vollgenuß der bürgerlichen und politischen Rechte befindet. Jeder Wähler, welcher 25 Jahre alt, ist wählbar. Doch dürfen Abgeordnete während der Dauer ihres Mandats weder ein besoldetes öffentliches Amt noch eine Beförderung annehmen, mit Ausnahme solcher Stellen, welche im Weg der Konkurrenz oder durch Wahl besetzt werden. Ausgenommen sind auch die Posten der Minister, der Unterstaatssekretäre, der Gesandten und des Seinepräfekten. Der Senat und die Deputiertenkammer treten alljährlich am zweiten Dienstag im Monat Januar zusammen, wenn sie nicht etwa früher schon von dem Präsidenten der Republik einberufen werden sollten. Beide Kammern müssen alljährlich mindestens fünf Monate lang versammelt sein und zwar während desselben Zeitraums. Jede von beiden Kammern wählt ihr Büreau für die jeweilige Dauer der Session.

Die Exekutivgewalt wird von dem Präsidenten der Republik durch die Minister ausgeübt, und zwar bestehen außer dem Präsidenten des Konseils, welches sich aus den sämtlichen Ministerstaatssekretären zusammensetzt, zehn Fachministerien, welche unter dem Minister der auswärtigen Angelegenheiten, dem Siegelbewahrer oder Justizminister, dem Minister des Innern und der Kulte, dem Minister der Finanzen, dem Kriegsminister, dem Mi=

nister der Marine und der Kolonien, des öffentlichen Unterrichts und der schönen Künste, der öffentlichen Arbeiten, dem Minister des Ackerbaus und des Handels, der Posten und der Telegraphen stehen. Selbständig und unabhängig von den Ministerien ist der Rechnungshof (Cour des comptes) gestellt. Unter dem Präsidium des Siegelbewahrers (Garde des sceaux) steht der Staatsrat (Conseil d'Etat). Derselbe besteht aus den Ministern, 22 ordentlichen Staatsräten mit Einschluß des Vizepräsidenten und der Abteilungspräsidenten, 15 außerordentlichen Staatsräten; dazu kommen noch 24 vortragende Räte (maîtres des requêtes) und 30 Auditeure. Der Staatsrat begutachtet die Gesetzentwürfe und die Verwaltungsreglements. Er gibt über alle Fragen, welche ihm durch den Präsidenten der Republik oder durch die Minister vorgelegt werden, sein Gutachten ab, entscheidet über Rekurse in streitigen Verwaltungssachen und über Nichtigkeitsbeschwerden wegen Machtüberschreitungen von Verwaltungsbehörden.

Zum Zweck der innern Verwaltung ist das Land in 86 Departements eingeteilt, und zwar datiert diese Einteilung aus der Zeit der ersten französischen Revolution, welche (22. Dez. 1789) an die Stelle der Provinzen, in welche das vormalige Königreich F. zerfiel, die Einteilung in Departements setzte. An der Spitze eines jeden Departements steht die Präfektur, die dem Präfekten (le préfet) unterstellt ist. Dieser ist zugleich Organ der Regierung und Vertreter der Interessen des Departements. Der Präfekt wird von dem Präsidenten auf Vorschlag des Ministers des Innern ernannt. Die Departements zerfallen in Arrondissements, an deren Spitze ein Unterpräfekt (le souspréfet) steht, welcher ebenfalls vom Präsidenten ernannt wird. An der Spitze der einzelnen Gemeinden aber, welche zu einem Arrondissement gehören, steht der Bürgermeister (le maire). Der Maire wird in geheimer Wahl von dem Gemeinde- oder Munizipalrat (Conseil municipal) je auf fünf Jahre aus dessen Mitte erwählt; derselbe muß mindestens

25 Jahre alt sein. In den Hauptstädten der Departements, der Arrondissements und der Kantone werden die Maires und ihre Beigeordneten aus der Zahl der Mitglieder des Munizipalrats durch Dekret des Präsidenten der Republik ernannt. Jedem Maire stehen nämlich einer oder, je nach der Größe der Gemeinde, einige Beigeordnete (adjoints) zur Seite. Der Kanton (le canton), d. h. der Verband mehrerer Gemeinden und Unterabteilungen der Arrondissements, ist der Bezirk des Friedensrichters, der Rekrutenaushebungen und die Einheit, welche bei den Wahlen für die Generalräte und für die Arrondissementsräte als Grundlage dient. Ein besonderer Verwaltungsbeamter steht nicht an der Spitze des Kantons. Zur Vertretung der gemeinsamen Interessen der Departements, Arrondissements und der Kommunen bestehen aber jeweilig besondere Körperschaften. In den Departements sind hierzu die Generalräte berufen. Für den Generalrat (Conseil général) erwählt jeder Kanton ein Mitglied nach dem Prinzip des allgemeinen Stimmrechts. Die Generalräte haben alljährlich zwei ordentliche Sitzungen. Sie stellen das Budget und die Rechnung des Departements fest und haben im übrigen teils beratende, teils beschließende Funktionen in den Angelegenheiten des Departements. Außer dem Generalrat steht aber dem Präfekten auch noch ein Präfekturrat (Conseil de préfecture) zur Seite, welcher im Seinedepartement aus acht Mitgliedern mit Einschluß des Präsidenten, in 29 größern Departements aus vier und in den übrigen Departements aus je drei Mitgliedern besteht. Der Präfekt ist der Präsident des Präfekturrats; im Seinedepartement steht ein besonderer Präsident an der Spitze desselben. Die Präfekturräte werden vom Präsidenten der Republik ernannt. Es ist ihnen die Verwaltungsgerichtsbarkeit übertragen. Der Kommunalverband des Arrondissements (Kreis) wird durch den Arrondissementsrat (Conseil d'arrondissement) vertreten. Die Zahl seiner Mitglieder ist wenigstens neun; in der Regel wählt jeder Kanton ein Mit-

glieb. In den Gemeinden endlich ist der Munizipalrat (Conseil municipal), bestehend, je nach der Größe der Gemeinden, aus 10 — 36 Mitgliedern, die Kommunalvertretung. Außerdem bestehen neben den bereits aufgezählten Verwaltungsbehörden noch zahlreiche Verwaltungsbeamte, welche teils direkt unter den Ministerien, teils unter jenen Verwaltungsbehörden stehen, wie Finanz- und Polizeibeamte, Unterrichtsräte, Direktoren für die Einregistrierung und für die Domänen, für die Posten, Chefingenieure für Brücken und Chausseen, Militärintendanten, Marinepräfekten (préfets maritimes) 2c.

Justizorganisation. In der Zivilgerichtsbarkeit ist für jeden Kanton ein Friedensrichter (juge de paix) bestellt, und keine Zivilklage kann bei den Arrondissementsgerichten anhängig gemacht werden, welche nicht zuvor zur vergleichsweisen Erledigung (conciliation) dem Friedensrichter vorgelegen hätte. Außer dieser Thätigkeit als Vergleichsrichter fungiert der Friedensrichter aber auch als erkennender Richter und zwar in gewissen dringenden Rechtssachen ohne Rücksicht auf den Wert des Streitgegenstands, außerdem in bürgerlichen Rechtsstreitigkeiten bis zu einem Wertbetrag von 100 Frank, ohne daß Appellation gegen seine Entscheidungen zulässig wäre, und bis zu einem Wertbetrag von 200 Fr. mit Zulässigkeit der Appellation. Diese Appellation geht an die Arrondissementsgerichte (tribunaux d'arrondissement). Dieselben erkennen außerdem in erster und letzter Instanz in kollegialischer Besetzung mit mindestens drei Richtern über Mobiliarklagen im Wertbetrag bis zu 1500 Fr. und über Immobiliarklagen bis zum Betrag von 60 Fr. jährlicher Rente. In andern Streitsachen, welche ebenfalls in erster Instanz vor die Arrondissementsgerichte gehören, ist das Rechtsmittel der Berufung an den zuständigen Appellhof (Cour d'appel) gegeben. Die Appellhöfe (26 in den Departements, 1 in Algerien, 6 in den Kolonien) zerfallen zu diesem Zweck in Zivilkammern, welche in der Besetzung mit

mindestens sieben Richtern entscheiden. Für Handelssachen sind besondere Handelsgerichte (tribunaux de commerce) errichtet; Streitigkeiten zwischen Fabrikanten und ihren Arbeitnehmern gehören vor die sogen. Conseils des prud'-hommes. In Strafsachen entscheiden die Friedensrichter (tribunaux de simple police, Polizeigerichte) über die einfachen Übertretungen (contraventions), welche mit höchstens fünf Tagen Gefängnis oder mit 15 Fr. Geldbuße bestraft werden. Dagegen gehören die schwerern Vergehen (délits) vor die Arrondissementsgerichte, welche in dieser Funktion als tribunaux correctionnels (Zuchtpolizeigerichte) bezeichnet werden. Sie entscheiden in der Besetzung mit drei Richtern. Während gegen das Urteil des einfachen Polizeigerichts das Rechtsmittel der Appellation nicht gegeben ist, kann dasselbe gegen Erkenntnisse des Zuchtpolizeigerichts eingewendet und dadurch die Sache zur nochmaligen Entscheidung vor den Appellhof gebracht werden, dessen Strafkammer alsdann in der Besetzung mit fünf Richtern erkennt. Bei dem Appellhof besteht eine Anklagekammer (chambre de mises en accusation), welche darüber entscheidet, ob ein Angeschuldigter wegen eines eigentlichen Verbrechens (crime) in den Anklagestand zu versetzen und vor das Schwurgericht zu verweisen sei oder nicht. Vor den Schwurgerichtshof (Cour d'assises) gehören nämlich die eigentlichen Verbrechen. Dem Gerichtshof präsidiert ein Mitglied des Appellhofs, welchem zwei Richter als Beisitzer beigegeben sind. Über die Schuldfrage entscheiden zwölf Geschworne. Endlich besteht noch ein Kassationshof (Cour de cassation) in Paris, dessen Aufgabe es ist, die Einheit der Rechtsprechung zu wahren. Derselbe entscheidet über Nichtigkeitsbeschwerden, welche gegen ein Urteil eingelegt werden, indem er darüber zu befinden hat, ob wesentliche Förmlichkeiten des Verfahrens verletzt worden sind, oder ob man Gesetze unrichtig angewendet und ausgelegt hat, und ob demnach die Sache zur nochmaligen Aburteilung an ein andres Gericht zu verweisen sei oder nicht. Das staatliche Interesse wird in Rechtssachen durch die Staatsanwaltschaft (ministère public) vertreten, und zwar fungieren bei den höhern Gerichten ein General prokurator (procureur général) und Generaladvokaten (avocats généraux), während bei den Zivilgerichten erster Instanz (Arrondissementsgerichten) und Zuchtpolizeigerichten ein procureur de la République, bei den Polizeigerichten aber ein Polizeikommissar die Funktionen des öffentlichen Ministeriums wahrnimmt. Für Zivil- und Strafrecht, den Zivil- und Strafprozeß gelten die unter Napoleon I. zustande gekommenen Kodifikationen, nämlich der Code civil des Français (Code Napoléon), der Code de procédure civile (bürgerliche Prozeßordnung), der Code de commerce (Handelsgesetzbuch), der Code d'instruction criminelle (Strafprozeßordnung) und der Code pénal (Strafgesetzbuch) mit den betreffenden Nachtragsgesetzen.

Die herrschende Religion ist die römisch-katholische (17 Erzbistümer und 67 Bistümer in Frankreich, 2 in Algerien, 3 in den Kolonien), welcher etwa 98 Proz. der Gesamtbevölkerung angehören. Reformierte waren bei der letzten Volkszählung 467,531, Lutheraner 80,117, Sektierer 33,109 und Israeliten nur 49,439 vorhanden. An der Spitze der reformierten Kirche stehen der Zentralrat derselben und das Konsistorium zu Paris. Ebenso bestehen für die Kirche Augsburgischer Konfession und für den israelitischen Kultus Konsistorien in der Hauptstadt. Neuerdings (29. März 1880) sind die frühern Gesetze wieder in Vollzug gesetzt worden, wonach zu der Bildung geistlicher Kongregationen die Erlaubnis der Regierung erforderlich ist, indem man gleichzeitig gegen die bei von der Regierung nicht autorisierten Kongregationen vorging. Der Jesuitenorden wurde in Frankreich aufgelöst.

Militärwesen. Nach dem Rekrutierungsgesetz vom 27. Juli 1872 besteht die allgemeine Wehrpflicht. Jeder diensttaugliche Franzose ist 20 Jahre lang wehrpflichtig und zwar 5 Jahre lang in der aktiven Armee, 4 Jahre in der Reserve der aktiven Armee, 5 Jahre in der Territorialarmee (armée territoriale, Landwehr) und 6 Jahre in der Reserve der Territorialarmee (Landsturm). Zu dem erwähnten Rekrutierungsgesetz kamen die Gesetze vom 24. Juli 1873 über die Organisation und vom 13. März 1875 über die Kadres und die Stärke des Heers hinzu. Wichtig ist auch das Gesetz vom 16. März 1880 über die Umgestaltung des Generalstabs, welches die bisherige ausschließliche Stellung des Generalstabskorps beseitigt und, ähnlich wie in Deutschland, den regelmäßigen Wechsel im Dienst bei dem Generalstab mit dem bei der Truppe für die dazu befähigten Offiziere eingeführt hat. Es bestehen 19 Armeekorps. Die Infanterie zerfällt in 144 Linienregimenter, je zu 4 aktiven Bataillonen von je 4 Kompanien und 2 Depotkompanien pro Regiment. Dazu kommen 30 Jägerbataillone, 4 Zuavenregimenter, 3 Regimenter algerischer Tirailleure (Turkos), eine Fremdenlegion zu 4 Bataillonen, 3 Bataillone leichter afrikanischer Infanterie und 4 Füsilier- und 1 Pionierstrafkompanie. Die Infanterie-Friedenspräsenzstärke beläuft sich auf 281,601 Mann, die Kavallerie besteht aus 68,617 Mann mit 59,023 Pferden (12 Kürassier-, 26 Dragoner-, 20 Chasseur-, 12 Husarenregimenter, 4 Regimenter Chasseurs d'Afrique, 3 Regimenter Spahis, 8 Kompanien Remontereiter). Die Artillerie besteht aus 437 Batterien mit 27,303 Mann und 16,682 Pferden. Mit den Genie-, Train-, Pontoniertruppen ꝛc. beläuft sich die Gesamtstärke der aktiven Armee auf 497,793 Mann; dazu kommen 213,857 übungspflichtige Reservisten und 149,000 übende Territorialtruppen, erstere mit 2850, letztere mit 4800 Offizieren, zusammen 868,300 Mann. Dazu kommen ferner noch die Gendarmerie und die ebenfalls militärisch organisierten Forst- und Zollwächter (corps forestier und douaniers), von welch letztern allein etwa 20,000 zur Verwendung im Krieg kommen könnten. Die Kriegsstärke der Armee stellt sich freilich ganz bedeutend höher. Was die Kriegsmarine anbetrifft, so besaß F.

1. Jan. 1879: 258 Kriegsfahrzeuge, darunter 66 Panzerschiffe (21 Schiffe ersten u. 11 Schiffe zweiten Ranges), 34 Küstenfahrzeuge, darunter 7 schwimmende Batterien, 156 Dampfer und 36 Segelschiffe. Die Dienstzeit in der Marine beträgt 9 Jahre und zwar 5 im aktiven, 4 im Reservedienst. Nach Ablauf dieser Zeit treten die Mannschaften in die Reserve der Territorialarmee über. Die Flagge Frankreichs ist, ebenso wie die Nationalfarben, Weiß, Rot und Blau (Trikolore). Das Wappen enthält gegenwärtig eine die Republik darstellende allegorische Figur. Der einzige Orden in F. ist der Ehrenlegion (s. b.).

Staatshaushalt. Die Staatseinnahmen in dem Budget von 1881 sind auf 2,777,193,903 Frank, die Ausgaben auf 2,773,391,474 Fr. veranschlagt, die letztern um 24,085,518 Fr. höher als im Vorjahr; insbesondere sind die Ausgaben für den Krieg um 6,489,034 Fr., nämlich auf 574,473,478 Fr., und diejenigen für den öffentlichen Unterricht um 5,345,150 Fr., auf 63,977,626 Fr., erhöht worden. Die Staatsschuld belief sich 1880 im ganzen auf 1,197,725,498 Fr.

Außereuropäische Besitzungen. Die bedeutendste derselben ist Algerien (s. b.), eingeteilt in drei Departements (318,334 qkm mit 2,867,626 Einw.). Das Land steht unter einem Zivilgeneralgouverneur, welchem ein Regierungskonseil beigegeben ist, dem er präsidiert. Die eigentlichen Kolonien stehen unter Gouverneuren, Kommandanten, Kommissaren. Dahin gehören die Besitzungen in Indien, namentlich das französische Kotschinchina, in Afrika (Senegambien, die Insel Réunion, Mayotte, Ste. Marie 2c.), Amerika (Guadeloupe, Martinique, Französisch-Guayana) und Ozeanien (Neukaledonien, Tahiti 2c.). Dazu kommen noch verschiedene Schutzstaaten, wie das Königreich Kambodscha in Asien u. a. Vgl. Levasseur, La France avec ses colonies (1878); Block, Dictionnaire de l'administration française (2. Aufl. 1877, mit Nachträgen); den offiziellen »Almanach national«, das »Annuaire statistique« 2c.; Paquier, Histoire de l'unité politique et territoriale de la

France (1879—80, 3 Bde.); Dareste, Histoire de la Restauration (1879).

Franziskaner, s. Orden.

Fräuleinsteuer, s. Prinzessinnensteuer.

Fraus (lat.), Betrug; in fraudem legis, zur Umgehung eines Gesetzes.

Fregatte, scharf gebautes, schnelles Kriegsschiff mit Raaen an allen drei Masten und nur einer Batterie; häufig gepanzert.

Freie Städte, die drei Städte Hamburg, Bremen, Lübeck (bis 1866 auch Frankfurt a. M.).

Freihafen, Hafen, in welchen alle Waren und sonst steuerbaren Artikel zollfrei eingeführt werden können, so in Deutschland nach Art. 34 der Reichsverfassung die Städte Bremen und Hamburg.

Freihandel, s. Handelsfreiheit.

Freiheitsstrafe, diejenige Strafe, welche in einer Beschränkung oder in einer gänzlichen oder zeitweisen Entziehung der persönlichen Freiheit besteht. Eine Beschränkung der erstern Art war die im Mittelalter gebräuchliche Verstrickung oder Konfination, wobei dem Sträfling untersagt war, einen bestimmten Ort oder Bezirk zu verlassen, und womit sich jetzt allenfalls die Polizeiaufsicht (s. b.) vergleichen läßt. Auch die Ausweisung (s. b.) und die Verbringung oder Deportation (s. b.) gehören hierher. Im engern Sinn aber versteht man unter F. die Entziehung der Freiheit, und hier wird nach dem Strafsystem des deutschen Reichsstrafgesetzbuchs zwischen Zuchthausstrafe, Gefängnis, Festungshaft und Haft unterschieden (s. Strafe). Das Gefängniswesen selbst ist in neuerer Zeit in der Wissenschaft zum Gegenstand eingehender Erörterungen und in der Praxis zum Gegenstand der besondern Aufmerksamkeit der Staatsbehörden geworden. Bei der Vollstreckung der Freiheitsstrafen sind aber besonders folgende Systeme zu unterscheiden: 1) das Gemeinschafts- oder Assoziationssystem, wobei zwar eine Gemeinschaft der Sträflinge, aber eine Klassifizierung derselben nach einigermaßen gleichartigen Gruppen besteht; 2) das Auburnsche, New Yorker oder

Schweigsystem, wonach am Tage gemeinsame Beschäftigung mit auferlegtem Stillschweigen, nachts aber Einzelhaft der Sträflinge stattfindet; 3) das pennsylvanische, Isolier= oder Zellensystem mit Einzelhaft der Sträflinge in kleinen Zellen und steter Beschäftigung derselben; 4) das irische oder progressive System, Beurlaubungssystem mit widerruflicher Entlassung des Sträflings, wenn er sich gut geführt und die Strafe größtenteils verbüßt hat. Dies System ist vom deutschen Reichsstrafgesetzbuch für die Zuchthausstrafe sowie für die Gefängnisstrafe angenommen worden. Vgl. v. Holtzendorff, Das irische Gefängniswesen (1859); Bähr, Die Gefängnisse in hygienischer Beziehung (1871); Wines, Prisons and child-saving institutions in the civilised world (1880).

Freiherr, ursprüngliche, seit Ende des 14. Jahrh. gebräuchliche Bezeichnung eines Dynasten, welcher keinem Größern zu Diensten verpflichtet war; jetzt Titel der Abligen, welche den nächsten Rang nach den Grafen haben, dem Baron entsprechend.

Freikonservativ, s. Konservativ.

Freikorps (spr. -kohr), Truppen, nur für die Dauer eines Kriegs aus Freiwilligen errichtet.

Frei Schiff, frei Gut, Grundsatz des modernen Völkerrechts, wonach neutrales Gut selbst auf feindlichen Schiffen nicht weggenommen werden soll (s. Seerecht).

Freistaat, s. Republik.

Freiwillige (franz. Volontaires), im Gegensatz zu den Ausgehobenen (Konskribierten) diejenigen Militärpersonen, welche aus freier Entschließung in den Militärdienst eingetreten sind. Die sogen. Einjährig=Freiwilligen sind junge Leute von Bildung, welche sich während ihrer Dienstzeit selbst bekleiden, ausrüsten und verpflegen, die gewonnenen Kenntnisse in dem vorschriftsmäßigen Umfang dargelegt haben und schon nach einer einjährigen Dienstzeit im stehenden Heer zur Reserve beurlaubt werden. Sie können nach Maßgabe ihrer Fähigkeiten und Leistungen zu Offizierstellen der Reserve und der Landwehr vorgeschlagen werden. Die Berechtigung zum einjährig=freiwilligen Dienst wird auf Grund eines Berechtigungsscheins zuerkannt, welcher von einer zuständigen Prüfungskommission zu erteilen ist. Der Nachweis zur Berechtigung ist spätestens bis 1. April des ersten Militärpflichtjahrs zu erbringen, und zwar kann derselbe, was die wissenschaftliche Befähigung anbelangt, entweder durch Ablegung einer Prüfung vor der Prüfungskommission oder durch das Beibringen eines Schulzeugnisses von einer zuständigen Lehranstalt erbracht werden. Diejenigen Lehranstalten, welche gültige Zeugnisse für den einjährig=freiwilligen Dienst ausstellen dürfen, werden vom Reichskanzler (Reichsamt des Innern) anerkannt und klassifiziert. Die nähern Bestimmungen über den einjährig=freiwilligen Dienst sind in der deutschen Wehrordnung (§§ 88 ff.) enthalten. Übrigens hat das Institut des einjährig=freiwilligen Dienstes, welches zuerst in Preußen eingeführt worden war, inzwischen in den meisten Staaten Europas, ja selbst in Rußland Eingang gefunden. Auch können solche Personen, welche jene Qualifikation nicht besitzen, wofern sie die nötige moralische und körperliche Befähigung nachweisen, schon nach vollendetem 17. Lebensjahr freiwillig in den deutschen Militärdienst eintreten (sogen. Dreijährig=Freiwillige).

Freiwillige Gerichtsbarkeit, s. Gericht, Recht.

Freizügigkeit, das Recht der freien Bewegung in persönlicher und wirtschaftlicher Hinsicht, das System des freien Wegzugs und der freien Niederlassung. Die Durchführung dieses Systems im internationalen Verkehr der Völkerschaften ist ein bedeutsames Zeichen der Kulturentwickelung der letztern, wie sie für Deutschland insbesondere ein gewaltiger Fortschritt auf der Bahn unsrer nationalen Entwickelung gewesen ist. Denn wenn auch jene Grundsätze des staatlichen Lebens im Altertum, welche den Fremden als völlig rechtlos und ebendeshalb des besondern Schutzes von seiten des Staatsbeherrschers bedürftig erscheinen ließen, längst dem Humanitätsprinzip des modernen Völkerlebens gewichen sind, und wenn auch die Leibeigenschaft, welche vor=

mals einen großen Teil des deutschen Volks an die Scholle fesselte, gefallen ist, so war doch der Umzug aus dem Gebiet des einen Staats in das eines andern, namentlich in vermögensrechtlicher Beziehung, mehrfach beschränkt und die Niederlassung in einem fremden Territorium bis in die neueste Zeit in mancher Hinsicht erschwert. Gleiches galt aber auch für die Heimats- und Niederlassungsverhältnisse innerhalb der einzelnen Territorien, und namentlich war es die Engherzigkeit der Gemeindegesetzgebung der einzelnen deutschen Staaten, welche hier der freien nationalen Entwickelung hindernd in den Weg trat, zumal da infolge der politischen Zerrissenheit Deutschlands die Angehörigen des einen Staats in dem andern als Ausländer betrachtet und ihnen nicht nur von seiten der Gemeinde, sondern auch von seiten der Staatsregierung die Niederlassung nur unter manchen lästigen und störenden Bedingungen und Voraussetzungen gestattet wurde. Nur insofern hatte die deutsche Bundesakte vom 8. Juni 1815 den Angehörigen der deutschen Bundesstaaten F. gesichert, als sie (Art. 18) bestimmte, daß dieselben das Recht haben sollten, Grundeigentum außerhalb des Bundesstaats, den sie bewohnten, zu erwerben und zu besitzen, ohne deshalb in dem fremden Staat noch andern Abgaben und Lasten unterworfen zu sein als dessen eigne Unterthanen. Ferner war den Bundesangehörigen die Befugnis des freien Wegziehens aus dem einen Bundesstaat in den andern, der sie erweislich zu Unterthanen annehmen wolle, garantiert, ebenso das Recht, in Zivil- und Militärdienste des andern Bundesstaats zu treten, sofern keine Verbindlichkeit zu Militärdiensten gegen das bisherige »Vaterland« im Weg stehen würde, endlich auch die Freiheit von aller Nachsteuer (jus detractus, gabella emigrationis), insofern ein Vermögenskomplex in einen andern deutschen Bundesstaat übergehe. F. in diesem letztgedachten Sinn besteht jetzt wohl im Verkehr aller zivilisierten Nationen untereinander, und einige neuere Staatsverträge des Deutschen Reichs mit auswärtigen Staaten haben dies aus-

drücklich sanktioniert, so z. B. der Freundschaftsvertrag mit Persien vom 11. Juni 1873 (Reichsgesetzblatt, S.361). Das Recht des beliebigen Aufenthalts und der freien Niederlassung in einem jeden zum Deutschen Bund gehörigen Staat, also das Recht der F. im engern Sinn, stand dagegen den Bundesangehörigen keineswegs zu, sondern war vielmehr im Art. 14 der Bundesakte nur den sogen. Standesherren ausdrücklich eingeräumt.

Was aber die Rechtsverhältnisse in den einzelnen deutschen Staaten betrifft, so waren der Zuzug und die Niederlassung von nicht heimatsberechtigten Personen in den einzelnen Gemeinden erschwert durch verschiedenartige Bestimmungen: es waren Anzugsgelder und sonstige Abgaben zu zahlen; vielfach mußte der neu Anziehende das Bürgerrecht erwerben und das Bürgergeld entrichten; außerdem ward auch wohl die Erlaubnis zur Niederlassung von dem Glaubensbekenntnis abhängig gemacht, regelmäßig auch von dem Nachweis gehöriger Subsistenzmittel, auch bei manchen ländlichen Gemeinde- und Gutsverbänden von der Zustimmung der Gutsherrschaft. Zur Verehelichung durfte der neu Anziehende oft nur unter gewissen Voraussetzungen schreiten. Dazu kamen dann noch die auf das Zunftwesen bezüglichen Satzungen und die zahlreichen gewerblichen Verbietungsrechte, welche den Gewerbebetrieb und die F. der Gewerbtreibenden beengten oder die letztere vielmehr geradezu ausschlossen. Das Verdienst, auf diesem Gebiet liberalere Grundsätze zur Anwendung gebracht und die frühern engherzigen Bestimmungen zuerst beseitigt zu haben, gebührt der preußischen Gesetzgebung. Nach Einführung der Gewerbefreiheit für den ganzen damaligen Umfang der preußischen Monarchie wurde durch die beiden Gesetze vom 31. Dez. 1843 über die Aufnahme neu anziehender Personen und über die Verpflichtung zur Armenpflege das Prinzip der freien Niederlassung zur Anwendung und Ausführung gebracht. Die Mehrzahl der übrigen deutschen Staaten und namentlich die kleinstaatlichen Regierungen hielten dagegen an den bisherigen Normen fest. Erst die Gründung des Norddeutschen Bundes, welche für die Angehörigen desselben ein gemeinsames Bundesindigenat (s. b.) schuf, brachte den Grundsatz der F. zunächst für das Gebiet des Norddeutschen Bundes zur Geltung, welches mit der Gründung des nunmehrigen Deutschen Reichs auf das ganze Gebiet des letztern ausgedehnt ward. Art. 3 der norddeutschen Bundesverfassung vom 26. Juli 1867 enthielt nämlich folgende in die nunmehrige deutsche Reichsverfassung vom 16. April 1871 wörtlich aufgenommene Bestimmung: »Für den ganzen Umfang des Bundesgebiets besteht ein gemeinsames Indigenat mit der Wirkung, daß der Angehörige (Unterthan, Staatsbürger) eines jeden Bundesstaats in jedem andern Bundesstaat als Inländer zu behandeln und demgemäß zum festen Wohnsitz, zum Gewerbebetrieb, zu öffentlichen Ämtern, zur Erwerbung von Grundstücken, zur Erlangung des Staatsbürgerrechts und zum Genuß aller sonstigen bürgerlichen Rechte unter denselben Voraussetzungen wie der Einheimische zuzulassen, auch in betreff der Rechtsverfolgung und des Rechtsschutzes demselben gleich zu behandeln ist«. Mit dieser Bestimmung waren die Schranken beseitigt, welche bisher die einzelnen deutschen Staaten voneinander getrennt und dieselben im Verhältnis zu einander als »Ausland« hatten erscheinen lassen. Freilich war damit die Verschiedenartigkeit der einzelnen Landesgesetzgebungen über die Heimats- und Niederlassungsverhältnisse keineswegs beseitigt, sondern zunächst nur jedem Deutschen die Befugnis gewährleistet, unter ebendenselben Bedingungen wie der Inländer, also nach Maßgabe der betreffenden Landesgesetzgebung, sich in einem fremden Staatsgebiet seinen Wohn- und Aufenthaltsort zu wählen. Ebendarum aber machte sich der Erlaß verschiedener wichtiger Ausführungsgesetze nötig, welche nach dieser Richtung hin Abhilfe schaffen mußten. Zunächst ist hier insbesondere das nunmehr zum Reichsgesetz erhobene Freizügigkeitsgesetz vom 1. Nov. 1867 (Bundesgesetzblatt, S. 55 ff.) zu nennen, welches im wesentlichen die preußische Gesetzgebung auf die übrigen Bundesstaaten ausdehnte.

Hiernach hat jeder Deutsche das Recht, innerhalb des Reichsgebiets an jedem Ort sich aufzuhalten oder niederzulassen, wo er eine eigne Wohnung oder ein Unterkommen sich zu verschaffen imstande ist, an jedem Ort Grundeigentum zu erwerben und umherziehend oder an dem Orte des Aufenthalts Gewerbe aller Art nach Maßgabe der für Einheimische geltenden gesetzlichen Bestimmungen zu betreiben. Es ist dabei ausdrücklich verordnet, daß der Bundesangehörige in der Ausübung dieser Befugnisse weder durch die Obrigkeit seiner Heimat noch durch die Obrigkeit des Orts, in welchem er sich aufhalten oder niederlassen will, gehindert oder durch lästige Bedingungen beschränkt werden darf, und daß keinem Bundesangehörigen um des Glaubensbekenntnisses willen oder wegen fehlender Landes- oder Gemeindeangehörigkeit der Aufenthalt, die Niederlassung, der Gewerbebetrieb oder der Erwerb von Grundeigentum verweigert werden soll. Hiernach kann also namentlich die Niederlassung nicht von dem Erwerb des Gemeindebürgerrechts abhängig gemacht werden, wie dies zuvor in vielen Kleinstaaten geschah; dagegen werden die partikulären Bestimmungen über den Erwerb des Ortsbürgerrechts, der Gemeindeangehörigkeit und der Teilnahme an den Gemeindenutzungen durch dies Gesetz nicht berührt. Zur Abweisung eines neu Anziehenden aber ist eine Gemeinde nach dem Gesetz vom 1. Nov. 1867 nur dann befugt, wenn sie nachweisen kann, daß derselbe nicht hinreichende Kräfte besitze, um sich und seinen nicht arbeitsfähigen Angehörigen den notdürftigen Lebensunterhalt zu verschaffen, und wenn er solchen weder aus eignem Vermögen bestreiten kann, noch von einem dazu verpflichteten Verwandten erhält. Dagegen berechtigt die Besorgnis vor künftiger Verarmung den Gemeindevorstand nicht zu der Zurückweisung. Übrigens ist es der Landesgesetzgebung anheimgestellt, diese Befugnis der Gemeinden zur Zurückweisung von neu Anziehenden noch mehr zu beschränken, wie denn schon vor Erlaß dieses Gesetzes einige Partikularrechte noch weiter gehende Bestimmungen enthielten, namentlich im

Königreich Sachsen, woselbst der neu An=
ziehende sich nur über seine Heimat und
über sein Verhalten in der letzten Zeit ge=
hörig auszuweisen hat, aber nicht wegen
mangelnder Arbeitskraft und wegen Man=
gels an Vermögen abgewiesen werden
kann. Hervorzuheben ist noch, daß nach
dem Freizügigkeitsgesetz keine Gemeinde
befugt ist, von dem neu Anziehenden we=
gen des Anzugs eine Abgabe zu erheben;
dagegen kann sie denselben gleich den übri=
gen Gemeindeeinwohnern zu den Ge=
meindelasten heranziehen. Doch sind die
neu Anziehenden, wenn die Dauer des
Aufenthalts drei Monate nicht übersteigt,
zu diesen Lasten nicht heranzuziehen. Übri=
gens kann die Fortsetzung des Aufenthalts
dann versagt werden, wenn sich nach dem
Anzug die Notwendigkeit einer öffentlichen
Unterstützung ergibt, bevor der neu An=
ziehende an dem Aufenthaltsort einen
Unterstützungswohnsitz (Heimatsrecht)
erworben hat, und die Gemeinde nach=
weisen kann, daß diese Unterstützung aus
andern Gründen als wegen einer nur
vorübergehenden Arbeitsunfähigkeit nötig
war. Die Voraussetzungen aber, unter
welchen der Unterstützungswohnsitz erwor=
ben und verloren wird, und das Recht des
Unterstützungswohnsitzes überhaupt sind
durch Bundesgesetz vom 6. Juni 1870
(Bundesgesetzblatt, S. 360 ff.) geregelt
worden (s. Unterstützungswohnsitz).

Eine Beschränkung in der Wahl des Auf=
enthalts kann ferner einem Reichsangehöri=
gen gegenüber auch dann eintreten, wenn
derselbe unter Polizeiaufsicht (s. b.) ge=
stellt worden ist, indem ihm alsdann von der
höhern Landespolizeibehörde der Aufenthalt
an einzelnen bestimmten Orten untersagt
werden kann. Auch des Reichsgesetzes vom
4. Juli 1872 (Reichsgesetzblatt, S. 253) ist
hier zu gedenken, wonach Angehörige des in
Deutschland verbotenen Ordens der Gesell=
schaft Jesu oder der ihm verwandten Or=
den oder ordensähnlichen Kongregationen,
wenn sie Ausländer sind, aus dem Reichs=
gebiet ausgewiesen werden können, wäh=
rend ihnen, wenn sie Inländer sind, der
Aufenthalt in bestimmten Bezirken oder
Orten versagt oder angewiesen werden
kann. Ebenso ist durch das Reichsgesetz vom

4. Mai 1874, betreffend die Verhinderung
der unbefugten Ausübung von Kirchen=
ämtern (Reichsgesetzblatt, S. 43), eine
Beschränkung der F. statuiert worden und
zwar gegenüber Geistlichen und andern
Religionsdienern, welche durch gericht=
liches Urteil aus dem Amt entlassen, oder
die wegen Vornahme von Amtshandlun=
gen in einem Kirchenamt, das ihnen den
Vorschriften der Staatsgesetze zuwider
übertragen oder von ihnen übernommen
ist, rechtskräftig zu Strafe verurteilt wor=
den sind, wofern sie gleichwohl die Fort=
dauer jenes Amtes beanspruchen oder sich
amtliche Funktionen anmaßten. Diesen
kann durch Verfügung der Landespolizei=
behörde der Aufenthalt in bestimmten Be=
zirken oder Orten versagt oder angewiesen,
ja dieselben können sogar unter Umstän=
den ihrer Staatsangehörigkeit verlustig
erklärt und aus dem Reichsgebiet gänzlich
ausgewiesen werden. Endlich ist auch in
der Reichsmilitärgesetzgebung (Reichsmili=
tärgesetz vom 2. Mai 1874, § 60, Nr. 5;
deutsche Wehrordnung, § 7, Nr. 8) für die
zur Disposition der Truppenteile beur=
laubten Mannschaften, welche bis zum
Ablauf ihres dritten Dienstjahrs jederzeit
zur Fahne (zum aktiven Dienst) wieder
einberufen werden können, eine Beschrän=
kung der F. begründet. Sie bedürfen
nämlich bis dahin zum Wechsel des Auf=
enthaltsorts der militärischen Genehmi=
gung, welche durch die Landwehrbezirks=
kommandos erteilt wird. Wer den Auf=
enthalt wechselt, ohne die Genehmigung
hierzu nachgesucht und erhalten zu haben,
wird sofort wieder einberufen.

Auf der andern Seite besteht für die
Angehörigen des Deutschen Reichs auch
insofern F., als sie ihre Entlassung aus
dem Reichs= und Staatsverband jeder=
zeit beanspruchen können (Auswande=
rungsfreiheit), ein Grundsatz, der nur
bei Militärpersonen u. den Beamten gewis=
sen Beschränkungen unterworfen ist (s. Hei=
mat). Vgl. Hirth, Annalen des Nord=
deutschen Bundes, Bd. 1, S. 469 ff. (1868);
Arnold, Die F. und der Unterstützungs=
wohnsitz (1872), eine vom wissenschaftli=
chen und praktischen Standpunkt unter=
nommene Bearbeitung des Reichsgesetzes.

Frembenrecht, Inbegriff der Rechts= grundsätze über die rechtliche Stellung der Fremden. Im Gegensatz zu den Einheimi= schen (Inländern, Unterthanen, Staats= angehörigen, Staatsbürgern und Volks= genossen eines gegebenen Staats) werden nämlich diejenigen, welche außerhalb des betreffenden Staatsverbands stehen, als **Frembe** oder **Ausländer** bezeichnet. **Landsässige** oder **Forensen** werden bann diejenigen Ausländer genannt, welche im Inland Grundeigentum besitzen. Diese sind der Gerichtsbarkeit des Inlands jeden= falls in Ansehung aller binglichen Klagen unterworfen, welche jene Grundstücke be= treffen; die frühere Gesetzgebung einzelner beutscher Staaten hat sogar die Forensen schlechthin zu verpflichten gesucht, sich bei bem Gericht der belegenen Sache auf alle Klagen von Inländern einzulassen, was man als sogen. vollen **Landsassiat** (Landsassiatus plenus) bezeichnete, wäh= rend jenes normale Verhältnis Landsas= siatus minus plenus genannt wurde. Die Grundsätze über bie rechtliche Stel= lung der Fremden stehen aber wesentlich unter bem Einfluß ber Kulturverhältnisse ber Völker. So war im Altertum wie überhaupt bei Völkerschaften, welche das Stabium der Kindheit noch nicht über= schritten haben, ber Fremde gerabezu rechtlos, ein Grundsatz, welcher jedoch bei ben Griechen und Römern durch das Gast= recht, welches den Frembling unter den besondern Schutz ber Gottheit stellte, ge= milbert wurde; doch war gerabe nach rö= mischem Rechte ber Nichtrömer (Peregrine) von den Rechtsinstituten bes altrömischen Nationalrechts (jus civile) ausgeschlos= sen. Ebenso galt bei ben germanischen Völkerschaften ber Frembe für rechtlos; er genoß jedoch, wie alle Hilfsbebürftigen, bes besondern Schutzes (Mundium) bes Königs. Aus biesem Frembenschutz mach= ten sobann die einzelnen beutschen Landes= herren im Mittelalter gerabezu ein nutz= bares Regal, während bem Kaiser nur ber Schutz und das Schutzgeld der Juden verblieben, welche man ebendeshalb »die kaiserlichen Kammerknechte« nannte. Da= mit hängt auch ber eigentümliche Grund= satz zusammen, welcher in manchen Ge=

genben gehandhabt wurbe, wonach die Niederlassung in einer unfreien Gemeinde einen heimatlosen Mann (Wilbfang) bin= nen Jahr und Tag ebenfalls unfrei machte (sog n. **Wilbfangsrecht**). Aus jener Schutzgewalt über bie Fremden leiteten bie Landesherren weiter bas Recht auf bie gesamte Verlassenschaft besselben her (Fremblingsrecht, jus albinagii, droit d'aubaine), welches sich jedoch mit ber Zeit auf eine Abgabe (Abschoß, gabella hereditaria, detractus realis) rebu= zierte, bie von bem burch Erbgang außer Landes kommenben Vermögen erhoben wurbe, während bie auswanbernben In= länder eine sogen. Nachsteuer (gabella emigrationis, detractus personalis) entrichten mußten. Für bie beutschen Staaten im Verhältnis zu einander wur= ben beibe Abgaben durch Art. 18 ber beut= schen Bundesakte vom 8. Juni 1815 gänz= lich beseitigt; bem Ausland gegenüber wurden jene Abgaben vielfach burch Staats= verträge abgeschafft. Am längsten erhiel= ten sich bie frühern illiberalen Grundsätze über bie Behandlung ber Fremben unb ihres Vermögens in Frankreich, insofern noch im Code Napoléon (Art. 726, 912) bestimmt wurbe, baß bie testamentarische unb bie gesetzliche Erbfolge eines Fremben nur bann gestattet seien, wenn ein gleiches Verfahren von bem Staat, welchem ber Frembe angehöre, ben französischen Staats= bürgern gegenüber beobachtet werbe; doch wurben biese Überbleibsel bes Droit d'au= baine burch Gesetz vom 4. Juli 1819 be= seitigt. In England, woselbst bie früh= zeitige Entwickelung ber Inbustrie ganz besonders burch ben unbeschränkten Zuzug ber Fremben begünstigt wurbe, sind ba= gegen schon seit Jahrhunderten die liberal= sten Grundsätze in Ansehung des Frem= benverkehrs gehandhabt worden, welche auch burch eine gewisse engherzige Reak= tion, bie sich in ber ersten Hälfte unsers Jahrhunderts infolge ber 1793 von Lord Grenville eingebrachten unb vom Parla= ment angenommenen Frembenbill (Alien=Bill) geltenb machte, nicht auf bie Dauer alteriert werben konnten. Die er= wähnte Bill wich unter bem Ministerium Canning einem milbern Frembengesetz, welches aber unter der Regierung Wilhelms IV. aufgehoben wurde. Ein 1848 vom Marquis Landsbowne im Oberhaus eingebrachtes Gesetz (removal of aliens bill), welches die Regierung ermächtigte, verdächtige Fremde, die sich über den Zweck ihres Aufenthalts in England nicht genügend ausweisen konnten, ohne weiteres polizeilich auszuweisen, erhielt Gültigkeit bis 1850, wurde aber nicht erneuert, obwohl die Tories mehrmals dazu aufforderten. Nur in Ansehung des Erwerbs von Grundeigentum, welcher hier wesentlich als Gegenstand des öffentlichen Rechts aufgefaßt wird, ist der Fremde in England beschränkt. Im übrigen ist in dem modernen Staats- und Völkerleben, welches nicht die Trennung, sondern die Vereinigung der Nationen in dem gemeinsamen Streben nach den höchsten Zielen der Menschheit zu seinem Prinzip genommen hat, auf dem Gebiet des Privatrechts der Unterschied zwischen Einheimischen und Fremden fast vollständig verwischt. Auf dem Gebiet des öffentlichen Rechts dagegen ist er nach wie vor von entscheidender Bedeutung, da der Genuß der öffentlichen Rechte des Unterthanen und Staatsbürgers eben durch die Staatsangehörigkeit bedingt ist (s. Unterthan). Für Deutschland insbesondere ist durch Art. 3 der Verfassung des Norddeutschen Bundes und der nunmehrigen Reichsverfassung vom 16. April 1871 für die Angehörigen der deutschen Bundesstaaten ein gemeinsames Bundesindigenat (s. b.) begründet. Durch Bundesgesetz ist dann im Anschluß an diese Bestimmung völlige Freizügigkeit zwischen den einzelnen Staaten eingeführt worden. Zu erwähnen ist endlich noch, daß alle Fremden, sofern sie nicht des Rechts der Erterritorialität (s. b.) genießen, während ihres Aufenthalts im Inland der Gerichtsbarkeit desselben in jeder Beziehung unterworfen und der Polizeigewalt desselben unterstellt sind. Vgl. v. Bar, Das internationale Privat- und Strafrecht (1862).

Friede (lat. Pax, franz. Paix), im allgemeinen der Gegensatz von Streit und Krieg; insbesondere im völkerrechtlichen Verkehr derjenige Zustand (Friedens-zustand), in welchem die Staaten und Völker unter rechtlicher oder doch thatsächlicher Anerkennung des wechselseitigen Besitzstands nebeneinander leben, im Gegensatz zum Kriegszustand (s. b.). Im engern Sinn versteht man dann unter F. den völkerrechtlichen Vertrag (Friedensvertrag), durch welchen mehrere im Krieg miteinander begriffene Staaten den Feindseligkeiten in dauernder Weise ein Ende machen und den Krieg für beendigt erklären, um nebeneinander in mehr oder weniger selbständiger Weise fortzubestehen. Dies letztere Moment ist um deswillen von Bedeutung, weil es den Gegensatz zu der völligen Unterwerfung oder Einverleibung des einen Staats durch und in den andern bezeichnet, während der Umstand, daß es sich bei dem Friedensschluß um eine dauernde Beilegung der Feindseligkeiten handelt, den Gegensatz zum Waffenstillstand, der nur vorläufigen Unterbrechung des Kriegszustands, charakterisiert. Dem eigentlichen Friedensschluß gehen regelmäßig Friedensverhandlungen (Friedenstraktate) voraus, oftmals unter Vermittelung (Mediation) einer dritten Macht, welche ihre »guten Dienste« anbietet. Zuweilen finden besondere Friedenskonferenzen oder Friedenskongresse statt; auch gehen dem Abschluß des Definitivfriedens gewöhnlich Friedenspräliminarien, welche die Vorbedingungen des Friedens selbst festsetzen, oder ein förmlicher Präliminarfriede behufs Beilegung der hauptsächlichsten Streitpunkte voraus (s. Präliminar). Das Ergebnis der Friedensverhandlungen wird in einer von den Bevollmächtigten der beteiligten Mächte zu unterzeichnenden Urkunde (Friedensinstrument) niedergelegt. Zur vollständigen Gültigkeit derselben gehören nach völkerrechtlichem Brauch die Ratifikation des Vertrags durch die beteiligten Staatsregierungen und die Auswechselung diesbezüglicher Ratifikationsurkunden. Dem Friedensinstrument werden nicht selten Accessionsurkunden beigefügt, welche spezielle Vereinbarungen der beteiligten Mächte über die Ausführung einzelner

Friedensbedingungen enthalten oder gewisse besondere Fragen zum Gegenstand haben. Hierfür wird auch wohl die Form von Zusatzartikeln gewählt oder ein besonderes Schlußprotokoll festgestellt und dem Friedensvertrag beigegeben. In frühern Zeiten war es auch üblich, daß neutrale Mächte die Friedensgarantie übernahmen, indem sie für die Aufrechterhaltung und Durchführung der Friedensbedingungen nötigenfalls einzutreten versprachen. Friedensvereine, namentlich der von dem Quäker Elihu Burritt ins Leben gerufene, und Friedenskongresse von Friedensfreunden haben die Herbeiführung eines ewigen Friedens neuerdings, freilich mit wenig Aussicht auf Erfolg, angestrebt. Der Zustand des bewaffneten Friedens, wie er gegenwärtig in Europa besteht, wo alle Mächte, bis an die Zähne bewaffnet, zum Losschlagen möglichst gerüstet zu sein suchen, wird allerdings auf die Dauer auch unerträglich werden.

Friedenspräsenzstärke, der Effektivbestand einer Armee in Friedenszeiten, d. h. die Summe derjenigen Mannschaften, welche in Friedenszeiten zu den Fahnen einberufen werden. Für das deutsche Reichsheer ist die F. durch Gesetz vom 6. Mai 1880 für die Zeit vom 1. April 1881 bis 31. März 1888 auf 427,274 Mann festgestellt; die Einjährig-Freiwilligen kommen auf die F. nicht in Anrechnung.

Friedensrichter (Friedensgericht), Behörde, welche zur gütlichen Erledigung eines Rechtsstreits bestellt ist; zuerst in England 1360 durch Eduard III., dann in Frankreich durch Gesetz vom 24. Aug. 1790 eingeführt. Von hier aus ging das Institut der Friedensgerichte in die Rheinlande und auch in andre deutsche Länder über. In Frankreich ist übrigens der F. nicht nur Vergleichs-, sondern auch erkennender Richter (s. Frankreich, S. 182). Vgl. Schiedsmann.

Friedlosigkeit, im altgerman. Prozeß der Zustand eines in die Oberacht Verfallenen und damit des persönlichen Rechtsschutzes Beraubten.

Friktion (lat., »Reibung«), im politischen Leben Bezeichnung für Einflüsse, welche unter der Oberfläche gegen jemand wirken.

Frist, Zeitraum, namentlich im Prozeßverfahren oder überhaupt in dem amtlichen Verfahren die Bestimmung einer Zeit, innerhalb deren eine gewisse Handlung vorzunehmen ist. Im Prozeßwesen sind die Fristen vielfach durch das Gesetz selbst bestimmt; so beträgt z. B. nach schlechtem Rechte die Berufungsfrist in bürgerlichen Rechtsstreitigkeiten, ebenso wie die Revisionsfrist, einen Monat, in Strafsachen eine Woche. Überhaupt enthalten die deutsche Zivilprozeßordnung wie die Strafprozeßordnung über die Fristen genaue Vorschriften. Übereinstimmend ist in beiden (Strafprozeßordnung, §§ 42 f.; Zivilprozeßordnung, §§ 199 f.) namentlich die Bestimmung, daß bei der Berechnung einer F., welche nach Tagen bestimmt ist, der Tag nicht mitgerechnet wird, auf welchen der Zeitpunkt oder das Ereignis (z. B. die Zustellung der Ladung) fällt, nach welchem der Anfang der F. sich richten soll. Eine F., welche nach Wochen oder Monaten bestimmt ist, endigt mit Ablauf desjenigen Tags der letzten Woche oder des letzten Monats, welcher durch seine Benennung oder Zahl dem Tag entspricht, an welchem die F. begonnen hat; fehlt dieser Tag in dem letzten Monat, so endigt die F. mit Ablauf des letzten Tags dieses Monats. Fällt das Ende einer F. auf einen Sonntag oder allgemeinen Feiertag, so endigt die F. mit Ablauf des nächstfolgenden Werktags. Man teilt die Fristen besonders ein in peremtorische und bilatorische, je nachdem die Handlung, welche innerhalb der F. vorgenommen werden soll, mit fruchtlosem Ablauf der F. ausgeschlossen ist oder nicht. Eine durch das Gesetz bestimmte peremtorische (ausschließliche) F., welche nicht verlängert werden kann, wird Notfrist genannt.

Fronen (Frohnen, Frohnden, Robóte, Bauerndienste), dauernde persönliche Dienstleistungen, welche die Besitzer bestimmter Liegenschaften, namentlich von Bauerngütern, oder die Bewohner eines gewissen Bezirks zum Vorteil eines andern zu leisten verpflichtet sind, jetzt meist abgelöst. Zuweilen werden auch gewisse öffentliche Leiſtungen als F. (Staats- und Gemeindefronen) bezeichnet. Vgl. Kriegsleiſtungen.

Fueros (ſpan., vom lat. forum, Markt- platz, Gerichtsort), in der ſpaniſchen Ge- richtsſprache Name der Geſetzbücher und Sammlungen von Rechtsgewohnheiten, Sonderrechte der Städte ꝛc. Die F. der Basken wurden 1876 aufgehoben.

Führungsliſte, ſ. Konduitenliſte.

Fundation (lat.), Gründung, Stif- tung, Vermächtnis; fundieren, ſtiften, die Fonds zu etwas anweiſen.

Fundbericht, ſ. Visum repertum.

Funddiebſtahl, Unterſchlagung eines gefundenen Wertgegenſtands.

Fundierte Schuld, Schuld, zu deren Verzinſung und allmählicher Tilgung eine beſtimmte Einnahme angewieſen iſt; vgl. Schwebende Schuld.

Fundſchein, ſ. Visum repertum.

Fungible Sachen (Fungibilien, lat. Res fungibiles), im Rechtsweſen Sachen, welche nicht der Individualität, ſondern nur der Quantität nach in Betracht kom- men (vertretbare Sachen, z. B. Geld, Getreide ꝛc.).

Funktion (lat.), Thätigkeit, Amtsver- richtung; funktionieren (fungie- ren), Amtsgeſchäfte verrichten; Funk- tionär, Stellvertreter eines Beamten.

Fürſt (»der Vorderſte, Oberſte«, engl. the first, lat. Princeps), im Mittelalter und überhaupt zur Zeit des frühern Deut- ſchen Reichs Bezeichnung der geiſtlichen und weltlichen Territorialherren, welche unter den Königen und Kurfürſten, aber über den Grafen ſtanden; alſo Abte, Biſchöfe, Herzöge, Pfalz-, Land- und Markgrafen. Auf dem deutſchen Reichstag (ſ. b.) war der Fürſtenrat diejenige Korporation, in welcher die Fürſten vertreten waren. Zu Anfang dieſes Jahrhunderts wurde eine große Anzahl von Fürſten mediati- ſiert (ſ. Mediatiſieren). Jetzt iſt F. einmal der Titel (»Durchlaucht«) derjeni- gen Monarchen, welche im Rang nach den Herzögen folgen. Das betreffende Land heißt Fürſtentum (im Deutſchen Reich:

Schwarzburg-Rudolſtadt, Schwarzburg- Sondershauſen, Walde, Reuß ältere Linie, Reuß jüngere Linie, Schaumburg- Lippe und Lippe). Auch in einigen nicht- regierenden Familien des hohen Adels führt das Haupt der Familie den Fürſtentitel. Im weitern Sinn wird F. als gleichbe- deutend mit Monarch überhaupt gebraucht, daher auch der Ausdruck Fürſtentag für die Verſammlung und Zuſammenkunft regierender Herren, wie z. B. der Fürſten- tag, welcher 16. Aug. bis 2. Sept. 1863 in Frankfurt a. M. unter dem Vorſitz des Kaiſers von Öſterreich ſtattfand und über eine Reform der deutſchen Bundesver- faſſung beriet. Das heraldiſche Zeichen der Fürſtenwürde iſt der Fürſtenhut, urſprünglich eine rote, mit Hermelin ver- brämte Mütze, bei ſouveränen Fürſten in eine offene Krone verwandelt. Vgl. Hüll- mann, Geſchichte und Urſprung der deut- ſchen Fürſtenwürde (1842).

Fürſtengericht, im alten deutſchen Reichsſtaatsrecht das Gericht, welches der Kaiſer ſelbſt oder an ſeiner Stelle der Pfalzgraf bei Rhein unter Aſſiſtenz der Reichsfürſten hielt über Verbrechen der Reichsfürſten, welche Acht und Regierungs- entſetzung nach ſich zogen. Die Verfaſſung des Deutſchen Reichs enthält in den Art. 76 und 79 nur Beſtimmungen über Strei- tigkeiten zwiſchen verſchiedenen Staaten des Reichs, ſofern ſie nicht privatrechtlicher Natur ſind, über Verfaſſungsſtreitigkeiten und Juſtizverweigerung; in ſolchen Fällen hat der Bundesrat einzuſchreiten.

Furtum (lat.), Diebſtahl.

Füſiliere, unter Ludwig XIV. die mit dem fusil, Steinſchloßgewehr (anſtatt der Luntenmuskete), bewaffnete Infanterie; in der deutſchen Armee das 3. Bataillon der Linienregimenter ſowie ein Regiment je- des Armeekorps (mit ſchwarzem Lederzeug). Füſilieren, ſtandrechtlich erſchießen.

Fuſion (lat.), Verſchmelzung, z. B. die Verſchmelzung und Vereinigung verſchie- bener Staatsanlehen zu einer gemeinſa- men Anleihe; auch die Verſchmelzung ver- ſchiedener Parteien.

G.

Gage (franz., spr. gahsche), Gehalt, besonders der Offiziere, Schiffskapitäne.

Gant (Vergantung), der öffentliche Verkauf der Güter eines Überschuldeten, auch s. v. w. Konkurs. Daher Ganthaus, Versteigerungshaus; Gantmeister, Auktionator; Gantregister, Auktionskatalog; Gantmann, Konkursschuldner.

Garantie (franz.), die Verbindlichkeit, für die Dauer eines Zustands oder für den Eintritt eines Ereignisses einzustehen. Im öffentlichen Recht kommt die Garantie vielfach als das Eintreten des Staats für ein Privatunternehmen vor (s. Staatsgarantie). Ferner spricht man von staatsrechtlichen und von konstitutionellen Garantien, durch welche die Stärke und die Erhaltung der Staatsverfassung, aber auch die Sicherung der Volksrechte, insbesondere des Mitwirkungsrechts bei der Gesetzgebung und des Steuerbewilligungsrechts, bezweckt wird. Derartige konstitutionelle Garantien sind in allen modernen Verfassungsurkunden enthalten (vgl. Grundrechte). Im Deutschen Reich ist neuerdings auch nicht selten von föderativen Garantien die Rede, worunter Bestimmungen und Maßnahmen verstanden werden, welche die Erhaltung der den Einzelstaaten verbliebenen Selbständigkeit bezwecken, wie z. B. der Franckensteinsche Antrag (s. b.). Im Völkerrecht ist die Garantie zumeist ein Nebenvertrag, durch welchen eine Staatsregierung oder mehrere fremde Mächte zu Gunsten und im Interesse eines Staats die Gewährschaft für die Erfüllung eines Hauptvertrags, namentlich eines Friedensvertrags, übernehmen. So ist z. B. im Londoner Vertrag von 1867 die Neutralität Luxemburgs von den Großmächten garantiert worden. In frühern Zeiten ist mit solchen Garantien auch viel Mißbrauch getrieben worden. So waren im Westfälischen Frieden Frankreich und Schweden zu Garanten dieses Friedens bestimmt, und ebendies wurde von jenen Mächten vielfach als Handhabe zu Einmischungen in deutsche Angelegenheiten benutzt.

Garantieren (franz.), Gewähr leisten, für etwas einstehen, haften.

Garantievertrag, s. Allianz.

Garde (franz.), eigentlich die Leibwache des Monarchen, dann besonders auserlesene Truppe, wie sie in Preußen, Großbritannien und Rußland besteht, während die französische Kaisergarde nach 1871 nicht wieder formiert worden ist. In Preußen besteht ein besonderes Gardekorps mit dem Generalkommando in Berlin. Ein Kavallerieregiment desselben führt die Bezeichnung G. du corps. Das Gardekorps ist nicht auf einen speziellen Bezirk beschränkt, sondern bezieht seine ausnehmend gut gewachsenen, gleichmäßig großen Elitetruppen aus dem ganzen Land.

Garnison (franz.), bleibende Truppenbesatzung eines Orts sowie dieser Ort selbst.

Garrotte (franz., span. garrote, »Würgschraube«), die in Spanien übliche Todesstrafe, wobei der Verbrecher mittelst eines um den Hals gelegten Halseisens durch Bruch der Halswirbel getötet wird. Garrottieren, mittelst der G. hinrichten; auch Bezeichnung für Raubanfälle, bei welchen dem Opfer die Kehle zurückgedrückt wird.

Gebäudesteuer, s. Steuern.

Gebühren, die für die Benutzung gewisser öffentlicher Einrichtungen und für bestimmte Dienstleistungen öffentlich angestellter Personen zu entrichtenden Beträge. Derartige G. werden teils zur Staatskasse erhoben, wie namentlich die Gerichtskosten oder Sporteln, die G. für Benutzung von Staatsunterrichtsanstalten, die G. für Benutzung der Post- und Telegraphenanstalten, die G. bei Verleihung gewerblicher Konzessionen ꝛc., teils fließen sie in die Gemeindekassen, so die G. bei Aufnahme in den Gemeindeverband, die G. für Benutzung von Standplätzen auf Märkten, die Chausseegelder, Brückenzölle u. dgl., teils endlich sind gewisse Personen unmittelbar zur Erhebung von G. befugt. Dahin gehören z. B. die sogen. Stolgebühren der Geistlichen, wo sie noch bestehen, die G. der Rechtsanwälte, der

Gerichtsvollzieher, der Notare, die G. der Zeugen und Sachverständigen. Der Regel nach sind diese G. durch Tarife oder Taxordnungen festgesetzt. Für das Deutsche Reich insbesondere sind die mit dem Gerichtswesen im Zusammenhang stehenden G. neuerdings durch eine Reihe von Gesetzen festgestellt worden, nämlich durch das Gerichtskostengesetz vom 18. Juni 1878, die Gebührenordnung für die Gerichtsvollzieher vom 24. Juni 1878, die Gebührenordnung für Zeugen und Sachverständige vom 30. Juni 1878 und die Gebührenordnung für Rechtsanwalte vom 7. Juli 1879. Leider sind diese G. zum Teil offenbar zu hoch gegriffen, so daß dadurch eine allzu große Belastung des Volks und eine Erschwerung der Rechtshilfe bewirkt worden sind. Man hat daher eine Herabsetzung dieser G., namentlich derjenigen, welche die Gerichtsvollzieher beziehen, vielfach in Anregung gebracht, und auch der Reichstag und die verbündeten deutschen Regierungen sind diesem Gedanken bereits näher getreten. S. auch Statistische Gebühr.

Geburtsregister, s. Standesbeamter.

Geburtsstände, s. Stände.

Gefangenhaltung eines Menschen, d. h. die vorübergehende oder dauernde Entziehung der persönlichen Freiheit, kann nur dann als gerechtfertigt erscheinen, wenn der Gefangene das Recht auf die persönliche Freiheit irgendwie verwirkt und der ihn gefangen Haltende hierzu ein Recht hat. Eine derartige Befugnis kann aber auf verschiedene Weise, sei es in einer amtlichen Stellung, sei es in einem Züchtigungsrecht oder in der Fürsorge für einen Geisteskranken, begründet sein. Fehlt es aber an einer solchen Berechtigung, so erscheint die G. als ein widerrechtlicher Eingriff in die persönliche Freiheit und, wofern sie sich nicht etwa als das Verübungsmittel eines anderweiten Verbrechens darstellt, schon an und für sich als strafbares Vergehen. Das deutsche Reichsstrafgesetzbuch insbesondere (§ 239) straft denjenigen, welcher vorsätzlich und widerrechtlich einen Menschen einsperrt oder auf andre Weise des Gebrauchs der persönlichen Freiheit beraubt, mit Gefängnis bis zu 5 Jahren.

Hat aber die Freiheitsentziehung über eine Woche gedauert, oder ward dadurch eine schwere Körperverletzung des der Freiheit Beraubten verursacht, so tritt Zuchthausstrafe bis zu 10 Jahren und bei mildernden Umständen Gefängnisstrafe nicht unter einem Monat ein. Besonders strafbar erscheint es aber, wenn die widerrechtliche G. von einem Beamten ausgeht. Es soll dann die Bestrafung zwar nach Maßgabe des § 239 erfolgen, aber mindestens eine Gefängnisstrafe von drei Monaten eintreten (§ 341). Auch kann in letzterm Fall neben der Gefängnisstrafe auf Verlust der Fähigkeit zur Bekleidung öffentlicher Ämter auf die Dauer von 1 bis zu 5 Jahren erkannt werden.

Gefängnisarbeit, die Anfertigung industrieller Artikel in den Gefängnisanstalten. Die Frage, in welchem Umfang die G. überhaupt zulässig, und wie eine Schädigung der freien Arbeiter durch dieselbe zu vermeiden sei, ist neuerdings viel erörtert worden, besonders seitdem die Sozialdemokraten die Regelung der G. in ihr Programm mit aufgenommen haben. Namentlich ist es die zur G. allerdings sehr geeignete und in den preußischen Gefängnissen vielfach betriebene Zigarrenfabrikation, deren Einschränkung gewünscht wird. Übrigens hat eine neuerdings angestellte Enquete dargethan, daß die Konkurrenz, welche dem freien Arbeiterstand durch die G. erwächst, vielfach übertrieben worden ist. Jedenfalls ist es aber richtig, daß die G., welche aus finanziellen, strafpolitischen und volkswirtschaftlichen Gründen nicht abgeschafft werden kann, doch möglichst so eingerichtet werde, daß bestimmte einzelne Branchen der freien Arbeit vor Schädigung bewahrt bleiben.

Gefängnisstrafe, im weitern Sinn überhaupt Bezeichnung für diejenigen Strafen, welche in Entziehung der Freiheit bestehen. Im engern Sinn versteht man nach dem deutschen Strafsystem darunter eine besondere, minder schwere Art der Freiheitsstrafe. Diese G., welche leichter als die Zuchthausstrafe und schwerer als die Festungshaft und die einfache Haft, aber hinsichtlich der Dauer zumeist von der Festungshaft übertroffen wird, kann nach dem deutschen Strafgesetzbuch in einem Minimum von einem Tag und in einem Maximum von fünf Jahren erkannt werden. Die also Bestraften können auf eine ihren Fähigkeiten und Verhältnissen angemessene Weise, jedoch außerhalb der Gefangenanstalt nur mit ihrer Zustimmung, beschäftigt werden. Auf ihr Verlangen sind die Sträflinge in dieser Weise zu beschäftigen. Die G. kann ganz oder teilweise in Einzelhaft vollzogen werden. Auch kann ein zu längerer G. Verurteilter, nachdem er drei Vierteile, mindestens aber ein Jahr der Strafe verbüßt und sich während dieser Zeit gut geführt hat, mit seiner Zustimmung vorläufig entlassen werden; doch kann diese vorläufige Entlassung (sogen. Beurlaubungssystem), welche durch die oberste Justizaufsichtsbehörde bestimmt wird, bei schlechter Führung des Sträflings von jener Behörde widerrufen werden, ebenso wenn er den ihm bei der Entlassung auferlegten Verpflichtungen zuwiderhandelt. Das Verhältnis der G. zur Zuchthausstrafe und zur Festungshaft wird so berechnet, daß acht Monate Zuchthaus einer einjährigen G. und acht Monate G. einer einjährigen Festungshaft gleich erachtet werden. Vgl. Deutsches Reichsstrafgesetzbuch, §§ 16, 21 ff. Vgl. Freiheitsstrafe.

Gefängniswesen, s. Freiheitsstrafe.

Gefreiter (Führer), unterste militärische Charge; Obergefreite bei der Artillerie und den Pionieren die Nächsthöhern.

Gegenprobe, bei Abstimmungen, deren Resultat zweifelhaft ist oder doch genauer festgestellt werden soll, die umgekehrte Abstimmung, um auf dem entgegengesetzten Weg wie bei der ersten Abstimmung dasselbe Resultat zu erlangen. Wer also z. B. bei der Hauptabstimmung für einen Antrag mit »Ja« gestimmt hat, stimmt nun bei der G. mit »Nein« und umgekehrt derjenige, welcher bei der ersten Abstimmung ein »Nein« votierte, bei der G. ein »Ja«.

Gegenschreiber, s. Kontrolle.

Gegenzeichnung (Kontrasignatur), die Mitunterschrift einer landesherrlichen Verfügung durch einen oder einige Minister, welch letztere dadurch die Verantwortlichkeit für den Inhalt jener Ver-

fügung übernehmen. Selbst in der konstitutionellen Monarchie nämlich ist der Monarch völlig unverantwortlich. Gleichwohl muß aber doch der Kammer gegenüber eine für die staatsrechtlichen Akte desselben verantwortliche Person vorhanden sein, da ja sonst das Mitwirkungsrecht der Stände bei der Gesetzgebung und bei der Staatsverwaltung und ihre Kontrollbefugnis in Ansehung der letztern völlig illusorisch werden könnten. Diese Verantwortlichkeit wird durch die G. hergestellt. So bedürfen auch nach der deutschen Reichsverfassung vom 16. April 1871 (Art. 17) die vom Kaiser im Namen des Reichs erlassenen Anordnungen und Verfügungen der G. des Reichskanzlers, welcher dadurch die Verantwortlichkeit übernimmt. Keiner G. bedarf es bei solchen Akten des Monarchen, bei welchen den Ständen überhaupt keinerlei Mitwirkung oder Kontrolle zusteht, also z. B. bei Standeserhöhungen, bei der Verleihung von Orden und Ehrenzeichen, bei Ausübung des militärischen Oberbefehls 2c. Dagegen wird die Kontrasignatur bei Ausübung des Begnadigungsrechts und bei der Ernennung von Staatsbeamten, insbesondere auch bei der Ernennung der Minister für nötig erachtet.

Geheime Polizei, s. Polizei.

Geheimer Rat, früher Mitglied des Geheimeratskollegiums, jetzt meist Titel der obersten Staatsbeamten, als der Minister, Präsidenten 2c., in Österreich, Sachsen und andern deutschen Staaten, mit welchem häufig Sitz und Stimme im Ministerium verbunden sind, was dann oft durch den Zusatz wirklicher ausgedrückt wird. Der Wirkliche Geheime Rat hat gewöhnlich das Prädikat Exzellenz.

Gehilfe eines Verbrechers, s. Beihilfe.

Geisel (lat. Obses), Leibbürge, mit seiner Person für die Erfüllung einer Vereinbarung oder für die Sicherheit andrer Haftender. Auf die frühere Sitte, sich durch Geiseln der Treue zu versichern und vor feindseliger Handlungsweise sicherzustellen, ist man im deutsch-französischen Krieg zurückgekommen, indem man sich deutscherseits gegen die Gefahr, heimlich

13*

überfallen zu werden, dadurch sicherte, daß man angesehene Einwohner als Geiseln (ôtages) mit fortnahm, auch wohl auf den Lokomotiven mitfahren ließ, um so die Bevölkerung von einer Gefährdung der Eisenbahntransporte abzuhalten. Die Ermordung der Geiseln, namentlich des Erzbischofs Darboy, war die schrecklichste That der Pariser Kommune von 1871.

Geldhandel, s. Handel.

Geldherrschaft (Geldoligarchie), s. Plutokratie.

Geldstrafe (Geldbuße), welche in der Verurteilung eines Schuldigen zur Erlegung eines bestimmten Geldbetrags besteht, kommt nicht nur als öffentliche Strafe bei leichtern strafbaren Handlungen, namentlich bei Übertretungen, sondern auch als Polizei-, Disziplinar-, Ordnungs- und Konventionalstrafe vor. Nach dem deutschen Reichsstrafgesetzbuch (§§ 27 ff.) ist der Mindestbetrag der G. bei Verbrechen und Vergehen 3 Mk., bei Übertretungen 1 Mk.

Geleit, in frühern Zeiten der seitens der Staatsgewalt innerhalb des Staatsgebiets ausdrücklich gewährte Schutz, sei es durch urkundliche Zusicherung (Geleitsbrief), sei es durch Verwilligung einer bewaffneten Begleitung. Freies oder sicheres G. wurde im Mittelalter zuweilen einem Angeschuldigten gewährt, um ihn zu veranlassen, sich vor Gericht zu stellen. Der Angeklagte konnte alsdann ungefährdet vor Gericht erscheinen und ebenso wieder abziehen. Auch jetzt noch kann ein Gericht nach der deutschen Strafprozeßordnung (§ 337) einem abwesenden Beschuldigten sicheres G. erteilen; es kann diese Erteilung an Bedingungen knüpfen. Das sichere G., welches so erteilt wird, gewährt Befreiung von der Untersuchungshaft, jedoch nur in Ansehung derjenigen strafbaren Handlung, für welche dasselbe erteilt ist. Es erlischt, wenn ein auf Freiheitsstrafe lautendes Urteil ergeht, wenn der Beschuldigte Anstalten zur Flucht trifft, oder wenn er die Bedingungen nicht erfüllt, unter welchen ihm das sichere G. erteilt worden ist.

Gemeinde (Kommune), Gemeinwesen, welchem die Verwirklichung der

politischen Aufgaben in der kleinsten örtlichen Begrenzung obliegt. Durch diese räumliche Beschränkung unterscheidet sich die G. namentlich von dem Staat, welcher ein mehr oder weniger großes Gebiet umfaßt. Aber auch dadurch ist die G. vom Staat verschieden, daß der letztere alle politischen Aufgaben in den Bereich seiner Thätigkeit hineinzieht, während die Gemeinden als Unterabteilungen des Staats nur gewisse politische Aufgaben realisieren sollen. Dies gilt namentlich von dem Gebiet der innern und der finanziellen Verwaltung (s. b.). Den Gemeinden ist insbesondere die Ortspolizei übertragen, ausgenommen größere Stadtgemeinden, in denen zumeist besondere staatliche Polizeiverwaltungen (Polizeipräsidien) bestehen. Sodann ist den Gemeinden die Verwaltung des Schulwesens, namentlich des Volksschulwesens, in einem gewissen Umfang überlassen. Die G. ist das hauptsächlichste Organ der Armenpflege. Dazu kommt die Fürsorge für öffentliche Straßen, sonstige gemeinnützige Anstalten und für die zahlreichen Gegenstände, welche in den Kreis der Ortspolizei fallen (s. Polizei). Während aber früher die Gemeinden von der Staatsbehörde in ängstlicher Weise bevormundet wurden, hat sich neuerdings das Streben geltend gemacht, die Gemeinden selbständiger zu stellen, wenn auch die Oberaufsicht des Staats nicht gänzlich hinwegfallen kann, da außerdem ein Staat im Staat entstehen würde. Insbesondere hat die G. im modernen Rechtsstaat die Befugnis, unter staatlicher Oberaufsicht ihre Obrigkeiten zu bestellen, ihr Vermögen zu verwalten und durch autonomische Bestimmungen die eigne Gemeindeverfassung weiter auszubilden (s. Autonomie). Dabei ist aber zu beachten, daß neben den politischen auch wirtschaftliche Aufgaben der G. vorkommen. Namentlich haben sich in Deutschland noch Überreste der alten Markgemeinden erhalten, welche gemeinschaftliches Land gemeinsam besaßen und bewirtschaftet haben. So entsteht der in manchen Gegenden noch vorhandene Unterschied zwischen der politischen G. und einer sogen. Real-, Alt-, Nutzungsgemeinde ꝛc, indem die letztere diejenigen Flurgenossen umfaßt, welche in ausschließlicher Weise an dem Vermögen dieser Sondergemeinde beteiligt sind (s. Allmande). Im Gegensatz zu jenem Vermögenskomplex wird das Vermögen der politischen G. Kämmereivermögen genannt. Wo ferner die Kräfte einer einzelnen G. zur Ausführung jener Aufgaben nicht ausreichen, kommen Gemeindeverbände (Samtgemeinden) vor, wie Schul-, Armen-, Wege-, Deichgemeinden 2c. In Preußen bestehen auch zur Ausübung der Ortspolizei Gemeindeverbände, für welche ein besonderer Beamter als Organ der sogen. Amtsgemeinde zur Handhabung der Ortspolizei bestellt ist (s. Amtsvorsteher). Aber auch in Süddeutschland sind vielfach mehrere Ortschaften zu einer G. vereinigt. Verschieden davon sind die Gemeindeverbände (Kommunalverbände) höherer Ordnung, welchen die Selbstverwaltung (s. d.) in größern Bezirken (Kreis, Bezirk, Provinz) übertragen ist (s. Kreis). Der Unterschied zwischen Stadt- und Land- (Dorf-)Gemeinde ist in neuerer Zeit weniger bedeutungsvoll. Es ist fast nur noch die Verfassung, welche hier eine wesentliche Verschiedenheit ausmacht. In den Städten, wenigstens in den größern Stadtgemeinden, bestehen nämlich regelmäßig zwei Organe der Kommunalverwaltung: ein kollegialischer Magistrat (Stadtrat) und ein Kollegium der Stadtverordneten (Gemeinderat, Bürgerausschuß, städtischer Ausschuß). Letzteres hat das Recht der Kontrolle und der Zustimmung zu wichtigern Verwaltungsakten. Der Magistrat ist die Exekutivbehörde. Er besteht aus einem Bürgermeister und dessen Stellvertreter oder Beigeordneten (zweiten Bürgermeister). Dazu kommen in größern Stadtgemeinden Stadträte, die wenigstens zum Teil Berufsbeamte und als solche besoldet sind. Die Mitglieder der Stadtverordnetenversammlung dagegen bekleiden ihr Amt als ein unbesoldetes Ehrenamt. Sie gehen aus Wahlen der gesamten Bürgerschaft hervor, während die Magistratspersonen regelmäßig durch die Stadtverord-

neten und nur ausnahmsweise von der gesamten Bürgerschaft gewählt werden. In den Landgemeinden steht ein einzelner Gemeindebeamter an der Spitze der Verwaltung (Bürgermeister, Schultheiß, Schulze). Die Funktionen der Stadtverordneten aber werden in ganz kleinen Landgemeinden durch die ganze G. (Gemeindeversammlung), in größern durch einen Gemeindeausschuß (Gemeinderat) wahrgenommen. In manchen Gegenden ist übrigens der Unterschied der Organisation der Stadt- und Landgemeinden mehr oder weniger beseitigt. Zu den Gemeindevorständen treten dann gewisse Gemeindebeamte, Ausschüsse, Deputationen, Bezirksvorsteher u. a. hinzu. Die Gemeindeverfassung ist in den meisten Staaten durch umfassende Gemeindegesetze (Gemeindeordnungen) geregelt. Eine allgemeine Gemeindeordnung für die preußische Monarchie steht jedoch noch aus. Was die Gemeindeangehörigkeit anbetrifft, so war bis in die neueste Zeit der Unterschied zwischen der bloßen Gemeindeangehörigkeit (Heimatsrecht) und dem Gemeindebürgerrecht (in Dorfgemeinden auch Nachbarrecht genannt) von wesentlicher Bedeutung. Ersteres gewährte die Befugnis, sich dauernd in der G. aufzuhalten, die Gemeindeanstalten zu benutzen, Grundbesitz in der G. zu erwerben, ein Gewerbe daselbst zu betreiben, sich in der G. zu verheiraten, namentlich aber das Recht, im Fall der Verarmung von der G. Unterstützung beanspruchen zu können. Die Gemeindebürger (Aktiv-, Vollbürger) besaßen dagegen außer den Befugnissen, welche das Heimatsrecht gewährt (s. Heimat), noch die aktiven und passiven Wahlrechte in Ansehung der Gemeindeämter. Für den Erwerb dieser Rechte mußte regelmäßig ein besonderes Bürger-, Einzugs-, Nachbargeld entrichtet werden. In manchen Ländern kamen daneben noch sogen. Schutzgenossen (Schutzbürger) vor, welchen nur das Recht des Aufenthalts und der Mitbenutzung der Gemeindeanstalten zustand. Allein diese Verhältnisse haben eine durchgreifende Veränderung durch die (nord-)deutsche Bun-

des=(Reichs=)Gesetzgebungerlitten, welche
das Heimatsrecht als die Grundlage der
Armenversorgung aufgegeben (s. Unter=
stützungswohnsitz) und mit dem Prin=
zip der Freizügigkeit (s. d.) und der Ge=
werbefreiheit(s.Gewerbegesetzgebung)
die Niederlassungsverhältnisse nach dem
Grundsatz freier Bewegung geordnet hat.
Das Heimatsrecht hat dadurch fast alle
Bedeutung verloren, während das Ge=
meindebürgerrecht nach wie vor in An=
sehung der Wahlrechte von Wichtigkeit ge=
blieben ist.

Gemeines Recht, s. Recht.

Gemeinheitsteilung, die Verteilung
von Ländereien, welche zuvor von den An=
gehörigen oder von einer gewissen Klasse
der Angehörigen einer Gemeinde oder
mehrerer Gemeinden benutzt wurde, wie
Feld, Weideland, Waldungen u. dgl. Die
Frage, welches Rechtsverhältnis in sol=
chen Fällen vorliege, ob Eigentums= oder
Nutzungsrechte, Eigentum der Gemeinde
oder der Berechtigten, beantwortet sich ver=
schieden, je nach den Umständen des spe=
ziellen Falles. Die moderne Gesetzgebung
ist aber darauf bedacht gewesen, diese
den Verhältnissen der Neuzeit wenig an=
gemessenen Zustände zu beseitigen und
zwar im Weg der G.; zahlreiche Gemein=
heitsteilungsordnungen, Gemeinbeord=
nungen, Kulturmandate, Ablösungsge=
setze ꝛc., welche sich hierauf beziehen, sind
in den einzelnen Staaten ergangen. Vgl.
S t e i n , Verwaltungslehre, Teil 7,
S. 253 ff. (1868).

Gemeinschuldner (Kridar), der in
Konkurs (s. b.) verfallene Fallit oder
Bankrottierer.

Gemischte Ehen, Ehen zwischen Be=
kennern verschiedener Religionen, beson=
ders verschiedener christlicher Konfessionen,
z.B. zwischen Katholiken und Protestanten.

Gendarm (franz., spr. schangdarm), mili=
tärischer Polizeibeamter zu Fuß oder zu
Pferd, meist dem Ministerium des Innern
unterstellt. Vgl. W i n k e l m a n n , Der
Gendarmeriedienst (1879).

Genealogie (griech., Geschlechter=
kunde), die Wissenschaft von Ursprung,
Folge und Verwandtschaft der Geschlech=
ter und zwar namentlich fürstlicher oder

abliger Geschlechter. Zur Veranschau=
lichung dienen die genealogischen Ta=
feln, Geschlechts= oder Stammta=
feln (Stammbäume). Die erste wis=
senschaftliche Behandlung der G. rührt
von Hübner her (»Genealogische Tabelle«,
1725 ff., 4 Bde.); ihm folgten der »Gothai=
sche genealogische Hofkalender« (seit 1764
jährlich erscheinend), das »Genealogische
Taschenbuch der deutschen gräflichen (seit
1825) und der deutschen freiherrlichen
Häuser« (seit 1848), ebenfalls in Gotha
erscheinend. Vgl. auch H o p f , Genealogi=
scher Atlas (1858—61, 2 Bde.); O r t e l ,
Genealogische Tabellen (3. Aufl. 1877);
v. B e h r , G. der in Europa regierenden
Fürstenhäuser (2. Aufl. 1870).

Genehmhaltung, s. Ratihabition.

General (lat.), allgemein, im Gegen=
satz zu speziell oder spezial, daher vielfach
in Zusammensetzungen gebraucht, z. B.
Generaldebatte, Generaldiskus=
sion, im Gegensatz zur Spezialdiskussion
(s. Debatte); Generalhypothek,
Pfandrecht am ganzen Vermögen, im
Gegensatz zur Spezialhypothek; Gene=
ralvollmacht, der Auftrag, eine Person
in allen rechtlichen Angelegenheiten zu
vertreten, im Gegensatz zur Spezialvoll=
macht. Außerdem wird der Ausdruck G.
in Zusammensetzungen häufig als gleich=
bedeutend mit Haupt= oder Ober= ge=
braucht, z. B.: Generalgouverneur, Ge=
neralarzt, Generalauditeur, General=
intendant, Generalsuperintendent; daher
auch Generalversammlung (Plenar=
versammlung), die Hauptversammlung
von Vereinen, Aktiengesellschaften und
Genossenschaften, zu welcher sämtliche
Mitglieder statutenmäßig zu laden sind,
und in der über Fortbestehen, Auflösung,
Organisation, Jahresrechnung, Wah=
len ꝛc. zu beschließen ist.

General (franz. Général, vom lat. ge=
neralis), Offizier der obersten Rangstufe.
Die Generalität, d. h. die Gesamtheit
der Generale, zerfällt in verschiedene Rang=
stufen, und zwar wird in Deutschland auf=
steigend unterschieden zwischen General=
major, Generalleutnant (in Öster=
reich Feldmarschallleutnant), G.
der Infanterie oder Kavallerie (in Öster=

reich nur bei der Kavallerie G., sonst Feld=
zeugmeister genannt). Den höchsten
Rang nimmt der Generalfeldmar=
schall ein, welchem in Deutschland und
Österreich der Generaloberst der In=
fanterie oder Kavallerie und der Gene=
ralfeldzeugmeister gleichstehen, beides
mehr Ehrentitel der Inspekteure der Ar=
mee oder einzelner Waffen. Komman=
bierender G., der G., welcher an der
Spitze des Generalkommandos eines
Armeekorps steht. Übrigens wird auch der
Oberste gewisser geistlicher Orden G. (Or=
densgeneral) genannt, insbesondere der
Jesuitengeneral.

Generaladjutant, s. Abjutant.

General court (engl., spr. dschennĕräl
tohrt), in den meisten nordamerikanischen
Staaten s. v. w. Parlament.

Generalien (lat. Generalia), allge=
meine Angelegenheiten, im Gegensatz zu
Spezialsachen, insbesondere bei einer Be=
hörde biejenigen Angelegenheiten, welche
den Dienst im allgemeinen anbetreffen,
und worüber Generalakten ergehen, im
Gegensatz zu den einzelnen Angelegen=
heiten, welche von der betreffenden Behörde
verhandelt werden, und worüber Spe=
zialakten ergehen. G. (General=
fragen) heißen auch die allgemeinen Fra=
gen (über Alter, Stand, Konfession, Ge=
burts= und Wohnort 2c.), welche einer
Person bei der gerichtlichen Vernehmung
zunächst vorgelegt werden, bevor auf die
Sache selbst eingegangen wird.

Generalkonsul, s. Konsul.

Generalpardon, s. v. w. Amnestie
(s. Begnadigung).

Generalrat (Conseil général), in
Frankreich die kommunale Vertretung des
Departements (s. d.).

Generalstaaten, ehedem in den Nie=
derlanden die von den Provinzialständen
gewählten Abgeordneten, welche die Sou=
veränitätsrechte der Republik ausübten,
daher die letztere selbst oft so bezeichnet
wurde; jetzt Bezeichnung der Volksvertre=
tung im Königreich der Niederlande (s. d.).
Vgl. Etats généraux.

Generalstab, die zur Vorbereitung der
kriegerischen Thätigkeit der Armee und zur
Unterstützung der Heerführer bestimmte

militärische Behörde. Derselbe zerfällt in
den sogen. Großen G. für die ganze Ar=
mee und in den G. für die einzelnen Trup=
penteile (Armeekorps und Divisionen).

Generalvollmacht, s. Mandat.

Genfer Konvention, eine 22. Aug.
1864 in Genf abgeschlossene Übereinkunft
zur möglichsten Milderung der mit dem
Krieg unzertrennlich verbundenen Übel.
Damals vereinigten sich Belgien, Däne=
mark, Frankreich, Italien, die Nieder=
lande, die Schweiz und eine Anzahl deut=
scher Staaten mit Preußen an der Spitze
dahin, daß im Fall eines Kriegs das Per=
sonal der Lazarette, der Verbandplätze
und der Depots so lange als neutral an=
zusehen sei, als es seinen Funktionen ob=
liege und Verwundete aufzuheben und zu
verpflegen habe. Nach vorbereitenden Ver=
sammlungen in Würzburg und in Paris
traten 5. Okt. 1868 die Vertreter von 14
Mächten wiederum in Genf zusammen,
um 15 Zusatzartikel zur Konvention zu
beschließen, welche sich hauptsächlich auf
die Ausdehnung der letztern auf die Ma=
rine beziehen. Nachträglich sind der G.
K. alle europäischen Mächte mit Einschluß
der Türkei und von außereuropäischen
Ländern die Argentinische Republik, Boli=
via, Chile, Japan, Persien und Peru,
nicht aber die Vereinigten Staaten von
Nordamerika, beigetreten. Das äußere
Zeichen der durch die G. K. verbürgten
Neutralität ist das rote Kreuz auf weißem
Feld, für Gebäude, Verbandplätze 2c. auf
einer Fahne, für Personen auf einer
Armbinde. Im Anschluß an die G. K.
hat sich inzwischen das Institut der frei=
willigen Krankenpflege mehr und mehr
entwickelt und in den einzelnen Ländern
eine ausgedehnte Organisation erhalten.
Vgl. Esmarch, Über den Kampf der
Humanität gegen die Schrecken des Kriegs
(1869); Schmidt=Ernsthausen, Das
Prinzip der G. K. (1874); Lüder, Die
G. K. (1876); Knorr, Entwickelung
und Gestaltung des Heeressanitätswesens
der europäischen Staaten (1880).

Genie (franz., spr. sch=, v. lat. genius),
schöpferische Geisteskraft; dann Bezeich=
nung für die Thätigkeit der Ingenieure,
insbesondere, daher man im Staats= und

Militärwesen von Geniekorps (Inge= nieurkorps) und von Genietruppen (Pionieren) spricht.

Genossenschaften (Erwerbs= und Wirtschaftsgenossenschaften), die auf Selbsthilfe gegründeten wirtschaft= lichen Vereinigungen oder, wie das deutsche Genossenschaftsgesetz definiert, Gesellschaf= ten von nicht geschlossener Mitgliederzahl, welche die Förderung des Krebits, des Er= werbs oder der Wirtschaft ihrer Mitglie= der mittelst gemeinschaftlichen Geschäfts= betriebs bezwecken. Das Verdienst, das Genossenschaftswesen in Deutschland ein= geführt und zu hoher Blüte gebracht zu haben, gebührt Hermann Schulze (De= litzsch), geb. 29. Aug. 1808 zu Delitzsch, jetzt in Potsdam als Anwalt der deutschen G. lebend, bis 1851 preußischer Richter= beamter. Schulze gründete 1849 in sei= ner Vaterstadt die erste Assoziation, eine Kranken= und Sterbekasse. Derselbe war dazu namentlich durch das englische Vor= bild angeregt worden. Denn schon zu Anfang dieses Jahrhunderts hatten sich in England Vereinigungen gebildet, welche gegenüber dem Großkapital die Kräfte des Handwerker= und Arbeiterstands zu sam= meln und dem kleinen Mann eine gewisse ökonomische Selbständigkeit zu sichern such= ten. Den ersten Vorschußverein gründete Schulze 1850 ebenfalls in Delitzsch. Selbst= hilfe und Solidarhaft sind die Grundlagen dieser G., welche recht eigentlich für den kleinen Mann und für den Kleingewerbe= betrieb bestimmt sind. Die meist nur ge= ringe Kreditfähigkeit der einzelnen Mit= glieder wird hier nämlich durch die Zusam= menfassung derselben in einer genossen= schaftlichen Vereinigung gehoben. So wird eine Gesamtkreditfähigkeit hergestellt, in= dem jedes Mitglied für die Schulden der Genossenschaft mit seinem gesamten Ver= mögen einsteht. In ungemein rascher Weise brach sich dies Prinzip Bahn, und schon nach wenigen Jahren stand eine großartige Organisation von Erwerbs= und Wirtschaftsgenossenschaften da. Durch die deutsche Partikulargesetzgebung wurde das Genossenschaftswesen schon 1867, na= mentlich in Preußen und in einigen an= dern deutschen Staaten, gesetzlich geregelt,

bis dann das norddeutsche Bundesgesetz vom 4. Juli 1868, betreffend die privat= rechtliche Stellung der Erwerbs= und Wirtschaftsgenossenschaften, zunächst für Norddeutschland einheitliche Normen gab, die nunmehr auf das ganze Deutsche Reich ausgedehnt sind. Hiernach gelten G., so= weit das Gesetz nicht abweichende Vor= schriften enthält, als Kaufleute im Sinn des deutschen Handelsgesetzbuchs. Sie können unter ihrer Firma Rechte erwer= ben und Verbindlichkeiten eingehen, Eigen= tum und andre dingliche Rechte an Grund= stücken erwerben, vor Gericht klagen und verklagt werden. Allein diese Stellung einer juristischen Person hat nur die ein= getragene Genossenschaft.

Zur Gründung der Genossenschaft be= darf es der schriftlichen Abfassung des Ge= sellschaftsvertrags (Statuts) und der An= nahme einer gemeinschaftlichen Firma. Diese letztere muß vom Gegenstand der Unternehmung entlehnt sein und die zu= sätzliche Bezeichnung »eingetragene Ge= nossenschaft« (z. B. Vorschußverein zu Krefeld, eingetragene Genossenschaft [ab= gekürzt e. G.]) enthalten. Der Gesell= schaftsvertrag aber muß bei dem Handels= gericht, in dessen Bezirk die Genossenschaft ihren Sitz hat, nebst dem Mitgliederver= zeichnis durch den Vorstand eingereicht werden. Er muß hierauf von dem Ge= richt in das Genossenschaftsregister, welches, wo ein Handelsregister existiert, einen Teil des letztern bildet, eingetragen und im Auszug veröffentlicht werden. Das Genossenschaftsgesetz, welches nicht nur von der Errichtung der Genossenschaft, son= dern auch von den Rechtsverhältnissen der Genossenschafter untereinander, von den Rechtsverhältnissen derselben und der Ge= nossenschaft Dritten gegenüber, von dem Vorstand, Aufsichtsrat und von der Gene= ralversammlung, von der Auflösung der Genossenschaft und dem Ausscheiden ein= zelner Genossenschafter, von der Liquida= tion der Genossenschaft und endlich auch von der Verjährung der Klagen gegen die Genossenschafter handelt, hebt dabei fol= gende Arten der G. hervor: Vorschuß= und Kreditvereine; Rohstoff= und Magazin= vereine; Vereine zur Anfertigung von

Gegenständen und zum Verkauf der gefertigten Gegenstände auf gemeinschaftliche Rechnung (Produktivgenossenschaften); Vereine zum gemeinschaftlichen Einkauf von Lebensbedürfnissen im großen und Ablaß in kleinern Partien (Konsumvereine); Vereine zur Herstellung von Wohnungen für ihre Mitglieder. Von den 1879 in Deutschland bestehenden 3203 G. gehörten 1866 Vereine zu den Vorschuß- oder Kreditvereinen (Kreditgenossenschaften, Volks- oder Gewerbebanken), 649 zu den G. in einzelnen Gewerbszweigen (Schuhmacher-, Schneider-, Tischler-, Weber-, Buchbinder- 2c. G., landwirtschaftliche G., G. zur Anschaffung von landwirtschaftlichen Maschinen und Geräten, zur Beschaffung und Unterhaltung von Zuchtvieh, Gewerbehallen, G. für Mehlfabrikation und Brotbäckerei, G. der Buch- und Steindrucker und Buchhändler, der Metallarbeiter, Brauergenossenschaften, G. für Zuckerfabrikation, Molkerei-, Winzer-, Hopfenbau- 2c. G. u. a.), 642 zu den Konsumvereinen und 46 zu den Baugenossenschaften.

Zum Behuf ihrer immer solidern Begründung und zur Erfüllung ihrer wichtigen sozialen Aufgabe, »Hebung der weniger bemittelten Volksklassen in Wirtschaft und Erwerb«, sind die deutschen G. im Weg freier Einigung in einem »allgemeinen Verband der auf Selbsthilfe beruhenden deutschen Erwerbs- und Wirtschaftsgenossenschaften« organisiert und (zu einem großen Teil) zusammengefaßt. An der Spitze dieses großartigen Verbands steht ein besoldeter Anwalt (Schulze-Delitzsch) mit einem förmlichen Büreau. Die zum Verband gehörigen Vereine beschicken den alljährlich stattfindenden Allgemeinen Vereinstag. Als Zwischenglieder zwischen diesem Zentralorgan und den einzelnen Vereinen stehen die Landes-, Unter-, Provinzialverbände, deren zur Zeit 32 vorhanden sind. Organ des Zentralverbands ist die von Schulze-Delitzsch begründete und unter Mitwirkung von Parisius und Schneider, dem ersten Sekretär der Anwaltschaft, herausgegebene Wochenschrift »Blätter für Genossenschaftswesen«. Fer-

ner dient auch die deutsche Genossenschaftsbank von Sörgel, Parisius u. Komp. (Kommanditgesellschaft auf Aktien) den Zwecken des Verbands, gegenwärtig mit 9 Mill. Mk. Aktienkapital dotiert und bestimmt, den G. die Großbankverbindung zu vermitteln und als Zentralgeldinstitut zu dienen. Ein ausführlicher »Jahresbericht« der Anwaltschaft berichtet alljährlich über den Stand des deutschen Genossenschaftswesens. Derjenige pro 1879 veranschlagt die Mitgliederzahl der deutschen G. auf mehr als 1 Mill., die Geschäfte, welche 1879 gemacht wurden, auf über 2000 Mill. Mk., die Ansammlung eigner Jahreskapitalien der Mitglieder in Geschäftsanteilen und Reserven auf mehr als 170—180 Mill. Mk. und die aufgenommenen Anlehen auf mehr als 350—400 Mill. Mk. Übrigens haben sich auch die G. Österreichs (Anwalt: Ziller) sowie die italienischen und belgischen Volksbanken zu ähnlichen Gesamtverbänden zusammengethan. Ebenso besteht in dem Central-Cooperative-Board ein englischer Genossenschaftsverband. Auch in Frankreich hat in neuerer Zeit das Genossenschaftswesen größere Verbreitung gefunden.

In Deutschland macht sich neuerdings eine Agitation gegen die Solidarhaft der G. bemerklich; doch wird von der Mehrzahl der G. an der Solidarhaft als an dem eigentlichen Grundprinzip der G. festgehalten. Weniger bedenklich möchte es sein, neben den G. mit Solidarhaft solche mit beschränkter Haft zu statuieren, jedoch nicht so, daß an die Stelle der Solidarhaft eine Kapitalhaft, d. h. Haft bis zum Betrag der Einlage, tritt, sondern vielmehr in Form einer sogen. Garantiehaft, indem die solidarische Haft durch einen bestimmten Maximalsatz der Haftung begrenzt wird. Diesen Weg haben nach englischem Vorbild das österreichische Genossenschaftsgesetz vom 9. April und das belgische vom 18. Mai 1873 eingeschlagen. Zu erwähnen ist schließlich, daß die österreichische Gesetzgebung unter G. auch die Innungen versteht. Vgl. Parisius, Die Genossenschaftsgesetze im Deutschen Reich (1876); Schulze-Delitzsch, Die Gesetzgebung über die privatrechtliche Stellung der Erwerbs- und Wirtschaftsgenossenschaften (1869); Derselbe, Vorschuß- und Kreditvereine als Volksbanken (5. Aufl. 1876); Pfeiffer, Die Konsumvereine (2. Aufl. 1869); Schneider, Mitteilungen über deutsche Baugenossenschaften (1875); Kraus, Die Solibarhaft (1878); Schulze-Delitzsch, Die Zulassung der beschränkten Haft (1881).

Gentleman (engl., spr. dschenntlmän, Mehrzahl: Gentlemen), in England Bezeichnung für Mitglieder des höhern Bürgerstands oder aller, welche eine unabhängige Stellung und eine höhere Bildung besitzen; im geselligen Umgang ein Mann von Anstand und Lebensart, von ehrenhaftem Charakter; gentlemanlike, in der Weise eines G.

Gentry (engl., spr. dschenntri), in England eigentlich Bezeichnung der Großgrundbesitzer, welche nicht zur Nobility (s. b.) gehören, oft aber aus sehr alten Familien stammen. Im weitern Sinn werden auch Gelehrte, Juristen, Geistliche, Offiziere und Bankiers zur G. gerechnet.

Gericht, eine zur Ausübung der Rechtspflege bestimmte richteramtliche Behörde; auch Bezeichnung für das gerichtliche Verfahren; Gerichtsbarkeit (Jurisdiktion), die von der Staatsgewalt an gewisse Beamte verliehene Befugnis zur Behandlung von Rechtssachen, sei es von bürgerlichen Rechtsstreitigkeiten (Zivilsachen, Zivilprozeßsachen, Zivilgerichtsbarkeit), sei es von Straf- (Kriminal-) Sachen (Straf-, Kriminalgerichtsbarkeit), sei es von Rechtsangelegenheiten, bei denen zwischen den beteiligten Personen ein Streit nicht besteht, und bei denen die Mitwirkung der Gerichtsbehörden vorzugsweise um deswillen eintritt, um die Verwirklichung und den Nachweis von Rechten und Rechtsverhältnissen sicherzustellen, wie bei den Hypothekensachen, bei dem Vormundschaftswesen u. dgl. (freiwillige Gerichtsbarkeit). Die Gerichtsbarkeit ist ein wesentlicher Ausfluß der Staatsgewalt, wie der Rechtsschutz eine der wesentlichen Aufgaben des Staats ist. Daß die Gerichtsbarkeit im Mittelalter gleichwohl vielfach an Städte und Grundherren zur selbständigen Ausübung wie ein nutzbares Privatrecht übertragen wurde (Privat-, Patrimonialgerichtsbarkeit), und daß man auch der Geistlichkeit eine Gerichtsbarkeit zugestand, ist auf besondere historische Verhältnisse zurückzuführen. Überreste dieser Gerichtsbarkeit haben sich aber bis in die neueste Zeit erhalten. Das Recht und die Pflicht einer Person, vor einem bestimmten G. Recht zu nehmen, werden Gerichtsstand (forum) genannt. So hat z. B. in bürgerlichen Rechtsstreitigkeiten, abgesehen von besondern Gerichtsständen, eine Person ihren allgemeinen Gerichtsstand, wo sie verklagt werden kann, bei dem G. ihres Wohnsitzes. In Strafsachen ist zunächst der Gerichtsstand bei demjenigen G. begründet, in dessen Bezirk die strafbare Handlung begangen ist; doch kommen daneben die Gerichtsstände des Wohnsitzes des Angeschuldigten und der Ergreifung vor. Der für besondere Klassen von Personen, namentlich für die Mitglieder fürstlicher Häuser und für Militärpersonen, und für gewisse Rechtssachen, z. B. Handelssachen, geordnete besondere Gerichtsstand wird als privilegierter oder erimierter bezeichnet. Gerichtsorganisation (Gerichtsordnung, Gerichtsverfassung, Justizorganisation) ist die gesetzlich bestimmte Einrichtung der Gerichte. Nach der modernen Gerichtsverfassung sind minder wichtige Rechtssachen vor den Einzelrichter, wichtigere vor Kollegialgerichte verwiesen. Die Möglichkeit einer besonders gründlichen und unparteiischen Prüfung ist aber auch dadurch gewährt, daß ein und dieselbe Rechtssache in der Regel vor verschiedene Gerichte (Instanzen) gebracht werden kann, die zu einander im Verhältnis der Über- und Unterordnung stehen (Ober- und Untergerichte).

Für das Deutsche Reich sind die Gerichtsverfassung und das gerichtliche Verfahren durch die Reichsjustizgesetze und zwar durch das Gerichtsverfassungsgesetz vom 27. Jan. 1877, die Zivilprozeßordnung vom 30. Jan. 1877, die Strafprozeßordnung vom 1. Febr. 1877 und die Konkursordnung vom 10. Febr. 1877 geregelt worden, welche 1. Okt. 1879 in Kraft getreten sind. Dazu kommen dann das Gerichtskostengesetz vom 18. Juni 1878, die Gebührenordnung für Gerichtsvollzieher vom 24. Juni 1878, die Gebührenordnung für Zeugen und Sachverständige vom 30. Juni 1878, die Rechtsanwaltsordnung vom 1. Juli 1878 und die Gebührenordnung für Rechtsanwalte vom 7. Juli 1879. Durch diese neue Organisation ist aber namentlich die sogen. Privat- oder Patrimonialgerichtsbarkeit vollständig beseitigt, der geistlichen Gerichtsbarkeit die bürgerliche Wirkung entzogen und die Trennung der Justiz von der Verwaltung vollständig durchgeführt worden. Für die Unabhängigkeit des Richterstands sind die nötigen Garantien gegeben, und die Voraussetzungen der Fähigkeit zum Richteramt sind für ganz Deutschland in einheitlicher Weise bestimmt. Das Verfahren in bürgerlichen Rechtsstreitigkeiten wird, ebenso wie das Hauptverfahren des Strafprozesses, durch die Grundsätze der Öffentlichkeit und der Mündlichkeit, der Unmittelbarkeit der Verhandlung und der freien Würdigung der Beweisergebnisse durch den Richter beherrscht. Für das Verfahren in bürgerlichen Rechtsstreitigkeiten ist die Erforschung der materiellen Rechtswahrheit in den Vordergrund gestellt und der Zwang prozessualischer Formalitäten möglichst beseitigt. Zugleich ist auch allenthalben für thunlichste Beschleunigung des Verfahrens, namentlich für eine rasche und wirksame Exekution, gesorgt, wie denn auch durch die Konkursordnung einer im Interesse des öffentlichen Verkehrs dringend gebotenen raschen Abwickelung des Schuldenwesens Rechnung getragen ist. Die Strafprozeßordnung aber bezweckt nicht nur eine wirksame Verfolgung ter verbrecherischen Handlungen, sondern sie ist auch ebenso sehr im freiheitlichen Sinn auf die Sicherung unschuldig Verfolgter bedacht. Ausnahmegerichte, abgesehen von Kriegsgerichten und Standrechten, sind unstatthaft. Die freiwillige Gerichtsbarkeit wird durch die Reichsjustizgesetzgebung nicht berührt; auch ist die Landesgesetzgebung durch die letztere nicht gehindert, den Gerichtsbehör-

ben außer den Strafsachen und den bürgerlichen Rechtsstreitigkeiten noch jede andre Art der Gerichtsbarkeit sowie Geschäfte der Justizverwaltung zu übertragen. Andre Gegenstände der Verwaltung dürfen den ordentlichen Gerichten nicht zugewiesen werden. Im einzelnen aber ist die Gerichtszuständigkeit für die bürgerlichen Rechtsstreitigkeiten und für die Strafsachen in folgender Weise geordnet:

I. Bürgerliche Rechtsstreitigkeiten.

Erste Instanz: 1) Einzelrichter: Vor den Amtsgerichten werden minder wichtige vermögensrechtliche Ansprüche und zwar bis zum Betrag von 300 Mk. verhandelt und entschieden sowie ohne Rücksicht auf den Wert des Streitgegenstands gewisse andre Rechtsstreitigkeiten, deren Wesen ein besonders schleuniges Verfahren erheischt oder eine besondere Vertrautheit mit den einschlägigen lokalen Verhältnissen voraussetzt, wie z. B. Hausmietestreitigkeiten, Streitsachen zwischen Arbeitern und Arbeitgebern hinsichtlich des Dienst- und Arbeitsverhältnisses, Viehgewährschaftsstreitigkeiten, Gesindestreitigkeiten u. dgl. Außerdem sind die Amtsgerichte, ebenfalls ohne Rücksicht auf den Betrag der Streitsumme, für das sogen. Mahnverfahren zuständig. Handelt es sich nämlich um die Zahlung einer bestimmten Geldsumme oder um die Leistung einer bestimmten Quantität anbrer vertretbarer Sachen oder Wertpapiere, so kann der Amtsrichter auf Antrag des Gläubigers einen bedingten Zahlungsbefehl erlassen, der, wenn ein Widerspruch nicht erfolgt, vollstreckbar wird, während im Fall eines Widerspruchs das ordentliche Prozeßverfahren einzutreten hat. Ferner gehören die sogen. Entmündigungssachen in den amtsgerichtlichen Kompetenzkreis, d. h. die Fälle, in welchen es sich darum handelt, eine Person als geisteskrank oder als Verschwender zu bevormunden, und ebenso das sogen. Aufgebots- (Ediktal-) Verfahren zum Zweck der Feststellung von Ansprüchen und Rechten durch öffentliche gerichtliche Aufforderung zur Anmeldung. Weiter fungieren die Amtsgerichte in der Exekutionsinstanz als Vollstreckungsgerichte, auch sind ihnen die Konkurssachen überwiesen, und endlich kann die vergleichsweise Erledigung einer jeden Prozeßsache vor dem Amtsrichter versucht werden. 2) Kollegialgerichte: Vor die Landgerichte und zwar vor deren mit drei Richtern besetzte Zivilkammern gehören alle Prozeßsachen, deren Wertbetrag die amtsrichterliche Kompetenzsumme übersteigt, und welche nicht sonst vor die Amtsgerichte verwiesen sind; ferner sind den Landgerichten, ohne Rücksicht auf den Wert des Streitgegenstands, gewisse Klagsachen gegen den Reichsfiskus und gegen Reichsbeamte wegen Überschreitung ihrer amtlichen Befugnisse oder wegen pflichtwidriger Unterlassung von Amtshandlungen, endlich aber auch die Ehesachen zur Verhandlung und Entscheidung überwiesen. Außerdem können aber, jedoch nur wenn und soweit die Landesjustizverwaltung das Bedürfnis hierzu als vorhanden annimmt, bei den Landgerichten für deren Bezirke oder für örtlich abgegrenzte Teile derselben **Kammern für Handelssachen** gebildet werden. Vor diese ressortieren alsdann diejenigen bürgerlichen Rechtsstreitigkeiten, welche den Landgerichten in erster Instanz zugewiesen sind, sofern sie Ansprüche gegen einen Kaufmann aus zweiseitigen Handelsgeschäften, Wechselsachen und verschiedenen sonstigen im Gesetz speziell verzeichneten Handelssachen betreffen. Diese Handelskammern werden durch ein Mitglied des Landgerichts oder einen Amtsrichter als Vorsitzenden und zwei dem Kaufmannsstand angehörige, aber mit ebendemselben Stimmrecht ausgestattete Handelsrichter gebildet.

Zweite (Berufungs- und Beschwerde-) Instanz: 1) Die Landgerichte und zwar die Zivilkammern derselben bilden für die in erster Instanz an die Amtsgerichte verwiesenen Sachen die zweite Instanz (Berufungsgericht). Gegen die amtsgerichtlichen Urteile ist nämlich der Regel nach das Rechtsmittel der Berufung binnen Monatsfrist und gegen sonstige Verfügungen der Amtsgerichte das Rechtsmittel der Beschwerde und zwar zumeist mit 14tägiger Frist gegeben. 2)

Die **Oberlandesgerichte** und zwar die mit fünf Richtern, mit Einschluß des Vorsitzenden, zu besetzenden Zivilsenate derselben entscheiden über die gegen die erstinstanzlichen Endurteile der Landgerichte eingelegten Berufungen und über die gegen sonstige landgerichtliche Entscheidungen gegebenen und eingewendeten Beschwerden. Durch die Berufung wird bei dem zuständigen Berufungsgericht eine nochmalige Verhandlung und Prüfung der Thatumstände sowohl wie der Rechtsfrage und eine abermalige Entscheidung der Sache herbeigeführt. Auch können Angriffs- und Verteidigungsmittel, welche in erster Instanz nicht geltend gemacht worden sind, insbesondere neue Thatsachen und Beweismittel, in diesem Stadium der Sache noch nachträglich vorgebracht werden.

Dritte (Revisions- und Beschwerde-) Instanz: 1) Das **Reichsgericht** in Leipzig entscheidet in dritter Instanz über das gegen die zweitinstanzlichen Endurteile der Oberlandesgerichte zulässige Rechtsmittel der Revision und über Beschwerden gegen Verfügungen der Oberlandesgerichte. In denjenigen Rechtssachen nämlich, welche in erster Instanz vor die Amtsgerichte gehören, ist gegen das amtsgerichtliche Urteil nur das Rechtsmittel der Berufung an die Zivilkammer des Landgerichts gegeben. Für die Rechtsstreitigkeiten dagegen, welche in erster Instanz vor die Landgerichte, in zweiter vor die Oberlandesgerichte gehören, besteht noch eine dritte Instanz, indem die zweitinstanzliche Entscheidung des Oberlandesgerichts durch die Revision angefochten werden kann. Dies Rechtsmittel bezweckt jedoch keineswegs eine nochmalige Verhandlung und Prüfung der Thatumstände, sondern lediglich eine wiederholte Erörterung und Entscheidung der Rechtsfrage; auch ist die Zulässigkeit desselben der Regel nach durch einen Wertbetrag des Beschwerdegegenstands von mindestens 1500 Mk. (Revisionssumme) bedingt. Die Entscheidung erfolgt durch die Zivilsenate des Reichsgerichts in der regelmäßigen Besetzung von sieben Mitgliedern mit Einschluß des Vorsitzenden nach vorgängiger Verhandlung, welche sich eben lediglich auf eine wiederholte Erörterung und Entscheidung der Rechtsfrage beschränkt. 2) Das Einführungsgesetz zum Gerichtsverfassungsgesetz enthält für die größern Bundesstaaten, in welchen mehrere Oberlandesgerichte errichtet werden, den Vorbehalt, daß hier die nach dem Vorstehenden zur reichsgerichtlichen Kompetenz gehörige Verhandlung und Entscheidung von Revisionen und Beschwerden auch einem obersten Landesgericht zugewiesen werden kann. Zur Wahrung der Rechtseinheit ist jedoch die wichtige Einschränkung getroffen, daß diese Vorschrift sich nicht auf diejenigen Rechtsstreitigkeiten beziehen soll, welche vordem der Kompetenz des Reichsoberhandelsgerichts unterstellt waren. Hiernach bezieht sich also die Zuständigkeit eines solchen partikulären höchsten Gerichtshofs nicht auf das Reichsrecht, sondern lediglich auf das Landesrecht, und ebendarum hielt man, solange es an einem allgemeinen bürgerlichen Gesetzbuch für ganz Deutschland noch fehlt, diese Konzession an die Bundesstaaten für unbedenklich. Übrigens ist von diesem Recht nur von Bayern Gebrauch gemacht worden, welches einen obersten Landgerichtshof in München errichtete. Für Sachsen ward die Einrichtung eines solchen durch das Reichsgesetz vom 11. April 1877 (Reichsgesetzblatt, S. 415) ausgeschlossen, wonach derjenige Bundesstaat, in dessen Gebiet das Reichsgericht seinen Sitz hat, von jener Befugnis zur Errichtung eines obersten Landesgerichts keinen Gebrauch machen darf. Exekutionsinstanz: Die gerichtliche Zwangsvollstreckung ist teils besondern Vollstreckungsbeamten (den Gerichtsvollziehern), teils den Amtsgerichten übertragen. Erstere haben namentlich die Exekution in das Mobiliarvermögen (Auspfändung) zu besorgen, während die Hilfsvollstreckung in das unbewegliche Vermögen, in Forderungen und ähnliche Vermögensrechte, ebenso die Erzwingung einer Handlung oder Unterlassung durch die Amtsgerichte bewirkt werden. Letztere erledigen zugleich als Vollstreckungsgerichte etwaige Einwendungen des Schuldners oder dritter Personen und sonstige Anstände; auch können

dieselben, um nachteiligen Verzögerungen vorzubeugen, ein erstinstanzliches Urteil schon vor Eintritt der Rechtskraft desselben für vorläufig vollstreckbar erklären.

II. Straffachen.

Erste Instanz: 1) Amtsgerichte mit Schöffengerichten, welch letztere aus dem Amtsrichter als Vorsitzenden und zwei aus dem Volk erwählten Schöffen gebildet werden, sind für die sogen. Übertretungen und für diejenigen Vergehen, welche nur mit Gefängnis bis zu 3 Monaten oder mit Haft oder mit Geldstrafe bis zu 600 Mk. bedroht sind, zuständig. Auch ist es den Strafkammern der Landgerichte nachgelassen, eine Reihe leichterer Vergehen auf Antrag der Staatsanwaltschaft an jene zu verweisen, wenn in dem gegebenen Fall voraussichtlich ebenfalls keine höhere Strafe als die angegebenen eintreten wird. Außerdem gehören noch Beleidigungen und Körperverletzungen, welche im Weg der Privatklage verfolgt werden, ebenfalls vor die Schöffengerichte; ferner der einfache Diebstahl und Betrug, die einfache Unterschlagung und Sachbeschädigung, wofern der Wertbetrag des Verbrechensgegenstands die Summe von 25 Mk. nicht übersteigt, und endlich die Begünstigung und Hehlerei, wenn die verbrecherischen Handlungen, auf welche sie sich beziehen, ebenfalls in die schöffengerichtliche Kompetenz fallen. Die Schöffen haben übrigens sowohl in Ansehung der That= wie der Rechtsfrage gleiches Stimmrecht mit dem Amtsrichter, welcher den Vorsitz führt. Der Amtsrichter kann aber bei Übertretungen und gewissen Vergehen auf Antrag der Staatsanwaltschaft, deren Funktionen hier durch den Amtsanwalt wahrgenommen werden, ohne vorgängige Verhandlung sogen. Strafbefehle (Strafmandate) erlassen und darin Freiheitsstrafe bis zu 6 Wochen oder Geldstrafe bis zu 150 Mk. festsetzen, welche, wenn dagegen nicht binnen einer Woche Einspruch erhoben wird, vollstreckbar werden, während im Fall eines solchen Einspruchs zur Verhandlung geschritten wird. Endlich sind die Amtsrichter zur Entgegennahme von Anzeigen und zur Vornahme von Untersuchungs=

handlungen überhaupt auf Veranlassung des Staatsanwalts oder des Unterſuchungsrichters und in eiligen Fällen selbst von Amts wegen befugt und verpflichtet.

2) Die Strafkammern der Landgerichte sind für diejenigen Vergehen zuständig, welche nicht vor die Schöffengerichte gehören; ferner für diejenigen Verbrechen, welche höchstens mit fünfjähriger Zuchthausstrafe bedroht sind; dann für die Verbrechen jugendlicher (noch nicht 18jähriger) Personen; für gewisse Unzuchtsverbrechen; für schweren Diebstahl und schwere Hehlerei und für Betrug, Diebstahl und Hehlerei im wiederholten Rückfall; endlich auch für die in verschiedenen Reichsgesetzen, wie z. B. im Bank- und im Aktiengesetz, für strafbar erklärten Handlungen. Eine Mitwirkung des Laienelements ist in diesem Verfahren allerdings ausgeschlossen, dafür müssen aber die Strafkammern in der Hauptverhandlung nicht wie sonst mit nur drei, sondern mit fünf Richtern besetzt, und es muß zur Verurteilung des Angeschuldigten eine Mehrheit von vier Stimmen vorhanden sein. Abgesehen von den regelmäßig durch den Staatsanwalt anzustellenden Vorermittelungen, kann und soll in diesen Fällen eine Voruntersuchung vorausgehen, wenn dies von dem Staatsanwalt oder von dem Beschuldigten beantragt wird. Zur Führung der Voruntersuchung ist der bei dem Landgericht zu bestellende Untersuchungsrichter berufen, welcher an dem Hauptverfahren selbst keinen Anteil nehmen darf. Die Hauptverhandlung findet statt auf die von der Staatsanwaltschaft erhobene Klage hin und nach vorgängigem Beschluß der Strafkammer (Verweisungsbeschluß), daß das Hauptverfahren zu eröffnen sei. Dabei ist bestimmt, daß von den drei Verweisungsrichtern nicht mehr als zwei an der Hauptverhandlung teilnehmen dürfen und namentlich nicht derjenige Richter, welcher über den Antrag der Staatsanwaltschaft Bericht erstattet hatte.

3) Schwurgerichte, welche periodisch bei den Landgerichten zusammentreten und aus drei richterlichen Mitgliedern mit Einschluß des Vorsitzenden bestehen, urteilen über schwere Verbrechen. Über die Schuldfrage entscheiden zwölf Geschworne. Für jedes Schwurgericht werden nämlich aus den zu Geschwornen vorgeschlagenen Personen 30 Hauptgeschworne ausgelost, aus welchen dann unter Berücksichtigung des dem Staatsanwalt und dem Angeklagten zustehenden Ablehnungsrechts die Geschwornenbank gebildet wird. Zur Verurteilung des Beschuldigten ist eine Majorität von zwei Dritteln der Stimmen erforderlich.

4) Das Reichsgericht entscheidet in erster und letzter Instanz über die gegen Kaiser oder Reich gerichteten Verbrechen des Hochverrats und des Landesverrats. Berufungsinstanz: Eine eigentliche Berufung (Appellation), durch welche die nochmalige Verhandlung, Prüfung und Entscheidung einer Strafsache, der Thatfrage sowohl wie der Rechtsfrage, in zweiter Instanz veranlaßt wird, ist nur gegen Urteile der Schöffengerichte statuiert. Dieselbe geht an die Strafkammer des Landgerichts. Revisionsinstanz: Dagegen ist durch das gegen die Strafurteile der Landgerichte und der Schwurgerichte zulässige Rechtsmittel der Revision (Nichtigkeitsbeschwerde) die Möglichkeit gegeben, für den Fall der etwaigen Verletzung eines Gesetzes die nochmalige Prüfung und Entscheidung der Rechtsfrage in der höhern Instanz oder doch die Aufhebung des beschwerlichen Erkenntnisses und die Rückverweisung zur anderweiten Verhandlung und Entscheidung herbeizuführen. Als Revisionsgerichte fungieren: a) Die mit fünf Richtern besetzten Strafsenate der Oberlandesgerichte, wenn es sich um die Anfechtung von Urteilen der Strafkammern in der Berufungsinstanz oder von erstinstanzlichen Urteilen derselben handelt, sofern in dem letztern Fall die Revision ausschließlich auf die angebliche Verletzung einer landesgesetzlichen Bestimmung gestützt wird. b) Handelt es sich dagegen um die Verletzung einer reichsgesetzlichen Norm, also namentlich einer Bestimmung des Reichsstrafgesetzbuchs, durch ein erstinstanzliches Urteil der Strafkammer, so geht die Revision an das Reichsgericht, welches auch über die gegen Ur-

teile der Schwurgerichte eingelegte Revision zu entscheiden hat. Beschwerdeinstanz: Abgesehen von den eigentlichen Strafurteilen, können aber auch endlich richterliche Verfügungen und Entschließungen, welche jenen vorausgehen und sie vorbereiten, zu Beschwerden Veranlassung geben, und zur Entscheidung über solche sind die Strafkammern der Landgerichte, insofern es sich um Anordnungen und Entschließungen des Untersuchungsrichters, des Amtsrichters oder der Schöffengerichte, und die Oberlandesgerichte berufen, wenn es sich um Beschlüsse der Strafkammern selbst oder des Gerichtshofs der Schwurgerichte handelt.

Als ordentliche Gerichte fungieren demnach im Deutschen Reich die Amtsgerichte, Landgerichte, Oberlandesgerichte und das Reichsgericht. Vor dieselben gehören alle bürgerlichen Rechtsstreitigkeiten und Strafsachen, für welche nicht entweder die Zuständigkeit von Verwaltungsbehörden oder Verwaltungsgerichten begründet ist, oder für die reichsgesetzlich besondere Gerichte bestellt oder zugelassen sind. Während nämlich die Entscheidung streitiger Fragen des Privatrechts den Gegenstand der bürgerlichen Rechtspflege bildet, gehört die Entscheidung von Streitigkeiten auf dem Gebiet des öffentlichen Rechts vor die Verwaltungsbehörden. Es ist dies das Gebiet der sogen. Verwaltungsrechtspflege (Administrativjustiz), und es gehören dahin z. B. Heimatsachen, Streitigkeiten über die Verbindlichkeit zu Staats- und Gemeindeleistungen, Bausachen u. dgl. Nur ausnahmsweise sind aus Zweckmäßigkeitsgründen auch gewisse Privatrechtsstreitigkeiten den Verwaltungsbehörden überwiesen, wie z. B. die Streitigkeiten zwischen Arbeitgebern und Arbeitnehmern über das Arbeitsverhältnis, und in manchen Staaten sind neuerdings zur Entscheidung solcher Angelegenheiten besondere Verwaltungsgerichtshöfe errichtet worden. Auch die deutsche Reichsgesetzgebung hat derartige Verwaltungsgerichte in dem Bundesamt für das Heimatswesen, in den Seemannsämtern, in dem verstärkten Reichseisenbahnamt und in dem Patentamt geschaffen. Zu be-

achten ist ferner, daß auch in Strafsachen bei sogen. Übertretungen eine strafrechtliche Befugnis der Polizeibehörden, namentlich der Gemeindebehörden, durch landesgesetzliche Bestimmung begründet werden kann. Doch darf die Polizeibehörde nach der deutschen Strafprozeßordnung (§§ 453 ff.) keine andre Strafe als Haft bis zu 14 Tagen oder Geldstrafe und diejenige Haft, welche für den Fall, daß die Geldstrafe nicht beigetrieben werden kann, an die Stelle der letztern tritt, sowie eine verwirkte Einziehung verhängen. Dem Beschuldigten ist es in allen solchen Fällen unbenommen, auf richterliche Entscheidung anzutragen. Als besondere Gerichte endlich sind nach dem deutschen Gerichtsverfassungsgesetz zugelassen: die auf Staatsverträgen beruhenden Rheinschifffahrts- und Elbzollgerichte; die Gerichte, welchen die Entscheidung von bürgerlichen Rechtsstreitigkeiten bei der Ablösung von Gerechtigkeiten oder Reallasten, bei Separationen, Konsolidationen, Verkoppelungen, gutsherrlich-bäuerlichen Auseinandersetzungen u. dgl. obliegt; die Gemeindegerichte, insoweit dieselben über vermögensrechtliche Ansprüche zu entscheiden haben, deren Wert den Betrag von 60 Mk. nicht übersteigt, vorbehaltlich der Berufung auf richterliche Entscheidung; die Gewerbegerichte und die etwaigen besondern Gerichte für die Mitglieder der landesherrlichen Familien und der fürstlichen Familie Hohenzollern. Die räumliche Abgrenzung der Gerichtsbezirke im Deutschen Reich ist bei den einzelnen Staaten angegeben.

Die Justizgesetze, von denen zahlreiche Ausgaben veranstaltet worden sind, haben bereits eine sehr reichhaltige Litteratur an Kommentaren und an systematischen und populären Darstellungen ihres Inhalts hervorgerufen. Vgl. Hahn, Die gesamten Materialien zu den Reichsjustizgesetzen (1879); die populären Bearbeitungen der Justizgesetze von Anders, Feige, Fuchs, Rapp u. a.; Ausgaben des Gerichtsverfassungsgesetzes mit Anmerkungen von Gneist, Keller, Thilo, Zimmermann u. a.; Kommentare zur Zivilprozeßordnung und Lehrbücher des Zivilprozeßrechts von Bar, Endemann, Meyer, Puchelt, Seuffert, Struckmann und Koch, Wilmowski und Levy u. a., der Konkursordnung von Fuchs, König, Völberndorff, Wilmowski, Zimmermann u. a., der Strafprozeßordnung von Bar, Dochow, Gneist, Holtzendorff, Meves, Puchelt, Schwarze, Thilo u. a. Vgl. auch Brecht, Adreßbuch der Gerichtsstellen im Deutschen Reich (2. Aufl. 1879); Knoblauch, Karte der Gerichtsorganisation (2. Aufl. 1879).

Gerichtsferien, s. Ferien.

Gerichtsgebrauch, Gleichförmigkeit richterlicher Entscheidungen in einer Reihe ähnlicher Fälle. Derselbe schafft kein bindendes Recht. Insbesondere verpflichtet der G. der Obergerichte die Untergerichte nicht zu einer Entscheidung in ebendemselben Sinn, wenn man sich auch schwer und nur aus triftigen Gründen dazu entschließen wird, von dem bestehenden G. abzugehen.

Gerichtshalter (lat. Justitiarius), s. Patrimonium.

Gerichtskosten, s. Gebühren.

Gerichtschreiber, der mit der Protokollführung und Ausfertigung betraute Gerichtsbeamte. Nach dem deutschen Gerichtsverfassungsgesetz (§ 154) ist bei jedem Gericht eine Gerichtsschreiberei einzurichten, deren Geschäftseinrichtung bei dem Reichsgericht durch den Reichskanzler, bei den Landesgerichten durch die Landesjustizverwaltungen bestimmt wird. Vgl. Schmidt, Handbuch für das Gerichtsschreiberamt (1880).

Gerichtssprache, s. Geschäftssprache.

Gerichtsvollzieher, gerichtlicher Vollstreckungsbeamter, entsprechend den französischen Huissiers. Die deutsche Zivilprozeßordnung (§§ 674 ff.) hat nämlich den Gerichten die Mobiliarexekution abgenommen und sie den Gerichtsvollziehern überwiesen, welche dieselbe im Auftrag des Gläubigers zu bewirken haben. Der Gläubiger kann wegen Erteilung des Auftrags zur Zwangsvollstreckung die Mitwirkung des Gerichtsschreibers in Anspruch nehmen. Der von dem Gerichtsschreiber beauftragte G. gilt als von dem Gläubiger beauftragt. Dem Schuldner und Dritten gegenüber wird der G. zur Vornahme der Zwangs-

vollstreckung durch den Besitz der vollstreckbaren Ausfertigung des Urteils ermächtigt. Das vom G. bei der Pfändung (s. b.) zu beobachtende Verfahren ist in der Zivilprozeßordnung festgestellt. Die Gebühren der G. berechnen sich nach der Gebührenordnung für G. vom 24. Juni 1878 (Reichsgesetzblatt, S. 166 ff.); ihre Höhe wird vielfach als eine Unbilligkeit empfunden, und ebendarum wird die Herabsetzung derselben angestrebt. Ob und inwieweit die G. auch andre Funktionen auszuüben und namentlich beim Strafvollzug mitzuwirken haben, bestimmt sich durch die Gesetzgebung der Einzelstaaten.

Germanien (Germania, Land der Germanen), bei den Römern Gesamtname für das von deutschen Volksstämmen bewohnte Land zwischen dem Rhein und der Weichsel und von der Donau bis zur Nord- und Ostsee. Die frühern deutschen Kaiser nannten sich Könige von G. Wir bezeichnen als Germanen und germanische Völkerschaften nicht nur die eigentlichen Deutschen, sondern auch die stammverwandten Volksstämme, wie die Skandinavier, Holländer und Engländer (s. Indogermanen).

Germanischer Lloyd, s. Lloyd.

Germanist, gelehrter Kenner der deutschen Sprache, insbesondere des deutschen Rechts; Gegensatz: Romanist, Kenner und Lehrer des römischen Rechts.

Gesamtschuldner, s. Konkurs.

Gesandte, die zur Erhaltung und Förderung des völkerrechtlichen Verkehrs von dem einen zu dem andern Staat geschickten Personen; Gesandtschaft, der G. und sein Personal; Gesandtschaftsrecht, der Inbegriff der Rechtsregeln über das Gesandtschaftswesen. Im subjektiven Sinn unterscheidet man zwischen aktivem und passivem Gesandtschaftsrecht, indem man unter erstern das Recht, G. abzuordnen, unter letzterm die Befugnis, G. zu empfangen und anzunehmen, versteht. Sobald sich zwischen den verschiedenen ansässigen Völkerschaften überhaupt ein Verkehr entwickelte, finden wir auch das Institut der Gesandten, welche im Altertum unter dem besondern Schutz der Gottheit standen und schon damals für unverletzlich

galten. Die Einrichtung ständiger Ge=
sandtschaften ist allerdings erst im Lauf
des Mittelalters aufgekommen. Nament=
lich waren es die Päpste, welche frühzei=
tig die Wichtigkeit ständiger Vertretungen
bei den katholischen Höfen erkannten, auf
die Einrichtung von solchen bedacht waren
und überhaupt durch ihre Legaten auf die
Entwickelung des Gesandtschaftswesens
bedeutenden Einfluß ausübten. Von den
französischen Königen bediente sich zuerst
Ludwig XI. ständiger Gesandten. Eine
feste Ausbildung erhielt das Gesandt=
schaftswesen aber erst nach dem Westfäli=
schen Frieden, welch letzterer die Ausbil=
dung des europäischen Staatensystems her=
beiführte. Der Wiener Kongreß, welcher
von Gesandten aller europäischer Staaten
beschickt war, brachte bestimmte Regeln
über die Handhabung des Gesandtschafts=
rechts, namentlich über Rang und Klas=
sifizierung der eigentlichen Gesandten,
die nachmals auf dem Kongreß zu Aachen
von den damaligen fünf Großmächten teil=
weise modifiziert worden sind. Auch dem
Deutschen Bund war sowohl das aktive
als das passive Gesandtschaftrecht bei=
gelegt. Übrigens wurden auch die Ver=
treter der einzelnen deutschen Bundes=
staaten auf dem Bundestag in Frankfurt
a. M. als Bundestagsgesandte bezeichnet,
wie man denn auch, allerdings nicht ganz
korrekt, die ständigen Vertreter der einzel=
nen Reichsstände auf dem permanenten
Reichstag zu Regensburg ebenfalls als G.
bezeichnet hatte. In der neuesten Zeit hat
aber das Gesandtschaftswesen dadurch eine
wichtige Erweiterung erfahren, daß sich
zwischen den bereits im diplomatischen
Verkehr stehenden Staaten und den großen
ostasiatischen Staaten gleichfalls ein sol=
cher anbahnte, namentlich mit China und
Japan. Letzteres Land war überhaupt
der erste heidnische Staat, welcher an euro=
päischen Höfen ständige Gesandtschaften
unterhielt. Ihm folgte China, welch letz=
teres namentlich, ebenso wie Japan, in
Berlin seinen Gesandten hat. Die Ver=
fassung des Deutschen Reichs (Art. 11)
legt dem deutschen Kaiser das Recht bei,
G. zu beglaubigen und zu empfangen,
ohne jedoch das Gesandtschaftrecht der

einzelnen Souveräne, welche dem Reich
angehören, aufzuheben. Denn das Ge=
sandtschaftsrecht ist ein Ausfluß der Sou=
veränität überhaupt, und die Reichsver=
fassung hat die Souveränität der Einzel=
staaten zwar beschränkt, aber nicht auf=
gehoben.

Abgesehen nun von bloßen Zeremo=
nialgesandtschaften, welche bei be=
sondern Gelegenheiten, z. B. zur Anzeige
von Thronbesteigungen, bei großen Hof=
festlichkeiten 2c., abgeordnet werden, zerfal=
len die eigentlichen Gesandten in folgende
vier Rangklassen, innerhalb deren sie nach
der Zeit der öffentlichen Bekanntmachung
ihrer Annahme rangieren (s. Diplo=
matisches Korps). 1) Botschafter
(Großbotschafter, ambassadeurs),
zu welchen auch die päpstlichen Legaten
(legati a latere) und Nunzien ge=
rechnet werden. Ihnen steht die Reprä=
sentation der Person des Souveräns selbst
zu, und sie können infolgedessen verschie=
bene Ehrenrechte in Anspruch nehmen, so
z. B. das Recht, in Gegenwart des frem=
ben Souveräns sich zu bedecken, wenn die=
ser damit vorangegangen ist, das Recht,
im Empfangssaal einen Thronhimmel zu
haben, mit sechs Pferden und mit sogen.
Staatskutschen zu fahren und den Titel
Exzellenz zu führen. Das Deutsche Reich
unterhält gegenwärtig Botschafter in Pa=
ris, London, Rom, Wien, Petersburg
und Konstantinopel. 2) G. oder bevoll=
mächtigte Minister, Internunzien
(envoyés, ministres ou autres accré=
dités auprès des souverains). Außer=
ordentliche G. und bevollmächtigte Mi=
nister des Deutschen Reichs befinden sich
in Brüssel, Rio de Janeiro, Peking, Ko=
penhagen, Athen, im Haag, in Lissabon,
Bukarest, Stockholm, Bern, Madrid und
Washington. Die deutsche Gesandtschaft
beim päpstlichen Stuhl ist eingezogen. 3)
Ministerresidenten (ministres rési=
dents). Vom Deutschen Reich sind solche
für folgende Staaten und Länder abge=
ordnet: Chile, Japan (Tokio), Kolum=
bien, Meriko, Peru, für die La Plata
Staaten (Buenos Ayres) und Serbien.
4) Geschäftsträger (chargés d'af=
faires, accrédités auprès des ministres

chargés des affaires étrangères), die lediglich bei dem Minister der auswärtigen Angelegenheiten, nicht bei dem Souverän selbst beglaubigt sind. Geschäftsträger des Deutschen Reichs sind in Guatemala für die Freistaaten von Zentralamerika und in Carácas für die Republik von Venezuela stationiert.

Neben diesen eigentlichen Gesandten aber, welche in jene vier Klassen zerfallen, kommen noch als G. im weitern Sinn des Worts sogen. diplomatische Agenten vor, die ohne öffentlich=amtlichen Charakter abgeordnet sind, z. B. an eine provisorische Regierung, welche völkerrechtlich noch nicht anerkannt ist. Nicht zu verwechseln mit diesen sind jedoch solche Agenten, die nur zur Besorgung von Geschäften mit Privaten oder zur Einziehung geheimer Erkundigungen ausgesandt und lediglich als Privatpersonen behandelt werden. Hierzu treten ferner Kommissare, welche über bestimmte Gegenstände mit untergeordneten Behörden auswärtiger Staaten zu verhandeln haben, und von besonderer Wichtigkeit sind endlich die Konsuln, die zwar in erster Linie zur Wahrung der Handelsinteressen bestimmt sind, nicht selten aber überhaupt mit der politischen Vertretung der Angehörigen ihres Staats betraut werden (s. Konsul).

Was die völkerrechtliche Stellung der Gesandten anbetrifft, so ist der Grundsatz der Unverletzlichkeit derselben im vollsten Umfang aufrecht erhalten. Selbst beim Ausbruch eines Kriegs wird dieselbe wenigstens so lange respektiert, bis der G. »seine Pässe erhalten« und Zeit gewonnen hat, das nunmehr feindliche Staatsgebiet zu verlassen. Damit hängt auch die Bestimmung des deutschen Strafgesetzbuchs (§ 104) zusammen, welche die Gesandtenbeleidigung als einen besonders strafbaren Fall der Beleidigung hinstellt und dies Vergehen unter der Rubrik »feindliche Handlungen gegen befreundete Staaten« behandelt. Wer sich gegen einen bei dem Reich, einem bundesfürstlichen Hof oder bei dem Senat einer der freien Hansestädte beglaubigten Gesandten oder Geschäftsträger einer Beleibigung schuldig macht, wird hiernach mit Gefängnis bis zu einem Jahr oder mit Festungshaft von gleicher Dauer bestraft. Die Verfolgung tritt jedoch nur auf Antrag des Beleidigten ein; auch ist die Zurücknahme des Antrags zulässig (Reichsstrafgesetzbuch, § 104). Von besonderer Wichtigkeit ist ferner das Recht der Exterritorialität (s. d.), welches das moderne Völkerrecht den Gesandten zugesteht, d. h. eine vollständige Befreiung von den Zwangswirkungen, namentlich von der Gerichtsbarkeit, der fremden Staatsgewalt, gleich als ob sich der G. im eignen Land befände. Dies Recht erstreckt sich auch auf das gesamte Personal des Gesandten, also namentlich auf die Botschafts= oder Legationsräte (conseillers d'ambassade), Dolmetscher (Dragomane), übersetzer, Dechiffreurs, Attachés, Kanzlei= und Rechnungsbeamte sowie auf das Dienerpersonal. Übrigens werden den Gesandtschaften nicht selten auch noch besondere Militärbevollmächtigte und andre Fachleute beigegeben. Außerdem kommen Gesandtschaftsärzte, =Geistliche, =Kuriere rc. vor, welche, ebenso wie die Familie des Gesandten, gleichfalls das Recht der Exterritorialität genießen.

Die Funktionen des Gesandten nehmen bei dem fremden Kabinett ihren Anfang mit der amtlichen Kenntnisnahme von der Sendung und von der Person des Gesandten. Zu diesem Zweck erhält der G. ein Beglaubigungsschreiben (Kreditiv, lettre de créance), welches bei denjenigen Gesandten, die zu den oben aufgeführten drei ersten Klassen gehören, von dem Souverän selbst ausgestellt und an den auswärtigen Souverän gerichtet ist. Es wird dem letztern in feierlicher Audienz überreicht. Die Geschäftsträger dagegen erhalten ihr Beglaubigungsschreiben von dem Minister der auswärtigen Angelegenheiten ausgestellt, welches ebenmäßig an das Ministerium des auswärtigen Staats gerichtet und diesem zu unterbreiten ist. Die Formen des gesandtschaftlichen Verkehrs sind die des diplomatischen Verkehrs überhaupt (s. Diplomatie). Für das Deutsche Reich hat überdies die bekannte Affaire Bismarck=Arnim die Aufnahme einer

Bestimmung in das Reichsstrafgesetzbuch (§ 353 a, sogen. Arnim=Paragraph) zur Folge gehabt, wonach ein Beamter des auswärtigen Amtes des Deutschen Reichs, welcher die Amtsverschwiegenheit dadurch verletzt, daß er ihm amtlich anvertraute oder zugängliche Schriftstücke oder eine ihm von seinem Vorgesetzten erteilte Anweisung oder deren Inhalt andern widerrechtlich mitteilt, mit Gefängnis bis zu 5 Jahren oder mit Geldstrafe bis zu 5000 Mk. bestraft werden soll, sofern nicht etwa eine noch schwerere Strafe verwirkt ist. Gleiche Strafe trifft ferner einen mit einer auswärtigen Mission betrauten oder bei einer solchen beschäftigten Beamten, welcher den ihm durch seinen Vorgesetzten amtlich erteilten Anweisungen vorsätzlich zuwiderhandelt, oder welcher in der Absicht, seinen Vorgesetzten in dessen amtlichen Handlungen irre zu leiten, demselben erdichtete oder entstellte Thatsachen berichtet. Vgl. außer den Lehrbüchern des Völkerrechts: Alt, Handbuch des europäischen Gesandtschaftsrechts (1870).

Geschäftskreis, s. Kompetenz.

Geschäftsordnung, diejenigen Regeln, welche für die geschäftsmäßige Behandlung und Erledigung der nur eine Behörde oder sonstige Körperschaft gehörigen Angelegenheiten maßgebend sind. Namentlich sind in dieser Beziehung die parlamentarischen Geschäftsordnungen von besonderer Wichtigkeit. Die Geschäftsordnungen der deutschen Landtage werden auch als Landtagsordnungen bezeichnet. Sie haben in manchen Staaten den Charakter wirklicher Gesetze, so in Bayern (Gesetz vom 19. Jan. 1872), Sachsen (Landtagsordnung vom 12. Okt. 1874), Hessen (Gesetz vom 17. Juni 1874), Braunschweig (Gesetz vom 30. Mai 1871 und Nachtragsgesetz vom 10. Nov. 1873), Sachsen=Weimar (G. für den Landtag des Großherzogtums vom 28. Juni 1851, mit Nachträgen vom 3. Mai 1853 und 13. Febr. 1869) 2c. In andern Staaten dagegen beruht die G. auf autonomischer Feststellung der betreffenden Landtage oder Kammern, so in Preußen, Württemberg, Waldeck, Reuß älterer Linie und jüngerer Linie 2c. In Sachsen=Meiningen ist die G.

zwar durch Gesetz (vom 23. April 1868) geregelt, doch können Abänderungen dieses Gesetzes, soweit sie nur den parlamentarischen Brauch, nicht die Rechte des Landesherrn, des Landtags und der herzoglichen Kommissare betreffen, durch den Landtag allein beschlossen werden. Sonst ist zu einer Abänderung der G., wo diese als ein wirkliches Gesetz erscheint, die Zustimmung aller gesetzgeberischen Faktoren erforderlich. Übrigens haben auch in Bayern und Sachsen die Kammern das Recht, über die Behandlung der Geschäfte innerhalb des Rahmens jener Gesetze autonomische Bestimmungen zu treffen. Auch der deutsche Reichstag hat nach der Reichsverfassung (Art. 27) das Recht, seinen Geschäftsgang und seine Disziplin durch eine G. selbst zu regeln. Die gegenwärtige (revidierte) G. desselben datiert vom 10. Febr. 1876 (s. Reichstag). Eine besondere Geschäftsordnungskommission des Reichstags hat die Ausführung der G. zu überwachen, etwaige Bedenken und Anträge, welche in Ansehung der geschäftlichen Behandlung der Reichstagsangelegenheiten vorliegen, zu erörtern und nötigenfalls für die Beratung im Plenum vorzubereiten. Die meisten parlamentarischen Geschäftsordnungen Deutschlands sind übrigens mehr dem französischen als dem englischen Muster nachgebildet, indem die eigenartigen Bestimmungen der G. Englands bis in die neueste Zeit hinein auf dem Kontinent nur wenig Verständnis gefunden haben (s. Großbritannien). Bemerkungen »zur G.« können in den parlamentarischen Sitzungen jederzeit, auch nach Schluß der eigentlichen Debatte, gemacht werden. Aber nicht nur parlamentarische, sondern auch andre Versammlungen und Körperschaften, Gemeindekollegien, Fraktionen, Vertretungen der Kommunalverbände 2c. stellen ihre G. auf. Namentlich hat auch der deutsche Bundesrat seine (revidierte) G. vom 26. April 1880 (s. Bundesrat). Vgl. May, A treatise upon the law, privileges and proceedings of parliament (8. Aufl. 1879; deutsch von Oppenheim, 1880); R. v. Mohl, Kritische Erörterungen über Ord-

14*

nungen und Gewohnheiten des Deutschen Reichs, in der Tübinger »Zeitschrift für die gesamten Staatswissenschaften«, insbesondere Jahrg. 1875, S. 38 ff; Derselbe, Die Geschäftsordnungen der Ständeversammlungen, in »Staatsrecht, Völkerrecht und Politik«, Bd. 1, S. 281 ff.

Geschäftssprache, diejenige Sprache, in welcher Geschäfte, insbesondere bei Behörden, abgemacht werden. Im Mittelalter war namentlich im internationalen Verkehr das Latein die allgemeine G.; in der Diplomatie war es bis in die neueste Zeit zumeist die französische. Jetzt ist die betreffende Landessprache auch in der Diplomatie die G., und es kann jede Regierung zu ihren Äußerungen sich der Landessprache bedienen, muß jedoch die Mitteilungen andrer Regierungen ebenfalls in deren Sprache entgegennehmen. In Staaten mit Bevölkerung verschiedener Nationalitäten gibt die Wahl der G. leicht zu Klagen Anlaß, so in Österreich und in den preußisch-polnischen Landesteilen. Nach der Wiedervereinigung von Elsaß-Lothringen mit dem Deutschen Reich wurde die amtliche G. geregelt durch Gesetz vom 14. Juli 1871, § 14, Gesetz vom 31. März 1872 und Gesetz vom 17. Sept. 1874. Nach dem deutschen Gerichtsverfassungsgesetz (§§ 186 ff.) ist die Gerichtssprache die deutsche, doch ist nötigenfalls, wenn Personen beteiligt, die der deutschen Sprache nicht mächtig sind, ein Dolmetscher zuzuziehen.

Geschäftsträger, s. Gesandte.

Geschenkannahme von seiten eines Beamten für eine in sein Amt einschlagende, an sich nicht pflichtwidrige Handlung wird nach dem deutschen Reichsstrafgesetz (§ 331) mit Geldstrafe bis zu 300 Mk. oder mit Gefängnis von einem Tag bis zu sechs Monaten bestraft. Wird dagegen ein Geschenk für eine Diensthandlung eines Beamten gegeben, angeboten oder versprochen, resp. angenommen oder gefordert, welche eine Verletzung der Amts- oder Dienstpflicht enthält, so geht die Handlung in das schwerere Verbrechen der Bestechung (s. b.) über.

Geschlossenheit der Güter, s. Dismembrieren.

Geschwader, s. v. w. Eskadre und Eskadron.

Geschworne, Geschwornengericht, s. Schwurgericht.

Gesellschaft Jesu, s. Jesuiten.

Gesetz, im weitern Sinn s. v. w. Rechtsquelle überhaupt; im engern und eigentlichen Sinn das geschriebene Recht im Gegensatz zum ungeschriebenen oder zum Gewohnheitsrecht. Das Gesetzgebungsrecht ist ein Ausfluß der Staatsgewalt; dasselbe wird jedoch in konstitutionellen Staaten nicht durch die Regierung allein, sondern von dieser unter Mitwirkung der Volksvertretung ausgeübt, welch letzterer die Gesetzentwürfe der Regierung vorzulegen sind. Nach den meisten Verfassungen hat aber auch die Volksvertretung das Recht der sogen. Initiative in der Gesetzgebung, d. h. das Recht, Gesetzvorschläge zu machen, die freilich erst durch die Zustimmung der Regierung Gesetzeskraft erlangen. Beschäftigt sich ein G. mit den Privatrechtsverhältnissen der Staatsangehörigen, so wird es Zivilgesetz genannt. Den Gegensatz bilden diejenigen Gesetze, welche sich auf die öffentlichen Verhältnisse, z. B. auf die Stellung des Einzelnen in der kirchlichen Gemeinschaft (Kirchengesetze), beziehen. Je nach dem Gegenstand, mit welchem sie sich beschäftigen, werden die Zivilgesetze wiederum verschiedenartig bezeichnet, z. B. Aktiengesetze, Hypothekengesetze u. dgl. Unter den auf den Staat bezüglichen Gesetzen sind diejenigen, welche die Staatsverfassung feststellen und die als Staatsgrundgesetze bezeichnet werden, von besonderer Wichtigkeit. Außerdem werden Verwaltungs-, Polizei-, Finanz-, Militär-, Straf- und Prozeßgesetze unterschieden. Völkerrechtliche Verhältnisse werden in Form der Staatsverträge erledigt, die aber ebenfalls Gesetzeskraft erlangen und ebendarum vielfach gleichfalls die Zustimmung der Stände erfordern. Die gesetzgebende Gewalt selbst aber, welche man vielfach der Regierungsgewalt einerseits und der richterlichen Gewalt anderseits gegenüberzustellen pflegt, ist nichts andres als die Staatsgewalt selbst und zwar die Staatsgewalt in dem wichtigsten Zweig ihrer Thätigkeit, der Gesetz-

gebung (f. Regierung). Gesetzaus=
legung, f. Interpretieren.

Gespanschaft (eigentlich Ispanschaft,
von Ispan, »Graf«), f. Komitat.

Gesundheitspolizei (Medizinalpo=
lizei, Sanitätspolizei), diejenige
Thätigkeit der Staats= und Gemeindever=
waltung, welche sich mit der öffentlichen
Gesundheitspflege beschäftigt; auch Bezeich=
nung für diejenigen Behörden, welchen
diese Thätigkeit überwiesen ist, und zwar
gehört hierher nicht nur die Fürsorge für
die menschliche Gesundheit, sondern auch
die sogen. Tiergesundheits= oder Veteri=
närpolizei. In den meisten Staaten
ist die Wichtigkeit einer fürsorgenden Thä=
tigkeit für das Volksgesundheitswesen er=
kannt, und besondere Behörden sind mit der
Pflege desselben betraut worden. So besitzt
das preußische Ministerium der geistlichen,
Unterrichts= und Medizinalangelegen=
heiten seit 1817 eine »wissenschaftliche De=
putation für das Medizinalwesen«; unter
den Oberpräsidenten der Provinzen fun=
gieren Medizinalkollegien, den Regierun=
gen sind Medizinalräte beigegeben, und in
den einzelnen Kreisen sind als Sanitäts=
polizeibeamte ein Kreisphysikus, ein Kreis=
wundarzt und ein Kreistierarzt angestellt.
In manchen Staaten sind besondere Me=
dizinalkollegien, Gesundheitsämter, ärzt=
liche Kammern 2c. errichtet. Für das
Deutsche Reich ist ein Gesundheitsamt
ins Leben gerufen, welches die Aufgabe
hat, den Reichskanzler in der Ausübung
des Aufsichtsrechts und in der Vorberei=
tung der Gesetzgebung auf dem Gebiet der
Medizinal= und Veterinärpolizei des
Reichs zu unterstützen, und zu dessen Auf=
gaben auch die Herstellung einer medizi=
nischen Statistik Deutschlands gehört.
Von den überaus zahlreichen Auf=
gaben der G. sind die Beaufsichtigung
des Apothekenwesens und die Aufstellung
und Handhabung der Medizinaltare, die
Einrichtung, Unterhaltung und Über=
wachung von öffentlichen und privaten
Krankenhäusern, Pfleg= und Siechenhäu=
sern, Irrenheilanstalten, Blinden= und
Taubstummenanstalten 2c., ferner aber
auch die Beaufsichtigung des Hebammen=
wesens hervorzuheben. Dazu kommt die
Fürsorge für die menschliche Gesundheit, in=
sofern es sich um Bauten, um Wohnungen,
um Fabrikanlagen, um Schulen u. dgl.
handelt (Bau=, Wohnungs=, Gewerbe=, Fa=
brik=, Schulhygieine 2c.). Man denke fer=
ner an die Vorkehrungen zur Abwendung
von Seuchen, von ansteckenden Krankhei=
ten, an die Anordnungen, um für gutes
Trinkwasser zu sorgen und einer Verfäl=
schung von Nahrungs= und Genuß=
mitteln möglichst vorzubeugen. Dieser
letztgedachte Gegenstand ist es besonders,
welchem die Gesetzgebung und die Verwal=
tung neuerdings ihre Aufmerksamkeit ge=
widmet haben. Für das Deutsche Reich
insbesondere normiert das Reichsgesetz
vom 14. Mai 1879, betreffend den Verkehr
mit Nahrungsmitteln, Genußmitteln und
Gebrauchsgegenständen (Reichsgesetzblatt
1879, S. 145 ff.), zunächst die Befugnisse,
welche den Polizeibeamten, deren Zustän=
digkeit sich nach den einschlägigen landes=
rechtlichen Kompetenzbestimmungen rich=
tet, zum Zweck der Beaufsichtigung des
Verkehrs nicht bloß mit Nahrungs= und
Genußmitteln, sondern auch mit Spiel=
waren, Tapeten, Farben, Eß=, Trink= und
Kochgeschirr und mit Petroleum zustehen
sollen. Es ermächtigt nämlich die Polizei=
beamten, in die Räumlichkeiten, in welchen
derartige Gegenstände feilgehalten werden,
während der üblichen Geschäftsstunden,
oder während jene Räumlichkeiten dem
Verkehr geöffnet sind, einzutreten, indem
es denselben weiter die Befugnis einräumt,
von solchen Gegenständen, welche sich in
diesen Räumlichkeiten befinden oder welche
an öffentlichen Orten, auf Märkten,
Plätzen, Straßen oder im Umherziehen
verkauft oder feilgeboten werden, Proben
zum Zweck der Untersuchung gegen Zah=
lung des üblichen Kaufpreises und gegen
Empfangsbescheinigung zu entnehmen.
Auf Verlangen ist dem Besitzer ein Teil
der Probe amtlich verschlossen oder versie=
gelt zurückzulassen. Ferner können für
den ganzen Umfang des Reichs durch kai=
serliche Verordnung Vorschriften zum
Schutz der Gesundheit erlassen werden
zum Zweck des Verbots bestimmter Arten
der Herstellung, Aufbewahrung und Ver=
packung von Nahrungs= und Genußmit=

teln, die zum Verkauf bestimmt sind, des gewerbsmäßigen Verkaufens und Feilhaltens von Nahrungs- und Genußmitteln von einer bestimmten Beschaffenheit oder unter einer der wirklichen Beschaffenheit nicht entsprechenden Bezeichnung, ferner zum Zweck des Verbots des Verkaufens und Feilhaltens von Schlachtvieh, welches an bestimmten Krankheiten leidet, sowie des Verkaufens und Feilhaltens des Fleisches von Tieren, welche mit bestimmten Krankheiten behaftet waren. Sodann kann im Weg solcher Verordnung die Verwendung bestimmter Stoffe und Farben zur Herstellung von Bekleidungsgegenständen, Spielwaren, Tapeten, Eß-, Trink- und Kochgeschirr sowie das gewerbsmäßige Verkaufen und Feilhalten von Gegenständen untersagt werden, welche diesem Verbot zuwider hergestellt sind, endlich auch das gewerbsmäßige Verkaufen und Feilhalten von Petroleum von einer bestimmten Beschaffenheit. Außerdem kann das gewerbsmäßige Herstellen, Verkaufen und Feilhalten von Gegenständen, welche zur Verfälschung von Nahrungs- und Genußmitteln bestimmt sind, verboten oder beschränkt werden. Das Zuwiderhandeln gegen derartige Verordnungen ist mit Geldstrafe bis zu 150 Mk. oder mit Haft bis zu 6 Wochen bedroht. Um aber dem Reichstag hierbei sein verfassungsmäßiges Mitwirkungsrecht bei der Gesetzgebung zu sichern, ist die Bestimmung mit aufgenommen, daß die so erlassenen Verordnungen dem Reichstag, falls er versammelt ist, sofort, andernfalls aber bei seinem nächsten Zusammentreten vorzulegen, und daß dieselben, soweit der Reichstag dies verlangt, wiederum außer Kraft zu setzen sind. — Sodann enthält das neue Reichsgesetz folgende Strafbestimmungen: Wer zum Zweck der Täuschung im Handel und Verkehr Nahrungs- oder Genußmittel nachmacht oder verfälscht, wird mit Gefängnis bis zu 6 Monaten und mit Geldstrafe bis zu 1500 Mk. oder mit einer von diesen Strafen bestraft. In gleicher Weise wird derjenige mit Strafe bedroht, welcher wissentlich Nahrungs- oder Genußmittel, die verdorben oder nachgemacht oder verfälscht sind, unter Verschwei-

gung dieses Umstands verkauft oder unter einer zur Täuschung geeigneten Bezeichnung feilhält. Wurde eine solche Handlung aus Fahrlässigkeit begangen, so tritt Geldstrafe bis zu 150 Mk. oder Haft bis zu 6 Wochen ein. Mit Gefängnis bis zu 5 Jahren, neben welchem auf Verlust der bürgerlichen Ehrenrechte erkannt werden kann, wird ferner derjenige bestraft, welcher vorsätzlich Gegenstände, die bestimmt sind, andern als Nahrungs- oder Genußmittel zu dienen, derart herstellt, daß der Genuß derselben die menschliche Gesundheit zu schädigen geeignet ist, ingleichen wer wissentlich Gegenstände, deren Genuß die menschliche Gesundheit zu schädigen geeignet ist, als Nahrungs- oder Genußmittel verkauft, feilhält oder sonst in Verkehr bringt. Gleiche Strafe trifft denjenigen, welcher vorsätzlich Bekleidungsgegenstände, Spielwaren, Tapeten, Eß-, Trink- oder Kochgeschirr oder Petroleum derart herstellt, daß der bestimmungsgemäße oder vorauszusehende Gebrauch dieser Gegenstände die menschliche Gesundheit zu schädigen geeignet ist, ingleichen wer wissentlich solche Gegenstände verkauft, feilhält oder sonst in Verkehr bringt. In allen diesen Fällen ist der Versuch strafbar. Mit besonders schwerer Strafe (Zuchthaus bis zu 5 Jahren) ist aber der Fall bedroht, wenn durch die Handlung eine schwere Körperverletzung oder der Tod eines Menschen verursacht worden ist. War übrigens der Genuß oder Gebrauch des Gegenstands die menschliche Gesundheit zu zerstören geeignet, und war diese Eigenschaft dem Thäter bekannt, so tritt Zuchthausstrafe bis zu 10 Jahren und, wenn durch die Handlung der Tod eines Menschen verursacht worden ist, Zuchthausstrafe nicht unter 10 Jahren oder lebenslängliche Zuchthausstrafe ein. Daneben kann auf die Zulässigkeit polizeilicher Aufsicht erkannt werden. Fahrlässigkeit wird mit Geld- oder Gefängnisstrafe geahndet. In dem Urteil oder in dem Strafbefehl kann auch angeordnet werden, daß die Verurteilung auf Kosten des Schuldigen öffentlich bekannt zu machen sei. Umgekehrt hat aber auch das Gericht, wenn der Angeschuldigte freigesprochen wird, auf Antrag des letztern dies öffentlich bekannt zu machen. Derartige Verurteilungen haben endlich auch noch die weitere Folge, daß die Polizeibeamten bei Personen, welche wegen Übertretung jener Strafbestimmungen zu einer Freiheitsstrafe verurteilt worden sind, in den Räumlichkeiten, in welchen Nahrungs- nnd Genußmittel, Spielwaren, Tapeten, Eß-, Trink- und Kochgeschirr oder Petroleum feilgehalten werden, oder welche zur Aufbewahrung oder Herstellung solcher zum Verkauf bestimmten Gegenstände dienen, Revisionen vornehmen können. Diese Befugnis beginnt mit der Rechtskraft des Urteils und erlischt mit dem Ablauf von drei Jahren, von dem Tag an gerechnet, an welchem die Freiheitsstrafe verbüßt, verjährt oder erlassen ist.

Was insbesondere das Gebiet der Veterinärpolizei anbetrifft, so ist namentlich das Verfahren bei dem Auftreten der Rinderpest für das Gebiet des Deutschen Reichs durch das Bundes(Reichs=)Gesetz vom 7. April 1869, Maßregeln gegen die Rinderpest betreffend, in einheitlicher Weise normiert worden. Dazu ist dann das Reichsgesetz vom 23. Juni 1880, betreffend die Abwehr und Unterdrückung von Viehseuchen, hinzugekommen. Letzteres erstreckt die Anzeigepflicht, welche auch in Ansehung der Rinderpest besteht und insbesondere dem Besitzer der betreffenden Haustiere, den Tierärzten, Fleischbeschauern, Abdeckern ꝛc. obliegt, auf folgende Tierkrankheiten: Milzbrand; Tollwut; Rotz der Pferde, Esel, Maultiere und Maulesel; Maul- und Klauenseuche des Rindviehs, der Schafe, Ziegen und Schweine; Lungenseuche des Rindviehs; Pockenseuche der Schafe; Beschälseuche der Pferde und Bläschenausschlag der Pferde und Rindviehs; Räude der Pferde, Esel, Maultiere, Maulesel und Schafe; doch ist der Reichskanzler befugt, die Anzeigepflicht vorübergehend auch für andre Seuchen einzuführen. Ferner enthält das Gesetz Bestimmungen über die Ermittelung der Seuchenausbrüche, über die Schutzmaßregeln gegen Seuchengefahr, besondere Vorschriften für einzelne Seuchen, besondere Vorschriften für Schlachtviehhöfe und

öffentliche Schlachthäuser, Vorschriften über die Entschädigung für getötete Tiere und Strafvorschriften für Übertretungsfälle. Von besonderer Wichtigkeit sind dabei die Entschädigungsvorschriften. Als Entschädigung für die auf polizeiliche Anordnung getöteten oder nach dieser Anordnung an der Seuche gefallenen Tiere soll nämlich der gemeine Wert des Tiers gewährt werden ohne Rücksicht auf den Minderwert, welchen das Tier dadurch erleidet, daß es mit der Seuche behaftet ist. Bei den mit der Rotzkrankheit behafteten Tieren hat jedoch die Entschädigung nur ³/₄, bei dem mit der Lungenseuche behafteten Rindvieh ⁴/₅ des so berechneten Werts zu betragen. Die Bestimmungen darüber, von wem die Entschädigung zu gewähren, und wie dieselbe aufzubringen, auch wie die Entschädigung im einzelnen Fall zu ermitteln und festzustellen ist, sind von den Einzelstaaten zu treffen. Vgl. Landgraf, Der Verkehr mit Nahrungsmitteln ꝛc. auf Grund des deutschen Reichsgesetzes vom 14. Mai 1879 (1879); Roloff, Die Rinderpest (2. Aufl. 1877).

Getreidezölle (Kornzölle), Eingangszölle, welche auf Getreide und ähnliche Erzeugnisse des Landbaus gelegt sind. Der Grund, aus welchem man die G. bis in die neueste Zeit fast allgemein für verwerflich erklärte, ist der, daß dadurch erfahrungsmäßig eine Verteuerung notwendiger Nahrungsmittel herbeigeführt wird. Denn der Zoll führt eine Verteuerung des Getreides und somit des Mehls und schließlich des Brots herbei. Die Behauptung, daß in Ansehung des aus dem Ausland importierten Getreides der Importeur den Zoll trage, ist unerwiesen und unrichtig. Der Zoll wird vielmehr regelmäßig von den inländischen Abnehmern getragen, welcher ihn seinerseits wieder kalkuliert und ihn auf den Konsumenten abzuwälzen sucht. Der Preis des inländischen Getreides aber steigt natürlich in ebendemselben Verhältnis, in welchem der Zoll das ausländische Getreide verteuert. Da nun Brot eins der notwendigsten Nahrungsmittel ist, von dem der Arme schließlich ebensoviel und noch mehr als der Reiche verbraucht, so

handelt es sich hier recht eigentlich um einen
Zoll, welcher die Steuerlast zu Gunsten
der besitzenden Klasse verschiebt und den
ärmern Teil der Bevölkerung in ungerechter Weise belastet. Diese Erwägungen
waren es, die namentlich in England 1849
die Aufhebung der G. herbeiführten, welche
vorzugsweise das Werk Cobdens und der
von ihm gestifteten Anti-Cornlaw-League
war. Gleichwohl hat man in Deutschland
bei Aufstellung des Zolltarifs von 1879 die
G. angenommen, namentlich auf Drängen
der Agrarier, zu deren Prinzipien sich der
Reichskanzler bekannt hatte. Man machte
für die G. zunächst finanzielle Rücksichten
geltend: sie brächten viel ein und würden
leicht getragen; auch sei es zweifelhaft, ob
sie wirklich eine direkte Preiserhöhung bewirken würden; die inländische Konkurrenz werde eine solche verhüten, jedenfalls
aber werde eine etwaige Verteuerung der
Lebensmittel durch die Vermehrung der
Produktion aufgewogen werden. Denn
die Getreideproduktion, so wurde ausgeführt, sei in Deutschland zurückgegangen
und hinter der Produktionsmöglichkeit geblieben; dabei liege aber die Gefahr nahe,
daß Deutschland in seinen Ernährungs-
verhältnissen vom Ausland abhängig
werde, und daß dann bei Mißernten in
jenen Ländern oder bei Kriegen im Inland Not entstehe. So wurden denn die
G. wirklich in den Tarif mit aufgenommen; ja, um die Erhöhung der Eisenzölle
zu erlangen, mußten die Interessenten
der Industriezölle den Agrariern sogar
eine Verdoppelung des Roggenzolls zugestehen, welcher auf 1 Mk. pro 100 kg festgestellt ward, während die Regierung nur
50 Pf. beantragt hatte. Seitdem ist die
Getreidezollfrage eine brennende Tages-
frage geworden, und es steht zu hoffen,
daß der Tag der Abschaffung der G. nicht
in allzu weite Ferne gerückt sein möge,
zumal da der kleine Landwirt bis jetzt gar
keine Vorteile davon verspürt, indem solche
aus der Besteuerung dieses Artikels vielmehr lediglich für den Großgrundbesitzer
resultieren. — Die G. betragen nach dem
deutschen Zolltarif für Weizen, Roggen,
Hafer, Hülsenfrüchte und sonstige nicht
besonders benannte Getreidearten 1 Mk.

pro 100 kg, für Gerste, Mais und Buch-
weizen 50 Pf. und für Malz 1 Mk. 20
Pf. pro 100 kg. Vgl. Conrad in den
»Jahrbüchern für Nationalökonomie und
Statistik« 1880, Bd. 1, Heft 1, 3 und 4;
Müller, Zur Frage der G., in den »Mit-
teilungen des Vereins zur Förderung der
Handelsfreiheit« 1879, Nr. 3.

Gewährschaft (Gewährleistung),
Haftung für eine bestimmte Zusicherung;
auch das zu Gewährende, namentlich die
Summe, welche ein Geschäfts- oder Rech-
nungsführer aus der Geschäfts- oder Kasse-
führung abzugewähren hat (Gewähr-
schaftssoll).

Gewährsmängel (Hauptmängel,
Hauptfehler, Wandlungsfehler,
gesetzliche Fehler) sind diejenigen gesetzlich bestimmten Gebrechen der Tiere,
welche den Käufer eines solchen zur Aufhebung des Handels und zur Zurückforderung des Kaufgelds berechtigen, wofern
sie binnen einer bestimmten Zeit nach dem
Kauf entdeckt und erwiesen werden. In
diesen Fällen ist der Verkäufer dem Käufer zur Gewährleistung verpflichtet, auch
wenn er eine solche beim Abschluß des
Handels nicht ausdrücklich zugesagt hat
(gesetzliche Gewährschaft). In den
meisten Staaten sind in dieser Hinsicht
besondere Gesetze erlassen, welche durch
genaue Angabe der die Haftpflicht be-
gründenden G. und durch die Festsetzung kurzer Gewährschaftsfristen
dem Verkehr die notwendige Sicherheit
darbieten.

Gewerbefreiheit, s. Gewerbegesetzgebung.

Gewerbegerichte (Fabrikgerichte,
in Frankreich Conseils de prud'hommes), die zur Schlichtung von Streitigkeiten zwischen selbständigen Gewerbtreibenden und ihren Gewerbsgehilfen sowie
zwischen Arbeitgebern und Arbeitnehmern überhaupt bestellten, mit Fachmän-
nern besetzten besondern Gerichte. Fehlt
es an solchen Gerichten, so sollen nach der
deutschen Gewerbeordnung die Gemeindebehörden an deren Stelle fungieren. In
England sind außerdem zur Regulierung
künftiger Rechtsverhältnisse zwischen Arbeitern und Arbeitgebern die sogen. Boards

of conciliation and arbitration eingesetzt, deren Einführung als sogen. Einigungs= ämter auch in Deutschland angestrebt wird. Vgl. Eberty, Die G. (1869); Brentano, über Einigungsämter (1873); Oppenheim, G. und Kontrakt= bruch (1874).

Gewerbegesetzgebung, der Inbegriff aller derjenigen Rechtsnormen, welche das Gewerbewesen eines Staats regeln. Wäh= rend in frühern Zeiten und zwar nament= lich in Deutschland für diesen Rechtszweig das Bestreben maßgebend war, dem Ge= werbe durch Zwangsbestimmungen zu hel= fen und dasselbe hierdurch zu fördern, hat sich in diesem Jahrhundert der Grundsatz der Gewerbefreiheit mehr und mehr Bahn gebrochen. So ward namentlich der Zunftzwang beseitigt, welcher jahr= hundertelang den Gewerbebetrieb be= herrscht hatte. Die Zünfte hatten im Mit= telalter zur Hebung des Gewerbewesens und zur Hebung des deutschen Städte= wesens nicht wenig beigetragen. Allein der frische Geist war mit der Zeit aus die= sen gewerblichen Korporationen gewichen, und nur die verknöcherte Form, welche zu= meist in der engherzigsten Weise gehand= habt wurde, war zurückgeblieben. Das Wesen der Zunft (Innung) charakteri= siert sich als dasjenige einer Verbindung mehrerer zu einem gewissen selbständigen Gewerbebetrieb berechtigter Personen zum Zweck der Betreibung dieses Gewerbes nach gewissen Regeln und nach Maßgabe bestimmter Statuten (Zunftartikel) mit selbstgewählten Vorständen und mit der Befugnis, alle andern Personen vom Betrieb dieses Gewerbes in dem betreffen= den Bezirk auszuschließen. Wer einem zünftigen Gewerbe sich widmen wollte, mußte eine genau vorgeschriebene Zeit hin= durch als Lehrling und als Geselle, und zwar teilweise auswärts, arbeiten und schließlich ein Meisterstück zur Zufrieden= heit der Zunft anfertigen. Dazu kamen zuweilen noch obrigkeitliche Prüfungen. Auch mußte bei geschlossenen Zünften der Aufzunehmende die Erledigung einer Mei= sterstelle abwarten oder, wenn die Zunft= berechtigung den Charakter eines Real= rechts hatte, ein Grundstück erwerben, mit

welchem eine derartige Gewerbegerechtig= keit verbunden war. Die Gewerbe durften zudem vielfach nur in den Städten und nur ausnahmsweise und unter mannig= fachen Beschränkungen auf dem Land be= trieben werden. Hiermit hat das moderne Prinzip der Gewerbefreiheit, welches in Frankreich, England, Nordamerika, in der Schweiz, in Belgien, in den Niederlanden, in Schweden, Rumänien ꝛc. das herr= schende ist, vollständig gebrochen. Unbe= schadet der polizeilichen Kontrolle über das gesamte Gewerbewesen (Gewerbepoli= zei), ist dasselbe doch dem Prinzip nach von jeglichem Zwang befreit. Es bestehen nur im Interesse der öffentlichen Wohl= fahrt bestimmte Einschränkungen; na= mentlich ist in gewissen Fällen die Ein= holung der obrigkeitlichen Genehmigung zum Gewerbebetrieb erforderlich.

In den meisten deutschen Staaten hatte die Gewerbefreiheit im Lauf dieses Jahr= hunderts nach und nach Eingang gefunden. Insbesondere war es der preußische Staat, welcher durch seine großen Staatsmänner Stein und Hardenberg auf diesem Gebiet bahnbrechend vorausging, indem durch das preußische Edikt vom 2. Nov. 1810 die Lösung eines Gewerbescheins als ge= nügend für die Eröffnung eines Gewerbe= betriebs bezeichnet, der Unterschied zwi= schen Stadt und Land beseitigt und alle Vorrechte, welche zuvor mit der Mitglied= schaft einer Zunft oder mit dem Besitz eines Grundstücks in gewerblicher Beziehung verbunden gewesen, aufgehoben wurden. Eine vollständige Gewerbeordnung für die gesamte preußische Monarchie erschien aber erst 17. Jan. 1845. Sie hielt an dem Grund= satz der Gewerbefreiheit fest und suchte die Zünfte lediglich als freie, genossen= schaftliche Vereinigungen zur gemeinsamen Förderung des Gewerbebetriebs beizube= halten. Auffallenderweise brachte aber das Jahr 1848, dessen deutsche Grundrechte die Gewerbefreiheit auf ganz Deutschland ausdehnen wollten, eine von dem Hand= werkerstand selbst ausgehende Reaktion, und ein sogen. »Handwerkerparlament«, welches im Sommer 1848 in Frankfurt tagte, gab dieser Bewegung Ausdruck, welche auch auf die preußische Gesetzgebung

(1849) nicht ohne Einfluß blieb. Verschiedene Gesetze brachten polizeiliche Beschränkungen und sonstige Einengungen des Gewerbebetriebs, welche erst 1861 und auch dann nur teilweise beseitigt wurden, während wiederholte Anstrengungen, die das preußische Abgeordnetenhaus zum Zweck der Durchführung einer freisinnigern G. machte, erfolglos blieben. Inzwischen aber war nach der Gründung des Norddeutschen Bundes die G. in den Kompetenzkreis der Bundesgesetzgebung gezogen worden, und ein Gesetz vom 8. Juli 1868, betreffend den Betrieb der stehenden Gewerbe (das sogen. »Notgewerbegesetz«), dehnte das Prinzip der Gewerbefreiheit, welches vorher nur von einzelnen Staaten nach dem Vorgang Preußens adoptiert worden war, auf das ganze Bundesgebiet aus, nachdem bereits das Freizügigkeitsgesetz vom 1. Nov. 1867 jeden Unterschied, welcher in Ansehung des Gewerbswesens aus der Staatsangehörigkeit der Bundesangehörigen abzuleiten war, aufgehoben hatte. Eine Durchführung jenes Prinzips im einzelnen geschah dann durch den Erlaß der auf den Grundlagen der preußischen Gewerbeordnung stehenden norddeutschen Gewerbeordnung vom 21. Juni 1869, welche nunmehr zum Reichsgesetz erhoben ist. Zu der Gewerbeordnung sind aber bereits eine Reihe von Nachtragsgesetzen (Gewerbeordnungsnovellen) erlassen worden, welche zum Teil das Prinzip der Gewerbefreiheit wiederum gewissen Einschränkungen unterworfen haben. Überhaupt hat sich neuerdings, namentlich in den Handwerkerkreisen selbst, eine rückläufige Bewegung geltend gemacht, welche noch nicht zum Abschluß gekommen ist.

Die deutsche Gewerbeordnung gestattet nämlich den Betrieb eines jeden Gewerbes einem jeden, wenn und soweit nicht das Gesetz selbst Ausnahmen und Beschränkungen statuiert. Durch die Einführung der Gewerbefreiheit werden nicht berührt das Bergwesen, die Fischerei, das Unterrichtswesen, die advokatorische und die Notariatspraxis, der Gewerbebetrieb der Auswanderungsunternehmer und Auswanderungsagenten, der Versicherungsunternehmer und der Eisenbahnunternehmungen, der Vertrieb von Lotterielosen, die Befugnis zum Halten öffentlicher Fähren und das Verhältnis der Schiffsmannschaften auf den Seeschiffen, während das Prinzip des freien Gewerbebetriebs auf die Ausübung der Heilkunde, die Errichtung von Apotheken und den Verkauf von Arzneimitteln nur teilweise zur Anwendung gebracht worden ist.

Unter den verschiedenen Konsequenzen, welche die Gewerbeordnung aus jenem Grundsatz gezogen hat, ist namentlich die Bestimmung hervorzuheben, wonach die Zulassung zum Gewerbebetrieb in keiner Gemeinde und bei keinem Gewerbe von dem Besitz des Bürgerrechts abhängig sein soll. Ferner gehören dazu die Gleichstellung des weiblichen Geschlechts mit dem männlichen in Ansehung der gewerblichen Verhältnisse, die Beseitigung der frühern Unterscheidung zwischen Stadt und Land in Bezug auf den Gewerbebetrieb und die Ausdehnung desselben, die Gestattung des gleichzeitigen Betriebs verschiedener Gewerbe sowie desselben Gewerbes in mehreren Betriebs- oder Verkaufsstätten und die Aufhebung jener frühern Bestimmungen, welche den Handwerker auf den Verkauf selbstverfertigter Waren beschränkten. Ganz besonders aber ist in dieser Hinsicht die Beseitigung des Zunftzwangs hervorzuheben. Die Gewerbeordnung hat nämlich die bestehenden Zünfte und Innungen keineswegs aufgehoben, wohl aber das denselben eingeräumte Recht, andre von dem Betrieb eines Gewerbes auszuschließen. Überhaupt sind alle Bevorzugungen der Zünfte in gewerblicher Beziehung abgeschafft, indem die Tendenz des Gesetzes unverkennbar die ist, die bestehenden und entstehenden Innungen als freie Genossenschaften lediglich dem Zweck gemeinsamer Förderung der gemeinsamen gewerblichen Interessen dienstbar zu machen. Von großer Bedeutung ist ferner die Beseitigung der nach einzelnen Landesgesetzgebungen bis dahin noch in Geltung gewesenen gewerblichen Exklusivrechte. Dahin gehören die sogen. ausschließlichen Gewerbeberechtigungen, vermöge deren der Berechtigte andern den Betrieb eines Gewerbes, sei es im allgemeinen, sei es hinsichtlich der Benutzung eines gewissen Betriebsmaterials, unter= sagen konnte; ferner die gewerblichen Zwangs= und Bannrechte, welche einen bestimmten Kreis von Personen verpflich= teten, ihren Bedarf an Produkten eines bestimmten Gewerbes lediglich von dem Berechtigten zu beziehen, so: der Mahl= zwang, der Branntwein= und Brauzwang sowie das den städtischen Bäckern oder Fleischern zustehende Recht, die Einwohner einer Stadt oder der sogen. Bannmeile zu zwingen, ihren Bedarf an Gebäck oder Fleisch von jenen ausschließlich zu entneh= men; endlich auch bie dem Fiskus oder gewissen Korporationen oder sonstigen Be= rechtigten zustehende Befugnis, Konzessio= nen zu gewerblichen Anlagen oder zum Betrieb von Gewerben zu erteilen. Alle diese Rechte sind aufgehoben oder doch der Ablösung unterstellt worden, wie z. B. die Abdeckereiberechtigung und das Recht, den Inhaber einer Schankstätte zu zwingen, für seinen Wirtschaftsbedarf das Getränk aus einer bestimmten Fabrikationsstätte zu beziehen. Ebenso sind alle gewerblichen Abgaben, mit Ausnahme der an den Staat oder an die Gemeinde zu entrichtenden Ge= werbesteuer, aufgehoben. Ferner ist der Besuch der Messen, Jahr= und Wochen= märkte sowie der Kauf und Verkauf auf denselben freigegeben, und der Marktver= kehr soll mit keinen andern als solchen Abgaben belastet werden, welche eine Ver= gütung für den überlassenen Raum und den Gebrauch von Buden und Gerätschaf= ten bezwecken, vorbehaltlich der Befugnis der Ortspolizei= und der Gemeindebehör= den zur Aufstellung einer Marktordnung und des Oberaufsichtsrechts der Verwal= tungsbehörden. Bemerkenswert ist auch die Beseitigung der polizeilichen Taren; nur in Ansehung der Bäcker und der Ver= käufer von Backwaren ist bestimmt, daß diese durch die Ortspolizeibehörde angehal= ten werden können, die Preise und das Gewicht ihrer Backwaren für gewisse Zeiträume durch Anschläge am Verkaufs= lokal zur Kenntnis des Publikums zu bringen. Auch Gastwirte können durch die Ortspolizeibehörde angehalten werden, Verzeichnisse der von ihnen gestellten Preise

aufzustellen und in ihren Lokalen anzu= schlagen, von welchen sie nicht eher abgeben dürfen, als bis die Abänderung der Behörde angezeigt ist. Wirkliche Taren dagegen kön= nen nur noch festgesetzt werden für Lohn= bediente und andre Personen, welche öffent= lich ihre Dienstleistungen anbieten, sowie für die Benutzung der zum öffentlichen Ge= brauch bestimmten Wagen, Pferde, Sänf= ten, Gondeln und andrer Transportmit= tel, ferner für Schornsteinfeger, welchen besondere Kehrbezirke ausschließlich über= wiesen sind. Endlich können auch für Apo= theker (s. b.) durch die Zentralbehörde Ta= ren festgestellt werden, deren Ermäßigung durch freie Vereinbarung jedoch zulässig ist.

Was dagegen bie in der Gewerbeord= nung aufgestellten besondern Bedingungen und Beschränkungen in Ansehung des Be= triebs gewisser Gewerbe anbelangt, so erscheinen dieselben teils als durch die Gefährlichkeit der dazu gehörigen Anlagen, teils durch das Erfordernis einer beson= dern persönlichen Qualifikation im In= teresse des Publikums geboten. Der Regel nach genügt nämlich für die Eröffnung eines Gewerbebetriebs lediglich eine An= zeige bei der nach der Landesgesetzgebung zuständigen Behörde, welch letztere inner= halb dreier Tage den Empfang der An= zeige zu bescheinigen hat. Es ist jedoch

1) eine ausdrückliche Genehmigung seitens der Behörde zu der Errichtung solcher Anlagen erforderlich, welche durch die örtliche Lage oder durch die Beschaffen= heit der Betriebsstätte für die Nachbar= schaft oder für das Publikum gefährlich oder doch belästigend sein können, wie z. B. Schießpulverfabriken, Gasanstalten, che= mische Fabriken, Leimsiedereien u. dgl. Der Erteilung der Genehmigung muß eine Prüfung der gegebenen Verhältnisse und eine öffentliche Aufforderung im Amtsblatt vorhergehen, etwaige Einwen= dungen gegen die neue Anlage binnen 14 Tagen geltend zu machen. Einwendun= gen, welche auf privatrechtlichem Titel beruhen, sind im Rechtsweg, sonstige Ein= wendungen durch die Verwaltungsbehör= den im geordneten Instanzenzug derselben zu erledigen. Auch zur Anlegung von Dampfkesseln ist die Prüfung derselben

und die Genehmigung seitens der kompetenten Verwaltungsbehörde erforderlich.

2) Einer Approbation, welche auf Grund eines Nachweises der Befähigung zu erteilen ist, bedürfen Apotheker und diejenigen Personen, welche sich als Wund- oder Augenärzte, Geburtshelfer, Zahn- oder Tierärzte, überhaupt als Ärzte oder mit gleichbedeutenden Titeln bezeichnen oder seitens des Staats oder einer Gemeinde als solche anerkannt oder mit amtlichen Funktionen betraut werden sollen. Ebenso bedürfen die Hebammen eines Prüfungszeugnisses der nach dem Landesgesetz zuständigen Behörde. Endlich haben sich auch die Seeschiffer, Seesteuerleute und Lotsen über den Besitz der erforderlichen Kenntnisse durch ein Befähigungszeugnis auszuweisen.

3) Eine Konzession seitens der höhern Verwaltungsbehörde, welche erteilt wird, wenn nicht Thatsachen vorliegen, welche die Unzuverlässigkeit des Nachsuchenden in Beziehung auf den beabsichtigten Gewerbebetrieb darthun, ist erforderlich für die Unternehmer von Privatkranken-, Entbindungs- und Irrenanstalten. Ebenso bedürfen Schauspielunternehmer zum Betrieb ihres Gewerbes der Erlaubnis, welche ihnen zu versagen ist, wenn die Behörde auf Grund von Thatsachen die Überzeugung gewinnt, daß dem Nachsuchenden die erforderliche Zuverlässigkeit, insbesondere in sittlicher, artistischer und finanzieller Hinsicht, abgeht (Gewerbeordnungsnovelle vom 15. Juli 1880). Auch zum Betrieb der Gast- und Schankwirtschaft sowie des Kleinhandels mit Branntwein oder Spiritus ist die Erlaubnis erforderlich, welche dann zu versagen ist, wenn gegen den Nachsuchenden Thatsachen vorliegen, welche die Annahme rechtfertigen, daß er das Gewerbe zur Förderung der Völlerei, des verbotenen Spiels, der Hehlerei oder der Unsittlichkeit mißbrauchen werde, oder wenn das zum Gewerbebetrieb bestimmte Lokal wegen seiner Beschaffenheit oder Lage den polizeilichen Anforderungen nicht genügt. Die Gewerbeordnungsnovelle vom 23. Juli 1879 hat aber hier noch eine weitere Einschränkung der Gewerbefreiheit gebracht.

Die Landesregierungen können nämlich nicht nur, soweit es sich um die Erlaubnis zum Ausschenken von Branntwein oder zum Kleinhandel mit Branntwein oder Spiritus handelt, die Erteilung der Erlaubnis, wie bisher, von dem Nachweis eines vorhandenen Bedürfnisses abhängig machen, sondern sie können weiter bestimmen, daß auch die Erlaubnis zum Betrieb der Gastwirtschaft oder zum Ausschenken von Wein, Bier oder andern geistigen Getränken in Ortschaften mit weniger als 15,000 Einw. sowie in solchen Ortschaften mit einer größern Einwohnerzahl, für welche dies durch Ortsstatut festgesetzt wird, von dem Nachweis eines vorhandenen Bedürfnisses abhängig sein solle. Auch zu dem Gewerbebetrieb eines Pfandleihers oder Rückkaufshändlers ist nach der Novelle vom 23. Juli 1879 die Erlaubnis erforderlich. Endlich ist eine solche Erlaubnis auch für denjenigen nötig, welcher gewerbsmäßig Druckschriften oder andre Schriften oder Bildwerke auf öffentlichen Wegen, Straßen, Plätzen oder an andern öffentlichen Orten verkaufen und verbreiten will; auch muß der Betreffende den auf seinen Namen lautenden Legitimationsschein bei sich führen.

4) Eine Untersagung des Gewerbebetriebs kann erfolgen in Ansehung des gewerbsmäßigen Tanz-, Turn- oder Schwimmunterrichts gegenüber solchen Personen, welche wegen Verbrechen oder Vergehen gegen die Sittlichkeit, sowie in Ansehung des Gewerbes der Trödler gegenüber solchen, welche wegen aus Gewinnsucht begangener Verbrechen oder Vergehen gegen das Eigentum bestraft worden sind, endlich in Ansehung des Gewerbes der Gesindevermieter gegenüber den wegen Verbrechen oder Vergehen gegen das Eigentum oder gegen die Sittlichkeit Bestraften.

5) Der Regelung durch die Ortspolizeibehörde unterliegt die Unterhaltung des öffentlichen Verkehrs innerhalb der Orte durch Wagen aller Art, Gondeln, Sänften, Pferde und sonstige Transportmittel sowie das Gewerbe derjenigen Personen, welche auf öffentlichen Straßen oder Plätzen ihre Dienste anbieten.

6) Den Gewerbebetrieb im Um=
herziehen anlangend, so sind zunächst
diejenigen, welche ein stehendes Gewerbe be=
treiben, befugt, auch außerhalb des Orts
ihrer gewerblichen Niederlassung nach
vorgängiger Lösung eines Legitimations=
scheins persönlich oder durch ihre Reisen=
den Waren aufzukaufen und Bestellungen
auf Waren zu suchen. Dagegen ist das
eigentliche Hausiergewerbe, d. h.
der selbständige Gewerbebetrieb ohne Be=
gründung einer gewerblichen Niederlas=
sung, sei es nun, daß es sich dabei um
das Feilbieten oder um das Aufkaufen
von Waren oder um das Aufsuchen von
Warenbestellungen oder endlich um ge=
werbliche oder künstlerische Leistungen und
Schaustellungen ohne höheres wissenschaft=
liches oder Kunstinteresse handelt, insofern
beschränkt, als gewisse Gegenstände diesem
Verkehr gänzlich entzogen sind, nämlich:
geistige Getränke aller Art, gebrauchte
Kleider und Betten, Garnabfälle, Enden
und Dräumen von Seide, Wolle, Leinen
oder Baumwolle, Bruchgold und Bruch=
silber, Spielkarten, Lotterielose, Staats=
und sonstige Wertpapiere, Schießpulver,
Feuerwerkskörper und andre explosive
Stoffe, Arzneimittel, Gifte und giftige
Stoffe. Während ferner bei dem stehen=
den Gewerbebetrieb die Stellvertretung
durch andre unbedenklich zulässig ist, wird
solche bei dem Gewerbebetrieb im Umher=
ziehen nicht gestattet, insofern es sich nicht
um den Aufkauf und Verkauf selbstge=
wonnener Erzeugnisse der Jagd und des
Fischfangs oder um den Verkauf roher
Naturerzeugnisse mit Ausschluß des
größern Viehs, von Produkten der Land=
und Forstwirtschaft, des Garten= und
Obstbaus und frischer Lebensmittel aller
Art handelt, wie sie den regelmäßigen
Gegenstand des Wochenmarktverkehrs bil=
den. Großjährigen Personen kann die
Erteilung eines Legitimationsscheins nur
aus besonders im Gesetz vorgesehenen
Gründen, z. B. wenn sie mit einer ab=
schreckenden oder ansteckenden Krankheit be=
haftet sind, oder wenn sie unter Polizei=
aufsicht stehen, versagt werden, während
dies Minderjährigen gegenüber auch aus
andern Gründen geschehen kann. Zu

Schaustellungen und Kunstleistungen nie=
derer Art auf Straßen oder sonst im Um=
herziehen ist übrigens auch noch die spe=
zielle Erlaubnis durch die Ortsobrigkeit
erforderlich.

Was die gewerblichen Hilfeleistungen
der Gesellen, Gehilfen, Lehrlinge
und Fabrikarbeiter betrifft, so erklärt
die Gewerbeordnung die Festsetzung der
Verhältnisse zwischen diesen und den selb=
ständigen Gewerbtreibenden für einen Ge=
genstand freier Vereinbarung, wenn auch
zu Arbeiten an Sonn= und Festtagen,
vorbehaltlich anderweiter Vereinbarung in
Dringlichkeitsfällen, niemand verpflichtet
sein soll. Streitigkeiten, welche sich auf
den Antritt, die Fortsetzung oder Aufhe=
bung des Arbeits= oder Lehrverhältnisses
und auf die einmal begründeten Vertrags=
verhältnisse überhaupt beziehen, gehören
vor die besondern Gewerbegerichte, wo
solche bestehen, und im entgegengesetzten
Fall vor die Gemeindebehörde; doch ist die
Berufung auf den Rechtsweg gestattet.
Was die Verpflichtungen der Gesellen
und Gehilfen insbesondere anbelangt,
so sind dieselben verbunden, den Anord=
nungen der Arbeitgeber Folge zu leisten,
ohne jedoch zu häuslichen Arbeiten ver=
pflichtet zu sein. Sie können dagegen
beim Abgang ein Zeugnis über die Art und
Dauer ihrer Beschäftigung sowie auch über
ihre Führung fordern, welches auf Antrag
der Beteiligten von der Gemeindebehörde
kosten= und stempelfrei zu beglaubigen ist.
Der Auflösung des Vertragsverhältnisses
muß eine 14tägige Aufkündigung vorher=
gehen. Eine sofortige Entlassung der Ge=
sellen und Gehilfen ist aber dem Arbeit=
geber gestattet, wenn jene sich eines Dieb=
stahls, einer Veruntreuung oder eines
liederlichen Lebenswandels schuldig machen
oder den ihnen vertragsmäßig obliegen=
den Verpflichtungen nicht nachkommen,
wenn sie mit Feuer und Licht, der Ver=
warnung ungeachtet, unvorsichtig umge=
hen, wenn sie sich Thätlichkeiten oder grobe
Ehrverletzungen gegen den Arbeitgeber
oder dessen Angehörige zu schulden kom=
men lassen, oder wenn sie mit den Mit=
gliedern der Familie des Arbeitgebers
verdächtigen Umgang pflegen oder Mit=

arbeiter zu Handlungen verleiten, welche wider die Gesetze oder die guten Sitten verstoßen, oder endlich, wenn sie zur Fortsetzung der Arbeit unfähig geworden oder mit einer abschreckenden Krankheit behaftet sind. Auf der andern Seite sind die Arbeitnehmer zur sofortigen Lösung des Vertragsverhältnisses befugt wegen Unfähigkeit zur Fortsetzung der Arbeit sowie dann, wenn der Arbeitgeber sich ihnen oder ihren Angehörigen gegenüber Thätlichkeiten oder grobe Ehrverletzungen zu schulden kommen ließ, wenn er oder seine Angehörigen die Arbeitnehmer oder deren Angehörige zu rechtswidrigen oder unsittlichen Handlungen zu verleiten suchten, wenn der Arbeitgeber den Arbeitnehmern nicht den schuldigen Lohn in der bedungenen Weise auszahlte, bei Stücklohn nicht für ihre ausreichende Beschäftigung sorgte oder sich einer widerrechtlichen Übervorteilung gegen sie schuldig machte, endlich auch dann, wenn bei Fortsetzung der Arbeit das Leben oder die Gesundheit der Arbeiter einer erweislichen Gefahr ausgesetzt sein würde, die bei Eingehung des Arbeitsvertrags nicht zu erkennen war. Übrigens ist der Arbeitgeber für den Fall, daß bei dem Gewerbebetrieb der Tod oder eine körperliche Verletzung eines Arbeiters durch ein Verschulden des Aufsichts- und Dienstpersonals herbeigeführt wurde, nach dem sogen. Haftpflichtgesetz des Deutschen Reichs vom 7. Juni 1871 zu Schadenersatz verpflichtet (s. Haftpflicht).

Das Verhältnis des Lehrlings zum Lehrherrn ist ebenfalls normiert. Unfähig zur Annahme und Beibehaltung von Lehrlingen sind diejenigen, welche wegen andrer als politischer Verbrechen oder Vergehen sich nicht im Vollgenuß der staatsbürgerlichen Rechte befinden oder wegen Diebstahls oder Betrugs rechtskräftig verurteilt worden sind. Der Lehrherr hat die Pflicht, seinen Lehrling zum tüchtigen Gesellen auszubilden, zur Arbeitsamkeit und zu guten Sitten anzuhalten und vor Lastern und Ausschweifungen zu bewahren. Zu dem Ende ist der Lehrling der väterlichen Zucht des Lehrherrn unterworfen, auch dem Stellvertreter des letztern zu Gehorsam verpflichtet. Was die Endigung des Lehrverhältnisses anbelangt, so kann dasselbe wider den Willen des Lehrherrn und vor Ablauf der Lehrzeit wegen gröblicher Vernachlässigung der Pflichten oder wegen Mißbrauchs des Züchtigungsrechts des Lehrherrn sowie dadurch, daß dem Lehrherrn die Befugnis, Lehrlinge zu halten, entzogen wird, gelöst werden, ebenso durch den Tod des Lehrherrn oder des Lehrlings, durch Unfähigkeit eines von beiden Teilen zur Erfüllung der ihm obliegenden Verpflichtungen, endlich auch durch Bestimmung des Lehrlings zu einem anderweiten Gewerbe. Auf der andern Seite kann der Lehrherr den Lehrvertrag aus ebendenselben Gründen aufheben, welche ihn zur sofortigen Entlassung der Gesellen berechtigen. Für die Aufnahme und Entlassung der Lehrlinge dürfen keinerlei Gebühren erhoben werden; auch muß dem Lehrling bei Beendigung des Lehrverhältnisses vom Lehrherrn ein Zeugnis ausgestellt und dies, wofern gegen seinen Inhalt nichts zu erinnern, kosten- und stempelfrei von der Gemeindebehörde beglaubigt werden.

Außerdem enthält die Gewerbeordnung eine Reihe von Strafbestimmungen für etwaige Kontraventionsfälle; dagegen sind (§ 152) alle frühern Verbote und Strafbestimmungen gegen Gewerbtreibende, gewerbliche Gehilfen, Gesellen oder Fabrikarbeiter wegen Verabredungen und Vereinigungen zum Behuf der Erlangung günstiger Lohn- und Arbeitsbedingungen, insbesondere mittelst Einstellung der Arbeit oder Entlassung der Arbeiter, aufgehoben, wenn auch ausdrücklich bestimmt ist, daß der Rücktritt von solchen Vereinigungen und Verabredungen jedem Teilnehmer freisteht, und daß weder Klagen noch Einreden aus jenen stattfinden. Wurden jedoch Drohungen, Ehrverletzungen, Verrufserklärung oder gar körperlicher Zwang zur Anwendung gebracht, um andre zur Teilnahme oder zum Verbleiben bei derartigen Vereinigungen zu bestimmen, so tritt eine Gefängnisstrafe bis zu 3 Monaten ein, sofern nicht das Reichsstrafgesetzbuch eine höhere Strafe androht, wie namentlich, wenn der Thatbestand einer Nötigung vorliegt. Zu bemerken ist ferner, daß der

Titel VII der Gewerbeordnung, welcher von den gewerblichen Arbeitern (Gesellen, Gehilfen, Lehrlingen und Fabrikarbeitern) handelt, einer eingehenden Revision unterworfen worden ist, deren Resultate in der Gewerbeordnungsnovelle vom 17. Juli 1878 (Reichsgesetzblatt, S. 199 ff.) enthalten sind.

Diese Novelle dehnt insbesondere die Vorschrift der Gewerbeordnung, wonach Gewerbtreibenden, welchen die bürgerlichen Ehrenrechte aberkannt sind, die Beschäftigung von Lehrlingen unter 18 Jahren untersagt ist, auf die Anleitung von Arbeitern unter 18 Jahren überhaupt aus. Ferner sind in Ansehung der sogen. Arbeitsbücher wichtige Neuerungen getroffen. Während nämlich bisher nur für jugendliche Fabrikarbeiter unter 16 Jahren die Führung von Arbeitsbüchern vorgeschrieben war, ist jetzt der Arbeitsbuchzwang als Erziehungsmaßregel für alle Arbeiter unter 21 Jahren eingeführt. Dabei bleibt es den Arbeitgebern unbenommen, auch ältern Arbeitern gegenüber die Führung eines Arbeitsbuchs zur Bedingung ihrer Annahme zu machen. Bei der Annahme von Arbeitern unter 21 Jahren aber muß der Arbeitgeber kraft gesetzlicher Bestimmung das Arbeitsbuch einfordern, welches den Namen des Arbeiters, Ort, Jahr und Tag seiner Geburt sowie seine Unterschrift enthalten muß. Die Ausstellung erfolgt unter dem Siegel und der Unterschrift der Behörde. Derjenige, welcher einen Arbeiter unter 21 Jahren ohne Arbeitsbuch in Beschäftigung nimmt oder behält, wird nach § 150 der Gewerbeordnung in ihrer nunmehrigen Fassung mit Geldstrafe bis zu 20 Mk. und im Unvermögensfall mit Haft bis zu 3 Tagen bedroht. Auch ist ein Arbeitgeber, welcher einem Arbeiter unter 21 Jahren nach rechtmäßiger Lösung des Arbeitsverhältnisses das Arbeitsbuch nicht wieder aushändigt oder die vorschriftsmäßigen Einträge über die Zeit des Eintritts und die Art der Beschäftigung sowie über die Zeit des Austritts und, wenn die Beschäftigung Änderungen erfahren hat, über die Art der letzten Beschäftigung des Arbeiters zu machen unterläßt oder

unzulässige Einträge oder Vermerke bewirkt, dem Arbeiter entschädigungspflichtig. Beim Abgang können die Arbeiter (nicht nur, wie bisher, die Gesellen und Gehilfen) ein Zeugnis über die Art und Dauer ihrer Beschäftigung fordern, welches auf Verlangen der Arbeiter auch auf ihre Führung auszudehnen ist. Ferner sind die Voraussetzungen, unter welchen ausnahmsweise eine sofortige Entlassung der Gesellen und Gehilfen seitens des Arbeitgebers zulässig ist, und die auch für Lehrlinge und Fabrikarbeiter Anwendung finden, um zwei Fälle vermehrt worden: einmal nämlich um den Fall, daß gewerbliche Arbeiter bei Abschluß des Arbeitsvertrags den Arbeitgeber durch Vorzeigung falscher oder verfälschter Arbeitsbücher oder Zeugnisse hintergangen oder ihn über das Bestehen eines andern, sie gleichzeitig verpflichtenden Arbeitsverhältnisses in einen Irrtum versetzt haben; dann um den Fall, daß gewerbliche Arbeiter sich einer vorsätzlichen und rechtswidrigen Sachbeschädigung zum Nachteil des Arbeitgebers oder eines Mitarbeiters schuldig gemacht haben. Neu ist ferner die Bestimmung (§ 125), daß ein Arbeitgeber, der einen Gesellen oder Gehilfen verleitet, vor rechtmäßiger Beendigung des Arbeitsverhältnisses die Arbeit zu verlassen, dem frühern Arbeitgeber für den dadurch entstehenden Schaden als Selbstschuldner haftbar sein soll. In gleicher Weise haftet ein Arbeitgeber, der einen Gesellen oder Gehilfen annimmt oder behält, von dem er weiß, daß derselbe einem andern Arbeitgeber zur Arbeit noch verpflichtet ist.

Wesentliche Änderungen haben ferner die Bestimmungen über das Lehrlingswesen erfahren. Die bisherige Begriffsbestimmung des Lehrlings (»Als Lehrling ist jeder zu betrachten, welcher bei einem Lehrherrn zur Erlernung eines Gewerbes in Arbeit tritt, ohne Unterschied, ob die Erlernung gegen Lehrgeld oder unentgeltliche Hilfeleistung stattfindet, oder ob für die Arbeit Lohn gezahlt wird«) ist aufgegeben; die Novelle will den Unterschied zwischen Handwerkslehrlingen und Fabriklehrlingen beseitigt wissen. Auch die frühere Bestimmung der

Gewerbeordnung, wonach Lehrlinge über 18 Jahre der väterlichen Zucht des Lehrherrn nicht mehr unterworfen sein sollten, ist aufgehoben. Dagegen ist die Schriftlichkeit bei der Abschließung des Lehrvertrags zwar nicht zur Bedingung der Gültigkeit eines solchen gemacht, wohl aber ist mit Rücksicht auf die Zweckmäßigkeit und Wichtigkeit dieser schriftlichen Form bestimmt worden, daß ein Anspruch des Lehrherrn oder des Lehrlings auf Entschädigung bei vorzeitiger Beendigung des Lehrverhältnisses nur dann geltend gemacht werden kann, wenn der Lehrvertrag schriftlich geschlossen ist. Ebenso kann ein Anspruch auf Rückkehr des entlaufenen Lehrlings nur unter ebendieser Voraussetzung geltend gemacht werden. Die Polizeibehörde kann in diesem Fall auf Antrag des Lehrherrn den Lehrling anhalten, so lange in der Lehre zu verbleiben, als durch gerichtliches Urteil das Lehrverhältnis nicht für aufgelöst erklärt ist. Im Fall der Weigerung kann die Polizeibehörde den Lehrling zwangsweise zurückführen lassen oder durch Androhung von Geldstrafe bis zu 50 Mk. oder Haft bis zu 5 Tagen ihn zur Rückkehr anhalten. Wichtig ist ferner die Einführung einer gesetzlichen Probezeit von vier Wochen vom Beginn der Lehrzeit an, während der das Lehrverhältnis durch einseitigen Rücktritt aufgelöst werden kann. Eine Vereinbarung, wonach diese Probezeit mehr als drei Monate betragen soll, ist nichtig. Ferner ist die bisherige Bestimmung der Reichsgewerbeordnung, wonach das Lehrverhältnis wider den Willen des Lehrherrn aufgehoben werden konnte, wenn der Lehrling zu einem andern Gewerbe oder Beruf überging, in dieser Allgemeinheit beseitigt worden. Um aber dem Lehrling die Möglichkeit des Übergangs zu einem andern Beruf nicht gänzlich abzuschneiden, ist die Bestimmung getroffen, daß, wenn von dem Vater oder dem Vormund für den Lehrling oder, sofern der letztere großjährig ist, von diesem selbst dem Lehrherrn die schriftliche Erklärung gegeben wird, daß der Lehrling zu einem andern Gewerbe oder Beruf übergehen werde, das Lehrverhältnis, wenn der Lehrling nicht früher entlassen

wird, nach Ablauf von vier Wochen als aufgelöst gelten soll. Binnen neun Monaten nach der Auflösung darf dann der Lehrling in demselben Gewerbe von einem andern Arbeitgeber ohne Zustimmung des frühern Lehrherrn nicht beschäftigt werden.

Was endlich die Normen über die Fabrikarbeiter anbetrifft, so sind hier insbesondere die Vorschriften über die Verwendung jugendlicher Arbeiter von Wichtigkeit. Hiernach dürfen nämlich in Fabriken Kinder unter 12 Jahren gar nicht, Kinder unter 14 Jahren nicht über sechs und junge Leute zwischen 14 und 16 Jahren nicht länger als zehn Stunden täglich beschäftigt werden. Die Arbeitsstunden der jugendlichen Arbeiter dürfen nicht vor 5½ Uhr morgens beginnen und nicht über 8½ Uhr abends dauern. Zwischen den Arbeitsstunden müssen an jedem Arbeitstag regelmäßige Pausen gewährt werden. Diese Pausen müssen für Kinder eine halbe Stunde, für junge Leute zwischen 14 und 16 Jahren mittags eine Stunde sowie vormittags und nachmittags je eine halbe Stunde mindestens betragen. Kinder, welche zum Besuch der Volksschule verpflichtet sind, dürfen in Fabriken nur dann beschäftigt werden, wenn sie in der Volksschule oder in einer von der Schulaufsichtsbehörde genehmigten Schule und nach einem von ihr genehmigten Lehrplan einen regelmäßigen Unterricht von mindestens drei Stunden täglich genießen. Zur Kontrolle der Kinderarbeit soll das Institut der Arbeitskarten dienen, welche auf Antrag oder mit Zustimmung des Vaters oder Vormunds durch die Ortspolizeibehörde kosten- und stempelfrei ausgestellt werden und Namen, Tag und Jahr der Geburt sowie die Religion des Kindes, den Namen, Stand und letzten Wohnort des Vaters oder Vormunds und außerdem die zur Erfüllung der gesetzlichen Schulpflicht getroffenen Einrichtungen angeben sollen. Die Beschäftigung eines Kindes in Fabriken ist nicht gestattet, wenn dem Arbeitgeber nicht zuvor für dasselbe die Arbeitskarte eingehändigt ist. Eines Arbeitsbuchs bedarf es daneben nicht. Dabei hat die Gewerbeordnungsnovelle das in England bewährte

System adoptiert, welches es möglich machen soll, der Intention des Gesetzes zu ihrem Recht zu verhelfen und zugleich den besondern Bedürfnissen einzelner Industriezweige Rechnung zu tragen. Durch Beschluß des Bundesrats kann nämlich die Verwendung jugendlicher Arbeiter, welchen in dieser Beziehung die Arbeiterinnen gleichgestellt sind, für gewisse Fabrikationszweige, welche mit besondern Gefahren für Gesundheit oder Sittlichkeit verbunden sind, gänzlich untersagt oder von besondern Bedingungen abhängig gemacht werden. Insbesondere kann für gewisse Fabrikationszweige die Nachtarbeit der Arbeiterinnen untersagt werden. Auf der andern Seite können durch Beschluß des Bundesrats für Spinnereien, für Fabriken, welche mit ununterbrochenem Feuer betrieben werden, oder welche sonst durch die Art des Betriebs auf eine regelmäßige Tag- und Nachtarbeit angewiesen sind, sowie für solche Fabriken, deren Betrieb eine Einteilung in regelmäßige Arbeitsschichten von gleicher Dauer nicht gestattet oder seiner Natur nach auf bestimmte Jahreszeiten beschränkt ist, Ausnahmen von den beschränkenden Gesetzesvorschriften über die Verwendung von Kindern und jugendlichen Arbeitern nachgelassen werden. Jedoch darf in solchen Fällen die Arbeitszeit für Kinder die Dauer von 36 und für junge Leute die Dauer von 60, in Spinnereien von 36 Stunden wöchentlich nicht überschreiten. Die durch Beschluß des Bundesrats getroffenen Bestimmungen sind dem nächstfolgenden Reichstag vorzulegen. Sie sind außer Kraft zu setzen, wenn der Reichstag dies verlangt. Für Arbeiterinnen ist noch die Bestimmung von Wichtigkeit, daß Wöchnerinnen während drei Wochen nach ihrer Niederkunft in Fabriken nicht beschäftigt werden dürfen.

Endlich hat die Novelle das Institut der Fabrikinspektoren allgemein eingeführt. Dieselben sollen mit allen amtlichen Befugnissen der Ortspolizeibehörden ausgestattet und mit der Kontrolle der Ausführung derjenigen Bestimmungen betraut werden, welche in Ansehung der Fabrikarbeiter gegeben sind, namentlich auch mit der Ausführung der Vorschrift, wonach die Gewerbeunternehmer verpflichtet sind, alle diejenigen Einrichtungen herzustellen und zu unterhalten, welche mit Rücksicht auf die Beschaffenheit des Gewerbebetriebs und der Betriebsstätte zu thunlichster Sicherheit gegen Gefahr für Leben und Gesundheit der Arbeiter notwendig erscheinen.

Die rückläufige Bewegung der neuesten Zeit hat sich aber auch auf dem Gebiet der G. geltend gemacht. Zahlreiche Stimmen aus dem Handwerkerstand haben eine Wiederbelebung der Innungen verlangt, und auch im Reichstag sind wiederholt Anträge auf Abänderung der Gewerbeordnung, soweit dieselbe von den Innungen handelt, gestellt worden. Die Versuche, auf dem Boden der bestehenden Gewerbeordnung eine Neubelebung dieser Körperschaften zu bewirken, wurden von dem Handwerkerstand ziemlich kühl entgegengenommen. Gleichwohl war ein namentlich in Osnabrück nach dieser Richtung hin gemachter Versuch nicht ohne Erfolg. Dort wurde von dem Oberbürgermeister Miquel ein Musterstatut ausgearbeitet, welches auch andern Innungen durch Runderlaß des königlich preußischen Verkehrsministers zur Beachtung und Nachahmung empfohlen wurde. Ein großer Teil des Handwerkerstands und zahlreiche Mitglieder der konservativen Parteien verlangten aber wirkliche gesetzgeberische Reformen, und die Anhänger der sogen. Zunftpartei (Zünftler) traten schließlich mit der direkten Forderung auf Einführung der Zwangsinnungen hervor. Die Vorlage des Bundesrats, welche dem Reichstag in der Session von 1881 gemacht wurde, geht zwar nicht so weit; aber sie will die Innungen unter gewissen Voraussetzungen immerhin mit sehr weit gehenden Rechten ausstatten. Namentlich soll hiernach für den Bezirk einer Innung, deren Thätigkeit auf dem Gebiet des Lehrlingswesens sich bewährt hat, durch die höhere Verwaltungsbehörde angeordnet werden können, daß von einem bestimmten Zeitpunkt an nur Innungsmeister Lehrlinge annehmen können. Zu einem vollständigen Abschluß wird diese Bewegung in nächster Zeit schwerlich gelangen. — Schließlich ist hier noch an eine Reihe von Spezialgesetzen des Deutschen Reichs zu erinnern, welche einzelne Gewerbe speziell berühren oder doch in den Zusammenhang des Gewerbewesens gehören. Hierzu sind namentlich das Patentgesetz vom 25. Mai 1877, welches den Schutz von Erfindungen (s. Patent) betrifft, das Gesetz und die Staatsverträge über den Schutz des sogen. geistigen Eigentums, den Schutz von Marken, Etiketten, Kunstwerken, Photographien u. dgl. zu rechnen. Auch das Gesetz über den Verkehr mit Nahrungsmitteln und Gebrauchsgegenständen gehört hierher (s. Gesundheitspolizei). Ferner ist das Gesetz über die privatrechtliche Stellung der Genossenschaften (s. d.) zu erwähnen und endlich das Reichsgesetz vom 7. Mai 1874, welches das Preßgewerbe unter Zugrundelegung des Prinzips der Preßfreiheit regelt (s. Presse). Dazu kommen zahlreiche Ausführungsverordnungen. Vgl. außer den Ausgaben der Gewerbeordnung: Mascher, Das deutsche Gewerbewesen (1866); Jacobi, Die Organisation des Gewerbes (1879); Löbner, Wie das deutsche Kleingewerbe über die Innungsfrage denkt (1879); Huber, Der Reichsgesetzentwurf, betreffend die Neuregelung des Innungswesens (1881).

Gewerbekammern, s. Handels- und Gewerbekammern.

Gewerbeordnung) s. Gewerbe-
Gewerbepolizei) gesetzgebung.

Gewerbesteuer, s. Steuern.

Gewerkvereine (engl. Trades' Unions, Arbeitergilden), genossenschaftliche Vereinigungen von Arbeitern und Handwerkern eines bestimmten Gewerks zum gemeinsamen Schutz ihrer Interessen gegenüber dem Publikum, den Behörden und insbesondere den Arbeitgebern. In Deutschland sind dieselben von Max Hirsch, dem dermaligen Anwalt der G., nach englischem Muster eingerichtet. Von besonderer Wichtigkeit sind die Kranken- und Begräbniskassen der G., welche jetzt als eingeschriebene Hilfskassen (s. d.) auch gesetzlich anerkannt sind. Die Zahl der Ortskassen belief sich 1880 auf 411. Die Verbandsinvalidenkasse der (antisozialen) G.

hat seit ihrem Bestehen (1. Juli 1869) bis Ende 1878: 86,699 Mk. 92 Pf. Pensionen und 2701 Mk. 8 Pf. Kurkosten für 10 Invaliden bezahlt. Daneben besteht eine Invalidenkasse des Gewerkvereins der Maschinenbauer und Metallarbeiter, welche in dem gleichen Zeitraum 30,000 Mk. an Pensionen und 1500 Mk. Kurkosten bezahlt hat. Das Vermögen beider Kassen beläuft sich auf 322,000 Mk. Vgl. Hirsch, Die deutschen G. (1879); Volke, Die deutschen G. (1879); Holyoake, History of cooperation in England (1875 bis 1879, 2 Bde.); Leris, Die G. in Frankreich (1879); Farnam, Die amerikanischen G. (1879).

Gewissensehe, eheliche Verbindung, geschlossen ohne die gesetzliche Form, nur auf Grund gegenseitigen Vertrauens.

Gewohnheitsrecht, s. Recht.

Ghibellinen (deutsch Waiblinger, vermutlich von der hohenstaufischen Burg Waiblingen), im Mittelalter italienische Bezeichnung für die hohenstaufische oder kaiserliche Partei, im Gegensatz zu den Anhängern des Papsttums, welche Guelfen (Welfen) genannt wurden.

Glücksspiel (Hasardspiel), dasjenige Spiel, bei welchem lediglich der Zufall, nicht die größere oder geringere Geschicklichkeit der Spieler entscheidet. Wegen ihrer Gefährlichkeit sind gegen die Glücksspiele aus volkswirtschaftlichen und sittlichen Gründen vielfach Verbote erlassen worden. Für Deutschland wurde durch Bundes- (Reichs-)Gesetz vom 1. Juli 1869 die Schließung der vom Staat konzessionierten Spielbanken längstens bis 31. Dez. 1872 angeordnet. Das deutsche Strafgesetzbuch aber bedroht (§§ 284 f.) denjenigen, welcher aus dem G. ein Gewerbe macht, mit Gefängnisstrafe bis zu zwei Jahren, neben welcher auf Geldstrafe von 300—6000 Mk. sowie auf Verlust der bürgerlichen Ehrenrechte erkannt werden kann. Ist der Verurteilte ein Ausländer, so ist die Landespolizeibehörde befugt, denselben aus dem Reichsgebiet zu verweisen. Ebenso ist der Inhaber eines öffentlichen Versammlungslokals, welcher ein G. daselbst gestattet oder zur Verheimlichung solcher Spiele mitwirkt, mit Geldstrafe bis zu 1500 Mk. bedroht. Dazu kommt die Bestimmung im § 360, Nr. 14 des Reichsstrafgesetzbuchs, wonach derjenige, welcher unbefugt auf einem öffentlichen Weg, einer Straße, einem öffentlichen Platz oder in einem öffentlichen Versammlungsort ein G. hält, mit Geldstrafe bis zu 150 Mk. oder mit Haft bis zu 6 Wochen bestraft werden soll. Daß gleichwohl in einzelnen Staaten unter staatlicher Autorität das Institut der Lotterie (s. d.) fortbesteht, ist mit diesem Standpunkt der Gesetzgebung kaum zu vereinbaren.

Gnadengehalt, s. Pension.

Gnadenjahr, Jahr, auf dessen Dauer nach dem Ableben eines Besoldeten dessen Erben, besonders Witwe und Kinder, noch die Einkünfte des Amtes beziehen. Beschränkt sich diese Frist auf ein halbes oder, wie dies in der Regel der Fall, nur auf ein Vierteljahr, so heißt sie Gnadenhalbjahr oder Gnadenquartal.

Goldne Bulle, Reichsgrundgesetz des ehemaligen Deutschen Reichs, 1356 von Kaiser Karl IV. publiziert, ordnet die Kaiserwahl und bestimmt, welche Fürsten fortan die Kurwürde führen sollen, indem sie die rechtliche Stellung der letztern normiert. Außerdem enthält die G. B., so benannt nach dem goldnen Siegel (aurea bulla), Bestimmungen über Landfrieden, Pfahlbürger und städtische Verbindungen. Das angebliche Original wird im Römer zu Frankfurt a. M. aufbewahrt.

Goldne Rose, ein päpstliches Gnadengeschenk, bestehend in einer geweihten goldnen Rose, welche seit 1366 am Sonntag Lätare regelmäßig verliehen zu werden pflegt.

Goldpapier, s. Papiergeld.

Goldwährung, s. Währung.

Gothaer, Fraktion der deutschen Nationalversammlung, welche 26.—28. Juni 1849 eine Zusammenkunft in Gotha hatte und dort den Beschluß faßte, das preußische Unionsprojekt und die Wahlen zum Erfurter Parlament zu unterstützen; dann Anhänger der bundesstaatlichen Verfassung Deutschlands mit parlamentarischen Formen und preußischem Präsidium (Kleindeutschland). Die jetzigen Natio-

nalliberalen entsprechen der alten G. Partei.

Gothaer Vertrag, s. Ausweisung.

Gotteslästerung (Blasphemie), Beschimpfung von Gegenständen religiöser Verehrung. Das deutsche Reichsstrafgesetzbuch (§ 166) erklärt in dieser Beziehung für strafbar: 1) denjenigen, welcher in öffentlichen Äußerungen Gott lästert und dadurch ein Ärgernis gibt; 2) denjenigen, welcher öffentlich eine der christlichen Kirchen oder eine andre mit Korporationsrechten innerhalb des Reichsgebiets bestehende Religionsgesellschaft oder ihre Einrichtungen oder Gebräuche beschimpft; endlich 3) denjenigen, welcher in einer Kirche oder in einem andern zu religiösen Versammlungen bestimmten Ort beschimpfenden Unfug verübt. Derartige Handlungen sollen, vorausgesetzt, daß sie boloserweise verübt wurden, d. h. daß der Thäter, dessen Glaubensbekenntnis aber dabei nicht in Frage kommt, das Bewußtsein hatte, daß er durch seine Handlungsweise das religiöse Gefühl andrer verletze, mit Gefängnis von einem Tag bis zu drei Jahren bestraft werden.

Gouverneur (franz., spr. guwärnöhr), s. v. w. Kommandant; auch Titel des Statthalters einer Provinz oder einer Kolonie (Gouvernement), z. B. in Rußland; in den nordamerikanischen Unionsstaaten (governor) der höchste Staatsbeamte. Gouvernement wird auch oft gleichbedeutend mit Staatsregierung gebraucht, daher man die Gesinnung desjenigen als gouvernemental bezeichnet, welcher der Regierung schlechthin Folge leistet und keine selbständige Parteirichtung verfolgt und innehält. Der Begriff »gouvernemental« wird in Deutschland noch vielfach thatsächlich mit »konservativ« verwechselt.

Graf (lat. Comes, die Abstammung des deutschen Worts ist unbekannt), ursprünglich ein über einen Gau gesetzter königlicher Beamter, welcher an Stelle des Königs Gericht hielt. Aus dieser Beamtenstellung, welche namentlich unter Karl d. Gr. den sogen. Sendgrafen zukam, entwickelte sich nach und nach eine Territorialgewalt über bestimmte Landschaften

15*

(Grafschaften), und namentlich wurden die Landgrafen, nachdem sie sich von der Gewalt der Herzöge frei gemacht hatten, dem Fürstenstand beigezählt. Seit Ende des 15. Jahrh. war der Grafentitel auch der Titel solcher Herren, deren Besitzungen reichsunmittelbar waren. Sie hatten auf dem deutschen Reichstag Sitz und Stimme, indem ihnen im Fürstenrat vier Kuriatstimmen, die sogen. schwäbische, wetterauische, fränkische und westfälische Grafenbank, eingeräumt waren. Zu Anfang des 19. Jahrh. wurden die meisten Grafen mediatisiert (s. Mediatisieren); nur der Landgraf von Hessen-Homburg (s. b.) behauptete seine Souveränität bis zum Aussterben dieses Geschlechts.

Gramm, die Grundlage des französischen und nunmehrigen deutschen Gewichtssystems (das Gewicht eines Kubikzentimeters Wasser). 1000 G. bilden 1 Kilogramm (Kilo), das Gewicht eines Liters destillierten Wassers, = 10 Hektogramm (100 G.), = 100 Dekagramm (10 G.). Das G. zerfällt in 10 Dezigramm, 100 Zentigramm und 1000 Milligramm. Das Dekagramm (10 G.) wird Neulot genannt. Ein halbes Kilogramm (500 G.) ist das Pfund. 50 Kilogramm oder 100 Pfd. sind 1 Zentner. 1000 Kilogramm oder 2000 Ztr. sind 1 Tonne.

Granden (span. Grandes), im kastilischen Königreich seit dem 13. Jahrh. Titel des höchsten Adels, der außer den Anverwandten des königlichen Hauses alle durch Ahnen und Reichtum hervorragenden Leute, in Aragonien Ricos hombres genannt, in sich begriff. Außer der Anwartschaft auf die höchsten Staatsämter und sonstigen wichtigen Vorrechten hatten sie das Recht, in Gegenwart des Königs das Haupt zu bedecken, wurden vom König mit »Mi primo« (»mein Vetter«) angeredet, hatten bei den Cortes, die anfangs bloß aus ihnen und den Bischöfen bestanden, ihren Platz unmittelbar hinter den Prälaten und vor den Titulados und genossen noch andere dergleichen äußere Auszeichnungen. Unter Isabella und Ferdinand dem Katholischen ward die Macht dieses hohen Lehnsadels durch Jimenes gebrochen, und Karl V. schuf ihn in einen von der Krone abhängigen Hofadel um. Während der kurzen Herrschaft Joseph Napoleons wurde die Grandenwürde abgeschafft, nach der Restauration aber wiederhergestellt. Durch das Estatuto real vom 10. April 1834 wurde den G. der erste Platz in der Kammer der Proceres oder Pairs eingeräumt, den sie auch behielten, bis zur Zeit der Republik alle Rechte und Titel der G. nochmals aufgehoben wurden. König Alfons stellte die Grandenwürde wieder her.

Grande nation, la (franz., spr. grángd nasj'ong), »die große Nation«, als Bezeichnung der Franzosen schlechthin von Napoleon I. erfunden und namentlich vor dem deutsch-französischen Krieg von 1870 bis 1871 vielfach in diesem Sinn gebraucht.

Grand-Seigneur (franz., spr. grángsänjör), Großherr (Titel des Sultans).

Gratifikation (lat.), Vergünstigung, außerordentliche Remuneration.

Gravämen (lat.), Beschwerde, die man über etwas zu führen hat; besonders früher die Beschwerden der Reichs- und Landstände in Deutschland; gravaminieren, Beschwerde führen.

Gremium (lat., »Schoß«), Kollegium, Korporation, Zunft, Gesellschaft; Handelsgremium, s. v. w. Handelskammer.

Griechenland, Königreich im Südosten Europas, umfassend das alte Mittelgriechenland (Hellas), den Peloponnes (Morea) und das Inselgebiet: Euböa, die Cykladen, die Nordsporaden und seit 14. Nov. 1863 die Jonischen Inseln, welche bis dahin einen Freistaat unter englischem Schutz gebildet hatten. Das Königreich hat einen Flächengehalt von 50,123 qkm mit (1879) 1,679,775 Einw., darunter 37,598 Albanesen, 1217 Walachen und 29,126 Franken, d. h. Deutsche, Franzosen, Engländer und, besonders auf den Jonischen Inseln, Italiener. Die übrigen sind Neugriechen, d. h. Abkömmlinge der alten Hellenen mit slawischer Beimischung, welche die neugriechische Sprache reden. Der Konfession nach gehört die Mehrzahl der Bevölkerung dem orthodoxen griechisch-katholischen Glaubensbekenntnis an; Römisch-Katholische und Protestanten wurden 1870: 12,585 gezählt, daneben 2582 Juden. Hauptstadt: Athen (68,677 Einw.) mit der Hafenstadt Piräus (21,618 Einw.). In langwierigen Kämpfen errang sich G. seine Unabhängigkeit von der türkischen Gewaltherrschaft, und das Londoner Protokoll vom 3. Febr. 1830 erklärte G. zum souveränen Königreich. Ein Vertrag zwischen England, Frankreich, Rußland und Bayern verschaffte dem Prinzen Otto von Bayern die Königskrone, der als König Otto I. von G. regierte, bis 22. Okt. 1862 eine zu Athen konstituierte provisorische Regierung ihn für abgesetzt erklärte. Die 22. Dez. 1862 in Athen eröffnete konstituierende Nationalversammlung wählte auf Empfehlung der Schutzmächte den Prinzen Wilhelm (Georg), zweiten Sohn des nunmehrigen Königs Christian IX. von Dänemark (Schleswig-Holstein-Sonderburg-Glücksburg) als Georgios I. zum König der Hellenen. Die konstituierende Nationalversammlung aber stellte 1864 die neue Konstitution der Monarchie fest, welche 28. Nov. 1864 vom König Georg beschworen ward. Die Krone ist hiernach in der männlichen Linie der Nachkommen des Königs erblich; eventuell geht dieselbe auf den jüngern Bruder des letztern und auf dessen Nachkommen über, doch können die Kronen von G. und Dänemark keinesfalls von ein und demselben Monarchen getragen werden. Die vollziehende Gewalt steht dem König, die gesetzgebende der Nationalversammlung zu. Es ist dies eine einzige Kammer, welche aus 187 Deputierten besteht und an die Stelle der frühern, aus zwei Kammern bestehenden Ständeversammlung getreten ist. Die Nationalversammlung geht aus allgemeinen, direkten Wahlen hervor; die Wahlperiode ist eine vierjährige. Oberste Vollzugsbehörde ist das Ministerkonseil mit den Fachministern für auswärtige Angelegenheiten, Justiz, Finanzen, Kultus und öffentlichen Unterricht, Krieg, Marine und Inneres. Zum Zweck der innern Verwaltung zerfällt das Land in folgende 13 Nomarchien (Regierungsbezirke), an deren Spitze jeweilig ein Nomarch (Präsident) steht, nämlich: Attika und Böotien; Euböa; Phthiotis und Phokis;

Akarnanien und Ätolien; Achaia und Elis; Arkadien; Lakonien; Messenien; Argolis und Korinth; Cykladen; Kerkyra (Korfu); Kephalonia; Zakynthos (Zante). Die Unterabteilungen der Nomarchien sind die Eparchien, über welche ein Eparch (Landrat) gesetzt ist, und deren es 59 gibt. Die Hauptstadt steht unter einem besondern Polizeipräfekten. Für die Rechtspflege besteht als oberster Gerichtshof der Areopag, ein Kassationshof in Athen. Appellationsgerichte sind in Athen, Nauplia, Patras und Korfu errichtet. Ihnen sind die 16 Gerichts- und Assisenhöfe erster Instanz untergeordnet, neben welchen 175 Friedensrichter für minder wichtige Rechtssachen und Polizeisachen bestehen. Der Metropolit der griechisch-katholischen Kirche residiert zu Athen; außerdem sind 14 Erzbischöfe und 16 Bischöfe vorhanden. Römisch-katholische Erzbischöfe residieren auf Naxos und Korfu; dazu kommen vier Bischöfe.

Heerwesen. Durch Gesetz vom 15. Jan. 1867 ist die allgemeine Wehrpflicht eingeführt. Die Dienstzeit, mit dem vollendeten 19. Lebensjahr beginnend, dauert drei Jahre im stehenden Heer, sechs in der Reserve und zehn in der Landwehr. An Truppenkörpern zählt das stehende Heer: 3 Regimenter Infanterie (2 zu 3 und 1 zu 4 Bataillonen), 11 Jägerbataillone, 5 Schwadronen Kavallerie, 4 Feld- und 8 Gebirgsbatterien, 2 nicht bespannte Feldbatterien, ein Geniekorps von 4 Bataillonen und 1 Korps Gendarmerie. Die Friedenspräsenzstärke ist auf 19,091 Mann, 1367 Pferde und 288 Maultiere, die Kriegsstärke auf 35,136 Mann, 2044 Pferde und 3323 Maultiere festgesetzt worden. Die Flotte zählt 2 Panzerkorvetten, 2 Kreuzer und 6 Kanonenboote mit 36 Geschützen und 893 Mann Bemannung.

Nach dem Budget pro 1880 waren die Einnahmen auf 46,716,857, die Ausgaben auf 52,655,455 Drachmen (1 Silberdrachme = 72 Pf.) veranschlagt. Die Staatsschulden beliefen sich 1880 auf 315,200,011 Drachmen. Das Wappen zeigt ein silbernes Kreuz in himmelblauem Feld und in der Mitte des Kreuzes einen kleinen, von Silber und Blau geteilten Schild. Die Kriegsflagge enthält 5 blaue und 4 weiße abwechselnde Längs=streifen, in der untern Ecke das Wappen; die Handelsflagge enthält die Streifen ohne das Wappen. Die Landesfarben des Königreichs sind Himmelblau und Weiß. Vgl. v. Maurer, Das griechische Volk in öffentlicher, kirchlicher und privatrechtlicher Beziehung (1835, 3 Bde.); Moraïtinis, La Grèce telle qu'elle est (1877); Mansolas, La Grèce à l'exposition universelle de Paris (1878).

Griechisch=katholische Kirche (grie=chisch=orientalisch=orthodore Kirche), die christliche Kirche des Orients, welche nicht die Autorität des Papstes, auch nicht die spätern Satzungen der römisch=katholischen Kirche, sondern nur diejenigen der sieben ökumenischen Konzilien aner=kennt. Nachdem frühere Differenzen wie=derholt ausgeglichen worden waren, kam es 24. Juli 1054 zur bleibenden Trennung, als die Legaten des Papstes Leo IX. die gegen den Patriarchen von Konstantinopel erlassene Exkommunikationsurkunde in der Sophienkirche zu Konstantinopel ver=lasen und niederlegten. Patriarchen sind in Konstantinopel, Alexandrien, Antiochia, Jerusalem und Moskau vorhanden. Die g. K. teilt sich in die griechische Kirche der Türkei, Griechenlands und die russische Kirche. Die Glaubenslehre ist dieselbe (sieben Sakramente, Marien= und Heili=genverehrung, Abendmahl unter beiderlei Gestalt, Priesterehe 2c.). Vgl. Schmitt, Kritische Geschichte der neugriechischen und russischen Kirche (1840); Pitzipios, Die orientalische Kirche (deutsch von Schiel, 1857); Stanley, History of the eastern church (4. Aufl. 1869).

Großbotschafter, s. Gesandte.

Großbritannien (Great Britain), die große, England, Schottland und Wales umfassende Insel; dann Bezeichnung für die vereinigten Königreiche England, Schottland und Irland (Vereinig=tes Königreich G. und Irland, United Kingdom of Great Britain and Ire=land), wofür in England selbst der Aus=druck »Britische Inseln« gebräuchlich ist; im weitesten Sinn Bezeichnung für das gesamte britische Reich, welches außer den Königreichen England, Schottland und Irland auch die zugehörigen Inseln und die Kolonien umfaßt.

	QKilom.	Einw. (1879)
Vereinigtes Königreich .	314951	34866000
Indien und Ceylon .	2393177	193851000
Kolonien	17726669	11769665
Zusammen:	20434797	240486665

Hauptstadt: London (mit West Ham 3,707,130 Einw.). Das Königreich Schottland ist seit 1603 mit England vereinigt, in welchem Jahr Jakob I. von Schottland aus dem Hause Stuart den eng=lischen Thron bestieg. Durch die Unions=akte vom 6. Mai 1707 wurde Schottland vollständig mit England unifiziert. Die Unterwerfung Irlands wurde zwar be=reits unter Heinrich VII. aus dem Haus Tudor vollendet, aber erst 2. Juni 1800 wurde Irland mit England vollständig vereinigt. Mit dem Jahr 1714 gelangte das Haus Hannover auf den britischen Thron. Seit 20. Juni 1837 hat den=selben die Königin Victoria inne, welche sich mit dem Prinzen Albert von Sach=sen=Koburg=Gotha vermählte (gest. 14. Dez. 1861), dessen Nachkommen zur Suc=cession berufen sind. Das englische Reich ist eine Monarchie, aber nicht in demjeni=gen Sinn, wie er auf dem Kontinent der herrschende ist. Der König (oder die re=gierende Königin, queen regnant) ist nur der Repräsentant, nicht der Inhaber der Souveränität des Staats. Diese letz=tere beruht vielmehr im Parlament (par=liament). Hierzu wird nämlich (im wei=testen Sinn) auch der König gerechnet. Das Parlament besteht aus dem König und den drei Ständen des Reichs (three estates of the realm), den geistlichen Lords (Lords spiritual), den weltlichen Lords (Lords temporal), welche zusam=men das Oberhaus (House of lords) bil=den, und aus den sogen. Gemeinen (com=mons), die im Unterhaus vertreten sind. Das Parlament hat nach Blackstone »sou=veräne und niemand rechenschaftspflich=tige Gewalt, Gesetze zu machen, zu be=stätigen, zu erweitern, einzuschränken, ab=zuschaffen, zu verwerfen, wieder ins Leben zu rufen und zu erläutern, in betreff von Gegenständen jeder denkbaren Art, geist=

lichen ober weltlichen, bürgerlichen, kriegsrechtlichen, seerechtlichen, strafrechtlichen. Jedes Urteil und jede Beschwerde, jede Handlung und jedes Heilmittel, die über den gewöhnlichen Lauf des Gesetzes hinausgehen, sind im Bereich dieses außerordentlichen Tribunals. Es kann die Thronfolge aufheben und verändern; es kann die Staatskirche aufheben. Es kann sogar die Verfassung des Königreichs und selbst die des Parlaments umschaffen und umbilden. Kurz, es kann alles thun, was nicht von Natur unmöglich ist, und deshalb haben einige nicht Anstoß genommen, seine Gewalt mit einer etwas kühnen Umschreibung die Allmacht des Parlaments zu nennen. So viel ist richtig, daß das, was das Parlament thut, keine Gewalt auf Erden umstoßen kann.«

Eine eigentliche geschriebene Verfassung besteht für G. nicht. Die Grundgesetze, auf welchen die Verfassung beruht, sind folgende: der Freiheitsbrief König Heinrichs I. (gest. 1135), die Charta libertatum genannt; dann die Magna charta (Great charter) vom 15. Juni 1215, welche jedem Briten völlige Sicherheit der Person und des Eigentums zusichert; die Petition of rights von 1627, durch welche die Landesprivilegien gegen die königliche Gewalt gesichert wurden; die Habeaskorpusakte von 1679, nach welcher jeder Brite den Grund seiner Verhaftung erfahren, binnen 24 Stunden verhört und (außer bei Staats- und Kapitalverbrechen) gegen Bürgschaft dafür, daß er sich zur gerichtlichen Untersuchung stellen wolle, freigelassen werden muß; die Bill and Declaration of rights vom 22. Jan. 1689, wonach kein Gesetz ohne Parlamentsbewilligung Gültigkeit erlangen kann; die Successionsakte (Act of settlement) von 1701 und diejenige von 1705; die Unionsakte zwischen England und Schottland vom 6. März 1707; die Unionsakte zwischen G. und Irland vom 2. Juni 1800; die Emanzipationsbill der Katholiken vom 29. April 1829; die Reformbills vom 6. Juni 1832 für England, vom 17. Juni 1832 für Schottland und vom 8. Aug. 1832 für Irland, ebenso die von 1867 und 1868 über die Zusammensetzung und die Wahl der Mitglieder des Unterhauses. Dem König, dessen Person heilig und unverletzlich ist, steht die höchste vollziehende Gewalt zu; er ist unverantwortlich und kann kein Unrecht thun (the king can do no wrong). Dagegen sind die von ihm gewählten Staatsbeamten dem Parlament verantwortlich, an dessen Zustimmung der König bei den wichtigern Regierungshandlungen gebunden ist. Selbst das Begnadigungsrecht des Königs ist insofern beschränkt, als derselbe zwar die eigentliche Strafe erlassen oder mildern, nicht aber die Unfähigkeit zu öffentlichen Ämtern, insofern diese die Folge gewisser Verbrechen ist, beseitigen kann. Die Thronfolge ist in dem Act of settlement geordnet und auf die protestantische Nachkommenschaft der Prinzessin Sophie von Braunschweig (Hannover) beschränkt. Dieselbe erfolgt in strenger Linealfolge. Nach dem Ableben des Königs (resp. der Königin) folgen zunächst die Söhne dem Alter nach, doch gehen die Kinder des ältern Sohns dem jüngern Sohn und dessen Nachkommen vor und zwar unter Vorzug der männlichen Nachkommen vor den weiblichen. Sind keine Söhne vorhanden, so folgen die Töchter, und die Thronfolge geht nicht eher auf die Seitenlinie über, als bis weder männliche noch weibliche Sprossen aus der direkten Linie vorhanden sind. Der Gemahl einer regierenden Königin hat keinen Teil an den königlichen Rechten und führt nicht den Titel eines Königs von G. Der Titel des Monarchen ist: »König (jetzt Königin) des vereinigten Reichs von G. und Irland, Kaiser von Indien, Beschützer des Glaubens (Defensor fidei), Herzog von Lancaster und Cornwall, Herzog von Rothsay und Schottland, Herzog und Prinz von Braunschweig-Lüneburg«. Der Kronprinz führt, wenn er der älteste Sohn des Königs ist, den Titel eines »Prinzen von Wales«.

Das Parlament hat mit dem König zusammen das Gesetzgebungsrecht. Ohne den König betrachtet, hat es die Regierungsform zu beschützen, die Verwaltung zu beaufsichtigen, Gesetze zu beratschlagen, deren Beantragung der Form nach stets von dem Parlament ausgeht, und Steuern zu bewilligen, resp. zu versagen. Das Parlament richtet durch das Oberhaus seine Mitglieder wegen Hochverrats sowie auf Anklage seitens des Unterhauses die Verbrechen der Minister und der hohen Staatsbeamten. Das Parlament wird vom König berufen, vertagt, entlassen oder gänzlich aufgelöst. Mit dem Tode des Königs löst es sich von selbst auf. Die regelmäßige Legislaturperiode beträgt sieben Jahre. Aus eigner Machtvollkommenheit kann sich das Parlament nur auf wenige Tage vertagen. Beide Häuser führen ihre Verhandlungen getrennt.

Das Oberhaus besteht aus den volljährigen Prinzen des königlichen Hauses (Princes of blood royal), den geistlichen Lords (Lords spiritual), d. h. den beiden Erzbischöfen von Canterbury und York und 24 Bischöfen, und aus den weltlichen Lords (Lords temporal), auch Peers des Reichs (Peers of the realm) genannt. Diese letztern besitzen das Vorrecht, Mitglieder des Oberhauses zu sein, erblich, mit dem 21. Lebensjahr. Dazu kommen bestimmte Repräsentanten des schottischen (16) und des irischen Adels (28 Peers). Erstere werden bei der jedesmaligen Zusammenkunft des Parlaments, letztere auf Lebenszeit von ihresgleichen gewählt. Die Rangordnung im Oberhaus ist folgende: Prinzen des königlichen Hauses mit dem Titel Königliche Hoheit (royal highness); Erzbischof (archbishop) mit dem Titel Ew. Gnaden (your grace) und höchst ehrwürdig (most reverend); Duke (Herzog) mit dem Titel your grace und most noble (sehr edel); Marquess oder Marquis (Markgraf) mit dem Titel most honourable (höchst ehrenwert); Earl (Graf) mit dem Titel right honourable (sehr ehrenwert); Viscount (most honourable); Bischof (bishop) mit dem Titel right reverend (sehr ehrwürdig) und Baron (most honourable). Das Oberhaus besteht dermalen aus 499 Mitgliedern, nämlich: 4 Peers von königlichem Geblüt, 2 Erzbischöfen, 22 Herzögen, 19 Marquis, 134 Earls, 32 Viscounts, 24 Bischöfen und 262 Baronets. Sprecher (Vorsitzender) ist der Lord-Kanzler. Sein Sitz ist der »Woll-

sack«, ein großes viereckiges, mit rotem Tuch bedecktes Kissen. Derselbe hat kein Stimmrecht, ebensowenig wie die sogen. Beisitzer im Oberhaus, zu welchen die zwölf Oberrichter des Landes und eine Anzahl hoher juristischer Würdenträger gehören. Sie sitzen ebenfalls auf Wollsäcken und geben ihren Rat nur ab, wenn sie dazu besonders vom Haus aufgefordert werden. Die Mitglieder stimmen mit »content« (einverstanden) und »non content« (nicht einverstanden). Das Oberhaus ist beschlußfähig, sobald nur drei Mitglieder mit Einschluß des Lord-Kanzlers anwesend sind.

Das Haus der Gemeinen besteht aus den Abgeordneten der Grafschaften, der Städte und der Universitäten und zählt gegenwärtig 658 Mitglieder. Davon kommen 493 Abgeordnete, nämlich 187 der Grafschaften, 301 der Städte und 5 der Universitäten (2 Orford, 2 Cambridge, 1 London), auf England; 60, nämlich 32 für die Grafschaften, 26 für die Städte und 2 der Universitäten Edinburg und Glasgow, auf Schottland; endlich 105, nämlich 64 für die Grafschaften, 39 für die Städte und 2 für die Universität Dublin, auf Irland.

Das Wahlrecht ist durch die Reformakte vom 15. Aug. 1867 geregelt. Es steht prinzipiell jedem Haushaltungsvorstand zu. Gleich bei Eröffnung des Parlaments wird der Sprecher (speaker) gewählt, welcher die Verhandlungen leitet, ohne selbst daran teilzunehmen. Die Redner wenden sich formell nur an den Sprecher. Die Abgeordneten, welche an keine Mandate der Wähler gebunden sind, stimmen mit »Ay« und »No« (Ja und Nein). Eine geschriebene Geschäftsordnung existiert nicht. Der Sprecher leitet vom Präsidentenstuhl (chair) aus die Verhandlungen in der Amtstracht und Perücke; auf dem Tisch vor ihm befindet sich sein Zepter (mace). Zu bestimmten Zwecken werden besondere Kommissionen gebildet (Special committee). Handelt es sich aber um die Spezialberatung eines Gesetzes, so wird das Haus selbst als Kommission betrachtet, und man unterscheidet alsdann die beratende Sitzung (General committee) von der beschließenden. In der erstern präsidiert nicht der Sprecher, sondern der Vorsitzende des Finanzausschusses (Chairman of the committee of ways and means). Die Verhandlungen des Parlaments sind nicht öffentlich, doch werden seit einigen Jahrzehnten Reporter von Zeitungen und Zuhörer gegen Karten eingelassen. Es hat aber jedes Mitglied des Hauses das Recht, »to observe strangers« (Fremde zu bemerken), worauf der Sprecher die Galerien sofort räumen lassen muß. Das Unterhaus ist übrigens beschlußfähig, sobald nur 40 Mitglieder anwesend sind. Jedes Mitglied kann im Haus einen Vorschlag (bill) machen. Die Bills werden eingeteilt in public bill (öffentliche Bill), allgemeine Angelegenheiten betreffend, und private bill (Privatbill), Anordnung, welche für einen bestimmten Fall getroffen wird. Jede Bill muß, ehe die eigentliche Debatte beginnt, einer zweimaligen Lesung und Abstimmung unterzogen werden. Die königliche Genehmigung wird nach altem Brauch in französischer Sprache erteilt, und zwar lautet die Formel bei öffentlichen Bills: Le roi (la reine) le veut (der König [die Königin] will es), bei einer Privatbill: Soit fait, comme il est désiré (es geschehe gewünschtermaßen). Handelt es sich um eine Bewilligung von Rechten öffentlicher oder privatrechtlicher Natur, so lautet die Formel: Soit droit fait, comme il est désiré (es werde Recht gewünschtermaßen). Bei einer Geldbewilligung ist die Formel üblich: Le roi remercie ses loyaux sujets, accepte leur bénévolance et aussi le veut (der König dankt seinen getreuen Unterthanen, nimmt ihr Wohlwollen entgegen und will es also). Eine Verwerfung der Bill erfolgt durch die Wendung: Le roi s'avisera (der König wird die Sache erwägen), ein Fall, der übrigens seit 1707 nicht wieder vorgekommen ist. — Beim Citieren der Gesetze bedient man sich einer Abkürzung; z. B.: »5. Geo. IV. c. 95« heißt: das 95. der in dem fünften Regierungsjahr Georgs IV. erlassenen Gesetze. — Die Mitglieder des Parlaments erhalten keine Diäten. Dagegen bezieht der Sprecher des Unterhauses einen Gehalt von 6000 Pfd. Sterl.

Von großer Wichtigkeit ist eine Neuerung in der Geschäftsordnung des Hauses der Gemeinen, welche vom 29. Febr. 1880 datiert, und zu der ein systematischer Mißbrauch der unbegrenzten Freiheit der Debatte Veranlassung gegeben hatte, ausgehend von der kleinen Minoritätspartei der irischen Home-rulers, welche für Irland ein selbständiges Parlament und eine besondere Regierung fordern. Diese hatten den Gang der Verhandlungen im Unterhaus durch endlose Reden, Amendements und Anträge auf namentliche Abstimmung (division) in unverantwortlicher Weise gestört und aufgehalten. Gleichwohl konnte man sich nicht dazu entschließen, den in den Parlamenten des Kontinents üblichen Antrag auf Schluß der Debatte künftighin zuzulassen, weil man darin eine Verkürzung der parlamentarischen Redefreiheit für die Minorität erblickte. Man einigte sich jedoch schließlich in der Annahme einer Resolution folgenden Inhalts: »Hat der Sprecher oder der Vorsitzende in dem Ausschuß des ganzen Hauses ein Mitglied bei seinem Namen aufgerufen, weil es die Autorität des Vorsitzes mißachtet oder die Regeln des Hauses mißbraucht, um fortgesetzt oder absichtlich der Geschäftserledigung des Hauses auf diese oder auf andre Weise Hindernisse in den Weg zu legen, so soll, falls die Übertretung im Haus der Gemeinen geschah, der Sprecher auf Antrag eines Mitglieds sofort, und ohne daß ein Amendement, eine Vertagung oder eine Debatte zulässig ist, die Frage stellen, ob das betreffende Mitglied während der weitern Dauer der Sitzung an diesem Tag von der Teilnahme an den Geschäften des Hauses ausgeschlossen sein soll. Ist dagegen eine solche Übertretung im Ausschuß des Hauses vorgekommen, so soll der Vorsitzende des letztern auf Antrag eines Mitglieds in analoger Weise jene Frage stellen. Wird der Antrag im Ausschuß angenommen, so ist die Verhandlung in dem Ausschuß alsbald auszusetzen und Bericht über das Vorgefallene an das Haus zu erstatten. Hier stellt dann der Sprecher, gleich als ob die Übertretung im Plenum stattgefunden hätte, dieselbe Frage ohne

Zulassung eines Amendements, einer Debatte oder einer Vertagung. Ist aber auf Grund dieser Bestimmung ein Mitglied während einer Sitzungsperiode dreimal suspendiert worden, so soll die dritte Suspendierung mindestens eine Woche und so lange dauern, bis ein Antrag auf Aufhebung der Suspendierung oder Beschränkung derselben auf einen bestimmten Zeitraum gestellt wird. Bei der Beratung über diesen Antrag darf das betreffende Mitglied von seinem Platz aus gehört werden. Das Haus entscheidet über den Antrag in ein und derselben Sitzung.« Dabei wurde ausdrücklich hervorgehoben, daß die Disziplinargewalt des Parlaments im übrigen in ihrem vollen Umfang fortbestehe. Diese ist eine ziemlich strenge, und es kann wegen Mißachtung des Hauses (contempt of the house) auf parlamentarische Haft, die mit bedeutenden Kosten verknüpft ist, auf Verweis vor den Schranken des Sprechers oder gar auf Ausschließung von dem Haus erkannt werden.

Die vollziehende Gewalt wird von der Krone unter Kontrolle des Parlaments ausgeübt. Die Minister werden zwar vom König ernannt, allein sie müssen dem Parlament angehören, dem sie verantwortlich sind. Die Mehrheit im Parlament bestimmt den Charakter des Ministeriums und in der Regel auch die Mitglieder desselben, indem der Leiter der Opposition im Unterhaus, sobald seine Partei obgesiegt hat, stets in das neue Ministerium einrückt. Das Ministerium ist, bei Licht betrachtet, nichts andres als eine Art Vertrauensausschuß der beiden Häuser des Parlaments, in welchem sich die Regierung konzentriert. Das Kabinett (Cabinet council) besteht aus folgenden Mitgliedern: der erste Lord des Schatzes und Kanzler der Schatzkammer (First Lord of the treasury and Chancellor of the exchequer), der eigentliche Premierminister; ferner der Lord-Kanzler und Lord-Großsiegelbewahrer; der Lord-Präsident des Geheimen Rats; der Lord-Geheimsiegelbewahrer; die Staatssekretäre des Innern (Home department), des Äußern (foreign affairs), der Kolonien (colonies), des Kriegs (war) und

der Staatssekretär für Indien (India); der erste Lord der Admiralität; der Generalsekretär für Irland; der Kanzler des Herzogtums Lancaster; der Präsident des Handelsministeriums (Board of trade) und der Präsident des Amtes für die Lokalregierung (Local government board, Gemeindeverwaltungskollegium). Neben dem Kabinett besteht dem Namen nach ein Geheimer Rat (Privy council), welcher sich aus bedeutenden, vom König gewählten Männern zusammensetzt, und zu welchem auch der Lord-Mayor von London gehört. Doch hat dies Kollegium besondern Einfluß nicht. Die Zentralbehörden sind: Das Schatzamt (treasury), welches für die Erhebung der Steuern und deren Verwendung zu sorgen hat. Ihm sind die Zollverwaltung, die Verwaltung der Landessteuern sowie der Generalpostmeister unterstellt. Als erste Räte der Krone gehören ferner zum dem Schatzamt: der Attorney general (Generalanwalt oder Generalstaatsprokurator), der Solicitor general (Generalfiskal), ferner der Attorney general von Irland und der Solicitor general von Irland, endlich der Lord advocate of Scotland (Generalanwalt, zugleich gewissermaßen Minister für Schottland) und der Solicitor general of Scotland. Als Zentralstellen der Regierung sind ferner hervorzuheben: die Departements des Innern, des Äußern, das Departement für Indien, das Departement der Kolonien, das des Kriegs, das Militärdepartement, die Admiralität, das Komitee des Geheimen Rats für Erziehungsangelegenheiten, das Handelsamt, das Gemeindeverwaltungskollegium und das königliche Bauamt mit den zahlreichen Ressorts dieser Behörden. Die Staatsverwaltung des Innern ist jedoch in England weniger kompliziert als in den Staaten des Kontinents. Denn es ist dort das System der Selbstverwaltung (s. d.) ausund durchgebildet, und die Gemeinden haben hier zumeist diejenigen Funktionen überkommen, welche in andern Staaten Sache der Staatsverwaltung sind.

England ist übrigens in 40 Grafschaften (counties), Wales in 12 eingeteilt. Seit neuerer Zeit zerfallen England und Wales zusammen in 11 Bezirke. Schottland (Hauptstadt Edinburg) zerfällt in 32 Grafschaften, Irland (Hauptstadt Dublin) in 4 Landschaften: Leinster, Ulster, Munster und Connaught, zusammen mit 32 Grafschaften. An der Spitze der Grafschaft steht der von der Krone auf Lebenszeit ernannte Lord=Lieutenant, in der Regel einer der angesehensten Grundbesitzer. Ebenso wird der Sheriff von der Krone ernannt, welcher für die Ausführung der Urteile der obersten Gerichtshöfe sorgt, die Parlamentswahlen leitet und die Geschwornen beruft. Die niedere Ge= richtsbarkeit liegt in den Händen der Friedensrichter und in den Städten sala= rierter Richter. In den Städten sind die Befugnisse der erstern auch teilweise dem Bürgermeister oder andern städtischen Be= amten übertragen. Die Friedensrichter ur= teilen in den sogen. Vierteljahrssitzungen über schwerere Verbrechen unter Zuziehung von Geschwornen, während sie leichtere Vergehen in den sogen. kleinern Sitzungen (petty sessions) erledigen. Die Friedens= richter haben aber auch verwaltende und polizeiliche Funktionen. Die Rechts= pflege ist eine sehr verwickelte. Man un= terscheidet dabei zwischen gemeinem Recht (common law) und dem statutarischen, auf Parlamentsbeschlüssen beruhenden Recht (statute law). Der oberste Gerichtshof der vereinigten Königreiche ist das Oberhaus selbst, welches in gewissen Fällen entschei= det. Ein Ausschuß des Geheimen Rats entscheidet über Appellationen gegen Ur= teile der Gerichtshöfe in den Kolonien. Außerdem bestehen besondere oberste Ge= richtshöfe für England, Schottland und Irland. Die obersten Gerichtshöfe für England und Schottland zerfallen wie= derum in einen hohen Gerichtshof (High Court of justice) und einen Appellhof (Court of appeal). Die Kompetenzver= hältnisse sind sehr verwickelt. Eigentüm= lich ist auch das Institut der Rundreisen, welche die Richter des obersten Gerichts= hofs zur Abhaltung von Gerichtssitzungen alljährlich unternehmen.

Kirchenwesen. Die englische Kirche stellte sich schon unter den Tudors vom Papsttum unabhängig. Es ist jedoch die protestantische Kirche in zwei Kirchen ge= spalten, nämlich in die bischöfliche (anglikanische, Hofkirche) und die presbyterianische Kirche. Die angli= kanische Kirche (Episkopalkirche) ist in England die herrschende. Sie erklärt die bischöfliche Würde für eine göttliche Ein= richtung und hat aus der römisch=katho= lischen Kirche mehr Zeremoniell mit her= übergenommen als die presbyterianische, die das Zeremoniell fast abgeschafft, und deren Anhänger man deshalb auch Pu= ritaner genannt hat. Die presbyteria= nische Kirche hat ihren Namen von den Gemeindeältesten, welche sie an die Spitze der Gemeindeverwaltung stellt. Die angli= kanische Kirche hat in England 2 Erzbis= tümer (Canterbury und York) und 28 Bistümer. Daneben besteht die schottisch= bischöfliche Kirche mit 7 Bischöfen, doch ist in Schottland die presbyterianische Kirche die herrschende. In Irland ist die römisch=katholische Kirche mit 4 Erzdiö= zesen und 22 Bistümern die herrschende. Daneben bestehen zahlreiche Sekten (Me= thodisten, Quäker, Baptisten, Brüderge= meinde ꝛc.). Es besteht aber völlige Reli= gionsfreiheit, seit 1828 können auch Dis= senters ins Parlament gewählt werden und seit 1858 sogar Juden.

Finanzen. Die Kriege in Asien und Afrika, welche unter der Disraelischen Regierung geführt wurden, haben die englische Schuldenlast erheblich vermehrt, und trotz einer Erhöhung der Einkommen= steuer und der Tabakzölle ist das Gleich= gewicht zwischen Einnahme und Ausgabe noch nicht hergestellt. Die Einnahmen be= trugen nach dem Rechnungsabschluß für 1879—80 im ganzen 1,625,301,000 Mk., darunter 386,520,000 Mk. aus den Zöl= len, 506,000,000 Mk. aus der Gewerbe= steuer und Accise, 226,000,000 Mk. Stem= pelgebühren, 53,400,000 Mk. Land= und Häusersteuer, 184,600,000 Mk. Einkom= mensteuer, 127,000,000 Mk. aus der Post= und 28,400,000 Mk. aus der Telegraphen= verwaltung. Dagegen beliefen sich die Ausgaben auf 1,680,114,000 Mk., wovon allein 573,257,000 Mk. auf die Staats= schuld, 608,452,000 Mk. auf Heer und Flotte und 338,463,000 Mk. auf die Zivil=

verwaltung entfielen. Die Gesamtstaats=
schuld hatte 31. März 1880 die kolossale
Summe von 741,717,354 Pfd. Sterl.
erreicht.

Heerwesen. Die Offizierstellen, welche
bis 1869 größtenteils käuflich waren, wer=
den jetzt fast ausschließlich nach dem Dienst=
alter vergeben. Die Rekrutierung geschieht
zumeist durch Werbung. Die Dienstzeit
ist auf drei Jahre festgesetzt, nach deren
Ablauf der Soldat sein Engagement er=
neuern oder in die Reserve eintreten kann;
21jährige Dienstzeit berechtigt zum An=
spruch auf Pension. Der Bestand der
regulären Armee belief sich 1880—81
auf etwa 11,189 Offiziere und 226,489
Mannschaften. Dazu kommen die Reserve=
truppen, namentlich die Miliz, welche zur
Verteidigung im Innern des Reichs be=
stimmt ist. Die Dienstzeit in der Miliz
ist eine fünfjährige; sie ist für alle Eng=
länder obligatorisch, doch bestimmt ein
jährliches Gesetz den Bedarf der Auszu=
hebenden mit Rücksicht auf die Zahl der
Freiwilligen. Die Milizsoldaten werden,
nachdem sie eingeübt sind, wieder entlassen
und nur alljährlich zu kurzen Übungen
einberufen. Die sogen. Yeomanry cavalry
besteht aus jungen Pächtern und Land=
besitzern, welche ihre eignen Pferde stellen
und jährliche Übungen abhalten. Die Zi=
vilbehörden können sie zur Unterdrückung
von Aufständen jederzeit aufbieten. Da=
neben besteht seit 1859 eine sogen. Volks=
wehr (Volunteer corps). Die irische
Gendarmerie (constabulary) ist ebenfalls
militärisch organisiert (ca. 13,000 Mann).
In Indien besteht eine kaiserliche Armee
aus Eingebornen, welche etwa 127,150
Mann stark ist. Auch die indische Polizei
(ca. 190,000 Mann) ist militärisch orga=
nisiert. Dazu kommen Freiwillige und
Miliz in den Kolonien. Die Kriegsma=
rine ist die bedeutendste der Welt. Sie
zählte 1. Jan. 1880 allein an Panzerschiffen
56. Im Bau begriffen waren 1880: 41
Schiffe, darunter 12 Panzerschiffe, 4 Kor=
vetten, 1 Aviso, 7 Schaluppen, 15 Kanonen=
boote und 2 andre Fahrzeuge. Im aktiven
Dienst befanden sich 1880: 251 Kriegsschiffe.
Die Flottenmannschaft ward mit Einschluß
der Offiziere auf 58,800 Mann angegeben.

An Kolonien besitzt G. die ausgedehn=
testen und zahlreichsten, welche je ein Volk
innegehabt hat (s. Kolonie). Die Ver=
fassung derselben ist zumeist derjenigen
des Mutterlands nachgebildet. An der
Spitze der Kolonie steht meistens ein Gou=
verneur, der die Krone vertritt und von
ihr ernannt wird, und dem ein Rat und
ein gesetzgebender Körper zur Seite stehen.
Der Generalgouverneur von Indien führt
den Titel Vizekönig.

Das Wappen Großbritanniens ist
ein Hauptschild mit vier Feldern, mit
einem Herzschild in der Mitte. Das obere
Feld rechts und das untere Feld links
zeigen die drei goldnen Leoparden Eng=
lands auf rotem Grunde, das obere linke
Feld den roten Löwen Schottlands auf
goldnem Grund und das untere rechte
Feld die goldne Davidsharfe Irlands
auf blauem Grunde. Das Herzschild ist
gedeckt mit der Königskrone von Hanno=
ver; rechts enthält es die beiden goldnen
Löwen von Braunschweig, links den blauen
Löwen von Lüneburg und unten das sprin=
gende weiße Roß von Sachsen in blauem
Felde. Das gesamte Wappenschild wird
von der königlichen Krone von G. mit
einem darüberstehenden gekrönten blauen
Löwen bedeckt; diesen umgibt das blaue
Band des Hosenbandordens mit der De=
vise: »Honny soit, qui mal y pense«.
Unter dem Schild liegen die beiden Zweige,
welche die englische Rose, die schottische
Distel und den irischen Klee vereinigen,
mit der Devise der Krone: »Dieu et mon
droit«. Schildhalter sind rechts ein goldner
gekrönter Löwe, links ein silbernes Ein=
horn. Die Flagge ist aus den Kreuzen
der Landespatrone von England, Schott=
land und Irland (der Heiligen Georg,
Andreas und Patrick) zusammengesetzt.
Die Farben sind Rot, Blau und Weiß.

Vgl. Ravenstein, Handbuch der Geo=
graphie und Statistik des britischen Reichs
(1863); Blackstone, Commentaries on
the laws of England (herausgeg. von
Kerr, 1861; im Auszug 1873); Gneist,
Selfgovernment rc. (3. Aufl. 1871); May,
The constitutional history of England
(5. Aufl. 1875, 3 Bde.; deutsch von D. G.
Oppenheim, 1862 ff., 2 Bde.); Stubbs,

The constitutional history of England (1880, 3 Bde.); Bübinger, Englische Verfassungsgeschichte (1880); Clayden, England under Lord Beaconsfield (1880); Griffith, The English army (1880); Tobb, Parliamentary government in the British colonies (1880); May, Das englische Parlament und sein Verfahren (deutsch von Oppenheim, 1880).

Großdeutsche, seit 1848 Bezeichnung derjenigen politischen Partei, welche bei einer Reform der deutschen Bundesverfassung Österreich nicht ausgeschlossen wissen wollte, im Gegensatz zu den **Kleindeutschen**, welche Deutschland ohne Österreich unter preußischer Spitze einigen wollten.

Große Fahrt, s. Schiffer.

Großfürst (russ. **Weliki Knjas,** franz. Grand-duc), früher Titel der Beherrscher von Moskau sowie einiger andrer russischen Fürsten, z. B. derjenigen von Kiew und Nowgorod, der Beherrscher von Litauen und daher später auch der Könige von Polen. Gegenwärtig nennt sich der Kaiser von Rußland »G. von Smolensk, Litauen, Wolhynien, Podolien und Finnland«, und alle Prinzen und Prinzessinnen seines Hauses führen den Titel G. und Großfürstin in Verbindung mit dem Prädikat »Kaiserliche Hoheit«. Der Kaiser von Österreich führt ebenfalls den Titel eines Großfürsten, nämlich von Siebenbürgen, das 1765 von Maria Theresia zu einem Großfürstentum erhoben ward.

Großhandel, s. Handel.

Großherr, s. Padischah.

Großherzog (franz. Grand-duc, engl. Grand-duke, ital. Grandúca), Rang zwischen König und Herzog. Papst Pius V. erteilte 1569 dem Herzog Cosimo I. von Florenz zuerst diesen Titel, mit welchem 1699 das Prädikat »Königliche Hoheit« verbunden ward. Napoleon I. verlieh (1805) seinem Schwager Murat die großherzogliche Würde als Beherrscher des Großherzogtums Berg, worauf auch der Landgraf von Hessen-Darmstadt (1806) und der Kurfürst von Baden diesen Titel annahmen. Nach den Bestimmungen des Wiener Kongresses führen gegenwärtig, außer Hessen-Darmstadt und Baden, auch die Regenten von Sachsen-Weimar, Mecklenburg-Schwerin, Mecklenburg-Strelitz und Oldenburg (letzterer erst seit 1829) sowie, neben ihren andern Titeln, der König von Preußen als G. vom Niederrhein und von Posen und der König der Niederlande als G. von Luxemburg diesen Titel.

Großjährigkeit, s. Alter.

Großkanzler, s. Kanzler.

Großkreuz, die höchste Klasse der Ritterorden (s. Orden).

Großmächte, Bezeichnung derjenigen europäischen Staaten, welchen in dem europäischen Staatensystem eine entscheidende Stimme zufällt. In diesem Sinn war bis in die neueste Zeit hinein von den fünf Großmächten: England, Frankreich, Rußland, Österreich und Preußen die Rede, indem es in Ansehung des letztern Staats nicht an Stimmen fehlte, welche Preußen nicht die Stellung einer Großmacht einräumten und nur das Streben dieser Macht nach der Großmachtstellung anerkannten. Seit der Gründung des Deutschen Reichs ist diese Frage gegenstandslos geworden. Aber schon zuvor hatte man das geeinigte Italien in den Rat der G., in das sogen. europäische Konzert, mit aufnehmen müssen, und ebenso haben Spanien und die Türkei wiederholt mit Erfolg den gleichen Anspruch geltend gemacht, wenn man auch im allgemeinen die Zahl der sechs europäischen G. festhält.

Großmeister, bei verschiedenen Orden, besonders beim Johanniterorden, der oberste Vorstand.

Großhandel, Großhandel; Großist, Großhändler.

Großsiegelbewahrer, in großen Staaten derjenige Beamte, der mittelst Untersiegelung mit dem Staatssiegel und durch seine Unterschrift die Staatsurkunden beglaubigt. In England (Lord Keeper [of the great seal]) bekleidet dies Amt zugleich der Lord-Kanzler, in Frankreich (Garde-des-sceaux) der Justizminister.

Grundbücher, öffentliche Bücher, in denen im Interesse der Rechtssicherheit die amtliche Beschreibung der Grundstücke eines Bezirks oder die Angabe ihrer Eigentümer und etwaigen Eigentumsbeschränkungen enthalten ist; in Preußen mit den Hypothekenbüchern verbunden. Vgl. Beschoren, Die neuen Bobengesetze(1873); Derselbe, Das preußische Grundbuch- und Hypothekenwesen (1875); Bahlmann, Das preußische Grundbuchsrecht (1880).

Gründer, ein zumeist im verächtlichen Sinn zur Bezeichnung von Personen gebräuchlicher Ausdruck, welche an der Spitze von unsoliden wirtschaftlichen Unternehmungen (Gründungen) stehen. Nachdem sich nach dem deutsch-französischen Krieg das Vertrauen auf die Friedenssicherheit vielfach bis zum Schwindel gesteigert hatte, rief die Milliardenstimmung in Deutschland viele derartige Gründungen hervor, welche bald wieder, zum großen Schaden des vertrauensseligen Publikums, zusammenbrechen sollten. Dazu kam, daß die preußische Staatsregierung bei der Erteilung von Eisenbahnkonzessionen nicht mit der gehörigen Vorsicht zu Werke gegangen war. Dem Abgeordneten Lasker gebührt das Verdienst, im Februar 1873 im preußischen Abgeordnetenhaus die Eisenbahngründungen öffentlich zur Sprache gebracht und nachgewiesen zu haben, wie hochkonservative Männer, z. B. der Fürst von Putbus, der Geheimrat Wagener, der Herzog von Ujest u. a., sich an denselben beteiligt hatten. Damals wurde eine Kommission zur Untersuchung dieser Eisenbahngründungen durch königliche Botschaft eingesetzt, barunter zwei Mitglieder des Abgeordnetenhauses: Lasker und der konservative Abgeordnete v. Köller. Der Bericht derselben kam 29. März 1876 im Abgeordnetenhaus zur Verhandlung. Daß auch liberale Abgeordnete an Gründungen sich beteiligt, hat Otto Glágau in einer Verdächtigungsschrift behauptet, aber nicht bewiesen. Ebenso stellte der Hofprediger Stöcker im November 1880 im preußischen Abgeordnetenhaus die Behauptung auf, daß unter den Unterzeichnern einer Erklärung gegen die Judenhetze sehr viele seien, die »in jenen Jahren ein-, zwei-, brei-, fünf-, ein butzendmal teilgenommen haben an jenem Herentanz um das goldne Kalb«. Aufgefordert, die Namen zu nennen, brachte Stöcker nach Wochen eine Liste herbei und suchte dem Einwand, daß die von ihm namhaft gemachten Männer teils gar nicht,

teils in der unanfechtbarsten Weise als Aufsichtsräte oder Revisoren an durchaus soliden Unternehmungen beteiligt gewesen, badurch zu begegnen, daß er erklärte, »er habe mit jener Äußerung ein sittliches Verdikt in einzelnen Fällen nicht abgeben wollen«.

Grundgesetz, s. v. w. Staatsverfassungsgesetz, d. h. ein Gesetz, welches die Organisation des Staats anbetrifft und welches diejenigen Schranken bezeichnet, innerhalb deren sich die Staatsgesetzgebung bewegen soll. Das G. steht daher über den gewöhnlichen Gesetzen, die innerhalb des Rahmens der Grundeinrichtungen des Staats, welche durch das G. gegeben sind, erlassen werden. Um ihrer Wichtigkeit willen bedürfen daher Verfassungs- und Grundgesetze in manchen Staaten einer besondern Form, und ihre Gültigkeit ist an besondere Erfordernisse geknüpft. So erfolgen nach der deutschen Reichsverfassung (Art. 78) Verfassungsänderungen im Weg der Reichsgesetzgebung; sie gelten aber als abgelehnt, wenn im Bundesrat 14 Stimmen dagegen sind.

Grundhörigkeit, s. Leibeigenschaft.

Grundrechte, diejenigen Rechte und Freiheiten der Staatsbürger, welche die Grundlage des Rechtsstaats bilden sollen, wie sie die Engländer in ihrer Magna Charta, ihrer Petition of rights und Bill of rights besitzen, und welche man in der ersten französischen Revolution als »allgemeine Menschenrechte« (droits de l'homme) bezeichnete. Die neuern deutschen Verfassungsurkunden haben (wenigstens teilweise) diese G. ausdrücklich sanktioniert, namentlich die sogen. politischen oder Volksrechte, welche den Staatsbürgern, unbeschadet ihrer Unterwerfung unter die Staatsgewalt, dem Souverän gegenüber zustehen sollen; so namentlich die persönliche Freiheit, die Unverletzlichkeit des Eigentums, die Unabhängigkeit der Rechtspflege und die Gleichheit vor dem Gesetz. Das Streben nach Erweiterung dieser Volksrechte fand aber einen ganz besondern Ausdruck in den 1848 von der Frankfurter Nationalversammlung beschlossenen, 21. Dez. 1848 von dem Reichsverweser als Reichsgesetz verkündeten und auch in die Reichsverfassung vom 28. März 1849 mit aufgenommenen Grundrechten für das deutsche Volk, welche auch von den deutschen Staaten, mit Ausnahme Österreichs, Preußens, Bayerns, Hannovers und einiger der kleinsten, anerkannt wurden. Sie sollten den Verfassungen der Einzelstaaten als Norm dienen, welche durch keine Gesetzgebung eines Einzelstaats aufgehoben oder beschränkt werden dürfe. Die durch diese G. gewährleisteten Rechte waren im wesentlichen folgende: ein allgemeines deutsches Staatsbürgerrecht, verbunden mit dem Recht, überall innerhalb des Reichsgebiets sich aufzuhalten, Grundeigentum zu erwerben, Gewerbe zu betreiben, das Bürgerrecht zu erlangen ic.; Abschaffung der Strafe des bürgerlichen Todes; Auswanderungsfreiheit und Stellung der Ausgewanderten unter den Schutz des Reichs; Gleichheit vor dem Gesetz mit Aufhebung aller Standesvorrechte und Standesunterschiede; gleiche Wehrpflicht für alle und gleiches Recht aller zu allen Staatsämtern; Freiheit der Person und Sicherheit vor willkürlicher Verhaftung; Abschaffung der Leibes- und der Todesstrafen; Unverletzlichkeit der Wohnung und des Briefgeheimnisses; Preß-, Glaubensund Kultusfreiheit und Selbständigkeit der einzelnen Religionsgesellschaften; Zivilehe; Freiheit der Wissenschaft und ihrer Lehre; Unterrichtsfreiheit und allgemeine Volkserziehung unter Aufsicht und Mitwirkung des Staats; Recht der Bitte und Beschwerde sowie Versammlungsrecht; Garantie des Eigentums und der freien Verfügung darüber, jedoch mit Aufhebung der Fideikommisse und Beschränkung der Liegenschaften in Toter Hand; Beseitigung aller noch bestehenden Reste des Feudalwesens; unabhängige und für alle Staatsangehörigen gleiche Rechtspflege und öffentliches, mündliches Verfahren dabei; Schwurgerichte in Strafsachen, Entscheidung durch sachkundige Richter, soweit thunlich, bei Zivilstreitigkeiten; Trennung der Verwaltung von der Justiz; freie Gemeindeverfassung; Gleichberechtigung der nichtdeutschen Stämme im Reich im Gebrauch ihrer Sprachen; wirksamer Schutz für jeden deutschen Reichsbürger in der Fremde.

Diese G. waren mit einigen Modifikationen auch in den nach dem Scheitern des deutschen Verfassungswerks von seiten Preußens zu Erfurt vorgelegten Verfassungsentwurf aufgenommen. Der 1851 restituierte Bundestag hob jedoch durch Beschluß vom 23. Aug. 1851 die G. förmlich auf und verfügte, daß sie allerorten, wo sie eingeführt worden, wieder außer Geltung gesetzt und, wo sie schon in die Landesgesetzgebung selbst übergegangen seien, wenigstens revidiert und mit den Bundesgesetzen in Übereinstimmung gebracht werden sollten. Übrigens waren manche Bestimmungen dieser G. so allgemein und so unbestimmt gefaßt, daß dieselben kaum einen praktischen Wert haben konnten, wie z. B. der Satz: »Die Wissenschaft und ihre Lehre ist frei«. Dazu kommt, daß uns, soweit es nicht bereits durch die Gesetzgebung der Einzelstaaten geschehen war, die dermalige deutsche Reichsverfassung und Reichsgesetzgebung fast alle wichtigern Institutionen von praktischem Wert gebracht hat, welche vordem die G. des deutschen Volks verhießen, so daß es in der That durchaus ungerechtfertigt ist, wenn man (selbst noch in neuerer Zeit) hier und da das Verlangen nach Wiederherstellung der deutschen G. ausgesprochen hat.

Grundruhrecht (Strandrecht), die Befugnis, Bestandteile eines gescheiterten Schiffs und Gegenstände, welche von einem solchen an das Land geschwemmt worden sind, sich anzueignen; ein Recht, welches gegenwärtig in allen zivilisierten Staaten beseitigt worden, und an dessen Stelle nur der Anspruch auf einen sogen. Bergelohn (s. d.) getreten ist.

Grundsteuer, s. Steuern.

Grüner Tisch, Bezeichnung für den Kanzleitisch; Anspielung auf Beamtenregiment.

Gruppe, im parlamentarischen Leben Bezeichnung für die Unterabteilung einer Partei, namentlich wenn dieselbe nicht als eine eigentliche Fraktion konstituiert ist; so z. B. die liberale G. Schauß-Völk im deutschen Reichstag oder die G. Forckenbeck (s. Sezession).

Guatemala, Republik in Zentr"amerika, 121,140 qkm mit 1,190,754 Einw.

und zwar 360,608 Weißen u. 830,146 Indianern; Hauptstadt: Guatemala mit 45,000 Einw. Nach Auflösung der zentralamerikanischen Konföderation (1. Febr. 1839) konstituierte sich G. als selbständiger Freistaat. Die Verfassungsurkunde datiert vom 19. Okt. 1851. Hiernach ist dem Präsidenten der Republik, welcher auf vier Jahre gewählt wird, eine nahezu diktatorische Gewalt eingeräumt. Ihm steht ein Staatsrat zur Seite, gebildet aus den Ministern (Krieg und Finanzen; Äußeres; öffentliche Arbeiten; öffentlicher Unterricht; Inneres), acht von der Kammer erwählten Räten und vom Präsidenten ernannten Mitgliedern. Die Volksvertretung ist die ebenfalls auf vier Jahre gewählte Repräsentantenkammer von 59 Deputierten. Die Rechtspflege wird durch einen Obergerichtshof und durch Richter erster Instanz ausgeübt. Die Gemeinden werden durch Alkalden und Kommunalräte verwaltet. Die Wahlen erfolgen auf Grund des allgemeinen Stimmrechts. Direkte Steuern werden nicht erhoben. Die Haupteinnahmen werden durch Zölle und indirekte Steuern erzielt. 1877 bezifferten sich die gesamten Staatseinnahmen auf 4,503,540 Doll., womit die Ausgaben balancierten. Die Staatsschuld belief sich Ende 1874 auf 3,877,384 Doll. Das Heer, dessen Organisation eine noch mangelhafte ist, besteht aus 3200 Mann, wozu noch etwa 13,000 Mann Miliztruppen kommen. Die Republik zerfällt in 17 Departements. Die herrschende Religion ist die römisch-katholische; in Guatemala residiert ein Erzbischof, welchem fünf Bischöfe in Zentralamerika untergeordnet sind. Konsuln des Deutschen Reichs sind in Coban, Guatemala, Retalhuleu und San José de Guatemala in Funktion. Die Flagge von G. ist blau-weiß-blau, vertikal gestreift.

Gubernátor (lat.), Steuermann, Gouverneur; **Gubernium**, Verwaltung, in Österreich die Provinzialzentralregierung.

Guelfen, Parteiname für die Anhänger des Papsttums und die Gegner des Kaiserreichs, hergeleitet von dem deutschen Fürstengeschlecht der Welfen (s. d.).

Guerillas (span., spr. gherilljas), in Spanien die aus Landbewohnern, Hirten x. gebildeten bewaffneten Banden, welche in Kriegszeiten den kleinen Krieg (Guerillakrieg) auf eigne Faust führen, wie dies in der zweiten Hälfte des deutsch-französischen Kriegs auch seitens der Franctireurbanden geschah. Auch wird der Ausdruck Guerillakrieg zuweilen auf das politische Parteileben übertragen und hier in analoger Bedeutung gebraucht.

Guillotine (franz., spr. ghijo-), Fallbeil, auf Antrag des Arztes Guillotin während der großen Revolution in Frankreich eingeführt und nach ihm benannt.

Gulden, Silbermünze, in Österreich zu 100 Neukreuzer = 2 Mk. (der Papiergulden hat einen geringern Kurswert), in Holland zu 100 Cent = 1,701 Mk. Der frühere süddeutsche G. = 1,714 Mk. hatte 60 Kreuzer.

Gustav-Adolf-Stiftung, deutsch-protestant. Verein zur Unterstützung evangelischer Gemeinden in katholischen deutschen und außerdeutschen Ländern, 1832 durch den Superintendenten Großmann in Leipzig gegründet, vereinigte sich 16. Sept. 1842 mit dem 1841 von Zimmermann zu Darmstadt in Anregung gebrachten Verein, konstituierte sich 21. und 22. Sept. 1843, erweiterte sich 1844 durch Anschluß sämtlicher preußischer Vereine und ward 1849 auch in Bayern und 1861 in Österreich zur Gründung von Zweigvereinen autorisiert. Vgl. Zimmermann, Der Gustav-Adolf-Verein nach seiner Geschichte, seiner Verfassung und seinen Werken (1878).

Güterschlächterei, s. Dismembration.

Gutsgerichtsbarkeit, s. Patrimonium.

Gymnasium (griech.), in Deutschland Bezeichnung einer höhern Lehranstalt, welche für das Universitätsstudium vorbereitet und als Mittel dazu vornehmlich die alten Sprachen benutzt; Progymnasium, Vorbereitungsschule für das G.; Realgymnasium, s. v. w. Realschule. Vgl. Wiese, Das höhere Schulwesen in Preußen (1875); Peter, Zur Reform unsrer Gymnasien (1874); Laas, Realschule und G. (1875); E. v. Hartmann, Zur Reform des höhern Schulwesens (1875); Bonitz, Die gegenwärtige Reformfrage in unserm höhern Schulwesen (»Preußische Jahrbücher«, Bd. 35,

Heft 2); Ostendorf, Unser höheres Schulwesen gegenüber dem nationalen Interesse (1874).

H.

Habeaskorpusakte, engl. Staatsgrundgesetz, zum Schutz der persönlichen Freiheit 1679 erlassen. Habeas corpus (lat., »du habest den Körper«) heißt nämlich in der englischen Gerichtssprache jede richterliche Verfügung, durch welche jemand auf kürzere oder längere Zeit die Freiheit entzogen wird, und die H. hat die Fälle, in denen eine solche erlassen werden darf, sowie das hierbei zu beobachtende Verfahren genau normiert. Schon nach der **Magna charta** soll der freie Mann nur infolge gesetzlicher Aburteilung von seinesgleichen oder durch ein Landesgesetz verhaftet und eingekerkert werden, und das Parlament sprach es in seiner Erklärung von 1627 über die allgemeinen Freiheiten der Engländer (Petition of rights) ausdrücklich aus, daß kein freier Mann ohne Angabe einer Ursache verhaftet oder gefangen gehalten werden dürfe. Karls II. Willkürherrschaft rief weitere Bestimmungen hervor, bis endlich 1679 die zweite **Magna charta** der Engländer, die berühmte H., zustande kam, worin die Bedingungen, unter welchen ein Habeas corpus erlassen werden darf, so klar und genau festgestellt sind, daß jegliche Willkür bei der Verhaftung britischer Staatsangehörigen ausgeschlossen ist. Richter, Gefängnisaufseher und sonstige Beamte, welche der Akte zuwiderhandeln, werden darin mit den nachdrücklichsten Strafen bedroht, die selbst die Gnade des Königs nicht abwenden kann. Nur in Fällen der dringendsten Not, wenn der Staat in Gefahr ist, kann, entsprechend dem in solchen Fällen auf dem Kontinent üblichen Belagerungszustand, die H. eine Zeitlang außer Geltung gesetzt werden, aber auch da nur infolge eines Parlamentsbeschlusses. Auch bleiben die Minister fortwährend verantwortlich; jedoch wird ihnen, wenn die H. wieder in Kraft tritt, wegen der

inzwischen verfügten Verhaftnahmen gewöhnlich eine Bill of indemnity gegeben, wodurch etwaige Entschädigungsforderungen ausgeschlossen werden.

Habsburg, Stammschloß des gleichnamigen Fürstenhauses im Kanton Aargau. Der Ahnherr dieses Geschlechts war der Bruder des Bischofs Werner von Straßburg (welch letzterer 1020 das Schloß erbaute), Namens Rabbod, Graf von Altenberg. Der Sohn desselben, Werner, nannte sich zuerst Graf von H. Rudolf IV. aus dem Haus H. erlangte 1273 die deutsche Königswürde und legte den Grund zu der Blüte des Hauses. Er erwarb 1278 Österreich, wozu unter seinen Nachkommen 1477 Burgund, 1516 Spanien, 1526 Böhmen und Ungarn hinzukamen. Das Haus H. teilte sich 1556 in zwei Linien, von welchen die spanische 1700, die deutsch-österreichische 1740 im Mannesstamm ausstarb, indem die Tochter Karls VI. dem Herzog Franz Stephan von Lothringen die Hand reichte und so die noch jetzt in Österreich herrschende Dynastie H.-Lothringen gründete.

Hafenblockade, s. Blockade.

Haft, die durch die zuständige Behörde verfügte Freiheitsentziehung. Eine solche kommt einmal und hauptsächlich im strafrechtlichen Verfahren vor, sei es, daß die Entziehung der Freiheit gegen einen Verurteilten zur Strafe verfügt (Strafhaft, Freiheitsstrafe), sei es, daß sie während einer Untersuchung gegen den Beschuldigten verhängt wird, um die Erreichung des Zwecks dieser Untersuchung zu sichern (Untersuchungshaft). Je nach der Schwere des Verbrechens richten sich die verschiedenen Abstufungen der Strafhaft. Im Strafensystem des deutschen Reichsstrafgesetzbuchs insbesondere ist die leichteste Freiheitsstrafe die einfache H., welche lediglich in Entziehung der

Freiheit besteht, deren Mindestbetrag ein Tag, deren Höchstbetrag sechs Wochen ist. Es ist dies die für die sogen. Übertretungen verordnete Freiheitsstrafe. Die Untersuchungshaft ist nach der deutschen Strafprozeßordnung (§§ 112 ff.) nur dann zulässig, wenn gegen einen Angeschuldigten dringende Verdachtsgründe vorhanden sind und derselbe entweder der Flucht verdächtig ist, oder wenn Thatsachen vorliegen, aus denen zu schließen ist, daß er Spuren der That vernichten oder Zeugen oder Mitschuldige zu einer falschen Aussage oder Zeugen dazu verleiten werde, sich der Zeugnispflicht zu entziehen. Der Fluchtverdacht bedarf aber dann keiner weitern Begründung, wenn ein Verbrechen im engern Sinn den Gegenstand der Untersuchung bildet, wenn der Angeschuldigte ein Heimatloser oder Landstreicher oder nicht imstande ist, sich über seine Person auszuweisen, oder wenn derselbe ein Ausländer ist und genügender Zweifel besteht, daß er sich auf Ladung vor Gericht stellen und dem Urteil Folge leisten werde. Die Verhaftung erfolgt regelmäßig nur auf richterlichen und zwar schriftlichen Haftbefehl, in welchem der Beschuldigte genau zu bezeichnen und die ihm zur Last gelegte strafbare Handlung sowie der Grund der Inhaftierung anzugeben ist. Vorläufige Festnahme (Verwahrung, Detention) kann aber auch von der Staatsanwaltschaft und von den Polizei- und Sicherheitsbeamten angeordnet werden, wenn die Voraussetzungen der Verhaftung vorliegen und Gefahr im Verzug schwebt. Der Festgenommene ist unverzüglich dem Amtsrichter des Bezirks, in welchem die Festnahme erfolgt ist, zuzuführen. Jeder Verhaftete muß spätestens am Tag nach Einlieferung in das Gefängnis durch einen Richter über den Gegenstand der Beschuldigung verhört werden. Wird jemand auf frischer That betroffen oder verfolgt, so ist, wenn er der Flucht verdächtig oder seine Persönlichkeit nicht sofort festzustellen ist, jedermann befugt, ihn auch ohne richterlichen Befehl vorläufig festzunehmen.

Neben der dem Gebiet des Strafprozesses zugehörigen H. ist aber auch der gegen einen säumigen Schuldner zulässigen H. (Schuldhaft, Personalhaft, Contrainte par corps) zu gedenken, durch welche ein solcher zur Erfüllung einer durch Richterspruch festgestellten Verbindlichkeit angehalten werden soll. Das moderne Recht beschränkt jedoch diese Art der H. auf ein Minimum. Das jetzt auf das ganze Reichsgebiet ausgedehnte norddeutsche Bundesgesetz vom 29. Mai 1868 insbesondere erklärt nach dem Vorgang des englischen und französischen Rechts den Personalarrest für unzulässig insoweit, als dadurch die Leistung einer Quantität vertretbarer Sachen oder Wertpapiere erzwungen werden soll. Damit ist insbesondere die sogen. Wechselstrenge beseitigt worden, d. h. die Wechselhaft als Exekutionsmittel zur Beitreibung von Wechselschulden. Ebendasselbe ist für Österreich durch Gesetz vom 4. Mai 1868 und für Italien durch Gesetz vom 6. Dez. 1877 verfügt worden. Als Sicherheitsmaßregel (Sicherungsarrest) ist dagegen die H. auch nach moderner Rechtsanschauung und Gesetzgebung in bürgerlichen Rechtsstreitigkeiten zulässig, jedoch nach der deutschen Zivilprozeßordnung (§ 798) nur insofern, als diese Maßregel schlechterdings erforderlich ist, um die gefährdete Zwangsvollstreckung in das Vermögen des Schuldners zu sichern. Außerdem kann die H. auch als subsidiäres Zwangsmittel zur Anwendung kommen, um den Schuldner zu einer Handlung, Duldung oder Unterlassung, zu welcher er rechtskräftig verurteilt ist, zu zwingen (deutsche Zivilprozeßordnung, § 794). Schließlich ist noch darauf hinzuweisen, daß die H. auch als Disziplinarstrafmittel vorzukommen pflegt.

Haftpflicht, im allgemeinen die Verbindlichkeit, für gewisse Schäden und Mängel einzustehen; im engern Sinn die Verpflichtung, den nicht aus eignen Handlungen oder Unterlassungen entstandenen Schaden zu ersetzen. Diese H. ist in vielen Fällen durch ausdrückliche Gesetzesvorschrift begründet und geregelt. So haftet z. B. die Postverwaltung für den Verlust ober die Beschädigung von Sendungen mit Wertangabe, von eingeschriebenen Sendungen und von Paketen, nicht aber für den Verlust gewöhnlicher Briefe; das deutsche Handelsgesetzbuch legt dem Frachtführer die unbeschränkte H. für den Verlust oder die Beschädigung des Frachtguts auf, soweit sie nicht durch die Beschaffenheit desselben oder durch »höhere Gewalt« entstanden 2c. Eine besondere H. aber ist durch das deutsche Reichsgesetz vom 7. Juni 1871, betreffend die Verbindlichkeit zum Schadenersatz für die bei dem Betrieb von Eisenbahnen, Bergwerken, Fabriken, Steinbrüchen und Gräbereien herbeigeführten Tötungen und Körperverletzungen, begründet worden. Hiernach haftet, wenn bei dem Betrieb einer Eisenbahn (also nicht bloß bei der Beförderung auf der Bahn) ein Mensch getötet oder körperlich verletzt wird, der Betriebsunternehmer für den dadurch verursachten Schaden. Dabei ist in Ansehung der Eisenbahnunfälle die Beweislast abweichend von den allgemeinen Rechtsregeln bestimmt. Der Eisenbahnbetriebsunternehmer haftet nämlich für jenen Schaden, wofern er nicht beweist, daß der Unfall durch höhere Gewalt oder durch eignes Verschulden des Getöteten oder Verletzten entstanden. Wer ein Bergwerk, einen Steinbruch, eine Gräberei oder eine Fabrik betreibt, haftet allerdings ebenfalls, wenn ein Bevollmächtigter oder ein Repräsentant oder eine zur Leitung oder Beaufsichtigung des Betriebs oder der Arbeiter angenommene Person durch ein Verschulden in Ausführung der Dienstverrichtungen den Tod oder die Körperverletzung eines Menschen herbeigeführt hat, für den dadurch entstandenen Schaden. Der Beweis der Verschuldung liegt aber hier, falls die letztere in Abrede gestellt wird, dem Verunglückten oder seinen Hinterbliebenen ob. Vielfach wird übrigens in dieser Hinsicht durch Unfallversicherungen Fürsorge getroffen. Neuerdings ist sogar durch den Fürsten Bismarck die Errichtung einer Reichsunfallversicherungsanstalt in Aussicht genommen (s. Versicherungswesen). Vgl. Endemann, Die H. (2. Aufl. 1876); Jacobi, Die

Verbindlichkeit zum Schadenersatz für die bei dem Betrieb von Eisenbahnen 2c. herbeigeführten Tötungen (1874).

Halbspänner, s. Kate.

Halsgericht, ehemals Bezeichnung für ein Gericht über schwere, mit peinlicher Leibes- oder Lebensstrafe bedrohte Verbrechen; auch hochnotpeinliches H. genannt; Halsgerichtsordnung, ehedem Bezeichnung eines Strafkodex, namentlich der sogen. Carolina (s. d.).

Hamburg, Freie und Hansestadt, Bundesstaat des Deutschen Reichs mit (1880) 454,041 meist evangel. Einwohnern. Mit den Vororten zählte die Stadt 410,176 Einw. Flächengehalt des Staatsgebiets: 407,22 qkm ohne die Elbfläche innerhalb desselben, mit dieser 409,78 qkm, wovon 322,39 qkm dem Zollvereinsgebiet angehören, während das Freihafengebiet 87,39 qkm umfaßt. Die republikanische Staatsverfassung ist durch die Verfassungsurkunde vom 28. Sept. 1860 normiert. Hiernach wird die Gesetzgebung von dem Senat und der Bürgerschaft ausgeübt. Ersterer besteht aus 18 Mitgliedern, von welchen 9 die Rechts- oder die Staatswissenschaften studiert haben und wenigstens 7 dem Kaufmannsstand angehören müssen. Die Mitglieder des Senats werden auf Lebenszeit durch ein besonderes Wahlkollegium gewählt, welches aus einer gleichen Anzahl von Mitgliedern des Senats und der Bürgerschaft zusammengesetzt ist. Für die Leitung der Geschäfte wählt der Senat je auf ein Jahr einen ersten und zweiten Bürgermeister, welche im Senat den Vorsitz führen. Die Bürgerschaft besteht aus 196 je auf sechs Jahre gewählten Mitgliedern, von welchen 88 aus allgemeinen und direkten Wahlen hervorgehen, während 48 von und aus den größern Grundbesitzern gewählt und 60 von den Gerichten und Verwaltungsbehörden abgeordnet werden. Die Verwaltung wird von dem Senat ausgeübt, doch steht der Bürgerschaft ein Recht der Kontrolle und in Ansehung der Finanzverwaltung insbesondere das Budgetrecht zu. Die einzelnen Senatsmitglieder fungieren zugleich als Staatsbeamte, indem sie an der Spitze einzelner Verwaltungszweige stehen. Hier-

16*

bei werden sie von besondern Berufsbeamten und von Deputationen unterstützt,
welche sich aus Mitgliedern des Senats
und der Bürgerschaft oder sonstigen Bürgern zusammensetzen. Ein aus der Mitte
der Bürgerschaft gewählter Bürgerausschuß ist für gewisse minder wichtige Funktionen der Bürgerschaft und zur Vermittelung des Verkehrs zwischen dieser und dem
Senat bestellt. Rechtspflege. Das Oberlandesgericht zu H. ist den drei Freien
Städten Bremen, H. und Lübeck sowie für
das oldenburgische Amt Lübeck gemeinschaftlich. Das Landgericht für das hamburgische
Staatsgebiet befindet sich in H. u. umfaßt
die drei Amtsgerichtsbezirke H., Bergedorf
und Ritzebüttel. Laut Militärkonvention vom 23. Juli 1867 ist das Hamburger Truppenkontingent in den preußischen
Militärverband mit aufgenommen. Die
hanseatischen Infanterieregimenter Nr. 75
und 76 gehören zum 9. Armeekorps (Generalkommando in Altona). Nach dem Fi-
nanzvoranschlag auf das Jahr 1880 betrugen die Einnahmen und Ausgaben des
Hamburger Staats 31,349,289 Mk. Die
Staatsschulden betrugen 106,517,060 Mk.
Nach Art. 34 der deutschen Reichsverfassung ist H. mit einem Teil seines Gebiets,
ebenso wie Bremen, als Freihafen erklärt,
so lange, bis die Stadt selbst ihre Aufnahme in den gemeinschaftlichen Zollver-
band beantragen sollte. In den Bundesrat entsendet H. einen Bevollmächtigten,
in den deutschen Reichstag drei Abgeordnete. Das Wappen besteht in einer silbernen breitürmigen Burg mit einem geschlossenen Thor in rotem Feld; der Schild
wird von zwei Löwen gehalten. Oben befindet sich ein Helm mit einem Wulst und
sechs Fahnen inmitten dreier Pfauenfedern. Die Hamburger Flagge zeigt die
breitürmige Burg des Stadtwappens weiß
auf rotem Feld. Vgl. »Statistisches Handbuch für den Hamburger Staat« (1874);
»Hamburg, topographisch und historisch
dargestellt« (1875); Lappenberg, Hamburger Urkundenbuch (1842); Gallois,
Geschichte Hamburgs (1853—56, 3 Bde.).

Hammelsprung, scherzhafte Bezeichnung für die Zählung des Hauses im
Reichstag (s. Abstimmung).

Handel, der Austausch von Gütern
zum Zweck der Befriedigung von Bedürfnissen. Dabei ist zunächst zwischen Geld-
und Tauschhandel zu unterscheiden, je
nachdem ein Gebrauchs- oder Verbrauchs-
gegenstand gegen Geld als das allgemeine
Tauschmittel, oder gegen einen andern
derartigen Gegenstand umgetauscht wird.
Im engern und eigentlichen Sinn aber
ist H. der gewerbsmäßig und mit Rücksicht auf Gewinn betriebene Austausch
von Gütern zur Befriedigung von Bedürfnissen. Die Vermittelung zwischen dem
Erzeuger (Produzenten) und dem Ver-
braucher (Konsumenten) der Ware ist die
Hauptaufgabe des Handels. Im einzelnen
wird zwischen Großhandel (Engroshan-
del) und Kleinhandel (Detailhandel),
zu welch letzterm auch der Hausier-
handel, d. h. der H. im Umherziehen, gehört, unterschieden. Weitere Unterscheidungen sind die zwischen Einzel- und Ge-
sellschaftshandel (s. Handelsgesellschaft), zwischen innerm H. (Binnen-
handel) und auswärtigem H., welcher den
Welthandel bildet und in Einfuhr-
(Import-) und Ausfuhr- (Export-)Handel
zerfällt. Transit- oder Zwischenhan-
del dagegen ist dann vorhanden, wenn die
eingeführten Waren nicht im Inland kon-
sumiert, sondern von da wieder weiter
ausgeführt werden. Aktivhandel treibt
eine Nation, wenn sie selbst ihre Produkte
aus- und fremde einführt, Passivhandel, wenn sie dies fremden Nationen
überläßt. Mit Rücksicht auf den Gegenstand des Handels endlich werden sehr
viele verschiedene Arten desselben unterschieden (Landesprodukten-, Kolonialwa-
ren-, Getreide-, Mehl-, Tabak-, Droguen-,
Materialwaren-, Manufaktur-, Schnitt-
waren-, Geld-, Wechsel-, Staatspapier-,
Buchhandel 2c.). Handelsbrauch,
kaufmännisches Gewohnheitsrecht (Han-
delsusance); Handelspolitik, die
Grundsätze, welche der Staat zum Zweck
der Handelsinteressen seiner Angehörigen,
namentlich bei dem Abschluß von Zoll-
und Handelsverträgen mit fremden
Staaten, befolgen soll, resp. befolgt; Han-
delskrisis, tief eingreifende Störung und
Krankheit des Handels und des Verkehrs;

Handelsstatistik, derjenige Teil der Statistik, welcher sich auf den Handelsverkehr bezieht; Handelswissenschaften, diejenigen Wissenschaften, deren Studium dem Kaufmann zum Betrieb seines Gewerbes nützlich und nötig ist, wie Warenkunde, Handelsgeographie, Handelsrecht (s. b.), Handelsgeschichte u. dgl.

Handelsbilanz, das Verhältnis zwischen der Gesamteinfuhr und der Gesamtausfuhr eines Landes oder eines Staats.

Handelsflotte, s. Marine.

Handelsfreiheit (Freihandel, engl. Freetrade, spr. frihtrehd), der Zustand der Befreiung des Handels von den Schranken des Schutzzolls, dann Bezeichnung für wirtschaftliche Freiheit, Befreiung des Handels und Verkehrs von staatlichen Beschränkungen überhaupt; **Freihändler** (engl. Freetraders) sind diejenigen, welche die Verwirklichung des Freihandelssystems anstreben. Die freihändlerischen Bestrebungen beginnen mit Adam Smith (gest. 1790). Freihändlerische Prinzipien verfolgten die Regierungsinstruktionen des Freiherrn vom Stein vom 26. Dez. 1808 und das preußische Gesetz vom 26. Mai 1818, welches alle Beschränkungen des innern Handels und Verkehrs beseitigte. Bekämpft wurde der Freihandel besonders durch Friedrich List auf Grund der Notwendigkeit des Schutzes der nationalen Arbeit. In England ward in den 20er Jahren eine **Freihandelspartei** gegründet, deren Programm 1826 zuerst Huskisson im Parlament verkündigte. Cobden, Bright ꝛc. gründeten die Anti-Cornlaw-League. Der erste große Erfolg der Bestrebungen der englischen Freihändler war die Beseitigung der Kornzölle (1846) und der Cromwellschen Navigationsakte. In Frankreich verfochten den Freihandel Bastiat, Chevalier, Garnier-Pagès u. a. Ein neues handelspolitisches System zu Gunsten freihändlerischer Reformen beginnt in Europa mit dem Abschluß des englisch-französischen (1861) und des deutsch-französischen Handelsvertrags (1865). In Deutschland, woselbst ein vollständig freihändlerisches System nie zur Durchführung gekommen war, wenn auch die Zollgesetzgebung dem Freihandelsprinzip Rechnung getragen hatte, hat sich unter der Ägide des Fürsten Bismarck neuerdings ein totaler Umschwung vollzogen, welcher in dem Zolltarif von 1879 auch legislativ zum Ausdruck gekommen ist. Man hat einen häßlichen Interessenstreit erleben müssen und die verschiedenartigsten Schutzzölle entstehen sehen. Um die Industriezölle zu sichern, hat man den Agrariern Getreidezölle (s. b.) bewilligt und in Ansehung des Zolles auf Roggen und Weizen sogar den Betrag der Regierungsvorlage verdoppelt. Freilich lassen sich die Wirkungen des neuen Zolltarifs zur Zeit noch nicht vollständig übersehen; aber das läßt sich schon jetzt erkennen, daß die übertriebenen Hoffnungen und Erwartungen der Schutzzöllner nicht verwirklicht werden, und daß die Partei der letztern, welche mit so großem Lärm auf dem parlamentarischen Schlachtfeld erschien, bereits in der Rückbildung begriffen ist (s. Zoll). Vgl. Lehr, Schutzzoll und Freihandel (1877).

Handelsgerichte, besondere Gerichte zur Entscheidung von Handelssachen. Die besondere Fachkenntnis, welche die Entscheidung der letztern vielfach erheischt, verschaffte dem in Frankreich zur Ausbildung gelangten Institut der H. auch in andern Ländern Eingang, indem man auch dort Notabeln der Kaufmannschaft zur Entscheidung von Handelssachen berief. Die deutschen Justizgesetze haben dagegen die Einrichtung besonderer H. nicht beibehalten. Das deutsche Gerichtsverfassungsgesetz (§§ 100 ff.) hat vielmehr nur bestimmt, daß bei den Landgerichten für deren Bezirke oder für örtlich abgegrenzte Teile derselben **Kammern für Handelssachen** gebildet werden können, auch an Orten innerhalb des Landgerichtsbezirks, an welchen das Landgericht selbst seinen Sitz nicht hat (s. Gericht). Die Verhandlung des Rechtsstreits erfolgt vor der Handelskammer, wo eine solche vorhanden, wenn der Kläger dies in der Klagschrift ausdrücklich beantragt hat, oder wenn ein solcher Antrag vom Beklagten ausgegangen ist. Die Handelskammern entscheiden in der Besetzung mit einem Mitglied des Landgerichts als Vorsitzendem und zwei Handelsrichtern, die auf gutachtlichen Vorschlag des zur Vertretung des Handelsstands berufenen Organs aus dem Handelsstand berufenen werden und gleiches Stimmrecht haben wie der Richterbeamte, welcher den Vorsitz führt. 1881 bestanden in Preußen 26 Handelskammern (Königsberg, Memel, Danzig, Elbing, Berlin, Stettin, Stralsund, Breslau, Magdeburg, Altona, Hannover, Siegen, Bielefeld, Dortmund, Duisburg, Essen, Hagen, Hanau, Frankfurt a. M., Aachen, Köln, Düsseldorf, Krefeld, Glabbach, Elberfeld und Barmen); in Bayern 15 (München, Passau, Frankenthal, Bamberg, Baireuth, Hof, Aschaffenburg, Schweinfurt, Würzburg, Ansbach, Fürth, Nürnberg, Augsburg, Kempten und Memmingen); in Sachsen 6 (Dresden, Leipzig, Chemnitz, Plauen, Zittau und Glauchau); in Württemberg 1 in Stuttgart; in Baden 2 (Mannheim und Karlsruhe); in Hessen 5 (Darmstadt, Offenbach, Gießen, Mainz und Worms); in Braunschweig 1 in der Hauptstadt; in Koburg-Gotha 1 in Koburg; in Lübeck 1, zugleich für Oldenburg; in Bremen 1 für die Stadt und 1 für Bremerhaven; in Hamburg 1; in Elsaß-Lothringen 3 (Kolmar, Mülhausen und Straßburg).

Handelsgesellschaft (Handelssozietät, Handelskompanie), Vereinigung mehrerer Gesellschafter (Associés, Kompagnons) zum gemeinsamen Betrieb von Handelsgeschäften. Nach dem deutschen Handelsgesetzbuch, welches jedoch durch das Aktiengesetz des Norddeutschen Bundes und nunmehr des Deutschen Reichs vom 11. Juni 1870 modifiziert worden ist, sind folgende Unterscheidungen zu machen: 1) die offene H., bei welcher für keinen Gesellschafter die Beteiligung auf Vermögenseinlagen beschränkt ist; 2) die Aktiengesellschaft, bei welcher sämtliche Gesellschafter nur mit Einlagen beteiligt sind, ohne, wie bei der offenen H., persönlich zu haften; 3) die Kommanditgesellschaft, deren Wesen darin besteht, daß bei einem unter gemeinschaftlicher Firma betriebenen Handelsgewerbe ein oder mehrere Gesellschafter sich nur mit Vermögenseinlagen beteiligen (Kom-

manditisten), während die andern persönlich haften (Kommanditierte, Komplementäre). Sind jene Einlagen (Kommanditengeld) in Aktien eingeteilt, so spricht man von einer Kommanditgesellschaft auf Aktien (Aktienkommanditgesellschaft). Keine eigentliche H. ist dagegen die sogen. stille Gesellschaft, welche dann vorliegt, wenn sich jemand an dem Geschäft eines andern nur mit einer Vermögenseinlage gegen Anteil am Gewinn und am Verlust beteiligt, sowie die Vereinigung mehrerer zu einzelnen Handelsgeschäften auf gemeinschaftliche Rechnung.

Handelsgesetzbuch, s. Handelsrecht.
Handelsgremium, s. v. w. Handelskammer.

Handelsmarine, s. Marine.
Handelsministerium, in größern Staaten die oberste Verwaltungsbehörde zur Wahrnehmung der Interessen des Handels, an deren Spitze der Handelsminister steht. In kleinern Staaten ist diese Thätigkeit Sache des Ministeriums des Innern. In Preußen ist das gesamte Eisenbahnwesen, das Berg- und Hüttendepartement und das Bauwesen von dem H. abgetrennt und einem besondern »Minister der öffentlichen Arbeiten« unterstellt worden. Das dem Handelsminister unterstellte »Ministerium für Handel und Gewerbe« besteht nur noch aus der frühern Handels- und Gewerbeabteilung. Der Ministerpräsident und Minister der auswärtigen Angelegenheiten, Fürst Bismarck, hat auch das Portefeuille des Handelsministers mit übernommen, »um gewisse wirtschaftliche Reformprojekte (Volkswirtschaftsrat, Unfallversicherung, Haftpflicht, Innungswesen) ohne die etwaigen Schwierigkeiten, Reibungen und Weiterungen mit einem vielleicht im einzelnen andern Auffassungen huldigenden verantwortlichen Chef verfolgen zu können«.

Handelsrecht, Gesamtheit derjenigen Rechtssätze, welche sich auf die im Handelsverkehr vorkommenden Rechtsgeschäfte beziehen. Man pflegt dabei zwischen Privathandelsrecht, öffentlichem H. und Handelsvölkerrecht zu unterscheiden. Das Privat handelsrecht gib die Normen für die aus dem Handel, mit Einschluß des Wechsel-, Speditions-, Kommissions-, See- und Landfracht- und Versicherungsgeschäfts, zwischen Privatpersonen entstehenden Rechte und Verbindlichkeiten; das öffentliche H. oder Handelsstaatsrecht regelt die Rechte und Pflichten des Handelsstands als solchen, während das Handelsvölkerrecht die zur Regelung und Sicherung des internationalen Handelsverkehrs nötigen Bestimmungen enthält. Für die französische Handelsgesetzgebung sind namentlich Ludwigs XIV. »Ordonnances pour le commerce« (1673) und »Ordonnances de la marine« (1681) von Bedeutung, die dem »Code de commerce« Napoleons I. zu Grunde liegen. Letzterer hat auch der belgischen, italienischen, niederländischen, portugiesischen, russischen und spanischen Handelsgesetzgebung zum Muster gedient. In Deutschland besaß geraume Zeit nur Preußen in dem »Allgemeinen Landrecht« (Teil II, Tit. 18, Abschn. 7—14) eine einheitliche legislative Darstellung des Handelsrechts, bis der Deutsche Bund zur Schöpfung eines allgemeinen deutschen Handelsrechts (auch für Österreich) die Initiative ergriff. Eine Konferenz, welche 15. Jan. 1857 in Nürnberg zusammentrat, legte einen preußischen Gesetzentwurf zu Grunde und beendigte 2. Juli 1857 die erste Lesung eines deutschen Handelsgesetzbuchs, welches nach mehrfachen Veränderungen (zweite Lesung bis 3. März 1858, britte Lesung bis 12. März 1861) seine endgültige Fassung erhielt. Das Seehandelsrecht war inzwischen von einer besondern Konferenz in Hamburg (26. April 1858 bis 22. Aug. 1860) bearbeitet worden. Die einzelnen Bundesstaaten publizierten das Handelsgesetzbuch sodann der Reihe nach als Gesetz für ihr jeweiliges Staatsgebiet, und jetzt ist dasselbe für das Deutsche Reich, ebenso wie die deutsche Wechselordnung, zum Reichsgesetz erhoben. Staaten, wie England, welche kein Handelsgesetzbuch besitzen, müssen sich mit einzelnen statutarischen Bestimmungen und mit dem Gewohnheitsrecht behelfen. Vgl. die Handbücher des Handelsrechts von

Goldschmidt (2. Aufl. 1874) und Endemann (3. Aufl. 1876); Gareis, Das deutsche H. (1880); Löbner, Lexikon des Handels- und Gewerberechts (1880, in »Meyers Fachlexika«); Goldschmidts »Zeitschrift für das gesamte H.« (1868 ff.).

Handelsregister, öffentliche und jedermann zugängliche Bücher, welche über die den Einzelkaufmann und die Handelsgesellschaften (s. b.) betreffenden Vorgänge bei dem zuständigen Gericht geführt, und deren Einträge (über Sitz, Bezeichnung, Inhaber, Entstehung, Veränderung und Erlöschen einer Firma und deren Prokuristen und über die Grundbestimmungen einer Aktien- oder sonstigen Handelsgesellschaft) in öffentlichen Blättern bekannt gegeben werden. Vgl. Deutsches Handelsgesetzbuch, Art. 12—14.

Handelstag, deutscher, Vereinigung deutscher Handelskammern und kaufmännischer Korporationen zur Förderung der gemeinsamen Interessen des Handels und der Industrie; erster H. 1861 in München. Organe: Plenarversammlung, bleibender Ausschuß und Präsidium; Zeitschrift: »Deutsches Handelsblatt«. Die letzten Handelstage haben 1878 und 1880 in Berlin stattgefunden. Der Posten des Generalsekretärs wurde eine Zeitlang von Alexander Meyer, dann von H. Rentzsch bekleidet. Gegenwärtig ist der Konsul Annecke Generalsekretär des deutschen Handelstags.

Handels- und Gewerbekammern, Organe zur Vertretung kaufmännischer und gewerblicher Interessen eines bestimmten Bezirks. Die Verfassung und Verwaltung solcher Körperschaften, wie sie sich fast in allen deutschen Staaten finden, ist in den einzelnen Staaten eine sehr verschiedene. Ihre einheitliche Gestaltung durch die Reichsgesetzgebung wird von dem deutschen Handelstag, dem Zentralorgan der meisten H., angestrebt. In Preußen ist diese Materie durch Verordnung vom 10. Febr. 1848, revidiert 24. Febr. 1870, normiert. Neuerdings ist wiederholt der Wunsch laut geworden, besondere Gewerbekammern zur speziellen Vertretung der Interessen des Kleingewerbes einzurichten; doch wäre ein derartiges Vorgehen unnötig, wenn nur die H. dem

Kleingewerbe die nötige Berücksichtigung zu teil werden ließen. Die deutsche Justizorganisation hat den Namen »Handelskammern« übrigens auch zur Bezeichnung der Kammern für Handelssachen adoptiert, welche bei den Landgerichten eingerichtet werden können (s. Handelsgerichte).

Handelsverträge, s. Handel.

Handwerker, Bezeichnung für diejenigen, welche Rohprodukte entweder zum Verkauf oder um Lohn zum Gebrauch für den Konsumenten verarbeiten. Besonders schwierig ist dabei die Abgrenzung des Handwerks gegenüber der Fabrik (s. b.) oder die Feststellung des Begriffs der Großindustrie und des Kleingewerbes. Diese Abgrenzung wird aber um so schwieriger, je größer auf dem betreffenden Gebiet und in der fraglichen Gegend die Arbeitsteilung ist. Die modernen Verkehrsverhältnisse, das Maschinenwesen und die größere Ausnutzung elementarer Kräfte haben nicht wenig dazu beigetragen, die frühern Verhältnisse zu verschieben und umzugestalten. Ebendarum ist es aber sicherlich ein verkehrtes Beginnen, wenn man dem Handwerk dadurch aufhelfen will, daß man auf die alten Formen der abgelebten Zünfte zurückgreift und, wie dies vielfach von Handwerkern (sogen. Zünftlern) angestrebt wird, durch die Einführung von Zwangsinnungen dem H. aufhelfen will. Viel richtiger ist es, dem Handwerk diejenige Thätigkeit zuzuweisen, wo es vorzugsweise auf individuelle Geschicklichkeit ankommt, während der Fabrikbetrieb diejenige Gebiete beherrschen soll, auf welchem mehr das schablonenmäßige Arbeiten und der Ersatz der menschlichen durch elementare und mechanische Kräfte geboten ist. Dabei ist es aber von besonderer Wichtigkeit, daß der Gedanke mehr und mehr Raum und praktische Verwirklichung gewinnt, daß das Handwerk thunlichst zum Kunstgewerbe erhoben werden müsse. Genossenschaftliche Vereinigungen, Gewerbevereine, Ausstellungen, namentlich Lehrlingsausstellungen, und vor allen Dingen das gewerbliche Schulwesen, Lehrwerkstätten, Fachschulen und gewerbliche Fortbildungsschulen sind es insbesondere, welche hier von viel größerer Wirkung sein werden als die Versuche, die alten abgestorbenen Zwangsinnungen wiederum künstlich zu beleben (s. Gewerbegesetzgebung). Auf der andern Seite hat man den Versuch gemacht, diejenigen Elemente, welche der freien Entwickelung des Handwerks feindlich gesinnt sind und einer Wiederherstellung unpraktischer Zunfteinrichtungen das Wort reden, zu einer sogen. Handwerkerpartei zusammenzufassen, jedoch ohne nennenswerten Erfolg. Auch hat man sogen. Handwerkerkongresse und Handwerkertage in Szene gesetzt, welche aber, wie namentlich der sogen. Berliner Handwerkertag im Oktober 1880, ein entschiedenes Fiasko gemacht haben.

Hannover, bis 1866 selbständiges deutsches Königreich, seitdem preußische Provinz; 38,285 qkm, 1864: 1,924,172, 1880: 2,115,745 Einw.; Hauptstadt: Hannover mit 122,860 Einw. Die Einteilung in die 6 Landdrosteien: H. mit 7, Hildesheim mit 7, Lüneburg mit 7, Stade mit 8, Osnabrück mit 5 und Aurich mit 3 Kreisen ist beibehalten, die Kreise sind erst nach 1866 gebildet worden. Die Hauptstadt ist kreiserimiert. Der letzte König, Georg V. von H., wurde 1866 von Preußen depossediert, nachdem H. 14. Juni 1866 in der Bundesversammlung für den österreichischen Antrag auf Mobilmachung gegen Preußen gestimmt hatte. Dies hatte eine Sommation Preußens zur Folge, welche von H. ablehnend beantwortet ward, so daß Preußen eine Kriegserklärung folgen ließ. Nachdem die hannöversche Armee bei Langensalza 29. Juni 1866 kapituliert hatte und das ganze Gebiet Hannovers von den Preußen erobert und besetzt worden war, erfolgte dessen Einverleibung in den preußischen Staat durch Gesetz vom 20. Sept. 1866. Mit Georg V. wurde aber seitens der preußischen Krone ein vom Landtag (1. Febr. 1868) angenommener Vertrag vom 29. Sept. 1867 abgeschlossen, wonach derselbe eine Entschädigung von 48 Mill. Mk. erhalten, auch im Besitz eines nach England gebrachten Betrags von 12 Mill. Mk. verbleiben sollte. Da jedoch seitens des depossedierten Königs das Streben nach Wiederherstellung seiner

Monarchie nicht aufgegeben und die von ihm angeworbene Truppe (Welfenlegion) nicht entlassen wurde, so ward die Ausführung jenes Vertrags preußischerseits suspendiert und jene Summe (Welfenfonds) mit Beschlag belegt. Das bezeichnete Vermögen wird seitdem durch eine besondere Kommission in Hannover verwaltet, indem die Zinsen desselben besonders zur Bekämpfung welfischer Umtriebe verwendet werden sollen (vgl. Reptilienfonds). Vgl. Schaumann, Handbuch der Geschichte der Lande H. und Braunschweig (1864); Oppermann, Zur Geschichte des Königreichs H. von 1832—66 (2. Aufl. 1868); Ebhardt, Die Staatsverfassung des Königreichs H. (1860).

Hansa (Hanse), ursprünglich s. v. w. Bund, Gilde; dann Bezeichnung des deutschen Städtebunds, welcher über 90 See- und Binnenstädte von Reval bis Amsterdam umfaßte und vom 13. bis ins 17. Jahrh. bestand. Eine eigentliche Bundesverfassung gab es nicht, doch wurden drei, später vier Gruppen (»Quartiere«) unterschieden: Lübeck mit den wendischen, Köln mit den westfälischen, Braunschweig mit den niedersächsischen und Danzig mit den preußisch-livländischen Städten. Vorort der H. war Lübeck, woselbst die Hansetage abgehalten wurden. Einst von der größten Bedeutung, sank der Bund, welcher Dänemark und Norwegen bekriegt und die Entwickelung des deutschen Handels ungemein gefördert hatte, mehr und mehr, je größer die Macht und der Einfluß der deutschen Landesfürsten wurden. Dazu kamen innere Zerwürfnisse, und so gehörten schon vor dem Dreißigjährigen Krieg, welcher auch für die H. verderbenbringend war, dem Hansebund nur noch 14 stimmberechtigte Städte an, nämlich: Lübeck, Wismar, Rostock, Stralsund, Greifswald, Stettin, Danzig, Magdeburg, Braunschweig, Hildesheim, Lüneburg, Hamburg, Bremen und Köln. Lübeck, Bremen und Hamburg schlossen aber 1630 ein engeres Bündnis, und diese drei Städte haben denn auch bis auf die Gegenwart mit der Verfassung freier Städte den Namen Hansestädte beibehalten.

Auch weisen noch jetzt manche gemeinsame Institutionen, wie z. B. ein gemeinsames hanseatisches Oberlandesgericht, zwei hanseatische Infanterieregimenter, auf die Zusammengehörigkeit jener Städte hin. Vgl. Barthold, Geschichte der deutschen H. (1862).

Hardesvögte, in Dänemark Verwaltungsbeamte, welche über die sogen. Herreder oder Harden, Unterabteilungen der Ämter, gesetzt sind. Sie stehen unter den Amtmännern, welch letztere wiederum den Stiftsamtmännern untergeordnet sind.

Hasardspiel, s. Glücksspiel.

Hauer, s. Heuer.

Hauptmann, Offiziersgrad zwischen Stabs- und Subalternoffizier, bei der Kavallerie »Rittmeister«, in der Marine »Kapitänleutnant«.

Hauptverfahren } s. Strafprozeß.
Hauptverhandlung }

Hausarrest (Stubenarrest), s. Arrest.

Hausfriede, der besondere Rechtsschutz, welchen die Behausung eines jeden Bürgers genießt; Hausfriedensbruch, die vorsätzliche und widerrechtliche Störung dieses Hausfriedens durch eigenmächtiges Eindringen oder Verweilen in der Wohnung eines andern. Das deutsche Reichsstrafgesetzbuch (§§ 123 f.) macht in Ansehung dieses Delikts folgende Unterscheidung: 1) Einfacher Hausfriedensbruch ist das widerrechtliche Eindringen in die Wohnung, die Geschäftsräume oder das befriedete Besitztum eines andern oder in abgeschlossene Räume, welche zum öffentlichen Dienst bestimmt sind, sowie das unbefugte Verweilen in solchen, nachdem eine Aufforderung zum Weggehen seitens des Berechtigten erfolgt ist. Dies Vergehen wird mit Gefängnis von einem Tag bis zu drei Monaten oder mit Geldstrafe bis zu 300 Mk. bestraft. Ein besonderer Erschwerungsgrund ist es aber, wenn die Handlung von mehreren gemeinschaftlich, oder wenn sie von einer mit Waffen versehenen Person begangen wurde. In diesen beiden Fällen tritt Gefängnisstrafe von einer Woche bis zu einem Jahr ein; auch wird der Hausfriebensbruch unter solchen Umständen von Amts wegen verfolgt, während außerdem die Verfolgung nur auf Antrag eintritt. — 2) Qualifizierter Hausfriedensbruch liegt dann vor, wenn sich eine Menschenmenge öffentlich zusammenrottet und in der Absicht, Gewaltthätigkeiten gegen Personen oder Sachen mit vereinten Kräften zu begehen, in die Wohnung, in die Geschäftsräume oder in das befriedete Besitztum eines andern oder in abgeschlossene Räume, welche zum öffentlichen Dienst bestimmt sind, widerrechtlich eindringt. Jeder Teilnehmer wird alsdann mit Gefängnis von einem Monat bis zu zwei Jahren bestraft. Wurde ein Hausfriedensbruch von einem Beamten in Ausübung oder in Veranlassung der Ausübung seines Amtes begangen, so wird dies als besonderes Amtsverbrechen (s. d.) betrachtet und mit Gefängnis von einem Tag bis zu einem Jahr oder mit Geldstrafe bis zu 900 Mk. geahndet (deutsches Strafgesetzbuch, § 342). Übrigens sind, um derartigen Willkürlichkeiten vorzubeugen, von der Gesetzgebung die Voraussetzungen fest bestimmt, unter welchen eine Haussuchung seitens der Behörde stattfinden darf.

Hausgesetze (Hausverträge), Normen, welche seit dem Beginn des 14. Jahrh. von den einzelnen Familien des hohen Adels vermöge der ihnen zustehenden Autonomie (s. b.) besonders über die Erbfolge (Primogenitur, Seniorate, Majorate, Ausschließung der Töchter), die Ehe (Verbot nicht standesgemäßer Heiraten), die Unveräußerlichkeit der Güter 2c. festgesetzt sind. Von seiten der deutschen Kaiser bis auf Franz I. herab ward dem Reichsadel die Befugnis zur Aufrichtung solcher Verträge ausdrücklich zuerkannt. Da aber dieselben dem neuern Staatsrecht widersprechen, insofern dies dem einzelnen nicht die Macht einräumen kann, willkürlich Verfügungen zu treffen, welche in das Staatsleben tief eingreifen, so sind sie entweder, wie in Frankreich, gar nicht mehr gestattet, oder von der Genehmigung des Staats abhängig gemacht. Die Familienverträge der deutschen regierenden Fürstenhäuser sind meist in die Staatsverfassungen aufgenommen. Bgl. Schlunb, Die Gültigkeit der H. des hohen deutschen Abels (1842); Gerber, Das Hausgesetz der Grafen und Herren v. Giech (1858); Herm. Schulze, Die H. der regierenden deutschen Fürstenhäuser (1862—79, Bd. 1 u. 2).

Haushaltsetat, s. Etat.

Hausterhandel, Kleinhandel, welcher von wandernden Handelsleuten (Hausierern) durch Angebot und Absatz der Waren in den Häusern der Konsumenten betrieben wird; unterliegt nach der deutschen Gewerbeordnung (§§ 55 ff.) den Beschränkungen, welche für den Gewerbebetrieb im Umherziehen überhaupt gelten (s. Gewerbegesetzgebung).

Hausmacht, s. Erblande.

Hausministerium, s. Minister.

Haussuchung, s. Durchsuchung.

Haute-finance (franz., spr. oht-finangß), hohe Finanzwelt, Geldaristokratie, Geldmacht.

Haute volée (franz., spr. oht woleh, »hoher Flug«), die vornehme Gesellschaft.

Havarie (Havarei, Haverei, franz. Avarie, engl. Average, ital., span. und portug. Avaria), die während einer Seereise Schiff und Ladung betreffenden Unkosten. Sind solche lediglich durch einen Un- und Zufall verursacht, so liegt eine partikuläre oder besondere H. (avarie particulière, particular average) vor, welche regelmäßig von dem hierdurch betroffenen Eigentümer des Schiffs oder der Ladung zu tragen ist. Handelt es sich dagegen um Schäden und Kosten, welche auf der Seefahrt im allgemeinen Interesse absichtlich verursacht wurden, so spricht man von gemeinschaftlicher H. (avarie commune), bei welch letzterer wiederum zwischen kleiner und großer H. unterschieden wird. Als kleine oder ordinäre H. (avarie ordinaire, petty average) werden nämlich die Unkosten bezeichnet, welche regelmäßig durch eine Seereise an und für sich verursacht werden, wie Lotsen-, Hafen-, Leuchtfeuergeld u. dgl. Die eigentliche H., welche die große oder extraordinäre H. (avarie grosse, general average) genannt wird, setzt dagegen einen absichtlich herbeigeführ-

ten Verluſt voraus, welcher durch das ge=
meinſame Intereſſe geboten war und eben=
deshalb auch von den Intereſſenten ge=
meinſam getragen werden muß, wie dies
ſchon im Altertum bei dem ſogen. See=
wurf, wenn zur Erleichterung des be=
drängten Schiffs Waren über Bord ge=
worfen werden, der Fall war. Die privat=
rechtlichen Grundſätze über H. gehören dem
Handelsrecht an und ſind z. B. für Deutſch=
land durch das Handelsgeſetzbuch (Art. 702
bis 735) feſtgeſtellt. Der Nachweis einer
großen H. iſt von dem Schiffer durch die
ſogen. Verklarung zu bewirken, d. h.
durch eine auf Grund des Schiffsjournals
im Beſtimmungshafen oder im Nothafen
eidlich zu erſtattende Ausſage des Schiffers
und durch zeugeneidliche Vernehmung der
Mannſchaft. Die Berechnung des Scha=
dens und der Erſatzbeträge heißt Dis=
pache. Sie wird durch ſtändige oder für
den gegebenen Fall beſonders beſtellte Dis=
pacheure »aufgemacht«. Für das Deut=
ſche Reich ſind die Reichskonſuln zur Auf=
nahme der Verklarung und zur Aufma=
chung der Dispache befugt. Vgl. v. Kal=
tenborn, Seerecht, Bd. 2 (1851).

Havariekommiſſionen, in der deut=
ſchen Kriegsmarine Organe der Admira=
lität und zwar Unterſuchungskommiſſio=
nen mit der Beſtimmung, die Urſachen
der Unfälle, von welchen in Dienſt ge=
ſtellte Kriegsſchiffe, reſp. Fahrzeuge in Ge=
ſtalt von Kolliſionen, Auflaufen, Brand,
Leckage ſowie Beſchädigungen und Ver=
luſten größern Umfangs betroffen werden,
feſtzuſtellen und die an dem betreffenden
Unfall Schuldigen, reſp. den Grad der
den Kommandanten oder ſonſtige Perſo=
nen der Schiffsbeſatzung treffenden Ver=
ſchuldung zu ermitteln. Das ſchriftliche
Gutachten der Havariekommiſſion gelangt
nebſt den geführten Unterſuchungsakten
an den Stationschef, um mit deſſen mo=
tiviertem Gutachten der Admiralität vor=
gelegt zu werden, von welcher weitere
Beſtimmungen wegen der Schuld=, reſp.
Erſatzfrage getroffen und in den dazu
geeigneten Fällen die Einleitung des
kriegsgerichtlichen, reſp. Defektsverfahrens
veranlaßt wird.

Hawaii, Königreich, die Inſelgruppe der

Sandwichinſeln im Stillen Ozean,
ſo benannt nach der größten Inſel; 17,008
qkm mit 57,985 Einw., darunter 5916
Chineſen und 4561 Weiße. Hauptſtadt:
Honolulu mit (1878) 14,114 Einw. Die
Verfaſſung des Landes iſt diejenige einer
konſtitutionellen Monarchie, begründet
durch die 20. Aug. 1864 vom König Ka=
mehameha proklamierte Verfaſſung. Die
Volksvertretung beſteht aus einem House
of nobles (Herrenhaus) mit 20 auf Le=
benszeit ernannten Mitgliedern und einem
Abgeordnetenhaus von 24—42 je auf zwei
Jahre gewählten Deputierten. Die Staats=
einnahmen beliefen ſich in der Zeit vom
1. April 1876 bis 31. März 1878 auf
1,151,713, die Ausgaben auf 1,110,472
Doll. Die Staatsſchuld betrug 31. März
1878: 444,800 Doll. Das ſtehende Heer
zählt nur 75 Mann, wozu jedoch noch 400
Mann Freiwillige kommen. In Honolulu
iſt ein deutſches Konſulat errichtet.

Hayti (Haïti, »Bergland«; SanDo=
mingo), Inſel der Großen Antillen,
77,255 qkm mit ca. 850,000 Einw. H.,
6. Dez. 1492 von Columbus entdeckt, war
der Ort der erſten ſpaniſchen Niederlaſ=
ſung in Amerika. Der weſtliche Teil der
Inſel ward 1697 an Frankreich abgetre=
ten, ſagte ſich jedoch 1801 von Frankreich
los, und es entſtand dort ein ſelbſtändiger
Negerſtaat unter Touſſaint l'Ouverture,
deſſen Nachfolger Deſſalines 1804 als
Jakob I. die Kaiſerwürde annahm; doch
wurde die monarchiſche Staatsform bald
wieder durch eine republikaniſche erſetzt.
Der öſtliche (ſpaniſche) Teil der Inſel
wurde 1795 ebenfalls an Frankreich ab=
getreten, dann 1808 wieder mit Spanien
vereinigt, ſchloß ſich aber 1822 an die
weſtliche Republik an, ſo daß die Inſel
einen gemeinſamen Freiſtaat bildete. Doch
machte ſich der öſtliche Teil 1843 als Re=
publik Santo Domingo wiederum ſelb=
ſtändig. Der weſtliche Teil ward 1848
unter Soulouque (Fauſtin I.) wieder in
ein ſogen. Kaiſerreich umgewandelt, bis
dann 1859 wiederum die Republik prokla=
miert ward. So beſtehen jetzt auf der
Inſel zwei Republiken, nämlich 1) die
Republik H., 23,911 qkm mit ca. 550,000
Einw., davon 9/10 Neger, 1/10 zumeiſt

Mulatten. Die Hauptstadt ist Port au Prince mit ca. 27,000 Einw. Die Umgangssprache ist die französische; die Staatsreligion ist dem Namen nach die katholische. Nach der Verfassungsurkunde vom 14. Juni 1867 steht ein auf vier Jahre gewählter Präsident an der Spitze des Staatswesens, welchem vier verantwortliche Minister (Äußeres, Finanzen und Handel; Justiz und Kultus; Krieg und Marine; Inneres) zur Seite stehen. Die Gesetzgebung ist Sache des Senats und der Abgeordnetenkammer. Abgesehen von Friedens= und Polizeigerichten in den Gemeinden, bestehen 7 Bezirks= und 6 Handelsgerichte sowie ein Kassationstribunal in Port au Prince. Das Heer ist 6828 Mann stark. Die Finanzen, welche sich neuerdings etwas gebessert haben, wiesen nach dem Budget pro 1877: 4,023,687 Doll. Einnahme und 4,194,988 Doll. Ausgabe aus. Zum Zweck der innern Verwaltung zerfällt die Republik in 5 Departements mit 23 Kreisen und 67 Kantonen. 2) Die Republik San Domingo (Santo Domingo, Republica Dominica, Dominikanische Republik) hat ein Gebiet von 53,344 qkm mit 300,000 Einw., meist Mulatten. Die Hauptstadt ist Santo Domingo mit ca. 16,000 Einw. Die Landessprache ist die spanische; als Staatsreligion gilt die römisch=katholische. Nach der Verfassungsrevision von 1879 soll der Präsident der Republik von einem Wahlkollegium auf sechs Jahre gewählt werden. Die gesetzgebende Gewalt ist einem vom Volk erwählten Senat übertragen. Nach wiederholten innern Parteikämpfen ist das Land aber bis jetzt noch nicht zur völligen Ruhe gekommen. Zum Zweck der innern Verwaltung ist die Republik in 5 Provinzen (Santo Domingo, Santiago, La Vega, Azua und Samana) und 2 Seebezirke (Porto Plata und Samana), 19 Gemeinden und 22 Kantone oder Militärposten eingeteilt. Die Staatseinnahmen sind gleich den Ausgaben für das Jahr 1881 auf 1,200,000 Doll. veranschlagt. Deutsche Konsulate sind auf der Insel H. in Port au Prince, Aur Cayes, Cap Haïtien, Port be Paix, Gonaïves,

Jacmel, Puerto Plata und Santo Domingo eingerichtet.

Hazardspiel, s. Glücksspiel.

Hebammenordnung, Gesetz, durch welches die Wirksamkeit und Befugnis der Hebammen von Staats wegen geordnet ist. Für die Ausbildung der Hebammen ist ebenfalls durch staatliche Hebammenschulen gesorgt. Die Gewerbefreiheit erstreckt sich auf den Beruf der Hebammen nicht, dieselben bedürfen vielmehr eines Prüfungszeugnisses der nach den Landesgesetzen zuständigen Behörde. Vgl. Deutsche Gewerbeordnung, § 30; Wachs, Die Organisation des preußischen Hebammenunterrichts (1874).

Heer (Armee), die gesamte Landkriegsmacht eines Staats. Für das Deutsche Reich ist die Organisation desselben durch das Reichsmilitärgesetz vom 2. Mai 1874 (Reichsgesetzblatt, S. 45 ff.) und das Reichsgesetz vom 6. Mai 1880 (Militärgesetznovelle), betreffend Ergänzungen und Änderungen des Reichsmilitärgesetzes (Reichsgesetzblatt, S. 103 ff.), geregelt. Auf Grund dieser gesetzlichen Bestimmungen ist die deutsche Heerordnung vom 28. Sept. 1875 erlassen und ergänzt worden, deren ersten Teil die Rekrutierungsordnung bildet, während der zweite die Landwehrordnung enthält.

Heeresfolge, s. Landfolge.

Hegemonie (griech.), Führerschaft, namentlich diejenige eines Staats über eine Staatengruppe. So stritten sich im Altertum Sparta und Athen über die H. in Griechenland. Auch auf moderne Verhältnisse ist der Ausdruck angewendet worden, und man hat namentlich von dem Streben Österreichs einerseits und Preußens anderseits nach der H. in Deutschland oft gesprochen.

Hehlerei, die des eignen Vorteils wegen zu schulden gebrachte wissentliche Begünstigung von Verbrechen, welche gegen das Vermögen gerichtet sind, namentlich von Entwendungen. Das deutsche Reichsstrafgesetzbuch (§ 257) bezeichnet nämlich die Handlungsweise desjenigen, der nach Begehung eines Verbrechens oder Vergehens dem Thäter oder Teilnehmer wissentlich Beistand leistet, um denselben der

Bestrafung zu entziehen oder um ihm die Vorteile des Verbrechens oder Vergehens zu sichern, als Begünstigung. Geschieht dies nun von dem Begünstiger um seines eignen Vorteils willen, so wird derselbe als Hehler bestraft und zwar, wenn der Begünstigte einen einfachen Diebstahl oder eine Unterschlagung begangen, mit Gefängnis bis zu fünf Jahren und, wenn jener einen schweren Diebstahl oder einen Raub begangen hatte, mit Zuchthaus bis zu fünf Jahren oder, wenn mildernde Umstände vorhanden, mit Gefängnis nicht unter drei Monaten. Unter allen Umständen aber, auch wenn die Merkmale der Begünstigung nicht vorliegen, wird es als H. mit Gefängnis bis zu fünf Jahren bestraft, wenn jemand seines Vorteils wegen Sachen, von denen er weiß oder den Umständen nach annehmen muß, daß sie mittelst einer strafbaren Handlung erlangt sind, verheimlicht, ankauft, zum Pfand nimmt oder sonst an sich bringt oder zu deren Absatz bei andern mitwirkt (sogen. Partiererei). Besonders strenge Strafen treten ein bei der gewerbs- oder gewohnheitsmäßig betriebenen und bei der im wiederholten Rückfall begangenen H. Vgl. Deutsches Strafgesetzbuch, §§ 258 bis 262.

Heilige Allianz, s. Allianz.

Heiliges römisches Reich deutscher Nation, Bezeichnung des frühern Deutschen Reichs (962—1806), welche sich daraus erklärt, daß man dasselbe als eine Fortsetzung der römischen Weltmonarchie auffaßte, während ein christlicher Monarch an der Spitze stand und die deutsche Nation die herrschende sein sollte.

Heimat, zunächst Bezeichnung für den Geburtsort einer Person, dann für den Gemeindeverband, aber auch für das Land und für den Staat, welchem sie angehört.

Heimatschein, s. Heimatsrecht.

Heimatshafen, s. Schiffsregister.

Heimatsrecht (Indigenat, Staatsangehörigkeit), die Summe derjenigen Rechte, welche dem Angehörigen eines bestimmten Staats, dem Einheimischen oder Inländer, im Gegensatz zu dem Fremden oder Ausländer zustehen. Die Urkunde, welche zur Bescheinigung der

Staats- oder Gemeindeangehörigkeit von der zuständigen Behörde ausgestellt wird, heißt Heimatschein.. In dem H. selbst sind namentlich folgende Einzelbefugnisse enthalten: Das Recht, innerhalb des Staatsgebiets seinen ständigen Aufenthalt und Wohnsitz zu nehmen, durch Heirat eine Familie zu begründen, das Orts- oder Gemeindebürgerrecht in einer Gemeinde zu erwerben, ein Gewerbe zu betreiben und sich ansässig zu machen. Eine Ausweisung (s. b.), welche unter Umständen dem Fremden gegenüber zulässig, ist dem Inländer gegenüber unstatthaft; ebensowenig darf eine Auslieferung (s. b.) desselben an eine auswärtige Regierung, selbst nicht wegen eines gegen eine solche oder wegen eines im Ausland verübten Verbrechens, stattfinden. Das H. ist ferner die Vorbedingung für die Erlangung des Staatsbürgerrechts und die darin enthaltenen aktiven und passiven Wahlrechte. Endlich gehört dazu das sogen. H. im engern Sinn oder das Recht des Unterstützungswohnsitzes, d. h. das Recht auf öffentliche Unterstützung im Fall der Verarmung, welches jetzt für den größten Teil von Deutschland durch das Bundesgesetz vom 6. Juni 1870 normiert ist (s. Unterstützungswohnsitz).

Das H. wird regelmäßig durch Abstammung von Eltern erworben, welche zur Zeit der Geburt Angehörige des betreffenden Staats waren, gleichviel ob dieselbe im Inland oder im Ausland erfolgte; so nach deutschem und französischem System, während nach englischem Recht auch für die Kinder fremder Eltern durch die Geburt innerhalb des englischen Gebiets das Recht der englischen Unterthanen begründet wird. Außerdem wird das H. noch durch Aufnahme oder Naturalisation erworben, welch letztere in England bis in die neuere Zeit nur durch Parlamentsakte erfolgen konnte. In den meisten Staaten wird diese Naturalisation aber nur nach längerm Aufenthalt im Inland erteilt; so besteht in Belgien, England, Nordamerika und Rußland eine solche Niederlassungsfrist von fünf, in Frankreich, Griechenland und Schweden von drei, in der Argentinischen Republik

und in Brasilien von zwei Jahren, während in Portugal ein einjähriger Aufenthalt genügt. In Italien, in Österreich, in
der Schweiz und ebenso in Deutschland ist
eine solche Frist nicht vorgeschrieben. Das
H. wird verloren durch Auswanderung,
Eintritt in auswärtigen Staats- oder
Militärdienst und durch Verheiratung
einer Inländerin mit einem Ausländer.
Sind mehrere Staaten zu einem gemeinsamen Staatswesen, einem sogen. Bundesstaat, vereinigt, so findet sich neben
dem H. der einzelnen Staaten (Staatsangehörigkeit) noch ein gemeinsames
H. oder Bundesindigenat (Bundesan-
gehörigkeit). Ein solches besteht namentlich für die Angehörigen des neuen
Deutschen Reichs, welche im Verhältnis
zu einander als Inländer erscheinen,
während zur Zeit des frühern Deutschen
Bundes die Angehörigen der verschiedenen
deutschen Staaten im Verhältnis zu
einander als Ausländer betrachtet und
behandelt wurden. Art. 3 der deutschen
Reichsverfassung vom 16. April 1871 bestimmt nämlich, daß für ganz Deutschland ein gemeinsames Indigenat bestehe
mit der Wirkung, daß der Angehörige
eines jeden Bundesstaats in jedem andern
Bundesstaat als Inländer zu behandeln
und demgemäß zum festen Wohnsitz, zum
Gewerbebetrieb, zu öffentlichen Ämtern,
zur Erwerbung von Grundstücken, zur
Erlangung des Staatsbürgerrechts und
zum Genuß aller sonstigen bürgerlichen
Rechte unter denselben Voraussetzungen
wie der Einheimische zuzulassen, auch in
Betreff der Rechtsverfolgung und des
Rechtsschutzes demselben gleich zu behandeln sei, wie dies die frühere norddeutsche
Bundesverfassung bereits für das Gebiet
ihrer Geltung angeordnet hatte. Diese
Bestimmung wurde aber noch zur Zeit des
Norddeutschen Bundes durch eine Reihe
von Spezialgesetzen, die nunmehr zu
Reichsgesetzen erhoben worden sind, des
nähern ausgeführt, so das Recht der Freizügigkeit (s. d.) durch Gesetz vom 1. Nov.
1867, die Gewerbefreiheit durch die Gewerbeordnung vom 21. Juni 1869 und
der gemeinsame Rechtsschutz durch das
Gesetz vom 21. Juni 1869, betreffend die

Gewährung der Rechtshilfe, während ein
Gesetz vom 13. Mai 1870 die Doppelbesteuerung (s. b.) der Bundesangehörigen
in verschiedenen Bundesstaaten beseitigte.
Hierzu kam dann noch ein Gesetz vom 1.
Juni 1870, welches die Erwerbung und
den Verlust der Bundes- und Staatsangehörigkeit überhaupt für das ganze Bundesgebiet in einheitlicher Weise normierte.
    Die Bundesangehörigkeit, nunmehr
Reichsangehörigkeit, setzt hiernach die
Staatsangehörigkeit in einem Bundesstaat
voraus und erlischt mit dem Verlust der
letztern. Die Staatsangehörigkeit aber
wird erworben durch Abstammung von
einem inländischen Vater und für uneheliche Kinder durch Geburt von einer dem
betreffenden Staat angehörigen Mutter,
auch wenn die Geburt im Ausland erfolgte,
sowie durch nachfolgende Legitimation seitens des natürlichen Vaters, sodann durch
Verheiratung für die Ehefrau, ferner für
den Angehörigen eines Bundesstaats durch
Aufnahme in einem andern (Überwanderung eines Deutschen aus dem einen
in einen andern deutschen Staat) und für
Ausländer oder Nichtdeutsche durch Naturalisation (Einwanderung eines
Ausländers in einen deutschen Staat). Beides, Aufnahme und Naturalisation, erfolgt durch die höhere Verwaltungsbehörde
des betreffenden Staats und zwar die
Aufnahme kostenfrei. Der Hauptunter-
schied zwischen Aufnahme und Naturalisation besteht aber darin, daß die Aufnahmeurkunde jedem Angehörigen eines
andern Bundesstaats erteilt werden muß,
wenn er darum nachsucht und zugleich
nachweist, daß er in dem Bundesstaat, in
welchem er die Aufnahme nachsucht, sich
niedergelassen habe; es müßte denn einer
der Fälle vorliegen, in welchem nach dem
Freizügigkeitsgesetz die Abweisung eines
Neuanziehenden oder die Versagung der
Fortsetzung des Aufenthalts als gerechtfertigt erscheint (s. Freizügigkeit). Dagegen besteht eine Verpflichtung zur Naturalisation von Ausländern keineswegs;
die Reichsgesetzgebung hat nur die Voraussetzungen festgestellt, deren Vorhandensein
zur Naturalisation unbedingt erforderlich
ist, ohne den Einzelregierungen die Be-

fugnis abzuschneiden, noch weitere Erfordernisse für die Erteilung der Naturalisation aufzustellen. Jene allgemeinen Voraussetzungen sind aber folgende. Der um die Naturalisation nachsuchende Ausländer muß nach den Gesetzen seiner bisherigen Heimat dispositionsfähig sein, oder der etwaige Mangel der Dispositionsfähigkeit muß durch die Zustimmung des Vaters, Vormunds oder Kurators ergänzt werden. Ferner muß derselbe einen unbescholtenen Lebenswandel nachweisen, er muß an dem Ort, wo er sich niederlassen will, eine eigne Wohnung oder ein Unterkommen haben, und er muß endlich imstande sein, sich und seine Angehörigen an diesem Ort nach den daselbst bestehenden Verhältnissen zu ernähren. Die Naturalisation berechtigt zur Ausübung aller mit der Staats- und Reichsangehörigkeit verbundenen Rechte, wofern dazu nicht noch ein längerer Aufenthalt in einem Bundesstaat erforderlich ist. Eine solche Frist besteht nach dem Reichswahlgesetz für die Wählbarkeit in den Reichstag. Sie beträgt in Deutschland aber nur ein Jahr, während in Nordamerika die Wählbarkeit in den Kongreß und in die gesetzgebenden Körper der einzelnen unierten Staaten von einem sieben-, resp. neunjährigen Besitz des Unionsbürgerrechts abhängt u. Eingewanderte von der Wählbarkeit zum Präsidenten gänzlich ausgeschlossen sind. Besondere Vorschriften bestehen für Deutschland noch über die Staats- und Reichsangehörigkeit der Beamten, deren Bestallung regelmäßig die Stelle der Naturalisations- oder Aufnahmeurkunde vertritt. Wird ein Ausländer im Reichsdienst angestellt, so erwirbt er die Staatsangehörigkeit in demjenigen Bundesstaat, in welchem er seinen Wohnsitz hat. Für diejenigen Ausländer, welche im Reichsdienst angestellt sind, ihren dienstlichen Wohnsitz aber im Ausland haben, ist durch ein besonderes Reichsgesetz vom 20. Dez. 1875 (Reichsgesetzblatt 1875, S. 324) bestimmt, daß solchen Reichsbeamten, wofern sie ein Diensteinkommen aus der Reichskasse beziehen, die Naturalisationsurkunde von demjenigen Bundesstaat, in welchem sie die Verleihung der Staatsangehörigkeit nachsuchen, nicht versagt werden

darf. Der Verlust der Staatsangehörigkeit aber wird herbeigeführt: durch zehnjährigen ununterbrochenen Aufenthalt im Ausland, es sei denn, daß sich der Betreffende im Besitz eines Reisepapiers oder Heimatscheins befindet; durch Verheiratung einer Inländerin mit einem Ausländer oder Angehörigen eines andern Bundesstaats, sowie bei dem unehelichen Kind einer ausländischen Frauensperson durch Legitimation seitens des ausländischen Vaters. Außerdem geht die Staatsangehörigkeit verloren durch Entlassung seitens der Heimatsbehörde, welche unbedenklich zu erteilen ist, wenn der zu Entlassende die Staatsangehörigkeit in einem andern deutschen Staat erworben hat, während sie Wehrpflichtigen vom vollendeten 17. bis zum vollendeten 25. Lebensjahr, Militärpersonen und den zum aktiven Dienst einberufenen Reservisten und Landwehrleuten gegenüber zu beanstanden ist. Auch kann ein Deutscher des Heimatsrechts in seinem Heimatstaat und damit also auch der Reichsangehörigkeit für verlustig erklärt werden, wenn er ohne Erlaubnis seiner Regierung in fremde Staatsdienste tritt, oder wenn er im Fall eines Kriegs oder einer Kriegsgefahr sich im Ausland aufhält und einem etwaigen Avocatorium (s. d.) der Reichsregierung nicht Folge leistet.

Zu erwähnen ist auch, daß nach dem Reichsgesetz vom 4. Mai 1874, betreffend die Verhinderung der unbefugten Ausübung von Kirchenämtern (Reichsgesetzblatt, S. 43), ein deutscher Geistlicher oder ein andrer Religionsdiener, welcher durch gerichtliches Urteil aus seinem Amt entlassen worden ist, durch Verfügung der Zentralbehörde seines Heimatstaats seiner Staatsangehörigkeit verlustig erklärt und aus dem Reichsgebiet ausgewiesen werden kann. Diese Strafe tritt dann ein, wenn derselbe sich das Amt trotz der Entlassung aus demselben ausdrücklich wieder anmaßt oder es doch thatsächlich ausübt, oder wenn er einer gegen ihn ergangenen Verfügung der Landespolizeibehörde zuwiderhandelt, wodurch ihm der Aufenthalt in bestimmten Bezirken oder Orten versagt oder angewiesen worden war. Diese Bestimmungen finden aber auch auf solche Personen

Anwendung, welche wegen Vornahme von Amtshandlungen in einem Kirchenamt, das ihnen den Vorschriften der Staatsgesetze zuwider übertragen oder von ihnen übernommen ist, rechtskräftig zu Strafe verurteilt worden sind. Dagegen geht die Staats= und Reichsangehörigkeit dadurch nicht verloren, daß man in einem andern Staat naturalisiert wird, wie dies in Frankreich Rechtens ist. Doch ist im Gesetz vom 1. Juni 1870 vorgesehen, daß für Deutsche, welche sich in einem Staate des Auslands mindestens fünf Jahre lang ununterbrochen aufhalten und in demselben zugleich die Staatsangehörigkeit erwerben, durch Staatsvertrag die zehnjährige Frist auf eine fünfjährige vermindert werden kann, ohne Unterschied, ob die Beteiligten sich im Besitz eines Reisepapiers befinden oder nicht. Ein solcher Vertrag ist zwischen dem Norddeutschen Bund und den Vereinigten Staaten von Nordamerika unterm 22. Febr. 1868 abgeschlossen; in demselben ist eine fünfjährige Frist festgesetzt worden, und im gleichen Sinn haben die süddeutschen Staaten mit Nordamerika Verträge (sogen. Bancroft=Verträge, nach dem amerikanischen Unterhändler Bancroft so benannt) abgeschlossen. Hält ein Naturalisierter des einen Teils sich aber wieder länger als zwei Jahre in dem Gebiet des andern Teils auf, so kann dies als Verzicht auf die Rückkehr und auf die Naturalisation in dem Adoptivstaat angesehen werden. Übrigens wird jene zehnjährige Frist durch die Eintragung in die Matrikel eines Reichskonsuls bis auf weitere zehn Jahre unterbrochen. Auch kann Deutschen, welche ihre Staatsangehörigkeit durch zehnjährigen Aufenthalt im Ausland verloren haben, die Staatsangehörigkeit in dem frühern Heimatstaat wieder verliehen werden, wenn sie keine anderweite Staatsangehörigkeit erworben haben, auch wenn sie sich in dem ehemaligen Heimatstaat nicht niederlassen; sie muß ihnen wieder verliehen werden, wenn sie sich dort wieder niederlassen, selbst wenn sie inzwischen eine anderweite Staatsangehörigkeit erworben haben sollten. Vgl. Bundes=(Reichs=)Gesetz vom 1. Juni 1870 über die Erwerbung und den Verlust der

Bundes= und Staatsangehörigkeit (Reichsgesetzblatt 1870, S. 355 ff.); Flottwell, Was bedeutet das deutsche Heimatswesen? (1867); Stolp, Die deutsche Staatsangehörigkeits= und Heimatsgesetzgebung (1872); Martitz, Das Recht der Staatsangehörigkeit im internationalen Verkehr (in Hirths »Annalen des Deutschen Reichs« 1875, S. 794 ff., 1114 ff.); Seydel, Die deutsche Reichs= und Staatsangehörigkeit (ebendas. 1876, S. 135 ff.).

Heimfallsrecht, s. Fremdenrecht.

Hektar (griech.), Flächenmaß, = 100 Ar (s. b.).

Hektogramm (griech.), = 100 Gramm.

Hektoliter (griech.), = 100 Liter.

Hektometer (griech.), = 100 Meter.

Heraldik (griech.), Wappenkunde; Nebenzweig der Genealogie und, wie diese, Hilfswissenschaft der Geschichte.

Hermeneutik (griech.), Wissenschaft der Auslegungskunst; insbesondere juristische H., die Theorie von der Auslegung und Entzifferung der Rechtsquellen.

Herold, öffentlicher Ausrufer; unverletzliche Person, die etwas (Krieg, Frieden) feierlich anzukündigen, auch Gäste zu geleiten hat; im Mittelalter insbesondere Aufseher bei Turnieren ꝛc., welcher die Ahnen und Wappen der Teilnehmenden zu prüfen hatte; überhaupt s. v. w. Verkündiger. In der neuern Zeit sind die Funktionen des Herolds zumeist auf andre Hofbeamte übergegangen. In Preußen besteht jedoch noch ein besonderes Heroldsamt, dessen Vorsitzender der Oberzeremonienmeister ist.

Herrenhaus, in manchen Gegenden Bezeichnung für die Wohnung der Gutsherrschaft; in Preußen und in Österreich die offizielle Bezeichnung für die Erste Kammer.

Herzog (lat. Dux, franz. Duc, ital. Duca, span. Duque), eigentlich Heerführer, nämlich bei den alten Germanen derjenige, welcher an der Spitze des Heers zog. Später wurden so die Oberhäupter der seßhaften Völkerschaften genannt, doch wurden im Langobarden= und im Frankenreich auch königliche Beamte mit dem Titel H. eingesetzt, deren Würde teilweise erblich ward. So zerfiel das ostfränkische

Reich zu Ausgang des 9. Jahrh. in die fünf erblichen Herzogtümer: Bayern, Franken, Lothringen, Sachſen und Schwaben. Nachmals beſtanden in Deutſchland ſieben Herzogtümer, nämlich: Bayern, Franken, Kärnten, Ober- und Niederlothringen, Sachſen und Schwaben. Später entſtanden durch Erbteilungen und durch die Erhebung von Fürſten zu Herzögen neue Herzogtümer, welche nach der Auflöſung des Deutſchen Reichs zu völlig ſouveränen Staaten wurden. Mehreren ältern Herzogtümern wurde von Napoleon I. der Name Großherzogtum gegeben, und die »Großherzöge« wurden von ihm mit königlichen Ehren ausgeſtattet (ſ. Großherzog). Jetzt führen in Deutſchland folgende regierende Häuſer den Herzogstitel: Anhalt, Braunſchweig und die ſächſiſchen Herzogtümer ernſtiniſcher Linie (Sachſen-Meiningen, S.-Koburg-Gotha und S.-Altenburg), mit Ausnahme von Sachſen-Weimar, welchem die großherzogliche Würde verliehen iſt. Der Titel der ſouveränen Herzöge und der Mitglieder ihres Hauſes iſt ſeit 1844 »Hoheit« (früher »Durchlaucht«). In Bayern und Württemberg führen die Glieder der Nebenlinien den Herzogstitel. Ebenſo ſteht derſelbe den Chefs einiger mediatiſierter Fürſtenhäuſer, z. B. Arenberg und Croh-Dülmen, zu. Der Prinz von Hohenlohe-Waldenburg-Schillingsfürſt führt den Titel H. von Ratibor von dem mediatiſierten Herzogtum Ratibor, welches 1288—1532 unter eignen Herzögen ſtand und durch Erbgang auf den jetzigen Beſitzer überging. Dem Fürſten von Hohenlohe-Öhringen iſt durch Kabinettsordre vom 18. Okt. 1861 der Titel eines Herzogs von Ujeſt erblich verliehen worden, indem die in Oberſchleſien gelegenen fürſtlich Hohenloheſchen Herrſchaften zum Herzogtum Ujeſt erhoben wurden. Die Titularherzöge führen das Prädikat »Durchlaucht«. In den nichtgermaniſchen Ländern Europas hat der Herzogstitel lediglich den Charakter einer bald erblichen, bald perſönlichen Würde. Das Haus Öſterreich hat für ſeine Prinzen den Titel Erzherzog beibehalten.

Heſſen (H.-Darmſtadt), Großherzogtum und Bundesſtaat des Deutſchen Reichs; Areal und Bevölkerung waren 1. Dez. 1880:

Provinz Starkenburg	3019 qkm,	394783 Einw.
» Oberheſſen .	3287 -	264869 -
» Rheinheſſen	1374 -	277292 -
Zuſammen:	7680 qkm,	936944 Einw.

Unter den Einwohner befanden ſich 1875: 602,850 Evangeliſche, 251,172 Katholiken und 25,652 Juden; Haupt- und Reſidenzſtadt iſt Darmſtadt mit 43,695 Einw. An der Spitze des Staats ſteht der Großherzog (Königliche Hoheit), der den Titel »Großherzog von H. und bei Rhein« ſeit der Auflöſung des Deutſchen Reichs und der Gründung des Rheinbunds, anſtatt des frühern landgräflichen Titels, führt. Die monarchiſch-konſtitutionelle Verfaſſung gründet ſich auf die Verfaſſungsurkunde vom 17. Dez. 1820 und auf das Wahlgeſetz vom 8. Nov. 1872. Hiernach wird die Volksvertretung in zwei Kammern eingeteilt. Die Erſte Kammer ſetzt ſich aus den Prinzen des großherzoglichen Hauſes, aus den Häuptern der ſtandesherrlichen Familien, dem Senior der Familie der Freiherren v. Riedeſel, dem katholiſchen Landesbiſchof, einem vom Großherzog ernannten proteſtantiſchen Prälaten, dem Kanzler der Univerſität Gießen, zwei Mitgliedern, welche der im Großherzogtum anſäſſige Adel aus ſeiner Mitte wählt, und höchſtens 12 vom Großherzog ernannten Mitgliedern zuſammen. Zur Zweiten Kammer wählen die acht größern Städte des Landes 10, die kleinern Städte und die Landgemeinden 40 Abgeordnete jeweilig auf ſechs Jahre in indirektem Wahlverfahren. Nach dem Krieg von 1866 mußte H. die Landgrafſchaft H.-Homburg mit Meiſenheim, die Kreiſe Biedenkopf und Vöhl, den nordweſtlichen Teil des Kreiſes Gießen, Rödelheim und Niederurſel an Preußen abtreten, wogegen es Nauheim und einige andre Gebietsteile erhielt. Auch mußte H. mit dem nördlich vom Main gelegenen Teil des Staatsgebiets in den Norddeutſchen Bund eintreten. Laut Staatsvertrag vom 15. Nov. 1870 trat H. mit ſeinem ganzen Staatsgebiet dem Deutſchen Bunde, dem nunmehrigen Deut

schen Reich, bei. An der Spitze der ge=
samten Landesverwaltung steht das
Staatsministerium, welches in die Unter=
abteilungen für das großherzogliche Haus
und für das Äußere, für das Innere und
für die Justiz und für die Finanzen zer=
fällt. Der dirigierende Staatsminister ist
zugleich Minister des großherzoglichen
Hauses und des Äußern. An der Spitze
der drei Provinzen stehen Provinzial=
direktionen mit Provinzdirektoren, von
denen der für die Provinz Starkenburg
in Darmstadt, der für die Provinz Ober=
hessen in Gießen und der für die Provinz
Rheinhessen in Mainz seinen Amtssitz
hat. Diesen obern Verwaltungsbehörden
sind die Kreisämter unterstellt, an deren
Spitze ein Kreisrat steht, und zwar be=
stehen 18 Kreise (Darmstadt, Offenbach,
Friedberg, Büdingen, Gießen, Alsfeld,
Lauterbach, Schotten, Dieburg, Bens=
heim, Großgerau, Erbach, Heppenheim,
Mainz, Bingen, Worms, Oppenheim und
Alzey). Die Provinzen und die Kreise bil=
den zugleich Kommunalverbände höherer
Ordnung, nämlich Kreistage, welche von
den Höchstbesteuerten und von den Gemein=
den gewählt werden, und Provinzialtage,
die aus den Kreistagen hervorgehen und die
kommunale Selbstverwaltung der Ver=
bände mit vermögensverwaltenden und
beratenden Funktionen wahrnehmen. Für
die laufenden Geschäfte bestehen Kreis=
und Provinzialausschüsse, welche aus dem
Kreisrat, resp. aus dem Provinzialdirek=
tor und sechs von den Kreistag auf sechs
Jahre, resp. acht von dem Provinzialtag
ebenfalls auf sechs Jahre gewählten Mit=
gliedern zusammengesetzt sind.

Die Gesamtheit der evangelischen Lan=
deskirche wird durch die Landessynode
vertreten, welche regelmäßig alle fünf
Jahre zusammentritt. Die Gesamtheit
der evangelischen Kirchengemeinden eines
jeden der 23 evangelischen Dekanate findet
ihre Vertretung in der jährlich regelmäßig
einmal zusammentretenden Dekanatssy=
node, welche aus sämtlichen Geistlichen
des Dekanats und ebenso vielen von den
Gemeindevertretungen gewählten welt=
lichen Mitgliedern besteht. Die Landes=
synode dagegen setzt sich aus je einem geist=

lichen und je einem weltlichen von jeder
Dekanatssynode gewählten Abgeordneten,
dem evangelischen Prälaten und sieben
(drei geistlichen und vier weltlichen) von
dem evangelischen Landesherrn zu ernen=
nenden Mitgliedern zusammen. Der Lan=
dessynode steht das Recht der Gesetzgebung
in allen evangelisch=kirchlichen Angelegen=
heiten in Gemeinschaft mit dem Landes=
herrn zu, welch letzterer das Kirchenregi=
ment durch das Oberkonsistorium ausübt.
Die katholische Landeskirche (Landesbis=
tum Mainz) gehört zur oberrheinischen
Kirchenprovinz und ist einem Bischof
unterstellt, unter welchem die 16 katholi=
schen Dekanate des Großherzogtums stehen.

Justizorganisation. Das Ober=
landesgericht ist in Darmstadt errichtet.
Für jede der drei Provinzen besteht so=
dann ein Landgericht:

Landgericht Darmstadt für die Provinz Star=
kenburg mit 18 Amtsgerichten: Darmstadt I
und II, Beerfelden, Fürth, Gernsheim, Groß=
gerau, Großumstadt, Hirschhorn, Höchst, Lan=
gen, Lorsch, Michelstadt, Offenbach, Reinheim,
Seligenstadt, Waldmichelbach, Wimpfen und
Zwingenberg;

Landgericht Gießen für die Provinz Oberhessen
mit 20 Amtsgerichten: Gießen, Alsfeld, Alten=
stadt, Büdingen, Butzbach, Friedberg, Grün=
berg, Herbstein, Homberg, Hungen, Laubach,
Lauterbach, Lich, Bad=Nauheim, Nidda, Orten=
berg, Schlitz, Schotten, Ulrichstein und Vilbel;

Landgericht Mainz für die Provinz Rheinhessen
mit 11 Amtsgerichten: Mainz, Alzey, Bingen,
Niederolm, Oberingelheim, Oppenheim, Ost=
hofen, Pfeddersheim, Wöllstein, Wörrstadt
und Worms.

Laut Militärkonvention vom 13. Juni
1871 ist das großherzoglich hessische Kon=
tingent als eine geschlossene Division in
den Verband der königlich preußischen Ar=
mee eingetreten, in welchem es die 25.
Division bildet und dem 11. Armeekorps
(Kassel) angehört. Das Kontingent soll
für die Dauer des Friedens innerhalb des
Großherzogtums Garnison behalten, in=
dem der Kaiser nur vorübergehend und
in außergewöhnlichen Fällen von dem ihm
zustehenden Dislokationsrecht Gebrauch
machen wird. Das Recht der Ernennung,
Beförderung und Versetzung der Offiziere
ist auf den Kaiser übergegangen.

Finanzen. Nach dem Staatshaus=
haltsetat für die Finanzperiode 1879—82
ſind die Einnahmen auf 20,235,247 Mk.
und die Ausgaben auf 17,142,497 Mk.
pro Jahr veranſchlagt, ſo daß ein über=
ſchuß von jährlich 3,092,750 Mk. zu er=
warten ſtände. Die direkten Steuern ſind
dabei mit jährlich 7,750,186 Mk. und die
indirekten Abgaben mit 2,633,963 Mk.
veranſchlagt. Für die Zivilliſte des Groß=
herzogs und für Apanagen ſind 1,228,288
Mk., für das Miniſterium des Innern
und der Juſtiz 6,141,994 Mk., für das
Miniſterium der Finanzen 4,611,927
Mk. und an Zuſchüſſen für Privateiſen=
bahnen 600,000 Mk. in Ausgabe geſtellt.
Die Geſamtſtaatsſchuld belief ſich 1879
nach Abzug der Aktiven auf 40,827,953
Mk. — Im deutſchen Bundesrat führt H.
drei Stimmen, und zum deutſchen Reichs=
tag entſendet es neun Abgeordnete. — Das
Staatswappen iſt ein mit der Königs=
krone bedeckter, von den Orden des Groß=
herzogtums umhangener und von zwei
Löwen gehaltener blauer Schild mit einem
gekrönten, von Silber und Rot zehnmal
quer geſtreiften Löwen, welcher in der
rechten Vordertaße ein Schwert hält. Die
Landesfarben ſind Rot und Weiß.
Vgl. Beck, Heſſens Staatsrecht (1835);
Küchler, Die Verwaltungsgeſetzgebung
im Großherzogtum H. (1875, 2 Bde.);
Dieffenbach, Das Großherzogtum H.
in Vergangenheit und Gegenwart (1875
ff.); Ewald, Hiſtoriſche Überſicht der
Territorialveränderungen der Landgraf=
ſchaft H. und des Großherzogtums H. (2.
Aufl. 1872).

Heſſen=Homburg, bis 1866 deutſche
Landgrafſchaft, 275 qkm groß; 1806 me=
diatiſiert und Heſſen=Darmſtadt einver=
leibt, 1815 wiederhergeſtellt und 1817 in
den Deutſchen Bund aufgenommen. Mit
Ferdinand Heinrich Friedrich ſtarb die
Linie H. 24. März 1866 aus. Das Land
kam an Heſſen=Darmſtadt, mußte aber in=
folge des Kriegs von 1866 an Preußen
abgetreten werden und wurde der Pro=
vinz Heſſen=Naſſau einverleibt.

Heſſen=Kaſſel, ſ. Kurheſſen.

Heuer (Hauer, franz. Loyer, engl.
Wage), die Löhnung, welche die Schiffs=
mannſchaft der Kauffahrteiſchiffe erhält;
auch »Volksheuer« genannt im Gegenſatz
zur »Gage« des Kapitäns. Heuern (Ver=
heuerung), das Dingen des Schiffs=
volks; Heuervertrag, der zwiſchen
Schiffer und Schiffsbeſatzung abgeſchloſ=
ſene Dienſtmietvertrag. Letzterer muß
nach engliſchem, franzöſiſchem, amerika=
niſchem und ruſſiſchem Recht ſchriftlich
abgeſchloſſen werden; die deutſche See=
mannsordnung erklärt dies zwar für un=
nötig, verlangt aber dagegen die Mitwir=
kung der Seemannsämter bei dem
Vertragsabſchluß. Als ſolche fungieren
innerhalb des Reichsgebiets die Muſte=
rungsbehörden und im Ausland die Reichs=
konſuln. Dieſe haben die Muſterung vor=
zunehmen, ſowohl die Anmuſterung,
d. h. die amtliche Verlautbarung des
Heuervertrags, als auch die Abmuſte=
rung, d. h. die Verlautbarung der Be=
endigung des Dienſtverhältniſſes ſeitens
des Schiffers und der ausſcheidenden
Mannſchaft. Inhalt, Abſchluß und Be=
endigung des Heuervertrags ſind in die
Muſterrolle aufzunehmen, d. h. ein
amtliches Verzeichnis über Namen und
Nationalität des Schiffs, Namen, Wohn=
ort und Stellung des Schiffers und der
Schiffsbeſatzung und die Beſtimmungen
des Heuervertrags, namentlich auch dar=
über, was dem Schiffsmann an täglicher
Speiſe und Trank gebührt. Über das
durch den Heuervertrag begründete Ver=
tragsverhältnis hatte bereits das deutſche
Handelsgeſetzbuch (Art. 528 ff.) Beſtim=
mungen gegeben, welche durch die deutſche
Seemannsordnung vom 27. Dez. 1872
(Reichsgeſetzblatt, S. 409 ff.) ergänzt ſind.

Hierarchie (Hierokratie, griech.),
Prieſterherrſchaft, Rangordnung von
Würdenträgern, beſonders geiſtlichen; nach
katholiſchem Kirchenrecht die von Chriſtus
den Apoſteln und deren Nachfolgern ge=
gebene Befugnis, die Kirche zu regieren,
daher im allgemeinen die Herrſchaft des
Papſtes und der Biſchöfe (römiſche H.).
Übrigens wird der Ausdruck nicht ſelten
auch auf andre Verhältniſſe, z. B. auf die
Rangordnung der Beamten, übertragen.

Hilfskaſſen (Hilfsgeſellſchaften,
franz. Caiſſes de secours mutuels, engl.

Friendly societies), gewerbliche Unterstützungskassen auf der Grundlage gegenseitiger Versicherung. Besteht für den Arbeiter die Verpflichtung zum Beitritt zu einer bestimmten Kasse (Zwangskasse), so spricht man von Kassenzwang im Gegensatz zur Kassenfreiheit. Das deutsche Reichsgesetz vom 7. April 1876 statuiert erstern auf Grund von Ortsstatuten für H., welche die gegenseitige Unterstützung ihrer Mitglieder für den Fall der Krankheit bezwecken, und verleiht diesen H. die Rechte der juristischen Persönlichkeit, wenn sie in das bei der höhern Verwaltungsbehörde zu führende Register der eingeschriebenen H. eingetragen sind. Über die Zweckmäßigkeit der Kassenfreiheit oder des Kassenzwangs ist großer Streit, und zwar ist die Sache in ein neues Stadium getreten, seitdem sich Fürst Bismarck für den Erlaß eines Reichsgesetzes entschieden hat, welches die Einführung obligatorischer, nach dem Muster der bergmännischen Knappschaftskassen zu bildender Altersversorgungs- und Invalidenkassen bezweckt (s. Versicherungswesen). Von besonderer Wichtigkeit auf dem Gebiet der freien H. ist die Kaiser Wilhelms-Spende (s. b.). Vgl. Wöllmer, Die Invalidenpensionskassen und die Gesetzgebung (1879); Parey, Gesetz über eingeschriebene H. (1876).

Hilfslohn, s. Bergelohn.

Hilfsvollstreckung, s. Exekution, Zwangsvollstreckung.

Hinrichtung, s. Todesstrafe.

Hintersassen (Hintersättler, Hintersiedler, Kossäten, Kleinhäusler), Landleute, welche ohne geschlossene Güter, nur mit einem Haus, Garten oder einzelnen Feldern angesessen sind.

Hirtenbrief, öffentliches Schreiben des Papstes, Bischofs oder eines sonstigen Kirchenobern an die Geistlichkeit zur Belehrung über kirchliche Zustände und Ereignisse.

Hochgericht, s. v. w. Halsgericht, auch Bezeichnung für die Richtstätte.

Hochkirche, s. Anglikanische Kirche.

Hochverrat, verbrecherischer Angriff auf den innern Bestand eines Staats, auf das Oberhaupt, auf die Verfassung oder auf das Gebiet desselben. Nach dem deutschen Reichsstrafgesetzbuch insbesondere liegt ein H. dann vor, wenn ein derartiger Angriff gegen das Deutsche Reich oder auch nur gegen einen einzelnen Bundesstaat unternommen wird, sei es, daß dieser Angriff gerichtet ist gegen den Kaiser oder gegen einen Bundesfürsten, sei es gegen die Verfassung, sei es gegen das Gebiet des Reichs oder eines Bundesstaats. Der strafbarste Fall des Hochverrats ist der Mord oder Mordversuch, der an dem Kaiser, an dem eignen Landesherrn oder während des Aufenthalts in einem Bundesstaat an dem Landesherrn dieses Staats verübt wird. Hier tritt die Todesstrafe ein, während außerdem der H. mit lebenslänglicher Zuchthaus- oder Festungsstrafe und beim Vorhandensein mildernder Umstände mit Festungshaft von 5—15 Jahren geahndet werden soll. Dabei wird schon die Verabredung mehrerer zu einem hochverräterischen Unternehmen, selbst wenn dies in keiner Weise zur Ausführung gekommen, mit Strafe bedroht; ebenso wird es schon bestraft, wenn sich jemand zur Vorbereitung des Hochverrats mit einer auswärtigen Regierung einläßt oder die ihm anvertraute Macht mißbraucht oder Mannschaften anwirbt oder in den Waffen einübt, oder wenn jemand öffentlich vor einer Menschenmenge oder durch Verbreitung von Schriften oder andern Darstellungen zur Ausführung einer hochverräterischen Handlung auffordert; ja, eine jede den H. irgendwie vorbereitende Handlung ist für strafbar erklärt. Vgl. Deutsches Reichsstrafgesetzbuch, §§ 80 ff., 139.

Hof (lat. Curia, Aula, franz. Cour, engl. Court), Bezeichnung für die Residenz eines Fürsten (Hoflager) sowie für den Fürsten selbst mit seiner Familie und seiner Umgebung. Die hervorragende Stellung, welche das Staatsoberhaupt in monarchischen Staaten einnimmt, rechtfertigt und erheischt allerdings einen gewissen äußern Glanz, mit welchem sich die Majestät umgibt, um ihr Ansehen zu erhalten und zu erhöhen. Freilich liegt hier die Gefahr der Übertreibung nahe, und so ist es erklärlich, daß zuweilen an den Fürstenhöfen ein leeres Formenwesen und sinnliche Verflachung Platz gegriffen haben (man denke z. B. an das üppige Hofleben in Frankreich vor der Revolution, durch welches die letztere teilweise herbeigeführt wurde); die Beispiele von Höfen, an welchen die geistigen Interessen der Nation gefördert und Wissenschaft und Kunst gepflegt wurden, wie an dem H. der Mediceer und an dem weimarischen Musenhof, stehen in der That nur vereinzelt da. Im übrigen sind die Hofhaltungen in ihrem Wesen und in ihrer Einrichtung je nach der Kulturstufe der einzelnen Völkerschaften sehr verschieden; doch ist es unverkennbar, daß das Hofwesen des Orients, welches zum Teil theokratischen Anschauungen seine Entstehung verdankte, vielfach in den abendländischen Staaten nachgeahmt worden ist, und daß sich gewisse Spuren davon bis in die aufgeklärtere Gegenwart hinein erhalten haben. Im frühern Deutschen Reich waren die Kurfürsten als Inhaber der sogen. Erzämter (s. d.) zugleich die ersten Hofbeamten des Kaisers; doch lief dies im wesentlichen auf eine bloße Titulatur hinaus, wie dies später auch in Ansehung der sogen. Erbämter (s. d.) des Reichs der Fall war. Ein besonders steifes Hofzeremoniell bildete sich in Spanien aus, von wo es durch Karl V. auch nach Deutschland und namentlich an den österreichischen H. gelangte. Als dann in Versailles durch Ludwig XIV. ein glänzendes und üppiges Hofleben geschaffen und an die Stelle der spanischen Grandezza teilweise ein leichtlebiger Ton getreten war, fand das französische Mode- und Etikettenwesen an den deutschen Höfen wiederum vielfache Nachahmung. Wie schon bemerkt, trat die Revolution den Ausschreitungen des französischen Hofwesens entgegen; doch suchte Napoleon I. durch eine glänzende Hofhaltung den ihm fehlenden Glanz der Dynastie wiederzusetzen.

Die Höfe der Gegenwart sind zwar im großen und ganzen in konformer Weise organisiert, im einzelnen aber ist die vielfache Gliederung der Hofbediensteten und ihrer Funktionen sehr verschieden. Diese Hofbediensteten bilden zusammen den Hofstaat des Fürsten; sie zerfallen in Hofbeamte und Hofdiener (Hofoffizianten), je nachdem es sich um den Ehrendienst

bei dem Monarchen und seiner Familie oder um die höhere Verwaltung oder aber nur um niedere Dienstverrichtungen handelt. Die höhern Hofbeamten sind die Inhaber der eigentlichen Hofämter (Hofchargen, Hofstäbe), während die übrigen bloße Ehrendienste zu verrichten haben (Kammerherren, Kammerjunker). Die Hofämter können bestehendem Gebrauch zufolge regelmäßig nur von Abligen bekleidet werden, wie denn früher überhaupt der Adel die notwendige Voraussetzung der Hoffähigkeit (Kourfähigkeit), d. h. der Befugnis, bei H. zu erscheinen, war, bis man in neuerer Zeit zu Gunsten der höhern Staatsbeamten und Offiziere Ausnahmen statuierte und auch an hervorragende Gelehrte und Künstler, Mitglieder der Ständeversammlungen ꝛc. Einladungen zu Hoffesten ergehen ließ. Eine Hofrangordnung bestimmt in dieser Hinsicht die Reihen- und Rangfolge der bei H. erscheinenden Personen. Ein besonderes Hofzeremoniell (Hofetikette) wird an den Höfen aufrecht erhalten, zu dessen Wahrung besondere Beamte (Zeremonienmeister) bestellt sind. Auch ist zum Erscheinen bei H. eine besondere Hofkleidung erforderlich, welche bei besondern Gelegenheiten, namentlich bei Hoftrauer, im einzelnen vorgeschrieben wird. Die sämtlichen Hofbeamten sind regelmäßig dem Minister des fürstlichen Hauses unterstellt, so namentlich in Preußen, woselbst demselben zunächst das Heroldsamt für Standes- und Adelssachen, das königliche Hausarchiv und die Hofkammer der königlichen Familiengüter untergeordnet sind. Ebenso steht das Geheime Kabinett des Königs für Zivilangelegenheiten, aber auch das Geheime Kabinett für die Militärangelegenheiten unter dem Hausministerium, während die Generaladjutanten und die Flügeladjutanten des Kaisers und Königs und das kaiserliche Militärkabinett nicht als königliche Beamte, sondern als solche des Deutschen Reichs und des deutschen Kaisers fungieren. Dagegen stehen unter dem königlichen Hausminister die verschiedenen Hofchargen, welche in Preußen in oberste, Ober- und einfache Hofchargen eingeteilt werden. Oberste Hofchargen sind: der Oberstkämmerer, der Oberstmarschall, der Oberstschenk, der Obersttruchseß und der Oberstjägermeister. Als Oberhofchargen werden aufgeführt: der Oberküchenmeister, der Oberschloßhauptmann und Intendant der königlichen Gärten, der Oberzeremonienmeister, der Oberhof- und Hausmarschall, der Obergewandkämmerer (Grand-maître de la garderobe), der Oberjägermeister, der Generalintendant der königlichen Schauspiele, der Hofmarschall, der Oberstallmeister und die Vizeoberhofbeamten, Vizeoberjägermeister 2c. Als Hofchargen werden bezeichnet: die Schloßhauptleute, welche über die zahlreichen königlichen Schlösser gesetzt sind, die Zeremonienmeister und die Hofjägermeister. Zum Hofstaat gehören ferner: der Generalintendant der königlichen Hofmusik, die königlichen Leibärzte, die Privatkanzlei und der Vorleser des Königs. In Österreich werden oberste Hofämter, nämlich der Obersthofmeister, der Oberstkämmerer, der Obersthofmarschall und der Oberststallmeister, ferner die Garden, nämlich der Oberst, der Hauptmann der Arcierenleibgarde, der Kapitän der ungarischen Leibgarde, der Hauptmann der Trabantenleibgarde und der Hofburgwache und der Kapitän der Leibgarde-Reitereskadron, endlich die sogen. Hofdienste, als der Oberstküchenmeister, der Oberstsilberkämmerer, der Oberststabelmeister, der Oberjägermeister und der Oberzeremonienmeister, unterschieden. Dazu kommt dann noch der militärische Hofstaat des Kaisers, bestehend aus den General- und den Flügeladjutanten, sowie die Militärkanzlei und die Kabinettskanzlei des Kaisers. — Auch die Gemahlinnen der gekrönten Häupter haben ihren Hofstaat, welcher sich z. B. in Preußen bei der Kaiserin-Königin aus der Oberhofmeisterin, den Palastdamen, dem Oberhofmeister, dem Leibarzt und dem Kabinettssekretär zusammensetzt, abgesehen von den niedern Chargen; ebenso die Prinzen und Prinzessinnen der fürstlichen Häuser. Eigentümlich ist die Unterscheidung zwischen geistlichen und weltlichen Hofchargen bei dem päpstlichen Stuhl (s. Papst). Zu bemerken ist endlich, daß schon im Mittelalter den Fürsten die päpstliche Erlaubnis erteilt wurde, sich eigne Hofgeistliche, sogen. Hofbeichtväter, halten zu dürfen, wie sie sich auch schon früher besondere Hofkirchen gegründet hatten. Die Stellen dieser Beichtväter wurden zumeist mit Jesuiten besetzt, welche nicht selten den bedeutendsten Einfluß zu erlangen wußten. Die protestantischen Fürsten stellten dann an ihren Hofkirchen Hofprediger oder Hofkapläne an. Genauere Auskunft über das Hofwesen geben Malortie, Der Hofmarschall (3. Aufl. 1866), und das »Ceremonialbuch für den königlich preußischen Hof« (1871—77, 12 Teile).

Hofchargen, s. v. w. Hofämter (s. Hof).

Hoflager, der Ort, wo ein Fürst mit seinem Hofstaat seinen vorübergehenden Aufenthalt nimmt, womit früher allerlei zeremoniöse Feierlichkeiten, Feste 2c. verbunden waren.

Hofmetzgerei, s. Dismembration.

Hofrat, ursprünglich ein Rechtsgelehrter, welcher dem Fürsten in Regierungssachen Rat erteilte; dann aber die zunächst unter dem Regenten stehende Justiz- und Verwaltungsbehörde, später Titel einzelner Regierungsmitglieder und bloßer Ehrentitel für Gelehrte und Beamte.

Hoheit, die oberste Gewalt in einem Staate, daher Hoheitszeichen, d. h. bildliche oder schriftliche Darstellungen, durch welche die Ausdehnung und Handhabung der Staatsgewalt und ihrer Organe äußerlich erkennbar gemacht, z. B. um eine Grenze oder ein Amtslokal zu bezeichnen, und deren böswillige Verletzung nach § 135 des deutschen Strafgesetzbuchs mit Geldstrafe bis zu 600 Mk. oder mit Gefängnis bis zu 2 Jahren bestraft wird. Hoheitsrechte, s. v. w. Souveränitätsrechte (Regalien), dem Staatsoberhaupt als solchem zustehenden Rechte, wie das Begnadigungsrecht, die Justiz- und Militärhoheit, die Sanktion der Gesetze 2c. H. ist auch der Titel fürstlicher Personen. Gegenwärtig führen die Großherzöge und Erbgroßherzöge sowie die Prinzen und Prinzessinnen der königlichen Häuser den Titel »Königliche H.«, die der kaiserlichen Häuser und der Kronprinz des Deutschen

Reichs den Titel »Kaiserliche H.«, die der großherzoglichen Häuser von Baden und Hessen den Titel »Großherzogliche H.«, während der einfache Titel »H.« von den Mitgliedern der übrigen großherzoglichen Häuser sowie von den regierenden Herzögen in Deutschland und den Prinzen und den Prinzessinnen ihrer Häuser (jedoch nicht von den Seitenverwandten) geführt wird.

Hohenzollern, deutsches Fürstengeschlecht, welchem das preußische Königshaus und nunmehrige deutsche Kaiserhaus angehört, seinen Namen von der Burg H. im ehemaligen Fürstentum H.-Hechingen führend, welche schon zu Ende des 9. Jahrh. in Urkunden vorkommt. Das Grafengeschlecht von H. zerfiel seit dem 13. Jahrh. in eine fränkische und eine schwäbische Linie. Friedrich VI., Burggraf von Nürnberg, aus der fränkischen Linie, erhielt 1415 vom Kaiser Sigismund die Kurwürde von Brandenburg und nannte sich als Kurfürst von Brandenburg Friedrich I. Sein elfter Nachfolger in der Kurwürde, Friedrich III., nahm als Friedrich I. den Titel eines Königs von Preußen an. Die schwäbische Linie spaltete sich in die Linien H.-Hechingen und H.-Sigmaringen, die in der ersten Hälfte des 17. Jahrh. die Fürstenwürde erhielten. Die Fürstentümer, welche nach der Auflösung des Deutschen Reichs dem Rheinbund und sodann dem Deutschen Bund angehört hatten, verloren 1849 ihre politische Selbständigkeit. Die Fürsten Friedrich Wilhelm von H.-Hechingen und Karl Anton von H.-Sigmaringen entsagten nämlich der Regierung, und ihre Lande kamen an Preußen, das 12. März 1850 die letztern in Besitz nahm. Diese ehemaligen Fürstentümer bilden jetzt den Regierungsbezirk Sigmaringen. Vgl. v. Stillfried und Märker, Monumenta Zollerana (1852 ff., 7 Bde.); Riedel, Die Ahnherren des preußischen Königshauses (1854).

Hohe Pforte, s. Pforte.

Holland, s. Niederlande.

Holstein, s. Schleswig-Holstein.

Holzdiebstahl, s. Diebstahl.

Holzzoll, Einfuhrzoll auf Bau- und Nutzholz, wie er durch den deutschen Zolltarif von 1879 mit 5 Pf. pro Zentner Rohholz und mit 12½ Pf. pro Zentner gesägten Holzes eingeführt worden ist. Von den Gegnern des Holzzolls wird nicht mit Unrecht geltend gemacht, daß derselbe wesentlich dem Interesse der Staatsforsten und der großen Privatforsten biene, dagegen das Baugewerbe, die Holzindustrie, das Böttchergewerbe ꝛc. schädige. Zudem ist in Ansehung verschiedener Holzsorten Deutschland geradezu auf die Einfuhr aus dem Ausland angewiesen.

Homerulers (engl., spr. hohmruhlers), die Partei irischer Abgeordneter im englischen Parlament, welche für Irland ein selbständiges Parlament und eine besondere Regierung (home rule) verlangen.

Honduras, Republik in Zentralamerika, 120,480 qkm mit 351,700 Einw.; Hauptstadt: Comayagua mit etwa 12,000 Einw. Nachdem sich das Land von der spanischen Herrschaft unabhängig gemacht hatte, gehörte es zunächst der zentralamerikanischen Union an, um dann seit 1835 einen selbständigen Staat zu bilden. Nach der gegenwärtigen Verfassung (November 1865) steht an der Spitze des Staats ein auf vier Jahre gewählter Präsident. Die gesetzgebende Gewalt wird von dem Senat, welcher aus sieben, und der legislativen Kammer, die aus elf Mitgliedern besteht, ausgeübt. Auch der Staatsrat, welcher sich aus den Ministern und sieben andern Mitgliedern zusammensetzt, kann provisorische Gesetze erlassen, welche jedoch den Kammern zur Genehmigung vorzulegen sind. Die vorherrschende Religion ist die römisch-katholische; ein Bischof residiert in Comayagua. Das stehende Heer soll nur 600 Mann betragen, wozu jedoch noch etwa 6000 Mann Milizen kommen. Die Finanzen sind wenig geordnet; die Einnahme wird pro Jahr auf etwa 388,000 Doll. geschätzt. Die Staatsschuld soll 1876 etwa 7 Mill. Pfd. Sterl. betragen haben. Zum Zweck der innern Verwaltung ist das Staatsgebiet in sieben Departements eingeteilt, welche behufs Ausübung der Rechtspflege wiederum in Distrikte (distritos) zerfallen. Ein Konsul des Deutschen Reichs hat in Puerto Cortes seinen Sitz. Vgl. Squier, H., descriptive, historical and statistical (1870).

Honneurs (franz., spr. onnöhrs), Ehren=
bezeigungen, insbesondere militärische.

Honny soit, qui mal y pense
(franz., »Entehrt sei, wer Arges dabei
denkt«), Devise des Hosenbandordens, ge=
stiftet 1350 von König Eduard III. von
England.

Honved (ungar., »Landesverteidiger«),
ungar. Landwehr; 1848 und 1849 Bezeich=
nung für das Fußvolk der Insurgenten.

Hospitieren (lat.), als Gast mit bei=
wohnen, z. B. einer akademischen Vor=
lesung, einer Fraktionssitzung, daher man
die außerordentlichen Mitglieder einer
Fraktion die Hospitanten derselben zu
nennen pflegt.

House of Commons und **House of
Lords** (engl., abgekürzt H. C. und H. L.),
»Haus der Gemeinen« (Unterhaus) und
»Haus der Lords« (Oberhaus), die beiden
Häuser des britischen Parlaments; s.
Großbritannien.

Huissier (franz., spr. üißieh), ur=
sprünglich Thürsteher, Thürhüter, jetzt
gerichtlicher Vollstreckungsbeamter, Ge=
richtsvollzieher.

Huldigung (Erbhuldigung), die
feierliche Ableistung eines Eides (Huldi=
gungs=, Staatsbürger=, Unter=
thaneneid), durch welchen die Unter=
thanen ihrem Landesherrn Treue und
Gehorsam versprechen. Dieser Eid, wel=
cher übrigens nur von den männlichen
Unterthanen gefordert zu werden pflegt,
und durch den keinerlei neue Rechte und

Verpflichtungen begründet, sondern nur
die bestehenden bestärkt werden sollen, ist
regelmäßig beim Eintritt in ein gewisses
Lebensalter, bei der Aufnahme in den
Unterthanenverband und beim Erwerb
von Grundbesitz innerhalb des betreffen=
den Staatsgebiets abzuleisten. Nach man=
chen Staatsverfassungen, wie in Bayern,
Württemberg und Braunschweig, soll auch
bei einem Regentenwechsel eine allgemeine
H. dem neuen Souverän gegenüber statt=
finden, während nach den Verfassungsur=
kunden andrer Staaten, wie Oldenburg,
Weimar und Meiningen, in diesem Fall
nur eine H. der Landstände verlangt wird.
Unpraktisch ist dagegen heutzutage der
früher im Lehnrecht übliche Huldigungs=
eid (Lehnseid) des Vasallen, durch wel=
chen letzterer versprach, dem Lehnsherrn
treu, hold und gewärtig zu sein.

Husaren, leichte Reiterei, zuerst in der
Mitte des 15. Jahrh. von den Kroaten
gestellt. Die H. sind mit einem kurzen
Schnurrock (Attila) von grüner, schwar=
zer, blauer oder roter Farbe, je nach den
Regimentern verschieden, sowie mit dem
Kalpak (Pelzmütze) uniformiert und mit
Säbel und Karabiner bewaffnet.

Hustings (engl., spr. hößtings), bei Par=
lamentswahlen die Erhöhung oder Bühne,
worauf die Bewerber erscheinen und Reden
an die Wähler halten.

Hydrographisches Amt, s. Admira=
lität.

Hypothek (griech.), s. Pfand.

J.

Ideal (griech.), die verwirklicht gedachte
Idee, das Musterbild, die höchste Vorstel=
lung von einer Sache; als Eigenschafts=
wort bezeichnet ideal das nur Gedachte im
Gegensatz zum wirklich Vorhandenen, da=
her man z. B. von Idealpolitik im
Gegensatz zur Realpolitik spricht.

Ideokratie (griech.), s. v. w. Theokratie.

Idol (griech.), Bild, Götzenbild; Ido=
latrie oder Idololatrie, Götzendienst;
Idolokratie, Ausartung der Theokratie
(s. b.).

Illyrien, s. Österreich=Ungarn.

Immatrikulieren, s. Matrikel.

Immediat (lat.), unmittelbar. Im=
mediatvorstellungen und Imme=
diatsachen sind solche, welche direkt der
höchsten Instanz oder dem Regenten vor=
gelegt und hier entschieden werden. Im=
mediatstände, die reichsunmittelbaren
Stände im frühern Deutschen Reich.

Immemorialverjährung, s. Unvor=
denkliche Verjährung.

Immission (lat.), Einsetzung, Ein=

weisung, z. B. in ein Amt; in der gericht=
lichen Exekutionsinstanz die Einweisung
in den Besitz unbeweglicher Güter des
Schuldners, in welchen der Gläubiger
»immittiert« wird.

Immobilien (lat. res immobiles),
»unbewegliche« im Gegensatz zu den be=
weglichen Sachen (Mobilien, res mo=
biles). Zu den J. gehören außer dem
Grund und Boden und dem, was sich da=
mit in physischer Kohärenz befindet, auch
gewisse Rechte (Immobiliarrechte),
die an Grundstücken bestehen; Immo=
biliarvermögen, unbewegliches Ver=
mögen; Immobiliarkredit, s. v. w.
Realkredit, Bodenkredit, d. h. ein solcher
Kredit, dessen Grundlage »Liegenschaften«
bilden.

Immunität (lat.), das Freisein von
Diensten, Abgaben, Lasten 2c.; auch Exem=
tion vom gewöhnlichen Gerichtsstand, die
früher namentlich von der Geistlichkeit
beansprucht wurde.

Impeachment (engl., spr. -pihtsch-),
Anklagerecht gegen die Minister (s. d.).

Imperium (lat.), die höchste staatliche
Autorität des römischen Volks, welche es
auf seine Magistrate übertrug, daher auch
s. v. w. Oberbefehl; dann Bezeichnung des
römischen Kaiserreichs; Imperialis=
mus, Bezeichnung einer Staatsbeherr=
schungsform, in welcher die auf die Sol=
daten gestützte Willkür des Regenten
herrscht; Imperator, Feldherr, seit
Augustus »Kaiser«.

Impetrant (lat.), derjenige, welcher
im Prozeßverfahren auf einseitiges Vor=
bringen hin, namentlich in Arrestsachen
und in der Exekutionsinstanz, eine Ver=
fügung gegen seinen Gegner (den Im=
petraten) erwirkt.

Impfzwang, die Verpflichtung zur
Impfung, d. h. zur künstlichen Übertra=
gung des Kuhpocken= oder Menschenpocken=
gifts auf die Menschen (Vaccination),
zu dem Zweck, um ihn dadurch gegen den
Ansteckungsstoff der Menschenpocken un=
empfänglich zu machen. Nach dem deut=
schen Impfgesetz vom 8. April 1874 ist die
erste Impfung der Regel nach bis späte=
stens zum Schluß des zweiten Lebensjahrs,
die Wiederimpfung (Revaccination)

aber im zwölften Lebensjahr vorzuneh=
men. Vgl. Jacobi, Das Reichsimpfge=
setz vom 8. April 1874 2c. (1875).

Implorant (lat.), derjenige, welcher in
der Exekutionsinstanz den Antrag auf ge=
richtliche Hilfe (Imploration) gegen
den Imploraten stellt; auch s. v. w.
Impetrant.

Impopulär (lat.), der Volksgunst ent=
behrend; unverständlich.

Import (lat., Importation), Wa=
reneinfuhr, s. Einfuhr.

Imputatio (lat.), Zurechnung.

Inaktiv (lat.), unthätig, amtlos; In=
aktivität, Amt=, Dienstlosigkeit.

Inamovibel (lat.), unversetzbar, un=
absetzbar; Inamovibilität, Unabsetz=
barkeit der Beamten, namentlich der Rich=
terbeamten.

Inauguration (lat.), feierliche Ein=
setzung in ein Amt, in eine (besonders
akademische) Würde; auch feierliche Ein=
weihung eines Orts zu einem bestimmten
Zweck.

Incognito (ital.), unerkannt; i. rei=
sen, unter anderm Namen reisen, wie dies
fürstliche Personen oft zu thun pflegen.

In coena domini (lat., »beim Mahl
des Herrn«, Nachtmahlsbulle), die,
wie üblich, nach den Anfangsworten be=
nannte, von Urban V. 1362 erlassene,
von Pius V. 1567 und Urban VIII. 1627
erneuerte und abgeänderte Bulle, welche
die Darlegung der Rechte der päpstlichen
Hierarchie und die Verfluchung der Ketzer
enthält.

Indebite (lat.), ohne Verbindlichkeit;
Indebitum, Nichtschuld; indebiti solutio,
irrtümliche Bezahlung einer Nichtschuld.

Indemnität (lat.), s. v. w. Straflosig=
keit. Die Indemnitätsbill (indemnity-
bill) spielt im englischen Verfassungsleben
eine bedeutende Rolle. Hat nämlich die
Regierung etwas verfügt, wozu ihr nach
der Verfassung ein formelles Recht nicht
zustand, was sie aber im Interesse des
gemeinen Wohls verfügen zu müssen
glaubte, so kommen die Minister beim
nächsten Parlament um eine Indemni=
tätsbill ein, weil sie sonst auf Grund ihrer
Verantwortlichkeit zur Rechenschaft ge=
zogen werden würden. Natürlich kann

das Parlament die nachgesuchte J. verweigern und wegen geschehener Verfassungsverletzung gegen die Minister Anklage erheben. Die Erteilung der J. ist übrigens auch in das Verfassungsleben andrer konstitutioneller Staaten übergegangen, wie denn namentlich in Preußen nach dem siegreichen Krieg 1866 von der Regierung um J. für die während der Konfliktsperiode unverwillig erhobenen Steuern nachgesucht und das Indemnitätsgesetz 3. Sept. 1866 von dem Abgeordnetenhaus mit großer Majorität genehmigt worden ist.

Index (lat.), Verzeichnis; I. librorum prohibitorum, das offizielle Verzeichnis derjenigen Bücher, welche in der katholischen Kirche wegen angeblich darin enthaltener ketzerischer Lehren verboten sind. Seit Papst Sirtus V. besteht für den J. eine besondere Kongregation in Rom, doch ist das Ansehen, welches der J. genießt, heutzutage nur noch ein sehr geringes.

Indifferent (lat.), gleichgültig; Indifferentismus, Gleichgültigkeit, besonders in politischen Dingen von den nachteiligsten Wirkungen; in Deutschland der gefährlichste Feind des Liberalismus.

Indigenat (lat.), Staatsangehörigkeit, Heimatsrecht, Staatsbürgerrecht, Inkolat. Für die Angehörigen des Deutschen Reichs ist ein gemeinsames J. durch den Art. 3 der Reichsverfassung begründet. S. Bundesindigenat.

Indiz (lat. Indicium), Anzeige, Verdachtsgrund; Indizienbeweis, Überführung eines Beschuldigten ohne Geständnis auf Grund von Verdachtsmomenten; indizieren, anzeigen, auf etwas hinweisen (s. Anzeige).

Indogermänen (Arier, Indoeuropäer), Gesamtbezeichnung für diejenigen Völkerschaften, welche dem indogermanischen Sprachstamm angehören. Dazu gehören aber namentlich die germanischen (deutsch, holländisch, dänisch, englisch, schwedisch), slawischen (bulgarisch, polnisch, russisch, serbisch, tschechisch, wendisch), romanischen (italienisch, französisch, spanisch, portugiesisch, rumänisch), iranischen (armenisch, persisch 2c.), indischen (Sanskrit, Prakrit), die lettischen (lettisch und litauisch) Sprachen und die griechische und illyrische Sprache. Die Urheimat dieser Völkerschaften ist Baktrien, das Land am Hindukusch, der westlichen Fortsetzung des Himalayagebirges.

Indulgenz (lat.), s. Ablaß.

Indult (lat.), s. Moratorium.

In duplo (lat.), doppelt, zweifach.

Industrie (lat., »Fleiß, Betriebsamkeit«), die Gesamtheit derjenigen Arbeiten, welche durch technische Verrichtungen die Urstoffe veredeln und so ihren Wert erhöhen. J. ist auch gleichbedeutend mit Gewerbfleiß, Gewerbthätigkeit. Industrieller, Fabrikant. Industrialismus, das Vorherrschen der Gewerbthätigkeit in einem Land. Industriös, betriebsam, erfinderisch.

Infallibel (lat.), unfehlbar; Infallibilität, Unfehlbarkeit; Infallibilist, Anhänger des Unfehlbarkeitsdogmas (s. Unfehlbarkeit).

Infam (lat.), ehrlos, verrufen; Infamie, im römischen Recht eine Schmälerung der bürgerlichen Ehre einer Person, welche teils infolge gewisser strafbarer Handlungen, teils zur Strafe für ein schimpfliches Benehmen oder Gewerbe eintrat. Das moderne Recht kennt statt dessen eine Entziehung der bürgerlichen Ehrenrechte (s. d.).

Infant (v. lat. infans, Kind), in Portugal und Spanien Titel der Prinzen des königlichen Hauses; doch führt der spanische Kronprinz seit 1388 den Titel »Prinz von Asturien«. Die königlichen Prinzessinnen führen den Titel Infantin.

Infanterie, ursprünglich Bezeichnung für die Leibwache der spanischen Infanten, jetzt für das Fußvolk der Heere überhaupt. Die J. ist zumeist in Regimenter eingeteilt, welche in 2—3 Bataillone zerfallen, das Bataillon zu 4—6 Kompanien. Die Bezeichnung der Infanteristen im einzelnen als Grenadiere, Jäger, Füsiliere, Musketiere, Schützen ist nicht von besonders großer militärischer Bedeutung, da ihre Bewaffnung und taktische Verwendung eine ziemlich gleiche ist.

Infanticidium (lat.), Kindesmord.

In fidem (lat., »für die Treue«), zur Beglaubigung; eine namentlich bei der Beglaubigung von Abschriften (i. f. copiae) übliche Formel.

Informieren (lat.), unterrichten, in Kenntnis setzen; Information, Unterweisung, Belehrung; Informator, Hauslehrer; Informationsprozeß (Informativprozeß), die vor Verleihung höherer Kirchenämter angestellten Recherchen über die Tauglichkeit des vom Kapitel vorgeschlagenen Kandidaten.

Ingrossieren (lat.), etwas »mit großer Schrift« ins Reine schreiben, z. B. eine Bill nach zweiter Lesung im Parlament; dann ins Grund- und Hypothekenbuch eintragen; Ingrossator, der Führer eines solchen Buches; Ingrossation, Eintragung in dasselbe.

Inhaberpapier (Schuldschein au porteur), Schuldschein, nach welchem der jeweilige Inhaber forderungsberechtigt ist.

Inhaftieren (deutsch-lat.), in Haft nehmen.

Inhibieren (lat.), verbieten, Einhalt thun; Inhibition, Verbot; Inhibitorium (Inhibitoriale), das durch gerichtliche Verfügung ausgesprochene Verbot; Inhibitivprozeß, das zu diesem Zweck eingeleitete Prozeßverfahren.

In integrum restituieren (lat.), in den vorigen Stand wiedereinsetzen. S. Wiedereinsetzung in den vorigen Stand.

Initiative (neulat.), Einleitung, Inangriffnahme, Veranlassung, erster Schritt. Im konstitutionellen Leben versteht man unter J. der Gesetzgebung (Initiativrecht) das Recht, Gesetzvorschläge einzubringen. Das Zustandekommen eines Gesetzes setzt nämlich die Übereinstimmung der Staatsregierung und des Landtags voraus. Während nun vor 1848 das Recht der J. auf dem Gebiet der Gesetzgebung zumeist nur der Regierung zustand, bildet jetzt dasjenige System, wonach ebendasselbe Recht dem Landtag und da, wo das Zweikammersystem besteht, jeder von beiden Kammern eingeräumt ist, die Regel. Namentlich steht im Deutschen Reich das Recht der J. nicht nur dem Bundesrat, sondern auch dem Reichs-

tag zu, während dem Kaiser als solchem das Initiativrecht nicht gegeben ist.

Injurie (lat., Beleidigung, Ehrenkränkung), rechtswidrige Handlung, wodurch die Ehre eines andern thätlich (Realinjurie) oder wörtlich (Verbalinjurie) angegriffen wird. S. Beleidigung.

Inkolat (lat.), s. v. w. Indigenat.

Inkompetent (lat.), unzuständig; Inkompetenz, Unzuständigkeit, Mangel an denjenigen Bedingungen, von welchen das Recht einer Behörde zur Vornahme gewisser Handlungen abhängt. S. Kompetenz.

Inkorporieren (lat.), einverleiben; Inkorporation, Einverleibung, insbesondere eines Gebiets, eines Landes in ein andres im Weg der Eroberung.

Inkriminieren (neulat.), anschuldigen, beschuldigen; Inkrimination, Anschuldigung, Beschuldigung.

Innung, früher s. v. w. Zunft, Gilde, d. h. die Verbindung mehrerer zu einem gewissen Gewerbebetrieb in eignem Namen berechtigter Personen zum Zweck des Betriebs dieses Gewerbes nach gewissen Regeln und bestimmten Statuten mit der Befugnis, die nicht zu dieser Körperschaft gehörigen Personen von dem Betrieb des fraglichen Gewerbes in dem bestimmten Bezirk auszuschließen. Nachdem die deutsche Gewerbeordnung, soweit dies in den einzelnen deutschen Staaten nicht schon zuvor geschehen war, den Innungszwang beseitigt hat, versteht man unter J. die freie Vereinigung derjenigen, welche gleiche oder verwandte Gewerbe selbständig betreiben behufs Förderung ihrer gemeinsamen gewerblichen Interessen. Eine Neubelebung des Innungswesens wird gegenwärtig vielfach angestrebt und zwar von vielen durch die Rückkehr zum Institut der obligatorischen Innungen oder Zwangsinnungen (s. Gewerbegesetzgebung).

In partibus (infidelium), »im Gebiet der Ungläubigen«, d. h. der Nichtchristen. Bischöfe i. p. (i.), diejenigen Bischöfe, welche ihren Titel nach einem Bezirk führen, welcher sich im Besitz der Ungläubigen befindet.

In pleno (lat.), im oder vor dem Plenum (s. b.). Auch spricht man davon, daß ein Kollegium oder eine Korporation i. p. erscheine, wenn es bei einer gegebenen Veranlassung als geschlossenes Ganzes erscheint.

Inquirieren (lat.), nachforschen, in jemand bringen, gerichtlich untersuchen, verhören; Inquirent, der Untersuchende, Untersuchungsrichter; Inquisit, veraltete Bezeichnung für den Angeschuldigten in einer strafrechtlichen Untersuchung (s. Anklageprozeß, Strafprozeß).

Inserieren (lat.), einschalten, einfügen, besonders etwas in ein öffentliches Blatt einrücken lassen; Inserat, eine solche Anzeige; Insertion, das Einrückenlassen in öffentliche Blätter; Insertionsgebühren, die Gebühren dafür. Insert, Beigabe zu einer amtlichen Verfügung, z. B. Insertreskript, eine Beifügung zu einem behördlichen Reskript, welche sich nicht auf die Sache selbst bezieht oder nicht für die eigentlichen Interessenten bestimmt ist, sondern nur gelegentlich und mit dem Hauptreskript erlassen wird.

Insignien (lat.), Kennzeichen, Ehrenzeichen, besonders Symbole einer Würde, so bei Fürsten: Krone und Zepter; bei Rittern: Schild und Helm; bei Kriegern: Fahnen, Adler, Kanonen 2c.; Bezeichnung einer öffentlichen Amtswürde, wie Stäbe und Zepter, welche in Deutschland die Rektoren der Universitäten und in England die Lord-Mayors bei feierlichen Gelegenheiten führen. Hierher gehören auch die Marschallstäbe, die Roßschweife der türkischen Paschas 2c. Die I. der katholischen Geistlichen sind: Stab, Ring, Inful, Pallium; die der protestantischen Geistlichen: ein Kelch mit Strahlen oder eine Kirche. Auch jedes Gewerbe hat seine besondern Abzeichen, die aus seiner Beschäftigung hergenommen sind.

Insinuieren (lat.), behändigen, jemand etwas unterbreiten, unterlegen; Insinuation, Behändigung, insbesondere einer amtlichen Verfügung; Unterschiebung, Unterstellung einer Absicht, eines Vorhabens.

Insolvenz (lat.), Zahlungsunfähigkeit eines (»insolventen«) Schuldners. Vgl. Bankrott und Konkurs.

Inspectio (lat., »Betrachtung«, Inspektion), Besichtigung, Untersuchung; I. legalis, gerichtliche Untersuchung, namentlich eines Leichnams (s. Totenschau); I. ocularis, Okularinspektion, richterlicher Augenschein (s. b.); Beweismittel, welches im strafrechtlichen Verfahren wie im bürgerlichen Rechtsstreitigkeiten anwendbar ist.

Inspirieren (lat., »einhauchen«), anregen, die Idee zu etwas geben. So sagt man z. B. von einem Zeitungsartikel, er sei von einer politischen Persönlichkeit inspiriert, oder von einem Parteimann, daß er eine parlamentarische Korrespondenz inspiriere, wenn er die leitenden Gedanken dazu hergibt.

Installation (neulat.), Einweisung in ein Amt, besonders ein geistliches.

Instanz (lat. Instantia, von instare, »auf etwas bestehen«), Bezeichnung für die einzelnen Abschnitte eines amtlichen Verfahrens, namentlich eines Prozeßverfahrens, daher man insbesondere von der I. des ersten Verfahrens, der Beweis-, Rechtsmittel- und Exekutionsinstanz zu sprechen pflegt. Ferner versteht man unter Instanzen die verschiedenen Behörden, vor welche eine Sache der Reihe nach gebracht werden kann, und die zu einander im Verhältnis der über- und der Unterordnung stehen, so namentlich die Ober- und Untergerichte. Man ist jedoch neuerdings darauf bedacht, den Instanzenzug möglichst zu vereinfachen. Namentlich ist dies durch die neuen deutschen Justizgesetze geschehen (s. Gericht). Entbindung von der I. nannte man im ältern Strafprozeßrecht die Einstellung der Untersuchung, ohne daß es zu einer Verurteilung oder einer Freisprechung kam. Endlich wird auch ein Erinnerungsschreiben in Rechtsangelegenheiten u. dgl. »I.« genannt.

Instituieren (lat.), einrichten, unterweisen oder anweisen. Institut, Einrichtung, Anstalt, insbesondere Privaterziehungsanstalt.

Institution (lat.), Stiftung, Anordnung, Einrichtung, besonders im Staatswesen. Institutionen, ein Teil des Corpus juris, nämlich eine encyklopädische Übersicht des römischen Rechts, zur

Einführung in das Rechtsstudium bestimmt, unter Justinian 533 mit Benutzung des gleichnamigen Lehrbuchs des Gajus ausgearbeitet; daher auch Bezeichnung für Vorlesungen und Lehrbücher, welche in das Studium der Rechtswissenschaft einführen sollen.

Inftruktion (lat.), s. Verordnung.

Inftrument (lat.), Werkzeug; in der Rechtssprache eine mit gewissen Förmlichkeiten aufgenommene Urkunde, z. B. Notariatsinstrument. Instrumentszeuge, s. Zeuge.

Infubordination (lat., »mangelnde Unterordnung«), Ungehorsam gegen den Vorgesetzten, namentlich Verletzung der Pflichten der militärischen Unterordnung. Während nämlich bei Zivilbeamten die Hintansetzung des dem Vorgesetzten schuldigen Gehorsams regelmäßig als Disziplinarsache behandelt und nur ausnahmsweise in ein kriminell strafbares Vergehen übergehen wird, zieht bei Militärpersonen und ebenso in der Marine jede J. ein Strafverfahren nach sich. Das Militärstrafgesetzbuch für das Deutsche Reich bestraft schon die Verletzung der dem Vorgesetzten schuldigen Achtung im Dienst oder in Beziehung auf eine Diensthandlung mit Arrest und droht für den eigentlichen Ungehorsam und die Auflehnung gegen Vorgesetzte die schwersten Strafen, ja sogar, wenn der Gehorsam gegen einen vor dem Feind erteilten Befehl ausdrücklich verweigert oder vor dem Feind eine Thätlichkeit gegen einen Vorgesetzten begangen wird, die Todesstrafe an; diese Bestimmungen finden auch auf die Marine Anwendung. Aber auch auf Kauffahrteischiffen wird die J. streng geahndet, und der Schiffer (Kapitän) ist nach der deutschen Seemannsordnung befugt, zur Aufrechthaltung der Ordnung und zur Sicherung der Regelmäßigkeit des Dienstes sowie bei einer Widersetzlichkeit oder bei beharrlichem Ungehorsam alle Mittel zur Anwendung zu bringen, welche erforderlich sind, um seinen Befehlen Gehorsam zu verschaffen. Vgl. Deutsche Seemannsordnung, §§ 79—92; Militärstrafgesetzbuch für das Deutsche Reich, §§ 89—113.

Infuffizienz (lat.), Unzulänglichkeit, namentlich des Vermögens eines Schuldners zur Befriedigung der Gläubiger.

Infultieren (lat.), gröblich beleidigen, beschimpfen; Insult, Insultation, grobe Beleidigung.

Infurgieren (lat.), in Masse sich gegen eine herrschende Macht erheben. Insurgenten, Aufständische; in Ungarn das Aufgebot des Reichsadels zur Verteidigung des Landes. Insurrektion, Empörung, Aufstand.

Intellektueller Urheber, im Strafrecht derjenige, welcher einen andern zu einer strafbaren Handlung vorsätzlich bestimmt (s. Anstifter, Drohung).

Intelligenzblätter, Titel für Zeitungen mit bloßen Annoncen, namentlich amtlichen Bekanntmachungen.

Intendant (lat.), Oberaufseher, Oberleiter. Intendantur, militärische Verwaltungsbehörde, welcher die Geld- und Naturalverpflegung der Truppen, das Bekleidungs-, Einquartierungs-, Lazarett- und Servicewesen unterstellt sind. In Deutschland besteht für jeden Armeekorpsbezirk eine Provinzialintendantur (Korpsintendantur); doch befindet sich außerdem noch bei jeder Division ein Intendanturvorstand (Intendanturrat oder -Assessor).

Interdikt (lat.), in der katholischen Kirche das vom Papst oder von einem Bischof erlassene Verbot aller kirchlichen Handlungen, mit Ausnahme der Taufe und der Letzten Ölung, welches über ein ganzes Land verhängt wird, im Gegensatz zu dem über eine einzelne Person ausgesprochenen Kirchenbann; ein furchtbares Mittel der päpstlichen Hierarchie, um den Widerstand der weltlichen Macht zu brechen, zuletzt vom Papst Alexander VII. 1688 über Venedig verhängt.

Intereffe (lat., »daran gelegen sein«), der Anteil, welchen man an einem Gegenstand nimmt; der eigne Vorteil und die Rücksicht auf diesen (Sonder-, Standes-, öffentliches und Privatinteresse): daher Interessenpolitik, die lediglich auf Förderung materieller Interessen gerichtete Politik. Interessenvertretung, die besondere Vertretung

ber »Intereſſenten« gewiſſer Stan=
des=, Berufs= und Beſitzklaſſen. So wa=
ren die frühern Landtage regelmäßig
reine Intereſſenvertretungen, indem hier
die einzelnen Stände (»Landſtände«) als
ſolche vertreten waren und durch ihre
Vertreter ihre ſpeziellen Intereſſen wahr=
nahmen. Die modernen Verfaſſungen
ſtellen dagegen den Abgeordneten als den
Vertreter der Geſamtheit der Staatsan=
gehörigen hin und verpflichten ihn, für
das Wohl und für das J. derſelben zu
wirken, wenn es ihm auch unbenommen
iſt, ſeitens gewiſſer Intereſſenten Wünſche
und Beſchwerden entgegenzunehmen und
ſich der Vertretung derartiger Intereſſen
zu unterziehen. Auf der andern Seite
beſtehen aber nicht nur zahlreiche Privat=
korporationen, namentlich Vereine, Ge=
werbe=, Gewerk=, landwirtſchaftliche Ver=
eine 2c., welche eine eigentliche Inter=
eſſenvertretung zum Zweck haben (ſ.
Vereine), ſondern es iſt manchen In=
tereſſenvertretungen auch ein öffentlich=
rechtlicher Charakter verliehen, indem
man ſie mit gewiſſen autoritativen Befug=
niſſen ausſtattete, ſo z. B. die Handels= und
Gewerbekammern, die Landwirtſchafts=
räte und derartige Kollegien (ſ. Auch der
neuerdings für Preußen ins Leben geru=
fene Volkswirtſchaftsrat gehört hierher.
Ebenſo beabſichtigt man, den Innungen,
als den Intereſſenvertretungen des Hand=
werkerſtands, gewiſſe öffentlich=rechtliche
Befugniſſe zu verleihen, während ſie zur
Zeit einen lediglich privatrechtlichen Cha=
rakter haben. In der Rechtswiſſenſchaft
verſteht man unter »J.« (id, quod intereſt)
den Vermögenswert, welchen eine gewiſſe
Leiſtung darſtellt, und der dann von be=
ſonderer Wichtigkeit iſt, wenn die Leiſtung
ſelbſt nicht oder nicht in gehöriger Weiſe
erfolgt, ſo daß Schadenerſatz geleiſtet wer=
den muß, für deſſen Höhe das J. den
Maßſtab abgibt. Übrigens wird mit dem
Ausdruck »J.« auch eine Kapitalrente be=
zeichnet.

Interimiſtiſch (lat.), einſtweilig, vor=
läufig. Interimiſtikum, Anordnung,
welche für eine ſtreitige Sache einſtweilen
getroffen wird; überhaupt eine vorläufige
Einrichtung, z. B. die einſtweilige Ver=

waltung einer Stelle, vorbehaltlich der
definitiven Beſetzung.

Intern (lat.), innerlich, innen befind=
lich, nicht für die Außenwelt beſtimmt;
Interne, Einheimiſche, Inländer; in=
ternieren, in das Innere eines Landes
verbringen oder an einen beſtimmten
Ort verweiſen, insbeſondere politiſche
Verbrecher oder Truppenteile, welche auf
neutrales Gebiet übertreten.

International (lat.), Bezeichnung für
dasjenige, was »zwiſchen verſchiedenen
Nationen« ſtattfindet oder Geltung hat.
So bildet der internationale Handelsver=
kehr (Welthandel) den Gegenſatz zum in=
nern Handel in den einzelnen Ländern.
Das internationale Recht iſt teils
öffentliches (Völkerrecht, ſ. d.), teils
privates, von der Kolliſion (ſ. b.) der
Rechte handelndes, inſofern es nämlich in
vielen Fällen zweifelhaft ſein kann, ob
eine Sache nach der Geſetzgebung des einen
oder des andern Staats zu beurteilen iſt.

Internationale (lat.), eine kommuni=
ſtiſche Arbeiterverbindung, welche 1864 zu
London geſtiftet ward, die Beſeitigung der
dermaligen Staats= und Geſellſchaftsord=
nung anſtrebt und ihren Wiederaufbau
auf der Grundlage des Kommunismus
bezweckt. Führer derſelben iſt Karl Marx,
auf deſſen Betreiben der an der Spitze
der J. ſtehende »Generalrat« nach New
York verlegt worden iſt. Vgl. Teſtut,
Die J., ihr Weſen und ihre Beſtrebungen
(deutſch 1872).

Internunzius (lat.), Botſchafter, Ge=
ſchäftsträger, insbeſondere der Titel
päpſtlicher Botſchafter niederern Grades
als der Nunzius und der des öſterreichiſchen
Geſandten in Konſtantinopel (weil früher
zwiſchen Öſterreich und der Türkei nur
Waffenſtillſtand, kein Friede abgeſchloſſen
wurde).

Interpellation (lat.), im parlamen=
tariſchen Leben eine an die Staatsregie=
rung gerichtete Anfrage um Aus=
kunftserteilung oder Rechenſchaft über
eine beſtimmte Angelegenheit. Manche
Verfaſſungsurkunden räumen den Ab=
geordneten ausdrücklich das Recht ein, die
Regierung zu interpellieren. Wo
dies Interpellationsrecht ausdrück=

lich anerkannt ist, besteht auch die Verpflichtung, derartige Interpellationen zu beantworten, sei es, daß die Antwort materiell auf die Sache eingeht, sei es, daß sie ablehnend ausfällt. Aber auch da, wo die Verfassung das Recht der J. nicht ausdrücklich sanktioniert, wird dasselbe von der Volksvertretung doch praktisch ausgeübt, so insbesondere von seiten des deutschen Reichstags. Die Geschäftsordnung des letztern (§§ 32 f.) bestimmt, daß Interpellationen an den Bundesrat bestimmt formuliert und, von 30 Mitgliedern unterzeichnet, dem Präsidenten des Reichstags überreicht werden müssen. Dieser teilt dieselben dem Reichskanzler abschriftlich mit und fordert den letztern oder dessen Vertreter in der nächsten Sitzung zur Erklärung darüber auf, ob und wann er die J. beantworten wolle. Erklärt sich derselbe zur Beantwortung bereit, so wird der Interpellant an dem bestimmten Tag zur nähern Ausführung der J. zum Wort gelassen. An die Beantwortung der J. oder deren Ablehnung darf sich eine sofortige Besprechung des Gegenstands derselben anschließen, wenn mindestens 50 Mitglieder darauf antragen. Die Stellung eines Antrags bei ebendieser Besprechung ist aber unzulässig. Es bleibt jedoch jedem Mitglied des Reichstags überlassen, den Gegenstand in Form eines selbständigen Antrags weiter zu verfolgen.

Interpretieren (lat.), auslegen, erklären; Interpretation, Auslegung, namentlich von Gesetzen. Wird ein Gesetz durch ein anderweites Gesetz ausgelegt, so daß also der Gesetzgeber selbst erklärt, was er mit dem ersten Gesetz habe sagen und anordnen wollen, so spricht man von einer authentischen Interpretation, während die Auslegung einer Gesetzesstelle durch das Gewohnheitsrecht Usualinterpretation genannt wird.

Interregnum (lat.), Zwischenreich, in Wahlreichen die Zeit zwischen dem Tod oder Abgang des bisherigen und der Einsetzung des neuen Herrschers.

Intervenieren (lat.), dazwischentreten, in einen Streit sich als Vermittler mengen, besonders in der Rechtssprache in

einen abhängigen Rechtsstreit als Nebenpartei mit eintreten. Im Völkerrecht versteht man unter Intervention die Einmischung eines Staats in die Angelegenheiten eines andern und zwar entweder durch bloße Vorstellungen (moralische Intervention) oder durch Drohungen, durch geheime oder offene Unterstützung politischer Parteien, durch Ratschläge, Subsidien ꝛc. oder gar durch Einschreiten mittelst Waffengewalt (bewaffnete Intervention).

Interversio (lat.), Unterschlagung.

Interviewer (spr. -wjuher, v. engl. interview, Besuch), der Besucher, besonders ein Journalist, der berühmte Persönlichkeiten besucht, um sie kennen zu lernen, über ihre Ansichten und Absichten auszufragen und dann darüber öffentlich zu berichten.

Interzedieren (lat.), dazwischentreten, sich verwenden, verbürgen; Interzession, Bürgschaft, im Völkerrecht s. v. w. Intervention (s. Intervenieren).

Intestabel (lat.), unfähig, als Zeuge aufzutreten oder ein Testament zu machen.

Intestaterbfolge, die Erbfolge ohne Testament (»ab intestato«), welche sich nach den gesetzlichen Erbregeln richtet, daher auch gesetzliche Erbfolge genannt.

Intimation (lat.), amtliche, besonders gerichtliche Zufertigung, Bekanntmachung.

Intramuranhinrichtung (lat.), Hinrichtung intra muros, s. Todesstrafe.

Intransigenten (lat.), die Unversöhnlichen, die sich auf keine Verhandlungen mit dem Gegner einlassen; ein in der Politik namentlich von den grundsätzlichen Gegnern einer Staatsregierung gebrauchter Ausdruck.

Intrige (franz. Intrigue), künstliche Verwickelung zur Erreichung bestimmter Absichten. Derartige Ränke spielten namentlich bei den Diplomaten der alten Schule auf dem Gebiet der Politik eine große Rolle.

Invaliden (v. lat. invalidus, schwach), die zur Erfüllung ihres Berufs in Ausübung desselben untauglich Gewordenen, namentlich Militärpersonen. Je nachdem die letztern zwar nicht mehr felddienstfähig, aber doch noch für den Garnisondienst geeignet, oder je nachdem sie schlechterdings zum Militärdienst untauglich sind, wird zwischen Halb- und Ganzinvaliden unterschieden. Für das Deutsche Reich ist die Invalidenversorgung durch Reichsgesetz vom 27. Juni 1871 geregelt. Hiernach sind Offiziere und im Offiziersrang stehende Militärärzte pensionsberechtigt, wenn sie nach zehnjähriger Dienstzeit zum aktiven Dienst untauglich oder bei kürzerer Dienstzeit in Ausübung des Dienstes ohne eignes Verschulden durch Beschädigungen dienstuntauglich geworden sind. Die Höhe der jährlichen Pension berechnet sich nach der Dienstzeit und nach dem pensionsfähigen Diensteinkommen vor Ablauf des letzten Dienstjahrs; sie beträgt für zehn Jahre $^{20}/_{80}$ und für jedes folgende Dienstjahr $^1/_{80}$ mehr bis zum höchsten Satz von $^{60}/_{80}$. Außer dieser Pension erhalten die nachweislich durch den Krieg invalid Gewordenen eine Zulage von 300—750 Mk. und außerdem noch, wenn eine Verstümmelung vorliegt, eine sogen. Verstümmelungszulage von 600—1200 Mk. Auch die Witwen von Offizieren, welche im Kriege geblieben oder vor Ablauf eines Jahrs nach dem Friedensschluß an den im Krieg empfangenen Wunden oder an Krankheiten gestorben sind, die sie sich dort zugezogen, erhalten je nach dem Rang des verstorbenen Mannes eine Pension von 900—1500 Mk. und für jedes Kind bis zum vollendeten 17. Lebensjahr eine Erziehungsbeihilfe von jährlich 150 Mk. Für Unteroffiziere und Mannschaften gelten als Invalidenversorgung die Pension, der Zivilversorgungsschein, die Aufnahme in ein Invalideninstitut (Invalidenhaus, Invalidenkompanie) sowie die Verwendung im Garnisondienst. Die Invalidenpensionen insbesondere zerfallen für die Rangstufen der Feldwebel, Sergeanten, Unteroffiziere und Gemeinen in je fünf Klassen. Die Zahlung beginnt bei Ganzinvaliden mit acht, bei Halbinvaliden mit zwölfjähriger Dienstzeit. Auch die Witwen der im Kriege gebliebenen Unteroffiziere und Gemeinen erhalten Pensionen und für jedes Kind bis zum vollendeten 15. Lebensjahr eine Erziehungsbeihilfe von monatlich 10 Mk.

50 Pf. — Besondere Einrichtungen bestehen ferner für die I. der Arbeit. Dahin gehören namentlich die sogen. Invalidenkassen (Hilfskassen, Altersversorgungskassen), die Knappschaftskassen der Bergleute und die Invaliditätsversicherungen, wie sie übrigens nicht nur für den Arbeiterstand, sondern auch vielfach für Beamte ins Leben gerufen sind (s. Versicherungswesen).

Inventar (lat.), die Gesamtheit der zu einem Besitzstand, z. B. zu einer Konkursmasse, gehörigen Sachen, auch das hierüber aufgenommene Verzeichnis (inventarium); **Inventarisation** (Inventur), Aufnahme eines solchen Verzeichnisses; **inventieren** (inventarisieren), das I. aufnehmen. Im Handelsrecht versteht man unter I. das Verzeichnis der Aktiven und Passiven eines Kaufmanns.

Investitur (lat., »Einkleidung«), die feierliche Einweisung in den Besitz einer unbeweglichen Sache, Belehnung; dann die Bestätigung und Einsetzung eines Bischofs. Weltliche I., die Ernennung und Belehnung der Bischöfe mit ihren Insignien (Ring und Stab) durch weltliche Fürsten. Neuerdings wird auch die feierliche Aufnahme in gewisse Orden (preußische Adlerorden) als I. bezeichnet. **Investieren**, einkleiden, in einen Orden aufnehmen.

Inzest (lat.), Blutschande (s. Unzuchtsverbrechen).

Inzident (lat.), einfallend, zufällig, beiläufig. **Inzidentsachen**, Nebensachen; im Zivilprozeß die während einer bereits anhängigen Hauptsache entstehenden Nebenstreitigkeiten.

Irland, s. Großbritannien.

Irregulär (lat.), unregelmäßig; irreguläre Truppen, Truppen ohne regelmäßigen und geordneten Verband, welche sich selbst ausrüsten und mit dem stehenden Heer entweder gar nicht oder doch nur vorübergehend in Verbindung stehen.

Isoliersystem, s. Freiheitsstrafe.

Ispán (ungar., »Gespan«), s. v. w. Graf (Comes); s. Komitat.

Ispravnik, bei den Slawen s. v. w.

Kreis= oder Bezirkshauptmann, Landrat, Statthalter 2c.

Israeliten, s. Juden.

Istrien, s. Österreich=Ungarn.

Italien (Italia), Königreich, umfas= send die Apenninische Halbinsel mit Aus= nahme der Republik San Marino und der an Frankreich abgetretenen Gebiets= teile Savoyen und Nizza, ferner die In= seln Sizilien, Sardinien und verschie= dene kleinere Inseln; 296,323 qkm mit (1879) 28,409,000 Einw. Hauptstadt: Rom mit (1880) 303,383 Einw. Die Einigung Italiens ging von Sardinien aus, dessen König Victor Emanuel II. durch Gesetz vom 17. März 1861 für sich und seine Nachkommen den Titel eines Königs von J. annahm. Durch die Teilnahme am Krimkrieg und am Pariser Kongreß 1856 hatte nämlich der große Staatsmann Ca= vour Fühlung mit den europäischen Mäch= ten und die Unterstützung Napoleons III. für seine unitarische Politik erlangt. Letz= terer verhieß 1859 in seinem Kriegsmani= fest »ein freies J. bis zur Adria«, und im Frieden von Villafranca mußte Öster= reich die Lombardei an Sardinien abtre= ten. Gleichzeitig gingen die von Österreich unterstützten mittelitalienischen Fürsten ihrer Länder verlustig, und Cavour ge= wann durch die Abtretung von Nizza und Savoyen an Frankreich dessen Zustim= mung zur Annexion jener Territorien. Durch Dekrete vom 18. und 22. März 1860 wurden die Herzogtümer Parma und Modena sowie das Großherzogtum Toscana mit Sardinien vereinigt, nach= dem in diesen Staaten eine Volksab= stimmung vorausgegangen war. Noch in demselben Jahr wurde durch Garibaldi die Annexion des Königreichs beider Si= zilien in Angriff genommen, nach einer allgemeinen Volksabstimmung erfolgte 7. Nov. 1860 der Einzug Victor Emanuels in Neapel, und 13. Febr. 1861 war mit der Einnahme von Gaeta die Eroberung die= ses Königreichs vollendet. Inzwischen war im September 1860 nach der Niederlage der päpstlichen Truppen bei Castelfidardo der größere Teil des Kirchenstaats bis auf Rom und seine Umgebung (Patrimonium Petri) annektiert worden. So war J.

mit Ausnahme des österreichischen Vene= tien, der kleinen Republik San Marino und des Patrimonium Petri geeinigt, und Victor Emanuel nahm 17. März 1861 den Titel eines Königs von J. an. Nach dem verunglückten Zuge Garibaldis gegen Rom und dessen Gefangennahme bei Aspromonte (1862) schien das Einigungs= werk ins Stocken zu geraten. Doch wurde 24. April 1865 die Residenz nach Florenz verlegt. Der Feldzug Preußens gegen Österreich und die Niederlage des letztern in Böhmen brachten aber J., welches mit Preußen einen Allianzvertrag abgeschlos= sen hatte, trotz der Mißerfolge bei Custozza und bei Lissa in die Lage, Venetien erlan= gen zu können, welches Österreich nach der Schlacht bei Königgrätz an Frankreich ab= getreten hatte. Ein 1867 von Garibaldi unternommener Versuch, den Rest des Kirchenstaats zu erobern, wurde durch die Niederlage bei Mentana bereitelt. Wie= derum waren es aber die Erfolge der deut= schen Waffen, welche die Verwirklichung der Wünsche des italienischen Volks er= möglichten. Nach der Schlacht bei Sedan wurde Rom von den italienischen Trup= pen besetzt, nach einer Volksabstimmung 8. Okt. 1870 der Kirchenstaat der italie= nischen Monarchie einverleibt und 22. Dez. 1870 Rom zur Hauptstadt derselben erklärt, worauf Victor Emanuel 2. Juli 1871 seinen Einzug in Rom hielt.

Die Verfassung des geeinigten Kö= nigreichs ist die einer konstitutionellen Monarchie, und zwar ist die Verfassung des vormaligen Königreichs Sardinien vom 4. März 1848 auf die mit dem letz= tern vereinigten Länder ausgedehnt wor= den. Der König, welcher nach dem Gesetz vom 17. März 1861 den Titel führt: »Von Gottes Gnaden und durch den Willen der Nation König von J.«, hat bei seinem Regierungsantritt in Gegenwart beider Kammern einen Eid auf die Verfassung abzuleisten. Der Thron vererbt sich nach dem Salischen Gesetz im Mannsstamm des Hauses Savoyen. Der König übt die ge= setzgebende Gewalt gemeinsam mit der Volksvertretung aus, welche aus zwei Kammern, dem Senat und der Deputier= tenkammer, besteht. Der Senat setzt sich aus den königlichen Prinzen zusammen, welche mit 21 Jahren Sitz und mit 25 Jahren Stimme im Senat haben, ferner aus Mitgliedern, welche vom König auf Lebenszeit in unbeschränkter Zahl ernannt werden. Dieselben müssen jedoch das 40. Lebensjahr zurückgelegt haben. Sie werden von dem König aus der Zahl der Erzbischöfe und der Bischöfe, der Deputierten, der Minister und andrer hoher Staatsbeamten, der Generale und Admirale, der Mitglieder der Provinzialräte und der Turiner Akademie der Wissenschaften, endlich aus der Reihe derjenigen Personen, welche sich hervorragende Verdienste um das Vaterland erworben haben oder seit drei Jahren 3000 Lire direkte Steuern von ihren Gütern oder von ihrem Gewerbe zahlen, auserwählt. Die Deputiertenkammer besteht aus 508 Mitgliedern, welche nach dem Wahlgesetz vom 17. Dez. 1860 in direkter Wahl auf die Dauer von fünf Jahren berufen werden. Wähler sind alle Italiener, welche im Vollgenuß der bürgerlichen und politischen Rechte befindlich sind, das 25. Lebensjahr vollendet haben, lesen und schreiben können und mindestens 40 (in einigen Landesteilen 20) Lire an direkten Staats- oder Provinzialsteuern zahlen. Gewisse Personen, wie wirkliche Mitglieder der Akademien, der Handels- und Gewerbekammern, Professoren, Staatsbeamte, Ordensritter, Rechtsanwalte, Doktoren 2c., sind auch ohne diesen Zensus wahlberechtigt. Die Handel- und Gewerbtreibenden müssen, um wahlberechtigt zu sein, einen Mietzins von 200—600 Lire entrichten. Wahlberechtigt sind aber auch diejenigen, welche seit fünf Jahren eine Rente von mindestens 600 Lire aus Staatsobligationen beziehen. Wählbar ist jeder aktiv Wahlberechtigte, welcher das 30. Lebensjahr zurückgelegt hat. Nicht wählbar sind Seelsorger und Geistliche, die eine Jurisdiktion ausüben, ferner die Beamten, welche vom Staat eine Besoldung beziehen, mit Ausnahme der Minister, Staatsräte, Präsidenten, der Räte des Kassationshofs und der Appellhöfe, der Generalsekretäre in den Ministerien, der höhern Land- und Seeoffiziere, der Mitglieder der obern Räte für

Unterricht, Sanität, öffentliche Bauten und Bergwerke, der ordentlichen Professoren an den Universitäten und andern öffentlichen Instituten, an welchen die höchsten akademischen Grade verliehen werden. Der König ruft die Kammern alljährlich zusammen. Die Sitzungen sind öffentlich. Das Präsidium des Senats wird vom König ernannt, dasjenige der Deputiertenkammer von der letztern gewählt. Diese hat das Recht der Ministeranklage, über welche der Senat als Gerichtshof entscheidet. Alle Erlasse und Regierungsakte des Königs müssen von verantwortlichen Ministern kontrasigniert sein. Durch diese übt der König die vollziehende Gewalt aus. Die Minister, welche zu einem Ministerrat zusammentreten, sind folgende: 1) der Minister für die auswärtigen Angelegenheiten (zugleich Präsident des Ministerrats), 2) für Inneres, 3) öffentlichen Unterricht, 4) für Schatz und Finanzen, 5) Krieg, 6) Marine, 7) für Gnade, Justiz und Kulte, 8) öffentliche Arbeiten und 9) für Ackerbau und Handel. Neben dem Ministerrat besteht ein Staatsrat (Gesetz vom 20. März 1865) mit beratenden Funktionen, zugleich zur Entscheidung von Kompetenzkonflikten zwischen Verwaltungsbehörden und Gerichten sowie von Streitigkeiten zwischen dem Staat und seinen Gläubigern. Der Staatsrat setzt sich aus 1 Präsidenten, 3 Sektionspräsidenten und 24 Staatsräten zusammen, welche auf Vorschlag des Ministerrats vom König ernannt werden.

Zum Zweck der innern Verwaltung zerfällt das Königreich in 16 Landschaften (compartimenti), nämlich: Piemont, Ligurien, Lombardei, Venetien, Emilia, Umbrien, Marken, Toscana, Latium, Abruzzen und Molise, Kampanien, Apulien, Basilicata, Kalabrien, Sizilien und Sardinien. Diese Landschaften sind in Provinzen eingeteilt, deren es im ganzen 69 gibt. An der Spitze der Provinz steht der Präfekt mit einem Präfekturrat. Die kommunale Selbstverwaltung der Provinz erfolgt (Gesetz vom 20. März 1865) durch den Provinzialrat, welcher aus 20—60 Mitgliedern besteht, von ben Gemeindewählern auf je fünf Jahre gewählt wird und sich jährlich in der Regel einmal versammelt. In der Zwischenzeit werden die laufenden Angelegenheiten durch einen Ausschuß des Provinzialrats, die Provinzialdeputation, wahrgenommen. Die Provinzen zerfallen in Kreise (circondari, in Venetien und Mantua Distrikte genannt), an deren Spitze Unterpräfekturen mit einem Unterpräfekten als Vorstand stehen. In denjenigen Kreisen, in deren Hauptorten die Präfekten ihren Sitz haben, werden aber auch die Kreisangelegenheiten von den letztern wahrgenommen. In Venetien und Mantua bestehen Distriktskommissariate mit Distriktskommissaren. Unter diesen Behörden stehen die Vorsteher der einzelnen Gemeinden. Diese Vorsteher (sindaci) sind zugleich Regierungs- und Kommunalbeamte. Ihnen steht ein Gemeinderat und ein permanenter Ausschuß des letztern, die Munizipalgiunta, zur Seite. Der Sindaco wird aus den Mitgliedern des Gemeinderats auf drei Jahre vom König ernannt und führt im Gemeinderat und in der Giunta den Vorsitz.

Rechtspflege. Es bestehen fünf Kassationshöfe in Turin, Florenz, Neapel, Palermo und Rom. Außerdem sind 24 Appellhöfe vorhanden; dazu kommen Assisenhöfe, Zivil- und Korrektionstribunale, Präturen und Handelstribunale sowie Vergleichsrichter (conciliatori). Die Religion der Staatsangehörigen ist fast ausschließlich (99,70 Proz.) die katholische, doch genießen auch andre Kulte das Recht freier und öffentlicher Religionsübung, und das Glaubensbekenntnis begründet keinen Unterschied in der Ausübung der bürgerlichen und staatsbürgerlichen Rechte. Die Vorrechte des zu Rom residierenden Papstes als des geistlichen Oberhaupts der katholischen Kirche sind durch Gesetz vom 13. Mai 1871 neu geregelt (s. Papst). Im Königreich bestehen 47 Erzbistümer, 217 Bistümer und 8 Abteien mit bischöflicher Jurisdiktion. Die Zahl der katholischen Weltgeistlichen beträgt über 100,000. Die Klöster sind durch Dekret vom 7. Juli 1866 aufgehoben, abgesehen von den Orden für Unterricht und Krankenpflege. Die Bettelorden und die Frauenklöster sind auf den Aussterbeetat gesetzt, der Jesuitenorden ist verboten.

Die **Finanzen** befinden sich mit Hilfe des Salz- und Tabaksmonopols und des Lottos in einer leidlichen Lage. Nach dem Budget für 1881 waren die Einnahmen auf 1,211,100,486 Lire, die Ausgaben auf 1,118,216,779 Lire veranschlagt, so daß ein Überschuß von 92,883,707 Lire zu erwarten stand. Dazu kommen aber 65,232,836 Lire außerordentliche Ausgaben, welchen nur 7,773,621 Lire an außerordentlichen Einnahmen gegenüberstehen; mithin war im Extraordinarium ein Defizit von 57,459,215 Lire vorhanden, so daß sich der Überschuß des Ordinariums auf 35,424,492 Lire mindert. Dieser Rest wird aber zum weitaus größten Teil durch die zu tilgenden Schulden absorbiert. Der Totalbetrag der letztern belief sich 1. Jan. 1880 auf nicht weniger als 494,753,404 Lire.

Kriegswesen. Durch Gesetz vom 7. Juni 1875 ist die allgemeine Wehrpflicht eingeführt. Die Dienstpflicht dauert vom 20.—39. Lebensjahr. Zur Ableistung derselben werden die Pflichtigen in drei Kategorien geteilt, deren erste drei Jahre im stehenden Heer, fünf Jahre in der Reserve und vier Jahre in der Mobilmiliz (Milizia mobile, entsprechend der deutschen Landwehr) dient. Die zweite Kategorie steht mit neunjähriger Dienstverpflichtung und bei einer jährlichen 40tägigen praktischen Ausbildung als Ersatzreserve fünf Jahre hindurch für das stehende Heer und vier Jahre lang für die Mobilmiliz zur Verfügung. Die dritte Kategorie endlich bildet mit den Ausgedienten der ersten und zweiten Kategorie die Territorialmiliz (Milizia territoriale) oder den Landsturm, welcher nur zum Festungs- oder Besatzungsdienst im Krieg aufgeboten werden soll. Das stehende Heer zählt 737,565 Mann, einschließlich 18,813 Karabiniers (Gendarmerie). Die Linieninfanterie insbesondere ist 271,373, die Kavallerie 32,066 und die Artillerie 63,989 Mann stark. Zur Sicherung der Gebirgsgrenze sind 24 Alpenkompanien mit 13,853 Mann bestimmt. Die Bersaglieri (Schützen) sind 45,753 Mann

18*

ſtark. Die Provinzialmiliz iſt 240,064 Mann ſtark und die Territorialmiliz 564,300 Mann. Die Kriegsflotte zählt 20 Panzerſchiffe, 18 Schraubendampfer und 6 Raddampfer ſowie 29 Transportdampfer, im ganzen mit 478 Kanonen. Das Perſonal der Flotte betrug 1880 im ganzen 15,055 Mann. Die Flagge iſt rot, ſilber, grün horizontal geſtreift, in dem mittlern ſilbernen Streifen ein rotes Schild mit ſilbernem Kreuz. Das Wappen der Monarchie beſteht aus einem breiten ſilbernen Kreuz in rotem Feld, umgeben von der Kette des Annunziatenordens mit daran hängendem Ordenszeichen, außerdem von einem goldnen Eichen- und einem Lorbeerzweig umgeben. Hinter dem Wappen ſtehen kreuzweiſe zwei ſil-berne Speere, deren Spitzen über den das Ganze umgebenden purpurfarbenen Wappenmantel, der oben die Königskrone trägt, hinausragen. Vgl. »Movimento dello ſtato civile« (1879); »Statiſtica del regno d'Italia« (1871—74); Altavilla, Il regno d'Italia (geograph. Lexikon,1875); Mattyus, Italiens ſtaatliche Umgeſtaltung (1866); Reuchlin, Geſchichte Italiens (1859—73, 4 Bde.).

Itio in partes (lat.), das »Auseinandertreten« der verſchiedenen Parteien; auf dem Reichstag des vormaligen Deutſchen Reichs die geſonderte Abſtimmung der Römiſch-Katholiſchen und der Evangeliſchen in Religionsſachen; dann überhaupt Abſtimmung auf dieſe Art.

Itiusrecht, ſ. Jus eundi in partes.

J (Jot).

Jagdhoheit, das Recht des Landesherrn, die Ausübung der Jagd durch Verordnungen (Jagdordnung) zu regeln und über deren Befolgung zu wachen.

Jagdrecht, die Befugnis zur Ausübung der Jagd in einem beſtimmten Bezirk; das J. ſtand früher überhaupt dem Landesherrn zu (Jagdregal) und mußte von dieſem beſonders verliehen werden (Jagdgerechtigkeit). Dagegen wird es von der modernen Jagdgeſetzgebung (J. im objektiven Sinn) als Ausfluß des Grundeigentums betrachtet und von den Eigentümern größerer Komplexe unmittelbar, von den kleinern Grundbeſitzern mittelbar durch die Gemeinde ausgeübt oder verpachtet. Die Ausübung des Jagdrechts iſt durch polizeiliche Vorſchriften, namentlich über Anfang und Schluß der Jagd, geregelt und von der Löſung von Jagdkarten abhängig gemacht. Unbefugtes Jagen (Jagdfrevel, Wilddiebſtahl) wird mit Geldſtrafe oder Gefängnis beſtraft. Vgl. Deutſches Strafgeſetzbuch, §§ 292—295, 368.

Jahrgebung, ſ. Alter.

Japan, großes Inſelreich in Oſtaſien zwiſchen dem Japaniſchen Meer und dem Großen Ozean, aus vier großen Inſeln, Nippon, Kiuſiu, Shikoku und Jeſſo, den Kurilen und zahlreichen kleinern Inſeln und Inſelchen beſtehend; 379,711 qkm mit 34,338,504 Einw. Die Hauptſtadt iſt Tokio (Jedo) mit 1,042,888 Einw. Die Zahl der in J. lebenden Fremden betrug 1879: 5503, darunter neben Dänen, Holländern, Italienern, Öſterreichern und Schweizern 3028 Chineſen, 1106 Engländer, 479 Amerikaner, 300 Deutſche, 230 Franzoſen und 209 Ruſſen. Den Fremden ſtehen folgende fünf Häfen offen: Yokohama, Kobu, Nagaſaki, Niigata und Hakodade. Außerdem ſind ihnen beſtimmte Bezirke von Tokio und Oſaka eingeräumt. Außerhalb dieſer Plätze können Fremde kein Eigentum an Grund und Boden und überhaupt kein Eigentum erwerben. Zur Reiſe ins Innere bedarf es eines beſondern Paſſes ſeitens des Miniſteriums des Innern. Ein deutſcher Miniſterreſident hat ſeinen Wohnſitz in Tokio; deutſche Konſulate ſind in Hiogo, Nagaſaki, Niigata, Tokio und Yokohama errichtet. Die Staatsverfaſſung iſt die einer abſoluten Monarchie mit feudalem Charakter und faſt kaſtenartigem Ständeunterſchied. An der Spitze des Staatsweſens ſteht der Kaiſer (Mikado), der ſeit der Revolution von 1867 die höchste Staatsgewalt ungeteilt ausübt. Bis dahin war derselbe nämlich nur als das geistliche Oberhaupt betrachtet und als Gottheit verehrt worden; neben ihm stand ein weltliches Oberhaupt, der Taikun, welcher über die Armee und über die Einkünfte des Staats verfügte. Doch führte jene Revolution die Beseitigung des Taikun und die Unterwerfung aller Landesfürsten unter den Mikado herbei. An der Spitze der Staatsgeschäfte steht der Staatsrat (Daïdjokan), welcher aus drei Präsidenten und zehn Mitgliedern besteht, welche den Titel »Sangi« (Rat) führen. Daneben besteht das Ministerium mit den Abteilungen für Auswärtiges, Inneres, Finanzen, Krieg, Marine, Unterricht, öffentliche Arbeiten, Justiz und kaiserliches Haus. Hierzu kommt noch ein Senat (Genroin), dermalen aus 33 Mitgliedern, meist höhern Beamten, zusammengesetzt. Die projektierte Einberufung einer Art Volksvertretung, bestehend aus zwei Kammern, ist nicht zur Ausführung gekommen. Oberster Gerichtshof ist das Taischinin, aus 19 Richtern der obern Klassen zusammengesetzt, unter dem Vorsitz eines Oberrichters. Was die Religion der Japanesen anbetrifft, so ist die ältere Sintoreligion (Geisterglaube) jetzt zumeist durch den Buddhismus und die Lehre des Konfutse verdrängt. Die Armee des Landes, welch letzteres auf einer verhältnismäßig hohen Kulturstufe steht und die europäischen Staatseinrichtungen überhaupt mit viel Geschick und Erfolg nachgeahmt hat, ist nach europäischem Muster eingerichtet. Durch kaiserliche Ordre vom 28. Dez. 1872 ist die allgemeine Wehrpflicht eingeführt, wenn auch in zahlreichen Ausnahmefällen Loskaufung (270 Doll.) zulässig ist. Die Dienstzeit der aktiven Armee (Jobigun) beträgt drei Jahre. Aus den gedienten Soldaten wird die Reserve (Kobigun) mit vierjähriger Dienstzeit gebildet. Daneben besteht die Nationalarmee (Kobumingun), zu welcher alle nicht zu jenen beiden Klassen gehörigen Unterthanen im Alter von 17—40 Jahren im Fall der Not einberufen werden. Der Generalstab ist nach deutschem Muster eingerichtet. Die aktive Armee

besteht aus der kaiserlichen Garde und der Linienarmee. Zu der erstern gehören 2 Infanterieregimenter zu je 2 Bataillonen, 1 Kavallerieeskadron, 2 Batterien Artillerie, 1 Ingenieur- und 1 Trainkompanie. Die Linienarmee setzt sich aus 14 Regimentern, je zu 3 Bataillonen, 2 Eskadrons Kavallerie, 18 Batterien Artillerie, 9 Kompanien Küstenartillerie, 9 Ingenieur- und 6 Trainkompanien zusammen. Die Gesamtkriegsstärke der aktiven Armee beläuft sich auf 49,378, die Friedensstärke auf 34,768 Mann, wozu noch 2343, resp. 2009 Offiziere und Militärbeamte kommen. Die Kriegsflotte zählt 10 Dampfer von 2930 Pferdekräften mit 49 Kanonen und 3500 Mann Bemannung. Seitdem den Nordamerikanern (31. März 1854) der Abschluß eines Handelsvertrags mit J. gelungen ist, und seitdem derartige Verträge auch mit den europäischen Mächten (mit dem Deutschen Zollverein 25. Jan. 1861) zustande gekommen sind, haben sich Handel und Verkehr in J. bedeutend gehoben; Post, Eisenbahnen und Telegraphen sind nach europäischem Muster eingerichtet. Die Staatseinnahmen waren pro 1879—80 auf 55,651,379 Jen (1 Jen = 1 merikan. Silberdollar = 4¹⁄₂ Mark) veranschlagt, womit die Ausgaben balancierten. Die Staatsschuld belief sich 1. Juli 1879 auf 363,327,974 Jen. Die japanesische Flagge ist weiß mit einer roten Kugel in der Mitte. Vgl. Anbree, Das wiedererschlossene J. (2. Aufl. 1869); »Die preußische Expedition nach Ostasien« (1865—73, 4 Bde.); Le Gendre, Progressive J. (1879); Rein, J. (Bd. 1, 1881).

Jesuiten (Gesellschaft Jesu), geistlicher Orden, 1539 von Ignaz v. Loyola, einem spanischen Edelmann und frühern Offizier (geb. 1491) gestiftet. Zweck des Ordens ist die Verteidigung und Ausbreitung des römisch-katholischen Glaubens und der päpstlichen Universalherrschaft. Der Orden, welcher vom Papst Paul III. durch eine Bulle vom 27. Sept. 1540 bestätigt und zugleich mit den Rechten der Bettelmönche und der Weltgeistlichen ausgestattet wurde und dazu noch ganz besondere Vorrechte erhielt, steht unter einem

Ordensgeneral. Der erste General war Loyola selbst. Nach dem Tode desselben (1556) vollendete sein Nachfolger Jakob Lainez die Organisation des Ordens. Derselbe zerfällt in Novizen, begabte Jünglinge ohne Rücksicht auf die Geburt, welche zwei Jahre lang in besondern Noviziathäusern unterwiesen und in Selbstverleugnung und blindem Gehorsam geübt werden; weltliche Koabjutoren, welche nicht durch die Mönchsgelübbe gebunden, in den verschiedenartigsten Lebensstellungen thätig und als Gehilfen und Verbündete der Ordensbrüder dem Orden dienstbar sind; geistliche Koabjutoren, oft hochgebilde Männer, welche, durch die Ordensgelübde gebunden, sich namentlich der Jugenderziehung als Professoren, Prediger, Hauskapläne, Hofmeister u. dgl. widmen; Professen, aus den erfahrensten Mitgliedern des Ordens erwählt, teils in sogen. Profeßhäusern zusammenlebend, teils auswärts als Residenten des Ordens, als Beichtväter an katholischen Höfen, als Missionäre 2c. thätig. Die Professen wählen aus ihrer Mitte auf Lebenszeit den Ordensgeneral, welcher in Rom residiert und seinerseits aus der Zahl der Professen die Assistenten, Provinzialen, Rektoren und Superioren des Ordens erwählt. Die Mitglieder des Ordens sind dem General, in welchem sie Christus selbst erblicken sollen, zu unbedingtem Gehorsam verpflichtet. Die J. erlangten durch die diplomatisierende Art und Weise ihres Auftretens, namentlich durch die jesuitischen Beichtväter und Ratgeber an den Höfen, bald den bedeutendsten Einfluß und traten insbesondere der Ausbreitung des Protestantismus mit allen Mitteln entgegen. Ihr Wahlspruch, daß der Zweck die Mittel heilige, findet sich zwar nicht ausdrücklich in ihren Schriften ausgesprochen, geht aber aus vielen Stellen derselben und namentlich aus der Handlungsweise der Ordensbrüder hervor. Wiederholt und in verschiedenen Ländern verboten, ja sogar von Papst Clemens XIV. durch die Bulle »Dominus ac redemptor noster« vom 21. Juli 1773 aufgehoben, bestand die Gesellschaft Jesu gleichwohl unter der

Oberfläche fort und ward 7. Aug. 1814 von Papst Pius VII. durch die Bulle »Sollicitudo omnium« in ihrem ganzen Umfang wiederhergestellt. Seitdem hat der Orden in verschiedenen Ländern verschiedene Verbote über sich ergehen lassen müssen, ohne jedoch seinen Einfluß jemals ganz zu verlieren, so z. B. in der Schweiz, in Rußland, in Italien und in Spanien. Mußte aber auch Papst Pius IX. 1848 infolge der politischen Stürme die J. aus Rom verweisen, so kehrten sie doch mit der politischen Reaktion zurück, um unter ihrem Ordensgeneral Pater Beckx den größten Einfluß zu erlangen und die Kurie ganz zu beherrschen. Encyklika und Syllabus sowie das auf dem vatikanischen Konzil verkündete Dogma von der päpstlichen Unfehlbarkeit waren die Folgen davon. Der hierdurch in Deutschland entstandene Kulturkampf zwischen Staat und Kurie führte ein Verbot des Jesuitenordens, der ihm verwandten Orden und ordensähnlichen Kongregationen innerhalb des Gebiets des Deutschen Reichs durch Reichsgesetz vom 4. Juli 1872 herbei. In Frankreich, woselbst der Orden nach der Revolution von 1830 für immer aufgehoben, jedoch in der Folgezeit stillschweigend geduldet worden war, wurde der Jesuitenorden infolge des Vorgehens gegen die unerlaubten Orden überhaupt durch Dekret vom 29. März 1880 definitiv aufgelöst. Was die äußere Organisation des Ordens anbetrifft, so zerfällt derselbe in die fünf »Assistenzen« Italien, Deutschland, Frankreich, Spanien und England, welche wiederum in 22 »Provinzen« eingeteilt sind. Die Mitgliederzahl mag sich auf etwa 10,000 Personen belaufen, welche über die ganze Erde verbreitet sind. Vgl. Bluntschli, Rom und die deutschen J. (1872); v. Schulte, Die neuern katholischen Orden und Kongregationen (1872); Huber, Der Jesuitenorden nach seiner Verfassung und Doktrin, Wirksamkeit und Geschichte (1873).

Journal (franz., spr. schurnall), Tagebuch. Das Schiffsjournal wird vom Schiffsführer oder Steuermann von einem Mittag zum andern geführt; es enthält die Angabe der Windrichtung, des eingeschlagenen Wegs, der Schnelle der Fahrt, der Meerestiefe, astronomisch = nautische Beobachtungen x. und hat bei Unfällen und dadurch veranlaßten Havarien Beweiskraft. J. ist auch s. v. w. Zeitschrift, namentlich täglich erscheinende politische; Journalist, für Zeitungen thätiger Schriftsteller. Journalismus, das gesamte Zeitschriftenwesen. Journalistentag, die Verbindung deutscher Journalisten und Zeitungsverleger zur Förderung der gemeinsamen Interessen, 1863 gegründet und alljährlich zusammentretend.

Juden (Israeliten), die Bekenner der mosaischen Religion, zum semitischen Völkerstamm gehörig, jetzt über die ganze Erde zerstreut lebend. Besonders zahlreich sind die J. in Rumänien vertreten, woselbst auf 1000 Einwohner 78 J. kommen. Dagegen kommen auf 1000 Bewohner in Rußland 38, in Österreich=Ungarn 38, in Preußen 13, in Hamburg 41, in den Niederlanden 19, in der Schweiz 3, in Frankreich 1, in Italien 1, in Großbritannien 1, in der europäischen Türkei 9 und in Griechenland 2 J. Im Deutschen Reich macht die Gesamtzahl der J. noch nicht $^1/_{80}$ der Gesamtbevölkerung aus. Im Mittelalter und bis in das 16. und 17. Jahrh. hinein standen die J. in den christlichen und mohammedanischen Ländern unter hartem Druck, welcher sich wiederholt bis zu grausamen und blutigen Judenverfolgungen steigerte. In Deutschland standen die J. als sogen. »Kammerknechte« des Kaisers unter dessen besondern Schutz; auch andre Reichsstände nahmen sogen. »Schutzjuden« an, ließen sich aber diesen Schutz, welcher sehr willkürlich gehandhabt wurde, in der Regel recht gut bezahlen. Die Judenemanzipation begann in Frankreich mit der Revolution zu Ausgang des vorigen Jahrhunderts. In England wurden die J. 1723 zur Erwerbung von Grundeigentum, 1833 zur Advokatur, 1845 zur Aldermanswürde und 1858 zum Parlament zugelassen. Ebenso ist in den meisten andern Staaten die völlige Gleichstellung der J. mit den Bekennern des christlichen Glaubens erfolgt. In Preußen gewährte ihnen schon das Edikt vom 11.

März 1812 fast vollständige Gleichstellung, und die Verfassungsurkunde vom 31. Jan. 1850 erklärt im Art. 12 ausdrücklich: »Der Genuß der bürgerlichen und staatsbürgerlichen Rechte ist unabhängig von dem religiösen Bekenntnis«. Bei der Gründung des Norddeutschen Bundes entbehrten die J. namentlich in Mecklenburg noch der Gleichberechtigung. Ein Gesetz vom 3. Juli 1869, welches inzwischen zum Reichsgesetz erhoben worden ist, bestimmt dagegen: »Alle noch bestehenden, aus der Verschiedenheit des religiösen Bekenntnisses hergeleiteten Beschränkungen der bürgerlichen und staatsbürgerlichen Rechte werden hierdurch aufgehoben. Insbesondere soll die Befähigung zur Teilnahme an der Gemeinde= und Landesvertretung und zur Bekleidung öffentlicher Ämter vom religiösen Bekenntnis unabhängig sein.« Leider ist in neuester Zeit künstlich und nicht ohne Geschick und mit bedeutenden Mitteln, deren Quelle nicht recht bekannt ist, eine Antisemitenbewegung, eine Agitation gegen die J., in Szene gesetzt worden, welche zu den traurigsten Erscheinungen der Gegenwart gehört, namentlich weil es Leute aus den gebildeten Ständen sind, die sich daran beteiligen, und weil sogar Geistliche, welche das Evangelium der Liebe verkündigen sollen, diesen häßlichen Kampf begünstigen und schüren. Eine sogen. Antisemitenliga betreibt diese Judenhetze systematisch. Professor Treitschke in Berlin, welcher sie künstlich und Liberalen nennt, hat sie durch Artikel in den »Preußischen Jahrbüchern« unterstützt und in die studierende Jugend hineingetragen. Namentlich aber ist es der Hofprediger Stöcker, welcher in seinen christlich = sozialen Vereinen das Evangelium des Hasses gegen unsre jüdischen Mitbürger predigt. Die offiziöse Presse, wie z. B. die »Grenzboten«, hat diese traurige Agitation zum Teil unterstützt oder ist ihr doch wenigstens nicht entgegengetreten, obgleich der deutsche Kronprinz im Februar 1880 diese Agitation als eine »Schmach für Deutschland«, deren er sich im Ausland Ausländern gegenüber geschämt habe, bezeichnet hatte. Unter den Berliner Judenhetzern haben sich nament=

lich Dr. Förster und Dr. Jungfer sowie der Lehrer Henrici hervorgethan. Das Hauptorgan der Antisemiten ist die von Ruppel herausgegebene Berliner »Ostendzeitung«. Auch ein antisemitisches Witzblatt, »Die Wahrheit«, ist in diesem Sinn thätig. Die Bewegung gipfelte in einer Petition, welche auf Betreiben des Dr. Förster und der Agrarier Amtsgerichtsrat Willmanns und Graf von Schulenburg-Beetzendorf an den Reichskanzler gerichtet und mit zahlreichen Unterschriften bedeckt wurde. Diese Petition geht dahin: 1) daß die Einwanderung ausländischer J., wenn nicht gänzlich verhindert, so doch wenigstens eingeschränkt werde; 2) daß die J. von allen autoritativen (obrigkeitlichen) Stellungen ausgeschlossen werden, und daß ihre Verwendung im Justizdienst, namentlich als Einzelrichter, eine angemessene Beschränkung erfahre; 3) daß der christliche Charakter der Volksschule, auch wenn dieselbe von jüdischen Schülern besucht wird, streng gewahrt bleibe und in derselben nur christliche Lehrer zugelassen werden, daß in allen übrigen Schulen aber jüdische Lehrer nur in besonders motivierten Ausnahmefällen zur Anstellung gelangen; 4) daß die Wiederaufnahme der amtlichen Statistik über die jüdische Bevölkerung angeordnet werde. Gegen diese Petition wurde eine von dem Oberbürgermeister v. Forckenbeck und den angesehensten Männern Berlins unterzeichnete Erklärung veröffentlicht, welche »Achtung jedes Bekenntnisses, gleiches Recht, gleiche Sonne im Wettkampf, gleiche Anerkennung tüchtigen Strebens für Christen und J.« verlangt. Auch im preußischen Abgeordnetenhaus ist die Sache infolge einer Interpellation des fortschrittlichen Abgeordneten v. Hänel zur Sprache und zur Erörterung gekommen, bei welcher Gelegenheit von den konservativen Abgeordneten Stöcker und Strosser leider der Ton der antisemitischen Streiter auch in das Abgeordnetenhaus hineingetragen worden ist. Eine 12. Jan. 1881 in Berlin tagende Versammlung der dortigen Wahlmänner hat mit allen (etwa 2500) Stimmen gegen eine ihre Entrüstung und ihr Bedauern darüber ausgesprochen, daß die Stadt Berlin zum Schauplatz dieser häßlichen Agitation gemacht werde. Gleichwohl hat die Bewegung noch nicht ihr Ende erreicht, und die Annahme, daß man dieselbe künstlich erhalte, um daraus bei den Reichstagswahlen 1881 den Liberalen gegenüber Kapital zu schlagen, erscheint keineswegs als unbegründet. Vgl. Baumgarten, Wider Herrn Hofprediger Stöcker (1881).

Judex (lat.), Richter; J. ad quem (nämlich appellatur), der Oberrichter, an welchen, J. a quo, der Unterrichter, von welchem appelliert wird. J. Curiae, in Ungarn Titel des Oberlandesrichters.

Judikat (lat.), Urteil; Judikation, Beurteilung, Aburteilung. Judikatorisch, richterlich.

Jugendliche Verbrecher, s. Alter.

Juliusturm, s. Reichskriegsschatz.

Jungfernrede (engl. Maiden speech, Erstlingsrede), die erste Rede eines neuen Parlamentsmitglieds.

Jungmann, s. Schiffsmannschaft.

Jura (lat., Plural von jus), die Rechte.

Jurisdiktion (lat.), s. Gericht.

Jurisprudenz (lat.), Rechtswissenschaft (s. Recht).

Jurist (mittelat. Jurista), Rechtsgelehrter, Rechtsbeflissener; juristisch, die Juristen oder die Jurisprudenz (Rechtsgelehrsamkeit) angehend, der Rechtsgelehrsamkeit entsprechend.

Juristenrecht (Recht der Wissenschaft), das durch die wissenschaftliche Thätigkeit der Juristen sich bildende Recht. Die neuere Doktrin negiert dasselbe und läßt das sogen. J. nur als Erkenntnisquelle des Gewohnheitsrechts gelten. Vgl. Beseler, Volksrecht und J. (1843—44).

Juristentag, die seit 1860 alljährlich oder doch alle zwei Jahre zusammentretende Wanderversammlung deutscher und österreichischer Juristen. Präsidenten waren Wächter, Bluntschli, Gneist. Die »Verhandlungen« des Juristentags werden regelmäßig veröffentlicht und sind für viele Gesetzgebungsfragen von der größten Bedeutung gewesen.

Juristische Person, s. Person.

Juris utriusque doctor (lat.), beider Rechte (des römischen und kanonischen) Doktor.

Jury (engl., spr. dschuhri; franz., spr. schühri), Schwurgericht (s. b.). Auch Bezeichnung des Ausschusses der Preisrichter bei Ausstellungen u. dgl.

Jus (lat., »Recht«), im objektiven Sinn der Inbegriff von Regeln, welche, auf äußern Satzungen der Völker beruhend, die Lebensverhältnisse der Menschen untereinander in erzwingbarer Weise normieren (norma agendi); im subjektiven Sinn die durch Rechtsgesetz begründete Befugnis, in irgend einer Weise auf die Außenwelt einzuwirken (facultas agendi). S. Recht.

Jus albinagii (lat.), Heimfallsrecht (s. Fremdenrecht).

Jus armōrum (lat.), s. Militärhoheit.

Jus canonicum (lat.), kanonisches Recht.

Jus civitātis (lat.), Bürgerrecht.

Jus de non appellando, Recht der letzten Instanz; im vormaligen Deutschen Reich das Vorrecht einzelner Fürsten und zuletzt aller Kurfürsten, selbst höchste Gerichte im Land zu haben und somit der Berufung an die Reichsgerichte aus ihren Landen zu wehren.

Jus de non evocando (lat.), das ehemalige Recht deutscher Reichsstände, wonach aus ihren Territorien kein Rechtshandel in erster Instanz vor die Reichsgerichte gebracht werden konnte.

Jus detractus (lat., »Abzugsrecht«), s. Nachsteuer.

Jus devolutionis, s. Devolution.

Jus eminens (lat.), s. Notrecht.

Jus eundi in partes (lat., Itionsrecht), nach dem Westfälischen Frieden die Befugnis der Reichsstände einer Konfession, in Religionsangelegenheiten und in allen Sachen, »sie treffen an, was sie immer wollen, darin die Katholischen eine, die Evangelischen die andre Partei konstituieren«, die Entscheidung durch Stimmenmehrheit im Reichstag abzulehnen. Neuerdings ist der Ausdruck auf die Bestimmung im Art. 7 der neuen deutschen Reichsverfassung angewendet worden, wonach im Bundesrat bei der Beschlußfassung über eine Angelegenheit, welche nach den Bestimmungen der Verfassung nicht dem ganzen Reiche gemeinschaftlich ist, nur die Stimmen derjenigen Bundesstaaten gezählt werden, welchen die Angelegenheit gemeinschaftlich ist.

Jus gentium (lat.), Völkerrecht.

Jus gladii (lat.), das Recht über Leben und Tod.

Jus jurandum (lat.), s. v. w. Eid.

Jus optionis (lat.), Wahlrecht.

Jus postliminii (lat.), s. Postliminium.

Jus praesentandi oder **praesentationis** (lat.), Präsentations-, Vorschlagsrecht bei Besetzung von Ämtern.

Jus publicum (lat.), Staatsrecht.

Jus quaesitum (lat.), wohlerworbenes Recht.

Jus reformandi (lat.), Reformationsrecht (s. Kirche).

Jus retorsionis (lat.), Vergeltungsrecht (s. Retorsion).

Jus romanum (lat.), römisches Recht.

Jus talionis (lat.), s. v. w. Jus retorsionis.

Juste-milieu (franz., spr. schüst-miljöh, »richtige Mitte«, »rechte Mitte«), seit der Julirevolution 1830 ein politisches Schlagwort, indem damals König Ludwig Philipp durch seine Organe erklären ließ, daß die Regierung dem revolutionären Parteitreiben gegenüber »le juste milieu« einhalten müsse zum Wohl des Vaterlands. Übrigens ist der Ausdruck bereits von Voltaire in einem Brief an den Grafen d'Argental vom 28. Nov. 1765 gebraucht worden. Heutzutage wird mit dem Ausdruck J. der Begriff einer gewissen Ängstlichkeit verbunden, indem man damit Politiker und politische Zeitungen bezeichnet, welche sich, um weder links noch rechts anzustoßen, auf dem breiten Mittelweg zu halten suchen.

Justifizieren (lat.), rechtfertigen; Justifikation, Rechtfertigung, insbesondere bei Rechtsmitteln die Ausführung und Begründung derselben; bei Rechnungen die Genehmigung der letztern (durch Erteilung eines Justificatorium) nach vorgängiger Prüfung und Feststellung.

Justitiarius (lat., Gerichtshalter), s. Patrimonium.

Justitium (lat.), Stillstand der Rechtspflege infolge von Krieg, Pest ꝛc.

Juſtiz (lat.),   (ſ. Recht);
Juſtizhoheit,   ewalt, inſo=
weit ſie ſich   ;
Juſtizſache,   .
Recht). Juſt   =

auf   lichen   en au   be Hilfe
nicht erreicht werde kann, erw eſene, nach

der Verfaſſung und den beſtehenden Ge=
ſetzen des betreffenden Bundesſtaats zu
beurteilende Beſchwerden über verweigerte
oder gehemmte Rechtspflege anzunehmen
und darauf die gerichtliche Hilfe bei der
Bundesregierung, die zu der Beſchwerde
Anlaß gegeben hat, zu bewirken. Juſtiz=
geſetze, diejenigen Geſetze, welche die
Rechtspflege normieren; namentlich wer=
den die neuen deutſchen Juſtizgeſetze oft
ſchlechthin mit dieſem Namen bezeichnet
(ſ. Gericht); Juſtizorganiſation,
die Einrichtung der Rechtspflege und der
zu ihrer Ausübung beſtellten Behörden
(ſ. Gericht). Juſtizverwaltung, ſ.
Verwaltung.

Juſtizkommiſſion, ſ. Zivilprozeß.

K.

Kabinett (Kabinet, franz. Cabinet),
eigentlich »Nebenzimmer«, »kleines Ge=
mach«; in fürſtlichen Paläſten das Wohn=
zimmer ſowie auch das Zimmer, in wel=
chem der Fürſt ſeine beſondern Angelegen=
heiten zu beſorgen pflegt, daher ſ. v. w.
Geſchäftserpedition des Staatsoberhaupts;
auch Bezeichnung für die Beamten, wel=
chen diejenigen Geſchäfte übertragen ſind,
und welche diejenigen Sachen vorzutragen
haben, deren unmittelbare Erledigung in
der Machtvollkommenheit des Fürſten
liegt; daher die Titel Kabinettsrat,
Kabinettsminiſter, Kabinetts=
ſekretär. Kabinettsfrage heißt eine
Frage, von deren Entſcheidung es ab=
hängt, ob Miniſter im Amt bleiben oder
nicht; Kabinettsordre, ein unmittel=
bar vom Fürſten ausgehender Befehl. K.
heißt aber auch die Staatsregierung in
ihren Beziehungen zu auswärtigen Ver=
hältniſſen; in dieſem Sinn ſpricht und
ſprach man von dem K. von St. James,
dem K. der Tuilerien, dem K. von St. Pe=
tersburg, dem Berliner K. Geheimes K.
heißt in manchen Staaten das höchſte Lan=
deskollegium oder das Kollegium der Ge=
heimen Räte. Kabinettskrieg, ſ. Krieg.

Kabinettsjuſtiz, die unmittelbare Ein=
miſchung des Regenten in den Gang eines
bei den Gerichten anhängigen Rechts=
ſtreits. In Deutſchland wurde derſelben
zuerſt durch die Reichskammergerichts=
ordnung von 1495 entgegengewirkt, und
ſeitdem iſt die Unabhängigkeit der Gerichte
und der Rechtſprechung ſtets anerkannt
worden. Nach der deutſchen Reichsver=
faſſung vom 16. April 1871 (Art. 77) iſt
für den Fall der K. das Recht der Be=
ſchwerde an den Bundesrat gegeben, und
das deutſche Gerichtsverfaſſungsgeſetz ent=
hält im Art. 1 die ausdrückliche Beſtim=
mung: »Die richterliche Gewalt wird durch
unabhängige, nur dem Geſetz unterwor=
fene Gerichte ausgeübt«.

Kabinettsordre, ſ. Kabinett.

Kadett, militäriſcher Zögling für die
Offizierskarriere, beſonders in Kadet=
tenhäuſern (Deutſchland) oder bei der
Truppe (Öſterreich) ſowie bei der Ma=
rine, wo die Kadetten nach der erſten Aus=
bildung zu Seekadetten avancieren,
welche den Portepeefähnrichen der Land=
armee entſprechen. Die Kadettenhäu=
ſer (Kadettenſchulen) ſind militäri=
ſche Erziehungs= und Unterrichtsanſtalten,
in Preußen etwa den Realſchulen erſter
Ordnung entſprechend. Die Aufnahme
erfolgt nach vollendetem 10. bis zum 15.
Lebensjahr. Die Oberprimaner werden

nach abgelegtem Offizierseramen als Fähn=
riche, die Selektaner als Offiziere zur Ar=
mee entlaſſen.

Kadre (franz., ſpr. kahdr, »Rahmen«),
derjenige Teil einer Truppe, insbeſondere
die Offiziere und Unteroffiziere und der
ſogen. Stamm, welcher bei der Fahne
bleibt, während der Reſt nach gehöriger
Einübung entlaſſen wird, um durch neue
Rekruten erſetzt zu werden; daher Kadre=
ſyſtem, ſ. v. w. Beurlaubungsſyſtem.

Kaduzieren (lat.), ſ. Niederſchlagen.

Kaimakâm (arab., »Stellvertreter«), in
der Türkei Titel des Bezirksgouverneurs.

Kaiſer, Titel des Beherrſchers des rö=
miſchen Reichs ſeit C. Julius Cäſar Octa=
vianus; aus dem Familiennamen »Cä=
ſar« entſtanden, welch letzterer ſeitdem
zur Bezeichnung der höchſten Würde ge=
braucht wurde und zwar neben den Ti=
teln Augustus und Imperator. Die rö=
miſche Kaiſerwürde charakteriſierte ſich
als die unbeſchränkteſte Herrſchergewalt:
die ganze Machtfülle des römiſchen Welt=
reichs in einer einzigen Perſon vereinigt.
Der Form nach ward dieſelbe allerdings
durch Geſetz (lex regia) dem jeweiligen
K. übertragen; auch war die Würde an
ſich nicht erblich, wenn auch thatſächlich
die Familienverbindung von entſcheiden=
der Bedeutung war. Seit der Teilung
des Reichs durch Theodoſius d. Gr. (395
n. Chr.) wurde zwiſchen dem weſt= und
oſtrömiſchen Kaiſerreich unterſchieden, in=
dem von den beiden Söhnen jenes Kai=
ſers Arcadius K. in Byzanz, Honorius
K. in Rom wurde. Nach dem Sturz des
weſtrömiſchen Reichs durch germaniſche
Völkerſchaften unter Odoaker (476) aber
betrachteten ſich die oſtrömiſchen K. als
die Träger der römiſchen Weltmonarchie,
und in der That gelang es dem oſtrömi=
ſchen K. Juſtinian, dieſen Gedanken vor=
übergehend zu verwirklichen. Zu einer
Wiederherſtellung der weſtrömiſchen Kai=
ſerwürde aber und zu einer Verbindung
derſelben mit dem fränkiſchen Reiche ga=
ben die römiſchen Biſchöfe Veranlaſſung,
welche, nachdem ſie bei den oſtrömiſchen
Kaiſern nicht mehr den gewünſchten Schutz
fanden, den fränkiſchen Königen die Schutz=
herrſchaft über Rom und die römiſche

Kirche übertrugen, bis dann Papſt Leo III.
25. Dez. 799 Karl d. Gr. in Rom zum
K. krönte. Dieſe Wiederherſtellung der
Kaiſerwürde für das Abendland, die Er=
richtung eines »heiligen römiſchen Reichs
deutſcher Nation«, hatte den Sinn, daß
der K. als das weltliche Oberhaupt der
geſamten Chriſtenheit die höchſte Schutz=
gewalt über die römiſche Kirche ausüben
ſollte. In der Folgezeit und zwar unter
Otto I. aus dem ſächſiſchen Haus wurde
die Kaiſerwürde dauernd mit der deutſchen
Königskrone vereinigt (962), und das rö=
miſche Kaiſerreich deutſcher Nation ſtand
auf dem Höhepunkt ſeiner Macht unter
K. Heinrich III. aus dem ſaliſchen Haus,
als mit Deutſchland die Königreiche Ita=
lien und Burgund vereinigt waren und
der römiſche Papſt die Oberherrſchaft des
Kaiſers unbedingt anerkannte. Gleich=
wohl war die Verbindung der römiſchen
Kaiſerkrone mit der deutſchen Königskrone
für Deutſchland ein nationales Unglück.
Anſtatt den Schwerpunkt ihrer Herrſcher=
gewalt in Deutſchland zu ſuchen und zu
behaupten, opferten die deutſchen Könige
nun ihre beſten Kräfte auf den Römer=
zügen, welche ſie unternahmen, um ſich
die Kaiſerkrone in Rom zu holen, und in
langwierigen Kämpfen in Italien und im
Streit mit den Päpſten, die nach und
nach mit der Prätenſion hervortraten, daß
der K. ſeine Würde lediglich vom Papſt
empfange und ihm unterſtellt ſei. Da=
heim aber in Deutſchland ſank das An=
ſehen des Reichsoberhaupts mehr und
mehr. Die Großen des Reichs wurden zu
mächtigen Fürſten, und je mehr die kaiſer=
liche Machtfülle ſich verminderte, deſto
mehr erſtarkte die Landeshoheit der deut=
ſchen Territorialherren, welche ſich aus
dem urſprünglichen Vaſallentum derſel=
ben entwickelte. Nachdem das Geſchlecht
der Hohenſtaufen im Kampf mit dem
Papſttum unterlegen war, erſchien die
Kaiſerwürde nur noch als ein Schatten
der einſtigen kaiſerlichen Machtvollkom=
menheit. Seit Maximilian I. (1508)
führten die deutſchen Könige den Kaiſer=
titel auch ohne Krönung durch den Papſt,
und Karl V., welcher den Gedanken der
Univerſalmonarchie noch einmal mit

großer Energie aufnahm, war der letzte K., welcher (aber nicht in Rom, ſondern in Bologna) 1530 vom Papſt gekrönt ward. Daß aber das Deutſche Reich ein Wahlreich ſei, war in der Goldnen Bulle Karls IV. (1356) ausdrücklich anerkannt worden, und zwar ſollte hiernach nur ein unbeſcholtener und regierungstüchtiger Mann zum K. gewählt werden können. Deutſche Geburt war nicht erforderlich, wie denn Karl V. ein Ausländer war. Daß der K. von hohem Adel ſein müſſe, galt als ſelbſtverſtändlich. Die Kaiſerwahl erfolgte nach der Goldnen Bulle durch die Kurfürſten, und zwar ſollte der Kurfürſt und Erzbiſchof von Mainz innerhalb eines Monats nach dem Tode des bisherigen Kaiſers die Wahl nach Frankfurt a. M. ausſchreiben. Die Wahl ſelbſt erfolgte durch Stimmenmehrheit. Noch vor der Krönung hatte der neu gewählte K. die Wahlkapitulation zu beſchwören, d. h. ein Staatsgrundgeſetz, welches ſeit K. Karl V. bei jeder Kaiſerwahl zwiſchen dem K. und den Kurfürſten vertragsmäßig errichtet wurde und die Bedingungen der Wahl und die Beſchränkungen der kaiſerlichen Regierungsgewalt enthielt. Die Krönung erfolgte in den letzten Zeiten regelmäßig in Frankfurt a. M. Sie war im Mittelalter regelmäßig eine dreifache geweſen: Der K. wurde in Aachen zum deutſchen König, in Pavia, mitunter auch in Mailand oder in Monza, zum König von Italien und in Rom zum römiſchen K. gekrönt. Seit Ferdinand I. fand nur eine einmalige Krönung in Frankfurt a. M. ſtatt, welche von dem Erzbiſchof von Mainz vorgenommen wurde. Seitdem Maximilian I. ſich den Titel eines erwählten römiſchen Kaiſers beigelegt hatte, war die offizielle Titulatur »Von Gottes Gnaden erwählter römiſcher K., zu allen Zeiten Mehrer des Reichs (ſemper auguſtus); König in Germanien« üblich. In den ſpätern Zeiten des Reichs wurde es gebräuchlich, noch bei Lebzeiten eines Kaiſers deſſen Nachfolger zu beſtimmen, der alsdann den Titel »Römiſcher König« führte und ebenfalls von den Kurfürſten erwählt wurde. Der römiſche König (rex Romanorum) fungierte auch in

Verhinderungsfällen als Reichsverweſer. Das kaiſerliche Wappen war ein zweiköpfiger ſchwarzer Adler mit des Kaiſers Hauswappen auf der Bruſt; die kaiſerlichen Farben (Reichsfarben) waren Schwarz und Gelb (Gold). Man hat nachmals hieraus dadurch, daß man damit die rote Fahne, mit welcher der K. den Blutbann verlieh, in Verbindung brachte, eine Trikolore »Schwarz-rot-gold« her- und als die deutſchen Farben hingeſtellt.

Was die eigentlichen Regierungsrechte des Kaiſers anbelangt, ſo hatte derſelbe in der kaiſerlichen Machtvollkommenheit einſtmals die geſamte Regierungsgewalt des Reichs in ſich vereinigt. Mit dem Verfall der kaiſerlichen Macht ging aber auch ein Vorrecht desſelben nach dem andern verloren, und der verbleibende Reſt wurde charakteriſtiſch als »Reſervatrechte«, d. h. vorbehaltene Rechte, bezeichnet. Hierunter verſtand man zunächſt diejenigen Rechte, welche dem K. gegenüber den Landesherren vorbehalten waren, die alſo ein Landesherr gar nicht oder nur infolge beſonderer kaiſerlicher Verleihung ausüben durfte, ſowie diejenigen Rechte, welche der K. neben den Landesherren in deren Territorien ausübte. Exkluſive Reſervatrechte (jura reservata exclusiva) des Kaiſers waren das Recht, den Adel zu verleihen, und das weitere Recht, Univerſitätsprivilegien zu erteilen. Dagegen wurde das kaiſerliche Recht, die Volljährigkeit (venia aetatis) zu erteilen, uneheliche Kinder von dem Makel der unehelichen Geburt zu befreien, Notare zu ernennen, Lehnsfähigkeit und Wappen zu verleihen, als jura reservata communia, d. h. als ſolche Reſervatrechte, die in gleicher Weiſe auch von den einzelnen Landesherren in ihren Territorien ausgeübt werden konnten, bezeichnet. Andre Reſervatrechte (jura reservata limitata) waren inſofern beſchränkt, als der K. bei ihrer Ausübung an die Zuſtimmung der Kurfürſten gebunden war; ſo das Recht, Zölle anzulegen und Zollgerechtigkeiten zu erteilen, ſowie das Recht, das Münzregal zu verleihen. Ferner ſprach man aber auch von den kaiſerlichen Reſervatrechten im Gegenſatz zu denjenigen Regierungsrechten, welche der K. nur mit

Zustimmung des Reichstags (s. b.) aus=
üben konnte. Die Reichsgesetzgebung ward
nämlich von dem Reichstag ausgeübt, doch
hatte der K. das Recht, die Beschlüsse des
Reichstags zu sanktionieren und zu pu=
blizieren. Der K. hatte in Ansehung der
Reichsgesetzgebung ein absolutes Beto,
d. h. nur dadurch erlangten die Beschlüsse
des Reichstags Gesetzeskraft, daß sie der
K. genehmigte, während sie unwirksam
blieben, wenn ihnen diese Genehmigung
versagt wurde. Ebenso war der K. seit
dem Westfälischen Frieden in Angelegen=
heiten der innern Reichsverwaltung an
die Zustimmung des Reichstags gebun=
den, und zwar erfolgte die Vollstreckung
von Reichsschlüssen und reichsgerichtlichen
Entscheidungen zumeist unter Mitwir=
kung der Kreise, in welche das Reich zer=
fiel. Dem K. stand ferner zwar die völ=
kerrechtliche Vertretung des Reichs nach
außen zu, doch war er, wenn es sich um
Kriegserklärung oder um Abschluß eines
Friedens handelte, ebenfalls an die Zu=
stimmung des Reichstags gebunden. Der
K. war ferner der oberste Lehnsherr des
Reichs, er galt als die Quelle aller Gna=
den, als Schirmvogt der römischen Kirche
und als die Quelle aller Gerichtsbarkeit
im Reich, die jedoch von den Reichsgerich=
ten in völlig selbständiger Weise ausgeübt
ward. Außerdem hatte der K. gewisse
Reichsämter zu besetzen, und endlich hatte
er das freilich sehr geringfügige Reichs=
einkommen zu beziehen, welches man
kläglich genug in der letzten Zeit nicht
höher als insgesamt auf etwa 13,000 Tha=
ler veranschlagte.

Daß unter diesen Umständen bei der
Schwerfälligkeit des Reichstags und bei
der Jämmerlichkeit der Reichskriegsver=
fassung mit der kaiserlichen Würde doch
immer noch ein gewisser Nimbus verbun=
den war, ist mehr auf Rechnung der Tra=
ditionen des Reichs, besonders aber auf
Rechnung der Hausmacht der K. zu setzen,
indem die Kaiserwürde, trotz der Wahl=
verfassung des Reichs, thatsächlich mit der
österreichischen Monarchie verbunden
war. Aber gerade dieser Umstand war für
Deutschland auf der andern Seite ver=
hängnisvoll. Denn die habsburg=lothrin=

gische Dynastie setzte nur zu oft die deut=
schen Interessen gegen die österreichischen
zurück, und die nationale Idee ward da=
durch, daß man mit Deutschland eine
Reihe außerdeutscher, zu Österreich gehö=
riger Kronländer in Verbindung brachte,
abgeschwächt. Und so wurde denn das
alte Reich zuletzt zum Spott der Zeitge=
nossen, und als es 1806 zu Grabe getra=
gen ward, ging dies an der Nation ziem=
lich spurlos vorüber, eben weil das Reich
zuletzt nur noch ein lose zusammenhän=
gender Staatenstaat und die Kaiserwürde
nicht viel mehr als eine leere Form gewe=
sen war. Schon 1804 hatte K. Franz II.
für seine österreichischen Erblande den
Kaisertitel als Franz I. angenommen,
dem Beispiel Napoleons folgend, der sich
damals den Titel eines Kaisers der Fran=
zosen beilegte. Und als nun der franzö=
sische Machthaber die Erklärung abgab,
daß es für ihn kein Deutsches Reich und
keinen K. von Deutschland mehr gebe, als
er sich zum Protektor des Rheinbunds
aufwarf, legte K. Franz 6. Aug. 1806 die
deutsche Kaiserkrone förmlich nieder.

Wiederherstellung der deutschen Kaiserwürde.
Nur ein loses föderatives Band um=
schlang in der Folge die einzelnen deut=
schen Staaten, welche als völlig souve=
räne Staatskörper sich nur zu einem
völkerrechtlichen Verein, dem Deutschen
Bund, vereinigten. Wohl ward dann
1848 und 1849 ein Anlauf zur Wieder=
herstellung der deutschen Kaiserwürde ge=
nommen; aber König Friedrich Wil=
helm IV. von Preußen lehnte die An=
nahme der ihm dargebotenen Kaiserkrone
ab, weil er sie nur nach vorgängiger Ver=
ständigung mit den deutschen Fürsten an=
nehmen wollte. Eine solche war aber von
vornherein ausgeschlossen, solange der
deutsche Staatenbund zwei miteinander
rivalisierende Großmächte in sich schloß,
und es war daher gewiß die allein rich=
tige Lösung der deutschen Frage, daß eine
Neukonstituierung Deutschlands von dem
großen preußischen Staatsmann herbei=
geführt wurde unter Ausschluß Öster=
reichs. Die Erfolge Preußens im Krieg
von 1866 ermöglichten die Gründung des
norddeutschen Bundesstaats mit einem

Präſidium an der Spitze, welches erblich mit der Krone Preußen verbunden wurde, und aus der blutigen Saat der Schlacht= felder von Weißenburg und Wörth, von Gravelotte und Sedan keimte die köſtliche Frucht des neuen Deutſchen Reichs.

Die deutſchen Fürſten und Freien Städte trugen auf Vorſchlag des Königs von Bayern dem König Wilhelm von Preußen den Titel eines deutſchen Kaiſers an, indem König Ludwig von Bayern in einem Schreiben, welches Prinz Luitpold 3. Dez. 1870 dem König Wilhelm überreichte, ausdrücklich erklärte: »Ich habe mich zur Vereinigung der Präſidialrechte in einer Hand in der Überzeugung bereit erklärt, daß dadurch den Geſamtintereſſen des deut= ſchen Vaterlands und ſeiner verbündeten Fürſten entſprochen werde, zugleich aber auch in dem Vertrauen, daß die dem Bun= despräſidium zuſtehenden Rechte durch Wie= derherſtellung eines Deutſchen Reichs und der deutſchen Kaiſerwürde als Rechte be= zeichnet werden, welche Ew. Maj. im Na= men des geſamten deutſchen Vaterlands auf Grund der Einigung ſeiner Fürſten ausüben«. Die Proklamierung der Wie= derherſtellung der deutſchen Kaiſerwürde erfolgte durch den König von Preußen 18. Jan. 1871 zu Verſailles u. wurde dem deut= ſchen Volk durch eine Proklamation vom 17. Jan. 1871 verkündet. Der König erklärt in dieſer Proklamation, daß »er die kaiſer= liche Würde in dem Bewußtſein der Pflicht übernehme, in deutſcher Treue die Rechte des Reichs und ſeiner Glieder zu ſchützen, den Frieden zu wahren, die Unabhängig= keit Deutſchlands zu ſtützen und die Kraft des Volks zu ſtärken, in der Hoffnung, daß es dem deutſchen Volk vergönnt ſein werde, den Lohn ſeiner heißen und opfer= willigen Kämpfe in dauerndem Frieden und innerhalb der Grenzen zu genießen, welche dem Vaterland die ſeit Jahrhun= derten entbehrte Sicherheit gegen erneuerte Angriffe Frankreichs gewähren werde«. »Den Trägern der Kaiſerkrone aber (ſo heißt es in dieſer denkwürdigen Urkunde weiter) wolle Gott verleihen, allezeit Meh= rer des Deutſchen Reichs zu ſein, nicht in kriegeriſchen Eroberungen, ſondern in den Werken des Friedens, auf dem Gebiet der nationalen Wohlfahrt, der Freiheit und der Geſittung.« Der Art. 11 der deut= ſchen Reichsverfaſſung vom 16. April 1871 beſtimmt: »Das Präſidium des Bundes ſteht dem König von Preußen zu, wel= cher den Namen: Deutſcher K. führt«. Das neue Kaiſertum hat aber keineswegs einen univerſellen, ſondern einen nationalen Charakter; es iſt nicht, wie das vormalige Deutſche Reich, eine Wahlmonarchie, ſon= dern die Kaiſerwürde iſt erblich mit der Krone Preußen verbunden. Gleichwohl iſt der K. nicht der Monarch des Reichs, denn letzteres iſt kein Einheitsſtaat, ſon= dern ein Bundesſtaat, ein Geſamtreich, zuſammengeſetzt aus den verbündeten deutſchen Einzelſtaaten. Träger der Reichs= gewalt ſind daher die verbündeten Regie= rungen; dem K. ſteht nur eine Vollzugs= gewalt zu, indem er allerdings zugleich als König von Preußen unter den ver= bündeten Fürſten die erſte Stelle ein= nimmt. Als K. übt er die ihm übertra= genen Befugniſſe »im Namen des Reichs« oder »im Namen der verbündeten Regie= rungen« aus.

Regierungsrechte des deutſchen Kaiſers.

Was die Regierungsrechte des Kaiſers im einzelnen betrifft, ſo iſt zunächſt das Verhältnis desſelben zur Reichsgeſetz= gebung zu erörtern. Die Reichsgeſetze ent= ſtehen nämlich durch den übereinſtimmen= den Mehrheitsbeſchluß des Reichstags und des Bundesrats. Reichstag und Bundes= rat ſind die beiden Faktoren der Reichsge= ſetzgebung. Verglichen mit der Staatsre= gierung eines Einzel= und Einheitsſtaats, zeigt ſich hier ein doppelter Mangel. (We= nigſtens iſt es für denjenigen ein Mangel, welcher eine möglichſt kräftige Zentralge= walt an die Spitze des Reichs geſtellt zu ſehen wünſcht.) Es fehlt nämlich dem K. einmal das Recht der ſogen. Ini= tiative auf dem Gebiet der Reichsgeſetz= gebung, d. h. der K. kann nicht ſelbſtän= dig Geſetzesvorſchläge an den Reichstag bringen, und auch im Bundesrat kann der K. als ſolcher derartige Anträge nicht einbringen. Die Reichsverfaſſung (Art. 16) beſtimmt nur, daß die erforderlichen Vorlagen nach Maßgabe der Beſchlüſſe des Bundesrats im Namen des Kaiſers an den Reichstag gebracht werden sollen. Selbstverständlich kann die preußische Staatsregierung, wie jede andre Bundesregierung, im Bundesrat die Initiative ergreifen und Gesetzentwürfe einbringen; aber der K. kann diesen Gesetzentwurf nur dann an den Reichstag gelangen lassen, wenn sich im Bundesrat die Mehrheit dafür entschieden hat. Ferner steht dem K. in Ansehung der vom Bundesrat und vom Reichstag beschlossenen Gesetzentwürfe kein Veto zu. Der K. kann nicht, wie im Einheitsstaat der Monarch, einem Gesetzentwurf seine Zustimmung versagen, eben weil es der kaiserlichen Genehmigung zu dem Zustandekommen eines Gesetzes gar nicht bedarf. Es genügt der übereinstimmende Mehrheitsbeschluß des Bundesrats und des Reichstags; der K. hat weder das Recht der Sanktion noch ein Vetorecht, während selbst der Präsident der nordamerikanischen Union wenigstens ein »suspensives Veto« hat. Auch die sogen. Reichsverfassung von 1849 wollte dem K. ein suspensives Veto einräumen. Hierunter versteht man nämlich die Befugnis der Staatsregierung, den Vollzug eines Gesetzes durch einmaligen Widerspruch und das Inkrafttreten desselben so lange zu hemmen, bis etwa ein nochmaliger Beschluß der gesetzgebenden Faktoren ebendasselbe Gesetz aufrecht erhält. Allerdings wird dieser Mangel einigermaßen durch das bedeutende Stimmgewicht ersetzt, welches der Krone Preußen im Bundesrat zusteht, woselbst sie 17 von 58 Stimmen führt. Damit ist dem K. als König von Preußen namentlich die Macht gegeben, jede Veränderung der Reichsverfassung abzulehnen, da nach Art. 78 derselben eine Verfassungsänderung als abgelehnt gilt, wenn sie im Bundesrat 14 Stimmen gegen sich hat. Ebenso kann der K. in den wichtigsten Fragen der Reichsgesetzgebung und der Reichsverwaltung als Inhaber der Präsidialstimme Neuerungen verhindern, wofern dieselbe für die Aufrechthaltung der bestehenden Einrichtungen abgegeben wird. Dies ist der Fall bei Gesetzesvorschlägen über das Militärwesen, die Kriegsmarine und über die Besteuerung von Salz, Tabak, Branntwein, Bier und

dem aus Rüben oder andern inländischen Erzeugnissen dargestellten Zucker und Sirup. Auch gibt die Präsidialstimme unter allen Umständen im Bundesrat dann den Ausschlag, wenn es sich um Verwaltungsvorschriften und Einrichtungen handelt, welche ebendiese Gegenstände betreffen, wofern sie sich für die Aufrechthaltung der bestehenden Vorschriften oder Einrichtungen ausspricht (Reichsverf., Art. 5, 35, 37).

Dagegen hat der K. ausschließlich das Recht, die vom Bundesrat in seiner Mehrheit gebilligten Gesetzentwürfe an den Reichstag zu bringen, und ebenso ist sein ausschließliches Recht die Ausfertigung und Verkündigung der Reichsgesetze (im Reichsgesetzblatt) sowie die Überwachung ihrer Ausführung (Reichsverfassung, Art. 17). Diese letztere Bestimmung begründet für den K. zugleich in denjenigen Angelegenheiten, welche in den Kompetenzkreis der Reichsgesetzgebung gehören, das Recht, die zur Ausführung der Reichsgesetze erforderlichen Ausführungsverordnungen zu erlassen. Die Reichsverfassung hebt dies Recht ausdrücklich in Ansehung des Militärwesens, der Kriegsmarine, der Post- und Telegraphenverwaltung und des Konsulatswesens hervor. Da aber auch der Bundesrat ein Verordnungsrecht besitzt, so wird beim Erlaß eines Reichsgesetzes in der Regel in diesem eine Bestimmung darüber getroffen, welche Stelle die Vollzugsbestimmungen erlassen soll, K., Bundesrat, Reichskanzler oder die Regierungen der Einzelstaaten.

Dem K. gebührt ferner die Oberaufsicht über das gesamte Verwaltungswesen des Reichs. Seine Anordnungen und Verfügungen werden im Namen des Reichs erlassen und bedürfen zu ihrer Gültigkeit der Gegenzeichnung des Reichskanzlers, welcher dadurch die Verantwortlichkeit übernimmt. Der K. ernennt die Reichsbeamten, läßt dieselben für das Reich vereidigen und verfügt erforderlichen Falls deren Entlassung (Reichsverfassung, Art. 18). Dem K. stehen ferner gegenüber den gesetzgebenden Faktoren des Reichs gewisse Rechte zu, welche in der konstitutionellen Monarchie dem Monarchen eingeräumt sind.

Er hat das Recht, den Bundesrat und den Reichstag zu berufen, zu eröffnen und zu ſchließen (Reichsverfaſſung, Art. 12). Dieſe Berufung muß alljährlich, die Berufung des Bundesrats außerdem auch noch dann erfolgen, ſobald ſie von einem Drittel der Stimmenzahl verlangt wird. Der Vorſitz im Bundesrat und die Leitung der Geſchäfte ſtehen dem Reichskanzler (ſ. d.) zu, welcher vom K. zu ernennen iſt (Reichsverfaſſung, Art. 15). Eine etwaige Auflöſung des Reichstags erfolgt auf Grund eines Bundesratsbeſchluſſes mit Zuſtimmung des Kaiſers (Reichsverfaſſung, Art. 24). Außerdem aber ſteht dem K. das wichtige und ausſchließliche Recht zu, das Reich völkerrechtlich zu vertreten, im Namen des Reichs Krieg zu erklären und Frieden zu ſchließen, Bündniſſe und andre Verträge mit fremden Staaten einzugehen, Geſandte zu beglaubigen und zu empfangen. Zur Erklärung des Kriegs im Namen des Reichs bedarf es aber der Zuſtimmung des Bundesrats, es ſei denn, daß ein Angriff auf das Reichsgebiet oder deſſen Küſten erfolgt, und was das Vertragsrecht anbetrifft, ſo iſt die Beſchränkung beigefügt, daß Verträge mit fremden Staaten, die ſich auf Gegenſtände beziehen, welche nach Art. 4 der Reichsverfaſſung in den Bereich der Reichsgeſetzgebung gehören, zu ihrem Abſchluß der Zuſtimmung des Bundesrats und zu ihrer Gültigkeit der Genehmigung des Reichstags bedürfen (Reichsverfaſſung, Art. 11).

Von beſonderer Wichtigkeit iſt ferner die Stellung des Kaiſers in militäriſcher Hinſicht. Nach der Reichsverfaſſung (Art. 63) bildet die geſamte Landmacht des Reichs ein einheitliches Heer, welches in Krieg und Frieden unter dem Oberbefehl des Kaiſers ſteht, unbeſchadet des bayriſchen Reſervatrechts, wonach das bayriſche Heer einen in ſich geſchloſſenen Beſtandteil des deutſchen Bundesheers mit ſelbſtändiger Verwaltung unter der Militärhoheit des Königs von Bayern bildet und nur im Krieg unter dem Befehl des Kaiſers ſteht. Alle deutſchen Truppen, die bayriſchen allerdings nur im Krieg, ſind verpflichtet, den militäriſchen Befehlen des Kaiſers unbedingte Folge zu leiſten. Dieſe Verpflich-

tung iſt in den Fahneneid mitaufzunehmen (Reichsverfaſſung, Art. 64). Der K. hat ferner das Recht und die Pflicht, dafür Sorge zu tragen, daß innerhalb des deutſchen Heers alle Truppenteile vollzählig und kriegstüchtig vorhanden ſind, und daß Einheit in der Organiſation und Formation, in Bewaffnung und Kommando, in der Ausbildung der Mannſchaften ſowie in der Qualifikation der Offiziere hergeſtellt und erhalten wird. Zu dieſem Behuf iſt der K. berechtigt, ſich jederzeit durch Inſpektionen von der Verfaſſung der einzelnen Kontingente zu überzeugen und die Abſtellung der dabei vorgefundenen Mängel anzuordnen. Der K. beſtimmt den Präſenzſtand, die Gliederung und Einteilung der Kontingente des Reichsheers ſowie die Organiſation der Landwehr; er hat das Recht, innerhalb des Reichsgebiets die Garniſonen zu beſtimmen ſowie die kriegsbereite Aufſtellung eines jeden Teils des Reichsheers anzuordnen (Reichsverfaſſung, Art. 63). Die Anordnung der Kriegsbereitſchaft des bayriſchen Kontingents erfolgt auf Veranlaſſung des Kaiſers durch den König von Bayern. Der K. ernennt ferner, abgeſehen von Bayern, den Höchſtkommandierenden eines jeden Kontingents ſowie alle Offiziere, welche Truppen mehr als eines Kontingents befehligen, und alle Feſtungskommandanten. Die Ernennung von Generalen und Generalſtellungen verſehenden Offizieren innerhalb eines Kontingents iſt von der jedesmaligen Zuſtimmung des Kaiſers abhängig zu machen (Reichsverfaſſung, Art. 64). Im einzelnen ſind hier die Militärkonventionen (ſ. d.), namentlich die Militärkonvention mit Württemberg vom 21/25. Nov. 1870, maßgebend, wonach der letztgedachte Staat einige Vorrechte eingeräumt erhalten hat. Dem K. ſteht ferner die Anlegung von Feſtungen innerhalb des Reichsgebiets zu (Reichsverfaſſung, Art. 65); für Bayern iſt aber in ſolchen Fällen eine beſondere Vereinbarung erforderlich. Endlich iſt hier noch hervorzuheben, daß die Kriegsmarine des Reichs eine einheitliche iſt, welche unter dem Oberbefehl des Kaiſers ſteht (Reichsverfaſſung, Art. 53). Dem K. gebührt auch die Vollstreckung einer etwaigen Bundesexekution, welche vom Bundesrat beschlossen wird, um Bundesmitglieder zur Erfüllung ihrer verfassungsmäßigen Bundespflichten anzuhalten (Reichsverfassung, Art. 19).

Was schließlich die besondern Ehrenrechte des Kaisers anbetrifft, so ist außer dem Kaisertitel das Recht zur Führung des kaiserlichen Wappens und der kaiserlichen Standarte hervorzuheben. Nach einem kaiserlichen Erlaß vom 3. Aug. 1871 (Reichsgesetzblatt, S. 318) und einer Berichtigung im Reichsgesetzblatt (1871, S. 458) besteht das Wappen in dem schwarzen, einköpfigen, rechts sehenden Adler mit rotem Schnabel, Zunge und Klauen, ohne Zepter und Reichsapfel, auf dem Brustschild den mit dem Hohenzollernschild belegten preußischen Adler, über demselben die Krone in der Form der Krone Karls d. Gr., jedoch mit zwei sich kreuzenden Bügeln. Die kaiserliche Standarte enthält auf gelbem Grunde das Eiserne Kreuz, belegt mit dem kaiserlichen, von der Kette des Schwarzen Adlerordens umgebenen Wappen im gelben Feld, und in den vier Eckfeldern des Fahnentuchs abwechselnd den kaiserlichen Adler und die kaiserliche Krone. Besondere Orden werden vom K. nicht verliehen; dies Recht steht ihm, ebenso wie das Recht der Standeserhöhung, als König von Preußen zu. Auch bezieht der K. als solcher vom Reich keinerlei Einkünfte. Mord und Mordversuch, welche an dem K. verübt werden, sollen als Hochverrat mit dem Tod, Beleidigungen, die gegen ihn zu schulden gebracht werden, ebenso bestraft werden, als wären si dem eignen Landesherrn gegenüber begangen (vgl. Reichsstrafgesetzbuch, §§ 80, 94 f.).

Der Kaisertitel wurde nach dem Sturz des oströmischen Kaiserreichs (1453) vom Sultan angenommen; aber erst im Frieden von Passarowitz (1718) erkannte der deutsche K. den gleichen Rang des türkischen Sultans an. Seit 1721 führt der russische Zar den Titel »K. und Selbstherrscher aller Reußen«. Als Nebentitel führt die Königin Victoria von England seit 1876 den Titel »Kaiserin von Indien«

(»Empress of India«). Außer in Österreich und früher in Frankreich kommt der Kaisertitel noch in Birma, Brasilien, China, Fes und Marokko, Japan und Siam vor. Vorübergehend war auch in Meriko und in Haqti ein K. vorhanden. Vgl. außer den Hand= und Lehrbüchern des deutschen Staatsrechts: Ficker, Das deutsche Kaiserreich in seinen universalen und nationalen Beziehungen (1861); Derselbe, Deutsches Königtum und Kaisertum (1862); v. Sybel, Die deutsche Nation und das Kaiserreich (1862); v. Döllinger, Das Kaisertum Karls d. Gr. und seine Nachfolger (1864); Waitz, Deutsche Verfassungsgeschichte, Bd. 5 und 6 (1873 ff.).

Kaiser Wilhelms = Spende, »allgemeine deutsche Stiftung für Altersrenten= und Kapitalversicherung«. Diese Stiftung verdankt ihre Entstehung einer Sammlung, welche aus Veranlassung der glücklichen Errettung des Kaisers Wilhelm aus drohender Lebensgefahr infolge der beiden Attentate vom 11. Mai und vom 2. Juni 1878 im Deutschen Reich veranstaltet ward, »um der Liebe und der Verehrung des Volks für seinen Kaiser einen möglichst allgemeinen Ausdruck zu geben«. Die Sammlung ergab die Summe von 1,740,000 Mk. in 75,576 Gemeinden von 11,523,972 Beisteuernden, deren jeweilige Beiträge den Betrag von einer Mark nicht übersteigen durften. Diese Summe wurde dann dem Kronprinzen des Deutschen Reichs und von Preußen mit der Bitte übergeben, sie zur Verwendung für einen allgemeinen wohlthätigen Zweck zu bestimmen. Der Kronprinz Friedrich Wilhelm traf aber diese Zweckbestimmung dahin, daß die Spende des deutschen Volks die Grundlage einer Altersrenten= und Kapitalversicherung für die gering bemittelten Klassen desselben, und zwar vorzugsweise (aber nicht ausschließlich) für die arbeitende Klasse, bilden solle. Nebenbei hat die Anstalt, für welche die Bezeichnung K. beibehalten wurde, auch den Zweck, genossenschaftliche Altersversorgungsanstalten für einzelne Berufskreise durch Beschaffung der notwendigen statistischen und Rechnungsgrundlagen sowie durch Beirat bei Redaktion der Statuten und bei der

19

sonstigen Einrichtung ihrer Verwaltung zu unterstützen. Protektor der K. ist der Kronprinz des Deutschen Reichs, welcher den Präsidenten des Aufsichtsrats ernennt. Letzterer besteht statutenmäßig aus zehn Mitgliedern, welche von den dazu berufenen deutschen Staatsregierungen ernannt werden. Der Aufsichtsrat wählt die Direktion der Anstalt.

Die K. ist ihrem Wesen nach eine Versicherung »auf den Erlebensfall«, und insofern ist sie von den Lebensversicherungsanstalten verschieden, welche zumeist »für den Todesfall« versichern. Die K. verpflichtet sich gegen eine gewisse Einlage zur Zahlung eines tarifmäßig festgesetzten Kapitals oder zur Zahlung einer Rente für den Fall, daß der Versicherte den Fälligkeitstermin erlebt. Die versicherte Rente oder das Kapital, zwischen welchen der Versicherte der Regel nach die Wahl hat, kann aber nicht vor Beginn des 56. und spätestens bei Beginn des 71. Lebensjahrs gefordert werden. Die Größe der Versorgung, welche ihm alsdann zu teil wird, hängt von dem Betrag der Einlagen ab; sie ist um so größer, je frühzeitiger die Einlagen entrichtet wurden, und je später die Zahlung der Rente oder des Kapitals gefordert wird. Der Betrag einer einzelnen Einlage beträgt nur 5 Mk. Es können aber gleichzeitig auch mehrere Einlagen bewirkt werden. Kein Mitglied ist zu weitern Einlagen oder zu Nachzahlungen verpflichtet. Der Maximalbetrag der versicherten Rente darf aber 1000 Mk. nicht übersteigen, und dem entsprechend bestimmt sich auch das Kapitalmaximum, welches versichert werden kann. Besondere Vorteile erwachsen den Mitgliedern ferner daraus, daß sie ihre Einlagen durch Kündigung zurückziehen können. Auch ist es zulässig, Einlagen, die seit wenigstens fünf Jahren bestehen, bis zu ⁹/₁₀ ihres Betrags zu beleihen. Außerdem gewährt der zulässige Vorbehalt der Rückgewähr noch eine besondere Vergünstigung. Bei jeder Zahlung einer Einlage hat nämlich der Einzahlende zu erklären, ob die Einlage unter Vorbehalt der Rückgewähr gemacht, oder ob keine Rückgewähr verlangt wird. Durch einen sol-

chen Vorbehalt kann der Einzahler den Erben auch für den Fall, daß der Versicherte den Fälligkeitstermin nicht erleben sollte, den Betrag der gemachten Einlagen sichern. Im ersten Fall, nämlich wenn die Rückgewähr nicht vorbehalten wurde, wird bei dem Tode des Mitglieds vor dem Fälligkeitstermin an die Erben nichts herausgezahlt. Dafür wird aber für das Mitglied eine höhere Rente oder ein größeres Kapital versichert als bei dem Vorbehalt der Rückgewähr. Dieser Vorbehalt kann aber wiederum in doppelter Weise gemacht werden: als ein sogen. »kurzer« oder als »dauernder« Vorbehalt. Im ersten Fall wird der Einlagebetrag ohne Zinsen an die Erben bezahlt, wenn das Mitglied vor Fälligkeit der ersten Rente oder des Kapitals stirbt, während beim dauernden Vorbehalt der Rückgewähr der Einlagebetrag den Erben unter allen Umständen herausgegeben wird, selbst wenn das verstorbene Mitglied eine Zeitlang Renten erhalten hat. Natürlich ist aber die Rente eine höhere, wenn jemand eine Einlage mit kurzem, als wenn er sie mit dauerndem Vorbehalt macht. Für die Solidität der Anstalt bürgt das bedeutende Garantiekapital, welches Mitte 1880 sich bereits auf 1,846,000 Mk. belief. Aus diesem Kapital werden auch die Verwaltungskosten bestritten, während bei andern Anstalten alle Kosten durch die Prämien der Versicherten gedeckt werden müssen. Soweit aber die Überschüsse nicht zur Verstärkung des Garantiefonds bestimmt werden, sollen sie zur Gewährung von Dividenden für die Versicherten verwendet werden. Nach den Statuten können aber aus jenen Überschüssen auch Versicherte unterstützt werden, welche vorzeitig invalid werden und ihren Unterhalt hauptsächlich durch Arbeit erworben haben. Vgl. Stämmler, Die Kaiser Wilhelms-Spende (1880).

Kameralwissenschaften, s. Kammer.

Kammer, Bezeichnung der Volksvertretung (s. d.), daher man von Ein- und Zweikammersystem spricht, je nachdem der Landtag einheitlich organisiert oder aus einer Ersten und Zweiten Kammer zusammengesetzt ist. In frühern Zeiten bezeichnete man mit K. auch vielfach eine Finanzbehörde des Staats, aus welcher sich das Finanzministerium entwickelt hat, daher man mit Kameralwissenschaften (Cameralia) den Inbegriff der für den Finanz= und Verwaltungsbeamten (Kameralist) erforderlichen Kenntnisse bezeichnete (s. Staatswissenschaften). Noch jetzt ist K. die Bezeichnung von Behörden, die zur Verwaltung fürstlicher Güter (Kammergüter) bestimmt sind (Hof=, Rentkammer).

Kämmerei, Verwaltung der Einkünfte einer Stadtgemeinde durch städtische Beamte (Stadtkämmerer, Ratskämmerer) unter Aufsicht des Stadtrats und Oberaufsicht der Staatsregierung. Die Vorschriften für die Kämmereiverwaltung sind gewöhnlich in der Städteordnung enthalten. Die Kämmereikasse erhält ihre Zuschüsse aus dem Ertrag der Kämmereigüter, d. h. städtischen Grundstücke, sodann aus den sogen. Kämmereigefällen, wozu die Strafgelder, Bürgerrechtsgelder, die städtischen Erbschaftssteuern und die eigentlichen städtischen Umlagen zu rechnen sind.

Kammer für Handelssachen, s. Handelsgerichte.

Kammergut, s. Domäne.

Kammerherr und **Kammerjunker,** zwei Hofchargen, welche den Ehrendienst bei fürstlichen Personen zu versehen haben (vgl. Hof).

Kandidāt (lat.), der Bewerber um ein Amt oder der für ein solches in Aussicht Genommene (von candidus, »weiß«, nämlich von den weißen Toga, welche in Rom derjenige zu tragen pflegte, der sich um ein öffentliches Amt bewarb); daher Kandidatur, die Bewerbung um ein Amt; kandidieren, sich um ein Amt, namentlich um die Wahl in eine Volksvertretung oder eine sonstige Körperschaft, bewerben. In der protestantischen Kirche der Theolog, welcher nach bestandener Prüfung die Anwartschaft auf ein Predigeramt hat; doch spricht man auch in andern Zweigen der Wissenschaft von Kandidaten (Schulamts=, Forst=, Rechtskandidaten ꝛc.) als von denen, welche das Studium absolviert und nunmehr zu dem bestimmten praktischen Lebensberuf überzugehen haben.

Kanóniker (Canonici), Chorherren, Dom=, Stiftsherren. Kanonissin, Besitzerin einer Präbende an einer Stiftskirche; Stiftsdame.

Kanonisches Recht (lat. Jus canonicum), das auf kirchlicher Autorität, namentlich auf Beschlüssen der Konzilien und päpstlichen Dekretalen, beruhende Recht, welches im Mittelalter als geltendes Recht und zwar in derjenigen Form, in welcher es sich im Corpus juris canonici darstellt, recipiert worden ist. Dasselbe enthält nicht bloß Satzungen des Kirchenrechts (s. b.), sondern auch zivil= und strafrechtliche sowie prozessualische Normen. Vgl. v. Schulte, Geschichte der Quellen und der Litteratur des kanonischen Rechts (1875—80, 3 Bde.).

Kanonist, Lehrer oder Kenner des kanonischen Rechts.

Kanossa, altes Schloß (jetzt Ruine), südwestlich von Reggio gelegen, Schauplatz der schmachvollen Demütigung und Unterwerfung des deutschen Kaisers Heinrich IV. gegenüber dem Papst Gregor VII. Neuerdings wird das Wort vielfach gebraucht, um die päpstliche Anmaßung gegenüber der staatlichen Autorität zu charakterisieren, namentlich seit Bismarcks geflügeltem Wort: »Nach K. gehen wir nicht«.

Kanton (franz. Canton, spr. .tong), Verwaltungsbezirk; in Frankreich Unterabteilung eines Arrondissements (s. b.), welche den Bezirk eines Friedensrichters bildet. Jeder K. entsendet hier ein Mitglied zu dem Generalrat, der kommunalen Vertretung des Departements, und ein solches zum Arrondissementsrat, der kommunalen Vertretung des Arrondissements. In der Schweiz (s. b.) Bezeichnung der Einzelrepubliken, welche den Schweizer Bundesstaat bilden.

Kanzelmißbrauch, das Vergehen, dessen sich ein Geistlicher oder sonstiger Religionsdiener schuldig macht, wenn er in Ausübung oder in Veranlassung der Ausübung seines Berufs öffentlich vor einer Menschenmenge oder in einer Kirche oder an einem andern zu religiösen Versammlungen bestimmten Ort vor einer Mehrheit von Personen Angelegenheiten des Staats in einer den öffentlichen Frieden gefährdenden Weise zum Gegenstand einer

19*

Verkündigung oder Erörterung macht. Ein hierauf bezügliches Strafverbot erschien in dem sogen. Kulturkampf, welcher sich dermalen in Deutschland zwischen Staat und Kirche abspielt, als erforderlich, und ein deutsches Reichsgesetz vom 10. Dez. 1871 (Reichsgesetzblatt 1871, S. 442) brachte einen Nachtrag zu dem deutschen Strafgesetzbuch als § 130a desselben (sogen. Kanzelparagraph), welcher den K. mit Gefängnis- oder Festungshaft bis zu 2 Jahren bedroht. Gleiche Strafe trifft nach der Novelle zum Strafgesetzbuch (Gesetz vom 26. Febr. 1876) denjenigen Geistlichen oder andern Religionsdiener, welcher in Ausübung oder in Veranlassung der Ausübung seines Berufs Schriftstücke ausgibt oder verbreitet, in welchen Angelegenheiten des Staats in einer den öffentlichen Frieden gefährdenden Weise zum Gegenstand einer Verkündigung oder Erörterung gemacht sind.

Kanzlei (lat. Cancellaria, franz. Chancellerie, engl. Chancery), ursprünglich der mit Schranken (cancellis) umgebene Ort, wo die öffentlichen Urkunden, die landesherrlichen Reskripte, die Gerichtsurteile ꝛc. ausgefertigt wurden; der erste Beamte hieß gewöhnlich Kanzler (s. b.). Später wurden die höhern Gerichte Kanzleien genannt, z. B. Justizkanzlei; ihre Vorsteher hießen Kanzleidirektoren, Kanzleipräsidenten. Gewöhnlich aber wird jetzt unter K. nur das Schreiberpersonal (Kanzlisten) der Behörden verstanden.

Kanzler (lat. Cancellarius, franz. Chancelier, engl. Chancellor), derjenige Beamte, welcher die Ausfertigung der Staatsurkunden zu besorgen hat. Die Kanzlerwürde war anfänglich eine der höchsten in den europäischen Reichen und wurde regelmäßig mit Geistlichen besetzt, da diese fast allein im Besitz litterarischer Kenntnisse waren. In Deutschland führte der Erzbischof und Kurfürst von Mainz den Titel Erzkanzler des heiligen Deutschen Reichs. Der von ihm ernannte Vizekanzler war der eigentliche Reichsminister und mußte stets um den Kaiser sein. Auch die Kaiserin hatte ihren Erzkanzler, den Abt zu Fulda. In Frankreich

wurde der K. aus dem Stande der Rechtsgelehrten genommen; er war der oberste Staatsbeamte, der eigentliche Justizminister und wurde lebenslänglich ernannt. In England ist der Großkanzler (Lord High Chancellor) der erste Staatsbeamte, Präsident des Oberhauses, Chef der Reichskanzlei, Justizminister und Vorsitzender des in dem obersten Gerichtshof bestehenden Appellationsgerichts (Court of appeal). Außerdem hat man in England noch einen K. des Herzogtums Lancaster und einen K. des Lehnshofs und der Finanzkammer (Chancellor of the exchequer); letzterer ist der Finanzminister von England. Irland hat wieder seinen besondern Reichskanzler. In Deutschland wurden seit dem 15. Jahrh. auch die Präsidenten der obersten Gerichtshöfe K. genannt. In Preußen errichtete König Friedrich II. 1747 die Würde eines Großkanzlers, der an der Spitze der Justiz stand. Der erste Träger dieser Würde war der um das preußische Justizwesen sehr verdiente Samuel v. Cocceji; später wurde der Fürst von Hardenberg zum Staatskanzler ernannt, nach dessen Tod aber diese Stelle nicht wieder besetzt. Nach der Verfassung des nunmehrigen Deutschen Reichs steht an der Spitze der Reichsverwaltung der Reichskanzler (s. b.), welcher zugleich den Vorsitz im Bundesrat führt und vom Kaiser ernannt wird. In der Schweiz führt der Vorstand der Bundeskanzlei (s. b.) den Titel K.

Kaperei, Seekriegführung durch Fahrzeuge, welche Privatpersonen angehörig sind. Derartige Schiffe (Kaper [nach einigen vom lat. capere, »nehmen«, nach andern von Kiompur oder Kappar, wie die »Seekönige« der Normannen hießen, die auf deren Raubzügen befehligten], Armateurs, Privateers) können nämlich von einer kriegführenden Macht durch schriftliche Vollmacht (Kaperbrief, Markebrief) zur Wegnahme und Zerstörung feindlichen Eigentums zur See ermächtigt werden. Unter dieser Voraussetzung wird die K., wenn dabei die völkerrechtlichen Grundsätze des Kriegsgebrauchs überhaupt gewahrt werden, nicht als Seeräuberei behandelt; dieselbe war vielmehr in den frühern Kriegen der Seemächte regelmäßiger Brauch und hat namentlich in den Befreiungskämpfen der Niederländer gegen Spanien eine große Rolle gespielt. Oftmals wurde übrigens das gekaperte Schiff auch gegen Lösegeld (Prisengeld) »losgelassen«, welch letzteres durch einen Schein (Billet de rançon, Ransombill, Ranzionierungsbillet) sichergestellt, wogegen dem ranzionierten Schiff die unbehinderte Fortsetzung der Reise bis zum Bestimmungshafen andern Kapern derselben Macht gegenüber garantiert wurde. Im Pariser Frieden von 1856 wurde die Abschaffung der K. beschlossen, eine Vereinbarung, welcher fast alle Kulturstaaten, mit Ausnahme der nordamerikanischen Union, beigetreten sind. Großer Schaden wurde aber gerade der letztern in dem Sezessionskrieg durch die K. der Südstaaten zugefügt, zumal da in dieser Beziehung die Neutralität der englischen Staatsregierung keineswegs gewahrt wurde, was bekanntlich Anlaß zur Entstehung der schließlich zu Gunsten der Union entschiedenen Alabamafrage (s. b.) gab. Vgl. Kaltenborn, Seerecht, Bd. 2, § 217 (1851).

Kapital (lat.), zinstragend angelegte Geldsumme oder überhaupt Geldsumme; daher Kapitalist, derjenige, dessen Einkommen ganz oder doch vorwiegend aus dem Ertrag der ihm zugehörigen Geldsummen besteht. In der Volkswirtschaft versteht man unter K. denjenigen Teil des Volksvermögens, der für die Produktion bestimmt ist, oder mit andern Worten den Inbegriff von Gütern, mit welchen neue Güter erworben werden. Doch ist der Begriff des Kapitals ein sehr bestrittener. Jedenfalls ist aber daran festzuhalten, daß außer dem Geld, als dem eigentlichen Tauschmittel, auch z. B. die beim Gewerbebetrieb zu verarbeitenden Rohstoffe, ferner die bei der Produktion gebrauchten Hilfsstoffe, wie Maschinen, Werkzeuge, Gebäude, Werkstätten u. dgl., zum K. gehören. Die Sozialdemokratie betrachtet das K. als eine dem Arbeiterstand feindliche Macht; sie will die kapitalistische Produktionsweise und das gegenwärtige System der Lohnarbeit beseitigt wissen und dem Arbeiter das Resultat seiner Arbeit unmittelbar zu gute kommen lassen. Betriebs- oder umlaufendes K. ist ein solches, das zum Zweck fortdauernder Gütererwerbung in steter Umwandlung und Erneuerung begriffen ist, im Gegensatz zum Anlage- oder stehenden K., welches als die Grundlage der Produktion dient. Grundkapital (Gründungskapital), das zur Errichtung und zum Betrieb eines Geschäfts erforderliche K., welches teils als Anlage-, teils als Betriebskapital zur Verwendung kommt. Kapitalgewinn (Kapitalrente), der Abwurf eines werbend angelegten Kapitals. Besteht derselbe in einem bestimmten Zinsbetrag, so spricht man von Kapitalzins. Kapitalisieren, periodisch fällige Leistungen in ein entsprechendes K. umwandeln. Näheres über Begriff und Wesen des Kapitals s. in den Lehrbüchern der Volkswirtschaft. Unter den sozialistisch-kommunistischen Schriften über diesen Gegenstand nimmt das Werk von Marx (»Das K.«, 2. Aufl. 1873) die erste Stelle ein.

Kapitän (franz.), Hauptmann; Befehlshaber eines Schiffs. In der Kriegsmarine hat der K. zur See Obersten-, der Korvettenkapitän Oberstleutnants- und der Kapitänleutnant Hauptmannsrang. Capitaine d'armes (Rüstmeister) wird der Verwalter der Montierungsstücke einer Kompanie genannt. In Spanien ist der Titel eines Generalkapitäns für den Militärgouverneur einer Provinz gebräuchlich.

Kapitulieren (franz.), sich ergeben (von Festungen zc.); auch von Soldaten gesagt, welche nach abgelaufener Dienstzeit weiter dienen (Kapitulanten); Kapitulation, Übergabe eines festen Platzes, Erklärung einer Armee, daß sie die Waffen strecke. Will der Kommandant einer Festung wegen Übergabe derselben unterhandeln, so wird dies regelmäßig durch das Aufziehen der weißen Fahne zu erkennen gegeben. Wahlkapitulation hieß im frühern Deutschen Reich die Vereinbarung, welche der neu zu wählende Kaiser vor der Wahl mit den Kurfürsten eingehen mußte, und in der die Grundsätze formuliert wurden, nach denen der

Kaiser später die Regierungsrechte aus=
üben sollte.

Kaptivieren (lat.), wegnehmen, auf=
bringen; Kaptur, Gefangennahme, Weg=
nahme, insbesondere die eines feindlichen
Schiffs; Kaptor, der Schiffer oder der
Befehlshaber eines Schiffs, dem eine der=
artige Wegnahme gelingt; auch Bezeich=
nung für dies Schiff selbst (vgl. Prise).

Kardinal (lat.), Titel derjenigen hohen
Geistlichen der römisch-katholischen Kirche,
welche die nächsten Gehilfen und Ratge=
ber des Papstes (s. b.) sind. Die Kardi=
näle bilden mit dem letztern das heilige
Kollegium und zerfallen in sechs Kardi=
nalbischöfe (von Ostia, Porto, Sabina,
Palestrina, Frascati und Albano), 50
(dermalen 48) Kardinalpriester und
14 (dermalen 11) Kardinaldiakonen.
Sie stehen dem Papst, welcher sie ernennt,
in wichtigen Angelegenheiten beratend zur
Seite, und er erwählt aus ihnen seine
höchsten Gehilfen und Würdenträger.
Das Kardinalkollegium wählt in
dem sogen. Konklave den neuen Papst
aus seiner Mitte. Ihre Versammlung
unter dem Vorsitz des Papstes heißt Kon=
sistorium; ihre Ausschüsse werden Kon=
gregationen genannt, so z. B. die Kon=
gregation für den Index (s. b.), für die
Propaganda (Verbreitung des römisch-
katholischen Glaubens), für die Disziplin
der geistlichen Orden, für Ablässe und
Reliquien, für die Verwaltung der Peters=
kirche 2c. Zur Zeit bestehen 19 solche Kon=
gregationen. Die Kleidung der Kardinäle
ist der Chorrock mit dem kurzen Purpur=
mantel und ein roter (in der Advents=
und Fastenzeit violetter) Hut mit zwei
seidenen herabhängenden Schnüren mit
Quasten. Der Ehrentitel des Kardinals
ist »Eminenz«.

Karitativsubsidien (lat.), s. Reichs=
ritterschaft.

Kartell (franz.), Übereinkunft, nament=
lich zwischen zwei Staaten, z. B. wegen
Auslieferung von Verbrechern, Erhebung
von Eingangszöllen (Zollkartell);
Kartellschiff, s. v. w. Parlamentär=
schiff. Auch bezeichnet K. die Vereinba=
rung eines Zweikampfs, daher Kartell=
träger, derjenige, welcher den Auftrag

zu einer Herausforderung zum Zweikampf
(s. b.) übernimmt und ausrichtet.

Kassate (Kossäte), s. Kate.
Kassationshof, s. Kassieren.
Kassenanweisung, s. Papiergeld.
Kassenfreiheit} s. Hilfskassen.
Kassenzwang
Kassieren (lat.), vernichten, aufheben,
für ungültig erklären; Kassation, Ver=
nichtung, z. B. das Ungültigmachen einer
Urkunde durch Zerreißen oder Zerschnei=
den; Absetzung eines Beamten oder eines
Offiziers; Aufhebung eines gerichtlichen
Urteils, welches gegen Gesetzesvorschriften
verstößt. In diesem Sinn bezeichnet man
ein Obergericht, welches über Nichtigkeits=
beschwerden zu entscheiden hat, als Kas=
sationshof. Für die französische Re=
publik besteht ein gemeinsamer Kassa=
tionshof (Cour de cassation) in Paris,
während für das Deutsche Reich das
Reichsgericht in Leipzig die Kassationsin=
stanz bildet (s. Revision).

Kate (Kote, Kotte, »Hütte«), Be=
zeichnung eines einzelnen Bauernhauses
im Gegensatz zu einem geschlossenen
Bauerngut. Die Eigentümer einer K.,
welche Kot= oder Hintersassen, Kos=
säten, Halbspänner, Halbbauern,
Hintersiedler, Kleinhäusler ge=
nannt werden, gehören in manchen Ge=
meinden nicht zu den vollberechtigten Ge=
meindemitgliedern, indem sie keinen An=
teil an der sogen. Allmande (s. b.) ha=
ben. Dieselben waren früher regelmäßig
leibeigne (»eigne«) Leute, daher auch die
Bezeichnung »Eigenkätner«.

Katheersozialisten, Spottname für
eine Anzahl Professoren der Staatswis=
senschaften und Volkswirtschaft (Schön=
berg, A. Wagner, Brentano, Held, Schmol=
ler u. a.), welche sich 1872 gegen die herr=
schende Freihandelsschule (Manchestertum)
in Deutschland erhoben und für die Hebe=
ung des Arbeiterstands und die Ände=
rung der Wirtschaftsordnung das Ein=
greifen des Staats verlangten. Die Gruppe
organisierte sich als »Verein für Sozial=
politik« auf mehreren Versammlungen
in Eisenach, auf denen die Grundsätze
und Forderungen im einzelnen präzi=
siert wurden. Vgl. Oppenheim, Der

Katheberſozialismus (1872); v. Scheel, Die ſoziale Frage (1873).

Katholiſche Kirche, eigentlich die all= gemeine Kirche; ſobann gemeinſchaftliche Bezeichnung der griechiſch=katholi= ſchen Kirche (ſ. b.) und der römiſch= katholiſchen Kirche (ſ. b.); auch Be= zeichnung für die letztere allein im Gegen= ſatz zur proteſtantiſchen Kirche.

Kavallerie (franz. Cavalerie, v. lat. caballus, »Pferd«), Reiterei, Truppen= gattung, welche zu Pferd kämpft; zerfällt in ſchwere (Ulanen, Küraſſiere) und leichte K. (Huſaren, Dragoner, Chevau= legers, reitende Jäger). Die deutſche K. beſteht aus Dragonern (Chevau=legers), Huſaren, Küraſſieren und Ulanen; die franzöſiſche K. hat keine Ulanen, dafür aber Chasseurs à cheval, die öſterreichi= ſche keine Küraſſiere, die ruſſiſche vorwie= gend Ulanen (Koſaken) und Dragoner.

Keſſelſteuer, ſ. Brauſteuer.

Kilogramm, ſ. Gramm.

Kilometer, ſ. Meter.

Kindesmord (Kindestötung, lat. Infanticidium), die vorſätzliche Tötung eines unehelichen Kindes durch deſſen Mutter in oder gleich nach der Geburt. Während die frühere Geſetzgebung und namentlich die peinliche Gerichtsordnung Karls V. (die ſogen. Carolina) den K. als Verwandtenmord beſonders ſtreng be= ſtrafte, zogen die gemeinrechtliche Praxis und die moderne Geſetzgebung die beſon= bern Thatumſtände dieſes Verbrechens in milbernde Berückſichtigung, namentlich die phyſiſche und pſychiſche Aufregung der Mutter zur Zeit der That, die Furcht vor Entdeckung ihres Fehltritts und vor einer traurigen Zukunft und das noch unent= wickelte Bewußtſein des Neugebornen, den die Mutter noch mehr als einen Teil ihrer eignen phyſiſchen Exiſtenz denn als ſelb= ſtändige Perſönlichkeit zu betrachten ge= neigt iſt. Nach dem deutſchen Reichsſtraf= geſetzbuch insbeſondere iſt der Thatbeſtand der Kindestötung folgender: 1) Objekt des Verbrechens iſt ein uneheliches Kind, ſei es auch von einer Ehefrau, jedoch im Ehebruch, empfangen und geboren. Das= ſelbe muß aber gelebt haben, gleichviel ob es zum Fortleben geeignet war. Ob dies

der Fall geweſen, muß nötigenfalls durch Sachverſtändige, namentlich durch An= wendung der ſogen. Lungenprobe (ſ. b.), feſtgeſtellt werden. 2) Subjekt der That kann nur die außereheliche Mutter ſelbſt ſein, indem bei andern Thätern, Anſtif= tern oder Gehilfen jene oben hervorge= hobenen milbernden Umſtände nicht in Anbetracht kommen und für dieſe lebiglich die Strafbeſtimmungen über Mord und Totſchlag maßgebend ſein können. 3) Die Handlung ſelbſt muß vorſätzlich geſchehen; bei fahrläſſiger Kindestötung ſind die Grundſätze über fahrläſſige Tötung über= haupt entſcheidend; ſie muß auch in oder gleich nach der Geburt geſchehen. Die Strafe der Kindestötung iſt eine gerin= gere als die des Mordes und des Tot= ſchlags, nämlich Zuchthausſtrafe von 3— 15 Jahren und, wenn milbernde Um= ſtände vorhanden, Gefängnis von 2—5 Jahren. Auch der Verſuch wird beſtraft. Vgl. Deutſches Strafgeſetzbuch, §§ 217, 43 ff.

Kindesunterſchiebung, ſ. Unter= ſchiebung eines Kindes.

Kirche (v. griech. kyriakon, »Herren= haus«, lat. Ecclesia), zunächſt ein der chriſtlichen Gottesverehrung geweihtes Ge= bäude; bann religiöſe Genoſſenſchaft, na= mentlich im Gegenſatz zu den ſogen. Sek= ten Bezeichnung für die großen chriſtlichen Religionsgenoſſenſchaften (römiſch=katho= liſche, griechiſch=katholiſche, lutheriſche und reformierte K.). Die Organiſation der kirchlichen Gemeinſchaft (Kirchenver= faſſung) geſtaltete ſich in der römiſch= katholiſchen K. (ſ. b.) zu einem hierarchi= ſchen Syſtem mit dem unfehlbaren Papſt an der Spitze, während in der griechiſch= katholiſchen K. (ſ. b.) mehrere gleichbe= rechtigte und nicht unumſchränkte Patriar= chen an der Spitze der Kirchengemein= ſchaft ſtehen. Die proteſtantiſche K. ſieht den Landesherrn zugleich als das geiſtliche Oberhaupt an (Summus episcopus), wel= cher zur Leitung der kirchlichen Angelegen= heiten ein Konſiſtorium zur Seite hat oder, wie in der reformierten K. und nach der teilweiſe auch für die proteſtantiſche K. adoptierten Synodal= und Presbyterial= verfaſſung (ſ. b.), zwar auch an der

Spitze der K. steht, der letztern aber ein gewisses Selbstverwaltungsrecht gestattet und die Kirchengemeinde als die Grundlage des kirchlichen Gesamtorganismus zur Geltung kommen läßt. Der Inbegriff der Rechte der Kirchengemeinschaft über die Angehörigen der K. wird Kirchengewalt (Jus in sacra) genannt. Früher, namentlich in der katholischen K., über die religiöse Sphäre hinaus auch auf Gebiete des bürgerlichen Lebens ausgedehnt, erhielt sich eine solche Einwirkung der K. bis in die neueste Zeit besonders in der kirchlichen Form der Eheschließung, von welcher auch die bürgerliche Gültigkeit der Ehe abhing, ferner in der geistlichen Gerichtsbarkeit in Ehesachen und endlich in der Teilnahme der K. an der Verwaltung und Beaufsichtigung des Schulwesens, insbesondere des Volksschulwesens. Für das Deutsche Reich ist aber in Ansehung der Eheschließung und der Gerichtsbarkeit in Ehesachen durch das Reichsgesetz vom 6. Febr. 1875 über die Beurkundung des Personenstands und die Eheschließung sowie durch das deutsche Gerichtsverfassungsgesetz Abhilfe geschafft worden, während die Schulaufsicht in den meisten Staaten durch besondere Gesetze, in Preußen z. B. durch Gesetz vom 11. März 1872, der K. entzogen worden ist. Freilich ist der in Deutschland zwischen Staat und K. über die Begrenzung der Kirchengewalt ausgebrochene Streit noch nicht zum definitiven Austrag gebracht worden (s. Kirchenpolitik). Der Inbegriff von Rechten, welche dem Staate den Religionsgenossenschaften und insbesondere den christlichen Kirchen gegenüber zustehen, wird Kirchenhoheit (Jus circa sacra) genannt. Dieselbe charakterisiert sich vorzugsweise als ein staatliches Oberaufsichtsrecht, welches, abgesehen von der Beaufsichtigung gewisser kirchlicher Anstalten und gewisser kirchlicher Befugnisse, namentlich die Genehmigung kirchlicher Erlasse (sogen. Placet, »es gefällt«), ferner die Mitwirkung bei der Errichtung und Besetzung von Kirchenämtern und endlich die Entscheidung über die Beschwerden wegen Mißbrauchs der geistlichen Gewalt oder Recursus ab abusu (s. d.) in sich begreift.

Dagegen ist das sogen. Jus reformandi (Reformationsrecht), d. h. das Recht, über die Zulassung einer Religionsgemeinschaft im Staatsgebiet zu entscheiden und deren rechtliche Stellung festzusetzen, wesentlich beschränkt worden. Denn fast in allen zivilisierten Staaten ist volle Religionsfreiheit proklamiert und namentlich für das Deutsche Reich durch das Bundes- (Reichs-) Gesetz vom 3. Juli 1869 der Grundsatz sanktioniert worden, daß die Verschiedenheit des Glaubensbekenntnisses in der Ausübung der bürgerlichen und staatsbürgerlichen Rechte keinen Unterschied machen dürfe. Vgl. Zeller, Staat und K. (1873); Geffcken, Staat und K. in ihrem Verhältnis geschichtlich entwickelt (1875); Martens, Die Beziehungen der Überordnung, Nebenordnung und Unterordnung zwischen K. und Staat (1877).

Kirchenälteste, s. Synodalverfassung.

Kirchenbann (Exkommunikation), in der katholischen Kirche die feierliche Ausschließung aus der Kirchengemeinschaft als Strafe für Vergehen gegen die Sittlichkeit, Ketzerei oder feindselige Handlungsweise der Kirche gegenüber. Dabei wird zwischen kleinem K. oder der Exkommunikation, d. h. der Ausschließung von der Teilnahme an den Sakramenten, und dem großen K. (Anathema), der völligen Ausschließung aus der Kirchengemeinschaft mit Fluch und Verwünschung, unterschieden. Einst eine gefährliche Waffe in den Händen der Päpste, ist der K. jetzt so gut wie bedeutungslos.

Kirchengesetze, s. Gesetz.

Kirchenpolitik, Bezeichnung sowohl für die Politik, welche die Kirche im allgemeinen und insbesondere der weltlichen Macht des Staats gegenüber befolgt, als auch für die Politik des letztern der Kirche gegenüber. Kirchenpolitische Gesetze sind diejenigen Rechtsnormen, welche das Verhältnis zwischen Staat und Kirche regeln. Die K. ist in dem letzten Jahrzehnt in Deutschland von ganz besonderer Wichtigkeit geworden, seitdem auf dem vatikanischen Konzil das Dogma von der Unfehlbarkeit (s. b.) des Papstes verkündet und damit der Kampf der päpstlichen

Kurie gegen die staatliche Autorität eröffnet ward, welcher zu dem sogen. Kulturkampf herangeschwollen ist. Im deutschen Reichstag und im preußischen Abgeordnetenhaus werden dabei die Interessen der päpstlichen Kurie durch das Zentrum (s. d.) vertreten. Die staatliche Gesetzgebung, welche wider die hierarchischen Gelüste des Papstes gegenüber einem protestantischen Kaisertum vorging, wurde mit dem sogen. Kanzelparagraphen eröffnet (s. Kanzelmißbrauch). 1872 folgte das Reichsgesetz, betreffend die Ausweisung der Jesuiten (s. d.). In Preußen wurde 1872 das Schulaufsichtsgesetz erlassen und damit der Regierung die Möglichkeit gegeben, berufsmäßige Kreisschulinspektoren an Stelle der geistlichen Aufsichtsbeamten zu setzen. Sodann wurden 1873 die preußischen Maigesetze erlassen, von denen namentlich das Gesetz vom 11. Mai 1873, betreffend die Vorbildung und Anstellung der Geistlichen, hervorzuheben ist. Dies verlangt von jedem Geistlichen eine gewisse Universitätsbildung sowie die Anzeige von der Ernennung eines Geistlichen an den Oberpräsidenten. Dieser kann gegen die Anstellung namentlich dann Einspruch erheben, wenn gegen den Anzustellenden Thatsachen vorliegen, welche die Annahme rechtfertigen, daß derselbe den Staatsgesetzen oder den innerhalb ihrer gesetzlichen Zuständigkeit erlassenen Anordnungen der Obrigkeit entgegenwirken oder den öffentlichen Frieden stören werde. Ein weiteres Gesetz vom 12. Mai 1873 betrifft die kirchliche Disziplinargewalt und setzte einen königlichen Gerichtshof für die kirchlichen Angelegenheiten (in Berlin) ein, durch welchen ungehorsame Bischöfe, welche sich jenen Bestimmungen nicht fügten, abgesetzt wurden. Ein Reichsgesetz vom 4. Mai 1874, betreffend die Verhinderung der unbefugten Ausübung von Kirchenämtern, statuierte den renitenten Geistlichen gegenüber eine gewisse Aufenthaltsbeschränkung, ja sogar die Landesverweisung (s. Ausweisung). Das preußische Gesetz vom 31. Mai 1875 verbot ferner alle Orden und ordensähnlichen Kongregationen, abgesehen von solchen, welche sich der Krankenpflege widmen. Endlich ist auch noch

des preußischen Gesetzes vom 22. April 1875 (sogen. Brotkorbgesetz oder Sperrgesetz) zu gedenken, welches die Innebehaltung von Staatsbezügen renitenten Geistlichen gegenüber verfügte und für die im Interesse solcher Geistlichen zu erhebenden Kirchensteuern die Beitreibung versagte. Auch das Reichsgesetz, welches die Zivilehe (s. Ehe) einführte und die Beurkundung des Personenstands in die Hand weltlicher Behörden legte, ward durch den Kulturkampf veranlaßt. Leider hat dieser Kampf Dimensionen angenommen und die Verhältnisse der katholischen Kirche in Preußen derartig in Destruktion gebracht, daß eine Beendigung des Kulturkampfs in der That als bringend geboten erscheinen muß. Hierzu ist auch wiederholt ein Anlauf genommen worden. Bereits im Sommer 1878 fanden zwischen dem Fürsten Bismarck und dem päpstlichen Nunzius Masella Verhandlungen statt, welche 1879 mit dem Kardinal Jacobini fortgesetzt wurden. Das Zentrum bewilligte 1879 dem Kanzler den neuen Zolltarif, und die Entlassung des Kultusministers Falk war der Preis dafür. Letzterer wurde durch den Minister v. Puttkamer ersetzt, welcher geneigter zu Konzessionen an die Kurie zu sein scheint. Derselbe legte 1880 im preußischen Abgeordnetenhaus ein Gesetz vor, welches jene kirchenpolitischen Gesetze abändern sollte. Die Tendenz des Entwurfs ging zumeist dahin, daß die Anwendung jener Gesetze im wesentlichen von dem jeweiligen Antrag des Oberpräsidenten abhängig sein solle. Besondere Bedenken erregte aber namentlich der Vorschlag, wonach einem Bischof, der durch gerichtliches Urteil aus dem Amt entlassen worden, von dem König die staatliche Anerkennung als Bischof seiner frühern Diözese wiederum hätte erteilt werden können (s. Bischofsparagraph). Der frühere Kultusminister Falk erklärte sich entschieden gegen das Gesetz, welches nur den Widerstand der päpstlichen Hierarchie steigern werde, die sich vor allen Dingen erst den staatlichen Gesetzen wirklich unterwerfen müsse, bevor man an eine Revision der Maigesetze gehen könne. Allerdings wurde nun jener Bischofsparagraph verworfen, das Gesetz auch im übrigen ganz wesentlich abgeschwächt; aber gleichwohl erschien es einem Teil der Liberalen bedenklich, für den Rumpf des Gesetzes zu stimmen. Die Nationalliberalen spalteten sich bei dieser Gelegenheit in zwei Hälften, und dies war die äußere Veranlassung zu dem Ausscheiden verschiedener Mitglieder aus jener Partei (s. Sezession). In der Reichstagssession von 1881 hat das Zentrum eine durchaus zuwartende Stellung eingenommen; es betreibt die Politik der freien Hand, und der Friede auf dem kirchlichen Gebiet würde voraussichtlich nur durch Konzessionen an das Zentrum zu erlangen sein, vielleicht gegen Zugeständnisse des letztern auf dem Gebiet der wirtschaftlichen Politik des Fürsten Bismarck. Vgl. Zeller, Staat und Kirche (1873); Hinschius, Die preußischen Kirchengesetze des Jahrs 1873 (1873); Derselbe, Die Gesetze der Jahre 1874 und 1875 (1875).

Kirchenrat, Behörde für die Verwaltung der kirchlichen Angelegenheiten eines Landes oder eines Bezirks; auch Titel verdienter Geistlichen.

Kirchenrecht (lat. Jus ecclesiasticum), Inbegriff derjenigen Rechtsnormen, welche für die Rechtsverhältnisse der Kirche (s. b.) im ganzen und für diejenigen des Einzelnen als Mitglied derselben maßgebend sind. Dabei wird zwischen dem natürlichen und dem positiven K. unterschieden, indem man unter ersterm das aus dem Begriff und aus dem Wesen der Kirche im allgemeinen sich ergebende, unter letzterm dagegen das in den Gesetzen einer bestimmten Kirche und eines bestimmten Staats enthaltene K. versteht. Ferner ist zwischen allgemeinem und besonderm K. zu unterscheiden, je nachdem dasselbe für die ganze Kirchengemeinschaft und ihre Angehörigen oder nur für einzelne Kirchen oder Kirchengemeinden Geltung hat. Quellen des Kirchenrechts sind, abgesehen von dem Gewohnheitsrecht, die weltlichen und geistlichen Gesetze und Verordnungen, namentlich das kanonische Recht (s. b.). Dazu kommen für das katholische K. die Tradition, die Bestimmungen der Kirchenväter, die Beschlüsse

der Konzilien und der Päpste und die Konkordate (s. b.). Außerdem sind die Kirchenordnungen und die Verfassungsgesetze der einzelnen Staaten von besonderer Wichtigkeit (vgl. Kirchenpolitik). Vgl. die Lehr- und Handbücher des Kirchenrechts von Richter (8. Aufl., herausgeg. von Dove, 1879 f.), Mejer (3. Aufl. 1869), Hinschius (»K. der Katholiken und Protestanten«, 1869 ff.). Walter (14. Aufl., herausgeg. von Gerlach, 1871), Friedberg (1879); Schulte, Lehrbuch des katholischen Kirchenrechts (3 Aufl. 1873); Thudichum, Deutsches K. (1877 f.).

Kirchenstaat, der ehemalige päpstliche Staat in Italien. Derselbe war bis 1860: 41,187 qkm groß und hatte 3⅛ Mill. Einw., wurde 1860 auf Rom und Umgegend (Patrimonium Petri) mit 12,803 qkm und etwa 700,000 Einw. beschränkt und 1870 dem Königreich Italien (s. b.) völlig einverleibt.

Kirchenversammlung, s. Konzil.

Klafter, s. Lachter.

Klage (lat. Actio), das Anrufen des Richters zum Zweck der Geltendmachung eines privatrechtlichen Anspruchs des Klägers gegen den Beklagten; neuerdings und namentlich in der deutschen Strafprozeßordnung auch zur Bezeichnung der strafrechtlichen Anklage gebraucht.

Klarieren (lat.), klären, frei machen; im Seewesen die Schiffsladung verzollen und dadurch das ungehinderte Auslaufen des Schiffs ermöglichen; Klarierungsschein, Quittung über gezahlten Zoll; Klarierer, Schiffsmäkler, der das K. besorgt.

Klassensteuer, s. Steuern.

Klausel (lat. Clausula), Nebenbestimmung, Vorbehalt bei den Rechtsgeschäften. Sich verklausulieren, sein Recht durch eine K. wahren.

Kleindeutsch, s. Großdeutsch.

Kleine Fahrt, s. Schiffer.

Kleingewerbe, s. Handwerker.

Kleinhäusler, s. Hintersasse.

Klerus (griech., »Los«, Eigentum, Erbe), in der katholischen Kirche Bezeichnung des geistlichen Standes, daher Kleriker, ein Angehöriger dieses Standes;

klerikal, die Interessen des K. vertretend, betreffend. Daher wird das Zentrum (s. b.) vielfach als die klerikale Partei bezeichnet und die Vereinigung desselben mit den Konservativen, welche bis jetzt freilich nur in einzelnen Fällen stattgefunden hat, als konservativ-klerikale Koalition.

Kloster (v. lat. claustrum, »abgeschlossener Ort«, griech. Monasterium), die mit einer Kirche (Klosterkirche) verbundene gemeinsame Wohnung der nach gewissen Regeln lebenden Mönche oder Nonnen. Der Zweck dieses Zusammenlebens ist ursprünglich religiöse Beschaulichkeit, wozu jedoch zumeist eine besondere Thätigkeit, wie Seelsorge, Erziehung, Krankenpflege, gekommen ist. Die Klöster bilden gewöhnlich ein Viereck, einen Hof oder Garten umschließend, mit einem Kreuzgang und dem sogen. Refektorium, dem Speise- und Konventsaal, im untern Stock, während sich oben die Zellen der Mönche oder der Nonnen befinden. Der Vorgesetzte eines größern Klosters heißt Abt (Äbtissin), eines kleinern Propst, Prior, Superior, Guardian, Rektor (Pröpstin, Priorin, Domina). Die ordinierten Klostergenossen heißen Patres (Väter), die nicht ordinierten Fratres (dienende Brüder, Laienbrüder, Laienschwestern). Diejenigen, welche sich dem Klosterleben widmen wollen, haben die sogen. Klostergelübbe (Armut, Keuschheit und Gehorsam) abzulegen. Die Klöster stehen entweder unter dem Bischof des betreffenden Sprengels oder als exmierte unmittelbar unter dem Ordensgeneral und unter dem Papst (s. Orden). Vgl. Weber, Die Möncherei (2. Aufl. 1834, 3 Bde.); Fuhr, Geschichte der Mönchsorden (1845); Hinschius, Die Orden der Kongregationen der katholischen Kirche in Preußen (1874).

Klub (engl., spr. klöbb), eigentlich Keule; dann s. v. w. Zeche; Gesellschaft, gesellige Vereinigung, entsprechend unserm deutschen »Verein«, wie denn auch in Deutschland vielfach Vereine den Namen »K.« führen. In England erlangten namentlich die politischen Klubs großen Einfluß, und von hier aus fand die Einrichtung solcher Klubs auch auf dem Kontinent Verbreitung. Die englischen politischen Klubs entsprechen auch zum Teil unsern politischen Fraktionen (s. b.). Vgl. Verein.

Knappschaft, die Gesamtheit der in einem Bergwerk oder in einem Bergrevier beschäftigten Bergleute. Die Knappschaftskassen sind Vereine, welche die Sicherung der Bergleute gegen die Gefahren ihres Berufs bezwecken, indem sie ihnen freie Kur und Arznei, Krankenlohn und Invalidenpension gewähren; auch wird in der Regel ein Beitrag zu den Begräbniskosten gewährt, auch für die Witwen und Waisen verunglückter Bergleute eine Versorgung verwilligt. Die Knappschaftskassen sind Zwangskassen und eine wichtige Art der Hilfskassen (s. b.) überhaupt.

Knjäs (Knjasj, russ.; serb. Knes), ein in wechselnder Bedeutung durch den ganzen slawischen Volksstamm verbreitetes Wort, eigentlich »Herr, Befehlender«. In Rußland bezeichnet K. den hohen Adel, dem deutschen »Fürst« entsprechend. Es gibt drei Klassen von Knjäsen: russische, litauische und Knjäse tatarischer Abstammung. Bei den Serben bedeutet Knes bald »Fürst«, bald »Graf«, weshalb der Rettore von Ragusa zur Zeit der Republik K. genannt wurde und der Fürst von Montenegro noch jetzt diesen Titel führt. Er bezeichnet aber auch häufig den Ortsrichter oder Schulzen einer Dorfgemeinde, so namentlich in Dalmatien und in der ehemaligen Republik Poglizza, deren Regent sich Veliki Knez (»Großgraf«) nannte. In der Walachei hießen im 13. Jahrh. die Lehnsherrschaften Knezate und die Herren derselben Kneze.

Koadjutor (lat., »Gehilfe«), namentlich in der katholischen Kirche der einem Bischof für die Verwaltung gewisser Amtsverrichtungen beigegebene Prälat, zumeist mit dem Anspruch auf Nachfolge im Bistum ernannt.

Koalition (lat.), Verbindung, Verbündung, Verein; daher Koalitionsfreiheit, das Recht der freien Vereinigung (s. Verein). Von besonderer Wichtigkeit ist das letztere für die Vereinigungen der Arbeitgeber einerseits und der Arbeitnehmer anderseits, mit Bezug auf welche Brentano den bekannten Ausspruch gethan hat, daß die Konkurrenz das Prinzip der Starken, die K. dasjenige der Schwachen sei (s. Arbeitseinstellung). Ferner wird der Ausdruck K. namentlich gebraucht, um Verbindungen politischer Parteien zu bezeichnen, daher man z. B. von einem Koalitionsministerium spricht, welches aus Männern von verschiedener Parteirichtung zusammengesetzt ist.

Kodex (lat.), eigentlich Holzklotz, Holztafel, dann s. v. w. Buch (weil ein solches im Altertum aus mit Wachs überzogenen Holztafeln bestand), auch Gesetzbuch, z. B. Codex Theodosianus, Justinianeus 2c.

Kognaten (lat.), s. Agnaten.

Kokarde (franz.), rosettenartige Randschleife, zuerst in Frankreich als Parteiabzeichen, später als Nationalabzeichen am Hut, jetzt nur vom Militär und uniformierten Beamten an der Kopfbedeckung getragen.

Kollaborator (lat., »Mitarbeiter«), Amtsgehilfe; Titel eines niedern Geistlichen oder Schulbeamten, welcher einem höhern beigegeben ist; daher Kollaboratur, die Thätigkeit, das Amt, auch wohl die Wohnung eines solchen; kollaborieren, als K. thätig sein.

Kollateralen (Kollateralverwandte, Seitenverwandte), die Verwandten einer Person, welche von dem Bruder oder von der Schwester derselben herstammen. Kollateralgeld, die Abgabe, welche die Erben eines Seitenverwandten von dem Nachlaß des letztern zur Staats- oder Gemeindekasse zu entrichten haben.

Kollation (lat., »Zusammentragung«), die Verleihung niederer Pfründen durch den Bischof oder in der evangelischen Kirche durch den Landesherrn; auch Bezeichnung für das Einwerfen von Vermögensgegenständen in eine gemeinsame Masse. So haben z. B. die Deszendenten eines Erblassers, welche gemeinsam zur Erbschaft berufen werden, die etwaige Mitgift und Beihilfe, welche sie zur Begründung eines eignen Hausstands erhielten, zur Erbmasse zu »konferieren«. Kollator, derjenige, welchem die Befugnis zur Besetzung einer geistlichen oder einer Schulstelle zusteht. Kollatur, das Recht zu einer solchen Besetzung, auch die Besetzung selbst.

Kollationieren (lat.), vergleichen; die Richtigkeit einer Reinschrift oder Abschrift feststellen.

Kollegialgericht, s. Gericht.

Kollegium (lat.), Gesamtheit mehrerer Personen von gleichem Beruf (Kollegen); daher kollegialisch, s. v. w. amtsbrüderlich, amtsfreundschaftlich. Kollegialsystem, diejenige Organisation der Behörden, vermöge deren zur Beratung und Beschlußfassung über einen Gegenstand eine Mehrheit von Mitgliedern erforderlich ist; in diesem Sinn spricht man z. B. von einem Richterkollegium. Auch die Lehrer einer mehrklassigen Lehranstalt, sofern sie als einheitlicher Körper auftreten, werden als Lehrerkollegium bezeichnet. Das behördliche Kollegialsystem empfiehlt sich besonders der genauern und objektiven Prüfung der Sache wegen für die Organisation der Gerichtsbehörden, daher denn auch neuerdings für die wichtigern Sachen und namentlich für die Entscheidung von Rechtssachen in höherer Instanz Kollegialgerichte (Landgerichte, Oberlandesgerichte, Schwurgerichte, Schöffengerichte, Reichsgericht) eingerichtet sind, im Gegensatz zu den Einzelrichtern (Amtsrichtern). Für die Verwaltungsbehörden empfiehlt sich dagegen der Einheitlichkeit der Exekutive wegen das sogen. büreaukratische System, wenn auch die Verwaltungsrechtsstreitigkeiten stets von Kollegialbehörden entschieden werden sollten (s. Verwaltung). Im evangelischen Kirchenrecht wird unter Kollegialsystem dasjenige System verstanden, wonach die Kirche als eine vom Staat verschiedene, durch Vertrag gebildete, selbständige Vereinigung aufgefaßt wird, welche die Ausübung der ihr ursprünglich selbst zustehenden Gewalt dem Landesherrn übertragen habe. Das System ist jedoch nur wenig zur praktischen Verwirklichung gelangt, vielmehr ist in neuerer Zeit dasjenige der Presbyterial- und Synodalverfassung das herrschende geworden. Auf Universitäten werden die Vorträge der akademischen Lehrer, auch wohl die Räume, wo sie gehalten werden, K. genannt, welcher Name benn auch vielfach auf höhere Lehranstalten selbst (Kollegien, Colléges, Collegia) übergegangen ist. K. der Stadtverordneten, s. Stadtrat.

Kollekte (lat.), Einsammlung freiwilliger Gaben zur Unterstützung Armer oder Verunglückter oder auch zur Unterhaltung öffentlicher Wohlthätigkeitsinstitute. Das Kollektieren ist von der obrigkeitlichen Erlaubnis abhängig. Kollekteur, Sammler, besonders von Teilnehmern an einer Lotterie (s. b.).

Kollektiv (lat.), s. v. w. gemeinschaftlich; daher Kollektivgarantie, die von mehreren Mächten gemeinschaftlich übernommene Garantie für die Neutralität eines Staats, z. B. neuerdings des Großherzogtums Luxemburg; Kollektivgesellschaft, nach französischem Rechte die Vereinigung mehrerer zum Betrieb von Handelsgeschäften unter gemeinsamer Firma; Kollektivnote, die von mehreren Kabinetten gemeinsam oder doch in gleichem Wortlaut an eine andre Staatsregierung erlassene Note; Kollektivvertrag, der von mehreren Staaten untereinander und miteinander vereinbarte völkerrechtliche Vertrag.

Kollision (lat.), das Zusammentreffen entgegengesetzter Dinge in einem Punkte; daher man namentlich von einer K. der Gesetze (der Statuten) spricht, um einen Widerstreit verschiedener gesetzlicher Bestimmungen zu bezeichnen. Infolge des internationalen Verkehrs sind z. B. oftmals von den Gerichten des Inlands Rechtsverhältnisse zu beurteilen, welche im Ausland zur Entstehung gekommen sind. Die Frage nun, welche Rechtsnormen alsbann maßgebend sind, ob die inländischen oder die des fremden Staats, bildet den Gegenstand des internationalen Rechts. Bei dem Mangel eines einheitlichen deutschen Privatrechts war diese Frage namentlich für das deutsche Rechtsleben von großer Bedeutung, und sie ist auch für die Gegenwart, solange dies wichtige Gebiet durch die Reichsgesetzgebung noch nicht in einheitlicher Weise normiert ist, keineswegs gegenstandslos. Zudem tritt ebendieselbe Frage an den Richter auch dann heran, wenn innerhalb eines Staats in Ansehung besselben Gegenstands in den einzelnen Landesteilen wiederum verschiedene Rechtsnormen gelten, wie dies z. B. in Deutschland namentlich auf dem Gebiet des ehelichen Güterrechts der Fall ist. Als Prinzip ist dabei festzuhalten, daß jeder Richter nach dem Recht seines Landes oder seines Bezirks zu entscheiden hat (sogen. Territorialitätsprinzip). Dies gilt ausnahmslos hinsichtlich des Prozeßverfahrens und hinsichtlich derjenigen Bestimmungen, welche dem öffentlichen Recht angehören oder von zwingender absoluter Natur sind. Indessen muß nach dem Grundsatz der territorialen Geltung des Rechts jeder Staat, wie er es selbst voraussetzt und fordert, so auch anerkennen, daß die Personen, welche einem bestimmten Staat angehören, und die Sachen, welche in dem Gebiet desselben liegen, dessen Gesetzen unterworfen sind. Hiernach ist jede Person als solche nach den Gesetzen ihres wesentlichen Wohnorts (Statuta realia) zu beurteilen, also z. B. in Ansehung der Frage, ob sie großjährig sei oder nicht. Die Erbfähigkeit und die Erbfolge richten sich nach dem Rechte des Wohnorts des Erblassers. Körperliche Sachen stehen unter dem Rechte der belegenen Sache (Statuta realia), d. h. sie sind nach diesem Recht zu beurteilen, so z. B. in Ansehung der Frage, ob zum Erwerb eines Grundstücks ein Privatrechtsgeschäft genügt, oder ob gerichtliche Verlautbarung und Eintrag in die öffentlichen Bücher nötig ist. Rechtsgeschäfte werden nach der Regel »Locus regit actum« bezüglich ihrer Form und ihrer Wirkung nach dem Rechte des Orts, wo sie stattfinden, beurteilt. Vgl. Pfeiffer, Die Prinzipien des internationalen Privatrechts (1851); Földir, Traité du droit international privé (4. Aufl. 1866); v. Bar, Das internationale Privat- und Strafrecht (1862).

Kollusion (lat., »das Zusammenspielen«), im allgemeinen jede auf rechtswidrige Täuschung Dritter gerichtete Verabredung; im deutschen Strafprozeß insbesondere eine Verabredung des Angeschuldigten mit Zeugen oder Mitschul-

Kolonien der

	Großbritannien					Türkei					Niederlande			
						Asien		Afrika						
	Asien	Ozeanien	Afrika	Amerika	Total	unmittelbar	Schutzstaaten	unmittelbar	Schutzstaaten	Total	Asien	Ozeanien	Amerika	Total
Areal in Tausenden qkm	2442	7989	1525	9130	21 087	1889	0,55	892	2370	5152	1416	177	120	1713
Bevölkerung in Tausenden . . .	194 361	2651	2927	5198	205 312	17 800	36	1010	19 500	38 046	22 838	200	110	24 949
Einnahmen in Mill. Mk. (1876) . .	1085,9	826,8	70,9	133,5	1617	—	—	—	—	—	244,8	—	2,7	247,5
Ausgaben in Mill. Mark (1876) . .	1136,5	841,7	71,7	172	1722	—	—	—	—	—	244,8	—	3,9	248,7
Schulden in Mill. Mark (1876) . .	2750,8	1221,7	118,9	563,8	4657,2	—	—	—	—	—	—	—	—	—
Eisenbahnen in km (1877)	12 299	4784	750	8564	269	274	—	—	—	274	261	—	—	261

bigen, durch welche die Erforschung der Wahrheit gehindert werden soll. In der deutschen Praxis pflegt man wegen zu besorgender Kollusionen Untersuchungshaft eintreten zu lassen, was dem englischen und französischen Strafprozeß fremd, von der deutschen Strafprozeßordnung (§ 112) aber beibehalten worden ist. Diese gestattet die Untersuchungshaft, wenn gegen den Angeschuldigten dringende Verdachtsgründe vorhanden sind und entweder er der Flucht verdächtig ist oder Thatsachen vorliegen, aus denen zu schließen ist, daß er Spuren der That vernichten, oder daß er Zeugen oder Mitschuldige zu einer falschen Aussage oder Zeugen dazu verleiten werde, sich der Zeugnispflicht zu entziehen.

Kolonie (lat.), Ansiedelung außerhalb des heimatlichen Staatsgebiets; **Kolonisation**, die Anlegung einer solchen; **Kolonist**, Ansiedler, Angehöriger einer K. Die **Kolonialpolitik**, d. h. die Politik, welche das Mutterland den Kolonien gegenüber befolgt, ist namentlich bei größern Staaten mit zahlreichem und großem Kolonialbesitz von der größten Wichtigkeit. Je nach ihrem Charakter und nach ihrem Zweck werden die Kolonien verschieden bezeichnet. So spricht man von Pflan-

zungskolonien, welche von Europäern in tropischen Ländern zum Anbau nutzbarer Pflanzen angelegt werden; von Industriekolonien, für weniger kultivierte Gegenden zur Einbürgerung eines gewissen Industriezweigs bestimmt; Handelskolonien, welche für die Produkte des Mutterlands Absatzgebiete erschließen und Produkte des Kolonialgebiets eintauschen sollen; Fischereikolonien zur Betreibung des Fischfangs; Strafkolonien (Verbrecherkolonien) zur Ansiedelung deportierter Verbrecher in entlegenen Ländern 2c. Vgl. Roscher, Kolonien, Kolonialpolitik und Auswanderung (2. Aufl. 1856); Fabri, Bedarf Deutschland der Kolonien? (2. Aufl. 1880); Hübbe und Schleiden, überseeische Politik (1880).

Eine Übersicht über die Kolonien der europäischen Staaten gibt die vorstehende Tabelle.

Kolumbien (Vereinigte Staaten von Columbia, vormals Neugranada), Föderativrepublik im nordwestlichen Teil von Südamerika. Dieser Gesamtstaat umfaßt neun verbündete Staaten, nämlich Antioquia, Bolivar, Boyáca, Cáuca, Cundinamarca, Magdalena, Pa-

Staaten Europas.

Rußland	Spanien					Frankreich							Portugal			Dänemark	Summa
						Asien		Ozeanien									
Asien	Asien	Ozeanien	Afrika	Amerika	Total	unmittelbar	Schutzstaaten	unmittelbar	Schutzstaaten	Afrika	Amerika	Total	Asien	Afrika	Total	Amerika	
16 341	170	3,4	2,2	128	3043	56,7	83,9	20,96	7,97	321	124	615	18	1806	1824	88	47 132
13 338	6174	36,8	35	2081	8326	1881	890	77,6	20,88	3297	367	6583	766	2559	3326	47	300 172
—	—	—	—	—	—	2,7	—	—	—	20,7	—	—	3,9	5,09	9	0,028	—
—	—	—	—	—	—	—	—	—	—	—	24,8	—	3,5	5,03	8,53	0,028	—
—	—	—	—	—	—	—	—	—	—	—	—	—	—	—	—	—	—
1081	—	—	—	640	640	—	—	—	—	635	—	635	—	—	—	—	29 288

namá, Santander und Tolima; dazu kommen noch sieben Nationalterritorien. Der Flächeninhalt der vereinigten Staaten mit den abhängigen Territorien beträgt 830,700 qkm, wovon ein großer Teil unbewohnt ist. Die Staaten zählen (1877) 2,999,000, die Territorien 53,466 Einw., wozu noch ca. 100,000 unzivilisierte Indianer kommen. Die Bundeshauptstadt ist Bogotá mit 40,883 Einw. Die Staaten von K. standen bis 1810 unter spanischer Herrschaft. Nach erfolgter Unabhängigkeitserklärung kamen verschiedene staatliche Verbindungen zustande, so 1819 mit Venezuela und Quito zur Republik K. Diese beiden Staaten fielen jedoch 1830 wieder ab, und die vereinigt bleibende Staatengruppe nahm den Namen einer Republik von Neugranada an, an deren Stelle 1861 die nunmehrige Föderativrepublik K. trat. Die Verfassungsurkunde der letztern datiert vom 8. Mai 1863. Hiernach besteht die Volksregierung aus drei Gewalten: der vollziehenden, der gesetzgebenden und der richterlichen Gewalt. Die vollziehende Gewalt liegt in der Hand des Präsidenten, welcher jeweilig auf zwei Jahre gewählt wird, und dem die vier Staatssekretäre für Inneres und Äußeres, für Finanzen und öffentliche Arbeiten, für Schatz und Kredit und für Krieg und Marine zur Seite stehen. Die gesetzgebende Gewalt wird von dem Kongreß ausgeübt, welcher aus einer Kammer der Volksrepräsentanten und aus dem Senat besteht. Letzterer setzt sich aus 27 Mitgliedern zusammen, von denen jeder der neun Staaten je drei ernennt. Die Zahl der Volksrepräsentanten ist dermalen 56. Die Rechtspflege gipfelt in einem Bundesgericht zu Bogotá. Die Verfassung der Einzelstaaten ist derjenigen des Gesamtstaats analog. An der Spitze eines jeden Staats steht ein Präsident oder Gouverneur, dem ein Generalsekretär beigegeben ist. Die Amtsdauer desselben ist in Antioquia vier, in den übrigen Staaten zwei Jahre. Das Bundesheer beträgt in Friedenszeiten 3000 Mann; im Kriegsfall haben die einzelnen Staaten ein jeweiliges Kontingent von 1 Proz. der Bevölkerung zu stellen. Die Bundesfinanzen weisen nach dem Budget pro 1878—79 eine Einnahme von 6,059,115 Doll. auf. Die Ausgaben hatten 1877—78: 7,271,933 Doll. betragen. Die Staatsschuld belief sich 1. Febr. 1875 auf 15,999,304 Doll. Die Bevölkerung besteht zum überwiegenden Teil aus Weißen und Mestizen, teils aus Zambos (Mischlingen von Negern und Indianern), teils aus Negern und aus Ladinos (Mischlingen von Weißen und Indianern mit vorwiegend indianischem Blute). Die Religion ist die römisch-katholische, doch werden auch andre Religionsbekenntnisse geduldet. Ein deutscher Ministerresident hat in Bogotá seinen Sitz. Konsulate des Deutschen Reichs befinden sich in Barranquilla, Bogotá, Bucaramanga, Medellin, Panamá, Colon und San José de Cúcuta. Vgl. Schumacher, Geschichte der Verfassung der Vereinigten Staaten von K. (in Sybels »Historischer Zeitschrift« 1875, Heft 2).

Komität (v. lat. comes, Graf), »Grafschaft« oder Gespanschaft (vgl. Span), Name der einzelnen Bezirke in der politischen Einteilung Ungarns. An der Spitze des Komitats steht als oberste Verwaltungsbehörde ein Obergespan, welcher in der Regel von der Regierung ernannt wird; doch ist diese Würde auch zuweilen bei einzelnen großen Geschlechtern erblich, wie z. B. die Stelle des Preßburger Obergespans seit 1599 bei den Grafen Pálffy, und einige dieser Stellen sind gesetzlich mit den höchsten Reichswürden und mit gewissen Bischofsitzen verbunden.

Komitee (franz. Comité; engl. Committee, spr. kommitti), ein im Namen einer größern Vereinigung handelnder und entweder durch deren Wahl zusammenberufener oder freiwillig zusammengetretener Ausschuß. Committee general wird in England das Ober- oder Unterhaus genannt, wenn für die Diskussion über die einzelnen Artikel eines Gesetzentwurfs die Versammlung die gewöhnliche Geschäftsform aufgibt und zu einer freiern Erörterung schreitet.

Kommandant (franz.), Befehlshaber einer Festung oder eines militärischen Platzes, in großen Garnisonen oft Gouverneur genannt, während dann der Titel K. dem zweiten Offizier zufällt. Kommandantur, Amtswohnung, Büreau des Kommandanten.

Kommandieren (franz.), befehlen, befehligen, anführen; Kommando, militärischer Befehl und das Recht, solchen zu erteilen; auch kleinere Truppenabteilung, welche zur Vollziehung eines Auftrags ausgesendet wird (Requisitions-, Streif-, Exekutionskommando 2c.). Kommandeur (spr. -döhr), der Befehlshaber einer Truppenabteilung, daher Divisions-, Regiments-, Bataillonskommandeur 2c. Bei manchen Orden, namentlich bei dem französischen Orden der Ehrenlegion, ist die Würde des Kommandeurs (Kommandeurkreuz) ein höherer Ordensgrad, welcher nach dem Großkreuz kommt.

Kommandite (franz.), Zweigniederlassung einer kaufmännischen Firma; Kommanditgesellschaft, Handelsgesellschaft, bei welcher einige mit ihrem gesamten Vermögen haften (Komplementäre, Kommanditierte), andre bloß mit Geldeinlagen beteiligt sind und nicht über diese hinaus für die Gesellschaftsschulden einstehen (Kommanditisten). Die Vermögenseinlage der letztern (Kommanditengeld) kann in Aktien zerlegt sein (Kommanditaktiengesellschaft). Vgl. Allgemeines deutsches Handelsgesetzbuch, Art. 150 ff., und das deutsche Aktiengesetz vom 11. Juni 1870. Vgl. Endemann, Das Recht der Kommanditgesellschaften auf Aktien (1873).

Kommende (lat.), Bezug und Genuß der Einkünfte eines Kirchenamts ohne dessen wirklichen Besitz, entweder durch einen das Amt interimistisch verwaltenden Geistlichen oder durch einen mit den Einkünften des Amtes belehnten Laien (Kommendatarabt, -Prior 2c.); früher auch das einem Ordensritter (Komtur) zur Verwaltung und Nutznießung zugewiesene Gebiet (Komturei).

Kommentär (lat.), erklärender Bericht über etwas; Auslegung, Erklärung einer Schrift. Kommentarien, s. v. w. Denkwürdigkeiten; Kommentator, Erklärer; kommentieren, erklären, auslegen.

Kommission (lat.), der zur Besorgung eines Geschäfts erteilte Auftrag, auch dies Geschäft selbst; kommittieren, beauftragen, bevollmächtigen; Kommittent, der Auftraggeber; Kommissar, der Beauftragte oder Bevollmächtigte; Kommissoriale (commissorium) Vollmacht; Kommissariat, Bezeichnung für gewisse

Behörden. Der Ausdruck K. kommt im öffentlichen Leben in vielfacher Anwendung vor. So spricht man z. B. von Prüfungs-, Militärersatz-, Untersuchungskommissionen 2c. In den Sitzungen der Volksvertretungen insbesondere nehmen Regierungskommissare an den Verhandlungen teil, um die Ansicht und die Anträge der Staatsregierung zu vertreten; so z. B. im deutschen Reichstag die Kommissare des Bundesrats. Die Kammern selbst wählen aus ihrer Mitte bestimmte Kommissionen oder Ausschüsse (committees), welche gewisse Angelegenheiten in Vorberatung nehmen und dem Plenum darüber Bericht erstatten. Über die Kommissionen des deutschen Reichstags insbesondere s. Reichstag.

Kommunal (lat.), einer Gemeinde (**Kommune**) gehörig oder eine Gemeinde betreffend, daher **Kommunalamt**, **Kommunalbeamte**, s. v. w. Gemeindeamt, Gemeindebeamte; **Kommunallasten**, **Kommunalabgaben**, s. v. w. Gemeindelasten, Gemeindeumlagen; **Kommunalverfassung**, s. v. w. Gemeindeverfassung; **Kommunalverbände**, s. v. w. Gemeindeverbände, und zwar versteht man unter Kommunalverband zunächst eine einzelne Gemeinde, dann aber auch die Vereinigung mehrerer Gemeinden (Kreise, Bezirke, Provinzen) zu kommunalen Zwecken und zu gemeinsamem Wirken da, wo die Kräfte der Einzelgemeinde nicht ausreichen (Kommunalverbände höherer Ordnung). Eine besondere Bedeutung erlangte der Ausdruck **Kommune** (la Commune) in Frankreich, als die Radikalen im März 1871 den Versuch machten, Frankreich in selbständige Kommunen aufzulösen und der Pariser Kommune unter diesen den herrschenden Einfluß, wie zur Zeit der großen französischen Revolution, zu verschaffen, bis dann dieser Aufstand durch die Versailler Truppen im Mai 1871 blutig unterdrückt ward. Vgl. B. Becker, Geschichte der revolutionären Pariser Kommune (1875); v. Meerheimb, Geschichte der Pariser Kommune (1880).

Kommunikat (lat.), schriftliche Mitteilung einer Behörde. Kommunikation, Mitteilung, Verbindung, freier Zugang.

Kommunismus (lat.), Aufhebung des Einzelbesitzes und des Privateigentums durch allgemeine Gütergemeinschaft. Insofern der K. das Privateigentum abgeschafft wissen will, unterscheidet er sich vom Sozialismus, welcher, von der Idee der Gleichberechtigung der Arbeit und des Kapitals ausgehend, das bisherige Verhältnis zwischen diesen beiden Faktoren der Produktion nur umgestaltet wissen will. Kommunistische Bestrebungen, schon früher sporadisch auftauchend (Hussiten, Wiedertäufer in Münster 1534), wirkten in Frankreich zur Zeit der Schreckensregierung in der Pöbelherrschaft als bedeutendes Moment mit. Dann durch die Direktorialverfassung von 1795 zurückgedrängt, wurden sie in Geheimbünden fortgesetzt. Hauptvertreter derselben waren Babeuf und Genossen, später die Saint-Simonisten, welche das Privateigentum in bloßen Besitz verwandelt wissen wollten, dessen Grenzen fort und fort nach Arbeitsfähigkeit und Arbeit bestimmt werden sollten, und die Fourieristen, die nach Beseitigung des Übergewichts des Kapitals über Arbeit und Talent strebten. Nach der Julirevolution unter dem der Bourgeoisie feindlich gegenüberstehenden Proletariat durch Barbès, Blanqui, später Cabet (Ikarischer K.), Louis Blanc u. a. wach erhalten und befördert, wurde die kommunistische Richtung von Proudhon litterarisch vertreten und, mit den sozialdemokratischen Tendenzen sich mehrfach berührend und verbindend, bei den Junikämpfen 1848 in Paris in geheimen Verbindungen fortdauernd, besonders durch die »Internationale« (s. b.) verbreitet, indem sie in Paris bei der Erhebung der Kommune 1871 von neuem an die Öffentlichkeit trat. Nach dem Tod Lassalles 31. Aug. 1864, welcher bei seinen sozialistischen Bestrebungen den nationalen Boden nicht verlassen hatte, lenkte die Sozialdemokratie (s. b.) in Deutschland mehr und mehr in die Bahnen des K. ein, und seit der Vereinigung der Lassalleaner mit den sogen. »Ehrlichen« oder der Eisenacher Partei 1875 ist die kommunistische Tendenz entschieden in den Vordergrund getreten. Vgl. Stein, Sozialismus und K. des heutigen Frankreich

(2. Aufl. 1848); Jäger, Der moderne Sozialismus (1873); Derselbe, Geschichte des Sozialismus in Frankreich, Bd. 1 (1876).

Kompaciszieren (lat.), einen Vertrag (Pakt), namentlich einen Friedensvertrag, abschließen; Kompaciszenten, die vertragschließenden Teile.

Komparent (lat.), ein vor Gericht Erschienener.

Kompensation (lat.), Aufrechnung, Wettschlagung, wechselseitige Aufhebung zweier einander gegenüber stehender Thatsachen. In diesem Sinn spricht man z. B. von der K. gegenseitiger Injurien und leichter Körperverletzungen, indem das deutsche Strafgesetzbuch (§§ 199, 233) den Richter ermächtigt, in Fällen, in denen eine Beleidigung mit einer solchen, oder eine leichte Körperverletzung mit einer solchen, oder Beleidigungen mit leichten Körperverletzungen, oder umgekehrt letztere mit Beleidigungen erwidert wurden, Freisprechung eintreten zu lassen. Ebenso spricht man von K. der Prozeßkosten in dem Sinn, daß die Parteien bezüglich des Kostenpunkts miteinander aufheben, so daß ein jeder Teil die auf seiner Seite erwachsenen Kosten trägt, wie es namentlich oftmals bei Vergleichen gehalten wird. Ganz besonders versteht man aber unter K. die wechselseitige Aufhebung zweier einander gegenüber stehender Forderungen. In der Politik spricht man zuweilen von Kompensationen in dem Sinn von Entschädigungen, z. B. für abgetretene Gebietsteile, Verzichtleistung auf gewisse Rechte 2c.; kompensieren, wechselseitig aufheben.

Kompetenz (lat., Ressort, Geschäftskreis, Zuständigkeit), der einer Behörde gesetzte Kreis ihrer Wirksamkeit und ihre hiernach für den einzelnen Fall sich bestimmende Zuständigkeit. Die K. des Gerichts insbesondere, welcher der Gerichtsstand (forum), d. h. die Verpflichtung, sich dem Gericht zu stellen und seinen Aussprüchen zu unterwerfen, entspricht, ist in der Justizgesetzgebung, namentlich durch die deutschen Justizgesetze, genau geregelt (s. Gericht). Ist die Frage, welches Gericht im einzelnen Fall zuständig (kompetent) sei, zwischen den Gerichten selbst streitig, so spricht man von einem Kompetenzkonflikt und zwar von einem positiven, wenn jedes der mehreren Gerichte seine Zuständigkeit behauptet, während, wenn jedes Gericht sich für unzuständig (inkompetent) erklärt, ein negativer Kompetenzkonflikt vorliegt. In solchen Fällen ist die Entscheidung des betreffenden Obergerichts maßgebend. Schwieriger gestaltet sich die Frage, wenn es streitig ist, ob eine Angelegenheit vor die Verwaltungsbehörden, oder ob sie vor die Gerichte gehöre. Neuerdings wird sogar der Ausdruck Kompetenzkonflikt nur zur Bezeichnung dieses Falles gebraucht, während man im Gegensatz hierzu von einem Kompetenzstreit spricht, wenn die Zuständigkeit mehrerer Gerichts= oder mehrerer Verwaltungsbehörden in Frage steht. Nach dem deutschen Gerichtsverfassungsgesetz (§ 17) haben in solchen Fällen prinzipiell die Gerichte über die Zulässigkeit des Rechtswegs zu entscheiden. Die Landesgesetzgebung kann jedoch die Entscheidung von Streitigkeiten zwischen den Gerichten und den Verwaltungsbehörden oder Verwaltungsgerichten über die Zulässigkeit des Rechtswegs besondern Behörden nach Maßgabe der folgenden Bestimmungen übertragen: 1) Die Mitglieder der letztern werden für die Dauer des zur Zeit ihrer Ernennung von ihnen bekleideten Amtes oder, falls sie zu dieser Zeit ein Amt nicht bekleiden, auf Lebenszeit ernannt. Eine Enthebung vom Amt kann nur unter denselben Voraussetzungen wie bei den Mitgliedern des Reichsgerichts stattfinden. 2) Mindestens die Hälfte der Mitglieder muß dem Reichsgericht oder dem obersten Landesgericht oder einem Oberlandesgericht angehören. Bei Entscheidungen dürfen Mitglieder nur in der gesetzlich bestimmten Anzahl mitwirken. Diese Anzahl muß eine ungerade sein und mindestens fünf betragen. 3) Das Verfahren ist gesetzlich zu regeln. Die Entscheidung erfolgt in öffentlicher Sitzung nach Ladung der Parteien. 4) Sofern die Zulässigkeit des Rechtswegs durch rechtskräftiges Urteil des Gerichts feststeht, ohne daß zuvor auf die Entscheidung der besondern Behörde angetragen war, bleibt die Entscheidung des Gerichts maßgebend. In vielen Staaten sind nämlich für die Entscheidung der Kompetenzkonflikte zwischen Gerichts- und Verwaltungsbehörden besondere Gerichtshöfe eingerichtet, welche teils aus richterlichen, teils aus administrativen Beamten zusammengesetzt sind; so z. B. in Preußen durch das Gesetz über das Verfahren bei Kompetenzkonflikten zwischen Gerichten und Verwaltungsbehörden vom 8. April 1847, welches durch Verordnung vom 16. Sept. 1867 auch auf die neuen Provinzen und durch Gesetz vom 25. Febr. 1878 auch auf Lauenburg ausgedehnt worden ist. In Baden werden die Kompetenzkonflikte durch das Staatsministerium unter Ausschluß des beteiligten Fachministers und unter Zuziehung von drei Mitgliedern der Gerichtshöfe entschieden, in Hessen durch den Verwaltungsgerichtshof. In Frankreich steht die Entscheidung dem Staatsrat, in England den Reichsgerichten, in Holland und Belgien dem Kassationshof, in Nordamerika den Justizbehörden, in Italien und Spanien dem Staatsrat und in den meisten schweizerischen Kantonen dem Großen Rat zu. Im DeutschenReich, woselbst dieAngelegenheit fast in allen Staaten durch die Gesetzgebung geordnet ist, kann die Entscheidung der Kompetenzkonflikte auf Antrag eines Bundesstaats und mit Zustimmung des Bundesrats durch kaiserliche Verordnung auch dem Reichsgericht überwiesen werden. Was die Entscheidung solcher Kompetenzfragen oft schwierig macht, ist der Umstand, daß gewisse Rechtssachen aus Zweckmäßigkeitsgründen den Verwaltungsbehörden oder den Verwaltungsgerichten zur Verhandlung und Entscheidung überwiesen sind (Administrativjustiz). Abgesehen von diesen Fällen, läßt sich die Grenze zwischen Justiz und Verwaltung im allgemeinen so bestimmen, daß vor die Gerichte die Straffachen und die Privatrechtsangelegenheiten gehören, während das Gebiet des öffentlichen Rechts den Verwaltungsbehörden zu überweisen ist. Übrigens sind diese Kompetenzverhältnisse für die altpreußischen Provinzen

durch Gesetz vom 26. Juli 1876, betreffend die Zuständigkeit der Verwaltungsbehörden und der Verwaltungsgerichtsbehörden im Geltungsbereich der Provinzialordnung vom 29. Juli 1875, in ausführlicher Weise normiert worden. Endlich ist auch die Kompetenzfrage in Ansehung der richterlichen und der gesetzgebenden Gewalt vielfach erörtert worden, und die Ansicht, daß der Richter zwar nicht über die Rechtmäßigkeit eines Gesetzes, d. h. über die verfassungsmäßige Entstehung desselben, unmittelbar entscheiden, wohl aber in einem gegebenen Fall ein Gesetz wegen Verfassungswidrigkeit seiner Entstehung oder Verkündung für unanwendbar erklären und somit mittelbar über dessen Gültigkeit erkennen könne, ist jetzt als die herrschende zu bezeichnen.

Komplementäre (lat.), s. Handelsgesellschaft.

Komplicen (franz., spr. kongpliß-), Mitschuldige, Mittäter.

Komplott (franz.), Vereinigung mehrerer zu einem unerlaubten Zweck.

Kompromiß (lat.), Übereinkunft zwischen zwei streitenden Teilen, Vergleich, insbesondere ein Abkommen, wodurch sich die Parteien einem schiedsrichterlichen Ausspruch (Kompromißgericht) unterwerfen. Im politischen Leben versteht man darunter eine Verständigung zwischen verschiedenen Parteien oder zwischen der Regierung einerseits und den Parteien anderseits. Namentlich ist diese Kompromißpolitik lange Zeit hindurch von der nationalliberalen Partei dem Fürsten Bismarck gegenüber beobachtet worden, indem sie durch ein teilweises Nachgeben und durch ein teilweises Festhalten, wenn auch nicht alle, so doch einige Forderungen durchzusetzen wußte, ein Verfahren, welches ihr vielfach zum Vorwurf gemacht worden ist.

Komtur (Kommentur, lat. Commendator), bei den geistlichen Ritterorden Bezeichnung derjenigen Ritter, welchen die Verwaltung von Ordensgütern (commendare) anvertraut war. Bei den jetzigen Orden bezeichnet K. die Klasse der Ritter, welche nach den Inhabern der Großkreuze kommen. Dieselben tragen das Ordenszeichen meist um den Hals.

Konāt (lat. Conatus, »Versuch«), s. Versuch eines Verbrechens.

Kondemnieren (lat.), verurteilen; im Völkerrecht insbesondere ein Schiff »als gute Prise (s. b.) k.«, s. v. w. für eine gute Prise und als mit Recht weggenommen erklären. Kondemnation, Verurteilung.

Kondomināt (lat.), die Gesamtherrschaft mehrerer Gebieter über einen Landesteil, eine Stadt rc. So bestand z. B. bis 1867 ein K. Hamburgs und Lübecks über Bergedorf, welches jetzt Hamburg allein gehört.

Konduitenliste (franz., Führungsliste), Übersichten über die Qualifikation, das Betragen und die Verhältnisse von Offizieren und Beamten, welche früher an die höhern Behörden eingesandt zu werden pflegten. Jetzt sind bei den letztern Qualifikationsberichte an ihre Stelle getreten.

Konferenz (lat.), Versammlung, namentlich im politischen Leben ein Zusammentreten von Bevollmächtigten zur Beratung über gemeinsame Angelegenheiten (vgl. Kongreß); auch Bezeichnung pädagogischer Versammlungen. Konferenzminister, Minister ohne Portefeuille.

Konferieren (lat.), beratschlagen, zum Zweck gemeinsamer Beratung zusammentreten.

Konfession (lat.), Bekenntnis, insbesondere schriftlich abgefaßtes Glaubensbekenntnis, auch s. v. w. christliche Glaubenspartei. Konfessionsverwandte, die Anhänger einer solchen. Konfessionell, auf Glaubensbekenntnisse bezüglich. Konfessionalismus, das Festhalten an einem bestimmten Glaubensbekenntnis als der Grundlage kirchlichen Lebens. Konfessionslos, ohne K., ohne Rücksicht auf solche, z. B. die Schule, welche in ihrem Lehrplan auf die K. der Schüler keine Rücksicht nimmt. In den modernen Staaten ist fast überall die Gleichberechtigung aller Konfessionen anerkannt, so namentlich für das Deutsche Reich durch das Gesetz, betreffend die Gleichberechtigung der Konfessionen in bürgerlicher und staatsbürgerlicher Beziehung, vom 3. Juli 1869, welches auch auf die süd-

deutschen Staaten ausgedehnt worden ist. Vgl. Juden.

Konfidentiell (lat.), vertraulich; daher eine konfidentielle Mitteilung, eine vertrauliche, nicht für die Öffentlichkeit bestimmte Mitteilung, wie sie im politischen Leben nicht selten vorzukommen pflegt.

Konfination (lat.), s. Freiheitsstrafe.

Konfirmieren (lat.), bestätigen, bekräftigen; Konfirmation, Bestätigung, z. B. eines Rechtsgeschäfts durch das Gericht; in der evangelischen Kirche feierliche Bestätigung (Einsegnung) des Taufbundes durch die Katechumenen (Konfirmanden) vor dem ersten Genuß des heiligen Abendmahls.

Konfiszieren (lat.), für den Fiskus einziehen, mit Beschlag belegen; Konfiskation, s. v. w. Einziehung.

Konflikt (lat.), Zusammenstoß, Zusammentreffen, Streit, z. B. der Regierung mit den Ständen, wie in Preußen während der sogen. Konfliktsperiode zu Anfang der 60er Jahre. Kompetenzkonflikt, Streit über die Zuständigkeit verschiedener Behörden (s. Kompetenz). K. der Rechte, s. v. w. Kollision der Rechte (s. Kollision).

Konföderation (lat.), Bund, s. Föderation, Staat.

Konfrontation (lat., von frons, »Stirn«), im Strafverfahren die »Gegenüberstellung« mehrerer Angeschuldigten oder Zeugen zur Aufklärung von Widersprüchen oder behufs der Überführung.

Kongregation (lat., von grex, »Herde«, »Schar«), Vereinigung, namentlich die Verbindung mehrerer Klöster zur Beobachtung derselben Regeln und Statuten, ähnlich den eigentlichen Orden. Im Deutschen Reich sind der Jesuitenorden, die ihm verwandten Orden und ordensähnlichen Kongregationen verboten. Das preußische Ordensgesetz vom 31. Mai 1875 gewährt nur den zur Zeit der Publikation des Gesetzes bestehenden Orden und Kongregationen für Krankenpflege das Recht der Existenz, insofern sich dieselben mit der Krankenpflege beschäftigen, gestattet jedoch auch ihre Aufhebung durch einfache königliche Verordnung und unterwirft sie in jedem Fall der Staatsaufsicht.

Das Kirchengesetz vom 14. Juli 1880 hat aber auch die Errichtung neuer Niederlassungen für Krankenpflege statuiert und den bestehenden weiblichen Genossenschaften in widerruflicher Weise auch die Erziehung von Kindern in noch nicht schulpflichtigem Alter als Nebentätigkeit gestattet. Endlich wurde ausgesprochen, daß als Krankenpflege im Sinn des Gesetzes auch die Pflege von Idioten, Blinden, Tauben, Stummen und gefallenen Frauenspersonen gelten solle. Auch die Ausschüsse der Kardinäle in Rom werden »Kongregationen« genannt (s. Kardinal).

Kongreß (lat., »Zusammenkunft«), Versammlung der Häupter oder Bevollmächtigten verschiedener Staaten zur Verhandlung über gemeinsame Interessen. Von einer Konferenz (s. b.) wird ein K. zumeist dadurch unterschieden, daß auf ersterer nur Beratungen ohne eigentliche Beschlußfassung stattfinden. Von besonderer Bedeutung sind eigentliche Monarchenkongresse. Die endlichen Beschlüsse des Kongresses werden in einer Haupturkunde (Kongreßakte, Schlußakte) zusammengestellt und von den Hauptbevollmächtigten unterzeichnet. Von besonderer Wichtigkeit waren in diesem Jahrhundert: der Monarchenkongreß in Erfurt (1808), der Wiener K. (1814—15), der K. zu Paris (1815), Aachen (1818), Karlsbad (1819), Wien (1819—20), Laibach (1821), Verona (1822), Dresden (1851), Paris (1856), Zürich (1859) und London (1864) sowie der Frankfurter Fürstenkongreß oder Fürstentag (1863). Aus der neuesten Zeit ist der Berliner K. (vom 13. Juni bis 13. Juli 1878) besonders denkwürdig. K. ist auch die Bezeichnung für die Volksvertretung in föderativen Republiken, wie z. B. in den Vereinigten Staaten von Nordamerika. Endlich werden auch die frei gebildeten Wanderversammlungen von Berufs- und Parteigenossen »Kongresse« genannt.

König (vom altdeutschen chunig, kuning, vom gotischen chuni, »Geschlecht«, lat. rex, franz. roi, engl. king, tschech. kral, poln. król, russ. korólj, ungar. király, letztere Ausdrücke vom lat. Carolus, d. h. Karl d. Gr.), Titel der Beherrscher größerer Monarchien. Im Mittelalter

übte der deutsche Kaiser das Recht aus, Könige zu ernennen; auch der Papst nahm es für sich in Anspruch. So erhielten die die Herzöge von Böhmen und von Polen den Königstitel. Friedrich III., Kurfürst von Brandenburg und Herzog von Preußen, nahm 18. Jan. 1701 selbständig den Titel eines Königs von Preußen (Friedrich I.) an. Auch Napoleon I. stiftete verschiedene neue Königreiche, die sich freilich nur zum Teil erhalten haben. Dermalen führen in Europa die Beherrscher folgender Staaten den Königstitel: der Kaiser von Österreich als Titularkönig von Jerusalem und als K. von Ungarn, Böhmen, Dalmatien, Kroatien, Slawonien, Galizien, Lodomerien und Illyrien; der Kaiser von Rußland als K. von Kasan, Astrachan, Polen, Sibirien, der taurischen Chersones und von Grusien; der K. von Portugal (und Algarbien, diesseit und jenseit des Meers in Afrika); der K. von Spanien; der K. der Niederlande; der K. von Italien; der K. von Preußen; die Könige von Bayern, von Sachsen und von Württemberg; der K. (die Königin) des Vereinigten Königreichs Großbritannien und Irland »und seiner Kolonien und Dependenzen in Europa, Asien, Afrika, Amerika und Australien, Kaiser (Kaiserin) von Indien«; der K. von Dänemark, zugleich mit dem Titel eines Königs der Wenden und Goten; der K. von Schweden und Norwegen mit demselben Nebentitel; der K. der Niederlande; der K. der Belgier; der K. von Griechenland; der K. von Rumänien. Gemeinsamer Titel der Könige ist Majestät, ihre das Zeremoniell betreffenden Vorrechte werden als die »königlichen Ehren« (honores regii, honneurs royaux) bezeichnet. Sie stehen auch den Großherzögen zu. Zuweilen versteht man unter Königtum das monarchische Regiment überhaupt, indem man z. B. von dem »Königtum von Gottes Gnaden« spricht (vgl. Monarchie).

Königin, Gemahlin oder Witwe eines Königs oder selbständige Regentin eines Königreichs, wofern die Thronfolge, wie in England und Spanien, dem weiblichen Geschlecht überhaupt offen steht.

Konklave (lat.), Gemach; besonders

der Raum, in welchem sich die Kardinäle (f. b.) zur Papstwahl (eingeschlossen) versammeln; auch Bezeichnung für diese Versammlung selbst.

Konkordat (lat.), Übereinkunft; Bezeichnung für diejenigen Verträge, welche zwischen dem römischen Stuhl und weltlichen Regierungen behufs Regelung der Beziehungen zwischen Staat und Kirche abgeschlossen werden. Von besonderer Wichtigkeit sind: das Wormser K. vom 2. Mai 1418, das Aschaffenburger oder Wiener K. vom 17. Febr. 1448 und unter den neuern das französische vom 15. Juli 1801, das bayrische vom 5. Juni 1817, das preußische vom 16. Juli 1821, das niederländische vom 18. Juni 1827, das spanische vom 16. März 1851, das österreichische vom 18. Aug. 1855, letzteres 1870 vom Staat gekündigt. Neuerdings haben die Staaten es vorgezogen, die kirchlichen Verhältnisse, soweit sie den Staat betreffen, im Weg der staatlichen Gesetzgebung zu ordnen.

Konkurrenz (lat., »Zusammenlauf«), Wettbewerb, gleichzeitiges Anbieten und Begehren gleichartiger Sachen und Leistungen von seiten mehrerer (Konkurrenten). Für den gewerblichen und für den Handelsverkehr hat Brentano den bekannten Satz aufgestellt, »daß die K. das Prinzip der Starken, die Koalition dasjenige der Schwachen sei«. K. der Verbrechen liegt vor, wenn ein und dieselbe Person sich mehrerer Verbrechen schuldig gemacht hat, sei es durch einen einzigen Akt (ideale), sei es durch mehrere selbständige Handlungen (formale, reale, successive K.).

Konkurs (lat. Concursus), eigentlich das Zusammentreffen, daher z. B. das Bewerben mehrerer um einen ausgeschriebenen Preis oder um eine ausgeschriebene Stelle, namentlich aber das Zusammentreffen mehrerer Gläubiger ein und demselben Schuldner gegenüber, dessen Vermögen zur vollständigen Befriedigung der erstern nicht ausreicht. Übrigens wird auch der Vermögenszustand eines solchen (»in K. geratenen«) Schuldners als »K.« bezeichnet und ebenso das gerichtliche Verfahren, welches in einem derartigen Fall

einzutreten pflegt (Konkursprozeß, Konkursverfahren, im mittelalterlichen Latein Crida, süddeutsch Gant, Vergantung, Gantprozeß, bisweilen auch Debitverfahren, Falliment, Fallissement). Der betreffende Schuldner wird Kridar (Gemeinschuldner, Gesamtschuldner, Gantmann) genannt. Der gesamte Vermögensbestand des Schuldners heißt Konkursmasse und zwar Aktivmasse, die vorhandenen Aktiven, das positive Vermögen, und Passivmasse, die vorhandenen Passiven, das negative Vermögen, die Schulden. Der Inbegriff der Rechtsnormen über den K. ist das Konkursrecht. Ein ausführliches Gesetz über das Konkursverfahren wird Konkursordnung genannt, so namentlich die deutsche Konkursordnung vom 10. Febr. 1877, durch welche das Konkurswesen für das ganze Deutsche Reich in einheitlicher Weise normiert worden ist. Das Gericht, bei welchem ein Konkursverfahren stattfindet, ist das Konkursgericht. Nach der deutschen Konkursordnung ist für das Konkursverfahren ausschließlich das Amtsgericht, bei welchem der Gemeinschuldner seinen allgemeinen Gerichtsstand hat, zuständig.

Die Konkurseröffnung findet nach der deutschen Konkursordnung nicht mehr von Amts wegen, sondern nur auf Antrag statt und zwar sowohl auf Antrag des Gemeinschuldners als eines Gläubigers. Wird der K. eröffnet, so hat das beschließende Amtsgericht alsbald einen Konkursverwalter (Massekurator) zu bestellen, welcher nunmehr die Interessen der Gläubiger wahrzunehmen und die Vermögensverwaltung zu besorgen hat, da der Gemeinschuldner die Disposition über die Masse verliert. Der Konkursverwalter steht unter der Aufsicht des Konkursgerichts und ist verpflichtet, in wichtigen und der regelmäßigen Verwaltung nicht angehörenden Angelegenheiten die Ansicht der Gläubiger (Gläubigerausschuß oder Gläubigerversammlung) einzuholen. Dem Konkursverwalter liegt auch die Prüfung und nötigenfalls Bestreitung der angemeldeten Forderungen ob, indem die Bestellung eines sogen. Kontradiktors, welcher nach früherm Recht zu diesem Zweck besonders aufgestellt wurde, und gegen welchen etwaige Klagen auf Anerkennung bestrittener Forderungen gerichtet werden mußten, abgeschafft ist. Das Gericht hat aber bei Eröffnung des Konkursverfahrens auch alsbald einen nicht über einen Monat hinauszusetzenden Termin zur Beschlußfassung der Gläubiger über die etwaige Wahl eines andern Verwalters und zur Bestellung des Gläubigerausschusses anzuberaumen. Gleichzeitig wird ein sogen. offener Arrest, d. h. eine allgemeine Beschlagnahme des Vermögens des Gemeinschuldners, verfügt sowie den Schuldnern des letztern die Zahlung an diesen bei Vermeidung nochmaliger Zahlung untersagt. Außerdem ist eine Frist zur Anmeldung der Forderungen und ein Termin zur Prüfung derselben anzuberaumen. Die Formel des Eröffnungsbeschlusses, der offene Arrest, die Anmeldefrist und die Termine sind von dem Gerichtsschreiber sofort öffentlich bekannt zu machen. Zu beachten ist ferner, daß nach manchen Gesetzgebungen der K. verfallene Schuldner das Staatsbürgerrecht und jedenfalls die aktiven und passiven Wahlrechte verliert. Auch kann derselbe, wenn der K. durch sein Verschulden herbeigeführt ward, in strafrechtliche Untersuchung genommen werden, und ebenso setzt er sich schwerer Strafe aus, wenn er sich einer Hinterziehung oder Verheimlichung von Vermögensgegenständen schuldig macht (s. Bankrott). Einzelne Zwangsvollstreckungen in das Vermögen des Gemeinschuldners finden nach der Konkurseröffnung nicht mehr statt, und die allgemeine Beschlagnahme verhindert die fernere Entstehung dinglicher oder sonstiger Vorzugsrechte einzelner Gläubiger. Aber auch eine gewisse rückwirkende Kraft ist der Konkurseröffnung beigelegt, insofern nämlich, als gewisse Rechtshandlungen, welche vor der Eröffnung des Konkurses von dem Gemeinschuldner zur Benachteiligung der Gläubiger vorgenommen wurden, angefochten werden können; so sind z. B. die in dem letzten Jahr vor der Eröffnung des Verfahrens von dem

Gemeinschuldner vorgenommenen unentgeltlichen Verfügungen, sofern nicht dieselben gebräuchliche Gelegenheitsgeschenke zum Gegenstand hatten, anfechtbar. Die Aktivmasse des Konkurses setzt sich aus dem gesamten gegenwärtigen Vermögen des Kridars zusammen, insoweit es zur Zwangsvollstreckung verwendet werden kann. Gegenstände, welche dem Gemeinschuldner nicht gehören, sondern sich nur thatsächlich in seinem Besitz befinden, sind aus der Masse auszusondern. Dies Aussonderungsrecht auf Grund eines dinglichen oder eines persönlichen Rechts bestimmt sich nach den Grundsätzen des bürgerlichen Rechts überhaupt; doch erklärt die Konkursordnung, daß die Ehefrau des Gemeinschuldners Gegenstände, welche sie während der Ehe erworben hat, nur dann in Anspruch nehmen kann, wenn sie beweist, daß dieselben nicht mit Mitteln des Kridars erworben sind. Außerdem ist aber im Interesse des Realkredits und im Interesse der Vereinfachung des Konkursverfahrens die wichtige Bestimmung getroffen, daß Pfandgläubiger eine abgesonderte Befriedigung aus ihrem Pfandobjekt verlangen können, und daß alsdann nur der etwaige Überschuß in die Masse fällt. Dieses Recht der Absonderung steht also zunächst den Hypothekengläubigern, dann aber auch den Faustpfandgläubigern in Ansehung der verpfändeten Sache zu. Den Faustpfandgläubigern sind außerdem gewisse Kreditoren rechtlich gleichgestellt, wie z. B. die Gastwirte wegen ihrer Forderungen für Wohnung und Bewirtung des Gastes bezüglich der von dem letztern eingebrachten und von ihnen zurückbehaltenen Sachen; ferner diejenigen, welche durch Pfändung ein Pfandrecht erlangt haben, in Ansehung der gepfändeten Gegenstände; den Pachtern in Ansehung des in ihrem Gewahrsam befindlichen Inventars wegen Forderungen für dieses; den Verpachtern wegen des laufenden und rückständigen Pachtzinses sowie wegen andrer Forderungen aus dem Pachtverhältnis in Ansehung der Früchte des verpachteten Grundstücks und der eingebrachten Sachen, sofern diese letztern oder die Früchte sich noch auf dem Grundstück befinden, 2c.

Wie aber die Masse während der Dauer des Gantverfahrens durch Früchte, Zinsen und sonstige Einkünfte vermehrt wird, so verringert sie sich auf der andern Seite durch notwendige und nützliche Verwendungen. Daher sind aus der Aktivmasse die sogen. Masseschulden zu berichtigen, zu welchen die Konkursordnung folgende Ansprüche rechnet: Forderungen, welche aus Geschäften oder Handlungen des Konkursverwalters entstehen; Ansprüche aus zweiseitigen Verträgen, deren Erfüllung zur Konkursmasse verlangt wird oder für die Zeit nach der Eröffnung des Verfahrens erfolgen muß, und endlich Ansprüche aus einer rechtlosen Bereicherung der Masse. Diese Masseschulden sind, ebenso wie die Massekosten, aus der Konkursmasse vorweg zu berichtigen. Massekosten sind aber die gerichtlichen Kosten für das gemeinschaftliche Verfahren, die Ausgaben für die Verwaltung, Verwertung und Verteilung der Masse und die dem Gemeinschuldner und seiner Familie bewilligte Unterstützung. Die Forderungen der gantlichen Konkursgläubiger aber werden nach folgender Rangordnung und bei gleichem Rang nach Verhältnis ihrer Beträge berichtigt: 1) Die für das letzte Jahr vor der Eröffnung des Verfahrens oder dem Ableben des Gemeinschuldners rückständigen Forderungen an Lohn, Kostgeld oder andern Dienstbezügen der Personen, welche sich dem Gemeinschuldner für dessen Haushalt, Wirtschaftsbetrieb oder Erwerbsgeschäft zu dauerndem Dienst verdungen hatten. 2) Die Forderungen der Reichskasse, der Staatskassen und der Gemeinden sowie der Amts-, Kreis- und Provinzialverbände wegen öffentlicher Abgaben, welche im letzten Jahr vor der Eröffnung des Verfahrens fällig geworden sind; es macht hierbei keinen Unterschied, ob der Steuererheber die Abgabe bereits vorschußweise zur Kasse entrichtet hat. 3) Die Forderungen der Kirchen und Schulen, der öffentlichen Verbände und der öffentlichen, zur Annahme der Versicherung verpflichteten Feuerversicherungsanstalten wegen der nach Gesetz oder Verfassung zu entrichtenden Abgaben und Leistungen aus dem letz-

ten Jahr vor der Eröffnung des Verfahrens. 4) Die Forderungen der Ärzte, Wundärzte, Apotheker, Hebammen und Krankenpfleger wegen Kur- und Pflegekosten aus dem letzten Jahr vor der Eröffnung des Verfahrens, insoweit der Betrag der Forderungen den Betrag der tarmäßigen Gebührnisse nicht übersteigt. 5) Die Forderungen der Kinder und der Pflegebefohlenen des Gemeinschuldners in Ansehung ihres gesetzlich der Verwaltung desselben unterworfenen Vermögens; das Vorrecht steht ihnen nicht zu, wenn die Forderung nicht binnen zwei Jahren nach Beendigung der Vermögensverwaltung gerichtlich geltend gemacht und bis zur Eröffnung des Verfahrens verfolgt worden ist. 6) Alle übrigen Konkursforderungen.

Die Eröffnung des Konkurses über eine offene Handels-, Kommandit-, Aktien- oder Aktienkommanditgesellschaft zieht, ebenso wie bei einer Genossenschaft, die Auflösung derselben nach sich. Dabei ist zu bemerken, daß bei dem K. einer Genossenschaft sowohl als bei dem einer offenen Handelsgesellschaft oder Kommanditgesellschaft die einzelnen Mitglieder, soweit das Genossenschafts- oder das Gesellschaftsvermögen nicht ausreicht, mit ihrem Privatvermögen solidarisch haften müssen. Ausgaben der deutschen Konkursordnung von Wilmowski, Sarwey, Hullmann, Völdernborff u. a. Vgl. Wilmowski, Ausführungs- u. Übergangsgesetze zur Reichskonkursordnung (1880); Schulze, Deutsches Konkursrecht (1880).

Konkussion (lat.), s. Erpressung.

Konnex (lat.), Zusammenhang, Verbindung; als Eigenschaftswort s. v. w. in Zusammenhang miteinander stehend; Konnexität, Verbindungsverhältnis, namentlich mehrerer Rechtssachen, welche in einem gewissen Zusammenhang stehen; Konnexion, Verbindung, einflußreiche Bekanntschaft.

Konnivieren (lat.), ein Auge zudrücken, namentlich im politischen Leben etwas stillschweigend geschehen lassen; Konnivenz, Nachsicht, stillschweigende Vergünstigung.

Konservativ (lat.), erhaltend; im politischen Leben Bezeichnung für diejenige

Parteirichtung, welche das Bestehende mög=
lichst zu erhalten sucht und sich nur aus ganz
besonders schwer wiegenden Gründen zu
Abänderungen der bestehenden Zustände
herbeiläßt. Den Gegensatz zur konserva=
tiven bildet die liberale Partei, welche
dem freien Fortschritt und freisinniger
Entwickelung im öffentlichen Leben zuge=
than ist (s. Liberal). Konservativis=
mus, Gesinnung und Streben der Kon=
servativen. Es liegt in der Natur der
Sache, daß die Konservativen sich vorzugs=
weise aus der Aristokratie, welche auf Er=
haltung ihrer bevorzugten Stellung be=
dacht ist, aus den Großgrundbesitzern und
überhaupt aus der besitzenden Klasse rekru=
tieren, während die Liberalen mehr aus
dem Arbeiterstand, sowohl aus der Zahl
der Kopfarbeiter als der Handarbeiter,
hervorgehen. Das ist aber gewiß, daß zu
einem gesunden politischen Leben beide
Parteien notwendig sind, um dasselbe zu
regeln und um sich in der Regierung oder
doch in der Beherrschung der Situation
abzulösen. Während dieser Grundsatz der
Gleichberechtigung in England längst an=
erkannt und praktisch durchgeführt ist,
sind wir in Deutschland noch lange nicht
so weit. Man sieht in der konservativen
Partei noch immer vorzugsweise die Stütze
der Regierung, und die Ministerien setzen
sich fast regelmäßig aus konservativen Män=
nern zusammen. Dazu kommt, daß bei
vielen, welche sich k. nennen, über das We=
sen einer solchen Parteistellung keineswegs
völlige Klarheit zu bestehen scheint. Viele
verwechseln k. und gouvernemental und
neuerdings auch k. und reaktionär. Sie
glauben, wenn sie einfach mit der Regie=
rung gehen, gut k. zu sein, und anstatt vor
allen Dingen das Bestehende zu erhalten,
bieten sie zu reaktionären Neuerungen be=
reitwilligst die Hand, wenn nur die Re=
gierung es wünscht. Daher kommt es
denn auch, daß man im Volk regierungs=
freundlich und k. vielfach für gleichbedeu=
tend hält und die konservative Partei ein=
fach mit der Regierungspartei identifiziert.
In England, woselbst z. B. gegenwärtig
das liberale Ministerium Gladstone das
Staatsruder führt, ist die liberale Partei
schon oft die Regierungspartei gewesen,

wie sie es auch gegenwärtig ist. Auch im
Deutschen Reich war die nationalliberale
Mittelpartei lange Zeit hindurch die Re=
gierungspartei.

Im deutschen Reichstag und im preußi=
schen Abgeordnetenhaus bestehen derma=
len zwei konservative Parteien: die sogen.
freikonservative oder deutsche Reichs=
partei und die deutschkonservative
Partei. Mit freikonservativ oder liberal=
konservativ bezeichnet man diejenige Par=
teirichtung, welche zwischen k. und liberal
einen Mittelweg sucht und freisinniger
Entwickelung auf Grund des Bestehenden
nicht abhold ist. Wie aber die Sachen im
deutschen Reichstag und im preußischen
Abgeordnetenhaus zur Zeit stehen, ist die
freikonservative Partei in diesen beiden
parlamentarischen Körperschaften nur als
eine konservative oder vielmehr als eine
gouvernementale zu bezeichnen, wie auch
ihr Parteiorgan, die »Post«, sich selbst
als freiwillig=gouvernementales Organ
bezeichnet hat. Im deutschen Reichstag
haben die beiden konservativen Fraktionen
von 397 Mitgliedern zusammen 108, also
noch nicht ⅓ der Mitglieder. Im Abge=
ordnetenhaus dagegen sind die Konserva=
tiven seit den Wahlen von 1879 stärker;
sie haben dort von 433 Sitzen etwa 170
inne, indem zu den 109 Deutschkonserva=
tiven und 52 Freikonservativen noch einige
wilde Konservative hinzukommen. 1849
bis 1858 hatten die Konservativen im
preußischen Abgeordnetenhaus die Majo=
rität, bis dann 1858 die nachmals alt=
liberal genannte Partei dieselbe erhielt,
an deren Stelle 1862 die neu gegründete
Fortschrittspartei trat. Da die Konserva=
tiven in ihrer größern Mehrzahl 1873
gegen die Ermäßigung der Klassensteuer
um 9 Mill. Mk. sowie in der Folgezeit
gegen die neue Kreisordnung, gegen das
Schulaufsichtsgesetz und teilweise auch ge=
gen die Maigesetze stimmten, so unter=
stützten die Regierungsorgane bei den
Wahlen von 1873 die konservative Partei
nicht in der frühern Weise, und so kam es,
daß dieselbe im Abgeordnetenhaus über
100 Sitze verlor. Bei den Reichstags=
wahlen 1874 aber verloren die Konserva=
tiven von 50 Mandaten 29, so daß ihre Par=

tei auf 21 Mitglieder zusammenschmolz, während die deutsche Reichspartei 7 Sitze verlor und dadurch von 38 auf 31 Mitglieder zurückging. Die Provinzen Preußen, Pommern und Brandenburg gingen damals den Konservativen verloren. Allein schon bei den Landtagswahlen 1876 zeigte es sich, daß die Konservativen mit der Regierung wieder Fühlung gewonnen hatten, und es ist neuerdings auch von konservativer Seite ausgeplaudert worden, daß die Verschmelzung der alt- und neukonservativen Parteien, welche nun erfolgte, und zwar zu einer deutschkonservativen Partei, nicht ohne Vorwissen des Fürsten Bismarck vor sich ging. Bei den Reichstagswahlen vom 10. Jan. 1877 stiegen die Deutschkonservativen, d. h. der rechte Flügel der konservativen Partei, wiederum auf 40, die deutsche Reichspartei aber auf 38 Mitglieder, und als nun nach den Attentaten und unter dem Eindruck derselben die Auflösung des Reichstags erfolgte, eroberten die Konservativen mit Hilfe und Unterstützung der Regierung namentlich im Osten der preußischen Monarchie eine Reihe von Sitzen zurück, und die deutschkonservative Partei wurde bei den Wahlen vom 30. Juli 1878: 60, die deutsche Reichspartei aber 57 Mitglieder stark. Beide konservative Parteien aber traten mit aller Entschiedenheit für die neue Zoll- und Steuerpolitik des Reichskanzlers ein; namentlich thaten sich in den Reihen der Freikonservativen entschiedene Schutzzöllner (Stumm, v. Kardorff, v. Varnbüler) und Agrarier hervor. Da die liberalen Parteien konstitutionelle Garantien forderten, so kam eine klerikalkonservative Koalition zustande, indem sich die Konservativen mit dem Zentrum über die Annahme des Zolltarifs und des Franckensteinschen Antrags verständigten. Der liberale Präsident des Reichstags, v. Forckenbeck, legte, ebenso wie der Vizepräsident v. Stauffenberg, das Präsidium nieder, und der konservative Abgeordnete v. Seydewitz ward zum ersten Präsidenten gewählt, während an Stelle des Herrn v. Stauffenberg der Freiherr zu Franckenstein aus dem Zentrum als Vizepräsident gewählt wurde. Im preußischen Abgeord-

netenhaus aber ward der konservative Abgeordnete v. Köller zum Präsidenten und der Freiherr v. Heeremann vom Zentrum (neben dem nationalliberalen Abgeordneten v. Benda als erstem) zum zweiten Vizepräsidenten gewählt. Ebenso zeigte sich die klerikal-konservative Koalition wieder bei der Präsidentenwahl im Reichstag bei Beginn der Session von 1880, die ein Präsidium brachte, welches aus dem freikonservativen Grafen von Arnim-Boitzenburg, dem Freiherrn v. Franckenstein und dem konservativen sächsischen Partikularisten Ackermann zusammengesetzt war. Die »würdige Zurückhaltung«, welche die Zentrumsfraktion bei der Kölner Dombaufeier im Herbst 1880 beobachtete, hatte für dieselbe allerdings den Verlust der Vizepräsidentenstelle im Abgeordnetenhaus zur Folge, welche auf den freikonservativen Abgeordneten Stengel überging. Als aber der Reichstag 15. Febr. 1881 wieder zusammentrat, und als Graf Arnim erklärte, daß er die Wahl zum Präsidenten mit einem Kollegen vom Zentrum zusammen nicht wieder annehme, wurde der deutschkonservative Unterstaatssekretär des Kultusministeriums, v. Goßler, zum ersten Präsidenten gewählt, indem Konservative und Klerikale sich wiederum verbündeten, um ihn und die beiden bisherigen Vizepräsidenten aus der Wahlurne hervorgehen zu lassen.

Hervorragende oder doch viel genannte Mitglieder der deutschkonservativen Partei sind die Abgeordneten: v. Helldorf-Bedra (geb. 16. April 1833, Gutsbesitzer, früher Landrat), v. Kleist-Retzow (geb. 25. Nov. 1814, früher Oberpräsident der Rheinprovinz), Freiherr v. Malzahn-Gültz (geb. 6. Jan. 1840, früher Regierungsassessor, jetzt Gutsbesitzer), der badische Freiherr v. Marschall (geb. 12. Okt. 1842, Landgerichtsrat in Mannheim), Freiherr v. Minnigerode (geb. 28. Nov. 1840, Gutsbesitzer), Freiherr v. Mirbach (geb. 27. Juni 1839, Gutsbesitzer), v. Seydewitz (geb. 11. Sept. 1818, Oberpräsident der Provinz Schlesien) und der Graf Udo zu Stolberg-Wernigerode (geb. 4. März 1840, Fideikommißbesitzer). Auch Graf Moltke und der Kultusminister

v. Puttkamer gehören der deutschkonfer=
vativen Fraktion an. Von den Freikon=
fervativen find befonders zu nennen:
Graf von Arnim=Boitzenburg (geb. 12.
Dez. 1832, vormals Oberpräfident der
Provinz Schlefien), Fürft zu Hohenlohe=
Schillingsfürft (geb. 31. März 1819, der
deutfche Botfchafter in Paris), Fürft zu
Hohenlohe=Langenburg (geb. 31. Aug.
1832), der bayrifche Freiherr v. Lerchen=
feld (geb. 7. Febr. 1842), v. Karborff (geb.
8. Jan. 1828, Regierungsaffeffor a. D.
und Gutsbefitzer), der Minifter Lucius
(Dr. med., Rittergutsbefitzer, früher Vize=
präfident des Reichstags, geb. 20. Dez.
1835), Stumm (geb. 30. März 1836,
Eifenhüttenbefitzer in Neunkirchen), v.
Schwarze (geb. 30. Sept. 1816, Gene=
ralftaatsanwalt in Dresden) und der Frei=
herr Varnbüler von und zu Hemmingen
(geb. 13. Mai 1809, früherer württember=
gifcher Staatsminifter). Auch der Sohn
des Fürften Bismarck, Graf Wilhelm
von Bismarck (geb. 1. Aug. 1852), gehört
zu der deutfchen Reichspartei.

Konfignieren (lat., »auf=, einzeich=
nen«), etwas zur Aufbewahrung über=
geben, anweifen; im Militärwefen den
Truppen fpeziellen Befehl erteilen, die
Kafernen oder Quartiere während einer
beftimmten Zeit nicht zu verlaffen, um
zur fofortigen Verwendung bereit zu fein.

Konfiftorium (lat.), Verfammlungs=
ort des Geheimrats der römifchen Kai=
fer, dann diefer Rat felbft; in der römifch=
katholifchen Kirche die Verfammlung der
Kardinäle (f. b.) unter dem Vorfitz des
Papftes. In der proteftantifchen Kirche
verfteht man unter K. eine Kirchenbehörde,
durch welche der Landesherr als Inhaber
der Kirchengewalt (Summus episcopus)
feine desfallfigen Rechte ausübt. Früher
hatten diefe Konfiftorien oft fogar eine Art
Gerichtsbarkeit, namentlich in Ehefachen,
und eine Disziplinar= und Strafgewalt
den Angehörigen der Kirche gegenüber.
Neuerdings find die Funktionen der Kon=
fiftorien vielfach auf die Kultusminifterien
oder auf Abteilungen des Minifteriums
für Kirchen= und Schulfachen übergegan=
gen. Unter **Konfiftorialverfaffung**
verfteht man diejenige Verfaffung der evan=

gelifchen Kirche, wonach dem Landesherrn
als höchftem Bifchof die Ausübung des
Kirchenregiments zufteht; im engern Sinn
aber wird damit die Kirchenverfaffung be=
zeichnet, welche die Ausübung des Kirchen=
regiments lediglich durch Staats= und
Kirchenbehörden ftatuiert, ohne dem Laien=
element ein Mitwirkungsrecht einzuräu=
men. Den Gegenfatz bildet dann die
**Synodal= und Presbyterialver=
faffung** (f. b.), wonach der Landesherr
und die kirchlichen und weltlichen Behör=
den eine repräfentative Kirchengewalt aus=
üben, indem dabei den Kirchengemeinden
felbft ein Mitwirkungsrecht eingeräumt
ift. In Preußen befteht für die alten Pro=
vinzen ein evangelifcher Oberkirchen=
rat in Berlin. Diefe Bezeichnung ift auch
in andern Staaten für die oberfte evange=
lifche Kirchenbehörde adoptiert worden. In
den einzelnen preußifchen Provinzen be=
ftehen befondere Konfiftorien.

Konfkribieren (lat.), zum Militär=
dienft ausheben; **Konfkription**, Mili=
tärmufterung, Aushebung (f. Erfatz=
wefen).

Konfolidieren (lat.), befeftigen, fichern,
begründen; zu einer in fich gefchloffenen Ge=
famtheit vereinigen, z. B. Grundftücke,
Zechen, Staatsfchulden; daher z. B. die
Bezeichnungen: konfolidierte Anleihe, kon=
folidierte Schuld (Konfols).

Konfortium (lat.), Vereinigung zu
einem beftimmten wirtfchaftlichen oder
finanziellen Zweck, namentlich Vereini=
gung von Bankhäufern zur Ausführung
einer beftimmten Finanzoperation.

Konfpirieren (lat.), fich verfchwören,
Konfpiration, Verfchwörung; über=
haupt Bezeichnung für einen geheimen
Verkehr, z. B. eines Unterfuchungsgefan=
genen mit Mitthätern u. dgl.

Konftituieren (lat.), feftfetzen, befon=
ders eine ftaatliche Einrichtung, jemand
in eine Würde einfetzen; fich k., zufam=
mentreten und fich als eine beftimmte Kör=
perfchaft proklamieren. **Konftituent,**
Vollmachtgeber; **konftituierende Ver=
fammlung** (**Konftituante**), Ver=
fammlung von Volksvertretern, welche
für den Staat eine neue Verfaffung be=
raten foll, wie die franzöfifchen National=

verfammlungen von 1789 und 1848, die
deutfche Nationalverfammlung von 1848
und der konftituierende Reichstag des
Norddeutfchen Bundes von 1867.

Konftitution (lat.), Feftfetzung, Ein=
richtung, Staatsgrundgefetz; konftitu=
tionell, verfaffungsmäßig; konftitu=
tionelle Monarchie, insbefondere die=
jenige Monarchie, in welcher das Staats=
oberhaupt in den wichtigften Regierungs=
handlungen, namentlich in der Gefetzge=
bung, an die Zuftimmung der Volksver=
treter gebunden ift; Konftitutionelle,
die Verfaffungsfreunde, die auf die Wah=
rung jener Rechte befonders bedacht find;
Konftitutionalismus, Syftem der
verfaffungsmäßigen Regierung, welches
die Rechte der Volksvertretung wahrt.

Konful (lat. Consul), im alten Rom
der Titel der höchften Magiftratsperfonen,
welcher zur Zeit der erften franzöfifchen
Republik für deren höchfte Beamte wieder
aufgenommen ward. Heutzutage ift K.
der Titel eines Beamten, welchen ein
Staat zur Wahrung der Intereffen feiner
Angehörigen und feines Handels an frem=
den Handelsplätzen unterhält. Die Kon=
fuln haben an und für fich keinen diplo=
matifchen Charakter und nicht die Rechte
von eigentlichen Gefandten (f. b.). Die=
felben zerfallen in Wahlkonfuln (Han=
delskonfuln) und Berufskonfuln (Fach=
konfuln). Letztere find wirkliche Berufsbe=
amte desjenigen Staats, welcher fie aus=
fendet, zu ihrem Beruf befonders vorge=
bildet, geprüft und zu befoldet, daß fie
ihre desfallfige Thätigkeit als Hauptbe=
fchäftigung betrachten können und follen,
während die Wahlkonfuln meift Kaufleute
find, welche häufig dem Staat, in wel=
chem fie refidieren, als Unterthanen an=
gehören und für ihre Amtsthätigkeit nur
gewiffe Gebühren beziehen. Dem Rang
nach unterfcheidet man zwifchen Gene=
ralkonfuln, welchen die Oberleitung
der zu einem gewiffen Bezirk gehörigen
Konfulate und Vizekonfulate zufteht, Kon=
fuln an den wichtigern Handelsplätzen,
Vizekonfuln, im Rang den Konfuln
gleichftehend, an minder wichtigen Plätzen
und Konfularagenten, Bevollmäch=
tigte der Konfuln, zu deren Beftellung die

Regierung ihre Zuftimmung erteilte, ohne
ihnen eine felbftändige Ausübung der kon=
fularifchen Rechte einzuräumen. Das
Deutfche Reich hat dermalen an allen
Plätzen von Bedeutung feine Konfuln.
Es ift dies nicht die kleinfte Errungen=
fchaft der neuen Reichseinheit. Das Kon=
fularwefen felbft ift durch das Bundes=
(Reichs=)Gefetz vom 8. Nov. 1867 geordnet,
nachdem fchon die Verfaffung des Nord=
deutfchen Bundes die nunmehr auch in
die deutfche Reichsverfaffung (Art. 56)
übergegangene Beftimmung getroffen
hatte, daß das gefamte Konfulatwefen
unter der Aufficht des Bundespräfidiums
(des Kaifers) ftehe, welcher die Konfuln
nach Vernehmung des Ausfchuffes des
Bundesrats für Handel und Verkehr an=
ftellt. In dem Amtsbezirk der deutfchen
Konfuln dürfen neue Landeskonfulate
nicht errichtet werden. Die fämtlichen be=
ftehenden Landeskonfulate find aufzuhe=
ben, fobald die Organifation der deutfchen
Konfulate dergeftalt vollendet ift, daß die
Vertretung der Einzelintereffen aller Bun=
desftaaten als durch die deutfchen Konfu=
late gefichert vom Bundesrat anerkannt
wird. Diefe Organifation ift inzwifchen
wefentlich gefördert worden. Die Zahl
der Konfularämter des Deutfchen Reichs,
welche dem auswärtigen Amt unterftellt
find, beträgt zur Zeit 639, darunter 55
Berufskonfulate. Unter den letztern be=
finden fich 15 Generalkonfulate, von
denen einige zugleich mit diplomatifchem
Charakter ausgeftattet find, 38 Konfulate
und 2 Vizekonfulate. Diefe Berufskon=
fuln müffen entweder juriftifche Bildung
befitzen, oder eine befondere Prüfung be=
ftanden haben. Die Anftellung von Wahl=
konfuln erfolgt unter dem Vorbehalt jeder=
zeitigen Widerrufs. Jeder K. foll eine
Matrikel über die in feinem Amtsbezirk
wohnhaften Angehörigen des Reichs füh=
ren. Er beurkundet deren Zivilftandsver=
hältniffe, darf Urkunden legalifieren, No=
tariatsgefchäfte errichten, nötigenfalls den
Nachlaß Verftorbener feftftellen und Päffe
ausfertigen und vifieren. Die Reichs=
konfuln haben ferner den nationalen
Kriegsmarine Rat und Beiftand zu ge=
währen, die Handelsmarine in Anfehung

der Vorschriften zu überwachen, welche in betreff der Führung der deutschen Flagge bestehen, hilfsbedürftigen Reichsangehörigen die Mittel zur Linderung der Not oder zur Rückkehr in die Heimat zu gewähren, bei Verklarungen, Dispachen und in Bergungsfällen mitzuwirken und bei dem Musterungswesen und bei der Verfolgung von Deserteuren thätig zu sein. Der Reichskanzler kann die Konsuln ein für allemal zur Abnahme von Zeugeneiden ermächtigen. Außerdem ist einzelnen Konsulaten den deutschen Reichsangehörigen und den Schutzgenossen gegenüber eine gewisse Gerichtsbarkeit (Konsulargerichtsbarkeit) übertragen, so namentlich in China, Japan, Rumänien und in der Türkei. Diese Konsulargerichtsbarkeit ist durch Reichsgesetz vom 10. Juli 1879 (Reichsgesetzblatt, S. 197 ff.) geregelt. Hiernach wird die Gerichtsbarkeit teils durch den K., teils durch das Konsulargericht ausgeübt, welches aus dem K. und zwei oder vier Beisitzern besteht. Für die durch das Gerichtsverfassungsgesetz und durch die Konkursordnung den deutschen Amtsgerichten zugewiesenen Sachen ist nämlich der K. allein, dagegen für die den Schöffengerichten und den Landgerichten in erster Instanz zugewiesenen Sachen das Konsulargericht zuständig. In Angelegenheiten der freiwilligen Gerichtsbarkeit ist der K. allein kompetent. In bürgerlichen Rechtsstreitigkeiten, in welchen das Streitobjekt nicht mehr als 300 Mk. wert ist, findet gegen die Entscheidung des Konsuls kein Rechtsmittel statt, während sonst in Zivil- und in Konkurssachen das Reichsgericht in Leipzig über das Rechtsmittel der Beschwerde und der Berufung zu entscheiden hat. Beide Rechtsmittel sind bei dem K. einzulegen. In Strafsachen hat der K. die Funktionen des Amtsrichters, resp. des Vorsitzenden der Strafkammer des Landgerichts auszuüben. Gegen Entscheidungen des Konsulargerichts in Übertretungssachen findet ein Rechtsmittel nicht statt, während bei Vergehen und Verbrechen, welche in den landgerichtlichen Kompetenzkreis fallen, Berufung und Beschwerde an das Reichsgericht gegeben sind. Über Ver-

brechen, welche vor das Reichsgericht oder vor ein Schwurgericht gehören, ist vom K. oder von den Konsulargerichten überhaupt nicht zu entscheiden. Der K. hat in solchen Fällen, namentlich wenn das Verbrechen im Konsularbezirk begangen wurde, die erforderlichen Sicherungsmaßregeln und die durch die Dringlichkeit erforderlichen Untersuchungsmaßregeln vorzunehmen, z. B. die Verhaftung des Beschuldigten, sodann aber die Akten der Staatsanwaltschaft des zuständigen inländischen Gerichts zu übersenden, welches die Sache zur Verhandlung und Entscheidung zu bringen hat. Bevor der K. übrigens im fremden Staatsgebiet seine Funktionen aufnehmen kann, ist die Erteilung des sogen. Exequatur (s. d.), d. h. die Zustimmung der fremden Staatsregierung, erforderlich. Vgl. Hänel und Lesse, Die Gesetzgebung des Deutschen Reichs über Konsularwesen (1875); König, Die deutschen Konsuln in ihren Beziehungen zu den Reichsangehörigen (1876); Brauer, Die deutschen Justizgesetze in ihrer Anwendung auf die amtliche Thätigkeit der Konsuln (1879).

Konsularagent (lat.), s. Konsul.

Konsultieren (lat.), zu Rate ziehen, z. B. einen Anwalt; Konsultation, Beratung, Zuziehung eines Beraters; Konsulent, Berater, Ratgeber, namentlich Rechtskonsulent, s. v. w. Advokat.

Konsument (lat.), s. Produzent.

Konsumieren (lat.), aufzehren, verbrauchen; Konsumtionssteuern, s. v. w. Verbrauchssteuern; Konsumvereine, s. Genossenschaften.

Konteradmiral (franz.), s. Admiral.

Konterbande (franz.), Gegenstände, deren Einfuhr eine verbotswidrige ist; daher namentlich Waren, welche unter Umgehung der Zollgesetze in das Staatsgebiet eingeschmuggelt werden. Kriegskonterbande, in Kriegszeiten solche Gegenstände, deren Zufuhr den Gegner kräftigen kann, wie Waffen, Pferde, Munition u. dgl. Die Zu- und Durchfuhr von Kriegskonterbande ist daher verboten und gilt als Bruch der Neutralität.

Kontinent (lat.), Festland, im Gegensatz zu Insel, insbesondere das europäische

Festland, im Gegensatz zu Großbritannien; **kontinental**, das Festland betreffend, dazu gehörig; **Kontinentalmächte**, die Staaten auf dem europäischen Festland, im Gegensatz zu Großbritannien; **Kontinentalpolitik**, die englische Politik den europäischen Mächten gegenüber.

Kontingent (lat.), Zuschuß, Beitrag; insbesondere der Truppenteil, welchen in einem Staatenverein der einzelne Staat zu der Gesamtheeresmacht zu stellen hat. So setzte sich zur Zeit des vormaligen Deutschen Reichs das Reichsheer für den Kriegsfall aus einer Menge von teilweise sehr kleinen Kontingenten zusammen, und so entstand jene buntscheckige Masse, welche durch den Tag von Roßbach eine traurige Berühmtheit erlangt hat. Auch der nachmalige Deutsche Bund hielt an dem Kontingentssystem fest. Der Bund hatte nämlich in Friedenszeiten kein ständiges Bundesheer, sondern nur zur Zeit des Kriegs sollte ein solches aus den Kontingenten der einzelnen Staaten zusammengesetzt, und nur für den Kriegsfall sollte ein Bundesfeldherr ernannt werden. Die Verfassung des nunmehrigen Deutschen Reichs aber hat zwar den Ausdruck K. für die von den einzelnen verbündeten Staaten jeweilig zu stellende Truppenmacht beibehalten, gleichwohl aber das eigentliche Kontingentsystem aufgegeben. Denn die gesamte Landmacht des Reichs bildet verfassungsmäßig ein einheitliches Heer, welches im Krieg wie im Frieden unter dem Oberbefehl des Kaisers steht, dessen Befehlen alle deutschen Truppen, vorbehaltlich der Sonderstellung Bayerns, unbedingt Folge zu leisten haben. Der Kaiser bestimmt den Präsenzstand, die Gliederung und Einteilung der Kontingente des Reichsheers. Er ernennt den Höchstkommandierenden eines Kontingents, alle Offiziere, welche Truppen von mehr als einem K. befehligen, sowie alle Festungskommandanten. Den betreffenden Kontingentsherren ist zwar im übrigen überlassen, die Offiziere ihrer Kontingente zu ernennen, auch die äußern Abzeichen (Kokarden 2c.) zu bestimmen; doch ist bei Generalen und den Offizieren mit Generalstellung die Ernennung von der je-

weiligen Zustimmung des Kaisers abhängig zu machen. Übrigens haben die Kleinstaaten, mit Ausnahme Braunschweigs, besondere Militärkonventionen (s. b.) mit Preußen abgeschlossen. Der Ausdruck K. und **Kontingentierung** ist aber auch auf das Gebiet der Steuern übertragen worden. Man versteht darunter die Einrichtung, daß der Ertrag der Steuern einen gewissen Betrag nicht übersteigen dürfe. Dies ist bei indirekten Steuern allerdings nicht möglich, während es bei direkten Steuern insofern zu bewerkstelligen ist, als man einmal die Steuereinheiten und dann die Zahl der Steuertermine festsetzt. Ist der Steuerbetrag ein für allemal gesetzlich festgestellt, wie dies in Preußen in Ansehung der Grundsteuer und seit 1873 auch rücksichtlich der Klassensteuer der Fall ist, so spricht man von Steuerkontingentierung im engern Sinn, während der Ausdruck Quotisierung gebräuchlich ist, um die von Jahr zu Jahr wechselnde Feststellung des Steuerbetrags zu bezeichnen.

Kontinuität (lat.), Stetigkeit, Ununterbrochenheit. Im parlamentarischen Leben spricht man von K. der Verhandlungen in dem Sinn, daß die Verhandlungen der einen Session an die der vorhergehenden anknüpfen. Dabei wird jedoch die Selbständigkeit der neuen Beratung möglichst gewahrt. Ist z. B. ein Antrag zwar eingebracht, aber nicht zur Beratung gekommen, ein Gesetzentwurf nur einmal beraten und nicht zur weitern Lesung und eventuell zur Annahme gelangt, so ist die Wiederholung in der nächsten Session erforderlich, wofern Antrag oder Vorlagen aufrecht erhalten werden sollen. In diesem Sinn gilt in dem deutschen Reichstag das Prinzip der Diskontinuität, während für die Verhandlungen im Bundesrat die K. gewahrt bleibt. Auch für die meisten deutschen Einzellandtage gilt das Prinzip der Diskontinuität. Übrigens wird durch eine bloße Vertagung des Hauses die K. der Verhandlungen nicht unterbrochen (s. Vertagen).

Kontradiktor (lat.), s. Konkurs.

Kontrahieren (lat.), zusammenziehen; ein Übereinkommen treffen, auch über ein vorzunehmendes Duell; Kontrahenten, die einen Vertrag abschließenden Teile.

Kontrakt (lat.), der von zwei oder mehreren Kontrahenten abgeschlossene Vertrag; Kontraktbruch, Nichterfüllung einer eingegangenen Verbindlichkeit. Dieselbe kann regelmäßig im Weg der Klage errungen werden. Viel erörtert ist die Frage, ob die Kontraktbruch der Arbeiter gegenüber dem Arbeitgeber nicht auch kriminell strafbar sein sollte, was bis jetzt nicht der Fall ist. Vgl. Oppenheim, Gewerbegericht und Kontraktbruch (1874); Lüder, über die kriminelle Bestrafung des Arbeiterkontraktbruchs (1875).

Kontrasignieren (lat.), gegenzeichnen; Kontrasignatur, Gegenzeichnung.

Kontrolle (franz.), Gegenrechnung, Nachrechnung, Aufsicht, Beaufsichtigung, namentlich zur Vermeidung des Betrugs oder des Irrtums; kontrollieren, beaufsichtigen, überwachen; Kontrolleur (spr. -öhr), Aufsichtsbeamter, namentlich in Zoll- und Steuersachen (in neuerer Zeit ist dafür der Ausdruck Gegenschreiber üblich geworden).

Kontumaz (lat.), Ungehorsam, namentlich gegen eine gerichtliche Auflage oder Ladung; der Nichterschienene kann unter Umständen zur Strafe Ungehorsams (in contumaciam) verurteilt werden.

Konvenieren (lat.), zusammenkommen, zusammenpassen; passend, angenehm sein; konvenabel, passend, schicklich; Konvenienz, Übereinkommen, Herkommen, die Rücksicht auf das Herkömmliche, durch Herkommen als schicklich Bezeichnete; Konvent, Zusammenkunft, Versammlung, z. B. Seniorenkonvent (s. b.), Nationalkonvent, die parlamentarische Versammlung zur Zeit der großen französischen Revolution; Konvention, Übereinkunft, Vereinbarung zwischen verschiedenen Staaten, z. B. Militär-, Münz-, Schiffahrtskonvention; Konventionalstrafe, die für den Fall der Nichterfüllung oder der nicht gehörigen Erfüllung einer Verbindlichkeit von den Kontrahenten festgesetzte Strafe.

Konvoi (franz. Convoi, spr. tongwoa), Geleit, Eskorte; namentlich die Begleitung und Bedeckung einer Transportflotte oder einzelner Kauffahrteischiffe, insbesondere bei der Aus- und Einfahrt von und nach blockierten Häfen.

Konvokation (lat.), Zusammenberufung, in England Versammlung von Abgeordneten des Klerus zur Beratung geistlicher Angelegenheiten; konvozieren, zusammenrufen.

Konzert (v. lat. concertare, wetteifern), in der diplomatischen Sprache die Vereinigung mehrerer Staaten zu gemeinsamem politischen Handeln; insbesondere der Rat der europäischen Großmächte (s. b.).

Konzession (lat.), Zugeständnis; obrigkeitliche Erlaubnis zur Betreibung eines bürgerlichen Gewerbes, welche einer bestimmten Person (Konzessionär) erteilt wird. Welche Gewerbe in Deutschland nur auf Grund einer K. betrieben werden können, ist in der Gewerbeordnung (§§ 12, 16, 29—39) bestimmt (s. Gewerbegesetzgebung).

Konzil (lat., Kirchenversammlung), in der römisch-katholischen Kirche Versammlung kirchlicher Würdenträger zur gemeinsamen Beratung und Beschlußfassung über kirchliche Angelegenheiten. Als ökumenische Konzilien, d. h. als Vertretungen der gesamten christlichen Welt, anerkennt die römisch-katholische Kirche außer dem 48 von den Aposteln zu Jerusalem berufenen Apostelkonzil die Konzilien zu Nicäa (325), Konstantinopel (381), Ephesos (431), Chalkedon (451), Konstantinopel (553 und 680), Nicäa (787), Konstantinopel (869), vier im Lateran zu Rom abgehaltene Konzilien (1112, 1139, 1179, 1215), zwei zu Lyon (1245 und 1274), das zu Vienne (1311), zu Florenz (1439), das fünfte lateranensische K. (1512), das K. zu Trient (Concilium Tridentinum, 1545—63) und in der neuesten Zeit das vatikanische K. (1869—70), auf welchem das Dogma von der Unfehlbarkeit (s. b.) des Papstes beschlossen ward. Die Konzilien zu Pisa (1409), zu Konstanz (1414—18) und zu Basel (1431—48) werden nicht als ökumenische Konzilien, deren Entscheidungen als Aussprüche des Heiligen Geistes gelten, von der Kurie anerkannt. Während im Mittelalter darüber gestritten wurde, ob das K. über dem Papste stehe, oder ob das Verhältnis das umgekehrte sei, ist die Frage durch das Infallibilitätsdogma nunmehr definitiv zu Gunsten des Papstes entschieden. Die griechisch = katholische Kirche anerkennt bloß die sieben ersten Konzilien (bis 787) als ökumenische. Vgl. Frommann, Geschichte und Kritik des vatikanischen Konzils (1872); Friedberg, Sammlung der Aktenstücke zum ersten vatikanischen K. (1872); »Römische Briefe vom K.«, zuerst in der Augsburger »Allgemeinen Zeitung«, dann von Quirinus besonders herausgegeben (1870).

Kooptieren (lat.), erwählen, besonders von einem Verein (Komitee 2c.) gebraucht, welcher sich durch eigne Erwählung neuer Mitglieder ergänzt oder verstärkt; Kooptation, die Vornahme einer solchen Wahl.

Koordinieren (lat.), nebeneinander stellen, im Gegensatz zu subordinieren, unterordnen. Namentlich spricht man von koordinierten im Gegensatz zu subordinierten, d. h. von gleichstehenden im Gegensatz zu solchen Behörden, welche sich zu einander in dem Verhältnis der über = und der Unterordnung befinden.

Kopieren (lat.), abschreiben, vervielfältigen; Kopie, Abschrift einer Urkunde, im Gegensatz zum Original.

Kornzölle, s. Getreidezölle.

Körperverletzung, die widerrechtliche nachteilige Einwirkung auf den Körper eines andern oder, wie das deutsche Strafgesetzbuch definiert, das Vergehen desjenigen, welcher einen andern körperlich mißhandelt oder an der Gesundheit beschädigt. Hiernach ist zunächst Widerrechtlichkeit der Handlung erforderlich, weshalb z. B. die Ausübung eines Züchtigungsrechts, sofern nur keine Überschreitung desselben vorliegt, nicht als K. aufgefaßt werden kann. Je nachdem nun die K. absichtlich oder nur aus Fahrlässigkeit zugefügt wird, unterscheidet man zwischen vorsätzlicher (oder doloser) und fahrlässiger (oder kulposer) K. Erstere wird als schwere K. bezeichnet, wenn der Verletzte dadurch ein wichtiges Glied des Körpers, das Sehvermögen auf einem oder beiden Augen,

das Gehör, die Sprache oder die Zeugungsfähigkeit verliert, oder in erheblicher Weise dauernd entstellt wird oder in Siechtum, Lähmung oder Geisteskrankheit verfällt. Tödliche K. liegt vor, wenn durch eine K. der Tod des Verletzten herbeigeführt wurde, ohne daß die Tötung beabsichtigt war. Fehlt es an derartigen erschwerenden Wirkungen, so spricht man von einer leichten oder einfachen K. Das Reichsstrafgesetzbuch bedroht die letztere mit Gefängnis von 1 Tag bis zu 3 Jahren oder mit Geldstrafe bis zu 900 Mk.; wurde aber die K. gegen Verwandte in aufsteigender Linie begangen, so kann nicht auf Geldstrafe, sondern nur auf Gefängnis nicht unter 1 Monat erkannt werden. Die Strafgesetznovelle vom 26. Febr. 1876 (§ 223 a) hat aber noch die Bestimmung beigefügt, daß, wenn die K. mittelst einer Waffe, insbesondere eines Messers oder eines andern gefährlichen Werkzeugs, oder mittelst eines hinterlistigen Überfalls, oder von mehreren gemeinschaftlich, oder mittelst einer das Leben gefährdenden Behandlung begangen wurde, Gefängnisstrafe bis zu 5 Jahren und nicht unter 2 Monaten eintreten soll. Übrigens hat das Strafgesetzbuch (§ 367, Ziff. 10) den Gebrauch einer Schuß=, Stich= oder Hiebwaffe oder eines andern gefährlichen Instruments bei einer Schlägerei schon an und für sich, auch ohne daß es zu einer K. gekommen wäre, als strafbar bezeichnet. Die schwere und die tödliche K. werden mit Gefängnis oder Zuchthaus und, wenn eine der erschwerenden Folgen beabsichtigt war, ausschließlich mit Zuchthaus bestraft. Wurde eine solche K. durch einen von mehreren unternommenen Angriff verursacht, so soll jeder, welcher daran teilgenommen, schon wegen dieser Beteiligung, wofern er nicht etwa ohne sein Verschulden hineingezogen worden, mit Gefängnis bis zu 3 Jahren bestraft werden. Traten aber jene erschwerenden Umstände infolge verschiedener einzelner Verletzungen als deren Gesamtresultat ein, so ist gegen jeden, welchem auch nur eine dieser Verletzungen zur Last fällt, auf Zuchthausstrafe von 1 bis zu 5 Jahren zu erkennen. Nur beim Vorhandensein mildernder Umstände kann bei der schweren

K. auf Gefängnisstrafe nicht unter 1 Monat und bei der tödlichen K. nicht unter 3 Monaten heruntergegangen werden. Handelt es sich aber um eine K. gegen Verwandte aufsteigender Linie, so ist von einer solchen Strafermäßigung keine Rede. Besonders streng wird bei Militärpersonen eine K. bestraft, wenn sie gegen einen Vorgesetzten gerichtet ist; hier kann, wenn dies im Feld vorkommt, sogar die Todesstrafe verhängt werden. Auf der andern Seite wird aber auch die K., welche gegen einen militärischen Untergebenen verübt wird, mit Gefängnis oder Festungshaft bis zu 3, die schwere K. mit Zuchthaus bis zu 5 und die tödliche K. mit Zuchthaus von 3 bis zu 15 Jahren geahndet. Die von einem Beamten in Ausübung oder in Veranlassung der Ausübung seines Amtes vorsätzlich begangene K. wird als Amtsverbrechen (s. b.) ebenfalls streng bestraft (Strafgesetzbuch, §340). Zu den vorsätzlichen K. rechnet das Reichsstrafgesetzbuch endlich noch die sogen. Vergiftung, indem es denjenigen, der einem andern vorsätzlich, um dessen Gesundheit zu schädigen, Gift oder andre Stoffe beibringt, welche die Gesundheit zu zerstören geeignet sind, mit Zuchthaus bis zu 10 Jahren bedroht und dabei besonders die Fälle hervorhebt, in denen durch solche Vergiftung eine schwere K. oder der (allerdings nicht beabsichtigte) Tod des Vergifteten herbeigeführt worden ist. Der Versuch der K. wird nur bei der schweren K. und bei der Vergiftung bestraft; außerdem wird nur das vollendete Vergehen der K. mit Strafe belegt. Der vorsätzlichen steht die fahrlässige oder kulpose K. gegenüber, welche mit Geldstrafe bis zu 900 Mk. oder mit Gefängnis bis zu 2 Jahren bestraft wird. Als straferhöhend wirkt hier der Umstand, daß der Thäter zu der Aufmerksamkeit, welche er fahrlässigerweise aus den Augen setzte, vermöge seines Amtes, Berufs oder Gewerbes, z. B. als Arzt oder als Apotheker, besonders verpflichtet war. Im letztern Fall tritt die Strafverfolgung von Amts wegen ein, während außerdem bei fahrlässigen ebenso wie bei leichten Körperverletzungen ein ausdrücklicher Strafantrag seitens des Verletzten erheischt wird.

Auch kann bei leichten Körperverletzungen, welche mit solchen, oder bei Beleidigungen, welche mit Körperverletzungen auf der Stelle erwidert wurden, und ebenso im umgekehrten Fall für beide Teile oder für einen derselben auf eine leichtere Strafe erkannt oder sogen. Kompensation verfügt, d. h. von einer Bestrafung gänzlich abgesehen werden. Übrigens kann bei jeder K. zur Entschädigung für die etwa dadurch verursachte Arbeitsunfähigkeit, für Kurkosten c. auf eine an den Verletzten zugleich als Schmerzensgeld zu zahlende Buße bis zum Betrag von 6000 Mk. auf Antrag des Beschädigten erkannt werden. Nicht berührt wird hierdurch die Haftpflicht (s. b.) des Betriebsunternehmers in Ansehung derjenigen Körperverletzungen, welche bei dem Betrieb einer Eisenbahn, eines Bergwerks und andrer derartiger Unternehmungen durch Verschulden des Betriebspersonals verursacht wurden. Diese ist durch Reichsgesetz vom 7. Juni 1871 (Reichsgesetzblatt 1871, S. 207 ff.) normiert. Vgl. Deutsches Reichsstrafgesetzbuch, §§ 223—233; Reichsgesetz vom 26. Febr. 1876 (Novelle zum Strafgesetzbuch), betreffend die Abänderung von Bestimmungen des Strafgesetzbuchs und Ergänzungen desselben (Reichsgesetzblatt 1876, S. 25, 39 ff.); Militärstrafgesetzbuch für das Deutsche Reich, §§ 97—99, 122, 123, 127.

Korporál (franz. Caporal), Unteroffizier zur speziellen Aufsicht über eine kleine Abteilung Soldaten (Korporalschaft) hinsichtlich des innern Dienstes.

Korporation (lat.), Körperschaft, eine zu einem gemeinsamen Zweck vereinigte und vom Staat anerkannte Mehrheit von Personen; Korporationsrechte, die einer solchen Körperschaft verliehenen Rechte der juristischen Persönlichkeit (s. Verein).

Korps (franz., spr. tōhr), s. Corps.

Korreferent (neulat.), Mitberichterstatter.

Korrespondent (neulat.), jemand, mit dem man in Briefwechsel steht; Berichterstatter einer Zeitung, dessen Mitteilungen regelmäßig durch ein besonderes »Zeichen« gekennzeichnet sind (Korrespondenzen).

Korrespondentreeder, s. Reeder.

Korrespondenz (lat.), im publizistischen Verkehr gedruckte oder autographierte Mitteilungen, welche an die Zeitungsredaktionen versandt werden, um dieselben mit Stoff zu versehen und über die Haltung und die Anschauung einer Partei fortwährend auf dem Laufenden zu halten. So werden von Berlin aus namentlich folgende Korrespondenzen verschickt, die gewöhnlich nur mit den Anfangsbuchstaben citiert werden. Die »Nationalliberale Korrespondenz« (N. L. C.), Organ der nationalliberalen Partei, herausgegeben von Böttcher, sechsmal wöchentlich; »Klausners Korrespondenz«, fortschrittlich, sechsmal wöchentlich; »Freisinnige Korrespondenz«, Organ der deutschen Demokratie, herausgegeben von Gilles, sechsmal wöchentlich; »Liberale Korrespondenz« (L. C.), Organ der Sezessionisten, herausgegeben von Bartsch, sechsmal wöchentlich; »Parlamentarische Korrespondenz der Zentrumspresse« (C. P. C.), sechsmal wöchentlich; »Oldenbergs Korrespondenz«, redigiert von Oldenberg, an jedem Sitzungstag der Parlamentssession erscheinend; die Steinitzsche »Parlamentskorrespondenz«, ein kurzer Bericht (Rudolf Mosse); der »Parlamentsbericht des Berliner Tageblatts«, redigiert von Linden; »Matthias' Deutsche Reichskorrespondenz« (M. D. R. C.), ein konservatives Organ; die »Provinzialkorrespondenz« (P. C.), im litterarischen Büreau des preußischen Staatsministeriums des Innern redigiert, jeden Mittwoch erscheinend, Regierungsorgan, wird den Kreisblättern vielfach beigelegt; die »Freihandelskorrespondenz« (F. H. C.), herausgegeben von Brömel; die schutzzöllnerische »Deutsche volkswirtschaftliche Korrespondenz«, herausgegeben von Roëll 2c. Dazu zahlreiche Korrespondenzen, die aus andern Hauptstädten versandt werden.

An deutsche Zeitungen insbesondere werden gegenwärtig verschickt aus Konstantinopel: die »Orientalische Korrespondenz« von E. Flamm; aus Kopenhagen: Billes »Korrespondenz vom Sund«; aus London: Schlesingers »Englische Korrespondenz«, sechsmal wöchentlich, die »Londoner Wochenkorrespon-

benz« von H. Esser und »Englische Handelsnachrichten« von Jos. Schnitzler; aus Manchester: Simons »Technischer Wochenbericht«; aus Rom: die vom »Büreau Stefani« herausgegebenen »Italienischen Nachrichten«, sechsmal wöchentlich, und der »Italienische Kurier«, redigiert von F. K. Appel, sechsmal wöchentlich; aus Paris: außer der schon seit mehreren Jahrzehnten erscheinenden »Correspondance Havas« die »Französische Korrespondenz«, welche zwar von Frankreich selbst unabhängig redigiert wird, aber in Beziehungen zum deutschen Botschafter in Paris (Fürst Hohenlohe) steht; aus Petersburg: die »Russische Korrespondenz« und schließlich die »Schwedisch-norwegische Korrespondenz« aus Stockholm. Dazu kommt endlich noch eine andre Art von K., welche sich von den vorgenannten in der Herstellungsweise unterscheidet. Verschiedene Journalisten, die aus der Mitteilung gleichlautender Korrespondenzen an eine größere Anzahl von Redaktionen ein Gewerbe machen, bedienen sich zur Vervielfältigung des Durchschreibens oder Kalkierens. Zwischen die einzelnen Blätter, welche die K. darstellen, werden mit blauer oder schwarzer fetthaltiger Farbe bestrichene Blätter gelegt, die an den Stellen, wo der auf das oberste Blatt ausgeübte Druck des Blei- (oder Metall-, Achat-, Elfenbein-) Stifts sie trifft, Farbe abgeben. Man kann durch dieses Verfahren 8—10 Exemplare der K. auf einmal herstellen. Wie viele derartige »durchschriebene« Korrespondenzen augenblicklich Verbreitung finden, läßt sich nicht mit Sicherheit feststellen. Der fortschrittliche Abgeordnete Eugen Richter verschickt von Berlin wöchentlich einen oder zwei Leitartikel (meist über finanzpolitische oder volkswirtschaftliche Fragen) als derartig durchgeschriebene Korrespondenzen an eine Anzahl Zeitungen seiner Partei; und ebenso entsendet Moritz Gumbinner in Berlin täglich derartige Korrespondenzen, die meist Mitteilungen aus den preußischen Ministerien, dem Reichskanzleramt, dem Bundesrat, dem Reichstag enthalten.

Kossat (Kossäte), s. Kate.

Kote (Köter, Kotsasse), s. Kate.

Kottageſyſtem (ſpr. kottĕdſch-), die Sitte, den Arbeitern gegen Abzug eines Teils des Lohns Wohnung (engl. cottage, Hütte) zu gewähren, namentlich bei Bergwerken üblich.

Koupon (franz., ſpr. kupong, Kupon, Zinskoupon, Zinsſchein), die Empfangsbeſcheinigung über die Zinſen oder Dividenden, welche von dem Inhaber eines Staats- oder ſonſtigen Geldpapiers oder einer Aktie jeweilig am Verfalltag zu erheben ſind. Der K., welcher regelmäßig auf den Inhaber lautet, dient zugleich als Hebeſchein, d. h. als Legitimation zum Empfang der Zinſen oder der Dividende, indem nur gegen Abgabe desſelben gezahlt wird. Die Einlöſung des Koupons erfolgt regelmäßig bei beſtimmten Kaſſen; doch werden dieſelben auch von Bankiers eingelöſt, auch, wenn es ſich um ein gutes und bekanntes Papier handelt, im gewöhnlichen Verkehr wohl an Zahlungs Statt angenommen. Zu jeder Obligation oder Aktie werden gewöhnlich auf eine beſtimmte Reihe von Jahren hinaus die Koupons mit abgegeben. Der dieſelben enthaltende Bogen heißt Zinsbogen, welchem zumeiſt eine ſogen. Zinsleiſte (Talon) beigegeben iſt, d. h. eine Beſcheinigung, gegen deren Abgabe nach Auszahlung der Zinsſcheine ein neuer Zinsbogen verabfolgt wird.

Kraftloserklärung, ſ. Aufgebot.

Kredit (ital. Crédito, franz. Crédit), das Vertrauen, welches jemand im Hinblick auf ſeine Zahlungsfähigkeit genießt; daher Kreditfähigkeit, diejenigen Eigenſchaften, welche dies Vertrauen rechtfertigen. Derjenige, welcher jenes Vertrauen in Anſpruch nimmt, wird Kreditnehmer, der, welcher es gewährt, Kreditgeber genannt. Iſt der K. durch Pfand oder Hypotheken gedeckt, ſo ſpricht man von Realkrebit, im Gegenſatz zum Perſonalkredit, worunter die übrigen Formen zuſammengefaßt werden, alſo namentlich der K., welcher mit Rückſicht auf Wechſel, Schuldſcheine und Bürgſchaft gewährt wird. Handelt es ſich um einen K., der lediglich das perſönliche Vertrauen zur Baſis hat, ſo ſpricht man von einem Blankokrebit. Inſtitute, welche den Zweck haben,

K. zu vermitteln, d. h. K. zu geben und zu nehmen, werden Kreditanſtalten genannt. Dahin gehören namentlich die Banken (ſ. b.), die Kreditvereine und Kreditgenoſſenſchaften (ſ. Genoſſenſchaften), die Grund- und Bodenkreditanſtalten, Hypothekenbanken, Leihhäuſer, Darlehnskaſſen und Sparkaſſen. Kreditbriefe ſind Anweiſungen, durch welche der Ausſteller, gewöhnlich ein Bankier, eine andre Perſon ermächtigt, bei dem Adreſſaten Geld zu erheben. Derartige Kreditbriefe, welche man ſich namentlich beim Antritt einer Reiſe ausſtellen läßt, ſind entweder nur an eine Perſon (einfacher Kreditbrief) oder an mehrere gerichtet (Zirkularkreditbrief). Kreditpapiere, ſchriftliche Urkunden, ausgeſtellt über eine Geldſchuld und zur Zirkulation anſtatt baren Geldes beſtimmt, wie Banknoten, Inhaber-, Ordrepapiere u. dgl. Vgl. Knies, Der K. (1876).

Kreditiv (lat.), Beglaubigungsſchreiben, beſonders das der Geſandten, welches ſie dem fremden Souverän in feierlicher Audienz überreichen.

Kreditor (lat.), Gläubiger.

Kreis, Abteilung eines Landes, ſ. v. w. Bezirk. So war das frühere Deutſche Reich zum Zweck der Erhaltung des Landfriedens und zu militäriſchen Zwecken in zehn Kreiſe eingeteilt, nämlich in den bayriſchen, burgundiſchen, fränkiſchen, kurrheiniſchen, kurſächſiſchen, niederſächſiſchen, oberrheiniſchen, öſterreichiſchen, ſchwäbiſchen und weſtfäliſchen K. Heutzutage ſind der Umfang und die Bedeutung der Kreiſe in den einzelnen Ländern verſchieden. In Öſterreich bilden die Kreiſe die Unterabteilungen der einzelnen Kronländer und zerfallen dann wiederum in Bezirksämter, welche den Kreisbehörden (Kreispräſidenten und Kreisräten) unterſtellt ſind.

[**Preußen.**] In Preußen zerfallen die Provinzen in Regierungsbezirke und dieſe in Kreiſe, entſprechend den franzöſiſchen Arrondiſſements. An der Spitze des Kreiſes ſteht der Landrat, während in der Provinz Hannover der frühere Amtstitel Kreishauptmann beibehalten worden iſt. Kreisverfaſſung und Kreisverwaltung

21*

sind burch Kreisordnungen, umfassende Gesetze mit den zugehörigen Instruktionen, georbnet. In Preußen ist burch die Kreisordnung vom 13. Dez. 1872, welche jedoch zunächst nur für die Provinzen Preußen, Brandenburg, Pommern, Posen, Schlesien und Sachsen Geltung hat, der Schwerpunkt der Verwaltung aus den Bezirksregierungen heraus in die Kreise verlegt worden. Die Selbstverwaltung, welche nach englischem Vorbild (Self-government) ben Kreisen übertragen ist, wird burch bie amtlichen Organe derselben ausgeübt. Diese sind der Kreistag (Kreisversammlung) und der Kreisausschuß. Letzterer, aus sechs vom Kreistag gewählten Mitgliedern unter dem Vorsitz des Landrats bestehend, bilbet ben Mittelpunkt der Selbstverwaltung des Kreises, indem ihm als Organ der Kreiskorporation die Verwaltung der Kreiskommunalangelegenheiten, als Organ des Staats die Wahrnehmung von Geschäften der allgemeinen Landesverwaltung obliegt. Zu ben letztern gehören bic armen=, wege=, felb=, gewerbe=, bau= und feuerpolizeilichen und die Dismembrationsangelegenheiten, die Gemeindesachen, insbesondere das Schulwesen der Landgemeinden, die Angelegenheiten der öffentlichen Gesundheitspflege und die Aufstellung der Geschwornen=Urlisten. Als Kommunalbehörde liegen dem Kreisausschuß die Ernennung und Beaufsichtigung der Kreisbeamten, die Vorbereitung und Ausführung der Beschlüsse des Kreistags und die Erledigung der Kreisangelegenheiten überhaupt ob. Der Kreistag besteht mindestens aus 25 Mitgliedern, die teils von ben städtischen Behörden, teils von ben Landgemeinben und teils von ben größern Grundbesitzern des Kreises gewählt werden. Die Beschlüsse desselben, welche durch das Kreisblatt veröffentlicht werden, beziehen sich auf die Kreisangelegenheiten, Festftellung des Kreishaushaltsetats und der Kreisabgaben, Repartition der Staatsleistungen, welche »kreisweise« aufzubringen sind, Wahl des Kreisausschusses, Begutachtung von Staatsangelegenheiten u. dgl. Auch auf dem Kreistag führt der Landrat den

Vorsitz; zu seiner etwaigen Vertretung auf dem Kreistag und im Kreisausschuß werden zwei Kreisbeputierte vom Kreistag gewählt, sonst vertritt ihn der Kreissekretär vorübergehend. Der Landrat selbst wird vom König ernannt, doch kann der Kreistag geeignete Personen aus ber Zahl ber Grundbesitzer des Kreises für eine erledigte Stelle in Vorschlag bringen. Der Landrat führt als Organ der Staatsregierung die Geschäfte der allgemeinen Landesverwaltung im K. und leitet als Vorsitzender des Kreistags und des Kreisausschusses bie Kommunalverwaltung des Kreises. Vgl. Kreisordnung vom 13. Dez. 1872 nebst Wahlreglement und Anhang, enthaltend bie zur Ausführung ergangenen Gesetze, Instruktionen und Ministerialverfügungen (1875). Für bie neupreußischen Landesteile sind vorerst besondere Kreisordnungen, welche den bort bestehenden Verhältnissen möglichst Rechnung tragen, erlassen worden, so bie Kasseler vom 9., bie hannöversche vom 12., bie schleswig=holsteinische vom 22. und bie Wiesbadener Kreisordnung vom 26. Sept. 1867.

[Bayern.] Das bayrische Staatsgebiet ift zum Zweck der Verwaltung in Kreise mit Kreisregierungen an ber Spitze eingeteilt, welch letztere wiederum in Verwaltungsdistrikte zerfallen, die ben Bezirksämtern unterstellt sind. Jeder bayrische Regierungsbezirk bilbet eine Kreisgemeinde mit einem Organ der Selbstverwaltung, welches die Bezeichnung »Landrat« führt, während der Kommunalverband des Distrikts als Distriktsgemeinde bezeichnet und von einem Distriktsrat vertreten wird. Dieser Distriktsrat setzt sich nach dem Gesetz vom 28. Mai 1852, die Distriktsräte betreffend, aus Großgrundbesitzern und aus Abgeordneten der Gemeinden zusammen, zu denen noch ein Vertreter des Fiskus (Staatsärars) hinzutritt, wenn der letztere bei Ausschreibung von Umlagen mitbeteiligt ist. Der Landrat (Gesetz vom 28. Mai 1852), der sich aus ben Vertretern der Distriktsräte, der größern Städte, der Großgrundbesitzer, der Geistlichen und der

Universitäten zusammensetzt, wählt einen Landratsausschuß, ebenso wie der Distriktsrat einen Distriktsausschuß von sechs Mitgliedern zum Zweck der laufenden Verwaltung erwählt.

[Sachsen.] Das Königreich Sachsen zerfällt in vier Regierungsbezirke oder Kreishauptmannschaften, welch letztere wiederum in Amtshauptmannschaften eingeteilt sind. Jede Amtshauptmannschaft, an deren Spitze ein Amtshauptmann steht, bildet einen Bezirksverband, welcher durch die Bezirksversammlung vertreten wird. Diese setzt sich aus den Vertretern der Höchstbesteuerten und der Stadt- und Landgemeinden zusammen. Die Bezirksversammlung erwählt den Bezirksausschuß. Für den K. dagegen, an dessen Spitze der Kreishauptmann steht, ist ein Kreisausschuß vorhanden, dessen Mitglieder von den einzelnen Bezirksversammlungen und von den unmittelbaren Städten des Kreises erwählt werden. Dieser Kreisausschuß ist zugleich dem Bezirksausschuß als Rekursinstanz übergeordnet.

[Württemberg.] Das Königreich Württemberg zerfällt in vier Kreise, welche unter Kreisregierungen stehen. Diesen sind dann die Oberämter untergeordnet mit Oberamtmännern an der Spitze, denen in den Amtsversammlungen kommunale Vertretungen der Bezirke zur Seite stehen.

[Baden.] Das Großherzogtum Baden zerfällt in Bezirke mit Bezirksämtern, doch können mehrere Bezirke unter dem Namen K. zu einem Kommunalverband vereinigt werden. Der K. wird durch eine Kreisversammlung vertreten, die einen Kreisausschuß erwählt. Die Verwaltung des Bezirks aber wird von dem Bezirksamtmann wahrgenommen, welchem ein Bezirksrat zur Seite steht.

[Hessen.] Das Großherzogtum Hessen ist in drei Provinzen eingeteilt, an deren Spitze ein Provinzialdirektor steht. Die Provinz zerfällt in Kreise, welche einem Kreisamt mit einem Kreisrat als Vorsteher unterstehen. Die kommunale Vertretung der Kreise sind die Kreis-

tage, zusammengesetzt aus Vertretern der Höchstbesteuerten und der Gemeinden. Aus den Kreistagen gehen dann die Provinzialtage hervor. Der Kreisrat und sechs gewählte Mitglieder bilden den Kreisausschuß, der Provinzdirektor und acht gewählte Mitglieder den Provinzialausschuß.

[Kleinere Staaten.] In den Herzogtümern Braunschweig und Anhalt sowie im Fürstentum Waldeck bestehen Kreise mit Kreisdirektoren, in Waldeck mit Kreisamtmännern, indem die kommunalen Interessen der Kreise durch Kreisversammlungen, welche einen Kreisausschuß erwählen, wahrgenommen werden. In verschiedenen thüringischen Staaten, nämlich in Sachsen-Weimar (Bezirke mit Bezirksdirektoren), Sachsen-Meiningen (Kreise mit Landräten), Schwarzburg-Sondershausen (Landratsämter) und Reuß jüngere Linie (Landratsämter), bestehen keine Kreis- oder Bezirksversammlungen, sondern lediglich Bezirks- oder Kreisausschüsse, in Reuß ältere Linie ein Landesausschuß.

Kreuzverhör (engl. Cross-examination), im englischen Prozeßrecht, wonach die Zeugen vor Gericht von den Parteien selbst verhört werden, die Befragung des Zeugen durch die Gegenpartei, im Gegensatz zum Hauptverhör (examination in chief) des Zeugen durch die Partei, welche ihn benannt hat. Aus dem englischen in das französische Recht übergegangen, hat das K. von da auch im deutschen Prozeßrecht Eingang gefunden, insofern nämlich, als der Vorsitzende den Parteien bei der Zeugenvernehmung gestatten kann und den Anwälten auf Verlangen gestatten muß, an den Zeugen unmittelbar Fragen zu richten (deutsche Zivilprozeßordnung, § 362). Im Strafverfahren kann die Vernehmung der von der Staatsanwaltschaft und von dem Angeklagten benannten Zeugen und Sachverständigen der Staatsanwaltschaft und dem Verteidiger auf deren übereinstimmenden Antrag von dem Vorsitzenden überlassen werden. Bei den von der Staatsanwaltschaft benannten Zeugen und Sachverständigen hat diese, bei den vom Angeklagten benannten der Verteidiger in erster Reihe das Recht zur Vernehmung. Der Vorsitzende hat den beisitzenden Richtern auf Verlangen zu gestatten, Fragen an die Zeugen und Sachverständigen zu stellen. Dasselbe hat der Vorsitzende der Staatsanwaltschaft, dem Angeklagten und dem Verteidiger sowie den Schöffen und den Geschwornen zu gestatten (deutsche Strafprozeßordnung, §§ 238 f.).

Kridar (lat.), s. Gemeinschuldner.

Krieg, Kampf zwischen Völkern und Staaten, auch wohl zwischen verschiedenen Parteien ein und desselben Staats (Bürgerkrieg). Je nach dem Charakter und nach dem Zweck eines Kriegs unterscheidet man verschiedene Arten der Kriege, wie Volkskrieg, die kriegerische Erhebung zur Wahrung nationaler Interessen und Güter; Kabinettskrieg, der aus dynastischen Interessen oder aus bloßen Eroberungsgelüsten unternommene K.; dazu kommen: Erbfolge-, Eroberungs-, Invasions-, Religions-, Unabhängigkeits-, Verteidigungskriege ꝛc. Namentlich wird mit Rücksicht auf die Art und Weise der Kriegführung zwischen Angriffs- (Offensiv-) und Verteidigungs- (Defensiv-) K. sowie zwischen großem und kleinem K. unterschieden, welch letzterer Guerillakrieg genannt wird, wenn das Volk selbst sich daran beteiligt. Nach dem Kriegsschauplatz und nach den dabei in Anbetracht kommenden Objekten wird zwischen Land- und Seekrieg, Gebirgs-, Küsten-, Festungs-, Feldkrieg ꝛc. unterschieden.

Kriegsartikel, kurze Pflichtenlehre für den Soldaten mit Angabe der Strafen, womit ein pflichtwidriges Handeln bedroht ist. Für das deutsche Kriegsheer sind die K. durch allerhöchste Verordnung vom 31. Okt. 1872 veröffentlicht mit der Bestimmung, daß dieselben bei jeder Kompanie, Schwadron und Batterie alljährlich mehrmals sowie auch einem jeden neu eintretenden Soldaten vor der Ableistung des Soldateneids langsam und deutlich vorgelesen werden sollen. Den der deutschen Sprache nicht kundigen Personen sind die K. in ihrer Muttersprache in der nötigen Übersetzung vorzulesen.

Kriegsdienst, s. Wehrpflicht.

Kriegserklärung, die Ankündigung der Aufhebung des Friedenszustands zwischen zwei Mächten, im Mittelalter »Absagung« genannt. An die Stelle der in frühern Jahrhunderten üblichen Förmlichkeiten, z. B. der feierlichen Kriegserklärung durch Herolde, ist in neuerer Zeit der Abbruch der resultatlos gebliebenen Unterhandlungen und des diplomatischen Verkehrs getreten, welcher äußerlich durch die Abberufung der Gesandten dargethan wird. Außerdem pflegt man in der Regel ein förmliches Kriegsmanifest zu erlassen, welches dem eignen Volk, dem Feind und den neutralen Mächten die Veranlassung des Kriegs darlegen soll. Zuweilen erfolgt die K. auch in bedingter Form, indem eine letzte Frist (Ultimatum) zur Erfüllung derjenigen Forderungen, von denen unter keinen Umständen abgegangen werden könne, gesetzt wird, nach deren fruchtlosem Ablauf die Feindseligkeiten beginnen würden.

Kriegsflotte, s. Marine.

Kriegsformation, die Zusammensetzung und Einrichtung mobiler Truppen sowie die bei einer Mobilmachung neu aufgestellten Truppenteile.

Kriegsfuß, Zustand eines Heers und eines einzelnen Truppenkörpers, bereit zur Eröffnung kriegerischer Feindseligkeiten.

Kriegsgebrauch (Kriegsmanier, Kriegsräson), Inbegriff desjenigen, was im Krieg üblich und völkerrechtlich erlaubt ist.

Kriegsgefangene, in alten Zeiten vielfach auf die schrecklichste Weise behandelt, oft getötet und in die Sklaverei geführt, mußten sich noch im Dreißigjährigen Krieg durch ein Lösegeld (Ranzion) loskaufen. Nach modernem Völkerrecht erhalten K. alsbald mit dem Friedensschluß ihre volle Freiheit wieder; während des Kriegs dürfen sie zu Kriegsdiensten gegen ihr eignes Land nicht gezwungen werden. Die Kriegsgefangenen behalten ihr Privateigentum mit Ausnahme der Waffen, welche ihnen abgenommen werden; doch wird Offizieren zuweilen der Degen gelaſſen. Sie werden regelmäßig im Feindesland interniert, auch wohl unter beſondern Umſtänden gegen die Verpflichtung, innerhalb einer beſtimmten Zeit nicht gegen die betreffende Regierung zu dienen, entlaſſen oder bei Gelegenheit ausgewechſelt, wobei der militäriſche Grad entſcheidend iſt, indem Grad und Grad ausgewechſelt werden.

Kriegsgericht, ſ. Militärgerichts=barkeit.

Kriegsgeſetze, die im Militärſtrafgeſetzbuch für ſtrafbare Handlungen im Feld gegebene Vorſchriften (ſ. Militär=verbrechen).

Kriegskonterbande, ſ. Konter=bande.

Kriegsleiftungen, diejenigen Leiſtun=gen, welche für die mobile Truppenmacht eines Landes von deſſen Angehörigen be=anſprucht werden. Da nämlich durch die Mobilmachung der Barvorrat des Staats ungemein in Anſpruch genommen und dadurch eine ſehr bedeutende Steige=rung der Preiſe hervorgerufen wird, und weil zudem der Ankauf der nötigen Ver=pflegungsmittel oft mit großen Weitläu=figkeiten und Schwierigkeiten verknüpft ſein würde, ſo hat man, namentlich in Preußen, ſchon ſeit längerer Zeit das Syſtem der Naturalleiſtungen und Natu=rallieferungen eingeführt. Jetzt iſt das=ſelbe für das Deutſche Reich durch das Geſetz vom 13. Juni 1873 über die K. (Reichsgeſetzblatt 1873, S. 129 ff.) gere=gelt. Nach dieſem ſollen die K. nur einen ſubſidiären Charakter haben, d. h. nur in=ſoweit in Anſpruch genommen werden, als für die Beſchaffung der Bedürfniſſe nicht anderweitig, insbeſondere nicht durch freien Ankauf, Barzahlung und Ent=nahme aus den Magazinen, geſorgt wer=den kann. Auch wird für die K. regel=mäßig eine Entſchädigung aus Reichsmit=teln gewährt; nur Naturalquartier und Stallung ſind unentgeltlich zu beſchaffen, wofern es ſich nicht um die zur Beſatzung des Orts gehörigen Truppenteile oder um Erſatztruppen in ihren Standquar=tieren handelt. Für dieſe wird, ebenſo wie für die Naturalverpflegung der Trup=pen, nach den für den Friedenszuſtand

geltenden Sätzen Entſchädigung gewährt (ſ. Einquartierung). Die Verpflich=tung zu K. liegt zunächſt den Gemeinden ob, welche ſich dann wiederum an die ein=zelnen Leiſtungspflichtigen halten, zu welch letztern aber die Ausländer, welche ſich in dem Gemeindebezirk aufhalten, nicht zu rechnen ſind. Gegenſtand und Umfang der K. wird auf Requiſition der Militär=behörden durch die zuſtändigen Zivilbe=hörden beſtimmt, und zwar gehören außer Naturalquartier und Naturalverpfle=gung noch die überlaſſung von Trans=portmitteln und Geſpannen für militäri=ſche Zwecke, Stellung von Mannſchaften als Geſpannführer, Wegweiſer und Bo=ten ſowie zum Weg=, Eiſenbahn= und Brückenbau u. dgl., ferner die überweiſung der für den Kriegsbedarf erforderlichen Grundſtücke, Gebäude und Materialien, ſodann die Gewährung von Feuerungs=material und Lagerſtroh für Lager und Biwak und überhaupt der ſonſtigen Dienſte und Gegenſtände, deren Leiſtung und Lieferung das militäriſche Intereſſe erfordern macht, insbeſondere von Be=waffnungs= und Ausrüſtungsgegenſtän=den, von Arznei= und Verbandmitteln, ſoweit ſolche in dem Gemeindebezirk vor=handen, hierher. Für gewiſſe K., nämlich für die Lieferung des Bedarfs an lebendem Vieh, Brotmaterial, Hafer, Heu und Stroh, kann durch Beſchluß des Bundesrats an Stelle der Gemeindelieferungen die Ver=pflichtung größerer Lieferungsver=bände zur Füllung der Kriegsmagazine angeordnet werden. Solche K. werden Landlieferungen genannt. Die Lie=ferungsverbände ſind thunlichſt im An=ſchluß an die beſtehenden Kreiſe oder an die ſonſtige Bezirkseinteilung zu bilden. Nur ausnahmsweiſe werden dagegen ein=zelne Perſonen ohne Vermittelung der Gemeinden oder Lieferungsverbände direkt zu K. herangezogen, nämlich die Beſitzer von Schiffen und Fahrzeugen, welche die=ſelben auf Erfordern der Militärverwal=tung zu Kriegszwecken gegen Vergütung zur Verfügung ſtellen müſſen, und ebenſo die Pferdebeſitzer zur Beſchaffung und Er=haltung des kriegsmäßigen Pferdebedarfs. Bei der ſtrategiſchen Bedeutung der Eiſen=

bahnen ſind endlich den Verwaltungen dieſer beſondere Verpflichtungen auferlegt; ſie ſind nämlich nicht nur verpflichtet, die für die Beförderung von Mannſchaften und Pferden erforderlichen Ausrüſtungsgegenſtände der Eiſenbahnwagen vorrätig zu halten, ſondern haben auch gegen Vergütung die nötigen Militärtransporte zu beſorgen und ihr Perſonal und Material zu militäriſchen Zwecken verfügbar zu ſtellen, wie ſie überhaupt gehalten ſind, in Anſehung des geſamten Bahnbetriebs den Anordnungen der Militärbehörden Folge zu leiſten. Alle andern Vermögenseinbußen, welche nicht durch derartige Anordnungen der Zivil- und Militärbehörden, ſondern außerdem durch die militäriſchen Maßregeln der eignen oder der feindlichen Truppen hervorgerufen werden, fallen nicht unter den Begriff der K., ſondern unter den der Kriegsſchäden, beren etwaige Entſchädigung nach dem Kriegsleiſtungsgeſetz auf Grund eines jedesmaligen Spezialgeſetzes des Reichs erfolgen ſoll. S. Kriegsſchaden. Vgl. Seydel, Das Kriegsweſen des Deutſchen Reichs, in Hirths »Annalen«, S. 1050 ff. (1874).

Kriegsmanifeſt, ſ. Kriegserklärung.

Kriegsmarine, ſ. Marine.

Kriegsminiſterium, ſ. Miniſter.

Kriegsräſon, ſ. Kriegsgebrauch.

Kriegsrat, Verſammlung von Offizieren, welche in beſonders ſchwierigen Fällen vom Kriegsherrn oder von einem Führer zu gemeinſamer Beratung zuſammengerufen wird; auch Titel eines Beamten im Kriegsminiſterium.

Kriegsrecht, diejenigen Grundſätze, nach welchen ſich im Fall eines Kriegs die rechtlichen Beziehungen zwiſchen den feindlichen Staaten und ihren Angehörigen beſtimmen. Dahin gehört namentlich das ſogen. Beuterecht (ſ. Beute). Im allgemeinen iſt das K. der Neuzeit ein viel milderes als das früherer Jahrhunderte; die Grundſätze der Humanität haben ſich mehr und mehr Geltung verſchafft, und namentlich in Anſehung der nicht zur aktiven Armee gehörigen Unterthanen und ihres Privateigentums ſind die Här

ten des Kriegs vielfach gemildert worden; auch hat die ſogen. Genfer Konvention (ſ. b.) zur Milderung der Schrecken des Kriegs nicht wenig beigetragen. Vgl. Völkerrecht. Zuweilen wird der Ausdruck K. auch gleichbedeutend mit Kriegsgericht gebraucht.

Kriegsſchaden, jede Vermögenseinbuße, welche während eines Kriegs dem einzelnen durch Maßregeln der feindlichen Macht erwächſt, ſei es unmittelbar, wie z. B. durch Beſchießung, Blockade, Plünberung, oder mittelbar durch die Gegenoperation der eignen Truppen ſelbſt. Den Gegenſatz bilden die ſogen. Kriegsleiſtungen (ſ. b.), welche für die mobile Truppenmacht des Staats von deſſen Angehörigen ſeitens der zuſtändigen Behörden in Anſpruch genommen werden. Für letztere wird regelmäßig eine Vergütung gewährt, während der K., als rein zufälliger Natur, an und für ſich nicht erſetzt wird. Das deutſche Reichsgeſetz vom 13. Juni 1873 über die Kriegsleiſtungen (Reichsgeſetzblatt 1873, Nr. 15, S. 129 ff.) enthält jedoch (§ 95) die Beſtimmung, daß Umfang und Höhe der für Kriegsſchäden etwa zu gewährenden Entſchädigung und das Verfahren bei Feſtſtellung derſelben durch ein jedesmaliges Spezialgeſetz des Reichs geregelt werden ſollen, wie dies auch nach dem deutſch-franzöſiſchen Krieg durch eine Reihe von Geſetzen geſchehen iſt.

Kriegsſchatz, ſ. Reichskriegsſchatz.

Kriegsverrat, im deutſchen Militärſtrafgeſetzbuch Bezeichnung für verbrecheriſche Handlungen, deren ſich eine Perſon des Soldatenſtands ſchuldig macht, um einer feindlichen Macht Vorſchub zu leiſten oder den deutſchen oder verbündeten Truppen Nachteil zuzufügen. Dahin gehören z. B. folgende Fälle: wenn eine Militärperſon Feſtungen, Päſſe, beſetzte Plätze oder andre Verteidigungspoſten, oder deutſche oder verbündete Truppen, oder einzelne Offiziere oder Soldaten in feindliche Gewalt bringt; wenn eine Perſon des Soldatenſtands dem Feind als Spion dient oder feindliche Spione aufnimmt, verbirgt oder ihnen Beiſtand leiſtet; wenn eine ſolche Wege oder Telegraphenanſtalten zerſtört oder unbrauchbar macht, das Geheimnis des Postens, das Feldgeschrei oder die Losung verrät, einen Dienstbefehl ganz oder teilweise unausgeführt läßt oder eigenmächtig abändert, feindliche Aufrufe oder Bekanntmachungen im Heer verbreitet, feindliche Kriegsgefangene freiläßt u. dgl. Die Strafe ist in diesen Fällen die Todesstrafe und in minder schweren Fällen Zuchthausstrafe. Auch wird derjenige, welcher im Feld einen Landesverrat begeht, wegen Kriegsverrats mit Zuchthaus nicht unter 10 Jahren oder mit lebenslänglichem Zuchthaus bestraft (s. Landesverrat). Schon die bloße Verabredung mehrerer zu einem K. wird mit Zuchthaus nicht unter 5 Jahren und das Unterlassen der Anzeige eines kriegsverräterischen Vorhabens als Teilnahme an diesem bestraft. Dagegen tritt für den an dem Vorhaben eines Kriegsverrats Beteiligten Straflosigkeit ein, wenn er zur Verhütung desselben rechtzeitig Anzeige macht. Vgl. Militärstrafgesetzbuch für das Deutsche Reich vom 20. Juni 1872, §§ 57 ff.

Kriegszustand (Kriegsstand, franz. État de guerre), der mit der Kriegserklärung (s. b.) eintretende Zustand eines Staats und seiner Angehörigen, und zwar pflegt man zwischen aktivem und passivem K. zu unterscheiden. Ersteren bezeichnet die Stellung der zur Truppenmacht des Staats Gehörigen, welche unmittelbar den feindlichen Angriffen ausgesetzt sind, während nach modernem Völkerrecht Person und Eigentum der Nichtkombattanten nur mittelbar (passiver K.) durch die eröffneten Feindseligkeiten berührt und auch von dem Feind, solange die Betreffenden sich an der feindlichen Aktion nicht beteiligen, respektiert werden. Nach französischem Vorgang bezeichnet man mit K. aber auch überhaupt den Ausnahmezustand, welcher bei Bedrohung der öffentlichen Sicherheit durch äußere oder innere Feinde einzutreten pflegt. Den Gegensatz dazu bildet einerseits der Friedenszustand (état de paix), in welchem Zivil- und Militärbehörden je in ihrem Kompetenzkreis thätig sind, anderseits der Belagerungszustand (état de siège), in welchem die öffentliche Autorität lediglich auf die Militärbehörden übertragen wird; der K. ist die Voraussetzung des Belagerungszustands (s. b.). Der K. tritt nach vorgängiger ausdrücklicher Erklärung des Staatsoberhaupts, in Deutschland (nach Art. 68 der Reichsverfassung) des Kaisers, ein. Wichtigere polizeiliche Maßregeln bedürfen alsdann der Zustimmung der Militärbehörde; auch tritt beim Hochverrat, Kriegs- und Landesverrat und bei gemeingefährlichen Verbrechen (Brandstiftung u. dgl.) die Todesstrafe an die Stelle lebenslänglicher Zuchthausstrafe; endlich treten für Militärpersonen die Kriegsgesetze oder Kriegsartikel (s. b.) in Kraft. S. Einführungsgesetz zum Reichsstrafgesetzbuch, § 4; Militärstrafgesetzbuch für das Deutsche Reich vom 20. Juni 1872, § 9.

Kriminalgerichtsbarkeit, s. Gericht.
Kriminalrecht, s. Strafrecht.
Kroatien, Königreich (s. Österreich-Ungarn).
Krone (lat. Corōna), kranzförmiger Kopfschmuck für fürstliche Personen, seit alter Zeit das äußere Symbol der Herrscherwürde. Die K. besteht regelmäßig aus einem goldnen Streifen mit verschiedenen Verzierungen und darüber Blätter oder Zacken, Kreuze, Bogen, auf denen meist ein Reichsapfel ruht. Die kaiserlichen Kronen sind regelmäßig geschlossen und zwar durch 3—8 Bügel. Ähnlich sind die Königskronen, welche jetzt auch von andern Fürsten als Wappenzeichen geführt werden. In der Heraldik kommen aber auch Herzogs-, Grafen-, Freiherrn- ꝛc. Kronen vor. Die päpstliche K. (Tiara) besteht aus drei goldnen Reifen, welche eine hohe Mütze mit purpurroten, blauen und grünen Streifen umgeben. — Figürlich wird mit K. auch der Träger derselben, der Monarch, und dann die Staatsregierung bezeichnet, indem man z. B. von den Rechten der K. u. dgl. spricht. — K. ist auch die Bezeichnung gewisser Münzen, z. B. für das deutsche Zehnmarkstück. Das Zwanzigmarkstück heißt Doppelkrone.

Kronländer, Bezeichnung für die Erbländer eines fürstlichen Hauses, namentlich in Österreich vor dem ungarischen

Ausgleich Bezeichnung für die mit der Krone erblich verbundenen Länder: Böhmen, Mähren, Galizien, Kroatien, Slawonien und Siebenbürgen, welche bis dahin eine eigne Verfassung und Verwaltung hatten. Die drei letztgenannten gehören jetzt mit zu Ungarn und werden mit diesem zusammen als die Länder der ungarischen Krone bezeichnet. S. Österreich.

Kronprinz, bei kaiserlichen und königlichen Regentenhäusern Titel des präsumtiven Thronerben.

Krönung, die feierliche Einsetzung des Monarchen unter Bekleidung desselben mit den Insignien seiner Würde, insbesondere mit der Krone (s. b.). Heutzutage sind die förmlichen Krönungen mehr und mehr außer Gebrauch gekommen, indem die Huldigung (s. b.) an ihre Stelle getreten ist. Die K. des ersten Königs von Preußen 18. Jan. 1701 ist um deswillen bemerkenswert, weil dieser König sich selbst und dann seiner Gemahlin die Königskrone aufsetzte. Ebenso hat sich König Wilhelm I. von Preußen 18. Okt. 1861 die vom Altar genommene Krone in Königsberg selbst aufgesetzt. Die K. der Kaiser von Rußland findet in Moskau statt. Besonders eigentümlich ist die K. der Könige von Norwegen in der alten Krönungsstadt Drontheim sowie die des Königs von Ungarn, welche zum letztenmal 8. Juni 1867 stattfand. Vgl. Waitz, Die Formeln der deutschen Königs- und der römischen Kaiserkrönung (1873).

Kubikmeter (Kubikstab), s. Meter.

Kulturkampf, der Kampf zwischen Staat und katholischer Kirche in Preußen seit 1872, von Virchow als Kampf für, von den Ultramontanen spöttisch als Kampf gegen die Kultur bezeichnet. Ebenso wird von ihnen als Kulturkämpfer derjenige bezeichnet, welcher besonders eifrig für die Wahrung der staatlichen Autorität gegenüber der römischen Kurie eintritt (s. Kirchenpolitik).

Kultus (lat.), Pflege, Verehrung, namentlich religiöse Verehrung, oft auch in tadelndem Sinn zur Bezeichnung eines übermaßes menschlicher Verehrung gebraucht, z. B. Bismarck-Kultus u. dgl. In der Staatsverwaltung versteht man unter

K. alles, was die Geistesbildung (Kultur, Kulturpflege) des Volks anbetrifft; daher Kultusministerium, die zur Beaufsichtigung, Förderung und Leitung der geistigen Kulturmittel eines Landes bestellte oberste Staatsbehörde. In den kleinern Staaten ist diese Thätigkeit regelmäßig einer Abteilung (Department) des Ministeriums zugewiesen, während in großen Staaten ein besonderer Minister des K. fungiert; so in Preußen der Minister für geistliche, Unterrichts- und Medizinalangelegenheiten; in Österreich der Minister für K. und Unterricht; in Bayern der Staatsminister des Innern für Kirchen- und Schulangelegenheiten; in Sachsen der Minister des K. und öffentlichen Unterrichts; in Württemberg der Staatsminister des Kirchen- und Schulwesens 2c.

Kupon (franz.), s. Koupon.

Kuppelei, s. Unzuchtsverbrechen.

Küraffiere (frz. Cuirassiers), schwere, mit Kürassen versehene Reiter, mit Pallasch und Pistolen oder Karabinern bewaffnet; Kopfbedeckung der Stahlhelm; in Österreich und Bayern ganz abgeschafft.

Kurator (lat.), der ständige rechtliche Vertreter einer Person, insbesondere der Zustandsvormund eines ganz oder teilweise Handlungsunfähigen, z. B. eines Wahnsinnigen oder eines notorischen Verschwenders; dann der mit der Wahrnehmung der Interessen eines Instituts, z. B. einer öffentlichen Kasse, einer Stiftung, Betraute, insbesondere der zur Beaufsichtigung einer Universität berufene höhere Staatsbeamte. Kuratel, das Amt des Kurators.

Kurerzkanzler, s. Kurfürsten.

Kurfürsten, im frühern Deutschen Reich diejenigen Reichsfürsten, welchen das Recht zustand, den Kaiser zu wählen (zu »küren«), und die ebendarum K. (Wahlfürsten) hießen. Die Goldne Bulle Kaiser Karls IV. setzte ihre Zahl auf sieben fest, und zwar wurden in diesem Reichsgrundgesetz drei geistliche (Mainz, Köln und Trier) und vier weltliche K. (Böhmen, Rheinpfalz, Sachsen und Brandenburg) als solche anerkannt. Im Westfälischen Frieden 1648 wurde für das rheinpfälzische

Haus, dessen Kurwürde infolge der Äch=
tung Friedrichs V. von der Pfalz 1623 an
Bayern gekommen war, eine achte Kur=
würde begründet, indem man Bayern im
Besitz der überkommenen Kur beließ. Diese
achte Kurwürde fiel aber' später wieder
hinweg, als Bayern 1777 durch das Aus=
sterben der dort regierenden Wittelsbacher
Linie an Kurpfalz kam, so daß sich die
bayrische und pfälzische Kurwürde verei=
nigten. Ferner ward 1692 auch an Braun=
schweig-Lüneburg eine (damals) neunte
Kurwürde verliehen. Im Lüneviller Frie=
den wurde das ganze linke Rheinufer an
Frankreich abgetreten, und damit hörten
die Kurstimmen von Trier und Köln auf,
während die Kurwürde des Erzbischofs
von Mainz erhalten blieb; derselbe wurde
mit Aschaffenburg und Regensburg ent=
schädigt, verlegte seine Residenz nach
Regensburg und führte nunmehr den
Titel Kurfürst-Reichserzkanzler.
Der Reichsdeputationshauptschluß vom
25. Febr. 1803 aber begründete sodann noch
die Kurwürden für Württemberg, Baden,
Hessen-Kassel und Salzburg, welches dem
Großherzog von Toscana eingeräumt
ward. Hiernach bestanden unmittelbar vor
Auflösung des Reichs zehn K.: der Kur=
fürst-Erzkanzler, Brandenburg-Preußen,
Sachsen, Böhmen, Pfalz-Bayern, Braun=
schweig-Lüneburg (Hannover), Württem=
berg, Baden, Hessen-Kassel und Salzburg.
Mit der Gründung des Rheinbunds und
der Auflösung des Deutschen Reichs ver=
lor die Kurwürde ihre frühere Bedeutung
vollständig, und die K. nahmen teils den
Königs=, teils den großherzoglichen Titel
an. Hannover und Kurhessen waren da=
mals ihren rechtmäßigen Herrscherhäusern
entzogen und gehörten eine Zeitlang zum
Königreich Westfalen, wenigstens zum größ=
ten Teil der betreffenden Territorien. Nach
Wiederherstellung dieser beiden Länder
nahm Hannover (1814) den Königstitel an,
während nur für Hessen-Kassel der Titel
eines Kurfürsten beibehalten wurde bis zur
Annexion des Landes durch Preußen 1866.
Der letzte Kurfürst von Hessen starb 6.
Jan. 1875 im Exil. Was die einstigen
Rechte der K. anbelangt, so hatten sie außer
dem Rechte, den Kaiser zu wählen und mit

ihm die Wahlkapitulation zu vereinbaren,
den Anspruch auf königlichen Rang und
königliche Ehren. Sie bildeten auf dem
Reichstag (s. b.) ein besonderes Kollegium
und waren für ihre Länder von der Ge=
richtsbarkeit der Reichsgerichte über ihre
Unterthanen befreit (privilegium de non
appellando und de non evocando). Die
K. hatten das Recht auf ein bestimmtes,
mit der Kurwürde verbundenes Erzamt
(Ministerium). Der Kurfürst von Mainz
war nämlich Erzkanzler in Germanien
und führte als solcher auf dem Reichstag
das Reichsdirektorium, d. h. die all=
gemeine Leitung der Reichstagsverhand=
lungen, welche durch einen von dem Erz=
bischof von Mainz ernannten Reichs=
direktorialgesandten wahrgenom=
men wurde. Außerdem ernannte derselbe
einen Reichshofvizekanzler oder
Reichsvizekanzler. Der Erzbischof
von Köln führte den Titel eines Erzkanz=
lers in Italien, der von Trier war Erz=
kanzler von Gallien und Arelat (Burgund).
Von den weltlichen K. war Böhmen Erz=
schenk, Pfalz, dann Bayern Erztruchseß,
Sachsen Erzmarschall, Brandenburg Erz=
kämmerer und Pfalz nachmals eine Zeit=
lang Erzschatzmeister. Das Erzschatzmeister=
amt kam später an Braunschweig-Han=
nover. Die weltlichen K. ließen sich jedoch in
der Ausübung dieser Erzämter durch erb=
liche Stellvertreter, die sogen. Erbbeam=
ten (die Inhaber der Reichserbämter)
vertreten, und zwar fungierten der Graf von
Althan als Erbschenk, der von Waldburg
als Erbtruchseß, der Graf von Pappen=
heim als Erbmarschall, Hohenzollern als
Erbkämmerer und der Graf von Sinzen=
dorf als Erbschatzmeister. Vgl. Häbicke,
Kurrecht und Erzamt der Laienfürsten
(1872); Schirmacher, Die Entstehung
des Kurfürstenkollegiums (1874).

Kurhessen (Hessen-Kassel), bis
1866 deutsches Kurfürstentum, 9581 qkm
groß, mit der Hauptstadt Kassel; seitdem
Bestandteil der preußischen Provinz Hes=
sen-Nassau. Landgraf Wilhelm IX. hatte
1. Mai 1803 infolge des Reichsdeputations=
hauptschlusses vom 25. Febr. 1803 die Kur=
würde erhalten, verlor aber sein Land im
Frieden zu Tilsit 1807, welch letzteres

einen Bestandteil des von Napoleon I. gegründeten und an seinen Bruder Jérôme verliehenen Königreichs Westfalen bildete. Nachdem das Kurfürstentum zu Ende des Jahrs 1813 wiederhergestellt worden war, führte der Kurfürst als alleiniger Regent mit diesem Titel denselben fort, auch nach der Gründung des Deutschen Bundes. K. stimmte 14. Juni 1866 mit Österreich für die Mobilmachung gegen Preußen, lehnte 15. Juni die preußische Sommation ab, worauf schon 16. Juni 1866 die Besetzung des Landes durch preußische Truppen und 23. Juni die Abführung des Kurfürsten Friedrich Wilhelm nach Stettin erfolgte. K. wurde 17. Aug. 1866 der preußischen Monarchie einverleibt, und der letzte Kurfürst starb 6. Jan. 1875 im Exil ohne legitime Nachkommenschaft. Vgl. Rommel, Geschichte von Hessen (1820—58, 10 Bde.); Wippermann, K. seit den Freiheitskriegen (1850); »K. unter dem Vater, dem Sohn und dem Enkel« (anonym, 3. Aufl. 1866).

Kurialisten (lat.), eigentlich die in den Tribunalen der römischen Kurie arbeitenden Beamten; im weitern Sinn Anhänger der römischen Kurie, besonders diejenigen, welche die Erweiterung der päpstlichen Macht wünschen und für dieselbe arbeiten.

Kuriatstimme, Gesamtstimme, welche mehrere Stimmberechtigte zusammen abzugeben haben, wie dies auf dem frühern deutschen Reichstag vorkam, wo z. B. die Grafen vier Kuriatstimmen hatten, und im engern Rate des frühern Deutschen Bundes, wo verschiedene Kleinstaaten jeweilig zu einer K. (Kurie) vereinigt waren, während die Groß- und Mittelstaaten sogen. Virilstimmen hatten.

Kurie (lat.), Volksabteilung im alten Rom und Versammlungsort einer solchen; dann das Versammlungslokal einer Behörde, Rathaus. Namentlich wird mit K. der päpstliche Hof oder der päpstliche Stuhl bezeichnet; daher Kurialist (s. b.), eifriger Anhänger des Papstes. Mit dem Ausdruck Kurialien bezeichnet man oft Kanzleiförmlichkeiten, daher Kurialstil, der veraltete, zopfmäßige Kanzleistil. Endlich wird der Ausdruck K. auch gleichbedeutend mit Kuriatstimme gebraucht.

Kurier (franz.), Eilbote, besonders der von einem Kabinett, einem Hof, einem Gesandten 2c. mit einer wichtigen Nachricht abgeschickte.

Kurs, Kurszettel, s. Börse.

Küstenfrachtfahrt (franz. Cabotage, spr. -âsch, vom span. cabo, »Kap«; span. Comercio de cabotaje), die Frachtschifffahrt zwischen Häfen ein und desselben Landes. Die K. ist vielfach nach den Gesetzen der einzelnen Staaten den einheimischen Fahrzeugen vorbehalten, so in Rußland, in Frankreich, woselbst zwischen kleiner (petit cabotage, zwischen Häfen desselben Meers) und großer (grand cabotage, zwischen Häfen verschiedener Meere) unterschieden wird, in Spanien, hier mit einigen Ausnahmen für bestimmte Waren, Portugal und in den Vereinigten Staaten von Nordamerika. Andre Staaten, wie Schweden, Dänemark, Italien, Griechenland, Österreich und die Türkei, lassen fremde Schiffe zur Kabotage unter der Voraussetzung der Gegenseitigkeit oder auf Grund besonderer Staatsverträge zu. Manche Staaten, wie die Niederlande, Belgien und Großbritannien, haben die K. vollständig freigegeben. Im Deutschen Reich ist durch die Reichsverfassung (Art. 54, Abs. 3) der Grundsatz anerkannt, daß in den Seehäfen und auf allen natürlichen und künstlichen Wasserstraßen der einzelnen Bundesstaaten die Kauffahrteischiffe sämtlicher Bundesstaaten gleichmäßig zugelassen und behandelt werden. Für das Deutsche Reich ist durch Reichsgesetz von 1881 bestimmt worden, daß die K. zunächst nur deutschen Schiffern zusteht, daß aber auch die Angehörigen außerdeutscher Staaten, sofern die letztern das gleiche Verfahren beobachten, zur K. zugelassen werden können.

L.

Lachter (Berglachter, Klafter), früheres, beim Bergbau übliches Längenmaß, in der Regel etwas länger als die Klafter, in Preußen = 2,092, in Sachsen = 2, in Österreich L. von Ibria = 1,957, von Joachimsthal = 1,918, von Schemnitz = 2,022 m.

Lady (engl., spr. lehdi, v. angelsächs. hlafdige, »Brotherrin«), in alter Zeit Ehrentitel der Königinnen von England und später der Prinzessinnen von königlichem Geblüt; jetzt Titel der Frauen aller englischen Peers, Baronets und Ritter (knights) sowie der Töchter der Herzöge, Marquis und Grafen, die ihn jedoch vor den Taufnamen setzen und so auch beibehalten, wenn sie sich mit einem commoner verheiraten; im allgemeinen Bezeichnung jeder gebildeten Frau ohne Rücksicht auf Rang oder Titel.

Lagthing (schwed.), der engere Rat der norwegischen Reichsversammlung oder des Storthing. S. Schweden und Norwegen.

Laien (v. griech. laós, »Volk«), in der katholischen Kirche die Nichtgeistlichen im Gegensatz zu dem Klerus, überhaupt Ungelehrte, Nichtsachverständige. Laienbrüder und Laienschwestern, zur Bedienung der Ordensbrüder und Ordensschwestern in den Klöstern aufgenommene Personen. Laienpriester, s. v. w. Weltpriester. Laisierung, kirchliche Strafe, Zurückversetzung eines Geistlichen in den Laienstand. Die protestantische Kirche kennt den Gegensatz zwischen L. und Geistlichen nicht.

Laissez faire (laissez passer oder laissez aller, franz., spr. lässe fähr, passé, allé, »laßt es gehen, wie's gehen will«), eine Formel, welche in der Volkswirtschaft die Ansicht derjenigen (der sogen. Physiokraten) bezeichnen soll, die im Verkehrsleben volle Freiheit und freie Konkurrenz ohne staatliche Einmischung walten lassen wollen. In dieser radikalen Auffassung geht die Theorie zu weit und bedarf der Einschränkung; der Staat kann Handel und Verkehr, Industrie und Gewerbe nicht sich selbst überlassen. Freilich ist auch das entgegengesetzte System ängstlicher staatlicher Bevormundung und gekünstelter Förderung, z. B. durch hohe Schutzzölle, zu verwerfen.

Lanciers (franz., spr. langßieh, Lanzenreiter, Ulanen), schwere Kavallerie, mit Lanzen, Säbeln, Pistolen 2c. bewaffnet; zahlreich in der österreichischen, russischen und deutschen Armee, in Frankreich 1871 aufgehoben.

Landammann, s. Ammann.

Landarmenverband, s. Armenverbände.

Landboten, ehedem die abligen Deputierten des polnischen Reichstags; auch jetzt noch zuweilen als Bezeichnung für »Landstände« gebraucht.

Landdrost, s. Drost.

Landesausschuß, s. Elsaß-Lothringen.

Landesdirektor (Landeshauptmann), in Preußen ein zur Wahrnehmung der laufenden Geschäfte der kommunalen Provinzialverwaltung bestellter besoldeter Provinzialbeamter. So besteht in Hannover für die laufende Verwaltung des provinzialständischen Vermögens ein aus drei besoldeten Mitgliedern, einem L. und zwei Schatzräten, bestehendes Landesdirektorium, und ebenso ist in Kassel für die laufende Verwaltung des kommunalständischen Vermögens ein L. eingesetzt. Nach der Provinzialordnung für die Provinzen Preußen, Brandenburg, Pommern, Schlesien und Sachsen vom 29. Juni 1875 ist für jeden Provinzialverband ein L. von dem Provinziallandtag auf mindestens sechs bis höchstens zwölf Jahre zu wählen. In Walbeck steht seit dem mit Preußen abgeschlossenen Accessionsvertrag vom 18. Juli 1867 ein L. an der Spitze der gesamten Landesverwaltung.

Landesfronen, s. Landfolge.

Landesherr, in Monarchien das Staatsoberhaupt.

Landeshoheit (Landesherrlichkeit), im vormaligen Deutschen Reich die Regierungsgewalt der Reichsstände in

ihren Landen, insbesondere die im Westfälischen Frieden ihnen gewährte Unabhängigkeit im Gegensatz zu ihrer ursprünglichen, bloß amtsmäßigen Stellung, daher
s. v. w. Souveränität.

Landeskulturrentenbank, s. Rente.

Landesordnungen, Bezeichnung der
in verschiedenen deutschen Territorien seit
dem 15. Jahrh. erlassenen Polizei- und
Gerichtsverfassungsgesetze, welche sich aber
auch zum Teil auf Privatrechtsverhältnisse
beziehen; z. B. die thüringische Landes-
ordnung von 1446, die sächsische von 1482,
die tirolische von 1526, die hennebergische
von 1539 u. a.

Landesunion, in Mecklenburg (s. d.)
Bezeichnung des gemeinschaftlichen Landtags.

Landesverrat, im deutschen Strafrecht
ein Angriff auf den äußern Bestand des
Staats oder die Herbeiführung einer Gefahr für den äußern Bestand des Reichs
oder eines Bundesstaats, und zwar wird
hier zwischen militärischem u. sogen. diplomatischen oder einfachen L. unterschieden.
Der militärische L. liegt dann vor,
wenn ein Deutscher sich mit einer ausländischen Regierung einläßt, um dieselbe zu
einem Kriege gegen das Deutsche Reich zu
veranlassen; wenn er während eines Kriegs
gegen das Deutsche Reich oder dessen Bundesgenossen die Waffen trägt oder der feindlichen Macht vorsätzlich Vorschub leistet
oder den Truppen des Reichs oder seiner
Bundesgenossen Nachteil zufügt; wenn er
Festungen oder andre Verteidigungsan-
stalten, Truppen oder Kriegsvorräte in
die Gewalt des Feindes bringt, zum Vorteil des Feindes Brücken oder Eisenbahnen
oder Kriegsvorräte unbrauchbar macht,
dem Feind Mannschaften zuführt oder
letztere zum Übergehen verleitet, Opera-
tions- oder Festungs- und andre Pläne
dem Feind mitteilt, Spionage treibt oder
fördert oder endlich einen Truppenauf-
stand erregt.

Als sogen. diplomatischer L. wird
dagegen die Mitteilung von Staatsge-
heimnissen, Festungsplänen oder solchen
Urkunden, Aktenstücken oder Nachrichten,
deren Geheimhaltung für das Wohl des
Reichs oder eines Bundesstaats erforder-

lich ist, an eine auswärtige Regierung oder
die Veröffentlichung derselben bestraft.
Einen solchen L. begeht ferner derjenige,
welcher zur Gefährdung der Rechte des
Deutschen Reichs oder eines Bundesstaats
im Verhältnis zu einer andern Regierung
die über solche Rechte sprechenden Urkunden oder Beweismittel vernichtet, verfälscht
oder unterdrückt, sowie derjenige, welcher
ein ihm von seiten des Reichs oder eines
Bundesstaats aufgetragenes Staatsge-
schäft mit einer andern Regierung zum
Nachteil dessen ausführt, der ihm den Auftrag erteilt hat. Die regelmäßige Strafe
des Landesverrats ist Zuchthausstrafe und
beim Vorhandensein mildernder Umstände
Festungshaft; gegen Ausländer wird bei
dem militärischen L., also namentlich wegen
Spionage, nach dem Kriegsgebrauch verfahren. L., im Feld begangen, wird als
Kriegsverrat (s. d.) bestraft. Endlich gilt
für den L. wie für den Hochverrat die gemeinsame Bestimmung, daß nach Eröffnung der Untersuchung bis zu deren rechtskräftiger Beendigung das Vermögen, welches der Angeschuldigte besitzt, oder welches
ihm später anfällt, mit Beschlag belegt
werden kann. Vgl. Deutsches Reichsstrafgesetzbuch, §§ 87 ff., 139.

Landesverweisung, s. Ausweisung.

Landfolge (Landesfronen), die
Verpflichtung der Unterthanen zu Diensten
zum Besten des Landes. Dahin gehören
Kriegsdienste (Heeresfolge) und Dienste
zur Vorspann, insbesondere Kriegsfuhren,
ferner Dienste zur Aufsuchung, Verfolgung und Bewachung von Verbrechen,
zum Botengehen, zur Jagdfolge (bei Aus-
rottung gefährlicher Tiere), zum Beistand
bei Löschung des Feuers oder bei Wassers-
not infolge von Durchbrüchen 2c. Die
neuern Verfassungsurkunden haben diese
Verpflichtungen teils genauer geregelt, teils
aufgehoben, indem mehr die Steuerkraft
der Staatsangehörigen in Anspruch genommen und hierdurch die Mittel aufgebracht werden, um diese Leistungen bezahlen zu können. Die Kriegsleistungen (s. d.)
sind in Deutschland durch Reichsgesetz
normiert.

Landfriede, die innere Ruhe eines
Landes, namentlich in Deutschland durch

das Verbot der Fehde zum Rechtsgrundsatz erhoben. Kaiser Maximilian I. erließ 1495 den sogen. ewigen Landfrieden, d. h. ein Reichsgesetz, welches den Unterthanen des Reichs die Selbsthilfe im Weg der Fehde verbot. Zur Schlichtung derartiger Händel wurde das Reichskammergericht (s. d.) eingesetzt. Ein Zuwiderhandeln gegen jenes Verbot, eine Störung des Landfriedens (Landfriedensbruch), war mit schwerer Strafe bedroht. Jetzt versteht man unter Landfriedensbruch die öffentliche Zusammenrottung einer Menschenmenge zu dem Zweck, um mit vereinten Kräften gegen Personen oder Sachen Gewaltthätigkeiten zu begehen. Das deutsche Reichsstrafgesetzbuch (§ 125) läßt in einem derartigen Fall Gefängnißstrafe bis zu 5 Jahren und nicht unter 3 Monaten eintreten. Die Rädelsführer aber und diejenigen, welche Gewaltthätigkeiten gegen Personen begangen oder Sachen geplündert, vernichtet oder zerstört haben, werden mit Zuchthaus von 1—10 Jahren und bei mildernden Umständen mit Gefängnißstrafe nicht unter 6 Monaten bestraft; auch kann auf die Zulässigkeit von Polizeiaufsicht erkannt werden. Sind übrigens derartige Gewaltthätigkeiten mit einem Widerstand gegen die einschreitenden Behörden oder gegen die bewaffnete Macht verbunden, so geht der Landfriedensbruch in das Verbrechen des Aufruhrs (s. d.) über.

Landgerichte, in der dermaligen deutschen Justizverfassung die Kollegialgerichte erster Instanz, die zugleich als zweite Instanz den Amtsgerichten übergeordnet sind (s. Gericht).

Landgraf, im frühern Deutschen Reich Bezeichnung derjenigen Grafen, welche nicht unter einem Herzog standen und ebendeshalb den Reichsfürsten beigezählt wurden; so z. B. die Landgrafen von Hessen und Thüringen. Nach Auflösung des Deutschen Reichs bewahrte der L. von Hessen-Homburg (s. d.) seine Selbständigkeit. Jetzt ist diese ehemalige Landgrafschaft dem preußischen Staat einverleibt. Auch der Familiensenior der hessischen Nebenlinien (Hessen-Philippsthal und Hessen-Barchfeld) führt diesen Titel.

Landlieferungen, s. Kriegsleistungen.

Landmarschall (Landtagsmarschall), in ältern landständischen Verfassungen und noch jetzt in Mecklenburg Titel des bei Beginn des Landtags aus dessen Mitte gewählten Präsidenten.

Landrat, in Preußen Amtstitel der erstinstanzlichen Verwaltungsbehörde (Landratsamt), resp. des Beamten, welchem die Funktionen derselben übertragen sind. Früher lediglich ein durch die Wahl der Ritterschaft aus deren Mitte besetztes Kommunalamt und zugleich wesentlich ein Ehrenamt, ist das Landratsamt gegenwärtig in ein Berufsamt mit staatlichen Funktionen umgewandelt. Der L. ist die erste Landespolizei-Instanz, er ist überhaupt das Organ der Staatsregierung für die Geschäfte der allgemeinen Landesverwaltung; zugleich aber hat er nach der neuen Kreisordnung als Vorsitzender des Kreistags und des Kreisausschusses die Kommunalverwaltung des Kreises zu leiten. Der L. wird vom König ernannt, doch ist die Kreisversammlung befugt, für die Besetzung eines erledigten Landratsamts geeignete Personen aus der Zahl der Grundbesitzer und der Amtsvorsteher des Kreises in Vorschlag zu bringen. Dagegen erfolgt die Wahl der zur Stellvertretung des Landrats bestimmten beiden Kreisdeputierten jedesmal auf sechs Jahre durch den Kreistag, vorbehaltlich der Bestätigung durch den Oberpräsidenten. Für kürzere Verhinderungsfälle kann der Kreissekretär als Stellvertreter eintreten. Vgl. die Kreisordnung für die Provinzen Preußen, Brandenburg, Pommern, Posen, Schlesien und Sachsen vom 13. Dez. 1872, §§ 74 ff. In der Provinz Hannover ist die frühere Bezeichnung »Amtshauptmann«, resp. »Kreishauptmann« für die betreffenden Verwaltungsbeamten beibehalten worden. Dagegen ist der Titel L. in einzelnen deutschen Kleinstaaten, nämlich in Sachsen-Altenburg, Sachsen-Koburg-Gotha, Sachsen-Meiningen sowie in den reußischen und in den schwarzburgischen Fürstentümern, für die erstinstanzlichen Verwaltungsbehörden adoptiert worden. In Bayern (s. d.) wird die zur Vertretung einer Kreisgemeinde berufene landständische Versammlung L. genannt, welche für die laufenden Geschäfte einen Landratsausschuß erwählt.

Landrecht, im Mittelalter das gemeine Recht im Gegensatz zu den Stadt= und Hofrechten und den Lehnsgewohnheiten; auch Bezeichnung für die Partikulargesetzgebung einzelner Staaten, wie das badische, österreichische und namentlich das preußische L., welches unter dem Titel: »Allgemeines preußisches Gesetzbuch« im Juni 1791 beendigt, 1. Juni 1794 als »Allgemeines L.« publiziert ward; herausgegeben von Koch (6. Aufl. 1874 ff.).

Landsassen, zur Zeit des frühern Deutschen Reichs diejenigen Angehörigen des letztern, welche außer der Reichsgewalt noch einem Territorialherrn unterworfen waren, also die Reichsmittelbaren im Gegensatz zu den Reichsunmittelbaren; auch Bezeichnung für die sogen. Forensen, d. h. die im Inland mit Grundbesitz angesessenen Ausländer (s. Fremdenrecht).

Landsassiat | s. Fremdenrecht.
Landsässige |

Landschaft, Gegend, Provinz; auch s. v. w. Landstände; dann Bezeichnung für ein Kreditinstitut, welches zur Hebung des Realkredits bestimmt und unter staatliche Leitung und Kontrolle der Landstände gestellt ist.

Landstände, s. Volksvertretung.

Landsthing, s. Dänemark.

Landstreicherei, das gewohnheitsmäßige, zwecklose Umherziehen, ohne die Mittel zum Lebensunterhalt zu besitzen, und ohne eine Gelegenheit zum rechtmäßigen Erwerb derselben aufzusuchen. Die L. wird nach dem Reichsstrafgesetzbuch mit Haft bis zu 6 Wochen bestraft; auch kann zugleich erkannt werden, daß der Verurteilte nach verbüßter Haft der Landespolizeibehörde zu überweisen sei, welch letztere alsdann die verurteilte Person auf einen Zeitraum bis zu zwei Jahren in einem Arbeitshaus unterbringen oder zu gemeinnützigen Arbeiten verwenden kann.

Landsturm, das letzte Aufgebot aller Wehrpflichtigen zur Abwehr eines feindlichen Einfalls in das Reichsgebiet. Nach dem deutschen Reichsgesetz vom 12. Febr.

1875 (Reichsgesetzblatt, S. 63 ff.) besteht der L. aus allen Wehrpflichtigen vom vollendeten 17. bis zum vollendeten 42. Lebensjahr, welche weder dem Heer noch der Marine angehören. Das Aufgebot des Landsturms erfolgt, wenn ein feindlicher Einfall Teile des Reichsgebiets bedroht oder überzieht, durch kaiserliche Verordnung, in welcher zugleich der Umfang des Aufgebots bestimmt wird. Nachdem das Aufgebot ergangen ist, finden auf die von demselben betroffenen Landsturmpflichtigen die für die Landwehr (s. b.) geltenden Vorschriften Anwendung.

Landtag, die periodische Versammlung der Landstände (s. Volksvertretung).

Landtagsabschied, s. Abschied.

Landtagsmarschall, s. Landmarschall.

Landtagsordnung s. Geschäftsordnung.

Landwehr, im Gegensatz zum stehenden Heer diejenigen Wehrpflichtigen, welche nur zur Unterstützung des stehenden Heers bestimmt sind. Nach dem Bundes= (Reichs=) Gesetz vom 9. Nov. 1867, betreffend die Verpflichtung zum Kriegsdienst, ist nämlich jeder Deutsche, abgesehen von den Mitgliedern der regierenden Häuser und abgesehen von den Mediatisierten, sieben Jahre dienstpflichtig im stehenden Heer und zwar die ersten drei Jahre in ununterbrochenem aktiven Dienst. Für den Rest der siebenjährigen Dienstzeit gehört der Wehrpflichtige der Reserve an. Hieran schließt sich sodann die Verpflichtung zum fünfjährigen Dienst in der L., also regelmäßig vom 27.—32. Lebensjahr. Die Mannschaften der Landwehrinfanterie insbesondere können während der Dienstzeit in der L. zweimal auf 8—14 Tage zu Übungen in besondern Kompanien oder Bataillonen einberufen werden. Die Landwehrmannschaften der Jäger und Schützen, der Artillerie, der Pioniere und des Trains üben zwar in demselben Umfang wie die Infanterie, jedoch im Anschluß an die betreffenden Linientruppenteile. Die Landwehrkavallerie wird im Frieden zu Übungen nicht einberufen. Sofern die Mannschaften der L. zum Dienst nicht einberufen werden, gelten sie als beurlaubt. Die

Landwehrinfanterie wird in beſonders for= mierten Landwehrtruppenkörpern (Land = wehrbataillonen) zur Verteidigung des Vaterlands als Reſerve für das ſtehen= de Heer verwandt. Die Mannſchaften des jüngſten Jahrgangs der L. können jedoch erforderlichenfalls bei Mobilmachungen auch in Erſatztruppenteile eingeſtellt wer= den. Die Mannſchaften der Landwehr= kavallerie werden im Kriegsfall nach Maß= gabe des Bedarfs in beſondere Truppen= körper formiert. Die Landwehrmannſchaf= ten der übrigen Waffen werden bei ein= tretender Kriegsgefahr nach Maßgabe des Bedarfs zu den Fahnen des ſtehenden Heers einberufen. Auf die Einteilung des Reichsgebiets in Landwehrbataillonsbe= zirke gründet ſich auch zugleich das Erſat= weſen (ſ. b.) der Reichsarmee. Die Be= ſtimmungen über die L. finden auch auf den ſogen. Landſturm (ſ. b.) Anwen= dung, nachdem das Aufgebot des letztern ergangen iſt. In Öſterreich iſt die cislei= thaniſche L. ſeit 1869 in 80 Bataillone eingeteilt und wird im Kriegsfall in be= ſondere Brigaden zuſammengeſtellt. Ti= rol und Vorarlberg haben ihre beſondern Landesſchützen zur innern Landesver= teidigung. Die ungariſche L. (Honved) um= faßt 84 Bataillonsbezirke. Auch in andern Ländern iſt die deutſche Einrichtung der L. vielfach nachgeahmt worden. Vgl. Bräu = ner, Geſchichte der preußiſchen L. (1863).

Landwirtſchaft, dasjenige Gewerbe, welches ſich mit Pflanzenbau und Tier= zucht zu dem Zweck beſchäftigt, um auf dieſen beiden Gebieten eine größtmögliche Menge von Produkten mit größtmöglichem Gewinn hervorzubringen. Die Land= wirtſchaftslehre, wie ſie zumal auf den landwirtſchaftlichen Lehran= ſtalten betrieben wird, beſchäftigt ſich zu= nächſt mit der Lehre von den zum Betrieb er= forderlichen Mitteln, ſodann mit der Lehre von der vorteilhafteſten Produktion nütz= licher Pflanzen und Tiere und endlich mit der eigentlichen Betriebslehre, d. h. mit der Lehre von der Organiſation und Direktion der Wirtſchaft (Birnbaum). Der Inbegriff derjenigen Rechtsinſtitutionen, welche den Landwirt und deſſen perſönliche und bing= liche Verhältniſſe betreffen, wird Land =

wirtſchaftsrecht genannt. Dasſelbe ge= hört teils dem Privat=, teils dem Verwal= tungsrecht an. Die Landwirtſchafts= politik (Agrarpolitik) begreift diejeni= gen ſtaatsmänniſchen Grundſätze, nach wel= chen der L. Schutz und Förderung zu teil werden ſoll. Sie iſt einer der wichtigſten Zweige der Staatspolitik überhaupt, da die L. in den meiſten Staaten noch jetzt die Grundlage oder doch eine Grundlage des Staats iſt. In der That iſt aber auch in Deutſchland auf dieſem Gebiet in den letz= ten Jahrzehnten viel geſchehen. Die Agrar= geſetzgebung hat ſich insbeſondere mit der Ablöſung der auf dem ländlichen Grundbe= ſitz ruhenden Laſten, mit der Separation, mit Meliorationen aller Art (Deichbau, Waldſchutz, Bewäſſerungs= und Entwäſ= ſerungsanlagen), mit der Veterinärpolizei, mit dem ländlichen Kredit= und Hypothe= kenweſen, mit Regulierung der Jagd und der Fiſcherei u. dgl. beſchäftigt. Das land= wirtſchaftliche Vereinsweſen iſt unterſtützt und gefördert worden. Man hat landwirt= ſchaftliche Verſuchsſtationen errichtet, um die auf die L. bezüglichen Fragen wiſſen= ſchaftlich zu bearbeiten und die Reſultate dieſer Arbeit für die Praxis zu verwerten. Beſondere amtliche Organe und Behörden ſind zur Wahrnehmung landwirtſchaftli= cher Intereſſen berufen. In größern Staa= ten beſtehen beſondere Miniſterien oder doch beſondere Miniſterialabteilungen für L. In Preußen iſt ein beſonderer Miniſter für L., Domänen und Forſten vorhanden. Die zahlreichen landwirtſchaftlichen Vereine Deutſchlands ſind in den einzelnen Län= dern und Provinzen zu Zentralvereinen und Zentralorganen der L. zuſammenge= faßt, und aus Delegierten derſelben ſetzt ſich der deutſche Landwirtſchaftsrat zu= ſammen, welcher alljährlich in Berlin tagt. Daneben beſteht ein Kongreß deutſcher Landwirte, welcher die Intereſſen der Agrarier (ſ. b.) wahrnimmt.

Landzwang (lat. Obsessio viarum), in der peinlichen Gerichtsordnung Karls V. ein Verbrechen, welches darin beſteht, daß ein Unterthan von ſeinem gewöhnlichen Aufenthaltsort entweicht und, mit gefähr= lichen Menſchen vereinigt, einzelne Mit= bürger oder ganze Gemeinden auffordert, sich mit ihm wegen dessen, was er ihnen schuldet, oder wegen seiner angeblichen Ansprüche abzufinden, für den Unterlassungsfall aber durch Fehde- oder Brandbriefe die Personen oder Güter der Aufgeforderten zu mißhandeln und zu beschädigen droht. Die Strafe der Landzwinger war das Schwert. Die moderne Strafgesetzgebung faßt eine solche Handlungsweise als eine besonders strafbare Bedrohung auf. Das deutsche Strafgesetzbuch (§ 126) insbesondere belegt denjenigen, welcher durch Androhung eines gemeingefährlichen Verbrechens, also namentlich einer Brandstiftung, den öffentlichen Frieden stört, mit Gefängnis von einem Tag bis zu einem Jahr, wofern nicht etwa der Thatbestand einer Erpressung (s. b.) vorliegen sollte.

La Plata-Staaten, s. Argentinische Republik.

Läsion (lat.), Verletzung, namentlich Rechtsverletzung.

Lateinisch, auf Latium bezüglich, insbesondere s. v. w. römisch, auch gleichbedeutend mit abendländisch im Gegensatz zu byzantinisch (morgenländisch); daher lateinische Kirche, die römisch-katholische Kirche im Gegensatz zur griechisch-katholischen (morgenländischen) Kirche.

Lauenburg (Sachsen-L.), ehemaliges Herzogtum in Niedersachsen, seit Juli 1876 als Kreis L. der preußischen Monarchie einverleibt; 1172 qkm mit 49,228 meist lutherischen Einwohnern. Im Frieden zu Wien (30. Oktober 1864) wurde L. mit Schleswig und Holstein von Dänemark an Preußen und Österreich abgetreten, und durch die Gasteiner Konvention vom 14. August 1865 kam es in den alleinigen Besitz Preußens, zu welchem das Herzogtum zunächst in das Verhältnis der Personalunion trat, indem der preußische Ministerpräsident Graf Bismarck auch Minister für L. wurde. L. trat 1866 als besonderes Land in den Norddeutschen Bund und 1870 in das Deutsche Reich ein. Nachdem im Februar 1876 die Lauenburger Landesvertretung die Einverleibung des Herzogtums in das Königreich Preußen genehmigt hatte, wurde diese unter Zustimmung des preußischen

Landtags mit dem 1. Juli 1876 vollzogen, und L. bildet seitdem einen landrätlichen Kreis der Provinz Schleswig-Holstein. Im preußischen Abgeordnetenhaus wird der Kreis L. durch einen Abgeordneten vertreten. Ein Teil des in L. gelegenen Sachsenwaldes wurde 1871 vom Kaiser Wilhelm dem Fürsten Bismarck geschenkt. Vgl. Kobbe, Geschichte und Landesbeschreibung des Herzogtums L. (1836).

Lebensversicherung, s. Versicherungswesen.

Legat (lat.), Vermächtnis, letztwillige Zuwendung eines bestimmten Gegenstands; Legatär, der dasselbe Empfangende.

Legaten (lat.), bei den Römern die Gesandten, dann die Gehilfen der Feldherren und Statthalter, jetzt Titel der Bevollmächtigten der römischen Kurie, die sich seit dem 11. Jahrh. bedeutende Eingriffe in die Rechte der Bischöfe und Landeskirchen erlaubten; man unterschied Legati a latere, mit der Vertretung des Papstes selbst betraute Kardinäle; Legati missi, von geringerm Rang, und Legati nati, Ehrentitel gewisser Prälaten. Die jetzigen L. oder Nunzien sind diplomatische Agenten des Papstes.

Legation (lat.), Gesandtschaft; Legationsrat, -Sekretär, Amtstitel von Beamten einer Gesandtschaft oder von Bediensteten des Ministeriums der auswärtigen Angelegenheiten.

Legislation (Legislatur, lat.), Gesetzgebung, gesetzgeberische Gewalt; Legislative, die gesetzgebende Versammlung; legislativ, legislatorisch, gesetzgeberisch; Legislaturperiode, Zeitraum, für welchen die Angehörigen einer parlamentarischen Körperschaft gewählt werden; so ist z. B. die Legislaturperiode des deutschen Reichstags eine dreijährige.

Legitim (lat.), gesetzmäßig; Legitimität, Gesetz- oder Rechtmäßigkeit eines Besitzes, Anspruchs rc., insbesondere einer Staatsregierung; Legitimitätsprinzip, Grundsatz der Unveränderlichkeit der erblichen Monarchie (»Königtum von Gottes Gnaden«); Legitimisten, in Frankreich die Anhänger des Grafen von Chambord, als des letzten Sprößlings der legi-

timen Dynastie des Hauses Bourbon
(s. d.); legitimieren, beglaubigen,
z. B. einen Gesandten ꝛc., dann gesetz=
mäßig machen, z. B. außer der Ehe erzeugte
Kinder für legitime, d. h. in gesetzlicher
Ehe erzeugte, erklären; sich legitimie=
ren, seine Berechtigung zu etwas darthun,
seine Vollmacht beibringen; Legitima=
tion, der Akt des Legitimierens, auch die
Urkunde, durch welche dies geschieht; Le=
gitimationsschein, obrigkeitliches At=
test, das zum Gewerbebetrieb im Umher=
ziehen erforderlich ist.

Lehen (lat. Feudum, Beneficium),
das ausgedehnteste erbliche Nutzungsrecht
an einer fremden Sache, welches sich
auf eine Verleihung des Eigentümers
(Lehnsherr, Dominus feudi, senior)
gründet, die zwischen ihm und dem Be=
rechtigten (Lehnsmann, Vasall, va=
sallus) zugleich die Verpflichtung zu
wechselseitiger Treue begründet. Auch für
die Sache, zumeist in Grundbesitz be=
stehend, welche verliehen wird, ist die Be=
zeichnung L. gebräuchlich; doch kommen
auch L. an andern Gegenständen vor, z. B.
Fürsten= oder Fahnenlehen, d. h. L.
an Hoheitsrechten über bestimmte Terri=
torien, Amter=, Kirchen=, Postlehen ꝛc.
Das Lehnrecht im objektiven Sinn, d. h.
der Inbegriff der das Lehnswesen betref=
fenden Rechtsgrundsätze, beruht, abge=
sehen von zahlreichen Partikulargesetzen
(Lehnsedikten, Lehnsmandaten),
zumeist auf den sogen. Libri feudorum,
einer langobardischen Lehnrechtssamm=
lung, welche, mit Schöffensprüchen und
kaiserlichen Verordnungen vermehrt, dem
Corpus juris civilis angefügt wurde.
Das Lehnswesen entstand in Deutschland
unter den Karolingern, die vielfach an
Getreue Güter nicht zum Eigentum, son=
dern zur ausgedehntesten Benutzung und
widerruflich für den Fall der Untreue ver=
liehen. Diese Vasallen verliehen dann
wiederum Bestandteile ihres Lehens an
ihre Mannen (Aftervasallen), und
so beherrschte nach und nach, nachdem
Konrad II. die Erblichkeit der L. zum Ge=
setz erhoben hatte, das Lehnswesen den ge=
samten deutschen Staat des Mittelalters
(Lehnstaat), nicht minder aber auch

das Gebiet des Privatrechts, auf welchem
es übrigens durch die Ablösungsgesetze
der Neuzeit nahezu vollständig beseitigt
worden ist. Vgl. außer den Lehrbüchern
des deutschen Privatrechts: Pütz, Lehrbuch
des Lehnrechts, herausgegeben von Göbe
(1808, neue Ausg. 1819); Mahr, Hand=
buch des gemeinen und bayrischen Lehn=
rechts (1834); Roth, Mecklenburgisches
Lehnrecht (1858).

Lehnseid, s. Huldigung.

Lehrerkollegium, s. Kollegium.

Lehrling, s. Gewerbegesetzgebung.

Leibeigenschaft (Eigenschaft,
Grundhörigkeit), Verhältnis, dem
zufolge jemand einem Herrn zu Diensten
und Abgaben verpflichtet und unter Schmä=
lerung seiner persönlichen Freiheit von
ihm abhängig war, meist mit Rücksicht
auf ein dem Herrn gehöriges, aber von
ihm dem Leibeignen zur Benutzung
überlassenes Grundbesitztum. Bei den
germanischen und slawischen Völkern eine
mildere Form der Sklaverei, entstand die
L. durch Kriegsgefangenschaft, Geburt von
einer leibeignen Mutter, Verheiratung
an einen Leibeignen und freiwillige Er=
gebung. Der Leibeigne war hinsichtlich
des Wegzugs und der Berufswahl für sich
und seine Kinder und ebenso in Ansehung
der Verheiratung und der Vererbung von
seinem Herrn abhängig, unterlag körper=
licher Züchtigung, war aber im übrigen
durch die Gerichte geschützt und rechts= und
erwerbsfähig und mußte im Fall der Er=
werbsunfähigkeit von seinem Herrn er=
nährt werden. In England ward die L.
schon zu Ende des 16. Jahrh. aufgehoben,
in Frankreich erst infolge der Revolution
von 1789, in Deutschland zum Teil Ende
des 18. Jahrh., in Preußen in der Regene=
rationsepoche nach 1806, in den Mittel=
und Kleinstaaten größtenteils erst nach den
Revolutionen von 1830 und 1848. In
Rußland ist durch die energische Initiative
Kaiser Alexanders II., trotz des Wider=
strebens des Adels, die vollständige Eman=
zipation der Leibeignen durchgeführt und
durch kaiserliches Manifest vom 19. Febr.
(3. März) 1861 verkündigt worden, wel=
ches mit dem 17. März 1863 in Kraft
getreten ist. Vgl. J. Grimm, Deutsche

22*

Rechtsaltertümer (2. Ausg., 1854); Su=
genheim, Geschichte der Aufhebung der
L. in Europa (1861); Hoffmeister,
Das europäische Rußland (1876).

Leibesstrafe, s. Strafe.

Leibzucht, s. Altenteil.

Leichenöffnung
Leichenschau } s. Totenschau.

Leihbank
Leihhaus } s. Lombard.

Lesung, nach dem parlamentarischen
Sprachgebrauch s. v. w. Beratung einer
Vorlage der Regierung oder eines An=
trags aus der Mitte der Versammlung.
Gesetzentwürfe bedürfen regelmäßig einer
mehrfachen L. Nach der Geschäftsordnung
des deutschen Reichstags (s. b.) ist für die
Vorlagen des Bundesrats regelmäßig eine
dreimalige L. nötig. Anträge aus der
Mitte des Reichstags dagegen bedürfen
einer dreimaligen Beratung nur dann,
wenn es sich um Gesetzvorschläge handelt;
außerdem genügt eine einmalige L.

L'état c'est moi (franz., spr. letah
ßä moa, »Der Staat bin ich«), Ausspruch,
welcher dem König Ludwig XIV. von
Frankreich in den Mund gelegt wird, um
den höchsten Grad von Absolutismus zu
bezeichnen, wie er zur Zeit dieses Monar=
chen in Frankreich bestand.

Lettre (franz., spr. lettr), Brief; L. de
change (spr. schangsch), Wechsel; L. de
créance (spr. treangs), Beglaubigungs=
schreiben; L. de marque (spr. mark), Ka=
perbrief.

Lettres de cachet (franz., spr. lettr
dö kaschä), in Frankreich vor der Revolu=
tion versiegelte, geheim zu haltende könig=
liche Schreiben, insbesondere Verhaftsbe=
fehle, mittelst deren man ohne Urteil und
Recht mißfällige Personen aus dem Land
entfernte oder einsperren ließ; durch De=
kret von der Nationalversammlung 1789
abgeschafft.

Lettres de mer (franz.; spr. lettr dö
mär), s. Schiffspapiere.

Leumund, der persönliche Ruf eines
Menschen. Böser L. gehört in Krimi=
nalfällen zu den Indizien, daher häufig
Leumundszeugen vernommen und
regelmäßig Leumundszeugnisse bei=
gezogen werden.

Leutnant (franz. Lieutenant, s. b.),
Bezeichnung der Subalternoffiziere, mit
zwei Rangstufen, dem Sekonde=(Unter=)
und Premier= (Ober=) L.; erstere be=
zeichnet in den meisten Armeen den unter=
sten Offiziergrad. In der Kriegsmarine
entspricht dem Sekondeleutnant der Un=
terleutnant zur See, dem Premier=
leutnant der L. zur See und dem Haupt=
mann des Landheers der Kapitänleut=
nant.

Levée en masse (franz., spr. löweh
ang maff'), allgemeines Aufgebot, Land=
sturm.

Lever (franz., spr. löweh), das Auf=
stehen; Morgenaufwartung bei Fürsten.

Lex (lat.), Gesetz.

Libell (lat.), Klag= oder Bittschrift,
auch Schmähschrift.

Liberal (lat.), freigebig, gütig (Gegen=
teil: illiberal), dann freisinnig, nach
Freiheit strebend; Bezeichnung für eine
derartige politische Parteirichtung; Libe=
ralität, Freisinnigkeit, Freigebigkeit;
Liberalismus, die dem freien Fort=
schritt und der freien Entwickelung hul=
digende Anschauungsweise. Eine solche
macht sich übrigens nicht nur auf dem
Gebiet der Politik, sondern auch auf dem
kirchlich=religiösen und auf dem Gebiet der
Wissenschaft geltend. Den Gegensatz zur
liberalen bildet die konservative (s. b.)
Partei, welche in erster Linie das Bestehende
zu erhalten sucht. Eine vermittelnde Stel=
lung zwischen beiden will die liberal=
konservative (freikonservative)
Parteirichtung einschlagen, doch enthält
schon der Ausdruck eigentlich einen innern
Widerspruch in sich selbst. Das Extrem
des Liberalismus ist der Radikalis=
mus, die Umsturzpartei, wie dasjenige
des Konservativismus der Absolutismus
ist. Bluntschli vergleicht diese vier Partei=
richtungen mit den vier Lebensaltern des
Menschen, indem er den Radikalismus
mit dem Knabenalter, den Liberalismus
mit dem Jünglingsalter, den Konserva=
tivismus mit dem gereiften Mannesalter
und den Absolutismus mit dem Greisen=
alter zusammenstellt. Als politischer Par=
teiname ist der Ausdruck Liberal, welcher
zuerst in Spanien in Gebrauch kam in

Deutschland seit den Freiheitskriegen üb=
lich geworden. Aus der liberalen Partei
ging 1848 die demokratische Partei her=
vor, welcher dann eine gemäßigt liberale
Partei gegenübertrat, die namentlich in
der Fraktion »Vincke« im preußischen
Abgeordnetenhaus vertreten war. Von
dieser, der sogen. altliberalen Partei, ab=
löste sich 1861 die noch jetzt bestehende
deutsche Fortschrittspartei (s. d.) los.
Als aber diese letztere Partei sich mehr
und mehr in unfruchtbare Negation zu
verlieren schien, gab die Gründung des
Norddeutschen Bundes Veranlassung zur
Bildung eines neuen Parteiverbands, wel=
cher sich den Namen nationalliberal
beilegte, um anzudeuten, daß seine Ange=
hörigen nicht nur die Forderungen der
liberalen, sondern auch diejenigen der na=
tionalen Idee zu verwirklichen suchen und
die Regierung bei dem Ausbau der Bun=
des= und nachmals der Reichsverfassung im
nationalen Sinn unterstützen wollten,
auch wenn es nicht immer gelingen werde,
die eigentlichen liberalen Forderungen in
ihrem ganzen Umfang zur Geltung zu
bringen (s. Nationalliberal). Da=
neben beharrte die Fortschrittspartei bei
ihren entschieden liberalen Prinzipien,
indem sie es verschmähte, die Taktik der
Nationalliberalen, welche durch Kompro=
misse das Mögliche zu erreichen such=
ten, mitzumachen. Die eigentlich extrem
liberale Partei aber fand in der Sozial=
demokratie (s. d.) ihren Platz, welche,
abgesehen von der sozialen Frage, viele
radikale Elemente an sich heran= und in
sich großzog. Neuerdings ist in Süd=
deutschland noch eine sogen. Volkspartei
hinzugekommen, welche zwar nicht den
eigentlichen sozialdemokratischen, wohl aber
den demokratischen Grundsätzen Eingang
zu verschaffen sucht. Überhaupt scheint es,
als ob mit der Entwickelung des politi=
schen Lebens in Deutschland das Gebiet
der politischen Mittelparteien sich mehr
und mehr verengere und die entscheiden=
den Parteigegensätze zwischen der libera=
len und konservativen Richtung schärfer
hervorträten; namentlich scheint der Na=
tionalliberalismus seine Mission erfüllt
zu haben. Die Schwächung der national=

liberalen Partei ist allerdings zumeist das
Werk des Fürsten Bismarck, welcher ein
Jahrzehnt hindurch ihre Unterstützung
genossen hatte, sich aber von ihr abwandte,
als das Gros derselben die von ihm in=
augurierte Zoll= und Steuerpolitik nicht
voll und ganz unterstützte. Seitdem ist
die Partei in einem Zersetzungsprozeß be=
griffen, indem sich 1879 die liberale
Gruppe »Schauß=Völk« abzweigte, welche
schutzzöllnerisch gesinnt, und 1880 die
Gruppe »Forckenbeck« (liberale Ver=
einigung), welche entschieden liberal
und mehr dem Freihandel zugethan ist,
eine Sezession (s. d.) aus der national=
liberalen Partei veranlaßte. Die Ver=
wirklichung des Gedankens, die entschie=
benen liberalen Elemente Deutschlands zu
dem Verband einer großen liberalen Par=
tei zusammenzufassen, würde freilich auf
viele Schwierigkeiten stoßen; der Gedanke
selbst ist aber allem Anschein nach für die
Masse des Volks ungemein sympathisch.

Liberia, Negerrepublik an der sogen.
Pfefferküste (Oberguinea) in Westafrika;
ca. 24,800 qkm, 718,000 Einw., darunter
etwa 18,000 zivilisierte Neger; Hauptstadt:
Monrovia mit ca. 3000 Einw. Der
Freistaat L. ging aus einer Negerkolonie
hervor, welche einem 1816 in Washington
gegründeten »Kolonisationsverein zur An=
siedelung freier Farbigen der Vereinigten
Staaten« ihre Entstehung verdankte, aber
leider die damit verbundenen Hoffnungen,
daß von dieser Kolonie eine Zivilisation
der eingebornen Neger ausgehen werde,
wenig oder gar nicht erfüllte. Die Un=
abhängigkeitserklärung der ursprünglich
unter jener Gesellschaft stehenden Kolonie
erfolgte 26. Juli 1847. Nach der Ver=
fassung, welche der nordamerikanischen
nachgebildet ist, steht ein Präsident an der
Spitze der Republik, in dessen Händen sich
die Exekutivgewalt befindet. Die Gesetz=
gebung ist Sache des aus 8 auf 4 Jahre
gewählten Mitgliedern bestehenden Se=
nats, in welchem der Vizepräsident der
Republik den Vorsitz führt, und des Re=
präsentantenhauses, welches sich aus 13
auf 2 Jahre gewählten Repräsentanten
zusammensetzt. Eine stehende Armee ist
nicht vorhanden, sondern jeder waffenfähige

Bürger im Alter von 16—50 Jahren ist zum Kriegsdienst verpflichtet. Sklaverei und Seeräuberei sind verboten. Kein Weißer kann das Bürgerrecht erlangen. Die Einnahmen und Ausgaben des Staats betrugen nach der Abrechnung für 1874—1875: 111,457 Doll.

Liberté, Fraternité, Egalité (franz., »Freiheit, Brüderlichkeit, Gleichheit«), Losungswort der Franzosen zur Zeit der Revolution.

Liechtenstein(L.=Baduz),Fürstentum, von der Schweiz und von Tirol (Vorarlberg) umschlossen; 178 qkm, 9124 fast durchweg katholische Einwohner deutschen Stammes; Hauptort: Baduz mit 921 Einw. Das zum vormaligen Deutschen Bund gehörige Fürstentum nimmt nach der Auflösung desselben 1866 eine formell selbständige Stellung ein. An der Spitze des Staats, dessen Verfassung eine konstitutionell-monarchische ist, steht der Fürst (»Durchlaucht«) aus dem vormals gräflichen, seit 1719 fürstlichen Haus L. Nach der Verfassungsurkunde vom 26. Sept. 1862 ist der Fürst bei der Gesetzgebung und Besteuerung an die Mitwirkung des jährlich einmal zusammentretenden Landtags gebunden, welch letzterer aus 15 Mitgliedern besteht, von denen 3 von den Fürsten ernannt werden. Als Landesbehörde fungiert die fürstliche Regierung in Baduz, Buchhaltung und Domänenverwaltung werden von der fürstlichen Hofkanzlei in Wien besorgt, woselbst der Fürst regelmäßig residiert. Dieser bezieht von seinen Mediatbesitzungen in Österreich, Preußen und Sachsen jährlich etwa 1,400,000 Fl. österreich. Währung. Die Staatseinnahme des Fürstentums betrug 1870: 50,293 Fl., die Ausgabe 43,952 Fl. Dadurch, daß L. dem österreichischen Zollgebiet beigetreten ist, hat es sich aus den Zöllen eine jährliche Einnahme von ca. 16,000 Fl. gesichert, die ihm von Österreich ausgezahlt werden Die Staatsschuld beträgt 175,000 Fl. Das Militär ist seit 1868 aufgelöst, so daß der Landesfonds zur Zeit mit einer Militärlast nicht belastet ist. Die Post wird von Österreich verwaltet, und als oberste Justizbehörde fungiert das k. k. Oberlandesgericht in Innsbruck. Das Landes-

wappen besteht aus fünf Feldern mit einem Mittelschild, der das Zeichen von L. (Gold über Rot quer geteilt) enthält. Die Landesfarben sind Rot und Blau. Vgl. Falke, Geschichte des fürstlichen Hauses L. (1868 bis 1877, 2 Bde.); Brachelli, Statistische Skizze der österreichisch-ungarischen Monarchie nebst L. (7. Aufl. 1880).

Lieutenant(franz., spr. ljöt'näng; engl., spr. lefténnent, »Stellvertreter«), Statthalter, besonders ehemals in Frankreich: L. général de l'empire, du royaume, du roi, Generalstatthalter, Reichsverweser; jetzt s. v. w. Leutnant (s. b.). Lord-Lieutenant (»Lord-Statthalter«) ist in England der Titel des obersten Verwaltungsbeamten und Milizkommandanten einer jeden Grafschaft sowie des Statthalters (Vizekönigs) von Irland.

Limburg, ehemaliges Herzogtum, welches zum vormaligen Deutschen Bund gehörte. Das Land war dem König der Niederlande 1814 zurückgegeben worden, nachdem es 1794 an Frankreich gekommen war. L. nahm 1830 an der belgischen Revolution teil und wurde in der Folge geteilt, indem durch den Londoner Traktat vom 19. April 1839 der links von der Maas gelegene Teil an Belgien kam, während der andre Teil bei den Niederlanden, auch bis 1866 bei dem Deutschen Bund verblieb. Seitdem steht L. zu Deutschland in keiner organischen Verbindung mehr.

Linealerbfolge (Linealgradualerbfolge, Parentelenordnung), die Erbfolge des deutschen Lehnrechts, wonach die Erbberechtigung sich nach der Nähe der Parentel und innerhalb dieser nach der Nähe des Grades bestimmt. Man versteht nämlich unter Parentel die Gesamtheit der durch einen gemeinsamen Stammvater Verbundenen. Jetzt ist dafür der Name Linie gebräuchlich. Die L., verbunden mit dem Rechte der Erstgeburt, ist in den meisten Fürstenhäusern für die Thronfolge maßgebend. Nach dem Primogeniturrecht wird der Erstgeborne zur Succession berufen. Seine Linie ist successionsberechtigt, und innerhalb dieser wieder der Erstgeborne. Die ältere Linie schließt die jüngere, und innerhalb der ältern Linie schließt der Erstgeborne die Nachgebornen aus.

Linie, in der Rechtssprache die Reihe der Verwandten, und zwar unterscheidet man die gerade L. von der Seitenlinie. Zu der erstern gehören diejenigen Personen, von welchen die eine unmittelbar oder mittelbar von der andern abstammt, also die Reihe der Aszendenten, d. h. der Verwandten aufsteigender L.: Vater, Großvater, Urgroßvater 2c., und die Reihe der Deszendenten, d. h. der Verwandten absteigender L.: Sohn, Enkel, Urenkel 2c. Zu den Verwandten in der Seitenlinie dagegen gehören diejenigen Personen, welche gemeinschaftlich von einem Dritten abstammen. So sind z. B. Geschwister nicht in gerader, sondern in der Seitenlinie miteinander verwandt. Spricht man von den verschiedenen Linien eines Fürstenhauses, so werden die verschiedenen Seitenverwandtschaften desselben darunter verstanden. In der militärischen Sprache versteht man unter L. namentlich das stehende Heer im Gegensatz zur Landwehr (s. d.). Auch werden die Linientruppen der Garde gegenübergestellt. Linienschiffe sind die größten Kriegsschiffe, welche zwei (»Zweidecker«), drei (»Dreidecker«) oder auch vier Batterien übereinander haben. An ihre Stelle sind jetzt zumeist die Panzerschiffe getreten.

Linke (linke Seite des Hauses, franz. la Gauche), nach einem aus Frankreich stammenden Sprachgebrauch Bezeichnung für die liberale Partei im Gegensatz zur »Rechten« oder der konservativen Partei. Die Bezeichnung ist von der Sitzordnung im Sitzungssaal hergenommen. Es ist nämlich üblich, daß die Konservativen ihre Plätze rechts vom Präsidentenstuhl und zur Rechten des Präsidenten und der Rednerbühne einnehmen, während die Liberalen links unter dem Stuhl, auf welchem der Präsident sitzt, ihre Plätze haben. So sitzen z. B. im deutschen Reichstag auf der äußersten Linken die Mitglieder der Fortschrittspartei und die Sozialdemokraten. Dann folgen die Nationalliberalen, die Sezessionisten und die liberale Gruppe. Die Mitte nimmt das Zentrum ein. Die rechte Seite des Hauses wird durch die Freikonservativen und Deutschkonservativen gebildet. Wenn man übrigens die L.

vielfach als gleichbedeutend mit der Oppositionspartei und die Rechte als mit der Regierungspartei zusammenfallend annimmt, so ist dies nicht immer zutreffend. Es rührt dies in Deutschland noch aus einer Zeit her, wo man gewöhnt war, die Ausdrücke liberal und regierungs= oder staatsfeindlich als gleichbedeutend zu gebrauchen.

Lippe (fälschlich L.=Detmold), Fürstentum und Bundesstaat des Deutschen Reichs, 1189 qkm mit 120,216 Einw.; Haupt= und Residenzstadt: Detmold mit 8051 Einw. Die monarchisch-konstitutionelle Staatsverfassung gründet sich auf die Verfassungsurkunde vom 6. Juli 1836 und auf das Wahlgesetz vom 3. Juni 1876. Der Landtag des Fürstentums setzt sich aus 21 in direkten Wahlen gewählten Abgeordneten zusammen, und zwar werden 7 in der Klasse der Höchstbesteuerten und 14 von den übrigen Wahlberechtigten in zwei Klassen jeweilig auf vier Jahre gewählt. An der Spitze des Staates steht der Fürst (»Durchlaucht«). Die höchste Staatsverwaltungsbehörde ist das fürstliche Kabinettsministerium in Detmold. Das Land wird in 13 Verwaltungsbezirke oder Ämter eingeteilt, welche zugleich je eine Amtsgemeinde bilden. Dem Amtmann stehen Amtsgemeinderäte als Organe der kommunalen Selbstverwaltung des Bezirks zur Seite. Die sieben Städte Detmold, Lemgo, Horn, Blomberg, Salzuflen, Lage und Barntrup haben eigne Verwaltung und Polizei. Das preußische Oberlandesgericht in Celle fungiert zugleich als Oberlandesgericht für das Fürstentum L. Das Landgericht des letztern befindet sich in Detmold und umfaßt die Amtsgerichtsbezirke Alverdissen, Blomberg, Detmold, Hohenhausen, Horn, Lage, Lemgo, Örlinghausen und Salzuflen. Laut Militärkonvention mit Preußen vom 14. Nov. 1873, welche an die Stelle der frühern Konvention vom 26. Juni 1867 trat, ist das Kontingent des Fürstentums in den königlich preußischen Armeeverband aufgenommen, und zwar werden die Mannschaften besonders dem Füsilierbataillon des 6. westfälischen Infanterieregiments Nr. 55 überwiesen, welches zur 13. Division und zum 7. Armeekorps (Münster) gehört. Der Domanialhaushalt ist von dem Staatshaushalt vollständig getrennt. Nach dem Staatshaushaltsetat pro 1880 war die Einnahme mit 1,026,513 Mk., die Ausgabe mit 1,044,886 Mk. veranschlagt, so daß ein Defizit von 18,373 Mk. zu erwarten stand. Die Staatsschuld betrug 1880: 1,141,198 Mk. Die Verwaltung des Domänenguts, welches zum Fideikommißgut des fürstlichen Hauses erklärt ist, und aus dem die gesamten Kosten des Hofhalts, die Apanagen ꝛc. bestritten werden, wird von der Direktion der fürstlichen Fideikommißverwaltung wahrgenommen. Im deutschen Bundesrat führt das Fürstentum eine Stimme und entsendet in den deutschen Reichstag einen Abgeordneten. Das Landeswappen, ursprünglich eine fünfblätterige rote Rose in silbernem Feld, ist jetzt ein in neun Felder abgeteilter Schild. Die Landesfarben sind Gelb und Rot. Vgl. Falkmann, Beiträge zur Geschichte des Fürstentums L. (1847—69, 3 Hefte).

Lippe-Bückeburg, s. Schaumburg-Lippe.

Liquid (lat.), flüssig; von Forderungen erwiesen, verfügbar; liquidieren, gegenseitige Forderungen abrechnen; die Zahlungen einstellen, ein Geschäft aufgeben, abwickeln; die Kosten berechnen. Liquidation, Kostenberechnung; Liquidationstermin, für die Gläubiger einer Konkursmasse gerichtlich festgesetzter Termin zur Anmeldung ihrer Forderungen. Liquidant, der seine Forderung einreichende Gläubiger; Liquidat, dessen Schuldner; Liquidator, der die Richtigkeit einer Forderung prüfende Gerichtsbeamte.

Lira, ital. Silbermünze, = 1 Frank.

Liter (franz. Litre), Einheit der Körpermaße im französischen und nunmehr auch deutschen Dezimalsystem. Die Grundlage für dasselbe bildet nämlich der Kubikmeter oder der Kubikstab. Der tausendste Teil eines Kubikmeters nun ist das L. oder die Kanne. Das halbe L. heißt der Schoppen. Hektoliter = 100 L. (Faß); 50 L. ein Scheffel.

Litterarisches Eigentum, s. Urheberrecht.

Liturgie (griech.), im allgemeinen der Inbegriff aller gottesdienstlichen Handlungen; dann insbesondere Bezeichnung für die Formulare und Bücher, welche das bei dem öffentlichen Gottesdienst zu befolgende Ritual enthalten, also die Kirchenagenden.

Lizenz (lat., Lizenzschein), Freibrief, Erlaubnisschein.

Lloyd, zwei in London bestehende Institute zum Zweck der Wahrnehmung gemeinsamer Interessen der Seeversicherer und der Seeversicherungsmakler. Das ältere Institut, welches jetzt gewissermaßen die Börse der Seeversicherung Englands bildet, ging aus einer Vereinigung von Kaufleuten hervor, welche sich zu Ende des vorigen Jahrhunderts in Lloyds Kaffeehaus im Börsengebäude der City gebildet hatte. Jetzt hat das Institut in allen bedeutendern Häfen Agenten, und alle Berichte über ankommende und abgehende Schiffe und über Schiffsunfälle laufen dort ein, um durch Anschlag und durch die »Lloyd's List«, eine täglich erscheinende Zeitung des Vereins, veröffentlicht zu werden. In Verbindung damit steht ein zweites Institut, »Lloyd's register of British and foreign shipping«, welches alle englischen und sonstigen Schiffe, auf welche ein Mitglied der Gesellschaft Versicherung nehmen will, zum Zweck der Seetüchtigkeit prüfen und klassifizieren läßt. Das Institut steht unter der Leitung von neun jährlich gewählten Mitgliedern. Der Präsident ist regelmäßig einer der ersten Handelsherren, welcher zugleich Mitglied des Parlaments ist. Nach dem englischen L. sind verschiedene ähnliche Institute in andern Ländern benannt worden, so insbesondere der österreichische L. in Triest, welcher 1833 auf Anregung des frühern österreichischen Finanzministers Karl Ludwig v. Bruck durch Verschmelzung verschiedener Triester Seeversicherungsgesellschaften gegründet ward. Diese Gesellschaft (L. austriaco) hat ebenfalls die Förderung der Interessen der Seeversicherung, zugleich aber auch derjenigen der österreichischen Schiffahrt überhaupt zum Zweck. Ihr Organ ist der in Triest erscheinende »Osservatore Triestino«.

Seit 1836 ist damit eine bedeutende Aktiengesellschaft für Dampfschiffahrt verbunden, und das Institut, welches in Triest ein großartiges Arsenal besitzt, zerfällt jetzt in die drei Sektionen für Assekuranzwesen, Seeschiffahrt und für litterarisch-artistische Angelegenheiten. Ferner ist hier des Norddeutschen L. zu gedenken, der 1857 in Bremen für die Schiffahrt nach England und Nordamerika gegründet ward, des Russischen L., seit 1856 in Odessa für die Schiffahrt auf dem Schwarzen und Mittelländischen Meer bestehend, und des Germanischen L., welcher seit 1867 ins Leben gerufen ward, um mannigfachen Beschwerden abzuhelfen, die gegen das früher in Deutschland dominierende gleichartige französische Institut, Bureau Veritas (in Paris und Brüssel), nicht mit Unrecht erhoben worden waren. Zweck dieses Instituts ist nicht nur die Untersuchung und Feststellung der Seetüchtigkeit von Seeschiffen, sondern seine Thätigkeit erstreckt sich auch auf die Stromschiffahrt. Der Germanische L. gliedert sich nach den Stromgebieten in Bezirksvereine; über seinen Geschäftsbetrieb gibt das alljährlich erscheinende »Internationale Register des Germanischen L.« Auskunft. Vgl. Martin, History of Lloyd's (1876).

Lock-out (engl., spr. -aut, »Aussperrung«), im Gegensatz zum Strike eine Koalition der Arbeitgeber, welche durch Entlassung der Arbeiter und Einstellung der Arbeiten die Arbeiter zur Nachgiebigkeit bringen will.

Logbuch, s. Verklarung.

Lombard (Leih- oder Pfandhaus, Leihbank), Anstalt, welche gegen genügendes Unterpfand (Staatspapiere, Aktien, edle Metalle, Waren 2c.) Geld gegen Zinsen ausleiht; die erste zu Perugia in Italien 1464, in Deutschland zu Nürnberg 1498. Den Namen L. erhielten diese Anstalten, weil sich außer den Juden besonders Lombarden mit derartigem Darleihen beschäftigten.

Lord (engl., v. angelsächs. hlâford, »Brotherr«), Herr, in England Titel der Peers, namentlich der Barone; auch führen ihn die Söhne der Herzöge und

Marquis und die ältesten Söhne der Grafen (sogen. Lords by courtesy, »aus Höflichkeit«). Letztere setzen den Taufnamen nach L., z. B. L. John Russell, die eigentlichen Lords nur den Familiennamen. Außerdem ist der Lordstitel mit gewissen Ämtern verbunden. L. der Admiralität und des Schatzes werden alle Mitglieder der Marine und des obersten Finanzkonseils genannt. L.-Mayor, der Titel für die ersten Bürgermeister der Städte London, Dublin und York während ihrer Amtsführung; Lords spiritual, Titel der englischen Bischöfe in den Parlamentsversammlungen (Gegensatz: Lords temporal).

Los, s. Staatspapiere, Lotterie.

Löserdürre, s. Rinderpest.

Lothringen, s. Elsaß-Lothringen.

Lotse (Lootse, Lootsmann, franz. Pilote, engl. Pilot), ein des Hafens oder einer bestimmten Fahrstraße besonders kundiger Seemann, welcher die Schiffe ein- und ausführt. Diese Thätigkeit wird Lotsen, die Strecke, für welche sich für den Schiffer die Zuziehung eines Lotsen nötig macht, Lotsenfahrwasser genannt. Lotsengeld, die zumeist durch obrigkeitliche Bestimmung festgestellte Vergütung, welche der L. zu beanspruchen hat; Lotsensignal, das übliche oder vorschriftsmäßige Zeichen, durch welches der L. auf das Schiff gerufen wird. Für das Deutsche Reich ist über das Lotsensignal das Nötige durch die Not- und Lotsensignalordnung vom 31. Jan. 1875 (Reichszentralblatt 1875, S. 124) bestimmt. Die Lotsen, deren Gewerbe nach der deutschen Gewerbeordnung (§§ 31, 34) von der Gewerbefreiheit ausgenommen ist, müssen sich über den Besitz der erforderlichen Kenntnisse durch ein Zeugnis der zuständigen Verwaltungsbehörde ausweisen. Im Interesse des öffentlichen Verkehrs ist vielfach der sogen. Lotsenzwang eingeführt, d. h. die Verpflichtung für die ein gewisses Fahrwasser passierenden Schiffe zur Annahme eines Lotsen (Zwangslotsen). So bestimmt z. B. ein preußisches Gesetz vom 9. Mai 1853 (Gesetzsammlung 1853, S. 216), betreffend die Erleichterung des Lotsenzwangs in den Häfen und Binnengewässern der Provinzen Preußen und Pommern, daß die Fälle, in welchen die Schiffer bei dem Besuch der Häfen, bei dem Auslaufen aus denselben und bei der Befahrung der Binnengewässer einer Begleitung durch Lotsen sich bedienen müssen, von den Bezirksregierungen im Weg polizeilicher Verordnung festzustellen sind. In derartigen Fällen kann Geldbuße bis zu 50 Thlr. oder Gefängnisstrafe bis zu 6 Wochen zur Durchführung des Lotsenzwangs ausgesprochen werden.

Lotterie und Lotto, öffentliche, vom Staat oder unter dessen Aufsicht veranstaltete Glücksspiele. Bei der Lotterie (Klassenlotterie) entfallen auf eine bestimmte Anzahl Lose eine Anzahl Gewinne, und der Zufall entscheidet, ob ein Gewinn oder eine Niete auf einen Einsatz trifft. Dabei werden nicht nur ganze, halbe, Viertel= oder Achtellose ausgegeben, sondern es wird auch die Ziehung der Lose in mehrere Zeitabschnitte verlegt, und es kann der Mitspielende den Betrag seines Loses ratenweise für jede Ziehung (Klasse) entrichten, auch nach jeder vom Spiel zurücktreten. Die Vorteile des Unternehmens bestehen in gewissen Prozenten, die von den Gewinsten abgezogen werden. Bei dem Lotto (Zahlenlotterie) besetzt der Mitspielende von den Zahlen 1—90 eine (Auszug) oder zwei (Ambe) oder drei (Terne) oder vier (Quaterne) oder fünf Nummern (Quinterne) mit einem beliebigen Einsatz und erhält, wenn dieselben in dem Glücksrad, worin sich ebenfalls die Nummern 1—90 befinden, gezogen werden, einen festgesetzten Betrag. Das Lotto (noch in Österreich) ist wegen der durch die niedrigen Einsätze erleichterten Teilnahme und wegen der verlockenden hohen Gewinne noch gefährlicher als die Klassenlotterie.

Louisdor, franz. Goldmünze seit 1640 (doppelter: L. Doublon), ehemals = 24 Livres Tournois, seit 1785 = 24 französische Goldfrank 15 Cent., = 19,56 Mk.; 1795 verdrängt durch 20- und 24=Frankstücke; in Deutschland ehedem die goldnen Fünfthalerstücke nicht= preußischer Staaten.

Loyal (franz., »gesetzmäßig«), aufrichtig; Loyalität (franz. loyauté, engl. loyalty), Biederkeit, Aufrichtigkeit, besonders Unterthanentreue.

L. S., Abbreviatur für loco sigilli, d. h. an Stelle des Siegels; bezeichnet bei Abschriften oder bei Abdrücken von Urkunden die Stelle, wo sich auf dem Original das Siegel befindet.

Lübeck, 1) Freie u. Hansestadt, Bundesstaat des Deutschen Reichs. Das Staatsgebiet umfaßt einen Flächenraum von 299 qkm mit 63,448 meist evangel. Einwohnern, von denen auf die Stadt L. 50,975, auf die Stadt Travemünde 1719 und 10,394 auf die zugehörigen 49 Dörfer und 34 Höfe entfallen. Die republikanische Staatsverfassung ist durch die Verfassungsurkunde vom 29. Dez. 1851, revidiert 5. April 1875, normiert. Hiernach sind der Senat und die Bürgerschaft die Träger der Staatsgewalt. Ersterer besteht aus 14 Mitgliedern, von denen 8 aus dem Gelehrtenstand und zwar 6 Juristen sein müssen. Von den übrigen 6 müssen mindestens 5 dem Kaufmannsstand angehören. Wählbar ist jeder Bürger, welcher das 30. Lebensjahr vollendet hat und sich im Vollgenuß der staatsbürgerlichen Rechte befindet. Die Mitglieder des Senats werden durch ein besonderes Wahlkollegium, welches sich aus einer gleichen Anzahl von Mitgliedern des Senats und der Bürgerschaft zusammensetzt, auf Lebenszeit gewählt. Der Vorsitzende des Senats, welcher von diesem aus der Mitte der Körperschaft auf je zwei Jahre gewählt wird, führt während dieser Zeit den Titel »Bürgermeister«. Die Bürgerschaft besteht aus 120 Mitgliedern, welche auf Grundlage des allgemeinen Stimmrechts nach Bezirken je auf sechs Jahre gewählt werden. Die Gesetzgebung wird von Senat und Bürgerschaft gemeinsam ausgeübt. Die Staatsverwaltung dagegen ist im wesentlichen Sache des Senats, doch findet namentlich bei der Finanzverwaltung eine Mitwirkung der Bürgerschaft statt, insofern es sich um die Einführung, Aufhebung und Veränderung von direkten und indirekten Steuern, um den Abschluß von Anleihen und um die Fest=

stellung des Staatshaushaltsetats handelt. Die einzelnen Senatsmitglieder fungieren zugleich als republikanische Staatsbeamte, indem sie an der Spitze einzelner Verwaltungszweige stehen. Sie werden hierbei von besondern Berufsbeamten und von Deputationen unterstützt, welche sich aus Mitgliedern des Senats und der Bürgerschaft oder sonstigen Bürgern zusammensetzen. Ein aus der Mitte der Bürgerschaft gewählter Bürgerausschuß von 30 Mitgliedern ist für gewisse minder wichtige Funktionen der Bürgerschaft und zur Vermittelung des Verkehrs zwischen Senat und Bürgerschaft bestellt. Das Oberlandesgericht zu Hamburg ist den drei Freien Städten Bremen, Hamburg und L. sowie für das oldenburgische Amt L. gemeinschaftlich. Außerdem besteht in L. ein Landgericht, zugleich für das letztgedachte Fürstentum, und ein Amtsgericht. Laut Militärkonvention vom 27. Juni 1867 ist das Lübecker Truppenkontingent in den preußischen Militärverband aufgenommen. Die hanseatischen Infanterieregimenter Nr. 75 und 76 gehören zum 9. Armeekorps (Generalkommando in Altona) und zur 17. Division (Schwerin). Die Staatseinnahme und -ausgabe balancierte nach dem Etat pro 1880 mit 2,739,381 Mk. Die Staatsschuld betrug 1879: 23,486,046 Mk. In den Bundesrat entsendet L. einen Bevollmächtigten und ebenso in den deutschen Reichstag einen Abgeordneten. Das Lübecker Wappen ist der zweiköpfige Adler mit einem weiß und rot wagerecht geteilten Brustschild. Die Landesfarben sind Weiß und Rot. Vgl. Deecke, Die Freie und Hansestadt L. (2. Aufl. 1854); Becker, Geschichte der Stadt L. (1782—1805, 3 Bde.); »Zeitschrift des Vereins für lübeckische Geschichte« (1860 ff.).

2) Zu Oldenburg gehöriges Fürstentum (s. Oldenburg).

Luisenorden, preuß. Frauenorden, 3. Aug. 1814 von König Friedrich Wilhelm III. zur Erinnerung an die Königin Luise gestiftet, für hervorragende Bethätigung der Vaterlands- und Menschenliebe; wird ohne Unterschied des Standes und der Religion an in Preußen geborne Frauen verliehen und ward 15. Juli 1850, zuletzt 1871 erneuert.

Lungenprobe, der Versuch, ob die Lunge eines neugebornen Kindes im Wasser schwimmt oder nicht, zur Beurteilung, ob das Kind nach der Geburt geatmet hat oder nicht; wird zur Feststellung des Thatbestands eines Kindesmords angestellt.

Lutherische Kirche, die aus der deutschen Reformation Martin Luthers hervorgegangene Kirche. Sie ward zunächst 1530 durch die Augsburgische Konfession begründet und verbreitete sich von Sachsen aus namentlich über Norddeutschland, Württemberg, Hessen, Baden, Skandinavien, Finnland und die russischen Ostseeprovinzen. Die Zahl ihrer Anhänger beträgt jetzt über 30 Mill. Die Bekenntnisschriften der lutherischen Kirche sind in dem sogen. »Konkordienbuch« zusammengestellt.

Luxemburg, neutrales Großherzogtum; 2587 qkm, 205,158 Einw. deutschen Stammes, wenn auch Französisch die Umgangssprache der Gebildeten ist. Die Bevölkerung ist fast ganz katholisch, und das Land bildet seit 1873 ein eignes Bistum. Hauptstadt: Luxemburg mit 15,954 Einw. Auf dem Wiener Kongreß 1815 als selbständiges Großherzogtum konstituiert, wurde L. dem König der Niederlande als Entschädigung für den Verlust der nassauischen Erblande zugeteilt. Stadt und Festung L. wurden zur Bundesfestung erklärt. An der belgischen Revolution nahm auch L. Anteil, und infolge des Londoner Traktats (19. April 1839) kam der westliche, französische Teil des Landes an Belgien, während der deutsche Teil bei den Niederlanden verblieb, zu welchen das Großherzogtum im Verhältnis der Personalunion steht, indem der König der Niederlande zugleich Großherzog von L. ist. Dieser Teil, das nunmehrige Großherzogtum L, verblieb denn auch bis zur Auflösung des Deutschen Bundes (1866) bei diesem, und die Festung L. blieb auch nach diesem Zeitpunkt in den Händen Preußens. Dies führte zu Verhandlungen zwischen Holland und Preußen über den Hinwegfall des Besatzungsrechts und zu einer Einmischung

Frankreichs, welches mit Holland wegen Abtretung des Großherzogtums unterhandelte; doch scheiterte dies Vorhaben an dem Widerspruch der preußischen Regierung, welche ihrerseits durch Verzicht auf das Besatzungsrecht den Hauptstreitpunkt aus dem Weg räumte. Durch den Londoner Vertrag vom 11. Mai 1867 wurde hierauf die Neutralität Luxemburgs bekläriert und dieselbe unter die Garantie der unterzeichnenden Mächte gestellt, zu welchen außer den Großmächten auch Holland, Belgien und Italien gehörten. Gleichzeitig wurde die Räumung der Festung seitens der preußischen Truppen und die Schleifung der Festungswerke beschlossen. Bei dem Deutschen Zollverein ist L. jedoch verblieben. Die Verfassung des Großherzogtums, welches seine gesonderte Verwaltung unter einem vom König-Großherzog eingesetzten Statthalter hat, datiert vom 17. Okt. 1848, das Wahlgesetz vom 28. Mai 1879. Die Ständeversammlung hat das Mitwirkungsrecht bei der Gesetzgebung und das Steuerbewilligungsrecht. Sie besteht aus 41 Abgeordneten, welche von den Kantonen in direkter Wahl jeweilig auf sechs Jahre gewählt werden, indem alle drei Jahre die Hälfte der Abgeordneten ausscheidet. Der Präsident der Regierung ist der Staatsminister, welcher zugleich als Generaldirektor der auswärtigen Angelegenheiten fungiert. Für die Finanzen, für die Justiz und für die innere Verwaltung ist je ein Generaldirektor bestellt. Ein oberster Gerichtshof befindet sich in der Stadt L., daneben bestehen zwei Arrondissementstribunale, und jeder Kanton hat ein Friedensgericht. Das Militär besteht nur aus einem Jägerbataillon und einem Gendarmeriekorps. Das Staatsbudget pro 1879 wies eine Einnahme von 7,221,475 Frank und eine Ausgabe von 6,888,655 Fr. nach. Die zum Zweck von Eisenbahnbauten kontrahierten Staatsanleihen belaufen sich zusammen auf 12 Mill. Fr. Vgl. Gröbig, L., Land und Volk in seinen jetzigen politischen und sozialen Verhältnissen (1867).

Luxus (lat.), der über das eigentliche Bedürfnis hinausgehende Aufwand, daher **Luxussteuern**, solche Abgaben, welche von überflüssigen Gebrauchsgegenständen, wie z. B. von Luxushunden, erhoben werden. Vgl. Bilinski, Die Luxussteuern (1873).

M.

Machiavellismus, s. Politik.

Machtvollkommenheit, die Summe aller Hoheitsrechte des Regenten.

Madagaskar (bei den Eingebornen Nossindambo, »Land der wilden Schweine«), afrikan. Insel, von der Ostküste durch den Kanal von Mosambik getrennt; mit den kleinen umliegenden Inseln 591,964 qkm groß; etwa 2,500,000 Einw., welche sich nominell zum Christentum bekennen. Hauptstadt: Tananariva. Das Land steht unter der absoluten Regierung einer Königin. Die Sklaverei ist durch Proklamation vom 20. Juni 1877 abgeschafft. Ein Konsul des Deutschen Reichs hat in Tamatave seinen Wohnsitz. Vgl. Sibree, M., Geographie, Ethnographie rc. der Insel (deutsch 1881).

Mädchenschändung, s. Unzuchtsverbrechen.

Magistrat (lat.), in neuerer Zeit Bezeichnung des Kollegiums der städtischen Verwaltungsbehörde, für welches in Frankreich der Ausdruck Munizipalität gebräuchlich ist, während dort M. einen Gerichtsbeamten und Magistratur das Gerichtswesen und das Gerichts- und Staatsbeamtenpersonal überhaupt bezeichnet.

Magna charta (lat., engl. the great charter, »die große Urkunde«), das 1215 dem König Johann ohne Land in England vom Abel und vom Klerus abgenötigte Staatsgrundgesetz, welches jenen beiden Ständen das Steuerbewilligungsrecht gewährte u. die Freien vor Strafe ohne Urteil ſicherſtellte. Die M. c. bilbet noch jetzt die Grundlage der engl. Staatsverfaſſung.

Magnaten (lat., magno-nati), in Ungarn Bezeichnung der vornehmſten abligen Geſchlechter und der Reichswürdenträger, die nach der Verfaſſung geborne Repräſentanten des Landes ſind und eine beſondere Kammer (die Magnatentafel) bilden. Zu dieſer gehören auch die oberſten kirchlichen Würbenträger der katholiſchen, der griechiſch-katholiſchen und der nichtunierten griechiſchen Kirche und die Obergeſpane. In Polen begriff man unter M. die geiſtlichen und weltlichen Senatoren oder Rechtsräte und den hohen Abel.

Mahnverfahren, das Prozeßverfahren, welches nach der deutſchen Zivilprozeßordnung (§§ 628—643) auf Antrag eines Gläubigers durch den zuſtändigen Amtsrichter einzuleiten iſt, wenn es ſich um die Zahlung einer beſtimmten Geldſumme oder um die Leiſtung einer beſtimmten Quantität andrer vertretbarer Sachen oder Wertpapiere handelt; wird eröffnet durch Erlaß eines Zahlungsbefehls an den Schuldner, der, wenn ein Widerſpruch nicht erfolgt, vollſtreckbar wird. Vgl. Meyer, Der Zahlungsbefehl (1879); Leiſt, Das M. (1879).

Maiden speech (engl., ſpr. mēhd'n ſpihtſch, »Jungfernrede«), die erſte Rede eines neuen Mitglieds im Parlament.

Maigeſetze, ſ. Kirchenpolitik.

Maire (franz., ſpr. mähr, v. lat. major), in Frankreich das Haupt eines Gemeindebezirks, deſſen amtliche Befugniſſe, welche fünf Jahre dauern, ſehr verſchiebenartig ſind. Er iſt zuvörderſt Richter und öffentlicher Ankläger in Polizeiſachen, dann Regierungsbeamter, welcher die Geſetze, Verordnungen und Beſcheide der Regierung zur Kenntnis der Gemeinde bringt, die Zivilregiſter verwaltet, die Wohlfahrts- und Sicherheitspolizei ausübt und überhaupt die Intereſſen des Staats und der Regierung vertritt. Die von ihm ausgehenden Anordnungen bebürfen aber der Beſtätigung von ſeiten der Oberbehörde und haben baher nur proviſoriſche Geltung. Auf der andern Seite iſt der M. auch Kommunalbeamter und hat als ſolcher die Intereſſen der Kommune oder einzelner Mitglieder berſelben dem Staat gegenüber zu vertreten, die vom Gemeinderat verwilligten Gelder ihrem Zweck gemäß zu verwenden und barüber Rechnung abzulegen, das Kommunalvermögen zu verwalten, die Kommunalbauten zu leiten und iſt überhaupt der Beſchützer und Ratgeber der Gemeinde. Wo es die Größe der Bevölkerung nötig macht, hat der M. einen oder mehrere Abjunkten (adjoints). Der M., welcher mindeſtens 25 Jahre alt ſein muß, ſteht unter dem Präfekten des Departements, welcher ihn zeitweilig ſeiner Befugniſſe entheben, aber ohne Zuſtimmung des Miniſteriums nicht abſetzen kann. Das 20. Jan. 1874 von der Nationalverſammlung angenommene Mairesgeſetz weiſt die Ernennung der Maires und Abjunkten in den Hauptſtädten der Departements, Arrondiſſements und Kantone dem Präſidenten der Republik, in den übrigen Gemeinden aber dem Präfekten zu. Vgl. v. Braſch, Die Gemeinde und ihr Finanzweſen in Frankreich (1874).

Maiſchraumſteuer, ſ. Branntweinſteuer.

Majeſtät (lat. Majestas, »hervorragende Größe«, »Würde«), Bezeichnung der höchſten Gewalt und Würde im Staat, welche dem Souverän zuſteht. In der altrömiſchen Republik war die Souveränität bei dem Volk, welches ebendarum die M. für ſich beanſpruchen konnte (majestas populi). Nachbem aber die Staatsgewalt auf die römiſchen Imperatoren übergegangen war, nahmen dieſe die M. für ſich in Anſpruch. Wie aber die deutſchen Kaiſer ſich als Nachfolger der letztern betrachteten, ſo adoptierten ſie auch den Titel M. zur Bezeichnung ihrer höchſten Würde, bis die Führung deſſelben auch den Königen von Frankreich und England und dem türkiſchen Sultan zugeſtanden warb. Später wurde M. der allgemeine und offizielle Titel der Kaiſer und der Könige, deren Gemahlinnen ihn ebenfalls führen. Außer dieſem Titel wird der Ausdruck M. aber auch zur Bezeichnung der höchſten ſtaatlichen Würde gebraucht, weshalb man unter Majeſtätsrechten die eigentlichen Hoheitsrechte des Monarchen verſteht. Die M. in dieſem Sinn ſteht jedem Souverän zu, daher Majestätsverbrechen (s. b.) jedem Fürsten gegenüber verübt werden können.

Majestätsbeleidigung (Majestätsverletzung, Verbrechen der beleidigten Majestät, lat. Crimen laesae majestatis), Beleidigung des Landesherrn oder eines Mitglieds der landesherrlichen Familie; nach dem deutschen Reichsstrafgesetzbuch insbesondere die vorsätzliche Thätlichkeit oder Beleidigung, welche an dem Kaiser, dem Landesherrn oder an einer andern bundesfürstlichen Person verübt wird. Als straferhöhendes Moment wird dabei der Umstand angesehen, daß das Verbrechen gegen das Reichsoberhaupt oder gegen den eignen Landesherrn oder doch während des Aufenthalts in einem Bundesstaat gegen den Landesherrn des letztern verübt wurde. Die Thätlichkeit wird alsdann mit lebenslänglichem Zuchthaus oder lebenslänglicher Festungshaft, in minder schweren Fällen mit zeitlicher Zuchthaus oder Festungsstrafe nicht unter 5 Jahren bestraft, die einfache Beleidigung mit Gefängnis von 2 Monaten bis zu 5 Jahren oder mit Festungshaft bis zu 5 Jahren. Ebenso macht es bei der Bestrafung von Thätlichkeiten und Beleidigungen, welche an Mitgliedern bundesfürstlicher Häuser verübt wurden, einen wesentlichen Unterschied, ob diese dem landesherrlichen Haus des Staats, welchem der Verbrecher angehört, oder in welchem er sich doch gerade aufhält, angehören oder nicht. Auf der andern Seite ist aber auch die Beleidigung des Landesherrn oder des Regenten eines nicht zum Deutschen Reiche gehörigen Staats mit Strafe bedroht. Freilich ist hier die Strafe eine weit geringere; auch setzt die Bestrafung voraus, daß in dem andern Staat nach veröffentlichten Staatsverträgen oder nach Gesetzen dem Deutschen Reich die Gegenseitigkeit verbürgt ist; zudem tritt die strafrechtliche Verfolgung nur auf Antrag der auswärtigen Regierung ein. Endlich wird auch die einem beglaubigten Gesandten zugefügte Beleidigung nicht mit der gewöhnlichen Strafe dieses Vergehens, sondern auf Antrag des Beleidigten mit Gefängnis oder Festungs

haft bis zu einem Jahr bestraft. Vgl. Deutsches Reichsstrafgesetzbuch, §§ 94 ff.

Majestätsverbrechen (Staatsverbrechen, politisches Verbrechen, lat. Crimen majestatis), ein verbrecherischer Angriff gegen den Staat oder das Staatsoberhaupt. Die moderne Strafgesetzgebung hat jedoch diesen allgemeinen Begriff aufgegeben, und das deutsche Strafgesetzbuch (§§ 88—104) insbesondere beschränkt sich darauf, die Einzelverbrechen, welche man unter jenem Begriff zusammenzufassen pflegt, zu normieren und mit Strafe zu bedrohen. Dabei handelt es sich zunächst um die Erhaltung der Integrität des Deutschen Reichs selbst und derjenigen Einzelstaaten, welche zu diesem gehören. Hier werden die Verbrechen des Hochverrats (s. b.), des Landesverrats (s. b.) und der Majestätsbeleidigung (s. b.), welch letztere man zuweilen als M. im engern Sinn bezeichnet, mit strenger Strafe bedroht. Die Erwägung aber, daß der heimische Staat in seiner völkerrechtlichen Stellung dem Ausland gegenüber durch Angriffe auf auswärtige befreundete Staaten gleichfalls gefährdet werde, führte dazu, auch feindliche Handlungen gegen befreundete Staaten, d. h. solche Handlungen, welche sich, wenn sie gegen einen Bundesfürsten oder einem Bundesstaat gegenüber begangen worden wären, als Hochverrat oder Landesverrat darstellen würden, mit einer (freilich geringern) Strafe zu bedrohen, ebenso auch die Beleidigung des Landesherrn oder des Regenten eines nicht zum Deutschen Reiche gehörigen Staats, desgleichen die Beleidigung eines beglaubigten Gesandten oder Geschäftsträgers einer auswärtigen Macht. Die strafrechtliche Verfolgung tritt aber in solchen Fällen nur auf besondern Antrag ein.

Majestätsverletzung, s. Majestätsbeleidigung.

Major (franz.), Dienstprädikat der untersten Stabsoffiziercharge, in der Regel Befehlshaber eines Bataillons; in der Anrede oft »Oberstwachtmeister« genannt.

Majorenn (lat.), großjährig, mündig. Majorennität, Großjährigkeit, Mündigkeit. Majorennisieren, einen

Minderjährigen für großjährig erklären (f. Alter).

Majorifieren (neulat.), überstimmen; ein namentlich dann gebräuchlicher Ausdruck, wenn eine Majorität (f. b.) von der Stimmenmehrheit, über welche fie verfügt, in rückfichtslofer Weise Gebrauch macht. In diefem Sinn erklärte z. B. zur Zeit des vormaligen deutfchen Bundestags die preußifche Krone wiederholt, daß fie fich durch die Kleinstaaten, welche ihr an Stimmenzahl, aber keineswegs an Macht überlegen waren, nicht majorifieren laffe.

Majorität (neulat.), Mehrheit, die Stimmenmehrheit, namentlich bei Abstimmungen und Wahlen. Man unterfcheidet dabei zwifchen absoluter und relativer (einfacher) M., je nachdem es fich um die Mehrheit der fämtlichen abgegebenen Stimmen handelt, oder je nachdem für einen Wahlkandidaten oder für eine Ansicht nur mehr Stimmen abgegeben worden find als für jeden der übrigen Kandidaten oder für die übrigen geltend gemachten Ansichten oder gestellten Anträge. So wird z. B. für die Wahl eines Abgeordneten in der Regel absolute Mehrheit der fämtlichen in dem betreffenden Wahlkreis abgegebenen gültigen Stimmen verlangt, fo insbesondere bei der Wahl eines deutfchen Reichstagsabgeordneten (Wahlgesetz vom 31. Mai 1869, § 12). Hat fich dabei eine absolute M. nicht herausgestellt, find also z. B. von 6000 gültigen Stimmen 2900 auf A, 2000 auf B und 1100 auf C entfallen, fo kommt es nur zwifchen A und B zu einer fernern, zur fogen. engern Wahl (Stichwahl). Bei Stimmengleichheit entfcheidet das Los. Ebenfo werden im Reichstag felbst die Beschlüffe nach absoluter Stimmenmehrheit gefaßt, doch ist zur Gültigkeit der Beschlußfaffung die Anwefenheit der M. der gefetzlichen Anzahl (397) der Mitglieder erforderlich. Im Bundesrat dagegen erfolgt die Beschlußfaffung ohne Rückficht auf die Zahl der anwefenden Mitglieder regelmäßig nach einfacher M. Übrigens pflegt man mit M. auch diejenigen Abgeordneten zu bezeichnen, deren Stimmen bei einer Abstimmung die Mehrheit gebildet haben, oder die in gewiffen Angelegenheiten zufammen stimmen und badurch die Stimmenmehrheit erzielen. In diefem Sinn fagt man z. B. von einer Regierung, fie habe in der Kammer die M. für fich, oder von einem Abgeordneten, er stimme mit der M. des Haufes; und in ebendiefem Sinn fpricht man auch von einem Majoritätsbeschluß. Über den Gegenfatz zwifchen Majoritäts- und Autoritätsprinzip vgl. Autorität.

Malzaufschlag, f. Brausteuer.

Manchesterpartei (Manchesterschule, Manchestertum), urfprünglich eine politifche Partei in England, welche fich nach der Stadt Manchester (fpr. männtcheſtr) nannte und die freihändlerifchen Intereffen gegenüber der altenglifchen Grundaristokratie vertrat. Sie ging aus der Anti-Cornlaw-League hervor, welche unter Cobdens Führung die Befeitigung der Kornzölle herbeigeführt hatte. In Deutfchland bezeichnet man, daran anknüpfend, als Manchestertheorie diejenige Theorie, welche den staatlichen Schutz möglichst auf den Rechtsfchutz befchränkt und im übrigen der Selbsthilfe freien Spielraum gelaffen haben will. Auch werden als Manchestermänner nicht felten die Anhänger der deutfchen Freihandelspartei bezeichnet, welche namentlich den staatlichen Schutz für Handel und Industrie in der Form von Schutzzöllen ablehnen (f. Handelsfreiheit).

Mandarin (von den Portugiefen aus dem fanskritifchen mantrin, »Ratgeber«, gebildet), europäifche Benennung der chinefifchen Staatsbeamten.

Mandat (lat.), Vollmacht. Mandatskontrakt, Bevollmächtigungsvertrag, Übereinkommen, mittelst beffen jemand (Mandatar) die Beforgung von Angelegenheiten für einen andern (Mandant) übernimmt, fei es einer einzelnen Angelegenheit (Spezialmandat), fei es überhaupt von allen Gefchäften deffelben (Generalmandat, Generalvollmacht); allgemeine landesherrliche Verordnung; richterliche Verfügung, durch welche auf einfeitiges Anbringen des Klägers der Gegenpartei etwas befohlen oder geboten wird, daher Mandatsprozeß, fummarifcher Prozeß, welcher mit einem folchen M.

beginnt (ſ. Mahnverfahren). Auch den Auftrag, welcher einem Abgeordneten zur Vertretung ſeiner Wähler von dieſen eben durch die Wahl erteilt wird, pflegt man als M. zu bezeichnen, wie man denn z. B. von einem Reichstagsmandat ſpricht.

Manifeſt (lat.), öffentliche Kundgebung, insbeſondere einer Staatsregierung, eines Monarchen über ergriffene oder zu ergreifende Maßregeln. Im Seerecht verſteht man unter M. das gerichtlich beglaubigte Certifikat über geladene Güter, wie es namentlich in Kriegszeiten ausgefertigt zu werden pflegt.

Manifeſtationseid, ſ. Offenbarungseid.

Manus mortua (lat.), Tote Hand.

Marchēſe (ital., ſpr. -ſeſe), ſ. v. w. Marquis; **Marchēſa**, Marquiſe; vgl. Marquis.

Maréchal (franz., ſpr. -ſchall), Hufſchmied, Marſchall; **M. de camp**, Generalmajor; **M. de France**, Marſchall von Frankreich, ſ. v. w. Feldmarſchall.

Marine (franz.), das geſamte Seeweſen eines Staats. Dabei wird zwiſchen der Kriegsmarine und der Handelsmarine unterſchieden, je nachdem dieſelbe als Staatsanſtalt für kriegeriſche Zwecke, namentlich für die Verteidigung des Landes und für den Schutz ſeiner Angehörigen, beſtimmt, oder je nachdem ſie unmittelbar dem Handel und dem Verkehr dienſtbar und im Beſitz von Privaten befindlich iſt. Im Deutſchen Reich insbeſondere bildet die Kriegsmarine einen Teil der Kriegsmacht des Reichs; ſie iſt eine einheitliche und ſteht unter dem Oberbefehl des Kaiſers. Die deutſche Kriegsmarine zerfällt in die Flotte und in die Seewehr. Die erſtere iſt beſtändig zum Kriegsdienſt bereit, ebenſo wie das ſtehende Heer es iſt. Dagegen iſt die Seewehr, entſprechend der Landwehr, nur zur Unterſtützung der Flotte beſtimmt. Die ſeemänniſche Bevölkerung des Reichs iſt nämlich vom Dienſt im Landheer befreit, dagegen zum Dienſt in der kaiſerlichen M. verpflichtet. Die aktive M. beſteht aus Seeleuten von Beruf, d. h. ſolchen Perſonen, welche bei dem Eintritt in das dienſtpflichtige Alter mindeſtens ein Jahr auf

deutſchen Handelsſchiffen gedient oder die Seefiſcherei ſo lange gewerbsmäßig betrieben haben, ferner aus dem Schiffshandwerks- und Maſchinenperſonal und endlich aus den Marinetruppen (Seebataillon und Seeartillerie). Eine geſetzliche Feſtſtellung der Präſenzſtärke hat für die M. nicht ſtattgefunden, dieſe richtet ſich vielmehr lediglich nach dem Bedürfnis und nach der vorhandenen ſeemänniſchen Bevölkerung. Sie iſt ausſchließlich von der Beſtimmung des Kaiſers abhängig. Ebenſo beruht die Organiſation der M. auf kaiſerlicher Verordnung. Als Organ zur Ausübung des Oberbefehls und der Marineverwaltung, die in andern großen Seeſtaaten einem beſondern Marineminiſterium unterſtellt iſt, fungiert die kaiſerliche Admiralität, mit einem Chef an der Spitze (ſ. Admiral), unter welcher die Stationskommandos der Nord- und Oſtſee ſtehen. Reichskriegshäfen ſind der Kieler Hafen und der Jadehafen (Wilhelmshaven). Die Marineoffiziere zerfallen in Flaggoffiziere (Admiral, Vizeadmiral, Konteradmiral), Stabsoffiziere (Kapitän zur See, Korvettenkapitän), Kapitänleutnants und Subalternoffiziere (Leutnants und Unterleutnants). Die Mannſchaften zerfallen in 2 Matroſendiviſionen (Seeleute) zu Kiel und Wilhelmshaven, 2 Werftdiviſionen ebendaſelbſt (Maſchiniſten, Handwerkerperſonal, Werftarbeiter), die Schiffsjungenabteilung in Friedrichsort zum Zweck der Heranbildung von Matroſen und Unteroffizieren und das Seebataillon mit dem Stab ſowie 4 Kompanien in Kiel und 2 Kompanien in Wilhelmshaven. Daſſelbe iſt vorzugsweiſe für den Wacht- und Garniſonsdienſt in den Marineetabliſſements und für den Wachtdienſt an Bord der Kriegsſchiffe beſtimmt. Als Marineverwaltungsbehörden ſind die beiden Stationsintendanturen in Kiel und Wilhelmshaven zu nennen. Werften beſtehen in Danzig, Kiel und Wilhelmshaven. Eine Marineakademie und Marineſchule iſt in Kiel errichtet, woſelbſt ſich auch eine Maſchiniſten-, Steuermanns- und Torpedoſchule befindet. Auch die deutſche

Seewarte (s. d.) in Hamburg ist der kaiserlichen Admiralität unterstellt (s. Deutsches Reich und die Notizen über die Kriegsmarine in den Artikeln über die einzelnen Seestaaten). Vgl. Werner, Das Buch von der deutschen Flotte (1874); Bütow, Die kaiserlich deutsche M. (1878 ff.).

Mark, altdeutsch, s. v. w. Grenze (auch Markung), daher Markstein, Grenzstein; dann s. v. w. Grenzbezirk, namentlich im Deutschen Reich Name der nach und nach den Slawen, Ungarn und andern Nachbarvölkern entrissenen Gebiete, die unter Markgrafen standen: Österreich, Nordsachsen, Brandenburg, Ukermark, Neumark, Meißen, Lausitz, Schleswig, Mähren, Steiermark etc.; jetzt Name kleinerer geschlossener, einer Gemeinde gehöriger Bezirk, daher Markgenossen, Markordnungen etc.

Mark, Einheit des deutschen Münzsystems. Da aus dem Pfund fein Gold 1395 M. geprägt werden, so bedeutet eine M. ein Quantum von 0,358423 g fein Gold, und eine M. ist demnach a) in Goldvaluten: $^{28}/_{93}$ Thlr. der frühern Bremer Währung, = 1 Fr. 23,457 Cent. französischer, belgischer, italienischer und schweizerischer Goldwährung, = 0,238213 Doll. oder 23,891 Cents nordamerikanischer Währung, = 0,0489489 Pfd. Sterl. englischer Währung, = $^8/_9$ Krone oder 88$^8/_9$ Öre neuer skandinavischer Währung (Schweden, Norwegen und Dänemark); b) in Silbervaluten (dabei nach der gesetzlichen Rebuktionsnorm 1 M. = $^1/_3$ Thlr. im 30=Thalerfuß): $^7/_{12}$ Fl. oder 35 Kr. (52$^1/_2$ =Gulbenfuß), = $^1/_2$ österreichischer Fl. oder 50 Neukreuzer (45=Guldenfuß), = 0,5878895 Fl. niederländischer Währung, = 0,3087086 Rubel oder 30,871 Kopeken, = 0,5196077 Kompanierupien oder 8 Annas 3,765 Pias britisch=ostindischer Währung. Als Silbermünze ist 1 M. ein Quantum von 5 g fein Silber, Rauhgewicht 5$^5/_9$ g, demnach = 9 Sgr. früherer preußischer Währung, und das Verhältnis des Goldes zum Silber ist wie 1:13$^{19}/_{20}$; bei der Umrechnung von 1 Thlr. = 3 M. ist das Verhältnis wie 1:15$^1/_2$.

Markebrief, s. Kaperei.
Markenschutz, die ausschließliche Berechtigung eines Gewerbtreibenden zur Führung von Zeichen (Fabrik= und Warenzeichen), welche zur Unterscheidung seiner Waren von denen andrer Gewerbtreibenden auf den Waren selbst oder auf deren Verpackung angebracht werden, wofern diese Zeichen oder Marken zum Eintrag in das Handelsregister des zuständigen Gerichts angemeldet sind. Vgl. Deutsches Reichsgesetz über den M. vom 30. Nov. 1873 (Reichsgesetzblatt, S. 143 ff.), herausgegeben von Landgraf (1875).

Marketender (v. ital. mercátante, »Kaufmann«), Personen, die den Truppen ins Feld folgen, um ihnen allerlei sonst nicht erreichbare Gegenstände zu liefern; im deutschen Heer nur Leute des Beurlaubtenstands, welche Sold und Verpflegung der Soldaten erhalten und denselben Gesetzen wie diese unterworfen sind.

Markgraf (Marchio), seit Karl d. Gr. der Befehlshaber in einem Grenzbezirk (s. Mark) mit herzoglichen Befugnissen; die Würde der Markgrafen war seit dem 11. Jahrh. erblich, seit dem 12. Jahrh. reichsfürstlich; zuletzt gab es neun Markgrafschaften in Deutschland.

Marktpolizei, s. Polizei.
Marokko (bei den Arabern Magrib el Aksa, »der äußerste Westen«), Kaisertum auf der Nordwestküste Afrikas, ca. 672,300 qkm mit etwa 6 Mill. Einw., meist Mohammedanern. Hauptstädte: Fes mit ca. 150,000 und Marokko mit 40—50,000 Einw. Das Land steht unter der absoluten Herrschaft eines Sultans. Ein deutscher Ministerresident ist in Tanger an der Meerenge von Gibraltar stationiert. Vgl. Goltdammer, Note géographique et commerciale sur l'empire du M. (1878); Conring, M. (1880).

Marquis (franz., spr. =kih, v. mittellat. marchensis, »Markgraf«), in Frankreich ein hoher Abelstitel, welchen der König verlieh oder bestätigte, wenn jemand Besitzer einer zum Marquisat erhobenen Herrschaft war. Die weibliche Form ist **Marquise.** Der M. steht zwischen Comte und Duc, wie in Spanien der Marques und in Italien der Marchese. Der Abel des Kaiserreichs hatte diesen Titel nicht. In England führt ihn außer dem eigentlichen M., welcher nach dem Herzog und vor dem Grafen rangiert, der älteste Sohn eines Duke.

Marschall (Marschalk, von »marc, maere«, Roß, und »schalk«, Knecht), ursprünglich Aufseher über Pferde, im Deutschen Reich unter den sächsischen Kaisern Oberstallmeister (Comes stabuli, connétable); dann eins der Erzämter mit der Obliegenheit, bei feierlichen Gelegenheiten für Aufrechterhaltung der Ordnung zu sorgen, dem Kaiser das Schwert vorzutragen ꝛc.; dann auf militärische Chargen übergegangen (**Feldmarschall**), in Deutschland und in Frankreich höchste militärische Würde (s. Maréchal). **Hofmarschall**, Oberaufseher über die fürstliche Hof- und Haushaltung. Auch heißt M. ein bei Festlichkeiten mit Führung eines Zugs ꝛc. betrauter Mann.

Massekurator (Masseverwalter), s. Konkurs.

Matrikel (lat.), schriftliches Verzeichnis von Personen oder Leistungen; auf Universitäten das Verzeichnis der Studierenden, daher immatrikulieren, in dies Verzeichnis eintragen, unter die Zahl der Studenten aufnehmen. Auch das Verzeichnis der einer Pfarrstelle überwiesenen Einkünfte wird M. genannt. Die deutsche Reichsmatrikel war das Verzeichnis der Reichsstände mit Angabe ihrer Beiträge zu den Reichsbedürfnissen; an ihre Stelle trat zur Zeit des vormaligen Deutschen Bundes die Bundesmatrikel. Auch für den Norddeutschen Bund und für das neue Deutsche Reich ist der Ausdruck Matrikularbeiträge beibehalten worden zur Bezeichnung derjenigen Geldbeiträge, welche von den einzelnen Bundesstaaten nach Maßgabe ihrer Bevölkerungszahl zur Deckung der gemeinsamen Reichsausgaben erhoben werden, insoweit die letztern nicht durch selbständige Reichseinnahmen gedeckt werden. Das Unbillige dieser Kopfsteuer liegt namentlich darin, daß die kleinern Staaten mit einer durchschnittlich ärmern Bevölkerung dadurch härter getroffen werden als die Staaten mit einer durchschnittlich reichern Bevölkerung. Daher ist die Beseitigung der Matrikularbeiträge eine längst

und wiederholt geltend gemachte Forderung. Auch der Reichskanzler suchte derselben durch Erhöhung der Tabaksteuer und durch den neuen Zolltarif von 1879 gerecht zu werden, um so die direkten Einnahmen des Reichs zu erhöhen und die Matrikularbeiträge gänzlich zu beseitigen. Die Fortschrittspartei dagegen wollte das Steuerbewilligungsrecht des Reichstags durch die jährliche Bewilligung der Matrikularbeiträge erhalten und daher die letztern zwar beibehalten, aber einen gerechtern Verteilungsmaßstab herbeiführen. Die Nationalliberalen waren mit der Beseitigung der Matrikularbeiträge zwar einverstanden, wollten aber konstitutionelle Garantien schaffen und das Steuerbewilligungsrecht des Reichstags wahren, indem sie die Erhebung einiger Zölle und indirekten Steuern (Kaffee, Salz) von der jährlichen Bewilligung des Reichstags abhängig zu machen suchten. Das Zentrum aber verstand sich dazu, die neuen Zölle und Steuern gegen Annahme des Franckensteinschen Antrags (s. d.) zu bewilligen, und infolge des letztern wurden die Matrikularbeiträge beibehalten mit der Bestimmung, daß derjenige Mehrbetrag, welcher an Zöllen und an Erträgnissen der Tabaksteuer über den Betrag von 130 Mill. Mk. pro Jahr einkommen würde, nach der Kopfzahl der Bewohner unter die Einzelstaaten zu verteilen sei. Im Reichshaushaltsetat pro 1880—81 waren die Matrikularbeiträge mit 81,670,950 Mk. veranschlagt. Im Etat pro 1881—82 sind 103,288,523 Mk. Matrikularbeiträge, also rund 22½ Mill. mehr eingestellt, eine Erhöhung, welche sich namentlich aus derjenigen des Militäretats infolge der Militärgesetznovelle von 1880 erklärt (s. Deutsches Reich).

Matrikularbeiträge, s. Matrikel.

Matrosen, Seeleute zur Bedienung des Schiffs, je nach der Dauer ihrer Dienstzeit als befahrene, halb befahrene (Leicht-, Jungmatrosen) und Ausläufer- oder unbefahrene M. bezeichnet.

Maulkorbgesetz, satirische Bezeichnung eines Gesetzentwurfs, welcher 1879 dem deutschen Reichstag vorgelegt wurde und eine Beschränkung der Redefreiheit (s. b.)

bezweckte. Das M., welches das Maß der Redefreiheit von der Entscheidung einer parlamentarischen Kommission abhängig machen wollte, wurde jedoch abgelehnt.

Mayor (engl., spr. meh'r), in England, Irland und den Vereinigten Staaten die oberste Magistratsperson einer Stadt, welche aus den Mitgliedern des Stadtrats mit Stimmenmehrheit auf ein Jahr gewählt wird und zugleich die polizeiliche Gewalt ausübt. In den Städten London, Dublin und York führt der M. während seiner Amtszeit den Titel Lord-Mayor.

Mecklenburg-Schwerin, Großherzogtum und Bundesstaat des Deutschen Reichs, 13,306 qkm mit 576,827 meist evangelisch-luther. Einwohnern. Hauptstadt: Schwerin mit 30,219 Einw. Die beiden Großherzogtümer Mecklenburg-Schwerin und Mecklenburg-Strelitz (s. unten, S. 357) setzen sich aus folgenden Bestandteilen zusammen: aus den Ländern der Herzöge zu Mecklenburg, der Herrschaft Stargard, der Herrschaft Rostock, der Grafschaft Schwerin, den Landen der Bischöfe zu Schwerin und derjenigen zu Ratzeburg und endlich dem Gebiet der ehemaligen Fürsten von Wenden. Das ursprüngliche Stammland ist das Herzogtum Mecklenburg, mit welchem die Herrschaften Stargard und Rostock, die Grafschaft Schwerin und das wendische Land nach und nach vereinigt wurden. Ein Teilungsvertrag vom 3. März 1621 trennte die Lande in die beiden Herzogtümer M. und Mecklenburg-Güstrow. Da jedoch beide Teile eine gemeinsame landständische Verfassung behielten, wurde auch an der frühern Einteilung in drei Kreise festgehalten, indem man zunächst den schwerinschen Anteil, zu welchem namentlich das eigentliche Herzogtum Mecklenburg und die Grafschaft Schwerin gehörten, den mecklenburgischen Kreis nannte. Zu Mecklenburg-Güstrow gehörten insbesondere die Herrschaft Stargard, der größere Teil des Fürstentums Wenden und der größere Teil der Herrschaft Rostock. Die Herrschaft Stargard ward nun als stargarbischer, die übrigen zu Mecklenburg-Güstrow gehörigen Besitzungen dagegen

wurden als wendischer Kreis bezeichnet. Diese drei Kreise werden noch jetzt für die landständische Verfassung der beiden Großherzogtümer unterschieden. Ausgeschlossen von jener Einteilung blieb aber die Stadt Rostock mit ihrer ländlichen Umgebung. Sie blieb den beiden Linien M. und Mecklenburg-Güstrow gemeinschaftlich. Im Westfälischen Frieden wurde die Stadt Wismar mit zwei Ämtern an Schweden abgetreten, während mit dem Herzogtum M., welches dieser Verlust traf, die Bistümer Schwerin und Ratzeburg als abgesonderte Fürstentümer vereinigt wurden. Mit dem Erlöschen der Güstrowschen Linie 1695 wurden deren Lande zwar zunächst mit M. vereinigt, allein in dem Hamburger Vergleich wurden der jüngern Linie des Hauses Schwerin der stargardische Kreis des Herzogtums Güstrow und das Fürstentum Ratzeburg überwiesen, das jetzige Großherzogtum Mecklenburg-Strelitz. Nachdem 1803 Wismar von Schweden zurückgegeben worden und beide Häuser 1815 den großherzoglichen Titel angenommen hatten, besteht nun das Großherzogtum M. aus dem Herzogtum Mecklenburg oder dem mecklenburgischen Kreis, dem wendischen Kreis des Herzogtums Güstrow, dem Fürstentum Schwerin, der Herrschaft Wismar und dem Rostocker Distrikt.

Verfassung. Beide Großherzogtümer, deren jeweilige Verfassung die einer Erbmonarchie ist, an deren Spitze der Großherzog (»Königliche Hoheit«) steht, haben noch jetzt einen gemeinsamen Landtag. Diese gemeinsame landständische Verfassung ist durch den landesgrundgesetzlichen Erbvergleich vom 18. April 1755 geregelt, wozu dann noch die sogen. »Patentverordnung« vom 28. Nov. 1817 gekommen ist, welche eine kompromissarische Instanz zur Entscheidung von Streitigkeiten zwischen Regierung und Ständen einsetzte. Für M. wurde 10. Okt. 1849 ein besonderes Staatsgrundgesetz zustande gebracht, welches aber auf eine Klage der Ritterschaft hin durch Schiedsspruch vom 11. Sept. 1850 für nichtig erklärt ward. Gleichzeitig wurde der Landeserbvergleich von 1755 wiederum für das geltende Landes-

23*

grundgesetz erklärt. Verschiedene Versuche, diesen mit den modernen Rechts= und Verfassungszuständen in Deutschland nicht zu vereinigenden Zustand zu beseitigen, waren bis jetzt ohne Erfolg. So bilden die Landstände der beiden Großherzogtümer seit 1523 eine gemeinsame Körperschaft, eine aus der Ritterschaft und aus der sogen. Landschaft hervorgehende Landesunion. Diese beiden Abteilungen gliedern sich wiederum nach dem mecklenburgischen, wendischen und stargarbischen Kreis. Außerhalb der ständischen Verfassung stehen das Fürstentum Ratzeburg und die Städte Wismar, Ludwigslust und Neustrelitz, welche also nicht auf dem gemeinschaftlichen Landtag vertreten sind. Die Ritterschaft, welche zugleich die Bauern und Hinterfassen repräsentiert, setzt sich aus den Besitzern der Rittergüter zusammen, deren Zahl im mecklenburgischen und wendischen Kreis 638, im stargarbischen Kreis 62 beträgt. An der Spitze der Ritterschaft stehen drei Erblandmarschälle, je einer für jeden der drei Kreise. Zu der Landschaft, welche die Stadtbewohner vertritt, gehören 47 landtagsfähige Städte: die Stadt Rostock, 20 Städte im mecklenburgischen, 19 im wendischen und 7 im stargarbischen Kreis, welche durch die Bürgermeister vertreten werden. Das Direktorium der Landschaft führen die drei »Vorberstädte«: Güstrow für den wendischen, Parchim für den mecklenburgischen und Neubrandenburg für den stargarbischen Kreis. Für die Ritterschaft treten zur Bildung des Direktoriums zu den drei Landmarschällen acht Landräte hinzu. Jeder Gutsbesitzer hat dasselbe Stimmrecht wie jede einzelne Stadt, doch kann die Landschaft zu einer besondern Beschlußfassung zusammentreten. Die Landtage werden alljährlich abwechselnd in den Städten Sternberg und Malchin auf Berufung der beiden Landesherren abgehalten. In der Zwischenzeit, solange der Landtag nicht versammelt ist, vertritt ein engerer Ausschuß von 9 Mitgliedern, bestehend aus 2 Landräten, 4 landschaftlichen und 3 ritterschaftlichen Deputierten, die Gesamtheit der Ritterschaft und Landschaft. Sitz dieses permanenten Kollegiums sowie eines engern Ausschusses für die Spezialangelegenheiten der Ritterschaft zu Rostock. Zur Verhandlung wichtiger und eiliger Sonderangelegenheiten eines einzelnen Großherzogtums werden auch zuweilen sogen. Konvokationstage durch Einberufung der Stände des betreffenden Großherzogtums gebildet. Verschieden davon sind die sogen. Deputationstage, welche ohne Einberufung seitens des Landesherrn von den Ständen selbst gebildet werden und über gemeinsame Angelegenheiten auf allgemeinen Landes=, Kreis= oder Amtskonventen beraten. An der Spitze der Staatsverwaltung von M. insbesondere steht das Staatsministerium, welches sich aus den Vorständen der vier Einzelministerien für das Auswärtige und für das großherzogliche Haus, für das Innere, für die Finanzen und für die Justiz zusammensetzt. Mit dem Ministerium der Justiz sind welchem Abteilungen für die geistlichen Angelegenheiten, soweit solche nicht vor den Oberkirchenrat gehören, für das Unterrichtswesen und für die Medizinalangelegenheiten verbunden. Der Oberkirchenrat, welcher als oberste kirchliche Behörde fungiert, steht direkt unter dem Großherzog. Ebenso ist das Militärdepartement, welches für die Militärverwaltung besteht, unmittelbar dem Regenten unterstellt. Unter der Oberaufsicht des Ministeriums des Innern fungieren als Polizeibehörden in den landesherrlichen Domänen die Domanialämter, in den ritterschaftlichen Gütern die Gutsherrschaften und ritterschaftlichen Polizeiämter, in den Klostergütern die Klosterämter und in den Städten und städtischen Kämmereigütern die Stadtmagistrate. Sonstige Gemeindeverbände kommen überhaupt nicht vor.

Justiz. Für die beiden Großherzogtümer besteht ein gemeinsames Oberlandesgericht zu Rostock. In M. fungieren drei Landgerichte und zwar in Schwerin für die Amtsgerichtsbezirke: Boitzenburg, Dömitz, Gadebusch, Grabow, Grevesmühlen, Jagenow, Krivitz, Lübtheen, Ludwigslust, Neustadt, Parchim, Rehna, Schwerin, Wismar und Wittenburg; in Güstrow für die Amtsgerichtsbezirke: Brüel,

Bützow, Dargun, Goldberg, Güstrow, Krakow, Laage, Lübz, Malchin, Malchow, Neukalen, Penzlin, Plau, Röbel, Stavenhagen, Sternberg, Teterow, Waren und Warin, und in Rostock für die Bezirke der Amtsgerichte zu Doberan, Gnoien, Kröpelin, Neubukow, Ribnitz, Rostock, Schwaan, Sülze und Tessin.

Heer. Die mecklenburgischen Truppen sind auf Grund einer mit Preußen 19. Dez. 1872 abgeschlossenen Militärkonvention in den Etat und in die Verwaltung der königlich preußischen Armee mit aufgenommen. Das Großherzogtum M. stellt das Füsilierregiment Nr. 90, ein Jägerbataillon Nr. 14, die Dragonerregimenter Nr. 17 und 18 und mit Mecklenburg-Strelitz zusammen das Grenadierregiment Nr. 89 sowie, ebenfalls mit Mecklenburg-Strelitz zusammen, 4 Batterien des holsteinischen Feldartillerieregiments Nr. 24. Infanterie und Kavallerie gehören der 17. Division (Schwerin) und mit der Artillerie dem 9. deutschen Armeekorps (Altona) an.

Finanzen. Ein eigentliches allgemeines Staatsbudget besteht in M. nicht. Der Regierungsaufwand wird vielmehr von der landesherrlichen Finanzverwaltung ohne Mitwirkung der Stände bestritten und soll sich etwa um die Summe von 12 Mill. Mk. bewegen. Zur Bestreitung der Kosten der großherzoglichen Haus- und Hofhaltung ist ein Domänenkomplex (Haushaltsgüter) bestimmt. Dazu kommt dann eine landesherrlich=ständische Finanzverwaltung, bei welcher die Landstände konkurrieren, deren Etat sich in Einnahme und Ausgabe um die Summe von 2,049,170 Mk., inkl. 37,500 Mk. für Schuldentilgung, bewegt. Endlich besteht auch noch eine rein ständische Finanzverwaltung für besondere Kosten der ständischen Vertretung, die aber nur über verhältnismäßig geringe Mittel verfügt. Die Staatsschulden betrugen 1879 im landesherrlichen Etat 15,518,750 Mk., für die landesherrlich=ständischen Kassen 5,272,250 Mk., also in Summa 20,791,000 Mk., welchen 32,785,000 Mk. Aktiva gegenüberstanden.

Das mecklenburgische Staatswappen enthält sechs Felder und einen Mittelschild; die erstern enthalten die Wappenzeichen von Mecklenburg (schwarzer, gekrönter Stierkopf mit silbernen Hörnern auf goldnem Grund), von Rostock, Schwerin, Ratzeburg, Stargard, Wenden; der Mittelschild, zur Hälfte rot, zur andern Hälfte golden, zeigt das Wappenzeichen der Grafschaft Schwerin. Das Wappen wird von einem Stier und einem Greif gehalten und von der Königskrone bedeckt. Die Landesfarben sind Rot, Gelb und Blau; die Landesflagge ist blau, weiß und rot, wagerecht geteilt.

Zum Bundesrat des Deutschen Reichs entsendet M. zwei Bevollmächtigte, zum deutschen Reichstag sechs Abgeordnete. Vgl. Raabe, Mecklenburgische Vaterlandskunde (1857—63, 3 Bde.); Boll, Abriß der mecklenburgischen Landeskunde (1862); Wiggers, Das Verfassungsrecht im Großherzogtum M. (1860); Derselbe, Die mecklenburgische Verfassungsfrage (1869); »Die mecklenburgische Verfassungsfrage, deren Geschichte und gegenwärtiger Stand« (1877).

Mecklenburg=Strelitz, Großherzogtum und Bundesstaat des Deutschen Reichs, 2930 qkm mit 100,269 meist evangelisch=luther. Einwohnern. Hauptstadt: Neustrelitz mit 9400 Einw. Das Großherzogtum besteht aus der ehemaligen Herrschaft Stargard (Herzogtum Strelitz) und aus dem Fürstentum Ratzeburg. Die Verfassung ist die einer Erbmonarchie, an deren Spitze der Großherzog (»Königliche Hoheit«) steht. Die beiden mecklenburgischen Großherzogtümer haben einen gemeinsamen Landtag, welcher den ursprünglichen feudalen Charakter bewahrt hat (s. oben, S. 355). Die obersten Verwaltungsbehörden sind das Staatsministerium und die Landesregierung in Neustrelitz. Die oberste Kirchenbehörde des Landes ist das dortige Konsistorium. Ein gemeinschaftliches Oberlandesgericht für die beiden Großherzogtümer ist in Rostock errichtet. Das Landgericht für M. befindet sich in Neustrelitz, welches die Amtsgerichtsbezirke Feldberg, Friedland, Fürstenberg, Mirow, Neubrandenburg, Neustrelitz, Stargard,

Strelitz, Wolbegk und das Amtsgericht für das Fürstentum Ratzeburg zu Schönberg umfaßt. Über die Finanzverhältnisse des Staats sind zuverlässige Angaben nicht in die Öffentlichkeit gedrungen; die Staatsschuld soll sich auf 6 Mill. Mk. belaufen. Zum deutschen Bundesrat entsendet das Großherzogtum einen Bevollmächtigten, und ebenso ist es im deutschen Reichstag durch einen Abgeordneten vertreten. Über Militärverhältnisse, Landesfarben, Wappen, Litteratur vgl. Mecklenburg-Schwerin.

Mediation (lat.), Vermittelung, namentlich auf dem diplomatischen Gebiet. Mediateur (franz., spr. -töhr), Vermittler.

Mediatisieren (lat., »mittelbar machen«), einen bisher selbständigen Staat der Landeshoheit des Fürsten eines andern Staats unterwerfen. Der Ausdruck M. hängt mit der frühern Reichsunmittelbarkeit zusammen. Bis zur Auflösung des vormaligen Deutschen Reichs war nämlich der Unterschied zwischen reichsunmittelbaren und mittelbaren Reichsangehörigen von der größten Bedeutung. Man verstand unter den letztern alle diejenigen, welche außer Kaiser und Reich noch einem Territorialherrn unterworfen waren, während die reichsfreien Städte, die geistlichen und weltlichen Kurfürsten, Fürsten, Grafen und Herren, welche direkt unter dem Kaiser standen, ebenso wie die reichsfreie Ritterschaft reichsunmittelbar waren. Im Lüneviller Frieden wurde nun das ganze linke Rheinufer an Frankreich abgetreten und die Entschädigung derjenigen Reichsfürsten, welche dort Besitzungen verloren, dadurch bewirkt, daß man die sämtlichen geistlichen Territorien weltlichen Ländern einverleibte (»säkularisierte«). Nur der Kurfürst-Erzkanzler (Mainz) blieb von den geistlichen Fürsten übrig, indem sein erzbischöflicher Stuhl von Mainz auf Regensburg übertragen ward. Außerdem wurden aber noch die meisten freien Reichsstädte »mediatisiert«, d. h. aus reichsunmittelbaren zu mittelbaren Städten gemacht, indem man sie jeweilig einem weltlichen Territorium einverleibte. Die Zahl der Reichsstädte (s. b.), welche bis dahin

51 betrug, schmolz damals auf 6 zusammen. Diese Mediatisierung fand in dem Reichsdeputationshauptschluß vom 25. Febr. 1803 ihren Abschluß. Die Auflösung des Deutschen Reichs aber, welche mit der Begründung des Rheinbunds unter dem Protektorat Napoleons I. und mit der Niederlegung der deutschen Kaiserkrone seitens des Kaisers Franz II. vor sich ging, brachte weitere Veränderungen, für welche ebenfalls der Ausdruck »Mediatisierungen« gebraucht wurde, obgleich die Reichszentralgewalt hinweggefallen und damit der Unterschied zwischen Reichsunmittelbaren und Reichsmittelbaren gegenstandslos geworden war. Die gesamte Reichsritterschaft sowie viele Reichsstände, z. B. die Fürsten von Bentheim, die Grafen von Kastell, Erbach, Giech, die Fürsten von Fürstenberg, Hohenlohe, Leiningen, Löwenstein, Pappenheim, Sayn und Wittgenstein, Schönburg und Schwarzenberg, wurden damals mit ihren Besitzungen verschiedenen Rheinbundsfürsten unterworfen. Einige Fürsten, der Herzog von Arenberg und die beiden Salm, verloren während der Rheinbundszeit, andre, der Fürst von der Leyen und der Fürst von Isenburg-Birstein, während des Kriegs mit Frankreich ihre Selbständigkeit. Alle diese Fürsten und Herren werden Mediatisierte genannt, wie man denn auch, obwohl sprachlich unrichtig, es als Mediatisierung bezeichnete, als nachmals zur Zeit des Deutschen Bundes die Fürsten von Hohenzollern ihre Souveränitätsrechte an Preußen abtraten und ihre Länder der preußischen Monarchie einverleibt wurden. Die durch die Mediatisierungen zu Anfang des Jahrhunderts Getroffenen erhielten in der deutschen Bundesakte (Art. 14) die Zusicherung, daß ihre fürstlichen und gräflichen Häuser zu dem hohen Adel Deutschlands gerechnet werden sollten, und daß ihnen das Recht der Ebenbürtigkeit (s. b.) gesichert bleiben solle. Spätere Bundesbeschlüsse sicherten den Fürsten das Prädikat »Durchlaucht« und den Häuptern der vormals reichsständischen gräflichen Familien das Prädikat »Erlaucht« zu. Außerdem wurden den Mediatisierten folgende Rechte garantiert:

Die unbeschränkte Freiheit, ihren Aufenthalt in jedem zu dem Bund gehörigen oder mit demselben in Frieden lebenden Staat zu nehmen, ein Vorrecht, welches mit der nunmehrigen allgemeinen Freizügigkeit gegenstandslos geworden ist. Ferner sollten die Familienverträge der Mediatisierten aufrecht erhalten werden, indem ihnen das Recht der Autonomie, d. h. die Befugnis zugesichert ward, über ihre Güter= und Familienverhältnisse, vorbehaltlich der Genehmigung des Souveräns, gültige Bestimmungen zu treffen. Hierfür sind jetzt die Landesgesetze der einzelnen deutschen Staaten maßgebend. Die den mediatisierten Fürsten und Grafen für sich und für ihre Familien garantierte Befreiung von der allgemeinen Wehrpflicht ist auch in dem Bundes= (Reichs=) Gesetz vom 9. Nov. 1867, betreffend die Verpflichtung zum Kriegsdienst, anerkannt. Für diejenigen Mitglieder der fürstlichen und gräflichen Häuser, welche vormals nicht nur reichsunmittelbar waren, sondern auch die Reichsstandschaft besaßen, d. h. Sitz und Stimme auf dem Reichstag hatten, ist übrigens die Bezeichnung »Standesherren« üblich geworden; im engern Sinn bezeichnet man so die Häupter jener Familien. Die Bundesakte hatte ihnen noch einen privilegierten Gerichtsstand sowie die Ausübung der bürgerlichen Rechtspflege und der Strafgerichtsbarkeit in erster und, wo die Besitzung groß genug, auch in zweiter Instanz sowie die Ausübung der Forstgerichtsbarkeit zugesichert; doch sind die überbleibsel dieser Gerechtsame durch das deutsche Gerichtsverfassungsgesetz vom 27. Jan. 1877 beseitigt, welches den privilegierten Gerichtsstand überhaupt aufhebt und nur die staatliche Gerichtsbarkeit anerkennt. Endlich sind auch die Zusicherungen, welche den Standesherren in Ansehung der Ausübung der Ortspolizei und der Aufsicht in Kirchen= und Schulsachen erteilt worden waren, durch die moderne Gesetzgebung als hinfällig anzusehen. Überhaupt bedarf das Verhältnis der Standesherren, nachdem mit der Auflösung des Deutschen Bundes der völkerrechtliche Vertrag, auf welchen sich ihre bevorzugte Stellung gründete, erloschen ist, der anderweiten Regelung durch die Gesetzgebung derjenigen Staaten, welchen die betreffenden mediatisierten Häuser angehören. Dies ist wenigstens die Ansicht des deutschen Bundesrats, und in diesem Sinn ist neuerdings in Preußen mit der gesetzlichen Regelung der Rechtsverhältnisse des vormaligen Herzogtums Arenberg=Meppen begonnen worden. Hervorzuheben ist endlich noch, daß den Standesherren in den Staatsverfassungen der deutschen Länder regelmäßig die erbliche Mitgliedschaft in der Ersten Kammer eingeräumt ist. Vgl. außer den Lehrbüchern des deutschen Staatsrechts: Vollgraf, Die deutschen Standesherren (1823); Zahlkampf, Die deutschen Standesherren (1844); »Die Stellung der deutschen Standesherren seit 1866« (2. Aufl. 1870); Heffter, Sonderrechte der souveränen u. vormals reichsständischen Häuser Deutschlands (1871).

Medizinalkollegium, ein zum Teil aus Medizinern, zum Teil wohl auch aus Verwaltungsbeamten bestehendes Kollegium zur Beaufsichtigung der öffentlichen Gesundheitspflege, Erstattung von Gutachten u. dgl., wie z. B. das Reichsgesundheitsamt des Deutschen Reichs.

Medizinalpfuscherei (Medikasterei), Ausübung ärztlicher Funktionen ohne staatliche Genehmigung. Dieselbe war in Deutschland bis in die neueste Zeit mit Strafe bedroht und ist es nach dem österreichischen Strafgesetzbuch (§§ 343 ff.) noch jetzt. Für das Deutsche Reich dagegen ist durch die Gewerbeordnung vom 21. Juni 1869 die Gewerbefreiheit auch auf die ärztliche Praxis ausgedehnt, und nur diejenigen Medizinalpersonen, welche sich als Ärzte oder mit gleichbedeutenden Titeln bezeichnen, oder welche seitens des Staats oder einer Gemeinde als solche anerkannt oder mit amtlichen Funktionen betraut werden sollen, bedürfen einer staatlichen Approbation. Das deutsche Strafgesetzbuch kennt daher ein Vergehen der M. nicht, doch ist nach demselben (§ 360, Nr. 8) das unbefugte Führen eines ärztlichen Titels strafbar.

Medizinalpolizei, s. Gesundheitspolizei.

Meeting (engl., spr. mihting), in England und Nordamerika Versammlung, welche zum Zweck der Beratung über einen Gegenstand von allgemeinem, besonders politischem oder sozialem, Interesse abgehalten wird.

Mehrheit, s. Majorität.

Meineid, Verletzung der Eidespflicht, wurde von dem ältern Recht als Religionsverbrechen aufgefaßt und in der peinlichen Gerichtsordnung Karls V. (sogen. »Carolina«) mit dem Verlust der Schwurfinger bestraft. Die moderne Gesetzgebung sieht in dem M. ein Verbrechen wider Treue und Glauben, und das deutsche Reichsstrafgesetzbuch insbesondere behandelt den M. als ein besonderes Verbrechen (Abschnitt 9), indem es dabei folgende Unterscheidungen macht (§§ 153—163): Als M. im engern Sinn wird der in einem Zivilprozeß von einer Partei wissentlich falsch geschworne Eid mit Zuchthaus bis zu 10 Jahren bestraft. Dieselbe Strafe trifft denjenigen, welcher wissentlich ein falsches Zeugnis oder Gutachten eidlich erstattet, und die Strafe ist eine noch härtere, wenn die fragliche Aussage in einer Strafsache erstattet wurde und für den Angeschuldigten einen schweren Nachteil zur Folge hatte. Wissentlich falsche Versicherung an Eides Statt wird mit Gefängnis von 1 Monat bis zu 3 Jahren bestraft, also z. B. ein falsches Handgelöbnis u. dgl. Die Verleitung zum M. wird mit Zuchthaus bis zu 5 Jahren und die Verleitung zur wissentlichen Abgabe einer falschen Versicherung an Eides Statt mit Gefängnis bis zu 1 Jahr bestraft. Ein fahrlässiger Falscheid ist in dem Reichsstrafgesetzbuch mit Gefängnis bis zu 1 Jahr bedroht. Wurde in einem Fall der letztern Art die falsche Aussage bei der Behörde, bei welcher sie abgegeben worden, widerrufen, bevor eine Anzeige gegen den Täter erfolgte, oder eine Untersuchung gegen ihn eingeleitet, bevor ein Rechtsnachteil für einen andern aus der falschen Aussage entstanden ist, so tritt Straflosigkeit ein, während unter denselben Voraussetzungen bei einem eigentlichen M. die Strafe wesentlich ermäßigt wird. Ebenso tritt eine solche Strafermäßigung dann ein, wenn

es sich um eine Verletzung der Eidespflicht seitens eines Zeugen oder Sachverständigen handelt und die Angabe der Wahrheit gegen diesen selbst eine Verfolgung wegen eines Verbrechens oder Vergehens nach sich ziehen könnte, oder wenn der Aussagende die falsche Aussage zu Gunsten einer Person erstattet hat, rücksichtlich welcher er die Aussage ablehnen durfte, ohne über die Ablehnungsrechte belehrt worden zu sein.

Meiningen-Hildburghausen, s. Sachsen-Meiningen.

Meistbegünstigte Staaten, s. Zoll.

Mejiko, s. Mexiko.

Mémoire (franz., spr. -moahr), Denkschrift, besonders über eine staats- oder völkerrechtliche Frage. Memoiren (spr. -moahren), Denkwürdigkeiten, Aufzeichnungen von Selbsterlebtem; besonders zahlreich in der englischen (seit Elisabeth) und in der französischen Litteratur (seit Ludwig XI.).

Menschenraub (lat. Plagium), das Verbrechen desjenigen, welcher sich eines Menschen durch List, Drohung oder Gewalt bemächtigt, um ihn in eine hilflose Lage zu versetzen und darin preiszugeben, oder um ihn in Sklaverei, Leibeigenschaft oder in auswärtige Kriegs- oder Schiffsdienste zu bringen. Das Verbrechen ist mit dem Bemächtigungsakt, d. h. damit vollendet, daß der Täter den andern unter die eigne Macht unterwirft, so daß jenem die freie Selbstbestimmung entzogen wird. Die Strafe ist nach dem deutschen Reichsstrafgesetzbuch (§ 234) Zuchthaus von 1—15 Jahren. Das Strafgesetzbuch stellt aber mit dem M. noch das Vergehen desjenigen zusammen, welcher eine minderjährige Person durch List, Drohung oder Gewalt ihren Eltern oder Vormund widerrechtlich entzieht, obwohl hier das strafbare Moment nicht sowohl in der Freiheitsentziehung als vielmehr in der Vereitelung des Erziehungs- und Aufsichtsrechts der Eltern oder deren Stellvertreter liegt, so daß die That immerhin strafbar bleibt, wenn sie auch mit Einwilligung des Minderjährigen geschah. Die Strafe ist nach dem deutschen Strafgesetzbuch (§ 235) Gefängnis von 1 Tag bis zu 5 Jahren und, wenn die Handlung in der Abſicht geſchieht, um die minderjährige Perſon zum Betteln oder zu gewinnſüchtigen oder unſittlichen Zwecken oder Beſchäftigungen zu gebrauchen, Zuchthaus bis zu 10 Jahren. Dagegen fällt eine bloße widerrechtliche Entziehung der Freiheit nicht unter den Begriff des Menſchenraubs (ſ. Gefangenhaltung).

Merkantilſyſtem, die im 17. und 18. Jahrh. herrſchende volkswirtſchaftliche Theorie, welche den Volkswohlſtand als das Reſultat weiſer Regierungsmaßregeln betrachtete und ebendeshalb namentlich auf ſtaatlichen Schutz der inländiſchen Induſtrie bedacht war. Die Merkantiliſten, wie Colbert, Friedrich d. Gr. u. a., ſahen den Reichtum eines Volks vorzugsweiſe in dem größtmöglichen Vorrat baren Geldes, welches im Beſitz desſelben befindlich. Dieſe Theorie wurde von den Phyſiokraten und zwar namentlich von Adam Smith mit Erfolg bekämpft. Die dermalige Zollpolitik des Fürſten Bismarck nähert ſich dagegen wiederum dem M.

Meßbrief, amtliche Beſcheinigung über den Raumgehalt eines Schiffs (ſ. Schiffsvermeſſung).

Meſſen (Handelsmeſſen) entſtanden aus den mit Ablaß verbundenen alten Kirchenmeſſen, an die ſich Jahrmärkte anſchloſſen, und erlangten große Bedeutung, inſofern durch dieſelben ferne Länder miteinander in Verkehr traten. Gegenwärtig haben ſie jedoch infolge der veränderten Handels- und Verkehrsverhältniſſe und der vervollkommneten Kommunikationsmittel an Bedeutung verloren. Meßfreiheiten, Befreiung von Zöllen und Abgaben, beſchleunigtes Verfahren bei Rechtsſtreitigkeiten ꝛc. Für gewiſſe Gegenſtände (Tuch, Leder) gibt es beſondere M. Für jede Meſſe beſteht eine Meßordnung ſowie eine Art von Meßrecht für den Handelsverkehr zwiſchen den Meßbeſuchern. An den letzten Tagen der M., den Zahltagen, finden die Abrechnungen ſtatt. Die wichtigſten deutſchen M. ſind die zu Leipzig und Frankfurt a. M., denen ſich die zu Braunſchweig und Frankfurt a. O. anſchließen; von außerdeutſchen die zu Beaucaire in Frankreich, zu Meſſina, Sinigaglia und Bergamo in Italien,

zu Peſt in Ungarn, zu Niſhnij Nowgorob in Rußland; von außereuropäiſchen die zu Tanta in Ägypten, zu Mekka in Arabien, zu Kiachta in Sibirien.

Meter (franz. Mètre, »Stab«), Längenmaß des franzöſiſchen und nunmehr auch des deutſchen Dezimalſyſtems. Ein M. = 100 Zentimeter (Neuzoll), = 1000 Millimeter (Strich); 10 M., = 1 Dekameter (Kette), 100 M. = 1 Hektometer, 1000 M. = 1 Kilometer. Als Urmaß gilt nach der deutſchen Maß- und Gewichtsordnung vom 17. Aug. 1868 (Bundesgeſetzblatt, S. 473 ff.) derjenige Platinſtab, welcher im Beſitz der königlich preußiſchen Regierung ſich befindet, 1863 durch eine preußiſch-franzöſiſche Kommiſſion mit dem zu Paris aufbewahrten Mètre des archives verglichen und bei der Temperatur des ſchmelzenden Eiſes gleich 1,00000301 M. befunden worden iſt. Für die Flächenmaße bildet das Quadratmeter oder der Quadratſtab, für die Körpermaße aber das Kubikmeter oder der Kubikſtab die Grundlage. Die Einheit iſt der tauſendſte Teil des Kubikmeters und heißt das Liter (ſ. b).

Methodiſten (griech.), chriſtliche Religionspartei, welche in der engliſchen Hochkirche entſtand und von John Wesley und George Whitefield 1729 gegründet ward. Die Bezeichnung M. rührt daher, weil die Anhänger dieſer Sekte nach »der in der Bibel aufgeſtellten Methode« leben wollen. Gemeinſames Beten und Leſen der Bibel, häufige Abendmahlsfeier, Verkündigung des Evangeliums dem unwiſſenden Volk, Beſuch und Bekehrung der Kranken, ſtrenge ſeelſorgeriſche Überwachung des einzelnen ſind Haupteigentümlichkeiten des Methodismus, welcher in verſchiedene Sekten zerfällt und namentlich in England, Nordamerika, in Württemberg, in der Schweiz und in Bremen Eingang gefunden hat. Vgl. Jakoby, Handbuch des Methodismus (2. Aufl. 1855).

Metropole (griech., Metropolis), Mutterſtadt von Kolonien; Hauptſtadt, Hauptſitz. Metropolit (Metropolitan), Erzbiſchof; auch Pfarrer an einer Hauptkirche.

Meuchelmord, s. Mord.

Meuterei, gemeinsame Auflehnung der Untergebenen gegen ihren Vorgesetzten, welche bei dem Militär, dem Schiffsvolk und bei Gefangenen für besonders strafbar erklärt ist. Das deutsche Militärstrafgesetzbuch bestraft wegen M. diejenigen Angehörigen des Heers oder der Kriegsmarine, welche eine gemeinschaftliche Verweigerung des Gehorsams oder eine gemeinschaftliche Widersetzung oder Thätlichkeit gegen den Vorgesetzten verabreden; ebenso wird auch derjenige mit Strafe bedroht, welcher, obgleich er von einer M. glaubhafte Kenntnis erhielt, gleichwohl zur Verhütung derselben eine rechtzeitige Anzeige unterläßt, während umgekehrt den bei einer M. Beteiligten Straflosigkeit zugesichert wird, wenn sie rechtzeitig von derselben Anzeige erstatten. Ferner gehört die Bestimmung der für die deutschen Kauffahrteischiffe ergangenen Seemannsordnung hierher, wonach mehrere Schiffsleute, welche es auf Verabredung gemeinschaftlich unternehmen, den Schiffer (Kapitän) oder einen andern Vorgesetzten durch Gewalt oder Drohung mit Gewalt oder durch Verweigerung der Dienste zur Vornahme oder zur Unterlassung einer dienstlichen Verrichtung zu nötigen, mit Gefängnisstrafe bis zu 4 Jahren bedroht werden. Gleiche Strafe trifft diejenigen, welche es unternehmen, dem Schiffer oder einem andern Vorgesetzten durch Gewalt oder durch Bedrohung mit Gewalt Widerstand zu leisten oder denselben thätlich anzugreifen. Endlich bestraft das Reichsstrafgesetzbuch diejenigen Gefangenen wegen M., welche sich zusammenrotten und mit vereinten Kräften das Beamten- und Aufsichtspersonal angreifen oder es unternehmen, dieses zu Handlungen oder Unterlassungen zu nötigen, oder endlich mit vereinten Kräften einen gewaltsamen Ausbruch unternehmen. In solchen Fällen tritt Gefängnisstrafe von 6 Monaten bis zu 5 Jahren und gegen diejenigen, welche dabei Gewaltthätigkeiten gegen die Anstaltsbeamten oder gegen das Aufsichtspersonal verübten, Zuchthausstrafe bis zu 10 Jahren ein. Vgl. Deutsches Militärstrafgesetzbuch vom 20. Juni 1872, §§ 103 bis 105; Deutsche Seemannsordnung vom 27. Dez. 1872, §§ 89—92, und Deutsches Reichsstrafgesetzbuch, § 122.

Mexiko (spr. mechiko, Mejiko, Estados unidos de Mejico), Föderativrepublik im südlichsten Teil von Nordamerika, 1,921,240 qkm mit 9,686,777 Einw. und zwar teils Indianern, teils (1/8) Weißen, teils Mischlingen. Der Gesamtstaat zerfällt in 27 Einzelstaaten, den von der Zentralregierung verwalteten Bundesdistrikt (Distrito federal), d. h. die Bundeshauptstadt M. (ca. 250,000 Einw.) mit ihrer Umgebung, und das Territorium Niederkalifornien. Nachdem das von Napoleon III. inszenierte Kaiserreich M. mit der Erschießung des Kaisers Maximilian ein trauriges Ende genommen (Februar 1867), wurde die republikanische Verfassung vom 5. Febr. 1857 in ihrem ganzen Umfang wiederhergestellt. Die ausübende Gewalt liegt hiernach in den Händen des Präsidenten der Republik, welcher auf vier Jahre gewählt wird. Im Fall des Todes oder bei Verhinderung desselben tritt der Präsident des obersten Gerichtshofs, dessen Mitglieder auf sechs Jahre gewählt werden, als Vizepräsident der Republik an seine Stelle. Die gesetzgebende Gewalt wird von dem Kongreß ausgeübt, der sich alljährlich versammelt. Diese parlamentarische Körperschaft zerfällt in zwei Kammern, den Senat und die Deputiertenkammer. Die 56 Senatoren werden auf vier Jahre gewählt, indem jeder Staat zwei Mitglieder für den Senat entsendet. Dagegen ist die Wahlperiode der Deputierten eine nur zweijährige. Die Zahl derselben ist 227. Die Deputierten werden vom Volk in direkter Wahl gewählt. Das Kabinett des Präsidenten besteht aus den Sekretären für die auswärtigen Angelegenheiten, für Inneres, für Justiz und Unterricht, für die Finanzen und für den Krieg. An der Spitze der Rechtspflege steht der oberste Gerichtshof der Republik. In ähnlicher Weise haben die einzelnen Bundesstaaten je einen Gouverneur, einen Staatskongreß und einen obersten Gerichtshof. Die Finanzen der Republik befinden sich infolge der fortwährenden innern Unruhen und Kämpfe in einer traurigen Verfassung, und die von dem Präsidenten Juarez 1859 verfügte Einziehung der Kirchengüter hat in dieser Hinsicht eine dauernde Abhilfe nicht gebracht. Nach dem Staatshaushaltetat pro 1880—81 waren die Einnahmen auf 17,811,125, die Ausgaben auf 23,128,218 Doll. veranschlagt; die Staatsschuld belief sich auf 119,232,270 Doll. Die Armee hatte eine Stärke von 1512 Offizieren und 23,318 Mannschaften. Das Wappen der Republik besteht aus einem Nopal (einer kaktusartigen Pflanze) auf einem Stein, auf welchem ein Adler mit ausgebreiteten Flügeln, eine Schlange tötend, sich niedergelassen hat. Die Nationalflagge besteht aus drei lotrechten Streifen: grün, weiß und rot. Vgl. Arnim, Das heutige M. (2. Aufl. 1869, 2 Bde.); Ratzel, Aus M. (1878).

Mikado, s. Japan.

Mildernde Umstände (franz. Circonstances atténuantes), besondere thatsächliche Verhältnisse, welche in einem gegebenen Straffall die That in so mildem Licht erscheinen lassen, daß die dafür gesetzlich bestimmte Strafe als zu hart erscheinen würde. Nach dem deutschen Reichsstrafgesetzbuch muß die Strafe beim Vorhandensein mildernder Umstände gemindert werden, wenn es sich um eigentliche Verbrechen handelt, während sie herabgesetzt werden kann, wenn ein bloßes Vergehen mit mildernden Umständen vorliegt. Bei welchen Delikten m. U. überhaupt zu berücksichtigen sind, ist im Strafgesetzbuch ausdrücklich angegeben, während dasselbe die Frage, welche Momente als m. U. aufzufassen sind, nicht entscheidet, sondern ihre Beantwortung für den einzelnen Fall dem richterlichen Ermessen anheimgibt. So wird z. B. derjenige, welcher bereits zweimal als Dieb im Inland bestraft wurde, bei dem dritten Diebstahl mit Zuchthaus von 1—10 Jahren bestraft. Liegen aber m. U. vor, ist z. B. der Wertbetrag des Gestohlenen nur ein ganz geringer, so kann auf Gefängnisstrafe von 3 Monaten bis zu 5 Jahren heruntergegangen werden. Wo Geschworne über die Schuldfrage zu entscheiden haben, gebührt ihnen auch die

Entscheidung über die Frage, ob m. U. anzunehmen sind oder nicht, so namentlich nach der deutschen Strafprozeßordnung (§ 295). Nicht zu verwechseln mit den mildernden Umständen sind die Strafmilderungsgründe, d. h. solche Umstände, welche kraft gesetzlicher Bestimmung die Strafe mildern, und welche in jedem Fall berücksichtigt werden müssen. Das deutsche Strafgesetzbuch kennt jedoch nur einen eigentlichen Milderungsgrund, nämlich das jugendliche Alter. Vgl. Reichsstrafgesetzbuch, § 56.

Militär (franz.), die Gesamtheit der zum Kriegsdienst bestimmten bewaffneten Macht. Über die Militärverhältnisse der einzelnen Staaten vgl. die betreffenden Artikel und über die deutsche Militärgesetzgebung auch die Art. Ersatzwesen, Landwehr und Wehrpflicht.

Militäranwärter, versorgungsberechtigte Unteroffiziere, welche nach zwölfjähriger Dienstzeit oder wegen Invalidität schon früher mit dem sogen. Zivilversorgungschein entlassen werden und dadurch Ansprüche auf Anstellung im Staats- und Kommunaldienst, auch wohl bei Privateisenbahngesellschaften erhalten (s. Zivilversorgungschein).

Militärattaché, s. Attaché.

Militärbeleidigung, die Beleidigung eines militärischen Vorgesetzten oder im höhern Dienstrang Stehenden durch einen Untergebenen, wird nach dem deutschen Militärstrafgesetzbuch (§§ 89, 91) mit Freiheitsstrafe (Gefängnis, Festungshaft, Arrest) bis zu 2 und, wenn die M. im Dienst oder in Beziehung auf eine Diensthandlung begangen ward, bis zu 3 Jahren und, wenn die Beleidigung durch Verbreitung von Schriften, Darstellungen oder Abbildungen verübt wurde, mit Gefängnis oder Festungshaft, bei verleumberischen Beleidigungen aber ausschließlich mit Gefängnisstrafe bis zu 5 Jahren bestraft.

Militärbergung, s. Bergelohn.

Militärbevollmächtigter, s. Gesandte.

Militärgerichtsbarkeit, die für die Militärpersonen bestehende besondere Gerichtsbarkeit. Während nämlich in bürger-

lichen Rechtsstreitigkeiten die Angehöri=
gen des Militärstands regelmäßig und so
namentlich in Deutschland dem Gericht
des Garnisonsorts unterstellt sind, besteht
für die Behandlung der Strafsachen eine
besondere Militärjurisdiktion, welche sich
in Deutschland nach der preußischen Mi=
litärstrafgerichtsordnung vom 3.
April 1845 richtet. Die M. zerfällt in
eine höhere und eine niedere. Vor die
erstere gehören Vergehen und Verbrechen,
welche mindestens mit Gefängnis, vor die
letztere solche Vergehen und Übertretungen,
welche nur mit Arrest bedroht sind. Die
Korps=, Divisions= und Garni=
sonsgerichte haben die höhere und die
niedere Gerichtsbarkeit, während den Re=
gimentsgerichten nur die niedere zu=
steht. Als Spruchgerichte fungieren für
die erstere die Kriegsgerichte, für die
letztere die Standgerichte. Vgl. Solms,
Strafrecht und Strafprozeß für Heer und
Marine des Deutschen Reichs (1873);
Fleck, Militärstrafgesetzbuch für das
Deutsche Reich (1875 u. 1880).

Militärhoheit (Militärgewalt, lat.
Jus armorum), die Befugnis des Staats=
oberhaupts, von den Unterthanen Kriegs=
dienste zu fordern und die zur Verteidigung
des Landes und der staatlichen Interessen
erforderlichen militärischen Vorkehrungen
und Einrichtungen zu treffen. Im Deut=
schen Reich ist die M. und damit die
Souveränität der einzelnen Bundesstaa=
ten überhaupt zu Gunsten des Kaisers
wesentlich beschränkt. Nur das bayrische
Heer bildet einen in sich geschlossenen Be=
standteil des deutschen Reichsheers mit
selbständiger Verwaltung unter der M.
des Königs von Bayern, indem es nur
im Krieg und zwar mit Beginn der Mo=
bilisierung unter dem Oberbefehl des Kai=
sers steht. Im übrigen aber bildet die ge=
samte Landmacht des Reichs ein einheit=
liches Heer, welches nicht nur im Krieg,
sondern auch im Frieden unter dem Be=
fehl des Kaisers steht. Dieser hat den
Präsenzstand, die Gliederung und Ein=
teilung der Kontingente des Reichsheers
sowie die Organisation der Landwehr,
ebenso die Garnisonen innerhalb des Bun=
desgebiets und die kriegsbereite Aufstel=

lung eines Teils oder des ganzen Reichs=
heers zu bestimmen und die Erklärung
des Bundesgebiets, ganz oder teilweise, in
den Kriegszustand zu verfügen. Der Kai=
ser ist berechtigt, sich jederzeit durch In=
spektionen von der Verfassung der einzel=
nen Kontingente zu überzeugen und die
Abstellung der dabei vorgefundenen Män=
gel anzuordnen; auch steht ihm die Befug=
nis zur Anlegung von Festungen inner=
halb des Reichsgebiets zu. Die deutschen
Truppen haben den Befehlen des Kaisers
unbedingt Folge zu leisten, eine Verpflich=
tung, welche in den Fahneneid mit auf=
zunehmen ist. Der Kaiser ernennt end=
lich den Höchstkommandierenden eines
Kontingents sowie alle Offiziere, welche
Truppen von mehr als einem Kontingent
befehligen, und alle Festungskommandan=
ten, während bei Generalen und den Ge=
neralstellungen bekleidenden Offizieren in=
nerhalb eines Kontingents die Ernen=
nung von der jedesmaligen Zustimmung
des Kaisers abhängig zu machen ist. Die
meisten Bundesregierungen haben aber
außerdem mit der Krone Preußen noch
besondere Militärkonventionen (s. b.) ab=
geschlossen, wodurch sich wenigstens die
Kleinstaaten ihrer M. nahezu vollständig
begeben haben. Die Kriegsmarine des
Reichs ist ebenfalls eine einheitliche und
steht unter dem Oberbefehl des Kaisers.
Vgl. die Verfassung des Deutschen Reichs
vom 16. April 1871, Art. 53, 57—68.

Militärkabinett, Büreau des Landes=
herrn, welches dessen Entscheidungen in
militärischen Angelegenheiten vorbereitet
und bearbeitet.

Militärkonventionen, Staatsver=
träge, durch welche die eine Regierung
die ihr in Ansehung des Militär= und
Kriegswesens zustehenden Rechte ganz oder
teilweise auf die andre überträgt. Dahin
gehört z. B. die Militärkonvention zwi=
schen dem Norddeutschen Bund und Würt=
temberg vom 21.—25. Nov. 1870 (Bun=
desgesetzblatt 1870, S. 658 ff.), welche
dann später in die deutsche Reichsverfas=
sung vom 16. April 1871 mit aufgenom=
men wurde. Außerdem sind aber zwischen
der Krone Preußen und allen übrigen
Bundesstaaten, mit Ausnahme Bayerns

und Braunschweigs, M. abgeschlossen worden, durch welche, abgesehen von den Beschränkungen der Militärhoheit der einzelnen Bundesstaaten durch die Reichsverfassung, die Kleinstaaten namentlich ihre Militärverwaltung der preußischen Staatsregierung vollständig übertragen haben. Nur die Königreiche haben ihre eigne Heeresverwaltung behalten, während die Kontingente der übrigen Bundesstaaten, welche jene M. abgeschlossen haben, in die preußische Verwaltung übergegangen sind; doch hat sich der Kaiser den Kontingentsherren gegenüber verpflichtet, sein verfassungsmäßiges Recht zur Bestimmung der Garnisonen in der Regel dahin auszuüben, daß die Kontingentstruppen innerhalb der Landesgrenzen verbleiben. Die Kontingentsherren selbst stehen zu den in ihrem Gebiet befindlichen Truppen im Verhältnis eines kommandierenden Generals, indem sie die einem solchen zukommenden Ehrenrechte und Disziplinarbefugnisse zu beanspruchen haben, während das Begnadigungsrecht in Militärstrafsachen regelmäßig dem Kaiser übertragen ist. Die Offiziere und die Militärbeamten werden in den Großherzogtümern, in den Herzogtümern, mit Ausnahme Braunschweigs, in den Fürstentümern und in den Freien Städten vom Kaiser ernannt, vorbehaltlich des Rechts der Kontingentsherren zur Ernennung von Offizieren à la suite sowie von Adjutanten und Ordonnanzoffizieren.

Militärstrafgesetzbuch, s. Strafrecht.

Militärverbrechen, im weitern Sinn überhaupt alle strafbaren Handlungen, welche, weil von Militärpersonen begangen, vor die Militärgerichte gehören; im engern und eigentlichen Sinn aber diejenigen Verbrechen, welche nach ihrem Begriff und Wesen nur von Militärpersonen begangen werden können. Für Militärpersonen ist nämlich ein doppeltes Strafrecht gegeben: die nichtmilitärischen Verbrechen und Vergehen derselben werden, wenn auch vor besondern Militärgerichten, doch nach dem bürgerlichen Strafgesetzbuch bestraft, während für die M. die besondern Vorschriften des Militärstrafgesetzbuchs, welche das Militärstraf-

recht bilden, maßgebend sind. Zu bemerken ist aber, daß die Bestimmungen des allgemeinen Teils des deutschen bürgerlichen Strafgesetzbuchs (§§ 13—79), also z. B. die Normen über den verbrecherischen Versuch und über die Teilnahme an einem Verbrechen, auch auf das Militärstrafrecht analoge Anwendung finden. Besonders strenge Vorschriften sind für die strafbaren Handlungen im Feld gegeben. So wird z. B. die Fahnenflucht vom Posten vor dem Feind oder aus einer belagerten Festung mit dem Tod bestraft. Dieselbe Strafe trifft denjenigen, welcher während des Gefechts aus Feigheit die Flucht ergreift und die Kameraden durch Worte oder Zeichen zur Flucht verleitet. Ebenso tritt bei einem vor dem Feind begangenen militärischen Aufruhr für sämtliche Beteiligte die Todesstrafe ein. Diese sogen. Kriegsgesetze gelten für die Dauer des mobilen Zustands des Heers, der Marine oder einzelner Teile derselben, für die Personen des aktiven Dienststands und des Beurlaubtenstands; sie finden aber auch in denjenigen Gebieten, in welchen der Kriegszustand verkündet worden ist, für die Dauer desselben Anwendung. Ebenso gelten sie für diejenigen Truppen, welchen bei einem Aufruhr, einer Meuterei oder einem kriegerischen Unternehmen der befehligende Offizier dienstlich bekannt gemacht hat, daß die Kriegsgesetze für sie in Kraft treten, für die Dauer dieser Zustände und endlich auch für diejenigen Kriegsgefangenen, welchen der höchste an ihrem Aufenthaltsort befehligende Offizier dienstlich das Inkrafttreten der Kriegsgesetze eröffnet hat. Vgl. Militärstrafgesetzbuch für das Deutsche Reich vom 20. Juni 1872 (Reichsgesetzblatt 1872, S. 174 ff.).

Milreis (spr. -rees), Goldmünze, in Portugal 10 M. = 45,3573 Mk., in Brasilien = 22,9276 Mk.; als Silbermünze in Portugal = 4,8861 Mk., in Brasilien = 2,0250 Mk.

Minatio (lat.), Drohung.

Minderheit, s. Minorität.

Minderjährigkeit, s. Alter.

Minister (lat., »Diener«, Staatssekretär), die Inhaber der höchsten Verwaltungsstellen des Staats, welche an der Spitze der gesamten Staatsverwaltung oder einzelner Zweige derselben stehen. Für konstitutionelle Staaten kommt noch das weitere Erfordernis hinzu, daß diese Beamten eine besondere Verantwortlichkeit (Ministerverantwortlichkeit) haben. Nur in ganz kleinen Staaten besteht die Einrichtung, daß ein einziger Staatsminister vorhanden ist. In den größern Staaten bestehen für die einzelnen Verwaltungszweige besondere Fachministerien, welche Ressortministern unterstellt sind. In kleinern Staaten zerfällt das Ministerium in verschiedene Departements oder Abteilungen, welche zumeist verantwortlichen Departements- oder Abteilungsvorständen unterstehen. In den größern Staaten werden regelmäßig folgende Fachministerien unterschieden: 1) das Ministerium der auswärtigen Angelegenheiten; 2) Ministerium der Finanzen; 3) Kriegsministerium; 4) Marineministerium, in Preußen lange Zeit mit dem Kriegsministerium verbunden, jetzt unter dem Titel »Kaiserliche Admiralität« auf das Reich übernommen. In Frankreich ist das Marineministerium auch mit der Verwaltung der Kolonien betraut, während in England ein besonderer Staatssekretär für die Kolonien fungiert; 4) Ministerium für Handel und Gewerbe; 5) Ministerium der öffentlichen Arbeiten; 6) Ministerium des Innern; 7) Ministerium der Justiz; 8) Ministerium des Ackerbaus, in Preußen Ministerium für Landwirtschaft, Domänen und Forsten genannt; 9) Ministerium für Kultus und Unterricht, in Preußen Ministerium der geistlichen, Unterrichts- und Medizinalangelegenheiten. Neben diesen Ministerien, in Ansehung deren übrigens in den einzelnen Staaten vielfach Kombinierungen vorkommen, besteht in der Regel auch noch ein Hausministerium (Ministerium des königlichen Hauses), welches mit der Verwaltung des Kronguts oder der Zivilliste betraut ist. Die Chefs der Ministerien werden durch Unterstaatssekretäre, Direktoren, Ministerial- und Regierungsräte, vortragende Räte ꝛc. unter-

stützt. In wichtigern Fällen aber tritt das Ministerium (Gesamtstaatsministerium, Ministerrat, Ministerkonseil) zu einer Gesamtberatung zusammen, in welcher der Premierminister oder Ministerpräsibent, die »leitende Person« des Staatsministeriums, den Vorsitz führt. Da das Ministerium in seinen Anschauungen und Gesinnungen eine einheitliche Körperschaft sein muß, so besteht zumeist die Einrichtung, daß die einzelnen Ressortminister auf Vorschlag des Ministerpräsidenten ernannt werden. Dagegen ist das englische (parlamentarische) System, wonach die jeweilige parlamentarische Mehrheit einen Anspruch darauf hat, das Ministerium aus ihrer Mitte hervorgehen zu sehen, in Deutschland noch nicht zur Geltung gelangt. Im Grund genommen ist es aber eigentlich für den konstitutionellen Staat etwas Selbstverständliches, daß ein M., wenn er auch nicht selbst der Kammermajorität angehört, doch eine solche Mehrheit hinter sich haben muß, auf welche er sich stützen kann. Der Zustand einer Augenblickspolitik, wie er dermalen im Deutschen Reich besteht, wo der leitende Staatsmann heute mit dieser, morgen mit jener Majorität die Gesetze zustande bringt, ist auf die Dauer unhaltbar. Allerdings kann sich aber in Deutschland, abweichend von dem englischen System, der Monarch ohne Rücksicht auf parlamentarische Majoritäten und Minoritäten seine M. wählen.

Die Ministerverantwortlichkeit läßt sich auf den Grundsatz des englischen Staatsrechts zurückführen: »Der König kann kein Unrecht thun«. Auch in der konstitutionellen Monarchie ist nämlich der König persönlich unverantwortlich. Derselbe kann wegen keiner Handlung vor Gericht oder in der Kammer zur Rechenschaft gezogen werden; ja, es ist sogar parlamentarischer Brauch, die Person des Monarchen nicht in die Debatte hineinzuziehen. Es bedarf aber jeder staatliche Akt des Souveräns zu seiner Gültigkeit der Gegenzeichnung eines Ministers, welcher eben durch diese Kontrasignatur die Verantwortlichkeit übernimmt. So bestimmt z. B. auch die deutsche Reichsverfassung

(Art. 17): »Die Anordnungen und Verfügungen des Kaisers werden im Namen des Reichs erlassen und bedürfen zu ihrer Gültigkeit der Gegenzeichnung des Reichskanzlers, welcher dadurch die Verantwortlichkeit übernimmt«. Diese Ministerverantwortlichkeit hat aber einen doppelten Charakter, einen politischen und einen rechtlichen. Der M. kann nämlich in ersterer Hinsicht in der Kammer wegen zweckwidriger, das Staatswohl schädigender Handlungen, z. B. wegen einer das Ansehen der Krone schädigenden Handlungsweise, wegen Abschluß eines nachteiligen Bündnisvertrags, interpelliert und zur Rechenschaft gezogen werden. Die Kammer kann den M. auch durch ein Mißtrauensvotum zum Rücktritt bewegen. Nach englischem Brauch hat wenigstens ein solches regelmäßig den Rücktritt des Ministeriums zur Folge. Endlich kann die Volksvertretung in Form der Beschwerde oder in Form einer Adresse ihre Bedenken über ein unzweckmäßiges Verhalten des Ministeriums dem Monarchen unterbreiten. Die rechtliche Verantwortlichkeit der M. aber ist eine dreifache: eine strafrechtliche insofern, als der M. wegen politischer Verbrechen, welche schon im Strafgesetzbuch mit Strafe bedroht sind, verfolgt, eine zivilrechtliche insofern, als er zu Schadenersatz angehalten werden könnte, und endlich eine staatsrechtliche wegen etwaiger Verletzung der Staatsverfassung und der Gesetze des Staats überhaupt. Der M. ist eben dafür verantwortlich, daß seine Handlungen und diejenigen des Souveräns, für welche er durch die Kontrasignatur die Verantwortlichkeit übernimmt, sich innerhalb der gesetzlichen Schranken halten. Den Kammern steht in Fällen, in welchen gegen diesen Grundsatz verstoßen wird, ein Anklagerecht gegen den M. zu. Dies Anklagerecht (Impeachment) hat sich im englischen Verfassungsleben entwickelt, woselbst es aus der Befugnis der Gemeinen hervorging, hohe Staatsbeamte vor dem König im Hohen Rat zur Verantwortung zu ziehen. Hieraus ging das Recht der Ministeranklage des Unterhauses hervor, über welche das Oberhaus entscheidet.

Ebenso ist in den Vereinigten Staaten von Nordamerika dem Repräsentantenhaus die Anklägerrolle und dem Senat die richteramtliche Funktion übertragen. Allein das Urteil des letztern kann nur die Amtsentsetzung und die fernere Unfähigkeit zur Bekleidung eines besoldeten Amtes in den Vereinigten Staaten aussprechen. Eine wirkliche Verurteilung muß durch die Gerichte erfolgen. In den deutschen Verfassungsurkunden ist das Recht der Ministeranklage zwar regelmäßig gewährleistet, aber nur wenig ausgebildet. Angeklagt können regelmäßig nur M. werden, d. h. die mit dem Rechte der Kontrasignatur ausgestatteten höchsten Verwaltungsbeamten, gleichviel ob sie den Ministertitel führen oder nicht. Besteht der Landtag nur aus einer Kammer, so ist eben der Landtag Ankläger. Wo dagegen das Zweikammersystem besteht, ist zu einer Ministeranklage entweder ein übereinstimmender Mehrheitsbeschluß beider Kammern nötig, wie z. B. in Bayern und in Sachsen, oder jede von beiden Kammern hat das Anklagerecht, wie in Preußen und Württemberg, oder das Recht steht lediglich der Zweiten Kammer zu, wie in Baden. Die Funktionen des Richters werden in manchen Staaten von dem obersten Gerichtshof, in andern von einem besondern Staatsgerichtshof wahrgenommen. So wird z. B. in Bayern ein besonderer Staatsgerichtshof aus dem Präsidenten, den sechs ältesten, nicht abgelehnten Räten des obersten Gerichtshofs und zwölf Geschwornen gebildet. Das Verfahren ist regelmäßig ein öffentliches, mündliches und kontradiktorisches, indem die Befugnisse des öffentlichen Anklägers durch besondere Bevollmächtigte der Volksvertretung wahrgenommen werden. Als Gegenstand der Anklage werden meistens Verfassungsverletzungen und außerdem auch zuweilen bestimmte Verbrechen, z. B. in Preußen Bestechung und Verrat, bezeichnet. Die badische Verfassung statuiert die Ministeranklage nicht nur wegen Verletzung der Verfassung oder anerkannter verfassungsmäßiger Rechte, sondern auch wegen schwerer Gefährdung der Sicherheit und Wohlfahrt des Staats. Das Urteil lautet im Fall der Verurteilung nach den meisten Verfassungsbestimmungen auf Verlust des Amtes und Unfähigkeit zur Bekleidung anderweiter Ämter. Das Recht der Begnadigung kann der Monarch nach der preußischen Verfassung zu Gunsten eines wegen seiner Amtshandlungen verurteilten Ministers nur auf Antrag derjenigen Kammer ausüben, von welcher die Anklage ausgegangen ist. Ähnliche Beschränkungen des Begnadigungsrechts finden sich auch in andern Verfassungsurkunden. Mit der eigentümlichen Stellung der M. hängt auch der weitere Rechtsgrundsatz zusammen, daß die M. und die ihnen gleichstehenden Departementschefs das unbedingte Recht haben, ihre Entlassung fordern zu können, ohne daß ihre Pensionsansprüche oder die Beibehaltung von Rang und Titel an den Ablauf der gewöhnlichen Dienstzeit geknüpft wäre. Auf der andern Seite ist aber auch das freie Entlassungsrecht des Monarchen dem M. gegenüber allgemein anerkannt. Nach dem deutschen Reichsbeamtengesetz gehören zu denjenigen Reichsbeamten, welche ihre Entlassung jederzeit fordern und erhalten können, der Reichskanzler, der (frühere) Präsident des Reichskanzleramts, der Chef der kaiserlichen Admiralität und der Staatssekretär der auswärtigen Angelegenheiten. Der Anspruch auf Pension ist begründet, wenn der Ausscheidende mindestens zwei Jahre lang das betreffende Amt bekleidet hat. Übrigens ist für das Deutsche Reich der einzige in diesem Sinn verantwortliche Beamte der Reichskanzler (s. d.), und auch in Ansehung des letztern fehlt es in Ermangelung näherer Bestimmungen an Mitteln, die rechtliche Verantwortlichkeit dieses höchsten Reichsbeamten in wirksamer Weise geltend zu machen. In absoluten Staaten ist der M. nur dem Staatsoberhaupt verantwortlich. Bevollmächtigter M. ist der Titel eines Gesandten zweiten, Ministerresident derjenige eines Gesandten (s. d.) dritten Ranges. Ministeriell, das Ministerium angehend, von demselben ausgehend, z. B. ein ministerielles Zeitungsblatt u. dgl. Vgl. außer den Lehrbüchern des Staatsrechts: Samuely, Das Prinzip der Mi-

nisterverantwortlichkeit in der konstitutionellen Monarchie (1869); Kerchove de Denterghem, De la responsabilité des ministres (1866).

Ministerresident, s. Gesandte.

Minoren (lat.), minderjährig; Minorennität, die der Majorennität oder Großjährigkeit vorhergehende Lebensperiode. Letztere tritt nach römischem Recht mit zurückgelegtem 25. Jahr ein, in Österreich mit dem 24., im Deutschen Reiche (Gesetz vom 17. Febr. 1875), in England und Frankreich mit dem 21., bei regierenden Fürsten und deren Familien zumeist mit dem 18. Lebensjahr. Auch kann das Recht der Majorennität vom Staatsoberhaupt erteilt werden (s. Alter).

Minorität (neulat.), die bei Abstimmungen und Wahlen sich ergebende Minderheit der Stimmen; auch Bezeichnung für die Abgeordneten, deren Stimmen bei einer Abstimmung die Minderheit bilden, daher man z. B. von einem Abgeordneten sagt, er »stimme mit der M.«

Minoritätspolitik, das von der Minderheit einer Kammer beobachtete politische Verhalten. Eine entschiedene M. pflegt den Regierungsvorlagen gegenüber zumeist ablehnend zu verfahren.

Mißhandlung, s. Körperverletzung.

Mißheirat, s. Ebenbürtigkeit.

Mission (lat.), Sendung, insbesondere Aussendung christlicher Lehrer und Prediger (Missionäre) zur Verbreitung des Christentums; dann s. v. w. Gesandtschaft.

Mißtrauensvotum, s. Votum.

Mitreeder, s. Reeder.

Mittelamerika, s. Zentralamerika.

Mitthäter, s. Teilnahme am Verbrechen.

Mobilien (lat.), s. Immobilien.

Modena, bis 1860 selbständiges Herzogtum in Oberitalien, 6132 qkm mit 610,000 Einw., unter der Regierung des Hauses Österreich-Este; seitdem Bestandteil des Königreichs Italien.

Modus (lat.), Art und Weise; in der Rechtssprache die einem Rechtsgeschäft beigefügte Nebenbestimmung, namentlich eine Auflage, welche dem Empfänger einer Sache gemacht wird, ohne daß ihr der Charakter einer Gegenleistung inne= wohnt. **M. vivendi**, die Art und Weise eines erträglichen Nebeneinanderlebens, in dem gegenwärtigen kirchenpolitischen Streit vielfach als erreichbares und wün= schenswertes Ziel bezeichnet.

Mohammedanische Religion (Mo= hammedanismus, Islam, »Hingabe an Gott«), die von Mohammed verkün= dete, angeblich auf göttlicher Offenbarung beruhende, im Koran enthaltene Religion, welche den Glauben an Einen Gott lehrt, dessen Prophet Mohammed ist. Vielwei= berei ist gestattet, während sonst manche gute Sittengesetze im Koran enthalten sind. Die Herrschaft des Islams, welcher sich ungemein rasch über Syrien, Persien, Ägypten und Nordafrika bis nach Spa= nien hin verbreitete, ist seit dem 18. Jahrh. im Sinken begriffen. Immerhin ist aber die Zahl seiner Bekenner noch auf 200 Mill. zu veranschlagen. Vgl. Arnold, Der Islam nach Geschichte, Charakter und Beziehung zum Christentum (a. d. Engl., 1878); Vambéry, Der Islam im 19. Jahrhundert (1875); Lüttke, Der Is= lam und seine Völker (1878).

Monaco, souveränes Fürstentum, im franz. Departement der Seealpen gelegen; etwa 15 qkm groß, mit (1878) 7049 Einw. Die Hauptstadt M., eine bekannte Spiel= hölle, hat 2863 Einw. Der Duodezstaat steht seit 968 unter Fürsten aus dem Haus Grimaldi. Die Truppenmacht be= steht, außer einer Ehrengarde, aus 73 Mann, wozu noch 32 Gendarmen kommen.

Monarchie (griech., Alleinherr= schaft, Einherrschaft, Einzelherr= schaft), diejenige Staatsform, nach wel= cher die Staatsgewalt einem Einzelnen (dem Monarchen oder Souverän) übertragen ist. Letzterer allein erscheint als Regierender, alle übrigen Staatsange= hörigen sind Regierte im Gegensatz zur Republik (s. d.), in welcher die Gesamt= heit des Volks als Souverän erscheint, dem die Einzelnen als Regierte gegenüber= stehen. Je nachdem aber die staatliche Machtvollkommenheit mit einem bestimm= ten Fürstenhaus erblich verbunden ist oder nicht, wird zwischen Erb= oder Wahl= monarchie unterschieden, und zwar ist

der Grundsatz, daß der erstern vor dieser der Vorzug gebühre, in der Politik allge= mein anerkannt und durch die Geschichte, namentlich die des frühern Deutschen Reichs und die des Königreichs Polen, bestätigt. Denn während durch die Erb= lichkeit der Krone die Stetigkeit der Re= gierung und des Staats selbst verbürgt ist, wird dessen Bestand in der Wahlmon= archie durch das unvermeidliche Zwischen= reich, durch die Entfesselung der Leiden= schaften der Masse und durch die Auf= stachelung des Ehrgeizes der Einzelnen bei der jeweiligen Wahl gefährdet, wie die Macht der Regierung durch die Zugeständ= nisse, zu welchen sich der künftige Monarch seinen Wählern gegenüber bequemen muß, abgeschwächt zu werden pflegt. In den einzelnen Erbmonarchien aber bestimmt sich die Succession nach der bestehenden Thronfolgeordnung, und zwar haben die meisten Staaten das Salische Gesetz (s. b.) adoptiert, wonach nur der Manns= stamm zur Thronfolge berufen ist. Dabei ist das System der Primogenitur (s. d.) das herrschende, nach welchem der Erst= geborne und seine Linie den Nachgebornen und deren Linien vorgehen. Ist der Mon= arch völlig unumschränkt, so wird er Autokrat (Selbstherrscher) und die be= treffende M. Autokratie (s. b.) genannt, und artet dieselbe in eine Willkürherrschaft aus, so wird sie als Absolutismus oder Despotismus bezeichnet. Ist da= gegen der Souverän, wie dies in der kon= stitutionellen M. der Fall ist, bei den wich= tigern Regierungshandlungen an die Zu= stimmung der Volksvertretung verfas= sungsmäßig gebunden, so spricht man von einer beschränkten M. (sogen. Reprä= sentativverfassung). Die Staatsge= walt und die Machtvollkommenheit stehen aber auch hier nichtsdestoweniger nur dem Monarchen zu, ein Grundsatz, welchen man als das sogen. monarchische Prinzip zu bezeichnen pflegt, während für eine einseitige Handhabung und Auf= fassung desselben auf Kosten der Rechte des Volks der Ausdruck Monarchismus gebräuchlich ist.

Die Rechte des Monarchen zerfallen in Regierungsrechte einerseits und in Maje=

stäts- oder Ehrenrechte anderseits. Die Regierungsrechte sind diejenigen Befugnisse, welche dem Fürsten zur Erfüllung seiner staatlichen Aufgaben eingeräumt sind, während unter Majestätsrechten diejenigen Rechte verstanden werden, welche die bevorzugte Stellung des Monarchen besonders zum Ausdruck bringen sollen. Dahin gehört der Anspruch auf einen besondern Titel (Majestät, Königliche Hoheit, Hoheit 2c.), auf gewisse Insignien, militärische Ehren, Kirchengebet, Hofhaltung, Landestrauer u. dgl. Ungleich wichtiger freilich sind die Regierungsrechte, deren Wesen in folgendem besteht: der Monarch ist der Träger der gesamten Staatsgewalt, er hat daher das Recht, alle jene Machtbefugnisse auszuüben, welche die Staats- oder Regierungsgewalt enthält (Hoheitsrechte, Souveränitätsrechte, Regalien). Dahin gehören: die Gebietshoheit, d. h. der Inbegriff der Befugnisse des Staatsoberhaupts über das Staatsgebiet; die Justizhoheit oder Gerichtsbarkeit, als deren Ausfluß die Rechtspflege erscheint, die »im Namen des Monarchen« ausgeübt wird, sowie die Polizei- oder Privilegienhoheit. Ferner gehören hierher: die Finanz-, Militär-, Ämter-, Lehns- und Kirchenhoheit. Weiter sind das Gesandtschaftsrecht, das Recht der Bündnisse und Staatsverträge und das Kriegsrecht hervorzuheben.

Zur Ausübung aller dieser Rechte steht ein vielgliederiger Beamtenkörper unter dem Monarchen. Bei Ausübung des wichtigsten Rechts, der Gesetzgebung, ebenso bei den wichtigsten Handlungen der Staatsverwaltung ist aber der Monarch in der konstitutionellen M. an die Mitwirkung der Volksvertreter gebunden. Diejenigen Rechte, in Ansehung deren ein solches Mitwirkungsrecht nicht besteht, werden nicht selten als die fürstlichen Prärogative bezeichnet, wie das Gesandtschaftsrecht, das Bündnis- und Kriegsrecht, das Recht der Begnadigung, das Recht, die Staatsbeamten zu ernennen, 2c. Der Monarch selbst ist aber trotz der Beschränkungen der konstitutionellen M. für seine Person unverantwortlich. Er kann daher nicht kriminell bestraft werden, da er ja selbst die höchste Stelle des Staats und

keiner andern unterstellt ist. In zivilrechtlicher Hinsicht, soweit der Regent Inhaber einer Privatvermögensrechtssphäre ist, können dagegen bürgerliche Rechtsstreitigkeiten vorkommen, die sich aber regelmäßig gegen den Landesfiskus oder gegen die Zivilliste oder gegen gewisse fürstliche Ämter richten. Gleichwohl muß für die staatsrechtlichen Akte des Monarchen eine verantwortliche Person vorhanden sein, da sonst das Mitwirkungsrecht und die Kontrollbefugnis der Stände in Rücksicht auf Verwaltung und Gesetzgebung illusorisch wäre. Diese Verantwortlichkeit wird durch die Gegenzeichnung (Kontrasignatur) seitens eines oder mehrerer Minister hergestellt, die eben durch jene Gegenzeichnung den Kammern gegenüber die Verantwortung übernehmen. Keiner Kontrasignatur bedarf es bei solchen Handlungen des Monarchen, bei welchen den Ständen überhaupt keinerlei Mitwirkung oder Kontrolle zusteht, also z. B. bei der Verleihung von Orden und Ehrenzeichen, bei Ausübung des militärischen Oberbefehls u. dgl., während die Kontrasignatur bei Ausübung des Begnadigungsrechts und bei der Ernennung von Staatsbeamten, insbesondere auch bei der Ernennung der Minister, für nötig erachtet wird. Daß aber der Monarch auch in der konstitutionellen M., unbeschadet jenes beschränkenden Mitwirkungsrechts der Volksvertreter, alleiniger Inhaber der ungeteilten Staatsgewalt ist, wird durch eine Reihe wichtiger Rechte zum Ausdruck gebracht, welche dem Monarchen dem Repräsentantenkörper selbst gegenüber zustehen. Der Monarch beruft, eröffnet und schließt nämlich die Kammer; er bestimmt die Dauer der Session, hat das Recht der Vertagung; ja, er kann die Ständeversammlung nach den meisten Verfassungsurkunden sogar vor Ablauf der gesetzlichen Legislaturperiode auflösen und eine Neuwahl veranlassen. Der Monarch hat den Ständen gegenüber das Recht der Initiative, d. h. das Recht, ihnen Vorlagen zu machen, und das Recht der Sanktion der Kammerbeschlüsse sowie das Recht der Publikation derselben, die ebendadurch erst zum Gesetz werden, wie er denn auch auf der andern Seite durch sein Veto den Kammerbeschlüssen jede Wirksamkeit versagen kann. Diese Rechte werden gewöhnlich als fürstliche Prärogative (im engern Sinn) bezeichnet, und in ihnen findet das oben besprochene monarchische Prinzip in der That seinen vornehmlichsten Ausdruck. Damit hängt auch der parlamentarische Brauch zusammen, daß die Person des Monarchen schlechterdings nicht in die Debatte gezogen werden darf.

Mönchsorden, s. Orden.

Monokratie (griech.), s. v. w. Monarchie.

Monopōl (griech., »Alleinhandel«), das von der Staatsgewalt dem Fiskus vorbehaltene oder an Private verliehene ausschließliche Recht auf einen Handels- oder Fabrikbetrieb, wie namentlich das Tabaksmonopol, welches in Österreich und in Frankreich besteht und nach dem Wunsch des Fürsten Bismarck auch in Deutschland eingeführt werden sollte (s. Tabakssteuer).

Montenēgro (slaw. Tschernagora, türk. Karabagh, »schwarzer Berg«), unabhängiges Fürstentum der Balkanhalbinsel, infolge des jüngsten Kriegs mit der Türkei durch den Berliner Frieden vergrößert; 9475 qkm mit etwa 236,000 Einw., welche fast sämtlich dem griechisch-katholischen Glaubensbekenntnis und dem südslawischen Volksstamm angehören. Ihre Sprache ist die serbische. Hauptstadt: Cetinje (ca. 2000 Einw.). Die Verfassung des Landes ist diejenige einer absoluten Monarchie mit patriarchalischem Charakter. Die Thronfolge ist erblich im Mannsstamm der Familie Petrović Njegos. Neuerdings ist die Einführung einer konstitutionellen Verfassung in Aussicht genommen worden. Zunächst sind verantwortliche Minister (für Inneres, Handel und Bauten, für Äußeres, für die Justiz und für das fürstliche Haus, für den Krieg und für die Finanzen) ernannt worden. Daneben besteht ein Staatsrat von 18 Mitgliedern. In besonders wichtigen Fällen wird von den Fürsten (Knjäs) die Stupschtina (eine Art Landtag) einberufen. Die jährlichen Staatseinkünfte werden auf etwa 445,000 Fl. ö. W. angegeben. Das Land ist militärisch organisiert und in fünf Bezirke eingeteilt. Ein stehendes Heer existiert nicht, sondern jeder Waffenfähige ist zu Kriegsdiensten verpflichtet. Das Heer ist in drei Aufgebote eingeteilt, und die Kriegsmacht kann bis auf ca. 60,000 Mann gebracht werden. Das Staatswappen ist ein Doppeladler. Vgl. Gopčević, M. u. die Montenegriner (1877).

Monumenta Germaniae historica, großes Quellen- und Urkundenwerk zur Geschichte des deutschen Mittelalters, 1820 von der durch Stein 1819 gegründeten »Gesellschaft für ältere deutsche Geschichtskunde« unter Leitung von Pertz begonnen, 1875 reorganisiert und unter die Leitung von Georg Waitz gestellt.

Moral (v. lat. mores, »Sitten«), Sittenlehre; Inbegriff der sittlichen Prinzipien und ihrer Beobachtung im Leben. Die M. unterscheidet sich vom Recht namentlich durch die Erzwingbarkeit des letztern und außerdem dadurch, daß das Recht auf äußern Satzungen der Völker beruht (s. Recht). Moralstatistik, derjenige Teil der Statistik, welcher es mit an sich freiwilligen Handlungen der Menschen zu thun hat, aber aus der Gleichartigkeit der Beweggründe gleichwohl eine gewisse Regelmäßigkeit der in das Gebiet der M. gehörigen Handlungen nachweist. Vgl. Öttingen, Die Moralstatistik (1874).

Moratorium (lat., Anstandsbrief, Indult), Verfügung, wodurch einem Schuldner eine Frist zur Zahlung gestattet wurde, innerhalb deren er von seinen Gläubigern nicht belangt werden konnte; in Deutschland durch die deutsche Zivilprozeßordnung beseitigt.

Mord, die mit Überlegung vorsätzlich ausgeführte rechtswidrige Tötung eines Menschen. Das Erfordernis der Überlegung unterscheidet den M. wesentlich von dem Totschlag, der ohne Überlegung ausgeführten Tötung, sowie auch von der Tötung durch Handlungen, bei welchen nicht dieser Erfolg, aber eine andre Rechtsverletzung, z. B. eine Körperverletzung, beabsichtigt war, und ebenso von der fahrlässigen Tötung, welche durch eine Handlung erfolgt, wobei der Beschädigende die Absicht nicht gehabt hat, das Leben zu

24*

nehmen, die Tötung aber durch eine aus Nachlässigkeit, Unvorsichtigkeit oder Ungeschicklichkeit verübte Handlung oder Unterlassung bewirkt worden ist. Der M. erfordert, wie jedes Verbrechen der Tötung, zu seiner Vollendung einen lebenden Menschen, an welchem er begangen wird. An Mißgeburten ohne menschliche Gestalt, an der Leibesfrucht, an der eignen Person (Selbstmord), an Toten und Tieren kann kein M. begangen werden Auf den Inhalt des Beweggrunds zur vorsätzlichen Tötung, ob er in sittlicher Hinsicht mehr oder minder verwerflich war, kommt bei der rechtlichen Beurteilung wenig an. Manche Arten des Mordes waren durch die Art der Ausübung (gedungener M. oder Banditenmord, Gift- und Meuchelmord), durch den Zweck (Raubmord) und durch den Gegenstand (Verwandten- und Gattenmord) früher ausgezeichnet und wurden härter bestraft, wogegen aus besondern Gründen die von der Mutter an ihrem unehelichen neugebornen Kind begangene Tötung (s. Kindesmord) nicht als eigentlicher M. bestraft wird. Das deutsche Strafgesetzbuch (§ 211) bestraft den vollendeten M. mit dem Tode; die Ermordung solcher, die ausdrücklich und ernsthaft verlangten, getötet zu werden (Tötung eines Einwilligenden), wird nicht als M., sondern mit Gefängnis nicht unter 3 Jahren (§ 216) geahndet. Mordversuch an dem Kaiser, an dem eignen Landesherrn oder an dem Landesherrn, in dessen Gebiet sich der Thäter befindet, wird dagegen als Hochverrat mit dem Tod (§ 80) bestraft. In Staaten, welche, wie z. B. Portugal, die Todesstrafe abgeschafft haben, trifft Mörder lebenslängliche Zuchthausstrafe. Übrigens gehen die Gesetzgebungen der verschiedenen Länder in der Begriffsbestimmung des Mordes weit auseinander. Am ausgedehntesten ist dieser Begriff im englischen Recht, wo beispielsweise Selbstmord, Kindesmord und die nicht beabsichtigte Tötung durch lebensgefährliche vorsätzliche Verwundung unter den Begriff des Mordes fallen. Vgl. v. Holtzendorff, Das Verbrechen des Mordes und die Todesstrafe (1875).

Morganatische Ehe, s. Ebenbürtigkeit.

Mortifikation (lat.), s. Amortisation.

Motion (lat., »Bewegung«), im parlamentarischen Sprachgebrauch ein in der Kammer gestellter Antrag.

Motiv (lat.), Beweggrund, Grund; daher Motive eines Gesetzes, die dem Gesetzentwurf beigegebene Begründung (Motivierung). Motivieren, begründen, daher man von einer motivierten Tagesordnung dann zu sprechen pflegt, wenn bei einer Beratung unter Angabe von Gründen über einen Antrag zur Tagesordnung übergegangen wird, im Gegensatz zur einfachen Tagesordnung.

M. P., abbreviiert für Member of Parliament (Mitglied des Parlaments).

M. pr., abbreviiert für Manu propria (lat.), d. h. mit eigner Hand geschrieben.

Msgr., abbreviiert für Monsignore oder Monseigneur.

Mundraub, s. Diebstahl.

Mundschenk (Schenk), der bei fürstlichen Tafeln dem Getränk vorgesetzte Hofbediente (vgl. Hof).

Munizipal (lat.), die Gemeinde, namentlich die Stadtgemeinde, betreffend; städtisch; Munizipalität, die städtische Gemeindevertretung; Munizipalrat, der Gemeinderat; in Frankreich (Conseil municipal) die offizielle Bezeichnung des Gemeinderatskollegiums.

Münzdelikte } s. Münzverbre-
Münzfälschung } chen.

Münzfuß, s. Währung.

Münzrecht (Münzhoheit, Münzregal), das ausschließliche Recht des Staats, Geld prägen zu lassen. Die Münzen selbst werden hauptsächlich aus Gold, Silber, Kupfer und Nickel und aus den Legierungen dieser Metalle hergestellt. Das Gewicht der Münzen wird Schrot (Rauhgewicht), das Gewicht des darin enthaltenen edlen oder feinen Metalls Korn (Feingewicht) genannt. Der Metallwert der Münzen entspricht ihrem Feingewicht; der Nennwert ist derjenige Wert, zu welchem die Münzen von der Münzstätte ausgegeben werden. Der Zirkulations- oder Umlaufswert der Münzen im

Handel und Wandel ist entweder durch den Münztarif bestimmt und fällt mit dem Nennwert zusammen, oder er richtet sich nach dem Kurs, der sich durch den jeweiligen Handelswert bestimmt (s. Währung). Die Differenz zwischen dem Metallwert und dem landesüblichen oder gesetzlichen Münzfuß deckt die Prägungskosten. Über die Münzeinheiten der einzelnen Staaten vgl. die nachstehende Übersicht.

Länder	Münzeinheit	
	Bezeichnung (* von Gold)	Gesetzl. Wert
		Mark
I. Europa.		
Deutsches Reich . .	Mark = ¹⁄₁₀ *Krone	1,000
Belgien	Frank à 100 Cent.	0,810
Dänemark . . .	Krone à 100 Öre	1,125
Frankreich . .	Frank à 100 Cent.	0,810
Griechenland. . .	Drachme à 100 Lepta	0,810
Großbritannien. .	*Sovereign (£) à 20 Schilling	20,429
Italien	Lira à 100 Centesimi	0,810
Niederlande . . .	Gulden à 100 Cents	1,701
Norwegen. . . .	Krone à 100 Öre	1,125
Österreich . . .	Gulden à 100 Kr.	2,000
Portugal . . .	Milreis = 1000 Reis	4,535
Rumänien . . .	Leu à 100 Bani	0,810
Rußland . . .	Rubel à 100 Kopeken	3,239
Schweden	Krone à 100 Öre	1,125
Schweiz	Frank à 100 Rappen	0,810
Serbien	Dinar à 100 Para	0,810
Spanien	Peseta à 100 Centimos	0,810
Türkei	Piaster à 40 Para	0,179
II. Asien.		
China (amtlich) .	Tael à 1000 Käsch	6,000
Japan	Jen à 100 Sen	4,185
Ostindien (Britisch-) .	Rupie = ¹⁄₁₅ *Mohur	1,924
Persien . . .	*Toman à 200 Schahi	9,220
III. Afrika.		
Ägypten . . .	Piaster, ägyptisches Geld, à 40 Para	0,225
Marokko . . .	Mitskal à 10 Uktien	1,246
IV. Amerika.		
Vereinigte Staaten .	Dollar (Gold-)	4,197
Mexiko.	Peso à 100 Centav.	4,397
Argentin. Republik	Peso = ¹⁄₁₇ *Onza	3,877
Bolivia	Boliviano = 5 Fr.	4,050
Brasilien . . .	Milreis	2,292
Chile	Silber-Peso	4,050
Guatemala (Zentralamerika) . .	Peso	4,050
Peru	Sol à 100 Centav.	4,050

Münztarif, s. Tarif.

Münzverbrechen (Münzdelikte), diejenigen strafbaren Handlungen, durch welche das öffentliche Vertrauen in Ansehung des Geldverkehrs betrügerischerweise geschädigt und die Münzhoheit des Staats beeinträchtigt wird. Dieselben können sich sowohl auf Metall- als auch auf Papiergeld beziehen, und zwar erachtet das deutsche Reichsstrafgesetzbuch dem Papiergeld nicht nur die von dem Reich, dem Norddeutschen Bund, einem Bundesstaat oder fremden Staat, sondern auch die von einer zur Ausgabe solcher Papiere berechtigten Gemeinde, Korporation, Gesellschaft oder Privatperson ausgestellten Inhaberpapiere, Banknoten, Aktien oder deren Stelle vertretenden Interimsscheine oder -Quittungen sowie die zugehörigen Zins-, Gewinnanteils- oder Erneuerungsscheine gleich. Im einzelnen werden folgende M. unterschieden: 1) Der Falschmünzerei (Münzfälschung) macht sich derjenige schuldig, welcher inländisches oder ausländisches Metall- oder Papiergeld oder Geldpapier nachmacht, um dies Falsifikat als echt zu gebrauchen oder sonst in den Verkehr zu bringen. Außer dieser Anfertigung falschen Geldes liegt eine Münzfälschung aber auch dann vor, wenn jemand echt gewesenes, aber nicht mehr geltendes (»verrufenes«) Geld in gleicher Absicht verändert, um ihm das Ansehen von gültigem Geld zu geben. Daß dies falsche Geld wirklich auch ausgegeben worden sei, wird zur Vollendung des Verbrechens nicht erfordert; die Herstellung desselben in der gedachten Absicht läßt das Verbrechen schon als perfekt erscheinen und soll nach dem deutschen Strafgesetzbuch mit Zuchthaus von 2—15 Jahren geahndet werden, auch kann auf Zulässigkeit der Polizeiaufsicht erkannt werden. Sind mildernde Umstände vorhanden, so tritt Gefängnisstrafe von 1 Tag bis zu 5 Jahren ein. 2) Münzverfälschung liegt dann vor, wenn entweder echtem Geld in betrügerischer Absicht der Schein eines höhern Werts gegeben, oder wenn echte, zum Umlauf bestimmte Metallgeldstücke durch Beschneiden, Abfeilen oder auf andre Art verrin-

gert und dann als vollgültig in den Ver=
kehr gebracht werden. Im erstern Fall
trifft den Schuldigen die gleiche Strafe
wie den Falschmünzer, während im letz=
tern Fall auf Gefängnisstrafe bis zu 5
Jahren erkannt werden soll, neben wel=
cher noch eine Geldstrafe bis zu 3000 Mk.,
auch der Verlust der bürgerlichen Ehren=
rechte ausgesprochen werden kann. Ein
M. ist endlich 3) das wissentliche
Einführen oder Ausgeben fal=
schen oder verfälschten Geldes. Der
schwerste Fall dieses Delikts ist der, wenn
jemand Geld, welches er ursprünglich ohne
betrügerische Absicht nachgemacht oder ver=
fälscht hatte, nun doch als echtes in den
Verkehr bringt, oder wenn jemand sich
solches nachgemachte oder verfälschte Geld
verschafft und dann in den Verkehr bringt,
oder wenn er es zum Zweck der Verbrei=
tung aus dem Ausland einführt. Hier
tritt dieselbe Strafe wie bei der Münz=
fälschung ein. Weiter gehört der Fall hier=
her, wenn jemand Metallgeldstücke, welche
durch Beschneiden, Abfeilen oder sonst
irgendwie in ihrem Wert verringert sind,
gewohnheitsmäßig oder im Einverständ=
nis mit dem, welcher sie verringert hat,
als vollgültig in Verkehr bringt. Die
Strafe ist hier ebendieselbe wie bei dem
leichtern Fall der Münzverfälschung. End=
lich ist es aber auch für strafbar erklärt,
wenn man nachgemachtes oder verfälschtes
Geld, welches man selbst als echt einge=
nommen hatte, nach erkannter Unechtheit
als echtes in Verkehr bringt. Die Strafe
ist jedoch hier nur Gefängnis von 1 Tag
bis zu 3 Monaten oder Geldstrafe von
3—300 Mk. In allen diesen Fällen ist
auf Einziehung des nachgemachten oder
verfälschten Geldes und der zur Herstel=
lung desselben benutzten Werkzeuge selbst
dann zu erkennen, wenn die Verfolgung
oder Verurteilung einer bestimmten Per=
son nicht möglich war. Endlich ist hier
noch der Bestimmungen des Reichsstraf=
gesetzbuchs zu gedenken, wonach es für
eine mit Geldstrafe bis zu 150 Mk. oder
mit Haft bis zu 6 Wochen zu bestrafende

Übertretung erklärt ist, wenn jemand ohne
schriftlichen Auftrag seitens einer Behörde
Stempel, Siegel, Stiche, Platten oder
andre Formen, welche zur Anfertigung
von Metall= oder Papiergeld oder Geld=
papier oder von Stempelpapier, Stempel=
marken, Stempelblanketten, Stempelab=
drücken, öffentlichen Bescheinigungen oder
Beglaubigungen dienen können, anfertigt
oder an einen andern als die Behörde ver=
abfolgt, oder wenn jemand ohne schrift=
lichen Auftrag einer Behörde den Abdruck
solcher Stempel, Siegel, Stiche, Platten
oder Formen oder einen Druck von For=
mularen zu den ebenbezeichneten öffent=
lichen Papieren, Beglaubigungen oder
Bescheinigungen unternimmt oder Ab=
drücke an einen andern als die Behörde
verabfolgt, oder endlich, wenn jemand
Warenempfehlungskarten, Ankündigun=
gen oder andre Drucksachen oder Abbil=
dungen, welche in der Form oder Verzie=
rung dem Papiergeld oder dem Geldpapier
ähnlich sind, anfertigt oder verbreitet, oder
wenn jemand Stempel, Stiche, Platten
oder andre Formen, welche zur Anferti=
gung von solchen Drucksachen oder Abbil=
dungen dienen können, anfertigt. Vgl.
Reichsstrafgesetzbuch, §§ 139, Nr. 4; 146—
152; 360, Nr. 4—6. Das in Ansehung
von nachgemachten, verfälschten oder nicht
mehr umlaufsfähigen Reichsmünzen, die
bei Reichs= und Landeskassen eingehen, zu
beobachtende Verfahren ist auf Grund
eines Bundesratsbeschlusses durch Be=
kanntmachung des Reichskanzlers vom
9. Mai 1876 (Reichszentralblatt 1876,
S. 260) geregelt.

Musterregister, s. Urheberrecht.

Musterrolle, s. Schiffspapiere.

Musterschutz, s. Urheberrecht.

Musterung, s. Ersatzwesen.

Mutilatio (lat.), Verstümmelung.

Mutschierung, im Mittelalter die Tei=
lung der Nutzungen eines Landes, das
man auf Grund bestehender Hausver=
träge nicht teilen durfte, aber auch nicht
gemeinschaftlich regieren wollte, unter
mehrere Erben.

N.

Nachbar, s. Bürger.

Nachbarrecht, die Mitgliedschaft einer Dorfgemeinde sowie der Inbegriff der aus derselben herfließenden Rechte und Pflichten. An vielen Orten gibt es ein *engeres* und ein *weiteres* N., d. h. ein solches, welches nur gewissen Klassen der Dorfbewohner zukommt, und ein solches, in dessen Besitz alle Klassen der in den Gemeindeverband aufgenommenen Mitglieder sind, eine Einteilung, welche sich namentlich auf die sogen. Allmande (s. d.) bezieht. Außerdem versteht man unter N. auch diejenigen Rechtssatzungen, welche sich auf die Verhältnisse der benachbarten Grundeigentümer unter und zu einander beziehen.

Nachdruck, s. Urheberrecht.

Nachrichter, s. v. w. Scharfrichter.

Nachsteuer (lat. Gabella emigrationis, Detractus personalis), in frühern Zeiten eine Abgabe, welche der in ein fremdes Land Auswandernde an den heimischen Staat von seinem Vermögen entrichten mußte; durch die moderne Freizügigkeit ebenso wie der sogen. Abschoß (s. d.) beseitigt. Vgl. Freizügigkeit, Frembenrecht.

Nachtmahlsbulle, s. In coena domini.

Nachwahl, s. Wahl.

Nahrungsmittelverfälschung, s. Gesundheitspolizei.

Nahrungspolizei, s. Polizei.

Namensaufruf, s. Reichstag.

Namentliche Abstimmung, s. Abstimmung.

Nassau, bis 1866 selbständiges deutsches Herzogtum, 4700 qkm, 468,311 Ew., zum vormaligen Deutschen Bund gehörig, jetzt Teil der preußischen Provinz Hessen-Nassau. Hauptstadt: Wiesbaden, 43,674 Einw. Der letzte Herzog von N. wurde 1866 depossediert und die Einverleibung Nassaus in die preußische Monarchie 3. Okt. 1866 vollzogen. Vgl. Keller, Geschichte Nassaus (1864); Schliephake, Geschichte von N., Bd. 1—5 (1866 ff.).

Nation (lat., Völkerschaft), ein nach Abstammung und Geburt, nach Sitte und Sprache zusammengehöriger Teil der Menschheit; **Nationalität,** die Zugehörigkeit zu diesem. Nach heutigem deutschen Sprachgebrauch decken sich nämlich die Begriffe N. und Volk keineswegs, man versteht vielmehr unter »Volk« die unter einer gemeinsamen Regierung vereinigten Angehörigen eines bestimmten Staats. Wie sich aber die Bevölkerung eines solchen aus verschiedenen Nationalitäten zusammensetzen kann, so können auch umgekehrt aus ein und derselben N. verschiedene Staatswesen gebildet werden. Denn manche Nationen, und so namentlich die deutsche, sind kräftig genug, um für mehrere Staatskörper Material zu liefern. Freilich mußte gerade für die deutsche N. deren Zersplitterung in eine allzugroße Zahl von Staaten als ein nationales Unglück erscheinen; aber wenn wir auch jetzt in dem Deutschen Reich einen auf nationaler Grundlage errichteten Gesamtstaat haben, so kann doch auf der andern Seite das Nebeneinanderbestehen dieses und andrer Staaten, deren Bevölkerung, wie in Österreich und in der Schweiz, zu einem großen Teil der deutschen N. angehört, keinem Bedenken unterliegen. Das Wort N. bezeichnet sonach, wie Bluntschli sagt, einen Kulturbegriff, das Wort »Volk« einen Staatsbegriff. Man kann also z. B. sehr wohl von einem österreichischen Volk, nicht aber von einer österreichischen N. sprechen. Zu beachten ist aber, daß nach englischem und französischem Sprachgebrauch der Ausdruck N. gerade umgekehrt das Staatsvolk (die sogen. politische Nationalität) bezeichnet, während für die N. im deutschen Sinn des Worts, für das Naturvolk (die sogen. natürliche Nationalität), die Worte peuple (französisch) und people (englisch) gebräuchlich sind. In dem Begriff der N. liegen aber zugleich das Bewußtsein der gemeinsamen Abstammung und das Bewußtsein der Zusammengehörigkeit überhaupt: das Nationalgefühl. Ebendieses nationale Selbstbewußtsein ist es aber, welches zugleich den Gegensatz zwischen der einen und der andern N. hervortreten läßt.

kann zubem eine N. auf eine große Ver=
gangenheit zurückblicken, ober nimmt sie
unter ben verschiebenen Nationen eine be=
sonbers hervorragenbe Stellung ein, so
steigert sich bas Nationalgefühl zum Na=
tionalstolz, währenb sich jener Gegen=
satz zwischen verschiebenen Nationalitäten
zuweilen bis zum Nationalhaß ver=
schärft. Mit bem Nationalgefühl steht
aber ber nationale Selbsterhaltungstrieb
im Zusammenhang; barum gilt jeber N.
bie Nationalfreiheit als höchstes Gut,
unb bie Nationalehre verbietet ihr bie
freiwillige Unterwerfung unter eine anbre
N. Aus bemselben Grunb ist auch jebe N.
auf bie Erhaltung ihrer nationalen Eigen=
tümlichkeiten bebacht, vor allem auf bie ber
Nationalsprache, benn auf bieser be=
ruht zumeist bas Wesen ber N., unb sie ist
es, welche bie Stammesgenossen am eng=
sten verbinbet. Dazu kommt bei ben Kul=
turvölkerschaften eine gemeinsame Na=
tionallitteratur, in welcher bie Na=
tionalsitte ihren besten Ausbruck finbet.
Denn wie bie Ausbrucksweise jeber N.,
b. h. ihre Sprache, eine besonbere ist, so
pflegt es auch ihre Anschauungs= unb Auf=
fassungsweise auf bem sittlichen Gebiet,
ber Nationalcharakter, zu sein.

Am leichtesten wirb natürlich einer N.
bie Erhaltung ihrer Selbständigkeit bann
werben, wenn sie allein ohne anberweite
nationale Elemente einen Staat bilbet,
unb ebenbieser Staat wirb sich burch beson=
bere Stetigkeit unb Festigkeit auszeichnen,
weil er eine feste natürliche Grunblage hat.
Sinb aber in einem Staatswesen verschie=
bene Nationalitäten vereinigt, so können
für bie politische Behanblungsweise ber=
selben folgenbe Systeme zur Anwenbung
kommen: 1) bas System ber Unter=
brückung, welches z. B. von Rußlanb ber
polnischen N. gegenüber befolgt worben
ist; 2) bas System ber Verschmelzung,
bas altrömische unb bas französische Sy=
stem; 3) bas System ber Gleichberechti=
gung ber verschiebenen Nationalitäten,
auch wohl bas beutsche System genannt,
welches aber auch z. B. in ber Schweiz mit
bem besten Erfolg angewenbet worben ist.
Verwerflich war bagegen bie Art unb
Weise, wie bieses System zum Zweck ber

Erhaltung ber österreichischen Monarchie
von ben österreichischen Staatsmännern,
namentlich von Metternich, lange Zeit
hinburch zur Anwenbung gebracht worben
ist, inbem hier bie einzelnen Nationalitä=
ten gegeneinanber aufgereizt unb bie eine
burch bie anbre in Schach gehalten wur=
ben, woburch bekanntlich ber österreichische
Staat schließlich nahezu bem Zerfall ent=
gegengeführt worben ist. Das politische
Leben ber Neuzeit hat bie Bilbung natio=
naler Staaten besonbers begünstigt, so
namentlich in bem erfolgreichen Streben
ber in verschiebene Staaten zersplitterten
Nationen nach einem einheitlichen Staats=
wesen, wie in Deutschlanb unb in Italien,
bann aber auch in ben Bestrebungen ver=
schiebener zu einem gemeinsamen Staat
vereinigter Nationalitäten nach politischer
Selbständigkeit, wie in Österreich=Ungarn.
Ja, man hat es gerabezu als ein Prinzip
ber mobernen Politik proklamiert, baß
jebe N. es als ihr Recht beanspruchen
könne, einen selbständigen Staat zu bilben
(Nationalitätsprinzip). Allein bies
Prinzip kann in berjenigen rabikalen Auf=
fassung unb Ausführung, wie es Napo=
leon III. zur Grunblage seiner Politik er=
hoben hatte, nicht gutgeheißen werben.
Denn nicht jebe N. hat bie Kraft, einen
lebensfähigen Staat zu bilben, unb um=
gekehrt sinb manche Nationen kräftig unb
vielseitig genug, um bie Grunblage für
verschiebene Staaten abgeben zu können.
Daß übrigens Napoleon III. bieses Na=
tionalitätsprinzip zumeist nur als Mittel
zur Erreichung selbstsüchtiger Zwecke be=
nutzt hat, geht am besten aus seiner Hanb=
lungsweise Meriko gegenüber sowie aus
ber Annexion von Savoyen unb Nizza,
welche zu biesem Prinzip im birekten Ge=
gensatz stanb, hervor. Immerhin muß
aber bie nationale Theorie, wonach ber
Staat auf nationaler Grunblage beruhen
soll, freilich mit ber gehörigen historischen
Einschränkung, bem einseitigen Festhalten
an bem sogen. Legitimitätsprinzip (s.
Legitim) unb ber sogen. Gleichgewichts=
theorie bes Wiener Kongresses gegenüber
als ein wichtiger Fortschritt in ber Ent=
wickelung bes politischen Völkerlebens be=
zeichnet werben. Vgl. Gneist, Das Natio=

nalitätsprinzip (in Hirths »Annalen des Deutschen Reichs« 1872, S. 929 ff.).

Nationale, Nachweisung über Namen, Alter, Größe, Religion und andre Verhältnisse einer Person, besonders beim Militär üblich und für ganze Truppenteile in einer Stammrolle vereinigt, bei Kavallerie und Artillerie auch für Pferde im Gebrauch.

Nationalgarde, in Frankreich bei Revolutionen oder Kriegen aus dem Volk gebildete Truppen, die nicht zum stehenden Heer zählten; s. v. w. Bürgerwehr.

Nationalitätsprinzip, s. Nation.

Nationalliberale Partei, Bezeichnung für diejenige Parteirichtung, welche eine liberale Politik mit einer nationalen zu vereinigen sucht in dem Sinn, daß in erster Linie die nationale Entwickelung Deutschlands berücksichtigt werde. Man hat dies durch die Devise auszudrücken gesucht: »Durch Einheit zur Freiheit!« Anfänglich wegen dieser »Zweiseelentheorie« vielfach bespöttelt, gelangte die n. P. indessen bald zu großem Ansehen und zu bedeutendem politischen Einfluß. Sie ging 1866 aus der preußischen Fortschrittspartei unter Twestens und Laskers Führung hervor. Es waren 24 Mitglieder des preußischen Abgeordnetenhauses, darunter außer Lasker und Twesten namentlich Forckenbeck, Hammacher, Michaelis und Unruh, welche teils aus der Fortschrittspartei, teils aus dem sogen. linken Zentrum ausschieden, entschlossen, unbeschadet ihrer liberalen Grundsätze den Verfassungskonflikt zu beseitigen und die Regierung in ihrer national-deutschen Politik offen zu unterstützen. In dem konstituierenden Reichstag des Norddeutschen Bundes zählte die Partei bereits 79 Mitglieder, indem sich ihr namentlich die Mehrzahl der liberalen Abgeordneten aus den neupreußischen Provinzen angeschlossen hatte. Damals trat aber bereits ein scharfer Gegensatz zwischen der nationalliberalen und der Fortschrittspartei zu Tage. Denn die letztere stimmte schließlich gegen die norddeutsche Bundesverfassung, weil einige liberale Forderungen, wie die Diäten der Abgeordneten und die Wahrung des Budgetrechts in Ansehung des Militäretats, nicht verwirklicht worden

waren. Der nationalliberalen Partei dagegen war das Zustandekommen der Verfassung wesentlich zu verdanken. Am 18. Okt. 1867 erließ der geschäftsführende Ausschuß der Partei das erste Programm der letztern für die Wahlen zum preußischen Landtag, bei welchen die Partei 100 Mitglieder durchbrachte. In den ersten deutschen Reichstag wurden 3. März 1871: 116 Nationalliberale gewählt. Der Fürst Bismarck aber sah sich in dem zum Ausbruch gekommenen Konflikt mit der römischen Kurie genötigt, bei den Nationalliberalen diejenige Unterstützung zu suchen, welche ihm die Konservativen nicht gewähren konnten oder wollten, und so gelangte die Partei im Leben der deutschen Nation, von welcher sie namentlich das freisinnige deutsche Bürgertum repräsentierte, zu großer Bedeutung. Ihre größte Stärke erlangte sie in der Legislaturperiode 1874—77, in welcher sie im deutschen Reichstag 150, im preußischen Abgeordnetenhaus aber 182 Mitglieder zählte. Freilich war der Umstand, daß die Partei damals die eigentliche Regierungspartei war, die Veranlassung, ihr manche Elemente zuzuführen, welche im Grunde genommen nur wenig liberal waren und sich zumeist gerade deshalb zu den Nationalliberalen hingezogen fühlten, weil diese sich als die Regierungspartei darstellten. Jedenfalls hat sich aber die n. P. bei dem innern Ausbau des neu erstandenen Reichs große Verdienste erworben. Konnte sie nicht alle liberalen Forderungen in dem gegebenen Fall durchsetzen, so suchte sie von dem Reichskanzler wenigstens das Möglichste zu erreichen, indem sie dies vielfach einem völligen Scheitern des Gesetzes vorzog. Dieser Gedanke lag den »Kompromissen« zu Grunde, derentwegen man gegen die Nationalliberalen so herben Tadel erhoben hat. In der ungerechtesten Weise wurde dieser Tadel namentlich zu Ende 1876 von der Fortschrittspartei ausgesprochen, als die Nationalliberalen das Zustandekommen der großen deutschen Justizgesetze dadurch ermöglichten, daß sie in einigen verhältnismäßig unwichtigen Fragen nachgaben, in andern Fragen aber eine Verständigung mit dem Reichskanzler herbeiführten, während dieser auch seinerseits in einigen Punkten Konzessionen machte. Die maßlosen Angriffe aber, welchen die Partei deshalb unmittelbar vor den Wahlen vom 10. Jan. 1877 seitens der Fortschrittspartei ausgesetzt war, hatten für die Nationalliberalen den Verlust einer Reihe von Sitzen zur Folge, indem ihre Zahl auf 126 Mitglieder reduziert ward.

Von diesem Zeitpunkt an datiert der Rückgang der nationalliberalen Partei, deren Verhältnis zu dem Kanzler inzwischen ein kühleres geworden war. Es hat sich ja auch nachmals herausgestellt, daß damals und schon zuvor zur Rekonstituierung der konservativen Partei mit Zustimmung des Fürsten Bismarck Schritte geschehen sind. Gleichwohl wurde noch im Herbst 1877 mit dem Führer der Nationalliberalen, v. Bennigsen, über dessen Eintritt in die Regierung verhandelt. Diese Verhandlungen scheiterten aber zumeist daran, daß v. Bennigsen nicht allein eintreten wollte. Inzwischen waren in dem Reichskanzler jene Pläne gereift, welche dem Deutschen Reich in der Zoll-, Steuer- und Verkehrspolitik einen völligen Umschwung bringen sollten. Die unglückseligen Attentate 1878 mußten zu der Auflösung des Reichstags den Vorwand geben, welche recht eigentlich gegen die Nationalliberalen gerichtet war, die dem ersten Entwurf eines Sozialistengesetzes, der nach dem Hödelschen Attentat eingebracht wurde, ihre Zustimmung versagt hatten, und von denen ein rückhaltloses Eintreten für die neue Wirtschaftspolitik des Fürsten Bismarck nicht zu erwarten stand. Bei den damaligen Wahlen ging der Bestand der Fraktion auf 97 Mitglieder zurück. Gleichwohl wäre die Partei noch stark genug gewesen, um ein entscheidendes Wort mitzusprechen, auch war derselben das Präsidium (Forckenbeck) verblieben; allein die Partei war in sich selbst zerspalten und unentschieden. Einige Mitglieder, welche mehr der freihändlerischen Richtung angehörten, wie Bamberger, Rickert, Oechelhäuser u. a., traten den schutzzöllnerischen Bestrebungen mit Entschiedenheit entgegen, während andre, wie Mosle

und Hammacher, schutzzöllnerisch gesinnt waren und wieder andre mit Bennigsen eine Mittelstellung einnahmen. Durch diese Zersplitterung verlor die Partei mehr und mehr an Einfluß. Als Forckenbeck 1879 das Präsidium niederlegte, ging dasselbe auf einen Konservativen über, und auch auf eine Vizepräsidentenstelle verzichteten die Nationalliberalen. Seitdem sind dieselben im Präsidium des Reichstags nicht mehr vertreten. Der Beratung des neuen Zolltarifs suchte Bennigsen zwar dadurch eine andre Wendung zu geben, daß er Anträge auf konstitutionelle Garantien durch Quotisierung des Kaffee- und Salzzolls stellte. Allein Bennigsen hatte dabei die Mehrheit der Fraktion nicht hinter sich, und der Fürst Bismarck zog es vor, die föderativen Garantien des Franckensteinschen Antrags zu bewilligen und mit dem Zentrum zu paktieren. So kam durch eine konservativ-klerikale Allianz der neue Zolltarif zustande. Der Kanzler beschuldigte nunmehr die Nationalliberalen, von denen einige Mitglieder, wie Lasker und Bamberger, ihn durch energische Opposition gegen die Getreide- und Petroleumzölle besonders gereizt hatten, der Herrschsucht und warf ihnen einen völligen Absagebrief zu. Der nationalliberale Abgeordnete Völk aber griff in der Schlußberatung die eignen Fraktionsgenossen an, und als die Fraktion 12. Juli 1879 mit sehr geringer Majorität den Beschluß faßte, über diese Rede ihr Bedauern auszusprechen, traten 17 Mitglieder, darunter Bähr, Feustel, Hölder, Puttkamer, Römer (Württemberg), Schauß, Treitschke, Völk und Zinn, aus der Fraktion aus. Die Regierung hoffte bei den Neuwahlen zum preußischen Abgeordnetenhaus 7. Okt. 1879 die Partei gänzlich zu sprengen, und die Nationalliberalen wurden damals kräftig »an die Wand gedrückt«. Allein die Partei sammelte sich um das Banner der errungenen Reformen, indem sie vor allem die Abwehr aller Reaktion in Kirche und Schule und die Beibehaltung des Systems »Falk« auf ihre Fahnen schrieb. Freilich erlitt sie bei der Wahl erhebliche Verluste, namentlich in den östlichen Provinzen. Ihr Bestand sank von 175 auf

105 Mitglieder herab. In der Reichstagssession von 1880 aber schien es, als ob es gelingen würde, weitere Zersplitterungen der Partei zu verhüten, indem man eine prinzipielle Opposition vermied und von Fall zu Fall nach sachlicher Prüfung zu den Regierungsvorlagen Stellung nahm. Allerdings schied der Abgeordnete Lasker aus der Fraktion aus, auch stimmte bei der Beratung der Militärgesetznovelle ein kleiner Bruchteil der Fraktion (Forckenbeck und Bamberger) gegen dieselbe, während bei der Abstimmung über die Samoavorlage die Fraktion sich in zwei Hälften spaltete. Gleichwohl ging die Session zu Ende, ohne daß die entschieden liberalen Mitglieder der Fraktion sich zum Austritt bewogen fanden. Die 1879 ausgeschiedenen Mitglieder des äußersten rechten Flügels der Nationalliberalen aber vereinigten sich im Reichstag zum größten Teil zu einer sogen. liberalen Gruppe (»Schaub-Völk«). Die Nachsession des preußischen Landtags im Sommer 1880 zeigte jedoch die Partei wieder in einem vollständigen Zwiespalt. 45 Mitglieder nahmen die kirchenpolitische Vorlage Puttkamers, allerdings in wesentlich abgeschwächter Form, an, während 42 Mitglieder der Partei dagegen stimmten. Dies war die äußere Veranlassung der Trennung eines Teils der Mitglieder des sogen. linken Flügels der Partei im preußischen Landtag sowohl als im Reichstag. In der letztern Körperschaft zählten die Nationalliberalen 1881 noch 62 Mitglieder, darunter die Abgeordneten: v. Benda (geb. 18. Febr. 1816 zu Liegnitz), v. Bennigsen (geb. 1824 zu Lüneburg, Landesdirektor in Hannover), v. Bernuth (geb. 1808 zu Münster, Staatsminister a. D.), Gareis (geb. 24. April 1844 zu Bamberg, Universitätsprofessor in Gießen), Gneist (geb. 13. Aug. 1816 zu Berlin), Kiefer (geb. 14. Jan. 1830 zu Mannheim, Führer der badischen Nationalliberalen, Landgerichtsdirektor in Freiburg), Marquardsen (geb. 25. Okt. 1826 zu Schleswig, Universitätsprofessor in Erlangen), Meier (geb. 16. Okt. 1809 zu Bremen), Ochelhäuser (geb. 26. Aug. 1820 zu Siegen), Stephani (geb. 29. Okt. 1817 zu Beucha bei Leipzig, Vize-

bürgermeister a. D. von Leipzig), Wehrenpfennig (geb. 25. März 1829 zu Blankenburg in Braunschweig, jetzt Geheimer Oberregierungsrat in Berlin) u. a. Ob es gelingen wird, bei den nächsten Wahlen den Bestand der nationalliberalen Fraktion zu erhalten, oder ob die sogen. Sezession (s. b.) zu einer neuen Parteibildung drängen wird, läßt sich dermalen noch nicht übersehen.

Nationalökonomie, s. Volkswirtschaftslehre.

Nationalrat, in der Schweiz (s. b.) die eine Abteilung der Bundesversammlung, auch Titel eines Mitglieds ebendieser Abteilung.

Nationalverein, deutsche politische Vereinigung, 14. Aug. 1859 in Eisenach gegründet, welche ihren Sitz in Koburg hatte und von Rudolf v. Bennigsen geleitet wurde. Der Zweck des Nationalvereins war die Vereinigung aller liberalen Parteimänner zu einer gemeinsamen Agitation für den deutschen Bundesstaat unter preußischer Führung. Der Verein gab eine Wochenschrift und Flugblätter heraus. Im Herbst 1867 löste sich der N. in Frankfurt a. M. auf, nachdem er für den deutsch-preußischen Bundesstaat, der mit der Gründung des Norddeutschen Bundes verwirklicht ward, den Boden hatte bereiten helfen.

Nationalversammlung, Bezeichnung für verschiedene politische Versammlungen und Körperschaften, welche, aus einer Volksbewegung hervorgegangen, eine vollständige Umgestaltung der bestehenden Staatsverfassung anstrebten und zum Gegenstand ihrer Beratung machten. Hierher gehören namentlich die verschiedenen französischen Nationalversammlungen: die konstituierende N. von 1789—91 und die gesetzgebende von 1791—92, die N. von 1848 und von 1871—76; ferner: die deutsche N. von 1848—49 und die preußische von 1848. Die französische Verfassungsurkunde hat den Ausdruck N. (Assemblée nationale) für die Vereinigung des Senats und der Deputiertenkammer beibehalten (s. Frankreich).

Naturalisation (lat.), Aufnahme eines Ausländers in den Staatsverband

(f. Einwanderung, Heimat); natu=
ralifieren, in den einheimischen Staats=
verbandaufnehmen; Naturalifations=
urkunde (=Akte, =Brief, franz. Lettres
de naturalisation), die über diese Auf=
nahme ausgestellte Bescheinigung.

Naturalleiftungen für die bewaffnete
Macht im Frieden find für Deutschland
durch Gesetz vom 13. Febr. 1875 (Reichs=
gesetzblatt, S. 52 ff.) in ähnlicher Weise ge=
regelt wie die Kriegsleiftungen (f. b.).
Den Gemeinden liegen hiernach neben
der Quartierleiftung (f. Einquar=
tierung) die Verabfolgung der Verpfle=
gung für die Mannschaften und der Fu=
rage für die Truppenpferde, die Stellung
von Vorspann, wo dieser nicht anderweit
zu beschaffen, und die Einräumung der
dienftlich erforderlichen Lokalitäten nach
beftimmten, durch Verordnung vom 1.
April 1876 (Reichsgesetzblatt, S. 137 ff.)
geregelten Normen gegen Entschädigung
ob. Ebenso ordnet obiges Gesetz die Mit=
benutzung von Schmieden, Brunnen,
Tränken ꝛc. durch marschierende Truppen,
das Betreten der Felder bei Übungen und
die Transportpflicht der Verwaltungen
von Eisenbahnen, Schiffen u. dgl. Eine
ausführliche Instruktion zur Ausführung
des Reichsgesetzes vom 13. Febr. 1875 ift
durch allerhöchften Erlaß vom 2. Sept.
1875 (Reichsgesetzblatt, S. 261 ff.) be=
kannt gegeben worden.

Naturrecht, f. Recht.

Navigationsakte (lat.), ein vom repu=
blikanischen Parlament in England 9. Okt.
1651 zur Förderung der englischen Schiff=
fahrt erlassenes Gesetz, wonach alle in
fremden Erdteilen erzeugten Waren nur
auf englischen Schiffen nach England und
den englischen Kolonien eingeführt und
alle aus europäischen Ländern herrühren=
den Waren nur auf englischen oder dem
ausführenden Land angehörigen Schiffen
in England eingeführt werden sollten,
1787 von seiten Nordamerikas als Re=
pressalie gegen England nachgeahmt, 1821
und 1825 durch Annahme des sogen. Re=
ziprozitätssyftems wesentlich gemildert,
26. Juni 1849, mit Ausnahme der Be=
günstigungen der einheimischen Küsten=
schiffahrt und Fischerei, ganz aufgehoben.

Nebenbahnen, f. Sekundärbahnen.

Nebenklage, f. Privatklage.

Nebenlinie, die Nachkommenschaft
eines jüngern Sohns, im Gegensatz zu
der des Erftgebornen (Hauptlinie).

Nebenftrafe, f. Strafe.

Negotium (lat.), Geschäft; negotio-
rum gestor, Geschäftsführer; nego-
ziieren, den Abschluß eines Geschäfts
vermitteln, handeln; Negoziateur
(franz., fpr. =töhr), Negoziant, Vermitt=
ler, Unterhändler, Kaufmann; Nego=
ziation, Unterhandlung.

Nepotismus (v. ital. nepote, Neffe,
»Neffengunft«), ungerechte Bevorzugung
der Verwandten einflußreicher Staats=
beamten, besonders von den Päpften ge=
übt; Nepoten, natürliche Söhne und
nächfte Anverwandte der Päpfte.

Neukaledonien, auftral. Insel, süd=
westlich von den Neuen Hebriden, 17,573
qkm mit 17,305 meift europ. Einw.; 1853
von Frankreich in Besitz genommen und
zu einer Kolonie für Sträflinge benutzt.
Hauptort: Port de France. Vgl. Garnier,
La Nouvelle Calédonie (3. Aufl. 1876).

Neulot, f. Gramm.

Neutral (lat.), keiner Partei angehö=
rig; Neutralität, das völkerrechtliche
Verhältnis eines Staats gegenüber ver=
schiedenen kriegführenden Mächten, ver=
möge dessen er in den frühern freund=
schaftlichen oder doch friedlichen Beziehun=
gen zu diesen Mächten bleibt, ohne sich in
den zwischen ihnen entstandenen Krieg
mittel= oder unmittelbar einzumischen.
Dabei wird zwischen allgemeiner (to=
taler) und partieller (teilweiser, nur
für gewisse Besitzungen ausgesprochener)
Neutralität, ferner zwischen bedingter
und unbedingter, zwischen bewaff=
neter und unbewaffneter Neutrali=
tät unterschieden. Wofern einem Staat
nicht etwa durch ein besonderes Schutz=
und Trutzbündnis oder durch einen Ga=
rantievertrag die Verpflichtung auferlegt
ift, eine der kriegführenden Mächte zu un=
terftützen, steht jedem souveränen Staat un=
zweifelhaft das Recht zu, sich in einem aus=
gebrochenen Krieg neutral zu verhalten.
Die Neutralität legt dem neutralen Staat
strengste Unparteilichkeit auf. Derselbe

darf keine ber im Krieg begriffenen Mächte unterstützen, auch nicht mit Kriegsmaterial, und darf auch nicht dulden, daß Kriegsschiffe in seinen Häfen ausgerüstet oder Truppen auf seinem Gebiet angeworben werden. Jede Verletzung der Neutralität verpflichtet zur Genugthuung. Einigen Staaten ist durch europäische Verträge eine immerwährende Neutralität gewährleistet (Schweiz, Belgien, Luremburg). Auch unter den Kriegführenden selbst kann gewissen Personen, Sachen oder Gebietsteilen Neutralität im Sinn der Unverletzlichkeit durch Verträge eingeräumt werden. Auf diesen Grundgedanken beruht die Genfer Konvention (s. b.). Werden während eines Kriegs Truppenteile der Kriegführenden auf neutrales Gebiet gedrängt, so müssen sie sich die sofortige Entwaffnung gefallen lassen.

Neuwahl, s. Wahl.

Nicarágua, Republik in Zentralamerika, 133,800 qkm mit etwa 300,000 Einw.; Hauptstadt: Managua mit etwa 10,000 Einw. Früher zu Guatemala gehörig, riß sich N. 1821 von Spanien los, um dem Bunde der zentralamerikanischen Staaten beizutreten, bis sich N. dann 1833 als selbständiger Staat konstituierte, der freilich wiederholt durch revolutionäre Bewegungen erschüttert ward. Nach der Konstitution vom 19. Aug. 1858 steht an der Spitze der Republik ein auf vier Jahre gewählter Präsident. Neben demselben bestehen ein Senat, welcher sich aus zehn, und eine gesetzgebende Kammer, die sich aus elf Mitgliedern zusammensetzt. Zum Zweck der innern Verwaltung zerfällt das Staatsgebiet in fünf Provinzen oder Departements. Die herrschende Religion ist die römisch-katholische, und zwar bildet das Land eine Diözese der Kirchenprovinz Guatemala. Die zerrütteten Finanzen der Republik haben sich neuerdings gebessert. Für 1875—76 wurden die Einkünfte auf 2,324,998 Doll. geschätzt. Die Staatsschuld betrug zu Ende des Jahrs 1878: 2,284,607 Doll. Ein Konsul des Deutschen Reichs hat seinen Sitz in San Juan del Norte. Die Flagge der Republik ist blau-weiß-blau, horizontal gestreift.

Vgl. **Squier,** The states of Central America (1858; deutsch von K. Andree, 1865); **Derselbe,** History of N. (2. Aufl. 1861).

Nichtigkeitsbeschwerde, Rechtsmittel, wodurch ein gerichtliches Erkenntnis als gegen das geltende Recht verstoßend angefochten und dessen Wiederaufhebung bezweckt wird (s. Revision).

Nichtigkeitsklage, s. Wiederaufnahme des Verfahrens.

Niederlande, Königreich der (Koninkrijk der Nederlanden, Nederland, Holland), Königreich an der Nordsee, zwischen Belgien und Preußen; 32,972 qkm mit (1879) 4,037,010 Einw. Hauptstadt: Amsterdam mit 317,021 Einw.; erste Residenz: der Haag mit 114,936 Einw. Die Bevölkerung, welche fast durchweg germanischer Abkunft ist, besteht zum überwiegenden Teil aus Holländern, wozu Friesen, Vlämen und Niederdeutsche kommen. Die niederländische Sprache ist ein Zweig der altgermanischen. Dem Glaubensbekenntnis nach wurden 1879: 2,193,281 Protestanten, 1,313,084 Katholiken, 68,003 Israeliten und 5161 sonstige Glaubensgenossen gezählt. An der Spitze des Staats, welcher sich als eine konstitutionelle Monarchie darstellt, steht der König aus dem Haus Nassau-Oranien, welches nach dem Sturz des Napoleonischen Königreichs Holland auf den Thron gelangte, nachdem es zuvor die Erbstatthalterwürde innegehabt hatte. Der Titel des Königs ist: »König der N., Prinz von Oranien-Nassau, Großherzog von Luxemburg«. Angeredet wird der König mit Sire. Der Titel des Kronprinzen ist »Prinz von Oranien«. Die Trennung Belgiens (s. b.) 1830 machte eine Revision der Staatsverfassung nötig, welche 1840 in wenig befriedigender Weise stattfand, bis dann 3. Nov. 1848 eine neue, sehr freisinnige Verfassung in Kraft trat. Hiernach steht die vollziehende Gewalt dem König allein zu, während die gesetzgebende Gewalt zwischen dem König und der Volksvertretung, den Generalstaaten (Staten Generaal), geteilt ist. Die Generalstaaten zerfallen in zwei Kammern. Die Mitglieder der Ersten Kam-

mer, 39 an der Zahl, werden durch die
Provinzialräte (Provinciale Staten) gewählt und zwar aus denjenigen, welche
die höchste direkte Steuer bezahlen. Die
Mitglieder der Zweiten Kammer (86)
dagegen werden in direkter Wahl durch
die großjährigen eingesessenen Niederländer gewählt, welche das 23. Lebensjahr
zurückgelegt haben, im Vollgenuß der
bürgerlichen und politischen Rechte stehen
und an direkten Steuern jährlich eine, je
nach den örtlichen Verhältnissen, von 20
bis 160 Fl. wechselnde Summe zahlen.
Die Mitglieder der Ersten Kammer erhalten ihr Mandat auf 9 Jahre, indem
alle 3 Jahre ein Drittel der Mitglieder
ausscheidet. Die Legislaturperiode der
Zweiten Kammer dagegen ist eine vierjährige. Hier scheidet alle 2 Jahre die
Hälfte der Mitglieder aus. An der Spitze
der Staatsverwaltung steht der Ministerrat. Den Departementsministern (des
Auswärtigen, des Innern, der Justiz, der
Finanzen, der Kolonien, des »Water-
staat«, des Handels und der Industrie,
des Kriegs und der Marine) sind Generalsekretäre beigegeben. Wenn der König
dem Ministerrat präsidiert, so wird der
letztere als »Kabinettsrat« bezeichnet.
Außerdem besteht ein Staatsrat unter
dem Vorsitz des Königs.

Die Monarchie ist in folgende 11 Provinzen eingeteilt: Drenthe, Friesland,
Gelderland, Gröningen, Limburg, Nord-
brabant, Nordholland, Overyssel, Zee-
land, Südholland und Utrecht. An der
Spitze der Verwaltung einer jeden Provinz steht ein königlicher Kommissar.
Jede Provinz wird durch Provinzialstände
vertreten, deren Mitglieder auf 6 Jahre
gewählt werden. Die Obrigkeit jeder Gemeinde besteht aus einem Rat von 7—39
Mitgliedern, einem Bürgermeister und
Schöffen. Die Aufsicht über die Dämme,
Deiche, Flüsse ꝛc. wird von besondern Behörden (Waterschappen) geführt.

Justiz. Der oberste Gerichtshof ist der
Hohe Rat (HoogeRaad) im Haag, welcher
aus zwei Kammern für Zivil- und für
Straffachen besteht. Unter ihm stehen
fünf Provinzialgerichtshöfe, von diesen
ressortieren die Bezirksgerichte (Arrondis-

sements-regtbanken) und von den letztern endlich die Einzelrichter (Kanton-
regters). — Finanzen. Die Ausgaben
und Einnahmen des Staats werden von
der »allgemeinen Rechenkammer« im Haag
kontrolliert, welche als selbständige Behörde keinem Ministerium unterstellt ist.
Das Staatsbudget für 1881 wies bei einer Ausgabe von 126½ Mill. Fl. ein Defizit
von 21¼ Mill. Fl. aus, welches einstweilen durch Schatzanweisungen gedeckt werden sollte. Später sollen die Staatseinnahmen durch eine Rentensteuer vermehrt
werden. Das indische Budget balancierte
mit 144 Mill. Fl. in Einnahme und Ausgabe. Die Gesamtstaatsschuld belief sich
1880 auf 943,215,602 Fl. — Heer. Die
Kriegsmacht des Königreichs besteht aus
der europäischen und aus der indischen Armee, welch letztere angeworben wird. Die
europäische Armee umfaßt die Freiwilligen
und die Miliz; erstere ergänzen sich durch
Werbung, letztere wird durch Losung herangezogen, und zwar hat die Landmiliz eine
fünf-, die Seemiliz eine vierjährige Dienstzeit. Dazu kommen dann die »Schut-
terijen«, eine Art Landwehr, deren Dienstzeit auf 10 Jahre festgesetzt ist, wovon
5 Jahre auf den aktiven Dienst kommen.
Außerdem umfaßt der »Landsturm« alle
waffenfähigen Männer von 19—50 Jahren, welche keiner anderweiten Militär-
dienstverpflichtung unterliegen Die europäische Armee ist 63,525 Mann stark, darunter 2039 Offiziere, die ostindische 1466
Offiziere und 36,640 Soldaten, darunter
20,172 Eingeborne. Die Kriegsflotte
zählte 1. Juli 1879: 116 Fahrzeuge, darunter 2 Widderturmschiffe, 4 gepanzerte
Widder, 13 Monitoren mit 524 Kanonen.

Kolonien. Die ostindischen Besitzungen Java und Madura zählen 131,733
qkm mit 18,799,798 Einw. Dazu kommen die westindische Kolonie Surinam
mit 119,320 qkm und 68,531 Einw. und
die Kolonie Curassao mit 1130 qkm und
42,506 Einw. Das königliche Wappen
ist der goldne schreitende Löwe des Hauses Nassau mit ausgestreckter Zunge, auf
azurblauem Feld, mit einem goldnen Block
und dem Wahlspruch: »Je maintien-
drai«. Die Staatsflagge besteht aus drei

horizontal laufenden Streifen: rot, weiß, blau. Die Nationalfarbe und das Feld= zeichen sind Orange. Vgl. Staring, De bodem van Nederland (1856—60, 2 Bde.); »Algemeene statistiek van Ne= derland« (1870—73, 2 Bde.); »Staat= kundig en staathuishoudkundig Jaar= boekje« 1881.

Niederlaffungsfreiheit, der Grund= satz, wonach sich jedermann an jedem Ort vorübergehend oder dauernd aufhalten kann, wo er eine eigne Wohnung oder ein Unterkommen sich zu verschaffen imstande ist. Das System der N. gilt jetzt für alle Angehörigen und für den ganzen Um= fang des Deutschen Reichs. S. Freizü= gigkeit.

Niederschlagen (kabuzieren), im Rechnungswesen einen Posten als unein= bringlich in Wegfall bringen, eine Revi= sionserinnerung für erledigt erklären. Eine strafrechtliche Untersuchung wird durch einen Abolitionsakt »niedergeschla= gen« (s. Begnadigung).

Nigrum (lat.), s. Rubrum.

Nihilisten (vom lat. nihil, »nichts«), Bezeichnung einer Partei sozial=revolutio= närer Anarchisten in Rußland, welche Re= ligion, Staat, Ehe und Eigentum aufhe= ben und von dem modernen Staats= und Kulturleben nichts übrig lassen wollen; Nihilismus, die Parteirichtung, welcher dieselben angehören. Der bekannte Revo= lutionär Alexander Herzen definiert den Nihilismus als »die vollkommenste Frei= heit von allen fertigen Begriffen, von allen ererbten Hindernissen und Störungen, die das Vorwärtsschreiten occidentalen Ver= stands mit seinem historischen Kloß am Fuß hemmen«. Die N., welche sich in Rußland nicht aus dem eigentlichen Arbeiterstand, sondern mehr aus den höhern Gesellschafts= kreisen rekrutieren, bezeichnen »als die einzige Revolution, welche dem Volk heil= bringend sein könne, diejenige, welche jede Idee des Staats mit der Wurzel ausreiße und alle Traditionen und Institutionen der Jetztwelt über den Haufen werfe«. Nach dem von dem Anarchisten Bakunin entworfenen Statut werden drei Grade unter den N. unterschieden: internatio= nale Brüder, nationale Brüder und die

halb geheime, halb öffentliche Organisation der internationalen Allianz der sozialisti= schen Demokratie. Von den internatio= nalen Brüdern insbesondere wird gesagt, daß sie kein andres Vaterland als die all= gemeine Revolution, kein andres Aus= land und keinen andern Feind kennen als die Reaktion. Die empörendsten Verbre= chen sind von den N. bereits verübt, und es ist nicht gelungen, diese Bewegung zu unterdrücken, welche von verhältnismäßig wenigen geschürt wird und breite Massen der Bevölkerung bis jetzt nicht ergriffen hat. Aber die wiederholten Attentate, namentlich auf den Kaiser Alexander II., welcher diesen 13. März 1881 selbst zum Opfer fiel, zeigen, daß der Nihilismus vor keiner Missethat zurückscheut, um sein wahnsinniges Ziel zu erreichen. Vgl. Karlowitsch, Die Entwickelung des Nihilismus (1879); Golowin, Der russische Nihilismus (1880).

Nobilitas (lat.), Adel; daher Nobili= tät, s. v. w. Adelstand; nobilitieren, in den Adelstand erheben; N. codicillaris, Briefadel; N. personalis, persönlicher Adel; N. realis, Inbegriff der vormals mit dem Besitz abliger Güter verbundenen Rechte und Freiheiten.

Nobility (engl., spr. =billti), in Eng= land der Adel im Gegensatz zur Gentry (s. d.); er umfaßt absteigend die Stufen: Duke (Herzog), Marquess (Markgraf), Earl (Graf), Viscount und Baron.

Nobleffe (franz.), Adel, Gesamtheit der Vornehmen an einem Ort; N. oblige (spr. oblihsch), Adel verpflichtet (edel zu handeln).

Nomarchie (Nomarch, griech.), s. Griechenland.

Nominalwert, Nennwert, der einer Sache, besonders Geldforte, beigelegte (aufgedruckte oder aufgeprägte) Wert im Gegensatz zu ihrem wirklichen oder Real= wert oder, wie bei Staatspapieren und Aktien, zu ihrem Kurswert.

Non possumus (lat., »Wir können nicht«), ursprünglich die Antwort des Papstes Clemens VII. auf die drohende Aufforderung des Königs Heinrich VIII. von England, ihn von seiner Gemahlin Katharina von Aragonien zu scheiden;

bann allgemeine Formel für die Weigerung der römischen Kurie und des katholischen Klerus überhaupt, der weltlichen Macht in der einen oder andern Hinsicht nachzugeben; überhaupt Bezeichnung einer ablehnenden Erklärung.

Nordamerika, f. Vereinigte Staaten von N.

Norddeutscher Bund, f. Deutsches Reich (S. 121).

Norddeutscher Lloyd, f. Lloyd.

Nordschleswig, f. Dänemark.

Normaleichungskommission, f. Eichen.

Normaltarif, f. Eisenbahnen.

Norwegen, f. Schweden und Norwegen.

Notabeln (franz.), durch Vermögen, Bildung und Rang ausgezeichnete Personen. Die Notabelnversammlungen (Assemblées des notables) in Frankreich sollten unter dem wachsenden Despotismus der Könige die Reichsstände ersetzen und in Vergessenheit bringen; zuletzt 22. Febr. bis 25. Mai 1787 und 5. Nov. 1788 berufen.

Notär (lat.), eine zur Aufnahme von Rechtsakten mit öffentlicher Glaubwürdigkeit amtlich ermächtigte Person; Notariat, das Amt eines Notars; Notariatsurkunden (Notariatsinstrumente), die von einem N. innerhalb seiner Zuständigkeit aufgenommenen Urkunden, die öffentlichen Glauben genießen; notarielle Schuldbokumente, die von einem N. beglaubigten Schuldverschreibungen, auf Grund deren nach französischem Rechte die sofortige gerichtliche Hilfsvollstreckung gegen den säumigen Schuldner nachgesucht werden kann, ein System, welches auch die deutsche Zivilprozeßordnung (§ 702) adoptiert hat; Notariatsordnungen, ausführliche Gesetze zur Normierung des Notariatswesens. Besonders ausgebildet ist das Notariatswesen in Frankreich, woselbst dem N. nahezu die gesamte freiwillige Gerichtsbarkeit übertragen ist. In ähnlicher Ausdehnung ist das Notariat in Bayern und in Rheinpreußen eingerichtet, während in den übrigen deutschen Staaten der Wirkungskreis zumeist nur auf die

Beglaubigung von Unterschriften oder von Abschriften sowie auf die Aufnahme von Wechselprotesten beschränkt und meist mit der Advokatur verbunden ist. Vgl. Dick, Das gemeinrechtliche Notariat (1871); »Das Notariat in Bayern« (1868).

Note (lat.), Anmerkung; im diplomatischen Verkehr eine von einer Regierung der andern gemachte Mitteilung, die sowohl direkt an die betreffende Regierung gerichtet sein und im Weg des gewöhnlichen gesandtschaftlichen Verkehrs oder durch außerordentliche Botschaft an dieselbe gelangen, als auch bloß an den Gesandten der sie erlassenden Regierung ergeben kann und zwar mit der Weisung, der Regierung, bei welcher er beglaubigt ist, mündliche (Verbalnote) oder schriftliche Mitteilung davon zu machen. Bei wichtigen politischen Vorgängen erläßt wohl auch eine Regierung eine solche N. (Zirkularnote) an sämtliche Regierungen, mit welchen sie in diplomatischem Verkehr steht, um ihre Ansichten und Entschließungen in betreff der obschwebenden Fragen kundzugeben. Zuweilen vereinigen sich auch mehrere Kabinette zu einer gemeinsamen oder doch in gleichem Wortlaut an eine Staatsregierung zu erlassenben N. (Kollektivnote, identische N.), um auf diese eine besondere Pression auszuüben.

Notenbank } f. Bank.
Notenemission }

Nötigung, in der modernen Strafgesetzgebung und namentlich nach dem deutschen Reichsstrafgesetzbuch das Vergehen desjenigen, welcher einen andern widerrechtlicherweise durch körperliche Gewalt oder durch Bedrohung mit einem Verbrechen oder Vergehen zu einer Handlung, Duldung oder Unterlassung nötigt. Das deutsche Strafgesetzbuch bestraft die N. mit Gefängnis bis zu einem Jahr oder mit Geldstrafe bis zu 600 Mk., wofern nicht etwa durch die N. ein schwereres Verbrechen, z. B. eine Notzucht, begangen wurde. Das Vergehen der N. ist vollendet, sobald das dem Genötigten zugemutete Verhalten begonnen hat; doch ist auch der Versuch für strafbar erklärt. Wurde der Genötigte zu einer an und für sich strafbaren

Handlung genötigt, ſo tritt für dieſe Strafloſigkeit ein, wenn er dazu durch unwiderſtehliche Gewalt oder durch eine Drohung genötigt wurde, welche mit einer gegenwärtigen, auf andre Weiſe nicht ab= wendbaren Gefahr für Leib oder Leben ſeiner ſelbſt oder eines Angehörigen ver= bunden war. Das Vergehen der N. ſteht zwiſchen der einfachen Bedrohung und Erpreſſung in der Mitte. Es wird ſtren= ger beſtraft als die bloße Bedrohung mit einem Verbrechen (ſ. Drohung) und gelinder als die Erpreſſung (ſ. b.), in welche die N. dann übergeht, wenn ſie zum Zweck der Erlangung eines wider= rechtlichen Vorteils begangen wird. Wird die N. von einem Beamten durch Miß= brauch ſeiner Amtsgewalt oder durch Androhung eines beſtimmten Mißbrauchs derſelben verübt, ſo wird dieſelbe als ſogen. Amtsverbrechen (ſ. b.) mit Gefängnis bis zu 5 Jahren beſtraft; auch kann auf Verluſt der Fähigkeit zur Bekleidung öf= fentlicher Ämter auf die Dauer von 1—5 Jahren erkannt werden. Umgekehrt er= ſcheint die N. als Widerſtand gegen die Staatsgewalt, wenn ſie unternommen wurde, um eine Behörde oder einen Be= amten zur Vornahme oder Unterlaſſung einer Amtshandlung zu nötigen. Die Strafe ſoll hier der Regel nach nicht unter 3 Monaten Gefängnis betragen. Wurde eine N. von einem Angehörigen des Heers oder der Kriegsmarine einem Vorgeſetzten gegenüber begangen, um dieſen mittelſt Gewalt oder Drohung an der Ausfüh= rung eines Dienſtbefehls zu hindern oder zur Vornahme oder Unterlaſſung einer Dienſthandlung zu nötigen, ſo trifft den Schuldigen nach dem deutſchen Militär= ſtrafgeſetzbuch Freiheitsſtrafe von 6 Mona= ten bis zu 10 Jahren, im Feld Gefängnis nicht unter 2 Jahren. Bei der Handelsma= rine wird eine derartige N. dem Vorgeſetz= ten gegenüber mit Gefängnis bis zu 2 Jah= ren nach der Reichsſeemannsordnung be= ſtraft. Endlich gehört noch die Beſtimmung der Reichsgewerbeordnung hierher, wonach denjenigen, welcher andre durch Anwen= dung körperlichen Zwanges, durch Drohun= gen, durch Ehrverletzung oder durch Ver= rufserklärung beſtimmt oder zu beſtimmen

verſucht, an Verabredungen oder Vereini= gungen von gewerblichen Gehilfen, Ge= ſellen oder Fabrikarbeitern behufs Erlan= gung günſtiger Lohn= und Arbeitsbedin= gungen teilzunehmen oder ihnen Folge zu leiſten, oder andre durch gleiche Mittel hindert oder zu hindern verſucht, von ſol= chen Verabredungen zurückzutreten, Ge= fängnisſtrafe bis zu 3 Monaten treffen ſoll, wofern die That nicht in ein ſchwe= reres Verbrechen übergeht. Vgl. Reichs= ſtrafgeſetzbuch, §§ 240 (hierzu das Reichs= geſetz vom 26. Febr. 1876, ſogen. Novelle zum Strafgeſetzbuch), 52, 339, 358, 114; Reichsmilitärſtrafgeſetzbuch vom 20. Juni 1872, § 96; Deutſche Seemannsordnung vom 27. Dez. 1872, § 89; (Reichs=) Ge= werbeordnung vom 21. Juni 1869, § 153.

Notrecht (Staatsnotrecht, lat. Jus eminens), die Befugnis der Staatsgewalt zum Eingriff in die Rechte der Einzelnen im Intereſſe der ſtaatlichen Geſamtheit. Ein ſolcher Eingriff in die Rechtsſphäre der Staatsbürger iſt der Staatsgewalt aber nur ausnahmsweiſe und nur dann geſtattet, wenn ihn ein unabweisbares Bedürfnis des Staats erheiſcht. Dies iſt namentlich dann der Fall, wenn es ſich um die Erhaltung des Staats ſelbſt han= delt und die Staatsgewalt zu dieſem Zweck der Freiheit der Einzelnen vorüber= gehende Beſchränkungen auferlegt, z. B. durch Verhängung des Belagerungszu= ſtands und in England durch Suſpenſion der Habeaskorpusakte. Namentlich gehört aber die Befugnis der Staatsregierung hierher, Privateigentum, wenn auch gegen volle Entſchädigung, im öffentlichen In= tereſſe dem Eigentümer zu entziehen, wor= auf namentlich das Rechtsinſtitut der Expropriation (ſ. b.) beruht. Auch der Grundſatz, daß Eingriffe in fremde Rechtsſphären, welche von einer Privat= perſon im Notſtand begangen werden, ſtraffrei ſind, wird zuweilen, jedoch mit Unrecht, als N. bezeichnet, denn der Not= ſtand iſt kein Recht, ſondern nur ein fak= tiſcher Zuſtand.

Notſtand, im allgemeinen jeder Zu= ſtand der Bedrängnis; im ſtrafrechtlichen Sinn insbeſondere der Zuſtand der Ge= fahr, aus welcher ſich jemand nur durch einen Eingriff in das Recht eines andern retten kann. Die moderne Strafgesetzgebung nimmt für den N. Straflosigkeit an. Das deutsche Reichsstrafgesetzbuch (§ 54) läßt diese jedoch nur dann eintreten, wenn es sich um eine gegenwärtige Gefahr für Leib oder Leben des Thäters selbst oder eines seiner Angehörigen (s. d.) handelt. Außerdem muß diese Gefahr eine unverschuldete und die Rettung aus derselben nicht anders zu ermöglichen sein als durch eine Handlung, welche sich an und für sich als Rechtsverletzung charakterisiert. Von der sogen. Notwehr (s. d.) unterscheidet sich der N. aber dadurch, daß es sich bei jener um die Abwehr eines rechtswidrigen Angriffs handelt, während der Strafausschließungsgrund des Notstands gerade demjenigen zu gute kommt, welcher, um sich zu retten, einen Eingriff in eine fremde Rechtssphäre unternimmt. Die Notwehr erscheint als ein Recht, der N. lediglich als ein faktischer Zustand. Mit Unrecht bezeichnen daher manche den N. als sogen. Notrecht, denn die Not allein gibt uns noch kein Recht, andre zu verletzen. Der Grund, warum der N. die Strafe ausschließt, ist vielmehr die Rücksicht auf den Selbsterhaltungstrieb des Menschen und der Umstand, daß ein gewisser Heroismus dazu gehört, in der Not lieber unterzugehen oder Schaden zu erleiden, als sich der Verletzung eines fremden Rechts schuldig zu machen. Vom Standpunkt der Moral mag dies als geboten erscheinen; aber der Gesetzgeber kann eine solche Standhaftigkeit und Charakterstärke, welche über die gewöhnlichen menschlichen Kräfte hinausgehen würde, in der Regel nicht verlangen. Anders liegt die Sache freilich, wenn der Betreffende durch Beruf und Stellung dazu verpflichtet ist, wie sich denn z. B. der Soldat im Krieg und der Seemann aus einer Seegefahr nicht auf Kosten andrer erretten dürfen. Vgl. Janka, Der strafrechtliche N. (1878).

Notverordnung, s. Verordnung.

Notwehr, diejenige Verteidigung, welche erforderlich ist, um einen gegenwärtigen rechtswidrigen Angriff von sich oder einem andern abzuwenden (deutsches Reichsstrafgesetzbuch, § 53). Eine durch die N. gebotene Handlung ist straflos. Es ist nämlich zwar in allen zivilisierten Staaten anerkannt, daß man sich der Regel nach gegen einen unberechtigten Angriff nicht selbst Recht verschaffen, sondern den staatlichen Rechtsschutz anrufen soll. Ist aber die Staatshilfe im gegebenen Fall nicht erreichbar oder nicht ausreichend, so kann dem Angegriffenen das Recht der Selbstverteidigung, welches ein unmittelbarer Ausfluß des Rechts der Persönlichkeit und des menschlichen Selbsterhaltungstriebs ist, nicht abgesprochen werden. Die N. erscheint daher als ein Recht, und ebendadurch unterscheidet sie sich von dem sogen. Notstand (s. d.), einem bloß faktischen Zustand, in welchem dem in seiner Existenz Bedrohten die Verletzung eines andern zum Zweck der Selbsterhaltung verziehen wird. Die N. ist aber nur dann straflos, wenn der dadurch zurückgewiesene Angriff ein rechtswidriger war, und zwar gestattet das deutsche Strafgesetzbuch die N. auch zum Schutz eines Dritten. Auch ist sie nicht bloß gegen einen rechtswidrigen Angriff auf Leib und Leben, sondern auch gegen einen solchen gestattet, welcher gegen die Ehre, die Keuschheit, die Freiheit ꝛc. oder auch nur gegen ein Vermögensrecht gerichtet ist. Der durch die N. abgewiesene rechtswidrige Angriff muß aber ferner ein gegenwärtiger sein, d. h. bereits begonnen haben oder doch unmittelbar bevorstehen, indem der Bedrohte den Beginn der Thätlichkeiten nicht etwa erst abzuwarten braucht. Endlich ist aber auch nur diejenige Verteidigung erlaubt und straflos, welche erforderlich war, um den gegenwärtigen rechtswidrigen Angriff zurückzuweisen. Es muß also ein andres Mittel zur Zurückweisung desselben, daher namentlich das Anrufen des obrigkeitlichen Schutzes, ausgeschlossen sein; auch darf die Verteidigung nicht weiter gehen, als es zur Bekämpfung jenes Angriffs erforderlich ist. Die Größe der Verteidigung muß zu der Größe des Angriffs im richtigen Verhältnis stehen; sie darf nicht voreilig erfolgen, und sie darf auch nicht etwa fortgesetzt werden, nachdem die Gefahr bereits abgewendet ist. Ein Exzeß (Überschreitung) der N. ist daher strafbar; doch erklärt das deutsche Strafgesetzbuch (§ 53) denselben dann für straflos, wenn der Thäter in Bestürzung, Furcht oder Schrecken über die Grenzen der Verteidigung hinausgegangen ist. Vgl. außer den Lehrbüchern des Strafrechts: Levita, Das Recht der N. (1856); Geyer, Die Lehre von der N. (1857); Wessely, Die Befugnisse des Notstands und der N. (1862).

Notzucht, s. Unzuchtsverbrechen.

Novellen (lat. novellae leges, »neue Gesetze«), in der Rechtssprache Nachträge und Abänderungen bestehender Gesetze, namentlich Bezeichnung einer Gesetzessammlung, welche als Bestandteil des Corpus juris dem Justinianeischen Kodex nachträglich beigefügt ward, aber auch noch jetzt zur Bezeichnung von Nachtragsgesetzen gebräuchlich ist; z. B. Strafgesetznovelle, Gewerbeordnungsnovelle, Militärnovelle u. dgl.

Nullität (lat.), Nichtigkeit eines Rechtsgeschäfts; Nullitätsquerel, Nichtig-

keitsklage (s. Wiederaufnahme des Verfahrens).

Nunzius (lat.), päpstlicher Gesandter; Nunziatur, Amt und Sitz eines solchen. Nunziaturen seit 1583 zu Wien und zu Köln, seit 1586 zu Luzern, seit 1558 zu Brüssel, seit 1785 zu München. Die Nunzien fungierten in ihren Bezirken als geistliche Oberrichter und hatten, besonders in Dispensationssachen, erzbischöfliche Befugnisse, und die Erzbischöfe und Reichsbehörden erhoben umsonst Beschwerden gegen deren Übergriffe. Seit 1814 sind die Nunzien bloße Gesandte des Papstes, weswegen der Titel auch und auf die Vertreter desselben an andern Höfen angewendet wurde. Unter Pius IX. begannen sie aber, besonders in Deutschland, wieder geistliche Aufsichtsrechte über die Kirche des Staats, in dem sie beglaubigt sind, auszuüben, weswegen 1872 der N. von Luzern ausgewiesen wurde.

Nützlichkeitstheorie, s. Utilitarismus.

O.

Obduktion (lat.), s. Totenschau.

Oberacht, s. Acht.

Oberamt, in Württemberg die Unterabteilung des Kreises, indem die 4 Kreise in 63 Oberamtsbezirke zerfallen, an deren Spitze je ein Oberamtmann steht. In Preußen ist Oberamtmann der Titel eines Verwalters oder Pächters eines Kammerguts. Oberamtsrichter ist in manchen Staaten ein besonderer Titel für den aufsichtführenden Amtsrichter oder für ältere Amtsrichter (s. Amtsgericht).

Oberbergamt, s. Bergrecht.

Oberersatzkommission, s. Ersatzwesen.

Obergerichte, höhere Kollegialgerichte, welche über die Rechtsmittel, die gegen Erkenntnisse der Gerichte erster Instanz (Untergerichte) eingewendet werden, entscheiden (s. Gericht).

Obergespan, der erste Beamte einer Gespanschaft in Ungarn, s. Komitat.

Oberhaus und **Unterhaus,** in Eng-

land die beiden Abteilungen des Parlaments, s. Großbritannien.

Oberkirchenrat, in manchen Staaten, z. B. in (Alt=) Preußen, kollegialische Oberbehörde, bestellt zur Ausübung der in der evangelischen Kirche dem Landesherrn vorbehaltenen Kirchengewalt; auch Titel verdienter Geistlichen.

Oberpräsident, in Preußen der an der Spitze einer Provinz stehende oberste Verwaltungsbeamte, welcher als ständiger Kommissar des Ministeriums die Oberaufsicht über die Behörden der Landesverwaltung führt und für die gleichmäßige Ausführung der Gesetze und Verordnungen sowie der Anordnungen der Ministerien zu sorgen hat. Nach der Provinzialordnung (s. d.) erscheint der O. zugleich als staatliche Aufsichtsbehörde der kommunalen Provinzialverwaltung, als Vorsitzender des Provinzialrats und als königlicher Kommissar auf dem Provinziallandtag. Der O. ist dem Regierungspräsidenten übergeordnet, abgesehen von der am Sitz des Oberpräsidenten befindlichen Regierung, für welche er regelmäßig zugleich als Regierungspräsident fungiert, indem ihm alsdann ein Vizepräsident zur Seite steht.

Oberprisenrat, s. Prise.

Oberrechnungskammer, in Preußen eine unmittelbar unter der Krone stehende Behörde, welcher die Kontrolle des gesamten Staatshaushalts mittelst der Rechnungsrevision obliegt. Die O., welche ihren Sitz in Potsdam hat und aus einem Chefpräsidenten, den nötigen Direktoren, Räten und Revisionsbeamten besteht, führt zugleich als Reichsbehörde die Kontrolle des gesamten Reichshaushalts durch Prüfung und Feststellung der Rechnungen über Ausgabe und Einnahme der zur Reichskasse fließenden Gelder, über den Ab- und Zugang von Reichseigentum, über die Verwaltung der Reichsschulden, des Reichsinvalidenfonds, des Reichskriegsschatzes, der Reichsbank und über den gesamten Landeshaushalt von Elsaß-Lothringen. Die Stellung der O. ist durch Gesetz vom 27. März 1872 (preußische Gesetzsammlung 1872, S. 278 ff.) normiert, während ihre Funktionen als Rechnungshof des Deutschen Reichs sich nach der Instruktion des Reichskanzlers vom 5. März 1875 (Reichszentralblatt 1875, S. 157 ff.) bestimmen.

Oberreichsanwalt, s. Reichsgericht.

Oberseeamt, Reichsbehörde zur Entscheidung über Beschwerden gegen die Sprüche der Seeämter in den Bundesseestaaten (s. Reichsamt des Innern).

Oberst (früher Obrist), oberste Rangstufe der Stabsoffiziere, meist Regimentskommandeur. Ehedem ein höherer Kommandierender (Kriegs-, Feldoberster), s. v. w. Feldherr. Oberstleutnant, im Rang dem O. zunächst stehend. Oberstwachtmeister, s. v. w. Major.

Obligation (lat.), Verpflichtung; Rechtsverhältnis, aufgrund dessen jemand (Gläubiger, Kreditor) von einem andern (Schuldner, Debitor) eine gewisse Leistung zu fordern berechtigt ist; auch Bezeichnung der zur Beurkundung eines solchen Schuldverhältnisses ausge-

stellten Urkunde (Schuldverschreibung, Schuldbrief), z. B. eines Staatsschuldbriefs. Das Obligationenrecht oder Recht der Forderungen bildet einen wichtigen Bestandteil des Privatrechts.

Obmann, derjenige, welchen zwei von den Parteien gewählte Schiedsrichter als Dritten wählen, und der den Ausschlag gibt; bei Schwurgerichten der von den Geschwornen aus deren Mitte zur Leitung der Beratung und Abstimmung und zur Verkündung des Wahrspruchs Erwählte; auch der Vorsitzende von Versammlungen.

Observanz (lat.), Herkommen; Regel, welche durch langen Gebrauch rechtsverbindlich geworden ist.

Ochlokratie (griech., Pöbelherrschaft), Zustand eines Staats, in welchem sich die Staatsgewalt in den Händen einer rohen und wüsten untersten Volksklasse befindet. Die O. ist eine Ausartung der Demokratie (s. d.), gleichwie die Oligarchie eine solche der Aristokratie und die Despotie eine Ausartung der Monarchie ist. Als eine wirkliche Staatsform wird die O. kaum bezeichnet werden können, da ihre Dauer der Natur der Sache nach nur eine vorübergehende sein kann, solange abnorme Zustände im Staatsleben herrschen, wie es z. B. unter der Pariser Commune der Fall gewesen ist.

Odelsthing (schwed.), eine aus Grundbesitzern bestehende Abteilung des norwegischen Storthings, s. Schweden und Norwegen.

Offenbarungseid (Manifestationseid), der von einem Schuldner, dessen bewegliches Vermögen zur Befriedigung seiner Gläubiger nicht ausreicht, dahin abzuleistende Eid, daß er sein Vermögen vollständig angegeben und wissentlich nichts verschwiegen, oder, wenn es sich um die Herausgabe einer bestimmten Sache handelt, daß er die Sache nicht besitze, auch nicht wisse, wo die Sache sich befinde. Die Verweigerung dieses Eides zieht Haft nach sich, durch welche der Schuldner zu ebendieser Eidesleistung gezwungen werden soll. Vgl. Deutsche Zivilprozeßordnung, §§ 711, 769 ff., 780 ff.

Öffentliches Recht, s. Recht.

Offiziant (neulat.), Beamter niedern Ranges.

Offiziell (lat.), das von einer Behörde Ausgehende, also f. v. w. amtlich; z. B. eine offizielle Nachricht, eine offizielle Zeitung. Wo eine Behörde nicht geradezu amtlich auftreten will, aber doch so, daß den von ihr veranlaßten Kundgebungen oder Vorschlägen ein größeres Gewicht als den von Privatpersonen ausgehenden beigelegt werden soll, nennt man eine solche Art des Verfahrens offiziös; z. B. eine offiziöse (halbamtliche) Zeitung.

Offizier (franz.), militärischer Vorgesetzter vom Leutnant aufwärts; von da abwärts Unteroffizier. Subalternoffiziere sind die Leutnants, Stabsoffiziere: Major, Oberstleutnant und Oberst. Deckoffiziere sind in der Marine der Oberfeuerwerker, der Oberbootsmann, der Obersteuermann und der Obermaschinist.

Offizierspatent, f. Patent.

Okkupieren (lat.), an sich nehmen, besetzen; Okkupation, Aneignung einer herrenlosen Sache, Besitzergreifung. Unter militärischer Okkupation insbesondere versteht man die Besetzung eines fremden Landes zur Geltendmachung gewisser Ansprüche, zur Verhinderung eines Aufstands oder zu dem Zweck, um für die Erfüllung gewisser Verpflichtungen, z. B. Zahlung der Kriegskosten, ein Pfand zu haben.

Ökonomie (griech.), Haushaltung; Land- und Feldwirtschaft; Sparsamkeit; zweckmäßige Einrichtung, z. B. eines Staats ꝛc. Ökonomik, Wirtschaftslehre. Ökonom, Wirtschafter, Landwirt; ökonomisch, wirtschaftlich, sparsam. Ökonomisten, die Anhänger des physiokratischen Systems in der Nationalökonomie.

Ottroi (Octroi, franz., spr. ⸗oa), Handelsprivilegium, auch f. v. w. städtische Accise, z. B. Mahl- und Schlachtsteuer.

Ottroyieren (franz., spr. ottroaji⸗), aufnötigen, aus höherer Machtvollkommenheit anordnen, daher oktroyierte (im Gegensatz zu paktierten) Verfassungen diejenigen, welche einseitig von der Staatsregierung gegeben und nicht zuvor mit einer Volksvertretung vereinbart wurden. Oktroyierungsrecht wird zuweilen das Verordnungsrecht des Regenten genannt, d. h. die Befugnis desselben, die zur Ausführung der Gesetze erforderlichen Bestimmungen, und zwar ohne Beirat und Zustimmung der Stände, zu erlassen.

Okularinspektion (lat.), Augenscheinseinnahme.

Ökumenisch (griech.), allgemein; auch f. v. w. katholisch. Ökumenische Konzilien, die allgemeinen Kirchenversammlungen (f. Konzil).

Oldenburg, Großherzogtum und Bundesstaat des Deutschen Reichs, 6420 qkm, 337,328 Einw.; Haupt- und Residenzstadt: Oldenburg mit 20,465 Einw. Das Staatsgebiet besteht aus drei getrennten Bestandteilen, nämlich aus dem Herzogtum O. und den Fürstentümern Birkenfeld und Lübeck. Die Verfassung des Staats, welcher bis 1848 einer landständischen Verfassung entbehrte, ist jetzt die einer konstitutionellen Erbmonarchie. Das Staatsgrundgesetz wurde mit einem dazu besonders berufenen Landtag vereinbart und 18. Febr. 1849 publiziert; revidiert 22. Nov. 1852. Hiernach steht an der Spitze des Staats der Großherzog (»Königliche Hoheit«), und zwar ist die Regierung erblich im Mannsstamm der jüngern Linie des Hauses Holstein-Gottorp nach dem Rechte der Erstgeburt und nach den Grundsätzen der Linealerbfolge. Der Großherzog, welcher sich zur lutherischen Kirche bekennt, ist in der Gesetzgebung und bei der Besteuerung der Unterthanen an die Zustimmung des Landtags gebunden. Die Zivilliste beträgt, abgesehen von dem Ertrag der Krondomänen, jährlich 255,000 Mk. Der Landtag besteht aus 49 Abgeordneten (40 für O., 4 für Lübeck und 5 für Birkenfeld), welche aus indirekten Wahlen hervorgehen und jeweilig auf drei Jahre gewählt werden. Außerdem besteht aber noch für die beiden Fürstentümer Birkenfeld und Lübeck ein besonderer Provinzialrat, bort aus 12, hier aus 15 Mitgliedern nach den Bestimmungen für die Wahl der Landtagsabgeordneten zusammengesetzt. Für beide Fürstentümer bestehen nämlich besondere großherzogliche Provinzialregierungen, welch letztere die Provinzialräte jährlich zweimal einberufen. Die oberste

Leitung der Regierung des Großherzogtums steht aber dem Staatsministerium zu, welches in die Departements der Finanzen, des Innern, des großherzoglichen Hauses und der auswärtigen Angelegenheiten, der Justiz, der Kirchen- und Schulen- und der Militärangelegenheiten zerfällt. Die Leitung dieser Departements ist auf drei Abteilungsvorstände verteilt. Dem Staatsministerium ist das Haus- und Zentralarchiv und ein statistisches Büreau beigegeben. Unmittelbar unter dem Staatsministerium stehen der Staatsgerichtshof und der Gerichtshof zur Entscheidung der Kompetenzkonflikte. Zum Zweck der innern Landesverwaltung ist das Staatsgebiet in Ämter eingeteilt, deren Verwaltungschefs im Herzogtum O. unmittelbar unter dem Staatsministerium, Departement des Innern, stehen, während in den Fürstentümern Birkenfeld und Lübeck die dortigen Regierungen eine Mittelinstanz bilden. Diese Regierungen leiten in den Fürstentümern auch das Schulwesen; für das Herzogtum dagegen bestehen ein besonderes evangelisches und ein katholisches Oberschulkollegium. Ebenso ist für letzteres ein besonderer evangelischer Oberkirchenrat in Funktion. Das katholische Kirchenwesen des Herzogtums wird durch den bischöflichen Offizial in Vechta geleitet. Die Katholiken in O., deren Anzahl im Verhältnis zur protestantischen Bevölkerung bei weit geringere ist, gehören zum Sprengel des Bischofs in Münster, diejenigen des Fürstentums Birkenfeld zum Sprengel des Bischofs von Trier. Im Herzogtum O. stehen den Amtmännern als Organe der Ämter, die zugleich Kommunalverbände höherer Ordnung sind, Amtsräte zur Seite, welche die Selbstverwaltung dieser Verbände wahrnehmen.

Justiz. Das Herzogtum O. hat ein Oberlandesgericht mit dem Sitz in der Residenz erhalten, welches zugleich für das Fürstentum Schaumburg-Lippe fungiert, und ein Landgericht daselbst, welches die Amtsgerichtsbezirke Brake, Butjadingen, Damm, Delmenhorst, Elsfleth, Friesoythe, Jever, Kloppenburg, Löningen, O., Varel, Vechta, Westerstede und Wildeshausen umfaßt. Für das Fürstentum Lübeck mit

den Amtsgerichten Ahrensbök, Eutin und Schwartau fungieren das Landgericht zu Lübeck und das gemeinschaftliche hanseatische Oberlandesgericht zu Hamburg. Die drei Amtsgerichte des Fürstentums Birkenfeld aber sind dem preußischen Landgericht zu Saarbrücken und dem Oberlandesgericht zu Köln unterstellt.

Finanzen. Die Einnahmen und Ausgaben (Landtag, Provinzialräte, Staatsministerium, Konsulate, Zentralbehörden, Matrikularbeiträge, Pensionen u. dgl.) der Zentralkasse des Großherzogtums balancieren nach dem Staatshaushaltetat pro 1881 mit 932,600 Mk. Der Spezialetat des Herzogtums O. schließt 1881 mit einer Einnahme von 4,904,000 Mk. und einer Ausgabe von 5,128,000 Mk. ab, derjenige des Fürstentums Lübeck mit 609,400 Mk. Einnahme und 667,000 Mk. Ausgabe und der Spezialetat des Fürstentums Birkenfeld endlich mit 509,800 Mk. Einnahme und 568,900 Mk. Ausgabe. Zur Deckung der Defizits dienen die Betriebsfonds aus den Vorjahren. Die Staatsschulden betrugen Ende 1879 im ganzen 37,009,532 Mk.

Heerwesen. Laut Militärkonvention vom 15. Juli 1867 hat O. sich zu Gunsten Preußens der eignen Militärverwaltung begeben, und die oldenburgischen Wehrpflichtigen werden der preußischen Armee eingereiht. Sie bilden das oldenburgische Infanterieregiment Nr. 91, das Dragonerregiment Nr. 19 und zwei Batterien des 2. hannöverschen Feldartillerieregiments Nr. 26. Infanterie und Kavallerie gehören der 19. Division (Hannover), die Artillerie der 10. Feldartilleriebrigade (Hannover) und dem 10. Armeekorps (Hannover) an.

Das Wappen des Großherzogtums besteht aus einem Haupt- und aus einem Mittelschild; jener zeigt die Embleme von Norwegen, Schleswig, Holstein, Stormarn, Dithmarschen und Kniphausen, der gekrönte Mittelschild aber die von O. (zwei rote Querbalken in Gold), Delmenhorst, Lübeck (goldnes Kreuz mit Bischofsmütze in Blau), Birkenfeld (Silber und Rot in vier Reihen) und Jever (aufrecht schreitender Löwe). Das Ganze ist von einem

Wappenzelt umgeben und mit der Königs=
krone bedeckt. Die Landesfarben sind Blau
und Rot; die Flagge ist blau mit einem
roten, rechtwinkelig stehenden Kreuz. Vgl.
»Statistische Nachrichten über das Herzog=
tum O.«, herausgeg. vom Statistischen Bü=
reau (1857 ff.); Böse, Das Großherzogt=
tum O. (1863); Kollmann, Das Groß=
herzogtum O. in seiner wirtschaftlichen
Entwickelung (1878).

Oligarchie (griech., »Herrschaft weni=
ger«), diejenige Staatsform, in welcher
nur wenige Personen, namentlich durch
Reichtum hervorragend (s. Plutokra=
tie), die Regierungsgewalt ausüben. Die
O. ist eine Ausartung der Aristokratie,
gleichwie die Despotie eine solche der Mon=
archie und die Ochlokratie eine Ausartung
der Demokratie ist. Mit Geldoligar=
chie bezeichnet man die sogen. Geldaristo=
kratie (s. Aristokratie).

Omnipotenz (lat.), Allmacht; omni=
potent, allmächtig; so spricht man z. B.
von dem omnipotenten Staat, welcher
alle Zweige des öffentlichen und des Pri=
vatlebens umfassen und beherrschen soll,
wie es die Sozialisten wünschen.

Opponieren (lat.), widersprechen, Wi=
derstand leisten; Opponent, Gegner.

Opposition (lat.), Gegensatz, Wider=
stand; namentlich im politischen Leben die
gegen die Staatsregierung oder deren der=
malige Vertreter besonders in der Presse
(Oppositionspresse) und in den Kam=
mern sich geltend machende Richtung; dann
auch Bezeichnung für diejenigen, welche
dieser Richtung angehören, also s. v. w.
Oppositionspartei. Eine eigentliche O. ist
aber nur in einem Staatswesen möglich,
in welchem dem Volk an der Gesetzgebung
und an der Staatsverwaltung ein be=
stimmter Anteil eingeräumt ist, also in
einer konstitutionellen Monarchie oder in
einem republikanischen Staatskörper; sie
ist in einer absoluten Monarchie, in wel=
cher es an einer Volksvertretung fehlt,
und in welcher der Wille des Souveräns
allein maßgebend ist, fast undenkbar, zu=
mal da hier auch eine regierungsfeindliche
Presse nicht geduldet zu werden pflegt.
Für ein gesundes politisches Leben dage=
gen ist das Vorhandensein einer Opposi=

tionspartei keineswegs schädlich, sondern
gewissermaßen notwendig, da hier alle
Parteien vertreten sein sollen, und da uns
gerade im politischen Leben der Gegner
unsre Fehler am besten aufdeckt und uns
durch seine Angriffe und seinen Widerstand
oft besser als unsre politischen Freunde
auf den richtigen Weg führen wird. Frei=
lich wird eine solche O. dann störend und
hemmend wirken, wenn sie zu einer prin=
zipiellen oder systematischen wird,
d. h. wenn man opponiert, lediglich um
zu opponieren, nämlich um der Regierung
Verlegenheiten zu bereiten, und nicht aus
innern, sachlichen Gründen. Zu bemerken
ist übrigens, daß nicht notwendig der li=
beralen Partei die Rolle der Oppositions=
partei zufallen muß, wenn dies auch häu=
fig und namentlich in Deutschland der
Fall gewesen ist.

Oranien, Name der jüngern Ottoni=
schen Linie des Hauses Nassau (s. d.),
welche 1530 das Fürstentum Orange oder
O. in der Provence erwarb und sich danach
benannte. Der ältere, von Wilhelm dem
Schweiger begründete Zweig der Oranier
bekleidete die Statthalterwürde der Repu=
blik der Niederlande 1581—1702, der
jüngere 1747—95 und erlangte 1815 die
niederländische Königskrone, welche er noch
jetzt innehat.

Oranje = Freistaat (Oranjefluß=
Republik), Freistaat im Innern Süd=
afrikas zwischen den beiden Quellarmen
des Oranjeflusses, ca. 111,500 qkm mit
etwa 80,000 Seelen weißer Bevölkerung,
größtenteils der reformierten Kirche an=
gehörig, und ca. 70,000 Eingebornen;
Hauptstadt: Bloemfontein (2000—
2500 Einw.). Gegründet von holländischen
Boers (spr. buhrs, »Bauern«), welche aus
dem Kapland auswanderten, wurde die
Republik 1854 von den Engländern als
eine unabhängige anerkannt. Nach der re=
vidierten Verfassung vom 9. Febr. 1866
wird der Präsident auf fünf Jahre gewählt.
Eine Kammer (»Volksraad«), aus etwa 50
vom Volk gewählten Mitgliedern bestehend,
übt die gesetzgebende Gewalt aus. Das
Land zerfällt in 14 Distrikte, die jeweilig
unter einem Landdrost stehen. Die Staats=
einnahmen waren pro 1880—81 auf

158,745 Pfd. Sterl., die Ausgaben auf 151,637 Pfd. Sterl. veranschlagt. Ein stehendes Heer existiert nicht, vielmehr werden im Fall des Kriegs sämtliche waffenfähige Männer aufgeboten.

Orden (v. lat. ordo), ein Verein, dessen Mitglieder sich zur Erreichung eines bestimmten Zwecks die Befolgung gewisser Regeln und Ordnungen (ordines) zur Pflicht machen. Die O. sind teils geistliche, teils weltliche. Zu den geistlichen O. gehören namentlich die Mönchs- und Nonnenorden, deren Angehörige die Gelübde der Armut, der Keuschheit und des Gehorsams abzulegen haben (s. Kloster). Im Abendland wurde das geistliche Ordenswesen durch den heil. Benedikt von Nursia begründet, welcher 529 den Benediktinerorden stiftete. Von diesem zweigten sich ähnliche »Kongregationen« ab; namentlich entstanden nach der Regel des heil. Augustinus die Kongregationen der regulierten Chorherren sowie eigentliche Mönchsorden, wie der Prämonstratenser-, Augustiner-, Serviten-, Hieronymiten-, Brigitten- und der Jesuitenorden (s. Jesuiten) 2c. Großen Einfluß erlangten die O. der Bettelmönche, welche nach der Ordensregel gar kein Eigentum besitzen dürfen und lediglich auf milde Gaben angewiesen sind, so die Dominikaner-, Franziskaner-, Karmeliter-, Augustiner- und Servitenbettelorden. Auch der zahlreichen Nonnenorden (Ursulinerinnen, Klarissinnen, Urbanissinnen, Angeliken 2c.) ist zu gedenken. Die moderne Zeit ist jedoch diesem Ordenswesen nicht günstig; vielfache Verbote sind in dieser Hinsicht ergangen, namentlich sind in Preußen durch Gesetz vom 31. Mai 1875 alle O. und ordensähnlichen Kongregationen verboten worden, abgesehen von solchen, welche sich der Krankenpflege widmen (s. Kirchenpolitik).

Aus der Verbindung der geistlichen O. mit dem Ritterwesen des Mittelalters gingen die geistlichen Ritterorden (Johanniterorden, Tempelherren, Deutscher O. u. a.) hervor, welche teilweise zu großem Ansehen und zu großer Macht gelangten. Eine Nachahmung der letztern sind die weltlichen Ritterorden, welche nach und nach den Charakter eigentlicher Vereine verloren und durch die Verleihung von Ordensinsignien oder Dekorationen mehr den Charakter der Auszeichnung für persönliche Verdienste angenommen haben. In dieser Hinsicht unterscheidet man heutzutage zwischen Zivil- und Militärorden, ferner zwischen Hausorden, Verdienstorden 2c. Die Abstufung der einzelnen O. ist hier regelmäßig diejenige in Großkreuze, Komture und Ritter mit verschiedenen Klassen, Auszeichnungen und Dekorationen. Bei manchen O. ist eine besondere Ordenstracht, und außer den eigentlichen O. (Kreuzen, Sternen, Bändern) sind noch besondere Insignien, Ketten u. dgl. gebräuchlich. Mit einigen O. sind bestimmte Einkünfte verknüpft, andre verleihen den Erb- oder den persönlichen Adel, viele wenigstens abligen Rang; dagegen haben ehrlose Handlungen den Verlust des Ordens zur Folge. Bei einigen O. ist die Annahme mit einem vorgeschriebenen Eid verbunden, bei allen fremden O. darf sie nur mit Bewilligung des Landesherrn geschehen. Die meisten O. eines Landes zusammen haben einen besondern jährlich wiederkehrenden Festtag (Ordensfest), an welchem die Ernennungen mit einer gewissen Feierlichkeit vollzogen werden. Die sämtlichen O. ein und desselben Landes stehen in einem gewissen Rangverhältnis. Die Insignien sind meist nach dem Tode des Inhabers von den Hinterlassenen an die Ordenskommission zurückzusenden. Neuerdings sind auch Frauenorden gegründet, wie z. B. der preußische Luisenorden. Den eigentlichen O. sind auch allgemeine Ehrenzeichen, Medaillen u. dgl. beigefügt, um für niedere Dienstleistungen zu belohnen. Die deutschen Grundrechte von 1848 wollten die O. und Ehrenzeichen gänzlich abschaffen. Es läßt sich auch in der That nicht leugnen, daß das Ordenswesen viele Lächerlichkeiten und Abgeschmacktheiten aufzuweisen hat, und daß der eigentliche Grundgedanke der Ordensverleihung, nämlich die Belohnung für ein wirkliches Verdienst, im konkreten Fall keineswegs immer zur Geltung kommt. Immerhin wird aber doch die

Verleihung eines Ordens als Auszeich=
nung aufgefaßt, und ebendarum würde
sich die Abschaffung dieser Art und Weise
der Auszeichnung schon mit Rücksicht auf
ihre Billigkeit kaum empfehlen. Vgl.
Ackermann, Ordensbuch (1855);
Schulze, Chronik sämtlicher bekannter
Ritterorden und Ehrenzeichen (1855,
Supplement 1870); Hollebeke, Histoire et législation des ordres de
chevalerie et marques d'honneur
(1875 ff.); »Die O. und Ehrenzeichen
Deutschlands und Österreichs«, 12 Tafeln
mit Text von Zoller (1881).

Ordinārius (lat.), Klassenlehrer,
Hauptlehrer einer Klasse; ordentlicher
Professor einer Universität (Professor
o.); Geistlicher als Vorsteher eines Spren=
gels, besonders Bischof. Ordinariat,
die im Namen des Bischofs die Gerichts=
barkeit über dessen Sprengel ausübende
Behörde und deren Geschäftslokal.

Ordination (lat.), Priesterweihe; in
der katholischen Kirche ein Sakrament.

Ordines (lat., Mehrzahl von ordo),
die 7 Stufen der katholischen geistlichen
Weihen; O. minores, die 4 niedern, O.
majores, die 3 höhern Stufen.

Ordnungsruf, Disziplinarstrafmittel
des Vorsitzenden einer Versammlung, na=
mentlich einer parlamentarischen Körper=
schaft. So ist z. B. der Präsident des
deutschen Reichstags nach der Geschäfts=
ordnung des leztern (§§ 46, 60) befugt,
ein Mitglied, welches die Ordnung ver=
letzt, mit Nennung des Namens darauf
zurückzuweisen. Das betreffende Mitglied
ist alsdann berechtigt, dagegen schriftlich
Einspruch zu thun, worauf der Reichstag,
jedoch erst in der nächstfolgenden Sizung,
ohne Diskussion darüber entscheidet, ob
der O. gerechtfertigt war. Wird ein Red=
ner in der nämlichen Rede von dem Prä=
sidenten zweimal ohne Erfolg zur Ord=
nung gerufen, und fährt er gleichwohl fort,
sich von der Ordnung zu entfernen, so
kann der Reichstag auf Anfrage des Prä=
sidenten ohne Debatte beschließen, daß ihm
das Wort entzogen werden soll, wenn er
zuvor auf diese Folge von dem Präsiden=
ten aufmerksam gemacht worden ist.

Ordnungsstrafe, s. Strafe.

Ordonnanz (lat.), militär. Gesetz,
Dienstvorschrift; zu Meldungen, Über=
bringen von Befehlen ꝛc. einem Truppen=
führer beigegebener Soldat. Ordon=
nanzoffiziere, zum Oberbefehlshaber
einer Armee zeitweise abkommandierte
Offiziere; ordonnanzmäßig, der Vor=
schrift entsprechend.

Organ (griech.,»Werkzeug«), im öffent=
lichen Leben vielfach zur Bezeichnung des
Vertreters einer bestimmten Richtung ge=
braucht, wie man insbesondere eine Zei=
tung als das O. einer politischen Partei
zu bezeichnen pflegt.

Orleans (franz., spr. =ang), jüngerer
Zweig des ehemaligen franz. Königs=
hauses Bourbon (s. d.), welcher von Phi=
lipp I., dem Bruder Ludwigs XIV., geb.
21. Sept. 1640, abstammt. Die Haupt=
repräsentanten des Hauses O. sind gegen=
wärtig: Ludwig Philipp, Graf von Paris,
geb. 24. Aug. 1838, und Robert Philipp,
Herzog von Chartres, geb. 9. Nov. 1840.

Osmanisches Reich, s. Türkei.

Österreich=Ungarn (Österreichisch=
Ungarische Monarchie), ein aus zwei
Staatshälften, dem Kaisertum Österreich
und dem Königreich Ungarn, zusammen=
gesetztes Reich. Das österreichische Staats=
gebiet, »die im Reichsrat vertretenen Län=
der« umfassend, wird neuerdings auch
als Cisleithanien bezeichnet, während
man im Gegensatz dazu die Länder der
ungarischen Krone unter dem Namen
Transleithanien zusammenfaßt.
Nach dem Staatsgrundgesetz vom 21. Dez.
1867 sind diese beiden Reichshälften durch
die Person des Monarchen und durch die
Dynastie, nicht minder aber auch durch
eine Reihe gemeinsamer Einrichtungen,
Finanzen, Heer und diplomatische Ver=
tretung miteinander verbunden und durch
Realunion vereinigt, wenn sie auch im
übrigen als selbständige Staaten erschei=
nen. Überdies wurde im Berliner Frieden
1878 an Österreich auch die militärische
Besetzung und Verwaltung Bosniens über=
tragen. — Nach Abtretung der Lombardei
(1859) und Venetiens (1866) an Italien
sezt sich das kaiserlich=königliche (k. k.)
Staatsgebiet aus folgenden Bestandteilen
zusammen:

Königreiche und Länder	QMil.	Bevölkerung 1880
I. Cisleithanien.		
1) Österreich unter der Enns (Niederösterr.)	19824	2829021
2) Österreich o. d. Enns (Oberösterreich) . .	11997	760879
3) Herzogtum Salzburg . .	7166	163566
4) „ Steiermark .	22454	1212367
5) „ Kärnten . .	10373	348670
6) „ Krain . . .	9968	481176
7) Küstenland (Görz, Gradisca, Istrien, Triest und Gebiet) . . .	7989	650582
8) Gefürstete Grafschaft Tirol mit Vorarlberg . . .	29327	912690
9) Königreich Böhmen . .	51956	5557134
10) Markgrafschaft Mähren .	22283	2151619
11) Herzogtum Schlesien . .	5147	565772
12) Königreich Galizien und Lodomerien	78497	5953170
13) Herzogtum Bukowina. .	10451	569599
14) Dalmatien	12829	474489
Zusammen:	300228	22130684
II. Transleithanien.		
15) Königreich Ungarn mit Siebenbürgen. . . .	280430	13700005
16) Königr. Kroatien und Slawonien mit den Grenzbezirken	43445	1910724
Zusammen:	323875	15610729
Ganze Monarchie:	624103	37741413

Die Hauptstadt von Österreich ist Wien mit (1880) 705,668 Einw. ohne die zwölf Vororte, welche 1880: 306,164 Einw. zählten, die von Ungarn Budapest (1881: 359,821 Einw.). Nach der Nationalität zerfiel die Bevölkerung der Gesamtmonarchie 1869 (ohne die Armee) in:

	Cisleithanien Proz.	Transleithanien Proz.	Im ganzen Reich Proz.
Deutsche	36,2	11,5	25,5
Tschechen, Mähren und Slowaken .	22,5	11,7	17,3
Magyaren . . .	—	35,6	15,5
Ruthenen . . .	12,8	3,0	8,5
Kroaten, Serben .	2,7	15,7	8,4
Romanen. . . .	0,9	17,3	8,9
Polen	12,1	—	6,9
Slowenen . . .	5,8	0,3	3,3
Italiener . . .	2,9	—	1,7

Ferner 151,400 Zigeuner (Ungarn, Siebenbürgen), 26,200 Bulgaren (Banat), 15,000 Ladiner (Mitteltirol), 10,100 Armenier (zerstreut in Siebenbürgen, Ungarn, Galizien), 3500 Albanesen (bei Zara), 3400 Griechen und Walachen. Verteilung der Konfessionen:

	Cisleithanien	Transleithanien	Summa
Röm.-Katholische	16396000	7559000	23955000
Griech.-Kathol. .	2342000	1600000	3942000
Oriental. Griechen	462000	2590000	3052000
Evangelische . .	364000	3145000	3509000
Protestant. Sekten	5000	58000	63000
Israeliten . . .	822000	554000	1376000

Verfassung. Das Staatsoberhaupt der gesamten Monarchie ist der Kaiser (»kaiserliche und königliche [k. k.] Apostolische Majestät«), welcher unverletzlich und unverantwortlich ist. Der Kaiser ist Oberbefehlshaber des Heers und der Flotte; er entscheidet über Krieg und Frieden. Die Kaiserwürde ist nach der Pragmatischen Sanktion in dem Haus Habsburg-Lothringen nach dem Rechte der Erstgeburt und der Linealerbfolge erblich. Die männliche Linie geht der weiblichen vor. Erst nach dem völligen Aussterben der erstern kommt die letztere an die Reihe. Die Religion des Kaisers und der kaiserlichen Familie ist die römisch-katholische. Die beiden durch die gemeinsame Dynastie und durch gewisse gemeinsame Reichsangelegenheiten verbundenen Reichshälften haben eine getrennte Verfassung und eine gesonderte Verwaltung. Für das österreichische (cisleithanische) Staatsgebiet ist der Reichsrat die gemeinsame Volksvertretung. Dieser besteht aus zwei Kammern. Die Erste Kammer (das Herrenhaus) setzt sich aus den großjährigen Prinzen des kaiserlichen Hauses, aus den zu erblichen Mitgliedern ernannten Häuptern der durch Großgrundbesitz hervorragenden Adelsgeschlechter, den Erzbischöfen und Fürstbischöfen und den auf Lebenszeit vom Kaiser ernannten, im ganzen zur Zeit aus 188 Mitgliedern, zusammen. Die Zweite Kammer (das Haus der Abgeordneten) besteht nach dem Gesetz vom 2. April 1873 aus 353 Mitgliedern, welche

jeweilig auf sechs Jahre in vier Wähler=
klassen, in den drei ersten mittelst direkter,
in der vierten Wählerklasse mittelst indi=
rekter Wahl, gewählt werden. Diese vier
Klassen sind: 1) die Großgrundbesitzer
(in Dalmatien die Höchstbesteuerten), 2)
die Städte, Märkte und Industrieorte, 3)
die Handels= und Gewerbekammern, 4)
die Landgemeinden. — Im ungari=
schen (transleithanischen) Staatsgebiet
ist der Reichstag die Volksvertretung,
und zwar ist derselbe in seinem weitern
Wirkungskreis für sämtliche Länder der
ungarischen Krone, im engern dagegen
nur für Ungarn und Siebenbürgen thä=
tig. In Ansehung der innern Verwal=
tung, des Justizwesens und des Kultus
und Unterrichtswesens ist nämlich Kroa=
tien=Slawonien selbständig gestellt. Für
diese Angelegenheiten besteht ein besonde=
rer kroatisch=slawonischer Land=
tag, welcher sich aus dem katholischen
Erzbischof, dem griechisch=katholischen Bi=
schof, dem Prior von Aurana, 8 Ober=
gespanen, dem Comes von Turopolje, 2
Grafen und 77 Abgeordneten der Städte,
Flecken und Komitate zusammensetzt. Der
ungarische Reichstag besteht aus der Mag=
natentafel und der Repräsentantentafel.
Die Magnatentafel (Erste Kammer)
wird aus den in Ungarn begüterten Erz=
herzögen, den geistlichen Würdenträgern
und den Magnaten, die Repräsentan=
tentafel dagegen aus 444 Abgeordneten
der Komitate und Städte gebildet, von
welchen 334 auf Ungarn, 1 auf Fiume,
75 auf Siebenbürgen und 34 auf Kroa=
tien=Slawonien entfallen. In Kroatien=
Slawonien werden die Abgeordneten für
die jeweilige Sessionsperiode aus dem
Landtag gewählt, während die übrigen
Mitglieder der Repräsentantentafel in di=
rekter Wahl auf drei Jahre gewählt werden.
Hinsichtlich der den beiden Reichshälften
gemeinschaftlichen Angelegenheiten
wird die Gesetzgebung durch Delegatio=
nen der beiderseitigen Volksvertretungen,
des Reichsrats einer= und des Reichstags
anderseits, ausgeübt. Jede dieser Dele=
gationen besteht aus 60 Mitgliedern, von
denen ein Drittel vom Herrenhaus, resp.
von der Magnatentafel, zwei Drittel vom

Abgeordnetenhaus, beziehentlich von der
Repräsentantentafel auf ein Jahr ge=
wählt werden. Sie werden alljährlich
vom Monarchen abwechselnd nach Wien
oder nach Budapest einberufen. Die De=
legationen verhandeln abgesondert und
teilen sich ihre Beschlüsse schriftlich durch
sogen. Nunzien mit. Führt ein derarti=
ger dreimaliger Schriftenwechsel nicht zur
Einigung, so erfolgt die Entscheidung durch
Abstimmung in einer gemeinschaftlichen
Plenarsitzung. Die gemeinsamen Ange=
legenheiten der beiden Reichshälften sind
übrigens folgende: Die auswärtigen An=
gelegenheiten, das Kriegswesen und das Fi=
nanzwesen in Ansehung der gemeinschaft=
lich zu bestreitenden Ausgaben. Ebenso
werden die kommerziellen Angelegenhei=
ten, die mit der industriellen Produktion in
Verbindung stehenden indirekten Abgaben,
das Münzwesen, die Feststellung des Wehr=
systems und das Eisenbahnwesen, insoweit
es sich dabei um gemeinsame Interessen
handelt, nach gleichartigen Grundsätzen
behandelt. Endlich bestehen für die ein=
zelnen Länder und zur Wahrnehmung der
Interessen derselben besondere Provinzial=
landtage nach dem Einkammersystem.
Die Verwaltung des Staats geht in
oberster Linie von dem Kaiser und König
aus und wird in dessen Namen von den
Ministerien und den diesen unterstellten
Behörden ausgeübt. Eine Kabinettskanz=
lei ist für die Bearbeitung der Zivil=, eine
Militärkanzlei für die Militärangelegen=
heiten dem Monarchen unmittelbar zur
Verfügung gestellt. Die den beiden Reichs=
hälften gemeinsamen Angelegenheiten wer=
den durch drei gemeinsame Ministerien in
Wien, das Ministerium des kaiserlichen
Hauses und des Äußern, das Reichskriegs=
ministerium und das Reichsfinanzmini=
sterium, wahrgenommen. Für die Kon=
trolle des Kassenwesens der gemeinsamen
Ministerien besteht ein gemeinsamer ober=
ster Rechnungshof in Wien. Für das
cisleithanische Gebiet fungieren als oberste
Zentralbehörden sieben k. k. Ministerien
in Wien: 1) das Ministerium des Innern,
von welchem der oberste Sanitätsrat, die
Stadterweiterungskommission der Resi=
denzstadt Wien und die Donauregulie=

rungskommission ressortieren; 2) das Ministerium für Kultus und Unterricht, welchem folgende Zentralstellen unterstellt sind: der evangelische Oberkirchenrat, die kaiserliche Akademie der Wissenschaften, das Museum für Kunst und Industrie, die statistische Zentralkommission, die Zentralkommission für Erforschung und Erhaltung der Kunst- und historischen Denkmäler, die geologische Reichsanstalt und die Zentralstelle für Meteorologie und Erdmagnetismus; 3) das Ministerium der Justiz; 4) das Ministerium der Finanzen, von welchem die Direktion der Staatsschuld, die Zentralkommission zur Regelung der Grundsteuer, die Generaldirektion der Tabaksregie, die Lottogefällsdirektion, das Hauptmünzamt und die Direktion der Hof- und Staatsdruckerei ressortieren; 5) das Handelsministerium, dem die Generalinspektoren der österreichischen Eisenbahnen, die Normaleichungskommission, die Permanenzkommission zur Feststellung der Handelswerte und die Seebehörde in Triest unterstellt sind; 6) das Ackerbauministerium; 7) das Ministerium für die Landesverteidigung. Ein oberster Rechnungshof für Österreich ist in Wien errichtet. Die Minister bilden zusammen den Ministerrat, in welchen auch zur Zeit zwei Minister ohne Portefeuille Sitz und Stimme haben. Für Ungarn bestehen neun königlich ungarische Ministerien. Die Minister bilden auch hier einen Ministerrat, welchem der Minister des Innern als Ministerpräsident, ebenso wie dies in Österreich der Fall ist, präsidiert. — Die ungarischen Minister sind folgende: 1) der Minister des Innern, welchem der Landessanitätsrat und das königliche Gubernium in Fiume unterstellt sind; 2) der Minister für Kultus und Unterricht, von welchem die Akademie der Wissenschaften, der Landeskunstrat, der Landesunterrichtsrat, die Landeskommission für die Erhaltung der Baudenkmäler, das Nationalmuseum und die Landesbildergalerie sowie das Zentralinstitut für Meteorologie und Erdmagnetismus ressortieren; 3) der Justizminister; 4) der Finanzminister, von welchem die Lottodirektion ressortiert; 5) der Mi-

nister für Ackerbau, Gewerbe und Handel; diesem sind der Generalpostdirektor und der Generaltelegraphendirektor, das statistische Büreau, die geologische Anstalt und die Seebehörde in Fiume unterstellt; 6) der Minister für öffentliche Arbeiten und Kommunikationen mit der Generalinspektion für Eisenbahnen und Schiffahrt; 7) der Landesverteidigungsminister; 8) der Minister für Kroatien und Slawonien; diese Ministerien befinden sich sämtlich in Budapest; 9) der Minister am Hoflager zu Wien, welcher die Vermittelung zwischen dem König und der ungarischen Regierung und zwischen den österreichischen und ungarischen Ministerien herzustellen hat.

Zum Zweck der innern politischen Landesverwaltung im Ressort der Ministerien des Innern, für Kultus und Unterricht, Landesverteidigung, Ackerbau und Handel bestehen in den größern Ländern der österreichischen Hälfte der Monarchie Statthaltereien (in Wien, Linz, Graz, Triest, Innsbruck, Prag, Brünn, Lemberg und Zara), in den kleinern aber Landesregierungen (in Salzburg, Klagenfurt, Laibach, Troppau und Czernowitz). Unter diesen stehen die Bezirkshauptmannschaften und in den von letztern exemierten größern Städten die Kommunalämter (Magistrate rc.); in sieben größern Städten bestehen besondere Polizeidirektionen. In Ungarn und Siebenbürgen ist die politische Verwaltung den Munizipalbehörden überlassen, deren Vorstände, die Obergespane, vom König ernannt werden, während die eigentlichen Gemeindebeamten, von welchen der Vizegespan (in den Freistädten der Bürgermeister) die ganze Verwaltung leitet und der Stuhlrichter die Verwaltung in den Landbezirken besorgt, vom Munizipalausschuß jeweilig auf sechs Jahre gewählt werden. Ungarn mit Siebenbürgen zerfällt in 65 Komitate, neben welchen 29 königliche Freistädte bestehen. In Budapest wird die Stelle des Obergespans vom Oberbürgermeister versehen. Das Gebiet von Fiume wird von einem königlichen Gubernium verwaltet.

Kirchenwesen. Die römisch-katholische Kirche hat 11 Erzbistümer: Wien, Salzburg, Görz, Prag, Olmütz, Lemberg, Zara, Gran, Erlau, Kalocsa=Bács und Agram. Die Zahl der Bistümer beträgt in Österreich 26, in Ungarn 25, zusammen 51, darunter 3 Generalvikariate und eine mit erzbischöflicher Jurisdiktion versehene Erzabtei. Dazu kommt außerdem noch das apostolische Feldvikariat. Die orientalisch=griechische Kirche hat 3 Metropoliten, zu Karlowitz, Czernowitz und Hermannstadt, und 10 Bistümer, von welchen 2 im cisleithanischen, 8 im transleithanischen Gebiet gelegen sind. Die evangelische Kirche steht biesseit der Leitha unter dem Oberkirchenrat in Wien, und zwar bestehen in Cisleithanien 9 evangelische Superintendenturen, 6 für die Kirche Augsburgischer und 3 für die Kirche Helvetischer Konfession. Im ungarischen Staatsgebiet bestehen 10 evangelische Superintendenturen mit dem Landeskonsistorium Augsburgischer Konfession und einem besondern Oberkonsistorium Helvetischer Konfession für Siebenbürgen.

Rechtspflege. In Österreich bildet der oberste Gerichtshof in Wien, der zugleich der Kassationshof ist, die höchste Instanz. In zweiter Instanz entscheiden die Oberlandesgerichte in Wien, Graz, Triest, Innsbruck, Prag, Brünn, Krakau, Lemberg und Zara. In erster Instanz erkennen Landes= und Kreisgerichte in wichtigern Fällen (mit Geschwornengerichten), und als Einzelgerichte in minder wichtigen Rechtsangelegenheiten die Bezirksgerichte. Als besondere Gerichte fungieren Handels=, Gefälls=, Militärgerichte rc. Zur Entscheidung von Kompetenzkonflikten sowie zur Entscheidung in Streitigkeiten öffentlichen Rechts ist das Reichsgericht in Wien eingesetzt, woselbst auch ein Verwaltungsgerichtshof besteht. In Ungarn und Siebenbürgen bildet die königliche Kurie in Budapest die oberste Instanz mit zwei selbständigen Abteilungen, dem Kassationshof und dem obersten Gerichtshof. Zweite Instanz sind die königlichen Tafeln zu Budapest und zu Maros=Vasarhely; dazu kommen Gerichtshöfe, Bezirks= und Geschwornengerichte als erste Instanz. Als Friedensgerichte fungieren die Gemeindegerichte.

Finanzwesen. Für die gemeinsamen Ausgaben der Gesamtmonarchie besteht ein gemeinsames Budget, daneben für jede der beiden Reichshälften ein besonderer Etat für die Spezialeinnahmen und=Ausgaben. Die gemeinsamen Ausgaben der Monarchie werden aus den eignen Einnahmen der verschiedenen Verwaltungszweige, der gemeinsamen Zölle, im wesentlichen aber durch Matrikularbeiträge der beiden Staatshälften (Österreich 70, Ungarn 30 Proz.) gedeckt. Nach dem Budget für 1880 balancierten Ausgabe und Einnahme mit 116,029,683 Fl. ö. W. Für die Landarmee waren 101,599,531 Fl. und für die Marine 8,264,902 Fl. in Ausgabe eingestellt. Nach dem Spezialbudget für Österreich ergab sich folgender Abschluß:

425 551 018 Fl. Ausgaben
398 277 756 = Einnahmen

27 273 262 Fl. Defizit.

Der Budgetabschluß für Ungarn war folgender:

259 499 408 Fl. Ausgaben
239 583 157 = Einnahmen

19 916 251 Fl. Defizit.

Für die innere Autonomie des Königreichs Kroatien und Slawonien balancierten die Einnahmen und die Ausgaben mit 3,270,687 Fl. Die gemeinsame Staatsschuld der Gesamtmonarchie belief sich 1. Jan. 1880 auf 411,999,923 Fl. Für Österreich betrug die Sonderschuld, einschließlich jedoch der mit den Ländern der ungarischen Krone gemeinsamen Partialhypothekenanweisungen, 3,333,394,471 Fl. Zu den Schulden der im Reichsrat vertretenen Königreiche und Länder, welche vor 1868 kontrahiert worden sind, leistet Ungarn einen jährlichen festen Beitrag von 30,320,095 Fl., da es sich hier eigentlich um allgemeine Staatsschulden handelt. Die ungarische Staatsschuld betrug 1878: 662,404,801 Fl.

Heerwesen. Die Friedensstärke der Armee betrug 1879: 14,738 Offiziere, 255,951 Mann, 696 Geschütze und 47,987 Pferde. Dazu kamen die k. k. Landwehr mit 572 Offizieren, 2782 Mann und 80 Pferden und die königlich ungarische Landwehr mit 1045 Offizieren, 7540 Mann und 1516 Pferden. Mit Stäben, Sicherheitstrup=

pen ꝛc. belief ſich die Geſamtſtärke der Truppenmacht auf 16,663 Offiziere, 272,527 Mann und 49,583 Pferde. Die Kriegsſtärke würde 31,803 Offiziere, 1,094,025 Mann und 179,054 Pferde betragen. Nach dem Wehrgeſetz vom 5. Dez. 1868 iſt die allgemeine Wehrpflicht eingeführt mit dreijähriger Dienſtzeit in der Linie, 7 Jahren in der Reſerve und 2 Jahren in der Landwehr. — **M a r i n e.** Es waren 1880: 11 Panzerſchiffe mit 158 Kanonen, 2 Monitoren auf der Donau mit 4 Kanonen, im ganzen 63 Fahrzeuge mit 320 Kanonen und 9895 Mann, vorhanden.

Das Wappen der Monarchie iſt der doppelköpfige ſchwarze Adler mit ausgebreiteten Flügeln, in der Rechten das Staatsſchwert und das Zepter, in der Linken den Reichsapfel haltend, mit der Kaiſerkrone über den beiden Köpfen. Die Reichsfarben ſind Schwarz und Gelb. Die Kriegsflagge enthält drei wagerechte Streifen rot-weiß-rot mit dem öſterreichiſchen Hauswappen. Die Handelsflagge zeigt die öſterreichiſchen Farben Rot und Weiß und die ungariſche Trikolore Rot-Weiß-Grün, indem der britte Streifen rot und grün geteilt iſt. Vgl. **Brachelli,** Statiſtiſche Skizze der öſterreichiſch-ungariſchen Monarchie (7. Aufl. 1880); **Mayerhofer,** Handbuch für den politiſchen Verwaltungs-dienſt (3. Aufl. 1875—76, 2 Bbe.); **Schwicker,** Statiſtik des Königreichs Ungarn (1877); **Krones,** Handbuch der Geſchichte Öſterreich-Ungarns (1876—78, 4 Bbe.); **Beer,** Die Finanzen Öſterreichs im 19. Jahrhundert (1877); **Derſelbe,** Der Staatshaushalt Öſterreich-Ungarns ſeit 1868 (1881).

Oſtracismus (griech., Scherbengericht), im alten Griechenland und namentlich in Athen eine politiſche Maßregel, durch welche beſonders einflußreiche Bürger auf eine gewiſſe Zeit aus dem Staatsgebiet verbannt wurden, weil ihr Einfluß von nachteiliger Wirkung auf die demokratiſche Gleichheit zu ſein ſchien. Der O., welcher in Athen 509 v. Chr. von Kliſthenes eingeführt ward, hat ſeinen Namen von den Scherben (ostrakon), auf welche bei der Abſtimmung der Name des zu Verbannenden geſchrieben ward. Im modernen Staatsleben wird der Ausdruck oft zur Bezeichnung einer unbankbaren und grundloſen Verurteilung verdienter Staatsmänner durch die wandelbare Volksgunſt gebraucht.

Ottomanen, ſ. v. w. Osmanen (ſ. Türkei).

Ovation (lat.), bei den Römern kleiner Triumph; jetzt Empfangsfeierlichkeit, Huldigung, namentlich eine ſolche, die einem Monarchen dargebracht wird.

P.

Pactum (lat.), Vertrag.

Päderaſtie (griech.), Knabenſchändung, Unzucht zwiſchen Perſonen männlichen Geſchlechts (ſ. Unzuchtsverbrechen).

Padiſchah (perſ., »Wohnort des Königs«), Titel der mosleminiſchen Landes-fürſten in Aſien, auch offizieller Titel des Schahs von Perſien.

Pairie (franz., ſpr. päriħ), ſ. Pairs.

Pairs (franz., ſpr. pähr; engl. Peers, ſpr. pihrs; lat. Pares, »Gleiche«), in England und vordem auch in Frankreich die mit mehr oder minder großen national-politiſchen Vorrechten ausgeſtatteten Mitglieder des hohen Adels. Die Pairswürde (Pairſchaft, franz. Pairie, engl. Peerage) läßt ſich, wenigſtens in England, auf das erſte Entwickelungsſtadium des Lehnsweſens zurückführen. Die P. waren nämlich urſprünglich die dem Thron am nächſten ſtehenden Kronvaſallen, welche in Lehnsſtreitigkeiten nur von ihresgleichen (pares curiae) Recht nahmen. Während aber in Deutſchland aus dem urſprünglichen Vaſallentum der Großen des Reichs ſich mit der Zeit die Landeshoheit der deutſchen Reichsfürſten entwickelte, welche die ſchließliche Auflöſung des Deutſchen Reichs herbeiführte, verblieb der engliſche hohe Adel des Mittelalters der

Krone gegenüber in einem Unterthanenver=
hältnis. Dafür erlangten aber die Barone
als die Ratgeber der Könige bald wesent=
liche politische Vorrechte, welche sie auf den
Reichstagen geltend machten, aus welch
letztern das englische **Parlament** hervor=
ging. Die dem König Johann ohne Land
von dem siegreichen Adel abgerungene
Magna charta von 1215 hatte nicht um=
sonst bestimmt, daß nur mit Zustimmung
des Adels neue Steuern erhoben werden
dürften, und daß die Erzbischöfe, Bischöfe,
Äbte, die Grafen und die großen Barone
persönlich durch königliche Briefe zu dem
Parlament geladen, während alle übrigen
Vasallen des Königs durch dessen Beamte
dazu insgesamt berufen werden sollten.
Aus den letztern ging das spätere Unter=
haus hervor, während sich aus den erstern
Elementen das jetzige Oberhaus entwickelte.
In Frankreich wurden im Mittelalter
zwölf Große des Reichs P. (P. de France)
genannt, nämlich die Herzöge von Bur=
gund, Aquitanien und von der Norman=
die, die Grafen von Flandern, Toulouse
und Champagne und sechs geistliche Her=
ren. Diese P. trugen bei den Krönungs=
feierlichkeiten die Insignien der königlichen
Gewalt; sie hatten jederzeit Zutritt zu dem
König, auch Sitz und Stimme in dem
Parlament, d. h. dem königlichen Gerichts=
hof zu Paris, vor welchem sie auch allein
zur Rechenschaft gezogen werden konnten.
Später wurde die Zahl der P. erheblich
vermehrt, ohne daß jedoch diese Pairie
eigentliche politische Vorrechte hatte. Der
Sturm der Revolution von 1789 zerstörte,
wie den französischen Adel überhaupt, so
namentlich die Pairie, und ebendarum
waren die Versuche der Restauration, den
französischen Adel neu zu beleben und eine
der englischen Peerage analoge Aristokra=
tie sowie eine dem englischen Oberhaus
entsprechende Pairskammer zu errichten,
so gut wie erfolglos. Allerdings schuf die
Charte constitutionelle vom 4. Juni
1814 eine Pairskammer, allein dieselbe
konnte nie zu wirklichem Ansehen und zu
wesentlicher politischer Bedeutung und
Wirksamkeit gelangen. Die Februarrevo=
lution von 1848 beseitigte dieses Institut,
an dessen Stelle alsdann der Senat trat.

Übrigens wird zuweilen auch in Deutsch=
land der Ausdruck P. zur Bezeichnung der=
jenigen Mitglieder der Ersten Kammern
gebraucht, welche entweder von der Krone
ernannt werden, oder, wie die deutschen
Standesherren, mit dem Besitz gewisser
Güter auch das Recht der Mitgliedschaft
in der Ersten Kammer haben.

Pairsschub, die gleichzeitige Ernen=
nung einer größern Anzahl von Pairs
(s. b.) oder von Mitgliedern der Ersten
Kammer, um dadurch eine der Regie=
rung günstige Majorität in der letztern
zu erzielen.

Palastrevolution, s. Revolution.

Pandekten (griech., »allumfassend«,
lat. Digesta), Hauptbestandteil des Cor=
pus juris civilis, Exzerpte aus 39 Schrift=
stellern, auf Justinians Veranlassung von
17 Rechtsgelehrten unter Tribonians Lei=
tung auserlesen und 16. Dez. 533 mit
gesetzlicher Autorität bekannt gemacht;
dann Bezeichnung für das römische Zivil=
recht überhaupt, besonders von Puchta,
Vangerow, Windscheid, Arndts, Brinz,
Wächter u. a. in Lehrbüchern behandelt.
Die P. sind von Glück kommentiert (1798,
18 Bde.), fortgesetzt von Mühlenbruch,
Fein, Arndts, Leist und Burkhard.

Panier, s. Banner.

Panslawismus, das Einheitsbestreben
der slawischen Völkerschaften, wonach also
alle Angehörigen der slawischen Nationali=
tät zu einem einheitlichen Staat zusam=
mengefaßt werden. Man hat diese Theo=
rie neuerdings für die Ausbreitung der
russischen Herrschaft auf die Balkanhalb=
insel auszubeuten gesucht.

Papal (lat.), päpstlich; Papalsystem,
im katholischen Kirchenrecht die Theorie
von der absoluten Machtvollkommenheit
des Papstes im Gegensatz zu dem Epi=
skopalsystem (s. b.), seit dem Triden=
tinischen Konzil thatsächlich herrschend,
seit dem vatikanischen durch die Verkündi=
gung der päpstlichen Infallibilität zum
Dogma erhoben. Papat, die päpstliche
Würde, das Papsttum.

Papiergeld (franz. Papier-monnaie,
engl. Paper-money, Kassenanwei=
sungen, Kassenscheine), Wertzeichen,
welches nicht, wie dies bei dem Metallgeld

ber Fall ist, einen gewissen Tauschwert in sich selbst enthält, sondern nur in Form einer Anweisung auf eine öffentliche Kasse einen bestimmten Geldwert repräsentiert. Im engern Sinn versteht man unter P. nur das vom Staat ausgegebene, welches Zwangskurs hat, im Gegensatz zum Geldpapier, d. h. den Banknoten, welche von den hierzu ermächtigten Anstalten emittiert werden, kein eigentliches Geld sind und ebendarum auch nicht in Zahlung genommen zu werden brauchen. Im Deutschen Reich ist die Ausgabe von P. durch das Reichsgesetz vom 30. April 1874, betreffend die Ausgabe von Reichskassenscheinen, ausschließlich dem Reich vorbehalten.

Papiers de bord (franz., spr. papjeh bd bóhr), s. Schiffspapiere.

Papierwährung, s. Währung.

Papismus (lat.), die Lehre vom Papst als dem infallibeln Statthalter Christi auf Erden und die Parteinahme dafür. Papisten, die Anhänger dieser Lehre.

Papst (v. griech. pappas, »Vater«, lat. Papa), das Oberhaupt der römisch-katholischen Kirche. Noch im 5. Jahrh. war die Bezeichnung P. das Ehrenprädikat eines jeden Bischofs, dann ausschließlich dasjenige des Bischofs von Rom, welcher nach und nach die Herrschaft über die gesamte abendländische Kirche erlangte und im Kirchenstaat (s. b.) auch eine weltliche Machtstellung erhielt. Diese weltliche Macht und der Einfluß des Papstes den Staatsregierungen gegenüber wurden aber dadurch zu einer ganz außerordentlichen Bedeutung gesteigert, daß die Päpste im Kampf mit den deutschen Kaisern das Übergewicht erlangten und lange Zeit hindurch behaupteten. Trotz der Reformation des 16. Jahrh. erhielt sich die päpstliche Macht in einem bedeutenden Umfang, namentlich durch die Unterstützung des Jesuitenordens (s. Jesuiten), und wenn auch die neueste Zeit dem weltlichen Regiment des Papstes ein Ende machte (s. Kirchenstaat), so nahm doch unter Pius IX. die römische Kurie durch Verkündung des Dogmas der päpstlichen Unfehlbarkeit (s. b.) einen bedeutsamen Anlauf zur Befestigung ihrer Machtstellung gegenüber der staatlichen Autorität. Der Kampf, welcher infolgedessen ausbrach (Kulturkampf), ist noch nicht beendigt (s. Kirchenpolitik). Die Verhältnisse des Papstes gegenüber der italienischen Regierung sind jetzt in folgender Weise gesetzlich geregelt. Die Person des Papstes ist für heilig und unverletzlich erklärt, gleich der des Königs. Der P. hat seine Leibgarde und seine Residenz behalten, er kann die Ehren eines Souveräns beanspruchen und hat von der Staatsregierung eine jährliche Dotation von 3,225,000 Lire garantiert bekommen. Die Gesandten des Papstes und diejenigen der fremden Mächte bei dem letztern genießen alle völkerrechtlichen Privilegien. Der Kirche kommen die freie Besetzung aller geistlichen Ämter und die Verleihung sämtlicher Pfründen zu. Gleichwohl suchte Pius IX. bis zu seinem Tode die Rolle eines Gefangenen im Vatikan (der päpstlichen Residenz) zu spielen. Die Papstwahl erfolgt durch die Kardinäle (s. Kardinal), aus deren Zahl auch die obersten Beamten des Papstes genommen werden. Die obersten geistlichen Hofchargen desselben sind der Protodatarius (s. Dataria), der Sekretär der Breven, der Sekretär der Bittschriften und der Staatssekretär und Präfekt der apostolischen Paläste. Weltliche Hofchargen sind der Großmeister des heiligen Hospizes, der Obersthofmarschall, der Oberststallmeister und der Generalpostmeister. Dazu kommen dann noch die obersten Erbämter und die Führer der päpstlichen Leibgarden. Vgl. Ranke, Die römischen Päpste in den letzten vier Jahrhunderten (6. Aufl. 1875, 3 Bde.).

Paragium (neulat.), die den nachgebornen Prinzen fürstlicher Häuser und deren Deszendenz bewilligte Abfindung und zwar mit »Land und Leuten«, d. h. mit Grundbesitz, wie sie im Mittelalter vielfach üblich war; vgl. Apanage.

Paraguay, Republik in Südamerika, vormals Bestandteil des spanischen Vizekönigreichs La Plata und noch früher ein förmlicher Jesuitenstaat; 238,290 qkm. Die Zahl der Bevölkerung, welche 1857 1,337,431 Einw. betrug, ist infolge des langwierigen und blutigen Kriegs mit Brasilien, Argentinien und Uruguay auf

(1876) 293,844 zurückgegangen, und zwar gehört der überwiegende Teil dieser Einwohnerzahl dem weiblichen Geschlecht an. Hauptstadt: Asuncion mit etwa 20,000 Einw. Die Einwohner gehören zumeist zur indianischen Rasse, nur der zehnte Teil etwa sind Weiße. Die Verfassung hat verschiedene Umgestaltungen erlitten, nachdem der Diktator Francia (gest. 1840) das Land jahrelang mit eiserner Strenge regiert hatte. An der Spitze der Republik steht jetzt der Präsident, welcher jeweilig auf vier Jahre gewählt wird. Ihm ist die vollziehende Gewalt übertragen. Die gesetzgebende Gewalt ist Sache des Kongresses, welcher sich aus dem Senat und der Deputiertenkammer zusammensetzt. Das Ministerium besteht aus fünf Ministersekretären (für Inneres, Äußeres, Finanzen, Justiz und Kultus und für den Krieg). Zum Zweck der innern Verwaltung zerfällt das Land in 70 unter Kommandanten stehende Kreise (Departementos). Heerwesen. Die allgemeine Wehrpflicht ist zwar eingeführt, allein das stehende Heer ist nach dem großen Krieg zum Zweck der Entlastung des Budgets auf 500 Mann reduziert worden. Die Finanzen, deren Haupteinnahmequelle die Zölle sind, befinden sich in der traurigsten Verfassung. Nach dem Budget pro 1880 waren die Ausgaben auf 270,031 Pesos (à 4 Mk.) veranschlagt, wozu jedoch noch die Ausgaben für Verzinsung der Staatsschuld u. a. kamen. Ein deutscher Ministerresident für die sämtlichen La Plata=Staaten hat in Buenos Ayres seinen Wohnsitz. Die Nationalflagge besteht aus drei horizontalen Streifen rot, weiß, blau. Vgl. Fregeiro, Diccionario geografico e historico del Rio de La Plata etc. (1878 ff.).

Parentel (lat.), Gesamtheit der Abkömmlinge eines Stammvaters, Sippschaft; Parentelenordnung, s. v. w. Linealerbfolge (s. b.).

Parere (ital.), Gutachten, welche sowohl die Vorsteher des Handelsstands an großen Handelsplätzen in Streitigkeiten, die im Handelsverkehr vorfallen, als auch Handelskammern kollegialisch abfassen und dem Anfrager schriftlich ausstellen. P. medicum, s. v. w. Visum repertum (s. b.).

Parität (lat., »Gleichheit«), Gleichheit der Rechte, besonders verschiedener Glaubensgenossen, der Katholiken und Protestanten. Paritätische Kirche, solchen gemeinsame Kirche; paritätische Schule (Simultanschule), solchen gemeinsame Schule. Paritätische Staaten, Staaten mit ungefähr gleich starker und gleichberechtigter katholischer und protestantischer Bevölkerung.

Parlament (franz. Parlement, engl. Parliament, mittellat. Parlamentum), in Frankreich ehedem der Pairshof, welcher die Streitigkeiten der Reichsunmittelbaren zu entscheiden hatte. Neben dem P. in Paris, welches nach und nach den Charakter eines königlichen Obertribunals erhielt, entstanden aber auch in andern Landesteilen Parlamente, die mit dem Pariser P. zusammen eine Art Korporation bildeten. Letzteres hatte jedoch das besondere Vorrecht, königlichen Edikten und Ordonnanzen durch Eintragung in die Protokolle des Parlaments rechtsverbindliche Kraft zu verleihen. In England kommt der Name »P.« zuerst 1272 für die Reichsversammlung der Barone, Prälaten und königlichen Bannerherren vor, an deren Stelle nach Zulassung von Abgeordneten der Städte und der Grafschaften ein Oberhaus (House of peers) und ein Unterhaus (Haus der Gemeinen, House of commons) traten, um die ständige Vertretung der Nation zu bilden (s. Großbritannien). Von der englischen Volksvertretung ist der Name P. überhaupt zur Bezeichnung ständischer Körperschaften entlehnt worden, so daß man z. B. mit dem »deutschen P.« den deutschen Reichstag bezeichnet.

Parlamentär (franz.), Abgesandter im Krieg zu Mitteilungen verschiedenster Art, in der Regel ein Offizier mit weißer Fahne, von einem Trompeter begleitet, nach dem Völkerrecht unverletzlich. Parlamentärschiff, das Schiff, auf welchem der P. fährt. Parlamentärflagge, die weiße Fahne (Flagge) des Parlamentärs.

Parlamentarisch, auf beratende und repräsentative Versammlungen bezüglich, z. B. parlamentarische Geschäftsordnung; auch s. v. w. der Würde parlamentarischer

Verhandlungen entsprechend, deren Verletzung man als unparlamentarisch bezeichnet. Unter parlamentarischer Regierung oder parlamentarischem System versteht man diejenige Regierungsform, bei welcher der Monarch verfassungsmäßig in der Gesetzgebung und bei den wichtigern Regierungshandlungen an die Zustimmung der Stände gebunden ist. Sodann bezeichnet man damit speziell diejenige Regierungsweise, bei welcher der Staatsbeherrscher sich auch dadurch mit dem Volkswillen in Einverständnis setzt, daß er seine ersten Berater und die leitenden Minister aus der Majorität der Volksvertreter entnimmt, ein System, welches namentlich in England streng durchgeführt ist. Ein Ministerium, welches die Majorität des Parlaments nicht mehr für sich hat, ist hiernach gezwungen, zurückzutreten. Auch in den kontinentalen konstitutionellen Staaten kommt dies System mit Recht mehr und mehr zur Geltung, da es unbedingt notwendig ist, daß zwischen den beiden Faktoren der Gesetzgebung: Regierung und Volksvertretung, möglichste Harmonie bestehe.

Parlamentarismus (neulat.), dasjenige politische System, welches die Notwendigkeit einer parlamentarischen Regierungsweise anerkennt; zuweilen auch Bezeichnung für die Ausartung dieses Systems, welche den Schwerpunkt der Gesetzgebung und der Regierung überhaupt unter Hintansetzung des monarchischen Prinzips in das Parlament verlegt. Den Gegensatz dazu bildet das absolute Regiment des Monarchen oder die Ministerdiktatur, welche die Ausübung der Staatsgewalt lediglich von einem mächtigen Einzelwillen abhängig macht. Im Deutschen Reich hat die gewaltige Persönlichkeit des Fürsten Bismarck eine eigentliche parlamentarische Regierungsweise noch nicht aufkommen lassen. Vielleicht wird aber gerade dadurch einem parlamentarischen System am besten vorgearbeitet, da die große Autorität des Reichskanzlers kaum durch eine ebenbürtige Einzelperson, sondern voraussichtlich nur durch die Autorität der Volksvertretung ersetzt werden kann.

Parliamentary borough (engl., spr. parljámentari börro), Parlamentsflecken, s. Borough.

Parma, bis 1860 selbständiges Herzogtum in Oberitalien, welches aus den Herzogtümern P. und Piacenza und dem Fürstentum Guastalla bestand, 6158 qkm groß; jetzt Bestandteil des Königreichs Italien.

Paröchie (griech.), bis ins 3. Jahrh. s. v. w. bischöflicher Kirchsprengel; dann s. v. w. Kirchengemeinde, Kirchspiel; Parochianen, dessen Mitglieder; Parochus, Geistlicher daselbst.

Paröle (franz.), Ehrenwort; ursprünglich ein Erkennungswort befreundeter Truppen im Feld, jetzt in der Garnison für die Wachen und Ronden; Parolebuch, das den täglichen Befehl enthaltende Buch der Truppenteile.

Parricidĭum (lat.), Vatermord.

Part (engl., vom lat. pars, »Teil«), s. Reeder.

Partei (franz., vom lat. pars, »Teil«), Bezeichnung für die streitenden Teile in einem Rechtsstreit; dann im öffentlichen Leben die Vereinigung zur Erreichung eines bestimmten Zwecks, namentlich auf dem politischen und kirchlichen Gebiet. An der Spitze der politischen Parteien, welche in den Volksvertretungen regelmäßig in verschiedenen Fraktionen erscheinen, stehen infolge ihrer persönlichen Überlegenheit und ihres Übergewichts über die andern Parteimitglieder Parteiführer, und bestimmte Parteiorgane dienen in der Presse zur Vertretung und Verbreitung der Parteianschauungen. Regelmäßig wird auch ein besonderes Parteiprogramm aufgestellt, in welchem die Grundsätze dargelegt sind, welche für das politische Verhalten der P. maßgebend sein sollen. Während in England nur zwei große Parteien, die liberale und die konservative, sich gegenüberstehen, sind in Deutschland verschiedene Parteigruppierungen und Parteischattierungen zu unterscheiden (vgl. Fraktion).

Parteilichkeit, s. Amtsverbrechen.

Partialobligation (lat.), s. Staatspapiere.

Partiererei, s. Hehlerei.

Partikulär (lat.), einen Teil betref=
fend, abgesondert, einzeln; Partikular=
rechte, die in den deutschen Einzelstaa=
ten geltenden Rechte im Gegensatz zum
sogen. gemeinen deutschen Recht; Parti=
kulargesetzgebung, s. Recht.

Partikularismus (neulat.), Begün=
stigung der Sonderinteressen, besonders
in Deutschland eine politische Richtung,
welche den Einzelstaaten eine möglichst
große Selbständigkeit erhalten wissen
will; Partikularist, Anhänger dieser
Richtung.

Pascha, in der Türkei Titel hoher Zi=
vil= und Militärbeamten; im Heer führen
der Liwa (Brigadegeneral), Ferik (Divi=
sionsgeneral) und der Muschir (Marschall),
im Zivil die Mutesarrifs (Gouverneure
zweiter Klasse) und die Muschire oder We=
sire den Titel P., der ihrem Namen nach=
gesetzt wird. Früher wurden die Grade der
Paschas durch die Zahl der ihnen als
Fahne vorangetragenen Roßschweife un=
terschieden. Paschalik, die einem P.
unterstellte Provinz, Ejalet in der Sprache
des Diwans.

Pascherei, s. Schmuggelhandel.

Pasquill (ital., Schmäh=, Schmach=,
Schandschrift), eine schriftliche oder
sonst durch bleibende Zeichen, z. B. durch
Bilder, öffentlich verbreitete Beleidigung;
Pasquillant, der Verfasser und Ver=
breiter einer solchen. Der Ausdruck rührt
von einem römischen Schuhmacher Pas=
quino her, welcher sich durch bittere Sa=
tire auszeichnete. Nach ihm wurden die
überreste einer antiken Statue genannt,
welche sich an der Piazza Navona befin=
den, und an die man satirische Schriften
anzuheften pflegte.

Paß (franz. Passeport), amtliche
Reiselegitimationsurkunde. Das nord=
deutsche Bundesgesetz vom 12. Okt. 1867,
welches inzwischen auch auf die süddeut=
schen Staaten, nicht aber auf Elsaß=Lo=
thringen ausgedehnt worden ist, hat für
Deutschland das System des Paßzwangs
beseitigt und statt dessen dasjenige der
Paßfreiheit eingeführt, welches jetzt auch
in den meisten andern europäischen Staa=
ten adoptiert ist. Sogen. Spezialpässe,
wie Zwangs=, Leichenpässe ꝛc., werden da=

durch nicht berührt. Neuerdings ist die
Paßpflicht für Deutschland durch kaiser=
liche Verordnung vom 14. Juni 1879 für
diejenigen Reisenden eingeführt worden,
welche aus Rußland kommen. Diese ha=
ben sich durch einen P. auszuweisen,
welcher von der deutschen Botschaft in St.
Petersburg oder von einer deutschen Kon=
sularbehörde in Rußland visiert worden
ist. Dieser P. muß beim Eintritt über
die Reichsgrenze behufs Gestattung der
Weiterreise der deutschen Grenzbehörde
zur Visierung vorgelegt werden.

Paßfreiheit, s. Paß.

Passiv (lat.), leidend, im Zustand der
Ruhe und der Unthätigkeit befindlich, da=
her im Gegensatz zu aktiv in vielen Zu=
sammensetzungen gebraucht, z. B. Passiv=
handel im Gegensatz zum Aktivhandel
(s. Handel), Passivmasse im Gegen=
satz zu Aktivmasse (s. Konkurs) ꝛc.
Passiver Widerstand wird dasjenige
Verhalten im politischen Leben genannt,
welches den Gegner zwar nicht direkt an=
greift, aber indirekt dadurch schädigt, daß
ihm Unterstützung versagt und Leistungen
unterlassen werden, auf welche derselbe
angewiesen ist, oder die für ihn von Vor=
teil sind. So wird z. B. die Steuerver=
weigerung als eine Art des passiven Wi=
derstands der Regierung gegenüber be=
zeichnet. Passiva werden im Gegensatz
zum Aktivvermögen die Schulden genannt.

Paßzwang, s. Paß.

Patent (lat.), öffentliche Urkunde, na=
mentlich Bestallungs= oder Beförderungs=
urkunde für Beamte und Offiziere (Offi=
zierspatent); dann diejenige Urkunde,
welche zur Veröffentlichung gewisser
Staatsakte bestimmt ist, z. B. zur Be=
kanntmachung des Regierungsantritts
eines Souveräns, der Besitznahme eines
Landes (Besitzergreifungspatent) ꝛc.
Namentlich wird aber diejenige Urkunde
P. genannt, durch welche dem Inhaber
die Alleinberechtigung zur Verwertung
einer gewissen Erfindung auf eine be=
stimmte Reihe von Jahren garantiert
wird (Erfindungspatent). Das Pa=
tentwesen ist für das Deutsche Reich durch
das Patentgesetz vom 25. Mai 1877
(Reichsgesetzblatt, S. 499 ff.) geregelt,

26*

indem gleichzeitig das Patentamt (s. b.) ins Leben gerufen ward. Vgl. Gareis, Patentgesetzgebung (1879—80, 3 Bde.).

Patentamt (Patenthof), die zur Entscheidung über die Erteilung, Nichtigkeitserklärung und Zurücknahme von Erfindungspatenten berufene Behörde. Für das Deutsche Reich werden diese Funktionen durch eine gemeinsame Reichsbehörde in Berlin ausgeübt, welche außerdem auch verpflichtet ist, auf Ersuchen der Gerichte über Fragen, welche Patente betreffen, Gutachten abzugeben; auch wird bei demselben die Patentrolle geführt, welche Gegenstand der erteilten Patente sowie Namen und Wohnort der Patentinhaber und ihrer etwaigen Vertreter und Rechtsnachfolger angibt und die nötigen Vermerkungen über Anfang, Ablauf, Erlöschen, Nichtigkeitserklärung und Zurücknahme der Patente enthält. Das deutsche P. besteht aus sieben Abteilungen, von denen je zwei für die Beschlußfassung über Patentgesuche ausschließlich aus dem Gebiet der mechanischen Technik, dann für die Beschlußfassung über Patentgesuche ausschließlich aus dem Gebiet der chemischen Technik und endlich für die Beschlußfassung über solche Patentgesuche, welche das Gebiet der chemischen und mechanischen Technik zugleich berühren, sowie über alle sonstigen Patentgesuche zuständig sind, während die Nichtigkeitserklärung und das Verfahren wegen Zurücknahme erteilter Patente den Geschäftskreis der siebenten Abteilung bilden. Die einzelnen Abteilungen setzen sich aus ständigen und nichtständigen Mitgliedern des Patentamts zusammen, und zwar müssen die letztern in dem einschlägigen Zweig der Technik sachverständig sein. Über Beschwerden gegen den Beschluß einer Abteilung in dem Verfahren wegen Erteilung eines Patents wird in der Regel von derjenigen Abteilung entschieden, welche neben der erstern für Patentgesuche aus dem gleichen Gebiet der Technik zuständig ist. Für Beschwerden gegen Entscheidungen der siebenten Abteilung des Patentamts sind diejenigen beiden Abteilungen gemeinschaftlich zuständig, welche über Patentgesuche zu beschließen haben, die demselben Gebiet der Technik wie das angefochtene Patent angehören. Das amtliche Organ der Reichsbehörde ist das »Patentblatt«. Vgl. Patentgesetz vom 25. Mai 1877 und Verordnung, betreffend die Einrichtung, das Verfahren und den Geschäftsgang des Patentamts, vom 18. Juni 1877 (Reichsgesetzblatt, S. 501 und 533 ff.).

Patriarch (griech.), Erzvater; Titel christlicher Bischöfe, wie noch jetzt der Erzbischöfe von Lissabon und Venedig. Der Ausdruck patriarchalisch wird vielfach zur Bezeichnung des Väterlichen und Gemütlichen gebraucht; insbesondere bezeichnet man als Patriarchalstaat den absoluten Staat früherer Zeiten, in welchem das Staatsoberhaupt gewissermaßen als eine Art Familienoberhaupt erschien, so daß die gemütlichen Beziehungen zwischen dem Landesvater und den Unterthanen über die Mißstände eines persönlich=absolutistischen Regiments vielfach hinüberhalfen.

Patrimonialgerichtsbarkeit, s. Gericht, Patrimonium.

Patrimonialprinzip } s. Patrimo-
Patrimonialstaat } nium.

Patrimonium (lat.), väterliches Erbe, Erbgut, Stammgut; patrimonial, ererbt, angestammt, mit dem Grund und Boden verbunden; daher Patrimonialgerichtsbarkeit (Erb=, Guts=, Privatgerichtsbarkeit), die ehedem mit dem Besitz eines Guts, namentlich eines Ritterguts, verbundene Befugnis zur Ausübung der Rechtspflege, welche der Gutsherr durch seinen Gerichtshalter (Justitiarius) ausüben ließ. Patrimonialprinzip, die veraltete Theorie, welche die Staatsgewalt als Ausfluß eines Eigentums am Grund und Boden darzustellen und das Wesen des Staats (Patrimonialstaat) auf diese Weise zu begründen suchte.

Patriotismus (neulat.), Vaterlandsliebe; Patriot, Vaterlandsfreund.

Patrizier (lat.), im alten Rom der mit politischen Vorrechten ausgestattete bevorzugte Stand der Geburtsaristokratie im Gegensatz zu den Plebejern. Heutzutage werden vielfach die Angehörigen und Häupter der alten Bürgergeschlechter in den Städten so genannt.

Pauperismus (lat.), die um sich grei=
fende Verarmung in einem Land, Maf=
senarmut.

Pedell (mittellat.), Gerichtsdiener,
insbesondere Universitäts=, Schuldiener.

Peer (engl., spr. pihr), s. v. w. Pair
(s. Pairs); **Peerage** (spr. pihredsch), Würde
eines Peers, Peerschaft.

**Peinliche Halsgerichtsordnung Karls
V.**, s. Carolina.

Pension (franz., spr. pangsstiong oder=siohn,
v. lat. pensio, »Zuwägen«, dann s. v. w.
Bezahlung), ein Jahrgehalt, welcher ent=
weder aus bloßer persönlicher Vergünsti=
gung jemand bezahlt wird (Gnaden=
gehalt), oder welchen ein aus dem akti=
ven Dienst ausgeschiedener Beamter be=
zieht (Ruhegehalt); daher Pensions=
stand (Ruhestand, Quieszenz), die Stel=
lung eines Beamten, welcher aus dem
Dienst entlassen, aber im Genuß einer P.
ist; pensionieren (quieszieren), einen
Beamten in den Ruhestand versetzen. Na=
mentlich dem Staatsdiener, dessen persön=
liche Kraft den Anforderungen seines Am=
tes nicht mehr gewachsen ist, sichert die mo=
derne Gesetzgebung aus Billigkeitsrücksich=
ten den Bezug einer P. zu, ebenso vielfach
der Witwe eines Staatsdieners (Wit=
wenpension), mitunter auch den hin=
terlassenen Kindern eines solchen bis zu
einem gewissen Lebensalter. Wo letzteres,
wie z. B. in Preußen, nicht der Fall, sind
meistens in den Beamtenkreisen besondere,
aus den Beiträgen der einzelnen Beamten
gebildete Pensionskassen eingerichtet,
aus denen die Hinterbliebenen der Beam=
ten eine P. beziehen. Näheres über die
Pensionierung der Staatsdiener enthalten
die Pensionsgesetze der einzelnen Staaten;
für die Beamten des Deutschen Reichs sind
in dieser Beziehung die Bestimmungen des
Reichsgesetzes vom 31. März 1873, betref=
fend die Rechtsverhältnisse der Reichsbeam=
ten (Reichsgesetzblatt 1873, S. 61 ff., §§ 34
bis 71), maßgebend. Hiernach erhält ein
Reichsbeamter eine lebenslängliche P. nur
unter der Voraussetzung ausbezahlt, daß
er nach einer Dienstzeit von wenigstens 10
Jahren infolge eines körperlichen Gebre=
chens oder wegen Schwäche seiner körperli=
chen oder geistigen Kräfte zu der Erfüllung

seiner Amtspflichten dauernd unfähig wird;
vor Ablauf dieses Zeitraums nur dann,
wenn die Dienstunfähigkeit die Folge einer
Krankheit, Verwundung oder sonstigen
Beschädigung ist, welche der Beamte bei
Ausübung des Dienstes oder aus Veran=
lassung desselben sich zugezogen hat. Die
P. beträgt nach vollendetem zehnten Dienst=
jahr 20/80 und steigt von da ab mit je=
dem weitern Dienstjahr um 1/80, ihr
Höchstbetrag aber ist 60/80 des Dienstein=
kommens. Ebendieselben Bestimmungen
gelten übrigens nach dem preußischen
Pensionsgesetz vom 27. März 1872 auch
für die preußischen Staatsbeamten. Über
die Pensionierung der Militärpersonen
sind ausführliche Bestimmungen in dem
Reichsgesetz vom 27. Juni 1871, betref=
fend die Pensionierung und Versorgung
der Militärpersonen des Reichsheers und
der kaiserlichen Marine sowie die Bewil=
ligungen für die Hinterbliebenen solcher
Personen (Reichsgesetzblatt 1871, S. 275
ff.), enthalten. Für die Hinterbliebenen
der deutschen Reichsbeamten ist durch das
Pensionsgesetz von 1881 gesorgt worden.
Als eine Garantie für die Unabhängigkeit
der Rechtspflege und des Richterstands ist
in den meisten Staaten der Grundsatz an=
erkannt, daß Richter gegen ihren Willen
nur kraft richterlicher Entscheidung und
nur aus gesetzlich bestimmten Gründen
und unter Beobachtung der desfallsigen
Formvorschriften in den Pensionsstand ver=
setzt werden können, wie dies namentlich
auch in dem deutschen Gerichtsverfassungs=
gesetz ausgesprochen ist. Vgl. Invaliden.

Pentarchie (griech., »Fünfherrschaft«),
eine aus fünf Machthabern bestehende Re=
gierung; auch Bezeichnung des frühern
europäischen Staatensystems mit den fünf
Großmächten England, Frankreich, Öster=
reich, Preußen und Rußland.

Peremtion (lat.), Vernichtung; Ver=
jährung durch Nichtaufnahme des Rechts=
verfahrens.

Peremtorische Frist, eine solche, deren
Versäumnis den Verlust des innerhalb
der betreffenden Zeit geltend zu machen=
den Rechts oder den Ausschluß von der
innerhalb dieser Frist vorzunehmenden
Rechtshandlung nach sich zieht.

Perſien (Jran), Reich in Vorderaſien, 1,648,195 qkm mit etwa 7 Mill. Einw.; Hauptſtadt: Teheran mit ca. 200,000 Einw. Die Bevölkerung gehört zum weitaus größten Teil der mohammedaniſchen Religion und zwar der ſchiitiſchen Sekte an. Die Verfaſſung iſt die einer abſoluten Monarchie. Der Beherrſcher des Landes wird Schah, neuerdings »Schah in Schah« (König der Könige), genannt. Derſelbe iſt zugleich das geiſtliche Oberhaupt. Das Land wird in zwölf Provinzen eingeteilt, welche unter Gouverneuren ſtehen. Der Schah hat ein nach europäiſchem Muſter eingerichtetes Miniſterium zur Seite. Das ſtehende Heer iſt etwa 30,000 Mann ſtark, teilweiſe nach europäiſchem Muſter und von europäiſchen Offizieren organiſiert. Die Staatseinnahmen werden auf ca. 38 Mill., die Ausgaben auf ca. 34 Mill. Mk. veranſchlagt. Vgl. Polack, P. (1865, 2 Bde.).

Perſon (lat. Persōna), jedes Weſen, welches Subjekt von Rechten und Rechtsverhältniſſen ſein kann, daher der Sklave im Altertum keine P. war. Die Geſetzgebung knüpft die Perſönlichkeit aber nicht nur an ein phyſiſches Jndividuum, an einen einzelnen Menſchen an, ſondern ſie ſtattet auch Vermögenskomplere und Vereine mit den Rechten der Perſönlichkeit aus. Auf dieſe Weiſe entſteht der Gegenſatz zwiſchen phyſiſcher und juriſtiſcher P. Zu den juriſtiſchen Perſonen gehören insbeſondere Stiftungen, Korporationen, Gemeinden und der Staat ſelbſt, inſofern er Subjekt von Privatrechten iſt (Fiskus).

Perſonal (lat. personālis), perſönlich; Perſonalien, Perſönlichkeiten, Lebensumſtände, welche die Perſon betreffen. Perſonalakten, die über einen Beamten ergangenen Akten. Auch die Geſamtheit der durch einen gemeinſamen Wirkungskreis Verbundenen wird P. (Amtsperſonal) genannt, z. B. das Perſonal eines höhern Beamten, einer Schaubühne u. dgl.

Perſonalarreſt (lat.), ſ. Arreſt.

Perſonalien (lat.), ſ. Perſon.

Perſonalunion (lat.), im Gegenſatz zur Realunion die Vereinigung mehrerer Länder unter ein und demſelben Staatsbeherrſcher, wofern dieſe Vereinigung nicht wie bei der Realunion auf verfaſſungsmäßiger Beſtimmung, ſondern nur auf Zufall, z. B. Erbfolge, beruht.

Perſonenrecht, ſ. Recht.

Perſonenſtand (Zivilſtand, franz. État civil), der Jnbegriff derjenigen perſönlichen Verhältniſſe, deren Gewißheit und Feſtſtellung, wie für den Einzelnen, ſo auch für die Geſamtheit des Staats von Wichtigkeit iſt; Zivilſtands- (Perſonenſtands-) Regiſter, die zur Beurkundung dieſer Verhältniſſe von einem öffentlichen Beamten (Zivilſtandsbeamten, Standesbeamten) geführten öffentlichen Bücher. Mit der Einführung der Zivilehe (ſ. Ehe) iſt überhaupt die Beurkundung der Geburten, Heiraten und Sterbefälle den vom Staat beſtellten Beamten durch Reichsgeſetz vom 6. Febr. 1875 übertragen worden. Für jeden Standesamtsbezirk, welcher durch die höhere Verwaltungsbehörde beſtimmt wird, iſt hiernach ein Standesbeamter und mindeſtens ein Stellvertreter zu beſtellen. Dieſer hat drei Standesregiſter, nämlich das Geburts-, Heirats- und Sterberegiſter, nach Maßgabe der geſetzlichen Vorſchriften zu führen. Vgl. »Der Standesbeamte«, Organ für die Standesämter in Deutſchland und der Schweiz (6. Jahrg. 1880, jährlich 36 Nummern); ferner Hinſchius, Das Reichsgeſetz über die Beurkundung des Perſonenſtands (2. Aufl. 1876); Völk, Das Reichsgeſetz über die Beurkundung des Perſonenſtands (1875); v. Sicherer, Reichsgeſetz ꝛc. (1879); Erichſen, Die Führung der Standesregiſter (1878).

Perſönliche Bemerkungen, im parlamentariſchen Leben kurze Äußerungen eines Abgeordneten, welcher in der vorausgegangenen Debatte perſönlich angegriffen oder doch erwähnt worden iſt, zur Wahrung des perſönlichen Standpunkts. Nach parlamentariſchem Brauch dürfen derartige p. B. erſt am Schluß der Debatte vorgebracht werden, während faktiſche Bemerkungen in dieſem Stadium der Verhandlungen nicht mehr zuläſſig ſind. Dieſe Sitte iſt auch auf andre Verſammlungen übertragen worden. Manche Redner besitzen übrigens ein besonderes Geschick, auch thatsächliche Berichtigungen und Ausführungen in der Form von persönlichen Bemerkungen an= und vorzubringen.

Peru, Republik in Südamerika, ca. 1,119,941 qkm mit (1876) 2,704,998 Einw., wozu noch etwa 350,000 unzivilisierte Indianer kommen; Hauptstadt: Lima mit 101,488 Einw. Die Staatsreligion ist die katholische, allein anerkannt und geschützt durch die Staatsverfassung. In Lima residiert ein Erzbischof; das Staatsgebiet ist in sieben Bistümer eingeteilt. Mit dem Jahr 1810 begannen in P. die Unabhängigkeitskämpfe mit Spanien, und 28. Juli 1821 erfolgte die Unabhängigkeitserklärung; doch wurde dieselbe erst 1824 völlig verwirklicht. 1825 Lostrennung Oberperus als selbständige Republik »Bolivia«. Langwierige und blutige Bürgerkriege erschöpften das Land und seine Bevölkerung. 1860 wurde eine neue Verfassung beschlossen. Hiernach ist die Regierung der Republik »republikanisch, demokratisch, repräsentativ, in der Einheit gegründet«. Die gesetzgebende Gewalt ist dem Kongreß übertragen, welcher aus einem Senat von 40 und einem Repräsentantenhaus von 80 Mitgliedern besteht und sich alle zwei Jahre in allgemeinen, direkten Wahlen zu einem Drittel erneuert. Die vollziehende Gewalt ist dem Präsidenten übertragen, welcher vom Volk durch Stimmenmehrheit jeweilig auf vier Jahre gewählt wird. Unter ihm stehen die von ihm ernannten Staatssekretäre für Äußeres, Inneres, Justiz, Handel, Finanzen, Krieg und für die Marine. Zum Zweck der innern Verwaltung ist das Staatsgebiet in 21 Departements eingeteilt, welche unter Präfekten stehen. Die Departements zerfallen wiederum in Provinzen, welche Subpräfekten, und diese in Distrikte, welche Gouverneuren unterstellt sind. Die Rechtspflege wird durch einen höchsten Gerichtshof in Lima, Obergerichte in den verschiedenen Departements und Richter erster Instanz in den Gemeinden verwaltet. Dazu kommen die Friedensrichter der Gemeinden. Die Finanzen der Republik befinden sich in der traurig-

sten Verfassung, indem der Staatsbankrott nur durch die Ausbeutung des Guanomonopols der Regierung vermieden wird. Dazu kommen hohe Zölle, namentlich auf Salpeter. Die Besteuerung von chilenischen Salpeterwerken auf bolivianischem Gebiet, welche auf Betreiben Perus von der bolivianischen Regierung bewirkt wurde, und ein Schutz= und Trutzbündnis der Republiken P. und Bolivia führten dahin, daß Chile, wie der Republik Bolivia, so auch der Regierung von P. 1. April 1879 den Krieg erklärte, dessen Verlauf für P. ein höchst ungünstiger war. Während desselben wurde 23. Dez. 1879 eine förmliche Diktatur des Präsidenten Pierola (oberster Chef der Republik, Jefe supremo de la República) proklamiert und ein provisorisches Verfassungsstatut verkündet, welches die Preßfreiheit aufhob, für eine Menge Vergehen die Todesstrafe einführte und eine sogen. Staatsrat einsetzte. Die Folgen des unglücklichen Kriegs für P. lassen sich zur Zeit noch nicht absehen; ebenso ist es sehr zweifelhaft, ob die angestrebte Vereinigung von Bolivia und P. zu einer Föderativrepublik zur Ausführung kommen wird. Augenblicklich befinden sich Heer und Marine in vollständiger Destruktion. Konsulate des Deutschen Reichs bestehen in Arequipa, Callao, Iquique und Tacna. Das Wappen Perus ist ein in drei Felder geteilter Schild. Das rechte der beiden obern Felder enthält eine Vicuña (Lama) auf blauem, das linke einen Chinarindenbaum auf weißem und das untere Feld ein Füllhorn auf rotem Grunde. Die Flagge besteht aus drei Streifen, die äußern rot, der mittlere weiß, bei Kriegsschiffen mit dem Wappen. Vgl. Raimondi, El P. (1874); Albertini, Le Pérou en 1878 (1878); Solban, Diccionario geografico estadistico del P. (1877).

Peseta, Einheit des span. Münzsystems, = 81 Pf., entsprechend dem franz. Frank.

Peterspfennig, Abgabe, welche, im Jahr 725 im angelsächsischen Reich zur Unterhaltung englischer Schulen und Kirchen in Rom eingeführt, im 16. Jahrh. abgeschafft wurde; jetzt Name der freiwilligen Beisteuern der katholischen Gläubi-

gen zur Bestreitung der Kosten der römi=
schen Kurie.

Petition (lat.), im allgemeinen Be=
zeichnung für Bitte, Gesuch, namentlich
für solche Gesuche und Anträge, welche an
Behörden, an die Volksvertretungen oder
an den Regenten selbst gerichtet werden;
daher petitionieren, um etwas nach=
suchen; Petitionsrecht, die Befugnis
des Staatsbürgers, sich mit Bitten und
Gesuchen an die staatlichen Organe wen=
den zu dürfen. Je nachdem es sich nun
hierbei um die künftige Verbesserung eines
mangelhaften Zustands und eines zu be=
sorgenden Übelstands oder um die Abstel=
lung eines bereits eingetretenen Miß=
stands handelt, wird zwischen P. und Pe=
titionsrecht im engern Sinn und zwischen
Beschwerde und Beschwerderecht unter=
schieden. Dies Beschwerde= und Petitions=
recht versteht sich eigentlich für den mo=
dernen Rechtsstaat, welcher dem Staats=
bürger die persönliche Freiheit gewährt,
von selbst; gleichwohl ist dasselbe in vie=
len Staaten verfassungsmäßig garantiert,
so z. B. in England schon durch die P. of
rights (s. b.) und ebenso in den neuern
deutschen Verfassungsurkunden, nament=
lich seitdem die deutschen Grundrechte von
1848 dieses Recht ausdrücklich und zwar
sowohl den einzelnen Staatsbürgern als
auch den Korporationen und Vereinigun=
gen mehrerer gewährleistet hatten. Ins=
besondere ist den Volksvertretungen die
Befugnis eingeräumt, Petitionen ent=
gegenzunehmen, allerdings oft mit der
Beschränkung, daß dieselben nur schrift=
lich vorgebracht und nicht persönlich oder
durch Deputationen überbracht werden
dürfen. So ist es denn auch dem deutschen
Reichstag nachgelassen, Petitionen anzu=
nehmen und solche dem Bundesrat oder
dem Reichskanzler zu überweisen, wofern
er dieselben für begründet und beachtens=
wert hält. Nach der Geschäftsordnung des
deutschen Reichstags (§§ 24, 26) besteht
für die Prüfung der eingehenden Petitio=
nen eine besondere Petitionskommis=
sion; doch ist es auch zulässig, solche Pe=
titionen, die mit einem Gegenstand in
Verbindung stehen, welcher bereits einer
andern Kommission überwiesen ist, eben=

falls an diese letztere Kommission zu über=
weisen. Die Petitionskommission aber,
deren Mitglieder übrigens nach achtwö=
chentlicher Amtsführung ihren Ersatz durch
Neuwahlen beanspruchen können, hat all=
wöchentlich den Inhalt der eingehenden
Petitionen durch eine in tabellarischer
Form zu fertigende Zusammenstellung
zur Kenntnis der einzelnen Mitglieder des
Reichstags zu bringen. Zur Erörterung
im Reichstag selbst gelangen nur diejeni=
gen Petitionen, bei welchen auf solche Er=
örterung entweder von der Kommission
oder von 15 Mitgliedern des Reichstags
angetragen wird; im ersten Fall hat die
Kommission über die P. einen Bericht zu
erstatten. Unter allen Umständen muß
aber auf jede P. ein Bescheid des Reichs=
tags erfolgen, und zwar werden nach der
bestehenden Praxis solche Petitionen,
welche wegen Schlusses der Session keine
Berücksichtigung finden konnten, den Pe=
tenten zurückgegeben mit der Anheimgabe,
dieselben für die nächste Session zu er=
neuern. Wie aber den Volksvertretungen
einerseits das Recht zusteht, Petitionen
entgegenzunehmen, so kann ihnen auch
auf der andern Seite die Befugnis nicht
abgesprochen werden, sich ihrerseits selbst
mit Petitionen an die Staatsregierung
zu wenden. Doch ist es hier parlamenta=
rischer Brauch, nicht die Form der P.,
welche direkt etwas verlangt, sondern die=
jenige der Adresse zu wählen, in welcher
die Stände ihre Zustimmung oder ihre
Mißstimmung angesichts gewisser Maß=
regeln der Staatsregierung aussprechen
(vgl. Adresse).

Petition of rights (engl., spr. pĕtisch'n
of reits), d. h. Bittschrift um Herstellung
der Rechte und Freiheiten, die vom eng=
lischen Parlament 1628 dem König Karl I.
überreichte Beschwerdeschrift. Die Forde=
rungen derselben: keine Abgabe an den
König ohne Bewilligung des Parlaments,
keine willkürliche Verhaftung und Ver=
urteilung, keine willkürliche Einquartie=
rung und Exekution, Aufhebung der
kriegsrechtlichen Kommissionen für im=
mer, wurden 7. Juni 1628 vom König
gewährt. Seitdem gilt die Schrift als
Staatsgrundgesetz, durch die Habeaskor=

zusaße und die »Declaration of rights« (1689) bekräftigt und vervollständigt.

Petitionskommission } f. Petition.
Petitionsrecht

Petroleumzoll, Eingangszoll auf Petroleum, welcher durch den Zolltarif von 1879 eingeführt ward. Dieser Zoll beträgt 3 Mk. brutto oder 3 Mk. 75 Pf. netto pro Zentner, was pro Liter von 1½ Pfd. etwa 6 Pf. Zoll ergibt. Die Steigerung des Petroleumpreises war die Folge dieses Zolles, welcher namentlich um deswillen verwerflich ist, weil das Licht eine Quelle der Arbeit und der Bildung und für das Familienleben so nützlich und notwendig ist. Überdies ist das Gas, welches in größern Städten für größere gewerbliche Etablissements, für Büreaus und auch für Familienräume als Beleuchtungsmaterial benußt wird, steuerfrei geblieben.

Pfand (Pfandobjekt), eine fremde Sache, welche einem Gläubiger zu dessen Sicherheit wegen einer Forderung haftet; dann auch f. v. w. Pfandrecht, d. h. die Befugnis des Pfandgläubigers, sich, wenn der Pfandschuldner seiner Verbindlichkeit nicht nachkommt, an die Pfandsache zu halten. Wird dabei dem Pfandgläubiger der Besiß der verpfändeten Sache übertragen, so ist ein Faustpfand (pignus), außerdem eine Hypothek vorhanden. Die moderne Gesetzgebung statuiert die leßtere aber nur an Immobilien und verlangt zu ihrer Begründung Eintrag in die dazu bestimmten öffentlichen Bücher (Hypothekenbücher). Das Pfandrecht ist entweder ein freiwilliges, d. h. durch Testament oder Pfandvertrag (Konventionalpfand), oder ein notwendiges, d. h. unmittelbar durch Gesetz (z. B. Pfandrecht des Vermieters am Mobiliar des Mieters) oder durch richterliche Verfügung, z. B. durch Pfändung (f. d.), begründetes.

Pfandhaus, f. Lombard.

Pfändung, Zwangsvollstreckung in das bewegliche Vermögen. Dieselbe findet auf obrigkeitliche Anordnung statt, sei es zur Beitreibung öffentlicher Abgaben, Strafen u. dgl., sei es zur Ausführung eines Richterspruchs. Nach der deutschen Zivilprozeßordnung wird die P. körperlicher Sachen, welche sich im Gewahr-

sam des Schuldners befinden, dadurch bewirkt, daß der Gerichtsvollzieher dieselben in Besiß nimmt. Der P. nicht unterworfen sind Kleidungsstücke, Betten, Haus- und Küchengeräte, Heiz- und Kochöfen, soweit diese Gegenstände für den Schuldner, seine Familie und sein Gesinde unentbehrlich sind; dann eine Milchkuh oder nach der Wahl des Schuldners statt einer solchen zwei Ziegen oder zwei Schafe, sofern diese Tiere für den Schuldner und die Seinen als unentbehrlich erscheinen; ferner bei Künstlern, Handwerkern, Hand- und Fabrikarbeitern sowie bei Hebammen die zur persönlichen Ausübung des Berufs unentbehrlichen Gegenstände; bei Offizieren, Beamten, Geistlichen, Lehrern, Rechtsanwalten, Notaren, Ärzten die zur Verwaltung des Dienstes oder zur Ausübung des Berufs erforderlichen Gegenstände sowie anständige Kleidung, Orden und Ehrenzeichen u. dgl. Die gepfändeten Sachen sind von dem Gerichtsvollzieher öffentlich zu versteigern, Kostbarkeiten sind vor der Versteigerung durch einen Sachverständigen abzuschätzen. P. von Forderungen (Beschlagnahme) erfolgt durch das Amtsgericht, bei welchem der Schuldner seinen allgemeinen Gerichtsstand hat. Das Gericht verbietet in solchen Fällen dem Schuldner des Verklagten, an den erstern zu zahlen. Es erläßt zugleich an diesen das Gebot, sich jeder Verfügung über die Forderung, insbesondere der Einziehung, zu enthalten. Vgl. Deutsche Zivilprozeßordnung, §§ 708 ff.

Pforte (Hohe P., Osmanische P.), der Haupteingang des Serails in Konstantinopel; daher Bezeichnung für die türkische Regierung.

PfundSterling (Livre, abbr. £), engl. Rechnungsmünze à 20 Schill. à 12 Pence, als Goldmünze Sovereign = 20,10 Mk.

Pharmazie (griech.), Apothekerkunst; Pharmazeut, Apotheker; Pharmakopöe, Arzneibuch; Pharmacopoea germanica, Arzneibuch des Deutschen Reichs.

Phyfikus (lat.-griech.), ein von der Regierung angestellter Arzt, welcher in einem bestimmten Bezirk die gesundheitspolizeiliche Kontrolle auszuüben hat; Phyfikat, das Amt des P. Der P. (Stadt-

Land=, Kreisphysikus) ist zumeist auch Gerichtsarzt.

Piaster, Münze, in der Türkei = 40 Paras, = 18 Pf.; in Ägypten = 20 Pf.

Pietisten (lat.), Frömmler, zuerst Ende des 17. Jahrh. Name der Anhänger Philipp Jakob Speners (gest. 1705) von ihren Collegia pietatis, welche auf lebendige Herzensfrömmigkeit und werkthätiges Christentum im Gegensatz zu dem orthodoxen Zelotentum drangen. **Pietismus,** Denk= und Lebensweise der P., besonders in Halle durch August Hermann Francke (gest. 1727) vertreten; jetzt im allgemeinen s. v. w. Frömmelei.

Pilot (franz.), Lotse, Steuermann; **Pilotage** (spr. -ahsch), Steuermannskunst, Lotsengebühren; **pilotieren,** ein Schiff lotsen (s. Lotse).

Placet (lat., »es gefällt«) oder Placetum regium, das Recht des Landesherrn, kirchlichen Maßnahmen, päpstlichen oder bischöflichen Erlassen, soweit sie sein Land betreffen, seine Bestätigung zu erteilen oder zu verweigern; seit 1848 meist durch Konkordate oder thatsächlich aufgegeben.

Plagium (lat.), s. Menschenraub.

Plaidieren (franz., spr. plähd=), eine Sache vor Gericht mündlich vertreten, verteidigen. **Plaidoyer** (spr. plädoajeh), Verteidigungsrede, auch die Rede des öffentlichen Anklägers.

Plakat (lat.), Anschlag an Straßenecken, Thoren ꝛc.; obrigkeitliche Anordnung, gewerbliche Anzeige ꝛc.

Plebiszit (lat.), Volksbeschluß durch allgemeine Abstimmung; in Frankreich Abstimmung des gesamten Volks in örtlichen Abteilungen, namentlich von Napoleon III. beim Staatsstreich vom 2. Dez. 1851 und 1852 zu Bestätigung des Senatuskonsults, welches ihm die Kaiserkrone übertrug, zuletzt 8. Mai 1870 zu Gutheißung der liberalen Abänderungen der Verfassung angewandt.

Plein pouvoir (franz., spr. pläng puwoar), s. v. w. Plenipotenz.

Plenipotenz (lat., franz. Plein pouvoir), volle Macht und Gewalt; **Plenipotentiarius** (franz. Ministre plénipotentiaire), Bevollmächtigter, besonders bevollmächtigter Gesandter.

Plenum (lat., Plenarsitzung, Plenarversammlung), im öffentlichen Leben die zu einer gemeinsamen Beratung in ihrer Totalität zusammentretende Körperschaft, namentlich Ständeversammlung im Gegensatz zu den Ausschüssen, Fraktionen, Kommissionen und Abteilungen derselben und ihren Sitzungen.

Plünderung, s. Beute.

Plutokratie (v. griech. plutos, »Reichtum«; auch Argyrokratie genannt), Geldherrschaft, derjenige Zustand des Staats, in welchem große und übergroße Kapitalien sich nur in den Händen weniger (Geldoligarchie) befinden, während die große Masse des Volks (Proletariat) verarmt ist und der eigentliche Mittelstand fehlt. Die Kehrseite der P. ist der Pauperismus. Die P. war der Hauptgrund des Verfalls der römischen Republik, und auch die griechischen Demokratien gingen zumeist an diesem Übelstand zu Grunde. Vgl. Roscher, Grundlagen der Nationalökonomie, § 204 (14. Aufl. 1879).

Pöbel (v. lat. populus, franz. Peuple), die niedrigste Klasse des Volks, insofern sie sich durch Mangel an Bildung und an Achtung für dieselbe, besonders durch das Schickliche und Gesetzliche, und durch Niedrigkeit der Denkungsart charakterisiert. Armut ist daher nicht das Merkmal des Pöbels, der vielmehr ebensowohl unter den höhern als unter den niedern Ständen gefunden wird (vornehmer und gelehrter P.).

Pöbelherrschaft, s. Ochlokratie.

Podesta, in Italien die oberste Magistratsperson einer Stadtgemeinde, zur Zeit der italienischen Republiken des Mittelalters, z. B. in Mailand, im Besitz der höchsten vollziehenden Gewalt.

Polen, ehemals ein mächtiges selbständiges Königreich, dessen Gebiet in der Blütezeit von der Ostsee bis zum Schwarzen Meer reichte. Als P. nach dem Aussterben des Königshauses der Jagellonen zum Wahlreich geworden war, sanken Ansehen und Macht des Reichs mehr und mehr, so daß die Nachbarstaaten Rußland, Österreich und Preußen in drei Teilungen (1772, 1793 und 1795) das

Land nach und nach ihren Gebieten ganz einverleiben und P. seiner Selbständigkeit berauben konnten. Wiederholte und blutige Erhebungen haben nicht zu einer Wiederherstellung der letztern geführt. Im preußischen Abgeordnetenhaus und im deutschen Reichstag bilden die polnischen Abgeordneten eine besondere Fraktion der P., welche dort 19, hier 14 Mitglieder zählt.

Politik (griech.), vielfach als Staatskunst, Staatsklugheitslehre, Lehre von den Mitteln zur Erreichung des Staatszwecks oder auch als Lehre vom Staatsleben definiert. Die Feststellung dieses Begriffs ist nämlich um deswillen besonders schwierig, weil derselbe zwei verschiedene Thätigkeiten umfaßt, eine wissenschaftliche und eine praktische. Was die P. als Wissenschaft betrifft, so müssen hier vor allem die Grenzen zwischen P. und Staatsrecht festgestellt werden. Beide beschäftigen sich mit dem Staat; während ihn aber das Staatsrecht nach seinen historischen Grundlagen und in seinen feststehenden Formen darzustellen sucht, betrachtet ihn die P. in der flüssigen Bewegung. Diese beschäftigt sich mit dem Leben, jenes mit der Gestalt des Staats; es sucht die Frage zu beantworten, wie der Staat ist, während die P. die Frage zu lösen hat, wie der Staat sein soll. Die rechtliche Untersuchung und Prüfung einer Frage, z. B. der, ob ein Straffall vor das Schwurgericht gehöre oder nicht, beschäftigt sich mit der Rechtmäßigkeit; die politische Untersuchung, also z. B. die Prüfung der Frage, ob gewisse Verbrechen vom gesetzgeberischen Standpunkt aus den Schwurgerichten zu überweisen seien oder nicht, hat zumeist die Zweckmäßigkeit zu erwägen. Gleichwohl muß zwischen Staatsrecht und P. eine Wechselwirkung bestehen, wenn anders der Staat ein Rechtsstaat sein, d. h. wenn das gesamte Staatswesen sich auf der Grundlage des Rechts aufbauen und das Staatsleben in den Angeln des Rechts sich bewegen soll. Aber das Recht steht nicht unabänderlich fest, ebensowenig wie die Lebensverhältnisse der Menschen, welche durch dasselbe geregelt werden sollen, die vielmehr in stetem Fluß und in fortschreitender Entwickelung begriffen sind. So fällt denn die entsprechende Fortbildung des Rechts der P. anheim, und so wird das Recht in seinem Leben zur P., die P. in den Ergebnissen ihrer Thätigkeit zum Recht. Auf der andern Seite ist aber das Recht nicht die ausschließliche Grundlage der P. Diese hat sich vielmehr keineswegs nur mit denjenigen Rechtsideen, welche in der gegebenen Rechtsordnung bereits greifbare Form und Gestalt gewonnen haben, zu beschäftigen, sondern auch die in dem Volk selbst lebenden Rechtsanschauungen, nicht minder aber auch die nationalen Bestrebungen und Anlagen, Leidenschaften, psychologische Eigentümlichkeiten der Menschennatur, ebenso aber auch die Verhältnisse der äußern Natur, z. B. die geographischen Verhältnisse des Landes, in Berücksichtigung zu ziehen. Hiernach ist also die P. als Wissenschaft die Lehre vom Staatsleben. Die Anwendung ihrer Grundsätze auf gegebene staatliche Verhältnisse aber führt zur praktischen P. (Staatspraxis); jene, die theoretische P., ist Staatswissenschaft, diese Staatskunst. Derjenige, welcher sich nach einer von beiden oder nach beiden Richtungen hin mit dem Staatsleben beschäftigt, wird Politiker, und wer sich auf diesem Gebiet, namentlich aber auf dem der praktischen P., zu besonderer Bedeutung emporschwingt, Staatsmann genannt. Für die Vertreter der P. als Wissenschaft hat Bluntschli die Bezeichnung Staatsgelehrte oder Staatsweise vorgeschlagen. Dabei stehen aber die theoretische und die praktische P. im innigsten Zusammenhang, denn der theoretische Politiker darf sich ebensowenig über die thatsächlichen Verhältnisse des Lebens der Staaten wie der Individuen hinwegsetzen, wie der praktische Politiker der wissenschaftlichen Prinzipien der P. entraten kann. Mit dieser Unterscheidung fällt aber der Gegensatz zwischen Real- und Idealpolitik nicht zusammen; letzterer tritt vielmehr sowohl in der praktischen als auch in der theoretischen P. hervor. Man bezeichnet nämlich mit Realpolitik diejenige P., welche sich streng an das praktische Bedürfnis

hält, und stellt ihr die Idealpolitik ge=
genüber, die sich lediglich durch die Macht
der Idee beherrschen läßt. Beide sind in
ihrer Einseitigkeit gleich verwerflich. Denn
die Realpolitik wird sich, wenn sie des idea=
len Zugs völlig entbehrt, in kleinlicher
Weise lediglich auf die Förderung mate=
rieller Interessen (Interessenpolitik)
beschränken, wie dies z. B. lange Zeit hin=
durch bei der englischen Kolonialpolitik der
Fall gewesen ist, während die Idealpolitik,
welche den Boden der Wirklichkeit unter
den Füßen verliert (Phantasiepoli=
tik, Gefühlspolitik), unfruchtbar,
wenn nicht verderblich ist wird, wie es
z. B. stets die Idee eines Weltreichs für
den danach Strebenden gewesen ist. Der
deutschen P. insbesondere hat man früher
nicht mit Unrecht den Vorwurf gemacht,
daß sie zu ideal sei, und es ist ein großes
Verdienst der Bismarckschen P., daß sie
das ideale Ziel der nationalen Einigung
Deutschlands auf praktischem Weg verfolgt
und so erreicht hat. Dagegen kann man
die P. weiter in innere und äußere P.
einteilen.

Die innere P. beschäftigt sich nämlich
mit den Verhältnissen, in welchen der
Staat zu seinen eignen Angehörigen steht,
während die letztere die Beziehungen des
Staats zu andern Staaten und die Stel=
lung desselben im Staatensystem über=
haupt behandelt. Den Gegenstand der in=
nern P. bilden hiernach vor allem die Ver=
fassung und die organische Einrichtung des
Staatswesens selbst (Verfassungspo=
litik), dann die Vorbereitung der Gesetze,
welche die öffentlichen und privaten Le=
bensverhältnisse der Staatsangehörigen
normieren sollen (Gesetzgebungs=,
Rechtspolitik). Seitdem durch die mo=
derne Repräsentativverfassung den Staats=
bürgern das Recht der Mitwirkung bei der
Gesetzgebung durch die Volksvertretung
gesichert, ist es vorzugsweise das letztere
Gebiet der P., mit welchem man sich, z. B.
bei den Kontroversen über die Abschaffung
der Todesstrafe, über die Einführung von
Schwur= und Schöffengerichten, über die
öffentliche Anklage u. dgl., auch im großen
Publikum zu beschäftigen pflegt. Aber
auch die übrigen Zweige der Staatsver=

waltung, namentlich das Finanzwesen
(Finanzpolitik) und die staatliche Für=
sorge für die Wohlfahrt und für die Kul=
turverhältnisse des Volks (Volkswirt=
schaftspolitik, politische Ökono=
mie, Nationalökonomie, Sozial=
politik), gehören ins Bereich der innern
P. Der letztere Teil derselben ist in neue=
ster Zeit ganz besonders in Deutschland,
seitdem hier die frühere Idealpolitik einer
geradezu entgegengesetzten Strömung ge=
wichen ist und ein unverkennbar realisti=
scher Zug sich geltend macht, in den Vor=
dergrund getreten und hat hier bereits eine
umfangreiche Litteratur, die freilich zum
Teil nicht in die Tiefe der Sache eindringt,
ins Leben gerufen (s. Volkswirtschafts=
lehre). Die äußere P. (P. im engern
Sinn, hohe P.) beschäftigt sich dagegen
mit den Verhältnissen der Staaten unter=
einander im Zustand des Friedens sowohl
als in dem des Unfriedens, also nament=
lich mit dem Handelsverkehr (Handels=
und Zollpolitik), mit den diplomati=
schen Beziehungen (s. Diplomatie),
mit der Wehrkraft des Volks und mit dem
Heer= und Marinewesen.

Die P. als Wissenschaft hat sich aber
noch außerdem mit der Feststellung des
Begriffs der P., dann aber mit der Ein=
wirkung der äußern Natur auf das poli=
tische Leben, insbesondere mit der Größe,
Gestaltung und Produktionskraft des
Staatsgebiets, der Dichtigkeit, der Kul=
tur, dem Reichtum und dem Charakter
seiner Bevölkerung, zu befassen, wobei
ihr die Statistik (s. d.) als wichtigste
Hilfswissenschaft zur Seite steht. Ferner
ist hier der Einfluß der Menschennatur
auf die P. und im Zusammenhang da=
mit das Wesen der politischen Parteien
zu erörtern, und endlich bildet die Lehre
vom Staatszweck überhaupt und von den
Mitteln zur Erreichung desselben den
Gegenstand der theoretischen P. Bei der
Erörterung der Ziele und Mittel der P.
pflegt denn auch regelmäßig die wichtige
Frage nach den Grenzen der P. und der
Moral behandelt zu werden. Der Italie=
ner Machiavelli war es, welcher die P.
vollständig von der Moral getrennt wissen
wollte und den Satz, daß in der P. die

Zweckmäßigkeit das allein Maßgebende sei, aufstellte. Diese Theorie (Machiavellismus) bildete lange Zeit hindurch die Grundlage des politischen Systems, und die P. konnte hiernach mit Recht als bloße Klugheitslehre oder Staatsklugheit bezeichnet werden, denn die Klugheit hat allerdings mit der Moral nichts zu schaffen. Das Verwerfliche und Verderbliche dieser Theorie, welche zu einem Bruch mit der sittlichen Weltordnung überhaupt führen würde, wird heutzutage wohl allgemein anerkannt; gleichwohl möchte sich aber auch die entgegengesetzte Ansicht der Moralisten, welche nicht nur alle unsittlichen Ziele, sondern auch jedes unsittliche Mittel aus der P. verbannt wissen wollen, als praktisch unausführbar erweisen. Denn die Unvollkommenheit menschlicher Zustände und das unsittliche Element, welches nun einmal in der Menschennatur vorhanden ist und in den menschlichen Lebensverhältnissen seine Rolle spielt, können von dem Politiker, der mit den thatsächlichen Verhältnissen zu rechnen hat, nicht unbeachtet gelassen werden. Wenn wir also auch die unsittlichen Ziele aus der P. ausschließen müssen, so können wir doch den Politiker nicht lediglich auf sittliche oder doch wenigstens auf Mittel, bei welchen die Sittlichkeit überhaupt nicht in Frage kommt, beschränken. Ist ihm freilich die Wahl zwischen einem sittlichen und einem unsittlichen Mittel gelassen, so muß er sich stets für das erstere entscheiden. Dagegen wird man es nicht tadeln können, wenn der Politiker menschliche Fehler, Mängel und Leidenschaften zu benutzen weiß, wenn er zur Erreichung seines Ziels zwischen zwei Übeln das kleinere wählt und das größere auf diese Weise beseitigt. Was die wissenschaftliche Behandlung der P. anbelangt, so sind aus dem Altertum die philosophischen Werke des Aristoteles von größter Bedeutung, während sich die P. des Platon zu sehr in idealen Sphären bewegt. Von den Werken römischer Publizisten bieten die Schriften Ciceros und die des Tacitus manches Interessante. Eine neue Entwickelung der theoretischen P. beginnt aber erst gegen Ende des Mittelalters mit Machiavelli und dem Franzosen Bodin, welchen sich der Holländer Hugo Grotius, der Begründer der modernen Völkerrechtstheorie, anschließt. Aus neuerer Zeit heben wir hervor: Constant, Cours de politique constitutionelle (1817—20, 4 Bde.; herausgeg. von Laboulaye, 2. Aufl. 1872, 2 Bde.); Dahlmann, P. (nur der 1. Band erschienen, 1835; 3. Aufl. 1847); K. F. Zachariä, Vierzig Bücher vom Staat (2. Aufl. 1839—1843, 4 Bde.); Mohl, Staatsrecht, Völkerrecht und P., Abtlg. 2 (1862—69, 2 Bde.); Waitz, Grundzüge der P. (1862); Holtzendorff, Prinzipien der P. (2. Aufl. 1879); Bluntschli, P. als Wissenschaft (1876).

Politische Geschichte, s. Staatswissenschaften.

Politische Regierung, s. Verwaltung.

Politisches Verbrechen, s. Majestätsverbrechen.

Polizei (griech., von politeia, »Staatsverwaltung«), im allgemeinen die gesamte staatliche Thätigkeit, welche im innern Staatsleben zur Sicherung und Förderung der Wohlfahrt des Staats und seiner Angehörigen entwickelt wird, also s. v. w. innere Staatsverwaltung überhaupt; Polizeihoheit (Polizeigewalt, Jus politiae), die der Staatsgewalt auf diesem Gebiet zustehende Machtvollkommenheit; Polizeiwissenschaft, die wissenschaftliche Lehre und Kenntnis von den Grundsätzen, nach welchen sich jene Thätigkeit richten soll; Polizeirecht, der Inbegriff der Normen des positiven Rechts, welche hierfür die maßgebenden sind. Während nämlich eine extreme staatsrechtliche Theorie (Manchestertheorie) den Zweck des Staats lediglich auf den Rechtsschutz beschränkt wissen will, stellt die entgegengesetzte Ansicht die Wohlfahrt der Staatsangehörigen und des Staatsganzen als das Ziel der gesamten staatlichen Wirksamkeit hin, und ein Blick auf unser staatliches Leben zeigt uns, daß in der That Ziel und Streben desselben durch den Rechtsschutz allein nicht erschöpft werden, daß Gesetzgebung und Staatspraxis sich vielmehr der sogen. Wohlfahrtstheorie anschließen. Freilich muß die letztere darin ihre notwendige Begrenzung finden, daß der Staat nur insoweit, als die Kräfte der Einzelnen sich als ungenügend erweisen, helfend und fördernd eintreten soll. Von diesem Standpunkt aus betrachtet, fällt der Polizeigewalt des Staats allerdings nicht nur die Aufgabe zu, etwaigen Störungen der Wohlfahrt der Staatsgenossen vorzubeugen, also eine negative Thätigkeit zu entwickeln; sie muß vielmehr auch in positiver und produktiver Weise für das Wohl derselben thätig sein. Nicht wenige Publizisten fassen aber den schwankenden Begriff der P. enger. Sie beschränken das Wesen derselben lediglich auf jene negative Seite, und wie der Justiz die Beseitigung eingetretener Rechtsverletzungen als Aufgabe zugewiesen ist, so wollen sie die Thätigkeit der P. auf die Verhütung drohender Rechtsverletzungen (Sicherheitspolizei) beschränkt wissen, weshalb z. B. Mohl die P. auch Präventivjustiz nennt. Diejenigen dagegen, welche den Begriff P. in jenem weitern Umfang nehmen, pflegen dieselbe regelmäßig in Sicherheitspolizei und Wohlfahrtspolizei einzuteilen. Diese Bezeichnungen sind zwar um deswillen nicht gut gewählt, weil nach dem eben Entwickelten jede P. Wohlfahrtspolizei ist; doch kann man die Unterscheidung immerhin insofern gelten lassen, als damit jene negative und diese positive Seite der polizeilichen Thätigkeit bezeichnet werden sollen. Ebenso ist die Einteilung in präventive und repressive P. nicht erschöpfend, denn wenn man mit ersterer diejenige polizeiliche Thätigkeit, welche drohenden Schaden zu verhüten, mit letzterer aber diejenige, welche bereits erwachsenen zu beseitigen sucht, bezeichnet, so erscheint die im staatlichen Interesse schaffende Polizeigewalt als nicht oder doch als nicht gehörig berücksichtigt. Andre, wie z. B. Bluntschli, wollen diese letztere Regierungsthätigkeit nur teilweise dem Gebiet der P. zugeteilt wissen, indem sie neben die P. eine sogen. Pflege (Kultur- und Wirtschaftspflege) stellen. Besondere Bedeutung ist jedoch diesem Streit über die Begriffsbestimmung der P. kaum beizulegen, da die Thätigkeit des Staats und

seiner Organe von der Benennung derselben nicht abhängt, wofern man nur, wie dies in unsern modernen Staaten rechtlich und thatsächlich der Fall ist, den Zweck des Staats nicht auf den Rechtsschutz allein beschränkt. Freilich liegt in der extremen Auffassung der Wohlfahrtstheorie die Gefahr des Zuvielregierens, und jene war es, welche uns in Deutschland zur Zeit des Deutschen Bundes zu einem nachgerade unerträglichen Bevormundungssystem, zu dem Polizeistaat, geführt hat. Diese Gefahr, welche man freilich auch anderwärts, z. B. in Frankreich, nicht vermieden hat, liegt auch deshalb nahe, weil die Grenzen der polizeilichen Thätigkeit durch die Gesetzgebung nicht so genau gezogen sind und gezogen werden können, wie dies in Ansehung der richterlichen Thätigkeit der Fall ist. Denn die Polizeigewalt hat nicht nur Rechtsfragen, sondern auch Zweckmäßigkeitsfragen zu lösen. Hier muß aber natürlich dem Ermessen der Behörden ein weiterer Spielraum gelassen werden, und ebendies kann leicht zur Willkür führen. Wird zudem hierbei, wie dies früher vielfach geschah, in engherziger und ängstlicher Weise verfahren, wird die individuelle Freiheit allgemeinen Wohlfahrtsrücksichten geopfert, so ist es erklärlich, wenn die P., welche, wie Bluntschli bemerkt, die populärste der Staatsgewalten sein sollte, so oft auf Abneigung stößt oder doch nur eben als notwendiges Übel geduldet wird. Daher das Verlangen nach Verwirklichung des Rechtsstaats, welches freilich, wie oben ausgeführt wurde, zu weit geht, wenn die gesamte Thätigkeit des Staats und seiner Organe ausschließlich auf den Rechtsschutz beschränkt werden soll, aber insofern ein berechtigtes ist, als das Recht die Basis des Staats sein und das gesamte staatliche Leben in den Angeln des Rechts sich bewegen soll.

Was die Thätigkeit der Polizeigewalt im einzelnen anbelangt, so heben wir hier zunächst diejenige Thätigkeit hervor, welche dem innern Schutz des Staatsganzen, der Erhaltung der Staatseinheit und der Staatsordnung gewidmet ist (Staatspolizei, hohe, politische P.). Dahin gehören namentlich Vorkehrungen gegen politische Umtriebe, welche auf gewaltsame Umgestaltung der Staatsverfassung abzielen, ferner die Kontrolle des Vereins- und Versammlungswesens, die Aufrechterhaltung der öffentlichen Ordnung und der öffentlichen Rechtssicherheit. Diese letztere Aufgabe zumal tritt zuweilen in Zeiten der Gefahr so sehr in den Vordergrund, daß die Kräfte der gewöhnlichen Zivilbehörden zu ihrer Bewältigung nicht mehr als ausreichend erscheinen, so daß die bewaffnete Macht an ihre Stelle treten muß. Es ist dies freilich auch dasjenige Gebiet der polizeilichen Thätigkeit, dessen Wichtigkeit die Behörden leicht zu Ausschreitungen der oben besprochenen Art verleiten kann. Man denke nur z. B. an die sogen. Demagogenriecherei in den reaktionären Zeiten des vormaligen Deutschen Bundes, an die jetzt glücklicherweise beseitigte Bücherzensur und an die früher üblichen Präventivmaßregeln gegenüber der Tagespresse, an die frühere engherzige Handhabung der Auswanderungs- und Fremdenpolizei und an das ehemalige System des Paßzwangs, welchem erst in neuerer Zeit eine liberale Gesetzgebung auch in Deutschland ein Ende gemacht hat. Dieser Staatspolizei steht aber die sogen. Individualpolizei gegenüber, welche sich mit der Wohlfahrt der einzelnen Staatsbürger beschäftigt und zwar zunächst mit deren persönlichem Wohlergehen in sittlicher wie in physischer Beziehung. Zu der polizeilichen Thätigkeit der erstern Art (Kulturpolizei) gehört insbesondere die Sittlichkeitspolizei, welche sich bemüht, die für Sittlichkeit und öffentlichen Anstand schädlichen Einflüsse einzudämmen und fern zu halten, z. B. durch die Überwachung öffentlicher Schaustellungen und Aufführungen, öffentlicher Vergnügungen, Aufzüge und Festlichkeiten (Theater- und Gesellschaftspolizei), durch die Kontrolle über öffentliche Badeanstalten u. dgl. Auch die Beaufsichtigung öffentlicher Leihbibliotheken gehört hierher, dann das Verbot gewisser Hasardspiele, die Handhabung der Sonntags- und der Schulpolizei (Schulzwang), der Polizeistunde sowie der Gesinde-, Fabrik- und Gewerbepolizei. Namentlich das letztere

Gebiet ist ein sehr reichhaltiges; man denke nur z. B. an die Beaufsichtigung der Zeitungspresse (Preßpolizei), die jetzt vom Standpunkt der Preßfreiheit aus erfolgt, die Konzessionierung gewisser Gewerbe, z. B. die polizeiliche Erlaubnis zum Betrieb der Gast- und Schenkwirtschaft und zum Kleinhandel mit Branntwein oder Spiritus, zum gewerbsmäßigen Verkauf von Druckschriften oder andern Schriften und von Bildwerken an öffentlichen Orten, dann das Verbot und die Einschränkung der Kinderarbeit in den Fabriken ꝛc. Aber auch für das physische Wohl der Staatsbürger ist gerade dieser Zweig der P. thätig. Außerdem ist in letzterer Kategorie die Gesundheitspolizei (s. d.), sodann die eigentliche Nahrungspolizei hervorzuheben. Die letztere hat namentlich in Zeiten der Teurung (»Teurungspolizei«) geeignete Vorkehrungen für den Transport und Verkauf von Lebensmitteln zu treffen, wohin auch die Marktpolizei und die Maß- und Gewichtspolizei gehören. Dazu kommt das weite Feld der Armenpolizei mit den Vorkehrungen gegen das Bettelwesen und gegen die Landstreicherei, mit der Beaufsichtigung der öffentlichen Entbindungsanstalten, der Findelhäuser u.dgl. Namentlich ist hier auch der durch das deutsche Reichsstrafgesetzbuch (§ 362) begründeten Befugnis der Landespolizeibehörde zu gedenken, die ihr vom Gericht überwiesenen Verurteilten wegen Landstreicherei, Bettelns, gewerbsmäßiger Unzucht u. dgl. auf die Zeit bis zu zwei Jahren in ein Arbeitshaus zu bringen oder zu gemeinnützigen Arbeiten zu verwenden. Für den Schutz der Person sorgt endlich auch die eigentliche Sicherheitspolizei, namentlich durch den öffentlichen Sicherheitsdienst, durch Überwachung verdächtiger Individuen und Lokalitäten, durch das Institut der Polizeiaufsicht, kurz, durch alle Maßregeln, welche die Verhütung verbrecherischer Handlungen bezwecken; aber auch diejenige polizeiliche Thätigkeit, welche der Entdeckung verübter Verbrechen (Entdeckungspolizei, gerichtliche P.) gewidmet ist, gehört hierher. Wie für den Schutz der Person, tritt

die Sicherheitspolizei ferner auch für den
des Eigentums und des Vermögens überhaupt in Wirksamkeit, und damit ist denn
auch der Übergang zu der dritten Thätig-
keitssphäre der Individualpolizei, nämlich
zu der Fürsorge für das Vermögen der
Staatsbürger, gegeben. Wir heben hier
insbesondere die Fürsorge für die Herstellung, Erhaltung und Überwachung der
öffentlichen Verkehrsanstalten, der Land-
und Wasserstraßen (Wege= u. Straßen=,
Wasserpolizei), die Hafen= und Schiff-
fahrtspolizei hervor. Ferner ist hier der
Feuer= u. der Baupolizei zu gedenken,
dann der Vorkehrungen gegen die Verbreitung von Viehseuchen (Veterinärpolizei), der Berg=, Feld=, Forst=, Jagd=
und Fischereipolizei und der landwirtschaftlichen P. überhaupt. Wir
betreten damit zugleich das Gebiet der
Volkswirtschaftspolizei, welches in
neuerer Zeit in den Vordergrund des staatlichen Lebens getreten, und aus welchem besonders die staatliche Fürsorge für Handel
und Gewerbe, für Verkehrs=, Kredit= und
Zollwesen, für Maß= und Gewichts= und
für das Münzwesen hervorzuheben ist.

Mit Rücksicht auf die mit der Ausübung
der P. betrauten Behörden pflegt man ferner zwischen Landes= (Staats=) P. und
Kommunal= (Gemeinde=, Lokal=) P.
zu unterscheiden, indem der Ausdruck P.
alsdann nicht selten auch zur Bezeichnung
des mit polizeilichen Funktionen beauftragten Beamtenkörpers gebraucht wird.
In den meisten Staaten ist nämlich die
Ausübung der niedern P. den Gemeindebehörden übertragen, welchen dann das
nötige Vollzugspersonal beigegeben ist
(Polizeiagenten, =Inspektoren, =Kommis-
sare, =Offizianten, =Diener, Gendarmerie,
Schutzleute; in Frankreich: agents de
police, sergents de ville, gardiens de
la paix, gardes de ville; in England
police=men, welche aber hier im Gegensatz zu der deutschen Schutzmannschaft gewissermaßen als Diener des Publikums
erscheinen, in dessen Interesse sie die öffentliche Ordnung und Sicherheit in hu-
maner Weise zu wahren haben). Nach
der neuen preußischen Kreisordnung insbesondere sind die sämtlichen Kreise zum

Zweck der Polizeiverwaltung in Amtsbezirke eingeteilt, an deren Spitze ein Amtsvorsteher steht, welcher unter der Aufsicht
des Landrats die P. ausübt und sich seinerseits wieder der Gemeinde= und Guts-
vorstände als Gehilfen bedient. Die Städte
sind von dieser Einteilung in Amtsbezirke
ausgenommen. Hier üben die städtischen
Behörden (Magistrate, Stadträte, Bür-
germeisterämter) die P. aus. Aber trotz
dieser Übertragung der niedern P. auf die
Gemeindebehörden geht die Polizeigewalt
doch stets vom Staat aus, so daß jene
eben insoweit als staatliche Organe fungieren. Dies erhellt namentlich auch daraus, daß sich die Staatsregierung für die
Städte, namentlich für die Residenzen
und die größern Städte, das Recht vorbehält, die P. unmittelbar durch Staatsbehörden (Polizeipräsidium, Polizeidirektion) auszuüben. Auch ist die gutsherrliche P. in Preußen durch die Kreisordnung
vom 13. Dez. 1872 aufgehoben. Mit besonderer Vorsicht hat sich dabei die Polizeiverwaltung der, wenigstens in großen
Städten, nicht ganz entbehrlichen geheimen P. zu bedienen, die in dem frühern
Polizeistaat freilich zu einem wahren Spio-
niersystem ausgebildet und gemißbraucht
worden ist.

Selbstverständlich können aber die Polizeibehörden die durch ihre gesetzlichen
Befugnisse gerechtfertigten Anordnungen mittelst Anwendung der gesetzlichen
Zwangsmittel durchführen. Um jedoch
Willkürlichkeiten vorzubeugen, ist auch
in Polizeisachen für einen gehörigen Be-
schwerde= und Instanzenzug gesorgt; z. B.
in Preußen kann gegen Verfügungen der
Amtsvorstehers an den Kreisausschuß,
gegen die Verfügungen des letztern und
diejenigen des Landrats an das Verwal-
tungsgericht Berufung stattfinden. Die
Oberaufsicht über das gesamte Polizei-
wesen steht dem Ministerium des Innern
zu; früher fungierten in manchen Staaten besondere Polizeiminister. In vielen
Staaten ist aber den Polizeibehörden auch
eine eigentliche Strafgewalt übertragen,
indem sie bei sogen. Polizeivergehen
(richtiger »Polizeiübertretungen«), d. h.
beim Zuwiderhandeln gegen polizeiliche

Strafvorſchriften, die Jurisdiktion an Stelle der Gerichte ausüben. Die deutſche Strafprozeßordnung vom 1. Febr. 1877 (§§ 453—458) ſtatuiert eine ſolche aber nur für eigentliche Übertretungen und geſteht der Polizeibehörde nur das Recht zu, auf Haft bis zu 14 Tagen oder entſprechende Geldſtrafe ſowie auf eine etwa verwirkte Einziehung zu erkennen. Abgeſehen von der nach der Landesgeſetzgebung etwa zuläſſigen Beſchwerde an die höhere Polizeibehörde, ſteht aber dem Beſchuldigten unter allen Umſtänden das Recht zu, gegen die Strafverfügung binnen einer Woche nach der Bekanntmachung bei der Polizeibehörde, welche dieſe Verfügung erlaſſen hat, oder bei dem zuſtändigen Amtsgericht auf gerichtliche Entſcheidung anzutragen.

Was die Polizeigeſetzgebung anbelangt, ſo hat erſt die neuere Zeit umfaſſendere Polizeigeſetze aufzuweiſen, die auch zugleich der perſönlichen Freiheit der Individuen gehörige Rechnung tragen, wie das preußiſche Geſetz vom 11. März 1850 über die Polizeiverwaltung (Geſetzſammlung 1850, S. 265 ff.). Die ſogen. Polizeiordnungen des vormaligen Deutſchen Reichs, die Reichspolizeiordnungen von 1548 und 1577, behandelten den Gegenſtand weder erſchöpfend, noch beſchränkten ſie ſich lediglich auf Polizeirecht. Allerdings läßt ſich das weite Gebiet der P. kaum in einem einzigen Geſetz gehörig normieren; vielmehr haben die einzelnen Staaten eine ganze Reihe von Einzelgeſetzen aufzuweiſen, welche, durch das Bedürfnis nach und nach hervorgerufen, zuſammen einen umfangreichen Kodex bilden würden. Bei der außerordentlichen Verſchiedenheit der lokalen und zeitlichen Bedürfniſſe gerade auf dem Gebiet der polizeilichen Verwaltung erſcheint es denn auch als gerechtfertigt, wenn die eigentlichen Geſetze nur die leitenden Prinzipien feſtſtellen und die Ausführung derſelben im einzelnen den Verordnungen überlaſſen wird, zu deren Erlaß nicht nur die höhern ſtaatlichen Verwaltungsbehörden, ſondern auch die Organe der ſtädtiſchen Verwaltung befugt ſind. Derartige Verordnungen, z. B. Straßenpolizeiordnungen (früher

»Willküren« genannt) finden ſich faſt in allen größern und kleinern Städten, je nach dem Bedürfnis verſchieden, wenn auch in den Grundzügen übereinſtimmend und jedenfalls innerhalb der durch das Geſetz gezogenen Schranken ſich bewegend. Die preußiſche Kreisordnung ermächtigt aber auch den Landrat, mit Zuſtimmung des Kreisausſchuſſes für mehrere Amtsbezirke oder für den ganzen Umfang des Kreiſes gültige Polizeivorſchriften zu erlaſſen und gegen die Nichtbefolgung derſelben Geldſtrafen bis zu 30 Mk. anzubrohen. Auch können auf den Kreistagen allgemeine ſtatutariſche Anordnungen polizeilichen Inhalts getroffen werden. Endlich iſt hier noch des Abſchnitts 29 des deutſchen Strafgeſetzbuchs (§§ 360 ff.) zu gedenken, welcher von den Übertretungen handelt und eine Reihe von Strafvorſchriften gegen die Verletzung polizeilicher Vorſchriften enthält. Vgl. Mohl, Polizeiwiſſenſchaft (3. Aufl. 1866, 3 Bde.); Stein, Verwaltungslehre, 4. Teil: Das Polizeirecht (1867); Förſtemann, Prinzipien des preußiſchen Polizeirechts (1869); Pruch a, Die öſterreichiſche Polizeipraxis (1877); Bluntſchli, Allgemeines Staatsrecht (5. Aufl. 1876); Groteſend, Allgemeines Polizeilexikon (1877); Maſcher, Handbuch der Polizeiverwaltung für die ſechs öſtlichen Provinzen Preußens (2. Aufl. 1875); Kah, Die Polizeivergehen des deutſchen Strafgeſetzbuchs (1881).

Polizeiaufſicht, eine Nebenſtrafe, die neben einer Freiheitsſtrafe erkannt wird und in einer Beſchränkung im Gebrauch der perſönlichen Freiheit nach Verbüßung jener Strafe beſteht. Die P., welche aus dem franzöſiſchen in das deutſche und engliſche Recht übergegangen iſt, kann nach dem deutſchen Reichsſtrafgeſetzbuch nur in den geſetzlich beſtimmten Fällen ausgeſprochen werden, namentlich gegen die Rädelsführer bei einem Landfriedensbruch oder bei einer öffentlichen Zuſammenrottung zum Zweck des Widerſtands gegen die Staatsgewalt ſowie bei der Meuterei von Gefangenen, welche mit Gewaltthätigkeiten gegen das Aufſichts- und Beamtenperſonal verbunden iſt. Ferner kann auf P. neben der wegen Diebſtahls, Raubes

oder Erpressung erkannten Zuchthausstrafe
sowie gegen die wegen Hehlerei, Kuppelei,
Münzverbrechen, unberechtigten Jagens
und wegen eines gemeingefährlichen Ver=
brechens, wie Brandstiftung ꝛc., Verurteil=
ten erkannt werden. In allen diesen Fällen
kann das Gericht aber nur auf die Zuläs=
sigkeit von P. erkennen; die P. selbst wird
gegen den Verurteilten durch die Landes=
polizeibehörde verfügt und zwar nach An=
hörung der Gefängnisverwaltung. Die
höchste Zeitdauer der P. ist 5 Jahre. Dem
unter P. Gestellten kann der Aufenthalt
an einzelnen bestimmten Orten unter=
sagt, er kann, wenn er Ausländer ist, aus
dem Deutschen Reich verwiesen, und es
können bei ihm jederzeit Haussuchungen
vorgenommen werden. Ein Zuwiderhan=
deln gegen die infolge der P. auferlegten
Beschränkungen wird mit Haft bis zu sechs
Wochen bestraft. In Frankreich ist allen
unter P. Stehenden der Aufenthalt in
Paris und innerhalb der Bannmeile unter=
sagt; ein Bruch der P. (rupture de ban)
wird mit Gefängnis bis zu 5 Jahren be=
straft; auch kann nach einem Dekret vom
8. Dez. 1851 in einem solchen Fall durch
die Polizeibehörde Transportation nach
Algier oder nach Cayenne verfügt werden.
Vgl. Code pénal, Art. 44 ff.; Deutsches
Reichsstrafgesetzbuch, §§ 38, 39, 361.

Polizeistaat, im Gegensatz zum Rechts=
staat dasjenige Staatswesen, in dem ein
übermaß staatlicher Fürsorge zu einer Be=
schränkung der bürgerlichen Freiheit führt.

Polizeistrafe, s. Strafe.

Polizeistunde, der durch polizeiliche Ver=
ordnung bestimmte Zeitpunkt, bis zu wel=
chem regelmäßig die öffentlichen Schank=
und Vergnügungslokale des Abends von
den Gästen geräumt werden müssen; heut=
zutage vielfach abgeschafft und, wo sie noch
besteht, gewöhnlich nicht eben streng gehand=
habt. Das Reichsstrafgesetzbuch (§ 365)
bedroht jedoch denjenigen, welcher in einem
solchen Lokal über die gebotene P. hinaus
verweilt, obgleich er von dem Wirte, dessen
Vertreter oder von einem Polizeibeamten
zum Fortgehen aufgefordert worden, mit
Geldstrafe bis zu 15 Mk., und der Wirt,
welcher das Verweilen seiner Gäste über
die gebotene P. hinaus duldete, soll mit

Geldstrafe bis zu 60 Mk. oder mit Haft
bis zu 14 Tagen bestraft werden.

Polizeivergehen, s. Polizei.

Polizeiverordnung, s. Verordnung.

Poll-tax (engl., spr. pohl-täx, »Kopf=
steuer«), jetzt Bezeichnung des zum Behuf
der Parlamentswahlen zusammengestell=
ten Wahlregisters und des Wahlakts selbst.

Polyarchie (griech., »Vielherrschaft«),
Staatsform, bei welcher die Regierungs=
gewalt in den Händen vieler Personen ist.

Polygamie (griech.), Vielweiberei, in
Afrika und Asien üblich und namentlich
vom Islam gestattet.

Polytheismus (griech.), Vielgötterei,
Glaube an mehrere Götter, ursprüng=
lich Vergötterung der Naturkräfte, welche
dann zu geistig=sittlichen Mächten erhoben
werden.

Pontifex (lat.), Priester; der römische
Titel P. maximus (oberster Priester) ist
auf den Papst übertragen worden und
wird von diesem geführt; daher Ponti=
fikat, Papstwürde, Papsttum. Ponti=
fikalien, die bischöfliche Amtstracht,
überhaupt Amtstracht (in pontificalibus).

Portefeuille (franz., spr. portföu)j),
Brieftasche; in Ländern mit konstitutio=
neller Verfassung s. v. w. Ministerposten,
weil die Minister mit dergleichen Behält=
nissen vor dem Souverän sowie in den
Kammern zu erscheinen pflegen, dort ihre
dem Monarchen, hier ihre der Volksver=
tretung zu machenden Vorlagen darin mit
sich tragend. Man gebraucht daher von
einem Minister die Wendung »sein P. ab=
geben, niederlegen« als gleichbedeutend
»von dem Ministerposten zurücktreten«

Porto (ital., Mehrzahl Porti), Trag=
lohn; insbesondere Postgeld für Beförde=
rung von Briefen und Paketen.

Po
Teil b

rung des Königreichs beträgt, abgesehen
von den Kolonien, (1878) 4,745,124 Köpfe.
Hauptstadt: Lissabon mit 265,032 Einw.
Die Staatsverfassung ist die einer
konstitutionellen Monarchie. Die Würde
des Königs (»von P. und Algarbien, dies=

seit und jenseit des Meers in Afrika«) ist nach der »Carta constitucional« des Kaisers Dom Pedro IV. vom 29. April 1826 und nach dem »Acto addicional« der Königin Maria II. vom 5. Juli 1852 erblich in männlicher wie in weiblicher Linie. Nach dem Tode der gedachten Königin (aus dem Haus Braganza, 1853) ist der Sohn der letztern und des Prinzen Ferdinand von Sachsen-Koburg-Kohary und damit der Mannsstamm dieses Hauses auf den Thron gelangt. Die gesetzgebende Gewalt üben die Cortes aus, doch hat die Krone das Bestätigungsrecht. Diese Volksvertretung setzt sich zusammen aus der Pairskammer (Camera oder Corte dos pares) und der Deputiertenkammer (C. dos deputados). Die Mitglieder der letztern (149) werden vom Volk in direkter Wahl auf vier Jahre gewählt. Die Mitgliedschaft der Ersten Kammer, welche etwa 100 Mitglieder zählt, erstreckt sich auf die Lebenszeit und ist erblich; der König ernennt neue Mitglieder. Die Verfassung nimmt ferner eine »leitende Gewalt« an, die ausschließlich dem König zusteht, welcher unverantwortlich und unverletzlich ist. Die Exekutivgewalt übt der König durch verantwortliche Minister (der Finanzen, des Innern, der Justiz und des Kultus, des Kriegs, der Marine und der Kolonien, des Äußern, der öffentlichen Arbeiten, des Handels und der Industrie) aus. Die Minister bilden den Ministerrat, an dessen Spitze der Präsident des Konseils steht. In wichtigen Angelegenheiten ist der Staatsrat (Conselho do estado) zu hören, welcher aus besoldeten und unbesoldeten, vom König ernannten Mitgliedern besteht. Das Königreich ist in sieben Provinzen (Minho, Tras os Montes, Beira, Estremadura, Alemtejo und Algarve, wozu noch die Azoren und Madeira kommen) eingeteilt. Die Provinzen zerfallen in 17 Distrikte, an deren Spitze Zivilgouverneure stehen. Zum Zweck der Rechtspflege ist das Festland in zwei Gerichtsbezirke eingeteilt, welche in Gerichtskreise, Gerichtsämter und Parochialgerichte zerfallen. An der Spitze eines jeden Bezirks steht der Appellhof, und zwar bestehen Appellationsgerichtshöfe (rela-

ções) zu Lissabon und Porto. An der Spitze der Jurisdiktion der gesamten Monarchie steht der oberste Gerichtshof (Tribunal supremo da justiça) zu Lissabon. Die herrschende Kirche ist die katholische mit den Erzbischöfen zu Lissabon, Braga und Evora und 16 Bischöfen. In den Kolonien residiert ein Erzbischof zu Goa. Andre Religionen sind zugelassen. Heerwesen. Es ist allgemeine Wehrpflicht eingeführt. Das jährlich zu stellende Kontingent wird durch die Cortes festgestellt und beträgt durchschnittlich 10,000 Mann. Von der zur Aushebung gelangenden Altersklasse lost die das Doppelte des Kontingents betragende Zahl von Mannschaften, von denen die eine Hälfte in die Armee eingestellt, während die andre der zweiten Reserve überwiesen wird. Die Eingestellten dienen drei Jahre bei den Fahnen und fünf Jahre in der ersten Reserve. Die Effektivstärke der Armee betrug 15. Juli 1880 im ganzen 2273 Offiziere und 30,361 Mann, wozu noch 447 Offiziere und 7526 Mann in den Kolonien kamen. Die Kriegsflotte bestand 1880 aus 27 Dampfern mit 139 und 14 Segelschiffen mit 39 Kanonen. Die aktive Flottenmannschaft zählte 3307 Mann. Finanzen. Die Staatseinnahmen waren pro 1880—81 auf 28,989,340 Milreis (à 4 Mk. 45 Pf.) veranschlagt, die Ausgaben auf 33,199,046 Milreis. Zur Deckung des Defizits war die Kontrahierung einer Anleihe in Aussicht genommen. Die Staatsschuld belief sich 30. Juni 1879 auf 387,659,575 Milreis, erkl. einer zu konvertierenden Schuld im Betrag von 1,927,399 Milreis. Die Flagge der Monarchie ist blau und weiß, der Quere nach geteilt. Das Wappen besteht aus einem großen silbernen Schild, auf welchem fünf kleine blaue Schildchen in Form eines Kreuzes angebracht sind. Der Wappenschild ist von einem roten Rand mit sieben goldnen Kastellen (für Algarve oder Algarbien, die südlichste Provinz der Monarchie) umgeben. Über dem Wappen befindet sich der gekrönte königliche Helm und auf diesem ein goldner Drache. Um den Schild hängt die Kette des Christusordens. Als Schildhalter dienen zwei

Drachen, von denen der rechte eine ſilberne Fahne mit dem portugieſiſchen, der linke eine rote mit dem Wappen von Algarbien hält. **Kolonien.** In Afrika: die Kapverdiſchen Inſeln, Guinea, die Inſeln São Thomé und Principe, Angola und Moſambik; in Aſien und Ozeanien: die Provinz Goa in Indien, Damao, die Inſeln Diu und Gogola, Macao und Timor. Die Kolonien ſind Gouverneuren unterſtellt. Vgl. **Pery**, Geographia e estadistica geral de P. (1875); **De la Saigne**, Le P. historique, commercial et industrial (1876); **Rouſſeyrour**, Le P. (1880).

Poſt (v. ital. posta, »Station«), öffentliche Anſtalt zur regelmäßigen Beförderung von Sendungen (Briefen, Paketen, Druckſachen) und (wenigſtens in Deutſchland, der Schweiz, Rußland und den nordiſchen Ländern) auch von Perſonen. Die Beförderungsanſtalten des Altertums bienten ausſchließlich Regierungszwecken. Erſt 1516 gründete Franz von Taxis, ſpäter niederländiſcher Generalpoſtmeiſter, auf Veranlaſſung des Kaiſers Maximilian I. bie erſte P. für das Publikum überhaupt zwiſchen Wien und Brüſſel. 1595 wurde Leonhard von Taxis zum Generalpoſtmeiſter des Deutſchen Reichs ernannt und 1615 Lamoral von Taxis zum Grafen erhoben, unter erblicher Verleihung jener Würde an das Haus Taxis. Erſt nach Gründung des Norddeutſchen Bundes gelang es der preußiſchen Regierung, 1. Juli 1867 die letzten Reſte jenes Vorrechts zu beſeitigen. Die größern deutſchen Staaten, Öſterreich voran, hatten nämlich zwar im Lauf der Zeit eigne Landespoſten errichtet; aber die deutſche Bundesakte von 1815 garantierte dem Haus Thurn und Taxis ſeine Gerechtſame, ſo daß deren Beſeitigung nur im Weg der Ablöſung möglich war. Zwar wurden ſchon durch die deutſch-öſterreichiſchen Poſtverträge vom 6. April 1850 und 18. Aug. 1860 die in Deutſchland beſtehenden 16 Poſtverwaltungen zu einem gemeinſamen Poſtgebiet vereinigt, zu welchem auch die Taxisſche Verwaltung mit ihrer Generaldirektion in Frankfurt a. M. gehörte; allein eine einheitliche Organiſation und Reform warb

doch erſt burch den mit dem Haus Thurn und Taxis abgeſchloſſenen Ablöſungsvertrag herbeigeführt und burch die Unterſtellung der norddeutſchen P. als einer einheitlichen Verkehrsanſtalt unter das damalige Bundeskanzleramt, beſſen erſte Abteilung das Generalpoſtamt des Norddeutſchen Bundes bildete. Nach der deutſchen Reichsverfaſſung vom 16. April 1871 (Art. 48—52) iſt das Poſtweſen für das Reichsgebiet als einheitliche Staatsverkehrsanſtalt unter Oberleitung des Kaiſers, jedoch mit Ausnahme der hier ſelbſtändig gebliebenen Königreiche Bayern und Württemberg, eingerichtet, und die Einnahmen dieſes Poſtweſens (Reichspoſt) ſind, ebenſo wie die des Telegraphenweſens, für das Reich gemeinſchaftlich. Seit 1. Jan. 1876 iſt die deutſche Reichspoſtverwaltung mit der Reichstelegraphenverwaltung vereinigt, und beide wurden zunächſt dem Generalpoſtmeiſter in Berlin unterſtellt. Jetzt iſt in dem Reichspoſtamt eine beſondere Zentralbehörde für das Reichspoſtweſen geſchaffen, welche unter dem Staatsſekretär des Reichspoſtamts ſteht und unter der Verantwortlichkeit des Reichskanzlers in drei Abteilungen das Poſtweſen, das Telegraphenweſen und die Reichsbruckerei verwaltet. In den einzelnen Bezirken wird das Poſt- und Telegraphenweſen durch die Oberpoſtbirektionen verwaltet (ſ. **Reichsbehörden**). Die Ortspoſtanſtalten zerfallen in Poſtämter 1.—3. Klaſſe und in Poſtagenturen. Nur wo der Geſchäftsumfang es bedingt, beſtehen für den Telegraphendienſt ſelbſtändige Telegraphenämter 1. Klaſſe. Die Reichsgeſetze über das Poſtweſen vom 28. Okt. 1871, über das Poſttarweſen vom 28. Okt. 1871, 17. Mai 1873 und 3. Nov. 1874 und die Poſtordnung vom 18. Dez. 1874, an beren Stelle die Poſtordnung vom 8. März 1879 getreten iſt, haben das Poſtweſen für das ganze Reich einheitlich normiert und zahlreiche Verträge mit auswärtigen Staaten den Poſtverkehr mit bieſen geregelt. Auf Anregung des nunmehrigen Staatsſekretärs Stephan traten aber Vertreter ſämtlicher europäiſcher Staaten und der Vereinigten Staaten von Nordamerika auf einem Kongreß in Bern 1874 zur Gründung eines Weltpoſtvereins zuſammen, der, unter dem Namen Allgemeiner Poſtverein durch Vertrag vom 9. Okt. 1874 konſtituiert, ganz Europa, das ruſſiſche und türkiſche Aſien, Ägypten, die Nordküſte von Afrika und die Vereinigten Staaten von Nordamerika als ein einziges ungeteiltes Poſtgebiet umfaßt, zu welchem noch Oſtindien, alle britiſchen, franzöſiſchen, niederländiſchen, portugieſiſchen, ſpaniſchen Kolonien und andre Staaten, wie Braſilien, Japan, Marokko, Chile, die Argentiniſche Republik, Meriko, Peru, Venezuela, Perſien, hinzugekommen ſind. Poſtzwang beſteht in Deutſchland nur für die gegen Bezahlung erfolgende Beförderung von verſiegelten, zugenähten oder ſonſt verſchloſſenen Briefen und aller Zeitungen politiſchen Inhalts, die öfter als einmal wöchentlich erſcheinen, von Orten mit einer Poſtanſtalt nach andern Orten mit einer ſolchen. Vgl. Stephan, Geſchichte der preußiſchen Poſten (1859); Hartmann, Entwickelungsgeſchichte der Poſten (1868); »Archiv für P. und Telegraphie«; »Poſtſtammbuch« (3. Aufl. 1877); Fiſcher, P. und Telegraphie im Weltverkehr (1879).

Poſtlagernd (franz. poste restante, ſpr. poſt reſtangt, ital. ferma in posta), Bezeichnung für Poſtſendungen, welche im Poſtbüreau bis zur Abholung durch den Adreſſaten niedergelegt werden ſollen.

Postliminium (lat.), der Wiedereintritt eines aus dem Eril oder der Gefangenſchaft Zurückkehrenden in ſein Beſitztum und Recht; auch die Wiederherſtellung der frühern Rechtsverhältniſſe in einem Land nach deſſen Befreiung von feindlicher Gewalt.

Pourparler (franz., ſpr. purparleh), Unterredung, Unterhaltung, namentlich Bezeichnung für Zwiegeſpräche politiſchen Inhalts, welche eigentlichen Unterhandhandlungen vorausgehen und dieſelben einleiten und vorbereiten ſollen.

Präfekt (lat.), Vorgeſetzter, Befehlshaber; in Frankreich (préfet) und in Italien (prefetto) der Verwaltungschef des Departements, reſp. der Provinz. Dem Präfekten ſteht in Frankreich ein Präfektur-

rat (Conseil de préfecture) zur Seite. Das Departement zerfällt in 3—7 Arrondiſſements, an deren Spitze je ein Unterpräfekt (souspréfet) ſteht. In Elſaß-Lothringen iſt an die Stelle des Amtstitels P. die Bezeichnung »Bezirkspräſident« getreten, während der Titel »Unterpräfekt« dem Amtstitel »Bezirksdirektor« gewichen iſt. Präfektur, das Amt, Amtslokal, der Amtsbezirk des Präfekten.

Pragmatik (griech.), Ordnung des Geſchäftsbetriebs, insbeſondere Dienſtpragmatik, Verordnung, welche die Regeln für Betreibung der Staatsgeſchäfte enthält. Pragmatiſch, geſchäftsgewandt, erfahren.

Pragmatiſche Sanktion, Staatsvertrag oder vom Landesherrn erlaſſenes Grundgeſetz über eine wichtige Angelegenheit, das für immer in Kraft bleiben ſoll. Die P. S. Kaiſer Karls VI. 1723 ſollte die Unteilbarkeit der öſterreichiſchen Lande durch Erbfolge der weiblichen Nachkommen des regierenden Kaiſers in Ermangelung männlicher ſichern.

Präjudiz (lat.), vorgefaßte Meinung, Vorurteil; in der Rechtsſprache ein früheres Urteil, das für ein ſpäteres maßgebend iſt; auch der Rechtsnachteil, welcher aus der Nichtbefolgung einer gerichtlichen Verfügung oder Verſäumnis einer Friſt erwächſt. Einem präjudizieren, ein beeinträchtigendes P. gegen ihn abgeben.

Praktik (griech.), ſ. v. w. Thätigkeit; Praktiker, ein ſein Fach ausübender Mann von Erfahrung; praktiſch, den Zwecken des thätigen Lebens gewidmet, dazu brauchbar, im Gegenſatz zum bloß Theoretiſchen; praktizieren, etwas ausübend betreiben, z. B. als Arzt, Rechtsanwalt; Praktikant, ein zur Erlernung des Dienſtes bei einer Behörde arbeitender junger Mann; Praris, die Ausübung einer Kunſt, Lehre ꝛc. (im Gegenſatz zur Theorie), das erfahrungsmäßig Übliche; auch Geſchäftskreis und Thätigkeit eines Rechtsanwalts, Arztes.

Prälat (lat.), in der kathol. Kirche ein hoher geiſtlicher Würdenträger mit eigner Juriſdiktion, alſo der Papſt, die Patriarchen, Erzbiſchöfe, Biſchöfe, Kardinäle, Legaten, Äbte und Prioren, welche in Deutſch-

land großenteils als reichsunmittelbar
fürstliche Würde und Sitz und Stimme
auf den Reichstagen (Prälatenbank)
hatten; in der protestantischen Kirche blieb
der Name nur teilweise im Gebrauch.

Präliminar (lat.), vorläufig, vor-
gängig; daher Präliminarien (franz.
préliminaires), vorläufige Beratschlagun-
gen und Verhandlungen, welche eine spätere Definitivverhandlung einleiten. Prä-
liminationspunkte oder Prälimi-
narartikel sind die einzelnen in diesen
Vorverhandlungen namhaft gemachten
Gegenstände, die in der Schlußverhand-
lung entschieden werden sollen; Präli-
minarverträge, vorläufige vertragsmäßige Abmachungen, insbesondere Friedenspräliminarien, die vorläufigen
Hauptpunkte des künftigen Friedensvertrags; nicht zu verwechseln mit dem Prä-
liminarfrieden, einem vorläufigen
Frieden, der noch der Zustimmung dritter
dabei interessierter Mächte bedarf. Besonders wichtige Friedenspräliminarverträge
der Neuzeit sind die Präliminarien von
Villafranca vom 11. Juli 1859, die Nikols-
burger Friedenspräliminarien vom 26.
Juli 1866 und der Präliminarvertrag von
Versailles vom 26. Febr. 1871. Präli-
minarkonvention ist ein vorläufiges
Übereinkommen über eine besondere Forderung, von welchem der eine Teil die
Friedenspräliminarien abhängig macht.

Prämie (lat.), besondere Belohnung
für verdienstliche Leistungen, z. B. bei Ausstellungen für diejenigen Aussteller, deren Erzeugnisse Auszeichnung verdienten.
Ausfuhrprämien werden denjenigen
gewährt, welche gewisse gewerbliche und
sonstige Produkte des Landes ausführen.
Prämienanleihen stellen den sich daran
Beteiligenden neben mäßigen Zinsen noch
Prämien, die unter sämtlichen Zeichnern
verlost werden, in Aussicht, dürfen aber
nach dem Reichsgesetz vom 8. Juni 1871
in Deutschland nur vom Staat und nur
auf Grund eines Reichsgesetzes veranstaltet werden. Versicherungsprämien
heißen die Beiträge, welche die Versicherten an die Versicherungsanstalten für das
übernommene Risiko zahlen. Prämien-
geschäfte, Börsengeschäfte, wobei man

sich vorbehält, den Kauf wieder rückgängig
machen zu dürfen, dafür aber gewisse Pro-
zente des Kaufpreises sogleich als Unterpfand (P.) bezahlt. Prämienscheine,
s. Staatspapiere.

Prärogative (lat.), Vorrecht, insbesondere der Inbegriff der Vorrechte des Monarchen, namentlich derjenigen Rechte, in
Ansehung derer den Ständen ein Mitwirkungsrecht nicht zusteht. Im engern und
eigentlichen Sinn aber versteht man unter
fürstlicher P. diejenigen Rechte, welche
dem Monarchen der ständischen Körperschaft selbst gegenüber zustehen. Der Monarch beruft, eröffnet und schließt nämlich
die Kammer; er bestimmt die Dauer der
Session, hat das Recht der Vertagung; ja,
er kann die Ständeversammlung nach den
meisten Verfassungsurkunden sogar vor
Ablauf der gesetzlichen Legislaturperiode
auflösen und eine Neuwahl veranlassen.
Der Monarch hat den Ständen gegenüber
das Recht der Initiative, d. h. das Recht,
ihnen Vorlagen zu machen, und das Recht
der Sanktion der Kammerbeschlüsse, verbunden mit dem Rechte der Publikation
derselben, die ebendadurch erst Gesetzeskraft
erhalten, wie er denn auch auf der andern
Seite durch sein Veto den Kammerbeschlüssen jede Wirksamkeit versagen kann.

Präsidium (lat.), Vorsitz, auch die Behörde oder die Person, welche den Vorsitz
in einer Versammlung oder in einer sonstigen Körperschaft führt; präsidieren,
den Vorsitz führen; Präsident, der Vorsitzende, z. B. der Vorsitzende eines Richter-
kollegiums, der Präsident des Reichsgerichts, eines Oberlandesgerichts, eines
Landgerichts; auch bei Verwaltungsbehörden kommt der Titel Präsident vor, z. B.
der Chefpräsident des Rechnungshofs des
Deutschen Reichs. In Preußen führt der
oberste Chef der Verwaltung einer Provinz den Titel Oberpräsident und der
Verwaltungsvorstand eines Regierungsbezirks den Amtstitel Regierungspräsident. Ferner wird der Vorsitzende einer
Versammlung, namentlich einer parlamentarischen Körperschaft, Präsident genannt.
So steht z. B. der deutsche Reichstag unter
der Leitung eines Präsidenten, welchem
für den Fall der Verhinderung zwei Vize-

präsidenten zur Seite stehen. In republikanischen Staatswesen ist Präsident oft auch der Titel des auf bestimmte Zeit gewählten Staatsoberhaupts, so in den Vereinigten Staaten von Nordamerika, in Frankreich und in der Schweiz. Ein neuzusammentretender gesetzgebender Körper pflegt gewöhnlich zunächst unter dem Vorsitz eines Alterspräsidenten (s. d.) zu tagen. Liegt in der Wahl einer Person zum nominellen Präsidenten eines Vereins oder einer sonstigen Korporation nur eine Ehrenbezeigung, so spricht man von einem Ehrenpräsidenten. Die Verfassung des frühern Norddeutschen Bundes und diejenige des nunmehrigen Deutschen Reichs übertragen das Bundespräsidium dem König von Preußen, welcher nunmehr den Titel »deutscher Kaiser« führt. Die Vorrechte desselben werden als Präsidialrechte, die Stimme, welche das P. im Bundesrat führt, als Präsidialstimme bezeichnet (s. Kaiser). In dem vormaligen Deutschen Bund hatte Österreich das Bundespräsidium, weshalb der österreichische Bundestagsgesandte den Titel Präsidialgesandter führte. Die damit verbundenen Rechte waren jedoch keine eigentlichen politischen, sondern nur Ehrenrechte, wie namentlich das Recht des Vorsitzes in der Bundesversammlung.

Prätendent (lat.), jeder, der auf etwas Anspruch erhebt; insbesondere ein Prinz, welcher wirkliche oder vermeintliche Erbansprüche auf einen vorenthaltenen Thron geltend zu machen sucht. Prätendieren, beanspruchen.

Prävarikation (lat.), eigentlich das Abweichen vom geraden Weg, Bezeichnung derjenigen Handlungsweise des Anklägers, zufolge deren er dem Angeklagten behilflich ist, der verdienten Strafe zu entgehen. So bedroht das deutsche Reichsstrafgesetzbuch (§ 346) den Beamten, welcher bei Ausübung der Strafgewalt oder bei Vollstreckung der Strafe mitzuwirken hat, mit Zuchthausstrafe bis zu 5 Jahren, wenn er in der Absicht, jemand der gesetzlichen Strafe rechtswidrig zu entziehen, die Verfolgung einer strafbaren Handlung unterläßt oder eine Handlung begeht, welche ge-

eignet ist, eine Freisprechung oder eine dem Gesetz nicht entsprechende Bestrafung zu bewirken, oder wenn er die Vollstreckung der ausgesprochenen Strafe nicht betreibt oder eine gelindere als die erkannte Strafe zur Vollstreckung bringt. Auch das Vergehen eines Anwalts, welcher in ebenderselben Rechtssache beiden Parteien durch Rat oder Beistand pflichtwidrig dient, wird als P. bezeichnet und nach dem deutschen Strafgesetzbuch (§ 356) mit Gefängnis nicht unter 3 Monaten bestraft. Handelte der Anwalt hierbei im Einverständnis mit der Gegenpartei zum Nachteil seiner Partei, so soll sogar Zuchthaus bis zu 5 Jahren eintreten können.

Precarium (lat.), etwas auf Bitte, doch mit Vorbehalt des Widerrufs (precario) Gewährtes.

Premier (franz., spr. -meh), der Erste, Oberste; daher Premierminister, s. v. w. Ministerpräsident; Premierleutnant, Oberleutnant.

Presbyter (griech.), Ältester, in der ältesten christlichen wie noch jetzt in der reformierten Kirche Titel der Gemeindevorsteher und der die Gemeinde vertretenden Mitglieder des Kirchenrats (ihre Gesamtheit Presbyterium); in der katholischen Kirche s. v. w. Priester. S. Synodal- und Presbyterialverfassung.

Preßbüreau, eine Unterabteilung des Ministeriums des Auswärtigen, welche in manchen Staaten besteht und die Beeinflussung der öffentlichen Meinung im Interesse der Staatsregierung durch die Regierungspresse und überhaupt durch Abfassung und Verbreitung von Zeitungskorrespondenzen zur Aufgabe hat.

Presse, von der Buchdruckpresse hergenommene Bezeichnung für die Gesamtheit der durch den Druck veröffentlichten Geisteserzeugnisse; dann diese geistige Produktion selbst, namentlich diejenige, welche auf die öffentlichen Angelegenheiten und Tagesfragen Bezug hat (periodische P., Zeitungspresse). Preßgesetzgebung, Inbegriff der die P. betreffenden Normen, namentlich derjenigen, welche den Gebrauch der P. im öffentlichen Interesse beschränken. Die moderne Preßgesetzgebung erkennt im Prinzip die Preßfreiheit an, indem sie das frühere Präventivsystem, bestehend in Vorsichtsmaßregeln gegen etwaigen Mißbrauch der P., verlassen, insbesondere die Zensur (f. d.) beseitigt und das sogen. Repressivsystem adoptiert hat, welches nur auf die Bestrafung und Beseitigung bereits verübten Mißbrauchs gerichtet ist; so das deutsche Reichspreßgesetz vom 9. Mai 1874. Außer der Zensur sind das Konzessionswesen in Ansehung des Preßgewerbes, Zeitungs- und Kalenderstempelsteuer und die Abgaben von Inseraten, das Kautionswesen und die Entziehung der Befugnis zum selbständigen Betrieb eines Preßgewerbes im administrativen oder richterlichen Weg abgeschafft. Auch die Verbreitung von Preßerzeugnissen ist frei, doch muß von jeder Nummer einer periodischen Druckschrift ein Exemplar unentgeltlich vom Verleger an die Polizeibehörde des Ausgabeorts abgeliefert werden. Ausgenommen sind nur Druckschriften, welche ausschließlich den Zwecken der Wissenschaft, der Kunst, des Gewerbes oder der Industrie dienen, Publikationen der Reichs-, Staats- und Gemeindebehörden, des Reichstags und der Landesvertretungen mit amtlichen Mitteilungen sowie die für Redaktionen bestimmten Korrespondenzen. Zur gewerbsmäßigen Verbreitung von Druckschriften an öffentlichen Orten ist die vorgängige Erlaubnis der Ortspolizeibehörde erforderlich, die aber nur denjenigen verweigert werden darf, welchen die Erteilung eines Legitimationsscheins für den Gewerbebetrieb im Umherziehen überhaupt versagt werden kann (s. Gewerbegesetzgebung). Preßvergehen (Preßdelikte) sind strafbare Handlungen, die überhaupt durch die P. begangen werden, z. B. Aufforderung zum Hochverrat, Gotteslästerung, Beleidigung; im engern Sinn diejenigen, welche eben nur durch die P. verübt werden können, namentlich Vergehen gegen die Ordnung der P., z. B. falsche Angaben über die Person des Redakteurs u. dgl. Mit der Bestrafung des Thäters ist die Vernichtung der noch nicht in Privatgebrauch übergegangenen Exemplare der strafbaren Druckschrift zu verbinden; eine vorläufige Beschlag=

nahme von solchen kann sowohl durch das Gericht als durch die Polizeibehörde verfügt werden, doch muß die Bestätigung derselben binnen 24 Stunden von der Staatsanwaltschaft bei dem zuständigen Gericht beantragt und von diesem binnen weitern 24 Stunden erlassen werden. Die durch die P. verübten eigentlichen Verbrechen gehören vor die Schwurgerichte; die Ausdehnung der Kompetenz der letztern auf alle Preßvergehen ist in die deutschen Justizgesetze nicht übergegangen, aber im Einführungsgesetz zum deutschen Gerichtsverfassungsgesetz für Bayern, Württemberg, Baden und Oldenburg, wo sie bereits erfolgt war, beibehalten worden. Wahrheitsgetreue Berichte über die Verhandlungen eines Landtags oder einer Kammer eines zum Deutschen Reiche gehörigen Staats und insbesondere über Verhandlungen in den öffentlichen Sitzungen des Reichstags bleiben von jeder Verantwortlichkeit frei. Zu bemerken ist endlich noch, daß in Ansehung von sozialistischen und kommunistischen Preßerzeugnissen durch das sogen. Sozialistengesetz eine Einschränkung der Preßfreiheit verfügt worden ist (s. Sozialdemokratie). Vgl. Berner, Lehrbuch des deutschen Preßrechts (1876); Liszt, Das deutsche Reichspreßgesetz (1880).

Preßgesetz, s. Presse.

Pression (lat.), Druck, Beeinflussung, Bearbeitung. So spricht man z. B. von einer P., welche die Regierung auf die Wahlen ausübe, von einer P. auf eine bestimmte Partei u. dgl.

Prestige (franz., spr. -tihsch, »Blendwerk«), Nimbus, Ansehen von ganz besonderer Wirkung, wie es einzelne Personen, wie Napoleon III., Fürst Bismarck, eine Zeitlang genießen, oder wie es politische Parteien, Regierungen zc. sich momentan zu verschaffen wissen.

Preußen, Königreich und Bundesstaat des Deutschen Reichs, 348,246 qkm mit (1880) 27,260,331 Einw. Hauptstadt: Berlin mit (1880) 1,122,385 Einw. Nach den Gebietserweiterungen des Jahrs 1866 (s. Deutsches Reich), und nachdem 1876 auch das Herzogtum Lauenburg (s. d.) mit der preußischen Monarchie vereinigt wor=

ben, setzt sich die letztere aus folgenden Provinzen zusammen:

Provinzen	QKil.	Einw. 1880
1) Ostpreußen	36 978	1 980 498
2) Westpreußen	25 502	1 403 498
3) Brandenburg	39 897	3 383 560
4) Pommern	30 107	1 538 454
5) Posen	28 954	1 700 943
6) Schlesien	40 291	4 003 228
7) Sachsen	25 245	2 311 067
8) Schleswig-Holstein . . .	18 841	1 124 862
9) Hannover	38 426	2 117 629
10) Westfalen	20 200	2 042 672
11) Hessen-Nassau	15 685	1 553 344
12) Rheinprovinz	26 980	4 073 738
13) Hohenzollernsche Lande .	1 143	67 579

Die **Staatsverfassung** ist diejenige einer konstitutionellen Monarchie. Sie beruht auf der Verfassungsurkunde vom 31. Jan. 1850 und den Nachtragsgesetzen vom 30. April 1851, 21. Mai und 5. Juni 1852, 7. Mai 1853, 24. Mai 1853, 10. Juni 1854, 30. Mai 1855, 18. Mai 1857, 27. Juni 1860, 10. Nov. 1865 und 5. April 1873. In den 1866 neu erworbenen Landesteilen ist die Verfassung 1. Okt. 1867 in Kraft getreten. Das Staatsoberhaupt ist der **König**, welcher zugleich nach Art. 11 der deutschen Reichsverfassung das Präsidium des Deutschen Reichs mit dem Prädikat »deutscher Kaiser« (seit 18. Jan. 1871) zusteht (s. **Kaiser**). Die Krone ist erblich im Mannsstamm des Hauses Hohenzollern (s. d.) nach dem Rechte der Erstgeburt und der agnatischen Linealerbfolge. Der König wird mit Vollendung des 18. Lebensjahrs volljährig. Er legt bei dem Regierungsantritt in Gegenwart der Kammern den Eid auf die Verfassung ab. Ohne Einwilligung der letztern kann der König nicht zugleich Beherrscher fremder Staaten sein. Ein Teil der Zivilliste, 7,719,296 Mk. jährlich, ist als Kronfideikommiß auf die Einkünfte aus den Domänen und Forsten angewiesen. Hierzu kommt noch ein jährlicher Staatszuschuß von 4,500,000 Mk. Der erstgeborne Sohn des Königs führt als solcher den Titel »Kronprinz von P.« (zugleich »Kronprinz des Deutschen Reichs«). Ist der Bruder des Königs der

vermutliche Thronerbe, so führt er den Titel »Prinz von P.« Der König ist unverletzlich und unverantwortlich, bedarf aber für alle Regierungsakte der Gegenzeichnung der verantwortlichen Minister. Er übt die vollziehende Gewalt aus, beruft die Kammern, schließt deren Sitzungen, verkündet die Gesetze und erläßt die zur Ausführung derselben nötigen Verordnungen. Der König führt den Oberbefehl über das Heer, beschließt über Krieg und Frieden und übt das Recht der Beglaubigung aus. Bei Ausübung der gesetzgebenden Gewalt ist der König an die Zustimmung des Landtags gebunden, welch letzterer zudem das Recht der Teilnahme an der Aufstellung des jährlichen Staatshaushaltsetats, der Kontrolle der Finanzverwaltung und des Staatsschuldenwesens und das Steuerbewilligungsrecht hat. Der Landtag zerfällt in zwei Kammern, deren Übereinstimmung zu jedem Gesetz, ebenso wie die Zustimmung des Königs, erforderlich ist. Die Erste Kammer, das Herrenhaus, besteht aus den großjährigen Prinzen des königlichen Hauses, ferner kraft erblichen Rechts aus dem Haupte der fürstlichen Familie von Hohenzollern, aus den Häuptern der standesherrlichen Familien und aus den sonstigen Häuptern der dem hohen Adel angehörigen Häuser, endlich aus denjenigen Personen, welchen das erbliche Recht auf Sitz und Stimme im Herrenhaus vom König besonders verliehen wird. Als Mitglieder auf Lebenszeit werden vom König diejenigen Personen berufen, welche ihm verfassungsmäßig von gewissen Verbänden und Körperschaften, Stiftern, Universitäten und größern Städten präsentiert werden. Dazu kommen die Inhaber der sogen. vier großen Landesämter in P. (Oberburggraf, Obermarschall, Landhofmeister und Kanzler) und einzelne Personen, welche durch das besondere Vertrauen des Königs berufen werden. Aus der Zahl der letztern werden dann vom König die sogen. Kronsyndiken bestellt, welchen er wichtige Rechtsfragen zur Begutachtung vorlegen läßt. Die Zweite Kammer, das Haus der Abgeordneten, besteht aus 433 Vertretern des gesamten Volks. Die Wahl ist nach dem Wahlgesetz vom 30. Mai 1849 eine indirekte, indem auf je 250 Seelen ein Wahlmann gewählt wird. Die Urwähler zerfallen dabei nach Maßgabe der von ihnen zu entrichtenden direkten Steuern in drei Klassen (Höchstbesteuerte, Minderbesteuerte, am niedrigsten oder gar nicht Besteuerte). Die Legislaturperiode ist eine dreijährige. Wählbar zum Abgeordneten ist jeder Preuße, welcher das 30. Lebensjahr vollendet hat, im Vollbesitz der bürgerlichen Rechte und bereits seit einem Jahr preußischer Staatsangehöriger gewesen ist. Das Herrenhaus ist bei Anwesenheit von 60, das Abgeordnetenhaus bei Anwesenheit der Mehrzahl seiner Mitglieder beschlußfähig. Jedes von beiden Häusern, welche gleichzeitig berufen, eröffnet, vertagt und geschlossen werden, regelt seinen Geschäftsgang und seine Disziplin durch eine autonome Geschäftsordnung und wählt seinen Präsidenten, seine Vizepräsidenten und Schriftführer für die Dauer der Sitzungsperiode. Die Geschäftsordnung des Abgeordnetenhauses unterscheidet sich von derjenigen des deutschen Reichstags im wesentlichen nur dadurch, daß die Redner nach der Reihenfolge ihrer Meldung zum Wort (Rednerliste) und nicht nach dem Ermessen des Präsidenten zum Wort gerufen werden. Während aber die Reichstagsabgeordneten keine Diäten erhalten, beziehen die Mitglieder des Abgeordnetenhauses außer den Reisekosten täglich 15 Mk. Tagegelder. Niemand kann gleichzeitig Mitglied beider Häuser sein.

An der Spitze der Staatsverwaltung steht der König, welcher nach dem Ausspruch Friedrichs d. Gr. der erste Diener des Staats ist. Ihm steht als oberste beratende Behörde ein Staatsrat zur Seite, welcher sich aus den Prinzen des königlichen Hauses, aus den Feldmarschällen, den aktiven Staatsministern, dem Chefpräsidenten der Oberrechnungskammer, den Chefs des Zivil= und des Militärkabinetts des Königs, den kommandierenden Generalen und Oberpräsidenten, sofern dieselben in der Residenz anwesend sind, und den vom König besonders in dies Kollegium berufenen Staatsdienern

zusammensetzt. Den Vorsitz im Staatsrat, welch letzterer die Grundsätze, nach denen die Verwaltung geführt werden soll, sowie alle Gesetz= und Verordnungsentwürfe, welche der König ihm zur Begutachtung überweist, zu prüfen hat, führt der König selbst oder den von ihm ernannten Präsidenten. Die Zentralbehörde für die Staatsverwaltung ist das Staatsministerium, welches sich aus den Ressortministern der auswärtigen Angelegenheiten, des Kriegs, des Innern, der öffentlichen Arbeiten, der Finanzen, der geistlichen, Unterrichts= und Medizinalangelegenheiten, dem Minister für Landwirtschaft, Domänen und Forsten, dem Justizminister und dem Minister für Handel und Gewerbe zusammensetzt. Ministerpräsident ist dermalen der Minister der auswärtigen Angelegenheiten, welcher zugleich interimistisch das Portefeuille des Handelsministers übernommen hat und gleichzeitig Kanzler des Deutschen Reichs ist: Fürst von Bismarck. Ihm ist ein besonderer Vizepräsident beigegeben. Neben dem Staatsministerium und unabhängig von demselben stehen die Oberrechnungskammer in Potsdam zur Kontrolle des gesamten Staatsrechnungswesens sowie die Staatsschuldenkommission in Berlin. Unmittelbar unter dem Staatsministerium stehen folgende Behörden: das Zentraldirektorium der Vermessungen, der Gerichtshof zur Entscheidung der Kompetenzkonflikte, der Disziplinarhof für nichtrichterliche Beamte, der königliche Gerichtshof für kirchliche Angelegenheiten, das Oberverwaltungsgericht, die Prüfungskommission für höhere Verwaltungsbeamte, das litterarische Büreau des Staatsministeriums, das Kuratorium des »Deutschen Reichs= und königlich preußischen Staatsanzeigers« und die Redaktion der Gesetzsammlung. Dem Präsidium des Staatsministeriums sind unmittelbar unterstellt: die Generalordenskommission, die Staatsarchive und das Gesetzsammlungsamt. Von dem Staatsministerium ist das Ministerium des königlichen Hauses getrennt, von welchem das Heroldsamt, das königliche Hausarchiv, die Hofkammer der könig=

lichen Familiengüter und das geheime Kabinett des Königs für die Zivilangelegenheiten, ebenso wie dasjenige für die Militärangelegenheiten, ressortieren. Was die einzelnen Fachministerien anbetrifft, so ist das Ministerium der auswärtigen Angelegenheiten jetzt als **Auswärtiges Amt des Deutschen Reichs** auf das Reich übernommen (s. **Reichsbehörden**). Das **Finanzministerium** zerfällt in die drei Abteilungen für Etats- und Kassenwesen, für direkte Steuern und für die Verwaltung der indirekten Steuern. Von denselben ressortieren die General-Lotteriedirektion, die General-Staatskasse, die Münzanstalten, die Generaldirektion der allgemeinen Witwenverpflegungsanstalt, die Seehandlung (s. d.) und die Hauptverwaltung der Staatsschulden. Das **Ministerium der geistlichen, Unterrichts- und Medizinalangelegenheiten** zerfällt in drei Abteilungen für die drei Zweige der Verwaltung, welche ihm übertragen ist. Unter diesem Ministerium stehen die Kommission für die Erforschung und Erhaltung der Kunstdenkmäler, die wissenschaftliche Deputation für das Medizinalwesen, die technische Kommission für pharmazeutische Angelegenheiten, die königliche Akademie der Wissenschaften, die königliche Akademie der Künste, die königlichen Museen, Nationalgalerie, Bibliothek, Rauch-Museum, Sternwarte, botanischer Garten, geodätisches Institut für die Zwecke der europäischen Gradmessung, Heilanstalt der Charité in Berlin und die litterarischen, musikalischen und artistischen Sachverständigenvereine für die preußischen Staaten. Unter dem **Handelsministerium** steht die technische Deputation für Gewerbe. Das **Ministerium der öffentlichen Arbeiten** zerfällt in vier Abteilungen: für Bergwesen, für die Verwaltung der Staatseisenbahnen, für die Verwaltung des Bauwesens und für die Führung der Staatsaufsicht über die Privatbahnen. Von demselben ressortieren die Oberbergämter in Breslau, Halle, Klausthal, Dortmund und Bonn mit den ihnen unterstellten untern Bergbehörden. Außerdem stehen unter diesem Ministerium: die geologische

Landesanstalt und die Bergakademie in Berlin, die technische Baudeputation, die technische Oberprüfungskommission und die technischen Kommissionen zur Abnahme der ersten Staatsprüfung im Bau- und Maschinenfach. Vom **Justizministerium** ressortiert, abgesehen von den Gerichtsbehörden (s. unten), die Justizprüfungskommission. Das **Kriegsministerium** setzt sich aus einer Zentralabteilung, dem allgemeinen Kriegsdepartement, dem Militärökonomiedepartement und dem Departement für das Invalidenwesen zusammen. Dazu kommen noch besondere Abteilungen für die persönlichen Angelegenheiten, für das Remontewesen und die Medizinalabteilung. Das Kriegsministerium fungiert zugleich als mittelbare Reichsbehörde, da das gesamte Militärwesen auf Kosten des Deutschen Reichs verwaltet und das deutsche Heer, ebenso wie die Marine (s. d.), als eine einheitliche Reichsinstitution betrachtet wird (s. **Deutsches Reich**). Vom **Ministerium für Landwirtschaft, Domänen und Forsten** (drei Abteilungen) ressortieren das Landesökonomiekollegium, die technische Deputation für das Veterinärwesen, die Zentralmoorkommission, das Oberlandeskulturgericht, die landschaftlichen Kreditinstitute, die höhern landwirtschaftlichen Lehranstalten, die Tierarzneischule in Berlin, die Institute zur Förderung des Gartenbaus, die Haupt- und Landgestüte, die Forstobereraminationskommission und die Forstakademie.

Unter dem **Ministerium des Innern** stehen die statistische Kommission, das statistische Büreau und das meteorologische Institut zu Berlin. Außerdem ist demselben die gesamte innere Provinzialverwaltung unterstellt. Die Monarchie zerfällt nämlich in 13 Provinzen (s. oben), an deren Spitze, abgesehen von den hohenzollernschen Landen, Oberpräsidenten stehen. Dem Oberpräsidenten, zugleich Präsidenten der in der Hauptstadt der Provinz befindlichen Regierung, ist die Provinzialverwaltung übertragen, indem ihm Provinzialschulkollegien, die über den Gymnasien, Realschulen, Seminaren zc. stehen, Medizinalkollegien, Provinzialsteuerdirektionen für die Erhebung der indirekten Steuern und Zölle mit ihren Unterbehörden und Generalkommissionen für die Ablösungs- und Zusammenlegungssachen beigegeben sind. Die Provinzen zerfallen in Regierungsbezirke (in Hannover Landdrosteien genannt), an deren Spitze Regierungen mit Regierungspräsidenten (Landdrosten) stehen. Die Regierungsbezirke zerfallen wiederum in Kreise, welche Landräten (Kreishauptleuten) unterstellt sind. Den Landräten stehen Kreisphysiker, Kreiswundärzte, Kreistierärzte, Kreisbaubeamte und Kreisschulinspektoren für das Volksschulwesen zur Seite. Außerdem stehen unter den Regierungen die Beamten der Forstverwaltung (Forstmeister, Oberförster, Forstkassenrendanten), die Beamten der Domänenverwaltung und diejenigen der direkten Steuerverwaltung (Kreiskassen, Katasterbeamte). In Hannover besteht eine besondere Finanzdirektion für die Provinz. Die hohenzollernschen Lande bilden einen Regierungsbezirk, welcher in Oberamtsbezirke zerfällt. In den sechs östlichen Provinzen ist die Kreisverfassung durch die Kreisordnung vom 13. Dez. 1872 geordnet (s. Kreis). Hierzu kam dann die Provinzialverwaltung vom 29. Juni 1875 (s. Provinz). Provinz und Kreis bilden zugleich je einen Kommunalverband zur Wahrnehmung der Selbstverwaltung mit einem Provinziallandtag und einem Kreistag (s. Kreis und Provinz). Die Kreise zerfallen wiederum in Amtsbezirke, welche jeweilig einem Amtsvorsteher (s. d.) unterstellt sind. Größere Städte, resp. deren Magistrate sind entweder kreiseximiert, oder sie bilden besondere Kreise für sich; auch bestehen in einzelnen größern Städten königliche Polizeipräsidien oder Polizeidirektionen. Das Polizeipräsidium zu Berlin steht unmittelbar unter dem Ministerium des Innern.

Verwaltungsorganisation.

I. Provinz Ostpreußen,
Oberpräsidium in Königsberg.

1) Regierungsbezirk Königsberg mit den Kreisen (Landratsämtern): Allenstein, Braunsberg, Eylau, Fischhausen, Friedland (Domnau), Gerdauen, Heiligenbeil, Heilsberg (Guttstadt), Pr.-Holland, Königsberg (Stadtkreis), Königsberg (Landkreis), Labiau, Memel, Mohrungen, Neidenburg, Ortelsburg, Osterode, Rastenburg, Rössel, Wehlau und dem Königlichen Polizeipräsidium zu Königsberg.

2) Gumbinnen: Angerburg, Darkehmen, Goldap, Gumbinnen, Heydekrug, Insterburg, Johannisburg, Lötzen, Lyck, Niederung, Oletzko (Marggrabowa), Pillkallen, Ragnit, Sensburg, Stallupönen und Tilsit.

II. Provinz Westpreußen,
Oberpräsidium in Danzig.

3) Regierungsbezirk Danzig mit den Kreisen (Landratsämtern): Berent, Danzig (Stadtkreis), Danzig (Landkreis), Elbing (Stadtkreis), Elbing (Landkreis), Karthaus, Marienburg, Neustadt, Pr.-Stargard und dem Königlichen Polizeipräsidium zu Danzig.

4) Marienwerder: Deutschkrone, Flatow, Graudenz, Konitz, Kulm, Löbau (Neumark), Marienwerder, Rosenberg, Schlochau, Schwetz, Strasburg, Stuhm, Thorn und Tuchel.

III. Provinz Brandenburg,
Oberpräsidium in Potsdam.

5) Haupt- und Residenzstadt Berlin.

6) Regierungsbezirk Potsdam mit den Kreisen (Landratsämtern): Angermünde, Niederbarnim, Oberbarnim, Beeskow-Storkow (Beeskow), Charlottenburg (Stadtkreis), Osthavelland (Nauen), Westhavelland (Rathenow), Jüterbogk-Luckenwalde (Jüterbogk), Potsdam (Stadtkreis), Prenzlau, Ostprignitz (Kyritz), Westprignitz (Perleberg), Ruppin (Neuruppin), Teltow, Templin, Zauch-Belzig (Belzig) und der Königlichen Polizeidirektion in Potsdam.

7) Frankfurt a. O.: Arnswalde, Frankfurt a O. (Stadtkreis), Friedeberg, Guben, Kalau, Königsberg i. N.-M., Kottbus, Krossen, Landsberg a. W., Lebus (Seelow), Lübben, Luckau, Oststernberg (Zielenzig), Soldin, Sorau, Spremberg, Weststernberg (Drossen) und Züllichau-Schwiebus (Züllichau).

IV. Provinz Pommern,
Oberpräsidium in Stettin.

8) Regierungsbezirk Stettin mit den Kreisen (Landratsämtern): Anklam, Demmin, Greifenberg, Greifenhagen, Kammin, Naugard, Pyritz, Randow, Regenwalde (Labes), Saatzig, Stettin (Stadtkreis), Ückermünde und Usedom-Wollin (Swinemünde).

9) Köslin: Belgard, Bublitz, Bütow, Dramburg, Kolberg-Körlin (Kolberg), Köslin, Lauenburg, Neustettin, Rummelsburg, Schivelbein, Schlawe und Stolp.

10) Stralsund: Franzburg, Greifswald, Grimmen, Rügen (Bergen a. R.) und Stralsund (Stadtkreis).

V. Provinz Posen,

Oberpräsidium in Posen.

11) Regierungsbezirk P o s e n mit den Kreisen (Landratsämtern): Adelnau (Ostrowo), Birnbaum, Bomst (Wollstein), Buk (Neutomischel), Fraustadt, Kosten, Kröben (Rawitsch), Krotoschin, Meseritz, Obornik, Pleschen, Posen (Stadtkreis), Posen (Landkreis), Samter, Schildberg, Schrimm, Schroda, Wreschen und der Königlichen Polizeidirektion in Posen.

12) B r o m b e r g : Bromberg (Stadtkreis), Bromberg (Landkreis), Czarnikau, Gnesen, Inowrazlaw, Kolmar, Mogilno, Schubin, Wirsitz und Wongrowitz.

VI. Provinz Schlesien,

Oberpräsidium in Breslau.

13) Regierungsbezirk B r e s l a u mit den Kreisen (Landratsämtern): Breslau (Stadtkreis), Breslau (Landkreis), Brieg, Frankenstein, Glatz, Guhrau, Habelschwerdt, Militsch, Münsterberg, Namslau, Neumarkt, Neurode, Nimptsch, Ohlau, Ols, Reichenbach, Schweidnitz, Steinau, Strehlen, Striegau, Trebnitz, Waldenburg, Wartenberg, Wohlau und dem Königlichen Polizeipräsidium zu Breslau.

14) L i e g n i tz : Bollenhayn, Bunzlau, Freistadt, Glogau, Goldberg-Hainau (Goldberg), Görlitz (Stadtkreis), Görlitz (Landkreis), Grünberg, Hirschberg, Hoyerswerda, Jauer, Landeshut, Lauban, Liegnitz (Stadtkreis), Liegnitz (Landkreis), Löwenberg, Lüben, Rothenburg, Sagan, Schönau und Sprottau.

15) O p p e l n : Beuthen, Falkenberg, Großstrehlitz, Grottkau, Kattowitz, Kosel, Kreuzburg, Leobschütz, Lublinitz, Neiße, Neustadt, Oppeln, Pleß, Ratibor, Rosenberg, Rybnik, Tarnowitz, Tost-Gleiwitz (Gleiwitz) und Zabrze.

VII. Provinz Sachsen,

Oberpräsidium in Magdeburg.

16) Regierungsbezirk M a g d e b u r g mit den Kreisen (Landratsämtern): Aschersleben (Quedlinburg), Gardelegen, Halberstadt, Jerichow I (Burg), Jerichow II (Genthin), Kalbe, Magdeburg (Stadtkreis), Neuhaldensleben, Oschersleben, Osterburg, Salzwedel, Stendal, Wanzleben, Wernigerode und Wolmirstedt.

17) M e r s e b u r g : Bitterfeld, Delitzsch, Eckartsberga (Kölleda), Halle a. S. (Stadtkreis), Liebenwerda, Mansfeld (Gebirgskreis), Mansfeld (Seekreis [Eisleben]), Merseburg, Naumburg, Querfurt, Saalkreis (Halle), Sangerhausen, Schweinitz (Herzberg a. E.), Torgau, Weißenfels, Wittenberg und Zeitz.

18) E r f u r t : Erfurt (Stadtkreis), Erfurt (Landkreis), Heiligenstadt, Langensalza, Mühlhausen, Nordhausen, Schleusingen, Weißensee, Worbis und Ziegenrück (Ranis).

VIII. Provinz Schleswig-Holstein,

Oberpräsidium in Kiel.

19) Regierungsbezirk S c h l e s w i g mit den Kreisen (Landratsämtern): Altona (Stadtkreis), Apenrade, Eckernförde, Eiderstedt (Tönning), Flensburg, Hadersleben, Husum, Kiel (Bordesholm), Herzogtum Lauenburg (Ratzeburg), Norderdithmarschen (Heide), Oldenburg (Cismar), Pinneberg, Plön, Rendsburg, Schleswig, Segeberg, Sonderburg, Steinburg (Itzehoe), Stormarn (Wandsbeck), Süderdithmarschen (Meldorf) und Tondern.

XI. Provinz Hannover,

Oberpräsidium in Hannover.

20) Landdroftei H a n n o v e r mit den Kreisen (Kreishauptmannschaften): Diepholz, Hameln, Hannover (Stadtkreis), Hannover (Landkreis), Hoya, Nienburg, Wennigsen und der Königlichen Polizeidirektion in Hannover.

21) H i l d e s h e i m : Einbeck, Göttingen, Hildesheim, Liebenburg, Marienburg, Osterode, Zellerfeld und Königliche Polizeidirektion in Göttingen.

22) L ü n e b u r g : Celle, Dannenberg, Fallingbostel, Gifhorn, Harburg, Lüneburg, Uelzen und Königliche Polizeidirektion in Celle.

23) S t a d e : Lehe, Neuhaus a. d. Oste, Osterholz, Otterndorf, Rotenburg, Stader Geestkreis, Stader Marschkreis und Verden.

24) O s n a b r ü c k : Bersenbrück, Lingen, Melle, Meppen und Osnabrück.

25) A u r i c h : Aurich, Emden und Leer.

X. Provinz Westfalen,

Oberpräsidium in Münster.

26) Regierungsbezirk M ü n s t e r mit den Kreisen (Landratsämtern): Ahaus, Beckum, Borken, Koesfeld, Lüdinghausen, Münster (Stadtkreis), Münster (Landkreis), Recklinghausen, Steinfurt (Burgsteinfurt), Tecklenburg und Warendorf.

27) M i n d e n : Bielefeld (Stadtkreis), Bielefeld (Landkreis), Büren, Halle i. W., Herford, Höxter, Lübbecke, Minden, Paderborn, Warburg und Wiedenbrück.

28) A r n s b e r g : Altena, Arnsberg, Bochum (Stadtkreis), Bochum (Landkreis), Brilon, Dortmund (Stadtkreis), Dortmund (Landkreis), Hagen, Hamm, Iserlohn, Lippstadt, Meschede, Olpe, Siegen, Soest und Wittgenstein (Berleburg).

XI. Provinz Hessen-Nassau,

Oberpräsidium in Kassel.

29) Regierungsbezirk K a s s e l mit den Kreisen (Landratsämtern): Eschwege, Frankenberg, Fritzlar, Fulda, Gelnhausen, Gersfeld, Hanau, Hersfeld, Hofgeismar, Homberg, Hünfeld, Kassel (Stadtkreis), Kassel (Landkreis), Kirchhain, Marburg, Melsungen, Rinteln, Rotenburg, Schlüchtern, Schmalkalden, Witzen-

hausen, Wolfhagen, Ziegenhain und der Königlichen Polizeidirektion in Kassel.
10) Wiesbaden: Biedenkopf, Dillkreis (Dillenburg), Frankfurt a. M. (Stadtkreis), Oberlahn
(Weilburg), Unterlahn (Diez), Rheingau (Rüdesheim), Obertaunus (Homburg), Unter-
taunus (Langenschwalbach), Oberwesterwald
(Marienberg), Unterwesterwald (Montabaur),
Wiesbaden (Stadtkreis), Wiesbaden(Landkreis),
Königl. Polizeipräsidium zu Frankfurt a. M.
und Königl. Polizeidirektion in Wiesbaden.

XII. Rheinprovinz.
Oberpräsidium in Koblenz.

31) Koblenz mit den Kreisen (Landratsämtern):
Adenau, Ahrweiler, Altenkirchen, Koblenz,
Kochem, Kreuznach, Mayen, Meisenheim, Neuwied (Heddesdorf), Simmern, St. Goar, Wetzlar, Zell und der Kgl. Polizeidirektion in Koblenz.
32) Düsseldorf: Barmen (Stadtkreis), Düsseldorf (Stadtkreis), Düsseldorf (Landkreis), Duisburg (Stadtkreis), Elberfeld (Stadtkreis), Essen
(Stadtkreis), Essen (Landkreis), Geldern, Gladbach, Grevenbroich (Wevelinghoven), Kempen,
Kleve, Krefeld (Stadtkreis), Krefeld (Landkreis),
Lennep, Mettmann (Bohwinkel), Mörs, Mülheim a. d. Ruhr, Neuß, Rees (Wesel), Solingen.
33) Köln: Bergheim, Bonn, Euskirchen, Gummersbach, Köln (Stadtkreis), Köln (Landkreis),
Mülheim a. Rh., Rheinbach, Siegkreis (Siegburg), Waldbröl, Wipperfürth und Königliches Polizeipräsidium zu Köln.
34) Trier: Bernkastel, Bitburg, Daun, Merzig,
Ottweiler, Prüm, Saarbrücken, Saarburg,
Saarlouis, Trier (Stadtkreis), Trier (Landkreis), St. Wendel und Wittlich.
35) Aachen: Aachen (Stadtkreis), Aachen (Landkreis), Düren, Erkelenz, Eupen, Geilenkirchen,
Heinsberg, Jülich, Malmedy, Montjoie,
Schleiden und Kgl. Polizeidirektion in Aachen.

XIII. Hohenzollernsche Lande.

36) Regierung in Sigmaringen, welcher die
Oberämter zu Gammertingen, Haigerloch,
Hechingen und Sigmaringen unterstellt sind.

Kultus.

Nach den Konfessionen zerfiel die Bevölkerung der Monarchie 1875 in

16 636 990 Evangelische (64,64 Proz.),
8 625 840 Römisch-Katholische (33,51 Proz.),
189 784 Angehörige andrer Konfessionen (0,53
Proz.) und
389 790 Israeliten (1,52 Proz.).

Die Katholiken bilden namentlich in
Oberschlesien, Posen, Westfalen, besonders
im Münsterland, dann in der Rheinprovinz den überwiegenden Teil der Bevölkerung, darunter 17,674 Altkatholiken (s. d.).

Dagegen ist die uniert-protestantische Kirche
in Ostpreußen, Sachsen, Hessen-Nassau,
Hannover, Pommern, Brandenburg und
Schleswig-Holstein die überwiegende, während in Westpreußen und Schlesien beide
Konfessionen ziemlich gleichheitlich verteilt
sind. In den alten Provinzen ist der
evangelische Oberkirchenrat in Berlin
die geistliche Oberbehörde der Protestanten.
Unter diesem stehen die Provinzial-
konsistorien zu Königsberg (für Ost-
und Westpreußen), Potsdam, Stettin,
Posen, Breslau, Magdeburg, Münster
und Koblenz (zugleich für die hohenzollernschen Lande). Dazu kommen das evangelisch-lutherische Konsistorium für Schleswig-Holstein in Kiel, das Landeskonsistorium zu Hannover, die evangelischen Konsistorien zu Kassel und Wiesbaden, das
lutherische Konsistorium und das reformierte Konsistorium zu Frankfurt a. M.,
letztere insgesamt unter dem Kultusministerium stehend. Durch die Synodalord-
nung vom 20. Jan. 1876 ist für die acht
ältern Provinzen eine Generalsynode
ins Leben getreten, wozu dann Provinzial-
und Kreissynoden kommen (s. Syno-
dal- und Presbyterialverfassung).
In Hannover besteht eine Landessynode,
für Schleswig-Holstein eine Provinzial-
synode, und für die Regierungsbezirke
Kassel und Wiesbaden sind Bezirkssyno-
den ins Leben getreten. Die katholische
Kirche hat zwei Erzbistümer: Köln und
Posen, und zehn Bistümer: Breslau,
Frauenburg und Ermland (beide exemt,
d.h. unmittelbar unter dem Papste stehend),
Kulm, Münster, Paderborn, Trier, Hildesheim, Osnabrück, Fulda und Limburg a. L.; doch sind diese Bistümer infolge des Kulturkampfs nur zum Teil
besetzt (s. Kirchenpolitik). Die Grafschaft Glatz steht unter dem Erzbischof
von Prag, während die hohenzollernschen
Lande dem von Freiburg i. Br. unterstellt sind.

Gerichtsorganisation.

Von der Befugnis zur Errichtung eines
höchsten Landesgerichtshofs hat P. keinen
Gebrauch gemacht. Die höchste Instanz
ist das Reichsgericht in Leipzig. Vgl. nachstehende Übersicht der Gerichtsbehörden:

I. Oberlandesgericht zu Königsberg i. Pr.
(Bezirk: Ostpreußen.)

1) Landgericht Allenstein mit den Amtsgerichten: Allenstein, Gilgenburg, Hohenstein, Neidenburg, Ortelsburg, Osterode, Passenheim, Soldau, Wartenburg und Willenberg.

2) Bartenstein: Barten, Bartenstein, Bischofsburg, Bischofstein, Kreuzburg, Domnau, Pr.-Eylau, Friedland, Gerdauen, Guttstadt, Heilsberg, Landsberg, Nordenburg, Rastenburg, Rößel, Schippenbeil und Seeburg.

3) Braunsberg: Braunsberg, Heiligenbeil, Pr.-Holland, Liebstadt, Mehlsack, Mohrungen, Mühlhausen, Saalfeld, Wormditt und Zinten.

4) Insterburg: Darkehmen, Goldap, Gumbinnen, Insterburg, Pillkallen und Stallupönen.

5) Königsberg i. Pr.: Allenburg, Fischhausen, Königsberg, Labiau, Mehlauken, Pillau, Tapiau und Wehlau.

6) Lyck: Angerburg, Arys, Bialla, Johannisburg, Lötzen, Lyck, Marggrabowa, Nikolaiken, Rhein und Sensburg.

7) Tilsit: Heinrichswalde, Heydekrug, Kaukehmen, Memel, Prökuls, Ragnit, Ruß, Skaisgirren und Tilsit.

II. Oberlandesgericht zu Marienwerder.
(Bezirk: Westpreußen mit Ausnahme des Kreises Deutschkrone.)

1) Landgericht Danzig mit den Amtsgerichten: Berent, Danzig, Dirschau, Karthaus, Neustadt, Putzig, Schöneck, Pr.-Stargard, Zoppot.

2) Elbing: Christburg, Elbing, Deutsch-Eylau, Marienburg, Riesenburg, Rosenberg, Stuhm, Tiegenhof.

3) Graudenz: Graudenz, Marienwerder, Mewe, Neuenburg, Schwetz.

4) Konitz: Baldenburg, Flatow, Pr.-Friedland, Hammerstein, Konitz, Landsburg, Schlochau, Tuchel, Zempelburg.

5) Thorn: Briesen, Gollub, Kulm, Kulmsee, Lautenburg, Löbau, Neumark, Strasburg, Thorn.

III. Oberlandesgericht zu Berlin.
(Bezirk: Berlin und Brandenburg.)

1) Landgericht Berlin (2) mit den Amtsgerichten: Altlandsberg, Berlin II, Bernau, Charlottenburg, Köpenick, Königs-Wusterhausen, Liebenwalde, Mittenwalde, Nauen, Oranienburg, Rixdorf, Spandau, Straußberg, Zossen.

2) Frankfurt a. O.: Beeskow, Wend.-Buchholz, Drossen, Frankfurt a. O., Fürstenwalde, Müncheberg, Reppen, Seelow, Sonnenburg, Storkow, Zielenzig.

3) Guben: Forst, Fürstenberg, Guben, Krossen, Pförten, Schwiebus, Sommerfeld, Sorau, Triebel, Züllichau.

4) Kottbus: Dobrilugk, Finsterwalde, Kalau, Kirchhain, Kottbus, Lieberose, Luckau, Lübben, Lübbenau, Peitz, Senftenberg, Spremberg.

5) Landsberg a. W.: Arnswalde, Bärwalde,

Berlinchen, Driesen, Friedeberg i. N.-M., Königsberg i. N.-M., Küstrin, Landsberg a. W., Lippehne, Reudamm, Reuwedell, Reetz, Soldin, Woldenberg, Zehden.

6) Potsdam: Baruth, Beelitz, Belzig, Brandenburg, Dahme, Jüterbogk, Luckenwalde, Potsdam, Rathenow, Treuenbriezen, Werder.

7) Prenzlau: Angermünde, Brüssow, Eberswalde, Freienwalde, Lychen, Oderberg, Prenzlau, Schwedt, Strasburg, Templin, Wriezen, Zehdenick.

8) Neuruppin: Fehrbellin, Gransee, Havelberg, Kremmen, Kyritz, Lenzen, Lindow, Meyenburg, Perleberg, Pritzwalk, Rheinsberg, Neuruppin, Wittenberge, Wittstock, Wusterhausen a. D.

IV. Oberlandesgericht zu Stettin.
(Bezirk: Pommern.)

1) Landgericht Greifswald mit den Amtsgerichten: Anklam, Barth, Bergen, Demmin, Franzburg, Greifswald, Grimmen, Loitz, Stralsund, Treptow a. T., Wolgast.

2) Köslin: Bärwalde, Belgard, Bublitz, Kolberg, Körlin, Köslin, Neustettin, Polzin, Ratzebur, Schivelbein, Tempelburg, Zanow.

3) Stargard: Dramburg, Fallenburg, Gollnow, Greifenhagen, Jakobshagen, Kallies, Labes, Mossow, Naugard, Nörenberg, Pyritz, Regenwalde, Stargard, Treptow a. R.

4) Stettin: Altdamm, Bahn, Gartz a. O., Greifenhagen, Kammin, Neuwarp, Pasewalk, Penkun, Pölitz, Stepenitz, Stettin, Swinemünde, Ückermünde, Wollin.

5) Stolp: Bütow, Lauenburg, Pollnow, Rügenwalde, Rummelsburg, Schlawe, Stolp.

V. Oberlandesgericht zu Posen.
(Bezirk: Posen und der westpreußische Kreis Deutschkrone.)

1) Landgericht Bromberg mit den Amtsgerichten: Bromberg, Exin, Krone a. B., Inowrazlaw, Labischin, Schubin, Strelno.

2) Gnesen: Gnesen, Mogilno, Tremessen, Wongrowitz, Wreschen.

3) Lissa: Bojanowo, Fraustadt, Gostyn, Kosten, Lissa, Rawitsch, Schmiegel.

4) Meseritz: Bentschen, Birnbaum, Grätz, Meseritz, Neutomischel, Schwerin, Unruhstadt, Wollstein.

5) Ostrowo: Adelnau, Jarotschin, Kempen, Koschmin, Krotoschin, Ostrowo, Pleschen, Schildberg.

6) Posen: Obornik, Pinne, Posen, Pudewitz, Rogasen, Samter, Schrimm, Schroda, Wracke.

7) Schneidemühl: Czarnikau, Deutschkrone, Filehne, M.-Friedland, Jastrow, Kolmar i. P., Lobsens, Margonin, Nakel, Schloppe, Schneidemühl, Schönlanke, Wirsitz.

VI. Oberlandesgericht zu Breslau.
(Bezirk: Schlesien.)

1) Landgericht Beuthen mit den Amtsgerichten: Beuthen, Kattowitz, Königshütte, Myslowitz, Tarnowitz.

2) **Breslau:** Breslau, Kanth, Neumarkt, Winzig, Wohlau.

3) **Brieg:** Brieg, Grottkau, Löwen, Ohlau, Strehlen, Wansen.

4) **Glatz:** Frankenstein, Glatz, Habelschwerdt, Landeck, Lewin, Mittelwalde, Münsterberg, Neurode, Reichenstein, Reinerz, Wünschelburg.

5) **Gleiwitz:** Gleiwitz, Nicolai, Peiskretscham, Pleß, Tost, Zabrze.

6) **Glogau:** Beuthen i. O., Freistadt, Glogau, Grünberg, Guhrau, Halbau, Herrnstadt, Karolath, Neusalz, Polkwitz, Priebus, Sagan, Sprottau, Steinau.

7) **Görlitz:** Görlitz, Hoyerswerda, Lauban, Marklissa, Muskau, Rietz, Reichenbach, Rothenburg, Ruhland, Seidenberg.

8) **Hirschberg:** Bollenhayn, Friedeberg, Greiffenberg, Hermsdorf u. K., Hirschberg, Lähn, Landeshut, Liebau, Löwenberg, Schmiedeberg, Schönau, Schönberg.

9) **Liegnitz:** Bunzlau, Goldberg, Hainau, Jauer, Liegnitz, Lüben, Naumburg a. O., Parchwitz.

10) **Neiße:** Falkenberg, Friedland, Neiße, Neustadt, Oberglogau, Ottmachau, Patschkau, Ziegenhals.

11) **Öls:** Bernstadt, Festenberg, Juliusburg, Militsch, Namslau, Öls, Prausnitz, Trachenberg, Trebnitz, Poln.-Wartenberg.

12) **Oppeln:** Großstrehlitz, Guttentag, Karlsruh, Konstadt, Kreuzburg, Krappitz, Kupp, Landsberg, Lublinitz, Oppeln, Pitschen, Rosenberg, Ujest.

13) **Ratibor:** Bauerwitz, Hultschin, Katscher, Kosel, Leobschütz, Loslau, Ratibor, Rybnik, Sorau.

14) **Schweidnitz:** Friedland, Freiburg, Gottesberg, Niederwüstegiersdorf, Nimptsch, Reichenbach i. Schl., Schweidnitz, Striegau, Waldenburg, Zobten.

VII. Oberlandesgericht zu Naumburg a. S.
(Bezirk: Provinz Sachsen [mit Ausnahme der Kreise Schleusingen und Ziegenrück] und die hannöverschen Ämter Elbingerode und Hohnstein.)

1) Landgericht **Erfurt** mit den Amtsgerichten: Erfurt, Langensalza, Mühlhausen, Sömmerda, Tennstedt, Treffurt, Weißensee.

2) **Halberstadt:** Aschersleben, Egeln, Gröningen, Halberstadt, Oscherleben, Osterwiek, Quedlinburg, Wernigerode.

3) **Halle a. S.:** Alsleben, Bitterfeld, Delitzsch, Eisleben, Ermsleben, Gerbstedt, Gräfenhainchen, Halle, Hettstedt, Könnern, Lauchstedt, Löbejün, Mansfeld, Merseburg, Schkeuditz, Wettin, Wippern, Zörbig.

4) **Magdeburg:** Aken, Barby, Buckau, Burg, Erxleben, Gommern, Großsalze, Kalbe a. S., Loburg, Magdeburg, Neuhaldensleben, Neustadt-Magdeburg, Schönebeck, Staßfurt, Wanzleben, Wolmirstedt, Ziesar.

5) **Naumburg:** Eckartsberga, Freiburg a. U., Heldrungen, Hohenmölsen, Kölleda, Lützen,

Mücheln, Naumburg, Nebra, Osterfeld, Querfurt, Teuchern, Weißenfels, Wiehe, Zeitz.

6) **Nordhausen:** Artern, Bleicherode, Dingelstedt, Ellrich, Großbodungen, Heiligenstadt, Heringen, Ilfeld, Kelbra, Nordhausen, Roßla, Sangerhausen, Stolberg, Worbis.

7) **Stendal:** Arendsee, Beetzendorf, Bismark, Gardelegen, Genthin, Jerichow, Kalbe a. M., Klötze, Oebisfelde, Osterburg, Salzwedel, Sandau, Seehausen i. A., Stendal, Tangermünde, Werferlingen.

8) **Torgau:** Belgern, Dommitzsch, Düben, Ellenburg, Elsterwerda, Herzberg, Jessen, Liebenwerda, Mühlberg, Prettin, Schlieben, Schmiedeberg, Schweinitz, Torgau, Wittenberg.

VIII. Oberlandesgericht zu Kiel.
(Bezirk: Schleswig-Holstein.)

1) Landgericht **Altona** mit den Amtsgerichten: Ahrensburg, Altona, Bergstedt, Blankenese, Eddelack, Elmshorn, Glückstadt, Itzehoe, Kellinghusen, Krempe, Lauenburg, Marne, Meldorf, Mölln, Oldesloe, Pinneberg, Ranzau, Ratzeburg, Reinbek, Reinfeld, Schwarzenbeck, Steinhorst, Trittau.

2) **Flensburg:** Apenrade, Bredstedt, Flensburg, Friedrichstedt, Garding, Hadersleben, Husum, Kappeln, Leck, Lygumkloster, Niebüll, Norburg, Nordstrand, Pellworm, Röbbing, Schleswig, Sonderburg, Tinnum, Tönning, Toftlund, Tondern, Wyk.

3) **Kiel:** Bordesholm, Bramstedt, Burg a. F., Eckernförde, Gettorf, Heide, Heiligenhafen, Hohenwestedt, Kiel, Lunden, Lütjenburg, Neumünster, Neustadt, Nortorf, Oldenburg, Plön, Preetz, Rendsburg, Schenefeld, Schönberg, Segeberg, Wesselburen.

IX. Oberlandesgericht zu Celle.
(Bezirk: Hannover [mit Ausnahme von Elbingerode und Hohnstein] und das Fürstentum Pyrmont.)

1) Landgericht **Aurich** mit den Amtsgerichten: Aurich, Berum, Emden, Esens, Leer, Norden, Weener, Wilhelmshaven, Wittmund.

2) **Göttingen:** Duderstadt, Einbeck, Gieboldehausen, Göttingen, Herzberg, Moringen, Münden, Northeim, Osterode, Reinhausen, Uslar, Zellerfeld.

3) **Hannover:** Burgwedel, Hameln, Hannover, Kalenberg, Koppenbrügge, Lauenstein, Münder, Neustadt a. R., Obernkirchen, Oldendorf, Polle, Pyrmont, Rinteln, Rodenberg, Springe, Wennigsen.

4) **Hildesheim:** Ahlfeld, Bockenem, Burgdorf, Elze, Fallersleben, Gifhorn, Goslar, Hildesheim, Liebenburg, Meinersen, Peine.

5) **Lüneburg:** Bergen, Bleckede, Celle, Dannenberg, Isenhagen, Lüchow, Lüneburg, Medingen, Neuhaus a. E., Soltau, Ülzen, Winsen a. d. L.

6) **Osnabrück:** Bentheim, Bersenbrück, Diepholz,

Feeren, Fürstenau, Iburg, Lingen, Malgarten, Melle, Meppen, Reuenhaus, Osnabrück, Papenburg, Quakenbrück, Sögel, Wittlage.

7) Stade: Bremervörde, Buxtehude, Freiburg, Harburg, Jork, Reuhaus a. O., Osten, Otterndorf, Stade, Tostedt, Zeven.

8) Verden: Achim, Ahlden, Bossum, Blumenthal, Bruchhausen, Dorum, Geestemünde, Hagen, Hoya, Lehr, Lesum, Lilienthal, Rienburg, Osterholz, Rotenburg, Stolzenau, Sulingen, Syke, Uchte, Verden, Walsrode.

X. Oberlandesgericht zu Hamm.

(Bezirk: Westfalen und die rheinländischen Kreise Duisburg, Essen [Stadt und Land], Mülheim a. d. Ruhr und Rees.)

1) Landgericht Arnsberg mit den Amtsgerichten: Arnsberg, Attendorn, Balve, Berleburg, Bigge, Brilon, Burbach, Förde, Freudenburg, Hilchenbach, Kirchhundem, Laasphe, Marsberg, Medebach, Meschede, Reheim, Olpe, Siegen, Warstein.

2) Bielefeld: Bielefeld, Bünde, Gütersloh, Halle, Herford, Lübbecke, Minden, Oynhausen, Petershagen, Rhaden, Rheda, Rietberg, Blotho, Wiedenbrück.

3) Dortmund: Dortmund, Hamm, Hörde, Kamen, Kastrop, Soest, Unna, Werl.

4) Duisburg: Dinslaken, Duisburg, Emmerich, Mülheim a. d. R., Oberhausen, Rees, Ruhrort, Wesel.

5) Essen: Bochum, Borbeck, Essen, Gelsenkirchen, Hattingen, Steele, Wattenscheid, Werden.

6) Hagen: Altena, Hagen, Haspe, Iserlohn, Limburg a. L., Lüdenscheid, Meinerzhagen, Menden, Plettenberg, Schwelm, Schwerte, Witten.

7) Münster: Ahaus, Ahlen, Beckum, Bocholt, Borken, Bottrop, Buer, Burgsteinfurt, Dorsten, Dülmen, Haltern, Ibbenbüren, Koesfeld, Lüdinghausen, Münster, Olde, Recklinghausen, Rheine, Tecklenburg, Breden, Warendorf, Werne.

8) Paderborn: Beverungen, Borgentreich, Bratel, Büren, Delbrück, Erwitte, Fürstenberg, Geseke, Höxter, Lichtenau, Lippstadt, Rieheim, Paderborn, Rüthen, Salzkotten, Steinheim, Warburg.

XI. Oberlandesgericht zu Kassel.

(Bezirk: Regierungsbezirk Kassel [mit Ausnahme des Kreises Schmalkalden und einiger Orte bei Frankfurt a. M.], der Kreis Biedenkopf vom Regierungsbezirk Wiesbaden und das Fürstentum Waldeck.)

1) Landgericht Hanau mit den Amtsgerichten: Bergen, Bieber, Birstein, Burghaun, Eiterfeld, Fulda, Gelnhausen, Großenlüder, Hanau, Hilders, Hünfeld, Langenselbold, Meerholz, Reuhof, Orb, Salmünster, Schlüchtern, Schwarzenfels, Steinau, Wächtersbach, Weyhers, Windecken.

2) Kassel: Abterode, Allendorf, Arolsen, Bischhausen, Eschwege, Felsberg, Friedewald, Fritzlar, Grebenstein, Großalmerode, Gudensberg, Hersfeld, Hofgeismar, Karlshafen, Kassel, Korbach, Lichtenau, Melsungen, Raumburg, Rentershausen, Retra, Niederaula, Niederwildungen, Oberkaufungen, Rotenburg, Schenklengsfeld, Sontra, Spangenberg, Beckerhagen, Boltmarsen, Wannfried, Witzenhausen, Wolfhagen, Zierenberg.

3) Marburg: Amöneburg, Battenberg, Biedenkopf, Borken, Frankenberg, Fronhausen, Gladenbach, Homberg, Jesberg, Kirchhain, Marburg, Neukirchen, Neustadt, Oberaula, Rauschenberg, Rosenthal, Treysa, Böhl, Wetter, Ziegenhain.

XII. Oberlandesgericht zu Frankfurt a. M.

(Bezirk: Regierungsbezirk Wiesbaden [mit Ausnahme des Kreises Biedenkopf], einige Orte des Regierungsbezirks Kassel bei Frankfurt a. M., die hohenzollernschen Lande und beinahe der ganze rechtsrheinische Teil des Regierungsbezirks Koblenz.)

1) Landgericht Frankfurt a. M. mit den Amtsgerichten: Bockenheim, Frankfurt a. M., Homburg v. d. H.

2) Hechingen: Gammertingen, Haigerloch, Hechingen, Sigmaringen, Wald.

3) Limburg a. L.: Braunfels, Diez, Dillenburg, Ehringshausen, Ems, Hadamar, Herborn, Limburg a. L., Marienberg, Rassau, Rennerod, Runkel, Weilburg, Wetzlar.

4) Reuwied: Altenkirchen, Asbach, Daaden, Dierdorf, Ehrenbreitstein, Hachenburg, Höhr-Grenzhausen, Kirchen, Linz, Montabaur, Reuwied, Selters, Wallmerod, Wissen.

5) Wiesbaden: Braubach, Eltville, St. Goarshausen, Hochheim, Höchst, Idstein, Kamberg, Katzenellnbogen, Königstein, Langenschwalbach, Rastätten, Niederlahnstein, Rüdesheim, Usingen, Wehen, Wiesbaden.

XIII. Gemeinschaftliches Oberlandesgericht zu Köln.

(Bezirk: die Rheinprovinz [mit Ausnahme der zu den Oberlandesgerichtsbezirken Hamm und Frankfurt a. M. gehörigen Teile].)

1) Landgericht Aachen mit den Amtsgerichten: Aachen, Aldenhoven, Blankenheim, Düren, Erkelenz, Eschweiler, Eupen, Geilenkirchen, Gemünd, Heinsberg, Jülich, Malmedy, Montjoie, Stolberg, St. Vith, Wegberg.

2) Bonn: Bonn, Eitorf, Euskirchen, Hennef, Königswinter, Rheinbach, Siegburg, Waldbröl.

3) Düsseldorf: Düsseldorf, Gerresheim, Grevenbroich, Krefeld, München-Gladbach, Reuß, Oberkirchen, Opladen, Ratingen, Rheydt, Urdingen, Biersen.

4) Elberfeld: Barmen, Elberfeld, Langenberg,

Bennep, Mettmann, Remscheid, Solingen, Wermelskirchen.

5) **Kleve:** Dülken, Geldern, Goch, Kempen, Kleve, Lobberich, Mörs, Rheinberg, Xanten.

6) **Koblenz:** Adenau, Ahrweiler, Andernach, Boppard, St. Goar, Kastellaun, Kirchberg, Koblenz, Kochem, Kreuznach, Mayen, Meisenheim, Münstermayfeld, Simmern, Sinzig, Sobernheim, Stromberg, Trarbach, Zell.

7) **Köln:** Bensberg, Gummersbach, Kerpen, Köln, Lindlar, Mühlheim a. Rh., Wiehl, Wipperfürth.

8) **Saarbrücken:** Baumholder, Grumbach, Lebach, Neunkirchen, Ottweiler, Saarbrücken, Saarlouis, St. Wendel, Sulzbach, Tholey, Völklingen.

9) **Trier:** Bernkastel, Bitburg, Daun, Hermeskeil, Hillesheim, Merzig, Neuerburg, Neumagen, Perl, Prüm, Rhaunen, Saarburg, Trier, Wadern, Wayweiler, Wittlich.

Die Amtsgerichte zu Schleusingen, Suhl (Regierungsbezirk Erfurt), Brotterode, Schmalkalden und Steinbach-Hallenberg (Regierungsbezirk Kassel) sind dem Landgericht Meiningen, die Amtsgerichte zu Ranis und Ziegenrück (Regierungsbezirk Erfurt) dem Landgericht Rudolstadt zugeteilt. Das zuständige Oberlandesgericht für die betreffenden Bezirke ist das gemeinschaftliche Oberlandesgericht zu Jena. Das Oberlandesgericht zu Naumburg fungiert zugleich als solches für das Herzogtum Anhalt und für das Fürstentum Schwarzburg-Sondershausen, während das Oberlandesgericht zu Celle für das Fürstentum Pyrmont und das Oberlandesgericht zu Kassel für das Fürstentum Waldeck zuständig ist.

Finanzen. Nach dem Staatshaushaltsetat für das Finanzjahr 1881—82 balancieren die Einnahmen mit den Ausgaben in der Gesamtsumme von 913,070,416 Mk., indem sich die fortdauernden Ausgaben auf 873,020,898, die einmaligen und außerordentlichen auf 40,049,518 Mk. belaufen. Dabei ist die Einnahme aus den Domänen und Forsten, nach Abzug einer Rente von 7,719,296 Mk. für den Kronfideikommißfonds, mit 72,114,544 Mk. in Rechnung gestellt. Die direkten Steuern belaufen sich nach Abzug eines dreimonatigen Steuererlasses von 14 Mill. Mk. auf 149,484,000 Mk., während die indirekten Steuern mit den gerichtlichen Kosten und Strafen 95,150,100 Mk. betragen, darunter 17,992,330 Mk. Anteil an den Reichssteuern, 17,500,000 Mk. Stempelsteuern ꝛc. Doch kommen von diesen Steuereinnahmen die Erhebungskosten wieder in Abzug, welche sich bei den direkten Steuern auf 10,008,000 und bei den indirekten auf 25,930,400 Mk. belaufen. Der Ertrag der Lotterie ist mit 4,023,400 Mk. (Ausgabe: 90,100 Mk.) und der Überschuß der Seehandlung mit 3 Mill. Mk. etatisiert. Die Einnahmen aus den Staatseisenbahnen und aus denjenigen Privateisenbahnen, bei welchen der Staat beteiligt ist, belaufen sich auf 356,542,000 Mk., während sich die Betriebskosten auf 266,819,093 Mk. beziffern. Der Anteil Preußens an der Reichseinnahme aus den Zöllen und aus der Tabaksteuer beträgt 34,123,900 Mk. An Matrikularbeiträgen hat P. pro 1880—81: 38,808,232 Mk. an das Reich zu entrichten, pro 1881—82: 52,501,405 Mk. Die Exigenz des Justizministeriums beläuft sich auf 73,552,100 Mk., während für das Kultusministerium 49,710,973 Mk. in Ausgabe gestellt sind. Die Staatsschulden beliefen sich 1881 für die alten Landesteile und für den Gesamtstaat seit 1866 auf 1,306,643,097 Mk., inkl. 761,578,529 Mk. Eisenbahnschulden. Dazu kamen 88,746,086 Mk. Schulden der 1866 neu erworbenen Landesteile, welche mit den letztern übernommen wurden.

Im deutschen Bundesrat, in welchem der Krone P. wichtige Vorrechte eingeräumt sind (s. **Bundesrat**), führt dieselbe 17 Stimmen; in den deutschen Reichstag entsendet P. 236 Abgeordnete. Das kleine **Staatswappen** ist mit der Königskrone bedeckt und enthält im silbernen Felde den schwarzen Adler mit dem Zepter in der Rechten und dem Reichsapfel in der Linken, den Namenszug des Königs auf der Brust. Das mittlere Wappen hat vier Mittelschilde mit den Wappen von P., Brandenburg, Nürnberg und Hohenzollern und zehn Felder mit den Emblemen der Provinzen. Dasselbe wird von zwei wilden Männern gehalten und ist mit der Kette und dem Kreuz des Schwarzen Adlerordens umgeben. Das große Wappen endlich enthält außer jenen vier Mittelschilden 48 Felder mit Zeichen der Provinzen ꝛc., ist mit einem gekrönten Helm bedeckt, von dem Schwarzen und dem Roten Adlerorden umgeben und von zwei wilden, Fahnen tragenden Männern gehalten. Es steht auf einem blauen, goldein= gefaßten Postament mit dem Wahlspruch: »Gott mit uns«. Das Ganze ist mit einem purpurnen Wappenzelt umgeben. Die Landesfarben sind Schwarz und Weiß.

Vgl. Neumann, Das Deutsche Reich in geographischer, statistischer und topo= graphischer Beziehung, Bd. 2 (1874); Rönne, Staatsrecht der preußischen Monarchie (4. Aufl. 1881, 2 Bde.); Os= feld, P. in staatsrechtlicher, kamera= listischer und staatswirtschaftlicher Be= ziehung (2. Aufl. 1870); Schulze, Das preußische Staatsrecht auf Grundlage des deutschen Staatsrechts (1872, 2 Bde.); Lasker, Zur Verfassungsgeschichte Preußens (1874); Hahn, Provinzial= ordnung für die Provinzen P., Branden= burg, Pommern, Schlesien und Sachsen (1875); Brauchitsch, Die neuern Or= ganisationsgesetze der innern Verwaltung für die Provinzen Preußens ꝛc. (1876 ff.); über die Kreisordnung die Ausga= ben von Hahn, Wachler, Höinghaus, Rönne, Verfassungsurkunde für den preußischen Staat (1859); Derselbe, Preußische Verfassungsurkunde (1874). Zur Geschichte Preußens: Droysen, Ge= schichte der preußischen Politik (1855 ff., Teil 1—6); Ranke, Zwölf Bücher preußi= scher Geschichte (1874, 5 Bde.); Eberty, Geschichte des preußischen Staats (1867 bis 1873, 7 Bde.); Hahn, Geschichte des preußischen Vaterlands (8. Aufl. 1878); Philippson, Geschichte des preußischen Staatswesens vom Tod Friedrichs d. Gr. bis zu den Freiheitskriegen (1880, Bd. 1); Isaacsohn, Geschichte des preußischen Beamtentums (1874—78, Bd. 1 u. 2).

Primogenitur (lat.), Erstgeburt, ins= besondere das Vorzugsrecht des Erstgebor= nen (primogenitus) bei der Erbfolge, Nachfolge des Ältesten der ältesten Linie (Primogeniturordnung); in Deutschland zuerst durch die Goldne Bulle Karls IV. 1356 für die Kurlande, später in allen Monarchien durch Hausgesetze ein= geführt.

Prinz (v. lat. princeps, franz. Prince), eigentlich Fürst, dann Titel für die nicht regierenden Glieder der fürstlichen Fami= lien. Der Thronerbe heißt bei gekrönten Häuptern Kronprinz, Erbgroßherzog, Erb= prinz. Die weibliche Form ist Prinzeß oder Prinzessin (franz. Princesse). Ihr Ehrenprädikat ist Hoheit, in den fürst= lichen Häusern Durchlaucht.

Prinzessinnensteuer (Fräulein= steuer), diejenige Summe, welche bei der Verheiratung von Prinzessinnen zu deren Aussteuer und Abfindung aus der Staatskasse zu bezahlen, und deren Be= trag, wo er nicht verfassungsmäßig fest= gestellt, zwischen Regierung und Ständen besonders zu vereinbaren ist.

Prior (lat., d. h. vorangehend der Zeit, dem Rang nach), Vorsteher von Klöstern, die nicht unter einem Abt stehen, im Rang diesem folgend (in Nonnenklöstern Prio= rin). Priorät, Amt eines Priors; bei den Johanniterrittern Provinzialbezirk, der in Balleien zerfiel. Priorei, Kloster, in welchem ein P. seinen Sitz hat; auch die Gesamtheit der einem solchen unter= stellten Klöster. Großprior, Haupt einer Abtei, unter der mehrere Prioren stehen; in den geistlichen Ritterorden der nächste nach dem Großmeister.

Prioritäten (lat.) ꜙ ꜙ s. Aktienge=
Prioritätsstammaktien ꜙ ꜙ sellschaft.

Prise (franz.), Seebeute einer krieg= führenden Macht. Während nach moder= nem Völkerrecht im Landkrieg das Privat= eigentum von Angehörigen der in einen Krieg verwickelten Staaten möglichst ge= schont und nur, insoweit es für Zwecke der Kriegführung brauchbar ist, in Be= schlag genommen wird, unterliegt im See= krieg nicht nur das Eigentum des feind= lichen Staats, sondern auch alles feind= liche Privateigentum zur See, wofern es nicht durch eine neutrale Flagge gedeckt wird, der Okkupation durch die gegentei= lige feindliche Macht, ja sogar, wofern die Kaperei von den kriegführenden Seemacht gestattet wird, durch mit Kaperbriefen ver= sehene Privatfahrzeuge (s. Kaperei). Auch neutrale Privatschiffe, welche sich einer Verletzung der Neutralität, nament= lich durch den Transport von Kriegskon= terbande oder durch Blockadebruch, schul= dig machten, unterliegen der Aufbringung und Wegnahme. Eine Einigung der See= mächte zur Beseitigung oder doch zur

28*

Beschränkung des sogen. Prisenrechts auf Fälle der letztern Art ist trotz wiederholter Anregung nicht zustande gekommen, und selbst eine Verordnung des Norddeutschen Bundes vom 18. Juli 1870, wonach französische Handelsschiffe durch die Bundeskriegsmarine nicht aufgebracht werden sollten, abgesehen von solchen Schiffen, die auch, wenn sie einem neutralen Staat angehörig, der Wegnahme unterliegen würden, mußte zurückgezogen werden, da von seiten Frankreichs das gleiche Verfahren nicht beobachtet wurde. Es besteht aber die Einrichtung ständiger oder für die Kriegsdauer besonders eingesetzter Prisengerichte (franz. Conseil de prises, engl. Prize court) zum Rechtsspruch (Prisenurteil) darüber, ob eine Seebeute »zu kondemnieren«, d. h. als gute P. zu erklären, oder ob sie freizugeben sei. Diese haben namentlich auch darüber zu entscheiden, wie es im Fall der Wiedernahme (Reprise) zu halten sei, wenn also eine Seebeute dem Kriegsfeind wieder abgenommen wird (s. Reprise). Nach der preußischen Prisenordnung nebst Prisenreglement vom 20. Juni 1864 wird ein besonderer Prisenrat, bestehend aus einem Präsidenten, sechs Mitgliedern und einem Staatsanwalt, mit Appellation an einen Oberprisenrat, konstituiert. Das Verfahren vor den Prisengerichten ist ein summarisches Reklamationsverfahren, indem die Präsumtion für die Rechtmäßigkeit der Wegnahme (Kaptur) bei der P. spricht und es dem Reklamanten überlassen bleibt, die Widerrechtlichkeit derselben darzuthun. Prisengeld heißt die Belohnung, welche der Mannschaft und dem Befehlshaber des die Kaptur vollziehenden Schiffs (Kaptor) verwilligt, auch die Loskaufungssumme, gegen die ein gekapertes Schiff freigegeben wird. Vgl. Pistoye und Duverdy, Traité des prises maritimes (1854—59, 2 Bde.); Wollheim da Fonseca, Der deutsche Seehandel und die französischen Prisengerichte (1873).

Privat (lat.), häuslich, den Einzelnen betreffend, im Gegensatz zum Öffentlichen, Gemeinsamen, Staatlichen; daher Privatrecht, der Inbegriff derjenigen Rechtsnormen, welche sich auf die Rechtsverhältnisse beziehen, in denen der Mensch als Einzelner seinen Mitmenschen als Einzelnen gegenübersteht, im Gegensatz zum öffentlichen Recht (s. Recht). Privatseerecht, s. Seerecht.

Privateer (engl., spr. preiwttihr), s. v. w. Kaper (s. Kaperei).

Privatfürstenrecht, das Familien- und Erbrecht der landesherrlichen und ehemals reichsunmittelbaren Fürstengeschlechter, des hohen Adels Deutschlands; zumeist auf Hausgesetzen beruhend (s. Autonomie).

Privatgerichtsbarkeit, s. Patrimonium.

Privatklage (Privatanklage), im Strafprozeß der Antrag, welcher von dem durch ein Vergehen Verletzten auf Untersuchung und Bestrafung gegen den Schuldigen bei Gericht gestellt wird. Der Regel nach liegt nämlich die Verfolgung einer jeden strafbaren Handlung mittelst öffentlicher Klage der Staatsanwaltschaft ob; nur bei Beleidigungen und Körperverletzungen, soweit hier eine Bestrafung auf Antrag eintritt, kann nach der deutschen Strafprozeßordnung der Verletzte oder der an seiner Stelle zum Strafantrag Berechtigte (s. Antragsverbrechen) im Weg der P. (als Privatkläger) die Einleitung des strafrechtlichen Verfahrens, in welchem ihm alsdann dieselben Rechtsmittel wie der Staatsanwaltschaft bei der öffentlichen Klage zustehen, herbeiführen. Nur wenn es im öffentlichen Interesse liegt, wird auch bei derartigen Beleidigungen und Körperverletzungen die öffentliche Klage durch die Staatsanwaltschaft angestrengt, welcher sich jedoch der Verletzte als Nebenkläger anschließen darf. Ebenso ist demjenigen, welcher die Zuerkennung einer Buße beanspruchen kann, die Erhebung der Nebenklage neben der öffentlichen Klage des Staatsanwalts gestattet. Dagegen ist das Institut der sogen. subsidiären P., d. h. der Befugnis des Verletzten, als Privatankläger vor Gericht aufzutreten, wenn die Staatsanwaltschaft die Erhebung der öffentlichen Klage ablehnt, obwohl von dem deutschen Juristentag empfohlen und ursprünglich auch in den Entwurf der deutschen Strafprozeßorbnung mit aufgenommen, nicht zum Geſetz erhoben worden. Vgl. Deutſche Strafprozeßordnung, §§ 414—446.

Privatrecht, ſ. Recht.

Privaturkunde, ſ. Urkunde.

Privilegium (lat.), Ausnahmegeſetz (ſ. b.); auch Bezeichnung für die durch ein ſolches Ausnahmegeſetz begründeten Vor- und Sonderrechte einer einzelnen Perſon oder einer beſtimmten Klaſſe von Perſonen, auch wohl für die über die Verleihung eines ſolchen Rechts ausgeſtellte Urkunde.

Produkt (lat.), Erzeugnis, Boden- erzeugnis, beſonders zur weitern Verarbei- tung und als Gegenſtand des Handels die- nendes; **Produktenhandel,** Handel mit Bodenerzeugniſſen des Landes, zum Un- terſchied von Kolonial-, Manufaktur- und anderm Warenhandel; **Produktion,** Er- zeugung wirtſchaftlicher Güter ſowie Wert- erhöhung derſelben durch die Arbeit (Han- del, Erhöhung der Kultur, Sicherung nach außen). Im Gegenſatz zu den Konſu- menten, den Verbrauchenden, verſteht man unter Produzenten die Hervor- bringenden, alſo diejenigen, welche gewiſſe Erzeugniſſe herſtellen. **Produktivge- noſſenſchaft,** ſ. Genoſſenſchaften.

Profoß, ſ. Jeſuiten.

Progymnaſium (griech.), Vorſchule zu einem Gymnaſium; in Preußen: Gymnaſium, dem die Prima fehlt.

Prohibieren (lat.), verbieten, nicht zu- laſſen; **Prohibitorium,** Verbot, na- mentlich der Ein- oder Ausfuhr von Wa- ren; **Prohibitivſyſtem,** handelspoliti- ſches Syſtem, wonach die Einfuhr gewiſſer ausländiſcher gewerblicher Erzeugniſſe verboten wurde, um die inländiſche In- duſtrie zu befördern; **Prohibitivmaß- regeln,** vorbeugende Maßregeln, im Gegenſatz zu ſogen. Repreſſivmaß- regeln, die in einem Einſchreiten gegen Mißbräuche beſtehen.

Proklamieren (lat.), öffentlich bekannt machen; **Proklamation,** Bekannt- machung durch öffentliches Ausrufen, dann überhaupt öffentliche Bekanntmachung, z. B. Aufruf eines Fürſten an das Volk, eines Heerführers an die Armee, an die Bewohner einzelner Städte oder Provin- zen. Vom **Manifeſt** (ſ. b.) unterſcheidet

ſich die Proklamation dadurch, daß jenes einen mehr diplomatiſchen, dieſe einen mehr populären Charakter hat.

Prokura (lat., »für Mühe«), Hono- rar für Bemühungen in Handelsange- legenheiten; dann die vom Eigentümer einer Handelsniederlaſſung, Einzelkauf- mann oder Handelsgeſellſchaft erteilte Voll- macht, im Namen und für Rechnung des Prinzipals das Handelsgeſchäft zu betrei- ben und die Firma per procura (p. pr. oder pr. Pa.) zu zeichnen; **Prokuriſt** (Prokuraträger), der alſo Bevollmäch- tigte; **Kollektivprokura,** die an meh- rere zuſammen erteilte P. Vgl. Deutſches Handelsgeſetzbuch, Art. 41—46, 52—56.

Prokuration (lat.), Auftragsbeſor- gung, Stellvertretung durch einen Bevoll- mächtigten, auch die dieſem erteilte Voll- macht; beſonders der vorläufige Abſchluß eines Ehekontrakts zwiſchen fürſtlichen Perſonen durch Bevollmächtigte. **Pro- kurator,** Bevollmächtigter, Stellver- treter, Anwalt. **Staatsprokurator,** ſ. v. w. Staatsanwalt. **Prokuratur,** Geſchäftsverwaltung.

Proletariat (lat.), die beſitzloſe, aus der Hand in den Mund lebende Klaſſe; ſ. Plutokratie.

Pronunciamiénto (ſpan.), öffentliche Kundgebung, Signal zum Aufſtand, na- mentlich dasjenige, welches von Führern der bewaffneten Macht ausgeht.

Propaganda (lat.), Anſtalt zu Ver- breitung gewiſſer Lehren, Meinungen ꝛc., insbeſondere Miſſionsanſtalt; P. machen, für ſeine Meinungen und Grundſätze Anhänger zu gewinnen ſuchen. Congre- gatio de p. fide, eine Unterabteilung des Kardinalkollegiums, »zu Verbreitung des Glaubens«, 1622 in Rom von Gregor XV. gegründet; mit derſelben verband Ur- ban VIII. 1627 das Collegium de p. fide, Bildungsanſtalt für Miſſionäre.

Propſt (v. lat. praepositus), Vorge- ſetzter; Kloſter-, Stiftsvorſteher, insbeſon- dere eines Kathedralſtifts (Dompropſt); in Norddeutſchland Titel der proteſtanti- ſchen Hauptpaſtoren. **Feldpropſt,** in Preußen der nächſte Vorgeſetzte der Divi- ſions- u. Brigabeprediger. **Propſtei,** Be- zirk, Würde, Amtswohnung eines Propſtes.

Prorektor (lat.), an Universitäten der die Stelle des Landesherrn als Rektors der Universität vertretende Professor; Prorektorāt, Amt, Würde desselben.

Proselyt (griech.), Frembling, Ankömmling, ein zu einer andern Partei, insbesondere zu einem andern religiösen Glauben, übergetretener. Proselytenmacher, einer, der andre für seinen Glauben zu gewinnen sucht.

Proskynēsis (griech.), das Anbeten, fußfällige Verehrung der Herrscher im Morgenland.

Protektion (lat.), begünstigter Schutz. Protektionisten, in England die Verteidiger der Schutzzölle auf Getreide, Schutzzöllner. Protektor, Gönner, Schutz- und Schirmherr.

Protest (lat.), s. Protestieren.

Protestantentag, s. Protestantenverein.

Protestantenverein, Verein deutscher Protestanten, welcher eine Wiederbelebung der protestantischen Kirche im Geist evangelischer Freiheit und im Einklang mit der modernen Kultur erstrebt; 1865 in Eisenach gegründet. Der P. hält regelmäßig alljährlich einen Protestantentag ab. Organe des Vereins sind: die »Protestantischen Flugblätter« (Elberf.), das »Deutsche Protestantenblatt« (Brem.), die »Protestantenvereins-Korrespondenz« und die »Protestantische Kirchenzeitung« (Berl.). Vgl. Schenkel, Der deutsche P. (1871).

Protestantismus (lat., protestantische oder evangelische Kirche), Gesamtbezeichnung desjenigen Hauptzweigs der christlichen Kirche, welcher sich infolge der Reformation im 16. Jahrh. von der römisch-katholischen Kirche getrennt hat. Der Name Protestanten rührt von der Protestation her, welche die evangelischen Reichsstände 19. April 1529 gegen den Reichsabschied von Speier erhoben, durch welchen alle kirchlichen Reformen verboten werden sollten. Schon während der Reformation ward aber wiederum eine Trennung der protestantischen Kirche in die lutherische und die reformierte veranlaßt und zwar durch die Verschiedenheit in der Auffassung einzelner Glaubenslehren, z. B. der Abendmahlslehre.

Innerhalb dieser beiden Kirchen kommen noch verschiedene Religionsparteien und Sekten vor. Allein im wesentlichen stimmen dieselben doch darin überein, daß sie der Behauptung der katholischen Kirche, die alleinseligmachende und unfehlbare zu sein, widersprechen und die Herrschaft des Papstes, die Heiligenverehrung, die Anrufung der Jungfrau Maria, den Ablaß, das Meßopfer, das Cölibat der Geistlichen, die sieben Sakramente und die Lehre vom Fegfeuer nicht anerkennen. Vgl. Schenkel, Das Wesen des P. (2. Aufl. 1862).

Protestieren (lat.), Widerspruch, Einspruch erheben; Protest, Protestation, förmlicher Widerspruch, welcher z. B. gegen die Handlungsweise einer Regierung erhoben wird. Protestler, Protestpartei heißen in Elsaß-Lothringen diejenigen, welche gegen die Annexion der Reichslande nach wie vor Widerspruch erheben. Wechselprotest, die über Verweigerung der Annahme oder der Zahlung eines Wechsels oder zur Beurkundung der Vermögensunsicherheit des Bezogenen aufgenommene gerichtliche oder notarielle Urkunde.

Protodatārius (griech.-lat.), s. Dataria.

Protonotar (griech.-lat.), ehebem der erste Sekretär eines höhern Gerichts. Apostolische Protonotarien, beim päpstlichen Stuhl in Rom zwölf ein Kollegium (Protonotariat) bildende hohe Geistliche, welche alle die Kirche betreffenden Akte, die Prozeduren bei Kanonisationen 2c. zu besorgen haben.

Provinz (lat.), größere Unterabteilung eines Staatskörpers; auch Bezeichnung für den Bezirk eines Erzbischofs. Zuweilen wird auch das gesamte Land im Gegensatz zur Haupt- oder Residenzstadt P. genannt. Provinziell (provinzial), die P. betreffend, die P. angehend, dahin gehörig. Provinzial, der Ordensvorgesetzte der Klöster der P. eines Erzbischofs. Provinzialsystem, dasjenige System, wonach die Provinzen eines Staats eine gewisse Selbständigkeit eingeräumt erhalten, indem sie unter besondern Provinzialregierungen stehen und in den Provinziallandtagen Organe ihrer kommunalen Selbstverwaltung besitzen. Während in Frankreich die frühere Einteilung in Provinzen, welche auf Stammeseigentümlichkeiten und geographischen Unterscheidungsmerkmalen beruhte, durch die Revolution von 1789 beseitigt und durch die Einteilung in Departements im Interesse der Zentralisierung der Regierung und zur Beseitigung provinzieller Gegensätze ersetzt ward, ist in Preußen das Provinzialsystem beibehalten und als die Grundlage der Selbstverwaltung benutzt worden. Für die altpreußischen Provinzen, d. h. für Preußen (Ost- und Westpreußen), Brandenburg, Pommern, Schlesien und Sachsen, ist im Anschluß an die neue Kreisordnung auch eine neue Provinzialordnung, d. h. ein umfassendes Gesetz über die Organisation dieser Provinzen, vom 29. Juni 1875 publiziert worden und 1. Jan. 1876 in Kraft getreten. Hiernach bildet jede P. einen mit den Rechten einer Korporation ausgestatteten Kommunalverband zur Selbstverwaltung seiner Angelegenheiten. Für diesen Zweck ist der Provinzialverband, welcher sich aus den innerhalb der P. bestehenden Kreisverbänden zusammensetzt, zum Erlaß von Provinzialstatuten über die ihm gesetzlich zugewiesenen Angelegenheiten und von Réglements über besondere Einrichtungen des Provinzialverbands ermächtigt. Die Feststellung dieser Verordnungen erfolgt auf dem Provinziallandtag, welcher durch den König einberufen wird, und dessen Abgeordnete in den Landkreisen durch die Kreistage, in den Stadtkreisen von den Magistraten und den Stadtverordnetenkollegien gemeinschaftlich auf sechs Jahre gewählt werden. Außerdem kommt dem Provinziallandtag noch besonders die Feststellung des Provinzialhaushaltsetats und etwaiger Provinzialabgaben zu. Zur Wahrnehmung der laufenden Geschäfte der kommunalen Provinzialverwaltung wird ein vom König zu bestätigender Landesdirektor auf mindestens sechs und höchstens zwölf Jahre gewählt, welchem die nötigen Provinzialbeamten beigegeben werden. Demselben steht dabei ein Provinzialausschuß zur

Seite, welcher außer dem Landesdirektor und dem Vorsitzenden aus einer durch Provinzialstatut festzusetzenden Anzahl von mindestens 7 und höchstens 13 Mitgliedern besteht, als ständiges Organ der provinziellen Selbstverwaltung. Der Landesdirektor sowie der Provinzialausschuß werden vom Provinziallandtag gewählt. Als staatliche Aufsichtsbehörden in Ansehung der Provinzialverwaltung fungieren die Oberpräsidenten und in höherer Instanz der Minister des Innern. Außerdem wirken bei der Beaufsichtigung der Kommunalangelegenheiten der Kreise, Amtsverbände und Gemeinden (der Unterabteilungen der P.), bei der Beaufsichtigung der Schulangelegenheiten und des Wegebaus ein Bezirksrat und in höherer Instanz ein Provinzialrat mit. Der Bezirksrat besteht aus dem Regierungspräsidenten des betreffenden Regierungsbezirks, einem von dem Minister des Innern ernannten höhern Verwaltungsbeamten und vier vom Provinzialausschuß gewählten Mitgliedern, während sich der Provinzialrat aus dem Oberpräsidenten der P., einem höhern Verwaltungsbeamten und fünf vom Provinzialausschuß aus seiner Mitte erwählten Mitgliedern zusammensetzt. Für die unmittelbare Verwaltung und Beaufsichtigung einzelner Anstalten sowie für die Wahrnehmung einzelner Angelegenheiten des Provinzialverbands können durch Beschluß des Provinziallandtags besondere Provinzialkommissionen angeordnet und vom Provinziallandtag oder vom Provinzialausschuß gewählt werden. Für die P. Hannover ist eine besondere Provinzialordnung bereits unterm 22. Aug. 1867 und für Schleswig-Holstein eine solche unterm 22. Sept. 1867 erlassen worden. Was die Staatsverwaltung anbetrifft, so stehen die preußischen Provinzen unter Oberpräsidenten, die als ständige Kommissare des Ministeriums in den Provinzen fungieren und gewisse Oberaufsichtsrechte ausüben. Die Provinzen zerfallen in Regierungsbezirke, an deren Spitze Regierungen stehen, die in verschiedene Abteilungen (für Inneres, Kirchen- und Schulwesen, Domänen, Forsten und Steuern) zerfallen. Der Oberpräsident der P. ist in der Regel auch zugleich Präsident der an seinem Amtssitz befindlichen Regierung. In der P. Hannover bestehen die alten Land=drosteien fort. Die Regierungsbezirke zerfallen in Kreise, an deren Spitze der Landrat steht. In andern Staaten sind für die höhern Verwaltungsbezirke zum Teil andre Bezeichnungen gewählt (s. Kreis). In Hessen=Darmstadt bestehen ebenfalls Provinzen, welche unter Pro=vinzialdirektoren stehen. Das Organ der kommunalen Selbstverwaltung ist hier der Provinzialtag, und für die lau=fenden Geschäfte besteht ein Provinzial=ausschuß. Vgl. Brauchitsch, Die Or=ganisationsgesetze der innern Verwaltung für die Provinzen Preußen ꝛc. (1876).

Provinzialkorrespondenz (lat.), in Preußen eine allwöchentlich erscheinende offizielle, gedruckte Korrespondenz, für welche der Minister des Innern die Ver=antwortung übernommen hat. Dieselbe wird vielen Lokalblättern beigelegt, und ihre Artikel gehen in die Tagespresse über. Namentlich werden die Reichstagsreden des Reichskanzlers neuerdings durch die P. verbreitet.

Provision (lat.), s. Spedition.

Lord=P. heißen die Bürgermeister tischer Städte.

rozeß (lat. Processus), s. Zivil=Strafprozeß.

ublikation (lat.), Bekanntmachung, Veröffentlichung, insbesondere eines Ge=setzes; Publikandum, amtliche Be=kanntmachung.

Publizieren (lat.), bekannt machen, verkünden, namentlich ein Gesetz, eine Verordnung.

Publizist (lat.), Kenner, Lehrer des Staatsrechts; Bezeichnung für jemand, welcher über Fragen des öffentlichen Rechts schreibt.

Publizität (lat.), Öffentlichkeit, Offen=kundigkeit; z. B. diejenige Öffentlichkeit, welche durch den Eintrag eines Pfand=rechts, eines Grunderwerbs in die öffent=lichen Bücher bewirkt wird.

Putsch, Wort der Züricher Mundart, kam bei der dortigen Bewegung von 1839 auf, bezeichnet einen unerwarteten, rasch vorübergehenden Aufstandsversuch.

Pyrenäische Halbinsel, die westlich von dem Pyrenäengebirge gelegenen Kö=nigreiche Spanien und Protugal.

Q.

Quadratmeter (Quadratstab), s. Meter.

Qualifizieren (lat.), eine Eigenschaft, Befähigung verleihen; sich q., wozu geeig=net, geschickt sein; qualifiziert, befähigt, ausgezeichnet; in der Rechtssprache Be=zeichnung für ein Verbrechen, welches unter gewissen, im Gesetz als erschwerend bezeichneten Umständen verübt worden ist, z. B. ein mittelst Einbruchs verübter Dieb=stahl; Qualifikation, Beilegung oder Besitz einer Eigenschaft; dann die Be=fähigung zu einem Geschäft, daher Qua=lifikationsbericht (s. Konduiten=liste).

Quarantäne (franz., spr. tarangt., Kon=tumaz), gesundheitspolizeiliche Überwa=chung und Absperrung auf eine gewisse Zeit zur Verhütung der Einschleppung epidemischer Krankheiten; früher zur Ver=meidung der Verbreitung von Pestkrank=heiten, neuerdings gegen die Einschlep=pung der Cholera angewendet.

Quartierleistung, Verpflichtung der Einwohner zur Unterbringung der Mit=glieder der bewaffneten Macht nebst dem Heergefolge (s. Einquartierung).

Quästoren (lat.). Diese im römischen Staatsrecht übliche Bezeichnung gewisser Magistrate, welche die Staatseinkünfte zu verwalten hatten, ist heutzutage bei parlamentarischen Körperschaften für die=jenigen Mitglieder derselben gebräuchlich, welche deren finanzielle Angelegenheiten zu besorgen haben. So ernennt insbesondere der Präsident des deutschen Reichstags nach der Geschäftsordnung des letztern (§ 16) für die Dauer seiner Amtsführung zwei Q. für das Kassen- und Rechnungswesen.

Quieszenz (lat.), Pensions-, Ruhestand; quieszieren, pensionieren (s. Pension).

Quinquennalfakultäten, s. Dispens.

Quito (spr. kīto), s. Ecuador.

Quittungssteuer, s. Stempelsteuer.

Quote (lat.), der wievielste Teil, der bei einer Verteilung nach bestimmten Regeln auf den einzelnen entfallende Anteil; daher der Ausdruck »Quotisierung der Steuern« (s. Kontingent).

R.

Rabatt (ital.), Abzug am Kaufpreis seitens des Käufers, in der Regel nach Prozenten berechnet, namentlich bei sofortiger Barzahlung des Kaufgelds; auch s. v. w. Diskont (s. d.) überhaupt.

Radikal (neulat., »eingewurzelt«), gründlich, von Grund aus; daher Radikalismus, diejenige Richtung, welche in der Wissenschaft oder im praktischen Leben und zwar namentlich in der Politik eine bestimmte Ansicht bis zu ihren äußersten Konsequenzen verfolgt und sich die rücksichtslose Durchführung der nun einmal für richtig gehaltenen Grundsätze zum Ziel setzt. Auf dem politischen Gebiet stellt sich der Radikalismus als das Extrem des Liberalismus dar. Während nämlich die Liberalen eine freie und freisinnige Entwickelung anstreben, haben die Radikalen eine totale Umgestaltung der bestehenden Verhältnisse im Auge, welche nicht an das Bestehende anknüpft, sondern das Bestehende vernichten will (vgl. Liberal).

Rang, bei der stufenweisen Gliederung, welche aus den Begriffen von Wert und Wichtigkeit erzeugt wird, das besondere Verhältnis, in welchem ein Gegenstand zum andern steht; besonders die Ordnung, durch welche sich ein Vorzug des einen vor dem andern kundgeben soll. So unterscheidet man z. B. bei Staaten je nach ihrer Größe und Machtstellung zwischen Staaten ersten, zweiten, dritten 2c. Ranges; so werden z. B. bei den Gesandten (s. d.) vier Rangklassen unterschieden. Wenn aber bei den Rangbestimmungen eine zu wenig feste Norm vorliegt, so daß Täuschung, Verblendung oder Eigendün-

kel fordern kann, was ihm mit oder ohne Grund abgesprochen wird, so entstehen Rangstreitigkeiten, welche vom Ernsthaften bis zum Lächerlichen gehen. Unter den verschiedenen Klassen der Bevölkerung und den Ständen eines Staats wird am meisten beim Militär auf die genaue Einhaltung der Rangordnung gesehen, weil man hiervon die Stärke der Disziplin abhängig glaubt. Unter den verschiedenen Staaten aber thun sich in dieser Beziehung England und Rußland, wo der R. der Zivilpersonen nach Art der beim Militär herrschenden Einrichtung geordnet ist, hervor.

Ranzionieren (franz.), sich aus der Kriegsgefangenschaft loslaufen, auch sich aus der Kriegsgefangenschaft selbst befreien; Ranzion, Lösegeld für Kriegsgefangene, dessen Zahlung früher üblich war; auch das Lösegeld für ein gekapertes Schiff wird so genannt (s. Kaperei).

Rapina (lat.), Raub.

Rapport (franz.), Bericht, besonders beim Militär Meldung an den Vorgesetzten; Tagesrapport, Angabe der effektiven Stärke einer Truppe. Rapportieren, Bericht erstatten; Rapporteur (spr. -ŏhr), Berichterstatter, Zwischenträger.

Rat, im öffentlichen Leben ein Kollegium, welches an der Spitze einer größern oder kleinern Korporation oder, wie in manchen Staaten der Staatsrat, an der Spitze des Staats selbst steht, die Angelegenheiten dieser Körperschaften berät und ihre Interessen zu vertreten hat. So wird insbesondere die kollegialische Vertretung einer Gemeinde Gemeinderat, Stadtrat 2c. genannt. Gleichzeitig werben auch die Mitglieder solcher Kollegien als Räte bezeichnet, und der Titel R. dient überhaupt zur Bezeichnung eines höhern Beamten, wobei die Zusätze »Ober«, z. B. Oberregierungsrat, »Geheimer« und »Wirklicher Geheimer R.« die Steigerungsgrade des Ranges bezeichnen. Auch wird der Ratstitel vielfach nur als Ehrentitel verliehen, wie: Kommerzien-, Kommissions-, Hof-, Kammer-, Kirchen-, Medizinal-, Sanitäts-, Schul-, Konsistorial-, Staats-, Regierungs-, Kriegs-, Post-, Justizrat 2c.

Rate (lat.), Teil, Anteil; **Ratenzahlung**, Zahlung einer Summe in der Weise, daß dieselbe nach und nach in Teilzahlungen zu bestimmten Fälligkeitsterminen entrichtet wird.

Ratifizieren (lat.), genehmigen, namentlich die Handlungen eines Stellvertreters; daher **Ratifikation**, im völkerrechtlichen Verkehr die durch die Staatsregierung bewirkte Anerkennung von Staatsverträgen, welche von den Vertretern der erstern abgeschlossen wurden. Zur Beurkundung derselben sind die Ausfertigung und der Austausch besonderer **Ratifikationsurkunden** üblich, welche den abgeschlossenen Vertrag und dessen Genehmigung enthalten und von dem Inhaber der Staatsgewalt unterschrieben und besiegelt werden, in konstitutionellen Staaten auch von verantwortlichen Ministern zu kontrasignieren sind. Die Ratifikation solcher Verträge pflegt gewöhnlich am Schluß derselben ausdrücklich vorbehalten zu werden (**Ratifikationsklausel**), indem zugleich eine **Ratifikationsfrist** festgesetzt wird, die z. B. bei dem Frankfurter Friedensvertrag vom 10. Mai 1871 eine zehntägige war.

Ratihabition (lat., Genehmhaltung), nachträgliche Einwilligung in eine bereits früher vorgenommene Handlung. Geschäftsführung ohne Auftrag wird nach erfolgter R. dem Mandat gleich behandelt.

Raub (lat. Rapina), das Verbrechen desjenigen, welcher mit Gewalt gegen eine Person oder unter Anwendung von Drohungen mit gegenwärtiger Gefahr für Leib oder Leben eine fremde bewegliche Sache einem andern in der Absicht wegnimmt, sich dieselbe rechtswidrig zuzueignen (deutsches Reichsstrafgesetzbuch, § 249). Das Verbrechen des Raubes unterscheidet sich von dem Diebstahl (s. d.), als der gewaltlosen, widerrechtlichen Zueignung einer fremden beweglichen Sache, durch die dabei angewendete Gewaltthätigkeit gegen eine Person. Daher geht der Diebstahl auch in R. über, wenn der auf frischer That betroffene Dieb gegen eine Person Gewalt verübt oder Drohungen mit gegenwärtiger Gefahr für Leib oder Leben anwendet, um sich im Besitz des gestohlenen Guts zu erhalten (§ 252). Das Reichsstrafgesetzbuch bestraft das Verbrechen des Raubes, dessen Versuch ebenfalls strafbar ist, mit Zuchthaus von 1—15 Jahren und, wenn mildernde Umstände vorhanden, mit Gefängnis von 6 Monaten bis zu 5 Jahren. Als schwerer R. (§ 250) wird es aber und zwar mit Zuchthaus nicht unter 5 Jahren geahndet, wenn der Räuber bewaffnet war; wenn der R. von mehreren ausgeführt wurde, welche sich zur fortgesetzten Begehung von R. oder Diebstahl verbunden hatten; wenn der R. auf einem öffentlichen Weg, einer Straße, einer Eisenbahn, einem öffentlichen Platz, auf offener See oder auf einer Wasserstraße begangen (**Straßenraub**); wenn der R. zur Nachtzeit in einem bewohnten Gebäude verübt wurde, in welches sich der Räuber eingeschlichen oder sich gewaltsam Eingang verschafft, oder in welchem er sich verborgen hatte; endlich auch dann, wenn der Räuber bereits einmal wegen Raubes bestraft und nun wieder rückfällig geworden ist. Als schwerster Fall des Raubes wird es aber (§ 251) bezeichnet, wenn dabei ein Mensch gemartert, oder wenn durch die gegen ihn verübte Gewalt eine schwere Körperverletzung oder der Tod desselben verursacht worden ist. Hier soll Zuchthausstrafe nicht unter 10 Jahren oder selbst auf Lebenszeit eintreten. Über den Unterschied zwischen R. und Erpressung s. Erpressung. Vgl. Billnow, R. u. Erpressung (1875).

Raubmord, s. Mord.

Raubhandel, s. Schlägerei.

Reaktion (lat., »Gegenwirkung«), im politischen Sinn das Bestreben, in der

Gesetzgebung und in der Verwaltung Zustände wieder herbeizuführen, welche mit den veränderten Verhältnissen und mit dem inzwischen vorgeschrittenen Stande der Gesetzgebung im Widerspruch stehen; mit andern Worten das Bestreben, einen Rückschritt zu veralteten Zuständen herbeiführen. **Reaktionär,** ein der R. Ergebener, Rückschrittsmann. Eine solche **Reaktionsperiode** folgte der Bewegung von 1848 und 1849 in den Jahren 1850—58, bis sie in Preußen mit dem Beginn der Regentschaft des jetzigen Kaisers Wilhelm ein Ende erreichte und dann auch in den übrigen deutschen Staaten nach und nach einem freisinnigern Regiment wich. Die gegenwärtige Reaktionsperiode kennzeichnet sich durch die Wiederherstellung veralteter Schutzzölle, durch Bestrebungen nach Beschränkung der Gewerbefreiheit, Freizügigkeit, Zinsfreiheit, der allgemeinen Wechselfähigkeit, der Gleichstellung der Konfessionen, der parlamentarischen Redefreiheit, Beseitigung des Instituts der obligatorischen Zivilehe, der jährlichen Einberufung des Reichstags, Wiedereinführung der Prügelstrafe, Verschärfung mancher Strafgesetze u. dgl. **Real** (lat.), sachlich, binglich im Gegensatz zu persönlich (personal) und wörtlich, mündlich (verbal); auch wirklich existierend (reell) im Gegensatz zu gedacht, nur in der Einbildung bestehend (ideal, imaginär). Daher **Realberechtigung,** eine an Grund und Boden geknüpfte Berechtigung; **Realgemeinde** (Nutzungsgemeinde), die innerhalb einer (»politischen«) Gemeinde bestehende Korporation, welcher das ausschließliche Nutzungsrecht oder auch das Eigentum an einem gewissen Teil des Gemeindeguts zusteht; **Realinjurie,** thätliche Beleidigung (s. b.); **Realkredit,** der durch Unterpfand, namentlich durch Hypothek, begründete Kredit im Gegensatz zum Personalkredit, welcher sich auf die Persönlichkeit (Bürgen, Wechsel, Schuldscheine) stützt. **Reallasten** (Grundlasten), die dem Besitzer eines Grundstücks obliegenden Verbindlichkeiten zu gewissen regelmäßig wiederkehrenden Leistungen, Zinsen, Zehnten u. dgl., jetzt meist durch

Ablösung beseitigt; **Realpolitik,** im Gegensatz zur Idealpolitik biejenige Politik, welche mehr den thatsächlichen Verhältnissen Rechnung trägt; **Realrecht,** binglichs Recht; **Realunion,** die verfassungsmäßige Vereinigung mehrerer Staaten unter ein und demselben Staatsbeherrscher im Gegensatz zur **Personalunion,** der zufälligen Vereinigung mehrerer Länder unter einem Monarchen (s. Staat); **Realwissenschaften,** praktische Wissenschaften, wie sie vorzugsweise Gegenstand des Unterrichts in der **Realschule** sind. **Realität,** Wirklichkeit; **realisieren,** verwirklichen; **Realitäten,** Liegenschaften, Grundstücke; **Realismus,** Denkweise, welche sich namentlich auf die thatsächliche Erscheinung und die äußere sinnliche Wahrnehmung der Dinge stützt, im Gegensatz zum **Idealismus,** der idealen Weltanschauung.

Realarrest (lat.), s. Arrest.

Realschule, s. Real.

Realunion (lat.), s. Staat (S. 550).

Rebell (lat.), Aufrührer, Empörer; **Rebellion,** Aufruhr, Empörung; **rebellieren,** sich empören.

Rechnungshof des Deutschen Reichs, s. Oberrechnungskammer.

Recht (lat. Jus), Inbegriff erzwingbarer Regeln, welche auf äußern Satzungen der Völker beruhen und die Lebensverhältnisse dieser Völker normieren. Dies ist das R. im objektiven Sinn (Norma agendi). Die einzelne Rechtsregel wird **Rechtssatz,** ein Komplex zusammengehöriger Rechtssätze **Rechtsinstitut** genannt. So spricht man z. B. von dem Rechtsinstitut der Ehe, der Vormundschaft ꝛc. Im subjektiven Sinn dagegen versteht man unter R. die einer Person (Rechtssubjekt) in einem gewissen Umfang eingeräumte Macht (Facultas agendi), welche in dem objektiven R. begründet und durch dasselbe geschützt ist. So ist z. B. die Gesetzesvorschrift, wonach ein Minderjähriger mit dem vollendeten 21. Lebensjahr volljährig wird und, wenn er unter Vormundschaft stand, von seinem Vormund die Herausgabe seines Vermögens verlangen kann, eine Vorschrift des Rechts im objektiven Sinn. Hierdurch wirb aber für ein einzelnes Subjekt das R. (im subjektiven Sinn) begründet, mit dem gedachten Zeitpunkt die Ausantwortung seines Vermögens beanspruchen zu können, und diesem R. des bisherigen Mündels X. entspricht die erzwingbare Verpflichtung des Vormunds Z., dem erstern das bisher von ihm verwaltete Vermögen herauszugeben. Diese Befugnis mit der ihr entsprechenden Verpflichtung zusammen wird Rechtsverhältnis genannt. Rechtssache (Justizsache) ist eine vor Gericht zu verhandelnde Angelegenheit im Gegensatz zu den Verwaltungs= (Administrativ=) Sachen, die von den Verwaltungsbehörden beschäftigt werden; Rechtspflege (Justiz), die Thätigkeit der richterlichen Behörden zur Verwirklichung und Wiederherstellung eines bestrittenen oder gestörten Rechts. Die Rechtspflege hat sich namentlich mit der Entscheidung bürgerlicher Rechtsstreitigkeiten (Zivilsachen) und mit der Untersuchung und Bestrafung verbrecherischer Handlungen (Strafsachen) zu beschäftigen. Dies, der Rechtsschutz, welcher überall da, wo Selbsthilfe nicht erlaubt, Sache des Gerichts (s. b.) ist, bildet eine Hauptaufgabe des Staats. Das Verfahren, durch welches eine Rechtssache der richterlichen Entscheidung zugeführt wird, heißt Prozeß, und die beiden Hauptarten desselben ergeben sich aus der Verschiedenheit des Gegenstands: Zivil= und Strafprozeß. Gegenstand eines Zivilprozesses (Rechtsstreit) ist regelmäßig ein privatrechtlicher Anspruch. Strittige Fragen des öffentlichen Rechts gehören vor die Verwaltungsbehörden oder vor besondere Verwaltungsgerichte, wo solche bestehen. Aus Zweckmäßigkeitsgründen hat man aber auch solche Gegenstände, bei welchen zwischen den beteiligten Personen ein Streit nicht besteht, der Bearbeitung der Gerichte überwiesen. Dies ist das Gebiet der sogen. freiwilligen Gerichtsbarkeit, wohin z. B. die Bestellung, Löschung und Überschreibung von Hypotheken, die Übereignung von Immobilien, die Führung der Grund= und Hypothekenbücher, das Vormundschaftswesen und die Mitwir-

kung bei gewissen Rechtsgeschäften gehören. Man versteht nämlich unter Rechtsgeschäft denjenigen erlaubten Willensakt, durch welchen ein R. begründet, verändert oder aufgehoben wird, und unterscheidet dabei insbesondere zwischen Rechtsgeschäften unter Lebenden und auf den Todesfall. Bei beiden Arten von Rechtsgeschäften wird vielfach die richterliche Mitwirkung erfordert, so z. B. bei der Bestellung von Hypotheken und bei der Errichtung, Hinterlegung und Eröffnung von Testamenten. Zu beachten ist aber, daß aus Zweckmäßigkeitsgründen auch den Verwaltungsbehörden manche Privatrechtsstreitigkeiten zur Entscheidung überwiesen sind (Verwaltungsrechtspflege). Im Fall gehemmter oder verweigerter Rechtspflege ist eine Beschwerde wegen Rechts= oder Justizverweigerung (s. Justiz) gegeben, wofern die gewöhnlichen Rechtsmittel zur Realisierung eines angeblich gestörten Rechts sich als ungenügend erweisen sollten. Unter Rechtsmittel versteht man nämlich im weitern Sinn alle Mittel, welche jemand zur Wahrung eines Rechts zustehen, wie Klagen, Einreden rc. Im engern Sinn aber werden damit diejenigen Rechtsmittel bezeichnet, mit denen man eine richterliche Entscheidung, durch welche man sich beschwert fühlt, anzufechten und eine abändernde Entscheidung in höherer Instanz (s. b.) herbeizuführen sucht; so das Rechtsmittel der Berufung und das Rechtsmittel der Revision. Ist ein gerichtliches Urteil durch ein derartiges Rechtsmittel nicht mehr anfechtbar, sei es, weil ein solches nach der bestehenden Gesetzgebung überhaupt nicht mehr gegeben, sei es, weil die zur Einwendung des Rechtsmittels geordnete Notfrist abgelaufen ist, so sagt man, das Urteil habe die Rechtskraft beschritten. Eine Handlung oder eine Thatsache, auf welche eine Rechtsvorschrift Anwendung findet, wird Rechtsfall genannt. Die konstante Entscheidung gleichartiger Rechtsfälle bildet den Gerichtsgebrauch.

Um aber den Begriff des Rechts des nähern festzustellen, ist vor allem eine Abgrenzung des Gebiets des Rechts von demjenigen der Moral erforderlich. Sein gesamtes Wollen und Handeln hat nämlich der Mensch zunächst nach dem Sittengesetz zu bestimmen. Allein was der Einzelne für sittlich erlaubt oder unerlaubt hält, ist doch nur Sache seiner subjektiven Überzeugung, und auch die Befolgung eines auf die gemeinsame Anschauungsweise des Volks oder selbst auf göttliche Offenbarung zurückzuführenden sittlichen Gebots ist Sache des freien Einzelwillens. Darauf allein aber kann sich der Staat nicht stützen. Das staatliche Zusammenleben erheischt ein äußerlich erkennbares und erzwingbares Gebot, in welchem der Gesamtwille des Staats und seiner Angehörigen Ausdruck findet, dem sich der Einzelwille unterordnen und fügen muß. So ist das R. gröberer, aber auch strengerer Natur als die Moral. Ebenso ist aber auch das Merkmal der Erzwingbarkeit das entscheidende Moment für den Unterschied zwischen dem positiven R. und dem sogen. Naturrecht (Vernunftrecht). Unter letzterm versteht man nämlich diejenigen Sätze, welche durch Nachdenken als die der Rechtsidee entsprechenden gefunden werden und welche als philosophisches R. (Rechtsphilosophie) keine objektive Geltung, sondern höchstens nur eine gewisse wissenschaftliche Autorität beanspruchen können. Wirkliches R. schafft nur der Staat und zwar zumeist durch ausdrückliche, geschriebene Satzungen (Gesetze). Das Gesetz ist jedoch nicht die ausschließliche Quelle der Entstehung des Rechts (Rechtsquelle). Auch dasjenige R., welches unmittelbar auf den Willen des Volks zurückzuführen und die unmittelbare Äußerung seines Rechtsbewußtseins ist, das Gewohnheitsrecht, ist wahres R., ungeschriebenes R. im Gegensatz zum geschriebenen Gesetzesrecht. Wie aber der Mensch im staatlichen Leben eine Doppelstellung einnimmt, indem er einmal seinen Mitmenschen als Einzelnen, dann aber auch der Gesamtheit des Staats gegenübersteht, so zerfällt auch das R. im objektiven Sinn in zwei Hauptteile: das Privatrecht, welches sich auf die Lebensverhältnisse der erstern Art, und das öffentliche R.,

welches sich auf jene Stellung des Einzelnen zur Gesamtheit bezieht. Durch den Verkehr der Staaten untereinander ist dann noch eine dritte Kategorie von Rechtssatzungen, das Völkerrecht, hinzugekommen, welches die Beziehungen der Völkerschaften untereinander normiert. Dies kann jedoch kaum als eigentliches R. bezeichnet werden, weil ihm das Hauptrequisit desselben, die Erzwingbarkeit, fehlt. Das Privatrecht normiert aber einmal die persönlichen Lebensverhältnisse der Menschen (Personenrecht) und dann ihre Vermögensverhältnisse (Vermögensrecht). Das Personenrecht wiederum stellt teils die Rechte der Person als solcher (Personenrecht im engern Sinn), teils diejenigen Rechte dar, welche der Person als Glied der Familie (Familienrecht) zukommen. Das Familienrecht endlich wird je nach den Gegenständen, welche es behandelt, in Ehe-, Verwandtschafts- und Vormundschaftsrecht eingeteilt. Das Vermögen einer Person besteht aber teils in der Herrschaft über Sachen, teils in dem R. auf Handlungen und Leistungen andrer Personen, und damit hängt die Einteilung des Vermögensrechts in das Sachenrecht und das R. der Forderungen (Obligationenrecht) zusammen, von welch letzterm das Handels- und Wechselrecht einen integrierenden Bestandteil bilden. Das Schicksal des Vermögens einer Person nach ihrem Tod aber wird durch das Erbrecht bestimmt. Das öffentliche R. wird je nach den Gegenständen, mit welchen es sich beschäftigt, in Staatsrecht (öffentliches R. im engern Sinn), Kirchenrecht, Strafrecht und Straf- und Zivilprozeßrecht eingeteilt (s. d. Art.). Entsprechend der Einteilung des Rechts im objektiven Sinn in öffentliches und privates R., können auch die durch jenes begründeten Rechte im subjektiven Sinn in öffentliche und in Privatrechte eingeteilt werden. Letztere sind der Zahl nach die bedeutendern, während jene, welche man auch die politischen Rechte zu nennen pflegt, dieselben an Wichtigkeit überragen.

Die wissenschaftliche Kenntnis der

Rechtssatzungen wird Rechtswissen=
schaft (Rechtsgelehrsamkeit, Ju=
risprudenz) genannt. Im objektiven
Sinn versteht man darunter die wissen=
schaftliche Bearbeitung und Darstellung
der Rechtsnormen. Hierbei handelt es sich
allerdings zunächst um die wissenschaft=
liche Darstellung der Normen des in einem
Staat geltenden positiven Rechts (Dog=
matik des Rechts) und um eine wis=
senschaftliche Gliederung und Abgrenzung
seiner einzelnen Gebiete (Systematik
des Rechts). Hiermit ist aber der Ge=
genstand der Rechtswissenschaft keineswegs
erschöpft. Denn alles positive R., wie es
sich in den Gesetzbüchern und in den Rechts=
gewohnheiten eines Volks darstellt, ist hi=
storischen Ursprungs, und ebendarum ist
die Rechtsgeschichte ein wesentlicher
Teil der Rechtswissenschaft, da wir die
Gegenwart nur aus der Vergangenheit
recht erkennen. Dabei ist die Unterschei=
dung zwischen äußerer und innerer
Rechtsgeschichte zu beachten, indem man
unter ersterer die chronologische Aufzäh=
lung der Rechtsquellen eines Volks, seiner
Gesetze und Rechtsbücher und die Geschichte
derselben versteht, während sich die innere
Rechtsgeschichte mit der historischen Ent=
wickelung der einzelnen Rechtsinstitute be=
schäftigt. Nicht minder wichtig ist aber
für den Rechtsgelehrten die philosophische
Erörterung der Frage, wie das geltende
R. weiter auszubilden, und wie es mit der
Rechtsidee selbst mehr und mehr in Ein=
klang zu bringen sei. Diese Geistesthätig=
keit wird Rechtsphilosophie, ihr Re=
sultat Natur= oder Vernunftrecht
genannt. Indem sie sich mit einem der
höchsten Zwecke der Menschheit überhaupt
beschäftigt, bildet die Rechtsphilosophie
einen wichtigen Teil der allgemeinen Philo=
sophie, und gleichwohl ist sie doch auch von
praktischem Wert für die Rechtswissen=
schaft. Denn sie eröffnet dem Rechtsge=
lehrten den philosophischen Sinn, sie ver=
leiht ihm jene Unbefangenheit und Klar=
heit, welche für die Prüfung der positiven
Rechtsnormen erforderlich ist. Sie er=
möglicht das Eindringen in den Geist des
Rechts und in die logischen Grundlagen
der bestehenden Rechtsordnung, fördert

eine selbständige Prüfung ihrer Zweck=
mäßigkeit, ein Aufdecken ihrer Mängel
und eine wissenschaftliche Vorbereitung
ihrer Fortentwickelung, und ebendarum
soll in der Rechtswissenschaft die philo=
sophische Lehr= und Lernmethode mit der
historischen Hand in Hand gehen.

Was insbesondere das in Deutschland
geltende R. anbelangt, so ist dasselbe keines=
wegs durchaus nationalen Ursprungs; es
zeigt vielmehr insofern einen Dualismus,
als in Deutschland neben den auf einhei=
mischen Rechtsquellen beruhenden Rechts=
satzungen auch fremde Rechte in bedeuten=
dem Umfang an= und aufgenommen wor=
den sind. Denn noch bevor das deutsche
R. zu einer einigermaßen konsequenten
Aus= und Durchbildung gelangt war, hat=
ten das römische und das kanonische
R., wie sich dieselben im Corpus juris
civilis und im Corpus juris canonici
darstellen, sowie das langobardische
Lehnrecht, die sogen. Libri feudorum,
in Deutschland Eingang gefunden, und
zwar war es namentlich der Umstand, daß
man das sogen. römische Reich deutscher
Nation als eine Fortsetzung des vormali=
gen römischen Kaiserreichs, die deutschen
Kaiser als die Nachfolger der römischen
Imperatoren und folgeweise auch das rö=
mische R. als das eigentümliche R. des
Deutschen Reichs auffaßte, welcher die Re=
zeption des römischen Rechts besonders
begünstigte. Dazu kam die humanistische
und romanisierende Richtung des 15. und
16. Jahrh., die Ehrfurcht und Bewunde=
rung, die dem klassischen Altertum und
seinen Überresten gezollt wurden, und da=
neben der Einfluß der Geistlichkeit, welche
in den damaligen geistlichen Gerichten
nach römischem R. entschied und zugleich
die kanonisch=rechtlichen Satzungen der
Päpste verbreitete. Ebenso war hierfür
auch die Pflege des römischen Rechts auf
den Universitäten Oberitaliens, nament=
lich zu Bologna, und nachmals auch auf
den deutschen Universitäten von beson=
derer Wichtigkeit. Endlich kam noch die
Berufung von Doktoren des römischen
Rechts in das 1495 errichtete Reichskam=
mergericht hinzu, welch letzteres in erster
Linie ebenfalls das römische R. zur Basis

seiner Urteilssprüche machte. So kam es, daß jene fremden Rechtsquellen gemeines deutsches R. geworden und namentlich auf dem Gebiet des Privatrechts zum großen Teil an die Stelle des nationalen Rechts getreten sind. Nur diejenigen Rechtsinstitute, welche mit dem deutschen Volksleben im innigsten Zusammenhang standen, behaupteten neben dem fremden R. ihre Gültigkeit, indem sie teils durch Gewohnheitsrecht, teils durch die für die einzelnen zu dem Reiche gehörigen Länder erlassenen Gesetze (Partikulargesetzgebung) und teilweise auch durch die Reichsgesetzgebung ihre weitere Ausbildung fanden. Doch war die letztere fast nur auf dem Gebiet des öffentlichen Rechts, namentlich des Staatsrechts und des Prozeßrechts, thätig, so z. B. durch den Erlaß der verschiedenen Reichskammergerichts- und Reichshofratsordnungen und durch die Bestimmungen im jüngsten Reichsabschied von 1654, sowie auf dem Gebiet des Strafrechts, in welch letzterer Beziehung namentlich die peinliche Gerichtsordnung Kaiser Karls V. von 1532 (die sogen. Carolina), die Grundlage des gemeinen deutschen Strafrechts, hervorzuheben ist. Was aber die deutschen Privatrechtsnormen anbetrifft, welche sich neben dem rezipierten fremden R. in Geltung erhielten, so ist hier insbesondere an die eigentümlichen deutschen Rechtsgrundsätze in Ansehung des Gemeinde- und Genossenschaftswesens, an die besondern Normen in betreff des Lehnswesens, der bäuerlichen Gutsverhältnisse, der deutschrechtlichen Familienfideikommisse, der Reallasten, der Regalien und des wichtigen Instituts der Zwangsenteignung oder Expropriation zu erinnern. Ferner gehören hierher die deutschrechtlichen Grundsätze des Pfandrechts, des ehelichen Güterrechts, der Einkindschaft, der Leibzucht, ferner die dem römischen R. völlig fremden Erbverträge, endlich die Rechtsgrundsätze über Rentenkauf, Inhaberpapiere, litterarisches Eigentum und über Handels- und Wechselrecht. Namentlich aber war es die deutsche Partikulargesetzgebung, welche noch während des Bestehens des Deutschen Reichs in den einzelnen Territorien für die Erhaltung und Ausbildung der dem deutschen Rechtsbewußtsein entsprungenen Rechtsinstitute und für die Verschmelzung des fremden mit dem einheimischen R. thätig war. Nach der Auflösung des Deutschen Reichs 1806 aber und nach dem Hinwegfall einer gemeinsamen gesetzgeberischen Autorität für ganz Deutschland war es ausschließlich die Partikulargesetzgebung, welcher die Aufgabe zufiel, die deutsche Rechtsentwickelung in einer den sozialen Verhältnissen und Bedürfnissen des Volks entsprechenden Weise zu pflegen und zu fördern. Diese Aufgabe wurde in den einzelnen deutschen Staaten teils durch den Erlaß einer Menge von Spezialgesetzen, teils durch umfangreiche Kodifikationen in mehr oder weniger glücklicher Weise gelöst. Namentlich sind hier aus der letzten Zeit des Bestehens des Deutschen Reichs das allgemeine preußische Landrecht vom 4. Juni 1794, ferner aber das österreichische allgemeine bürgerliche Gesetzbuch von 1811 und das bürgerliche Gesetzbuch für das Königreich Sachsen vom 2. Jan. 1863 hervorzuheben. In den preußischen, bayrischen und hessischen Rheinlanden aber sowie mit einigen Modifikationen im Großherzogtum Baden erlangte das französische Zivilgesetzbuch (Code Napoléon) Geltung. Außerdem ist noch besonders an die große Anzahl deutscher Zivil- und Strafprozeßordnungen sowie an die verschiedenen Strafgesetzbücher zu erinnern, welche im Lauf dieses Jahrhunderts in Deutschland in den einzelnen Staaten publiziert wurden. Freilich ward aber durch die Verschiedenartigkeit der Partikulargesetze, welche eine Folge der politischen Zerrissenheit Deutschlands war, auch eine Zerrissenheit des deutschen Rechts und des deutschen Rechtslebens herbeigeführt, die nachgerade schier unerträglich war. Als ein großer Fortschritt war es daher zu begrüßen, daß wenigstens auf dem wichtigen Gebiet des Handels- und Wechselrechts durch die deutsche Wechselordnung von 1848 und das allgemeine deutsche Handelsgesetzbuch von 1861 eine Rechtseinheit hergestellt wurde, wenn sich auch diese beiden großen Gesetze, die zur Zeit des Deutschen Bundes erlassen wurden, zunächst ebenfalls nur als partikuläre Rechtsnormen darstellten, da sie nur durch die Publikation seitens der einzelnen deutschen Staatsregierungen in den einzelnen Staaten Geltung erlangt hatten. Auch die von dem norddeutschen Bund erlassenen Gesetze konnten eigentlich nur als Partikularrecht erscheinen, da sie nur für einen Bruchteil Deutschlands rechtsverbindliche Kraft beanspruchen konnten. Dagegen wird durch unsre dermalige deutsche Reichsgesetzgebung für das neu errichtete Deutsche Reich ein wirkliches gemeines deutsches R. geschaffen. Allerdings war und ist es nach Art. 4 der Reichsverfassung nur eine begrenzte Sphäre des Rechts, welche den Kompetenzkreis der Reichsgesetzgebung bildet, indem der letztern nur bestimmte Teile des öffentlichen und privaten Rechts zugewiesen wurden. Durch Reichsgesetz vom 20. Dez. 1873 ist jedoch das gesamte bürgerliche R., ebenso wie das Strafrecht und das gerichtliche Verfahren, der Reichsgesetzgebung überwiesen. An die Fülle der Reichsgesetze, welche bereits erlassen sind, soll hier nur kurz erinnert werden (s. Reichsgesetze). Namentlich ist auf dem Gebiet des Strafrechts durch den Erlaß des Reichsstrafgesetzbuchs und auf dem Gebiet des Prozesses durch die Justizgesetze des Jahrs 1877 eine Rechtseinheit für ganz Deutschland hergestellt. Auch die Ausarbeitung eines gemeinsamen bürgerlichen Gesetzbuchs für das Reich ist in Angriff genommen, und so wird denn die Herstellung einer vollständigen Rechtseinheit für Deutschland und die Schaffung eines wirklichen nationalen deutschen Rechts voraussichtlich in nicht allzuferner Zeit zum Abschluß gebracht werden.

Die allgemeinen Rechtsbegriffe sind in den Encyklopädien des Rechts und in den Lehrbüchern des Pandektenrechts, d. h. des römischen Rechts, in seiner heutigen Anwendbarkeit (von Arndts, Puchta, Vangerow, Windscheid u. a.) erörtert. Unter den Lehrbüchern des deutschen Privatrechts insbesondere sind die von Gerber (13. Aufl. 1878), Beseler (3. Aufl. 1873, 2 Bde.), Bluntschli (3. Aufl.

1864) und Hillebrand (2. Aufl. 1865) hervorzuheben. Vgl. Gerber, Das wissenschaftliche Prinzip des deutschen Privatrechts (1846); Wächter, Gemeines R. Deutschlands (1844); Holtzendorff, Encyklopädie der Rechtswissenschaft (3. Aufl. 1877) und Rechtslexikon (3. Aufl. 1880—81). Über Staatsrecht, Strafrecht, Strafprozeß ꝛc. finden sich Litteraturnachweise bei den betreffenden einzelnen Artikeln.

Recht der freien Affoziation, s. Verein.

Rechte Mitte, s. v. w. Juste-milieu.

Rechtlosigkeit, Zustand, worin kein festes und gesichertes Rechtsgebiet vorhanden ist, wie bei völliger Unkultur und Anarchie, oder worin ein Alleinberechtigter oder mehrere über die übrigen unbedingte Gewalt haben, wie in despotisch regierten Staaten, oder worin eine untergebene Person in allen oder wenigstens in den wichtigsten Beziehungen ganz von der Willkür einer andern abhängig ist, wie bei der Sklaverei und Leibeigenschaft; im Mittelalter Schmälerung der bürgerlichen Ehre, Zustand geminderter Rechtsfähigkeit, wie er z. B. für die »friedlos« Erklärten eintrat.

Rechtsanwalt (Abvokat, Anwalt, Sachwalter), Rechtsgelehrter, welcher vom Staate die Befugnis zur Führung von Rechtssachen vor den zuständigen Behörden erlangt hat. Nach deutscher Rechtsanschauung ist nämlich der R. nicht nur befugt, als eigentlicher Rechtsbeistand neben einer Partei aufzutreten, sondern er kann auch, namentlich in bürgerlichen Rechtsstreitigkeiten, als Vertreter (Prokurator) der Partei fungieren, insofern nicht ein persönliches Erscheinen der letztern ausdrücklich verlangt wird. Für das Deutsche Reich sind die Befugnisse und die Stellung des Rechtsanwalts überhaupt nunmehr durch die deutsche Rechtsanwaltsordnung vom 1. Juli 1878 (Reichsgesetzblatt, S. 177 ff.) in einheitlicher Weise normiert worden. Die Avvokatur ist hiernach nicht, wie es von mancher Seite gewünscht worden war, freigegeben, sondern es kann nur derjenige zur Rechtsanwaltschaft zugelassen werden, welcher die Fähigkeit zur Ausübung des

Richteramts erlangt hat. Ein solcher kann aber in jedem Bundesstaat zur Rechtsanwaltschaft zugelassen werden. Über den Antrag auf Zulassung entscheidet die Landesjustizverwaltung nach vorgängigem gutachtlichen Gehör des Vorstands der Anwaltskammer. In demjenigen Staat, in welchem der Betreffende die zum Richteramt befähigende Prüfung bestanden hat, muß derselbe auf seinen Antrag zur Advokatur zugelassen werden. Sind bei einem Gericht mehrere Bundesstaaten gemeinschaftlich beteiligt, so wird das Recht auf Zulassung dadurch begründet, daß der Antragsteller in einem dieser Staaten die zum Richteramt befähigende Prüfung bestanden hat.

Die Zulassung kann aber versagt werden, wenn der Antragsteller, nachdem er die Fähigkeit zur Rechtsanwaltschaft erlangt hatte, während eines Zeitraums von drei Jahren weder als R. zugelassen ist, noch ein Reichs-, Staats- oder Gemeinbeamt bekleidet hat, noch im Justizdienst oder als Lehrer des Rechts an einer deutschen Universität thätig gewesen ist; ferner, wenn derselbe infolge strafgerichtlichen Urteils die Fähigkeit zur Bekleidung öffentlicher Ämter auf Zeit verloren hatte; endlich, wenn gegen den Antragsteller, welcher früher R. gewesen ist, innerhalb der letzten zwei Jahre im ehrengerichtlichen Verfahren auf Verweis oder auf Geldstrafe von mehr als 150 Mk. erkannt worden ist. Die Zulassung muß in folgenden Fällen versagt werden: wenn der Antragsteller infolge strafgerichtlichen Urteils die Fähigkeit zur Bekleidung öffentlicher Ämter dauernd verloren hat oder zur Zeit nicht besitzt; wenn er infolge ehrengerichtlichen Urteils von der Rechtsanwaltschaft ausgeschlossen oder infolge gerichtlicher Anordnung in der Verfügung über sein Vermögen beschränkt ist; wenn derselbe ein Amt bekleidet oder eine Beschäftigung betreibt, welche nach den Gesetzen oder nach dem Gutachten des Vorstands der Anwaltskammer mit dem Beruf oder der Würde der Rechtsanwaltschaft nicht vereinbar sind; wenn der Antragsteller sich nach dem Gutachten des Vorstands der Anwaltskammer eines Verhaltens schuldig gemacht hat, welches die Ausschließung

von der Rechtsanwaltschaft bedingen würde; endlich, wenn derselbe nach dem Gutachten des Vorstands der Anwaltskammer infolge eines körperlichen Gebrechens oder wegen eingetretener Schwäche seiner körperlichen oder geistigen Kräfte zur Erfüllung der Pflichten eines Rechtsanwalts dauernd unfähig ist.

Die Zulassung selbst erfolgt bei einem bestimmten Gericht, doch kann der bei einem Amtsgericht zugelassene Anwalt auch zugleich bei dem Landgericht, in dessen Bezirk das Amtsgericht seinen Sitz hat, sowie bei den im Bezirk des Landgerichts befindlichen Kammern für Handelssachen zugelassen werden. Die Zulassung muß erfolgen, wenn sie nach dem übereinstimmenden Gutachten des Oberlandesgerichts und des Vorstands der Anwaltskammer dem Interesse der Rechtspflege förderlich ist. Der bei einem Kollegialgericht zugelassene R. ist auf seinen Antrag zugleich bei einem andern an dem Ort seines Wohnsitzes befindlichen Kollegialgericht zuzulassen, wenn das Oberlandesgericht durch Plenarbeschluß die Zulassung dem Interesse der Rechtspflege für förderlich erklärt. Ist ein Anwalt bei einem Landgericht zugelassen, welches zum Bezirk eines mehreren Bundesstaaten gemeinschaftlichen Oberlandesgerichts gehört, so kann er zugleich bei dem letztern zugelassen werden, auch wenn dasselbe an einem andern Ort seinen Sitz hat. Die Zulassung bei dem im Antrag bezeichneten Gericht darf wegen mangelnden Bedürfnisses zur Vermehrung der Zahl der bei demselben zugelassenen Rechtsanwalte nicht versagt werden; sie muß dagegen versagt werden, wenn bei dem fraglichen Gericht ein Richter angestellt ist, mit welchem der Antragsteller in gerader Linie verwandt oder verschwägert oder in der Seitenlinie im zweiten Grad verwandt oder verschwägert ist, auch wenn die Ehe, durch welche die Schwägerschaft begründet wird, nicht mehr besteht. Über die Zulassung zur Rechtsanwaltschaft bei dem Reichsgericht entscheidet das Präsidium des letztern. Die bei dem Reichsgericht zugelassenen Rechtsanwalte dürfen bei einem andern Gericht nicht auftreten, und ihre Zulassung bei dem Reichsgericht ist mit der Zulassung bei einem andern Gericht unvereinbar.

Die gemeinsamen Interessen des Anwaltsstands werden durch die **Anwaltskammern** wahrgenommen. Die deutsche Rechtsanwaltsordnung vom 1. Juli 1878 hat nämlich das Institut der Anwaltskammern für das ganze Reichsgebiet eingeführt. Für jeden Bezirk eines Oberlandesgerichts und am Sitz des letztern wird hiernach eine Anwaltskammer errichtet, welche aus den innerhalb des Oberlandesgerichtsbezirks zugelassenen Rechtsanwalten besteht. Dieser Anwaltskammer liegen die Bewilligung der Mittel zur Bestreitung des für die gemeinschaftlichen Angelegenheiten erforderlichen Aufwands und die Bestimmung des Beitrags der Mitglieder ob, ferner die Feststellung der Geschäftsordnung für die Kammer und den Vorstand sowie die Prüfung und Abnahme der von dem letztern zu legenden Rechnung. Die Kammer wählt aus ihren Mitgliedern den aus 9 bis 15 Mitgliedern bestehenden Vorstand. Diese Wahl erfolgt auf vier Jahre, jedoch mit der Maßgabe, daß alle zwei Jahre die Hälfte der Mitglieder, bei ungerader Zahl zum erstenmal die größere Zahl, ausscheidet, indem die zum erstenmal Ausscheidenden durch das Los bestimmt werden. Der Vorstand wählt aus seiner Mitte den Vorsitzenden und den Schriftführer sowie deren Stellvertreter. Der Vorstand hat Streitigkeiten unter den Mitgliedern der Kammer auf Antrag zu vermitteln, ebenso Streitigkeiten aus dem Auftragsverhältnis zwischen einem Mitglied der Kammer und dem Auftraggeber auf Antrag des letztern; der Vorstand hat ferner Gutachten, welche von der Landesjustizverwaltung, sowie solche, welche in Streitigkeiten zwischen einem Mitglied der Kammer und seinem Auftraggeber von den Gerichten erfordert werden, zu erstatten; er hat das Vermögen der Kammer zu verwalten und derselben über die Verwaltung jährlich Rechnung zu legen; endlich hat der Vorstand die Aufsicht über die Erfüllung der den Mitgliedern der Kammer obliegenden Pflichten zu üben und die ehrengerichtliche Strafgewalt zu handhaben. In letzterer Beziehung entscheidet nämlich der Vorstand im ehrengerichtlichen Verfahren als **Ehrengericht** in der Besetzung von fünf Mitgliedern. Dieses Ehrengericht besteht aus dem Vorsitzenden, seinem Stellvertreter und drei andern Mitgliedern des Vorstands und kann auf Warnung, Verweis, Geldstrafe bis zu 3000 Mk. sowie auf Ausschließung von der Rechtsanwaltschaft erkennen. Gegen die Urteile des Ehrengerichts ist Berufung an den **Ehrengerichtshof** zulässig, welcher aus dem Präsidenten des Reichsgerichts als Vorsitzendem, drei Mitgliedern des Reichsgerichts und drei Mitgliedern der Anwaltskammer bei dem Reichsgericht besteht. Sogen. **Anwaltszwang** besteht nach der deutschen Zivilprozeßordnung nur für diejenigen Prozeßsachen, welche vor den Landgerichten und vor allen Gerichten höherer Instanz anhängig sind. In diesen Rechtsstreitigkeiten (**Anwaltsprozeß**), im Gegensatz zu den vor den Einzelrichtern (Amtsgerichten) anhängigen Sachen, müssen sich die Parteien durch einen bei dem Prozeßgericht zugelassenen R. als Bevollmächtigten vertreten lassen. Aber den Prozeßgericht zugelassener Anwalt kann sich selbst vertreten. Die Gebühren der Rechtsanwalte bestimmen sich nach der deutschen Gebührenordnung für Rechtsanwalte vom 7. Juli 1879. Vgl. Brecht, Adreßbuch der Rechtsanwälte des Deutschen Reichs (1880, 1. Jahrg.).

Rechtsfall, s. Recht.

Rechtskonsulent, s. v. w. Advokat.

Rechtspflege (Justiz), s. Recht.

Rechtszuständigkeit, s. Kompetenz.

Recursus ab abusu (»Beschwerde wegen Mißbrauchs«, franz. Appel comme d'abus), im Kirchenrecht die gegen etwaigen Mißbrauch der geistlichen Gewalt zulässige Berufung an die weltliche Behörde. Die Zulässigkeit eines solchen Rechtsmittels folgt aus dem Oberaufsichts- und Schutzrecht, welches der Staatsgewalt der Kirche gegenüber zusteht. Dasselbe fand namentlich in Frankreich seine Ausbildung, wo der Appel comme d'abus zu Anfang des gegenwärtigen Jahrhunderts nach Wiedereinführung der katholischen Staatsreligion durch Gesetz vom 18. Germinal X (8. April 1802) geregelt und sowohl wegen eines durch einen geistlichen Diener verübten Mißbrauchs der geistlichen Gewalt als auch gegen Eingriffe weltlicher Behörden in die öffentliche Religionsübung oder in die Freiheiten der Kirche gegeben ist. Im gemeinen deutschen Kirchenrecht ausdrücklich anerkannt, hat sich der R. in den meisten deutschen Staaten erhalten, und namentlich ist er in den preußischen Kirchengesetzen von 1873 beibehalten. Das preußische Gesetz vom 12. Mai 1873 über die kirchliche Disziplinargewalt gestattet nämlich gegen Entscheidungen kirchlicher Behörden, welche in vorschriftswidriger Weise eine Disziplinarstrafe verhängen, den R. oder, wie es im Gesetz heißt, die Berufung an die Staatsbehörde. Die Entscheidung über dies Rechtsmittel, welches zunächst dem durch eine solche Verfügung Betroffenen oder auch, wofern dabei ein öffentliches Interesse mit in Frage kommt, dem Oberpräsidenten zusteht, erfolgt durch den königlichen Gerichtshof für kirchliche Angelegenheiten in Berlin. Auch den Angehörigen des geistlichen Standes ist dies Rechtsmittel gestattet, namentlich nach dem Gesetz vom 11. Mai 1873 über die Vorbildung und Anstellung der Geistlichen auch dann, wenn es sich um beschwerende Maßregeln des Kultusministers den geistlichen Unterrichtsanstalten gegenüber oder um den Einspruch des Oberpräsidenten gegen die Anstellung eines Geistlichen handelt. Ebenso ist in dem deutschen Reichsgesetz vom 4. Mai 1874, betreffend die Verhinderung der unbefugten Ausübung von Kirchenämtern, den Geistlichen, welchen der Aufenthalt in bestimmten Bezirken oder Orten versagt ist, oder die ihrer Staatsangehörigkeit verlustig erklärt und aus dem Reichsgebiet ausgewiesen worden sind, gegen derartige Verfügungen das Rechtsmittel der Berufung an den Gerichtshof für kirchliche Angelegenheiten oder, wo ein solcher nicht besteht, an das höchste Strafgericht des Landes gestattet. Vgl. Hinschius, Die preußischen Kirchengesetze des Jahrs 1873 (1873), der Jahre 1874—75 (1875).

Redakteur (franz., spr. -öhr), »Ordner«, besonders Anordner und Herausgeber periodischer und encyklopädischer, aus Beiträgen mehrerer bestehender Werke, namentlich Zeitungen; verantwortlicher R. wird derjenige genannt, welcher den Inhalt einer Zeitschrift der Preßpolizei gegenüber vertritt; Redaktion, das Geschäft, die Rechte und Verpflichtungen eines solchen; auch die Gesamtheit der bei der Redaktion Beschäftigten. Übrigens spricht man auch auf andern Gebieten von Redaktion und von redaktioneller Thätigkeit, indem man dabei die Herund Fertigstellung von Drucksachen und sonstigen Schriftstücken in rein formeller Beziehung im Auge hat, so namentlich auf dem Gebiet der Gesetzgebung; ebenso spricht man von der Redaktion eines gerichtlichen Urteils, eines Berichts u. dgl.

Redefreiheit, im allgemeinen das Recht der freien mündlichen Meinungsäußerung, welches zwar als Ausfluß der persönlichen Freiheit überhaupt einem jeden Staatsbürger zusteht, dessen Mißbrauch jedoch, z. B. bei wörtlichen Beleidigungen, öffentlicher Aufforderung zu hochverräterischen Handlungen u. dgl., nach den bestehenden Strafgesetzen geahndet wird. Eine besondere R. (Unverantwortlichkeit) ist den Mitgliedern der gesetzgebenden Versammlungen gewährleistet, welche diese wegen Abstimmungen oder wegen der in Ausübung ihres Berufs gethanen Äußerungen jeder Verantwortung außerhalb der Versammlung, zu welcher das Mitglied gehört, also namentlich vor den Gerichten und im Disziplinarverfahren, enthebt. Diese dem englischen Verfassungsrecht entnommene parlamentarische R. war schon durch die deutsche Reichsverfassung vom 28. März 1849 (§ 120) verheißen worden, und die norddeutsche Bundesverfassung nahm die dort enthaltene Vorschrift wörtlich auf, wie sie denn auch jetzt den Art. 30 der deutschen Reichsverfassung bildet: »Kein Mitglied des Reichstags darf zu irgend einer Zeit wegen seiner Abstimmung oder wegen der in Ausübung seines Berufs gethanen Äußerungen gerichtlich oder disziplinarisch verfolgt oder sonst außerhalb der Versammlung zur Verantwortung gezogen werden«. Auch für die Ständeversammlungen der einzelnen Bundesstaaten, deren Verfassungen diesen Gegenstand nicht in gleichförmiger Weise behandelten, ist durch das Reichsstrafgesetzbuch (§ 11) ebenderselbe Grundsatz zur gemeinsamen Norm erhoben worden. Innerhalb der Versammlung kann jedoch gegen etwaigen Mißbrauch der R. seitens des Präsidiums auf Grund und nach Maßgabe der Geschäftsordnung eingeschritten werden. Im Zusammenhang damit steht die Bestimmung, daß auch wahrheitsgetreue Berichte über die Verhandlungen des Reichstags oder eines deutschen Landtags von jeder Verantwortlichkeit frei bleiben.

Reeder (Rheder), der Eigentümer eines ihm zum Erwerb durch die Seefahrt dienenden Schiffs; Reederei, die Vereinigung mehrerer Personen (Schiffsfreunde, Mitreeder), welche ein in ihrem Miteigentum stehendes Schiff zu gemeinschaftlichem Erwerb durch die Seefahrt verwenden. Der Anteil eines jeden derselben an dem gemeinschaftlichen Schiff heißt Part oder Schiffspart. Das Verhältnis der Mitreeder zu einander bestimmt der Reederbrief, d. h. der zwischen den Schiffsfreunden errichtete Kontrakt. Derjenige, welcher die Geschäftsführung besorgt, heißt Korrespondentreeder (Schiffsdirektor, Schiffsdisponent).

Referendär (lat.), Berichterstatter, Titel für Juristen, die sich noch im Vorbereitungsdienst befinden; Referendariät, Amt eines solchen.

Referendum (lat.), das zu Berichtende; etwas ad referendum nehmen, zur Berichterstattung an die Beteiligten entgegennehmen. In der Schweiz die in einzelnen Kantonen übliche Volksabstimmung namentlich über Gesetzvorschläge.

Referieren (lat.), berichten, in der Rechtssprache aus den Akten vortragen; Referent, das aus den Akten vortragende Mitglied eines Kollegiums; Referat, Vortrag. Einen Eid r., ihn zurückschieben.

Reformieren (lat.), umgestalten, verändern; Reform, Umgestaltung, na-

mentlich auf dem Gebiet der Gesetzgebung und der Staatsverfassung; Reformer (engl. reformers), Anhänger der Reformpartei, welche bestimmte Gebiete der Gesetzgebung reformiert haben will, wie z. B. die Partei der deutschen Steuer- und Wirtschaftsreformer in Ansehung der Agrargesetzgebung (s. Agrarier). Im Gegensatz zur Revolution (s. d.) versteht man unter Reform die planmäßige Veränderung der Staatsverfassung auf gesetzlichem Weg. Zwar werden bei solchen Reformen stets Verbesserungen angestrebt, allein gleichwohl kann man nicht jede Reform als Verbesserung bezeichnen, wenn sie es auch vom Parteistandpunkt des einen, nicht aber auch vom Standpunkt des andern aus betrachtet sein mag. Für Umgestaltungen auf dem kirchlichen Gebiet ist der Ausdruck Reformation gebräuchlich, namentlich für die große Bewegung im 16. Jahrh., welche die Lostrennung der nunmehrigen lutherischen und reformierten von der katholischen Kirche zur Folge hatte (s. Protestantismus).

Regalien (lat. Jura regalia), die der obersten Staatsgewalt vorbehaltenen Rechte, Staatshoheitsrechte, zerfallen in höhere oder wesentliche, die aus dem Wesen der obersten Gewalt hervorgehen (Justiz-, Polizei-, Steuer- 2c. Hoheit), und niedere oder außerwesentliche (finanzielle) oder R. im engern Sinn (Berg-, Forst-, Jagd-, Salz-, Münz-, Post-, Tabakregal).

Regent (lat.), das Oberhaupt eines Staats; im engern Sinn s. v. w. Reichsverweser oder Stellvertreter des eigentlichen Staatsoberhaupts; Regentschaft, die außerordentliche Staatsregierung, welche während der Minderjährigkeit des Thronfolgers (Regierungsvormundschaft) oder bei dauernder Behinderung des Staatsoberhaupts an der Ausübung der Regierungsgewalt eintritt. Ebenso macht sich eine Regentschaft dann notwendig, wenn der Souverän mit Hinterlassung einer schwangern Witwe stirbt. Die neuern Verfassungsgesetze enthalten in der Regel über die Art und Weise, wie eine Regentschaft zu bestellen ist, ausführliche Vorschriften, so z. B. die preußische

Verfassung (Art. 56 und 57). Mehrere neuere Verfassungen halten hierbei an den Grundsätzen des ältern Rechts fest, wonach derjenige volljährige regierungsfähige Agnat, welcher zunächst zur Thronfolge berufen wäre, die Regentschaft führen soll (so in Preußen, Sachsen und Württemberg); andre lassen dem nächsten Agnaten die Mutter und die Großmutter oder die Gemahlin des unmündigen oder des verhinderten Monarchen vorgehen. Auch wird es zuweilen dem Souverän selbst überlassen, für den Fall des Bedürfnisses mit den Landständen zusammen die Regentschaft im voraus zu regeln. Dies ist z. B. in Braunschweig durch das Regentschaftsgesetz von 1879 geschehen. Ebenso enthalten die meisten Verfassungen Vorschriften über die Stellvertretung des abwesenden Monarchen, welche regelmäßig durch einen besondern Erlaß desselben angeordnet wird.

Regie (franz., spr. -schih), im Staatsleben s. v. w. Finanzverwaltung; in Frankreich eine mit Verantwortlichkeit und Rechnungsablegung verbundene Verwaltung, auch Verwaltung gewisser Staatseinkünfte, z. B. Salz=, Tabakregie).

Regierung (Staatsregierung), die Leitung des Staats; dann die hierzu Berufenen, namentlich der Beamtenkörper, dessen sich das Staatsoberhaupt zur Leitung des Staats bedient (Regierungsbeamte), insbesondere das Ministerium; Regierungsgewalt, s. v. w. Staatsgewalt; Regierungsrechte (materielle Hoheitsrechte), die dem Staatsoberhaupt zur Leitung und Verwaltung des Staats eingeräumten Befugnisse, im Gegensatz zu den Majestäts= oder formellen Hoheitsrechten des Souveräns (s. Monarchie). Regierungsform, Bezeichnung für die (monarchische oder republikanische) Staatsverfassung. Im engern Sinn wird die Regierungsgewalt (Regierungshoheit) der richterlichen Gewalt, d. h. der Handhabung des Rechts und der Wiederherstellung der gestörten Rechtsordnung, gegenübergestellt, indem man unter ersterer Bezeichnung die auf die Pflege der Wohlfahrt des Staatsganzen und der einzelnen Staatsangehörigen gerichtete Thätigkeit

zusammenfaßt. Soweit es sich nun hierbei um die Leitung des Staats im großen und ganzen handelt, spricht man von politischer R. (gouvernement politique), während die Regierungsthätigkeit im Innern und Einzelnen Verwaltung (administration) genannt wird. Dem entsprechend pflegt man auch die Regierungsrechte in äußere und innere einzuteilen, indem unter den erstern namentlich die sogen. Repräsentativgewalt, d. h. die Vertretung des Staats nach außen, und das Vertrags= und Kriegsrecht verstanden werden, während man in Ansehung der letztern wiederum eine Gebiets=, Justiz=, Polizei=, Finanz=, Militär=, Amter= und Kirchenhoheit unterscheidet. Hierzu kommt dann noch die gesetzgebende Gewalt, welche in konstitutionellen Staaten insofern beschränkt ist, als der Volksvertretung ein Mitwirkungsrecht in Ansehung der Gesetzgebung zusteht. Der R. ist jedoch hier das Recht eingeräumt, ihre Vorlagen und ihre Ansicht durch Regierungsbevollmächtigte (Kommissare) in den Kammern vertreten zu lassen. Diejenige Partei, auf welche sich die R. stützt, und aus welcher in England das Staatsministerium hervorgeht, wird die Regierungspartei, im Gegensatz zur Oppositionspartei, genannt. Wie man aber in Deutschland und in Frankreich unter der letztern nicht selten diejenige Partei versteht, welche der R. prinzipiell und unter allen Umständen opponiert, also eine geradezu regierungsfeindliche Partei ist, so verbindet man anderseits oft mit dem Ausdruck »Regierungspartei« den Begriff einer Parteigenossenschaft, welche ohne selbständige Prüfung und Überzeugung unter allen Umständen der Ansicht der R. beitritt, eben weil es die Ansicht der R. ist. Teilt man übrigens, wie dies häufig geschieht, die Staatsgewalt in eine gesetzgebende, richterliche und vollziehende Gewalt ein, so wird unter R. auch bloß die letztere verstanden, während andre mit R. lediglich die oben besprochene innere Verwaltung bezeichnen und dann die Regierungssachen insbesondere den Justizsachen gegenüberstellen. In manchen Staaten versteht man auch unter R. eine besondere Verwaltungsbehörde, welche über einen bestimmten Bezirk gesetzt ist. So zerfallen in Preußen die Provinzen in Regierungsbezirke mit Regierungspräsidenten an der Spitze, welchen das nötige Beamtenpersonal (Regierungsräte, Assessoren ꝛc.) beigegeben ist. In Österreich versteht man dagegen unter Landesregierungen die Oberbehörden einzelner und zwar der kleinern Kronländer, während die politischen Landesbehörden der größern »Statthaltereien« genannt werden. Auch der bayrische Staat ist in Regierungsbezirke eingeteilt, mit Regierungspräsidenten, die an der Spitze der Bezirksregierungen stehen, während Württemberg in Kreise zerfällt, welche Kreisregierungen (Direktoren) unterstellt sind.

Regierungsbezirk, s. Provinz.

Regierungsform, s. Staat.

Regierungsnachfolge, s. Thronfolge.

Regierungspräsident, s. Präsidium.

Regierungsvormundschaft, s. Regent.

Régime (franz., spr. -schihm), Staatsverwaltung, Regierungsweise.

Regiment (lat.), Truppenabteilung, in Deutschland bei der Infanterie und Fußartillerie aus 2—3 Bataillonen, bei der Kavallerie aus 5 Eskadrons und bei der Feldartillerie aus 2—3 Abteilungen bestehend.

Registerbehörden
Registerhafen } s. Schiffsregister.

Registrieren (lat.), eintragen; besonders die bei einer Behörde gemachten Eingaben aufzeichnen; Registrator, Beamter, der dies zu besorgen hat; Registrande, Verzeichnis der Eingänge bei einer Behörde und der darauf ergangenen Verfügungen; Registratur, Aufbewahrungsort dafür, Buch zum R., auch kurze Aufzeichnung, die zu den Akten gebracht wird, im Gegensatz zum förmlichen Protokoll.

Réglement (franz., spr. -mang), Dienstvorschrift, Geschäftsordnung.

Regnikolardeputationen (lat.), in Österreich-Ungarn Ausschüsse des Reichsrats (resp. Reichstags) zur Vorberatung wichtiger Gesetzgebungsfragen.

Regnum (lat.), Reich, insbesondere Königreich; auch Bezeichnung für die königliche Würde.

Regredienterbschaft (lat.), im deutschen Lehn- und Privatfürstenrecht diejenige Erbfolge, wonach bei dem Erlöschen des Mannsstamms nicht die weibliche Verwandte des letzten männlichen Sprossen, sondern vielmehr die früher wegen des Vorhandenseins männlicher Nachkommenschaft übergangenen weiblichen Verwandten des Hauses, die sogen. Regredienterbinnen, und deren Deszendenz zur Succession gerufen werden, auf welch letztere also die Erbfolge »regrediert«, d. h. zurückfällt. Es ist jedoch im gegenwärtigen gemeinen deutschen Privatfürstenrecht der Grundsatz anerkannt, daß die Erbtochter (s. d.) der Regredienterbin vorgeht, d. h. daß die nächste weibliche Verwandte des letzten Thronbesitzers und also jedenfalls dessen Tochter oder die erstborne von mehreren Töchtern und deren Deszendenz beim Aussterben des Mannsstamms gerufen werden. Freilich war dies zur Zeit des frühern Deutschen Reichs nicht unbestritten, wie denn z. B. beim Aussterben des habsburgischen Mannsstamms 1740 mit Karl VI. Bayern auf Grund der R. Ansprüche auf die österreichischen Erblande erhob.

Regreß (lat.), Rückgriff; Rückanspruch auf Schadloshaltung gegen einen Dritten auf Grund besonderer Verpflichtung des letztern. Der Regreßnehmer wird Regredient, derjenige, auf welchen man regrediert, Regressat genannt. Die Regreßklage, mit welcher dieser in Anspruch genommen wird, ist namentlich für das Wechselrecht von Wichtigkeit. Wird ein gezogener Wechsel nicht wechselmäßig honoriert, so hat der Regredient den sogen. springenden R., d. h. er ist an die Reihenfolge der Vormänner nicht gebunden. Derjenige Betrag, für welchen die letztern aufkommen müssen, wird Regreßsumme genannt (Wechselsumme, 6 Proz. Zinsen vom Verfalltag ab, ⅓ Proz. Provision, Protestkosten und sonstige Auslagen).

Rehabilitieren (lat.), wiedereinsetzen, wiederherstellen, namentlich den guten Ruf einer Person; Rehabilitation,

Wiederherstellung, Wiedereinsetzung, namentlich in den Genuß der entzogenen bürgerlichen Ehrenrechte (s. d.).

Reich, im Staats= und Völkerleben Bezeichnung eines großen Staatskörpers, an dessen Spitze ein einzelner Staatsbeherrscher steht (Kaiser=, Königreich); auch Bezeichnung für einen Gesamtstaat (Bundesstaat, Bundesreich), welcher verschiedene Einzelstaaten umfaßt. Namentlich war der Ausdruck R. zur Bezeichnung des frühern Deutschen Reichs gebräuchlich, und zwar dachten sich die Publizisten des vorigen Jahrhunderts das R. selbst gewissermaßen als Subjekt der Regierungsgewalt, welche nach der Reichsverfassung, da das R. ein Wahlreich war, dem Kaiser übertragen wurde, daher oft von »Kaiser und R.«, als den Inhabern des Reichsregiments, die Rede war. Ebenso wird jetzt das Deutsche R. vielfach schlechthin das »R.« genannt.

Reichsabschied, s. Abschied.

Reichsadel, im frühern Deutschen Reich die reichsunmittelbare deutsche Reichsritterschaft (s. d.).

Reichsamt, im frühern Deutschen Reich Bezeichnung der sogen. Reichserzämter und Reichserbämter (s. Kurfürsten); im gegenwärtigen Deutschen Reich amtliche Bezeichnung der obersten Reichsbehörden, wie: das R. des Innern, das auswärtige Amt des Deutschen Reichs, das Reichsjustizamt, Reichseisenbahnamt, Reichspostamt, Reichsschatzamt und das R. für die Verwaltung der Reichseisenbahnen. Auch pflegt man die Bezeichnung R. auf die Reichsbehörden überhaupt anzuwenden.

Reichsamt des Innern, Zentralbehörde des Deutschen Reichs (in Berlin) zur Bearbeitung der innern Verwaltungsangelegenheiten desselben. Das R. steht unter dem Staatssekretär des Innern, welchem ein Unterstaatssekretär und das nötige Beamtenpersonal beigegeben sind. Dasselbe ist dem Reichskanzler unmittelbar unterstellt. Es ist aus dem Reichskanzleramt hervorgegangen, welch letzteres in zwei Abteilungen, eine Zentralabteilung und eine Finanzabteilung, zerfiel. Nachdem nun die letztere zu dem Reichsschatzamt erhoben worden war, wurde

erstere unter dem Namen R. ebenfalls als besondere Reichsbehörde konstituiert. Zu dem Geschäftskreis derselben gehören die auf den Bundesrat, den Reichstag und die Reichstagswahlen bezüglichen Geschäfte, die allgemeinen Angelegenheiten der Reichsbehörden und der Reichsbeamten, die Aufsicht über den Disziplinarhof und die Disziplinarkammern, die Indigenats=, Heimats=, Niederlassungs=, Freizügigkeits= und Auswanderungssachen, die Handels= und Gewerbeangelegenheiten, die das Bankwesen, die Versicherungen, die Maße und Gewichte betreffenden Geschäfte, die Angelegenheiten des geistigen Eigentums und der Patente, die See= und Flußschiffahrt und Flößerei, die Medizinal= und Veterinärpolizei, die Angelegenheiten der Presse und der Vereine, die Militär= und Marineangelegenheiten, soweit dieselben die Mitwirkung der Zivilverwaltung erfordern, wie das Ersatzwesen, Mobilmachung, Naturalleistungen, Transport= und Etappenangelegenheiten, Familienunterstützung und Zivilversorgung, ferner die Landesvermessung, die Anerkennung und Klassifizierung der höhern Lehranstalten mit Bezug auf die Wirksamkeit ihrer Zeugnisse für die Zulassung zum einjährig=freiwilligen Militärdienst, die Reichsstatistik und endlich überhaupt diejenigen Reichsangelegenheiten, deren Bearbeitung nicht andern Behörden übertragen ist. Über die verschiedenen Behörden, welche von dem R. ressortieren, vgl. Reichsbehörden (S. 460).

Reichsämter, s. Reichsbehörden.

Reichsamt für die Verwaltung der Reichseisenbahnen, eine unmittelbar dem Reichskanzler unterstellte Zentralbehörde des Deutschen Reichs (in Berlin) für die Verwaltung der im Besitz des letztern befindlichen Eisenbahnen in Elsaß-Lothringen sowie für die Ausführung der Bauten derjenigen Bahnstrecken, welche in Elsaß-Lothringen auf Kosten des Deutschen Reichs ausgeführt werden. Demselben ist die Generaldirektion der Eisenbahnen in Elsaß-Lothringen zu Straßburg untergeordnet, welche auch die von dem Deutschen Reich in Elsaß-Lothringen und im Großherzogtum Luxemburg gepachteten Eisenbahnstrecken verwaltet. Diese Generaldirektion besteht aus einem Vorsitzenden (Generaldirektor), drei Abteilungsvorstehern sowie administrativen, juristischen, technischen (Eisenbahndirektoren) Mitgliedern und Hilfsarbeitern.

Reichsangehörigkeit, s. Heimatsrecht.

Reichsanwalt, s. Reichsgericht.

Reichsapfel, eine mit einem Kreuz versehene Kugel, eins der deutschen Reichskleinodien; Symbol der christlichen Herrschaft über die Welt.

Reichsarmee, die Truppenmacht des vormaligen heiligen römischen Reichs deutscher Nation, ward auf dem Reichstag in Worms 1521 zu 4000 Reitern und 20,000 Fußgängern festgestellt, wozu jeder Reichsstand ein bestimmtes Kontingent zu stellen hatte, 1681 nach derselben Matrikel auf 40,000 Mann erhöht, trat besonders im Siebenjährigen Krieg in ihrer Erbärmlichkeit hervor. über das dermalige deutsche Reichsheer s. Deutsches Reich.

Reichsbank, ein aus der frühern Preußischen Bank hervorgegangenes, unter Aufsicht und Leitung des Reichs stehendes Bankinstitut, welches die Aufgabe hat, den Geldumlauf im gesamten Reichsgebiet zu regeln, die Zahlungsausgleichungen zu erleichtern und für die Nutzbarmachung verfügbaren Kapitals zu sorgen. Die R. ist auf Grund des deutschen Bankgesetzes vom 14. Mai 1875 mit der Eigenschaft einer juristischen Person errichtet worden. Der Hauptsitz der Bank (Reichshauptbank) befindet sich in Berlin. Es sind aber an den bedeutendsten Handelsplätzen Deutschlands Zweigniederlassungen errichtet, welche nach der Größe und Bedeutung ihres Geschäftsumfangs in drei Klassen zerfallen: 1) Die Reichsbankhauptstellen in Bremen, Breslau, Danzig, Dortmund, Frankfurt a. M., Hamburg, Hannover, Köln, Königsberg i. Pr., Leipzig, Magdeburg, Mannheim, München, Posen, Stettin, Straßburg i. E. und Stuttgart. Die Anordnung der Errichtung von Reichsbankhauptstellen ist Sache des Bundesrats. Dieselben stehen unter der Leitung eines wenigstens aus zwei Mitgliedern bestehenden Vorstands und unter der Aufsicht eines vom Kaiser bestellten Bankkommissars. 2) Die Reichsbankstellen in Aachen, Augsburg, Bielefeld, Braunschweig, Bromberg, Chemnitz, Dresden, Düsseldorf, Elberfeld, Elbing, Emden, Erfurt, Essen, Flensburg, Frankfurt a. O., Gera, Gleiwitz, Glogau, Görlitz, Graudenz, Halle a. S., Karlsruhe, Kassel, Kiel, Koblenz, Krefeld, Landsberg a. W., Liegnitz, Lübeck, Mainz, Memel, Metz, Minden i. W., Mülhausen i. E., Münster i. W., Nordhausen, Nürnberg, Osnabrück, Siegen, Stolp in Pommern, Stralsund, Thorn und Tilsit. Die Reichsbankstellen werden auf Anordnung des Reichskanzlers errichtet. Sie sind dem Direktorium der R. unmittelbar unterstellt. 3) Die Reichsbanknebenstellen (=Agenturen,=Kommanditen, Warendepots). Dieselben sind einer andern Zweigniederlassung der R. untergeordnet. Ihre Errichtung steht dem Direktorium der R. zu. Die R. selbst hat als juristische Person zunächst einen privatrechtlichen Charakter, namentlich insofern, als das aus 120 Mill. Mk. bestehende Grundkapital derselben in 40,000 auf den Namen lautende, aber durch Indossament übertragbare Anteilscheine von je 3000 Mk. zerlegt ist und die Anteilseigner die ihnen zustehende Teilnahme an der Verwaltung der R. durch die Generalversammlung sowie durch einen von dieser zu wählenden ständigen Zentralausschuß (Aufsichtsrat) von 15 Mitgliedern ausüben, aus welch letzterm dann wiederum alljährlich drei Deputierte zur fortlaufenden speziellen Kontrolle der Verwaltung der R. gewählt werden. Die Reichsregierung übt aber der R. gegenüber nicht nur das ihr zustehende staatliche Oberaufsichtsrecht durch ein aus dem Reichskanzler und vier Mitgliedern, von denen eins der Kaiser und drei der Bundesrat ernennt, bestehendes Bankkuratorium aus, sondern die R. erscheint insofern geradezu als ein Staatsinstitut, als die Leitung derselben dem Reich zusteht und von dem Reichskanzler durch ein ihm unterstelltes Bankdirektorium ausgeübt wird. Diese Reichsbehörde ist die verwaltende und ausführende sowie diejenige Stelle, welche die R. nach außen vertritt. Präsident und Mitglieder des Direktoriums werden vom Kaiser auf Vorschlag des Bundesrats auf Lebenszeit ernannt. Sämtliche Beamte der R. haben die Rechte und Pflichten der Reichsbeamten. Eine besondere Abteilung der Reichsbankhauptkasse dient als Zentralkassenstelle des Reichs und führt als solche die Bezeichnung Reichshauptkasse. Vgl. Bankgesetz vom 14. Mai 1875 (Reichsgesetzblatt, S. 180 ff.); Statut der R. vom 21. Mai 1875 (Reichsgesetzblatt, S. 203 ff.); Bamberger, Materialien zum Reichsbankgesetz (in Hirths »Annalen des Deutschen Reichs« 1875, S. 835 ff., 945 ff.).

Reichsbanner, s. Banner.

Reichsbehörden (Reichsbeamte, Reichsämter), im gegenwärtigen Deutschen Reich diejenigen Behörden, welche Geschäfte des Reichs zu führen haben und ihre Autorität unmittelbar von der Reichsgewalt ableiten. Nach der Reichsverfassung (Art. 18) werden nämlich alle Reichsbeamten der Regel nach, und wofern nicht andre gesetzliche Bestimmungen vorliegen, von dem Kaiser ernannt, als dessen Gehilfen bei der Verwaltung des Reichs sie erscheinen. Aber nur die Mitglieder der höchsten und höhern R. erhalten ihre Anstellung unmittelbar von dem Kaiser, während die übrigen Anstellungsurkunden vom Reichskanzler oder von den hierzu ermächtigten Reichsämtern erteilt werden. Was aber den Behördenorganismus des Reichs anbetrifft, so hat derselbe sich mehr und mehr herausgebildet, je mehr die Geschäfte des Reichs an Umfang zunahmen, und je größer die Bedeutung derselben ward. So ist denn jetzt an die Stelle eines bei der Gründung des Norddeutschen Bundes sehr einfachen Verwaltungsapparats bereits ein komplizierter Organismus getreten, ohne daß das Organisationswerk schon jetzt zum förmlichen Abschluß gediehen wäre, da das neue Reich in seinem innern Ausbau ja noch in fortschreitender Entwickelung begriffen ist. In einem Punkt freilich hat sich nichts geändert, nämlich in der absoluten Zentralisation der Reichsgeschäfte in der Hand des Reichskanzlers (s. d.). Denn wie bei der Gründung des Norddeutschen Bundes der Bundeskanzler als der alleinige Bundesbeamte mit politischer Verantwortlichkeit aufgestellt ward, so ist der Reichskanzler auch noch jetzt der einzige verantwortliche Minister des Reichs. Die Anträge, welche im Reichstag auf Einsetzung verantwortlicher Reichsministerien oder doch verantwortlicher Departementschefs (»Antrag Bennigsen«) vorgebracht wurden, sind nicht durchgegangen, wenn auch in dem Stellvertretungsgesetz vom 17. März 1878 der Ansatz zu verantwortlichen Reichsministerien zu finden sein dürfte. Denn hiernach kann nicht nur für den ganzen Umfang der Geschäfte und Obliegenheiten des Reichskanzlers ein Stellvertreter (Reichsvizekanzler) ernannt, sondern es können auch für die jenigen einzelnen Amtszweige, welche sich in der eignen und unmittelbaren Verwaltung des Reichs befinden, die Vorstände der dem Reichskanzler unterstellten obersten R. mit der Stellvertretung desselben in ihrem Geschäftskreis ganz oder teilweise beauftragt werden.

Als zuständige Behörde für die dem Bundeskanzler obliegende Verwaltung und Beaufsichtigung der Gegenstände der Bundesverwaltung und derjenigen Gegenstände, welche verfassungsmäßig der Aufsicht des Bundespräsidiums unterstellt waren, war aber bei der Gründung des Norddeutschen Bundes dem Bundeskanzler ein Bundeskanzleramt beigegeben worden. Die erste und die zweite Abteilung des letztern fungierten zugleich als Generalpostamt und als Generaldirektion der Reichstelegraphenverwaltung. Zur Besorgung der Geschäfte der äußern Reichspolitik ward das preußische Ministerium der auswärtigen Angelegenheiten herangezogen, während die Militärverwaltung im wesentlichen durch das königlich preußische Kriegsministerium und die Verwaltung der Marineangelegenheiten durch das preußische Marineministerium erfolgten. Aber noch zur Zeit des Norddeutschen Bundes wurde das preußische Ministerium der auswärtigen Angelegenheiten in ein auswärtiges Amt des Norddeutschen

Bundes umgewandelt. Das neue Deutsche Reich brachte sodann eine kaiserliche Admiralität zur Verwaltung der Marineangelegenheiten. Der Erwerb von Elsaß-Lothringen für das Reich machte ferner die Errichtung einer besondern Abteilung des nunmehrigen Reichskanzleramts für Elsaß-Lothringen nötig. Die Verwaltung des Reichsinvalidenfonds, das Reichseisenbahnamt und die Reichsbank mit ihren Zweig- und Nebenanstalten traten ins Leben. Dazu kamen dann namentlich noch das Reichsjustizamt für die Justizverwaltung, ferner infolge des Reichspatentgesetzes das kaiserliche Patentamt in Berlin und infolge des Seeunfallgesetzes das Oberseeamt daselbst. Ferner wurden einzelne Zweige der Reichsverwaltung von dem Reichskanzleramt losgelöst und besondern Reichsämtern überwiesen, so namentlich die Reichspost- und Telegraphenverwaltung, welche dem Generalpostmeister und nachmals dem Reichspostamt unterstellt ward. Neuerdings ist dann auch die ganze Finanzverwaltung des Reichs dem Reichskanzleramt abgenommen und einem besondern Reichsschatzamt zugewiesen worden. Für die Verwaltung der Reichseisenbahnen aber ist ebenfalls ein besonderes Reichsamt ins Leben getreten. Aus der Abteilung des Reichskanzleramts für Elsaß-Lothringen ging ein besonderes Reichskanzleramt für Elsaß-Lothringen hervor, und nun ist auch dies aufgehoben worden, nachdem auf Grund des Reichsgesetzes vom 4. Juli 1879 ein Statthalter an die Spitze von Elsaß-Lothringen getreten ist, auf welchen außer gewissen landesherrlichen Gerechtsamen auch die dem Reichskanzler in Ansehung der Landesverwaltung von Elsaß-Lothringen vorbem zustehenden Befugnisse und Obliegenheiten sowie die bis dahin dem Oberpräsidenten in Straßburg übertragenen außerordentlichen Gewalten übergegangen sind, indem ihm ein besonderes Ministerium für Elsaß-Lothringen beigegeben worden ist. Das bisherige Reichskanzleramt aber hat seit 24. Dez. 1879 die offizielle Bezeichnung Reichsamt des Innern erhalten, damit die Stellung dieser Behörde zu den übrigen Reichs-

ämtern und der ihr noch zugewiesene Wirkungskreis in ihrer Benennung einen zutreffenden Ausdruck finden. (Eine Übersicht über die sämtlichen Reichsämter und R. s. unten.) Einer Zentralstelle des Reichs nicht unterstellt ist zur Zeit noch die Reichsmilitärverwaltung. Hier besorgen noch die Kriegsministerien der Staaten Preußen, Sachsen und Württemberg die Militärverwaltung der betreffenden Kontingente. Diese Ministerien und die ihnen unterstellten Beamten erscheinen daher, insofern sie nach der Reichsverfassung den Anordnungen des Kaisers Folge zu leisten haben, als mittelbare R. Die übrigen deutschen Staaten, mit alleiniger Ausnahme von Braunschweig, haben mit Preußen Militärkonventionen abgeschlossen und sich in diesen der eignen Militärverwaltung zu Gunsten Preußens begeben.

Außerdem ist hier noch hervorzuheben, daß auch die Beamten der Reichsbank ausdrücklich für Reichsbeamte mit allen Rechten und Pflichten von solchen erklärt worden sind. Ebendasselbe ist in Ansehung der von den Reichstagspräsidenten zu ernennenden Reichstagsbeamten geschehen. Dagegen gehören die elsaß-lothringischen Landesbeamten insofern nicht zu den eigentlichen Reichsbeamten, als sie zwar vom Kaiser angestellt und ihm untergeben sind, dieser jedoch ihnen gegenüber zunächst nicht als Reichsoberhaupt, sondern als Landesherr erscheint und der Gehalt derselben aus Landes- und nicht aus Reichsmitteln bezahlt wird. Ein Gesetz vom 23. Dez. 1873 (Gesetzblatt für Elsaß-Lothringen, S. 479) hat aber das Reichsbeamtengesetz ausdrücklich auch auf die Rechtsverhältnisse dieser kaiserlichen Landesbeamten ausgedehnt. Die Rechte und Pflichten und die Dienstverhältnisse der Reichsbeamten überhaupt sind durch das Gesetz, betreffend die Rechtsverhältnisse der Reichsbeamten, vom 31. März 1873 (Reichsgesetzblatt, S. 61 ff.) normiert, welches jeden Beamten, der entweder vom Kaiser angestellt, oder nach Vorschrift der Reichsverfassung den Anordnungen des Kaisers Folge zu leisten verpflichtet ist, für einen Reichsbeamten im Sinn des Reichsbeamtengesetzes erklärt. Doch bezieht sich ebendies Gesetz nach einer ausdrücklichen Erklärung desselben auf Personen des Soldatenstands nur insoweit, als es (§§ 134—148) Bestimmungen über Defekte der Beamten enthält. Im übrigen ist aus dem Reichsbeamtengesetz namentlich folgende wichtige Bestimmung (§ 10) hervorzuheben: »Jeder Reichsbeamte hat die Verpflichtung, das ihm übertragene Amt, der Verfassung und den Gesetzen entsprechend, gewissenhaft wahrzunehmen und durch sein Verhalten in und außer dem Amte der Achtung, die sein Beruf erfordert, sich würdig zu zeigen«. Derjenige Reichsbeamte aber, welcher diese ihm obliegenden Pflichten verletzt, begeht ein Dienstvergehen und hat die Disziplinarbestrafung verwirkt. Die Disziplinarstrafen bestehen in Ordnungsstrafen (Warnung, Verweis und Geldstrafe) und Entfernung aus dem Amt. Letztere besteht entweder in Strafversetzung oder in Dienstentlassung. Als entscheidende Disziplinarbehörden, welche je nach Bedürfnis zusammentreten, fungieren in erster Instanz die Disziplinarkammern (s. unten) und in zweiter Instanz der Disziplinarhof in Leipzig. Es finden jedoch diese Disziplinarvorschriften auf die Mitglieder des Reichsgerichts, auf die Mitglieder des Bundesamts für das Heimatswesen, auf die Mitglieder des Rechnungshofs des Deutschen Reichs sowie auf richterliche Militärjustizbeamte keine Anwendung; für diese bestehen besondere Bestimmungen. Außer dem Reichsbeamtengesetz sind aber namentlich noch folgende Normen für die Rechtsverhältnisse der R. von Wichtigkeit: Verordnung vom 29. Juni 1871, betreffend den Diensteid der unmittelbaren Reichsbeamten (Reichsgesetzblatt, S. 303); Gesetz vom 30. Juni 1873, betreffend die Bewilligung von Wohnungsgeldzuschüssen, nebst Verordnung über die desfallsige Klassifikation der Reichsbeamten (Reichsgesetzblatt, S. 166); Verordnung vom 23. Nov. 1874, betreffend die Zuständigkeit der R. zur Ausführung des Gesetzes vom 31. März 1873 und die Anstellung der Reichsbeamten (Reichsgesetzblatt, S. 135); Verordnung vom 21. Juni 1875, betreffend die Tagegelder ꝛc. der Reichsbeamten (Reichs-

gesetzblatt, S. 249); Verordnung vom 5. Juli 1875, betreffend die Tagegelder ꝛc. von Beamten der Reichseisenbahnverwaltung und der Postverwaltung insbesondere (Reichsgesetzblatt, S. 253); Verordnung, betreffend die Tagegelder ꝛc. von Beamten der Reichspost- und Telegraphenverwaltung, vom 29. Juni 1877 (Reichsgesetzblatt, S. 545); Verordnung vom 19. Nov. 1879, betreffend die Abänderung der Bestimmungen über die Tagegelder ꝛc. der Reichsbeamten (Reichsgesetzblatt, S. 313). Vgl. Zedlitz-Neukirch, Die Rechtsverhältnisse der Reichsbeamten (1873); Kannegießer, Das Recht der deutschen Reichsbeamten (1874); Thudichum, Das Reichsbeamtenrecht (in Hirths »Annalen des Deutschen Reichs« 1876, S. 265 ff.). Eine Übersicht über die sämtlichen R. ist im nachstehenden Verzeichnis enthalten.

Die Behörden des Deutschen Reichs.

Der Reichskanzler, der alleinige verantwortliche Minister des Reichs, welcher im Namen des Kaisers die Ausführung der Reichsgesetze zu überwachen, die Verwaltung und Beaufsichtigung der Angelegenheiten zu leiten hat, welche dem Reich verfassungsmäßig zugewiesen sind, und die Verfügungen und Anordnungen des Kaisers gegenzeichnet, indem er dadurch die Verantwortung für dieselben übernimmt. Ihm ist die Reichskanzlei unmittelbar unterstellt, welche als Zentralbüreau des Reichskanzlers den amtlichen Verkehr des letztern mit den Chefs der einzelnen Ressorts vermittelt. Unter dem Reichskanzler stehen ferner folgende R.:

I. Das auswärtige Amt des Deutschen Reichs in Berlin, dessen Vorsitzender, der Staatssekretär für die auswärtigen Angelegenheiten, als ständiger Vertreter des Reichskanzlers fungiert. Das Amt zerfällt in zwei Abteilungen, von denen die Abteilung I A von dem Staatssekretär selbst geleitet wird und sich mit den Angelegenheiten der höhern Politik beschäftigt, während die Abteilung I B, als deren Dirigent einer der ältern Räte fungiert, für die kirchlichen Angelegenheiten, die Generalien, Perso-

nalien, Zeremonialien, Etats= und Kaf=
senfachen, die zweite Abteilung aber für
Handels = und Verkehrsangelegenheiten
bestimmt ist. Dem auswärtigen Amt sind
die Botschafter zu Paris, London, Rom,
Wien, Petersburg und Konstantinopel,
die Gesandten, Ministerresidenten, Ge=
schäftsträger und Konsuln des Deutschen
Reichs unterstellt.

II. Das Reichsamt des Innern
in Berlin, geleitet von dem Staats=
sekretär des Innern, zur Verwaltung
und Beaufsichtigung der durch die Reichs=
verfassung zu Gegenständen der Reichs=
verwaltung gewordenen und unter die
Aufsicht des Kaisers gestellten Angelegen=
heiten und der Reichsangelegenheiten über=
haupt, soweit sie nicht besondern Behörden
übertragen sind. Insbesondere gehören
dahin: die auf den Bundesrat, den Reichs=
tag und die Reichstagswahlen bezüglichen
Geschäfte, die allgemeinen Angelegenhei=
ten der Reichsbehörden und der Reichsbe=
amten einschließlich der Aufsicht über den
Disziplinarhof und die Disziplinarkam=
mern, die Indigenats=, Heimats=, Nieder=
lassungs=, Freizügigkeitssachen, die Han=
dels = und Gewerbeangelegenheiten, ins=
besondere auch die das Bankwesen, die
Versicherungen, die Maße und Gewichte
betreffenden Geschäfte, die Angelegenhei=
ten des geistigen Eigentums einschließlich
der Patente, die See= und Flußschiffahrt
sowie die Flößerei, die Medizinal= und
Veterinärpolizei, die Angelegenheiten der
Presse und der Vereine, die Militär= und
Marineangelegenheiten, soweit dieselben
die Mitwirkung der Zivilverwaltung er=
fordern, insbesondere Ersatzwesen, Mobi=
lisierung, Naturalleistungen, Transport=
und Etappenwesen, Rayonsachen, Fami=
lienunterstützung, Zivilversorgung, Lan=
desvermessung, Anerkennung und Klas=
sifizierung der höhern Lehranstalten mit
Bezug auf die Wirksamkeit ihrer Zeugnisse
für die Zulassung zum einjährig=freiwil=
ligen Militärdienst. Dem Reichsamt des
Innern sind folgende Behörden unterstellt:

1) Das Bundesamt für das Hei=
matswesen in Berlin, ein kollegialisch
besetzter Verwaltungsgerichtshof, welcher
für das gesamte Reichsgebiet, mit Aus=

nahme von Bayern und Elsaß=Lothringen,
als endgültig entscheidende Berufungs=
instanz fungiert in Streitigkeiten von Ar=
menverbänden untereinander, welche ver=
schiedenen Bundesstaaten angehören.

2) Das Gesundheitsamt in Berlin,
bestimmt zur Unterstützung des Reichs=
kanzlers in der Ausübung des Aufsichts=
rechts und in der Vorbereitung der Gesetz=
gebung auf dem Gebiet der Medizinal=
und Veterinärpolizei.

3) Das Patentamt in Berlin, be=
stehend aus sieben Abteilungen, von denen
die Abteilungen 1—6 für die Beschluß=
fassung über Patentgesuche kompetent
sind, während die Abteilung 7 für die
Entscheidung in dem Verfahren wegen
Erklärung der Nichtigkeit und wegen Zu=
rücknahme erteilter Patente bestimmt ist.

4) Die Normal=Eichungskommis=
sion in Berlin, welche für das Reichs=
gebiet, mit Ausnahme von Bayern, alle
Gegenstände, welche die technische Seite
des Eichungswesens betreffen, zu regeln
und darüber zu wachen hat, daß das
Eichungswesen nach übereinstimmenden
Regeln und den Interessen des Verkehrs
entsprechend gehandhabt werde, auch all=
gemeine Vorschriften über das Eichungs=
wesen zu erlassen und die Taxen für die
Eichungsgebühren festzustellen hat.

5) Das statistische Amt in Berlin
für die Reichsstatistik.

6) Der Reichskommissarius für
das Auswanderungswesen in Ham=
burg zur Überwachung der Ausführung
derjenigen reichsgesetzlichen Bestimmun=
gen, welche über das Auswanderungs=
wesen ergangen sind.

7) Die R. für die Untersuchung
von Seeunfällen. Diese Untersuchung
ist nämlich, insoweit sie sich auf Kauffahr=
teischiffe bezieht, Sache der Seeämter,
welch letztere Landesbehörden sind. R.
sind dagegen die Reichskommissare
bei den Seeämtern, welche vom
Reichskanzler ernannt werden, den Ver=
handlungen der Seeämter beizuwohnen
haben und Anträge zu stellen befugt
sind, namentlich auch die Einleitung der
Untersuchung selbst beantragen können.
Beschwerden gegen die Entscheidungen

der Seeämter gehen an das Obersee=
amt in Berlin, eine Reichsbehörde, welche
in solchen Fällen darüber zu befinden hat,
ob einem Seeschiffer, einem Seesteuer=
mann oder einem Maschinisten eines See=
dampfers die Befugnis zur Ausübung sei=
nes Gewerbes zu entziehen sei.

8) Die Reichsprüfungsinspekto=
ren für die Prüfung der Seeschiffer und
Seesteuerleute mit Inspektionsbezirken
für Schleswig=Holstein, Mecklenburg,
Lübeck und Hamburg, für Hannover,
Oldenburg und Bremen und endlich für
Ostpreußen, Westpreußen und Pommern.

9) Die Reichsschiffsvermes=
sungsinspektoren, welche die Ausfüh=
rung der für das Reich erlassenen Schiffs=
vermessungsordnung zu überwachen haben.

10) Die entscheidenden Disziplinar=
behörden des Reichs, welche über die
Entfernung eines Reichsbeamten (ausge=
nommen die Mitglieder des Reichsgerichts,
des Bundesamts für das Heimatswesen,
des Rechnungshofs und die richterlichen
Militärjustizbeamten) aus dem Amt im
Weg des Disziplinarverfahrens zu ent=
scheiden haben. Hier erkennen nämlich in
erster Instanz die Disziplinarkam=
mern in Arnsberg, Bremen, Breslau,
Bromberg, Danzig, Darmstadt, Düssel=
dorf, Erfurt, Frankfurt a. M., Frank=
furt a. O., Hannover, Karlsruhe, Kassel,
Köln, Königsberg i. Pr., Köslin, Leipzig,
Liegnitz, Lübeck, Magdeburg, Münster,
Oppeln, Posen, Potsdam, Schleswig,
Stettin, Straßburg i. E., Stuttgart und
Trier, in zweiter Instanz aber der Dis=
ziplinarhof in Leipzig.

11) Die Reichskommission, welche
auf Grund des sogen. Sozialistengesetzes
vom 21. Okt. 1878 eingesetzt wurde und
aus einem vom Kaiser ernannten Vor=
sitzenden und aus neun vom Bundesrat
gewählten Mitgliedern besteht, die zum
Zweck der Beratung in Berlin zusammen=
treten. Die Reichskommission hat über
Beschwerden zu entscheiden gegen die sei=
tens der Landespolizeibehörden ausge=
sprochenen Verbote von Vereinen, die
durch sozialdemokratische, sozialistische oder
kommunistische Bestrebungen den Umsturz
der bestehenden Staats= oder Gesellschafts=

ordnung bezwecken, oder in welchen der=
artige Bestrebungen in einer den öffent=
lichen Frieden, insbesondere die Eintracht
der bestehenden Bevölkerungsklassen, ge=
fährdenden Weise zu Tage treten, des=
gleichen über Beschwerden wegen des Ver=
bots derartiger Druckschriften.

III. Die kaiserliche Admiralität in
Berlin, die einen Chef zum Vorstand
hat, welcher den Oberbefehl über die deut=
sche Kriegsmarine nach den Anordnungen
des Kaisers und die Verwaltung der Ma=
rineangelegenheiten unter der Verantwort=
lichkeit des Reichskanzlers führt. Die
Geschäfte der Admiralität werden in De=
zernaten bearbeitet, von denen die militä=
rischen in einer Abteilung, die technischen
in einem Department und die hydrogra=
phisch=wissenschaftlichen und kartographi=
schen in einem hydrographischen
Amt zusammengefaßt sind. Zu dem Res=
sort des letztern gehört auch das Obser=
vatorium zu Wilhelmshaven. Der Chef
der Admiralität präsidiert dem Admira=
litätsrat, welchem die Lösung schwieri=
ger Fragen organisatorischer und techni=
scher Natur obliegt, und welcher sich aus
den vom Chef bezeichneten Mitgliedern
der Admiralität sowie aus den dazu be=
rufenen Seeoffizieren, Beamten und Tech=
nikern zusammensetzt. Außer den Kom=
mando= und Verwaltungsbehörden der
kaiserlichen Marine ressortieren von der
Admiralität auch die Marineakademie
und =Schule sowie die Maschinisten=,
Steuermanns= und Torpedoschule
in Kiel und endlich auch die Deutsche
Seewarte in Hamburg.

IV. Das Reichsjustizamt in Ber=
lin für die dem Reich obliegenden Ge=
schäfte der Justizverwaltung, geleitet von
einem Staatssekretär. Von dem Reichs=
justizamt ressortiert, soweit es sich um
Verwaltungsangelegenheiten handelt, das
Reichsgericht in Leipzig.

V. Das Reichsschatzamt in Berlin,
an dessen Spitze ein Unterstaatssekretär
steht. Dieser Behörde sind das Etats=,
Kassen= und Rechnungswesen, die Bear=
beitung der Zoll= und Steuersachen, der
Münz=, Reichspapiergeld= und Reichs=
schuldenangelegenheiten sowie die Verwal=

tung des Reichsvermögens, soweit dieselbe nicht von andern Behörden geführt wird, unterstellt. Von dem Reichsschatzamt ressortieren aber folgende Behörden:

1) Die Reichshauptkasse in Berlin, als welche eine besondere Geschäftsabteilung der Reichsbank fungiert, die als Zentralkassenstelle des Reichs dient.

2) Die Verwaltung des Reichskriegsschatzes in Berlin.

3) Die Reichsschuldenverwaltung in Berlin. Die Verwaltung der Reichsschulden ist der königlich preußischen Verwaltung der Staatsschulden übertragen, welche als solche die Bezeichnung »Reichsschuldenverwaltung« führt und unter die fortlaufende Aufsicht der Reichsschuldenkommission (s. d.) gestellt ist.

4) Das Zoll- und Steuerrechnungsbüreau in Berlin, welches die Zoll- und Steuerarbeiten des Reichs und die Etats und Rechnungssachen der kaiserlichen Hauptzollämter in den Hansestädten zu besorgen hat.

5) Die Hauptzollämter in den Hansestädten, welche als Ämter der deutschen Zollgemeinschaft fungieren und auf deren Rechnung erhalten werden.

6) Die Reichsbevollmächtigten und Stationskontrolleure der Zölle und Verbrauchssteuern.

7) Die Reichsrayonkommission in Berlin, welche endgültig über diejenigen Beschränkungen entscheidet, denen die Benutzung des Grundeigentums innerhalb des Rayons der permanenten Befestigungen unterliegt, und insbesondere über Rekurse gegen Anordnungen und Entscheidungen der Kommandanturen in Rayonangelegenheiten.

VI. Das Reichseisenbahnamt in Berlin, welches seine Geschäfte unter der Oberleitung und Verantwortlichkeit des Reichskanzlers führt, insofern es sich um die Wahrnehmung des Aufsichtsrechts über das Eisenbahnwesen innerhalb des Reichsgebiets, um die Ausführung der in der Reichsverfassung hierüber enthaltenen Bestimmungen sowie der sonstigen auf das Eisenbahnwesen bezüglichen Gesetze und verfassungsmäßigen Vorschriften und um die Abstellung der in Hinsicht auf das Eisenbahnwesen hervorgetretenen Mängel und Mißstände handelt. Wird jedoch gegen eine von dem Reichseisenbahnamt selbst verfügte Maßregel Gegenvorstellung auf Grund der Behauptung erhoben, daß jene Maßregel in den Gesetzen und rechtsgültigen Vorschriften nicht begründet sei, so hat das durch Hinzuziehung von Richterbeamten zu verstärkende Reichseisenbahnamt selbständig und unter eigner Verantwortlichkeit in kollegialer Beratung und Beschlußfassung zu befinden.

VII. Der Rechnungshof des Deutschen Reichs, als welcher die königlich preußische Oberrechnungskammer in Potsdam die Kontrolle des gesamten Reichshaushalts führt.

VIII. Die Verwaltung des Reichsinvalidenfonds in Berlin, mit welcher zugleich die Verwaltung des Reichsfestungsbaufonds und des Fonds für die Errichtung eines Reichstagsgebäudes verbunden ist.

IX. Das Reichspostamt in Berlin, welches von einem Staatssekretär geleitet wird. Dem Reichspostamt ist die Post- und Telegraphenverwaltung des Reichs, mit Ausnahme von Bayern und Württemberg, übertragen. Die Geschäfte desselben zerfallen in drei Hauptgruppen. Der ersten Abteilung sind nämlich alle postalischen Einrichtungen und das technische Postwesen zugeteilt, der zweiten Abteilung alle telegraphischen Einrichtungen und das technische Telegraphenwesen, während der dritten Abteilung die organischen, gesetzlichen und administrativen Maßregeln, Personalwesen, Disziplinarfälle, Wertzeichenverwaltung, Statistik u. dgl. überwiesen sind. In den einzelnen Bezirken wird die Verwaltung des Post- und Telegraphenwesens von den Oberpostdirektionen in Aachen, Arnsberg, Berlin, Braunschweig, Bremen, Breslau, Bromberg, Danzig, Darmstadt, Dresden, Düsseldorf, Erfurt, Frankfurt a. M., Frankfurt a. O., Gumbinnen, Halle a. S., Hamburg, Hannover, Karlsruhe, Kassel, Kiel, Koblenz, Köln, Königsberg i. Pr., Köslin, Konstanz, Leipzig, Liegnitz, Magdeburg, Metz, Minden i. W., Münster i. W., Oldenburg, Oppeln, Posen, Potsdam,

Schwerin, Stettin, Straßburg i. E. und Trier wahrgenommen, denen die einzelnen Postämter, Telegraphenämter und Postagenturen unterstellt sind. Dem Reichspostamt ist auch die Direktion der Reichsdruckerei, hervorgegangen aus der vormaligen Geheimen Oberhofbuchdruckerei und der damit verschmolzenen königlich preußischen Staatsdruckerei, übertragen, und außerdem sind demselben noch folgende Behörden und Anstalten untergeordnet: die Generalpostkasse, das Postzeitungsamt, das Postanweisungsamt, das Postzeugamt, die Telegraphenapparatwerkstatt und das deutsche Postamt in Konstantinopel.

X. Das Reichsamt für die Verwaltung der Reichseisenbahnen (in dem Reichsland Elsaß-Lothringen) zu Berlin, dessen Chef der königlich preußische Minister der öffentlichen Arbeiten ist. Ihm ist die Generaldirektion der Eisenbahnen in Elsaß-Lothringen zu Straßburg unterstellt.

XI. Die Reichsbankbehörden, nämlich das Reichsbankdirektorium, an dessen Spitze dessen Präsident steht, und welches die Verwaltung der Reichsbank unter Leitung des Reichskanzlers besorgt, und das Reichsbankkuratorium, dessen Vorsitzender der Reichskanzler selbst ist, und welches die dem Reich zustehende Aufsicht über die Reichsbank führt. Dem Reichsbankdirektorium aber sind unterstellt:

1) Die Reichshauptbank in Berlin.

2) Die Reichsbankhauptstellen in Bremen, Breslau, Danzig, Dortmund, Frankfurt a. M., Hamburg, Hannover, Köln, Königsberg i. Pr., Leipzig, Magdeburg, Mannheim, München, Posen, Stettin, Straßburg i. E. und Stuttgart. Die Reichsbankhauptstellen werden auf Grund von Bundesratsbeschlüssen errichtet. Sie stehen unter Leitung eines aus zwei Mitgliedern bestehenden Vorstands und unter Aufsicht eines vom Kaiser ernannten Bankkommissars.

3) Die Reichsbankstellen in Aachen, Augsburg, Bielefeld, Braunschweig, Bromberg, Chemnitz, Dresden, Düsseldorf, Elberfeld, Elbing, Emden, Erfurt, Essen, Flensburg, Frankfurt a. O., Gera, Gleiwitz, Glogau, Görlitz, Graudenz, Halle a. S., Karlsruhe, Kassel, Kiel, Koblenz, Krefeld, Landsberg a. W., Liegnitz, Lübeck, Mainz, Memel, Metz. Minden i. W., Mülhausen i. E., Münster i. W., Nordhausen, Nürnberg, Osnabrück, Siegen, Stolp, Stralsund, Thorn und Tilsit. Die Reichsbankstellen werden auf Anordnung des Reichskanzlers eingerichtet.

Den Reichsbankhauptstellen und Reichsbankstellen sind die Reichsbanknebenstellen (=Kommanditen, =Agenturen) untergeordnet, welche von dem Reichsbankdirektorium an zahlreichen kleinern Handelsplätzen des Deutschen Reichs errichtet sind.

XII. Die Reichsschuldenkommission in Berlin, deren Vorsitzender der Unterstaatssekretär im königlich preußischen Finanzministerium ist. Dieselbe führt die Aufsicht über die Reichsschuldenverwaltung und die Kontrolle über die Verwaltung des Reichskriegsschatzes und des Reichsinvalidenfonds sowie über An- und Ausfertigung, Einziehung und Vernichtung der Banknoten der Reichsbank. Sie besteht aus drei Mitgliedern des Bundesrats und zwar aus dem Vorsitzenden des Ausschusses für das Rechnungswesen und zwei Mitgliedern dieses Ausschusses, ferner aus drei Mitgliedern des Reichstags und dem Präsidenten des Rechnungshofs und wird, sofern es sich um die Kontrolle der Verwaltung des Reichsinvalidenfonds handelt, womit diejenige des Reichsfestungsbaufonds und des Fonds für den Bau eines Reichstagsgebäudes verbunden ist, durch fünf Mitglieder (zwei vom Bundesrat, drei vom Reichstag gewählt) und, wenn es sich um die Kontrolle der Reichsbanknoten handelt, durch ein vom Kaiser ernanntes Mitglied verstärkt.

Reichsboten, s. v. w. Reichstagsabgeordnete. Neuerdings wird dieser Ausdruck besonders im Gegensatz zu den preußischen Landboten, d. h. den Mitgliedern des preußischen Abgeordnetenhauses, gebraucht.

Reichsbürgerrecht, s. Bundesindigenat.

Reichsdeputationen, Kommissionen,

welche vom ehemaligen deutschen Reichstag zur Erledigung bestimmter Geschäfte eingesetzt wurden. Von besonderer Wichtigkeit ist der **Reichsdeputations-hauptschluß** vom 25. Febr. 1803, durch welchen der Lüneviller Friede von 1801 des nähern ausgeführt wurde. In diesem Frieden war das ganze linke Rheinufer an Frankreich abgetreten worden; das Reich sollte aber die weltlichen Herren, welche dort Gebietsteile verloren hatten, aus sich selbst entschädigen, und dieses Entschädigungswerk wurde dadurch vollbracht, daß man die Mehrzahl der deutschen Reichsstädte mediatisierte und die geistlichen Territorien säkularisierte, was eben durch jenen Reichsdeputationshauptschluß bewirkt wurde.

Reichsdirektorium, s. Kurfürsten.

Reichsdörfer, im alten Deutschen Reich eine Anzahl reichsunmittelbarer Dörfer, hatten geistliche und weltliche Gerichtsbarkeit und zahlten nur Kriegsumlagen, 120 urkundlich nachweisbar, die letzten 1803 mediatisiert.

Reichsdruckerei, die aus der Vereinigung der ehemaligen königlich preußischen Staatsdruckerei und der frühern Geheimen Oberhofbuchdruckerei hervorgegangene Druckerei des Deutschen Reichs in Berlin, welche zu unmittelbaren Zwecken des Reichs und der Bundesstaaten bestimmt, aber zugleich ermächtigt ist, Arbeiten von städtischen und andern Behörden, Korporationen sowie unter gewissen Voraussetzungen auch von Privatpersonen zu übernehmen; dem Reichspostamt unterstellt.

Reichseisenbahnamt, deutsche Reichsbehörde in Berlin, zur Kontrolle des gesamten Eisenbahnwesens innerhalb des Reichsgebiets bestimmt. Das R., dessen Thätigkeit durch die Vielköpfigkeit der deutschen Eisenbahnverwaltungen und die Buntscheckigkeit ihres Betriebswesens freilich sehr erschwert ist, übt 1) das Aufsichtsrecht des Reichs über das gesamte Eisenbahnwesen innerhalb des Reichsgebiets aus; 2) hat das R. für die Ausführung der in der Reichsverfassung enthaltenen Bestimmungen sowie der sonstigen auf das Eisenbahnwesen bezüglichen Gesetze und verfassungsmäßigen Vorschriften Sorge zu tragen; 3) hat es auf Abstellung der in Hinsicht auf das Eisenbahnwesen hervortretenden Mängel und Mißstände, namentlich auf bezsfallsige Beschwerden hin, Bedacht zu nehmen. In letzterer Beziehung hat das R. z. B. die Fürsorge für gleichmäßige Bestimmungen über das rechtzeitige Öffnen der Wartesäle und Billetschalter, für ein ordnungsmäßiges Ausrufen der Stationsnamen, für gehörige Einrichtungen in Ansehung der Heizung, Erleuchtung und Ventilation der Personenwagen, für die Herstellung einheitlicher Verschlußvorrichtungen an den Personen- und Güterwagen, für eine deutliche Bezeichnung der bestellten, für Rauch- und Frauenkoupees, für die Errichtung deutlicher Steigungszeiger ꝛc. übernommen. Außerdem sind seine Vorarbeiten für ein Reichseisenbahngesetz, welches freilich noch nicht zustande gekommen ist, das von ihm bearbeitete Eisenbahnbetriebsreglement, die Eisenbahnstatistik, insbesondere in Rücksicht auf Zugverspätungen und versäumte Anschlüsse, hervorzuheben. Wird gegen eine von dem R. verfügte Maßregel auf Grund der Behauptung, daß jene Maßregel in den Gesetzen und rechtsgültigen Vorschriften nicht begründet sei, Gegenvorstellung erhoben, so hat das R. sich durch Hinzuziehung von Richterbeamten zu verstärken und über die Gegenvorstellung selbständig und unter eigner Verantwortlichkeit in kollegialer Beratung und Beschlußfassung zu befinden. Nach dem Regulativ vom 13. März 1876 (Reichszentralblatt, S. 197 f.) setzt sich dies sogen. verstärkte R. aus seinem Präsidenten oder dessen Stellvertreter als Vorsitzenden, zwei Räten des Reichseisenbahnamts und drei richterlichen Mitgliedern zusammen. Die elsaß-lothringischen Eisenbahnen sind dem Reichsamt für die Verwaltung der Reichseisenbahnen unterstellt.

Reichserbämter,
Reichserbbeamte } s. Erbämter.
Reichserzämter,
Reichserzkanzler } s. Kurfürsten.
Reichsflagge, s. Flagge.
Reichsfreie Ritterschaft, s. Reichsritterschaft.
Reichsgericht, der gemeinsame oberste

Gerichtshof des Deutschen Reichs in Leip=
zig. Nach dem deutschen Gerichtsverfas=
sungsgesetz vom 27. Jan. 1877 hat das
R. über das Rechtsmittel der Revision
(s. b.) gegen zweitinstanzliche Endurteile
der Oberlandesgerichte in bürgerlichen
Rechtsstreitigkeiten und über die Revision
gegen Strafurteile der Schwurgerichte und
der Landgerichte zu entscheiden. Was die
bürgerlichen Rechtsstreitigkeiten (Zivil=
sachen) anbetrifft, so ist es den größern
Bundesstaaten, in denen mehrere Ober=
landesgerichte bestehen, vorbehalten, die
Verhandlung und Entscheidung von Re=
visionen und Beschwerden in Zivilsachen
an ein oberstes Landesgericht zu verweisen,
jedoch nur für diejenigen Rechtsfälle, in
welchen Landesrecht, nicht Reichsrecht in
Frage kommt. (In Strafsachen geht in
landesrechtlichen Angelegenheiten die Re=
vision stets an die Strafsenate der Ober=
landesgerichte.) Übrigens hat von der
Befugnis zur Errichtung eines solchen
höchsten Landesgerichtshofs für die lan=
desrechtlichen Zivilsachen nur Bayern Ge=
brauch gemacht. Außerdem entscheidet das
R. in erster und letzter Instanz über die
gegen Kaiser und Reich gerichteten Ver=
brechen des Hochverrats und des Landes=
verrats. Für die Behandlung der Straf=
sachen bestehen bei dem R. drei Straf=
senate. In jenen Fällen, welche in erster
Instanz vor das R. gehören, findet das
Hauptverfahren vor dem vereinigten zwei=
ten und dritten Strafsenat statt, während
diejenigen Entscheidungen, welche die Vor=
untersuchung betreffen, sowie der Verwei=
sungsbeschluß von dem ersten Strafsenat
des Reichsgerichts erteilt werden. Für
die bürgerlichen Rechtsstreitigkeiten sind
fünf Zivilsenate errichtet, zu denen für
die Übergangszeit noch einige Hilfssenate
kommen. Die Senate erkennen in der je=
weiligen Besetzung mit sieben Richtern.
Die staatsanwaltschaftlichen Funktionen
werden bei dem R. durch einen Ober=
reichsanwalt und durch einen oder
mehrere Reichsanwalte wahrgenom=
men. Präsident, Senatspräsidenten und
Räte des Reichsgerichts, ebenso
wie der Oberreichsanwalt und die Reichs=
anwalte, vom Kaiser auf Vorschlag des
Staatslexikon.

Bundesrats ernannt. Nur wer die Fähig=
keit zum Richteramt in einem Bundesstaat
erlangt und das 35. Lebensjahr vollendet
hat, ist dazu befähigt. Durch Reichsgesetz
vom 11. April 1877 wurde die Stadt Leip=
zig zum Sitz des Reichsgerichts bestimmt,
indem gleichzeitig auf Antrag des Abge=
ordneten Lasker in ebendieses Gesetz die
Bestimmung mit aufgenommen ward,
daß derjenige Staat, in dessen Gebiet das
R. seinen Sitz bekomme, von der oben=
erwähnten Befugnis zur Errichtung eines
obersten Landesgerichtshofs keinen Ge=
brauch machen dürfe. Zur Veröffentli=
chung der Entscheidungen des Reichsge=
richts im Weg des Buchhandels ist eine
Redaktionskommission gebildet, zu welcher
je ein Mitglied eines Senats abgeordnet
ist. Zivilsachen und Strafsachen werden
getrennt publiziert. Außerdem veröffent=
lichen die Mitglieder der Reichsanwalt=
schaft die »Rechtsprechung des Reichsge=
richts in Strafsachen«. Vgl. »Annalen
des Reichsgerichts«, Sammlung aller
wichtigen Entscheidungen des Reichsge=
richts, unter Mitwirkung von K. Braun
herausgegeben von H. Blum (1880 ff.).

Reichsgesetze, die von der gesetzgeben=
den Gewalt des Deutschen Reichs für das=
selbe erlassenen gesetzlichen Normen. Zur
Gültigkeit eines Reichsgesetzes waren zur
Zeit des frühern Deutschen Reichs die Zu=
stimmung des Reichstags (s. b.) und die
Sanktion des Kaisers erforderlich. Die
R. bildeten eine, allerdings nur spärlich
fließende, gemeinsame Quelle für das
Recht des ganzen Reichs; doch waren die=
selben nur ausnahmsweise absolut ge=
bietend oder verbietend gefaßt, so daß
sie also unbedingte Geltung beanspruch=
ten. Letzteres galt besonders von den
sogen. Reichsgrundgesetzen, d. h. den
eigentlichen Verfassungsgesetzen des Reichs,
zu welchen namentlich die sogen. Goldne
Bulle von 1356, der Ewige Landfriede
von 1495, die Gerichtsordnungen der
obersten Reichsgerichte, nämlich die Reichs=
kammergerichtsordnung von 1555 und die
(revidierte) Reichshofratsordnung von
1654, ferner die Reichspolizeiordnungen
des 16. Jahrh., namentlich die von 1577,
der Westfälische Friede, der Friede zu

Lüneville von 1801 und der Reichsdeputationshauptschluß vom 25. Febr. 1803 gehörten. Übrigens wurden auch die Konkordate der deutschen Nation mit dem päpstlichen Stuhl und die sogen. Wahlkapitulation den Reichsgrundgesetzen beigezählt. Dagegen nahmen die R. privatrechtlicher Natur nur selten unbedingte, vielmehr in der Regel bloß subsidiäre Geltung in Anspruch, d. h. wenn und soweit die partikulären Landesgesetze nichts anderweites bestimmten, was zuweilen in den Reichsgesetzen selbst in der sogen. salvatorischen Klausel ausdrücklich erklärt ist.

Gerade in diesem Punkt zeigt sich aber eine wesentliche Verschiedenheit zwischen den Gesetzen des frühern und denjenigen des dermaligen Deutschen Reichs. Denn nach dem Vorgang der norddeutschen Bundesverfassung bestimmt die deutsche Reichsverfassung vom 16. April 1871 (Art. 2), daß das Reich das Recht der Gesetzgebung innerhalb des verfassungsmäßigen Kompetenzkreises mit der Wirkung ausübt, daß die R. den Landesgesetzen vorgehen. Während ferner zur Zeit des frühern Deutschen Bundes die Beschlüsse des Bundestags für die Angehörigen der Einzelstaaten nur dann rechtsverbindliche Kraft hatten, wenn sie von der betreffenden Staatsregierung publiziert worden waren, so erhalten die dermaligen R. diese Kraft durch ihre Verkündigung von Reichs wegen, welche mittelst des Reichsgesetzblatts erfolgt. Ist in dem einzelnen Gesetz kein besonderer Anfangstermin seiner Gültigkeit vorgesehen, so beginnt dieselbe mit dem 14. Tag nach Ablauf desjenigen Tags, an welchem das fragliche Stück des Reichsgesetzblatts in Berlin ausgegeben worden ist. Die Faktoren der dermaligen deutschen Reichsgesetzgebung sind aber lediglich der Bundesrat (s. b.) und der Reichstag (s. b.). Jede von beiden Körperschaften, erstere die verbündeten Staatsregierungen, letztere das gesamte deutsche Volk repräsentierend, hat das Recht der Initiative. Die von dem Bundesrat ausgehenden Gesetzvorschläge werden zwar im Namen des Kaisers an den Reichstag gebracht, wo sie durch Mitglieder des Bundesrats oder durch besondere von letzterm zu ernennende Kommissare vertreten werden; allein das Recht des Gesetzvorschlags selbst steht dem Kaiser als solchem nicht zu, während dies zur Zeit des frühern Deutschen Reichs der Fall war und auch nach der von der Frankfurter Nationalversammlung publizierten Reichsverfassung vom 28. März 1849 der Fall sein sollte. Allerdings kann der Kaiser in seiner Eigenschaft als König von Preußen, wie jedes andre Bundesglied, im Bundesrat Anträge zur Veranlassung von Gesetzvorschlägen stellen und so mittelbar die Initiative ergreifen. Immerhin ist aber der Mangel einer solchen Befugnis des Reichsoberhaupts mit Recht gerügt und eine Abhilfe nach dieser Richtung hin im Interesse des Ansehens und der Stärke der Zentralgewalt gefordert worden.

Das Zustandekommen eines Reichsgesetzes selbst ist durch den übereinstimmenden Mehrheitsbeschluß des Bundesrats und des Reichstags bedingt. Die Ausfertigung und Verkündigung der R. und die Überwachung ihrer Ausführung stehen dem Kaiser zu. Ihre Publikation erfolgt durch den letztern im Namen des Reichs, und die hierauf bezüglichen Erlasse bedürfen, wie alle kaiserlichen Verfügungen, zu ihrer Gültigkeit der Gegenzeichnung des Reichskanzlers. Ein Recht der Sanktion oder ein absolutes Veto kommt also hiernach dem Kaiser nicht zu, während dies im frühern Deutschen Reich der Fall war. Auch dem Präsidenten der nordamerikanischen Union ist doch wenigstens ein suspensives Veto eingeräumt, und ebenso sollte nach der Reichsverfassung von 1849 dem Kaiser ein solches zustehen, letzteres nämlich insofern, als Reichstagsbeschlüsse beim Widerspruch des Kaisers nur dann Gesetzeskraft erlangen sollten, wenn sie in drei sich unmittelbar folgenden ordentlichen Sitzungsperioden in ebenderselben Weise unverändert gefaßt werden würden. Auch dieser Mangel eines wenigstens suspensiven Vetos der jetzigen kaiserlichen Regierung ist neuerdings mit Recht gerügt, von den Partikularisten freilich energisch verteidigt worden. Allerdings wird jene Schwäche der kaiserlichen Autorität durch das Stimmgewicht der preußischen Regierung

im Bundesrat, welche hier über 17 von
58 Stimmen verfügt, namentlich aber
dadurch einigermaßen paralysiert, daß
bei Meinungsverschiedenheiten im Bundesrat, sobald es sich um Gesetzvorschläge
über Heer, Marine, Zollwesen oder die
Verbrauchssteuern des Reichs handelt, die
Präsidialstimme den Ausschlag gibt, wofern sie sich für die Aufrechterhaltung der
bestehenden Einrichtungen ausspricht.
Ebenso hat es die preußische Regierung
in der Hand, eigentlichen Verfassungsänderungen vorzubeugen, da solche für abgelehnt gelten, wenn sie im Bundesrat 14
Stimmen gegen sich haben, eine Bestimmung, die freilich insofern zweischneidiger
Natur ist, als dadurch auch den übrigen
Bundesmitgliedern und namentlich den
Königreichen Bayern, Sachsen und Württemberg, wenn sie ihre Stimmen vereinigen, die Vereitelung einer von der Reichsregierung selbst angestrebten Verfassungsänderung ermöglicht ist. Dagegen ist dem
Kaiser mit dem Rechte der Überwachung
der Ausführung der R. auch die Befugnis
zum Erlaß der zur Ausführung der letztern
erforderlichen Verordnungen und Instruktionen, und zwar auf dem Gebiet des Mi-
litär- und Marine-, des Post- und Telegraphenwesens in ausschließlicher Weise,
eingeräumt. Im übrigen steht dem Bundesrat ein konkurrierendes Verordnungsrecht zu, und ebendarum pflegt nach bis-
heriger Praxis in den einzelnen Reichsgesetzen selbst die Stelle bezeichnet zu
werden, von welcher die erforderlichen
Ausführungsverordnungen in dem gegebenen Fall ausgehen sollen.

Die in den Kompetenzkreis der
Reichsgesetzgebung gezogenen Gegenstände sind im Art. 4 der Verfassung aufgezählt. Das Reichsgesetz vom 20. Dez.
1873 hat diese Kompetenz auf das gesamte
bürgerliche Recht erstreckt, und eine Reihe
wichtiger R., welche bereits erlassen sind,
haben die deutsche Rechtseinheit angebahnt
und auf verschiedenen Rechtsgebieten verwirklicht (vgl. Recht). Auch die Feststellung des Reichshaushaltsetats erfolgt im
Weg der Reichsgesetzgebung, und ebenso
sollen auf diese Weise Verfassungsstreitigkeiten in den einzelnen Bundesstaaten zur

Erledigung gebracht werden, wenn ihre
gütliche Erledigung durch den Bundesrat
vergeblich versucht worden ist.

Das Verhältnis der Reichsgesetzgebung zur Landesgesetzgebung ist
hiernach dieses: Eine Reihe von Gegenständen ist ausschließlich der Reichsgesetzgebung
unterstellt. Dies gilt namentlich von dem
Militärwesen und der Kriegsmarine des
Reichs; aber auch in Ansehung der Feststellung der Einnahmen und Ausgaben
des Reichs, der Gesetzgebung über das Zollwesen und über die zur Reichskasse fließenden Verbrauchssteuern sowie in Ansehung
des Post- und Telegraphenwesens ist das
Gesetzgebungsrecht des Reichs ein ausschließliches, so daß also eine Konkurrenz
der Landesgesetzgebung ausgeschlossen ist.
Ebenso steht der Reichsgewalt ausschließlich das Recht der Gesetzgebung zur Regelung des Handelsverkehrs und zur Organisation eines gemeinsamen Schutzes des
Handels im Ausland, der deutschen Schiff-
fahrt und ihrer Flagge zur See sowie in
betreff einer gemeinsamen konsularischen
Vertretung zu. Endlich kann auch die
Anlegung von Eisenbahnen im Interesse
der Verteidigung Deutschlands oder im
Interesse des gemeinsamen Verkehrs, sogar gegen den Widerspruch derjenigen
Bundesglieder, deren Gebiet diese Eisenbahnen durchschneiden (mit Ausnahme
Bayerns), durch Reichsgesetz angeordnet
werden. Dagegen sind verschiedene andre
Gegenstände zwar in den Kompetenzkreis
der Reichsgesetzgebung gezogen, ohne jedoch
damit der Landesgesetzgebung entzogen zu
sein. Doch gehen hier unter allen Umständen die R. den Landesgesetzen vor. Dies gilt
namentlich von dem Gebiet des bürgerlichen Rechts, doch ist die Ausarbeitung eines
gemeinsamen bürgerlichen Gesetzbuchs für
ganz Deutschland bereits in Angriff genommen. Andre Gegenstände endlich, namentlich das Gebiet der innern Landesverwaltung, sind lediglich der Landesgesetzgebung
der einzelnen Bundesstaaten vorbehalten.

Vgl. über die frühern R. außer den
Lehrbüchern des deutschen Privatrechts
und der Rechtsgeschichte: Emminghaus,
Corpus juris germanici (2. Aufl. 1844–
1856, 2 Bde.); über die Gesetzgebung des

30*

neuen Deutschen Reichs: »Jahrbuch für Gesetzgebung, Verwaltung und Volkswirtschaft im Deutschen Reich« (1872 von Holtzendorff begründet, seit 1881 von Schmoller herausgegeben); Hirth, Annalen des Deutschen Reichs (1871 ff.).

Reichsgesundheitsamt, deutscheReichsbehörde (in Berlin), welche den Reichskanzler in der Ausübung des Aufsichtsrechts und in der Vorbereitung der Gesetzgebung auf dem Gebiet der Medizinal- und Veterinärpolizei des Reichs zu unterstützen hat. Das R., welches einem Direktor unterstellt ist und aus ständigen Mitgliedern und Hilfsarbeitern besteht, ressortiert von dem Reichsamt des Innern. Ihm ist auch die Herstellung einer medizinischen Statistik Deutschlands übertragen.

Reichsgoldwährung, s. Reichswährung.

Reichsgutachten, s. Reichstag (S. 473).

Reichshauptkasse, s. Reichsschatzamt.

Reichshaushaltsetat, s. Deutsches Reich (S. 123).

Reichsheer, die gesamte Landmacht eines großen Staats, insbesondere des Deutschen Reichs (s. d., S. 123 ff.).

Reichshofrat, im alten Deutschen Reich neben dem Reichskammergericht das höchste Gericht, 1501 von Kaiser Maximilian I. errichtet und im Westfälischen Frieden als zweites oberstes Reichsgericht anerkannt. Der R. bestand aus einem Präsidenten, Vizepräsidenten und 18 Räten, darunter 6 evangelischen, alle vom Kaiser ernannt und besoldet, und teilte sich in eine Herren- und Gelehrtenbank. Der von Kurmainz ernannte Reichsvizekanzler hatte Sitz und Stimme nach dem Präsidenten. Zugleich oberstes Regierungskollegium des Reichs mit dem Sitz in Wien, löste sich der R. bei jedem Regierungswechsel auf, um vom folgenden Kaiser neu kreiert zu werden.

Reichshofvizekanzler, s.Reichskanzler.

Reichshoheit, s.Territorialhoheit.

Reichsindigenat, s. Bundesindigenat.

Reichsinsignien, s. Reichskleinodien.

Reichsinvalidenfonds (spr. -fong), ein Fonds, welcher zur Sicherstellung und Bestreitung derjenigen Ausgaben bestimmt ist, welche dem Deutschen Reich infolge des Kriegs von 1870/71 durch die Pensionierung und Versorgung von Militärpersonen des Reichsheers und der kaiserlichen Marine sowie durch die Bewilligungen für Hinterbliebene solcher Personen erwachsen sind. Mit der Verwaltung dieses durch Reichsgesetz vom 23. Mai 1873 (Reichsgesetzblatt, S. 117 ff.) mit einer Kapitalsumme von 187 Mill. Thlr. aus der französischen Kriegskostenentschädigung begründeten Fonds ist zur Zeit auch diejenige des Reichsfestungsbaufonds und des Fonds für die Errichtung eines Reichstagsgebäudes verbunden. Die Verwaltung des R., welche ihren Sitz in Berlin hat, besteht aus einem Vorsitzenden, der vom Kaiser ernannt wird, und drei Mitgliedern, welche vom Bundesrat gewählt werden. Sie sind für die gesetzmäßige Anlage, Verrechnung und Verwaltung des R. unbedingt verantwortlich. Im übrigen unterliegt jedoch diese Verwaltung der Oberleitung des Reichskanzlers; auch ist dieselbe unter die fortlaufende Aufsicht der Reichsschuldenkommission gestellt.

Reichsjustizamt, deutsche Reichsbehörde zur Wahrnehmung aller in das Gebiet der Rechtspflege einschlagenden Reichsangelegenheiten, insbesondere zur Vorbereitung und Vertretung von derartigen Gesetzentwürfen sowie zur Bearbeitung der zu solchen Gesetzen erforderlichen Ausführungsbestimmungen. Auch ist dem R. das Reichsgericht (s. d.), soweit es sich um die Justizverwaltung handelt, unterstellt. Das R. hat seinen Sitz in Berlin. Es wird von dem Staatssekretär im R. geleitet.

Reichskammergericht, im alten Deutschen Reich neben dem Reichshofrat (s. d.) das höchste Gericht, 1495 von Kaiser Maximilian I. eingesetzt. Dasselbe bestand aus einem vom Kaiser ernannten Kammerrichter fürstlicher oder gräflicher Abkunft, zwei Präsidenten und Assessoren, deren Zahl zuletzt auf 25 fixiert war, hatte seinen Sitz anfangs in Frankfurt a. M., seit 1497 in Worms, dann in Speier, seit 1689 in Wetzlar und urteilte über alle Rechtssachen der Reichsunmittelbaren. Das R. war zugleich höchste Instanz für die Reichsmittelbaren, doch nur in Zivilsachen, und war auch hierin durch die Privilegien de non appellando mancher Reichsstände beschränkt. Wegen Langsamkeit des Prozeßgangs sprichwörtlich, hörte es 1806 mit dem Reich auf. Die Kammergerichtsordnungen von 1495, 1555 und der Entwurf einer solchen von 1613 sind für die Entwickelung des deutschen Zivilprozesses wichtig. Vgl. Thudichum, Das vormalige R. und seine Schicksale (in der »Zeitschrift für deutsches Recht«, Bd. 20, S. 148 ff.).

Reichskanzlei, Zentralbüreau des deutschen Reichskanzlers zur Vermittelung des geschäftlichen Verkehrs desselben mit den Chefs der einzelnen Ressorts.

Reichskanzler, Erzamt im ehemaligen Deutschen Reich, welches vom Kurfürsten von Mainz (Kurerzkanzler) bekleidet wurde. Der ständige Vertreter desselben am kaiserlichen Hof war der vom R. ernannte Reichsvizekanzler (Reichshofvizekanzler), der zugleich Mitglied des Reichshofrats (s. d.) und der eigentliche konstitutionelle Rechtsminister war.

Im dermaligen Deutschen Reich hat der R., ebenso wie der frühere Bundeskanzler des Norddeutschen Bundes, eine Doppelstellung, indem gerade in Ansehung dieses wichtigen Postens die Grenzen zwischen Reichsamt und Landesamt noch nicht scharf genug gezogen sind. Der R., welcher vom Kaiser ernannt wird, ist nämlich einmal Mitglied und Vorsitzender des Bundesrats (s. d.), dessen Geschäfte er zu leiten hat. Als Mitglied dieser Körperschaft ist er aber Vertreter der preußischen Staatsregierung und übt als solcher namentlich auch die der letztern zustehenden Vorrechte des Bundespräsidiums aus. Wie jedes andre Mitglied des Bundesrats, hat er dabei nach den Instruktionen seines Souveräns zu handeln und ist insoweit auch nur der preußischen Staatsregierung allein verantwortlich. Auf der andern Seite ist dem R. aber auch die Leitung der sämtlichen Geschäfte des Deutschen Reichs übertragen; er ist der eigentliche und zwar der alleinige verantwortliche Reichsminister, das voll-

ziehende Organ der Reichsgewalt. Der R. ist der Gehilfe des Kaisers, namentlich bei der Vertretung des Reichs auswärtigen Staaten gegenüber; er ist der Leiter der gesamten Reichsverwaltung und der oberste Chef der Reichsbehörden (s. b.); er steht dem Kaiser bei der Überwachung der Ausführung der Reichsgesetze zur Seite; durch ihn werden die erforderlichen Vorlagen nach Maßgabe der Beschlüsse des Bundesrats im Namen des Kaisers an den Reichstag gebracht, und durch ihn übt der Kaiser das ihm zustehende Recht der Berufung, Eröffnung, Vertagung und Schließung des Bundesrats und des Reichstags aus. Alle Anordnungen und Verfügungen des Kaisers bedürfen zu ihrer Gültigkeit der Gegenzeichnung des Reichskanzlers, welcher dadurch die Verantwortlichkeit übernimmt; dies gilt namentlich auch für die Publikation von Reichsgesetzen. Nicht berührt werden von dieser Vorschrift die rein militärischen Befehle, welche der Kaiser in seiner Eigenschaft als Oberbefehlshaber der Kriegsmacht des Reichs erteilt. Jene Verantwortlichkeit des Reichskanzlers aber entbehrt zur Zeit noch einer rechtlichen Ausführung und Normierung. Sie ist vorwiegend eine politische, indem der R. sowohl im Bundesrat als im Reichstag bezüglich der Reichsregierung interpelliert und durch das Mißtrauensvotum des letztern vielleicht zum Rücktritt bestimmt werden könnte. Ein Anklagerecht der Volksvertretung besteht hier aber nicht. Wie aber die Machtstellung der Reichsregierung zum großen Teil darauf beruht, daß sie mit der weitaus mächtigsten Landesregierung verbunden ist, so ist auch die Übereinstimmung, wenn nicht sogar die Einheitlichkeit der ministeriellen Leitung des Deutschen Reichs und der des preußischen Staats eine Bedingung der Stärke und des Einflusses der Reichsregierung. Rechtlich notwendig ist also die derzeitige Vereinigung der Stellung des Reichskanzlers und der des preußischen Ministerpräsidenten in Einer Person keineswegs, wohl aber politisch zweckmäßig, wenn nicht notwendig. Daß übrigens hierbei im Lauf der Zeit die Stellung des Reichskanzlers die über-

wiegende geworden sei, ist von dem Fürsten Bismarck selbst anerkannt und ausgesprochen worden. Ebenso ist es auch
wiederholt zur Sprache gekommen, daß
die nahezu diktatorische Stellung des Kanzlers auf die Person des Fürsten Bismarck
zugeschnitten sei; und eben weil auf diese
Weise die Persönlichkeit des Gründers der
deutschen Reichsverfassung zu schwer ins
Gewicht fällt, und weil Verfassungsein-
richtungen nicht aus persönlichen, sondern
aus sachlichen Gesichtspunkten getroffen
werden sollen, ist das im Reichstag wiederholt zum Ausdruck gekommene Verlangen nach einem kollegialischen Reichs-
ministerium, d. h. nach verantwortlichen
Fachministern oder (»Antrag Bennigsen«)
nach verantwortlichen Vorständen der einzelnen Verwaltungszweige, sicherlich kein
ungerechtfertigtes. Ein Anlauf hierzu ist
übrigens in dem Stellvertretungsgesetz
genommen. Durch Reichsgesetz vom 17.
März 1878 (Reichsgesetzblatt, S. 7 f.)
ist nämlich bestimmt, daß für den gesamten Umfang der Geschäfte und Obliegenheiten des Reichskanzlers ein Stellvertreter (Reichsvizekanzler) allgemein ernannt werden kann. Auch können für diejenigen einzelnen Amtszweige, welche sich
in der eignen und unmittelbaren Verwaltung des Reichs befinden, die Vorstände der dem R. untergeordneten obersten
Reichsbehörden mit der Stellvertretung
des Kanzlers im ganzen Umfang oder in
einzelnen Teilen ihres Geschäftskreises beauftragt werden. Die Ernennung der
Stellvertreter erfolgt durch den Kaiser
auf Antrag des Reichskanzlers in Fällen
der Behinderung des letztern, welchem es
jedoch unbenommen ist, jede Amtshandlung auch während der Dauer einer Stellvertretung selbst vorzunehmen.

Reichskanzleramt, s. Reichsbehörden.

Reichskleinodien (Reichsinsignien), der Krönungsschmuck der alten
deutschen Kaiser und Könige: die goldne
Krone, das vergoldete Zepter, der goldne
Reichsapfel, das Schwert Karls d. Gr.,
das des heil. Moritz, die vergoldeten Spo-
ren, die Dalmatika und andre Kleidungsstücke, aufbewahrt seit 1424 in Nürnberg,

zum Teil auch in Aachen, 1797 nach Wien
geschafft.

**Reichskommissare bei den Seeäm-
tern,** s. Reichsbehörden (S. 460).

**Reichskommissarius für das Aus-
wanderungswesen,** s. Reichsbehörden (S. 460).

Reichskommission (für die Entscheidung über Beschwerden gegen Verbote,
welche auf Grund des Sozialistengesetzes
erlassen sind), s. Reichsbehörden (S.
461).

Reichskriegsschatz, ein dermalen im
Deutschen Reich für den Fall eines Kriegs
und zwar lediglich für Zwecke der Mobilmachung bereit gehaltener Barbestand. Derselbe verdankt seine Entstehung der Übertragung der seit Friedrich Wilhelm I. bestehenden und bewährten Einrichtung eines
preußischen Staatsschatzes auf das Reich,
indem hierzu nach Auflösung jenes preußischen Staatsschatzes 120 Mill. Mk. aus der
französischen Kriegsentschädigung durch
Reichsgesetz bestimmt wurden. Über den
R., welcher im Juliusturm der Spandauer
Citadelle niedergelegt ist, kann nur mittelst kaiserlicher Anordnung unter vor-
gängig oder noch nachträglich einzuholen-
der Zustimmung des Bundesrats und des
Reichstags verfügt werden. Bei etwaiger
Verminderung des Bestands von 120
Mill. Mk. ist derselbe durch Zuführung
der nicht etatisierten zufälligen Einnahmen des Reichs und im übrigen nach der
durch den Reichshaushaltsetat zu treffenden Bestimmung zu ergänzen. Der R.
wird von dem Reichskanzler unter Kontrolle der Reichsschuldenkommission durch
die dazu bestellte Rendantur und den Kurator des Reichskriegsschatzes verwaltet.
Vgl. Reichsgesetz vom 11. Nov. 1871, betreffend die Bildung eines Reichskriegsschatzes (Reichsgesetzblatt, S. 403); Verordnung vom 22. Jan. 1874, betreffend
die Verwaltung des Reichskriegsschatzes
(Reichsgesetzblatt, S. 9 ff.).

Reichslande, alles zum ehemaligen
Deutschen Reiche gehörige Gebiet, wozu
außer den eigentlichen deutschen Ländern
auch Böhmen, Mähren und Schlesien gehörten. In neuester Zeit erhielten die im
Krieg von 1870/71 für Deutschland wie-

bergewonnenen Gebiete von Elſaß und Deutſch-Lothringen den Namen »deutſches Reichsland«.

Reichsmark, ſ. Reichswährung.

Reichsmatrikel, ſ. Matrikel.

Reichsoberhandelsgericht, ehedem ein für das Deutſche Reich fungierender gemeinſamer oberſter Gerichtshof für Handelsſachen in Leipzig, hervorgegangen aus dem frühern Bundesoberhandelsgericht des Norddeutſchen Bundes, welches auf Grund eines Bundesgeſetzes vom 12. Juni 1869 errichtet worden war. An Stelle dieſer Gerichtsbehörde iſt jetzt das Reichsgericht (ſ. d.) getreten, deſſen Zuſtändigkeit nicht bloß auf Handelsſachen beſchränkt iſt. Die Entſcheidungen des Reichsoberhandelsgerichts ſind von den Räten desſelben herausgegeben (1871 ff.).

Reichsoberſeeamt, ſ. Reichsbehörden (S. 461).

Reichsſpanier, ſ. Banner.

Reichspartei, ſ. Konſervativ.

Reichspatentamt, ſ. Patentamt.

Reichspoſt } ſ. Poſt.
Reichspoſtamt

Reichsprüfungs · Inſpektoren, ſ. Reichsbehörden (S. 461).

Reichsrat, in Oſterreich die Volksvertretung für das geſamte cisleithaniſche Gebiet, in Bayern die Erſte Kammer des Landtags, auch Titel der einzelnen Mitglieder derſelben; in Rußland die oberſte Behörde der Staatsverwaltung.

Reichsrayonkommiſſion, ſ. Reichsbehörden (S. 462).

Reichsritterſchaft (reichsfreie Ritterſchaft, freie R.), im vormaligen Deutſchen Reich die Geſamtheit der reichsunmittelbaren ritterlichen Geſchlechter, welche ſich von der Landeshoheit der Reichsfürſten unabhängig erhalten hatten. Die R. hatte zur Aufrechterhaltung ebendieſer Unabhängigkeit verſchiedene Ritterbünde abgeſchloſſen, und zwar zerfiel dieſelbe in die drei Ritterkreiſe in Schwaben, Franken und am Rhein. Die einzelnen Kreiſe wurden wieder in Kantone, Orte oder Viertel eingeteilt. Die R. hatte zwar keine Reichsſtandſchaft, d. h. ſie war auf dem Reichstag nicht vertreten; ſie ſtand jedoch unmittelbar unter Kaiſer und Reich,

und die Beſchlüſſe des Reichstags, namentlich in Anſehung der Erhebung von Reichsſteuern, banden die R. nicht ohne weiteres. Dieſelbe bewilligte aber dem Kaiſer von Zeit zu Zeit eine außerordentliche Abgabe, welche Karitativſubſibien genannt wurde. Für ihre Territorien hatten die Reichsritter ähnliche Rechte wie die Reichsfürſten. Mit der Gründung des Rheinbunds wurde die geſamte R. den Rheinbundsfürſten unterworfen. Vgl. Kerner, Staatsrecht der unmittelbaren freien R. (1786 ff., 3 Bde.).

Reichsſchatzamt, die oberſte Finanzverwaltungsbehörde des Deutſchen Reichs, hervorgegangen aus der Finanzabteilung des vormaligen Reichskanzleramts. Dieſer Behörde, welche ihren Sitz in Berlin hat, und die von einem Unterſtaatsſekretär geleitet wird, ſind das Etats-, Kaſſen- und Rechnungsweſen, die Münz-, Reichspapiergeld- und Reichsſchuldenangelegenheiten und die Verwaltung des Reichsvermögens, inſoweit einzelne Zweige der letztern nicht beſondern Behörden übertragen ſind, zugeteilt, ebenſo auch die Bearbeitung der Zoll- und Steuerſachen, zu deren Erledigung zugleich ein beſonderes Zoll- und Steuerrechnungsbüreau eingerichtet und mit dem R. verbunden iſt. Von dem R. reſſortieren aber ferner folgende Behörden: 1) Die Reichshauptkaſſe in Berlin. Es beſteht nämlich die Einrichtung, daß die Zentralkaſſengeſchäfte des Reichs von der Reichsbank (ſ. b.) wahrgenommen werden, und zwar dient als Zentralkaſſenſtelle des Reichs eine beſondere Abteilung der Reichsbank, welcher die amtliche Bezeichnung »Reichshauptkaſſe« beigelegt iſt. 2) Die Verwaltung des Reichskriegsſchatzes (ſ. b.) in Berlin. 3) Die Reichsſchuldenverwaltung daſelbſt, welche der königlich preußiſchen Hauptverwaltung der Staatsſchulden übertragen iſt und zwar unter Beilegung dieſer amtlichen Bezeichnung. Dieſelbe iſt unter die Aufſicht der Reichsſchuldenkommiſſion (ſ. b.) und unter die Oberleitung des Reichskanzlers geſtellt. 4) Die Reichsbevollmächtigten und Stationskontrolleure für die Kontrolle der Zölle und Vertung des Reichsvermögens, soweit dieselbe nicht von andern Behörden geführt wird, unterstellt. Von dem Reichsschatzamt ressortieren aber folgende Behörden:

1) Die Reichshauptkasse in Berlin, als welche eine besondere Geschäftsabteilung der Reichsbank fungiert, die als Zentralkassenstelle des Reichs dient.

2) Die Verwaltung des Reichskriegsschatzes in Berlin.

3) Die Reichsschuldenverwaltung in Berlin. Die Verwaltung der Reichsschulden ist der königlich preußischen Verwaltung der Staatsschulden übertragen, welche als solche die Bezeichnung »Reichsschuldenverwaltung« führt und unter die fortlaufende Aufsicht der Reichsschuldenkommission (s. b.) gestellt ist.

4) Das Zoll= und Steuerrechnungsbüreau in Berlin, welches die Zoll= und Steuerarbeiten des Reichs und die Etats und Rechnungssachen der kaiserlichen Hauptzollämter in den Hansestädten zu besorgen hat.

5) Die Hauptzollämter in den Hansestädten, welche als Ämter der deutschen Zollgemeinschaft fungieren und auf deren Rechnung erhalten werden.

6) Die Reichsbevollmächtigten und Stationskontrolleure der Zölle und Verbrauchssteuern.

7) Die Reichsrayonkommission in Berlin, welche endgültig über diejenigen Beschränkungen entscheidet, denen die Benutzung des Grundeigentums innerhalb des Rayons der permanenten Befestigungen unterliegt, und insbesondere über Rekurse gegen Anordnungen und Entscheidungen der Kommandanturen in Rayonangelegenheiten.

VI. Das Reichseisenbahnamt in Berlin, welches seine Geschäfte unter der Oberleitung und Verantwortlichkeit des Reichskanzlers führt, insofern es sich um die Wahrnehmung des Aufsichtsrechts über das Eisenbahnwesen innerhalb des Reichsgebiets, um die Ausführung der in der Reichsverfassung hierüber enthaltenen Bestimmungen sowie der sonstigen auf das Eisenbahnwesen bezüglichen Gesetze und verfassungsmäßigen Vorschriften und um die Abstellung der in Hinsicht auf das Eisenbahnwesen hervorgetretenen Mängel und Mißstände handelt. Wird jedoch gegen eine von dem Reichseisenbahnamt selbst verfügte Maßregel Gegenvorstellung auf Grund der Behauptung erhoben, daß jene Maßregel in den Gesetzen und rechtsgültigen Vorschriften nicht begründet sei, so hat das durch Hinzuziehung von Richterbeamten zu verstärkende Reichseisenbahnamt selbständig und unter eigner Verantwortlichkeit in kollegialer Beratung und Beschlußfassung zu befinden.

VII. Der Rechnungshof des Deutschen Reichs, als welcher die königlich preußische Oberrechnungskammer in Potsdam die Kontrolle des gesamten Reichshaushalts führt.

VIII. Die Verwaltung des Reichsinvalidenfonds in Berlin, mit welcher zugleich die Verwaltung des Reichsfestungsbaufonds und des Fonds für die Errichtung eines Reichstagsgebäudes verbunden ist.

IX. Das Reichspostamt in Berlin, welches von einem Staatssekretär geleitet wird. Dem Reichspostamt ist die Post= und Telegraphenverwaltung des Reichs, mit Ausnahme von Bayern und Württemberg, übertragen. Die Geschäfte desselben zerfallen in drei Hauptgruppen. Der ersten Abteilung sind nämlich alle postalischen Einrichtungen und das technische Postwesen zugeteilt, der zweiten Abteilung alle telegraphischen Einrichtungen und das technische Telegraphenwesen, während der dritten Abteilung die organischen, gesetzlichen und administrativen Maßregeln, Personalwesen, Disziplinarfälle, Wertzeichenverwaltung, Statistik u. dgl. überwiesen sind. In den einzelnen Bezirken wird die Verwaltung des Post= und Telegraphenwesens von den Oberpostdirektionen in Aachen, Arnsberg, Berlin, Braunschweig, Bremen, Breslau, Bromberg, Danzig, Darmstadt, Dresden, Düsseldorf, Erfurt, Frankfurt a. M., Frankfurt a. O., Gumbinnen, Halle a. S., Hamburg, Hannover, Karlsruhe, Kassel, Kiel, Koblenz, Köln, Königsberg i. Pr., Köslin, Konstanz, Leipzig, Liegnitz, Magdeburg, Metz, Minden i. W., Münster i. W., Oldenburg, Oppeln, Posen, Potsdam,

Schwerin, Stettin, Straßburg i. E. und Trier wahrgenommen, denen die einzelnen Postämter, Telegraphenämter und Postagenturen unterstellt sind. Dem Reichspostamt ist auch die Direktion der Reichsdruckerei, hervorgegangen aus der vormaligen Geheimen Oberhofbuchdruckerei und der damit verschmolzenen königlich preußischen Staatsdruckerei, übertragen, und außerdem sind demselben noch folgende Behörden und Anstalten untergeordnet: die Generalpostkasse, das Postzeitungsamt, das Postanweisungsamt, das Postzeugamt, die Telegraphenapparatwerkstatt und das deutsche Postamt in Konstantinopel.

X. Das Reichsamt für die Verwaltung der Reichseisenbahnen (in dem Reichsland Elsaß-Lothringen) zu Berlin, dessen Chef der königlich preußische Minister der öffentlichen Arbeiten ist. Ihm ist die Generaldirektion der Eisenbahnen in Elsaß-Lothringen zu Straßburg unterstellt.

XI. Die Reichsbankbehörden, nämlich das Reichsbankdirektorium, an dessen Spitze dessen Präsident steht, und welches die Verwaltung der Reichsbank unter Leitung des Reichskanzlers besorgt, und das Reichsbankkuratorium, dessen Vorsitzender der Reichskanzler selbst ist, und welches die dem Reich zustehende Aufsicht über die Reichsbank führt. Dem Reichsbankdirektorium aber sind unterstellt:

1) Die Reichshauptbank in Berlin.
2) Die Reichsbankhauptstellen in Bremen, Breslau, Danzig, Dortmund, Frankfurt a. M., Hamburg, Hannover, Köln, Königsberg i. Pr., Leipzig, Magdeburg, Mannheim, München, Posen, Stettin, Straßburg i. E. und Stuttgart. Die Reichsbankhauptstellen werden auf Grund von Bundesratsbeschlüssen errichtet. Sie stehen unter Leitung eines aus zwei Mitgliedern bestehenden Vorstands und unter Aufsicht eines vom Kaiser ernannten Bankkommissars.
3) Die Reichsbankstellen in Aachen, Augsburg, Bielefeld, Braunschweig, Bromberg, Chemnitz, Dresden, Düsseldorf, Elberfeld, Elbing, Emden, Erfurt,

Essen, Flensburg, Frankfurt a. O., Gera, Gleiwitz, Glogau, Görlitz, Graudenz, Halle a. S., Karlsruhe, Kassel, Kiel, Koblenz, Krefeld, Landsberg a. W., Liegnitz, Lübeck, Mainz, Memel, Metz, Minden i. W., Mülhausen i. E., Münster i. W., Nordhausen, Nürnberg, Osnabrück, Siegen, Stolp, Stralsund, Thorn und Tilsit. Die Reichsbankstellen werden auf Anordnung des Reichskanzlers eingerichtet.

Den Reichsbankhauptstellen und Reichsbankstellen sind die Reichsbanknebenstellen (=Kommanditen, =Agenturen) untergeordnet, welche von dem Reichsbankdirektorium an zahlreichen kleinern Handelsplätzen des Deutschen Reichs errichtet sind.

XII. Die Reichsschuldenkommission in Berlin, deren Vorsitzender der Unterstaatssekretär im königlich preußischen Finanzministerium ist. Dieselbe führt die Aufsicht über die Reichsschuldenverwaltung und die Kontrolle über die Verwaltung des Reichskriegsschatzes und des Reichsinvalidenfonds sowie über An- und Ausfertigung, Einziehung und Vernichtung der Banknoten der Reichsbank. Sie besteht aus drei Mitgliedern des Bundesrats und zwar aus dem Vorsitzenden des Ausschusses für das Rechnungswesen und zwei Mitgliedern dieses Ausschusses, ferner aus drei Mitgliedern des Reichstags und dem Präsidenten des Rechnungshofs und wird, sofern es sich um die Kontrolle der Verwaltung des Reichsinvalidenfonds handelt, womit diejenige des Reichsfestungsbaufonds und des Fonds für den Bau eines Reichstagsgebäudes verbunden ist, durch fünf Mitglieder (zwei vom Bundesrat, drei vom Reichstag gewählt) und, wenn es sich um die Kontrolle der Reichsbanknoten handelt, durch ein vom Kaiser ernanntes Mitglied verstärkt.

Reichsboten, s. v. w. Reichstagsabgeordnete. Neuerdings wird dieser Ausdruck besonders im Gegensatz zu den preußischen Landboten, d. h. den Mitgliedern des preußischen Abgeordnetenhauses, gebraucht.

Reichsbürgerrecht, s. Bundesindigenat.

Reichsdeputationen, Kommissionen,

welche vom ehemaligen deutschen Reichstag zur Erledigung bestimmter Geschäfte
eingesetzt wurden. Von besonderer Wichtigkeit ist der Reichsdeputationshauptschluß vom 25. Febr. 1803, durch
welchen der Lüneviller Friede von 1801
des nähern ausgeführt wurde. In diesem
Frieden war das ganze linke Rheinufer an
Frankreich abgetreten worden; das Reich
sollte aber die weltlichen Herren, welche
dort Gebietsteile verloren hatten, aus sich
selbst entschädigen, und dieses Entschädigungswerk wurde dadurch vollbracht,
daß man die Mehrzahl der deutschen Reichsstädte mediatisierte und die geistlichen
Territorien säkularisierte, was eben durch
jenen Reichsdeputationshauptschluß bewirkt wurde.

Reichsdirektorium, s. Kurfürsten.

Reichsdörfer, im alten Deutschen Reich
eine Anzahl reichsunmittelbarer Dörfer,
hatten geistliche und weltliche Gerichtsbarkeit und zahlten nur Kriegsumlagen, 120
urkundlich nachweisbar, die letzten 1803
mediatisiert.

Reichsdruckerei, die aus der Vereinigung der ehemaligen königlich preußischen
Staatsdruckerei und der frühern Geheimen Oberhofbuchdruckerei hervorgegangene
Druckerei des Deutschen Reichs in Berlin,
welche zu unmittelbaren Zwecken des
Reichs und der Bundesstaaten bestimmt,
aber zugleich ermächtigt ist, Arbeiten von
städtischen und andern Behörden, Korporationen sowie unter gewissen Voraussetzungen auch von Privatpersonen zu übernehmen; dem Reichspostamt unterstellt.

Reichseisenbahnamt, deutsche Reichsbehörde in Berlin, zur Kontrolle des gesamten Eisenbahnwesens innerhalb des
Reichsgebiets bestimmt. Das R., dessen
Thätigkeit durch die Vielköpfigkeit der
deutschen Eisenbahnverwaltungen und die
Buntscheckigkeit ihres Betriebswesens freilich sehr erschwert ist, übt 1) das Aufsichtsrecht des Reichs über das gesamte Eisenbahnwesen innerhalb des Reichsgebiets
aus; 2) hat das R. für die Ausführung
der in der Reichsverfassung enthaltenen
Bestimmungen sowie der sonstigen auf
das Eisenbahnwesen bezüglichen Gesetze
und verfassungsmäßigen Vorschriften

Sorge zu tragen; 3) hat es auf Abstellung
der in Hinsicht auf das Eisenbahnwesen
hervortretenden Mängel und Mißstände,
namentlich auf besfallsige Beschwerden
hin, Bedacht zu nehmen. In letzterer Beziehung hat das R. z. B. die Fürsorge für
gleichmäßige Bestimmungen über das
rechtzeitige Öffnen der Wartesäle und
Billetschalter, für ein ordnungsmäßiges
Ausrufen der Stationsnamen, für gehörige Einrichtungen in Ansehung der
Heizung, Erleuchtung und Ventilation
der Personenwagen, für die Herstellung
einheitlicher Verschlußvorrichtungen an
den Personen- und Güterwagen, für eine
deutliche Bezeichnung der bestellten, für
Rauch- und Frauenkoupees, für die Errichtung deutlicher Steigungszeiger ꝛc.
übernommen. Außerdem sind seine Vorarbeiten für ein Reichseisenbahngesetz,
welches freilich noch nicht zustande gekommen ist, das von ihm bearbeitete Eisenbahnbetriebsreglement, die Eisenbahnstatistik, insbesondere in Rücksicht auf Zugverspätungen und versäumte Anschlüsse,
hervorzuheben. Wird gegen eine von dem
R. verfügte Maßregel auf Grund der Behauptung, daß jene Maßregel in den Gesetzen und rechtsgültigen Vorschriften nicht
begründet sei, Gegenvorstellung erhoben,
so hat das R. sich durch Hinzuziehung von
Richterbeamten zu verstärken und über die
Gegenvorstellung selbständig und unter eigner Verantwortlichkeit in kollegialer Beratung und Beschlußfassung zu befinden.
Nach dem Regulativ vom 13. März 1876
(Reichszentralblatt, S. 197 f.) setzt sich dies
sogen. verstärkte R. aus seinem Präsidenten oder dessen Stellvertreter als Vorsitzenden, zwei Räten des Reichseisenbahnamts und drei richterlichen Mitgliedern
zusammen. Die elsaß-lothringischen Eisenbahnen sind dem Reichsamt für die Verwaltung der Reichseisenbahnen unterstellt.

Reichserbämter } s. Erbämter.
Reichserbbeamte }

Reichserzämter } s. Kurfürsten.
Reichserzkanzler }

Reichsflagge, s. Flagge.

Reichsfreie Ritterschaft, s. Reichsritterschaft.

Reichsgericht, der gemeinsame oberste

Gerichtshof des Deutschen Reichs in Leipzig. Nach dem deutschen Gerichtsverfassungsgesetz vom 27. Jan. 1877 hat das R. über das Rechtsmittel der Revision (f. b.) gegen zweitinstanzliche Endurteile der Oberlandesgerichte in bürgerlichen Rechtsstreitigkeiten und über die Revision gegen Strafurteile der Schwurgerichte und der Landgerichte zu entscheiden. Was die bürgerlichen Rechtsstreitigkeiten (Zivilsachen) anbetrifft, so ist es den größern Bundesstaaten, in denen mehrere Oberlandesgerichte bestehen, vorbehalten, die Verhandlung und Entscheidung von Revisionen und Beschwerden in Zivilsachen an ein oberstes Landesgericht zu verweisen, jedoch nur für diejenigen Rechtsfälle, in welchen Landesrecht, nicht Reichsrecht in Frage kommt. (In Strafsachen geht in landesrechtlichen Angelegenheiten die Revision stets an die Strafsenate der Oberlandesgerichte.) Übrigens hat von der Befugnis zur Errichtung eines solchen höchsten Landesgerichtshofs für die landesrechtlichen Zivilsachen nur Bayern Gebrauch gemacht. Außerdem entscheidet das R. in erster und letzter Instanz über die gegen Kaiser und Reich gerichteten Verbrechen des Hochverrats und des Landesverrats. Für die Behandlung der Strafsachen bestehen bei dem R. drei Strafsenate. In jenen Fällen, welche in erster Instanz vor das R. gehören, findet das Hauptverfahren vor dem vereinigten zweiten und dritten Strafsenat statt, während diejenigen Entscheidungen, welche die Voruntersuchung betreffen, sowie der Verweisungsbeschluß von dem ersten Strafsenat des Reichsgerichts erteilt werden. Für die bürgerlichen Rechtsstreitigkeiten sind fünf Zivilsenate errichtet, zu denen für die Übergangszeit noch einige Hilfssenate kommen. Die Senate erkennen in der jeweiligen Besetzung mit sieben Richtern. Die staatsanwaltschaftlichen Funktionen werden bei dem R. durch einen Oberreichsanwalt und durch einen oder mehrere Reichsanwalte wahrgenommen. Präsident, Senatspräsidenten und Räte des Reichsgerichts werden, ebenso wie der Oberreichsanwalt und die Reichsanwalte, vom Kaiser auf Vorschlag des Bundesrats ernannt. Nur wer die Fähigkeit zum Richteramt in einem Bundesstaat erlangt und das 35. Lebensjahr vollendet hat, ist dazu befähigt. Durch Reichsgesetz vom 11. April 1877 wurde die Stadt Leipzig zum Sitz des Reichsgerichts bestimmt, indem gleichzeitig auf Antrag des Abgeordneten Lasker in ebendieses Gesetz die Bestimmung mit aufgenommen ward, daß derjenige Staat, in dessen Gebiet das R. seinen Sitz bekomme, von der obenerwähnten Befugnis zur Errichtung eines obersten Landesgerichtshofs keinen Gebrauch machen dürfe. Zur Veröffentlichung der Entscheidungen des Reichsgerichts im Weg des Buchhandels ist eine Redaktionskommission gebildet, zu welcher je ein Mitglied eines Senats abgeordnet ist. Zivilsachen und Strafsachen werden getrennt publiziert. Außerdem veröffentlichen die Mitglieder der Reichsanwaltschaft die »Rechtsprechung des Reichsgerichts in Strafsachen«. Vgl. »Annalen des Reichsgerichts«, Sammlung aller wichtigen Entscheidungen des Reichsgerichts, unter Mitwirkung von K. Braun herausgegeben von H. Blum (1880 ff.).

Reichsgesetze, die von der gesetzgebenden Gewalt des Deutschen Reichs für dasselbe erlassenen gesetzlichen Normen. Zur Gültigkeit eines Reichsgesetzes waren zur Zeit des frühern Deutschen Reichs die Zustimmung des Reichstags (s. d.) und die Sanktion des Kaisers erforderlich. Die R. bildeten eine, allerdings nur spärlich fließende, gemeinsame Quelle für das Recht des ganzen Reichs; doch waren dieselben nur ausnahmsweise absolut gebietend oder verbietend gefaßt, so daß sie also unbedingte Geltung beanspruchten. Letzteres galt besonders von den sogen. Reichsgrundgesetzen, d. h. den eigentlichen Verfassungsgesetzen des Reichs, zu welchen namentlich die sogen. Goldne Bulle von 1356, der Ewige Landfriede von 1495, die Gerichtsordnungen der obersten Reichsgerichte, nämlich die Reichskammergerichtsordnung von 1555 und die (revidierte) Reichshofratsordnung von 1654, ferner die Reichspolizeiordnung des 16. Jahrh., namentlich die von 1577, der Westfälische Friede, der Friede zu äußern, etwaige Mißstände zu rügen, Wünsche auszusprechen und Bedenken geltend zu machen. Überhaupt kann der R. insofern eine Kontrolle der gesamten Reichsverwaltung ausüben, als es ihm unbenommen ist, über Einführung von Maßregeln und Abstellung von Mißständen Resolutionen zu fassen und diese dem Bundesrat zur Erledigung mitzuteilen. Dabei ist es denn auch von besonderer Wichtigkeit, daß dem R. ausdrücklich (Reichsverf., Art. 23) das Recht eingeräumt ist, Petitionen entgegenzunehmen, sie zum Gegenstand von Verhandlungen zu machen und sie eventuell dem Bundesrat oder dem Reichskanzler zu überweisen. Die Zahl der Petitionen, welche alljährlich an den R. gelangen, ist aber eine sehr große, von der regelmäßig nur eine geringe Zahl zur Erörterung im Plenum des Reichstags geeignet ist. Es besteht daher die zweckmäßige Einrichtung, daß alle Petitionen geschäftsordnungsmäßig zunächst an die Petitionskommission gehen; auch können Petitionen, welche mit einem Gegenstand in Verbindung stehen, welcher bereits an eine andre Kommission verwiesen ist, dieser letztern durch Verfügung des Präsidenten überwiesen werden. Der Inhalt der eingehenden Petitionen ist von der Kommission allwöchentlich durch eine in tabellarischer Form zu fertigende Zusammenstellung zur Kenntnis der einzelnen Mitglieder des Reichstags zu bringen. In der Plenarsitzung des Reichstags gelangen alsdann nur diejenigen Petitionen zur Erörterung, bei welchen dies von der Kommission oder von 15 Mitgliedern des Reichstags ausdrücklich beantragt wird.

Ein weiteres Mittel zur Ausübung einer Kontrolle über die äußere und innere Reichsverwaltung ist für den R. ferner in den Interpellationen und Adressen gegeben. Die Verfassung enthält über beides allerdings keine Bestimmungen, allein sowohl das Recht der Interpellation als das Adreßrecht wird vom R. praktisch geübt und ist durch die Geschäftsordnung geregelt. Interpellationen an den Bundesrat müssen nach der letztern (§§ 32 ff.), bestimmt formuliert

und von 30 Mitgliedern unterzeichnet, dem Präsidenten des Reichstags überreicht werden. Dieser teilt sie dem Reichskanzler abschriftlich mit und fordert denselben oder seinen jeweiligen Vertreter in der nächsten Sitzung des Reichstags zur Erklärung darüber auf, ob und wann er die Interpellation beantworten wolle. Erklärt sich der Reichskanzler zur Beantwortung alsbald oder in einer andern Sitzung bereit, so wird alsdann zunächst der Interpellant, d. h. derjenige, von welchem die Interpellation ausgeht, zum Wort und zu einer nähern Ausführung derselben zugelassen. Hierauf folgt die Beantwortung vom Tisch des Bundesrats aus, und an diese oder an eine etwaige Ablehnung der Interpellation kann sich eine sofortige Besprechung des Gegenstands der letztern anschließen, wenn mindestens 50 Mitglieder des Hauses darauf antragen. Was die Adressen anbetrifft, so sind Adressen an den Bundesrat zwar prinzipiell nicht ausgeschlossen; üblich sind aber nur Adressen an den Kaiser, und nur von solchen handelt die Geschäftsordnung (§§ 67 f.). Wird die Vorberatung einer solchen Adresse einer Kommission übertragen, so wird diese aus dem Präsidenten des Reichstags als Vorsitzendem und aus 21 Mitgliedern des letztern zusammengesetzt. Ebenso ist der Präsident jedesmal Mitglied und alleiniger Wortführer der Deputation, welche die Adresse überreichen soll. Die Zahl der übrigen Mitglieder wird auf Vorschlag des Präsidenten vom R. festgestellt; die einzelnen Mitglieder werden durch das Los bestimmt.

Bei dieser Aufzählung der Rechte des Reichstags in Bezug auf die Reichsverwaltung ist ferner hervorzuheben, daß der R. mit darüber zu beschließen hat, ob Eisenbahnen, welche im Interesse der Verteidigung Deutschlands oder im Interesse des gemeinsamen Verkehrs für notwendig erachtet werden, auch gegen den Widerspruch der betreffenden Einzelregierung für Rechnung des Reichs im Weg der Reichsgesetzgebung angelegt werden sollen (Reichsverf., Art. 41). Endlich hat der R. auch in Ansehung der äußern Reichsverwaltung ein wichtiges Recht. Handelt es sich nämlich um Staatsverträge mit fremden Staaten, die sich auf Gegenstände beziehen, welche nach der Reichsverfassung in den Bereich der Reichsgesetzgebung gehören, so ist zu ihrem Abschluß die Zustimmung des Bundesrats und zu ihrer Gültigkeit die Genehmigung des Reichstags erforderlich (Reichsverf., Art. 11).

Präsident. Abteilungen. Kommissionen.

Der R. ist im übrigen eine selbständige parlamentarische Körperschaft, welche die Legitimation ihrer Mitglieder selbst prüft und darüber entscheidet, ihren Geschäftsgang und die Disziplin durch eine Geschäftsordnung (revidierte Geschäftsordnung vom 10. Febr. 1876) regelt und ihren Präsidenten, die Vizepräsidenten und die Schriftführer selbst erwählt. Außerdem steht dem R. auch das Recht zu, sechs Mitglieder der Reichsschuldenkommission zu wählen. Bei dem Beginn einer neuen Legislaturperiode des Reichstags treten nämlich die Mitglieder desselben zunächst unter dem Vorsitz ihres ältesten Mitglieds (des Alterspräsidenten) zusammen, welch letzterer dies Amt auf das ihm im Lebensalter zunächst stehende Mitglied übertragen kann. Der Alterspräsident ernennt provisorisch vier Mitglieder des Hauses zu Schriftführern. Für jede fernere Session derselben Legislaturperiode setzen dagegen die Präsidenten der vorangegangenen Session ihre Funktionen bis zur neuen Präsidentenwahl einstweilen fort. Sobald nun die Anwesenheit einer beschlußfähigen Anzahl von Mitgliedern (199), der absoluten Mehrheit der sämtlichen Abgeordneten (397), durch Namensaufruf festgestellt ist, wird zur Präsidentenwahl geschritten. Die Wahl des Präsidenten und des ersten und zweiten Vizepräsidenten erfolgt nach absoluter, die der acht Schriftführer nach relativer Mehrheit der anwesenden Reichsboten und zwar die Wahl des Präsidiums durch Stimmzettel. Hat sich bei der Präsidentenwahl eine absolute Mehrheit nicht ergeben, so sind diejenigen fünf Kandidaten, welche die meisten Stimmen erhalten haben, auf eine engere Wahl zu bringen. Nötigenfalls ist auch noch eine zweite engere Wahl zwischen denjenigen beiden Kandidaten, welche bei der ersten engern Wahl die meisten Stimmen erhalten hatten, vorzunehmen, und im Notfall muß das Los bei Stimmengleichheit entscheiden. Die drei Präsidenten werden zu Anfang einer Legislaturperiode das erste Mal nur auf vier Wochen, dann aber für die übrige Dauer der Session gewählt, während in den folgenden Sessionen derselben Legislaturperiode die Wahl alsbald für die ganze Dauer der Session erfolgt. Die Schriftführer können auch durch Akklamation gewählt werden, wie dies regelmäßig zu geschehen pflegt. Eine Bestätigung der Präsidentenwahl durch das Reichsoberhaupt ist nicht erforderlich, doch sind die Konstituierung des Reichstags und das Ergebnis der Wahlen durch den Präsidenten dem Kaiser anzuzeigen. Dem Präsidenten liegen ferner die Leitung der Verhandlungen, die Handhabung der Ordnung und die Vertretung des Reichstags nach außen ob; er hat auch das Recht, den Sitzungen der Abteilungen und der Kommissionen mit beratender Stimme beizuwohnen. Er beschließt über die Annahme und Entlassung des Verwaltungs- und Dienstpersonals sowie über die Ausgaben zur Deckung der Bedürfnisse des Reichstags; insbesondere hat er aus der Zahl der Reichsboten für die Dauer seiner Amtsführung zwei Quästoren für das Kassen- und Rechnungswesen zu ernennen. Der Präsident eröffnet und schließt die Plenarsitzungen und verkündigt Tag und Stunde der nächsten Sitzung. Ihm liegt es ferner ob, mit zwei Schriftführern das Protokoll einer jeden Sitzung zu vollziehen. Will er sich an der Debatte beteiligen, so muß er den Vorsitz so lange abtreten. Er ist ferner berechtigt, die Redner auf den Gegenstand der Verhandlung (»zur Sache«) zurückzuweisen oder nötigenfalls »zur Ordnung« zu rufen. Ist das eine oder das andre in der nämlichen Rede zweimal ohne Erfolg geschehen, und fährt der Redner fort, sich vom Gegenstand oder von der Ordnung zu entfernen, so kann die Versammlung auf Antrag des Präsidenten, und nachdem der Redner von letzterm auf diese Folge aufmerksam gemacht worden ist, demselben das Wort entziehen. Bei allen Diskussionen erteilt der Präsibent bemjenigen Mitglied das Wort, welches nach Eröffnung der Diskuffion oder nach Beendigung der vorhergehenden Rede zuerst barum nachsucht. Der Präsident hat bie Fragen zur Abstimmung und zwar so zu stellen, daß sie einfach mit »Ja« ober mit »Nein« beantwortet werden können; er verkündet bas Ergebnis ber Abstimmung. Wenn ein Mitglied bie Ordnung verletzt, so ist es vom Präsidenten mit Nennung bes Namens darauf zurückzuweisen. Das betreffende Mitglied kann hiergegen schriftlich Einspruch thun, worauf ber R. in der nächstfolgenden Sitzung und ohne Diskussion barüber entscheidet, ob ber Ordnungsruf gerechtfertigt war ober nicht. Ferner kann der Präsident, wenn in der Versammlung störende Unruhe entsteht, bie Sitzung auf bestimmte Zeit aussetzen ober ganz aufheben. Kann er sich in solchem Fall kein Gehör verschaffen, so bedeckt er sein Haupt, womit bie Sitzung auf eine Stunde unterbrochen ist. Sobann steht dem Präsidenten bie Handhabung ber Polizei im Sitzungsgebäude zu; er kann einzelne Ruhestörer von der Tribüne entfernen ober dieselbe ganz räumen lassen. Der Präsident ist befugt, Reichstagsmitgliedern bis zu acht Tagen Urlaub zu geben. Endlich ist berselbe jedesmaliger Vorsitzender ber behufs Einreichung einer Adresse an den Kaiser zusammentretenden Kommission, auch Mitglied und alleiniger Sprecher der etwaigen Abreßbeputation.

Die Schriftführer haben für die Aufnahme des Protokolls und ben Druck ber Verhandlungen zu sorgen, daher auch bie Revision ber stenographischen Berichte zu überwachen. Sie lesen bie Schriftstücke vor, halten ben Namensaufruf, vermerken bie Stimmen 2c.

Die Prüfung der Legitimation ber Reichstagsmitglieder, b. h. ihrer ordnungsmäßigen Wahl (Wahlprüfung), erfolgt burch ben R. selbst. Hierzu sind zunächst bie Abteilungen bes Reichstags bestimmt. Derselbe wird nämlich durch das Loos in sieben Unterabteilungen von möglichst gleicher Mitgliederzahl abgeteilt, die sich getrennt versammeln. Jede Abteilung wählt mit absoluter Stimmenmehrheit einen Vorsitzenden und einen Schriftführer

sowie beren Stellvertreter. Zum Zweck ber Wahlprüfung wird nun einer jeden Abteilung durch bas Loos eine möglichst gleiche Anzahl ber einzelnen Wahlverhandlungen zugeteilt. Den Abteilungen, welche ohne Rücksicht auf bie Zahl ber anwesenden Mitglieder beschlußfähig sind, werden etwaige Wahlanfechtungen ober von seiten eines Reichstagsmitglieds gegen die Gültigkeit einer Wahl erhobene Einsprachen unterbreitet. Dabei ist jedoch bestimmt, baß Wahlanfechtungen und Einsprachen, welche später als zehn Tage nach Eröffnung bes Reichstags und bei Nachwahlen, bie während einer Legislaturperiode stattfinden, später als zehn Tage nach Feststellung bes Wahlergebnisses erfolgen, unberücksichtigt bleiben sollen. Von der Abteilung aber sind die Wahlverhandlungen an bie Wahlprüfungskommission, welche in jeder Session für bie Dauer berselben gewählt wird, abzugeben, wenn eine rechtzeitig erfolgte Wahlanfechtung oder Einsprache vorliegt, oder wenn von der Abteilung bie Gültigkeit ber Wahl burch Mehrheitsbeschluß für zweifelhaft erklärt wird, oder wenn zehn anwesende Mitglieder der Abteilung einen aus dem Inhalt ber Wahlverhandlungen abgeleiteten, speziell zu bezeichnenden Zweifel gegen bie Gültigkeit der Wahl erheben. Die Wahlprüfungskommission hat bann an ben R. Bericht zu erstatten, welcher über bie Gültigkeit oder Ungültigkeit ber Wahl entscheidet. Ebenso hat bie Abteilung birekt an ben R. Bericht zu erstatten, wenn zwar bie Voraussetzungen zur Abgabe ber Sache an bie Wahlprüfungskommission nicht vorliegen, aber sonst erhebliche Ausstellungen gegen bie Wahl geltend gemacht werden. Bis zur Ungültigkeitserklärung einer Wahl hat ber Gewählte Sitz und Stimme im R.

Den Abteilungen liegt ferner die Wahl ber Kommissionen bes Reichstags ob, welche zur Vorberatung ber an ben R. gelangenden Sachen bestimmt sind, sofern eine solche Vorberatung erforderlich. Jede Abteilung wählt burch Stimmzettel eine gleiche Anzahl von Mitgliedern ber Kommission. Besteht biese aus sieben Mitgliedern, so wählt jede Abteilung ein

Mitglied, während je 2, 3 oder 4 Mitglieder zu wählen sind, je nachdem die Kommission aus 14, 21 oder 28 Mitgliedern bestehen soll. Thatsächlich werden übrigens die Mitglieder der Kommissionen von den Fraktionen, den Parteigenossenschaften des Reichstags, erwählt, indem durch den sogen. Seniorenkonvent, der aus den ältesten Mitgliedern des Reichstags besteht, im voraus festgesetzt ist, wieviel Mitglieder eine jede Fraktion jeweilig in die Kommissionen entsenden soll. Die Wahl durch die Abteilungen ist in der That nur eine leere Form. Außer der Petitions= und der Wahlprüfungskommission werden noch Kommissionen für den Reichshaushaltsetat (Budgetkommission), für die Rechnungslegung (Rechnungskommission) und überhaupt nach Maßgabe des Bedürfnisses, so oft ein Gesetzentwurf oder ein sonstiger Antrag vom R. an eine Kommission verwiesen wird, konstituiert. Die Kommissionen wählen ihren Vorsitzenden und ihren Schriftführer aus ihrer Mitte; sie sind beschlußfähig, sobald mindestens die Hälfte der Mitglieder anwesend ist. Wird einer Kommission die Vorberatung eines von einem Reichstagsmitglied gestellten Antrags überwiesen, so nimmt der Antragsteller, resp. das unter dem Antrag zuerst unterzeichnete Mitglied jedenfalls mit beratender Stimme an den Kommissionssitzungen teil. Die Mitglieder des Bundesrats und die Kommissare desselben können diesen Sitzungen ebenfalls mit beratender Stimme beiwohnen. Nach geschlossener Beratung wählt die Kommission aus ihrer Mitte einen Berichterstatter, der die Ansichten und Anträge der Kommission in einem Bericht für den R. zusammenstellt. Die Kommissionen sind aber auch befugt, ohne schriftlichen Bericht durch ihren Berichterstatter mündlichen Bericht im R. erstatten zu lassen. Doch kann der R. in solchen Fällen noch schriftlichen Bericht verlangen und zu diesem Behuf die Sache an die Kommission zurückverweisen.

Verhandlungen des Reichstags.

Was nun die Verhandlungen im Plenum des Reichstags (Plenarverhandlungen) anbetrifft, so ist eine bestimmte Reihenfolge in der Beratung der einzelnen Gegenstände nicht vorgeschrieben; insbesondere besteht die Vorschrift, welche sich in andern Verfassungsurkunden findet, und wonach Regierungsvorlagen stets vorgehen sollen, für den R. nicht. In der Regel findet aber in jeder Woche an einem bestimmten Tag (bis auf weiteres am Mittwoch) eine Sitzung statt, in welcher an erster Stelle die von den Mitgliedern des Reichstags gestellten Anträge und die zur Erörterung im Plenum gelangenden Petitionen erledigt werden (sogen. Schwerinstag). Die Vorlagen des Bundesrats bedürfen einer dreimaligen Beratung (Lesung). Anträge von Reichstagsmitgliedern, welche von mindestens 15 Mitgliedern unterzeichnet und mit der Eingangsformel: »Der R. wolle beschließen« versehen sein müssen, erfordern nur dann eine dreimalige Lesung, wenn sie Gesetzentwürfe enthalten; außerdem genügt eine einmalige Lesung. Die dreimalige Lesung beginnt mit der ersten Beratung, welche sich auf eine allgemeine Diskussion (Generaldebatte) über die Grundsätze des Entwurfs beschränkt und mit dem Beschluß darüber endigt, ob der Entwurf einer Kommission zur Vorberatung zu überweisen sei oder nicht. In diesem ersten Stadium der Verhandlung dürfen Abänderungsvorschläge (Amendements) seitens der Reichstagsmitglieder nicht eingebracht werden. Die zweite Lesung erfolgt frühestens am zweiten Tag nach Abschluß der ersten Beratung und, wenn eine Kommission eingesetzt ist, frühestens am dritten Tag nach Verteilung der gedruckten Kommissionsanträge an die Mitglieder des Hauses. Sie besteht in einer Diskussion (Spezialdebatte) über jeden einzelnen Artikel der Vorlage, in der Regel der Reihenfolge nach, woran sich dann die Abstimmung über die einzelnen Artikel anschließt. Nach Schluß der ersten bis zum Schluß der zweiten Lesung können von den Reichstagsmitgliedern Amendements eingebracht werden. Am Schluß der zweiten Beratung stellt der Präsident mit Zuziehung der Schriftführer die gefaßten Beschlüsse zusammen, falls durch dieselben Abänderungen der Vorlage stattgefunden haben, und ebendiese Zusammenstellung bildet die Grundlage für die dritte Lesung, als welche außerdem die Vorlage selbst dient. Ist jedoch der Entwurf in zweiter Lesung in allen seinen Teilen abgelehnt worden, so findet eine weitere Beratung überhaupt nicht statt. Die dritte Beratung erfolgt frühestens am zweiten Tag nach Abschluß der zweiten Lesung, resp. nach Verteilung der erwähnten Zusammenstellung; sie vereinigt nochmals eine General= und eine Spezialdiskussion in sich. Bei der dritten Lesung bedürfen Abänderungsvorschläge der Unterstützung von 30 Mitgliedern. Die dritte Lesung endigt mit der Schlußabstimmung über Annahme oder Ablehnung der Vorlage, wie sie sich im Lauf der Verhandlungen gestaltet hat. Handelt es sich um Anträge von Reichstagsmitgliedern, über welche nur einmal beraten wird, so müssen Abänderungsvorschläge ebenfalls von 30 Mitgliedern unterstützt sein.

Für die Reichstagsverhandlungen gilt das Prinzip der **Diskontinuität**, d. h. die Verhandlungen einer jeden Session erscheinen als etwas Selbständiges, wenn sie auch thatsächlich freilich vielfach an Vorhergegangenes anknüpfen. Es müssen daher Vorlagen des Bundesrats, welche in einer Session nicht zur Beratung kamen (hierfür ist die Redewendung »unter den Tisch des Hauses gefallen« üblich), in der nächsten Session von neuem wieder eingebracht werden, wofern sie überhaupt zur Verhandlung kommen sollen. Dasselbe gilt von Anträgen und von Petitionen, die ebenfalls zu erneuern sind, wofern eine Verhandlung darüber gewünscht wird. Ebenso sind Beschlüsse und Berichte einer Kommission, welche in der einen Session im Plenum nicht unterbreitet wurden, für die andre Session nicht maßgebend.

Abstimmung.

Bei den Abstimmungen des Reichstags sind die Fragen von dem Präsidenten so zu stellen, daß sie einfach durch »Ja« oder »Nein« beantwortet werden können. Unmittelbar vor der Abstimmung ist die Frage zu verlesen. Ist vor einer Abstimmung infolge einer darüber gemachten Bemerkung ein Mitglied des Büreaus (Präsident und die vier dienstthuenden Schriftführer) über die Anwesenheit der beschlußfähigen Anzahl (199) von Mitgliedern des Hauses zweifelhaft, so erfolgt der **Namensaufruf** nach alphabetischer Reihenfolge der Mitglieder, und zwar wird, so oft sich während einer Session der Namensaufruf nötig macht, nicht jedesmal mit dem Buchstaben A begonnen, sondern es wird nach der alphabetischen Reihenfolge der Buchstaben mit dem Beginn des Namensaufrufs abgewechselt. Auch wird das Alphabet rekapituliert, um später Hinzukommenden Gelegenheit zu geben, sich noch zu melden und mit abzustimmen. Die Abstimmung selbst erfolgt durch Aufstehen und Sitzenbleiben nach absoluter Mehrheit. Ist das Ergebnis nach der Ansicht eines Mitglieds des Büreaus zweifelhaft, so erfolgt die Gegenprobe durch eine umgekehrte Abstimmung, durch Sitzenbleiben und Aufstehen, und liefert auch diese dem Büreau noch kein sicheres Ergebnis, so erfolgt die **Zählung des Hauses** (sogen. Hammelsprung). Der Präsident fordert nämlich die Mitglieder auf, den Saal zu verlassen. Sobald dies geschehen, werden die Thüren geschlossen, mit Ausnahme einer Thür an der Ost= und einer an der Westseite. An jeder dieser beiden Thüren stellen sich je zwei Schriftführer auf. Auf ein vom Präsidenten mit der Glocke gegebenes Zeichen treten nun diejenigen Mitglieder, welche mit »Ja« stimmen wollen, durch die Thür an der Ostseite, rechts vom Büreau, diejenigen dagegen, welche mit »Nein« stimmen wollen, durch die Thür an der Westseite, links vom Büreau, in den Saal ein. Die an jeder der beiden Thüren stehenden Schriftführer zählen laut die eintretenden Abgeordneten. Demnächst gibt der Präsident mit der Glocke ein Zeichen, schließt das Skrutinium und läßt die Saalthüren öffnen. Jede nachträgliche Stimmabgabe ist ausgeschlossen, nur der Präsident und die vier dienstthuenden Schriftführer geben ihre Stimmen nachträglich öffentlich ab. Der

Präsident verkündigt das Resultat der Abstimmung. Auf namentliche Abstimmung endlich kann beim Schluß der Beratung vor der Aufforderung zur Abstimmung angetragen werden; der Antrag muß aber von wenigstens 50 Mitgliedern unterstützt sein. Das Verfahren ist hier dasselbe wie bei dem Namensaufruf, indem jeder einzelne Abgeordnete bei Aufruf seines Namens laut mit »Ja« oder »Nein« stimmt.

Die Sitzungen des Reichstags sind öffentlich. Der R. tritt jedoch auf Antrag des Präsidenten oder von zehn Mitgliedern zu einer geheimen Sitzung zusammen, in welcher dann zunächst über den Ausschluß der Öffentlichkeit zu beschließen ist. Wahrheitsgetreue Berichte über Verhandlungen in den öffentlichen Sitzungen des Reichstags bleiben von jeder Verantwortlichkeit frei (Reichsverfassung, Art. 22).

Reichstagswahl.

Fragen wir nun nach der Zusammensetzung des Reichstags, so bestimmt die Reichsverfassung (Art. 20), daß der R. aus allgemeinen und direkten Wahlen mit geheimer Abstimmung hervorgehen soll. Die nähern Vorschriften über die Reichstagswahlen sind in dem Wahlgesetz vom 31. Mai 1869 (Bundesgesetzblatt, S. 145 ff.) enthalten, welches nunmehr auch auf die süddeutschen Staaten ausgedehnt ist. Ein Wahlreglement vom 28. Mai 1870 (Bundesgesetzblatt, S. 275 ff.), zu welchem später verschiedene Nachträge hinzukamen, enthält die zur Ausführung jenes Gesetzes erforderlichen Anordnungen. Wahlfähig, Wähler, im Besitz des aktiven Wahlrechts, ist hiernach jeder Reichsangehörige männlichen Geschlechts, welcher das 25. Lebensjahr zurückgelegt hat, und zwar in demjenigen Bundesstaat, in welchem er seinen Wohnsitz hat. Eine Ausnahme findet nur für diejenigen statt, über deren Vermögen Konkurs- oder Fallitzustand erklärt worden ist; für die unter Vormundschaft oder Kuratel stehenden Personen; für solche, die eine Armenunterstützung beziehen oder im letzten der Wahl vorhergegangenen Jahr bezogen haben; endlich auch für diejenigen, denen infolge rechtskräftigen Erkenntnisses der Vollgenuß der staatsbürgerlichen Rechte entzogen ist. Für Personen des Soldatenstands, des Heers und der Marine ruht jedoch die aktive Wahlberechtigung so lange, als sich dieselben bei den Fahnen befinden. Wählbar, im Besitz des passiven Wahlrechts, ist jeder, der das aktive Wahlrecht besitzt, also auch derjenige, für welchen dies letztere aus dem letztgedachten Grund ruht; doch muß der Betreffende einem deutschen Bundesstaat seit mindestens einem Jahr angehören. Die Frage, ob Beamte zum Eintritt in den R. des Urlaubs bedürfen, ist in der Reichsverfassung (Art. 21) ausdrücklich verneint. Mitglieder des Bundesrats können nicht auch zugleich Mitglieder des Reichstags sein (Reichsverfassung, Art. 9).

In jedem Bundesstaat soll auf durchschnittlich 100,000 Seelen der Bevölkerung je ein Abgeordneter gewählt werden. Ein Überschuß von mindestens 50,000 Seelen der Gesamtbevölkerung eines Bundesstaats wird vollen 100,000 Seelen gleichgerechnet. In einem Bundesstaat, dessen Bevölkerung 100,000 Seelen nicht erreicht, wird ein Abgeordneter gewählt. Die Gesamtzahl der Abgeordneten beträgt 397, und hiervon kommen auf Preußen 236, Bayern 48, Sachsen 23, Württemberg 17, Elsaß-Lothringen 15, Baden 14, Hessen 9, Mecklenburg-Schwerin 6, Sachsen-Weimar, Oldenburg, Braunschweig und Hamburg je 3, Sachsen-Meiningen, Sachsen-Koburg-Gotha und Anhalt je 2, Sachsen-Altenburg, Mecklenburg-Strelitz, Schwarzburg-Rudolstadt, Schwarzburg-Sondershausen, Reuß ältere Linie, Reuß jüngere Linie, Waldeck, Schaumburg-Lippe, Lippe, Lübeck und Bremen je 1 Abgeordneter.

Zum Zweck der Reichstagswahl ist das Reich in 397 Wahlkreise (s. S. 484 ff.) eingeteilt. Jeder Wahlkreis zerfällt wiederum in Wahlbezirke. Für jeden Wahlkreis wird ein Wahlkommissar und für jeden Wahlbezirk ein Wahlvorsteher nebst Stellvertreter von der zuständigen Behörde ernannt. Jede Ortschaft bildet der Regel nach einen Wahlbezirk für sich; doch können einzelne bewohnte Besitzungen und kleine sowie solche Ortschaften, in welchen Personen, die zur Bildung des

Wahlvorstands geeignet, sich nicht in ge=
nügender Anzahl vorfinden, mit benach=
barten Ortschaften zu einem Wahlbezirk
vereinigt, große Ortschaften aber auch in
mehrere Wahlbezirke geteilt werden. Kein
Wahlbezirk darf mehr als 3500 Seelen
nach den letzten allgemeinen Volkszählung
enthalten. Für jede Gemeinde ist eine Liste
sämtlicher Wahlberechtigten (Wahlliste,
Wählerliste) anzufertigen und zu je=
bermanns Einsicht mindestens 8 Tage
lang öffentlich aufzulegen. Innerhalb
achttägiger Frist müssen auch etwaige An=
träge auf Berichtigung und Vervollstän=
bigung der Wahlliste gestellt werden.

Die Wahlhandlung (Wahlakt) be=
ginnt an dem bestimmten Tag um 10 Uhr
vormittags und wird um 6 Uhr nachmit=
tags geschlossen. Um eine Beeinflussung
der spätern Wahl durch das Resultat
der frühern zu vermeiden, muß die Wahl
im ganzen Gebiet des Deutschen Reichs
an ein und demselben Tag stattfinden.
Während der Wahlhandlung dürfen im
Wahllokal weder Diskussionen stattfinden,
noch Ansprachen gehalten, noch Beschlüsse
gefaßt werden, abgesehen von Diskussio=
nen und Beschlüssen des Wahlvorstands,
welche durch die Leitung des Wahlgeschäfts
bedingt sind. Zur Stimmabgabe sind nur
diejenigen zuzulassen, welche in die Wäh=
lerliste aufgenommen sind. Die Stimm=
abgabe bei der Wahl ist geheim. Der
Wähler übergibt seinen Stimmzettel dem
Wahlvorsteher so zusammengefaltet, daß
der auf dem Zettel verzeichnete Name ver=
deckt ist, und der Wahlvorsteher legt den
Stimmzettel uneröffnet in das auf dem
Wahltisch stehende Gefäß (Wahlurne).
Die Stimmzettel, welche außerhalb des
Wahllokals mit dem Namen des Kandi=
baten, welchem der Wähler seine Stimme
geben will, zu versehen sind, müssen von
weißem Papier und dürfen mit keinem
äußern Kennzeichen versehen sein. Um
6 Uhr nachmittags erklärt der Wahlvor=
steher die Wahl für geschlossen; die Stimm=
zettel werden aus der Wahlurne genom=
men, uneröffnet gezählt, und ihre Gesamt=
zahl wird zunächst mit der ebenfalls fest=
zustellenden Zahl der Wähler verglichen,
bei deren Namen durch den Protokollfüh=

rer ein Abstimmungsvermerk in der Wäh=
lerliste gemacht ist. Über die Gültigkeit
oder Ungültigkeit der Stimmzettel ent=
scheidet zunächst der Wahlvorstand nach
Stimmenmehrheit der Mitglieder. Zu
diesem Zweck sind diejenigen Stimmzettel,
über deren Gültigkeit es einer Beschluß=
fassung bedarf, mit fortlaufenden Num=
mern zu versehen und dem Wahlprotokoll
beizufügen. Alle übrigen Stimmzettel
sind zu versiegeln und so lange aufzube=
wahren, bis der R. die Wahl definitiv für
gültig erklärt hat. Schutzmittel gegen et=
waigen Mißbrauch dieses Wahlverfahrens
sind die Öffentlichkeit der Wahlhandlung
und der Ermittelung des Wahlergebnisses,
ferner die Bestimmung, daß die Funktion
der Wahlvorsteher, Beisitzer und Proto=
kollführer, welch letztere von dem Vor=
steher ernannt werden und mit ihm zu=
sammen den Wahlvorstand bilden, ein
unentgeltliches Ehrenamt ist, welches nur
von Personen ausgeübt werden kann, die
kein unmittelbares Staatsamt bekleiden.
Ebendasselbe gilt von den Beisitzern, welche
der Wahlkommissar zur Ermittelung des
Gesamtergebnisses der Wahl im Wahl=
kreis auf den vierten Tag nach dem Wahl=
termin zusammenberuft. Der Zutritt zu
dieser Verhandlung steht ebenfalls jedem
Wähler frei. Endlich ist hier noch hervor=
zuheben, daß das Wahlrecht nur in Per=
son ausgeübt werden kann. Die Wahl
selbst erfolgt durch absolute Stimmen=
mehrheit aller im Wahlkreis abgegebenen
Stimmen, d. h. der Kandidat muß mehr
als die Hälfte aller abgegebenen Stimmen
auf sich vereinigen. Stellt sich bei einer
Wahl eine absolute Majorität nicht her=
aus, so ist anderweit, aber nur unter den
zwei Kandidaten zu wählen, welche im er=
sten Wahlgang die meisten Stimmen er=
halten hatten (engere Wahl, Stich=
wahl). Bei Stimmengleichheit entschei=
det das Los.

Der Reichstagsabgeordnete.

Der Gewählte hat sich binnen 8 Ta=
gen über die Annahme der Wahl, durch
welche er das Reichstagsmandat über=
nimmt, zu erklären. Dies Mandat ist je=
boch kein imperatives, d. h. der Abgeord=
nete ist an Aufträge und Instruktionen

der Wähler nicht gebunden (Reichsverf., Art. 29). Die Mitglieder des Reichstags sind Vertreter des gesamten Volks, nicht bloß ihres Wahlkreises; sie haben die Interessen der Gesamtheit, nicht bloß die des Wahlkreises zu wahren. Die Reichsverfassung (Art. 30) sichert ihnen die umfassendste Redefreiheit zu, indem kein Abgeordneter zu irgend einer Zeit wegen seiner Abstimmung oder wegen einer in der Ausübung seines Berufs gethanen Äußerung gerichtlich oder disziplinarisch verfolgt oder sonst außerhalb der Versammlung zur Verantwortung gezogen werden darf. Ferner sind die Reichstagsabgeordneten in Ansehung einer etwaigen Verhaftung und strafrechtlichen Untersuchung besonders privilegiert. Ohne Genehmigung des Reichstags kann nämlich kein Mitglied desselben während der Sitzungsperiode wegen einer mit Strafe bedrohten Handlung zur Untersuchung gezogen oder verhaftet werden, außer wenn es bei Ausübung der That oder im Lauf des nächstfolgenden Tags ergriffen wird. Gleiche Genehmigung ist bei einer Verhaftung wegen Schulden erforderlich. Auf Verlangen des Reichstags muß auch jedes Strafverfahren gegen ein Mitglied desselben und jede Untersuchungs- oder Zivilhaft für die Dauer der Sitzungsperiode aufgehoben werden (Reichsverf., Art. 31). Auch als Zeugen oder Sachverständige dürfen Reichstagsmitglieder während der Sitzungsperiode außerhalb des Sitzes des Reichstags nur mit Zustimmung des letztern vernommen werden (Reichszivilprozeßordnung, §§ 347, 367; Strafprozeßordnung, §§ 49 und 72). Ferner ist es mit schwerer Strafe bedroht, eine Versammlung des Reichstags auseinander zu sprengen, zur Fassung oder Unterlassung von Beschlüssen zu nötigen, oder Mitglieder aus einer solchen gewaltsam zu entfernen oder durch Gewalt oder Bedrohung zu verhindern, sich an den Ort der Versammlung zu begeben oder zu stimmen (Reichsstrafgesetzbuch, §§ 105 f.). Bei Beleidigungen des Reichstags bedarf es keines Strafantrags, wohl aber einer Ermächtigung durch denselben zur strafrechtlichen Verfolgung (Reichsstrafgesetzbuch, § 197).

Auf der andern Seite aber dürfen die Reichstagsabgeordneten als solche keine Besoldung oder Entschädigung beziehen (Reichsverf., Art. 32). Gegen diese Bestimmung hat der R. zwar wiederholt einen Anlauf genommen, jedoch ohne Erfolg, indem die verbündeten Regierungen an der Diätenlosigkeit der Reichstagsabgeordneten, als einem Gegengewicht gegen das allgemeine Stimmrecht, festhielten. In der That werden denn auch durch die Diätenlosigkeit häufige Wahlen besitzloser Abgeordneten vermieden werden, denn die Erfahrung spricht dafür, daß Anhänger einer radikalen Opposition mehr unter den Besitzlosen als unter der besitzenden Klasse zu finden sind. Zudem läßt es sich nicht verkennen, daß die Stellung eines Abgeordneten ohne Diäten eine würdigere und angesehenere ist als im entgegengesetzten Fall, wenngleich die Diätenlosigkeit manchem tüchtigen Mann den Zutritt zum R. verschließen wird. Übrigens ist es einem Reichstagsabgeordneten nicht verwehrt, etwaige Entschädigungen, die ihm aus Privatmitteln, z. B. von einem Wahlverein, gewährt werden, anzunehmen. Auch wird denselben jetzt während der Sitzungsperiode und 8 Tage vor und 8 Tage nach Beginn derselben auf allen deutschen Eisenbahnen freie Fahrt gewährt.

Berufung des Reichstags. Legislaturperiode.
Die Berufung, Eröffnung, Vertagung und Schließung des Reichstags ist ein Vorrecht des Kaisers (Reichsverf., Art.12). Diese Berufung, welche durch kaiserliche Verordnung erfolgt, muß alljährlich stattfinden, und zwar kann der R. nicht ohne den Bundesrat berufen werden (Reichsverf., Art. 12). Die Eröffnung erfolgt »im Namen der verbündeten Regierungen« durch den Kaiser in Person oder auf dessen Befehl durch den Reichskanzler oder dessen Vertreter am Schluß der Eröffnungs- oder Thronrede. Die Sitzungsperiode nimmt nun ihren Anfang und währt je nach Bedürfnis bis zum Schluß der Session, welcher ebenfalls im Namen der verbündeten Regierungen durch den Kaiser, resp. auf dessen Befehl erfolgt. Während der Sitzungsperiode kann eine Vertagung, d. h. eine Unterbrechung der Sitzungen,

31*

auf bestimmte Zeit vom Kaiser angeordnet werden, welche jedoch ohne Zustimmung des Reichstags die Frist von 30 Tagen nicht übersteigen und während derselben Session nicht wiederholt werden darf (Reichsverf., Art. 26). Übrigens kann auch der R. selbst eine derartige kürzere Unterbrechung der Sitzungen durch Sitzungsbeschluß eintreten lassen. Die Vertagung erfolgt unbeschadet der sogen. Kontinuität der Verhandlungen, während nach erfolgtem Schluß des Reichstags nach dem oben erörterten Grundsatz der Diskontinuität eine völlige Neukonstituierung des Reichstags bei seinem Wiederzusammentreten nötig ist.

Verschieden von dem Schluß ist aber die Auflösung des Reichstags. Die regelmäßige Wahl- oder Legislaturperiode des Reichstags dauert nämlich 3 Jahre, vom Wahltag an gerechnet. Vor Ablauf dieser Frist kann aber der R. durch Beschluß des Bundesrats unter Zustimmung des Kaisers aufgelöst werden, wie dies 1878 geschah, um eine der Reichsregierung günstigere Majorität zu gewinnen. In einem solchen Fall müssen innerhalb eines Zeitraums von 60 Tagen nach der Auflösung die Wähler zum Zweck einer Neuwahl, wiederum auf eine volle Legislaturperiode von 3 Jahren, und innerhalb eines Zeitraums von 90 Tagen nach der Auflösung die neugewählten Reichstagsmitglieder versammelt werden (Reichsverf., Art. 24 f.). Erlischt während des Laufs der Legislaturperiode ein Mandat, so ist eine Nachwahl erforderlich. Derartige Erlöschungsgründe sind, abgesehen von dem Tod eines Abgeordneten, die Niederlegung des Mandats, der Verlust der zur Wählbarkeit erforderlichen Eigenschaften, z. B. Verlust der bürgerlichen Ehrenrechte, sowie der Ausschluß infolge strafrechtlichen Urteils, wie dies nach dem Reichsstrafgesetzbuch (§§ 81, 83, 87 ff., 95) bei Majestätsverbrechen (s. d.) geschehen kann. Außerdem erlischt das Mandat, wenn der Abgeordnete in den Bundesrat eintritt, und endlich auch dann, wenn er ein besoldetes Reichs- oder Staatsamt annimmt, oder wenn er in ein solches Amt aufrückt, mit welchem ein höherer Rang oder ein höherer Gehalt verbunden ist. Die Beilegung eines

höhern Ranges oder eines höhern Titels beim Verbleiben in dem bisherigen Amt hat diese Wirkung nicht. Der Beamte, welcher aus jenem Grund sein Mandat niederlegen muß, kann wieder gewählt werden. Über die Fraktionen des Reichstags s. die nachstehende Übersicht; über die einzelnen Fraktionen vgl. die betr. Artikel. Über den R. von Ungarn s. Österreich-Ungarn, über den schwedischen R. s. Schweden.

Vgl. außer den Lehrbüchern des Staatsrechts: R. v. Mohl, Kritische Erörterungen über Ordnungen und Gewohnheiten des Deutschen Reichs, in der Tübinger »Zeitschrift für die gesamten Staatswissenschaften«, Bd. 30, S. 528 ff., Bd. 31, S. 39 ff.; »Geschäftsordnung des deutschen Reichstags vom 10. Febr. 1876«, abgedruckt in Hirths »Annalen des Deutschen Reichs« 1877, S. 490 ff.; Hirth, Deutscher Parlamentsalmanach (13. Ausg. 1878).

Übersicht über die deutschen Reichstagswahlbezirke.

Der Reichstag besteht aus 397 Abgeordneten. Hiervon werden gewählt:

im Königreich:	Abgeordnete		Abgeordnete
Preußen . . .	236	im Fürstentum:	
Bayern . . .	48	Schwarzburg-	
Sachsen . . .	23	Sondershausen	1
Württemberg .	17	Schwarzburg-	
im Großherzogtum:		Rudolstadt . .	1
Baden . . .	14	Waldeck . .	1
Hessen . . .	9	Reuß ä. L. . .	1
M. -Schwerin .	6	Reuß j. L. . .	1
Sachsen . . .	3	Schaumb. -Lippe	1
M.-Strelitz . .	1	Lippe . . .	1
Oldenburg . .	3	in der Freien und Hansestadt:	
im Herzogtum:		Lübeck . . .	1
Braunschweig .	3	Bremen . . .	1
S.-Meiningen .	2	Hamburg . .	3
S.-Altenburg .	1	im Reichsland:	
S.-Koburg-Gotha	2	Elsaß-Lothringen	15
Anhalt	2		

Die einzelnen Wahlkreise sind folgende:

Preußen.

I. Provinz Ostpreußen.

Reg.-Bez. Königsberg. 1. Memel. 2. Labiau. 3. Königsberg. 4. Fischhausen. 5. Heiligenbeil. 6. Braunsberg. 7. Pr.-Holland. 8. Osterode 9. Allenstein. 10. Rastenburg.

Reg.-Bez. Gumbinnen. 1. Tilsit. 2. Ragnit. 3. Gumbinnen. 4. Stallupönen. 5. Lötzen. 6. Lyck. 7. Sensburg.

II. Provinz Westpreußen.
Reg.-Bez. Danzig. 1. Elbing. 2. Kreis Danzig. 3. Stadt Danzig. 4. Neustadt. 5. Pr.-Stargard.
Reg.-Bez. Marienwerder. 1. Marienwerder. 2. Löbau. 3. Graudenz. 4. Thorn. 5. Schwetz. 6. Konitz. 7. Schlochau. 8. Deutschkrone.

III. Provinz Brandenburg.
Berlin, Stadt: Wahlkreise „Berlin 1—6".
Reg.-Bez. Potsdam. 1. Westpriegnitz. 2. Ostpriegnitz. 3. Ruppin. 4. Angermünde. 5. Oberbarnim. 6. Niederbarnim. 7. Potsdam. 8. Westhavelland. 9. Jüterbogk. 10. Teltow.
Reg.-Bez. Frankfurt. 1. Arnswalde. 2. Landsberg. 3. Königsberg. 4. Frankfurt a. O. 5. Sternberg. 6. Züllichau. 7. Guben. 8. Sorau. 9. Kottbus. 10. Kalau.

IV. Provinz Pommern.
Reg.-Bez. Stettin. 1. Anklam. 2. Ückermünde. 3. Randow. 4. Stettin, Stadt. 5. Pyritz. 6. Naugard. 7. Greiffenberg.
Reg.-Bez. Köslin. 1. Stolp. 2. Bütow. 3. Fürstenthum (die Kreise Kolberg, Köslin, Köslin, Bublitz). 4. Belgard. 5. Neustettin.
Reg.-Bez. Stralsund. 1. Rügen. 2. Greifswald.

V. Provinz Posen.
Reg.-Bez. Posen. 1. Posen. 2. Birnbaum. 3. Meseritz. 4. Kosten. 5. Kröben. 6. Fraustadt. 7. Schrimm. 8. Wreschen. 9. Krotoschin. 10. Adelnau.
Reg.-Bez. Bromberg. 1. Czarnikau. 2. Wirsitz. 3. Bromberg. 4. Inowrazlaw. 5. Gnesen.

VI. Provinz Schlesien.
Reg.-Bez. Breslau. 1. Guhrau. 2. Militsch. 3. Oels. 4. Brieg. 5. Ohlau. 6. Breslau, östl. T. 7. Breslau, westl. T. 8. Neumarkt. 9. Schweidnitz. 10. Waldenburg. 11. Reichenbach. 12. Habelschwerdt. 13. Frankenstein.
Reg.-Bez. Oppeln. 1. Kreutzburg. 2. Oppeln. 3. Großstrehlitz. 4. Lublinitz. 5. Beuthen. 6. Kattowitz. 7. Pleß. 8. Ratibor. 9. Leobschütz. 10. Neustadt. 11. Falkenberg. 12. Neiße.
Reg.-Bez. Liegnitz. 1. Grünberg. 2. Sagan. 3. Glogau. 4. Bunzlau. 5. Löwenberg. 6. Liegnitz. 7. Landshut. 8. Hirschberg. 9. Görlitz. 10. Hoyerswerda.

VII. Provinz Sachsen.
Reg.-Bez. Magdeburg. 1. Salzwedel. 2. Stendal. 3. Jerichow. 4. Magdeburg 5. Wolmirstedt. 6. Wanzleben. 7. Kalbe. 8. Halberstadt.
Reg.-Bez. Merseburg. 1. Torgau. 2. Wittenberg. 3. Bitterfeld. 4. Halle. 5. Mansfelder Kreise. 6. Sangerhausen. 7. Merseburg. 8. Naumburg.
Reg.-Bez. Erfurt. 1. Nordhausen. 2. Heiligenstadt. 3. Mühlhausen. 4. Erfurt.

VIII. Provinz Schleswig-Holstein.
1. Hadersleben. 2. Flensburg. 3. Schleswig. 4. Tondern. 5. Itzehoe. 6. Glückstadt. 7. Kiel. 8. Altona. 9. Stormarn. 10. Lauenburg.

IX. Provinz Hannover.
1. Emden. 2. Aurich. 3. Meppen. 4. Osnabrück.

5. Diepholz. 6. Verden. 7. Nienburg. 8. Hannover. 9. Hameln. 10. Hildesheim. 11. Osterode. 12. Göttingen. 13. Goslar. 14. Celle. 15. Uelzen. 16. Lüneburg. 17. Harburg. 18. Stade. 19. Neuhaus.

X. Provinz Westfalen.
Reg.-Bez. Münster. 1. Tecklenburg. 2. Münster. 3. Recklinghausen. 4. Lüdinghausen.
Reg.-Bez. Minden. 1. Minden. 2. Herford. 3. Bielefeld. 4. Paderborn. 5. Warburg.
Reg.-Bez. Arnsberg. 1. Siegen. 2. Arnsberg. 3. Iserlohn. 4. Hagen. 5. Bochum. 6. Dortmund. 7. Hamm. 8. Lippstadt.

XI. Provinz Hessen-Nassau.
Reg.-Bez. Wiesbaden. 1. Homburg. 2. Wiesbaden. 3. Braubach. 4. Dietz. 5. Dillenburg. 6. Frankfurt a. M.
Reg.-Bez. Kassel. 1. Rinteln. 2. Kassel. 3. Fritzlar. 4. Eschwege. 5. Marburg. 6. Hersfeld. 7. Fulda. 8. Hanau.

XII. Rheinprovinz.
Reg.-Bez. Köln. 1. Stadt Köln. 2. Kreis Köln. 3. Bergheim. 4. Bonn. 5. Siegkreis. 6. Wipperfürth.
Reg.-Bez. Düsseldorf 1. Lennep. 2. Elberfeld. 3. Solingen. 4. Düsseldorf. 5. Essen. 6. Duisburg. 7. Mörs. 8. Geldern. 9. Kempen. 10. Gladbach. 11. Krefeld. 12. Neuß.
Reg.-Bez. Koblenz. 1. Wetzlar. 2. Neuwied. 3. Koblenz. 4. Kreuznach. 5. Mayen. 6. Adenau.
Reg.-Bez. Trier. 1. Daun. 2. Wittlich. 3. Trier. 4. Saarlouis. 5. Saarbrücken. 6. Ottweiler.
Reg.-Bez. Aachen. 1. Schleiden. 2. Kreis Aachen. 3. Stadt Aachen. 4. Jülich. 5. Geilenkirchen.

XIII. Hohenzollern.
1. Sigmaringen.

Bayern.
I. Oberbayern. 1. München I. 2. München II. 3. Aichach. 4. Ingolstadt. 5. Wasserburg. 6. Weilheim. 7. Rosenheim. 8. Traunstein.
II. Niederbayern. 1. Landshut. 2. Straubing. 3. Passau. 4. Pfarrkirchen. 5. Deggendorf. 6. Kelheim.
III. Rheinpfalz. 1. Speier. 2. Landau. 3. Germersheim. 4. Zweibrücken. 5. Homburg. 6. Kaiserslautern.
IV. Oberpfalz. 1. Regensburg. 2. Amberg. 3. Neumarkt. 4. Neunburg v. W. 5. Neustadt a. W.
V. Oberfranken. 1. Hof. 2. Baireuth. 3. Forchheim. 4. Kronach. 5. Bamberg.
VI. Mittelfranken. 1. Nürnberg. 2. Erlangen. 3. Ansbach. 4. Eichstätt. 5. Dinkelsbühl. 6. Rotenburg a. T.
VII. Unterfranken. 1. Aschaffenburg. 2. Kitzingen. 3. Lohr. 4. Neustadt a. S. 5. Schweinfurt. 6. Würzburg.
VIII. Schwaben. 1. Augsburg. 2. Donauwörth. 3. Dillingen. 4. Illertissen. 5. Kaufbeuren. 6. Immenstadt.

Sachsen. 1. Zittau. 2. Löbau. 3. Bautzen. 4. Dresden r. d. Elbe. 5. Dresden l. b. Elbe.

6. Tharant. 7. Meißen. 8. Pirna. 9. Freiberg. 10. Döbeln. 11. Oschatz. 12. Stadt Leipzig. 13. Amt Leipzig. 14. Borna. 15. Mittweida. 16. Chemnitz. 17. Glauchau. 18. Zwickau. 19. Schneeberg. 20. Zschopau. 21. Annaberg. 22. Reichenbach. 23. Plauen. **Württemberg.** 1. Stuttgart. 2. Kannstadt. 3. Heilbronn. 4. Böblingen. 5. Eßlingen. 6. Reutlingen. 7. Kalw. 8. Freudenstadt. 9. Balingen. 10. Gmünd. 11. Hall. 12. Gerabronn. 13. Aalen. 14. Ulm. 15. Blaubeuren. 16. Biberach. 17. Ravensburg. **Baden.** 1. Konstanz. 2. Donaueschingen. 3. Waldshut. 4. Lörrach. 5. Freiburg. 6. Kenzingen. 7. Offenburg. 8. Baden. 9. Pforzheim. 10. Karlsruhe. 11. Mannheim. 12. Heidelberg. 13. Sinsheim. 14. Tauberbischofsheim. **Hessen.** 1. Gießen. 2. Friedberg. 3. Alsfeld. 4. Darmstadt. 5. Offenbach. 6. Bensheim. 7. Worms. 8. Bingen. 9. Mainz. **Mecklenburg-Schwerin.** 1. Hagenow. 2. Schwerin. 3. Parchim. 4. Malchin. 5. Rostock. 6. Güstrow. **Sachsen-Weimar.** 1. Weimar. 2. Eisenach. 3. Jena. **Mecklenburg-Strelitz.** Strelitz.

Oldenburg. 1. Oldenburg. 2. Varel. 3. Delmenhorst. **Braunschweig.** 1. Braunschweig. 2. Wolfenbüttel. 3. Holzminden. **S.-Meiningen.** 1. Meiningen. 2. Sonneberg. **Sachsen-Altenburg.** Altenburg. **Sachsen-Koburg-Gotha.** 1. Koburg. 2. Gotha. **Anhalt.** 1. Dessau. 2. Bernburg. **Schwarzburg-Rudolstadt.** Rudolstadt. **Schwarzb.-Sondershausen.** Sondershausen. **Waldeck.** Pyrmont. **Reuß ä. L.** Greiz. **Reuß j. L.** Gera. **Schaumburg-Lippe.** Bückeburg. **Fürstentum Lippe.** Detmold. **Lübeck.** Lübeck. **Bremen.** Bremen. **Hamburg.** Wahlkreise „Hamburg 1—3". **Elsaß-Lothringen.** 1. Thann. 2. Mülhausen. 3. Kolmar. 4. Gebweiler. 5. Rappoltsweiler. 6. Schlettstadt. 7. Molsheim. 8. Stadt Straßburg. 9. Land Straßburg. 10. Hagenau. 11. Zabern. 12. Saargemünd. 13. Diedenhofen. 14. Metz. 15. Saarburg.

Vergleichende Zusammenstellung der Fraktionen des Reichstags des Norddeutschen Bundes und des deutschen Reichstags.

Fraktionen	1867	1868	1871	1874	1877	1878	1879	1880	1881
a) Nationalliberale	79	82	116	150	126	97	85	85	62
b) Liberale Gruppe (Schauß-Völk)	—	—	—	—	—	—	—	15	15
c) Deutsche Fortschrittspartei	19	30	44	49	35	26	23	26	28
d) Freie liberale Vereinigung	14	10	—	—	—	—	—	—	—
e) Linkes Zentrum	27	16	—	—	—	—	—	—	—
f) Liberale Reichspartei	—	—	29	—	—	—	—	—	—
g) Bundesstaatl.-konstitutionelle Vereinigung	18	21	—	—	—	—	—	—	—
h) Freie konservative Vereinigung	39	34	—	—	—	—	—	—	—
i) Konservative (seit 1877 Deutschkonservat.)	59	62	50	21	40	59	59	58	58
k) Deutsche Reichspartei	—	—	38	31	38	56	54	48	49
l) Zentrum	—	—	57	94	96	108	102	101	102
m) Polen	13	11	13	13	14	14	14	14	14
n) Sozialdemokraten	2	5	2	9	12	9	8	10	10
o) Bei keiner Fraktion	26	25	27	30	35	33	33	37	37
p) Liberale Vereinigung (Sezessionisten)	—	—	—	—	—	—	—	—	21
q) Erledigte Mandate	1	1	6	—	1	—	4	3	1
Zusammen:	297	297	382	397	397	397	397	397	397

Reichstagsmandat, s. Reichstag.

Reichstagswahl, s. Reichstag.

Reichsunmittelbar waren im frühern Deutschen Reich diejenigen Mitglieder desselben, welche nicht unter einem Landesfürsten standen, also »reichsmittelbar« waren, sondern vielmehr unmittelbar unter Kaiser und Reich standen, also die Reichsstände, namentlich auch die Reichsstädte, deren Mehrzahl jedoch durch den Reichsdeputationshauptschluß vom 25. Febr. 1803 aus reichsunmittelbaren zu mittelbaren Städten gemacht (»mediatisiert«) wurde (s. Reichsstädte) und so die Reichsunmittelbarkeit verlor.

Reichsverfassung, s. Deutsches Reich (S. 122).

Reichsvikarien (Reichsverweser) im frühern Deutschen Reich diejenigen Fürsten, welche, sofern nach dem Tode des Kaisers bis zur Neuwahl des Nachfolgers eine Zwischenregierung notwendig war, die interimistische Verwaltung der Reichsangelegenheiten (Reichsvikariat) wahrnahmen. Das Reich zerfiel zu diesem Zweck in zwei Reichsvikariatsbezirke, von denen der eine die Länder sächsischen Rechts umfaßte und dem Kurfürsten von Sachsen unterstellt war, während der andre die übrigen deutschen Länder in sich schloß. Hier führte der Pfalzgraf bei Rhein das Reichsvikariat. Die Frankfurter Nationalversammlung ernannte 27. Juni 1848 den Erzherzog Johann von Österreich zum Reichsverweser, welcher als solcher bis 20. Dez. 1849 fungierte.

Reichsvizekanzler, s. Reichskanzler.

Reichswährung (Reichsgoldwährung), die an Stelle der in Deutschland geltenden Landeswährungen durch das Reichsmünzgesetz vom 9. Juli 1873 (Reichsgesetzblatt, S. 233 ff.) eingeführte Münzwährung (Goldwährung), deren Einheit die Reichsmark ist.

Relaptor, Relaptur (lat.), s. Reprise.

Reklamieren (lat.), Widerspruch erheben, zurückfordern; Reklamation, Beschwerde wegen Rechtsverletzung; gerichtliche Zurückforderung unrechtmäßig in Besitz genommener Dinge; Reklamant, der Beschwerdeführende.

Rekognoszieren (lat.), im Rechtsleben die Echtheit einer Sache oder die Identität einer Person anerkennen; Rekognition, die Anerkennung einer Person, einer Urkunde oder eines sonstigen Beweismittels vor einer Behörde, namentlich vor Gericht oder einem Notar. Öffentliche Urkunden bedürfen keiner ausdrücklichen Rekognition zur Feststellung ihrer Gültigkeit und ihrer gerichtlichen Beweiskraft; vgl. Totenschau.

Rekreditiv (lat.), Abberufungsschreiben an einen Gesandten seitens seiner Regierung.

Rekruten (v. franz. la recrue, »Nachwuchs«), der neu eingetretene Soldat bis zur Einreihung in die geschlossene Truppe nach erfolgter Einzelausbildung; Rekrutierung, die Aushebung und Einstellung der R. (s. Ersatzwesen); Rekrutierungssystem, die Grundsätze, nach welchen die Truppen eines Landes ausgehoben werden (s. Wehrpflicht).

Rektifizieren (lat.), zurechtweisen, berichtigen; Rektifizierung, Rektifikation, Zurechtweisung, Berichtigung, z. B. die Zurechtweisung eines Unterbeamten durch die vorgesetzte Dienstbehörde.

Rektor (lat.), Leiter, Ordner; Vorsteher eines geistlichen Kollegiums rc.; Titel des Dirigenten und ersten Lehrers an Bürgerschulen rc. R. magnificus, auf deutschen Universitäten der aus den ordentlichen Professoren, welche den akademischen Senat bilden, halbjährlich oder jährlich erwählte oberste Vorsteher (vgl. Prorektor).

Rekurs (lat.), Beschwerde; rekurrieren, Beschwerde führen, R. einwenden, z. B. gegen eine prozeßleitende richterliche Verfügung; namentlich für die in Verwaltungsangelegenheiten gegen die Verfügung einer untern Verwaltungsstelle an die Oberbehörde gegebene Beschwerde ist der Ausdruck R., resp. Oberrekurs gebräuchlich; vgl. Recursus ab abusu.

Rekusieren (lat.), verweigern, ablehnen, namentlich einen Richter aus den gesetzlich bestimmten Gründen ablehnen; Rekusation, Ablehnung, Verweigerung.

Relation (lat.), Zurücktragung; Bericht; Berichterstattung (s. Referieren).

Relegieren (lat.), verbannen; Relegation, Verbannung; jetzt Bezeichnung für die Verweisung eines Studierenden von der Universität.

Religionsfriede, Bezeichnung für die seit der Reformation zur Sicherung der Rechte der evangelischen Stände im Deutschen Reiche geschlossenen Verträge: der Nürnberger (1532), der Augsburger (1555) und der Westfälische (1648).

Religionsverbrechen (Religionsdelikte), in der ältern Strafgesetzgebung alle strafbaren Handlungen, welche überhaupt eine Verletzung einer Religionspflicht enthielten, wie denn z. B. der Meineid regelmäßig den R. beigezählt ward. Das deutsche Reichsstrafgesetzbuch (§§ 166 bis 168) bezeichnet dagegen als Religionsvergehen nur die Gotteslästerung und die Störung des Religionsfriedens (Gefängnisstrafe bis zu 3 Jahren) sowie die an Leichen und Gräbern begangene Entweihung (Gefängnisstrafe bis zu 2 Jahren).

Reliquien (lat.), Überbleibsel, insbesondere in der katholischen Kirche wirkliche oder vermeintliche Überreste von heiligen Personen und mit diesen in Berührung gewesenen Dingen: Gebeine, Kleidungsstücke, Geräte ꝛc., gewöhnlich in einem besondern Behältnis (Reliquiarium) aufbewahrt. Bekannte R. in Deutschland: der heilige Rock in Trier, die Aachener Heiligtümer, die heil. drei Könige in Köln u. a.

Rembourſieren (franz., ſpr. rangburſſi-), wiedererstatten, vergüten, decken; **Rembours** oder **Remboursement** (ſpr. rangburſſ'mang), Einziehung einer Barauslage (im Speditionsgeschäft), Deckung einer Forderung, Bezahlung eines Wechsels.

Remonſtrieren (lat.), Gegenvorstellungen machen; Remonstration, Gegenvorstellung.

Removieren (lat.), entfernen, beseitigen, absetzen (von Amt oder Praxis); Remotion, Entfernung, Amtsentsetzung.

Renitenz (lat.), Widerspenstigkeit; Renitent, ein Widerspenstiger, wie man z. B. von einer renitenten Bevölkerung, von R. gegen die Obrigkeit und ihre Anordnungen zu sprechen pflegt.

Renkontre (franz., ſpr. rangkongtr), feindlicher Zusammenstoß, zufällige feindliche Begegnung, Zweikampf; auch bildlich z. B. für den Zusammenstoß zweier politischer Gegner gebraucht.

Rente (franz.), jedes Einkommen aus einem Kapital, namentlich aus einem Geldkapital, daher ſ. v. w. Zinsen, besonders Zinsen aus einem nicht zurückzahlbaren Kapital; dann der Abwurf eines Grundstücks (Bodenrente), eines Hauses, einer Aktie, eines Staatspapiers (Staatsrente) ꝛc.; daher rentieren, ſ. v. w. einbringen, Nutzen bringen. Lebensrente, eine R., deren Auszahlung von der Lebensdauer einer oder mehrerer Personen abhängt, indem sie entweder nur so lange ausgezahlt wird, als der Empfänger oder eine bestimmte dritte Person lebt (Leibrente), oder nur so lange, als zwei oder mehrere Personen zusammen leben (Verbindungsrente), oder so lange, als von mehreren Personen noch eine am Leben ist, indem die Anteile der Absterbenden den Überlebenden zuwachsen (Tontine, vom Italiener Tonti erfunden). Auf letzterm Prinzip beruhen die meisten Rentenbanken und Rentenversicherungsanstalten (ſ. Versicherungsweſen). Früher war die Verpflichtung zur Zahlung einer R. (Zins, Gült, Grundzins) oft als Reallaſt mit dem Besitz eines Grundstücks verbunden, zumeist durch sogen. Rentenkauf, indem sich der Grundbesitzer (Rentenverkäufer) gegen den Empfang eines Kapitals zur Zahlung einer R. an den Rentenkäufer verpflichtete. Zur Ablösung der Grundzinsen sind vielfach besondere Grund=(Land=)Rentenbanken (Landeskreditanstalten) ins Leben gerufen worden; auch bestehen Landeskulturrentenbanken, bei welchen das zur Bodenmelioration entnommene Kapital, ebenso wie bei jenen, durch eine Zins= und Tilgungsrente nach und nach abgetragen wird. Auch für öffentliche Abgaben und Gefälle wird der Ausdruck Renten gebraucht, daher die zur Erhebung derselben bestellten Beamten Rentbeamte, Rentbanten genannt werden; auch kommt die Bezeichnung Rentamt für derartige Behörden vor. Der Vorstand eines Rentamts heißt Rentamtmann. Auch die Verwaltungsbehörden, welche über fürstliche Kammergüter, Rittergüter, Stiftungen ꝛc. und deren Vermögensverwaltungen gesetzt sind, werden Rentenkammern, Rentbanturen, Renteien, Rentmeister ꝛc. genannt.

Renunzieren (lat.), Verzicht leisten, entsagen; Renunziation, Verzichtleistung; Renunziationsakte, Urkunde, welche über die Verzichtleistung, namentlich eines Monarchen oder Kronprätendenten auf die Krone, aufgenommen wird.

Reorganiſieren (franz.), umgestalten, neu einrichten; Reorganiſation, Umgestaltung, z. B. einer Armee, Behörde ꝛc.

Replik (lat.), im Prozeßverfahren die Gegenrede, das Gegenvorbringen gegen eine Einrede; replizieren, antworten, entgegnen (auf eine Einrede, einen Einwand).

Reponieren (lat.), zurücklegen, ein Aktenstück, eine Eingabe zu den Akten (ad acta) bekretieren, nicht darauf eingehen.

Reporter (engl.), Berichterstatter für eine Zeitung, namentlich über öffentliche Verhandlungen der Parlamente, der Volksversammlungen, der Gerichtshöfe, über öffentliche Festlichkeiten u. dgl.

Repräsentativsystem (Repräsentativverfassung), dasjenige Staatsverfassungssystem, bei welchem dem Volk ein Mitwirkungsrecht bei den wichtigsten Regierungshandlungen und namentlich bei der Gesetzgebung eingeräumt ist, welches durch dessen Abgeordnete wahrgenommen wird. Repräsentativgewalt wird die dem Staatsoberhaupt eingeräumte Befugnis genannt, den Staat, seine Ehre, sein Recht und seine Macht nach außen zu vertreten und zu diesem Behuf namentlich Gesandte zu empfangen und zu entsenden. Repräsentation, Stellvertretung, Vertretung; der Aufwand, welcher mit einer gewissen Stellung verbunden ist; daher Repräsentationsgelder, ein Beitrag zu ebendiesen Kosten, welcher hohen Beamten, wie Ministern und Gesandten, aus Staatsmitteln verwilligt wird.

Repräsentieren (lat.), vertreten; die Rechte einer oder mehrerer andrer Personen wahrnehmen; auch die Würde und das Ansehen der eignen Stellung wahrnehmen. Repräsentant, Abgesandter, Vertreter.

Repressalien (lat., »zurückdrängende Maßregeln«), Wiedervergeltungsmaßregeln, namentlich diejenigen, welche eine Staatsregierung oder ein militärischer Befehlshaber gegen eine andre Regierung oder gegen eine feindliche Truppe zur Anwendung bringt, um eine Fortsetzung oder Wiederholung eines rechtswidrigen Verhaltens zu verhindern. Derartige R. kommen namentlich im Krieg vor, so z. B. wenn der Feind keinen Pardon gibt, wenn er zur Plünderung schreitet oder sonst gegen das Völkerrecht verstößt.

Reprise (franz.), Wiederaufnahme, Zurücknehmung; im Seewesen die Wiedernahme (Rekaptur, franz. Recousse) einer vom Kriegsfeind gemachten Seebeute im Weg anderweiter Erbeutung, welche ebenfalls nach Prisenrecht zu beurteilen ist (s. Prise); auch Bezeichnung für das dem Feind wieder abgenommene Schiff oder die sonstige Seebeute selbst, welche so zurückerbeutet wurde. Die Frage, ob und wann die R. dem ursprünglichen Eigentümer wieder herausgegeben werden müsse, wird von den Gesetzen der verschiedenen Seestaaten verschieden beantwortet. Der Regel nach erfolgt die Zurückgabe gegen einen bestimmten Bergelohn, welchen der Wiedernehmer (Rekaptor) zu beanspruchen hat, vorausgesetzt, daß die Prise noch nicht 24 Stunden in feindlicher Gewalt und auch noch nicht in einen feindlichen Hafen oder zu einer Flotte gebracht worden war.

Reptilienfonds (spr. -fong), satirische Bezeichnung für denjenigen Fonds, aus welchem die im Interesse der deutschen Reichsregierung, resp. des Fürsten Bismarck wirkenden Litteraten besoldet und unterstützt werden. Der Ausdruck »Reptilien« wurde nämlich von Bismarck in einer Rede vom 30. Jan. 1869 zur Bezeichnung von politischen Intriganten oder dunkeln Existenzen der Presse gebraucht und speziell für die Welfenagenten angewendet. Der sogen. Welfenfonds (s. Hannover) sollte ursprünglich zur Bekämpfung jener »Reptilien« verwendet werden; mit der Zeit hat sich aber hieraus überhaupt eine Unterstützung der offiziösen Presse herausgebildet, zu welcher die sogen. geheimen Fonds in einer Weise verwendet werden, welche nicht zu billigen ist, zumal da eine Regierung, die mit dem Volk selbst Fühlung hat und dessen Sympathien besitzt, eine derartige Unterstützung nicht nötig haben wird.

Republik (v. lat. res publica, »Gemeinwesen«, Freistaat), Volksherrschaft im Gegensatz zur Einherrschaft oder Monarchie (s. d.). Die republikanische Staatsverfassung legt der Gesamtheit des Volks die Souveränität (Volkssouveränität) bei, während diese in monarchischen Staaten einem Einzelnen, dem Fürsten (Fürstensouveränität), zusteht. Je nachdem nun aber in einer R. die Regierungsgewalt selbst von einer bevorzugten Klasse des Volks in dessen Namen oder wirklich von der Gesamtheit der Staatsangehörigen ausgeübt wird, unterscheidet man wiederum zwischen Aristokratie (s. d.) und Demokratie (s. d.). Während jedoch nach den demokratischen Staatsverfassungen des Altertums, z. B. in Athen, die Gesamtheit des Volks in den Volksversammlungen über die wichtigern Staatsangelegenheiten entschied (unmittelbare Demokratie), übt das Volk in der modernen Demokratie nur mittelbar durch seine Volksvertreter und durch die von ihm gewählten Organe die Staatsgewalt aus (repräsentative Demokratie). Da nun für die Aristokratien des Altertums und des Mittelalters in dem modernen Staat kein Raum mehr ist, und da auch die unmittelbare Demokratie sich, abgesehen von wenigen Bergkantonen der Schweiz, nicht mehr findet, so kann man die repräsentative Demokratie in der That als die moderne R. bezeichnen. Diese repräsentative R. gelangte namentlich in Nordamerika zur Ausbildung, indem sie hier aus den von England mit herübergebrachten Ideen und Grundsätzen der monarchisch-aristokratischen Repräsentativverfassung hervorging. Das amerikanische Vorbild fand dann in Frankreich Nachahmung, woselbst jetzt nach dem Sturz Napoleons III. wiederum eine repräsentative R. errichtet ist. Auch der schweizerische Bundesstaat hat eine repräsentativ-republikanische Verfassung, wie denn auch dort die meisten einzelnen Kantone eine solche angenommen haben. Unter der Bezeichnung rote R. versteht man die von dem äußersten Radikalismus angestrebte R. mit absoluter Gleichstellung der Individuen, welche nötigenfalls mit blutiger Gewalt (daher der Name) verwirklicht werden soll; scherzhaft auch als »das rote Gespenst« (nach dem Titel einer 1851 erschienenen Broschüre von Romieu: »Le spectre rouge de 1852«) bezeichnet. Auch die soziale R. wird oft so bezeichnet, gleichviel, ob ihre Errichtung durch revolutionäre Gewalt oder auf friedlichem Weg erfolgen soll. Es ist dies der sozialdemokratische Zukunftsstaat, in welchem der Gesellschaft, d. h. allen ihren Gliedern, bei allgemeiner Arbeitspflicht das gesamte Arbeitsprodukt gehören soll, nach gleichem Recht, jedem nach seinen vernunftgemäßen Bedürfnissen. Vgl. Sozialdemokratie.

Requirieren (lat.), etwas in Anspruch nehmen, darum bitten, es fordern; Re-quisit, Erfordernis; Requisition, Forderung, Ausschreibung von Lieferungen, Hilfsschreiben, das Ersuchen, welches eine Behörde an eine andre richtet; Requisitionssystem, Verpflegungsart im Krieg, bei welcher die Bedürfnisse der Truppen durch die Obrigkeit des besetzten Landes von den Einwohnern erhoben und den Militärbehörden überwiesen werden.

Reservatrechte, vorbehaltene Rechte, wurden zur Zeit des frühern Deutschen Reichs diejenigen Rechte genannt, welche dem Kaiser (s. b.) von seiner Machtvollkommenheit übrig geblieben waren und ihn vor den Reichsständen auszeichneten. Im dermaligen Deutschen Reich versteht man unter Reservatrechten die besondern Rechte einzelner Bundesstaaten, welche nach gewissen Richtungen hin von der Kompetenz des Reichs exmiert sind. Dies gilt zunächst von Bayern insofern, als sich die Reichsgesetzgebung über Heimats- und Niederlassungsverhältnisse auf diesen Bundesstaat nicht erstreckt. Ebenso sind die bayrischen Eisenbahnen der Oberaufsicht des Reichs nicht unterstellt. Ferner ist die Verwaltung des Post- und Telegraphenwesens in Bayern und ebenso in Württemberg Landes-, nicht Reichssache. Weiter ist für Bayern, Württemberg und Baden die Besteuerung des inländischen Branntweins und Biers Landessache geblieben. Reichsgesetzliche Normen über das Immobiliarversicherungswesen können in Bayern nur mit Zustimmung der dortigen Landesregierung Gültigkeit erlangen. Besonders wichtig aber sind die Exemtionen, welche Bayern und Württemberg in Ansehung des Militärwesens zugestanden sind. Endlich gehört hierher die Bestimmung, wonach die Hansestädte Bremen und Hamburg mit einem zweckentsprechenden Bezirk als Freihäfen außerhalb der Zollgrenze und damit außerhalb des deutschen Zollgebiets stehen. Derartige R. der einzelnen Bundesstaaten können nur mit Zustimmung des berechtigten Bundesstaats eine Abänderung erleiden.

Reservieren (lat.), aufbewahren, sich etwas vorbehalten; reserviert, zurückhaltend; Reservat, Rechtsvorbehalt; Reservatum ecclesiasticum (geistlicher

Vorbehalt), Bestimmung im Augsburger Religionsfrieden von 1555, wonach jeder Geistliche, welcher zur evangelischen Kirche übertreten würde, auf sein Amt verzichten sollte, ward trotz des Widerstands der protestantischen Stände in den Reichsabschied aufgenommen, aber nur in Süd= und Westdeutschland beachtet.

In militärischer Beziehung versteht man unter Reserve die für den Kriegsfall und für den Notbedarf bereit gehaltenen Truppenmassen (s. Ersatzwesen). Reservefonds ist der zur Deckung etwaiger Verluste vorbehaltene Vermögensbestand, für den ein besonderes Reserve=fondskonto geführt wird; namentlich bei Aktiengesellschaften und Genossenschaften üblich und notwendig.

Residieren (lat.), seinen ständigen Aufenthalt haben, besonders von fürstlichen Personen; daher Residenz (v. lat. residentia), fester Aufenthaltsort des Staatsoberhaupts und der höchsten Behörden, in der Regel die Hauptstadt (Residenzstadt) des Landes. Dann versteht man darunter auch den Aufenthalt eines katholischen Geistlichen in seinem Kirchsprengel, welcher, eingerissenen Mißbräuchen zu steuern, vom Tridentiner Konzil allen fungierenden Kirchendienern zur Pflicht gemacht ist, besonders den Bischöfen, Stifts= und Ordensobern und Pfarrern. Resident (Ministerresident) ist auch der Amtstitel einer gewissen Klasse der Gesandten (s. b.).

Reskribieren (lat.), schriftlichen Bescheid erteilen;. Reskript, schriftlicher Bescheid, namentlich die Verfügungen und Erlasse der Oberbehörde im Gegensatz zu den Dekreten der Unterbehörden.

Resolvieren (lat.), einen Beschluß, eine Entschließung fassen; Resolution, Beschluß, Entscheidung einer Behörde; im politischen Sprachgebrauch Meinungsäußerung einer Abgeordnetenversammlung, welche einen Einfluß auf die Regierung ausüben soll; auch zur Bezeichnung des Resultats von Beratungen, welches in Form eines Beschlusses festgestellt wird, überhaupt gebräuchlich.

Ressort (franz., spr. =ßor), Springfeder; Fach, Geschäftskreis einer Behörde (s.

Kompetenz); ressortieren, in einen gewissen Geschäftskreis gehören.

Restauration (lat.), Wiederherstellung, in politischer Beziehung die Wiederherstellung eines frühern Zustands, z. B. die Wiedereinsetzung einer durch Revolution vertriebenen Dynastie, besonders die der Stuarts (1660) und der Bourbonen (1814 und 1815); Restaurationsepoche, die Zeit vom ersten Pariser Frieden bis zur Julirevolution 1830, als die Zeit reaktionärer Politik der Kabinette.

Restituieren (lat.), wiederherstellen, wiedererstatten; Restitution, Wiederherstellung; Restitutio in integrum, Wiedereinsetzung in den vorigen Stand (s. b.).

Retinieren (lat.), zurück=, vorenthalten; Retention, Vorenthaltung; Retentionsrecht, Zurückbehaltungsrecht, die Befugnis, eine fremde Sache so lange zurückzuhalten, bis sie mit der auf die Herausgabe der Sache gerichteten Forderung zusammenhängenden Gegenansprüche befriedigt sind.

Retorquieren (lat., »zurückdrehen«), erwidern, eine Retorsion (s. b.) anwenden.

Retorsion (lat.), die Erwiderung nachteiliger Anordnungen durch einen Staatsregierung durch jene gleichfalls benachteiligende Maßregeln seitens einer andern. Die R. ist der Veranlassung und dem Zweck nach mit den Repressalien (s. b.) verwandt, unterscheidet sich aber insofern von ihnen, als letztere die Erwiderung einer ungerechten Handlung mit einer gleichen sind, während die R. sich nur gegen eine unbillige Maßregel des andern Teils richtet. Die R. hält sich daher an und für sich innerhalb der Grenzen eines rechtlich zulässigen Verfahrens. Als Retorsionen werden z. B. gebraucht die Entziehung von Vergünstigungen, welche den Unterthanen des andern Staats eingeräumt waren, und die Auflegung von Eingangszöllen (Retorsionszöllen) auf dort erzeugte Waren.

Rettungshäuser, Anstalten zu dem Zweck, verwahrloste Kinder zu bessern und zu bilden, in Deutschland zuerst von Fellenberg, Pestalozzi und Joh. Falk errichtet. Bekannt ist besonders das Rauhe Haus in

Hamburg. Nach dem deutschen Strafge=
setzbuch (§ 55) sind jugendliche Verbrecher
unter zwölf Jahren, gegen welche eine
strafrechtliche Verfolgung nicht zulässig ist,
in einer Erziehungs = oder Besserungsan=
stalt unterzubringen, nachdem durch Be=
schluß der Vormundschaftsbehörde die Be=
gehung der Handlung festgestellt und die
Unterbringung für zulässig erklärt wor=
den ist. In neuerer Zeit sind auch für
Erwachsene R. gegründet worden, na=
mentlich für prostituierte Frauensperso=
nen (sogen. Magdalenenstifter).

Reunionsklage, s. Dismembrieren.

Reuß ältere Linie (Reuß=Greiz),
Fürstentum und Bundesstaat des Deut=
schen Reichs, 316 qkm, 50,782 meist
evangelisch=luther. Einwohner; Haupt=
und Residenzstadt: Greiz mit 12,657
Einw. Die monarchisch=konstitutionelle
Staatsverfassung ist durch die Verfas=
sungsurkunde vom 28. März 1867 nor=
miert. Der nach dem Einkammersystem
berufene Landtag setzt sich aus 12 Ab=
geordneten zusammen, von welchen 3
vom Fürsten ernannt, 2 von den Rit=
tergutsbesitzern, 2 von der Stadt Greiz,
1 von der Stadt Zeulenroda und 4
von den Landgemeinden in indirektem
Wahlverfahren auf je sechs Jahre gewählt
werden. An der Spitze des Staats steht
der Fürst (»Durchlaucht«). Die Staatsver=
waltung wird von der Landesregierung
in Greiz geleitet, neben welcher das fürst=
liche geheime Kabinett, zugleich als Mi=
nisterium des fürstlichen Hauses, und die
Kammer für die Verwaltung des Domi=
nialvermögens bestehen. In Ansehung
der Rechtspflege hat sich das Fürsten=
tum dem gemeinschaftlichen thüringischen
Oberlandesgericht zu Jena angeschlossen.
Das Landgericht des Fürstentums ist in
Greiz errichtet; Amtsgerichte bestehen in
Burgk, Greiz und Zeulenroda. Laut Mi=
litärkonvention vom 15. Sept. 1873,
welche an Stelle der frühern Konvention
vom 26. Juni 1867 abgeschlossen ward,
ist die gesamte Militärverwaltung der
Krone Preußen übertragen, und zwar ist
zur Aufnahme der Mannschaften aus
den beiden Fürstentümern Reuß ältere
und jüngere Linie und aus dem Herzog=

tum Sachsen=Altenburg vorzugsweise das
7. thüringische Infanterieregiment Nr. 96
bestimmt, welches der 18. Division des
4. Armeekorps (Magdeburg) zugehört.
Die Staatseinnahme des Fürstentums
wurde für das Jahr 1881 auf 557,153 Mk.
veranschlagt, welcher Ausgaben im gleichen
Betrag gegenüberstanden. Die verzins=
liche Staatsschuld betrug 1880: 906,300
Mk., die unverzinsliche 118,995 Mk. Das
Wappen der beiden reußischen Fürstentü=
mer hat vier Felder, in deren erstem und
viertem ein aufrecht stehender Löwe in
schwarzem Feld, in deren zweitem und
drittem ein goldner Kranich in silbernem
Feld zu sehen ist. Das Wappen ist mit
drei Helmen bedeckt und wird von zwei
Löwen gehalten. Die Landesfarben sind
Schwarz, Rot und Gelb. Das Fürstentum
entsendet einen Abgeordneten zum deut=
schen Reichstag und führt im deutschen
Bundesrat eine Stimme.

Reuß jüngere Linie, Fürstentum und
Bundesstaat des Deutschen Reichs, 829
qkm, 101,265 Einw.; Haupt= und Resi=
denzstadt: Gera mit 20,810 Einw. Die
Staatsform ist die einer konstitutionellen
Erbmonarchie, welche durch das revidierte
Staatsgrundgesetz vom 14. April 1852
und durch die Nachtragsgesetze vom 16.
Mai und 10. Juni 1856, 19. Juli 1867
und 18. Juni 1868 normiert ist. Die
Landesvertretung, welche nach dem Ein=
kammersystem eingerichtet ist, besteht aus
einem Landtag von 16 Abgeordneten, näm=
lich den Besitzer des Paragiums Reuß=
Köstritz, 3 Abgeordneten der Höchst=
besteuerten und 12 aus allgemeinen direk=
ten Wahlen hervorgehenden Abgeordneten.
Die Legislaturperiode ist eine dreijährige.
An der Spitze des Staats steht der Fürst
(»Durchlaucht«). Alle Fürsten und Prinzen
des Hauses Reuß führen seit alten Zeiten
den Namen »Heinrich«, und zwar zählt
die ältere Linie hierbei stets bis 100 und
beginnt dann wiederum mit 1, während
die jüngere Linie nur bis zu Ende des
Jahrhunderts jeweilig fortzählt und dann
wiederum mit 1 anfängt. Die oberste
Staatsverwaltungsbehörde ist das Mini=
sterium in Gera, welches in die fünf Ab=
teilungen für die Angelegenheiten des

fürstlichen Hauses, für die Justiz, für das Innere, für Kirchen- und Schulsachen und für die Finanzen zerfällt. Zum Zweck der innern Landesverwaltung ist das Land in die Landratsamtsbezirke Gera und Schleiz eingeteilt. Das Fürstentum ist an dem gemeinschaftlichen thüringischen Oberlandesgericht zu Jena mitbeteiligt. Es besteht für dasselbe ein Landgericht zu Gera, welches die Amtsgerichtsbezirke Gera, Hirschberg, Hohenleuben, Lobenstein und Schleiz umfaßt, desgleichen den weimarischen Kreis Neustadt a. O. Die Militärverhältnisse sind ebenso wie in dem Fürstentum Reuß ältere Linie geordnet. Für die Finanzperiode 1878—80 ist die jährliche Staatseinnahme auf 1,117,146 Mk., darunter 156,000 Mk. Grundsteuer, 354,000 Mk. Klassen- und Einkommensteuer, die jährliche Ausgabe aber auf 1,115,168 Mk. veranschlagt, wovon 239,955 Mk. auf die Justiz, 179,258 Mk. auf Kirchen und Schulen und 174,749 Mk. auf die innere Landesverwaltung entfallen. Die Staatsschuld belief sich 1880 auf 1,040,550 Mk. und 319,432 Mk. an unverzinslichen Vorschüssen aus der Reichskasse. Das Landeswappen ist dasselbe wie für Reuß ältere Linie. Die Landesfarben sind Schwarz, Rot und Gelb. Im deutschen Bundesrat führt das Fürstentum eine Stimme und entsendet zum deutschen Reichstag einen Abgeordneten. Vgl. Brückner, Landes- und Volkskunde des Fürstentums R. (1870, 2 Bde.).

Revaccination (lat.), die Wiederimpfung Erwachsener, geschieht am besten alle zehn Jahre; nach dem Reichsimpfgesetz muß die erste R. im zwölften Lebensjahr vorgenommen werden (s. Impfzwang).

Revers (lat.), Kehr-, resp. Wappenseite einer Münze; schriftliche Verpflichtung, etwas zu leisten oder zu unterlassen.

Reversalien (Reversbriefe, Reverse, lat. Reversales), die Erklärung, durch die ein Fürst beim Antritt seiner Regierung, bei der Huldigung der Stände oder bei ähnlichen Gelegenheiten die Rechte, Freiheiten und Privilegien seiner Unterthanen gewährleistet.

Revision (lat.), nochmalige Durchsicht, Prüfung; revidieren, durchsehen, die Richtigkeit einer Rechnungslegung, einer Geschäftsführung rc. überwachen und prüfen. Im Rechtswesen bezeichnet man mit R. ein Rechtsmittel, durch welches eine nochmalige Prüfung und Entscheidung einer Rechtsfrage in höherer Instanz veranlaßt wird. Die deutsche Zivilprozeßordnung (§§ 507 ff.) insbesondere statuiert gegen die zweitinstanzlichen Endurteile der Oberlandesgerichte das Rechtsmittel der R., doch ist die Zulässigkeit desselben der Regel nach durch einen Wertbetrag des Beschwerdegegenstands von mindestens 1500 Mk. (Revisionssumme) bedingt. Diese R. bezweckt jedoch keineswegs eine nochmalige Verhandlung und Prüfung der Thatumstände, sondern lediglich eine wiederholte Erörterung und Entscheidung der Rechtsfrage. Sie kann daher nur auf eine angebliche Verletzung eines Gesetzes durch die Vorentscheidung und zwar entweder eines Reichsgesetzes oder eines Gesetzes, dessen Geltungsbereich sich über den Bezirk des Berufungsgerichts hinaus erstreckt, gestützt werden. Über die R., welche binnen einer einmonatigen Frist von der Zustellung des zweitinstanzlichen Urteils an (Revisionsfrist) eingelegt werden muß, entscheidet das Reichsgericht. In Bayern, welches allein von der Befugnis zur Errichtung eines höchsten Landesgerichtshofs Gebrauch gemacht hat, entscheidet das oberste Landesgericht über die R. in landesrechtlichen Angelegenheiten, während sie in reichsrechtlichen Fragen auch in Bayern an das Reichsgericht geht. In Strafsachen ist das Rechtsmittel der R. nach der deutschen Strafprozeßordnung (§§ 374 ff.) gegen Urteile der Landgerichte und der Schwurgerichte gegeben und zwar ebenfalls nur für den Fall einer etwaigen Verletzung eines Gesetzes durch das angefochtene Erkenntnis. Eine solche Gesetzesverletzung liegt z. B. dann vor, wenn das erkennende Gericht oder die Geschwornenbank nicht vorschriftsmäßig besetzt war, wenn das Gericht seine Zuständigkeit mit Unrecht angenommen hat, oder wenn überhaupt eine Rechtsnorm nicht oder nicht richtig angewendet worden ist. Die Revisionsfrist beträgt in Strafsachen eine Woche.

Als Revisionsgerichte fungieren, wenn es sich um die Anfechtung von Urteilen der Strafkammern der Landgerichte in der Berufungsinstanz oder von erstinstanzlichen Urteilen derselben handelt, die Strafsenate der Oberlandesgerichte, jedoch nur dann, wenn die R. ausschließlich auf die angebliche Verletzung einer landesgesetzlichen Bestimmung gestützt wird. Handelt es sich dagegen um die Verletzung einer reichsgesetzlichen Norm, also namentlich einer Bestimmung des Reichsstrafgesetzbuchs, so geht die R. an das Reichsgericht, welches auch über die gegen Urteile der Schwurgerichte eingelegte R. allein zu entscheiden hat. — Im Rechnungswesen versteht man unter R. die nochmalige Prüfung einer Rechnung, und zwar werden die Staats- und Gemeinderechnungen regelmäßig durch besonders dazu angestellte Beamte (Revisoren, Revisionsbüreaus) revidiert. In der Politik bezeichnet man mit R. die Durchsicht und erneute Prüfung von Staatsverträgen oder Gesetzesbestimmungen, um dieselben mit den veränderten Zeitverhältnissen in Einklang zu bringen, zu welchem Zweck nicht selten besondere Revisionskommissionen gebildet werden.

Revolte (franz.), Empörung; revoltieren, sich empören.

Revolution (mittellat., »Umwälzung, Umdrehung«), eine gewaltsame Umgestaltung im politischen oder im sozialen Leben der Völker; revolutionär, die R. betreffend, bei einer solchen beteiligt. Im engern und eigentlichen Sinn aber versteht man unter R. die Umgestaltung einer bestehenden Staatsverfassung, welche widerrechtlich, d. h. mit Verletzung der Rechtsordnung des Staats, bewerkstelligt wird. Den Gegensatz zu der R. in diesem Sinn bildet die Reform (s. b.), d. h. die planmäßige Veränderung der Staatsverfassung, welche sich auf verfassungsmäßigem Weg vollzieht. Hiernach gehört zu dem Wesen der R. eine gewaltsame Umgestaltung der Regierungsform, nicht bloß ein gewaltsamer Wechsel in der Person des Regierenden, und ebendarum ist eine sogen. Palastrevolution, d. h. der Sturz eines Staatsbeherrschers, welcher sich im Innern des Palastes durch eine Intrige vollzieht, und wobei alsbald ein andrer an die Stelle des gestürzten Monarchen gesetzt wird, keine eigentliche R. Eine solche kann aber nicht nur von den Regierten, sondern auch von den Regierenden ins Werk gesetzt werden. Revolutionen der letztern Art waren z. B. die Umwandlung der französischen Republik in ein Kaiserreich dadurch, daß sich Napoleon I. vom Ersten Konsul zum Kaiser erheben ließ, sowie nachmals die Proklamierung des bisherigen Präsidenten der Republik zum Kaiser als Napoleon III. Wird eine solche R. rasch und plötzlich in Szene gesetzt und durchgeführt, so pflegt man von einem Staatsstreich zu sprechen. Bei denjenigen Revolutionen aber, welche von den Regierten ausgehen, sind wiederum zwei Fälle zu unterscheiden. Es ist nämlich einmal möglich, daß die R. nur durch Einzelne und zwar namentlich durch die Aristokratie eines Landes ausgeführt wird, wie dies z. B. im alten Rom bei dem Sturz des Königtums durch die Patrizier der Fall war, oder daß die Masse des Volks sich gegen die bestehende Staatsregierung erhebt, um derselben ein gewaltsames Ende zu bereiten. Zuweilen wird unter R. ausschließlich diese letztgedachte Art verstanden. Dahin gehört also z. B. die große französische R., welche 1789 ihren Anfang nahm und zur Errichtung der ersten französischen Republik führte. Die Ursachen einer solchen R. sind nach einem Ausspruch Friedrichs d. Gr. in den Gesetzen der Menschennatur zu suchen. Sie erscheinen regelmäßig als der lange verhaltene gewaltsame Ausbruch menschlicher Leidenschaften, welchem ein längere Zeit hindurch während krankhafter Zustand vorausging, wie z. B. Mißachtung und Beeinträchtigung der Freiheitsrechte der Staatsbürger durch den Regenten, Aufbürdung übermäßiger Staatslasten, Verfassungsverletzungen seitens der Staatsregierung, Zersplitterung einer Nation in eine größere Anzahl kleinerer Staatswesen ohne einheitliche Gesamtorganisation u. dgl. In allen diesen Fällen kann durch die rechtzeitige Vornahme von Reformen der R. vorgebeugt werden, zumal da sich das Nahen des Sturms zuvor durch warnende Anzeichen kundgibt, wie z. B. durch dauernde Unzufriedenheit, Ungehorsam, Verschwörungen und sogen. passiven Widerstand der Bevölkerung, indem dieselbe nur gezwungen ihren staatlichen Obliegenheiten nachkommt. Kommt es aber wirklich zum Ausbruch der R., dann pflegt das Volk selten bei seinen ursprünglichen billigen Forderungen stehen zu bleiben, und der gemäßigten stellt sich bald eine radikale Partei entgegen, deren Sieg die Schreckensherrschaft bedeutet. Eine solche läßt aber alsdann regelmäßig in der Masse des Volks nach kurzer Frist das Bedürfnis nach Ruhe als das unbedingt vorherrschende erscheinen, und dieser Umstand hat schon wiederholt und zwar namentlich in Frankreich, »dem Lande der Revolutionen«, wiederum zur Gewaltherrschaft eines einzelnen Usurpators geführt. Viel erörtert ist endlich die Frage, ob das Volk ein Recht zur R. habe. Jedenfalls ist diese Frage vom Rechtsstandpunkt aus zu verneinen, denn die R. ist an und für sich immer etwas Rechtswidriges; sie charakterisiert sich ja gerade als eine Umgestaltung des Staatswesens im Weg der Rechtsverletzung. Dazu kommt, daß eine jede R. vom volkswirtschaftlichen Standpunkt aus wegen der damit verbundenen tief gehenden Erschütterung der staatlichen und der gesellschaftlichen Verhältnisse, wegen der Störung der öffentlichen Ordnung und wegen der durch sie verursachten Beeinträchtigung des Kredits der einzelnen Bürger wie des Staats selbst stets zu beklagen ist. Betrachtet man aber eine R. nicht als eine Rechtserscheinung, sondern als eine Naturerscheinung im Völkerleben, welche durch den Notstand, dem sie ein Ende macht, hervorgerufen ward, so kann ihr auch die innere Berechtigung nicht abgesprochen werden; man denke nur an die Befreiung Griechenlands von der Türkenherrschaft oder an die Aufrichtung des einigen Italien, welche sich ebenfalls größtenteils im Weg der R. vollzog. Freilich gehört dazu, daß diese Berechtigung durch den Erfolg dargethan werde, denn der mißlungene Versuch einer R. wird

immer nur als ein strafbares Unrecht, als Hochverrat oder Rebellion (Revolte) dastehen. Die Frage, ob eine vollendete R. als gerechtfertigt erscheinen könne oder nicht, ist eben nicht vom rechtlichen, sondern vom historisch-politischen Standpunkt aus zu beantworten.

Revue (franz., spr. röwüh), Heerschau, Inspizierung des feldbdiensttüchtigen Zustands der Truppen; dann Titel von Zeitschriften, wie der 1831 von Buloz in Paris gegründeten »R. des Deux Mondes« und der »Deutschen R.«; überhaupt Bezeichnung für Zeitschriften, welche regelmäßig Rundschau auf dem Gebiet des politischen und des Kulturlebens halten (gleich dem englischen Review [spr. röwjüh] und dem deutschen Rundschau).

Rex apostolicus (lat.), s. Apostolischer König.

Rex fidelissimus (lat.), s. Allergetreuester Sohn der Kirche.

Rex non moritur (lat., »der König stirbt nicht«), Prinzip der Erbmonarchie, dem zufolge nach dem Tode des bisherigen Inhabers der Krone sofort der Nachfolger an dessen Stelle tritt. Dies deutete in Frankreich die Formel an: »Le roi est mort, vive le roi!« (»Der König ist tot, es lebe der König!«)

Rezension (lat.), kritische Durchsicht, Beurteilung und Besprechung eines Schriftwerks oder einer künstlerischen Leistung in einem öffentlichen Blatt; Rezensent, Verfasser einer solchen.

Rezeß (lat., »Rücktritt«), Endresultat gepflogener Verhandlungen, insbesondere Vereinbarung über streitige Familienangelegenheiten, zwischen dem Landesherrn und den Ständen; Reichstags-, Landtagsabschied (s. Abschied). Rezeßgelder, früher eine beim Bergbau übliche Abgabe an den Landesherrn.

Rezipieren (lat.), auf-, annehmen; rezipiertes Recht, das von einem Volk angenommene fremde Recht, z. B. das römische in Deutschland.

Rheder, s. Reeder.

Rheinbund, Staatenbund, welcher unter dem Protektorat Napoleons I. auf den Trümmern des Deutschen Reichs errichtet ward. In dem Lüneviller Frieden (1801)

hatte Deutschland das ganze linke Rhein=
ufer an Frankreich verloren. .Diejenigen
deutschen Fürsten aber, welche dort ihrer
Besitzungen verlustig gegangen waren,
wurden dadurch entschädigt, daß man zu
einer Säkularisation geistlicher Territo=
rien schritt, d. h. dieselben weltlichen Staa=
ten einverleibte, und dadurch, daß man die
Mehrzahl der freien deutschen Reichsstädte
einem Territorialherrn unterwarf, »media=
tisierte«. Dies Entschädigungswerk fand
in dem Reichsdeputationshauptschluß vom
25. Febr. 1803 seinen Abschluß. In dem
für Österreich bemütigenden Frieden von
Preßburg (26. Dez. 1805) wurde an
Bayern und Württemberg die Königs=
würde verliehen, und die süd= und west=
deutschen Staaten wurden demnächst von
Frankreich genötigt, sich zu dem R. zu
vereinigen. Die ursprünglichen Mitglie=
der des Bundes waren: die Könige von
Bayern und Württemberg, der Kurfürst=
Reichserzkanzler (Dalberg), welcher den
Titel »Fürst=Primas«, später »Großher=
zog von Frankfurt«, erhielt, der Kurfürst,
jetzt Großherzog von Baden, der bisherige
Herzog, nunmehr Großherzog von Kleve
und Berg (Napoleons Schwager Murat),
der bisherige Landgraf, jetzt Großherzog
von Hessen=Darmstadt, der bisherige Fürst,
nun Herzog von Nassau=Usingen, der Fürst
von Nassau=Weilburg, die Fürsten von
Hohenzollern=Hechingen und Hohenzollern=
Sigmaringen, die Fürsten von Salm=
Salm und Salm=Kyrburg, der Fürst von
Isenburg=Birstein, der Herzog von Aren=
berg, der Fürst von Liechtenstein und der bis=
herige Graf, nunmehr Fürst von der Leyen.
Später kam dann noch der Kurfürst von
Würzburg (früher Kurfürst von Salz=
burg, resp. Großherzog von Toscana) hin=
zu. Die Verfassungsurkunde des Bundes,
die Rheinbundsakte, ward 12. Juli
1806 zu München unterzeichnet, und 1.
Aug. 1806 zeigten die Rheinbunds=
fürsten ihre Lossagung vom Deutschen
Reich an, eine Erklärung, welche der
deutsche Kaiser Franz II. 6. Aug. 1806
mit der Niederlegung der deutschen Kaiser=
krone beantwortete unter gleichzeitiger
Annahme des Titels eines Kaisers von
Österreich. Damals tauchte bereits die

Idee zur Gründung eines »norddeutschen
Reichsbunds« mit preußischer Spitze auf;
allein die furchtbaren Schläge, welche
Preußen in dem nun folgenden Krieg mit
Frankreich erlitt, vereitelten alle derartigen
Pläne, und die kleinern norddeutschen
Staaten, soweit sie nicht ihre Selbständig=
keit verloren, mußten ebenfalls dem R.
beitreten, und zwar trat 11. Dez. 1806
zunächst der Kurfürst, nunmehr König
von Sachsen bei. Ihm folgten die sächsischen
Herzöge, die Fürsten von Schwarzburg
und die Herzöge von Anhalt, die Fürsten
von Lippe, die Herzöge von Mecklenburg,
der Herzog von Oldenburg und der Fürst
von Waldeck. Preußen aber mußte im
Frieden von Tilsit (9. Juli 1807) seine
Besitzungen zwischen Rhein und Elbe und
den größten Teil seiner polnischen Be=
sitzungen abtreten und den R. anerkennen.
Der Kurfürst von Hessen=Kassel, der Her=
zog von Braunschweig=Wolfenbüttel und
der Fürst von Nassau=Dillenburg, welcher
Fulda erhalten hatte, wurden vertrieben,
und Napoleon I. bildete aus frühern Tei=
len der preußischen Monarchie, aus han=
növerschen, hessischen und braunschwei=
gischen Landen das Königreich Westfalen,
welches er seinem Bruder Jérôme verlieh.
Die gesamte reichsfreie Ritterschaft aber
und viele ehemalige Reichsstände wurden
den Rheinbundsfürsten unterworfen, was
man ebenfalls als Mediatisierung bezeich=
nete. Das Organ des Rheinbunds sollte
eine Bundesversammlung in Frank=
furt a. M. sein, welche aus dem Kollegium
der Könige und Großherzöge und dem Kol=
legium der Fürsten bestehen sollte, aber
nie berufen worden ist. Der R. war mit
Frankreich zu einem Schutz= und Trutz=
bündnis unter dem Protektorat Napoleons
verbunden. Seit 13. Dez. 1810 waren
Teile des Großherzogtums Berg, des Kö=
nigreichs Westfalen, die Länder der Her=
zöge von Oldenburg und Arenberg und
der Fürsten von Salm, die drei Hanse=
städte und Lauenburg der französischen
Monarchie geradezu einverleibt worden,
und thatsächlich standen die sämtlichen zum
R. gehörigen Lande unter Frankreichs
Botmäßigkeit, eine Zeit, die man mit
Recht diejenige Deutschlands in seiner

tiefsten Erniedrigung genannt hat, bis sich dann infolge der Erhebung des deutschen Volks 1813 der R. thatsächlich auflöste. Die deutschen Staaten aber wurden in der Folgezeit zu dem Deutschen Bund (s. b.) vereinigt. Vgl. Winkopp, Der Rheinische Bund (Zeitschrift, 1807—13, 23 Bde.); v. Berg, Abhandlungen zur Erläuterung der rheinischen Bundesakte (1808); Zintel, Entwurf eines Staatsrechts für den R. (1807); Zachariä, Jus publicum civitatum, quae foederi rhenano adscriptae sunt (1807); Klüber, Staatsrecht des Rheinbunds (1808); Behr, Systematische Darstellung des Rheinischen Bundes (1808); Häusser, Deutsche Geschichte vom Tod Friedrichs d. Gr. bis zur Gründung des Deutschen Bundes, Bd. 2 u. 3 (4. Aufl. 1869).

Rhetor (griech.), Redner, Lehrer der Beredsamkeit; Rhetorik, die Theorie der Redekunst, neuerdings infolge des Aufschwungs des öffentlichen Lebens auch in Deutschland gepflegt.

Richter, Beamter, welchem die Entscheidung vor Gericht anhängig gemachter Rechtssachen zusteht. Untersuchungsrichter, Gerichtsbeamter, der nur die Voruntersuchung zu führen hat, an der Urteilsfällung selbst aber nicht teilnimmt. Die Stellung und Zuständigkeit der R. ist durch das deutsche Gerichtsverfassungsgesetz vom 27. Jan. 1877 normiert (s. Gericht).

Right of petition (engl., spr. reit of pëtisch'n), s. v. w. Petitionsrecht.

Rinderpest (Viehseuche, Viehsterben, Löserdürre), ansteckende fieberhafte Erkrankung des Rindviehs, beginnt mit Mattigkeit, Appetitlosigkeit, anfangs Verstopfung, dann Durchfall, endet sehr oft tödlich. Eigentliche Behandlung meist erfolglos; amtliches Zwangsverbot der Einführung von Vieh aus Gegenden, wo die R. herrscht, schützt am sichersten vor Verbreitung. Als Zeit des Erlöschens der Seuche kann man 21 Tage nach dem letzten Todesfall annehmen. Für das Deutsche Reich sind die nötigen Vorschriften über die Maßregeln gegen die R. durch Bundes- (Reichs-) Gesetz vom 7. April 1869 gegeben (Bundesgesetzblatt, S. 105 ff.) Die revidierte Instruktion zur Ausführung dieses Gesetzes datiert vom 9. Juni 1873 (Reichsgesetzblatt, S. 147 ff.). Für die auf Anordnung der Behörde getöteten Tiere, vernichteten Sachen und enteigneten Plätze sowie für die nach rechtzeitig erfolgter Anzeige des Besitzers gefallenen Tiere wird der durch unparteiische Taxatoren festzustellende gemeine Wert aus der Reichskasse vergütet.

Ritter, ehedem Krieger zu Pferd, welche im alten Rom und nachmals in den Staaten des Mittelalters einen besondern Stand bildeten. In Deutschland entwickelte sich, wenigstens teilweise, aus den Rittern der Adel, und die Reichsritterschaft (s. b.) behauptete bis zu Anfang dieses Jahrhunderts ihre Reichsunmittelbarkeit. In manchen Staaten, z. B. in Österreich, ist die Bezeichnung R. als abliger Titel noch heutzutage gebräuchlich. Auch werden die Mitglieder gewisser Orden (s. b.) R. genannt. Rittergüter waren ursprünglich solche Güter, von welchen Ritterdienste geleistet wurden. Hierzu war Ritterbürtigkeit der Eigentümer erforderlich, welch letztere eben als ritterbürtige manche Vorrechte genossen und namentlich von bäuerlichen und gewissen öffentlichen Lasten, für welche der Ritterdienst als Äquivalent galt, befreit waren. Die neuere Zeit hat die damit zusammenhängenden Vorrechte, wie Landstandschaft, Steuerfreiheit, Befreiung von Einquartierungen, Fronen, Patrimonialgerichtsbarkeit und mancherlei sonstige Gerechtsame, insbesondere auch die gutsherrliche Polizei, beseitigt. Auch können jetzt Bürger und Bauern solche ehemalige Rittergüter erwerben.

Ritterprobe, s. Ahnen.

Ritterschaft, s. Mecklenburg.

Rittmeister, bei der Kavallerie Befehlshaber einer Eskadron, gleichstehend mit dem Hauptmann.

Ritual (lat.), vorgeschriebene Regel für Gebräuche und Zeremonien, besonders kirchliche; Rituale romanum, die römisch-katholische Kirchenagende.

Ritus (lat.), Gesamtbezeichnung aller religiösen Gebräuche; in den christlichen Kirchen die Liturgie.

Robote, s. Fronen.

Romanist, s. Germanist.

Römischer König, im frühern Deutschen Reich der bei Lebzeiten des Kaisers erwählte Nachfolger desselben.

Römisches Kaisertum, s. Heiliges römisches Reich deutscher Nation; vgl. Kaiser.

Römisches Recht, s. Recht.

Römisch-katholisch, Bezeichnung für die christlich-katholische Kirche des Abendlands im Gegensatz zur griechisch-katholischen Kirche (s. d.) und für die Angehörigen der erstern; seit der Reformation des 16. Jahrh. diejenige kirchliche Gemeinschaft, welche die Autorität des Papstes (s. d.) anerkennt, im Gegensatz zur protestantischen oder evangelischen Kirche. Von dieser unterscheidet sich die römisch-katholische Kirche ferner namentlich dadurch, daß sie neben der Bibel auch die mündliche Überlieferung oder Tradition als Quelle der Religionserkenntnis, daß sie statt der beiden Sakramente der protestantischen Kirche deren sieben annimmt (Taufe, Firmelung, Abendmahl, Buße, Ehe, Priesterweihe und Letzte Ölung), und daß sie sich, als unter dem fortwährenden Einfluß des Heiligen Geistes stehend, als die alleinseligmachende Kirche betrachtet, welche durch die Bischöfe repräsentiert wird, an deren Spitze der Papst als Nachfolger des Apostels Petrus und als sichtbares Oberhaupt der Kirche steht. Das vatikanische Konzil hat zudem die Unfehlbarkeit des letztern proklamiert, während die sogen. Altkatholiken (s. d.) dies Dogma nicht anerkennen. Weitere charakteristische Eigentümlichkeiten der römisch-katholischen Kirche sind folgende: Das Abendmahl wird nicht, wie in der protestantischen Kirche, in beiderlei Gestalt gereicht, sondern der Kommunikant empfängt nur die Hostie. Die Beichte ist ins einzelne gehendes Sündenbekenntnis vor dem Priester (Ohrenbeichte). Die Kirche verfügt nach der katholischen Auffassung über einen von Christus und den Heiligen angesammelten Schatz von guten Werken, aus welchem sie den Gläubigen in Form von Ablaß zu gute kommen lassen kann. Es ist heilsam, die Jungfrau Maria und die Heiligen als Fürsprecher bei Gott anzurufen. Die Geistlichen sind zu ehelosem Leben (Cölibat) verpflichtet. Die römisch-katholische Kirche zählt gegen 1200 Erzbischöfe und Bischöfe und etwa 200 Mill. Bekenner in allen Erdteilen. Vgl. Kirchenrecht und Kirchenpolitik.

Rottenboroughs (engl., spr. -börrohs), faule Wahlorte (s. Borough).

Royal (franz., spr. roajāl, oder engl., spr. reu-el), königlich; **Royalisten,** Anhänger des Königtums, in Frankreich seit 1789 die Anhänger des Hauses Bourbon, im Gegensatz zu den Republikanern, Bonapartisten, auch Konstitutionell-Monarchisten; **Royalismus,** s. v. w. Monarchismus.

Rubel, russ. Silbermünze zu 100 Kopeken, = 3 Mk. 23,93 Pf.

Rübenzuckersteuer, s. Zuckersteuer.

Rubrum (lat.), »das Rote«, Überschrift eines amtlichen Schriftstücks, sonst rot geschrieben, im Gegensatz zu Nigrum, dem schwarz geschriebenen Inhalt; daher Rubrik, s. v. w. Abteilung; rubrizieren, eine Schrift, namentlich eine Prozeßschrift, mit der nötigen Aufschrift und Bezeichnung versehen.

Rückfall, die Verübung einer strafbaren Handlung von seiten eines bereits früher wegen einer solchen rechtskräftig Verurteilten. In diesem Sinn wird gewöhnlich in der Verbrecherstatistik von Rückfälligen, d. h. von Sträflingen gesprochen, welche früher schon eine Strafe verbüßt haben. R. im engern und eigentlichen Sinn liegt dagegen nur dann vor, wenn es dasselbe oder doch ein gleichartiges Verbrechen war, wegen dessen der Verbrecher bereits bestraft oder rechtskräftig verurteilt worden ist. Während aber die frühere Strafgesetzgebung diesen R. regelmäßig als allgemeinen Straferhöhungsgrund behandelte, wird in dem deutschen Reichsstrafgesetzbuch nur ausnahmsweise bei einzelnen Verbrechen als solcher bezeichnet, ohne daß jedoch dadurch dem richterlichen Ermessen vorgegriffen wurde, welches da, wo ihm bei Zumessung der Strafe ein gewisser Spielraum gelassen ist, die etwaige Rückfälligkeit des Angeschuldigten regelmäßig als Straferhöhungsgrund in Berücksichtigung ziehen wird. Als besonderer Strafschärfungsgrund wird dagegen der R. bei dem Verbrechen des Raubes und bei dem diesem gleich zu bestrafenden Diebstahl sowie bei der Erpressung behandelt, wofern die letztern mit Gewalt oder mit gefährlichen Drohungen verübt wurden. Wiederholter R. ist ein Strafschärfungsgrund bei dem Diebstahl und bei der Hehlerei. Die höhere Rückfallsstrafe soll jedoch alsbann nicht eintreten, wenn seit der Verbüßung oder seit dem Erlaß der letzten Strafe bis zur Begehung des neuen Verbrechens ein Zeitraum von 10 Jahren verflossen ist (sogen. Rückfallsverjährung). Vgl. Friedländer, Der R. (1872); Deutsches Strafgesetzbuch, §§ 244 f., 250, 252, 255, 261.

Rückgarantie, s. Staatsgarantie.

Rückzoll, s. Ausfuhr.

Ruhestörung, ungebührliche Störung der öffentlichen Ruhe und Ordnung, grober Unfug, wird nach dem deutschen Reichsstrafgesetzbuch (§ 360, Nr. 11) mit Haft bis zu 6 Wochen oder mit Geldstrafe bis zu 150 Mk. bestraft.

Rumänien, Königreich, bis 1881 Fürstentum, 1859 aus den beiden Donaufürstentümern Moldau und Walachei gebildet; 129,947 qkm mit ca. 5,376,000 Einw. Hauptstadt: Bukarest mit 177,646 Einw. Die überwiegende Mehrzahl der Bevölkerung, welche zumeist romanischer oder walachischer Abstammung ist, gehört dem griechisch-katholischen Glaubensbekenntnis an; die zahlreichen Juden (ca. 400,000), welche in R. leben, haben durch den Berliner Frieden bürgerliche und politische Gleichstellung mit den Christen erlangt, die für alle Glaubensbekenntnisse proklamiert worden ist. Wie die frühern beiden Donaufürstentümer, so stand auch R. unter türkischer Oberhoheit, welche erst mit der Unabhängigkeitserklärung vom 10. (22.) Mai 1877 und mit der Anerkennung derselben auf dem Berliner Kongreß ihr Ende erreichte. Durch Plebiszit vom 20. April 1866 wurde Prinz Karl von Hohenzollern als Karl I. zum Fürsten von R. erwählt mit dem Rechte der Erblichkeit. Noch in demselben Jahr erfolgte dessen Anerkennung seitens der Großmächte. Der Fürst nahm 1881 b n Königstitel an. Die Thronfolgeordnung ist 1880 gesetzlich geordnet worden, indem bei der Kinderlosigkeit der Ehe des nunmehrigen Königs Karl ein Neffe des letztern, Prinz Karl Anton von Hohenzollern, zum Thronfolger bestimmt ward. Nach der 1866 von einer konstituierenden Versammlung festgestellten Verfassungsurkunde ist die Staatsform diejenige einer konstitutionellen Erbmonarchie. Die gesetzgebende Gewalt wird von dem König und der Volksvertretung ausgeübt, welch letztere aus dem Senat (70 Mitglieder) und einer Deputiertenkammer von 145 Mitgliedern besteht, die in Distriktswahlkollegien gewählt werden. Die Kammern treten 15. Nov. jedes Jahrs zu einer dreimonatlichen regelmäßigen Sitzung zusammen. Die Exekutivgewalt steht dem König zu, welcher sie durch verantwortliche Minister ausübt. Das Staatsministerium zerfällt in die sieben Abteilungen des Innern, des Kultus und Unterrichts, der Justiz, des Kriegs, des Äußern und des Ackerbaus, Handels und der öffentlichen Arbeiten. Zum Zweck der innern Verwaltung ist das Land in Distrikte eingeteilt, welche unter Präfekten stehen. Die Distrikte zerfallen in Kreise, mit Unterpräfekten, und die Kreise in Kommunen, mit sogen. Primaren (Maires) an der Spitze. Im Berliner Frieden wurde die Dobrudscha an R. abgetreten; dafür mußte aber das durch den Pariser Frieden von 1856 von Rußland an R. abgetretene Bessarabien zwischen dem Pruth und dem Kilia-Arm der Donau an Rußland zurückgegeben werden. Für die Rechtspflege bestehen Kreiseinzelrichter, Kreistribunale und Appellhöfe in Bukarest, Krajowa, Jassy und Fokschani. Ein oberster Kassationshof ist in Bukarest errichtet. An der Spitze der griechisch-katholischen Staatskirche stehen die Erzbischöfe und Metropoliten zu Bukarest und Jassy und sechs Bischöfe. Zur Kontrolle der Staatsfinanzen besteht ein Rechnungshof in Bukarest. Nach dem Budget für 1880 waren die Staatseinnahmen auf 117,545,944 Frank, die Ausgaben auf 117,245,944 Fr.

32*

veranschlagt. Die Staatsschuld belief sich 1. Jan. 1880 auf 597,964,953 Fr. In militärischer Hinsicht ist die allgemeine Wehrpflicht eingeführt. Die Armee setzt sich aus dem stehenden Heer und seiner Reserve, aus der sogen. Territorialarmee (Landwehr), aus der Miliz, der Bürgergarde der Städte und dem Landsturm zusammen. Das stehende Heer beträgt auf dem Friedensfuß 1200 Offiziere, 80 Militärbeamte, 18,532 Mann, 192 Geschütze und 2945 Pferde. Die Kriegsmarine besteht aus 3 Dampfern, 6 Kanonenschaluppen, 20 Offizieren und 246 Mann. Die Flagge ist blau, gelb und rot. Vgl. Cretzulesco, La Roumanie considérée sous le rapport physique, administratif et économique (im »Bulletin de la Soc. géogr. roumaine«, 1876); Henke, R., Land und Volk (1876); »Annuaire général officiel de Roumanie«.

Russisches Reich (Rußland), Kaiserreich, welches den ganzen Osten Europas, den Norden und einen Teil der Mitte Asiens einnimmt, dem Flächeninhalt nach der größte, aber einer der am schwächsten bevölkerten Staaten der Erde, der einzige selbständige Slawenstaat; 21,759,974 qkm mit 88,085,356 Einw. Hauptstadt: St. Petersburg wird der 667,963 Einw.; zweite Haupt- und Krönungsstadt: Moskau mit 601,969 Einw. In historischer Hinsicht zerfällt das europäische Rußland in drei Bestandteile: das eigentliche russische Reich, das Königreich Polen (s. b.) und das 1809 von Schweden abgetretene Großfürstentum Finnland. Mit den neuesten Gebietserwerbungen infolge des russisch-türkischen Kriegs und der Eroberungen in Armenien besteht das russische Reich aus folgenden Teilen:

	QKilom.	Einw.
1) Europäisches Rußland	4 909 194	65 864 910
Königreich Polen . .	127 317	6 528 017
Zuwachs in Bessarabien	9 274	127 000
2) Großfürstent. Finnland	373 536	1 990 847
3) Länder des Kaukasus .	439 188	5 391 744
Zuwachs in Armenien	25 769	286 600
4) Sibirien	12 495 109	3 440 362
5) Zentralasien	3 380 587	4 505 876
Zusammen:	21 759 974	88 085 356

Die Mehrzahl der Bevölkerung des ungeheuern Reichs (⁴/₅) gehört dem slawischen Volksstamm an, indem sich die Gesamtbevölkerung in folgende Gruppen zerlegen läßt: 1) Slawen, nämlich Russen (Groß-, Klein- und Weißrussen), Polen (über 5 Mill.), Bulgaren und Serben. 2) Litauer, ein indogermanischer, den Slawen verwandter Volksstamm im Süden der Ostseeprovinzen (etwa 2 Mill.), zu welchem außer den eigentlichen Litauern auch die sogen. Letten gehören. 3) Finnen (etwa 3 Mill.), zu welchen außer den namentlich im Großfürstentum Finnland wohnenden eigentlichen Finnen auch die Lappen, Quänen, Esthen, Liven, Samojeden ꝛc. zu rechnen sind. 4) Germanen, deren es in Rußland etwa 830,000 gibt und zwar Deutsche und Schweden. 5) Völker des türkisch-tatarischen Stammes, Tataren, Baschkiren und Kirgisen (etwa 1½ Mill.). 6) Kalmücken (ca. 100,000), mongolischen Stammes. 7) Walachen oder Rumänen, romanischen Stammes (ungefähr 1 Mill.). 8) Juden, über 2½ Mill., namentlich in Polen und Litauen.

Konfessionen. Die Staatsreligion ist die griechisch-katholische; als das Oberhaupt dieser Kirche wird der Kaiser angesehen. Die römisch-katholische Kirche ist in Polen und Litauen, die evangelische in den Ostseeprovinzen und in Finnland am meisten vertreten. Im einzelnen verteilen sich die Konfessionen etwa folgendermaßen:

Griechisch-Orthodoxe . . .	54 922 800
Sektierer (Raskolniken) . .	997 600
Armenier	285 700
Evangelische	4 504 800
Katholiken	7 495 300
Juden	2 759 800
Mohammedaner	2 364 100
Heiden	258 400

Die griechisch-katholische Zentralbehörde ist die heilige Synode in St. Petersburg, zusammengesetzt aus hohen weltlichen und geistlichen Würdenträgern und dem Unterrichtsminister als Generalprokurator; Präsident ist der Metropolit von Nowgorod. Unter der Synode stehen die Eparchien (Diözesen). Es gibt im europäischen Rußland 16 Metropoliten und Erzbischöfe und 32 Bischöfe, im ganzen Reich 4 Metropoliten, 29 Erzbischöfe und 39 Bischöfe. Die Geistlichkeit zerfällt in die schwarze oder klösterliche und die weiße oder weltliche. Die Kirche ist sehr reich, doch sind die auf einer sehr niedern Bildungsstufe stehenden untern Geistlichen (Popen) schlecht bezahlt. Zahlreiche Klöster sind vorhanden. Die römisch-katholischen Glaubensgenossen stehen in Polen unter dem Erzbischof von Warschau, im übrigen Reich unter dem Erzbischof von Mohilew und sieben Bischöfen. Die evangelische Kirche ist dem Generalkonsistorium in Petersburg unterstellt.

Staatsverfassung. An der Spitze der Monarchie steht der Kaiser (Zar) aus dem Haus Holstein-Gottorp, welches seit 1762 den russischen Thron innehat. Der große Titel des Zaren ist: »Von Gottes hilfreicher Gnade Kaiser und Selbstherrscher aller Reußen, Zar zu Moskau, Kiew, Wladimir, Nowgorod, Zar zu Astrachan, Zar zu Polen, Zar von Sibirien, Zar der Taurischen Chersones; Herr von Pskow, Großfürst von Smolensk, Litauen, Wolhynien, Podolien und Finnland; Fürst von Esthland, Livland, Kurland 2c.« Der kleine Titel lautet: »Kaiser und Selbstherrscher aller Reußen, Zar von Polen und Großfürst von Finnland«. Der Titel des Thronfolgers ist »Cäsarewitsch«, derjenige der übrigen kaiserlichen Prinzen »Großfürst«. Der Kaiser ist unumschränkter Staatsbeherrscher, nur durch gewisse Hausgesetze gebunden, so durch die Reichsordnung Iwans I. von 1476, betreffend die Unteilbarkeit des Reichs, die Verordnung Katharinas I. von 1727, wonach sich der Zar und seine Nachkommen zur griechisch-katholischen Kirche bekennen müssen, das Erbfolgegesetz Pauls I. von 1797 (Regelung der Thronfolge nach dem Rechte der Erstgeburt in der männlichen und nach deren Erlöschen in der weiblichen Linie) und das Manifest Alexanders I. von 1820, wonach nur die Kinder aus einer vom Kaiser für standesmäßig erklärten Ehe succefsionsfähig sind. Eine Volksvertretung existiert in dem absolut regierten Land nicht; nur in den

Ostseeprovinzen bestehen ritterschaftliche Landtage als Organe der privilegierten Autonomie und Selbstverwaltung dieser Länder, und ebenso ist für Finnland der auf der Verfassung von 1772 beruhende Landtag durch Ukas (kaiserlichen Erlaß) von 1863 wieder ins Leben gerufen worden. Die Leibeigenschaft (s. d.) ist durch Manifest Alexanders II. vom 19. Febr. 1861 aufgehoben.

Für die Staatsverwaltung steht dem Kaiser die geheime Kanzlei mit drei Abteilungen zur Seite. Oberste Staatskörperschaft ist der Reichsrat, eine beratende Behörde, welche sich aus den volljährigen Großfürsten, den Ministern und den vom Kaiser auf Lebenszeit ernannten Reichsräten zusammensetzt. Der Reichsrat beschließt teils im Plenum, teils in seinen Departements für Gesetzgebung und Kodifikation, für Zivilangelegenheiten und Kultus und für Staatswirtschaft und Finanzen. Daneben besteht ein Senat für die Veröffentlichung und Registrierung der Ukase, für die richterliche Entscheidung in letzter Instanz über Staatsverbrechen sowie in Zivil- und Kriminalsachen, für die Verleihung von Adelstiteln 2c. Der Senat zerfällt in die Departements für Gesetzgebung, Verwaltung und Rechnungsrevision, für Zivilsachen (2), für Kriminalsachen, für Angelegenheiten, betreffend das Grundeigentum, und das Herolsamt. Besonders wichtige Angelegenheiten werden im Plenum verhandelt. Ein besonderes Kassationsdepartement fungiert als Oberkassationshof. Dazu kommt das Ministerkomitee, neben welchem die einzelnen Verwaltungsministerien für Justiz, für das kaiserliche Haus, das Ministerium des Äußern, des Innern, des Kriegs, der Marine, für Posten und Telegraphen, für öffentlichen Unterricht (mit 11 Lehrbezirken, welche unter besondern Kuratoren stehen), für die Finanzen, für die Domänen und für die Wege und Verkehrsanstalten mit ihren zahlreichen Ressorts in Thätigkeit sind.

Zum Zweck der innern Verwaltung zerfällt das russische Reich in Gouvernements, welche unter Zivilgouverneuren stehen. Die Städte Petersburg, Odessa, Sebastopol, Kertsch und Taganrog sind besondern Präfekten unterstellt. General- (Militär-) Gouverneure sind für folgende Bezirke eingesetzt: Warschau und Weichselgouvernement; östliches Sibirien; westliches Sibirien; Moskau; Kiew, Wolhynien und Podolien; Wilna, Grodno und Kowno; Orenburg u. Samara; Turkestan; Finnland. Für die Länder des Kaukasus besteht eine besondere Statthalterschaft. Die nihilistischen Umtriebe, welche das russische Reich in seinen Grundfesten erschüttert und die Ermordung des Kaisers Alexander II. 13. März 1881 herbeigeführt haben, machten die Einsetzung einer höchsten Exekutivkommission mit diktatorischen Befugnissen zum Zweck der Unterdrückung des Nihilismus (s. d.) nötig.

Finanzen. Nach dem Etat für das Finanzjahr 1880 waren die Gesamtstaatseinnahmen auf 666,452,434 Rubel (à 3 Mk. 23,98 Pf.), die Ausgaben auf 666,256,500 Rub. veranschlagt, so daß ein Überschuß von 195,934 Rub. zu erwarten stand. In der Einnahme figurierten die direkten Steuern mit 133,369,575 Rub., die indirekten mit 381,188,164 Rub., darunter 88,544,000 Rub. aus den Zöllen und 255,822,380 Rub. aus den Verbrauchssteuern (Getränke-, Salz-, Tabak-, Rübenzuckersteuer). Der Etat des Kriegsministeriums belief sich auf 189,669,862, derjenige des Marineministeriums auf 28,546,994 und der Etat des Ministeriums des öffentlichen Unterrichts auf 16,760,376 Rub. Die Staatsschuld der Monarchie hat infolge des langwierigen Kriegs mit der Türkei eine sehr bedeutende Höhe erreicht; sie betrug 1. Jan. 1879:

1800542158 Rubel fundierte Schuld
1034415207 » nicht eingetragene Schuld
646552690 » Schulden der Reichsbank
3481510055 Rubel in Summa.

Dieser kolossalen Schuldenlast standen an Forderungen des Staats 1,358,305,939 Rub. gegenüber, so daß die eigentliche Schuld 2,123,204,116 Rub. betrug, jedoch abgesehen von der sogen. Loskaufsoperation, d. h. von derjenigen Schuld, welche durch die Bauernemanzipation und durch die Überlassung von Ländereien an die Bauern entstanden ist, deren Zins- und Tilgungsbeträge die Bauern zu zahlen haben, während der Staat für die Schuld selbst haftet.

Kriegswesen. Nach dem Gesetz vom 1. (13.) Jan. 1874 setzt sich die Heeresmacht aus dem stehenden Heer und der Reichswehr (opoltschenie) zusammen. Es besteht allgemeine Wehrpflicht, doch sind Geistliche vollständig, Ärzte und Lehrer wenigstens in Friedenszeiten von der Dienstpflicht befreit. Die Dienstzeit beträgt in Europa 15 Jahre (6 aktiv, 3 in der Reserve), in Asien 10 Jahre (7 aktiv, 3 in der Reserve). Das stehende Heer setzt sich aus folgenden Bestandteilen zusammen: 1) reguläre Truppen; 2) die aus Urlaubern bestehende Reserve; 3) irreguläre Truppen (Kosaken); 4) die aus sonstigen Fremdvölkern formierten Truppenteile. Die Reichswehr ergänzt sich nach der Verordnung vom 30. Okt. 1876 aus der gesamten übrigen waffenfähigen Bevölkerung vom 20.—40. Lebensjahr.

Stärke der regulären Armee.

	Friedensfuß		Kriegsfuß	
	Mann	Pferde	Mann	Pferde
Infanterie .	623981	10985	1800710	31540
Kavallerie .	85860	61727	94466	93440
Artillerie .	106610	21252	210772	118300
Genie . . .	20624	661	43352	14020
Zusammen:	839075	94625	2149300	257300

Stärke der irregulären Armee.

	Mann	Pferde
Friedensfuß:		
Infanterie {12 Bataillone / 10 Kompanien} ·	6500	—
Kavallerie 206 Eskadrons . .	34196	32754
Artillerie 13 Batterien . .	2912	1989
Zusammen:	43608	34743
Kriegsfuß:		
Infanterie 19 Bataillone . .	8510	—
Kavallerie 852 Eskadrons . .	142400	128810
Artillerie 32 Batterien . .	12650	11440
Zusammen:	163560	140250

Dazu kommen die Stäbe, Gendarmerie, Zollwache ꝛc., so daß die Gesamtmacht im

Frieden 973,135, im Krieg 2,618,312 Mann betragen würde. Es sind 19 Armeekorps formiert. Zum Zweck der Militärverwaltung ist das russische Reich in 14 Militärbezirke eingeteilt. **Kriegsmarine.** Die Gesamtstärke der Kriegsflotte betrug 1880: 389 Schiffe mit 836 Geschützen, darunter die baltische Flotte mit 24 und die Flotte des Schwarzen Meers mit 4 Panzerschiffen. Dazu kommen die Flotte des Kaspischen Meers, die Aralflottille und die sibirische Flottille. Das Personal bestand aus 4041 Offizieren und 26,153 Mann. Die **Flagge** ist weiß, durch ein blaues Kreuz diagonal geteilt, die Flagge der Kauffahrteischiffe weiß, blau, rot in horizontalen Streifen. Die Landesfarben sind Schwarz, Orange und Weiß. Das Reichswappen ist ein schwarzer, zweiköpfiger Adler, das Zepter in der rechten, den Reichsapfel in der linken Klaue haltend, auf der Brust das moskowitische Wappen (St. Georg zu Pferde, den Lindwurm durchbohrend). Der Adler befindet sich auf einem goldnen Schild, über welchem die Kaiserkrone schwebt. Der zweiköpfige Adler ist dem byzantinischen Reichswappen entnommen und zwar von dem Zaren Iwan III., welcher die griechische Prinzessin Sophia zur Gemahlin hatte.

Vgl. Pauly, Description ethnographique des peuples de la Russie (1862); Baer und Helmersen, Beiträge zur Kenntnis des russischen Reichs (1839—1873, 26 Bde.); Sarauw, Das russische Reich (1873); Derselbe, Die russische Heeresmacht (1875); Hoffmeister, Das europäische Rußland (1877); Wallace, Rußland (a. d. Engl., 3. Aufl. 1880); »Russia and England from 1876—80« (2. Aufl. 1880) und folgende Werke eines anonymen Verfassers: »Aus der Petersburger Gesellschaft« (4. Aufl. 1875), »Neue Bilder aus der Petersburger Gesellschaft« (1874), »Rußland vor und nach dem Krieg« (1879), »Von Nikolaus I. bis Alexander III.« (1881), zur Beurteilung der gegenwärtigen Verhältnisse in Rußland von Interesse.

S.

Sachbeschädigung (Beschädigung fremden Eigentums), im allgemeinen jeder widerrechtliche Eingriff in fremde Eigentumsrechte. Das Strafgesetzbuch des Deutschen Reichs (§ 303) bestraft die S., d. h. die vorsätzliche und rechtswidrige Beschädigung oder Zerstörung einer fremden Sache, auf Antrag des Verletzten mit Geldstrafe bis zu 1000 Mk. oder mit Gefängnisstrafe (von einem Tag) bis zu zwei Jahren und erklärt auch den Versuch für strafbar. Als Straferhöhungsgrund erscheint es, wenn das Vergehen an Gegenständen der Verehrung einer im Staat befindlichen Religionsgesellschaft oder an Sachen, die dem Gottesdienst gewidmet sind, oder an Grabmälern, an Gegenständen der Kunst, der Wissenschaft oder des Gewerbes, welche in öffentlichen Sammlungen aufbewahrt werden oder öffentlich aufgestellt sind, oder an Gegenständen, welche zum öffentlichen Nutzen oder zur Verschönerung öffentlicher Wege, Plätze oder Anlagen dienen, begangen wird. In einem solchen Fall tritt (§ 304), ohne daß es eines besondern Strafantrags bedürfte, Gefängnisstrafe bis zu 3 Jahren oder Geldstrafe bis zu 1500 Mk. ein. Handelt es sich aber um die gänzliche oder teilweise Zerstörung eines fremden Gebäudes oder Schiffs, einer gebauten Straße, einer Eisenbahn oder eines andern fremden Bauwerks, so muß (nach § 305) stets auf Gefängnisstrafe (bis zu 5 Jahren) und zwar nicht unter einem Monat erkannt werden. Sachbeschädigungen endlich, die mit einer gemeinen Gefahr für fremdes Eigentum und fremdes Menschenleben verbunden sind, erscheinen als selbständige (sogen. gemeingefährliche) Verbrechen und Vergehen, so namentlich die Brandstiftung, die Beschädigung von Eisenbahnanlagen, die mit einer Gefahr für den Transport

verbunden sind, die Beschädigung von Te=
legraphenanstalten, welche mit einer Stö=
rung oder Verhinderung im Betrieb der
Anstalt verknüpft sind, u. dgl. Vgl. Deut=
sches Reichsstrafgesetzbuch, §§ 306 ff.

Sachen, die unpersönlichen, materiellen
Dinge der Außenwelt; Gegensatz: Person.
Sachenrecht, Teil des Privatrechts,
umfaßt diejenigen Rechte, wonach eine
Sache der Herrschaft eines Berechtigten
unterworfen ist und zwar ganz (**Eigen=
tum**) oder teilweise (**Rechte an frem=
den S.**, wie Pfandrecht, Servitut, Real=
last u. dgl.).

Sachsen, Königreich und deutscher
Bundesstaat, 14,993 qkm mit 2,970,220
Einw. Hauptstadt: Dresden mit 220,216
Einw. Areal und Bevölkerung (1880):

Kreishauptmannschaften	QKilom.	Einw.
Bautzen	2470	351 069
Dresden	4337	806 895
Leipzig	3567	707 932
Zwickau	4619	1 104 324
Zusammen:	14 993	2 970 220

Das dermalige Königreich ist aus dem
vormaligen Kurfürstentum S. hervorge=
gangen. Nachdem nämlich mit dem alten
Herzogtum S. die Kurwürde verbunden
worden war, ging dieselbe nach dem Aus=
sterben des askanisch=sächsischen Hauses
1423 auf den Markgrafen von Meißen,
Friedrich den Streitbaren aus dem Haus
Wettin, über. Die Söhne des Kurfürsten
Friedrich des Sanftmütigen, Ernst und
Albrecht, teilten aber 1485 die gesamten
sächsischen Lande, wobei jener Thüringen,
dieser Meißen erhielt, während das sogen.
Osterland zwischen beiden geteilt ward.
So entstanden die noch jetzt blühenden
Linien, die ernestinische und die al=
bertinische Linie, des Hauses S. Die
Kurwürde war der ernestinischen Linie
verblieben; doch wurde ihr diese nach der
Schlacht bei Mühlberg durch Kaiser
Karl V. genommen und an den Herzog
Moritz aus der albertinischen Linie ver=
liehen, welcher zugleich einen beträchtlichen
Teil der ernestinischen Lande erhielt.
Während aber die ernestinische Linie durch
verschiedene Länderteilungen sich zersplit=
terte, so daß jetzt noch das Großherzogtum

S.=Weimar=Eisenach und die Herzogtümer
S.=Meiningen=Hildburghausen, S.=Ko=
burg=Gotha und S.=Altenburg bestehen
(s. die betreffenden Artikel), wahrte das
Kurfürstentum S., welches von der alber=
tinischen Linie beherrscht wurde, seine
Einheitlichkeit, indem verschiedene Seiten=
linien desselben wieder ausstarben. Der
Anschluß an Napoleon I. in dem Frieden
zu Posen 11. Dez. 1806 brachte dem Kur=
fürsten Friedrich August den Königstitel
ein. Dafür mußte dann freilich der nun=
mehrige König von S. sein Festhalten an
der französischen Allianz nach der Schlacht
bei Leipzig auf dem Wiener Kongreß mit
dem Verlust von 367 QM. Landes mit
864,404 Einw. büßen, welche an Preußen
kamen, während dem Königreich S. nur
271 QM. mit 1,182,744 Einw. verblie=
ben. Die abgetretenen Gebietsteile bilden
den Hauptbestandteil der nunmehrigen
preußischen Provinz S. Die militärischen
Erfolge Preußens 1866 führten den Ein=
tritt Sachsens in den Norddeutschen Bund
herbei, welcher der Vorläufer des nun=
mehrigen Deutschen Reichs sein sollte.

Seiner Verfassung nach ist das
Königreich eine konstitutionelle Erbmon=
archie, welche sich auf die Verfassungsur=
kunde vom 4. Sept. 1831 und die Abän=
berungs= und Nachtragsgesetze vom 31.
Dez. 1849, 5. Mai 1851, 27. Nov. 1860,
19. Okt. 1861, 3. Dez. 1868 und 12.
Okt. 1874 gründet. Das Gesetz über die
Landtagswahlen datiert vom 3. Dez. 1868.
Der König ist das souveräne Oberhaupt
des Staats, und zwar ist die Krone erb=
lich im Mannsstamm des königlich säch=
sischen Hauses albertinischer Linie nach
dem Rechte der Erstgeburt und der agna=
tischen Linealerbfolge. Bei dem etwaigen
Erlöschen desselben succediert die ernesti=
nische Linie des Hauses S. Der König
bezieht eine Zivilliste von 2,940,000 Mk.,
wozu noch 321,855 Mk. Apanagen kom=
men. Das königliche Haus bekennt sich
zur katholischen Konfession. In der Ge=
setzgebung und bei der Besteuerung ist der
König an die Zustimmung des Landtags
gebunden, welch letzterer sich nach dem
Zweikammersystem zusammensetzt. Zu
der Ersten Kammer der Ständever=

sammlung gehören folgende Mitglieder:
1) die volljährigen Prinzen des königlichen
Hauses; 2) ein Deputierter des Hochstifts
Meißen; 3) der Besitzer der Herrschaft
Wildenfels; 4) die Besitzer der fünf Schön=
burgschen Rezeßherrschaften Glauchau,
Waldenburg, Lichtenstein, Hartenstein
und Stein durch einen aus ihrer Mitte;
5) ein Abgeordneter der Universität Leip=
zig; 6) der Besitzer der Standesherrschaft
Königsbrück; 7) der Besitzer der Standes=
herrschaft Reibersdorf; 8) der evangelische
Oberhofprediger; 9) der Dekan des Dom=
stifts St. Petri zu Bautzen und, im Fall
der Behinderung oder der Erledigung der
Stelle, einer der drei Kapitulare des
Stifts; 10) der Superintendent zu Leip=
zig; 11) ein Abgeordneter des Kollegiat=
stifts zu Wurzen; 12) die Besitzer der
Schönburgschen Lehnsherrschaften Rochs=
burg, Wechselburg, Remissen und Penig
durch einen ihres Mittels; 13) zwölf auf
Lebenszeit gewählte Abgeordnete der Be=
sitzer von Rittergütern und andern größern
ländlichen Gütern; 14) zehn vom König
nach freier Wahl auf Lebenszeit zu er=
nennende Rittergutsbesitzer; 15) die erste
Magistratsperson der Städte Dresden
und Leipzig; 16) die erste Magistratsper=
son in sechs vom König zu bestimmenden
Städten; 17) fünf vom König auf Lebens=
zeit ernannte Mitglieder. Die unter 3,
4, 6, 7 und 12 benannten Personen kön=
nen ihr Recht durch Stellvertreter aus=
üben. Die Zweite Kammer besteht aus
80 Abgeordneten, 35 der Städte und 45
der ländlichen Wahlkreise. Die Stadt
Dresden sendet 5, Leipzig 3, Chemnitz 2
und Zwickau 1 Abgeordneten, während
die übrigen Städte in 24 Wahlkreise
verteilt sind, deren jeder einen Abgeord=
neten wählt. Die Wahlperiode ist eine
sechsjährige. Die Wahl der Abgeordneten
erfolgt direkt im geheimen Wahlverfahren
mit Stimmzetteln. Wahlberechtigt ist
jeder Staatsangehörige vom 25. Lebens=
jahr an, welcher wenigstens jährlich 3
Mk. Staatssteuern zahlt; wählbar jeder,
der das 30. Lebensjahr erfüllt und wenig=
stens 30 Mk. Staatssteuern zu entrich=
ten hat. Zu jedem Gesetz ist Übereinstim=
mung der beiden Kammern notwendig.

Diese wählen ihre Präsidenten selbst.
Das Petitionsrecht können beide Kam=
mern nur gemeinschaftlich, das Beschwerde=
recht kann jede von beiden Kammern ge=
trennt, das Recht der Ministeranklage da=
gegen können sie nur vereint ausüben.
Diese ist bei angeblicher Verfassungsver=
letzung gegeben. Die Entscheidung dar=
über steht einem teils vom König aus
den Vorständen und Mitgliedern der
höhern Gerichte, teils von den Ständen
zu wählenden Staatsgerichtshof zu
nach einem durch Gesetz vom 3. Febr.
1838 normierten Verfahren.

Staatsverwaltung. Die oberste
Verwaltungsinstanz des Königreichs ist
das Gesamtministerium. Einzelne
Ministerialdepartements bestehen für die
Justiz, für die Finanzen, für das Innere,
für den Krieg, für Kultus und öffentlichen
Unterricht und für die auswärtigen An=
gelegenheiten. Unmittelbar unter dem
Gesamtministerium stehen die Oberrech=
nungskammer und das Hauptstaatsarchiv.
Unter dem Finanzministerium stehen die
Generaldirektion der königlich sächsischen
Eisenbahnen, die Zoll= und Steuerdirek=
tion und die Landrenten=, Landeskultur=
renten= und Altersrenten= Bankverwal=
tung. Zum Zweck der innern Landesver=
waltung ist das Staatsgebiet in vier Re=
gierungsbezirke oder Kreishaupt=
mannschaften, und die letztern sind
wiederum in Amtshauptmannschaf=
ten eingeteilt, nämlich:

I. Kreishauptmannschaft (Regierungs=
bezirk) Dresden. A. Amtshauptmannschaften:
Dresden, Pirna, Dippoldiswalde, Freiberg, Meißen,
Großenhain. B. Die Stadt Dresden.

II. Kreishauptmannschaft Leipzig. A.
Amtshauptmannschaften: Leipzig, Borna, Grimma,
Oschatz, Döbeln, Rochlitz. B. Die Stadt Leipzig.

III. Kreishauptmannschaft Zwickau. A.
Amtshauptmannschaften: Chemnitz, Flöha, Ma=
rienberg, Annaberg, Schwarzenberg, Zwickau,
Plauen, Auerbach, Ölsnitz, Glauchau. B. Die
Stadt Chemnitz.

IV. Kreishauptmannschaft Bautzen.
Amtshauptmannschaften: Zittau, Bautzen, Löbau,
Kamenz. In Dresden besteht eine Königliche Po=
lizeidirektion.

Die Städte Dresden, Leipzig und Chem=
nitz sind jedoch von der Zuständigkeit der

letztern ausgenommen und der betreffenden Kreishauptmannschaft unmittelbar unterstellt. An der Spitze der Kreishauptmannschaft steht der Kreishauptmann (in Dresden, Bautzen, Leipzig und Zwickau), an der Spitze der Amtshauptmannschaft der Amtshauptmann. Jede Amtshauptmannschaft bildet zugleich einen Bezirksverband, vertreten durch die Bezirksversammlung, welche sich aus Vertretern der Höchstbesteuerten, der Städte und der Landgemeinden zusammensetzt. Die Bezirksversammlung, als Organ der kommunalen Selbstverwaltung, wählt den Bezirksausschuß. Für jeden Regierungsbezirk eines Kreishauptmanns besteht ein Kreisausschuß, dessen Mitglieder von den Bezirksversammlungen und von den unmittelbaren Städten abgeordnet werden. Der Kreisausschuß bildet zugleich für den Bezirksausschuß die Rekursinstanz. Außer den Kreishauptmannschaften sind dem Ministerialdepartement des Innern noch die Polizeidirektion in Dresden, die Brandversicherungskommission und das Landesmedizinalkollegium unterstellt. —

Rechtspflege. Das Oberlandesgericht für das Königreich S. ist in Dresden errichtet worden, und außerdem sind sieben Landgerichte mit den nachstehend verzeichneten Amtsgerichten in Funktion.

Landgericht Bautzen mit den Amtsgerichten: Bautzen, Bernstadt, Bischofswerda, Ebersbach, Großschönau, Herrnhut, Kamenz, Königsbrück, Löbau, Neusalza, Neustadt, Ostritz, Pulsnitz, Reichenau, Schirgiswalde, Sebnitz, Stolpen, Zittau.

Chemnitz: Annaberg, Augustusburg, Burgstädt, Chemnitz, Ehrenfriedersdorf, Frankenberg, Limbach, Mittweida, Oberwiesenthal, Penig, Rochlitz, Scheibenberg, Stollberg, Waldheim, Wolkenstein, Zschopau.

Dresden: Altenberg, Döhlen, Dresden, Großenhain, Königstein, Lauenstein, Lommatzsch, Meißen, Pirna, Radeberg, Radeburg, Riesa, Schandau, Wilsdruff.

Freiberg: Brand, Dippoldiswalde, Döbeln, Frauenstein, Freiberg, Hainichen, Lengefeld, Marienberg, Nossen, Oberan, Roßwein, Sayda, Tharant, Zöblitz.

Leipzig: Borna, Frohburg, Geithain, Grimma, Kolditz, Leipzig, Leisnig, Markranstädt, Mügeln,

Oschatz, Pegau, Strehla, Taucha, Wurzen, Zwenkau.

Plauen: Adorf, Auerbach, Elsterberg, Falkenstein, Klingenthal, Lengenfeld, Markneukirchen, Ölsnitz, Pausa, Plauen, Reichenbach, Treuen.

Zwickau: Eibenstock, Glauchau, Hartenstein, Hohenstein mit Ernstthal, Johanngeorgenstadt, Kirchberg, Krimmitschau, Lichtenstein, Lößnitz, Meerane, Schneeberg, Schwarzenberg, Waldenburg, Werdau, Wildenfels, Zwickau.

Die Mehrzahl der Bevölkerung gehört der evangelischen Konfession an, und die oberste evangelisch-lutherische Kirchenbehörde ist das evangelische Landeskonsistorium in Dresden. Die Vertretung der Kirchengemeinden ist einer aus 35 Laien und 29 Geistlichen zusammengesetzten Synode übertragen. Für die römisch-katholische Kirche fungiert das apostolische Vikariat zu Dresden als oberste Behörde, welchem das katholische Konsistorium dortselbst unterstellt ist. Beide stehen unter dem Kultusministerium.

Finanzen. Die Staatseinkünfte sind nach dem Staatsbudget pro 1881 auf 63,858,559 Mk. veranschlagt, und zwar sind insbesondere die Steuern und Abgaben mit 28,099,931 Mk. in Einnahme gestellt. Aus der Staatseisenbahnverwaltung waren 23,219,530 Mk. und aus der Landeslotterie 3,057,700 Mk. zu vereinnahmen. Die Ausgaben balancieren mit der Staatseinnahme, und zwar sind für die Justiz 2,767,422 Mk., für die innere Landesverwaltung 7,137,803 Mk., für die Finanzverwaltung 5,372,041 Mk., für Kultus und öffentlichen Unterricht 6,559,180 Mk. und für das Department des Auswärtigen 148,870 Mk. in Ausgabe gestellt. Neben dem ordentlichen Budget besteht noch ein außerordentliches Staatsbudget, welches pro 1880 und 1881 mit 1,081,200 Mk. aus den verfügbaren Beständen des mobilen Staatsvermögens dotiert war und für den Straßen- und Wasserbau sowie für den Staatseisenbahnbau größere einmalige Ausgaben anwies. Die Staatsschuld bezifferte sich 1879 auf 663,270,725 Mk., ein Betrag, welcher jedoch durch den Wert des vorhandenen Staatsimmobiliarvermögens und namentlich durch die Staatseisenbahnen mehr als gedeckt wird.

Das Militärwesen beruht auf der norddeutschen Bundes=, resp. der nunmehrigen Reichsverfassung sowie auf der mit Preußen abgeschlossenen Militärkonvention vom 7. Febr. 1867. Die sächsischen Truppen formieren hiernach ein in sich geschlossenes (das 12. deutsche) Armeekorps, dessen innere Verwaltung Sache des Königreichs S. ist. Doch ist die königlich sächsische Armee in den Etat und in die Abrechnung des Reichsheers mit aufgenommen. Der Höchstkommandierende des Kontingents wird auf Vorschlag des Königs von dem Kaiser ernannt. Die Generale werden von dem König unter Zustimmung des Kaisers, als des Bundesfeldherrn, ernannt. Die Post= und Telegraphenverwaltung ging mit dem Eintritt Sachsens in den Norddeutschen Bund auf diesen und in der Folge auf das nunmehrige Deutsche Reich über. Im Bundesrat führt S. 4 Stimmen; in den deutschen Reichstag entsendet es 23 Abgeordnete. Das Staatswappen ist ein Schild, welcher fünf schwarze Balken in goldnem Feld mit schräg rechts darübergelegtem grünen Rautenkranz zeigt, vom Hausorden der Rautenkrone umhangen, von der Königskrone bedeckt ist und von zwei Löwen gehalten wird. Die Landesfarben sind Weiß und Grün. Vgl. Böttiger, Geschichte des Kurstaats und Königreichs S. (2. Aufl., neu bearbeitet von Flathe, 1867—73, 3 Bde.); Engelhardt, Vaterlandskunde für Schule und Haus im Königreich S. (neue Bearbeitung von Flathe, 3. Aufl. 1877); Böhmert, Statistisches Jahrbuch für das Königreich S. (1881).

Sachsen=Altenburg, Herzogtum und Bundesstaat des Deutschen Reichs, 1322 qkm, 155,062 Einw.; Haupt= und Residenzstadt: Altenburg mit 26,240 Einw. Die Staatsverfassung ist die einer konstitutionellen Erbmonarchie. An der Spitze des Staatswesens steht der Herzog (»Hoheit«) aus dem Hause Sachsen ernestinischer Linie. Nach dem Erlöschen der Gothaer Linie dieses Hauses trat nämlich Herzog Friedrich von Hildburghausen sein gesamtes Land an Meiningen ab (12. Nov. 1826) und empfing dagegen das Fürstentum Altenburg mit Ausnahme der Grafschaft Kamburg und einiger Dorfschaften. So entstand das nunmehrige Herzogtum S., welches demnächst ein mit Zustimmung der alten Stände festgestelltes Grundgesetz vom 29. April 1831 erhielt, das aber 1848 und 1849 verschiedene Abänderungen erfuhr, bis dann durch Gesetz vom 1. Mai 1857 eine Revision des Grundgesetzes, soweit es sich um die Wahlen zum Landtag handelte, erfolgte und endlich durch das Wahlgesetz vom 31. Mai 1870 ein bereits früher erlassenes Wahlgesetz (vom 3. Aug. 1850) wiederum in Wirksamkeit gesetzt ward. Hiernach besteht der Landtag aus 30 Abgeordneten, welche in direkter Wahl auf drei Jahre (Gesetz vom 2. Mai 1872) gewählt werden, und zwar werden 9 Abgeordnete von der städtischen Bevölkerung, 12 von den Bewohnern des platten Landes und 9 von den Höchstbesteuerten gewählt. Die oberste Verwaltungsbehörde des Herzogtums ist das herzogliche Staatsministerium in Altenburg, welches in die drei Abteilungen für die Justiz, für die Finanzen und für Angelegenheiten des herzoglichen Hauses, für auswärtige, innere und Zollvereinsangelegenheiten, für Kultus und Militärsachen zerfällt. Zum Zweck der innern Landesverwaltung zerfällt das Land in die drei Verwaltungsbezirke Altenburg, Schmölln und Roda, an deren Spitze Landräte stehen. Eine Organisation von Kommunalverbänden höherer Ordnung (Kreisvertretung) existiert nicht. Justiz. Das Herzogtum gehört zu dem Bezirk des gemeinsamen Thüringer Oberlandesgerichts zu Jena, es bildet den Landgerichtsbezirk Altenburg, welch letzterer die Amtsgerichtsbezirke Altenburg, Eisenberg, Kahla, Roda, Ronneburg und Schmölln umfaßt. Laut Militärkonvention mit Preußen vom 15. Sept. 1873, welche an die Stelle der frühern Konvention vom 26. Juni 1867 trat, gehört das Kontingent des Herzogtums dem preußischen Militärverband an, indem es mit den Truppen von Schwarzburg=Rudolstadt und denjenigen der beiden reußischen Fürstentümer zusammen das 7. thüringische Infanterieregiment Nr. 96 bildet, welches der 8. Division und dem 4. deutschen

Armeekorps (Magdeburg) angehört. Der Finanzetat des Herzogtums balanciert für 1878—80 mit einer jährlichen Etatseinnahme und -Ausgabe von 2,274,347 Mk. Die Aktiven betrugen zu Ausgang 1878: 6,474,722 Mk., welchen 1,847,676 Mk. Passiva gegenüberstanden, so daß ein Überschuß von 4,627,046 Mk. vorhanden war. Der Anteil des herzoglichen Hauses an dem Domanialgut ist in das Privateigentum desselben übergegangen, wird nunmehr als »Domänenfideikommiß des herzoglichen Hauses S.« bezeichnet und hat die Eigenschaft eines Familienfideikommißguts. Im deutschen Bundesrat führt das Herzogtum eine Stimme, und zum deutschen Reichstag entsendet es einen Abgeordneten. Das kleinere Landeswappen ist das allgemeine sächsische, welches fünf schwarze Balken in Gold mit dem darübergelegten grünen Rautenkranz zeigt, bedeckt mit der Herzogskrone. Das größere Wappen enthält 21 Felder mit den Zeichen der Landesteile und der übrigen Länder des sächsischen Gesamthauses. Die Landesfarben sind Weiß und Grün. Vgl. Frommelt, Sachsen-altenburgische Landeskunde (1838—41, 2 Bde.).

Sachsen-Koburg-Gotha, Herzogtum und Bundesstaat des Deutschen Reichs, besteht aus den beiden getrennt verwalteten Herzogtümern Koburg, 561 qkm, 56,674 Einw., Hauptstadt: Koburg mit 15,742 Einw., und Gotha, 1405 qkm, 137,805 Einw., Hauptstadt: Gotha mit 26,425 Einw. Die Staatsverfassung ist die einer konstitutionellen Erbmonarchie, und zwar hatte das Herzogtum Koburg (damals Koburg-Saalfeld) schon 8. Aug. 1821 eine Verfassungsurkunde erhalten. Nach dem Aussterben der Gothaer Linie wurde das Herzogtum Gotha mit Koburg vereinigt, welch letzteres das Fürstentum Saalfeld und das Amt Themar an Meiningen abtrat. Seitdem führt das Land die Bezeichnung S., doch behielten die beiden Herzogtümer eine getrennte Verwaltung. In Gotha, woselbst noch bis dahin die altständische Verfassung bestanden hatte, wurde 26. März 1849 ein neues Staatsgrundgesetz publiziert,

bis dann in beiden Herzogtümern die bestehenden Verfassungen durch das gemeinschaftliche Grundgesetz für die Herzogtümer Koburg und Gotha vom 3. Mai 1852 beseitigt wurden, welch letzteres wiederum durch ein Nachtragsgesetz vom 31. Jan. 1874 einige Änderungen erfahren hat. Hiernach besteht der Sonderlandtag für Koburg aus 11, der für Gotha aus 19 Mitgliedern, und die 30 Mitglieder dieser beiden Speziallandtage bilden den gemeinschaftlichen Landtag der vereinigten Herzogtümer. Speziallandtage und gemeinsamer Landtag sind nach dem Prinzip des Einkammersystems organisiert. Die Wahl ist eine indirekte durch Wahlmänner, welche dann den Abgeordneten ihrerseits zu wählen haben. Die Wahlperiode ist eine vierjährige. An der Spitze des Staatswesens steht der Herzog (»Hoheit«) aus der ernestinischen Linie des Hauses Sachsen. Die Staatsverwaltung leitet ein gemeinsames Staatsministerium, welches aus zwei Abteilungen besteht, von denen die eine die besondern Angelegenheiten von Koburg, die andre diejenigen von Gotha wahrzunehmen hat. Der dirigierende Staatsminister ist zugleich Vorstand der einen Abteilung. Zum Zweck der innern Landesverwaltung zerfällt das Herzogtum Gotha in die drei Landratsamtsbezirke Gotha, Ohrdruf und Waltershausen, während das Herzogtum Koburg einen Landratsamtsbezirk (Koburg) bildet. Eine kommunale Gesamtvertretung (Kreisvertretung) der einzelnen Verwaltungsbezirke besteht nicht. Justiz. Die vereinigten Herzogtümer sind bei dem gemeinschaftlichen Thüringer Oberlandesgericht zu Jena mitbeteiligt. Das Herzogtum Gotha bildet einen Landgerichtsbezirk für sich. Sitz des Landgerichts, welches die Amtsgerichtsbezirke Gotha, Liebenstein, Ohrdruf, Tenneberg, Thal, Tonna, Wangenheim und Zella umfaßt, ist Gotha. Das Herzogtum Koburg dagegen mit den Amtsgerichtsbezirken Koburg, Königsberg, Neustadt, Rodach und Sonnefeld gehört zu dem Bezirk des Landgerichts Meiningen, welches außer für Koburg zugleich für die meiningischen Kreise Meiningen, Hildburghausen und

Sonneberg und für die preußischen Kreise Schleusingen und Schmalkalden fungiert. Laut Militärkonvention mit Preußen vom 15. Sept. 1873, welche an Stelle der frühern Konvention vom 26. Juni 1867 trat, ist das Truppenkontingent in den preußischen Militärverband mit aufgenommen; dasselbe bildet mit den Truppen von Sachsen=Meiningen zusammen das 6. thüringische Infanterieregiment Nr. 95, welches der 22. Division und dem 11. Armeekorps (Kassel) angehört. **Finanzen.** Der Domänenkassenetat weist für Koburg auf die Etatsperiode 1879—85 eine jährliche Einnahme von 445,900 Mk. und eine Ausgabe von 291,400 Mk., mithin einen Überschuß von 154,500 Mk. nach, wovon die Summe von 77,250 Mk. in die Staatskasse u. der gleiche Betrag in die herzogliche Kasse fließen sollen. Für Gotha enthält der Domänenkassenetat pro 1877—81 eine Jahreseinnahme von 2,102,221 Mk. und eine jährliche Ausgabe von 1,258,715 Mk. Der Überschuß von 843,506 Mk. soll zum Betrag von 322,006 Mk. in die Staatskasse und zum Betrag von 521,500 Mk. in die herzogliche Kasse fließen. Der **Staatskassenetat** für Koburg balanciert auf die Zeit von 1877—81 mit 878,900 Mk. Jahreseinnahme und =Ausgabe und der Staatskassenetat für Gotha auf ebendieselbe Periode mit 2,433,200 Mk. Einnahme und Ausgabe pro Jahr. Die **Staatsschuld** betrug (30. Juni 1878) für Koburg 3,708,992 Mk., welchen 2,113,196 Mk. Aktiva gegenüberstanden, so daß sich der eigentliche Schuldbetrag auf 1,595,796 Mk. reduzierte. Gotha hatte (30. Juni 1879) 7,205,856 Mk. Passiva und 6,470,357 Mk. Aktiva aufzuweisen, mithin einen Nettoschuldbestand von 735,499 Mk. Im deutschen Bundesrat führt das Herzogtum eine Stimme; zum deutschen Reichstag entsendet es zwei Abgeordnete. Das Staatswappen ist das allgemeine sächsische, welches fünf schwarze Balken in goldnem Feld mit dem darübergelegten grünen Rautenkranz zeigt. Die Landesfarben sind Grün und Weiß. Vgl. Schulze, Heimatskunde für die Bewohner des Herzogtums Gotha (1845—1847, 3 Bde.); Beck, Geschichte des go=

thaischen Landes (1868—75, 3 Bde.); Schultes, Sachsen=Koburg=Saalfeldische Landesgeschichte (1818—21, 2 Bde.).

Sachsen=Lauenburg, s. Lauenburg.

Sachsen = Meiningen (Meiningen= Hildburghausen), Herzogtum und Bundesstaat des Deutschen Reichs, 2468 qkm u. 207,147 meist evangelisch=lutherscher Einwohner; Haupt= und Residenzstadt: Meiningen mit 11,227 Einw. Die Staatsverfassung ist die einer konstitutionellen Erbmonarchie, und zwar hatte das Herzogtum S. bereits 4. Sept. 1824 ein Grundgesetz erhalten, während im Herzogtum Sachsen=Hildburghausen 19.März 1818 ein neues Grundgesetz an die Stelle der dortigen ältern landständischen Verfassung getreten war. Nach der Vereinigung beider Herzogtümer 1826 wurde mit einem hierzu berufenen ständischen Ausschuß ein gemeinsames Grundgesetz vom 23. Aug. 1829 vereinbart und festgestellt (Nachtragsgesetze vom 20. Juli 1871 und 24. April 1873). An der Spitze des Staatswesens steht der Herzog (»Hoheit«) aus der ernestinischen Linie des Hauses Sachsen. Der nach dem Einkammersystem organisierte Landtag besteht aus 24 Abgeordneten, von denen 4 von den höchstbesteuerten Grundbesitzern, 4 von denjenigen, welche die höchste Personalsteuer zahlen, und 16 von den übrigen Angehörigen des Herzogtums in allgemeinen Wahlen auf 6 Jahre gewählt werden. An der Spitze der Landesverwaltung steht das herzogliche Staatsministerium in Meiningen (Organisationsgesetze vom 14. Sept. 1848, 21. Febr. 1870, 8. Okt. 1873) mit den Abteilungen für Angelegenheiten des herzoglichen Hauses, des Äußern, des Innern, der Finanzen, für Kirchen= und Schulsachen und für die Justiz. Zum Zweck der innern Verwaltung ist das Land in die vier Kreise Meiningen, Hildburghausen, Sonneberg und Saalfeld eingeteilt, welche unter Landräten stehen, denen »Kreisausschüsse« als Kreisvertretungen beigegeben sind. **Justiz.** Das Land gehört mit zum Bezirk des gemeinsamen Thüringer Oberlandesgerichts zu Jena. Zufolge des Staatsvertrags vom 17. Okt. 1878 fungiert das Landgericht zu Mei=

ningen für die Kreise Meiningen, Hild=
burghausen und Sonneberg, zugleich aber
auch für das Herzogtum Koburg und für
die preußischen Kreise Schleusingen und
Schmalkalden. Der Kreis Saalfeld ge=
hört zu dem gemeinschaftlichen Landge=
richt Rudolstadt. Das Herzogtum zerfällt
in 16 Amtsgerichtsbezirke: Eisfeld, Gräfen=
thal, Heldburg, Hildburghausen, Kamburg,
Kranichfeld, Meiningen, Pößneck, Röm=
hild, Saalfeld, Salzungen, Schalkau,
Sonneberg, Steinach, Themar und Wa=
sungen. Laut Militärkonvention mit
Preußen vom 15. Sept. 1873, welche an
die Stelle der frühern Konvention vom
26. Juni 1867 trat, ist das Truppenkon=
tingent in den preußischen Militärverband
mit aufgenommen; dasselbe bildet mit den
koburg=gothaischen Truppen zusammen
das 6. thüringische Infanterieregiment
Nr. 95, welches der 22. Division und dem
11. Armeekorps (Kassel) angehört. Das
Finanzbudget 1880—82 zeigt in der
Einnahme: 4,640,565 Mk. und zwar
2,075,500 Mk. aus der Domänenkasse und
2,565,065 Mk. aus der Landeskasse; in
der Ausgabe: 4,123,100 Mk., darunter
394,286 Mk. aus der Domänenkasse für
das herzogliche Haus. Die Staatsschuld
betrug 1879: 12,372,273 Mk., welchen
11,588,440 Aktiva gegenüberstanden. Im
deutschen Bundesrat hat das Herzogtum
eine Stimme; zum deutschen Reichstag
entsendet es zwei Abgeordnete. Das her=
zogliche Wappen zeigt einen quabrierten
Hauptschild mit den Wappenzeichen von
Thüringen, Henneberg, Römhild, Meißen
und einen gekrönten Mittelschild mit dem
grünen sächsischen Rautenkranz in schwarz=
goldnem Felde. Die Landesfarben sind
Grün und Weiß. Vgl. Brückner, Landes=
kunde des Herzogtums S. (1853, 2 Bde.).

Sachsen=Weimar=Eisenach, Großher=
zogtum und Bundesstaat des Deutschen
Reichs, 3593 qkm, 309,503 Einw.;
Haupt= und Residenzstadt: Weimar mit
19,967 Einw. Die Staatsverfassung
ist die einer konstitutionellen Erbmon=
archie. An der Spitze des Staats steht der
Großherzog (»Königliche Hoheit«) aus der
ernestinischen Linie des Hauses Sach=
sen. Den großherzoglichen Titel führt

der Monarch seit dem Wiener Kongreß,
welcher dem Land eine Vergrößerung um
31 QM. brachte. Schon 1816 hatte der
Großherzog Karl August, als der erste
deutsche Fürst, dem Land eine freisinnige
Verfassung gegeben; doch mußte die da=
mals schon gewährte Preßfreiheit infolge
der Karlsbader Beschlüsse 1819 wieder
aufgehoben werden. Die Verfassungs=
urkunde vom 15. Mai 1816 aber ist durch
das revidierte Grundgesetz vom 15. Okt.
1850 ersetzt worden. Nach dem Wahlge=
setz vom 6. April 1852 besteht der nach
dem Einkammersystem organisierte Land=
tag des Großherzogtums aus 31 Abgeord=
neten. Von diesen geht einer aus der
Wahl der ehemaligen begüterten reichs=
freien Ritterschaft hervor, während 4 Ab=
geordnete von den größern Grundbesitzern,
5 von den Höchstbesteuerten gewählt wer=
den und 21 aus allgemeinen, indirekten
Wahlen hervorgehen. Die Wahlperiode
ist eine dreijährige. Nach dem Organi=
sationsgesetz vom 5. März 1850 ist das
Staatsministerium in Weimar die oberste
Staatsverwaltungsbehörde. Es zer=
zerfällt in das Departement der Finanzen,
das des großherzoglichen Hauses und des
Kultus, das der Justiz und das Departe=
ment des Äußern und des Innern. Unter
dem Departement des Innern stehen als
Administrativbehörden die Bezirksdirek=
tionen zu Weimar, Apolda, Eisenach,
Dermbach und Neustadt a. O. Justiz.
Das Oberlandesgericht zu Jena (gemein=
sames thüringisches Oberlandesgericht)
fungiert als solches für das Großherzog=
tum S., für die Herzogtümer Sachsen=
Altenburg, Sachsen=Koburg=Gotha und
Sachsen=Meiningen, für die Fürstentü=
mer Schwarzburg=Rudolstadt, Reuß äl=
tere Linie und Reuß jüngere Linie und
für die preußischen Kreise Schleusingen,
Schmalkalben und Ziegenrück (Staats=
verträge vom 19. Febr. 1877 und 23.
April 1878). Je ein Landgericht be=
steht zu Weimar für die Amtsgerichtsbe=
zirke Allstedt, Apolda, Blankenhain, Butt=
städt, Großrudestädt, Jena, Wieselbach und
Weimar und in Eisenach für die Amts=
gerichtsbezirke Eisenach, Geisa, Gerstun=
gen, Ilmenau, Kaltennordheim, Lengs=

feld, Ostheim und Vacha, während für die Amtsgerichtsbezirke Auma, Neustadt a. O. und Weida das gemeinschaftliche reußische Landgericht zu Gera als solches fungiert. Laut Militärkonvention vom 15. Sept. 1873, welche an die Stelle der frühern Konvention vom 26. Juni 1867 getreten ist, gehören die großherzoglichen Truppen dem preußischen Armeeverband an und bilden das 5. thüringische Infanterieregiment (Großherzog von Sachsen) Nr. 94, welches der 22. Division und dem 11. Armeekorps (Kassel) zugewiesen ist. Finanzen. Nach dem Staatshaushaltsetat für die Finanzperiode 1878 bis 1880 betrug die Jahreseinnahme 6,766,805 Mk. und die Ausgabe 6,737,687 Mk., so daß ein Überschuß von 29,118 Mk. etatisiert war; dabei war die jährliche Einnahme aus der Einkommensteuer mit 1,787,350 Mk., die aus den indirekten Steuern mit 1,039,030 Mk. veranschlagt. Für das großherzogliche Haus waren jährlich 930,000 Mk. in Ausgabe gestellt, ferner 2,324,795 Mk. für die Staatsverwaltung, 814,145 Mk. für Kirchen und Schulen und 207,613 Mk. für gemeinnützige Ausgaben. Die Staatsschuld betrug 1880: 7,026,704 Mk. und war, abgesehen vom fiskalischen Grundvermögen, durch Aktiven mehr als gedeckt. Das Großherzogtum ist im deutschen Bundesrat mit einer Stimme vertreten; zum deutschen Reichstag entsendet es drei Abgeordnete. Das Landeswappen besteht in einem quabrierten Haupt- und einem Mittelschild, von denen ersterer die Zeichen von Thüringen, Meißen, Henneberg, Blankenhain, Neustadt und Tautenburg enthält, während der letztere das sächsische Stammwappen zeigt, fünf schwarze Balken in Gold mit dem grünen Rautenkranz. Das Ganze ist mit dem Falkenorden umhangen und mit der Königskrone bedeckt. Die Landesfarben sind Schwarz, Grün, Gold. Vgl. Schütz, Das Staatsleben des Großherzogtums S. (1861); Martin, Die Verfassung des Großherzogtums S. (1866); Kronfeld, Landeskunde (1878–79, 2 Bde.).

Sachverständige (Experten), Personen, welche auf einem bestimmten Ge-biet der Wissenschaft oder der Technik besonders bewandert und ebendarum zur Begutachtung und Beantwortung von Fragen, welche dies Gebiet betreffen, vorzugsweise berufen sind. Sind derartige Fragen für die Entscheidung einer Rechtssache von Wichtigkeit, so macht sich für den Richter die Zuziehung von Sachverständigen notwendig, und das Gutachten (Expertise) derselben bildet nicht nur für bürgerliche Rechtsstreitigkeiten, sondern auch für das strafrechtliche Verfahren ein wichtiges Beweismittel, z. B. wenn es sich bei Verbrechen gegen das Leben um Feststellung der Todesursache durch ärztliches Gutachten oder um Körperverletzungen u. dgl. handelt. Für den Beweis durch S. gelten im allgemeinen ebendieselben Grundsätze wie für den Zeugenbeweis (s. Zeuge). Die Auswahl der Sachverständigen soll nach der deutschen Zivilprozeßordnung durch das Gericht erfolgen; doch kann letzteres die Parteien zur Bezeichnung geeigneter Personen auffordern, und wenn sich die Parteien über bestimmte Personen als S. einigen, so hat das Gericht dieser Einigung Folge zu geben, wenn es auch die Wahl der Parteien auf eine bestimmte Anzahl beschränken kann. Die Parteien und ebenso nach der deutschen Strafprozeßordnung im Strafprozeß der Staatsanwalt, der Privatkläger und der Angeschuldigte können S. aus ebendenselben Gründen, welche zur Ablehnung eines Richters berechtigen, ablehnen. Der zum Sachverständigen Ernannte hat im Strafprozeß sowohl als in bürgerlichen Rechtsstreitigkeiten der Ernennung Folge zu leisten, wofern er zur Erstattung von Gutachten der erforderlichen Art öffentlich bestellt ist, oder wenn er die Wissenschaft, die Kunst oder das Gewerbe, deren Kenntnis Voraussetzung der Begutachtung ist, öffentlich zum Erwerb ausübt, oder wenn er zur Ausübung derselben öffentlich bestellt oder ermächtigt ist. Ebenso ist auch derjenige zur Erstattung des Gutachtens verpflichtet, welcher sich dazu vor Gericht bereit erklärt hat. S., welche nicht, wie z. B. die Gerichtsärzte, im allgemeinen für die Erstattung von Gutachten der betreffenden Art vereidigt sind, haben den besondern Sachverständigen eib dahin abzuleisten, daß sie das von ihnen geforderte Gutachten unparteiisch und nach bestem Wissen und Gewissen erstatten werden. Die wissentlich falsche Abgabe eines Gutachtens seitens eines vereidigten Sachverständigen wird als Meineid bestraft. Zur Beantwortung von kaufmännischen Fragen und zur Abgabe von handelsrechtlichen Gutachten (Parere) bestehen zuweilen besondere Kollegien von Sachverständigen, wie z. B. das Kollegium der Ältesten der Berliner Kaufmannschaft. So sollen auch nach dem Bundes= (Reichs=) Gesetz vom 11. Juni 1870, betreffend das Urheberrecht an Schriftwerken, Abbildungen, musikalischen Kompositionen und dramatischen Werken (Bundesgesetzblatt, S. 339 ff.), besondere litterarische und musikalische Sachverständigenvereine gebildet werden, die auf Erfordern der Gerichte Gutachten über technische Fragen abzugeben haben, welche den Thatbestand des Nachdrucks von Schriftwerken, Abbildungen und musikalischen Kompositionen oder den Thatbestand unerlaubter Aufführungen dramatischer oder musikalischer Werke oder den Betrag des dadurch verursachten Schadens, beziehentlich der Bereicherung betreffen. Die spätern Reichsgesetze vom 9., 10. und 11. Jan. 1876 (Reichsgesetzblatt, S. 4 ff.) haben diese Bestimmung auch auf die unbefugte Nachbildung von Werken der bildenden Kunst, von photographischen Werken und von Mustern und Modellen ausgedehnt. Vgl. Instruktion vom 12. Dez. 1870 über die Zusammensetzung und den Geschäftsbetrieb der Sachverständigenvereine (Bundesgesetzblatt, S. 621 ff.); Deutsche Zivilprozeßordnung, §§ 367—379; Deutsche Strafprozeßordnung, §§ 72—93; Deutsches Reichsstrafgesetzbuch, §§ 154 ff.

Sachwalter, s. Rechtsanwalt.

Saint James (engl., spr. ßent dschehms), ursprünglich ein dem heil. Jakob (engl. James) geweihtes Kloster, dann königlicher Palast in London, daher man oft den englischen Hof als den Hof von S. und das englische Ministerium als das Kabinett von S. bezeichnet.

Säkularisieren (lat.), verweltlichen;

Säkularisation, die Umwandlung einer Sache oder einer Person aus einer geistlichen in eine weltliche. Insbesondere bezeichnet man damit die Einverleibung der frühern geistlichen Territorien in weltliche Staaten, wie sie zu Anfang dieses Jahrhunderts in Deutschland stattgefunden hat. Vgl. Kleinschmidt, Die Säkularisation von 1803 (1878).

Salarium (lat.), eigentlich im alten Rom die Ration an Salz, welche sowohl Soldaten als Magistratspersonen auf Reisen oder in der Provinz erhielten; da aber diese Gabe später in Geld umgewandelt ward, f. v. w. Gehalt oder Diäten einer Militär= oder Magistratsperson; dann überhaupt f. v. w. Sold, Besoldung, daher der französische Ausdruck Salaire, f. v. w. Honorar, Gehalt; salarieren, f. v. w. belohnen, Gehalt auszahlen.

Salisches Gesetz, f. Thronfolge.

Salutieren (lat.), begrüßen, namentlich die formelle Ehrenbezeigung erweisen, wie die Salutation (Salut) der Militärs (Honneurs), der sogen. Schiffsgruß u. dgl.

Salzmonopol, f. Salzsteuer.

Salzsteuer, eine im Deutschen Reich und für das Reich zur Erhebung kommende Verbrauchsteuer von demjenigen Salz (Kochsalz), welches im Inland verbraucht werden soll. Das norddeutsche Bundesgesetz vom 12. Okt. 1867 (Bundesgesetzblatt, S. 41 ff.) hob zunächst das in einzelnen deutschen Staaten bestehende ausschließliche Recht des Staats, den Handel mit Salz zu betreiben (Salzmonopol), auf und unterwarf das zum inländischen Verbrauch bestimmte, sowohl das im Inland produzierte als das aus dem Ausland eingeführte, Salz einer Abgabe von 2 Thlr. für den Zentner Nettogewicht. Diese Abgabe wurde nach Konstituierung des Deutschen Reichs diese beibehalten, obgleich wiederholt Versuche gemacht worden sind, diese Besteuerung eines notwendigen Lebensmittels zu beseitigen. Befreit von der S. ist namentlich das zu landwirtschaftlichen Zwecken, d. h. zur Fütterung des Viehs und zur Düngung, bestimmte Salz, ebenso das zu gewissen gewerblichen Zwecken bestimmte sowie das bei Notständen und an Wohl-thätigkeitsanstalten verabfolgte Salz. Der Ertrag der S. war z. B. pro 1880—81 mit 35,740,790 Mk. in den Reichshaus-haltsetat eingestellt. Vgl. v. Aufseß, Die Zölle und Verbrauchssteuern des Deutschen Reichs, in Hirths »Annalen des Deutschen Reichs« (1873, S. 117 ff.).

Samoa-Inseln, Inselgruppe im süd-lichen Großen Ozean, bestehend aus 14 vulkanischen Inseln: Savaii, Upolu, Tu-tuila, Mlanda u. a. Ein Freundschafts-vertrag mit dem Deutschen Reich, abge-schlossen zu Apia auf der Insel Upolu 24. Jan. 1879, sichert den deutschen Reichs-angehörigen die gleichen Rechte in Samoa wie den meistbegünstigten Nationen. Der Hafen von Saluafata ist den deutschen Kriegsschiffen zur Benutzung und Anle-gung von Magazinen zur Verfügung ge-stellt. Die Firma Godeffroy in Ham-burg hatte auf den S. Plantagen ange-legt, geriet aber in Vermögensverfall, und die Plantagen gingen in den Besitz einer »Deutschen Seehandelsgesellschaft« über. Um jene Plantagen zu halten und an-geblich den deutschen Exporthandel zu för-dern, wurde 1880 dem deutschen Reichs-tag von den verbündeten Regierungen eine Vorlage gemacht, wonach das Deutsche Reich bis zur Höhe von 3 Proz. für ein Grundkapital von 10 Mill. Mk. auf den Zeitraum von 20 Jahren eine Dividen-dengarantie für jene Gesellschaft überneh-men sollte. Allein diese Vorlage wurde vom Reichstag namentlich auf Bamber-gers Ausführungen hin, wonach irgend welche Rentabilität des Unternehmens nicht zu erwarten, abgelehnt. Ein deut-sches Generalkonsulat ist in Apia errichtet.

Samos, Insel an der Küste Klein-asiens, seit 1832 besonderes Fürstentum unter türkischer Oberhoheit; 550 qkm mit 37,701 zumeist griechisch-kathol. Ein-wohnern. Die Einnahmen des Staats waren pro 1880—81 auf 3,104,949, die Ausgaben auf 3,103,349 Piaster (à 18 Pf.) veranschlagt.

San Domingo (Santo Domingo), s. Hayti.

Sandwichinseln (spr. ßännd-witsch-), s. Hawaii.

Sanität (lat.), Gesundheit; daher Sa-nitätspolizei, s. v. w. Gesundheits-polizei (s. b.); Sanitätsrat, Titel eines Mediziners; Sanitätsbehörden, die mit der öffentlichen Gesundheitspflege be-trauten Behörden.

Sanktionieren (lat.), bestätigen, Ge-setzeskraft verleihen; Sanktion, im weitern Sinn die Bestätigung eines jeden Beschlusses, Vertrags oder Gesetzes, im engern derjenige Akt der gesetzgebenden Gewalt, durch welchen der Regent den von den beratenden oder gesetzgebenden Kör-pern beratenen und genehmigten Gesetz-entwürfen seine Zustimmung gibt und sie dadurch mit gesetzlicher Autorität be-kleidet.

San Salvadôr, Republik in Zentral-amerika, 18,720 qkm mit 482,422 Einw.; Hauptstadt: San Salvador mit etwa 16,000 Einw. Nachdem sich das Land 1821 von der spanischen Herrschaft unabhängig gemacht hatte, gehörte es zunächst zu der zentralamerikanischen Union, schloß sich dann bald an diese, bald an jene der zentral-amerikanischen Republiken an und hatte schwere innere und äußere Kämpfe durch-zumachen. Seit 1853 ist S. ein völlig selbständiger Staat. An der Spitze des-selben steht ein auf sechs Jahre gewählter Präsident, welcher durch die Minister (Äußeres, Justiz und Kultus; Inneres und öffentliche Arbeiten; Krieg, Marine und Finanzen; öffentlicher Unterricht) die Exekutivgewalt ausübt. Die gesetz-gebende Gewalt steht dem Kongreß zu, be-stehend aus einer legislativen Kammer von 24 Abgeordneten und aus einem Senat von 12 Mitgliedern. Das Staats-gebiet ist in 10 Departements eingeteilt. Die herrschende Religion ist die römisch-katholische. Das stehende Heer ist 1000 Mann stark, wozu aber noch 5000 Mann Miliztruppen kommen. Nach dem Staats-haushaltsetat pro 1876 betrugen die Ein-nahmen 1,958,350, die Ausgaben 1,760,850 Doll., so daß ein Überschuß von 197,500 Doll. zu erwarten stand. Ein Konsul des Deutschen Reichs ist zur Zeit in S. nicht vorhanden. Die Flagge ist abwech-selnd blau und weiß gestreift (5 blaue und 4 weiße horizontale Streifen) mit einem roten Feld in der linken obern Ecke, welches zwölf weiße Sterne zeigt. Vgl. Squier, Die Staaten von Zentralamerika (deutsch von K. Andree, 1865); Sonnenstein, Descripcion del estado del Salvador (1859).

Sansculotten (franz., spr. ßang-, »Ohnehosen«), zu Anfang der ersten französischen Revolution Spottname der revolutionären Proletarier, dann während der Schreckenszeit Ehrenname der extremsten Revolutionsmänner. Sansculottismus, Bezeichnung für eine derartige Gesinnung.

Sansibar (Zanzibar), Insel an der Ostküste Afrikas, bildet mit der gegenüberliegenden Küste des Festlands einen Staat, welcher unter einem Sultan steht. Die Insel ist 1597 qkm groß mit 1—200,000 Einw. Die Hauptstadt S. (ca. 80,000 Einw.) ist ein wichtiges Handelszentrum der ostafrikanischen Küste; Sitz eines deutschen Konsulats.

Sardinien, bis 1860 selbständiges italienisches Königreich, umfassend die Herzogtümer Savoyen und Genua, Piemont und die Grafschaft Nizza mit der Insel S.; 1376 QM. mit 5,167,542 Einw.; jetzt, mit Ausnahme der an Frankreich abgetretenen Gebietsteile Savoyen und Nizza, Bestandteil des Königreichs Italien, dessen Einigung der sardinischen Staatsregierung (Cavour) zumeist zu verdanken ist.

Savoyen, ein früher zu Sardinien gehöriges, seit 1860 an Frankreich abgetretenes Herzogtum, ehemals (bis 1416) Grafschaft. S. ist das Stammland des gleichnamigen Fürstenhauses, welches jetzt über ganz Italien herrscht.

Scabini (lat.), s. Schöffen.

Schaden (lat. Damnum), in der Rechtssprache s. v. w. Vermögensnachteil, namentlich derjenige, welchen jemand durch das schuldhafte Handeln eines andern erleidet, sei es, daß es sich um eine wirkliche Minderung des Vermögens (positiver S., damnum emergens) oder um einen entgangenen Gewinn (negativer S., lucrum cessans) handelt. Verbindlichkeit zum Schadenersatz wird begründet durch Vertrag, z. B. Versicherungsvertrag, schuldhaftes (absichtliches oder fahrlässi-

ges) Handeln und unmittelbar durch gesetzliche Bestimmung, wie z. B. die Haftpflicht (s. b.) der Unternehmer für die beim Eisenbahnbetrieb vorkommenden Tötungen und Körperverletzungen.

Schafott (franz. Echafaud, spr. eschafoh), Blutgerüst zu Hinrichtungen.

Schandschrift, s. Pasquill.

Schändung, s. Unzuchtsverbrechen.

Schatzanweisung, s. Staatspapiere.

Schaumburg-Lippe (Lippe-Bückeburg), Fürstentum und Bundesstaat des Deutschen Reichs, 340 qkm mit 35,332 meist protest. Einwohnern; Haupt- und Residenzstadt Bückeburg mit 5007 Einw. Die Staatsform ist die einer konstitutionellen Erbmonarchie, normiert durch das Landesverfassungsgesetz vom 17. Nov. 1868. An der Spitze des Staatswesens steht der Fürst (»Durchlaucht«). Der nach dem Einkommensystem organisierte Landtag besteht aus 15 Mitgliedern, von denen 2 von dem Fürsten ernannt werden, während 1 Abgeordneter von der Ritterschaft, 1 von der Geistlichkeit, 3 von den Städten, 7 von den Bauern und 1 von den Studierten mit Ausschluß der Geistlichkeit im direkten Wahlverfahren gewählt werden. Die Legislaturperiode ist sechsjährig. Die oberste Staatsbehörde für die gesamte äußere und innere Landesverwaltung ist die fürstliche Regierung zu Bückeburg, welcher die Verwaltungsämter in Bückeburg und Stadthagen unterstellt sind. Die kirchlichen Angelegenheiten der lutherischen Kirche werden von dem Konsistorium verwaltet. S. hat sich dem gemeinschaftlichen Oberlandesgericht in Oldenburg angeschlossen. Das Fürstentum hat ein eignes Landgericht in Bückeburg und zwei Amtsgerichte in Bückeburg und Stadthagen. Laut Militärkonvention vom 25. Sept. 1873, welche an die Stelle der frühern Konvention vom 30. Juni 1867 trat, leisten die Wehrpflichtigen des Fürstentums ihre aktive Dienstzeit, insoweit sie zum Jägerdienst tauglich sind, in einem zu Bückeburg stehenden preußischen Jägerbataillon (westfälisches Jägerbataillon Nr. 7), außerdem bei sonstigen königlich preußischen Truppenteilen ab. Im deutschen

Bundesrat führt S. eine Stimme und entsendet zum deutschen Reichstag einen Abgeordneten. Die Staatseinnahme betrug nach dem Landeskassenetat 1880—1881: 507,293 Mk. und balancierte mit einer Ausgabe von dem gleichen Betrag. Die Staatsschuld besteht in einer Anleihe von 360,000 Mk., welche in 40 Jahren zu amortisieren ist. Die Landesfarben sind Blau, Rot, Weiß. Das Wappen ist quabriert und enthält die Zeichen von Lippe, Schwalenberg und in einem Mittelschild von Schaumburg; Schildhalter sind zwei weiß gekleidete Engel.

Scheffel, s. Liter.

Schenk, s. Mundschenk.

Scherbengericht, s. Ostracismus.

Schibboleth (hebr., »Kornähre«), das Erkennungswort, an dessen Aussprache die Gileaditer die ihnen feindlichen Ephraimiter erkannten; daher s. v. w. Losungswort. Der Ausdruck wird jetzt im politischen Leben oft gebraucht, um das charakteristische Merkmal einer Partei und einer gewissen Gesinnung zu bezeichnen.

Schiedsmann, besondere Behörde, welche zur Herbeiführung und protokollarischen Aufnahme von Vergleichen, die unter den Parteien vereinbart werden, bestellt ist. Schiedsmannsordnung, Gesetz über die Einrichtung und über das Verfahren der Schiedsmannsgerichte, insbesondere die preußische Schiedsmannsordnung vom 29. März 1879. Auch in einigen andern deutschen Staaten ist die Bezeichnung S. an Stelle der früher üblichen eines Friedens= oder Vergleichsrichters angenommen worden. Vgl. Turnau, Die Schiedsmannsordnung (1879).

Schiedsrichter (lat. Arbiter), derjenige, dem die Entscheidung eines Rechtsstreits durch Übereinkunft der Parteien, entweder unbedingt oder mit Vorbehalt der Berufung an das ordentliche Gericht, übertragen wird. Gewöhnlich ernennt jede Partei einen S., und diese einigen sich über Zuziehung eines Dritten als Obmanns. Vgl. Deutsche Zivilprozeßordnung, §§ 851 ff.

Schiffer (engl. Master, franz. Capitaine), der Befehlshaber und Führer eines Kauffahrteischiffs, welcher in der Regel vom Reeder (s. d.) engagiert und demselben für Schiff und Ladung, Verhalten der Mannschaft und die Überseeführung verantwortlich ist. Für das Deutsche Reich sind die Rechte und Pflichten des Schiffers durch das Handelsgesetzbuch und durch die deutsche Seemannsordnung vom 27. Dez. 1872 (Reichsgesetzblatt, S. 409 ff.) normiert. Seeschiffer müssen sich über ihre Befähigung durch ein Zeugnis der zuständigen Verwaltungsbehörde ausweisen, und zwar wird bei der Schifferprüfung zwischen Prüfung für kleine und große Fahrt unterschieden, indem man unter ersterer die Fahrt in der Nordsee bis zum 61.° nördl. Br. und in der Ostsee mit Seeschiffen von 30 bis ausschließlich 100 Tonnen (zu 1000 kg) Tragfähigkeit versteht, während unter großer Fahrt diejenige Seeschiffahrt verstanden ist, welche die Grenzen der bloßen Küstenschiffahrt und der kleinen Fahrt überschreitet. Die gebräuchliche Bezeichnung eines Schiffers in der Umgangssprache ist Kapitän. Vgl. Deutsches Handelsgesetzbuch, Art. 478—527,557ff.,665—679; Deutsche Seemannsordnung, §§ 10 ff.; Bekanntmachung, betreffend die Prüfung der Seeschiffer und Seesteuerleute auf deutschen Kauffahrteischiffen, vom 25. Sept. 1869 (Bundesgesetzblatt, S. 660 ff.).

Schiffsbesatzung, s. Schiffsmannschaft.

Schiffscertifikat, s. Schiffsregister.

Schiffsdirektor (Schiffsbisponent), s. Reeder.

Schiffsfreunde, s. Reeder.

Schiffsgruß, s. Seezeremoniell.

Schiffsjournal, s. Schiffspapiere.

Schiffsjungen, s. Schiffsmannschaft.

Schiffsklarierer, besonders in den Ostseehäfen s. v. w. Schiffsmakler.

Schiffsmakler (Frachtmakler, Schiffsklarierer), Personen, welche gewerbsmäßig die Versendung zur See besorgen und in der Regel amtlich verpflichtet sind. Auch besorgen die S. in der Regel das Ausklarieren des Schiffs sowie das Einklarieren ankommender Schiffe (s. Klarieren).

33*

Schiffsmannschaft (Schiffsbe=
satzung), die zum Schiffsdienst be=
stimmte Mannschaft eines Schiffs, welche
unter dem Kapitän oder Schiffer
(s. b.) steht. Nach der deutschen See=
mannsordnung werden auch die Schiffs=
offiziere mit Ausschluß des Schiffers zu
der S. gerechnet, desgleichen ist unter
Schiffsmann auch jeder Schiffsoffizier
mit Ausnahme des Schiffers zu verstehen.
Personen, welche, ohne zur S. zu gehö=
ren, auf einem Schiff als Maschinisten,
Aufwärter oder in andrer Eigenschaft
angestellt sind, haben dieselben Rechte und
Pflichten wie die eigentliche S. Diese
Rechte und Pflichten sind jetzt unter Auf=
hebung der diesbezüglichen Vorschriften
des deutschen Handelsgesetzbuchs durch die
deutsche Seemannsordnung normiert.
Namentlich darf hiernach niemand als
Schiffsmann in Dienst treten, bevor er
sich über Namen, Heimat und Alter vor
einem Seemannsamt ausgewiesen und
von demselben ein Seefahrtsbuch ausge=
fertigt erhalten hat. Der mit dem Schiffs=
mann abgeschlossene Heuervertrag (s.
Heuer) ist vor dem Seemannsamt zu
verlautbaren (sogen. Anmusterung),
und diese Anmusterungsverhandlung wird
vom Seemannsamt als Musterrolle
ausgefertigt (s. Schiffspapiere). Die
Schiffsoffiziere werden Steuerleute
(erster, zweiter Steuermann, Bootsmann)
genannt; die Matrosen zerfallen in Voll=
oder befahrene Matrosen und Leicht=
matrosen oder Jungmänner; die
Schiffsjungen werden vielfach als
Jungen schlechthin bezeichnet. Vgl. Deutsche
Seemannsordnung vom 27. Dez. 1872
(Reichsgesetzblatt, S. 409 ff.).

Schiffspapiere (franz. Papiers de
bord, Lettres de mer), Dokumente, welche
an Bord eines Schiffs zum Ausweis für
Schiff, Besatzung und Ladung zu führen
sind. Diese S., deren Erfordernis durch
die Gesetzgebungen der einzelnen Staaten
verschieden bestimmt ist, sind namentlich zur
Feststellung der Nationalität und für den
Fall eines Seekriegs insbesondere zur
Feststellung der Neutralität des Schiffs
notwendig. Wesentlich sind in dieser Hin=
sicht das sogen. Schiffscertifikat d.h.

eine Urkunde zur Bescheinigung des Ein=
trags des Schiffs in das Schiffsre=
gister (s. Schiffsvermessung), und
der Meßbrief. Nach dem deutschen
Handelsgesetzbuch ist ferner für See=
schiffe das Schiffsjournal obliga=
torisch, in welches für jede Reise alle er=
heblichen Begebenheiten, seit mit dem Ein=
nehmen der Ladung oder des Ballastes be=
gonnen ist, einzutragen sind. Die deutsche
Seemannsordnung schreibt ferner die Mit=
führung der Musterrolle vor, welche
von den Seemannsämtern auszustellen
ist und Namen und Nationalität des
Schiffs, Namen und Wohnort des Schif=
fers, Namen, Wohnort und dienstliche
Stellung jedes Schiffsmanns und die Be=
stimmungen des Heuervertrags einschließ=
lich etwaiger besonderer Verabredungen
enthalten muß. Insbesondere muß aus
der Musterrolle erhellen, was der Schiffs=
mannschaft für den Tag an Speise und
Trank gebührt. Vgl. Deutsches Handels=
gesetzbuch, Art. 480, 486—489, 592;
Deutsche Seemannsordnung vom 27. Dez.
1872 (Reichsgesetzblatt, S. 409 ff.), §§ 10
bis 23, 34, 46 f., 57, 77, 80, 85, 99.

Schiffspart, s. Reeder.

Schiffsprokureur (spr. -ör), bei der
Flußschiffahrt s.v.w. Schiffsmakler (s.b.).

Schiffsregister, amtliches Verzeichnis
der Kauffahrteischiffe, welche zur Führung
der Nationalflagge befugt sind. Nach
dem deutschen Bundes= (Reichs=) Gesetz
vom 25. Okt. 1867 kann ein solches zum
Erwerb durch die Seefahrt bestimmtes
Schiff nur in das S. desjenigen Hafens
eingetragen werden, von welchem aus die
Seefahrt mit ihm betrieben werden soll
(Heimatshafen, Registerhafen).
Die Behörden, welche das S. zu führen
haben (Registerbehörden), sind durch
die Landesgesetze zu bestimmen; gewöhn=
lich sind sie mit der Handhabung der frei=
willigen Gerichtsbarkeit betrauten Ge=
richtsbehörden damit beauftragt. Die
Eintragung des Schiffs in das S. muß
enthalten: den Namen und die Gattung
des Schiffs, seine Größe und Tragfähig=
keit, Zeit und Ort der Erbauung, die An=
gabe des Heimatshafens, die Bezeichnung
des Reeders oder der Mitreeder, den

Rechtsgrund, auf welchem die Erwerbung des Eigentums des Schiffs oder der einzelnen Schiffsanteile beruht, die Nationalität des Reeders oder der Mitreeder und den Tag der Eintragung des Schiffs. Über diesen Eintrag des Schiffs in das S. wird von der Registerbehörde das sogen. Certifikat, d. h. eine mit dem Inhalt der Eintragung übereinstimmende Urkunde ausgefertigt, welche zum Nachweis des Rechts, die Reichsflagge zu führen, erforderlich ist und zugleich die Stelle eines Seepasses vertritt. Vor Eintragung des Schiffs ins S. und vor Ausfertigung des Certifikats darf das Recht, die Reichsflagge zu führen, überhaupt nicht ausgeübt werden. Es ist jedoch Schiffen von nicht mehr als 50 cbm Bruttoraumgehalt nachgelassen, die Reichsflagge auch ohne Eintragung in das S. und Erteilung des Certifikats zu führen. Vgl. Bundes= (Reichs=) Gesetz, betreffend die Nationalität der Kauffahrteischiffe und ihre Befugnis zur Führung der Bundesflagge, vom 25. Okt. 1876 (Bundesgesetzblatt, S. 35 ff.); Anweisung für die deutschen Schiffsregisterbehörden, betreffend die Eintragung der nach der Schiffsvermessungsordnung vom 5. Juli 1872 ermittelten Vermessungsergebnisse in die Schiffscertifikatsformulare, vom 5. Jan. 1873 (Reichszentralblatt, S. 156); Reichsgesetz, betreffend die Registrierung und die Bezeichnung der Kauffahrteischiffe, vom 28. Juni 1873 (Reichsgesetzblatt, S. 184); Verfügung des Reichskanzlers vom 13. Nov. 1873 über die Registrierung und Bezeichnung der Kauffahrteischiffe (Reichszentralblatt, S. 367).

Schiffsvermessung, die amtliche Ausmessung eines Schiffs, deren Ergebnis namentlich für die von dem Schiff, z. B. für die Benutzung eines Hafens, zu entrichtenden Abgaben maßgebend ist. Die erfolgte S. und der Raumgehalt des vermessenen Schiffs werden im sogen. Meßbrief bescheinigt. Nach der für das Deutsche Reich erlassenen Schiffsvermessungsordnung erfolgt die Vermessung nach dem Metermaß durch die von den Landesregierungen bestellten Vermessungsbehörden, über welchen die Revisionsbehörden stehen. Die Aufsicht über das gesamte Schiffsvermessungswesen wird von dem Reichskanzler durch Schiffsvermessungsinspektoren ausgeübt. Das Vermessungsverfahren ist der Regel nach ein »vollständiges«, nur ausnahmsweise ein »abgekürztes«, namentlich dann, wenn das Schiff ganz oder teilweise beladen oder die vollständige Vermessung aus andern Gründen unthunlich ist. In dem Meßbrief ist sowohl der Brutto= als der Nettoraumgehalt des Schiffs nach Kubikmetern und zugleich nach den entsprechenden britischen Registertons anzugeben. Unter Bruttoraumgehalt wird nämlich das Ergebnis der Vermessung aller Räume des Schiffs, in Körpermaß ausgedrückt, verstanden, während man mit Nettoraumgehalt das nach Abzug der Logisräume der Schiffsmannschaft und der etwaigen Maschinen=, Dampfkessel= und Kohlenräume sich ergebende Resultat bezeichnet. Auch mehrere andre europäische Seemächte sowie die nordamerikanische Union haben ihr Schiffsvermessungsverfahren neu reguliert, und nach vorgängiger Zusicherung der Gegenseitigkeit ist von dem Reichskanzler bekannt gegeben worden, daß und inwieweit die Schiffsvermessungen jener Staaten in deutschen Häfen anzuerkennen sind; so in Ansehung der in dänischen, österreichisch-ungarischen und nordamerikanischen Schiffspapieren enthaltenen Vermessungsangaben durch Bekanntmachung vom 21. Dez. 1872 (Reichszentralblatt, S. 163), für Frankreich und England durch Bekanntmachung vom 2. Okt. 1873 (Zentralblatt, S. 316) und für Italien durch Bekanntmachung vom 25. Aug. 1874 (Zentralblatt, S. 323). Endlich sind durch Bekanntmachung des Reichskanzlers vom 8. Juli 1874 (Zentralblatt, S. 282) über das Ermittelungsverfahren und die Ausfertigung des Meßbriefs für Dampfschiffe, welche den Suezkanal passieren, im Anschluß an die von der internationalen Kommission zur Regelung der Abgaben auf dem Suezkanal gefaßten Beschlüsse besondere Bestimmungen gegeben worden. Vgl. Bekanntmachung, betreffend die Schiffsvermessungsordnung, vom 5. Juli 1872 (Reichsgesetzblatt, S. 270) nebst Formularen A—E zu Meßbriefen und nebst

Instruktion dazu vom 23. Nov. 1872; Englische Kauffahrteischiffahrtsakte (Merchant shipping act) vom 10. Aug. 1874; Amerikanisches Gesetz vom 6. Mai 1864; Dänisches Gesetz vom 13. März 1867; Österreichisch-ungarisches Gesetz vom 15. Mai 1871; Französische Dekrete vom 24. Dez. 1872 und 24. Mai 1873; Italienische Dekrete vom 11. März 1873.

Schlägerei (Raufhandel), ein in Thätlichkeiten ausgearteter Streit unter mehreren Personen. Wird dadurch der Tod einer Person oder eine schwere Körperverletzung herbeigeführt, so wird schon die Beteiligung an der S. schwer bestraft; ebenso ist der Gebrauch eines Messers oder einer sonstigen gefährlichen Waffe bei einer S. mit Strafe bedroht (s. Körperverletzung).

Schleichhandel, s. Schmuggelhandel.

Schleswig-Holstein, Elbherzogtümer, bis 1863 durch Personalunion mit Dänemark verbunden. Mit dem Tod König Friedrichs VII., 15. Nov. 1863, erlosch der Mannsstamm Friedrichs III.; in den Herzogtümern hätte die agnatische Erbfolge eintreten und damit die Personalunion mit Dänemark ihr Ende erreichen müssen. Gleichwohl nahm König Christian IX. von Dänemark als Nachfolger Friedrichs VII. die Regierungsnachfolge auch in den Herzogtümern für sich in Anspruch, gestützt auf das Londoner Protokoll vom 8. Mai 1852, welches zwischen den Großmächten, Dänemark und Schweden vereinbart worden war und die Integrität der dänischen Monarchie für ein europäisches Interesse erklärte. Auch war hier für den Fall, daß männliche Deszendenz Friedrichs III. nicht vorhanden sein sollte, dem Prinzen von S.-Sonderburg-Glücksburg (nunmehr Christian IX. von Dänemark) und seiner männlichen Nachkommenschaft die Regierungsnachfolge gewährleistet. Dagegen nahm der anfangs von Preußen unterstützte Erbprinz von S.-Augustenburg, gestützt auf sein agnatisches Erbrecht, die Thronfolge in den Herzogtümern für sich in Anspruch. Der König von Dänemark ging nun so weit, die förmliche Einver-

leibung Schleswigs in Dänemark mit Zustimmung des Reichsrats auszusprechen. Dies hatte die Kriegserklärung Preußens und Österreichs zur Folge, und Dänemark wurde gezwungen, durch den Frieden vom 30. Okt. 1864 seine Rechte an den Herzogtümern, ebenso wie an Lauenburg, an Österreich und Preußen abzutreten. Durch die Gasteiner Konvention vom 14. Aug. 1865 kam Lauenburg (s. b.) an Preußen, während die Verwaltung in Schleswig von Preußen, die in Holstein aber von Österreich geführt werden sollte. Die großen Erfolge des Kriegs 1866 aber führten zu der vollständigen Einverleibung der Herzogtümer in die preußische Monarchie, welche durch Gesetz vom 24. Dez. 1866 vollzogen ward. Bezüglich Nordschleswigs war in dem Prager Frieden vom 23. Aug. 1866 (Art. 5) allerdings vereinbart worden, daß die definitive Zuteilung dieses Landesteils an Preußen oder Dänemark von einer Volksabstimmung abhängig gemacht werden sollte. Doch wurde dieser Vorbehalt durch ein Abkommen zwischen Preußen und Österreich vom 11. Okt. 1878 wieder beseitigt. Vgl. Fich, Politische Geschichte des dänisch-deutschen Streits (1865); Thudichum, Verfassungsgeschichte Schleswig-Holsteins (1871).

Schmähschrift (Schmachschrift), s. Pasquill.

Schmuggelhandel (Schleichhandel, Pascherei, Einschwärzung), verbotswidrige Einführung von Waren (Konterbande) in ein fremdes Staats- und Zollgebiet mit Hinterziehung des Eingangszolls. Zur Bekämpfung des Schmuggels bestehen zwischen den Grenzstaaten meistens besondere Konventionen, so zwischen Deutschland und Österreich das Zollkartell von 1868 (§§ 5—8, 12, 26; Norddeutsches Bundesgesetzblatt 1868, S. 296 ff.).

Schöffen (Schöppen, lat. Scabini), im altdeutschen Prozeßverfahren die Gerichtsbeisitzer, welche das von dem Grafen als Vorsitzendem des Gerichts zu verkündigende Urteil zu finden (»schöpfen«) hatten; im modernen Strafprozeß Laien, welche neben und mit dem rechtsgelehrten Richter zusammen in minder wichtigen Straffällen urteilen. Nach dem deutschen Gerichtsverfassungsgesetz (§§ 25 ff.) sind die aus dem Amtsrichter als Vorsitzendem und zwei aus dem Volk erwählten S., welche bei der Entscheidung gleiches Stimmrecht mit jenem haben, gebildeten Schöffengerichte für die Übertretungen sowie für diejenigen Vergehen zuständig, welche nur mit Gefängnis bis zu 3 Monaten oder mit Haft oder mit Geldstrafe bis zu 600 Mk. bedroht sind, ferner für Beleidigungen und Körperverletzungen, die im Weg der Privatklage verfolgt werden, für einfachen Diebstahl und Betrug, einfache Unterschlagung und Sachbeschädigung, wofern der Wertbetrag des Verbrechensgegenstands die Summe von 25 Mk. nicht übersteigt, endlich für Begünstigung und Hehlerei, wenn die verbrecherischen Handlungen, auf welche sich diese beziehen, ebenfalls in die schöffengerichtliche Kompetenz fallen. Außerdem können noch andre leichtere Vergehen von den Strafkammern der Landgerichte an die Schöffengerichte verwiesen werden, wenn die Strafe voraussichtlich 3 Monate Gefängnis nicht übersteigen wird. Vgl. Voitus, Handbuch für S. (1879).

Schoppen, s. Liter.

Schottland, s. Großbritannien.

Schriftführer, in Versammlungen und Vereinen eine vorzugsweise zur offiziellen Beurkundung der Verhandlungen und Abstimmungen berufene Person. Besonders wichtig ist die Schriftführung für parlamentarische Körperschaften, und zwar war es früher üblich und ist auch noch jetzt bei kleinern Landtagen gebräuchlich, daß die Regierung den Ständen einen besondern Beamten (Syndikus) als S. beigibt. Regelmäßig werden aber die S. von der Kammer selbst gewählt. So wählt insbesondere der deutsche Reichstag nach der Reichsverfassung (Art. 27) seine S. selbst, und zwar werden nach der Geschäftsordnung acht S. in einer einzigen Wahlhandlung nach relativer Stimmenmehrheit erwählt. Bei Stimmengleichheit entscheidet das Los, welches durch die Hand des Präsidenten gezogen wird. Die Wahl der S. geschieht für die Dauer jeder Session, doch

kann der Gewählte nach Ablauf von vier Wochen zurücktreten. Bei Beginn einer neuen Legislaturperiode und einer neuen Session innerhalb der laufenden Legislaturperiode ernennt der Vorsitzende provisorisch bis zur Konstituierung des Vorstands, zu welchem die S. mit gehören, vier Mitglieder des Hauses zu Schriftführern.

Schriftsässig, früher Bezeichnung für Rittergüter, deren Besitzer unter den obern Landesgerichten als erster Instanz standen, im Gegensatz zu den amtssässigen, deren Besitzer das Amt, in dem sie gelegen, als erste Instanz hatten.

Schriftvergleichung (lat. Comparatio literarum), die Vergleichung der Handschrift einer ihrer Echtheit nach zweifelhaften mit einer unzweifelhaft von dem angeblichen Aussteller herrührenden Urkunde, um so die Echtheit oder Unechtheit der erstern darzuthun. Die S. kann sowohl im Zivil- wie im Strafprozeß als Beweismittel vorkommen. Sie erfolgt regelmäßig unter Zuziehung von Sachverständigen (Schreibverständigen). Vgl. Deutsche Zivilprozeßordnung, §§ 406 f.; Strafprozeßordnung, § 93.

Schuldbrief, s. Obligation.

Schuldfrage, s. Thatfrage.

Schuldhaft, s. Haft.

Schuldner } s. Obliga-
Schuldverschreibung } tion.

Schultheiß (Schulze, eigentlich Schuldheiß, neulat. Sculdarius, Scultetus, franz. Maire, engl. Bailliff, Mayor), ursprünglich derjenige Beamte, welcher die Mitglieder einer Gemeinde zur Leistung ihrer Schuldigkeit anzuhalten hat, welcher »heißt« (heischt), was jemand schuldig ist; dann überhaupt s. v. w. Gemeindevorsteher. Dabei wurde früher zwischen Stadtschultheiß und Dorfschultheiß unterschieden, während für erstern jetzt die Bezeichnung »Bürgermeister« üblich ist. Das Amt des Schultheißen, welches jetzt durch die Wahl der Gemeinde erfolgt, die aber der obrigkeitlichen Bestätigung bedarf, war früher auch vielfach mit dem Besitz bestimmter Güter (Schulzengut, Schulzenlehen, Bauermeisterlehen, in Schlesien Scholtisei, Erbscholtisei, Scholzen- oder Scholtengut genannt) verbunden, für welche sich die darauf bezügliche Bezeichnung teilweise noch jetzt erhalten hat.

Schutzbürger, s. Beisassen.

Schutzfrist, s. Urheberrecht.

Schutzgenossen (Schutzverwandte), s. v. w. Schutzbürger oder Beisassen (s. b.). Eine besondere Klasse von S. machten ehedem die Schutzjuden aus, welche erst durch den Schutzbrief die Unterthanenrechte und zwar oft nur auf gewisse Jahre erhielten.

Schutz- und Trutzbündnis, s. Allianz.

Schutzverwandte, s. Beisassen.

Schutzzoll, s. Zoll.

Schwarzburg-Rudolstadt, Fürstentum und Bundesstaat des Deutschen Reichs, 942 qkm mit 80,264 meist evangel. Einwohnern; Haupt- und Residenzstadt: Rudolstadt mit 8747 Einw. Die Staatsform ist die einer konstitutionellen Erbmonarchie, für welche ein neues Grund- und Wahlgesetz 21. März 1854 erlassen worden ist, das aber durch Nachtragsgesetze vom 21. März 1861 und 16. Nov. 1870 Umgestaltungen erfahren hat. An der Spitze des Staatswesens steht der Fürst (»Durchlaucht«) aus dem Haus der Grafen von Schwarzburg. Der Landtag setzt sich nach dem Einkammersystem aus 16 Abgeordneten zusammen, von welchen 4 von den Höchstbesteuerten und 12 in allgemeinen Wahlen und zwar im direkten Wahlverfahren jeweilig auf drei Jahre gewählt werden. Das Land zerfällt in die sogen. Oberherrschaft (Rudolstadt) und in die Unterherrschaft (Frankenhausen). An der Spitze der Landesverwaltung steht das Staatsministerium, welchem zum Zweck der innern Landesverwaltung die drei Landratsämter Rudolstadt, Königsee und Frankenhausen unterstellt sind. Justiz. Das Fürstentum ist bei dem gemeinschaftlichen thüringischen Oberlandesgericht zu Jena mitbeteiligt, das gemeinsame Landgericht zu Rudolstadt umfaßt die Amtsgerichtsbezirke des Landes (Frankenhausen, Königsee, Leutenberg, Oberweißbach, Rudolstadt, Schlotheim und Stadtilm) sowie den preußischen Kreis Ziegenrück und den sachsen-meiningischen Kreis Saalfeld.

Laut Militärkonvention vom 15. Sept. 1873, welche an die Stelle der frühern Konvention vom 26. Juni 1867 trat, gehört das Kontingent des Fürstentums dem preußischen Militärverband an. Das Kontingent bildet mit den Truppen von Sachsen-Altenburg und denjenigen der beiden reußischen Fürstentümer zusammen das 7. thüringische Infanterieregiment Nr. 96, welches der 8. Division des 4. deutschen Armeekorps (Magdeburg) zugewiesen ist. Finanzen. Die Jahreseinnahme und -Ausgabe balanciert nach dem Staatshaushaltsetat für die Jahre 1879—81 mit 1,772,270 Mk., barunter 280,365 Mk. Ausgabe für das fürstliche Haus. Die Staatsschuld beläuft sich auf 4,426,704 Mk. gegen 3,235,795 Mk. Aktiven. Im deutschen Bundesrat führt das Fürstentum eine Stimme und entsendet einen Abgeordneten zum Reichstag. Das kleinere Wappen der beiden Fürstentümer S. und Schwarzburg-Sondershausen zeigt den deutschen Reichsabler in Gold (zur Erinnerung an den Kaiser Günther), das größere enthält die Zeichen der Landesteile, jenes kleinere Wappen und das Zeichen von S. (einen golbnen Löwen in blauem Feld), wird von sechs gekrönten Helmen bebeckt und von einem wilden Mann und einem wilden Weib gehalten. Die Landesfarben sind Weiß und Blau. Vgl. Sigismund, Landeskunde des Fürstentums S. (1862, 2 Teile).

Schwarzburg-Sondershausen, Fürstentum und Bundesstaat des Deutschen Reichs, 862 qkm mit 71,083 meist evangel. Einwohnern; Haupt- und Residenzstadt: Sondershausen mit 6110 Einw. Durch Verfassungsgesetze vom 24. Sept. 1841, 12. Dez. 1849 und 8. Juli 1857 wurde die Staatsform als diejenige einer konstitutionellen Erbmonarchie festgestellt. Die bermalige Staatsverfassung gründet sich auf die Verfassungsurkunde vom 8. Juli 1857, mobifiziert durch Gesetze vom 24. Jan. 1860, 2. Aug. 1866 und 27. Dez. 1871. An der Spitze des Staats steht der Fürst (»Durchlaucht«) aus dem Haus der Grafen von Schwarzburg. Der Landtag besteht nach dem Einkammersystem aus 15 Abgeordneten, von welchen 5 von dem

Fürsten ernannt, 5 von den Höchstbe=
steuerten und 5 in allgemeinen Wahlen
auf vier Jahre und zwar im indirekten
Wahlverfahren gewählt werden. Die
oberste Verwaltungsbehörde des Für=
stentums ist das Staatsministerium (Ge=
setz vom 17. März 1850) mit den Abtei=
lungen für Angelegenheiten des fürstlichen
Hauses und für das Auswärtige, für das
Innere, für die Finanzen, für Kirchen=
und Schulsachen und für die Justiz. Das
Fürstentum zerfällt zum Zweck der innern
Verwaltung in die vier Verwaltungs=
bezirke Sondershausen und Ebeleben (so=
gen. Unterherrschaft), Arnstadt und Gehren
(sogen. Oberherrschaft), welche unter Land=
räten stehen. Justiz. Durch Staats=
vertrag hat sich das Fürstentum mit sei=
nen fünf Amtsgerichtsbezirken (Arnstadt,
Ebeleben, Gehren, Greußen und Son=
dershausen) dem gemeinschaftlichen Ober=
landesgericht zu Naumburg und dem
Landgericht in Erfurt angeschlossen. Laut
Militärkonvention vom 17. Sept. 1873,
welche an die Stelle der Konvention vom
28. Juni 1867 trat, gehört das Kontin=
gent des Fürstentums dem preußischen
Militärverband an, und zwar bildet das=
selbe einen Bestandteil des 3. thüringi=
schen Infanterieregiments Nr. 71 (Er=
furt), welches dem 4. Armeekorps (Mag=
deburg) zugehört. Finanzen. Die
Jahreseinnahme beträgt nach dem Staats=
haushaltsetat pro 1880—83: 2,119,391
Mk., die Ausgabe 2,083,316 Mk., so daß
ein Überschuß von 36,075 Mk. verbleibt.
Die Staatsschuld betrug 1880: 1,431,667
Mk., die Kammerschuld 2,067,086 Mk.
Im Bundesrat führt S. eine Stimme;
es entsendet zum deutschen Reichstag einen
Abgeordneten. Das Wappen ist das=
selbe wie für Schwarzburg=Rudolstadt.
Die Landesfarben sind Weiß und Blau.
Vgl. Helmrich, Schwarzburgische Lan=
deskunde (1871).

Schwebende Schuld, Schulden, welche
auf Verlangen der Gläubiger sofort oder
nach kurzer Kündigungsfrist zurückgezahlt
werden müssen, im Gegensatz zu einer
solchen Schuld, bei welcher eine längere
Frist für die Rückzahlung gesichert ist.

Schweden und Norwegen, vereinigte

Königreiche der Skandinavischen Halb=
insel: Schweden (schwed. Sverige),
442,818 qkm, (1879) 4,578,901 Einw.,
Hauptstadt: Stockholm (173,433
Einw.); Norwegen (dän. Norge, schwed.
Norrige), 318,195 qkm, (1875) 1,806,900
Ew., Hauptstadt: Christiania (76,054,
inkl. der 1880 einverleibten Gemeinden
116,801 Einw.). Die Bevölkerung Schwe=
bens setzt sich aus den eigentlichen Schwe=
den, welche germanischer Abkunft sind, aus
Lappen und Finnen und fremden Natio=
nalitäten zusammen, während in Nor=
wegen außer den eingebornen Norwegern
namentlich Quänen, d. h. Finnländer oder
aus Finnland Eingewanderte, und Lappen,
in Norwegen Finnen genannt, vorhanden
sind. Die schwedische Sprache gehört zu
dem skandinavischen Zweig des germani=
schen Sprachstamms. In Norwegen hat
sich die eigentliche Landessprache nur als
Dialekt erhalten, die Büchersprache ist die
dänische. Im Frieden von Kiel 14. Jan.
1814 wurde Norwegen, welches bis da=
hin zu Dänemark gehört hatte, von dem
letztgenannten Staat an Schweden abge=
treten und ist nunmehr mit diesem König=
reich in Form einer Realunion verbun=
den. Diese Union ist 4. Nov. 1814 von
dem norwegischen Storthing angenom=
men und durch die Bundesakte (Riksak=
ten) vom 6. Aug. 1815 sanktioniert wor=
den. An der Spitze der beiden Königreiche
steht der König aus der Familie des fran=
zösischen Marschalls Bernadotte (geb. 26.
Jan. 1764 zu Pau, gest. 8. März 1844),
welcher 21. Aug. 1810 von den schwedi=
schen Ständen zum Kronprinzen von
Schweden erwählt, 5. Nov. 1810 von dem
König Karl XIII. adoptiert wurde und
5. Febr. 1818 als Karl XIV. den Thron
bestieg. Die Staatsgrundgesetze des Kö=
nigreichs Schweden sind: die Konstitution
(Regerings-Formen) vom 6. Juni 1809,
das Erbfolgegesetz vom 26. Sept. 1810,
die Preßfreiheitsordnung vom 16. Juli
1812, der Reichsakt vom 6. Aug. 1815
über die Union mit Norwegen und das
Reichstagsgesetz vom 22. Juni 1866. Die
Würde des Königs (»von S. u. N., der
Goten und Wenden«) ist erblich. Der
König muß der protestantischen Konfes=

sion angehören. Derselbe ist bei der Aus=
übung der gesetzgebenden Gewalt und bei
der Besteuerung an die Zustimmung des
Reichstags gebunden. Dieser besteht
seit 1866 aus zwei Kammern, und zwar
werden die Abgeordneten zur Ersten Kam=
mer in indirekter Wahl, je einer auf
30,000 Einw., auf neun, die zur Zweiten
Kammer in den größern Orten in direk=
ter, in den kleinern in indirekter Wahl
auf drei Jahre gewählt. Unter dem Reichs=
tag steht der Generalprokurator des Reichs=
tags, welcher von jener Körperschaft all=
jährlich zur Kontrolle der Rechtspflege
und der Verwaltung ernannt wird. Die=
ser Generalprokurator ist zugleich Vor=
sitzender des Komitees für die Preßfreiheit,
welches aus 6 Mitgliedern besteht, die
vom Reichstag jeweilig auf drei Jahre er=
nannt werden. Auch die Mitglieder der
Nationalbank (7) und des Kontors der
öffentlichen Schuld (ebenfalls 7) werden
vom Reichstag abgeordnet, ebenso das
Komitee der 12 Staatsrevisoren zur Über=
wachung der Verwaltung des Schatzes,
der Bank und des Kontors der öffent=
lichen Schuld. Die vollziehende Gewalt
wird vom König durch den Staatsrat
ausgeübt. Dieser besteht aus dem Staats=
minister und den Chefs der Ministerial=
departements der Justiz, der auswärtigen
Angelegenheiten, des Kriegs, der Marine,
des Innern, der Finanzen und des Kul=
tus und öffentlichen Unterrichts. Außer=
dem sind drei Mitglieder des Staatsrats
mit nur beratender Stimme und ohne
Portefeuille vorhanden. Das Königreich
Schweden zerfällt in die drei Landschaften
Svealand, Gotland und Norrland;
es wird zum Zweck der innern Verwal=
tung in 24 Läns (Landeshauptmannschaf=
ten), welche unter Gouverneuren stehen,
und den Stadtbezirk Stockholm mit einem
Generalgouverneur eingeteilt. Die Läns
zerfallen in 117 Vogteien. Rechtspflege.
Das oberste Tribunal des Königreichs
besteht zu Stockholm; dazu kommen Ober=
gerichte (zweiter Instanz) zu Stockholm,
Jönköping und Christianstad und ein Mi=
litärgerichtshof zweiter Instanz. Die herr=
schende Religion ist die evangelisch=luthe=
rische. Erster Reichsprälat ist der Erz=

bischof von Upsala, unter welchem elf
Bischöfe stehen. Es besteht jedoch völlige
Religionsfreiheit. Finanzen. Die
Staatseinnahmen des Königreichs Schwe=
ben, waren pro 1881 auf 74,995,000
Kronen (à 1 Mk. 12½ Pf.), die Aus=
gaben ebenso hoch veranschlagt. Für die
Landtruppen waren 17,251,000 und für
die Marine 5,175,000 Kronen in die Aus=
gabe eingestellt. Doch bezieht das Heer,
ebenso wie ein Teil der Zivilbeamten und
der Geistlichen, seine Einkünfte zum Teil
aus gewissen Kronländereien, deren Er=
trag in das Budget nicht mit aufgenom=
men ist. Die Gesamtstaatsschuld betrug
31. Dez. 1879: 220,296,130 Kronen. Die
schwedische Armee besteht teils aus ange=
worbenen (värfvade), teils aus kanto=
nierten oder eingeteilten (indelta) Trup=
pen. Dazu kommen die Landwehr (bevä=
ring) und die Miliz der Insel Gottland;
auch bestehen freiwillige Schützenvereine,
deren Befehlshaber vom König ernannt
werden. Die Linientruppen bestanden 1879
aus 26,669 Mann Infanterie, 4957
Mann Kavallerie, 4748 Mann Artillerie
und mit der Generalität und den Genie=
truppen im ganzen aus 37,396 Mann
mit 234 Kanonen und 6647 Pferden.
Dazu kommen 125,424 Mann Reserve=
truppen sowie 20,243 Mann gottländi=
sche Miliz und freiwillige Schützen. Die
Kriegsflotte zählte 1879: 43 Dampfer,
10 Segelschiffe und eine Ruderflottille
von 87 Schaluppen, im ganzen mit 373
Kanonen. Das schwedische Wappen be=
steht aus vier Feldern, zwei mit drei gold=
nen Kronen in blauem Felde, die beiden an=
dern mit einem roten Löwen in goldnem
Feld und drei blauen linken Schrägbalken
und einem Mittelschild mit fünf Feldern.
Die Landesfarben sind Gold und Blau.

Norwegen.

Das mit Schweden vereinigte König=
reich Norwegen stellt sich ebenfalls als
eine Erbmonarchie dar, welche nach der
Konstitution vom 4. Nov. 1814 einen
demokratischen Charakter hat insofern,
als Adel und sonstige Standesunterschiede
nicht vorhanden sind und der König den
Beschlüssen der Versammlung der Volks=
abgeordneten (Storthing) gegenüber nur

ein suspensives Veto hat. Das Stor=
thing wird auf drei Jahre gewählt; die
Wahl ist indirekt, und zwar werden in
den Kaufstädten 37, in den Landdistrikten
74 Abgeordnete gewählt. Das Storthing
wählt dann aus seiner Mitte ein Viertel
der Mitgliederzahl zu einem besondern
Ausschuß, welcher Lagthing genannt
wird; im Gegensatz hierzu bilden die übri=
gen das Odelsthing. Auf diese Weise
werden zwei Kammern hergestellt, welche
getrennt verhandeln, während gewisse Ge=
genstände, wie Abgaben und Zölle, im
Plenum des Storthings beraten werden.
Dem König steht zur Ausübung der voll=
ziehenden Gewalt ein besonderer Staats=
rat für Norwegen zur Seite, welcher aus
zwei Staatsministern und mindestens
sieben Staatsräten bestehen soll. Der eine
Staatsminister und zwei Staatsräte sollen
sich immer bei dem König aufhalten, wenn
dieser nicht in Norwegen ist; die übrigen
bilden die königlich norwegische Regierung
in Christiania, welcher die innere Regie=
rung der Monarchie übertragen ist. Zum
Zweck der innern Verwaltung zerfällt
das Reich in 20 Ämter und 54 Vogteien,
doch stehen die Städte Christiania und Ber=
gen unter eigner Verwaltung. Jedem Amt
steht ein Amtmann vor. Fünf Amtleute
(in Bergen, Christiania, Christiansand,
Drontheim und Tromsö) sind Stiftsamt=
leute, welche mit dem Bischof des Stifts
zusammen die Stiftsdirektionen bilden.
Es werden nämlich in kirchlicher Hinsicht
sechs Stifter (außer den bereits genann=
ten noch Hamar) unterschieden, welche
unter Bischöfen stehen. Die evangelisch=
lutherische Konfession bildet die Staats=
religion, doch besteht völlige Religions=
freiheit. Gerichtsverfassung. In den
Städten bilden die Stadtvögte, in Chri=
stiania ein kollegiales Stadtgericht, auf
dem Lande die Sorenskriver (»geschworne
Schreiber«) die unterste Instanz. Die
Berufung gegen Urteile derselben geht an
die Stiftsobergerichte in Christiania, Chri=
stiansand, Bergen und Drontheim. Ein
oberstes Reichsgericht besteht in Christia=
nia. Finanzen. Direkte Abgaben und
Steuern werden nicht erhoben. Das
Staatseinkommen setzt sich vielmehr im

wesentlichen aus den Zöllen (12,294,000
Kronen), aus den Erträgnissen der Brannt=
weinsteuer und der Malzsteuer und aus
den Einnahmen aus dem Post= und Tele=
graphenwesen zusammen. Die Gesamt=
einnahme betrug 1878—79: 40,724,200
Kronen. Die Ausgaben beliefen sich in
diesem Finanzjahr auf 48,571,600 Kro=
nen. Die Staatsschulden betrugen 30.
Juni 1879: 99,632,000 Kronen, welchen
an Aktiven 84,200,000 Kronen gegenüber=
standen. Heerwesen. Die »Landbewaff=
nung« zerfällt in die Linientruppen mit
Reserve, Train, Landwehr, Bürgerbewaff=
nung und Landsturm. Jeder Staatsan=
gehörige ist wehrpflichtig. Die Dienstzeit
beträgt 10, für die Kavallerie 7 Jahre.
Die Linientruppen (5 Brigaden Infan=
terie zu je 4 Bataillonen mit je 4 Kom=
panien, 1 Jägerkorps zu 5 Kompanien, 1
Brigade Kavallerie, 11 Batterien Artil=
lerie zu je 6 Geschützen) zählen 750 Offi=
ziere und 18,000 Mann. Die Landwehr
dient zur Verteidigung des eignen Landes,
die Bürgerwehr zur Lokalverteidigung;
der Landsturm wird nur im Krieg organi=
siert. Die Kriegsflotte zählt 32 Dam=
pfer mit 146 Kanonen, darunter 4 Monito=
ren; 92 Segel= und Ruderschiffe mit 149
Kanonen. Das Wappen Norwegens ist
der gekrönte goldne Löwe auf rotem Feld
mit der Streitart des heil. Olaf. Die
Flagge ist rot, durch ein dunkelblaues,
mit weißen Kanten eingefaßtes Kreuz in
vier Quadrate eingeteilt. Vgl. Jonas,
Schweden und seine Entwickelung (1875);
»Royaume de Suède. Exposé statis=
tique« (1878); Kraft, Topographisk
Handbog over Kongeriget Norge (1845
bis 1848); Nordenflycht, Die schwedi=
sche Staatsverfassung (1861); T. H. Ashe=
houg, Norges nuvaerende Statsfor=
fatning (1875); Lilienberg, Sveriges
Grundlagar och konstitutionella Stad=
gar (1877).

Schweiz (Schweizer Eidgenossen=
schaft, Confédération suisse), republi=
kanischer Bundesstaat, 41,389 qkm, (1880)
2,846,102 Einw. Die durch den Bund
vereinigten Kantone sind folgende: Zürich,
Bern, Luzern, Uri, Schwyz, Unterwalden
(ob und nid dem Wald), Glarus, Zug,

Freiburg, Solothurn, Basel (Stadt und Landschaft), Schaffhausen, Appenzell (Außer-Roden und Inner-Roden), St. Gallen, Graubünden, Aargau, Thurgau, Tessin, Waadt, Wallis, Neuenburg und Genf. Von diesen Kantonen sind vier vorherrschend reformiert, nämlich Appenzell-Außer-Roden, Zürich, Waadt und Schaffhausen, neun vorherrschend katholisch, nämlich Zug, Luzern, Unterwalden, Schwyz, Appenzell-Inner-Roden, Wallis, Uri und Tessin, während in den übrigen Kantonen die Bevölkerung eine gemischte ist. Im ganzen waren 1880: 1,666,984 (58 Proz.) evangelische, 1,161,055 (40 Proz.) katholische und 7380 (0,3 Proz.) jüdische Bewohner vorhanden. Die Zahl der christlichen Sektierer betrug 10,683. Römisch-katholische Bischöfe residieren zu Luzern (Basel), Chur, Freiburg (Lausanne), St. Gallen und Sitten. Seit 1876 hat ein altkatholischer Bischof (Bischof der Nationaldiözese) in Bern seinen Sitz. In den protestantischen Diözesen werden die kirchlichen Angelegenheiten von gemischten Behörden geleitet, deren Stellung und Zusammensetzung aber in den einzelnen Kantonen, da das Kirchenwesen Kantonalsache, eine sehr verschiedenartige ist. Was die Sprachverhältnisse anbelangt, so zählte man 1870: 384,538 deutsche, 133,575 französische, 30,079 italienische, 8778 romanische und 48 anders sprechende Haushaltungen. Die Bundeshauptstadt ist Bern mit 44,087 Einw.

Verfassung. Das dermalige Grundgesetz der Schweizer Föderativrepublik datiert vom 29. Mai 1874. Zweck des Bundes ist: »Behauptung der Unabhängigkeit des Vaterlands gegen außen, Handhabung von Ruhe und Ordnung im Innern, Schutz der Freiheit und der Rechte der Eidgenossen und Beförderung ihrer gemeinsamen Wohlfahrt«. Die einzelnen Kantone sind souverän, soweit ihre Souveränität nicht durch die Bundesverfassung beschränkt ist, und üben als solche alle Rechte aus, welche nicht der Bundesgewalt übertragen sind. So steht insbesondere dem Bunde die Gesetzgebung zu über das Heerwesen, über den Bau und Betrieb von Eisenbahnen, über die persönliche Handlungsfähigkeit, über das Obligationenrecht mit Einschluß des Handels- und Wechselrechts, über das Urheberrecht an Werken der Litteratur und Kunst, über Maß und Gewicht, über das Beitreibungsverfahren und über das Konkursrecht, desgleichen die Gesetzgebung über die gegen gemeingefährliche Epidemien und Viehseuchen zu treffenden gesundheitspolizeilichen Verfügungen. Auf andern Gebieten des privaten und des öffentlichen Rechts steht dagegen die Gesetzgebung den Kantonen zu. Die Staatsverfassung der letztern ist eine sehr verschiedenartige. In einzelnen Kantonen findet sich noch eine unmittelbare Demokratie, während in den übrigen eine repräsentativ-demokratische Verfassung besteht, ohne daß jedoch im einzelnen eine große Übereinstimmung der Kantonalverfassungen vorhanden wäre. Dem Bund allein steht das Recht, Krieg zu erklären und Frieden zu schließen, Bündnisse und Staatsverträge, namentlich Zoll- und Handelsverträge, mit dem Ausland einzugehen, zu. Das Zollwesen, das Post- und Telegraphenwesen im ganzen Umfang der Eidgenossenschaft ist Bundessache. Die Münzprägung geht allein vom Bund aus. Die Fabrikation und der Verkauf des Schießpulvers stehen ausschließlich dem Bund zu. Der einzelne Schweizerbürger hat aber als Schweizer und als Kantonalbürger eine doppelte Stellung. Jeder Kantonsbürger ist zugleich Schweizerbürger. Der niedergelassene Schweizerbürger genießt an seinem Wohnsitz alle Rechte des Kantonsbürger und damit auch die Rechte der Gemeindebürger, ausgenommen den Mitanteil an Bürger- und Korporationsgütern und das Stimmrecht in rein bürgerlichen Angelegenheiten. Sämtliche Kantone sind verpflichtet, alle Schweizerbürger in der Gesetzgebung wie in dem gerichtlichen Verfahren den Bürgern des eignen Kantons gleich zu halten. Das Schweizerbürgerrecht, welches die aktive und passive Wahlfähigkeit für die eidgenössischen Wahlen begründet, verleiht dem Schweizerbürger innerhalb des Bundesgebiets völlige Freizügigkeit. Er hat das Recht, sich innerhalb desselben an jedem Ort niederzulassen, wenn er einen Heimatschein oder eine andre gleichbedeutende Ausweisschrift besitzt (Bundesverfassung, Art. 45).

Die oberste Gewalt des Bundes wird nach der Bundesverfassung (Art. 71 ff.) durch die Bundesversammlung ausgeübt, welche sich aus dem Nationalrat und dem Ständerat zusammensetzt. Der Nationalrat (Conseil national) repräsentiert die eigentliche Volksvertretung, und zwar ist hier das Schweizervolk in seiner Gesamtheit vertreten, wie im deutschen Reichstag das deutsche Volk in seiner Gesamtheit vertreten ist. Der Nationalrat wird jeweilig auf drei Jahre in allgemeinen und direkten Wahlen von dem Schweizervolk gewählt. Wahlfähig und wahlberechtigt ist jeder Schweizer, welcher das 20. Lebensjahr zurückgelegt hat und nach der Gesetzgebung seines Kantons nicht vom Aktivbürgerrecht ausgeschlossen ist. Näheres über die eidgenössischen Wahlen und Abstimmungen ist durch Bundesgesetz vom 19. Juli 1872 bestimmt. Auf je 20,000 Seelen der Gesamtbevölkerung wird ein Mitglied gewählt; eine Bruchzahl über 10,000 Seelen wird für 20,000 Seelen gerechnet. Nach der Volkszählung von 1870 zählt der Nationalrat 135 Mitglieder und zwar für Zürich 14, Bern 25, Luzern 7, Uri 1, Schwyz 2, Unterwalden ob dem Wald 1, Unterwalden nid dem Wald 1, Glarus 2, Zug 1, Freiburg 6, Solothurn 4, Baselstadt 2, Baselland 3, Schaffhausen 2, Appenzell-Außer-Roden 2, Appenzell-Inner-Roden 1, St. Gallen 10, Graubünden 5, Aargau 10, Thurgau 5, Tessin 6, Waadt 11, Wallis 5, Neuenburg 5 und Genf 4 »Nationalräte«.

Der Ständerat (Conseil des états) besteht aus 44 Abgeordneten der Kantone. Jeder Kanton wählt zwei Abgeordnete, in den geteilten Kantonen jeder Landesteil einen Abgeordneten. Der Ständerat ist die Vertretung der Einzelstaaten, ähnlich dem deutschen Bundesrat. Die Art und Weise, wie die einzelnen Kantone ihre Abgeordneten für diese Körperschaft erwählen, richtet sich nach dem einzelnen Kantonalverfassungen. Zu beachten ist jedoch, daß die Mitglieder des Ständerats, ebensowenig wie die des Nationalrats, an Instruktionen ihrer Wähler gebunden sind. Die Mitglieder beider Kammern beziehen Entschädigungen. Die Mitglieder des Nationalrats und des Bundesrats können nicht zugleich Mitglieder des Ständerats sein. Die beiden Räte versammeln sich jährlich einmal zur ordentlichen Sitzung. Sie werden außerordentlich einberufen durch Beschluß des Bundesrats, oder wenn ein Viertel der Mitglieder des Nationalrats oder fünf Kantone es verlangen. Jeder der beiden Räte wählt aus seiner Mitte für jede ordentliche und außerordentliche Sitzung einen Präsidenten und einen Vizepräsidenten. Für Bundesgesetze und Bundesbeschlüsse ist die Zustimmung beider Räte erforderlich. Bundesgesetze sowie allgemein verbindliche Bundesbeschlüsse, welche nicht bringlicher Natur sind, sollen überdies dem Gesamtvolk zur Abstimmung (Referendum) vorgelegt werden, wenn es von 30,000 stimmberechtigten Schweizerbürgern oder von acht Kantonen verlangt wird. Das Nähere über diese Volksabstimmung ist durch Bundesgesetz vom 17. Juni 1874 bestimmt. Im einzelnen sind aber folgende Gegenstände dem Geschäftskreis der beiden Räte überwiesen: 1) Gesetze über die Organisation und die Wahlart der Bundesbehörden; 2) Gesetze und Beschlüsse über diejenigen Gegenstände, zu deren Regelung der Bund nach Maßgabe der Bundesverfassung befugt ist; 3) Besoldung und Entschädigung der Mitglieder der Bundesbehörden und der Bundeskanzlei, Errichtung bleibender Beamtungen und Bestimmung ihrer Gehalte; 4) Wahl des Bundesrats, des Bundesgerichts, des Kanzlers sowie des Generals der eidgenössischen Armee; 5) Bündnisse und Verträge mit dem Ausland sowie Gutheißung der Verträge unter sich oder mit dem Ausland; solche Verträge der Kantone gelangen jedoch nur dann an die Bundesversammlung, wenn vom Bundesrat oder von einem andern Kanton Einsprache erhoben wird; 6) Maßregeln für die äußere Sicherheit, für Behauptung der Unabhängigkeit und Neutralität der S., Kriegserklärungen und Friedensschlüsse; 7) Garantie der Verfassungen und des

Gebiets der Kantone; Intervention infolge der Garantie; Maßregeln für die innere Sicherheit, für Handhabung von Ruhe und Ordnung; Amnestie und Begnadigung; 8) Maßregeln, welche die Handhabung der Bundesverfassung, die Garantie der Kantonalverfassungen, die Erfüllung der bundesmäßigen Verpflichtungen zum Zweck haben; 9) Verfügungen über das Bundesheer; 10) Aufstellung des jährlichen Voranschlags und Abnahme der Staatsrechnung sowie Beschlüsse über die Aufnahme von Anlehen; 11) die Oberaufsicht über die eidgenössische Verwaltung und Rechtspflege; 12) Beschwerden gegen Entscheidungen des Bundesrats über Administrativstreitigkeiten; 13) Kompetenzstreitigkeiten zwischen Bundesbehörden; 14) Revision der Bundesverfassung. Über solche Angelegenheiten verhandelt jeder Rat abgesondert. Bei Wahlen (Ziffer 4), bei Ausübung des Begnadigungsrechts und für Entscheidung von Kompetenzstreitigkeiten (Ziffer 13) bereinigen sich jedoch beide Räte unter der Leitung des Präsidenten des Nationalrats zu einer gemeinschaftlichen Verhandlung, so daß die absolute Mehrheit der stimmenden Mitglieder beider Räte entscheidet. Jedem der beiden Räte und jedem Mitglied derselben steht übrigens das Vorschlagsrecht (die Initiative) zu.

Die oberste vollziehende und leitende Behörde der Eidgenossenschaft ist der Bundesrat (Conseil fédéral), welcher aus 7 Mitgliedern besteht. Diese werden von der Bundesversammlung aus allen Schweizerbürgern, welche als Mitglieder des Nationalrats wählbar sind, auf die Dauer von 3 Jahren ernannt. Es darf jedoch nicht mehr als ein Mitglied aus dem nämlichen Kanton gewählt werden. Nach jeder Gesamterneuerung des Nationalrats findet auch eine Gesamterneuerung des Bundesrats statt. Die in der Zwischenzeit erledigten Stellen werden bei der nächstfolgenden Sitzung der Bundesversammlung für den Rest der Amtsdauer wieder besetzt. Die Mitglieder des Bundesrats dürfen keine andre Beamtung, sei es im Dienste der Eidgenossenschaft, sei es in einem Kanton, beklei-

ben, noch irgend einen andern Beruf oder Gewerbe treiben. Der Bundesrat wählt aus seiner Mitte auf die Dauer eines Jahrs den Bundespräsidenten (Président de la Confédération) und den Bundesvizepräsidenten. Der Bundespräsident führt im Bundesrat den Vorsitz. Der abtretende Präsident ist für das nächstfolgende Jahr weder als Präsident noch als Vizepräsident wählbar. Das gleiche Mitglied kann nicht während zwei unmittelbar aufeinander folgender Jahre die Stelle eines Vizepräsidenten bekleiden. Die Kanzleigeschäfte bei der Bundesversammlung und bei dem Bundesrat werden von einer Bundeskanzlei (Chancellerie fédérale) besorgt, welcher ein Kanzler vorsteht, der von der Bundesversammlung auf 3 Jahre gleichzeitig mit dem Bundesrat gewählt wird.

Zur Ausübung der Rechtspflege, soweit dieselbe in den Bereich des Bundes fällt, ist ein Bundesgericht (Tribunal fédéral) bestellt, welches in Lausanne seinen Sitz hat. Dasselbe besteht aus 9 Mitgliedern und 9 Ersatzmännern, die auf die Amtsdauer von 6 Jahren von der Bundesversammlung gewählt werden. Bei der Wahl soll darauf Bedacht genommen werden, daß alle drei Nationalsprachen vertreten sind. Zum Mitglied des Bundesgerichts kann jeder Schweizerbürger ernannt werden, der in den Nationalrat wählbar ist. Die Mitglieder der Bundesversammlung und des Bundesrats sowie die von ihnen gewählten Beamten können nicht gleichzeitig Mitglieder des Bundesgerichts sein. Das Bundesgericht urteilt über bürgerliche Rechtsstreitigkeiten zwischen dem Bund und den Kantonen, zwischen den Kantonen untereinander, zwischen dem Bund oder den Kantonen einerseits und Korporationen oder Privaten anderseits, wenn der Streitgegenstand von einer durch die Bundesgesetzgebung zu bestimmenden Bedeutung ist und die eine Partei es verlangt. Das Bundesgericht urteilt ferner über Kompetenzkonflikte zwischen Bundesbehörden einerseits und Kantonalbehörden anderseits, über Streitigkeiten staatsrechtlicher Natur zwischen Kantonen und über Beschwerden, betreffend Verletzung verfassungsmäßiger Rechte der Bürger, sowie über solche von Privaten wegen Verletzung von Konkordaten und Staatsverträgen. Endlich urteilt das Bundesgericht und zwar unter Zuziehung von Geschwornen, welche über die Thatfrage entscheiden, in folgenden Straffällen: Hochverrat gegen die Eidgenossenschaft, Aufruhr und Gewaltthat gegen die Bundesbehörden; Verbrechen und Vergehen gegen das Völkerrecht; politische Verbrechen und Vergehen, die Ursache oder Folge derjenigen Unruhen sind, durch welche eine bewaffnete eidgenössische Intervention veranlaßt wird; endlich in solchen Fällen, in denen eine Bundesbehörde die von ihr ernannten Beamten dem Bundesgericht zur strafrechtlichen Aburteilung überweist. Für die Strafrechtspflege bestehen bei dem Bundesgericht eine Kriminalkammer, eine Anklagekammer und ein Kassationsgericht. Außerdem fungieren zwei Untersuchungsrichter für die deutsche und für die romanische S. Im übrigen verbleibt die Rechtsprechung mit Vorbehalt der dem Bundesgericht eingeräumten Kompetenzen den einzelnen Kantonen.

Heerwesen. Die S., deren Neutralität von den Großmächten garantiert ist, darf, was den Bund anbelangt, keine stehenden Truppen halten. Das Bundesheer besteht aus den Truppenkörpern der Kantone und aus allen Schweizern, welche zwar nicht zu diesen Truppenkörpern gehören, aber nichtsdestoweniger militärpflichtig sind. Jeder Schweizer ist wehrpflichtig. Ohne Bewilligung der Bundesbehörde darf kein Kanton oder in geteilten Kantonen kein Landesteil mehr als 300 Mann stehende Truppen halten, die Landjägerkorps nicht inbegriffen. Die Verfügung über das Bundesheer mit Inbegriff des gesetzlich dazu gehörigen Kriegsmaterials steht der Eidgenossenschaft zu. Die Militärverwaltung ist Sache des Militärdepartements, welchem je ein Waffenchef für Infanterie, Kavallerie, Artillerie und Genie sowie ein Chef des Stabsbüreaus unterstellt sind. Für die Verwaltung des Kriegsmaterials bestehen eine technische u. eine administrative Abteilung. Das Oberkommando des Bundesheers ist einem General übertragen. Das Bundesheer selbst besteht aus dem sogen. Auszug, d. h. den Mannschaften vom 20.—32. Lebensjahr, und aus der Landwehr (bis zum 44. Lebensjahr). Der Bestand der schweizerischen Armee betrug 1. Jan. 1879: 119,419 Mann im Auszug und 95,338 Mann in der Landwehr.

Finanzen. Die Einnahme des Bundes (aus dem Bundesvermögen, den Zöllen, der Post- und Telegraphenverwaltung, den Beiträgen der Kantone und der Pulververwaltung) war nach dem Budget für 1880 mit 40,599,000 Frank, die Ausgabe (darunter 12,801,919 Fr. für das Militär, 14,010,000 Fr. für die Post, 358,000 Fr. für das Polytechnikum) auf 40,782,000 Fr. veranschlagt. Die Aktiven des Bundes betrugen Ende 1879: 43,609,843 Fr., die Passiven 32,331,284 Fr.; Überschuß: 11,278,559 Fr. Das Wappen der Eidgenossenschaft ist ein silbernes Kreuz im roten Felde; die Landesfarben sind Weiß u. Rot. Vgl. Meyer, Geschichte des schweizerischen Bundesrechts (1875 u. 1878); »Eidgenössische Bundesverfassung, Bundesgesetze und Bundesbeschlüsse« (1876); »Staatskalender der schweizerischen Eidgenossenschaft« (1880); Dubs, Das öffentliche Recht der schweizerischen Eidgenossenschaft (1877); Gareis und Zorn, Staat und Kirche in der S. (1877).

Schwerinstag, im parlamentarischen Sprachgebrauch eine der Erledigung von Anträgen aus der Mitte der Versammlung und von Petitionen gewidmete Sitzung (im deutschen Reichstag gewöhnlich Mittwochs), nach der auf Antrag des frühern Ministers Grafen Schwerin im preußischen Abgeordnetenhaus getroffenen und auch auf den Reichstag übertragenen Einrichtung so genannt.

Schwurgericht (Jury, Geschwornengericht), Gericht, bei welchem neben rechtsgelehrten Richtern aus dem Volk gewählte Männer (Geschworne), von denen Rechtskenntnis nicht verlangt wird, an der Rechtsprechung in der Art teilnehmen, daß der von ihnen nach mündlich geführter Verhandlung gefällte Wahrspruch (Verdikt) dem Urteil zu Grunde gelegt werden muß. Das Institut stammt aus England, wo Geschworne sowohl bei bürgerlichen Rechtsstreitigkeiten (Zivil-jury) als bei bedeutendern Straffachen einberufen werden, und ward für das Strafverfahren 1791 in Frankreich und nach französischem Vorbild seit 1848 in den meisten deutschen Staaten eingeführt. Nach dem deutschen Gerichtsverfassungs-gesetz sollen die bei den Landgerichten perio-disch zusammentretenden Schwurgerichte über schwere Verbrechen urteilen. Sie sollen aus 3 richterlichen Mitgliedern (Schwurgerichtshof) mit Einschluß des Vorsitzenden (Schwurgerichts-präsident) und 12 Geschwornen (Ge-schwornenbank) bestehen, die über die Schuldfrage entscheiden, indem für jedes S. 30 Hauptgeschworne und aus diesen für jede Hauptverhandlung je 12 Ge-schworne ausgelost werden. Zur Leitung der Beratung und Abstimmung wählen die Geschwornen einen Obmann. Die Geschwornen haben die ihnen am Schluß der Hauptverhandlung vorgelegten Fragen mit Ja oder Nein zu beantworten. Es ist ihnen aber auch gestattet, eine Frage teil-weise zu bejahen und teilweise zu vernei-nen. Der Wahrspruch der Geschwornen ist im Sitzungszimmer von dem Obmann kundzugeben. Es geschieht dies in der Form, daß der Obmann die Worte spricht: »Auf Ehre und Gewissen bezeuge ich als den Spruch der Geschwornen«, hierauf aber die von dem Vorsitzenden gestellten Fragen samt den von den Geschwornen darauf gegebenen Antworten verliest. Auf Grund des Spruchs wird das Urteil er-lassen, welches freisprechend ausfällt, wenn der Angeklagte von den Geschwornen für nichtschuldig erklärt wurde, im entgegen-gesetzten Fall aber die von den Richter-beamten festgesetzte Strafe ausspricht. Der Schwurgerichtspräsident wird für jede Sitzungsperiode von dem Präsidenten des zuständigen Oberlandesgerichts ernannt, während der Stellvertreter desselben und die übrigen richterlichen Mitglieder von dem Präsidenten des Landgerichts, bei welchem das S. zusammentritt, aus der Zahl der Mitglieder des Landgerichts be-stimmt werden. Das Amt eines Geschwor-nen ist ein Ehrenamt; dasselbe kann nur

von einem Deutschen bekleidet werden. Vgl. Deutsches Gerichtsverfassungsgesetz, §§ 79—99; Deutsche Strafprozeßordnung, §§ 276 ff.; Mittermaier, Erfahrungen über die Wirksamkeit der Schwurgerichte (1865); Hye, über das S. (1864); Schwarze, Das deutsche S. (1865); Heinze, Ein deutsches Geschwornenge-richt (1865); G. Brunner, Die Ent-stehung der Schwurgerichte (1872); Gla-ser, Zur Juryfrage (1864).

Schwurgerichtshof, s. Schwurge-richt.

Scrutinium (lat.), Wahlprüfung, na-mentlich die Ermittelung des Ergebnisses einer Wahl oder einer Abstimmung, welche mit Stimmzetteln erfolgt ist; Skruta-toren, die mit dieser Ermittelung beauf-tragten Personen. Auch die der übertra-gung eines geistlichen Amtes voraus-gehende Untersuchung über die Befähigung des dazu Berufenen wird S. genannt.

Seeamt, s. Seerecht.

Seeauswurf, Gegenstände, welche außer dem Fall der Seenot eines Schiffs besitzlos geworden und von der See auf den Strand geworfen worden sind (s. Seerecht).

Seebeute, s. Prise.

Seehandelsrecht, s. Seerecht.

Seehandlung, preuß. Handelsinstitut, 1772 in Berlin zur Hebung des über-seeischen Handels Preußens gegründet; betreibt jetzt vorzugsweise Bankgeschäfte und steht seit 1848 unter dem Finanz-ministerium.

Seemannsämter, s. Seerecht.

Seemannshaus (Seemannsheim, engl. Sailor's home, holländ. Zeemans-huis), eine Anstalt, die Seeleuten, wäh-rend sie am Land sind, für billige Zahlung eine gesunde und angenehme Wohnung, zugleich aber auch Gelegenheit zur Fort-bildung und geselligen Erholung dar-bietet. Oft sind damit auch Sparkassen, Einrichtungen zur Aufbewahrung von Effekten der Seeleute, Lesezimmer, Unter-richtsanstalten u. dgl. verbunden, indem es der Zweck der Errichtung solcher See-mannshäuser ist, an Stelle eines oftmals rohen und wüsten Lebens die Seeleute zur Ordnung zu gewöhnen und ihnen die Gelegenheit zu einem anständigen Unterkommen und zu weiterer Ausbildung zu verschaffen.

Seemannsordnung } s. Seerecht.
Seepolizei

Seeprotest, Bericht eines Schiffers über erlittene Havarie (s. b.).

Seerecht, Inbegriff der auf Seewesen und Seeverkehr, insbesondere auf Seehandel und Seeschiffahrt, bezüglichen Rechtsgrundsätze. Das S. bildet, insoweit es sich dabei um Rechtsverhältnisse des Privatverkehrs handelt, einen Teil des Privatrechts und zwar, soweit dabei der Seehandel in Frage kommt, des Handelsrechts (Privatseerecht, Seehandelsrecht). Soweit dagegen Fragen der öffentlichen Ordnung und Sicherheit (Seepolizei) zu entscheiden sind, gehören die seerechtlichen Bestimmungen dem öffentlichen Recht und, insoweit es sich endlich um die Verkehrsverhältnisse der Seestaaten untereinander handelt, dem Völkerrecht an (internationales S.). Das internationale S. insbesondere beruht teils auf den zwischen den einzelnen Staaten abgeschlossenen völkerrechtlichen Verträgen, teils auf seerechtlichem Gebrauch (Usance). Der Hauptmangel dieses wichtigen Teils des Völkerrechts ist aber der, daß im Kriegsfall das Privateigentum zur See von den kriegführenden Mächten nicht respektiert wird, während dies im Landkrieg nach modernem Völkerrecht allerdings geschieht. Zwar erklärten sich 1866 Preußen, Österreich und Italien bereit, das sogen. Prisenrecht gegeneinander nicht zur Anwendung zu bringen, und ebenso untersagte 1870 eine Verordnung des Norddeutschen Bundes die Aufbringung und Wegnahme französischer Handelsschiffe durch die Bundeskriegsmarine; allein diese Verordnung mußte, da Frankreich sich Deutschland gegenüber nicht zu derselben Konzession verstand, wieder zurückgezogen werden. Selbst die Abschaffung der Kaperei (s. b.) ist noch nicht vollständig gelungen, da sich die nordamerikanische Union dem hierauf gerichteten Übereinkommen der europäischen Seemächte nicht angeschlossen hat. Was das neutrale Eigentum zur See anbelangt, so

gilt dasselbe für unverletzlich, abgesehen von folgenden Beschränkungen, welche im Fall eines Seekriegs auch für die Neutralen eintreten. Eine effektive Blockade ist nämlich auch für neutrale Staaten verbindlich, und ein Blockadebruch wird ihnen gegenüber ebenso wie dem Feind gegenüber geahndet. Ebendasselbe gilt von der Einfuhr von Kriegskonterbande, d. h. vom Versorgen des Feindes mit Mitteln zur Kriegführung durch eine neutrale Macht. Große Schwierigkeiten machte früher die Verbindung neutralen Guts mit feindlichem Gut, sei es, daß neutrales Gut auf feindlichen Schiffen oder feindliche Schiffe mit neutralem Gut angehalten wurden. Das frühere englische System (»Frei Schiff, unfrei Gut; unfrei Schiff, frei Gut«) verlangte hier eine Trennung des feindlichen von dem neutralen Vermögen; es ließ also die neutrale Fracht und das neutrale Schiff unangefochten, gestattete aber die Wegnahme des feindlichen Schiffs, auf welchem die erstere, und der feindlichen Ware, die auf dem letztern verladen war. Dies System hatte für die Neutralen den schweren praktischen Nachteil, daß hiernach auch die neutralen Schiffe angehalten und nach feindlichem Gut durchsucht werden durften. Als Repressalie dagegen wurde daher eine Zeitlang von Frankreich das System zur Anwendung gebracht, wonach die feindliche Eigenschaft des einen Teils, sei es des Schiffs oder der Fracht, auch den Verlust des damit in Verbindung gebrachten neutralen andern Teils zur Folge hatte. Im übrigen wurde gegenüber der englischen Seepraxis das System durchgeführt: »Frei Schiff, frei Gut; unfrei Schiff, unfrei Gut«, d. h. also, die Eigenschaft des Schiffs, als der Hauptsache, ist für die Behandlung der Ladung, als der Nebensache, entscheidend, oder, wie man dies auch ausdrückte, »die Flagge deckt die Ladung«. Die Pariser Seerechtsdeklaration von 1856 ist aber noch weiter gegangen, indem sie den Satz proklamierte: »Frei Schiff, frei Gut; unfrei Schiff, frei Gut«, also auch die Freiheit neutralen Guts auf feindlichem Schiff anerkannte, unbeschadet jedoch des sogen. Durchsuchungsrechts (s. b.).

Was das Privatseerecht anbetrifft, so ist dasselbe in neuerer Zeit mehrfach kodifiziert worden, indem fast alle modernen Handelsgesetzbücher nach dem Vorgang des französischen Code de commerce das Seehandelsrecht in ausführlicher Weise darstellen. Für das Deutsche Reich ist dasselbe durch das deutsche Handelsgesetzbuch (Buch V) normiert. Die Verfassung des Norddeutschen Bundes und des nunmehrigen Deutschen Reichs (Art. 4) zieht aber die Organisation eines gemeinsamen Schutzes der deutschen Schiffahrt und ihrer Flagge zur See in den Kompetenzkreis der Bundes- (Reichs-) Gesetzgebung. Sie bestimmt im Art. 54, daß das Reich das Verfahren zur Ermittelung der Ladungsfähigkeit der Seeschiffe zu bestimmen, die Ausstellung der Meßbriefe sowie der Schiffscertifikate zu regeln und die Bedingungen festzustellen habe, von welchen der Erlaubnis zur Führung eines Seeschiffs abhängig zu machen sei. Auf Grund dieser Bestimmungen, und nachdem inzwischen das gesamte bürgerliche Recht zum Gegenstand der Reichsgesetzgebung erhoben worden war, wurden eine Reihe wichtiger Gesetze erlassen, welche das Seewesen, namentlich auch in polizeilicher Hinsicht, regeln. Dahin gehört zunächst das Gesetz vom 25. Okt. 1867, betreffend die Nationalität der Kauffahrteischiffe und ihre Befugnis zur Führung der Bundesflagge (Bundesgesetzblatt, S. 35), welches ebendiese Befugnis von dem Bundesindigenat des Reeder und vom Eintrag des Schiffs in das Schiffsregister abhängig macht, aber durch ein Nachtragsgesetz vom 28. Juni 1873, betreffend die Registrierung und Bezeichnung der Kauffahrteischiffe (Reichsgesetzblatt, S. 184), modifiziert worden ist. Gleichzeitig erging eine Verordnung vom 25. Okt. 1867 (Bundesgesetzblatt, S. 39), welche die nähern Bestimmungen über die Bundes- (Reichs-) Flagge enthielt (s. Flagge). Auch die Bestimmungen der Gewerbeordnung (§§ 6, 31, 34, 40, 53) gehören hierher, welche den Gewerbebetrieb der Seeschiffer, Seesteuerleute und Lotsen von der allgemeinen Gewerbefreiheit ausnehmen und von dem Ausweis über den Besitz der erforderlichen Kenntnisse durch

ein Befähigungszeugnis der zuständigen Verwaltungsbehörde abhängig machen. Das Prüfungswesen selbst ist im Verordnungsweg reguliert worden.

Ferner ist aus den hier einschlägigen Bestimmungen des Reichsstrafgesetzbuchs der § 145 hervorzuheben, welcher denjenigen mit Geldstrafe bis zu 1500 Mk. bedroht, der die vom Kaiser zur Verhütung des Zusammenstoßes der Schiffe auf See, über das Verhalten der Schiffer nach einem solchen Zusammenstoß oder die in betreff der Not- oder Lotsensignale auf See oder in den Küstengewässern erlassenen Verordnungen übertritt. Die nötigen Vorschriften zur Verhütung des Zusammenstoßes der Schiffe auf See aber sind durch kaiserliche Verordnung vom 23. Dez. 1871 (Reichsgesetzblatt, S. 475) gegeben. Ferner gehört hierher die Schiffsvermessungsordnung vom 5. Juli 1872 (Reichsgesetzblatt, S. 270) samt den zugehörigen Instruktionen und Nachtragsbestimmungen (s. Schiffsvermessung).

Es folgt sodann die deutsche Seemannsordnung vom 27. Dez. 1872 (Reichsgesetzblatt, S. 409), welche ausführliche Vorschriften über die An- und Abmusterung der Schiffsmannschaft durch die Seemannsämter, als welche innerhalb des Reichsgebiets die Musterungsbehörden und im Ausland die Reichskonsuln fungieren, ferner über die Ausfertigung der Seefahrtsbücher für die Schiffsmannschaft durch diese Behörden und über das Vertragsverhältnis zwischen Schiffsmannschaft und Schiffer (unter gleichzeitiger Aufhebung der Bestimmungen im 4. Titel des 5. Buches des Handelsgesetzbuchs), endlich auch über Zwangsmaßregeln und Strafen zur Aufrechterhaltung der Disziplin auf den Seeschiffen enthält (s. Schiffer). Ein weiteres Reichsgesetz vom 27. Dez. 1872 normiert die Verpflichtung deutscher Kauffahrteischiffe zur Mitnahme hilfsbedürftiger Seeleute.

Von großer Wichtigkeit ist ferner die Strandungsordnung vom 17. Mai 1874 (Reichsgesetzblatt, S. 73). Diese unterstellt nämlich die gesamte Verwaltung der Strandungsangelegenheiten den Strandämtern, deren Organisation zwar den einzelnen Bundesregierungen in den Küstenstaaten überlassen ist, die aber doch unter der Oberaufsicht des Reichs stehen. Den Strandämtern sind S t r a n d = v ö g t e untergeordnet, welche insbesondere diejenigen Maßregeln zu leiten haben, die zum Zweck der Bergung oder Hilfs= leistung zu ergreifen sind. Die Stran= dungsordnung normiert ferner das Ver= fahren bei Bergung und Hilfsleistung in Seenot und die Rechtsverhältnisse, welche in Ansehung des geborgenen Guts Platz greifen. Das S t r a n d g u t ist nämlich stets an den Eigentümer oder sonstigen Empfangsberechtigten zu verabfolgen, un= beschadet jedoch des Anspruchs des Bergers auf Berge= und Hilfslohn, dessen Betrag sich nach den Vorschriften des deutschen Handelsgesetzbuchs bestimmt. Die Aus= lieferung der geborgenen Gegenstände darf jedoch, mit Ausnahme der für das augen= blickliche Bedürfnis der Mannschaft und Passagiere erforderlichen Gegenstände, erst nach Bezahlung oder Sicherstellung der Bergungskosten, einschließlich des Berge= lohns, und nach erfolgter zollamtlicher Ab= fertigung geschehen. Zur Ermittelung des Empfangsberechtigten ist nötigenfalls ein öffentliches Aufgebotsverfahren einzulei= ten. Führt auch dies zu keinem Resultat, erscheinen also die geborgenen Sachen als herrenlos, so unterscheidet das Gesetz fol= gendermaßen: Gegenstände, welche in See= not vom Strand aus geborgen (S t r a n d = g u t), ebenso der sogen. S e e a u s w u r f, d. h. Gegenstände, die außer dem Fall einer Seenot besitzlos geworden und von der See auf den Strand geworfen worden sind, gehören dem Landesfiskus. Ebendasselbe gilt von strandtriftigen Gegenständen (S t r a n d t r i f t), welche ebenfalls außer dem Fall der Seenot eines Schiffs besitzlos geworden sind und gegen den Strand ge= trieben und von hier aus geborgen wur= den. Dem Berger gebührt jedoch auch hier der gesetzliche B e r g e l o h n (s. d.). Ver= sunkene Schiffstrümmer dagegen oder son= stige Gegenstände, die vom Meeresgrund heraufgebracht (W r a c k g u t), desgleichen die sogen. S e e t r i f t, d. h. Gegenstände welche, in offener See treibend, von einem Fahrzeug geborgen werden, gebühren,

wenn der Empfangsberechtigte nicht zu ermitteln ist, dem Berger.

Durch ein weiteres Reichsgesetz vom 9. Jan. 1875 (Reichsgesetzblatt, S. 11) wurde die d e u t s c h e S e e w a r t e in Hamburg ins Leben gerufen, welche die Aufgabe hat, die Kenntnis der Naturverhältnisse des Meers, soweit diese für die Schiffahrt von Interesse sind, sowie die Kenntnis der Witterungs= erscheinungen an den deutschen Küsten zu fördern und sie zur Sicherung und Erleich= terung des Schiffahrtsverkehrs zu verwer= ten. Eine Bekanntmachung des Reichskanz= leramts vom 31. Jan. 1875 (Reichszen= tralblatt, S. 124) publizierte ferner eine N o t l o t s e n s i g n a l o r d n u n g für Schiffe auf See und auf den Küstengewässern, und endlich wurde 27. Juli 1877 ein Reichs= gesetz, betreffend die Untersuchung von Seeunfällen, publiziert (Reichsgesetzblatt, S. 549). Nach letzterm Gesetz sind an den deutschen Küsten zur Untersuchung von Seeunfällen, von welchen Kauffahrtei= schiffe betroffen werden, S e e ä m t e r zu errichten. Dies bezieht sich zwar zunächst nur auf deutsche Kauffahrteischiffe; doch sind auch Seeunfälle, welche ausländische Kauffahrer betroffen haben, durch die deut= schen Seeämter zur Untersuchung zu ziehen, wenn sich der Unfall in den Küstengewäs= sern ereignet oder wenn der Reichskanzler die Untersuchung angeordnet hat. Die Seeämter, welche von den Landesregie= rungen einzurichten sind, aber unter der Oberaufsicht des Reichs stehen, haben die Ursachen des Seeunfalls sowie alle damit zusammenhängenden Thatsachen zu er= mitteln und festzustellen. Namentlich ist festzustellen, ob der Schiffer oder der Steuer= mann durch Handlungen oder Unterlas= sungen den Unfall oder dessen Folgen ver= schuldet hat. Für jedes Seeamt wird vom Reichskanzler ein Kommissar bestellt, wel= cher Anträge an das Seeamt oder seinen Vorsitzenden zu stellen, den Verhandlungen des Seeamts beizuwohnen, Einsicht von den Akten zu nehmen und für den Fall, daß der Vorsitzende die Einleitung einer Untersuchung verweigert, Anträge auf Anordnung derselben bei dem Reichskanz= ler zu stellen berechtigt ist. Auf Antrag dieses Kommissars kann, wenn sich ergibt, daß ein deutscher Schiffer oder Steuermann den Unfall oder dessen Folgen infolge des Mangels solcher Eigenschaften, die zur Ausübung seines Gewerbes erforderlich sind, verschuldet hat, demselben durch Spruch des Seeamts zugleich die Befugnis zur Ausübung seines Gewerbes entzogen werden. Bei Ablehnung des Antrags steht dem Kommissar, im entgegengesetzten Fall dem dadurch betroffenen Schiffer oder Steuermann das Rechtsmittel der Beschwerde an das Oberseeamt zu. Vgl. Kaltenborn, Grundsätze des praktischen europäischen Seerechts (1851, 2 Bde.); Tecklenborg, Die Freiheit des Meers (1870); Stabenow, Deutsche Seeschiffahrtsgesetze (1875); Lewis, Deutsches S. (1877—78, 2 Bde.); Parbessus, Cours de droit commercial (6. Aufl. 1857); Russel, The new maritime law (1856); Esperson, Diritto diplomatico (1872—74, 2 Bde.).

Seetrift (seetriftiges Gut), ein verlassenes Schiff oder sonstige besitzlos gewordene Gegenstände, welche auf offener See treiben und von einem Fahrzeug geborgen werden (s. Seerecht).

Seewarte (deutsche S.), Zentralstelle für maritime Meteorologie, nach dem Muster der englischen und amerikanischen Nautical Observatories 1868 in Hamburg gegründet und nunmehr in eine Reichsanstalt umgewandelt. Die S. hat die Aufgabe, die Kenntnisse der Naturverhältnisse des Meers, soweit diese für die Schiffahrt von Interesse sind, sowie die Kenntnis der Witterungserscheinungen an den deutschen Küsten zu fördern und zur Sicherung und Erleichterung des Schiffahrtsverkehrs zu verwerten. Die Geschäfte der S. werden unter Leitung eines Direktors in vier Abteilungen sowie durch Hauptagenturen, Agenturen, Beobachtungsstationen und Signalstellen erster und zweiter Klasse verwaltet. Hauptagenturen sind errichtet zu Neufahrwasser, Swinemünde und Bremerhaven.

Seewehr, s. Marine.

Seewurf, s. Havarie.

Seezeremoniell, die im Schiffsverkehr zu beobachtenden Förmlichkeiten, namentlich die Ehrenbezeigungen, welche bei Begegnungen auf hoher See und beim Befahren fremden Seegebiets zu erweisen sind, wie die sogen. Schiffsgruß, der im Hissen der Flagge und Abfeuern von Kanonenschüssen besteht und durch den Gegengruß erwidert wird.

Seitenverwandte, s. Kollateralen.

Sektion (lat.), Zerlegung, namentlich diejenige eines Leichnams (s. Totenschau); dann s. v. w. Abteilung, z. B. die Abteilungen oder Departements eines Ministeriums.

Sekundärbahnen (Neben-, Vizinal-, Zweigbahnen), Eisenbahnen zur Vermittelung des Lokalverkehrs, unter Zulassung gekrümmter Linien und stärkerer Steigungen, früher meist schmalspurig angelegt.

Sekundieren (lat.), Beistand leisten; Sekundant, Beistand, insbesondere beim Zweikampf.

Selbstherrschaft, s. v. w. Autokratie.

Selbstherrscher aller Reußen, Titel, den Iwan III. Wasiljewitsch, Großfürst von Moskowien, bei seiner Verheiratung mit Sophie, der Nichte des letzten byzantinischen Kaisers, zugleich mit dem byzantinischen Doppeladler im Wappen um 1470 annahm, und den seitdem alle folgenden Zaren von Rußland führten.

Selbsthilfe, eigenmächtiges Handeln zum Zweck der Geltendmachung eines wirklichen oder vermeintlichen Rechts. Wie nämlich der Hauptzweck des Staats in dem Rechtsschutz besteht, so charakterisiert sich auch das Wesen des Rechtsstaats gerade dadurch, daß er die Staatsbürger verpflichtet, zur Geltendmachung ihrer Rechte und zur Beseitigung von Störungen in denselben den Schutz des Staats, die richterliche Gewalt des letztern, anzurufen. Darum schließt der Begriff eines wohlgeordneten Staatswesens die S. prinzipiell aus. Gleichwohl bringt es die Unvollkommenheit aller menschlichen Institutionen mit sich, daß die S. als ganz entbehrlich nie erscheinen kann, namentlich dann nicht, wenn in einem gegebenen Fall die Staatshilfe sich als unerreichbar darstellt. Dies gilt in erster Linie von dem eigenmächtigen Schutz gegen einen widerrechtlichen Angriff (s. Notwehr). Aber auch Fälle aggressiver S. kommen vor, und zwar gehört dahin namentlich die eigenmächtige Pfändung; auch die Retention kann hierher gezogen werden. Der Regel nach ist aber die S. schon im römischen Recht grundsätzlich verboten. Bei den germanischen Völkerschaften dagegen gelang die Beseitigung der S., welche namentlich in dem sogen. Fehderecht des Mittelalters ihren Ausdruck fand, erst nach und nach, bis der Rechtszustand genugsam erstarkt war, um die S. einerseits unterdrücken, aber auch anderseits als entbehrlich erscheinen lassen zu können. Neuere Strafgesetzbücher haben die S. vielfach bei Vermeidung einer Geld- oder Gefängnisstrafe schlechthin untersagt. Das deutsche Reichsstrafgesetzbuch hat diesen Weg nicht eingeschlagen. Es bestraft die S. nur dann, wenn dabei der Thatbestand eines bestimmten Verbrechens, z. B. einer Erpressung oder einer Nötigung, vorliegt. Dies ist besonders dann der Fall, wenn die S. in einen Widerstand gegen die Staatsgewalt oder, von mehreren verübt, in einen Landfriedensbruch oder Aufruhr übergeht. Von der Masse des Volks unternommen, führt die S. zur Revolution (s. b.). Zur Beseitigung und zur Sühne eines Unrechts, welches von dem einen Staat dem andern gegenüber begangen ward, sind die Staaten, wofern die Ausgleichung der Differenz auf friedlichem Weg nicht gelingt, allerdings auf die S., d. h. auf die Entscheidung durch Waffengewalt, angewiesen. Übrigens ist in neuerer Zeit von S. im Gegensatz zur Staatshilfe auch noch in einem andern Sinn die Rede, indem man darunter die Förderung wirtschaftlicher Interessen durch eigne Kraft und durch gemeinsames Wirken der Interessenten versteht, ein Prinzip, auf welchem das Institut der modernen wirtschaftlichen Genossenschaften (s. b.) beruht.

Selbstverwaltung (Selbstregierung, engl. Selfgovernment), Bezeichnung für die Staatsregierung, soweit sie den Staatsbürgern selbst übertragen und nicht von den unmittelbaren Organen der Regierungsgewalt ausgeübt wird. Das System der S. hat namentlich in England und Nordamerika seine Ausbildung erhalten, und zwar hat es in der englischen Monarchie einen mehr aristokratischen Charakter, während es in der nordamerikanischen Union mehr dazu dient, die Masse des Volks überhaupt an der Staatsverwaltung teilnehmen zu lassen. In diesem Sinne bezeichnen die Engländer neben der Jury und dem Institut der Friedensrichter auch ihr Parlament und ebenso die Nordamerikaner den Kongreß als Ausflüsse der S. Der Schwerpunkt derselben liegt jedoch in der innern Verwaltung oder in der sogen. Verwaltung im engern Sinn im Gegensatz zur Gesetzgebung und zur Justiz, und in dieser Beziehung ist man jetzt auch auf dem Kontinent bemüht, das englische Vorbild nachzuahmen. Die S. legt nämlich den Schwerpunkt der Verwaltung in die Gemeinden und in deren organische Verbindungen (in England Kirchspiele, Armenverbände, Grafschaften). So wird in Preußen nach der neuen Kreisverfassung die Verwaltung unter staatlicher Autorität durch die Gemeinden und durch die Kommunalverbände (Amtsbezirke, Kreise, Provinzen) und deren Organe ausgeübt (s. Kreis). Die staatlichen Funktionen werden hier den Gemeindebehörden übertragen; aus freier Wahl hervorgegangene Kommunalkollegien treten an die Stelle büreaukratisch organisierter Staatsbehörden, Ehrenämter an die Stelle besoldeter Berufsämter, indem die Kosten der Verwaltung durch Kommunalabgaben aufgebracht werden und die freie Entwickelung des Bürgertums aus sich selbst heraus im Gegensatz zur obrigkeitlichen Bevormundung und zur Regierung »von oben herab« angestrebt wird. Falsch aber wäre es, diese S. als eine Trennung vom Staat und von der Staatsgewalt aufzufassen. Die S. erfolgt vielmehr stets unter staatlicher Autorität. Der Staat regiert durch die Kommunalbehörden, indem das Wesen der S. nach Gneists Ausspruch gerade in einer Verbindung von Staat und bürgerlicher Gesellschaft zu suchen ist. Vgl. Gneist, Selfgovernment (3. Aufl. 1871).

Selfgovernment (engl., spr. ßelfgowern=), s. Selbstverwaltung.

Semiten, s. Juden.

Senat (lat.), obrigkeitliches Kollegium;

nach Analogie des römischen Senats Bezeichnung für die Magistratskollegien in den deutschen Städten des Mittelalters. In den freien Hansestädten wird die höchste Regierungsbehörde noch jetzt so genannt, welcher zugleich Funktionen eines gesetzgebenden Körpers mit übertragen sind. In der nordamerikanischen Union und in Frankreich wird die Erste Kammer S. genannt. Auch die Abteilungen von Justiz und Verwaltungsbehörden werden so bezeichnet. Senator, Mitglied des Senats.

Seniorenkonvent, eine aus dem studentischen Leben herübergekommene Bezeichnung für den aus den Delegierten der Fraktionen im deutschen Reichstag und im preußischen Abgeordnetenhaus gebildeten Ausschuß, welcher die Zahl der Vertreter jeder Fraktion in den Kommissionen, Fragen der Geschäftsordnung u. dgl. vereinbart.

Sensal (Makler), s. Börse.

Separation (lat.), Absonderung, Trennung, z. B. einer Ehe; dann die Zusammenlegung von Grundstücken einer Flur. Ist der Grundbesitz in einer solchen sehr zersplittert, so empfiehlt es sich, die Grundstücke zu separieren, d. h. so zu vertauschen und zusammenzulegen, daß jeder Grundeigentümer sein Besitztum möglichst zusammenhängend hergestellt bekommt, um eine rationelle Landwirtschaft zu ermöglichen.

Sequestration (lat.), die Beschlagnahme eines streitigen Gegenstands zur einstweiligen Bewahrung und Verwaltung durch einen Dritten. Sequester, der Aufbewahrende.

Serbien, Fürstentum zwischen Bosnien und der Walachei, 53,410 qkm mit 1,654,955 Einw.; Hauptstadt: Belgrad mit (1878) 26,970 Einw. Langwierige und blutige Kämpfe und namentlich der Aufstand des Milosch Obrenowitsch 1815 brachten S. eine selbständige Verwaltung, wenn das Land, zu dessen erblichem Fürsten Milosch 6. Nov. 1817 erhoben ward, auch unter türkischer Oberhoheit blieb. Der Berliner Friede vom 13. Juli 1878 erklärte S., welches zudem eine territoriale Vergrößerung auf Kosten der Türkei erhielt, für unabhängig. Die Staatsverfassung ist durch die Konstitution

vom 29. Juni 1869 neu geregelt. Die fürstliche Würde ist in der Familie Obrenowitsch erblich. Der Fürst ist Träger der Staatsgewalt und übt die vollziehende Gewalt durch verantwortliche Minister (für Justiz; Äußeres und Finanzen; öffentliche Bauten; Krieg; Inneres; Unterricht und Kultus), die gesetzgebende Gewalt dagegen mit der Volksvertretung zusammen aus. Letztere ist die Skupschtina, welche aus 160 Abgeordneten besteht, von denen 40 von der Regierung und 120 vom Volk gewählt sind. An die Stelle der frühern Ersten Kammer oder des Senats ist ein Staatsrat getreten, welchem die Vorbereitung der Gesetze obliegt. Abgesehen von der Stadt Belgrad, ist das Land in 21 Kreise eingeteilt, welche wiederum in Bezirke zerfallen. Jede Gemeinde verwaltet ihre Angelegenheiten selbständig, die Staatsgewalt übt nur in bestimmten Fällen ein Oberaufsichtsrecht durch die Polizeibehörden, die Kreis- und Bezirksvorstände aus. Rechtspflege. Höchste zivil- und strafgerichtliche Behörde ist der oberste Gerichts- und Kassationshof in Belgrad, zweite Instanz ist das Appellationsgericht daselbst. Außerdem bestehen Kreisgerichte und Friedensgerichte. Ein Handelsgericht zu Belgrad fungiert als Schiedsgericht in Handels- und Gewerbesachen. Die herrschende Religion ist die griechisch-katholische. Das Oberhaupt der serbischen Nationalkirche ist der Erzbischof und Metropolit von S. zu Belgrad. Es besteht übrigens Religionsfreiheit. Finanzen. Das Budget für 1880 ist mit 19,560,500 Dinar (Frank) an gewöhnlichen Einnahmen und mit 19,520,478 Din. an gewöhnlichen Ausgaben festgestellt, so daß sich ein Überschuß von 40,022 Din. ergeben würde. Dazu kommen 7,462,754 Din. an außerordentlichen Einnahmen, welchen 7,427,588 Din. an außerordentlichen Ausgaben gegenüberstehen, so daß ein Überschuß von 35,166 Din. zu erwarten steht. Die Staatsschuld belief sich infolge der letzten Kriege (Ende 1879) auf 31,530,067 Din., wovon 22,936,074 Din. auf die Nationalanleihe und 9,603,993 Din. auf die russische Anleihe kamen. Militärwesen. Die serbische Armee beſteht nach dem organiſchen Statut von 1862 aus zwei verſchiedenen Teilen, dem ſtehenden Heer und der Nationalarmee. Jeder Serbe iſt vom 20.—50. Lebensjahr dienſtpflichtig. Die Dienſtzeit im ſtehenden Heer beträgt 3, der Regel nach allerdings nur 2 Jahre, nach welcher die Mannſchaften noch 4 Jahre der Reſerve und 24 Jahre lang der Nationalarmee, welche aus zwei Aufgeboten beſteht, angehören. Das ſtehende Heer bildet eine Brigade Infanterie zu 2 Regimentern, je zu 5 Bataillonen (im Frieden 700, im Krieg 800 Mann ſtark). Dazu kommen 4 Eskadrons Kavallerie, 28 Feld- und 4 Gebirgsbatterien, 1 Pionier- und 1 Pontonierbataillon. Die Nationalarmee aber kann bis auf 125,000 Mann erſten und 90,000 Mann zweiten Aufgebots gebracht werden. Das Wappen beſteht in einem roten Schild, in welchem ſich ein ſilbernes Kreuz mit vier Feuerſtählen in den Ecken befindet, und iſt von einem mit einer Krone bedeckten Purpurmantel umhüllt. Die Nationalflagge iſt rot, blau und weiß, mit vier goldnen Sternen im oberſten roten und mit dem Wappen des Fürſtentums im blauen Mittelfeld. Vgl. Denton, S. und die Serben (1865); Kanitz, S. (1868); Ranke, S. und die Türkei im 19. Jahrhundert (1879); Schwicker, Politiſche Geſchichte der Serben (1879).

Serbil (lat.), knechtiſch geſinnt, kriechend; im politiſchen Leben nennt man Servile (zuerſt in Spanien 1814) die unbedingten, charakterloſen Anhänger des herrſchenden Regimes; Servilismus, knechtiſche Geſinnung.

Servitut (lat.), Dienſtbarkeit; Recht an einer fremden Sache auf Benutzung derſelben für ein beſtimmtes Subjekt. Letzteres iſt entweder der jeweilige Eigentümer eines Grundſtücks (Real-, Prädialſervitut), wie z. B. bei den zu Gunſten des einen (des »herrſchenden«) an einem andern (dem »dienenden«) Grundſtück beſtellten Wegegerechtigkeiten, oder eine beſtimmte Perſon (Perſonalſervitut), wie namentlich beim Nießbrauch.

Seſſion (lat.), Sitzung, und zwar wird bei parlamentariſchen Körperſchaften nicht nur die einzelne Sitzung, ſondern auch die Sitzungsperiode, der ganze Zeitraum, für welchen das Parlament jeweilig zuſammenberufen iſt, S. genannt.

Sezeſſion (lat.), Trennung, Abſonderung. Sezeſſioniſten hießen im nordamerikaniſchen Bürgerkrieg die für die Trennung und ſelbſtändige Stellung der Südſtaaten Wirkenden. Neuerdings iſt der Ausdruck Sezeſſioniſten zur Bezeichnung derjenigen Abgeordneten gebräuchlich geworden, welche aus der nationalliberalen Fraktion ausgeſchieden ſind und die liberale Vereinigung (»Gruppe Forckenbeck«, Entſchieden-Liberale) begründet haben. Es iſt dies ein Teil des ſogen. linken Flügels der Nationalliberalen, der 1880 aus dieſer Partei ausſchied, nachdem ſchon zuvor der Abgeordnete Lasker, einer der Mitbegründer dieſer Fraktion, aus derſelben ausgetreten war (ſ. Nationalliberal). Das Hauptbeſtreben der Entſchieden-Liberalen iſt die Vereinigung aller wirklich liberalen Elemente zu einer großen liberalen Partei, welche an die Stelle der bisherigen Fraktionen treten würde, in welche die liberale Partei zur Zeit zerfällt. In dieſem Sinn erklärten die Austretenden Folgendes: »Eine in ſichern Bahnen ruhig fortſchreitende Entwickelung unſrer in Kaiſer und Reich ruhenden Einheit wird nur aus der Wirkſamkeit eines wahrhaft konſtitutionellen Syſtems hervorgehen, wie es die deutſche liberale Partei ſeit ihrer Exiſtenz unverrückt erſtrebt hat. Das einige Zuſammenſtreben der liberalen Partei in den weſentlichen Fragen, das Aufhören verwirrender und aufreibender Kämpfe verſchiedener liberaler Fraktionen erſcheint uns als die unerläßliche Vorausſetzung für das erſtrebte Ziel.« Weiter wird in der Austrittserklärung vom 1. Sept. 1880, welche von 17 Reichstagsmitgliedern (zum Teil auch Mitgliedern des preußiſchen Abgeordnetenhauſes) und 12 Mitgliedern des preußiſchen Abgeordnetenhauſes unterzeichnet war, das Ziel der Sezeſſioniſten in großen Zügen dahin präziſiert: »Feſter Widerſtand gegen die rückſchrittliche Bewegung, Feſthalten unſrer nicht leicht errungenen politiſchen Freiheiten iſt die gemeinſchaftliche Aufgabe der geſamten liberalen Partei. Mit der politiſchen Freiheit ist die wirtschaftliche eng verbunden, nur auf der gesicherten Grundlage wirtschaftlicher Freiheit ist die materielle Wohlfahrt der Nation dauernd verbürgt. Nur unter Wahrung der konstitutionellen Rechte, unter Abweisung aller unnötigen Belastungen des Volks und solcher indirekten Abgaben und Zölle, welche die Steuerlast vorwiegend zum Nachteil der ärmern Klassen verschieben, darf die Reform der Reichssteuern erfolgen. Mehr als für jedes andre Land ist für Deutschland die kirchliche und religiöse Freiheit die Grundbedingung des innern Friedens. Dieselbe muß aber durch eine selbständige Staatsgesetzgebung verbürgt und geordnet sein. Ihre Durchführung darf nicht von politischen Nebenzwecken abhängig gemacht werden. Die unveräußerlichen Staatsrechte müssen gewahrt und die Schule darf nicht der kirchlichen Autorität untergeordnet werden.« In der Reichstagssession von 1881 traten zu den 17 Unterzeichnern jener Erklärung außer dem Abgeordneten Lasker noch drei andre (früher nationalliberale) Abgeordnete hinzu, und so erhöhte sich die Zahl der Sezessionisten auf 21, darunter namentlich: Bamberger (geb. 22. Juli 1823 zu Mainz, Rentier und Schriftsteller in Berlin), Braun (geb. 4. März 1822 zu Hadamar in Nassau, Rechtsanwalt beim Reichsgericht in Leipzig), Max v. Forckenbeck (geb. 21. Okt. 1821 zu Münster, Oberbürgermeister von Berlin), Lasker (geb. 14. Okt. 1829 zu Jarotschin in Posen, Rechtsanwalt in Berlin), Rickert (geb. 27. Dez. 1833, früher unbesoldeter Stadtrat in Danzig, dann Landesdirektor der Provinz Preußen, Gutsbesitzer in Zoppot bei Danzig) und der Freiherr Schenk v. Stauffenberg (geb. 3. Aug. 1834 zu Würzburg, früher Staatsanwalt, jetzt Gutsbesitzer auf Rißtissen bei Ulm). Anfangs vielfach bespöttelt, gewann die S. bald eine größere Bedeutung, als man erwartet hatte. Doch werden erst die nächsten Wahlen über das Resultat der Bewegung eine Entscheidung und vielleicht eine neue Parteibildung bringen. Inzwischen haben aber die Sezessionisten im Reichstag ein wichtiges Bindeglied zwi-

schen Nationalliberalen und Fortschrittspartei hergestellt, und wenn die Nationalliberalen eine entschiedenere Haltung angenommen haben, so sind die Sezessionisten durch ihr Vorgehen hier sicherlich nicht ohne Einfluß gewesen. Das Parteiorgan der Gruppe ist die in Berlin erscheinende »Tribüne«. Außerdem werden von dem Büreau der Sezessionisten die »Liberale Korrespondenz« und die »Deutsche Reichskorrespondenz« herausgegeben. Ein wöchentlich erscheinendes »Deutsches Reichsblatt« soll die Ideen der Entschieden-Liberalen in den weitesten Kreisen des Volks verbreiten. Außerdem ist ein »Liberaler Wahlverein für Deutschland« gegründet, welcher bereits zahlreiche Mitglieder hat. Vgl. Bamberger, Die S. (4. Aufl. 1881).

Sheriff (engl., spr. schérrif, vom angelsächs. sciregeréfa, »Hüter oder Richter der Grafschaft«), in England der erste Beamte der Grafschaft. Jede Grafschaft hat einen S. (High S.); nur Middlesex hat deren zwei, von denen der eine für die Stadt London bestimmt ist. Der S. verwaltet die Polizei, leitet die Parlamentswahlen, treibt die königlichen Auflagen, Strafgefälle und Konfiskationsgelder ein und bringt die Strafurteile zur Vollziehung. Auch schlägt er die Geschwornen vor und ruft sie, nachdem er den Prozeß instruiert, zur richterlichen Entscheidung zusammen. Da das Amt des Sheriffs keine Besoldung trägt und mit bedeutendem Aufwand verknüpft ist, so ist niemand verbunden, es in vier Jahren zweimal zu übernehmen. Die Under-Sheriffs oder Bailiffs, seine Amtsgehilfen, werden vom S. ernannt, der für deren Handlungen verantwortlich ist. Auf der Weigerung, das Amt des Sheriffs zu übernehmen, steht, mit Ausnahme der vom Gesetz vorgesehenen Fälle, hohe Geldstrafe.

Siam, Königreich in Hinterindien, 726,850 qkm mit etwa 5,750,000 Einw., darunter ca. 1 Mill. Malaien und 1 Mill. Chinesen; Hauptstadt: Bangkok mit 4—600,000 Einw. Die herrschende Religion ist der Buddhismus. Die Staatsform ist die einer absoluten Monarchie, und zwar steht dem König eine Art Nebenkönig oder zweiter König, der Herr des Vorpalastes, zur Seite. Das Königtum ist insofern erblich, als regelmäßig der älteste Sohn des Königs zum Nachfolger gewählt wird; immerhin ist aber eine solche Wahl, die durch das Ministerkonseil erfolgt, notwendig. Neben diesem Konseil besteht der sogen. große Staatsrat unter dem Vorsitz des ersten Königs, welcher sich aus Prinzen des königlichen Hauses, Ministern und vom König ernannten Staatsräten zusammensetzt. Das Land zerfällt in 41 Provinzen, welche jeweilig unter einem Rat erster Klasse (phraya) stehen. Außerdem sind mehrere Fürsten tributpflichtig. Die Einnahme des Königs wird auf etwa 15 Mill. Mk. geschätzt. Die Truppenmacht, von europäischen Offizieren eingeübt, ist eine geringe. Die Kriegsflotte besteht aus 14 Dampfern mit 51 Kanonen. Ein deutsches Konsulat ist in Bangkok errichtet. Vgl. Bastian, Die Völker des östlichen Asien, Bd. 3 (1867); Gréhan (Generalkonsul), Le royaume S. (4. Aufl. 1879).

Sicherheitspolizei, s. Polizei.

Siegelbewahrer (lat. Sigilli custos), in manchen Staaten einer der höchsten Staatsbeamten, dem die Aufbewahrung der Staats- und Regentensiegel und die Untersiegelung der Staatsurkunden anvertraut sind. Im Deutschen Reich hatte der Kurfürst von Mainz als Erzkanzler die Reichssiegel zu verwahren. In Frankreich ernannte der »Garde des sceaux« oder Großsiegelbewahrer alle Beamten der Reichskanzlei und hatte alle Erlasse im Namen des Königs zu untersiegeln; neuerdings führt in Frankreich der Justizminister diesen Titel. In England ist seit der Königin Elisabeth das Amt des Großsiegelbewahrers (Lord keeper of the great seal) mit dem des Lordkanzlers vereinigt; nur für das kleine königliche Siegel besteht noch ein besonderer Beamter (Lord privy seal), durch dessen Hände alles gehen muß, ehe es mit dem großen Siegel bedruckt wird.

Siegelmäßigkeit (lat. Jus insigniorum), eigentlich das Recht, Wappen zu führen, Vorrecht des Adels. In Bayern versteht man darunter das Vorrecht des Adels und der höhern Staatsbeamten, den eignen

Urkunden durch deren Besiegelung volle Beweiskraft zu verleihen. Dasselbe beschränkt sich aber auf nichtstreitige Rechtsgeschäfte; auch vermag die S. die gesetzlich vorgeschriebene Eintragung in ein öffentliches Buch, z. B. in das Hypothekenbuch, nicht zu ersetzen.

Signal (lat.), Zeichen zur Mitteilung von Nachrichten, Befehlen u. dgl. So ist z. B. die Flaggensprache der Schiffe durch ein internationales Signalbuch bestimmt. Für die deutschen Eisenbahnen ist eine gemeinsame Signalordnung durch Bekanntmachung des Reichskanzlers vom 4. Jan. 1875 (Zentralblatt des Deutschen Reichs, S. 73 ff.) publiziert worden, abgeändert durch Bekanntmachung vom 12. Juni 1878 (Zentralblatt, S. 363).

Signalement (franz., spr. -mang), Beschreibung des Äußern einer Person in Legitimationspapieren, Steckbriefen 2c.

Signalordnung, s. Signal.

Signatärmächte, Bezeichnung für die Staatsregierungen, welche einen Staats- (Friedens-) Vertrag unterzeichnen (signieren) und damit die Garantie für die Ausführung desselben übernehmen.

Signieren (lat.), unterzeichnen, zeichnen, besonders ein Aktenstück mit bloßem Namenszug, z. B. mit dem Anfangsbuchstaben des Namens, zeichnen; Signatur, Unterschrift, Zeichnung, Bezeichnung.

Silberwährung, s. Währung.

Simultan (lat.), gemeinschaftlich, nebeneinander bestehend, z. B. Simultanschule, diejenige Lehranstalt, bei welcher die Angehörigen verschiedener Konfessionen als Gleichberechtigte beteiligt sind; Simultankirche, Kirche, welche von Angehörigen verschiedener Konfessionen benutzt wird.

Sistieren (lat.), zum Stillstand bringen, einstellen; vor Gericht stellen; ansiedeln.

Sittlichkeitspolizei, s. Polizei.

Sittlichkeitsverbrechen, s. Unzuchtsverbrechen.

Sitzung (Session), gemeinschaftliche Beratung eines Kollegiums, einer Versammlung; daher Sitzungsperiode (Diät), die Zeit, in welcher eine parlamentarische Körperschaft zum gemeinsamen Tagen zusammenberufen ist und zusammenbleibt. Die Sitzungen der Reichs= und Landtage sind in der Regel öffentlich, doch können auf besondern Antrag auch geheime Sitzungen stattfinden, so z. B. nach der Geschäftsordnung des deutschen Reichstags, wenn es von dem Präsidenten oder von zehn Mitgliedern beantragt wird. In der geheimen S. ist alsdann zunächst über den Ausschluß der Öffentlichkeit zu beschließen. Die Handhabung der Dis= ziplin und die Aufrechterhaltung der Ord= nung in den Sitzungen (Sitzungspoli= zei) sind Sache des Vorsitzenden. Die nö= tigen Vorschriften hierüber sind in der Geschäftsordnung enthalten. Für die Sitzungen kollegialischer Behörden sind in der Regel ein für allemal gewisse Sitzungstage bestimmt, wie dies z. B. im deutschen Gerichtsverfassungsgesetz für die Schöffengerichte verordnet ist, deren Sitzungstage für das ganze Jahr im vor= aus festzustellen sind.

Sizilien (Königreich beider S.), bis 1860 selbständige Monarchie mit der Hauptstadt Neapel, die Insel S. und Unter= italien umfassend; 111,900 qkm mit 8,703,130 Einw.; jetzt Bestandteil des Königreichs Italien.

Skandinavien, Halbinsel im Norden Europas. Diese Skandinavische Halbinsel umfaßt die Königreiche Norwegen und Schweden, doch wird wegen Gleichartig= keit der Bevölkerung gewöhnlich auch Däne= mark zu S. gerechnet.

Sklaverei, der Zustand eines Menschen, worin er als rechtloses, seiner persönlichen Freiheit verlustiges Individuum Eigen= tum eines andern Menschen ist. S. findet sich im Altertum bei den Syrern, Ägyp= tern, Israeliten, besonders aber bei den Griechen und Römern, indem namentlich die Kriegsgefangenen zu Sklaven gemacht wurden. Durch die Erhebung des Chri= stentums zur Staatsreligion wurde spä= ter die Rechtlosigkeit der Sklaven in mehr= facher Beziehung gemildert, ebenso erfolg= ten Freilassungen in Masse; doch über= dauerte die S. die Zertrümmerung des oströmischen Reichs. Im Orient hatte die S. einen mildern Charakter. An den Höfen der Kalifen gab es meist nur Neger= sklaven; doch kaufen die Türken noch jetzt

auch Weiße aus den kaukasischen Gebirgs= ländern, Mädchen für die Harems, Kna= ben und Jünglinge für den Dienst der Großen, in welchem ihnen die Laufbahn zu den höchsten Ämtern und Ehrenstellen offen steht. In Algerien, Tunis, Tripo= lis und Marokko herrschte Handel mit Christensklaven, verbunden mit Seeräube= rei, bis ins 19. Jahrh. 1842 erfolgte die Aufhebung des Sklavenhandels und 1846 der S. der Weißen und Schwarzen durch den Bei von Tunis. In Algerien dauerte die Negersklaverei fort unter der franzö= sischen Herrschaft bis 1848. In den moham= medanischen Reichen im Innern von Afrika besteht bis auf die Gegenwart ausgebrei= teter Sklavenhandel. Bei den alten Ger= manen waren die Unfreien Unterjochte und Kriegsgefangene. Erst seit dem 13. Jahrh. hörten die harte S. und der Sklaven= handel auf, und die Unfreien verwandel= ten sich in Leibeigne (s. Leibeigenschaft) und Hörige. In Spanien und Portugal dauerten infolge der Kämpfe mit den Mau= ren S. und Sklavenhandel bis in das 16. Jahrh. fort. Zu einer neuen S., nämlich zur Einführung von Negersklaven in die überseeischen Kolonien der Europäer, gab zu Anfang des 16. Jahrh. die Entdeckung Amerikas Veranlassung. Seit 1506 führ= ten die Portugiesen, die Spanier seit 1511, die Engländer seit 1562, später auch die Franzosen Negersklaven nach den spani= schen und portugiesischen Kolonien. Die Abschaffung der Negersklaverei brachten zuerst die Quäker seit 1727 in England und Nordamerika in Anregung. Seit 1788 wirkte Wilberforce, von Pitt, For u. a. unterstützt, im englischen Parlament für Abschaffung der S.; aber erst 1807 setzte das Ministerium den »Abolition act of slavery« durch, wonach der briti= sche Negerhandel 1. Jan. 1808 aufhörte. Infolge Verhandlungen der Großmächte zu London gab Frankreich 1816 den Neger= handel auf. Spanien und Portugal muß= ten 1814 im Frieden zu Wien auf den Sklavenhandel nördlich vom Äquator ver= zichten. Spanien gab ihn 1817 gegen eine Entschädigung von 400,000 Pfd. Sterl., Portugal gegen eine solche von 300,000 Pfd. Sterl. auf. Brasilien schaffte den

Sklavenhandel durch Verträge von 1826 und 1830 ab. Dessenungeachtet wurde derselbe von Portugiesen, Spaniern und Franzosen insgeheim fortbetrieben. 1831 gab die britische Regierung alle Kronsklaven frei. Am 28. Aug. 1833 erfolgte die völlige Emanzipation der Sklaven in den britischen Kolonien gegen Entschädigung der Pflanzer mit 20 Mill. Pfd. Sterl., anfangs unter Beschränkungen, welche 1. Aug. 1838 aufgehoben wurden (Zahl der Befreiten 639,000, auf Jamaika allein 322,000). In Frankreich wurden erst infolge der Revolution von 1848 die Sklaven in den Kolonien für frei erklärt (250—300,000). Auch in der nordamerikanischen Union ward die S. in den nördlichen Staaten nach und nach abgeschafft, während dieselbe in den Südstaaten durch den nur mit Sklavenarbeit erfolgreich zu betreibenden Baumwoll-, Zucker- und Tabakbau mehr und mehr erstarkte (1860 waren in den Südstaaten 3,949,557 Negersklaven). Der Missouri-kompromiß von 1820, wonach in den Gebieten nördlich vom 36.° die S. für immer ausgeschlossen sein sollte, ward 1845 durch die Kansas-Nebraska-Akte aufgehoben, welche die Einführung der S. den Ansiedlern aller neuen Territorien freistellte. Dieser Richtung entgegenzuwirken, war die Aufgabe der republikanischen oder Freibodenpartei, welche den Ausschluß der S. aus allen Territorien und Beschränkung derselben auf ihre bisherigen Grenzen anstrebte. Der Sieg derselben 1860 durch Lincolns Wahl zum Präsidenten führte zum Bürgerkrieg, in dessen Verlauf Lincoln 1. Jan. 1863 in der Emanzipationsproklamation alle Sklaven der insurgierten Staaten für frei erklärte. Diese Kriegsmaßregel ward durch das vom Kongreß 31. Jan. 1864 beschlossene Amendement zur Konstitution der Vereinigten Staaten von Nordamerika, welches die S. im ganzen Bereich derselben für immer aufhob, zum Gesetz erhoben und erlangte infolge der Niederlage der Sezessionisten 1865 thatsächliche Geltung. Bald darauf ward auch in Brasilien die Sklaveneinfuhr verboten und 1871 das Sklavenemanzipationsgesetz publiziert, wie denn auch auf Cuba unter harten Kämpfen die Befreiung der Sklaven durchgeführt ward. Dem abscheulichen Sklavenhandel, welcher im Innern Afrikas und an den Küsten getrieben wird, den Sklavenjagden, welche ganze Landstriche zu entvölkern drohen (nach Livingstone werden jährlich mindestens 350,000 Menschen geraubt, von denen jedoch nur etwa 70,000 an ihrem Bestimmungsort lebend ankommen), wird neuerdings mit aller Energie von England entgegengearbeitet. 1877 wurde die S. auf Madagaskar abgeschafft und ein Vertrag zwischen England und Ägypten geschlossen, nach welchem Ägypten den Negerhandel verbietet, englische und ägyptische Kreuzer zur Durchsuchung von Sklavenschiffen ermächtigt und die S. in Ägypten in sieben, im Suban und in den Grenzprovinzen binnen zwölf Jahren abzuschaffen verspricht. Auch dem Import von Kulis in Südamerika und Australien, welcher thatsächlich dem Sklavenhandel gleichkam, ist neuerdings, namentlich von seiten Englands, wirksam entgegengetreten worden. Vgl. Kapp, Geschichte der S. in den Vereinigten Staaten (1861); Delgeur, La traite des nègres (1877); Cooper, Der verlorne Weltteil (a. d. Engl. von Soyaur, 1877); Gareis, Das heutige Völkerrecht u. der Menschenhandel (1879).

Skupschtina (Skuptschina), Bezeichnung des serbischen und bulgarischen Landtags, s. Serbien und Bulgarien.

Slawen, Völkergruppe des indogermanischen Stammes, welche in Ostslawen (Russen), Südslawen (Bosnier, Bulgaren, Dalmatier, Herzegowiner, Kroaten, Montenegriner, Serben, Slawonier und Slowenen) und Westslawen (Polen, Tschechen in Böhmen und Mähren, Slowaken in Mähren und Nordungarn und Wenden oder Sorben in der Lausitz und im Spreewald) zerfällt. Die panslawistischen Bestrebungen bezwecken die Errichtung eines gemeinsamen großen Slawenreichs.

Sodomie, s. Unzuchtsverbrechen.

Solawechsel, s. Wechsel.

Sonderrechte, s. Reservieren.

Sous-préfet (franz., spr. ßuhprefäh), s. Unterpräfekt.

Souverän (spr. ßuw-, franz. Souverain,

v. lat. supremus), zu oberſt befindlich, am höchſten; daher Bezeichnung für den Inhaber der höchſten Gewalt im Staat, welche von keiner andern Macht abhängig iſt. Dieſe höchſte Staatsgewalt (Staatshoheit) ſelbſt wird als Souveränität bezeichnet; daher Souveränitätsrechte, ſ. v. w. Hoheitsrechte oder Regalien. Ferner wird der Ausdruck S. auch gebraucht, um die völlig ſelbſtändige und unabhängige Stellung eines Staats im Verhältnis zu andern Staaten zu bezeichnen. Iſt dieſe Selbſtändigkeit zu Gunſten eines andern Staats oder zu Gunſten einer ſtaatlichen Vereinigung beſchränkt, ſo pflegt man den alſo beſchränkten Staat als halbſouverän zu bezeichnen. Dies iſt insbeſondere der Fall in Anſehung der zu dem deutſchen Geſamtſtaat gehörigen einzelnen deutſchen Staaten. Ein andres Verhältnis, welches für die abhängigen Staaten aber auch eine Beſchränkung der Souveränität involviert, iſt das der Pforte zu ihren Vaſallenſtaaten Bulgarien, Ägypten, Samos und Tunis; daſſelbe wird gewöhnlich als Suzeränitätsverhältnis bezeichnet.

Sovereign (ſpr. ſſowwĕrĭn), ſ. Pfund Sterling.

Sozialdemokratie, politiſche Partei (Arbeiterpartei), welche die Löſung der ſozialen Frage (ſ. Sozialismus) durch eine totale Umgeſtaltung der beſtehenden Verhältniſſe des Staats und der bürgerlichen Geſellſchaft, namentlich durch die Beſeitigung jeglichen Klaſſenunterſchieds und durch die Abſchaffung der kapitaliſtiſchen Produktionsweiſe, anſtrebt. Die Sozialdemokraten wollen die Lohnarbeit beſeitigt wiſſen. Während jetzt das Kapital in den Händen einzelner Perſonen iſt, welche den Arbeiter für ſeine Leiſtungen ablohnen und dieſe Leiſtungen ſelbſt für ſich verwerten, ſoll nach der ſozialdemokratiſchen Theorie das Kapital, als das Arbeitsprodukt, allen Gliedern der Geſellſchaft bei gleicher Arbeitspflicht nach gleichem Recht, jedem nach ſeinem vernunftgemäßen Bedürfnis, zu teil werden. Allein abgeſehen davon, daß die Beſeitigung der kapitaliſtiſchen Produktionsweiſe nach aller geſchichtlichen Erfahrung

in das Reich der Unmöglichkeiten gehören dürfte, iſt jenes Ziel der S. auch wegen der Verſchiedenheit der Arbeitskraft der einzelnen und wegen der Schwierigkeit einer objektiven Feſtſtellung der Bedürfniſſe derſelben praktiſch unausführbar. Zudem baut ſich das ganze Programm auf dem unrichtigen Satz auf, daß die Arbeit die alleinige Quelle alles Reichtums ſei, indem z. B. die Bedeutung des Arbeitsmaterials und namentlich diejenige des Grund und Bodens nicht berückſichtigt wird. Im übrigen ſind es hauptſächlich folgende Anforderungen, welche die S. an den Staat ſtellt: Errichtung ſozialiſtiſcher Produktivgenoſſenſchaften mit Staatshilfe; allgemeines, gleiches, direktes Wahl- und Stimmrecht mit geheimer und obligatoriſcher Stimmabgabe; direkte Geſetzgebung durch das Volk; Entſcheidung über Krieg und Frieden durch daſſelbe; unentgeltliche Rechtspflege durch das Volk; unentgeltlicher Unterricht; Erklärung der Religion als Privatſache; eine einzige progreſſive Einkommenſteuer für Staat und Gemeinde anſtatt aller beſtehenden, insbeſondere das Volk belaſtenden indirekten Steuern; ein den Geſellſchaftsbedürfniſſen entſprechender Normalarbeitstag; Verbot der Kinderarbeit und aller die Geſundheit und Sittlichkeit ſchädigenden Frauenarbeit; Regelung der Gefängnisarbeit; volle Selbſtverwaltung für alle Arbeiterhilfs- und Unterſtützungskaſſen. Der ſozialiſtiſche Staat ſoll ſich nach der Meinung der Sozialdemokraten auf die ganze Individualität des Menſchen erſtrecken. Der Einzelne ſoll im Staat aufgehen. Für freies Streben, für freies Ringen, für freiheitliche Entwickelung würde in einem ſolchen Staatsweſen kein Raum ſein, welches die geſamte Produktion zur Staatsſache machen und alle individuelle Entwickelung auf dem Gebiet der Arbeit durch eine ſchablonenhafte Produktion erſetzen würde im direkten Gegenſatz zu dem Prinzip der Selbſthilfe, wie es insbeſondere von Schulze-Delitzſch in ſeinem Streit mit Laſſalle, der die Staatshilfe als Dogma proklamierte, aufgeſtellt und verteidigt und in den Genoſſenſchaften praktiſch verwirklicht ward.

Mit Ferdinand Lassalle (geb. 11. April 1825 zu Breslau, gest. 31. Aug. 1864 in Genf infolge eines Duells mit Janko v. Racowitza) trat die S. in Deutschland zuerst in die eigentliche politische Aktion ein und zwar zunächst auf nationaler Grundlage. Lassalle gründete 22. Mai 1863 den Allgemeinen deutschen Arbeiterverein, welcher bei dem Tod seines Gründers und ersten Präsidenten nicht ganz 3000 Mitglieder zählte. Unter den folgenden Präsidenten Bernhard Becker, Tölke und Perl kam der Verein zu keinem wirklichen Aufschwung, da die Anhänger der Gräfin Hatzfeld, der Freundin Lassalles, ihm Opposition machten und längere Zeit hindurch als sogen. weibliche Linie der deutschen S. unter dem Präsidium Försterlings, dann Fritz Mendes einen Gegenverein unterhielten. Unter dem Präsidium Schweitzers (1867—71) hob sich zwar der Allgemeine deutsche Arbeiterverein wesentlich, erhielt jedoch an der sogen. Eisenacher Partei, welche ihre Angehörigen als »die Ehrlichen« bezeichnete, einen gefährlichen Gegner, der sich an die Internationale anlehnte und entschieden kommunistische Tendenzen verfolgte. An der Spitze dieser Bewegung standen Bebel (geb. 22. Febr. 1840 zu Köln, Drechslermeister in Leipzig) und Liebknecht (geb. 29. März 1826 zu Gießen, Schriftsteller in Leipzig). Nachdem aber nach Schweitzers Rücktritt vom Präsidium des Allgemeinen deutschen Arbeitervereins Hasenclever an die Spitze der Lassalleaner getreten war, erfolgte 1875 eine Verschmelzung beider Gruppen unter Proklamierung eines kommunistischen Programms auf dem Parteitag zu Gotha.

Seitdem nahm die sozialistische Bewegung größere und gefährlichere Dimensionen an, namentlich wegen der Art und Weise, wie die sozialdemokratischen Lehren gepredigt, wie der Klassenhaß geschürt und wie der Umsturz aller bestehenden staatlichen und gesellschaftlichen Verhältnisse offen als das Ziel der S. verkündet ward. Zahlreiche besoldete Agitatoren bearbeiteten ihre »Provinzen« planmäßig. Die sozialistische Presse beschäftigte allein 16 Genossenschaftsdruckereien mit einem Geschäftspersonal von mehreren Hundert Personen. Binnen kurzem war eine weitverbreitete und weitverzweigte sozialistische Tagespresse geschaffen worden, die ganz Deutschland mit einem großen Netz umspannte. Das Zentralorgan der Partei war der in Leipzig erscheinende »Vorwärts«. Daneben bestanden zahlreiche politische Lokalblätter, Arbeiterfreunde, Beobachter, Volksblätter, Tagesblätter, Volksfreunde, Freie Pressen rc. Von einem mehr wissenschaftlichen Standpunkt aus wurden die sozialdemokratischen Angelegenheiten in der »Neuen Gesellschaft«, Monatsschrift für Sozialwissenschaft, behandelt. Dazu kamen die »Zukunft«, eine sozialistische Revue, und die »Neue Welt«, ein sozialdemokratisches Unterhaltungsblatt, welches als die »sozialistische Gartenlaube« bezeichnet wurde und es bis auf 40,000 Abonnenten brachte. Außerdem wurde das Land mit zahlreichen Agitationsschriften, Flugblättern, Besprechungen und Erörterungen sozialistischer Fragen förmlich überschwemmt. Hierzu kamen Schriften historischen und freireligiösen Inhalts, Proletarierliederbücher, sozialistische Gedichtsammlungen, Romane und vor allem Kalender, welche die Lehren der S. in die weitesten Kreise der Bevölkerung und in das bürgerliche Leben derselben hineinzutragen bestimmt und geeignet waren; so namentlich »Der arme Konrad, illustrierter Kalender für das arbeitende Volk«, welcher in Leipzig herausgegeben und in jährlich 60,000 Exemplaren verbreitet wurde.

Eine außerordentliche Verbreitung und Bedeutung erlangte ferner das sozialdemokratische Vereinswesen, und zwar waren es nicht bloß eigentliche politische Vereine, Arbeitervereine, Volksvereine, demokratische Vereine u. dgl., sondern auch Arbeitersängervereine, Bildungs-, Theater-, Unterrichtsvereine, Liedertafeln, Liederhaine, dann auch Turn-, Konsum- und ähnliche Vereine und genossenschaftliche Vereinigungen einzelner Handwerke, Arbeiterunterstützungs- u. Krankenvereine, welche im Sinn der S. und für deren Zwecke thätig waren. So bestanden z. B. 26 größere Gewerkschaftsverbindungen mit ca. 50,000 Mitgliedern, welche sich über mehr denn

1200 Ortschaften erstreckten, mit einer jähr
lichen Einnahme von etwa 400,000 Mk.
Auch die Statistik der Reichstagswahlen
läßt das Zunehmen der sozialdemokrati=
schen Bewegung deutlich erkennen. Denn
bei den Wahlen von 1871 fielen den So=
zialdemokraten nur 3 Proz. der abgegebe=
nen gültigen Stimmen, nämlich 117,893
von einer Gesamtzahl von 3,892,397, zu.
Die Reichstagswahlen von 1874 dagegen
ergaben bei den entscheidenden Wahlen
von 5,259,155 abgegebenen gültigen Stim=
men 340,078 sozialistische Stimmen, also
nicht weniger denn 6,5 Proz. der Gesamt=
stimmenzahl. Wenn dann 1877 trotz der
außerordentlichen Anstrengungen der So=
zialdemokraten nur zwölf Abgeordnete der=
selben in den Reichstag gelangten, so wa=
ren doch die Minoritäten, welche sich für
die sozialdemokratischen Kandidaten außer=
dem ergaben, von sehr bedenklicher Größe.
Denn von 5,535,785 gültigen Stimmen
entfielen 481,008, d. h. 8,7 Proz., auf so=
zialistische Kandidaten. Ja selbst nach der
Auflösung des Reichstags im Sommer
1878, unmittelbar unter dem Eindruck
jener beiden Attentate, welche auf den
Kaiser Wilhelm unternommen worden
waren, ergaben sich bei einer Gesamt=
stimmenzahl von 5,811,159 gültigen
Stimmen 420,662 sozialdemokratische
Stimmen, also 7,3 Proz., und die Zahl
der sozialdemokratischen Mitglieder des
Reichstags verminderte sich nur um
drei, also von 12 auf 9: Bebel (Dres=
den=Altstadt), Bracke (Glauchau=Mee=
rane), Fritzsche (Berlin 4), Hasselmann
(Düsseldorf=Barmen), Kayser (Freiberg=
Öderan=Hainichen), Liebknecht (Stollberg=
Schneeberg in Sachsen), Reinders (Stadt
Breslau östlichen Teils), Vahlteich (Mitt=
weida=Frankenberg in Sachsen) und Wie=
mer (Zschopau=Marienberg in Sachsen).
An Brackes Stelle wurde nachmals der
Sozialdemokrat Auer und für Reinders
ebenfalls bei einer Nachwahl der sozialde=
mokratische Kandidat Hasenclever gewählt.
Im Frühling 1880 aber wurde bei einer
Nachwahl in Hamburg der Sozialdemo=
krat Hartmann gewählt.

Die bereits erwähnten Attentate können
zwar nicht unmittelbar, wohl aber mittel=

bar mit der S. in Verbindung gebracht
werden. Sie waren die äußere Veranlas=
sung zu dem sogen. Sozialistengesetz,
welches für die Angehörigen der S. einen
Ausnahmezustand statuiert hat. Zunächst
nur bis 31. März 1881 für gültig er=
klärt, richtete sich das deutsche Reichsge=
setz vom 21. Okt. 1878 gegen die gemein=
gefährlichen Bestrebungen der S. in er=
ster Linie gegen diejenigen Vereine und
sonstigen Verbindungen, welche durch so=
zialdemokratische, sozialistische und kom=
munistische Bestrebungen den Umsturz
der bestehenden Staats= oder Gesellschafts=
ordnung bezweckten, oder in denen solche
Bestrebungen in einer den öffentlichen
Frieden, insbesondere die Eintracht der Be=
völkerungsklassen, gefährdenden Weise zu
Tage treten würden. Auf Grund dieser
gesetzlichen Bestimmungen sind zahlreiche
Vereine verboten worden. Ebenso geht
das Sozialistengesetz gegen Versammlun=
gen vor, in welchen Bestrebungen dieser
Art zu Tage treten und deren Auflösung
durch die zuständige Polizeibehörde sta=
tuiert ist; ja, solche Versammlungen können
von vornherein untersagt werden, wenn
die Annahme durch Thatsachen gerechtfer=
tigt ist, daß sie zur Förderung derartiger
Bestrebungen bestimmt sind. Weiter richtet
sich das Sozialistengesetz gegen die Presse der
S., und zahlreiche Verbote sind inzwischen
in dieser Hinsicht ergangen; jenes Netz,
welches die sozialistische Presse über Deutsch=
land gezogen hatte, ist völlig zerstört. Auch
das Sammeln von Beiträgen für die
Zwecke der S. ist untersagt. Endlich kann
über Bezirke oder Ortschaften, welche durch
Bestrebungen der bezeichneten Art mit
Gefahr für die öffentliche Sicherheit be=
droht sind, der sogen. kleine Belage=
rungszustand verhängt werden. Diese
Maßregel hat namentlich die Folge, daß
Personen, von denen eine Gefährdung der
öffentlichen Sicherheit oder Ordnung zu
besorgen ist, der Aufenthalt in den betref=
fenden Bezirken oder Ortschaften versagt
werden kann. Auch den auf Grund des
Sozialistengesetzes verurteilten Agitatoren
kann der Aufenthalt in bestimmten Be=
zirken oder Ortschaften untersagt, und
Ausländer können in solchen Fällen aus

dem Reichsgebiet verwiesen werden. Der kleine Belagerungszustand ist bis jetzt über Berlin und Umgegend sowie über Hamburg und Umgebung verhängt worden. Das Sozialistengesetz selbst aber ist bezüglich seiner Gültigkeitsdauer bis 30. Sept. 1884 verlängert worden (Reichsgesetz vom 31. Mai 1880), namentlich mit Rücksicht darauf, daß man vielfach Umgehungen des Gesetzes versucht und insbesondere die in Zürich erscheinende Zeitung »Der Sozialdemokrat« sowie das Organ der revolutionär-sozialdemokratischen Parteigenossen, die von dem Sozialdemokraten Most, welcher sich nach London begeben hatte, dort herausgegebene »Freiheit«, in Deutschland verbreitet hatte. Übrigens ist inzwischen im Lager der S. selbst Zwiespalt ausgebrochen. Die radikalen Parteigenossen Hasselmann, welcher nach Amerika entwichen, und Most, gegen den inzwischen selbst die englische Behörde eingeschritten ist, wurden auf dem Kongreß, welchen die Sozialdemokraten im August 1880 auf dem halbverfallenen Schloß Wyden in der Schweiz abhielten, aus der Partei ausgestoßen. Sodann haben die Sozialdemokraten Finn und Körner in Berlin sich der christlich-sozialen Richtung angeschlossen (s. Sozialismus). Dieser Zersetzungsprozeß, in welchem die deutsche S. dermalen begriffen zu sein scheint, wird noch beschleunigt werden, wenn man sich bemühen wird, der arbeitenden Klasse Vertrauen zu den Maßregeln der Regierung einzuflößen und etwaige Gründe zur Unzufriedenheit und zum Haß gegen die besitzende Klasse möglichst zu beseitigen. Vgl. Mehring, Die deutsche S. (2. Aufl. 1879); Finbel, Der innere Zerfall der S. (1880); Flegler, Geschichte der Demokratie (1880, Bd. 1).

Sozialismus (neulat.), das Streben, die Verhältnisse der bürgerlichen Gesellschaft möglichster Vervollkommnung zuzuführen; Sozialpolitik, die theoretische Entwickelung und praktische Anwendung der hierauf bezüglichen Grundsätze; Sozialpolitiker, derjenige, welcher sich mit der Lösung der Frage, wie die bürgerliche Gesellschaft zu reformieren, und wie dabei insbesondere die Verhältnisse der arbeitenden Klassen (des sogen. vierten Standes) zu gestalten seien (soziale Frage), beschäftigt. Die Sozialdemokratie (s. d.) will diese Frage durch völlige Beseitigung des Klassenunterschieds und durch Aufhebung der kapitalistischen Produktionsweise, überhaupt durch einen radikalen Umsturz der bestehenden Verhältnisse lösen. Dies Bestreben wird vielfach als S. bezeichnet, und S. also mit Sozialdemokratie identifiziert. Allein dies ist um beswillen nicht richtig, weil die Lösung der sozialen Frage von andrer Seite auch auf anderm Weg im Rahmen des dermaligen Staats angestrebt wird, so namentlich von den sogen. Kathedersozialisten (s. b.) und von dem 13. Okt. 1873 in Eisenach gegründeten Verein für Sozialpolitik. Neuerdings ist hierzu auch die von dem Hofprediger Stöcker in Berlin ins Leben gerufene christlich-soziale Arbeiterpartei hinzugekommen, deren Agitationen sich jedoch mehr gegen die Liberalen richten und namentlich an der modernen Judenhetze sich beteiligt haben (s. Juden). Die Christlich-Sozialen sind zu der konservativen Partei in nähere Beziehungen getreten; sie verfolgen als Ziel »die Verringerung der Kluft zwischen reich und arm und die Herbeiführung einer größern ökonomischen Sicherheit«, indem die Partei »eine friedliche Organisation der Arbeiter erstrebt, um in Gemeinschaft mit den andern Faktoren des Staatslebens die notwendigen praktischen Reformen anzubahnen«. Dabei werden »arbeiterfreundlicher Betrieb des vorhandenen Staats- und Kommunaleigentums und Ausdehnung desselben, soweit es ökonomisch ratsam und technisch zulässig ist«, empfohlen. Die neubegründete Partei hat jedoch bis jetzt nur wenig Verbreitung gefunden. Wichtiger ist die mehr und mehr bemerkbare Hinneigung des Fürsten Bismarck zu dem sogen. Staatssozialismus. Hierunter ist dasjenige System zu verstehen, welches die wirtschaftlichen Verhältnisse möglichst durch den Staat geregelt wissen und die Staatshilfe an die Stelle der Selbsthilfe setzen will. Dahin gehören das Streben nach Einführung von Arbeiterunfallversicherungsanstalten auf Kosten des

Staats, von staatlichen Altersversor= gungskassen, das Tabaksmonopol und ähnliche staatliche Produktionsbetriebe. Der Staatssozialismus führt zu dem om= nipotenten Staat, welcher die Individua= lität des Einzelnen möglichst wenig zur Geltung kommen lassen würde, wofern es denkbar wäre, daß dieses Ideal der Sozia= listen praktisch verwirklicht werden könnte. Vgl. Jäger, Der moderne S. (1873); Contzen, Geschichte der sozialen Frage (1877); Lobt, Der radikale deutsche S. (2. Aufl. 1878); Meyer, Der Emanzi= pationskampf des vierten Standes (1874 f., 2 Bde.); Schäffle, Quintessenz des S. (6. Aufl. 1878); Held, S., Sozialdemo= kratie und Sozialpolitik (1878); Huber, Soziale Fragen (1863 ff., 7 Hefte).

Sozialpolitik, s. Politik.

Spanien (span. España), Königreich auf der Pyrenäischen Halbinsel, 495,625 qkm, mit den Balearen und den Kanari= schen Inseln 507,716, mit den Kolonien 812,011 qkm. Die Volkszählung vom 31. Dez. 1877 ergab für das Königreich, die Balearen und Kanarien und die Plätze an der Küste von Nordafrika mit inbegrif= fen, eine Bevölkerung von 16,625,860 Einw. Hauptstadt: Madrid mit 397,690 Einw. Das Königreich setzt sich historisch aus 14 Landschaften, meist ehemaligen Königreichen, zusammen, nämlich: Alt= und Neukastilien, Galicien, Asturien, Leon, Estremadura, Andalusien, Mur= cia, Valencia, Katalonien, Aragonien, Navarra, den baskischen Provinzen und Majorca. Kolonien. In Amerika: Cuba mit (1. Juli 1877) 1,394,516 Einw. und Portorico (661,494 Einw.); in Afrika: Fernando Po, Annobon (35,041 Einw.); in Asien und Ozeanien: die Philippinen, Marianen, Karolinen und Pelewinseln mit 6,036,800 Einw. Nach der Vertreibung der Königin Isabella 1868 folgte zunächst eine Regentschaft Serranos, und nachdem die Kandidatur des Prinzen Leopold von Hohenzollern für den spanischen Thron 1870 wieder aufgegeben worden war, wurde 16. Nov. 1870 der Prinz Amadeus, Herzog von Aosta, Bruder des jetzt regierenden Kö= nigs von Italien, zum König von S.

von den Cortes gewählt. Aber schon im Februar 1873 dankte derselbe wieder ab, und die Cortes proklamierten die Re= publik, welche zu Anfang 1874 wie= derum durch eine Regentschaft Serranos beseitigt ward. Der Aufstand zu Gunsten des Prätendenten Don Karlos hatte in= zwischen größere Dimensionen angenom= men. Die Abneigung gegen diesen und der Wunsch nach Ruhe und geordneten Verhältnissen machten die Rückkehr der Bourbonen (jüngere Linie) auf den Thron von S. möglich. Alfons XII., Sohn der Königin Isabella und ihres Gemahls Franz de Assisi, wurde 30. Dez. 1874 als König proklamiert, und ihm gelang es, die Monarchie wiederum zu geordneten Zuständen zurückzuführen.

Eine neue Staatsverfassung wurde 30. Juni 1876 publiziert. Hiernach ist die frühere Thronfolgeordnung beibehalten, nach welcher das weibliche Geschlecht gleiches Successionsrecht wie das männliche hat. Nur in der geraden Linie hat der jüngere Prinz vor der ältern Prinzessin den Vorzug. In der Seitenlinie entscheidet die Nähe der Linie allein, ohne Rücksicht auf das Ge= schlecht. Die Successionsfähigkeit ist vom römisch=katholischen Glaubensbekenntnis abhängig. Die gesetzgebende Gewalt übt der König gemeinsam mit den Cortes aus, welche in zwei Kammern zerfallen, den Senat und den Kongreß der Deputierten. Der Senat wird gebildet 1) aus den Senatoren vermöge eignen Rechts (den königlichen Prinzen, Granden, Erzbischö= fen und höchsten Staatsbeamten), 2) aus den von der Krone auf Lebenszeit ernann= ten Senatoren und 3) aus denjenigen Senatoren, welche durch die Korporatio= nen des Staats und durch die Höchstbe= steuerten gewählt werden. Die Zahl der Senatoren kraft eignen Rechts und der vom König ernannten Senatoren darf zusammen die Zahl 180 nicht übersteigen. Ebensoviel Senatoren sind zu wählen. Die Mitglieder des Deputiertenkongres= ses werden von den Wahljuntas und zwar je ein Deputierter auf 40,000 Einw. ge= wählt. Das aktive Wahlrecht ist durch einen Steuerzensus von 25 Pesetas be= schränkt (Gesetz vom 20. Juli 1877). Die

Wahlperiode ist eine fünfjährige. Die Deputierten erhalten keine Diäten. Die
vollziehende Gewalt wird vom König
durch den Ministerrat ausgeübt, welch
letzterm ein Staatsrat zur Seite steht.
In dem Ministerrat sind außer dem Präsidenten der Minister des Äußern, sodann
der Minister der Justiz und der Gnade,
der Minister des Kriegs, der Marine-
minister, ferner die Minister des Innern,
der Finanzen, der Kolonien und endlich
des Handels und des Ackerbaus vertreten. Der Staatsrat besteht aus 33
vom König ernannten Räten und aus
den Ministern. Er berät die Regierungsmaßregeln und entscheidet über Kompetenzkonflikte zwischen Gerichts- und Verwaltungsbehörden. Zum Zweck der innern Verwaltung ist das Reich in 49
Provinzen eingeteilt, an deren Spitze für
die gesamte innere und ebenso für die
Steuerverwaltung Gouverneure stehen,
welchen Provinzialdeputationen und ständige Kommissionen der letztern beigegeben
sind. Die Polizei wird in den Gemeinden
von den Alkalden, in den größern Städten von besondern Polizeikommissaren
unter Aufsicht des Gouverneurs gehandhabt. Für die Militärverwaltung in den
Provinzen sind Generalkapitäne bestellt.
Die herrschende Religion ist die katholische. Es bestehen Erzbistümer zu Toledo,
Burgos, Granada, Santiago, Saragossa,
Sevilla, Tarragona, Valencia und Valla-
dolid sowie 45 Bistümer.

Gerichtsverfassung. Die unterste
Instanz bilden die Alkalden der Gemeinden als Friedensrichter. Außerdem bestehen
ca. 500 Untergerichtsbezirke mit einem
Gerichtshof erster Instanz. Diesen sind
die Appell- und Oberappellationsgerichts-
höfe übergeordnet. Ein höchster Gerichtshof fungiert zu Madrid. Außerdem bestehen geistliche und Militärgerichte, Handelsgerichte, Berggerichte, Gerichte für
Post- und Straßenwesen und ein Gerichtshof für Steuersachen. Heerwesen.
Neuere Gesetze haben die allgemeine Wehrpflicht eingeführt, doch ist die Loskaufung
als vorübergehende Maßregel gestattet. Die
Dienstpflicht erstreckt sich auf den Zeitraum von acht Jahren, davon vier Jahre
im aktiven Heer; doch ist dieser Zeitraum
thatsächlich auf zwei Jahre herabgemin-
dert. Die Friedenspräsenzziffer wird alljährlich im Etat festgesetzt. Sie betrug
1879—80: 90,000 Mann ohne Karabi-
niere (Zollwächter an der Grenze und an
der Küste) und ohne Guardia civil (Gendarmerie). Die Kriegsstärke der Armee
aber ist auf 10,250 Offiziere, 426,557
Mann, 16,728 Pferde und 13,112 Maultiere berechnet, so daß die mobile Armee
mit Stäben, Sanitätskorps, Administra-
tionen 2c. sich auf rund 450,000 Köpfe
belaufen würde. Die Kriegsmarine
umfaßt 117 Schiffe, von denen 1879—80:
100, darunter 10 Panzerschiffe, in Dienst
gestellt waren. Die Bemannung betrug
ca. 14,000 Matrosen mit 684 Marine-
offizieren und 7340 Mannschaften der
Marineinfanterie und Artillerie mit 495
Offizieren. Die Finanzen sind infolge
des Bürgerkriegs noch in einem bedenklichen Zustand. Das Budget für 1880—
1881 veranschlagt die Einnahmen des
Staats auf 792,150,792 Pesetas (à 80 Pf.),
die Ausgaben aber auf 829,158,576 Pesetas, so daß ein Defizit von 37,007,784
Pesetas in Aussicht stand. Die Staatsschulden beliefen sich 30. Juni 1879 auf
12,916,046,162 Pesetas.

Das Wappen der Monarchie, welches
von dem Orden des Goldnen Vließes umgeben ist und von zwei Löwen gehalten
wird, enthält die Wappenschilde von
Kastilien und Leon und in der Mitte das
Wappen des königlichen Hauses Bour-
bon-Anjou mit drei goldnen Lilien in
blauem Felde, das große Wappen auch
noch die Wappenschilde der einzelnen
Landesteile. Die Flagge ist golden, oben
und unten mit zwei breiten roten Streifen eingefaßt, mit dem spanischen Wappen in der Mitte. Die Landesfarben sind
Rot und Gold. Vgl. Lauser, Geschichte
Spaniens vom Sturz Isabellas bis zur
Thronbesteigung Alfons' (1877, 2 Bde.).

Spedition (lat.), Weiterbeförderung
von Waren und Gütern, welche nicht direkt an ihren Bestimmungsort verladen
werden können. Speditionsgeschäft
(Speditionshandel), der gewerbsmäßige Betrieb der zur Versendung von

Gütern notwendigen Geschäfte in eignem Namen für fremde Rechnung gegen Vergütung (Provision, Speditionsgebühren, Spesen), die regelmäßig nachgenommen wird. Spediteur (spr. -öhr), Geschäftsmann, der Speditionsgeschäfte treibt; spedieren, weiterbefördern.

Sperrgesetz, s. Brotkorbgesetz.

Spezialdebatte
Spezialdiskussion } s. Debatte.

Spezialmandat, s. Mandat.

Spielkartenstempel, im Deutschen Reich eine Stempelabgabe, welche für Rechnung des Reichs von Spielkarten erhoben wird und 0,30 Mk. für jedes Kartenspiel von 36 oder weniger Blättern und 0,50 Mk. für jedes andre Spiel beträgt. Vgl. Reichsgesetz vom 3. Juli 1878, betreffend den S. (Reichsgesetzblatt, S. 133 ff.).

Staat, das öffentliche Gemeinwesen, welches eine auf einem bestimmten Gebiet ansässige Völkerschaft in der Vereinigung von Regierung und Regierten umfaßt. Freilich ist der Begriff des Staats, wie er hier gegeben, kein wissenschaftlich feststehender, denn es gibt in der That nur wenige Gegenstände, über welche die Ansichten in gleicher Weise auseinander gehen wie über Wesen, Rechtsgrund und Zweck des Staats. Dabei ist aber auch noch zwischen dem eigentlichen Staatsbegriff, welcher auf wesentlich historischer Grundlage beruht, und der Staatsidee, die lediglich Sache der philosophischen Spekulation ist, wohl zu unterscheiden. Letztere nämlich stellt den S. so dar, wie er sein soll, ersterer so, wie er erfahrungsmäßig ist. Nun lehrt uns aber die Geschichte, daß von eigentlichen Staaten erst dann die Rede sein kann, wenn eine größere Gesamtheit von Menschen zu einem gemeinsamen Organismus vereinigt ist. Die Familie mag daher immerhin als die natürliche Grundlage und als der Ausgangspunkt dieser organischen Vereinigung betrachtet werden; der S. selbst aber charakterisiert sich gerade im Gegensatz zur Familie dadurch, daß seine Angehörigen nicht durch das Band der Verwandtschaft, sondern durch eine besondere Organisation zusammengehalten werden, und das Charakte-

ristische ebendieser Organisation besteht wieder darin, daß hier eine Vereinigung von Regierung (Staatsregierung, Gouvernement) einerseits und von Regierten (Staatsangehörigen, Staatsbürgern, Unterthanen) anderseits gegeben ist. Wo es an einer solchen Organisation oder doch an der Aufrechterhaltung der staatlichen Ordnung fehlt, wo also Anarchie herrscht, da kann auch von einem eigentlichen Staatswesen nicht die Rede sein. Endlich ist aber noch als wesentlicher Faktor des Staatsbegriffs das Vorhandensein eines bestimmten Gebiets (Staatsgebiet, Territorium) hervorzuheben, auf welchem sich jene Gesamtheit von Menschen dauernd niedergelassen hat. Der Zustand eines Nomadenvolks ist die Negation des Staatsbegriffs, welch letzterer gerade mit Rücksicht hierauf von Zöpfl dahin präzisiert wird, daß der S. der Zustand einer ansässigen Völkerschaft sei. Diejenigen Rechte nun, welche der Staatsregierung und deren Inhaber, dem Staatsbeherrscher (Staatsoberhaupt, Souverän), als solchem zustehen, die sogen. Hoheitsrechte, bilden den Inhalt der Staatsgewalt (Regierungsgewalt), welche namentlich insofern, als sie auch das Recht des Staatsbeherrschers zur Ausübung der Hoheitsrechte auf dem bestimmten Staatsgebiet und in Ansehung der auf demselben lebenden Menschen (Territorialitätsprinzip) bedeutet, als Souveränität (Staatshoheit [s. d.], suprema potestas) bezeichnet zu werden pflegt. Das Subjekt der Staatsgewalt sowie die Art und Weise ihrer Ausübung durch ersteres, also die Staats- und Regierungsform, werden durch die Staatsverfassung (Konstitution) bestimmt. Wenn man aber die Staatsgewalt regelmäßig in die gesetzgebende, die richterliche und die vollziehende Gewalt einzuteilen pflegt, so ist dies im Grund nur eine Bezeichnung der verschiedenen Richtungen, nach denen hin die Staatsgewalt thätig ist, und das Charakteristische der modernen konstitutionellen Monarchie besteht gerade darin, daß, soweit es sich um die Ausübung der gesetzgebenden Gewalt handelt der Gesamtheit der Regierten, dem Volk, das Recht der Mitwirkung durch die von ihm gewählten Volksvertreter (Repräsentativverfassung) zusteht. Die Staatsgewalt selbst aber ist und bleibt unteilbar, einheitlich und ausschließend; sie duldet keinen S. im S., und ebendarum muß sie auch insbesondere von der Kirche Unterordnung unter die staatliche Autorität verlangen. Träger der Staatsgewalt ist in der Monarchie der Einzelherrscher, in der Republik die Gesamtheit der Staatsangehörigen, und je nachdem in dem letztern Fall diese Gesamtheit wirklich im Besitz der Staatsgewalt ist, oder je nachdem diese nur von einer bevorzugten Klasse der Bevölkerung ausgeübt wird, pflegt man zwischen Demokratie und Aristokratie zu unterscheiden. Der einzelne Staatsbürger aber steht der Staatsgewalt und ihrem Inhaber gegenüber im Verhältnis der Unterordnung. Die rechtliche Begründung dieses Verhältnisses, die Feststellung des Rechtsgrunds des Staats, ist ein Problem, welches von Philosophen und Publizisten auf die verschiedenartigste Weise zu lösen versucht worden ist, während andre sich nicht ohne Grund damit begnügten, den S. und das damit gegebene Verhältnis der Unterordnung der Regierten als eine historische Thatsache und ebendarum der philosophischen Rechtfertigung nicht bedürftig hinzustellen. Dagegen finden wir schon im Altertum in den Theokratien der Orientalen die sogen. »religiöse Theorie« vertreten, welche den S. als eine göttliche Stiftung und die Einsetzung der Regierungsgewalt als einen Teil der göttlichen Weltordnung überhaupt auffaßt, eine Theorie, welche man neuerdings als die Lehre vom Königtum »von Gottes Gnaden« zu modernisieren suchte, wie dies z. B. von Stahl geschehen ist. Andre wollen die Entstehung des Staats aus dem sogen. »Rechte des Stärkern«, aus der Übermacht, welche auch in dem Ausdruck »Staatsgewalt« angedeutet sei, herleiten, während auf der entgegengesetzten Seite der S. (Patriarchalstaat) auf die väterliche Gewalt zurückgeführt und als eine Erweiterung der Familie hingestellt wird. Eine weitere, früher

auch in Deutschland vielfach praktisch geltend gemachte Theorie (Patrimonialprinzip) stellt die Staatsgewalt als Ausfluß des Eigentums (Patrimonialität) am Grund und Boden hin. Es ist dies die Theorie der absoluten Monarchie, vermöge deren sich die Staatsbeherrscher gewissermaßen als Eigentümer von Land und Leuten betrachteten, und welche zu jenem Satz führen konnte, der Ludwig XIV. in den Mund gelegt wird: »Der S. bin ich«. Auch der sogen. »Vertragstheorie« ist hier zu gedenken, welche die Entstehung des Staats auf eine vertragsmäßige Unterwerfung der Unterthanen unter die Staatsgewalt zurückzuführen suchte und durch Jean Jacques Rousseau (»Contrat social«) populär geworden ist, zuvor aber schon durch die Engländer Hobbes und Locke vertreten worden war. Dagegen ist nach Kant, Karl Salomo Zachariä und Wilhelm v. Humboldt der S. durch das Rechtsgesetz gerechtfertigt. Im Zusammenhang damit bezeichneten diese den Schutz des Rechts als den ausschließlichen Zweck des Staats (Rechtsstaat), eine Theorie, welche als sogen. »Manchestertheorie« in neuerer Zeit große insofern auch praktische Bedeutung erlangt hat, als ihre Anhänger die Staatshilfe möglichst auf den Rechtsschutz beschränkt wissen wollen und im übrigen auf die Selbsthilfe der Staatsbürger verweisen, auf deren Basis sich z. B. die modernen wirtschaftlichen Genossenschaften aufbauen. Dieser Theorie steht die sogen. »Wohlfahrtstheorie« gegenüber, welche die öffentliche Wohlfahrt des Staats und die allgemeine Wohlfahrt seiner Angehörigen als den Staatszweck bezeichnet, damit aber freilich nicht selten zu einer Bevormundung des Volks und zum sogen. Polizeistaat geführt hat. Den Vorzug möchte eine vermittelnde Theorie verdienen, welche das Recht allerdings als die Basis und den Hauptzweck des Staats bezeichnet und im übrigen die Staatshilfe nur als völkerschaftliche Unterstützung zur selbstthätig freien Entwickelung der Staatsangehörigen eintreten lassen will, indem das gesamte staatliche Leben sich in den Angeln des Rechts bewegen soll (Kulturstaat).

35*

Der S. kommt aber nicht nur als für sich bestehendes, selbständiges Ganze, sondern auch in seinem Verhältnis und in seinen Beziehungen zu andern Staatskörpern in Anbetracht. Dem einfachen Staatsbegriff entspricht zunächst allerdings der Einheitsstaat, d. h. der völlig souveräne, für sich bestehende S. mit Einem Staatsgebiet, welches ein und derselben Staatsregierung unterstellt ist, die es in einheitlicher Weise verwaltet. Es liegt aber in der Natur der Sache, daß sich zwischen verschiedenen Staaten, welche selbständig und unabhängig nebeneinander existieren, nach und nach die verschiedenartigsten Anknüpfungspunkte ergeben und die mannigfachsten Verbindungen auf dem Gebiet des Handels und der Industrie, der Wissenschaft und des politischen Lebens, kurz des geistigen und materiellen Völkerverkehrs überhaupt, bilden müssen. Es kann dann aber auch nicht fehlen, daß sich für die gleichmäßige Behandlung und Beurteilung derartiger Verhältnisse mit der Zeit gewisse völkerrechtliche Grundsätze Eingang und Anerkennung verschaffen.

Die in solcher Weise verbundenen Staaten bilden alsdann ein sogen. Staatensystem, und in diesem Sinn begann man seit dem 16. Jahrh. insbesondere von einem europäischen Staatensystem zu sprechen. Es pflegen aber ferner nicht selten einzelne Staatskörper zu einander in eine noch engere Verbindung gebracht und zur Erreichung eines bestimmten politischen Zwecks zu einem sogen. Bund vereinigt zu werden. Je nach der Art und Weise dieser Vereinigung und je nach der Beschaffenheit des Zwecks und des Ziels dieser letztern lassen sich dann aber wiederum verschiedene Unterarten eines solchen Bundes unterscheiden.

1) Der Bund, zu welchem sich eine Mehrheit von Staaten vereinigt, ist nur ein vorübergehender, zur Erreichung eines ebenfalls nur vorübergehenden, speziellen Zwecks bestimmt und bestehend. Es handelt sich dabei nur um die Ausführung eines bestimmten politischen Plans zur gemeinsamen Lösung einer besondern Aufgabe, welche sich die verbündeten Staaten gestellt haben. In solchen Fällen spricht man von einer sogen. Allianz oder Koalition. So waren z. B. die gegen Rußland gerichtete Allianz der Westmächte mit der Pforte vom 12. März 1854, der Bund zwischen Frankreich und dem damaligen Königreich Sardinien gegen Österreich von 1859, die Koalition Österreichs u. Preußens im dänischen Feldzug von 1864 und das Bündnis zwischen Preußen und Italien gegen Österreich von 1866 Staatenbündnisse, welche lediglich zur Realisierung eines vorübergehenden Zwecks und keineswegs auf die Dauer abgeschlossen waren.

2) Der Bund ist ein auf die Dauer berechneter und besteht zur Verwirklichung umfassender politischer Zwecke. Die Verbindung selbst trägt hier einen staatlichen Charakter; die verbündeten Staaten treten dritten Staaten gegenüber als ein völkerrechtliches Ganze und als eine politische Korporation auf, ausgestattet mit ständigen Einrichtungen zur Erreichung des Bundeszwecks und regelmäßig unter einer den Bund repräsentierenden Zentralgewalt vereinigt. Es sind dies die eigentlichen Staatenverbindungen (Staatensystem in diesem besondern Sinn); auch werden derartige staatliche Vereinigungen nicht selten geradezu als zusammengesetzte Staaten bezeichnet. Die Vereinigung mehrerer Staaten zu einem sogen. zusammengesetzten hebt jedoch die einzelnen verbündeten staatlichen Existenzen keineswegs auf; dieselben behalten vielmehr ihre Spezialregierungen bei, ihre Staatsgebiete bleiben nach wie vor voneinander unterschieden, und es verbleibt den Einzelstaaten unter allen Umständen eine gewisse politische Selbständigkeit, welche freilich regelmäßig im Interesse der Gesamtverbindung mehr oder weniger beschränkt zu werden pflegt. Anders bei der Vereinigung mehrerer Staaten zu einem Einheitsstaat. Diese hebt die besondere Souveränität der bis dahin nebeneinander bestehenden Staaten völlig auf, indem sie deren Territorien mit einer gemeinsamen Hoheitsgrenze umzieht und einer gemeinsamen und einheitlichen Regierung unterstellt. Letzteres kann aber im konkreten Fall entweder so ge-

ſchehen, daß die zu einem Einheitsſtaat zu=
ſammengefügten Staaten nunmehr einen
ganz neuen S. bilden, wie dies z. B. durch
Sardinien mit der Gründung des König=
reichs Italien 1861 geſchehen iſt, oder ſo,
daß der eine S. dem andern einverleibt
wird. Im erſtern Fall dann eine
ſogen. Union in dieſem beſondern Sinn
vor, während man im letztern Fall von
einer Inkorporation zu ſprechen pflegt,
für welche die Einverleibung der 1866
annektierten Staaten in die preußiſche
Monarchie ein naheliegendes Beiſpiel dar=
bietet.

Was nun aber die zuſammengeſetzten
Staaten und ihre Unterarten im einzel=
nen anbelangt, ſo wird hier regelmäßig
zwiſchen den ſogen. Unionen im engern
Sinn einerſeits und zwiſchen den ſogen.
Konföderationen anderſeits unter=
ſchieden. Es können nämlich einmal ver=
ſchiedene, an und für ſich voneinander ge=
trennte und unabhängige Monarchien un=
ter ein und demſelben Souverän ſtehen,
alſo durch die Identität der Perſon des
Staatsbeherrſchers miteinander verbun=
den ſein (Union, unio civitatum). Dem
ſteht dann als andre Form des zuſammen=
geſetzten Staats die Konföderation
(confoederatio) gegenüber, welche ſich da=
durch kennzeichnet, daß verſchiedene mehr
oder weniger ſelbſtändige Staaten mit be=
ſondern Regierungen und verſchiedenen
Souveränen vermöge einer beſondern
ſtaatlichen Verbindung zu einem neuen
politiſchen Geſamtweſen vereinigt ſind.
Was dann ſpeziell a) die Union anbelangt,
ſo beſteht hier wiederum ein Unterſchied
zwiſchen der Perſonalunion (unio personalis) und der Realunion (unio realis). Die Perſonalunion iſt dann ge=
geben, wenn zufälligerweiſe zwei oder meh=
rere an und für ſich ſelbſtändige Staaten
unter dem Zepter ein und derſelben Per=
ſon thatſächlich vereinigt ſind, was na=
mentlich dann der Fall iſt, wenn infolge
einer zufälligen Übereinſtimmung der
Thronfolgeordnung ein und dieſelbe Dy=
naſtie und ein und dasſelbe Glied derſel=
ben zur Regierung über beide Länder be=
rufen, oder wenn in einer Wahlmonarchie
ein Fürſt an die Spitze des Staats geſtellt

wird, welcher bereits das Staatsoberhaupt
einer andern Nation iſt. Eine Perſonal=
union der erſtern Art war z. B. die Ver=
einigung Englands und Hannovers,
welche von 1714 bis zum 20. Juni 1837
beſtand, während für die zweite Kategorie
die Perſonalunion Sachſens und Polens
unter Auguſt dem Starken von Sachſen
als Beiſpiel dienen mag. Ebenſo ſtehen
Luremburg und Holland zu einander im
Verhältnis der Perſonalunion, und eben=
dasſelbe war früher in Anſehung von Dä=
nemark und Schleswig=Holſtein der Fall.
Iſt dagegen die Vereinigung oder
mehrerer Staaten unter ebendemſelben
Staatsbeherrſcher durch die Staatsgrund=
geſetze angeordnet, iſt dieſe Verbindung
alſo von Rechts und Verfaſſungs wegen
eine notwendige und unauflösliche, ſo liegt
eine Realunion vor. Die einzelnen
Kronländer erſcheinen hier zwar auch als
beſondere Staaten, aber ſie ſind verfaſ=
ſungsmäßig unter Einem Zepter ver=
einigt. Sie ſtellen ſich infolge davon in
ihrer Verbindung und namentlich dem
Ausland gegenüber als eine ſtaatliche Ge=
ſamtheit dar, deren gemeinſame Intereſſen
regelmäßig auch durch eine gemeinſame
oberſte Regierungsbehörde vertreten wer=
den, welcher dann da, wo ein konſtitutio=
nelles Regierungsſyſtem beſteht, auch eine
ſtändiſche Geſamtvertretung der vereinig=
ten Völkerſchaften zur Seite ſteht. Die
Realunion hat alſo mit der Perſonalunion
das gemein, daß hier wie dort die unierten
Staaten beſondere Staatskörper bilden,
deren Souverän aber ein und dieſelbe
Perſon iſt. Der Unterſchied zwiſchen die=
ſen beiden Staatsformen beſteht darin,
daß dieſe Gemeinſchaft des Monarchen bei
der Perſonalunion eine zufällige und mög=
licherweiſe nur vorübergehende, bei der
Realunion jedoch eine verfaſſungsmäßige
und ebendarum notwendige iſt. Damit
hängt dann auch der weitere Unterſchied zu=
ſammen, daß bei der Perſonalunion die
Regierungen der einzelnen Staatsgebiete
formell als durchaus getrennte erſcheinen,
während ſich bei der Realunion zwar auch
eine Separatverfaſſung und eine Separat=
verwaltung der einzelnen Staaten vorfin=
den, neben dieſen aber auch eine Geſamtver=

faſſung und ein gemeinſchaftlicher ſtaat=
licher Organismus der unierten Staaten
vorhanden ſind. Das Beiſpiel einer Real=
union bietet das Verhältnis Öſterreichs und
Ungarns nach dem Februarpatent vom 26.
Febr. 1861 und den Staatsgrundgeſetzen
vom 21. Dez. 1867 dar; ebenſo ſtehen
Schweden und Norwegen ſeit 1814 in
Realunion, während Schleswig und Hol=
ſtein ehedem zu einander im Verhältnis
der Realunion, zur Krone Dänemark aber
beide im Verhältnis der Perſonalunion
geſtanden haben.

Was b) die ſogen. Konföberation
oder Föberation betrifft, ſo tritt uns hier
wiederum ein wichtiger Unterſchied entge=
gen, nämlich der bedeutſame Gegenſatz zwi=
ſchen dem ſogen. Bundesſtaat (Bun=
desreich, civitas foederata s. compo-
sita, von den italieniſchen Publiziſten
stato federativo genannt) und dem ſogen.
Staatenbund (lat. confoederatio civitatum, ital. confederazione degli stati).
In beiden Fällen iſt nämlich eine Mehrheit
von Staaten gegeben, welche ſämtlich be=
ſondere Staatsgebiete und beſondere Re=
gierungen haben, auch, wofern ihre Verfaſ=
ſung eine monarchiſche iſt, unter verſchiede=
nen Staatsbeherrſchern ſtehen. In beiden
Fällen ſind ferner dieſe Staaten zu einem
Bund vereinigt, welcher im Gegenſatz zu
einer bloß vorübergehenden Allianz auf die
Dauer berechnet iſt und zwar in der Weiſe,
daß dieſer Bund im völkerrechtlichen Ver=
kehr britten Staaten gegenüber die Bedeu=
tung einer völkerrechtlichen Korporation
und eines politiſchen Organismus in An=
ſpruch nimmt, indem für die verbündete
Staatengruppe eine Zentralgewalt errichtet
iſt, welche die Geſamtheit des Bundes zu
repräſentieren hat. Dieſen gemeinſamen
Merkmalen gegenüber ſtellt ſich dann der
Unterſchied zwiſchen beiden Staatsformen
im weſentlichen folgendermaßen dar. Im
Staatenbund erſcheinen die einzelnen ver=
bündeten Staaten als völlig ſouverän, und
die Zentralgewalt, unter welcher ſie ver=
einigt ſind, iſt nur ein Ausfluß der Sou=
veränität der einzelnen Staatsregierun=
gen, aus deren Vertretern ſich jene Zentral=
gewalt zuſammenſetzt. Im Bundesſtaat
dagegen iſt die Souveränität der einzelnen

Staaten im Intereſſe der Geſamtheit we=
ſentlich beſchränkt; die Zentralgewalt ſteht
hier über den einzelnen Regierungen, und
dieſe befinden ſich alſo zu jener in einem
Suborbinationsverhältnis. Der Staaten=
bund iſt ferner, ebenſo wie der Bundes=
ſtaat, auf die Dauer berechnet und ver=
folgt, wie dieſer, bleibende politiſche Zwecke;
allein es ſind immer doch nur beſtimmt
abgegrenzte Aufgaben, welche er zu löſen
ſucht. Der Bundesſtaat dagegen ſucht die
Aufgaben des Staats überhaupt zu reali=
ſieren, der Bundeszweck fällt hier mit dem
Staatszweck ſelbſt zuſammen. Der Staa=
tenbund erſcheint daher immer nur als
eine politiſche Genoſſenſchaft, er hat einen
vorzugsweiſe völkerrechtlichen Charakter;
der Bundesſtaat dagegen iſt ein wirklicher
ſtaatlicher Organismus, er hat einen we=
ſentlich ſtaatsrechtlichen Charakter; der
Staatenbund iſt ein bloßer völkerrecht=
licher Verein, der Bundesſtaat dagegen ein
wirklicher S. So war beiſpielsweiſe die
Schweiz ſeit 1815 nur ein Staatenbund,
während ſie jetzt vermöge der Verfaſſung
vom 12. Sept. 1848 ein Bundesſtaat iſt;
ebenſo ſind die Vereinigten Staaten von
Nordamerika ſeit 1787 als ein Bundes=
ſtaat konſtituiert. Zu beachten iſt übrigens,
daß von manchen Staatsrechtslehrern noch
ein beſonderer, wenn auch unwichtiger
Unterſchied zwiſchen Bundesſtaat und dem
ſogen. Staatenſtaat gemacht wird, je
nachdem nämlich die Vereinigung einer
Mehrheit von Staaten zu einem Geſamt=
ſtaat auf Vertrag und auf einer wenig=
ſtens äußerlich freien Übereinkunft der ver=
bündeten Staaten beruht, oder je nachdem
ſie durch die Lockerung eines urſprüng=
lichen Einheitsſtaats herbeigeführt wor=
den iſt. Als ein Fall der letztern Art und
als ein ſogen. Staatenſtaat wird dann das
vormalige Deutſche Reich, das bis zum
Jahr 1806 beſtand, aufgefaßt, welches
allerdings in den letzten Jahrhunderten
ſeines Beſtehens, als die Landeshoheit der
einzelnen Territorien mehr und mehr er=
ſtarkt war, nichts weiter als ein bloßer
Föberativſtaat geweſen iſt. Als Bei=
ſpiel eines Staatenbunds iſt aber nament=
lich der vormalige Deutſche Bund anzu=
führen, welcher 1866 ſein Ende erreichte.

Eben weil dieser Deutsche Bund ein bloßer Staatenbund war und als solcher die deutschen Staaten bloß durch ein schwaches föderatives Band zusammenhielt und nicht zu einem wirklichen S. vereinigte, konnte diese Staatsform dem erwachten, wachsenden und erstarkenden Nationalgefühl des deutschen Volks auf die Länge nicht genügen, und es war daher kein bloßes politisches Schlagwort, sondern das mit immer größerer Entschiedenheit ausgesprochene Ziel einer tief gehenden politischen Bewegung, »daß man den Deutschen Bund aus einem bloßen Staatenbund umwandeln müsse in einen Bundesstaat«. Diese Aufgabe war es denn auch, welche durch das Verfassungswerk der konstituierenden Frankfurter Nationalversammlung, durch die sogen. Reichsverfassung vom 28. März 1849, gelöst werden sollte. Freilich hat jenes Streben damals kein günstiger Erfolg gekrönt, aber es war doch der erste bedeutsame Anlauf zu dem großen Werk der nationalen Einigung unsers deutschen Volks, welche jetzt nach den Erfolgen der Jahre 1866 und 1870 mit der Gründung des Norddeutschen Bundes und mit der Konstituierung des neuen Deutschen Reichs zustande gebracht worden ist. Wie aber damals bei Gelegenheit der Beratungen über die Feststellung der Reichsverfassung von 1849 die Frage über Wesen des Staatenbunds und dessen Unterschied vom Bundesstaat vielfach besprochen und erörtert worden ist, so hat man auch in neuester Zeit nicht selten die Frage aufgeworfen, ob denn unser gegenwärtiges Deutsches Reich nun wirklich ein Bundesstaat sei, und in der That haben sich, wenn auch sehr vereinzelt, Stimmen gefunden, welche diese Frage verneinen. Allein die herrschende Ansicht, welche in dem Deutschen Reich einen Bundesstaat oder Gesamtstaat erblickt, wird gleichwohl die richtige sein. Dies erhellt namentlich aus folgenden Punkten, welche zugleich den Unterschied zwischen »Staatenbund« und »Bundesstaat« weiter erläutern mögen.

In dem vormaligen Deutschen Bund waren die einzelnen verbündeten Staaten völlig souverän. Das Organ des Bundes, der Frankfurter Bundestag, setzte sich lediglich aus den Bevollmächtigten der einzelnen Bundesregierungen zusammen. Der Angehörige der einzelnen Staaten stand zu diesem Zentralorgan des Bundes in gar keiner direkten Beziehung. Die Bundesbeschlüsse erhielten in dem betreffenden S. und für dessen Angehörige erst dadurch rechtsverbindliche Kraft, daß sie von der fraglichen Einzelregierung als Gesetz verkündigt wurden. Das Deutsche Reich dagegen hat das Gesetzgebungsrecht eines wirklichen Staats. Die Reichsgesetze, welche innerhalb des Kompetenzkreises der Reichsgesetzgebung erlassen werden, gehen den Landesgesetzen der Einzelstaaten vor und erhalten ihre rechtsverbindliche Kraft für die Unterthanen des Reichs und der Einzelstaaten durch die Verkündigung von Reichs wegen, welche im Reichsgesetzblatt durch den Kaiser erfolgt. Die gesetzgebenden Faktoren des Reichs aber sind Reichstag und Bundesrat. Letzterer entspricht dem vormaligen deutschen Bundestag, insofern er sich aus instruierten Vertretern der verbündeten Staaten zusammensetzt. Im Reichstag dagegen ist eine nationale Vertretung des gesamten Volks, ähnlich dem Landtag des Einzelstaats, gegeben, von welcher in dem bloßen Staatenbund natürlich nicht die Rede sein kann. Ferner steht an der Spitze des deutschen Gesamtstaats ein einzelner Monarch, welcher die Reichsgesetze zu verkündigen und auszuführen, auch das Reich völkerrechtlich zu vertreten hat und namens desselben Krieg zu erklären und Frieden zu schließen befugt ist. Ihm steht auch ein verantwortlicher Minister in der Person des Reichskanzlers zur Seite. Von einem solchen kann im Staatenbund natürlich ebenfalls nicht die Rede sein, weil es ja an einer einheitlichen Staatsgewalt und also auch an dem Träger einer solchen fehlt, welchem ein verantwortlicher Minister zur Seite stehen könnte. Die Angehörigen der einzelnen deutschen Staaten aber stehen, was ihre Unterthaneneigenschaft anbetrifft, in einem Doppelverhältnis. Sie sind Unterthanen ihrer Einzelregierung, Bürger des Einzelstaats, dem sie jeweilig angehören. Aber sie sind auch zugleich Angehörige und Bürger des deutschen Gesamtstaats. Die Unterthanen verschiedener deutscher Staaten erscheinen also im Verhältnis zu einander nicht mehr wie früher als Ausländer, sondern als Söhne eines gemeinsamen Vaterlands und Angehörige ein und desselben staatlichen Verbands. Ebendarum können sie vermöge ihres gemeinsamen Heimatsrechts (Bundesindigenat) in jedem deutschen S. dieselbe rechtliche Behandlung wie der Inländer beanspruchen. Unser gemeinsamer deutscher S. verfolgt ferner diejenigen Zwecke, welche sich der S. überhaupt stellt. Der frühere deutsche Staatenbund freilich hatte sich lediglich den Zweck gesetzt: »Erhaltung der äußern und innern Sicherheit Deutschlands und der Unabhängigkeit und Unverletzbarkeit der einzelnen deutschen Staaten«. Der gegenwärtig unter dem Namen »Deutsches Reich« bestehende Bund dagegen ist nach den Eingangsworten der Verfassungsurkunde abgeschlossen »zum Schutz des Bundesgebiets und des innerhalb desselben gültigen Rechts sowie zur Pflege der Wohlfahrt des deutschen Volks«. Also auch hier ist der Rechtsschutz in den Vordergrund gestellt, und es wird genügen, an die gemeinsame deutsche Gerichtsorganisation, an die Einsetzung eines Reichsgerichts und an die umfassenden Justizgesetze, welche das Reich ergehen ließ, zu erinnern, um darzuthun, daß jene Zusage in der Reichsverfassungsurkunde keine leere gewesen ist. Dasselbe gilt aber auch von der Pflege der Wohlfahrt des deutschen Volks. Man denke nur an die reichsgesetzlichen Bestimmungen und Einrichtungen in Ansehung des Post- und Telegraphenwesens, der Seeschiffahrt, des Eisenbahnwesens, des Gesundheitswesens u. dgl. Zur Realisierung des Staatszwecks aber und zur Erreichung der Ziele, welche die Staatsgewalt verfolgt, sowie zur Erhaltung des Staatswesens überhaupt müssen der Staatsgewalt im Bundesstaat wie in jedem andern Staat die nötigen Mittel zur Verfügung stehen, und die Sorge für die Beschaffung dieser Mittel, der Bezug der Staatseinkünfte und die Verwaltung und Verwendung des Staatsvermögens sind eine Aufgabe und ein Recht der Staatsgewalt, sie sind die Finanzhoheit derselben. Gerade in dieser Beziehung zeigt sich aber nochmals der Unterschied zwischen dem einstigen Staatenbund und dem Bundesstaat der Gegenwart. Der frühere Deutsche Bund nämlich hatte gar kein eigentliches Finanzwesen, sondern nur ein Kassenwesen, eine gemeinschaftliche Bundeskasse, indem er lediglich auf die Matrikularbeiträge der einzelnen Bundesmitglieder angewiesen war. Der Bund als solcher hatte nicht die Finanzhoheit und folgeweise auch nicht den Kredit eines Staats. Es war daher unmöglich, eine Bundesschuld zu kontrahieren, so daß der Bund für den Fall einer notwendigen, nicht zu vertagenden Ausgabe, wenn gerade die Bundeskasse erschöpft war, auf Vorschüsse seiner Mitglieder angewiesen blieb. Unser gegenwärtiges Deutsches Reich dagegen hat als ein wirklicher S. die Finanzhoheit und auch den Kredit eines solchen, es ist nicht bloß auf die Matrikularbeiträge seiner Mitglieder angewiesen, sondern es hat, wenn auch noch keine direkten Reichssteuern eingeführt sind, doch andre direkte Einnahmen und zwar aus den Überschüssen des Post- und Telegraphenwesens, aus den Reineinnahmen aus den Zöllen und aus den gemeinschaftlichen Verbrauchssteuern; es ist also auch in dieser Beziehung ein wirklicher S. Weiter ist die Erfüllung der dem Reich in erster Linie gestellten Aufgabe, der Schutz des Bundesgebiets nämlich, durch die Kriegsmarine und durch die Landmacht des Reichs gesichert, welch letztere im Krieg wie im Frieden ein einheitliches Heer unter dem Oberbefehl des Kaisers bildet, dessen Befehlen alle deutschen Truppen unbedingt Folge zu leisten haben, während zur Zeit des frühern deutschen Staatenbunds ein ständiges Kriegsheer in Friedenszeiten nicht bestand. Nur für den Kriegsfall sollte ein solches aus den Kontingenten der einzelnen Staaten zusammengesetzt und nur für den Fall eines Bundeskriegs ein Bundesoberfeldherr gewählt werden; im übrigen war die Militärhoheit der Einzelstaaten eine unbeschränkte. Endlich hat auch das Deutsche Reich als ein wirklicher S. auch das Gesandtschaftsrecht eines solchen, indem es ein Vorrecht des Reichsoberhaupts ist, Gesandte zu beglaubigen und zu empfangen.

Die Verhältnisse und Beziehungen der Staatsregierung zu den Staatsunterthanen und zwischen den letztern untereinander, soweit sie sich auf den S. beziehen, werden durch das Staatsrecht (s. d.) geregelt; ebendahin gehören auch diejenigen Rechtssatzungen, welche diese Verhältnisse in einem zusammengesetzten S. normieren und die für das Deutsche Reich das deutsche Reichsstaatsrecht bilden. Das Staatsleben dagegen und die zweckmäßige Gestaltung und Einrichtung desselben bilden den Gegenstand der Politik (s. d.), während die rechtlichen Beziehungen verschiedener selbständig nebeneinander bestehender Staaten durch das Völkerrecht (s. d.) geregelt werden. Vgl. außer den Lehrbüchern des Staatsrechts und des deutschen Reichsstaatsrechts insbesondere: Waitz, Das Wesen des Bundesstaats (in seinen »Grundzügen der Politik«, 1862); Seydel, Der Bundesstaatsbegriff (in der »Zeitschrift für die gesamte Staatswissenschaft« 1872, Bd. 18, S. 185 ff.); Derselbe, Die neuesten Gestaltungen des Bundesstaatsbegriffs (in Hirths »Annalen des Deutschen Reichs« 1876, S. 641 ff.); Hänel, Zur Kritik der Begriffsbestimmung des Bundesstaats, S. 78 ff. (1877); Brie, Der Bundesstaat (1874).

Staatenbund, s. Staat (S. 551).

Staatengeschichte, s. Staatswissenschaften.

Staatsadreßbuch (Staatsadreßkalender, Staatshandbuch), Namensverzeichnis der Staatsbeamten, entweder mehrere Staaten umfassend oder sich auf einen einzelnen Staat beschränkend; im engern Sinn die amtlich abgefaßte Übersicht des Staats- und Hofhaushalts und aller oder doch der höhern Staats- und Hofbeamten unter Hinzufügung genealogischer und statistischer Notizen. Wahrscheinlich ist der französische »Almanach royal« (1679 von dem Buchhändler Laurent Houry in Paris gegründet) der Vorläufer der Staatsadreßbücher. Im 18. Jahrh. erschienen ähnliche Almanache nach und nach in allen, selbst in den kleinsten europäischen Staaten sowie in den verschiedenen Gebieten des Deutschen Reichs. Die ersten darunter waren: das »Namenregister für die vereinigten Niederlande« (1700), der »Preußisch-brandenburgische Staatskalender« (seit 1704), der »Regensburger Komitialkalender« (seit 1720), der »Kursächsische Staatskalender« (seit 1728), der englische »Royal calendar« (seit 1730) ꝛc. Auch der »Gothaische Genealogische Hofkalender« ist hier zu nennen. Wie jetzt für die meisten Staaten amtlich redigierte Staatshandbücher herausgegeben werden, so wird auch ein »Handbuch für das Deutsche Reich« vom Reichskanzleramt bearbeitet und alljährlich veröffentlicht.

Staatsangehörigkeit, s. Heimatsrecht, Staat (S. 546).

Staatsanwaltschaft (franz. Ministère public), die zur Wahrnehmung des staatlichen Interesses bei der Rechtspflege und namentlich zur Betreibung der öffentlichen Klage wegen verbrecherischer Handlungen bestellte Behörde. Dem Altertum fremd, ist das Institut des öffentlichen Anklägers (Prokureur, Prokurator) besonders in Frankreich aus- und in andern Staaten dem französischen Muster nachgebildet worden. Nach dem deutschen Gerichtsverfassungsgesetz (§§ 142 ff.) soll das Amt der S. bei dem Reichsgericht durch einen oder mehrere Reichsanwalte und durch einen Oberreichsanwalt, bei den Oberlandesgerichten, den Landgerichten und den Schwurgerichten durch einen oder mehrere Staatsanwalte, bei den Amtsgerichten und den Schöffengerichten durch einen oder mehrere Amtsanwalte ausgeübt werden. In Zivilsachen tritt die S. nach der deutschen Zivilprozeßordnung nur in Ehe- u. Entmündigungssachen in Thätigkeit. In Strafsachen ist die S. Organ der Strafverfolgung und Strafvollstreckung. Sie ist nach der deutschen Strafprozeßordnung (§ 152) zur Erhebung der öffentlichen Klage berufen und ist der Regel nach verpflichtet, soweit gesetzlich nicht ein andres bestimmt ist, wegen aller gerichtlich strafbaren und verfolgbaren Handlungen einzuschreiten, sofern zureichende thatsächliche Anhaltspunkte vorliegen. Nur ausnahmsweise bei Beleidigungen und bei

Körperverletzungen, soweit deren Verfol=
gung nur auf Antrag erfolgt, tritt der
Verletzte selbst mit der Privatklage vor
Gericht auf, und auch selbst in diesen
Fällen kann die S. mit öffentlicher Klage
vorgehen, wenn dies im öffentlichen In=
teresse liegt. Was die Vornahme von Un=
tersuchungshandlungen anbetrifft, so ist
die S. dem Richter nicht völlig gleichge=
stellt, welchem gewisse Untersuchungshand=
lungen, wie eidliche Vernehmung, Erbre=
chen von Briefen, vorbehalten sind, wäh=
rend andre Untersuchungshandlungen, wie
vorläufige Festnahme, Beschlagnahme,
von der S. nur vorgenommen werden
dürfen, wenn Gefahr im Verzug ist.
Der S. steht überhaupt die Leitung einer
Untersuchungssache nur so lange zu, als
sie noch nicht die gerichtliche Vorunter=
suchung beantragt oder, wofern eine solche
nicht erforderlich, die Anklageschrift noch
nicht eingereicht hat. Mit diesem Augen=
blick wird die S. Partei, und die weitere
Leitung und Entscheidung der Sache ge=
bührt dem Gericht. Die einmal erhobene
öffentliche Klage kann von der S. nicht
zurückgenommen werden. Die S. kann
eine gerichtliche Entscheidung durch Rechts=
mittel anfechten, auch die Wiederaufnahme
eines durch rechtliches Urteil geschlossenen
Verfahrens beantragen und zwar beides
auch zu Gunsten des Angeschuldigten. Als
Vollstreckungsbehörde hat die S. außer
für die Behändigung der Ladungen und
Zustellungen auch für die Herbeischaffung
der Beweismittel Sorge zu tragen sowie
die Strafen zu vollstrecken, doch steht
den Amtsanwalten die Strafvollstreckung
nicht zu. Die Beamten des Polizei= und
Sicherheitsdienstes sind Hilfsbeamte der
S., und sie sind in dieser Eigenschaft ver=
pflichtet, den Anordnungen der Staatsan=
walte Folge zu leisten. Vgl. Deutsches
Gerichtsverfassungsgesetz, §§ 142—153;
Deutsche Strafprozeßordnung, §§ 152 ff.,
414, 416, 36, 213, 483; Deutsche Zivil=
prozeßordnung, §§ 569, 595 ff.; v.
Holtzendorff, Die Reform der S. in
Deutschland (1864); Derselbe, Die Um=
gestaltung der S. (1865).

Staatsärar, s. v. w. Fiskus (s. d.).

Staatsbahnen, s. Eisenbahnen.

Staatsbankrott, Zustand, worin der
Staat sich außer stande erklärt, seinen
finanziellen Verbindlichkeiten nachzukom=
men, insbesondere seine Schulden voll=
ständig zu bezahlen.

Staatsbürger, im weitern Sinn jeder
Staatsangehörige (s. Unterthan); im
engern Sinn aber nennt man S. diejeni=
gen, welche selbstthätig in der durch die
Verfassung bezeichneten Weise an den öf=
fentlichen Angelegenheiten teilnehmen kön=
nen. Zu den Rechten des Staatsbürgers
(Staatsbürgerrecht) in diesem Sinn
gehören insbesondere die Fähigkeit zu
öffentlichen Ämtern und das aktive und
passive Wahlrecht. Dieses Staatsbürger=
recht kann durch richterliches Urteil wegen
Verbrechen und durch Konkurs ganz oder
vorübergehend entzogen werden (s. Ehren=
rechte). Vgl. Unterthan.

Staatsdienst, derjenige Dienst, der
auf einem besondern, von der Staatsge=
walt ausgehenden Auftrag beruht und den
Beauftragten zur Verwaltung bestimmter
Staatsangelegenheiten anweist. Hiernach
schließt man vom S. jeden Dienst aus,
worin nur die Erfüllung einer allgemei=
nen Bürgerpflicht liegt, ferner jeden Dienst,
der, wenn auch zu seiner Ausübung eine
Bevollmächtigung oder Bestätigung durch
die Staatsgewalt erforderlich ist, doch nicht
Staatsangelegenheiten, sondern nur Pri=
vatinteressen betrifft, welche den Staat
bloß mittelbar berühren, wie namentlich
die Funktionen der Privat= und Hofdiener
des Fürsten, der Korporations= und Ge=
meindediener, der Diener der Kirche und
aller, welche, wie Ärzte, Advokaten ꝛc.,
nur die ihnen vom Publikum anvertrau=
ten Angelegenheiten besorgen, endlich je=
den Dienst, der, wenn auch auf öffentliche
Zwecke gerichtet, doch nicht vom Inhaber
der Staatsgewalt übertragen wird (Mit=
glieder der Ständeversammlung, Ge=
schworne). Die Berufung zum S. ge=
schieht durch das Staatsoberhaupt, in der
Regel auf gutachtliche Vorschläge der vor=
gesetzten Behörden; bei Subalternbeam=
ten pflegt die Anstellung von der Oberbe=
hörde selbst kraft erteilter Vollmacht seitens
des Regenten auszugehen. Die Beschäf=
tigung mit dem öffentlichen Dienst ist in

ber Regel eine ausschließliche, neben welcher andre regelmäßige Erwerbsgeschäfte nicht betrieben werden dürfen. Daher muß aber auch der Unterhalt durch ausreichende Besoldung (Gehalt) und für den Fall unverschuldeter Dienstuntüchtigkeit durch Gewährung eines Ruhegehalts (s. Pension) gesichert werden. In der Regel darf der Staat den Beamten nicht ohne weiteres entfernen, sofern er nicht durch Vergehen oder durch ihm zuzurechnende Dienstunfähigkeit die Entfernung verschuldet. Ebensowenig kann der Beamte seinen Dienst ohne weiteres verlassen. Der Beamte ist dem Staatsoberhaupt Gehorsam schuldig und für seine Handlungen verantwortlich. Der Gehorsam ist aber nur ein verfassungsmäßiger; der Befehl muß von der zuständigen Behörde und in der gesetzmäßigen Form ergangen sein und in den Bereich des Dienstes fallen, um Gehorsam beanspruchen zu können; auch darf nichts gefordert werden, was dem allgemeinen Sitten- und dem Rechtsgesetz entgegen ist. Eine eigentümliche Stellung nehmen die Richter und die Minister ein, welch letztere mit ihrer Verantwortlichkeit die Handlungen des Fürsten decken. Im einzelnen sind die Rechtsverhältnisse der Staatsdiener (Staatsbeamten) in den meisten Staaten durch besondere Gesetze geregelt; für die deutschen Reichsbeamten insbesondere ist dies durch Reichsgesetz vom 31. März 1873 (Reichsgesetzblatt, S. 61 ff.) geschehen.

Staatseffekten, s. Staatspapiere.

Staatsgarantie, die von der Staatsregierung übernommene Bürgschaft, vermöge deren sie für die vertragsmäßige Rückzahlung und Verzinsung einer von einem Dritten gewirkten Schuld einsteht. Der hauptsächlichste Fall einer solchen S. ist der, daß der Staat, um das Zustandekommen eines im öffentlichen Interesse wünschenswerten Eisenbahnbaus zu ermöglichen, den Aktionären eine bestimmte Dividende »garantiert«, d. h. alljährlich für einen gewissen Prozentsatz einsteht, für welchen er dann selbst aufzukommen hat, wenn und soweit die Einnahmen der Bahn nicht ausreichen. Regelmäßig wird aber eine solche Eisenbahn-

garantie seitens des Staats nur auf eine bestimmte Reihe von Jahren übernommen, und zuweilen kommt dabei auch eine sogen. Rückgarantie vor, welche darin besteht, daß gewisse bei dem Bahnbau besonders interessierte Gemeinden, Korporationen ꝛc. sich verpflichten, den Staat für den Fehlbetrag, für welchen eventuell aufzukommen hat, ganz oder teilweise schadlos zu halten.

Staatsgerichtshof, Gerichtshof, welcher über die gegen einen Minister erhobene Anklage wegen Verfassungsverletzung zu entscheiden hat. S. wird auch die zur Entscheidung von Kompetenzkonflikten zwischen Justiz und Verwaltung bestellte Behörde (Verwaltungsgerichtshof) genannt, endlich auch das Ausnahmegericht für schwere politische Verbrechen, welche jetzt in Deutschland dem Reichsgericht zur Aburteilung überwiesen sind.

Staatsgewalt, s. Staat (S. 546).

Staatshandbuch, s. Staatsadreßbuch.

Staatshaushaltsetat, s. Etat.

Staatshoheit (Souveränität), die dem Staat als solchem zukommende Unabhängigkeit, vermöge deren er selbst sich die Gesetze seines Handelns gibt und an fremden Staaten nur die gleiche Unabhängigkeit zu achten hat. Die S. ist mit dem Dasein des Staats selbst gegeben, ohne daß es der völkerrechtlichen Anerkennung bedarf; vielmehr kann und muß jeder Staat die Achtung seiner S. von andern Staaten fordern. Thatsächliche Verhältnisse haben aber zur Bildung halbsouveräner Staaten geführt, welche in gewisser Beziehung der Oberhoheit (Suzeränität) eines andern unterworfen sind, in welchem Verhältnis z. B. die Donaufürstentümer bisher zur Pforte standen. Auch kommen in den sogen. zusammengesetzten Staaten Beschränkungen der S. der Einzelstaaten im Interesse des Gesamtstaats vor (s. Staat, S. 548).

Staatsklugheitslehre } s. Politik.
Staatskunst

Staatslehre, s. Staatswissenschaften.

Staatsmann, s. Politik.

Staatsnoten, s. Staatspapiere.

Staatspapiere (Staatseffekten, Staatsobligationen, Staatsschuldscheine, Effekten, Fonds), Schuldverschreibungen, welche über die Einzelbeträge ausgestellt sind, in welche eine vom Staat kontrahierte Schuld (Staatsschuld) zerlegt ist. Eine solche ist entweder verzinslich oder unverzinslich. Die über eine Schuld der letztern Art ausgegebenen S. heißen Staatsnoten (Kassenscheine, Kassenanweisungen), wie die deutschen Reichskassenscheine zu 5, 20 und 50 Mk. (Gesetz vom 30. April 1874), welche bei allen Kassen des Reichs und sämtlichen Bundesstaaten nach ihrem Nennwert in Zahlung angenommen und von der Reichshauptkasse für Rechnung des Reichs jederzeit bar eingelöst werden, ohne daß im Privatverkehr ein Zwang zu ihrer Annahme stattfindet. Die über verzinsliche Staatsschulden ausgestellten S. sind entweder eigentliche Staatsschuldscheine (Staatsschuldbriefe) oder sogen. Schatzanweisungen, welch letztere nur auf bestimmte und kurze Zeit, laut Bekanntmachung des Reichskanzlers vom 29. Okt. 1877 z. B. nur auf drei Monate, ausgegeben werden, während erstere, wenigstens für die Staatsgläubiger, unkündbar sind. Werden dabei außer Kapital und Zinsen auch noch besondere Prämien zugesichert, so spricht man von einem Lotterie- oder Prämienanlehen, und die darüber ausgefertigten S. heißen Prämienscheine (Partialobligationen, Lose). Die Staatsschuldscheine lauten entweder auf den Namen oder auf den Inhaber (au porteur), sind aber im erstern Fall übertragbar. Inhaberpapiere mit Prämien dürfen in Deutschland (Reichsgesetz vom 8. Juni 1871) überhaupt nur zum Zweck der Anleihe eines Bundesstaats oder des Reichs und nur auf Grund eines Reichsgesetzes ausgegeben werden. Fundierte Fonds heißen S., bei deren Ausgabe der Staat eine besondere Sicherheit ausdrücklich bestellt, im Gegensatz zur sogen. schwebenden Schuld; erstere werden auch konsolidierte Fonds genannt. Der Staatspapier- oder Fondshandel bildet einen Hauptgegenstand des Börsenverkehrs. Vgl.

Saling, Börsenpapiere, Bd. 2 (4. Aufl. 1874).

Staatspraxis, s. Politik.

Staatsprokurator, s. v. w. Staatsanwalt.

Staatsrat, Kollegium, welches die wichtigsten Staatsangelegenheiten in Beratung zieht und die Grundsätze für deren weitere Behandlung feststellt. Durch das Vertrauen des Fürsten aus hochgestellten und erfahrenen Personen berufen, hat der S. die Aufgabe, Einheit in die Maßregeln der einzelnen großen Verwaltungszweige zu bringen und demnach teils die Organisation der Staatsverwaltung im ganzen, teils die Grundlagen der Gesetzgebung, teils die auswärtigen Verhältnisse zu beraten. In der absoluten Monarchie eine Art Ersatz der Volksvertretung, pflegt er, wenn eine solche eingeführt wird und an Einfluß gewinnt, in gleichem Maß an Bedeutung zu verlieren. In manchen Staaten ist S. auch Titel für höhere Staatsbeamte, namentlich für die verantwortlichen Chefs von Ministerialabteilungen, in Rußland auch für verdiente Gelehrte.

Staatsrecht (lat. Jus publicum), im weitern Sinn s. v. w. öffentliches Recht (s. Recht); im engern und eigentlichen und zwar im subjektiven Sinn der Inbegriff der Rechte und Pflichten, welche durch das Staatswesen für die Regierung und für die Regierten im Verhältnis zu einander und für die letztern untereinander begründet, im objektiven Sinn die Gesamtheit derjenigen Rechtsgrundsätze, durch welche jene Rechte und Pflichten normiert werden. Je nachdem nun diese Grundsätze unmittelbar aus dem Begriff und aus dem Wesen des Staats überhaupt abgeleitet und entwickelt werden, oder je nachdem es sich um die positiven Satzungen eines bestimmten Staats, z. B. des Deutschen Reichs, handelt, wird zwischen allgemeinem (philosophischem, natürlichem) und besonderm (positivem, historischem) S., z. B. dem S. des Deutschen Reichs (Reichsstaatsrecht), unterschieden. Ferner unterscheidet man nach den Gegenständen, auf welche sich jene Satzungen beziehen, zwischen äußerm und innerm S., je nachdem es sich eben um die äußern Verhältnisse und die Stellung des Staats andern Staaten gegenüber oder um innere Staatsangelegenheiten handelt. Mit Rücksicht auf die Form der Staatsregierung und die Ausübung der Staatsgewalt pflegt man endlich noch das S. in Verfassungsrecht und Verwaltungsrecht einzuteilen, indem man unter ersterm diejenigen Normen versteht, welche hinsichtlich der Regierungsform und in Ansehung der Subjekte der Staatsgewalt gegeben sind, während das Verwaltungsrecht aus denjenigen Normen besteht, welche die Ausübung der Staatsgewalt und der darin enthaltenen einzelnen Regierungsrechte selbst betreffen. Für Deutschland insbesondere war zur Zeit des frühern Deutschen Reichs die Einteilung in Reichsstaatsrecht und Territorial- oder Landesstaatsrecht von Wichtigkeit, indem man damit die auf Verfassung und Regierung des Reichs bezüglichen Satzungen den für die einzelnen Territorien besonders gegebenen staatsrechtlichen Bestimmungen gegenüberstellte, eine Einteilung, welche nach der Errichtung des neuen Deutschen Reichs, und nachdem so die bisherige Einteilung in Bundesrecht und Landesstaatsrecht obsolet geworden, wiederum praktische Bedeutung gewonnen hat. Was die wissenschaftliche Bearbeitung des Staatsrechts anbelangt, so ist die Abgrenzung seines Gebiets gegenüber demjenigen der Politik (s. b.), ebenso wie die systematische Behandlung des Gegenstands überhaupt, zwar erst in neuerer Zeit mit Erfolg versucht worden; gleichwohl ist die staatsrechtliche Litteratur und namentlich die deutsche eine sehr reichhaltige. Die zahlreichen Publizisten des 16. und 17. Jahrh., unter denen besonders Pufendorf, Leibniz, Cocceji und Thomasius zu nennen sind, wurden von J. J. Moser durch die Gründlichkeit, womit er in seinen zahlreichen Schriften die verschiedenen Zweige des Staatsrechts behandelte, und von Pütter, dem größten Staatsrechtslehrer des vorigen Jahrhunderts, übertroffen, welcher auf historischer Grundlage zuerst einer systematischen Bearbeitung des Staatsrechts die Bahn eröffnete.

Unter den neuern Systemen des Staatsrechts sind die von Klüber (4. Aufl. 1841), Zachariä (3. Aufl. 1865—67, 2 Bde.), Zöpfl (5. Aufl. 1863), Held (1856—57, 2 Bde.) und Gerber (2. Aufl. 1869) hervorzuheben. Unter den Bearbeitungen des partikulären Staatsrechts, von welchen besonders die von Mohl (Württemberg), Pözl (Bayern), Milhauser (Sachsen) und Wiggers (Mecklenburg) zu nennen sind, steht Rönnes »S. der preußischen Monarchie« (4. Aufl. 1881, 2 Bde.) obenan. Ebenso ist unter den systematischen Bearbeitungen des deutschen Reichsstaatsrechts der Gegenwart das Werk von Rönne (2. Aufl. 1876—77) wegen seiner Reichhaltigkeit und Gründlichkeit von besonderer Bedeutung. Um die Bearbeitung des allgemeinen Staatsrechts hat sich namentlich Bluntschli verdient gemacht, welcher in der »Deutschen Staatslehre« (2. Aufl. 1880) auch eine populäre Darstellung des Staatsrechts zu geben versucht hat. Vgl. außer den angeführten Lehr- und Handbüchern des Staatsrechts: Bluntschli, Lehre vom modernen Staat, Bd. 1: Allgemeine Staatslehre; Bd. 2: Allgemeines S. (5. Aufl. früher »Allgemeines Staatsrecht«, 1875); Bd. 3: Politik (1876); Laband, S. des Deutschen Reichs (1876); G. Meyer, Lehrbuch des deutschen Staatsrechts (1878); Schulze, Lehrbuch des deutschen Staatsrechts (1880); Hirth, Annalen des Norddeutschen Bundes, jetzt als »Annalen des Deutschen Reichs« fort erscheinend (1868 ff., 1871 ff.).

Staatsregierung, s. Regierung, Staat (S. 546).

Staatsrente, s. Rente.

Staatsschuldscheine, s. Staatspapiere.

Staatssekretär, s. v. w. Minister (s. b.); in Preußen führen die Vertreter der verantwortlichen Minister den Amtstitel Unterstaatssekretär, während im Deutschen Reich die Vorstände einzelner Reichsämter, welche dem Reichskanzler als dem alleinigen verantwortlichen Minister des Reichs unterstellt sind, den Titel S. oder Unterstaatssekretär führen.

Staatsservituten (öffentliche Serdituten), dauernde Beschränkungen der Staatshoheit eines unabhängigen Staatswesens im Interesse und zu Gunsten eines andern Staats oder sonstigen Berechtigten. In diesem Sinn wurde früher z. B. das dem Haus Thurn und Taris zustehende Postrecht in den einzelnen deutschen Staaten als Staatsservitut bezeichnet.

Staatsstreich, s. Revolution.

Staatsverbrechen, s. Majestätsverbrechen.

Staatsverfassung, s. Staat (S. 546 ff.).

Staatswissenschaften (Kameralwissenschaften), im allgemeinen Bezeichnung für diejenigen Wissenschaften, deren Gegenstand der Staat ist. Dieselben zerfallen in beschreibende (historische) und lehrende (dogmatische) S. Zur erstern Kategorie gehören die Staatengeschichte (politische Geschichte), welche die geschichtliche Entwickelung der Staaten, und die Statistik (s. d.), welche den dermaligen Zustände und die bestehenden Staatseinrichtungen schildert. Die letztern zerfallen in die allgemeine Staatslehre, welche von Begriff und Wesen des Staats und andrer politischer Verbände handelt, in das Staatsrecht (s. d.), welches die rechtlichen Beziehungen zwischen der Staatsgewalt und den Staatsangehörigen sowie zwischen den letztern untereinander, und das Völkerrecht (s. d.), welches die rechtlichen Beziehungen der verschiedenen Staaten zu einander behandelt. Dazu kommen aber noch diejenigen S., welche sich mit den Mitteln zur Erreichung des Staatszwecks beschäftigen, nämlich: die Polizei- und die Finanzwissenschaft, die Volkswirtschaftslehre oder Nationalökonomie und die Politik.

Stadtgemeinde, s. Gemeinde.

Stadtphysikus, s. Physikus.

Stadtrat (Kollegium der Stadtverordneten), die städtische Kollegialbehörde, welcher die Verwaltung der städtischen Angelegenheiten obliegt, und die aus den Stadtverordneten (Ratsherren, Senatoren) besteht. Das vollziehende Organ ihrer Beschlüsse ist der Magistrat (Bürgermeisteramt). Mitunter wird aber auch der letztere S. genannt und für die Mit-

glieder desselben die Bezeichnung »Stadträte« gebraucht.

Stammaktien } s. Aktien-
Stammprioritäten } gesellschaft.

Stammrolle, Verzeichnis der im militärpflichtigen Alter stehenden männlichen Einwohner eines Orts; auch Liste der Mannschaften einer Kompanie, Eskadron oder Batterie.

Standarte (franz. Étendard), Fahne der Kavallerie; Reichsbanner (s. Banner).

Stände, im juristischen Sinn Bezeichnung für die verschiedenen Klassen von Personen, welchen entweder vermöge ihrer Geburt (Geburtsstände) oder infolge ihrer Berufsthätigkeit (Berufsstände, erworbene S.) gewisse besondere Befugnisse zustehen oder besondere Verpflichtungen auferlegt sind. Auf dem erstern Einteilungsgrund beruht der Unterschied zwischen Abligen und Nichtabligen (s. Abel), auf dem letztern derjenige zwischen Bürger- und Bauernstand. Im gewöhnlichen Leben werden aber auch als S. gewisse Klassen von Personen bezeichnet, welche wegen Gleichartigkeit ihrer Interessen und ihrer Beschäftigung als zusammengehörig zu betrachten sind, wie man denn z. B. von dem Gelehrten-, Beamten-, Handwerkerstand rc. zu sprechen pflegt. Auch wird der Ausdruck S. zur Bezeichnung der Landstände gebraucht.

Ständerat, in der Schweiz (s. d.) die eine Abteilung der Bundesversammlung.

Standesbeamter, der zur Beurkundung der Geburten, Heiraten und Sterbefälle bestellte staatliche Beamte. Das von ihm zu führende Standesregister zerfällt in ein Geburts-, Heirats- und Sterberegister. Die Führung und die darauf bezüglichen Verhandlungen sind kosten- und stempelfrei, abgesehen von den Gebühren für die Einsicht und für Auszüge aus dem Standesregister. Die Bildung der Standesamtsbezirke und die Besetzung der Standesämter mit dem Standesbeamten und dessen Stellvertreter erfolgen durch die höhere Verwaltungsbehörde, und zwar bildet der Regel nach jede Gemeinde einen Standesamtsbezirk, für welchen der Gemeindevorsteher als S.

fungiert; doch kann die Verwaltungs- oder die Gemeindebehörde die Anstellung eines besondern Standesbeamten beschließen. Geistliche und andre Religionsdiener dürfen dazu nicht bestellt werden. Vgl. Reichsgesetz vom 6. Febr. 1875 über die Beurkundung des Personenstands (herausgeg. von Hinschius, 1875).

Standesherren, s. Mediatisieren.

Standrecht, das summarische Verfahren vor den Militärgerichten, welches nach Proklamierung des Belagerungszustands (s. d.) Platz greift; auch Bezeichnung solcher Gerichte selbst (Standgerichte). Die preußische, jetzt für das Deutsche Reich, mit Ausnahme von Bayern und Württemberg, gültige Militärstrafgerichtsordnung unterscheidet zwischen Kriegsgerichten für die zur höhern und Standgerichten für die zur niedern Gerichtsbarkeit gehörenden Straffälle.

Statistik (lat.), im weitern Sinn »Darstellung auf Grund von zahlreichen Beobachtungen«, also nicht sowohl eine Wissenschaft als vielmehr eine wissenschaftliche Methode, welche auf jedes Gebiet menschlichen Wissens und menschlicher Thätigkeit Anwendung finden kann. Unter S. im engern Sinn des Worts versteht man die ziffermäßige Darstellung sozialer, staatlicher und volkswirtschaftlicher Zustände. Im einzelnen wird zwischen Bevölkerungs-, Eisenbahn-, Gesundheits-, Gewerbe-, Kriminal-, Moral-, Mortalitätsstatistik 2c. unterschieden. Statistiker nennt man Gelehrte, welche sich vorwiegend mit Massenbeobachtungen oder deren Verarbeitung auf staatswissenschaftlichen Gebieten beschäftigen. Statistische Büreaus, in der Regel staatliche oder kommunale Anstalten zum Zweck der Erhebung und Zusammenstellung statistischer Daten über Bevölkerungszustände (Volkszählungen), Staats- und resp. Gemeindeverhältnisse. Solche Büreaus entstanden in Frankreich (1800), Bayern (1801), Italien (1803), Preußen (1805 von Stein gegründet), Österreich (1810), Belgien (1831), Griechenland (1834), Hannover, Holland (1848), Sachsen (1849), Kurhessen, Mecklenburg (1851), Braunschweig (1853), Oldenburg (1855),

Rumänien (1859), in der Schweiz (1860), im Großherzogtum Hessen (1861), in Serbien (1862), den vereinigten thüringischen Landen (in Jena, 1864). Für das Deutsche Reich, dessen Einzelstaaten alle nunmehr statistische Büreaus haben, besteht ein besonderes Statistisches Amt in Berlin. Das letztere stellt keine eignen Erhebungen an, sondern verarbeitet diejenigen der einzelnen Landesbüreaus und der Reichs- und Zollvereinsbehörden. Seit neuerer Zeit haben auch die meisten Großstädte eigne statistische Büreaus errichtet. Neben den statistischen Büreaus bestehen zuweilen noch statistische Zentralkommissionen, zusammengesetzt aus Mitgliedern verschiedener Verwaltungszweige, Volksvertretern und Theoretikern, welche über die Art der auszuführenden Arbeiten beraten. Internationale statistische Kongresse von Vertretern der amtlichen S. fanden statt in Brüssel (1853), Paris (1855), Wien (1857), London (1860), Berlin (1863), Florenz (1867), im Haag (1869), in Petersburg (1872), Pest (1876). Zweck des in 7 Sektionen eingeteilten Kongresses ist, Einheit in die amtlichen Statistiken der verschiedenen Staaten zu bringen und gleichförmige Grundlagen für die statistischen Arbeiten zu erlangen. Vgl. die Lehrbücher der S. von Haushofer (1873), Block (deutsch bearbeitet von H. v. Scheel, 1879) und über Moralstatistik insbesondere die Werke von Drobisch (1867), Knapp (1871) und v. Öttingen (2. Aufl. 1874). Als populärer Abriß der S. und ihrer Aufgabe ist G. Mayrs »Die Gesetzmäßigkeit im Gesellschaftsleben« (1877) zu empfehlen. Die bekanntesten Hilfsmittel zur Orientierung über statistische Thatsachen (Zahlenmaterial) sind: Kolb, Handbuch der vergleichenden S. (8. Aufl. 1879); Hübners jährlich erscheinende »Statistische Tafel« und der »Gothaische Genealogische Hofkalender«.

Statistische Gebühr. Zur Herstellung einer für die Zollgesetzgebung so wichtigen Statistik des Warenverkehrs des deutschen Zollgebiets mit dem Ausland ist durch ein 1. Jan. 1880 in Kraft getretenes Reichsgesetz vom 20. Juli 1879

(Reichsgesetzblatt, S. 261 ff.) angeordnet worden, daß alle Waren, die über die Grenzen des deutschen Zollgebiets ein=, aus= oder durchgeführt werden, einschließlich der Versendungen aus dem Zollgebiet durch das Ausland nach dem Zollgebiet, nach Gattung, Menge, Herkunfts= und Bestimmungsland anzumelden sind. Diese Anmeldung hat bei den bestimmten amtlichen Anmeldestellen, als welche zumeist die Zollämter des Grenzbezirks fungieren, zu erfolgen und zwar in der Regel schriftlich; nur bei dem kleinen Grenzverkehr genügt mündliche Anmeldung. Dieser Verpflichtung unterliegen nicht: Sendungen zollfreier Waren im Gewicht von 250 g oder weniger sowie die Gegenstände, welche ·überhaupt frei von Eingangszoll sind, wie Reisegerät, Musterkarten, Antiquitäten ꝛc. (Zollgesetz vom 15. Juli 1879, § 5). Zur Deckung der Kosten aber wird die sogen. st. G. erhoben, welche in die Reichskasse fließt und die für verpackte Waren für je 500 kg 5 Pf., bei unverpackten Waren für je 1000 kg ebenfalls 5 Pf., bei Kohlen, Koks, Torf, Holz, Getreide, Kartoffeln, Erzen, Steinen, Salz, Roheisen, Zement, Dungmitteln, Rohstoffen zum Verspinnen und andern Massengütern in Wagenladungen, Schiffen oder Flößen für je 10,000 kg 10 Pf., bei Pferden, Maultieren, Eseln, Rindvieh, Schweinen, Schafen und Ziegen aber für je 5 Stück 5 Pf. beträgt. Von andern nicht in Umschließungen verwahrten lebenden Tieren wird die st. G. nicht erhoben. Befreit von dieser Gebühr sind im übrigen nur die im Gesetz speziell bezeichneten Gegenstände (§ 12), wohin namentlich alle Postsendungen gehören.

Statistisches Amt, s. Statistik.

Statthalter, derjenige, welcher die Stelle des Landesherrn oder der höchsten Obrigkeit in einem Land oder einer Provinz vertritt; Stadhouder, ehemals in den Vereinigten Niederlanden derjenige, in dessen Händen ein Teil der obersten Staatsgewalt ruhte, und der besonders im Krieg das oberste Kommando hatte; in Österreich Amtstitel der politischen Landesbehörden (Statthaltereien) in den einzelnen Kronländern.

Status (lat.), Stand (z. B. des Vermögens, die Bilanz), Zustand; daher S. quo, der Zustand, die Lage, in welcher sich etwas befand oder befindet, namentlich S. quo ante (bellum), die Lage, insbesondere die Gebiets= und Machtverhältnisse, wie sie vor einem Krieg waren. Die Römer bezeichneten mit S. auch die drei Hauptstufen der Persönlichkeit, nämlich Freiheit, römisches Bürgerrecht und Familienstand. Der Verlust eines solchen S. involvierte eine Capitis deminutio (s. b.).

Statuten (lat.), Gesetze, Grundgesetze, insbesondere die Stiftungs= oder Grundgesetze einer Gesellschaft oder Korporation. Zur Gültigkeit eines Statuts verlangt man nach römischem Rechte, daß alle Mitglieder zur Abstimmung berufen, zwei Dritteile wirklich erschienen sind und von diesen der Beschluß durch Mehrheit der Stimmen gefaßt worden ist. Sollen die S. auch für andre, welche nicht zur Gesellschaft gehören, verbindlich sein, so ist ihre Bestätigung von seiten des Staats notwendig.

Steckbrief, öffentliches Ersuchen um Festnahme einer zu verhaftenden Person, welche flüchtig ist oder sich verborgen hält. Nach der deutschen Strafprozeßordnung (§ 131) können Steckbriefe von dem Richter sowie von der Staatsanwaltschaft erlassen werden. Ohne vorgängigen Haftbefehl ist aber eine steckbriefliche Verfolgung nur dann statthaft, wenn ein Festgenommener aus dem Gefängnis entweicht oder sonst sich der Bewachung entzieht. In diesem Fall sind auch die Polizeibehörden zum Erlaß des Steckbriefs befugt. Der S. muß eine Beschreibung der Person des Verfolgten (Signalement), soweit dies möglich, enthalten sowie die demselben zur Last gelegte strafbare Handlung und das Gefängnis bezeichnen, in welches die Ablieferung zu erfolgen hat. Ist ein S. unnötig geworden, so erfolgt dessen Widerrufung (Steckbriefserledigung) auf demselben Weg, auf dem er erlassen ist.

Stempelbogen } s. Stempelsteuer.
Stempelmarke }

Stempelsteuer, Abgabe, welche in Form eines Stempels oder einer Stempelmarke erhoben wird. Für das Deut=

sche Reich ist zwischen Reichsstempel=
steuern und Landesstempelsteuern
zu unterscheiden. Für Rechnung des
Reichs werden die Wechselstempel=
steuer und der Spielkarten=
stempel erhoben. Neuerdings wird
von dem Fürsten Bismarck die Einfüh=
rung einer weitern Reichsstempelsteuer
angestrebt. Es ist jedoch im Reichstag das
Projekt einer Quittungssteuer von
allen Parteien gleichmäßig verworfen wor=
den, für welche man aber auch in der That
kaum etwas weiteres vorbringen kann,
als daß diese Steuer ziemlich einträglich
ist, und daß eine solche S. auch in andern
Ländern erhoben wird. Im Reichstag
hatte sich für den Quittungsstempel, wel=
cher von jeder Quittung, die über einen
Betrag von 20 Mk. oder mehr lautet, mit
10 Pf. erhoben werden sollte, nur ein Ver=
treter, der Sohn des Fürsten Bismarck,
gefunden. Ebenso wurde die weitere S.
auf Checks und Giroanweisungen von
den meisten verworfen; nur insoweit diese
S. den Charakter einer eigentlichen Bör=
sensteuer trägt, ist sie vom Reichstag
angenommen worden. Als Landesstem=
pelsteuer kommt, nachdem der Zeitungs=
stempel in Deutschland abgeschafft ist,
namentlich der in Form von Stem=
pelbogen (Stempelpapier) zur Er=
hebung gelangende Stempel vor. Gewisse
Urkunden dürfen nämlich nur auf Stem=
pelpapier geschrieben werden. Auch in
Form von Gerichtskosten werden vielfach
Stempelgebühren erhoben, so namentlich
der Verkaufsstempel von Grundstücken,
welcher z. B. in Preußen 1 Proz. beträgt,
und dessen Ermäßigung von liberaler
Seite mit Recht gefordert wird, weil da=
rin eine unbillige Belastung des Grund=
vermögens, namentlich wenn dies ver=
schuldet ist, erblickt werden muß.

Stenographie (griech., »Engschreibe=
kunst«) wird in parlamentarischen und
sonstigen wichtigern Versammlungen viel=
fach zum Zweck sofortiger und vollständi=
ger Aufzeichnung der gepflogenen münd=
lichen Verhandlungen angewandt. Die
stenographischen Aufzeichnungen (Steno=
gramme) werden dann baldthunlichst
übertragen und dem Redner gewöhnlich

zur Korrektur vorgelegt, worauf regel=
mäßig die Veröffentlichung des stenogra=
phischen Protokolls (stenographischer
Bericht) erfolgt.

Sterberegister, s. Standesbe=
amter.

Steuermann, s. v. w. Schiffsoffizier,
s. Schiffsmannschaft.

Steuern (Auflagen, Abgaben,
Umlagen, Gefälle), Zwangszahlun=
gen, welche an die öffentlichen Korpora=
tionen für die staatsrechtlichen Leistungen
derselben von den Einzelnen zu entrichten
sind. Je nachdem sie an den Staat, an
die Gemeinde, an den Kreis, an die Pro=
vinz 2c. zu zahlen, spricht man von Staats=,
Gemeinde=, Kreis=, Provinzialsteuern 2c.
Ferner wird zwischen direkten und in=
direkten S. unterschieden. Jene bemes=
sen sich nach der Steuerkraft der Einzel=
nen und werden unmittelbar von diesen
und zwar von ihrem Einkommen erhoben,
so die Einkommensteuer, die Grundren=
ten=, Kapitalrenten=, Gewerbe=, Miet= und
Lohnsteuer und die Vermögens= (Grund=,
Gebäude=, Kapital=, Erbschafts=) Steuer;
diese, die indirekten S. (Verbrauchs=
steuern), werden in der Regel nicht von
den steuerpflichtigen Konsumenten, son=
dern von den Verkäufern von Waren er=
hoben, indem diese die Steuer vorschuß=
weise an den Staat entrichten und sich
durch einen Preisaufschlag beim Verkauf
schadlos halten. Sie richten sich nicht nach
der Einnahme, sondern nach der Ausgabe.
Die Erhebung der indirekten S. findet
in betreff von Gegenständen des innern
Verkehrs bei einzelnen Vorgängen der
Produktion oder des Umsatzes (im Deut=
schen Reich und für dasselbe Branntwein=,
Brau=, Tabak=, Zucker= und Salzsteuer,
s. die betreffenden Artikel), in betreff aus=
ländischer Verkehrsgegenstände beim Ein=
oder Ausgang über die Grenze statt (Ein=
fuhr=, Ausfuhr=, Durchfuhrzölle; s. Zölle).
Außerordentliche S. werden nur zeitwei=
lig und vorübergehend zur Deckung nicht
regelmäßig wiederkehrender Bedürfnisse
erhoben. Die Verhältniszahl zwischen dem
Steuerkapital und der darauf entfallen=
den Steuer ist der Steuerfuß, nach
welchem die S. ausgeschrieben werden.

Die Einkommensteuer wird vom Einkommen der Staatsbürger erhoben und ist eine progressive, wenn sie das größere Einkommen in fortschreitend steigenden Prozentsätzen relativ höher trifft als das kleinere (Progressivsystem). Bei der Klassensteuer sind die Steuerpflichtigen nach ihrem Vermögen, Einkommen, Erwerb 2c. in bestimmte Klassen eingeschätzt und werden zu dem gesetzlich festgestellten Steuerbetrag ihrer Klasse herbeigezogen. Die Gewerbesteuer belastet nur das Einkommen, welches aus Gewerb= und Handelsbetrieb erzielt wird. Dagegen tragen manche sogen. S. mehr den Charakter von Gebühren, wie Stempelsteuer, Sporteln, Konzessionsgelder, Patentabgaben, Hundesteuer u. dgl. Neuerdings hat das indirekte Besteuerungssystem an dem Fürsten Bismarck einen eifrigen Verteidiger gefunden. Sein Reformplan geht dahin, die indirekten S. des Reichs zu vermehren und dadurch Entlastungen auf dem Gebiet der direkten Besteuerung zu ermöglichen. Das Hauptbedenken dagegen ist namentlich dies, daß die indirekten S. vorzugsweise die ärmern Volksklassen belasten, weil dieselben nur dann ergiebig sind, wenn sie Gegenstände des allgemeinen Verbrauchs treffen. Vgl. Hoffmann, Lehre von den S. (1840); Eisenhart, Die Kunst der Besteuerung (1868); Förstemann, Die direkten und indirekten S. (1867); v. Schäffle, Die Grundsätze der Steuerpolitik (1880); v. Schlör, über Steuerreform (1881); Gneist, Die preußische Finanzreform durch Regulierung der Gemeindesteuern (1881); Fitger, Der Steuerreformplan (1881).

Steuer= und Wirtschaftsreformer, s. Agrarier.

Stichwahl, s. Wahl.

Stimmenmehrheit, s. Majorität.

Stimmzettel, s. Wahl.

Stolgebühren (lat. Jura stolae) die Gebühren, welche die Geistlichen für kirchliche Handlungen beziehen, jetzt meist Accidenzien genannt.

Storthing (schwed.), die reichsständische Versammlung von Norwegen (s. Schweden und Norwegen).

Strafbefehl, s. Gericht.

Strafe, das wegen eines begangenen Unrechts über den Thäter verhängte übel. In diesem weitesten Sinn umfaßt der Begriff der S. zunächst diejenige S., welche sich als der Ausfluß einer Erziehungsgewalt und eines gewissen Aufsichtsrechts charakterisiert. Hierher gehört also z. B. die Strafgewalt der Eltern den Kindern, des Lehrers den Schülern, des Dienstherrn dem Gesinde und des Lehrherrn dem Lehrling gegenüber. Ferner ist auch die sogen. Disziplinarstrafe, welche eine Dienstbehörde dem Unterbeamten gegenüber in Vollzug bringen kann, unter den Begriff der S. in diesem allgemeinen Sinn zu subsumieren, ebenso die Ordnungsstrafe (Zwangsstrafe), welche eine öffentliche Behörde androhen und in Vollzug setzen kann, um die Befolgung einer amtlichen Verfügung, z. B. einer Vorladung, zu erzwingen. Auch die sogen. Konventionalstrafe, d. h. die vertragsmäßig festgesetzte S., welche für den Fall der Nichterfüllung oder der nicht rechtzeitigen Erfüllung einer Verbindlichkeit, z. B. bei Abschluß eines Baukontrakts, ausbedungen wird, ist hier zu erwähnen. Im engern und eigentlichen Sinn aber versteht man unter S. die sogen. Rechtsstrafe, welche unmittelbar auf eine Gesetzesvorschrift zurückzuführen und wegen Verletzung derselben in Vollzug zu bringen ist. Handelt es sich dabei um die übertretung einer polizeilichen Vorschrift, so liegt eine Polizeistrafe vor, während man bei übertretung eines eigentlichen Strafgesetzes von einer Kriminalstrafe spricht. Nach den Strafmitteln wird zwischen Todesstrafe, Freiheits= und Vermögensstrafe unterschieden. Die früher üblichen geschärften Todesstrafen, wie z. B. das Rad, das Lebendigverbrennen u. dgl., sind, ebenso wie die verstümmelnden und die in körperlicher Züchtigung bestehenden Leibesstrafen, wenigstens in allen zivilisierten Ländern, abgeschafft. Ehrenstrafen kommen nach Abschaffung gewisser beschimpfender Strafen, wie z. B. der Prangerstrafe, nur noch als Nebenstrafen vor, d. h. als die Folgen anderweiter, in erster Linie erkannter Strafen, so z. B. der Verlust der bürgerlichen Ehrenrechte. Nach dem Strafensystem des deutschen Reichsstrafgesetzbuchs insbesondere sind folgende Hauptstrafen zulässig: 1) Todesstrafe; 2) Freiheitsstrafe und zwar: Zuchthaus, Gefängnisstrafe, Festungshaft, Haft; 3) Geldstrafe; 4) Verweis. Die Nebenstrafen des deutschen Strafgesetzbuchs sind: 1) Verlust der bürgerlichen Ehrenrechte; 2) Polizeiaufsicht; 3) Ausweisung von Ausländern; 4) Überweisung an die Landespolizeibehörde; 5) Einziehung oder Konfiskation (vgl. die betreffenden Artikel). Das deutsche Militärstrafgesetzbuch kennt außer der Todesstrafe die Freiheitsstrafen: Arrest, Gefängnis und Festungshaft. Ist Zuchthausstrafe verwirkt, oder wird auf Entfernung aus dem Heer oder der Marine oder auf Dienstentlassung erkannt, oder wird das militärische Dienstverhältnis aus einem andern Grund aufgelöst, so geht die Strafvollstreckung auf die bürgerlichen Behörden über. Wo die allgemeinen Strafgesetze Geld- und Freiheitsstrafe wahlweise androhen, darf, wenn durch die strafbare Handlung zugleich eine militärische Dienstpflicht verletzt worden ist, auf Geldstrafe nicht erkannt werden. Endlich kommen gegen Personen des Soldatenstands nach dem deutschen Militärstrafgesetzbuch folgende Ehrenstrafen vor: Entfernung aus dem Heer oder der Marine, gegen Offiziere Dienstentlassung, gegen Unteroffiziere Degradation und gegen Unteroffiziere und Gemeine Versetzung in die zweite Klasse des Soldatenstands.

Strafgerichtsbarkeit } s. Gericht.
Strafkammer

Strafkolonien, s. Deportation.

Strafmilderungsgründe, s. Mildernde Umstände.

Strafprozeß (Kriminalprozeß, Strafverfahren), das gerichtliche Verfahren, welches für diejenigen Fälle geordnet ist, in welchen es sich um die Untersuchung und Bestrafung von Verbrechen handelt; auch Bezeichnung für das Strafprozeßrecht, d. h. für die Gesamtheit derjenigen Rechtsgrundsätze, welche jenes Verfahren regeln; Strafprozeßordnung, Zusammenfassung solcher Normen in einem erschöpfenden und umfassenden Gesetz, wie es für das Deutsche Reich in der Strafprozeßordnung vom 1. Febr. 1877 gegeben, bis 1. Okt. 1879 in Kraft getreten ist. Die Zuständigkeit der Behörden in Strafsachen ist durch das deutsche Gerichtsverfassungsgesetz vom 27. Jan. 1877 bestimmt und zwar im Anschluß an das Reichsstrafgesetzbuch. Letzteres teilt nämlich, dem französischen System folgend, die Verbrechen ein in: Verbrechen im engern Sinn, Vergehen und Übertretungen. Hiernach ist ein Verbrechen eine Handlung, welche mit dem Tod, mit Zuchthausstrafe oder Festungshaft von mehr als 5 Jahren bedroht ist, also z. B. Mord, Hochverrat, Notzucht. Eine mit Festungshaft bis zu 5 Jahren, mit Gefängnis (von 1 Tag bis zu 5 Jahren) oder mit Geldstrafe von mehr als 150 Mk. bedrohte Handlung ist ein Vergehen, so z. B. der einfache Diebstahl, Ehebruch, die einfache Körperverletzung u. dgl. Eine Übertretung endlich ist eine mit Haft (bis zu 6 Wochen) oder mit Geldstrafe bis zu 150 Mk. bedrohte Handlung. Diese Übertretungen bilden das eigentliche Gebiet der strafrichterlichen Thätigkeit der Amtsgerichte. Aber auch gewisse leichtere Vergehen, namentlich diejenigen, welche nur mit Gefängnis bis zu 3 Monaten oder mit Haft oder mit Geldstrafe bis zu 600 Mk. bedroht sind, gehören vor den Amtsrichter, welcher in Strafsachen unter Zuziehung von je zwei Schöffen Recht spricht (Schöffengericht). So gehört z. B. das Vergehen des einfachen Diebstahls, wenn der Wert des Gestohlenen 25 Mk. nicht übersteigt, vor das Schöffengericht, ebenso die Beleidigung und Körperverletzung, welche im Weg der Privatklage verfolgt wird. Auch ist es den Strafkammern der Landgerichte nachgelassen, eine Reihe leichterer Vergehen auf Antrag der Staatsanwaltschaft an das Schöffengericht zu verweisen, wofern in dem einzelnen Fall voraussichtlich keine höhere Strafe als Gefängnis bis zu 3 Monaten oder Geldstrafe bis zu 600 Mk. eintreten wird. Für diejenigen Vergehen aber, welche nicht vor die Schöffengerichte gehören, sind die in der Besetzung mit fünf Richtern erkennenden

36*

Strafkammern der Landgerichte zuständig. Die Zuständigkeit der letztern, bei welchen das Laienelement nicht vertreten ist, erstreckt sich aber auch auf leichtere Verbrechen, welche höchstens mit fünfjähriger Zuchthausstrafe bedroht sind, ferner auf Verbrechen jugendlicher, noch nicht 18 Jahre alter Personen, auf gewisse Unzuchtsverbrechen, auf den schweren Diebstahl und schwere Hehlerei, auf Betrug, Diebstahl und Hehlerei im wiederholten Rückfall, endlich auch auf die in verschiedenen Reichsgesetzen, wie z. B. im Bankgesetz, für strafbar erklärten Handlungen. Dem eigentlichen Strafverfahren (Hauptverfahren) bei dem Landgericht geht eine Voruntersuchung voraus, wenn dies von der Staatsanwaltschaft oder von dem Angeschuldigten beantragt wird. Der zur Führung von Voruntersuchungen bei dem Landgericht bestellte Untersuchungsrichter darf am Hauptverfahren keinen Anteil nehmen. Die Hauptverhandlung selbst findet statt auf die von der Staatsanwaltschaft erhobene Klage hin und nach vorgängigem Verweisungsbeschluß der Strafkammer. Die schweren Verbrechen aber gehören vor das bei den Landgerichten periodisch zusammentretende Schwurgericht, bestehend aus drei richterlichen Mitgliedern und zwölf Geschworenen, welch letztere über die Schuld- oder Thatfrage zu entscheiden haben. In diesen Fällen muß stets eine Voruntersuchung stattfinden. Über die gegen Kaiser oder Reich gerichteten Verbrechen des Hochverrats und des Landesverrats entscheidet das Reichsgericht nach vorgängiger Voruntersuchung. Berufung, welche eine nochmalige Entscheidung der Sache in thatsächlicher wie in rechtlicher Hinsicht herbeiführt, ist nur gegen Urteile der Schöffengerichte zulässig; sie geht an die Strafkammer des Landgerichts. Strafurteile der Landgerichte und der Schwurgerichte dagegen sind nur durch das Rechtsmittel der Revision anfechtbar, durch welches lediglich eine nochmalige Prüfung der Rechtsfrage herbeigeführt wird, indem die Revision nur darauf gestützt werden kann, daß das angefochtene Urteil auf einer Verletzung der Gesetze beruhe. Ent-

gegen dem frühern gemeinrechtlichen Strafprozeßrecht, wonach die Gerichte von Amts wegen gegen den Verbrecher einschritten (sogen. Inquisitionsprozeß), hat die deutsche Strafprozeßordnung den modernen Anklageprozeß adoptiert, wonach die Eröffnung einer gerichtlichen Untersuchung durch die Erhebung einer Klage bedingt ist, und zwar regelmäßig der öffentlichen Klage der Staatsanwaltschaft und nur ausnahmsweise, wie z. B. bei Beleidigungen, der Privatklage des Verletzten. Außerdem hat die deutsche Strafprozeßordnung das Prinzip der Mündlichkeit und für das Hauptverfahren das der Öffentlichkeit ebenfalls angenommen, während für die Unabhängigkeit der Gerichte in dem Gerichtsverfassungsgesetz die nötigen Garantien gegeben sind. Vgl. Meves, Strafverfahren nach der deutschen Strafprozeßordnung (3. Aufl. 1879); v. Holtzendorff, Handbuch des deutschen Strafprozeßrechts in Einzelbeiträgen (1877—79, 2 Bde.); Dochow, Reichsstrafprozeß (2. Aufl. 1879); Kommentare zur Strafprozeßordnung von Löwe, Schwarze, Thilo u. a.

Strafrecht (Kriminalrecht), im objektiven Sinn Inbegriff der Rechtsregeln über strafbare Verbrechen (Jus poenale); im subjektiven Sinn die Befugnis, wegen verübten Unrechts Strafe zuzufügen (Jus puniendi). Dabei pflegt man das S. im erstern Sinn in natürliches (allgemeines, philosophisches) und positives S. einzuteilen, je nachdem es sich um strafrechtliche Grundsätze handelt, welche wir durch Denken als die der Idee der Gerechtigkeit und den sozialen Verhältnissen entsprechenden erkennen, oder um die gegebenen Strafrechtsnormen eines bestimmten Staats. Die rechtlichen Untersuchungen über den letzten Grund und Zweck der Strafe aber werden Strafrechtstheorien genannt. Das positive deutsche S. insbesondere beruhte in älterer Zeit auf altgermanischen Rechtsgewohnheiten und auf Satzungen des römischen und kanonischen Rechts, bis 1532 in der peinlichen Gerichtsordnung Karls V. (sogen. Carolina, Constitutio criminalis Carolina = C. C. C.) ein einheitliches Strafrechtsbuch gegeben warb. Die hierdurch geschaffene Rechtseinheit wurde jedoch schon im Lauf des 18. Jahrh. dadurch wesentlich abgeschwächt, daß die Härte jenes Gesetzbuchs mit der fortschreitenden Humanität durch einen freilich im einzelnen vielfach abweichenden Gerichtsgebrauch gemildert wurde. Nach und nach aber entstanden in den einzelnen deutschen Staaten besondere Strafgesetzbücher, namentlich das Josephinische Gesetzbuch von 1787 und das Strafgesetzbuch des allgemeinen preußischen Landrechts von 1794; auch der französische Code pénal von 1810 fand in Deutschland Eingang und war für einzelne deutsche Strafgesetzgebungen von besonderm Einfluß. So entstand der Unterschied zwischen gemeinem deutschen und partikulärem S., indem schließlich fast alle deutschen Einzelstaaten ihre besondern Strafgesetzbücher hatten. Dieser Zerrissenheit des Rechtszustands wurde jedoch durch das Strafgesetzbuch des Norddeutschen Bundes vom 31. Mai 1870 ein Ende gemacht, welches nach Begründung des Deutschen Reichs als Reichsstrafgesetzbuch von neuem publiziert und auch im Reichsland Elsaß-Lothringen eingeführt ward. Ein besonderes Militärstrafgesetzbuch für das Deutsche Reich ist 20. Juni 1872 erlassen worden. Vgl. die Lehrbücher des deutschen Strafrechts von Berner (11. Aufl. 1880), Hugo Meyer (1875) und Schütze (2. Aufl. 1874) sowie Holtzendorff, Handbuch des deutschen Strafrechts in Einzelbeiträgen (1877—79, 2 Bde.); Kommentare des Reichsstrafgesetzbuchs lieferten Oppenhoff, Schwarze, Rudorff, Meyer-Thorn, Jahn, Blum, Puchelt, Rubo u. a.

Straffachen, s. Rechte.

Strafversetzung, Disziplinarstrafe, welche in der Versetzung eines Beamten in ein andres Amt von gleichem Rang besteht; zumeist mit einer Schmälerung des Gehalts verbunden, welche z. B. nach dem deutschen Reichsbeamtengesetz vom 31. März 1873 (Reichsgesetzblatt, S. 61), § 75, nicht über ein Fünftel des Diensteinkommens eines Reichsbeamten betragen soll. Statt der Verminderung des Diensteinkommens kann auch eine Geld-

strafe ausgesprochen werden, welche ein Drittel des jährlichen Diensteinkommens nicht übersteigt.

Strandamt, s. Seerecht.

Strandgut, s. Seerecht, Strandung.

Strandrecht, s. Grundruhrecht.

Strandtrift (strandtriftiges Gut), Gegenstände, die infolge eines Seeunfalls von der See gegen den Strand getrieben und von dem Strand aus geborgen werden; s. Seerecht.

Strandung, das Auflaufen und Festsitzen eines Schiffs auf den Strand, auf einer Klippe oder auf einer Sandbank. Wird die S. absichtlich bewirkt, um das Scheitern des Schiffs zu vermeiden, so gehört der dadurch verursachte Schaden zur sogen. großen Havarie (s. d.). Die in verbrecherischer Absicht mit Gefahr für das Leben andrer herbeigeführte S. aber wird nach dem deutschen Reichsstrafgesetzbuch (§ 323) mit Zuchthaus nicht unter 5 Jahren und, wenn dadurch der Tod eines Menschen verursacht worden ist, mit Zuchthaus nicht unter 10 Jahren oder mit lebenslänglichem Zuchthaus bestraft. Wurde eine solche S. fahrlässigerweise verursacht, so tritt (§ 326) Gefängnisstrafe ein. Wer endlich ein Schiff, welches als solches oder in seiner Ladung oder in seinem Frachtlohn versichert ist, sinken oder stranden macht, wird mit Zuchthaus bis zu 10 Jahren und zugleich mit Geldstrafe von 150—6000 Mk. bestraft (§ 265). Für das Deutsche Reich ist das Strandungswesen im übrigen durch die Strandungsordnung vom 17. Mai 1874 geregelt, namentlich gilt dies von den Rechtsverhältnissen in Ansehung des sogen. Strandguts und von den Befugnissen der Strandämter (s. Seerecht).

Straßenpolizei, s. Polizei.

Straßenraub, s. Raub.

Strenger Arrest, s. Arrest.

Strike (engl., spr. streik), gemeinsame Arbeitseinstellung zum Zweck der Erzwingung besserer Lohn- und Arbeitsbedingungen; striken, die Arbeit in solcher Weise einstellen (s. Arbeitseinstellung).

Stubenarrest, s. Arrest.

Stuprum (lat., »Notzucht«), f. Unzuchtsverbrechen.

Subaltern (lat.), untergeordnet, in niedern Graden stehend. Subalternbeamte, Beamte, welche nicht die höhern Staatsprüfungen abgelegt haben und bei einer Behörde in untergeordneter Thätigkeit angestellt sind; Subalternoffiziere, die niedrigste Rangstufe der Offiziere, zu welcher die Premier- und Sekondeleutnants gehören.

Subdatārius (lat.), f. Dataria.

Subditus (lat.), f. Unterthan.

Submittieren (lat.), an den Mindestfordernden vergeben; Submission, die Ausbietung von verlangten Lieferungen an den Mindestfordernden.

Subordinieren (lat.), unterordnen; Subordination, Unterordnung; beim Militär die Pflicht der Untergebenen zum unbedingten Gehorsam dem Vorgesetzten gegenüber, deren Verletzung streng bestraft wird (f. Insubordination). Von subordinierten Behörden ist namentlich im Gegensatz zu koordinierten die Rede, indem der erstere Ausdruck die Unterordnung der einen Behörde (Unterbehörde) unter die andre (Oberbehörde), der letztere dagegen das Rangieren mehrerer gleichstehender Behörden nebeneinander bezeichnet.

Subsidiäre Klage, f. Privatklage.

Subsidien (lat.), Hilfsmittel, insbesondere Hilfsgelder, welche ein Staat dem andern bezahlt, um diesen in der Kriegführung zu unterstützen. Subsidientraktat, f. Allianz.

Subskription (lat.), f. Anleihe.

Substituieren (lat.), an eines andern Stelle setzen; Substitut, Stellvertreter, Amtsvertreter; Substitution, Stellvertretung, auch die Anordnung einer solchen, namentlich seitens eines Prozeßbevollmächtigten, welcher seine Vollmacht auf einen andern überträgt; Substitutorium, die zur Beurkundung dessen ausgestellte Urkunde.

Succedieren (lat.), nachfolgen; Successor, Rechtsnachfolger; Succession, Rechtsnachfolge, insbesondere Thronfolge (f. b.).

Suffragänbischof, f. Bischof.

Suffrage universel (franz., fpr. ſüffrahſch üniwerſell), allgemeines Stimmrecht (f. b. und Wahl).

Superintendent (lat.), Oberaufseher; in evangelischen Ländern Titel des ersten Geistlichen einer Ephorie oder Diözese, über welche derselbe die Aufsicht zu führen hat. Über sämtlichen Superintendenten einer Provinz steht in Preußen der Generalsuperintendent, welch letztere Bezeichnung übrigens in manchen Staaten auch als Ehrentitel vorkommt.

Surtaxe (franz., fpr. ſürtax), Zuschlagstaxe; S. d'entrepôt, Unterscheidungszoll, f. Entrepot.

Suspendieren (lat.), zeitweise aufheben, entheben, namentlich ein Gesetz zeitweilig außer Wirksamkeit, einen Beamten zeitweilig außer Thätigkeit setzen; Suspension, vorläufige Dienstentsetzung.

Sustentation (lat.), f. Apanage.

Suzeränität (frz.), Oberhoheit, Oberlehnsherrlichkeit, Inbegriff derjenigen Rechte, welche der Beherrscher eines souveränen Staats über halbsouveräne Staaten, namentlich bisher der türkische Sultan über Serbien und die Donaufürstentümer, ausübte; auch f. v. w. Souveränität.

Syndikatsverbrechen, f. Beugung des Rechts.

Synkratie (griech., »Mitherrschaft«), Bezeichnung für die sogen. Repräsentativverfassung, in welcher das Volk ein Mitwirkungsrecht bei den wichtigsten Regierungshandlungen hat, im Gegensatz zur sogen. Autokratie, in welcher ein unumschränkter Monarch an der Spitze des Staats steht.

Synodal- und Presbyterialverfassung, in der protestantischen Kirche diejenige Einrichtung, bei der Synoden und Presbyterien (Kirchenälteste, Kirchenvorstände) eine repräsentative Kirchengewalt ausüben. Das Presbyterium, aus dem Geistlichen und einer Anzahl von Gemeingliedern bestehend, bildet den Vorstand einer Lokalkirche. Die Synoden zerfallen in Kreis-, Diözesan- oder Provinzial- und Landessynoden und bilden, aus Geistlichen und Laien bestehend, eine aufsteigende Instanz. Die Landessynode übt mit dem Landesherrn zusammen die gesetzgebende Gewalt in der Kirche aus und nimmt in der Regel durch einen ständigen Ausschuß an wichtigern Verwaltungsmaßregeln des Kirchenregiments teil, insofern in den meisten Kirchenverfassungen noch eine Verbindung der Synodal= mit der ältern Konsistorialverfassung (s. Konsistorium) besteht, bei welch

letzterer den Staatsbeamten die ausschließliche Leitung der kirchlichen Angelegenheiten zusteht. Synodalverfassung besteht insbesondere in den reformierten Kirchen Frankreichs, Englands, Schottlands, der Niederlande und Nordamerikas, in den schweizerischen Kantonen Waadt u. Genf, in den acht alten preußischen Provinzen, in der bayrischen Rheinpfalz, in Oldenburg, Baden, Deutsch=Österreich.

T.

Tabaksmonopol, s. Tabaksteuer.
Tabaksteuer, Verbrauchssteuer, welche vom Tabak erhoben wird. Im Deutschen Reich ist neuerdings eine wesentliche Erhöhung der T., welche für Rechnung des Reichs entrichtet wird, durch das Reichsgesetz vom 16. Juli 1879, betreffend die Besteuerung des Tabaks, statuiert worden. Diese Steuer, welche vom 1. April 1880 an von dem innerhalb des Zollgebiets erzeugten Tabak erhoben wird, beträgt für das Jahr 1880: 20, für das Jahr 1881: 30 und für das Jahr 1882 und die Folgezeit 45 Mk. für 100 kg, während sie früher 4 Mk. betragen hatte. Für Tabakspflanzungen auf Grundstücken von weniger als 4 Ar Flächengehalt tritt anstatt dieser Gewichtssteuer die Besteuerung nach Maßgabe des Flächenraums ein. Die T. beträgt hier für ein Quadratmeter der mit Tabak bepflanzten Grundfläche jährlich für 1880: 2 Pf., für 1881: 3 Pf. und für das Jahr 1882 und für die Folgezeit 4,5 Pf. Dazu kommt der erhöhte Eingangszoll auf Tabak (Tabakszoll). Dieser Zoll ist seit 25. Juli 1879 von 12 auf 42½ Mk. pro Zentner Rohtabak erhöht worden, indem Tabaksblätter und =Stengel sowie Tabaksaucen mit einem Zoll von 85 Mk. pro 100 kg belegt sind, während von Zigarren und Zigarretten 270 Mk. und von anderm fabrizierten Tabak 180 Mk. pro 100 kg erhoben werden. Trotz dieser außerordentlichen Mehrbelastung des Tabaks hat Fürst Bismarck bekanntlich erklärt, »daß der Tabak noch mehr bluten müsse«

Sein Ideal ist das Tabaksmonopol, d. h. die alleinige Fabrikation von Tabak in Regierungsanstalten und der alleinige Verkauf von Tabak durch die Beauftragten der Regierung für Rechnung der letztern. Das Tabaksmonopol besteht namentlich in Österreich, Italien und Frankreich und ist dort allerdings eine ausgiebige Finanzquelle. Allein in jenen Staaten wurde das Monopol zu einer Zeit eingeführt, in welcher die dortige Tabaksindustrie nur wenig entwickelt war, während es sich in Deutschland um einen blühenden Industriezweig handelt, welcher auf diese Weise vernichtet werden würde. Eine von der Reichsregierung berufene Enquetekommission berechnete, daß eine billige Entschädigung der Tabaksfabrikanten die Summe von etwa 687 Mill. Mk. erfordern würde. Ebendieselbe Kommission sprach sich mit acht gegen drei Stimmen gegen das Monopol aus. Gleichwohl zählt das Monopolprojekt des Kanzlers zahlreiche Anhänger; auch hat sich die württembergische Regierung ebenso wie der dortige Landtag für das Monopol ausgesprochen. Auf der andern Seite ist ein Hauptargument gegen das Tabaksmonopol dies, daß wesentlich die geringern Sorten es sind, welche das meiste einbringen, so daß es sich also dabei vorzugsweise um eine Belastung der wenig bemittelten Volksklassen handeln würde. In Frankreich, wo der Aufschlag beim Monopol regelmäßig 430 Proz. beträgt, werden auf die allerbilligste Sorte, den sogen. Kaporaltabak, 597 Proz. Nutzen verrechnet, so daß sich der Preis dieser billigsten Sorte auf 5 Mk. pro Pfund stellt. Nach der Enquete wurden in Deutschland im Tabaksbau 63,000 Menschen beschäftigt. Der Personalstand der Rohtabakshandlungen ist 11,700. Außerdem bestanden 1878: 15,000 Fabrikationsbetriebe mit einem Personalbestand von 132,000 Menschen. Dem stehen in Frankreich, woselbst das Monopol am einträglichsten ist, indem es 5½ Mk. pro Kopf der Bevölkerung und pro Jahr einbringt gegen 2⅕ Mk. in Österreich-Ungarn und 2⅕ Mk. in Italien, in 16 Manufakturen, welche den französischen Gesamtbedarf decken, nur 16,000 Arbeiter gegenüber. Übrigens wird für das Monopol in Deutschland neuerdings durch die kaiserliche Tabaksmanufaktur in Straßburg der Boden bereitet, welche aus der französischen Monopolverwaltung übernommen worden ist, außerhalb des Reichslands zahlreiche Filialen gründet und der Privattabaksindustrie eine lästige und unbillige Konkurrenz macht. Der deutsche Reichstag hat zwar 1880 in einer Resolution sich gegen eine weitere Erhöhung der T. und gegen das Monopol ausgesprochen; dies schließt jedoch selbstverständlich nicht aus, daß der Fürst Bismarck bei günstiger Gelegenheit auf seine Lieblingsidee zurückkommen und auf diese Weise den Versuch machen wird, die Reichskasse durch eine Einnahme zu füllen, welche sich der budgetmäßigen Kontrolle der Volksvertretung möglichst entziehen würde.

Tabor, Bezeichnung für slawische, besonders tschechische, Volksversammlungen.

Tafelgüter (lat. Bona mensalia), zum Unterhalt des landesherrlichen Hofs, besonders in den ehemaligen geistlichen Staaten, bestimmte Güter.

Tagegelder, s. v. w. Diäten (s. b.).

Tagesordnung, für Versammlungen und für die Sitzungen von Kollegien die Reihenfolge und das Verzeichnis der zur Beratung kommenden Gegenstände, welche im voraus festzustellen sind. Dies ist der Regel nach Sache des Vorsitzenden. So wird nach der Geschäftsordnung des deutschen Reichstags vor dem Schluß einer jeden Plenarsitzung die T. für die nächste Sitzung durch den Präsidenten verkündigt.

Erhebt sich dagegen ein Widerspruch, so entscheidet der Reichstag selbst darüber, ob dieser Widerspruch begründet ist. Die T. selbst wird den Mitgliedern des Reichstags und des Bundesrats durch den Druck mitgeteilt. Der Ausdruck »zur T. übergehen« bedeutet, daß ein Antrag oder eine Vorlage nicht weiter diskutiert und daß dieser Gegenstand verlassen werden soll. Dabei wird zwischen einfacher und motivierter T. unterschieden, je nachdem dies ohne oder mit Angabe von Gründen geschieht. Nach der Geschäftsordnung des deutschen Reichstags insbesondere kann der Antrag auf einfache T. zu jeder Zeit gestellt werden und bedarf keiner Unterstützung. Nachdem ein Redner für und ein Redner gegen denselben gehört worden ist, erfolgt darüber der Beschluß des Hauses. Im Lauf derselben Diskussion darf jedoch der einmal verworfene Antrag auf T. nicht wiederholt werden. Ebenso können Anträge auf motivierte T. zu jeder Zeit vor Schluß der Verhandlungen gestellt werden. Haben derartige Anträge jedoch dem Reichstag noch nicht gedruckt vorgelegen, so muß, sofern sie angenommen werden, in der nächsten Sitzung nach erfolgtem Druck und Verteilung nochmals ohne Diskussion darüber abgestimmt werden. Die Anträge auf motivierte T. sind vor den übrigen Amendements zur Abstimmung zu bringen. Über Anträge des Bundesrats kann nicht zur T. übergegangen werden.

Tagfahrt, s. Termin.

Talemän (schwed.), der Sprecher des Bauernstands auf den schwedischen Reichstagen.

Talon (franz., spr. -long), Zinsleiste (s. Koupon).

Tarif (arab.), Verzeichnis von Preis-, Lohn- oder Wertsätzen, so insbesondere der Zollabgaben (Zolltarif), wie z. B. der deutsche Zolltarif von 1879 (s. Zoll), des Preises fremder Münzen bei Annahme in öffentlichen Kassen (Münztarif), der Eisenbahnfrachtsätze u. dgl. In letzterer Beziehung spricht man insbesondere von einer Eisenbahntarifpolitik; tarifieren, auf einen T. bringen; tarifierte Münzen, solche

Münzen, denen durch den Münztarif ein bestimmter Kurs gegeben ist.

Taxieren, abschätzen; Taxe (Taration), Schätzung, Wertbestimmung einer Sache durch (meist vereidete) Wertschätzer (Taxatoren); obrigkeitliche Preisbestimmung für gewisse Lebensbedürfnisse oder Dienstleistungen (s. Gewerbegesetzgebung); auch Bezeichnung für gewisse Gebühren und Abgaben, z. B. Stempeltaxe u. dgl.

Te Deum (nämlich laudamus, »Herr Gott, dich loben wir«), Anfangsworte und Bezeichnung des sogen. Ambrosianischen Lobgesangs, welcher namentlich nach großen Siegen und sonstigen wichtigen Ereignissen angestimmt wird.

Teilnahme am Verbrechen, die Beteiligung mehrerer Personen an einer strafbaren Handlung. Diese mehreren Personen, welche sich an der Ausführung eines Verbrechens beteiligen, werden in dem deutschen Strafgesetzbuch als Mitthäter, Anstifter und Gehilfen (§ 50) klassifiziert. Mitthäter, Mitschuldige, Komplicen einer verbrecherischen That sind diejenigen, welche ein Verbrechen in gemeinsamer Weise begehen, oder wie das deutsche Reichsstrafgesetzbuch (§ 47) sagt: »Wenn mehrere eine strafbare Handlung gemeinschaftlich ausführen, so wird jeder als Thäter bestraft«. Wird dagegen die verbrecherische That von einer Person (dem sogen. physischen Urheber) ausgeführt, welche hierzu von einer andern (dem sogen. intellektuellen Urheber) durch Geschenke oder Versprechen, durch Drohung, durch Mißbrauch des Ansehens oder der Gewalt, durch absichtliche Herbeiführung oder Beförderung eines Irrtums oder durch andre Mittel vorsätzlich bestimmt worden war, so erscheint dieser letztere als Anstifter (s. b.), welcher gleich dem Thäter bestraft wird. Hat dagegen der Teilnehmer dem Thäter zur Begehung des Verbrechens oder Vergehens nur durch Rat oder That wissentlich Hilfe geleistet, so wird derselbe als Gehilfe bezeichnet. Die Strafe des Gehilfen richtet sich nach den Grundsätzen über die Bestrafung des Versuchs und ist diesen entsprechend zu ermäßigen (s. Beihilfe). Vgl. Langen-

beck, Die Lehre von der T. (1868); Schütze, Die notwendige T. (1869).

Telegraphenwesen, im Deutschen Reich, abgesehen von Bayern und Württemberg, ebenso wie das Postwesen für Reichssache erklärt und dem Reichspostamt unterstellt (s. Post). Die Anzahl der Telegraphenanstalten im Reichstelegraphengebiet beträgt (1881) 5668. Im Betrieb befindlich sind 60,292 km Telegraphenlinien mit 215,909 km Leitungen (einschließlich 5236 km unterirdische Telegraphenlinien mit 35,780 km unterirdischer Leitungen) sowie 39,350 km Rohrleitungen und 24,889 km Kabelröhrenlinien mit 39,279 km Kabelröhren. Zur Vermittelung telegraphischer Korrespondenz dienen ferner 2816 Eisenbahntelegraphenstationen. Eine Telegraphenordnung für das Deutsche Reich ist 21. Juni 1872 (Reichsgesetzblatt, S. 213 ff.) erlassen. Eine Abänderung ist durch Verordnung vom 24. Jan. 1876 (Reichszentralblatt, S. 101 ff.) verfügt worden. Hiernach wird für das gewöhnliche Telegramm auf alle Entfernungen eine Grundtare von 20 Pf. ohne Rücksicht auf die Wortzahl und daneben eine Worttare von 5 Pf. für jedes Wort erhoben. Die im telegraphischen Verkehr zugelassenen, der Adresse voranzustellenden kurzen Zeichen, welche für je ein Wort gezählt werden, sind folgende: D. für »dringendes Telegramm«, für welches die dreifache Tare eines gewöhnlichen Telegramms zur Erhebung kommt, und welches den Vorrang bei der Beförderung vor den übrigen Privattelegrammen hat; R. P. für »Antwort bezahlt« (als Gebühr für das vorauszubezahlende Antworttelegramm wird regelmäßig die Gebühr eines gewöhnlichen Telegramms von zehn Worten berechnet); T. C. für »kollationiertes Telegramm«, wofür die Hälfte der Gebühr für das gewöhnliche Telegramm selbst berechnet wird; C. R. für »Empfangsanzeige« (für eine solche ist dieselbe Gebühr wie für ein gewöhnliches Telegramm von zehn Worten zu entrichten; F. S. für »Nachzusenden«; P. P. für »Post bezahlt«; X. P. für »Expreß bezahlt«. Eine Gewähr für die richtige Überkunft oder die Überkunft und Zustellung der Telegramme innerhalb bestimmter Frist leistet die Telegraphenverwaltung nicht. Es wird jedoch die entrichtete Gebühr für jedes Telegramm erstattet, welches durch die Schuld der Telegraphenverwaltung gar nicht oder mit bedeutender Verzögerung in die Hände des Adressaten gelangt ist, desgleichen für das kollationierte Telegramm, welches infolge Verstümmelung erweislich seinen Zweck nicht hat erfüllen können.

Termin (lat., »Tagfahrt«), in der Rechtssprache die bestimmte Zeit, zu welcher etwas geschehen muß; Gerichtstag, Amtstag.

Territorialarmee, s. Frankreich.

Territorialhoheit, die Gesamtheit der Befugnisse, welche der Staatsgewalt in bezug auf das Staatsgebiet zukommen; im ehemaligen Deutschen Reich s. v. w. Landeshoheit im Gegensatz zu der Reichshoheit.

Territorialsystem, s. Territorium.

Territorium (lat.), Grund, Bezirk, auch s. v. w. Staatsgebiet. In der nordamerikanischen Union versteht man unter T. (territory) ein durch Kongreßakte abgegrenztes Gebiet, das die zur Aufnahme in den Staatenverband erforderliche Einwohnerzahl noch nicht hat und von einem Gouverneur regiert wird. Territorial, ein bestimmtes T. betreffend, damit verknüpft. Im Staatsrecht versteht man unter Territorialprinzip diejenige Theorie, welche das Staatsgebiet als die Grundlage der Staatsgewalt und des Staats selbst auffaßt; nicht zu verwechseln mit dem mittelalterlichen Patrimonialprinzip, wonach der Landesherr als Eigentümer des Staatsgebiets betrachtet wurde. Im Kirchenrecht verstand man früher unter Territorialsystem diejenige Theorie, nach welcher dem Landesherrn die Ausübung der gesamten Kirchengewalt als Ausfluß der Staatsgewalt zustehen sollte, ein Grundsatz, welchen man durch die Formel ausdrückte: »Cujus regio, ejus religio« (»Wem das Land gehört, nach dem richtet sich das Religionsbekenntnis«). Im Strafrecht bezeichnet man mit Territorialprinzip den früher vielfach verteidigten Grundsatz, wonach nur die im Inland begangenen Verbrechen der inländischen Strafgewalt unterliegen sollten.

Terrorismus (lat.), Schreckensherrschaft, Gewaltherrschaft; Terrorist, Anhänger eines solchen Systems; terrorisieren, eine Gewaltherrschaft ausüben.

Testament (lat.), letzter Wille, letztwillige Erbeinsetzung; politisches T., die Niederschrift eines Staatsmanns, welche dessen Ideen über die künftige politische Entwickelung eines Volks und über diejenige Regierungsweise enthält, welche ihm gegenüber zu beobachten sein möchte.

Testimonium (lat.), Zeugnis; z. B. t. morum, Sittenzeugnis; t. paupertatis, Armutszeugnis ꝛc.

Testis (lat.), s. Zeuge.

Thaler, deutsche Silbermünze, = 3 Mark, früher = 30 Silbergroschen, auf den Aussterbeetat gesetzt. Der Name kommt von einer zuerst in Joachimsthal geprägten Münze her.

Thatfrage (Schuldfrage), bei einem Verbrechen die Frage, ob der Angeschuldigte der ihm zur Last gelegten Handlung schuldig sei oder nicht, im Gegensatz zur sogen. Rechtsfrage, d. h. der Frage, unter welche Bestimmung des Strafgesetzbuchs die That zu subsumieren und wie sie zu bestrafen sei. Zur Beantwortung der T. werden bei schwereren Verbrechen Geschworne zugezogen.

Theokratie (griechisch, »Gottesherrschaft«), diejenige Regierungsform, bei der die Gottheit selbst als der eigentliche Herrscher betrachtet wird, welcher durch seine Diener regiert. Dies war insbesondere die Anschauungsart des jüdischen Volks, welches Jehovah durch den Richter, Priester (Priesterstaat) und Propheten beherrsche. Neuerdings hat Bluntschli dafür die Bezeichnung Ideokratie und für die Ausartung dieser Staatsform bei den Götzendienern den Ausdruck Idolokratie vorgeschlagen. Auch der alte ägyptische Staat und der altindische Staat waren Priesterstaaten, wie denn überhaupt die meisten orientalischen Staaten trotz der monarchischen Form einen theokratischen Charakter haben.

Thing (isländ.), s. Ding.

Thron (griech.), der durch erhöhte Stel-

lung, kostbare Stoffe und kunstreiche Ar=
beit ausgezeichnete Sitz für fürstliche Per=
sonen; das Attribut der Herrschergewalt.
Der T. ist stets in einem besondern Saal
(Thronsaal) aufgestellt und ruht ge=
wöhnlich auf einem Gestell, zu dem meh=
rere Stufen führen. Über dem Sessel ist
in der Regel ein Thronhimmel ange=
bracht, d. h. eine an der Wand befestigte
verzierte zeltartige Decke mit prächtigen,
meist aus Seide und Goldstoff bestehenden
Behängen. Jetzt wird der T. von den
Fürsten nur bei feierlichen Gelegenheiten
benutzt, wo der Fürst als Träger der
Herrscherwürde auftreten muß. Sym=
bolisch bezeichnet T. die Herrscherwürde
oder Herrschergewalt selbst, daher die Aus=
drücke: den T. besteigen, jemand vom T.
stoßen ꝛc., Thronerbe, Thronlehen, Thron=
räuber (Usurpator) ꝛc.

Thronentsagung, s. Abdankung.

Thronfolge(Thronerbfolge, Suc=
cession), der Eintritt des Regierungs=
nachfolgers in die Souveränitätsrechte des
bisherigen Monarchen. In Erbmonarchien
ist dies ein Vorrecht der herrschenden Dy=
nastie, welches durch die Staatsverfassung
und durch Hausgesetze regelmäßig in aus=
führlicher Weise normiert ist. Die T.
richtet sich nach dem Grundsatz der Unteil=
barkeit des Staatsgebiets und nach dem
der Erstgeburt (Primogenitur). Da
die früher üblichen Länderteilungen zwi=
schen den verschiedenen Söhnen eines
Fürsten zur Zersplitterung der Macht und
zu einer Schwächung des Glanzes dieser
Fürstenhäuser führten, wurde in Deutsch=
land zunächst für die Kurfürsten das
Recht der Primogeniturerbfolge festgestellt.
Hausgesetze andrer fürstlicher Häuser adop=
tierten das Prinzip, welches jetzt fast in
allen Staaten und namentlich in allen
deutschen Staaten zum Staatsgrundgesetz
geworden ist. Das Thronfolgerecht
wird durch eheliche und leibliche Abstam=
mung (Deszendentenerbfolge) begründet.
Außerdem ist es aber notwendig, daß die
Ehe eine ebenbürtige war (s. Ebenbür=
tigkeit). Nach den meisten Verfassungen
sind ferner Abstammung durch Männer und
männliches Geschlecht erforderlich (agna=
tische oder männliche T.). In man=

chen Staaten ist die kognatische T.,
d. h. die T. von Frauen und von Män=
nern, die von Frauen abstammen, über=
haupt ausgeschlossen. Es ist dies das
sog.n.Salische Gesetz, welches, von den
salischen Franken stammend, auf das
Thronfolgerecht in der fränkischen und
später in der französischen Monarchie über=
ging. In andern Staaten besteht nur
ein Vorzug des Mannsstamms vor dem
Weibsstamm, indem eventuell bei dem
Aussterben des erstern die kognatische T.
zulässig ist. Dieser letztere Grundsatz gilt
z. B. in Bayern, Sachsen und Württem=
berg, während die preußische Verfassung
(Art. 53) bestimmt: »Die Krone ist den
königlichen Hausgesetzen gemäß erblich in
dem Mannsstamm des königlichen Hauses
nach dem Rechte der Erstgeburt und der
agnatischen Linealerbfolge«. In England
und in Spanien ist sogar eine mit der
agnatischen vermischte weibliche T. (suc=
cessio promiscua) Rechtens, indem nur
die Söhne des regierenden Monarchen und
deren männliche Deszendenz einen Vorzug
vor den Töchtern haben, während die Töch=
ter und deren Deszendenz die Brüder und
andre Agnaten in der Seitenlinie aus=
schließen. Die Thronfolgeordnung
ist regelmäßig die Linealfolge, verbun=
den mit der Primogeniturordnung,
d. h. der Erstgeborne und bei seinem vor
der Thronerledigung erfolgten Ableben
dessen erstgeborner Deszendent succebieren.
In Ermangelung jeder Deszendenz kommt
der Erstgeborne der letzten Regenten
nächsten Linie (d. h. die Gesamtheit der
durch einen gemeinsamen Stammvater
verbundenen Personen) an die Reihe.
Vgl. Schulze, Das Recht der Erstgeburt
in den deutschen Fürstenhäusern (1851);
Heffter,Die Sonderrechte der souveränen
und der mediatisierten, vormals reichs=
ständigen Häuser Deutschlands (1871).

Thronrede, die Rede, mit welcher der
Monarch oder an dessen Stelle ein ver=
antwortlicher Minister die Sitzungen der
Volksvertreter eines konstitutionellen
Staats eröffnet. Sie bezeichnet die von
der Landesvertretung zu behandelnden
Gegenstände und gibt zugleich eine Dar=
legung der äußern und innern Verhält=

nisse des Staats. Die T. wird daher zugleich als Programm des Ministeriums, welches ihren Inhalt zu vertreten hat, angesehen und bei besonderer Veranlassung von der Kammer in einer Abresse beantwortet.

Thurn und Taxis, mediatisiertes deutsches Fürstenhaus, das früher im Deutschen Reich und in den spanischen Niederlanden mit dem Postregal beliehen war, und dessen Postverwaltung in mehreren deutschen Kleinstaaten bis zur Gründung des Norddeutschen Bundes bestand (s. Post).

Tiâra (griech.), ursprünglich die Kopfbedeckung der altpersischen Könige, jetzt die dreifache päpstliche Krone.

Tierquälerei, die Übertretung, deren sich derjenige schuldig macht, der öffentlich oder in Ärgernis erregender Weise Tiere boshaft quält oder roh mißhandelt, wird nach dem deutschen Strafgesetzbuch (§ 360, Nr. 13) mit Haft bis zu 6 Wochen oder mit Geldstrafe bis zu 150 Mk. bestraft.

Tiers-état (franz., spr. tjährs-eta), der dritte Stand; in Frankreich ehedem der Bürgerstand, welcher neben dem Abel und dem Klerus die dritte Kurie der Reichsstände (États généraux) bildete.

Times (engl., spr. teims, »Zeiten«), Titel des bedeutendsten Organs der englischen Zeitungspresse, in London erscheinend. Die Zeitung, welche als »London daily universal Register« 13. Jan. 1783 von dem Buchdrucker John Walter gegründet ward, führt den Titel T. seit 1786.

Timokratie (griech.), Staatsverfassung, nach welcher die politischen Rechte der Staatsbürger sich nach dem Vermögen und Einkommen derselben richten, wie dies im alten Rom nach der Verfassung des Servius Tullius der Fall war.

Tirol, gefürstete Grafschaft, Kronland der österreichischen Monarchie (s. Österreich-Ungarn).

Titel (lat.), Bezeichnung des Amtes, des Ranges und der Würde einer Person, daher man zwischen Amts-, Ehren- und Standestitel unterscheidet; Titulatur, Betitelung; titular, nur dem T. nach, z. B. Titularrat, Titularprofessor. Unter den verschiedenen sonstigen Bedeutungen des Worts T. ist hier namentlich noch diejenige hervorzuheben, wonach T. den gesetzlichen Grund bezeichnet, vermöge dessen jemand ein Recht ausübt, z. B. Besitztitel.

Todesstrafe, die Hinrichtung eines Verbrechers wegen eines zu schulden gebrachten Verbrechens. Während das ältere Strafrecht zwischen geschärfter (qualifizierter) und einfacher T. unterschied, hat die fortschreitende Humanität, wenigstens in allen zivilisierten Ländern, die geschärften Todesstrafen, wie Rad, Pfählen, Vierteilen, Feuertod, beseitigt, und so kennt die moderne Strafgesetzgebung nur die einfache T., welche in den meisten Staaten, namentlich auch in Deutschland, durch Enthauptung und zwar meistens mittels des Fallbeils, in England, Österreich und Amerika durch Erwürgen am Galgen und in Spanien durch Bruch der Halswirbel (Garrotte) erfolgt. Als militärische T., welche aber nach Beihängung des Belagerungszustands auch gegen Zivilisten zur Anwendung kommt, ist das Erschießen gebräuchlich. Die früher allgemein übliche Öffentlichkeit der Vollstreckung der T. besteht nur noch ausnahmsweise, z. B. in Frankreich und Italien; sonst wird dieselbe regelmäßig in einem umschlossenen Raum (sogen. Intramuranhinrichtung) vollzogen, so seit 1869 auch in England. Nach der deutschen Strafprozeßordnung müssen zur Vollstreckung der T. zwei Gerichtspersonen, ein Beamter der Staatsanwaltschaft, ein Gerichtsschreiber und ein Gefängnisbeamter zugezogen werden. Der Ortsvorstand aber hat zwölf Personen aus den Vertretern oder aus andern achtbaren Mitgliedern der Gemeinde abzuordnen, um der Hinrichtung beizuwohnen. Außerdem ist einem Geistlichen von dem Religionsbekenntnis des Verurteilten und dem Verteidiger sowie nach Ermessen des die Vollstreckung leitenden Beamten auch andern Personen der Zutritt zu gestatten. Der Leichnam des Hingerichteten ist den Angehörigen desselben auf ihr Verlangen zur einfachen, ohne Feierlichkeiten vorzunehmenden Beerdigung zu verabfolgen. An schwangern oder geisteskranken Personen darf die T. nicht vollstreckt werden. Ihre Vollstreckung ist überhaupt nur zu=

läffig, nachdem die Entschließung des Staatsoberhaupts ergangen ist, von dem Begnadigungsrecht keinen Gebrauch machen zu wollen. Das deutsche Reichsstrafgesetz bedroht mit der T. den vollendeten Mord und den als Hochverrat strafbaren Mordversuch, welcher an dem Kaiser, an dem eignen Landesherrn oder während des Aufenthalts in einem Bundesstaat an dem Landesherrn desselben verübt wurde. Außerdem bedroht das deutsche Militärstrafgesetzbuch auch die schwersten Militärverbrechen, wie z. B. den Kriegsverrat, Fahnenflucht und Feigheit vor dem Feind, Thätlichkeiten gegen Vorgesetzte im Feld, militärischen Aufruhr vor dem Feind, mit dem Tod. Auch da, wo die T. abgeschafft ist, wie in Holland, Portugal, Rumänien, in der Schweiz und in einigen nordamerikanischen Staaten, bezieht sich diese Abschaffung nicht auf das Kriegs- und Notrecht. Vgl. Deutsches Strafgesetzbuch, §§ 13, 32, 80, 211; Deutsche Strafprozeßordnung, §§ 485 f.; Deutsches Militärstrafgesetzbuch, §§ 58, 63, 73, 84, 97, 107 f., 133, 159; Mittermaier, Die T. (1862); Hetzel, Die T. (1870); v. Holtzendorff, Das Verbrechen des Mordes und die T. (1875).

Toleranz (lat.), Duldung, besonders religiöse, daher man früher obrigkeitliche Verfügungen, welche in diesem Sinn erlassen wurden, als Toleranzedikte bezeichnete. Heutzutage ist fast in allen Staaten vollständige religiöse Duldung gewährleistet, wenn auch die traurige Antisemitenbewegung der Neuzeit darthut, daß nicht alle damit einverstanden sind (s. Juden).

Tonne, s. Gramm.

Tontine (nach dem Erfinder »Tonti« benannt), eine für mehrere Personen unter der Bedingung stipulierte Rente (s. d.), daß die Anteile der sterbenden Empfänger den noch lebenden zuwachsen sollen.

Torpedo, ein mit Explosivstoff gefüllter, unterseeisch angebrachter Körper, welcher zur Zerstörung feindlicher Schiffe bestimmt ist, zuerst 1805 von Fulton angewendet und nach dem Zitterrochen benannt. In der deutschen Marine werden die Torpedos besonders zur Küstenvertei̇digung angewendet. Dazu sind auch besondere Torpeboboote bestimmt. Torpedobepots bestehen in Wilhelmshaven und in Friedrichsort bei Kiel.

Tortur (lat., Folter), die ehedem zur Erpressung von Geständnissen gegen einen Angeschuldigten zur Anwendung gebrachte Marter. Die T., welche namentlich von Thomasius, Beccaria, Voltaire u. a. bekämpft ward, ist in Deutschland zuerst im preußischen Staate durch Friedrich b. Gr., in Frankreich aber erst 1789 gänzlich abgeschafft worden.

Tory und **Whig** (engl., Mehrzahl Tories und Whigs), Name der beiden großen politischen Parteien in England, welche sich seit Karl II. gegenüberstehen und, da in England das parlamentarische Regierungssystem besteht und hiernach das Ministerium aus der Parlamentsmajorität hervorgeht, sich in der Regierung ablösen. Seit der Parlamentsreform von 1867 sind statt dessen die Bezeichnungen Konservative (Tories) und Liberale (Whigs) gebräuchlicher. Der Ausdruck T. soll angeblich von dem Ruf: »Tar a ry« (»Komm, o König«) herrühren. Ursprünglich wurden so katholische Räuberbanden genannt, welche unter Karl I. unter dem Vorwand royalistischer Tendenzen Irland verwüsteten. Whigs hießen ursprünglich spottweise fromme Bauern in Schottland. Andre leiten das Wort von Whig, d. h. Dünnbier oder Molke, her. Wieder andre bringen das Wort mit Whigam in Verbindung, d. h. ein Instrument, dessen sich schottische Bauern zum Antreiben des Viehs bedienten. Jene ursprünglichen Schimpfnamen wurden mit der Zeit zu Parteinamen, welche sich bis auf die Gegenwart erhalten haben.

Toscana, Landschaft in Mittelitalien, bis 1859 selbständiges Großherzogtum (22,025 qkm) unter einer Seitenlinie des Hauses Habsburg-Lothringen, welches nach dem Krieg von 1859 auf Grund des Beschlusses einer nach Florenz einberufenen Nationalversammlung und einer Volksabstimmung durch Dekret Viktor Emanuels vom 22. März 1860 mit dem Königreich Sardinien vereinigt ward und jetzt einen Bestandteil des nunmehrigen Königreichs Italien bildet.

Tote Hand (lat. **Manus mortua**), Be= zeichnung für juristische Personen, na= mentlich für Kirchen, Klöster und milde Stiftungen, insofern dieselben als Grund= eigentümer der Regel nach über ihr Grund= eigentum nicht beliebig verfügen können.

Totenschau (Leichenschau), die amt= liche Besichtigung einer Leiche. Dabei ist zwischen polizeilicher und gericht= licher T. zu unterscheiden; erstere findet nach der Gesetzgebung der meisten Staaten bei jedem Todesfall zur Feststellung des ein= getretenen Todes statt, und die Beerdigung der Leiche darf nicht eher erfolgen, als bis der amtlich verpflichtete Totenbeschauer den Totenschein ausgestellt hat. Eine gerichtliche T. (Obduktion) findet da= gegen nur dann statt, wenn Anhaltspunkte dafür vorhanden sind, daß jemand eines nicht natürlichen Todes gestorben sei, oder wenn der Leichnam eines Unbekannten gefunden wird. Das über die Ergebnisse einer solchen aufgenommene Protokoll wird Obduktionsprotokoll (Leichen= besichtigungsprotokoll, Fundbe= richt, Fundschein, **Visum repertum, Parère medicum**) genannt. Im einzel= nen zerfällt die Obduktion in folgende Akte, welche in diesem Protokoll getrennt zu behandeln und darzustellen sind: 1) die Vorzeigung der Leiche an solche Personen, welche den Verstorbenen bei Lebzeiten ge= kannt haben, wofern solche zu erlangen, und an den etwaigen Angeschuldigten zur Wiedererkennung (Rekognition); 2) die äußere Obduktion, vorzugsweise Obduktion (Leichenschau, Leichen= besichtigung) genannt, welche sich mit den Fundumständen, mit der äußern Er= scheinung des Leichnams nach Größe, Ge= schlecht, Alter, Körperbau ꝛc. und mit den äußerlich wahrnehmbaren außergewöhn= lichen Erscheinungen, etwaigen Wunden, Flecken, Verletzungen ꝛc., beschäftigt; 3) die innere Obduktion (Sektion, Leichenöffnung), d. h. die kunstge= rechte Zerlegung des Leichnams zum Zweck einer innern Besichtigung, welche sich, so= weit es der Zustand der Leiche gestattet, auf die Öffnung der Kopf=, Brust= und Bauchhöhle erstrecken muß. Dabei ist jeder anomale Zustand festzustellen, namentlich

wenn derselbe mit der Todesursache im Zusammenhang steht. Insbesondere ist bei der Sektion eines neugebornen Kindes die Untersuchung mit darauf zu richten, ob dasselbe nach und während der Geburt gelebt hat, zu welchem Zweck die sogen. Lungenprobe (s. b.) angestellt wird, und ob das Kind reif oder wenigstens fähig ge= wesen ist, das Leben außerhalb des Mut= terleibs fortzusetzen; 4) ein kurzes Gut= achten der Medizinalpersonen über die Todesursache, vorbehaltlich eines etwa er= forderlichen ausführlichern Gutachtens, welches denselben noch besonders abgefor= dert wird und durch Gründe der Wissen= schaft zu unterstützen ist. Die Obduktion ist im Beisein des Richters vorzunehmen, und zwar soll nach der deutschen Straf= prozeßordnung (§ 87) die gerichtliche Lei= chenschau unter Zuziehung eines Arztes, die Leichenöffnung von zwei Ärzten, unter welchen sich ein Gerichtsarzt befinden muß, vorgenommen werden; demjenigen Arzt, welcher den Verstorbenen in der dem Tod unmittelbar vorausgegangenen Krankheit behandelt hat, soll die Leichenöffnung nicht übertragen werden, wenn er auch zu der= selben mit zugezogen werden kann, um aus der Krankheitsgeschichte Aufschlüsse zu geben. Ist die Zuziehung eines Arztes bei der Leichenschau nach dem Ermessen des Richters entbehrlich, so kann sie hier auch ganz unterbleiben. Liegt der Verdacht einer Vergiftung vor, so soll nach der Strafprozeß= ordnung (§ 91) die Untersuchung der in der Leiche oder sonst gefundenen verdächtigen Stoffe durch einen Chemiker oder durch eine hierfür bestehende Fachbehörde, nach Befinden unter Hinzuziehung eines Arz= tes, erfolgen. Übrigens kann die Öffnung der Leiche auch ganz unterbleiben, wenn schon die äußere Besichtigung die Todes= ursache klar erkennen und sich von der Sek= tion ein wesentliches Resultat für die Unter= suchung schlechterdings nicht erwarten läßt.

Totenschein, s. Totenschau.

Totschlag, die widerrechtliche Tötung eines Menschen, welche zwar mit Vorsatz, aber nicht mit Überlegung ausgeführt wird. Durch das Vorhandensein der Tö= tungsabsicht unterscheidet sich das Ver= brechen von der fahrlässigen Tötung (s. b.), durch den Mangel der Überlegung von dem Verbrechen des Mordes (s. b.). Der T. ist die im Affekt begangene absichtliche, widerrechtliche Tötung, welche, weil durch die leidenschaftliche Erregung das Bewußtsein des Thäters als getrübt erscheint, mit geringerer Strafe bedroht ist als der Mord. Das deutsche Reichsstrafgesetzbuch bestraft den Totschläger mit Zuchthaus von 5—15 Jahren. Dabei gilt es als Straferhöhungsgrund, wenn der T. an einem Verwandten aufsteigender Linie oder wenn er bei Unternehmung einer strafbaren Handlung verübt wurde, um ein der Ausführung der letztern entgegentretendes Hindernis zu beseitigen, oder um sich der Ergreifung auf frischer That zu entziehen. Als strafmilderndes Moment wird es dagegen angesehen, wenn der Totschläger ohne eigne Schuld durch eine ihm oder einem Angehörigen zugefügte Mißhandlung oder schwere Beleidigung von dem Getöteten zum Zorn gereizt und hierdurch auf der Stelle zur That hingerissen worden war. In diesem Fall, oder wenn sonstige mildernde Umstände vorliegen, soll auf Gefängnisstrafe von 6 Monaten bis zu 5 Jahren erkannt werden. Vgl. Deutsches Strafgesetzbuch, §§ 212—215.

Tötung (Tötungsverbrechen), das Verbrechen desjenigen, welcher widerrechtlicherweise den Tod eines andern Menschen verursacht. Hiernach fällt also der Selbstmord nicht unter den Begriff der strafbaren T., ebensowenig die T. im Krieg nach Kriegsrecht oder die rechtmäßige T. eines zum Tod Verurteilten und die T. im Fall der Notwehr (s. d.). Ebenso ist die Abtreibung der Leibesfrucht, welche ein erst im Werden begriffenes Menschenleben zerstört, hier auszuscheiden. Je nachdem aber der Tötende mit oder ohne Absicht handelte, wird zwischen vorsätzlicher und fahrlässiger (kulposer) T. unterschieden. Letztere wird nach dem Strafgesetzbuch des Deutschen Reichs (§ 222) mit Gefängnis bis zu 3 Jahren und, wenn der Thäter zu der Aufmerksamkeit, welche er fahrlässigerweise aus den Augen setzte, vermöge seines Amtes, Berufs oder Gewerbes besonders verpflichtet war, mit Gefängnis bis zu 5 Jahren bestraft. Bei der vor-

sätzlichen T. wird je nach der Verschiedenheit des Thatbestands wiederum zwischen Mord, Totschlag und Kindesmord unterschieden (s. b.). Dazu kommen noch die T. im Zweikampf (s. b.) und die T. eines Einwilligenden, welche nach dem deutschen Strafgesetzbuch (§ 216), sofern der Thäter durch das ausdrückliche und ernstliche Verlangen des Getöteten zur That bestimmt worden war, mit Gefängnis von 3—5 Jahren geahndet wird. In allen diesen Fällen muß aber der Tod die zurechenbare Folge einer Handlung des Thäters sein. Die sogen. tödliche Körperverletzung (s. b.) endlich, bei welcher der Tod des Verletzten die nicht beabsichtigte Folge der Verletzung ist, fällt nicht unter den Begriff der T.

Trabanten, Leibwache hoher Personen; dann s. v. w. unbedingt ergebene Gefolgschaft, z. B. biejenige eines Parteiführers.

Trades' unions (engl., spr. trehds juhniōns), Gewerkvereine (s. b.).

Tradition (lat.), Übergabe, Besitzübertragung; in der katholischen Kirche die durch mündliche Überlieferung fortgepflanzte göttliche Belehrung, die neben der Heiligen Schrift als Quelle der Offenbarung gilt.

Traktat (lat.), Verhandlung, Vertrag, namentlich zwischen verschiedenen Staaten abgeschlossen, daher z. B. die Häfen, welche in China (s. b.) vertragsmäßig den Fremden geöffnet sind, Traktatshäfen genannt werden. Insbesondere versteht man unter Traktaten Vorverhandlungen, welche dem eigentlichen Abschluß eines Staatsvertrags vorhergehen.

Transactio (lat., Transaktion), Verhandlung, Vergleich.

Transithandel, s. Durchfuhrhandel.

Transleithanien, die jenseit des Leithaflusses gelegenen Länder der ehemaligen ungarischen Krone, also s. v. w. Ungarn, im Gegensatz zu Cisleithanien, den diesseit der Leitha gelegenen österreichischen Kronländern.

Tratte (ital.), trassierter oder gezogener Wechsel; Trassant, der Ziehende, Aussteller; Trassat, der Bezogene (vgl. Wechsel).

Treasure (engl., spr. träsch'r), Schatz; Treasurer, Schatzmeister; Lord High

Treasurer, Großschatzmeister, s. v. w. Finanzminister; **Treasury**, Schatzkammer, Schatzamt.

Triarchie (griech., »Dreiherrschaft«), Staatsform, bei welcher drei Regenten an der Spitze des Staats stehen.

Trias (griech.), in der Politik sowohl ein Staatensystem, welches auf der Vereinigung dreier Staaten beruht, als ein Bündnis dreier Staaten.

Tribut (lat.), Abgabe, welche unterworfene Völkerschaften oder Länder, die zu einem andern Staat in einem gewissen Abhängigkeitsverhältnis stehen, dem Sieger oder dem Suzerän entrichten müssen; tributär, tributpflichtig.

Trikolore (lat.), die dreifarbige Nationalflagge und Nationalkokarde moderner Völkerschaften, ursprünglich gegen die Regeln der Heraldik, so z. B. die deutsche T. »Schwarz-Rot-Gold«, welche dadurch entstand, daß man mit den deutschen Farben Schwarz-Gelb die rote Farbe derjenigen Fahne verband, mit welcher die deutschen Kaiser ehedem den Blutbann verliehen.

Tripolis, Landschaft in Nordafrika, am Mittelmeer, unter türkischer Regentschaft; ca. 1,033,349 qkm mit etwa 1,010,000 Einw. Hauptstadt: Tripolis mit 30,000 Einw. Das Land wird von einem türkischen Generalgouverneur regiert, während es bis 1835 unter erblichen Paschas gestanden hatte.

Trucksystem (v. engl. truck, spr. tröck, »Tausch«), das Verfahren der Arbeitgeber, ihre Arbeiter nicht in barem Geld, sondern ganz oder teilweise mit Waren abzulohnen. Das T., vielfach gemißbraucht und zur Bedrückung der Arbeiter ausgebeutet, ist jetzt verboten. Die deutsche Gewerbeordnung (§§ 115 ff.) hatte dasselbe ursprünglich nur in Ansehung der Fabrikarbeiter untersagt, während es die Gewerbeordnungsnovelle von 1878 verallgemeinert hat. Hiernach sind die Gewerbtreibenden verpflichtet, die Löhne ihrer Arbeiter bar in Reichswährung auszuzahlen; sie dürfen denselben keine Waren kreditieren. Die Verabfolgung von Lebensmitteln an die Arbeiter, sofern sie zu einem die Anschaffungskosten nicht übersteigenden Preis erfolgt, fällt jedoch nicht unter die vorstehende Bestimmung. Auch können den Arbeitern Wohnung, Feuerung und Landnutzung, regelmäßige Beköstigung, Arzneien und ärztliche Hilfe sowie Werkzeuge und Stoffe zu den ihnen übertragenen Arbeiten unter Anrechnung bei der Lohnzahlung verabfolgt werden.

Tunis (Tunesien), türk. Vasallenstaat in Nordafrika, ca. 116,348 qkm mit etwa 2,100,000 Einw.; Hauptstadt: Tunis (ca. 125,000 Einw.). Die Bevölkerung besteht zum überwiegenden Teil aus Mohammedanern (Arabern u. Mauren), etwa 45,000 Israeliten, 25,100 Katholiken, 400 Griechisch-Katholischen und 100 Protestanten. Die »Regentschaft« T. befindet sich seit 1575 unter türkischer Oberhoheit. An der Spitze des Staatswesens steht ein erblicher Bei, welcher den Titel »Besitzer des Königreichs T.« führt. Der gegenwärtig regierende Bei, Mohammed Es Sadok (seit 23. Sept. 1859), hat das Land zu europäisieren versucht und ihm eine Art Konstitution gegeben. Derselbe steht jedoch nach den Demonstrationen im Frühjahr 1881 wesentlich unter dem Einfluß Frankreichs, dessen Bestreben es ist, T. als eine Art Zubehör von Algerien zu behandeln. Die Staatseinnahmen beliefen sich 1874 bis 1875 auf 6,832,300 Frank, welchen 6,296,850 Fr. Ausgaben gegenüberstanden. Die Staatsschuld ist, dank den Bemühungen einer europäischen »Finanzkommission«, auf 125 Mill. Fr. vermindert. Die reguläre Armee (7 Regimenter Infanterie, 4 Bataillone Artillerie und eine Abteilung Kavallerie) beläuft sich auf ca. 20,000, die irreguläre auf ca. 10,000 Mann. Die Kriegsmarine besteht in einem Aviso- und einem Transportdampfer. Ein deutsches Generalkonsulat ist in Tunis errichtet. Vgl. Desfossés, La Tunisie (1877).

Türkisches Reich (Türkei, Osmanisches Reich), das gesamte unter dem Sultan (Padischah) in Konstantinopel stehende Ländergebiet, welches Teile von Europa, Asien und Afrika umfaßt; mit allen mittelbaren und unmittelbaren Besitzungen 6,365,500 qkm und 45,578,000 Einw. Hauptstadt: Konstantinopel

mit ca. 600,000 Einw. Der Hauptbe=
standteil des Reichs ist die europäische
Türkei, den größten Teil der Balkan=
halbinsel und die zugehörigen zahlreichen
Inseln umfassend, mit 4,422,646 Einw.
(ohne die Vasallenstaaten). Die bisheri=
gen Vasallenstaaten Rumänien und Ser=
bien sind durch den Berliner Frieden vom
13. Juli 1878 für unabhängig erklärt. Da=
gegen wurde der Provinz Ostrumelien
eine autonome Verwaltung durch einen
besondern Gouverneur zugestanden, in
dem Fürstentum Bulgarien ein tributärer
Vasallenstaat geschaffen und Bosnien un=
ter die österreichische Oberhoheit gestellt,
wenn dies Land auch dem Namen nach
mit der Türkei vereinigt blieb. Dazu
kommen das tributäre Fürstentum Sa=
mos und die Schutzstaaten Ägypten und
Tunis (s. die betreffenden Artikel). Die
Bevölkerung der europäischen Türkei be=
steht zum größern Teil aus Slawen (Ser=
ben und Bulgaren), ferner aus Türken,
Albanesen, Griechen, Rumänen und Tscher=
kessen. Nach der Konfession standen 1864:
3,609,606 Mohammedanern (außer den
eigentlichen Türken auch die meisten Al=
banesen und ein Teil der Bosnier und
Bulgaren) 4,792,443 Christen gegenüber.
Letztere bekennen sich größtenteils zur grie=
chisch=katholischen Kirche, deren Oberhaupt
der Patriarch von Konstantinopel ist, un=
ter welchem 49 Metropoliten und Erz=
bischöfe und 52 Bischöfe stehen. Dane=
ben waren 540,000 römische Katholiken,
150,000 armenische Christen und 75,165
Juden vorhanden. Christen und Juden
ist gegen Erlegung eines Kopfgelds freie
Religionsübung gestattet, auch seit 1854
volle Rechtsfähigkeit zugesichert. Die
außereuropäischen Besitzungen der Türkei
umfassen in Asien die Halbinsel Klein=
asien (Anatoli, Natolien) mit den zuge=
hörigen Inseln, Armenien, Mesopota=
mien und Arabien; in Afrika außer den
Schutzstaaten die Generalstatthalterschaft
Tripolis.

Staatsverfassung. Die höchste welt=
liche Macht vereinigt sich mit dem Kali=
fat, der höchsten geistlichen Würde, in dem
Sultan oder Padischah (»Großherr«),
welcher seinen Unterthanen als Nachfolger

des Propheten gilt, seine Autorität un=
mittelbar von Gott ableitet, Bewahrer
des Gesetzes und mit der Vollziehung des=
selben beauftragt ist. Der Thron ist erb=
lich im Haus Osmans, des ersten Sul=
tans der nach ihm benannten Osmanen
(1299. Die Eroberung Konstantinopels
durch die Türken erfolgte 29. Mai 1453).
Der Hof des Sultans heißt die Hohe
Pforte, wie der Sultan Urchan das Thor
seines Palastes genannt hatte. Den Titel
»Sultanin« führen nur die Schwestern
oder Töchter des Großherrn. Die Mutter
des letztern führt den Titel Walide=Sul=
tane (Sultanin=Mutter); sie hat nach
dem Sultan den ersten Rang im Reich.
Die Frauen des Harems zerfallen in meh=
rere Rangklassen, unter denen die sieben
eigentlichen Frauen (Kadynen) des Sul=
tans die erste Rangstufe einnehmen. Dem
Namen nach ist das türkische Reich seit
23. Dez. 1876 eine konstitutionelle Mon=
archie; allein diese Nachahmung der kon=
stitutionell = monarchischen Verfassungen
des Abendlands mit Preßfreiheit, Peti=
tions= und Versammlungsrecht sowie
Gleichheit vor dem Gesetz, unbeschadet der
thatsächlich noch immer vorhandenen Skla=
verei, ist bis jetzt ohne praktische Bedeutung
geblieben, namentlich auch die Konsti=
tuierung einer Reichsversammlung,
welche nach der Verfassungsurkunde aus
einem Senat und einer Deputiertenkam=
mer bestehen soll. Die Mitglieder des
Senats werden vom Sultan auf Lebens=
zeit ernannt; die Zahl derselben darf ein
Drittel der Deputierten nicht überschreiten.
Die Mitglieder der Deputiertenkammer
sollen, ein Mitglied auf je 50,000 männ=
liche Ottomanen, auf vier Jahre vom
Volk gewählt werden.

An der Spitze der Staatsverwal=
tung steht der Präsident des Minister=
konseils, früher Großwesir genannt.
Die geistliche Gewalt des Kalifats wird
durch den Scheich ul Islam (»Hoheit«)
repräsentiert, welcher Chef der Ulemas,
einer zugleich richterlichen und priester=
lichen Körperschaft, ist. Ihm steht die Aus=
legung der Gesetze zu. Die einzelnen
Zweige der Verwaltung sind besondern
Ministern unterstellt, nämlich dem Mi=

37

nifter der auswärtigen Angelegenheiten, dem Kriegsminifter (Seraslier), Finanzminifter, Marineminifter (Kapudanpafcha), Großmeifter der Artillerie, Minifter des Innern, Chef des Generalftabs, Finanzminifter, Minifter der öffentlichen Arbeiten, Polizeiminifter, Minifter des öffentlichen Unterrichts, Minifter des Handels und Ackerbaus und dem Intendanten des Evkafs, d. h. der den Mofcheen und frommen Stiftungen gehörigen Güter. Alle wichtigern Maßregeln werden von einem Minifterkollegium (Diwan), an deffen Beratungen auch der Scheich ul Islam teilnimmt, beraten. Behufs der innern Verwaltung wird das Reich in Wilajets oder Generalftatthalterfchaften eingeteilt, deren Vorftände den Titel »Wali« (Generalgouverneur) führen. Die Wilajets zerfallen in Sandfchaks (Bezirke), an deren Spitze Gouverneure (Mutefarrifs) ftehen. Die Sandfchaks wiederum find in Kazas (Diftrikte) eingeteilt, welche von einem Kaimakam (Gouverneurleutnant) verwaltet werden. Ein höchfter Gerichtshof befteht in Konftantinopel.

Die Finanzen des Reichs befinden fich, befonders infolge der letzten Kriege, in der traurigften Verfaffung. Eine befondere Finanzkommiffion von neun Mitgliedern, darunter vier Europäer, hat die fchwierige Aufgabe, Ordnung hineinzubringen. Das Defizit pro 1880 wurde auf 342,272,960 Piafter (à 18 Pf.) oder 61,609,133 Mk. veranfchlagt, die Gefamtftaatsfchuld auf 1,590,887,433 Piafter. Die Armee, welche zu Ende des Kriegs von 1875 — 78 gänzlich desorganifiert war, ift in der Reorganifation begriffen und foll fchon jetzt wieder ca. 300,000 Mann betragen. Diefelbe wird aus dem ftehenden Heer, der Landwehr (Redife) und dem Landfturm (Muftahfis) zufammengefetzt. Die Dienftzeit beträgt 20 Jahre, davon 4 im aktiven Heer (1 Jahr Urlaub), 9 in der erften und zweiten Referve und 8 im Landfturm. Durch Gefetz von 1869 ift die allgemeine Wehrpflicht eingeführt.

Die Armee befteht aus 155 Regimentern Infanterie oder 620 Bataillonen, 36 Bataillonen Jäger, 109 Regimentern Kavallerie oder 545 Eskadrons (unter diefen 432 aktive, 108 Depot- und 5 Lokaleskadrons), 18 Regimentern Feldbartillerie oder 72 Bataillonen mit 288 Batterien, 18 Pionier- und 18 Trainbataillonen.

Die Kriegsflotte ift wefentlich gefchwächt aus dem Krieg hervorgegangen, auch find drei Panzerfchiffe an die Engländer verkauft worden. Die Flagge ift rot und weiß mit dem Halbmond. Das Wappen des türkifchen Reichs ift ein grüner Schild mit filbernem Monde, dem Emblem, welches Mohammed II. nach der Eroberung von Konftantinopel auf feine Fahnen fetzen ließ. Den Schild umgibt eine Löwenhaut, auf welcher ein Turban mit einer Reiherfeder liegt; hinter demfelben ftehen fchräg zwei Standarten mit Roßfchweifen. Vgl. Bianconi, Ethnographie et statistique de la Turquie d'Europe et de la Grèce (1877); Hellwald und Beck, Die heutige Türkei (1877); Ariftarchi Bei, La législation ottomane (1873 ff., 4 Bde.); Baker, Die Türken in Europa (deutfch 1878).

Turnus (neulat.), die Reihenfolge, in welcher die mehreren Perfonen oder Korporationen zuftehende Ausübung eines Rechts oder einer Pflicht von einem zum andern übergeht.

Tutel (lat.), Vormundfchaft; **Tutor**, Vormund; **Tutorium**, die über die Beftellung eines Vormunds ausgefertigte Urkunde, welche zugleich zur Legitimation desfelben dient.

Tyrann (griech.), im alten Griechenland Bezeichnung für einen unumfchränkten Herrfcher, welcher fich in einem freien Staate der Herrfchaft (**Tyrannis**) bemächtigt hatte; heutzutage f. v. w. Defpot (f. d.).

U.

Übertretung, f. Strafprozeß.

Überversicherung, diejenige Versicherung, bei welcher der Versicherte die Versicherungssumme absichtlich höher angibt, als sie sich nach dem wirklichen Werte der versicherten Gegenstände stellen würde. Eine solche Ü. wird nicht selten in betrügerischer Absicht bewirkt.

Überwanderung, f. Auswanderung.

Überweisung an die Landespolizeibehörde, eine Nebenstrafe, auf welche nach dem deutschen Reichsstrafgesetzbuch gegen Landstreicher, Bettler und gegen Frauenspersonen, welche gewerbsmäßig Unzucht treiben, unter gewissen Voraussetzungen neben der verwirkten Haftstrafe von dem Gericht erkannt werden kann. Diese Überweisung kann ferner auch gegen denjenigen ausgesprochen werden, der sich dem Spiel, Trunk oder Müßiggang dergestalt hingibt, daß er in einen Zustand gerät, in welchem zu seinem Unterhalt oder zum Unterhalt derjenigen, zu deren Ernährung er verpflichtet ist, durch Vermittelung der Behörde fremde Hilfe in Anspruch genommen werden muß. Auch wer, wenn er aus öffentlichen Armenmitteln eine Unterstützung empfängt, sich aus Arbeitsscheu weigert, die ihm von der Behörde angewiesene, seinen Kräften angemessene Arbeit zu verrichten, und wer nach Verlust seines bisherigen Unterkommens binnen der ihm von der zuständigen Behörde bestimmten Frist sich kein anderweites Unterkommen verschafft hat und auch nicht nachweisen kann, daß er solches, der von ihm angewandten Bemühungen ungeachtet, nicht vermocht habe, kann durch Richterspruch der Landespolizeibehörde überwiesen werden. Letztere erhält durch diese richterliche Überweisung die Befugnis, die verurteilte Person entweder bis zu 2 Jahren in ein Arbeitshaus unterzubringen, oder zu gemeinnützigen Arbeiten zu verwenden. Vgl. Deutsches Reichsstrafgesetzbuch, §§ 361, Nr. 3—8, 362.

Ulas (v. russ. ukasát, »befehlen«), in Rußland ein direkt vom Kaiser oder vom dirigierenden Senat ergehender legislativer oder administrativer Erlaß.

Ulanen, Reiter, welche mit Säbel und Karabiner und mit einer Lanze bewaffnet sind. Die U. kamen als reguläre Truppe zuerst bei den Polen vor, worauf ihre eigentümliche Uniform, die viereckige polnische Mütze (Czapka) und der Rock von besonderm Schnitt (Ulanka), hinweist. Der Name ist tatarischen Ursprungs und bedeutet eigentlich s. v. w. Wackere, Tapfere.

Ultima ratio regum (lat.), »der letzte Grund der Könige«, d. h. die Kanonen; eine angeblich von Ludwig XIV. zuerst gebrauchte Wendung.

Ultimatum (neulat.), im völkerrechtlichen Verkehr die Schlußerklärung des einen Teils, an welcher er unwiderruflich festzuhalten gesonnen sei. Wird das U. von dem andern Teil verworfen, so sind Abbruch der diplomatischen Verhandlungen und Eröffnung kriegerischer Maßregeln die regelmäßige und notwendige Folge.

Ultra (lat.), jenseits, darüber hinaus; über das rechte Maß hinaus; daher Bezeichnung für eine extreme politische Richtung. Die Anhänger einer solchen werden als Ultras und die Richtung selbst wird als Ultraismus bezeichnet.

Ultramontän (lat.), jenseit der Berge (ultra montes, d. h. jenseit der Alpen) gelegen, Bezeichnung für die römische Kurie und ihren Einfluß, auch für diejenigen Anhänger derselben, welche den ganzen Schwerpunkt des Katholizismus »jenseit der Berge«, d. h. nach Rom, verlegen möchten. Die deutsche ultramontane Partei der Gegenwart, die im Reichstag und im preußischen Abgeordnetenhaus unter dem Namen Zentrum (s. d.) vertreten ist, bekämpft die staatliche Autorität, sofern diese die Unterordnung der Kirche unter die Staatsgewalt in Anspruch nimmt.

Umzugskosten, die einem Beamten bei dessen Versetzung gewährte Vergütung für die Kosten der Übersiedelung. Der Betrag der U. ist in den meisten Staaten gesetzlich bestimmt; auch findet sich vielfach die Vorschrift, daß die U. nur bei

37*

unfreiwilliger Versetzung gezahlt, also namentlich dann nicht gewährt werden, wenn sich der Beamte zu der anderweiten Stelle selbst gemeldet hatte. Bei dem Aufrücken in eine besser dotierte Stelle muß sich der Beamte regelmäßig die Gehaltserhöhung des ersten Jahrs oder doch des ersten Halbjahrs auf die U. anrechnen lassen.

Uncle Sam (engl., spr. onkl säm), scherzhafte Bezeichnung der Vereinigten Staaten von Nordamerika und ihrer Regierung, auf die Bezeichnung United States of America, abgekürzt U. S. Am., zurückzuführen.

Unfallversicherung, diejenige Versicherung, welche Arbeitern für den Fall, daß sie in ihrem Arbeiterberuf am Leben oder an der Gesundheit geschädigt werden, eine Rente oder eine Kapitalentschädigung für den Betroffenen oder für dessen Hinterbliebene sichert. Zu den Unfallversicherungen gehören auch die sogen. Haftpflichtversicherungen, deren Zweck es ist, in solchen Fällen eine Entschädigung zu gewähren, in welchen Eisenbahnen, Bergwerks- und Fabrikunternehmer auf Grund des Haftpflichtgesetzes (Reichsgesetz vom 7. Juni 1871) verunglückten Arbeitern oder deren Hinterbliebenen gegenüber zum Schadenersatz verpflichtet sind (vgl. Versicherungswesen).

Unfehlbarkeit, Dogma der katholischen Kirche, wonach dieselbe und insbesondere ihr Oberhaupt, der Papst, in Glaubenssachen nicht irren kann. Die Anhänger dieses Dogmas (Infallibilität) werden Infallibilisten genannt, im Gegensatz zu den Anhängern des Altkatholizismus (s. Altkatholiken). Die U. in Sachen des Glaubens und der Lehre war schon von frühern Päpsten und zwar insbesondere von Innocenz III. in Anspruch genommen worden; die Verkündigung derselben als Dogma erfolgte jedoch erst auf dem vatikanischen Konzil (s. b.) in Rom 18. Juli 1870. Anfangs nur wenig beachtet, zeigte sich das Dogma von der U. bald als im direkten Gegensatz zu der modernen Auffassung von der Stellung der Kirche zum Staat stehend, indem es die Rückkehr zu der mittelalterlichen Supre-

matie des Papstes und der katholischen Kirche dem Staat gegenüber, wenigstens in religiösen Dingen und in kirchlichen Angelegenheiten, bedeutet. Das Unfehlbarkeitsdogma ist denn auch als der eigentliche Ausgangspunkt für den gegenwärtig namentlich in Deutschland zwischen Kirche und Staat ausgebrochenen Kulturkampf zu bezeichnen (s. Kirchenpolitik).

Unfundierte Schuld, s. Staatspapiere.

Ungarn (ungar. Magyarország, lat. Hungaria, franz. Hongrie, engl. Hungary, türk. Magyaristan, slawon. Vengria), Königreich, östliche Hälfte der österreichisch-ungarischen Monarchie (Transleithanien). Der ungarische Staat erscheint ebenso wie der österreichische als ein völlig unabhängiger und im Verhältnis zu Österreich gleichberechtigter Staat, welcher mit dem österreichischen nicht nur durch die Person des Monarchen, sondern auch durch organische Einrichtungen und gemeinsame Angelegenheiten verfassungsmäßig verbunden ist, also zu diesem in dem Verhältnis der Realunion steht. S. Österreich-Ungarn.

Uniform (lat.), die gleichmäßige Dienstkleidung von Militärpersonen und gewissen Zivilbeamten. Unbefugtes Tragen einer U. wird im deutschen Reichsstrafgesetzbuch (§ 360, Nr. 8) mit Haft bis zu 6 Wochen oder mit Geldstrafe bis zu 150 Mk. bedroht.

Union (lat.), Vereinigung, Verbindung, namentlich der Bund mehrerer Staaten; daher Bezeichnung für die Vereinigten Staaten von Nordamerika, deren Anhänger Unionisten, im Gegensatz zu den südstaatlichen Konföderierten, während des Bürgerkriegs genannt wurden. In Deutschland versuchte Preußen 1850 eine U. der Mittel- und Kleinstaaten unter preußischer Führung zustande zu bringen, zu welchem Zweck der Erfurter Unionsparlament berufen ward. Namentlich wird aber das Verhältnis zweier Staaten, welche unter ein und demselben Souverän stehen und dadurch miteinander verbunden sind, U. genannt (s. Staat, S. 549). In kirchlicher Hinsicht versteht man unter U. die Vereinigung getrennter Kirchenparteien zu einer gemeinsamen (»unierten«) Kirche, wie sie in Preußen 31. Okt. 1817 in Ansehung der Lutheraner und der Reformierten statthatte und danach in andern Staaten, z. B. in Baden und in Hessen-Darmstadt, Nachahmung fand, daher die Anhänger und Verteidiger der evangelischen U. Unionisten genannt werden. Vgl. J. Müller, Die evangelische U. (1854); Schenkel, Der Unionsberuf des evangelischen Protestantismus (1855).

United States of America (engl., spr. juneïteb steïts of ämérrïtä, abgekürzt U. S. Am.), die Vereinigten Staaten von Nordamerika.

Universal (universell, lat.), allgemein, allumfassend; daher Universalmonarchie, ein monarchischer Staat, welcher die ganze zivilisierte Welt unter Einem Oberhaupt vereinigen sollte, wie das Reich der römischen Imperatoren. Seit Karl d. Gr. tritt die Idee der Universalmonarchie auch bei den Germanen hervor, indem man sich den Kaiser (s. d.) als den Herrn der Christenheit dachte, eine Auffassung, welche der nationalen Entwickelung Deutschlands ganz besonders nachteilig gewesen ist.

Universitas personarum (lat.), Rechtspersönlichkeit, welche an eine Mehrheit physischer Individuen geknüpft ist; z. B. eine Gemeinde. Vgl. Person.

Universität (lat. Universitas literarum, Hochschule), öffentliche Lehranstalt, in welcher die Wissenschaften vollständig und in systematischer Ordnung gelehrt und die höchsten Würden (akademische Grade) der Wissenschaft erteilt werden. In Deutschland bestehen gegenwärtig 20 Universitäten, nämlich 9 in Preußen (Berlin, Bonn, Breslau, Göttingen, Greifswald, Halle, Kiel, Königsberg und Marburg), 3 in Bayern (München, Erlangen und Würzburg), 2 in Baden (Heidelberg und Freiburg), 1 in Württemberg (Tübingen), 1 in Sachsen (Leipzig), 1 in Hessen (Gießen), 1 in Thüringen (Jena), 1 in Mecklenburg (Rostock) und 1 in Elsaß-Lothringen (Straßburg). Daneben bestehen polytechnische Hochschulen und Kunstakademien, welche zu-

meist nach dem Muster der wissenschaftlichen Hochschulen organisiert sind.

Unteracht, s. Acht.

Unteramendement, s. Amendement.

Unterhaus, das Haus der Gemeinen im englischen Parlament, s. Großbritannien (S. 232).

Unteroffizier, Bezeichnung der untersten militärischen Befehlshaber, welche dem gemeinen Soldaten unmittelbar vorgesetzt sind. Man unterscheidet dabei in Deutschland Unteroffiziere mit Portepee (Feldwebel, Wachtmeister, Oberfeuerwerker) und ohne Portepee (Sergeanten, Feuerwerker und gewöhnliche Unteroffiziere). Unteroffizierschulen bestehen in Biebrich, Ettlingen, Jülich, Marienberg i. S., Potsdam, Weilburg und Weißenfels.

Unterpräfekt (Sous-préfet), in Frankreich der Verwaltungschef eines Arrondissements (s. d.). In Elsaß-Lothringen ist der Amtstitel U. in »Kreisdirektor« umgewandelt worden.

Unterscheidungszoll, s. v. w. Surtaxe d'entrepôt (s. Entrepot).

Unterschiebung eines Kindes oder vorsätzliche Verwechselung eines solchen wird nach dem deutschen Reichsstrafgesetzbuch (§ 169) mit Gefängnis bis zu 3 Jahren und, wenn die Handlung in gewinnsüchtiger Absicht begangen wurde, mit Zuchthaus bis zu 10 Jahren bestraft.

Unterschlagung (Unterschleif, lat. Interversio), die wissentliche, rechtswidrige Zueignung einer fremden, beweglichen Sache, welche sich im Besitz oder im Gewahrsam des Thäters befindet. Der Thatbestand der U. fällt also insofern mit dem des Diebstahls (s. d.) zusammen, als hier wie dort eine Sache den Gegenstand des Verbrechens bildet, welche eine bewegliche und eine fremde, d. h. einem andern gehörige, ist. Ebenso ist der subjektive Thatbestand bei beiden Verbrechen derselbe, indem für beide Vorsätzlichkeit der Handlung, ferner das Bewußtsein, daß die Sache eine fremde, und endlich die Absicht, sich die Sache zuzueignen, erforderlich sind. Verschieden sind die beiden Delikte aber insofern, als es sich bei dem Diebstahl um die Wegnahme einer

Sache aus dem Gewahrſam eines andern, bei der U. dagegen um die Zueignung einer ſolchen Sache handelt, welche ſich bereits im Gewahrſam des Thäters befindet. So fällt z. B. der ſogen. Fundbiebſtahl, d. h. die widerrechtliche Zueignung einer gefundenen Sache, nicht unter den Begriff des Diebſtahls, ſondern unter U., weshalb auch das für die Bezeichnung »Fundunterſchlagung« richtiger iſt. Als ſchwerer Fall der U. erſcheint es nach dem deutſchen Reichsſtrafgeſetzbuch, wenn dem Thäter die unterſchlagene Sache anvertraut war (ſogen. Veruntreuung). Das Reichsſtrafgeſetzbuch läßt hier Gefängnisſtrafe bis zu 5 Jahren eintreten, während es die einfache U. nur mit Gefängnis bis zu 3 Jahren bedroht. Beim Vorhandenſein milbernder Umſtände kann aber auch auf Geldſtrafe bis zu 900 Mk. erkannt werden. Wie beim Diebſtahl, wird auch bei der U. der Verſuch beſtraft. Ebenſo haben beide Verbrechen es miteinander gemein, daß die That nur auf Antrag des Verletzten ſtrafrechtlich verfolgt wird, wenn der Betrag des Verbrechensgegenſtands nur ein geringer iſt und der Verletzte mit dem Thäter in Familiengenoſſenſchaft oder häuslicher Gemeinſchaft lebte. Diebſtahl und U., welche von Verwandten aufſteigender Linie gegen Verwandte abſteigender Linie oder von einem Ehegatten gegen den andern begangen worden, bleiben ſtraflos. Wird eine U. von einem Beamten an Geldern oder andern Sachen verübt, welche er in amtlicher Eigenſchaft empfangen oder im Gewahrſam hat, ſo wird die That als beſonderes Amtsvergehen (ſ. b.) beſtraft. Vgl. Deutſches Reichsſtrafgeſetzbuch, §§ 246 ff., 350 f.

Unterſtaatsſekretär, ſ. Staatsſekretär.

Unterſtützungswohnſitz, derjenige Gemeindeverband, welcher zur Unterſtützung einer hilfsbedürftigen Perſon aus öffentlichen Mitteln als verpflichtet erſcheint; auch Bezeichnung für den Anſpruch eines Hilfsbedürftigen auf eine derartige Unterſtützung durch einen beſtimmten Gemeindeverband. Für den Norddeutſchen Bund wurde das Recht des Unterſtützungswohnſitzes durch Geſetz vom 6. Juni 1870 (Bundesgeſetzblatt, S. 360 ff.) in einheitlicher Weiſe geregelt. Dies Geſetz iſt jetzt auch auf die ſüddeutſchen Staaten, mit Ausnahme Bayerns und Elſaß-Lothringens, erſtreckt worden. In Bayern (Geſetze vom 16. April 1868, 23. Febr. 1872) iſt der Anſpruch auf Armenunterſtützung durch den Beſitz des Heimatrechts in einer Gemeinde bedingt, während in Elſaß-Lothringen nach dem dort geltenden franzöſiſchen Recht ein Anſpruch auf Armenunterſtützung weder dem Staat noch den Gemeinden gegenüber beſteht. Nach dem angeführten deutſchen Reichsgeſetz dagegen werden ſolche Unterſtützungen an die Angehörigen der Staaten, in welchen das Geſetz gilt, durch die Ortsarmenverbände ſowie durch die Landarmenverbände gewährt, und zwar können die Ortsarmenverbände aus einer oder mehreren Gemeinden oder Gutsbezirken zuſammengeſetzt ſein, während die Landarmenverbände entweder mit dem Staatsgebiet des betreffenden Bundesſtaats, welcher die Funktionen des Landarmenverbands ſelbſt übernimmt, zuſammenfallen, oder beſonders konſtituiert werden und dann in der Regel aus mehreren Ortsarmenverbänden zuſammengeſetzt ſind. Die innere Organiſation dieſer Orts- und Landarmenverbände, die Art und das Maß der im Fall der Hilfsbedürftigkeit zu gewährenden öffentlichen Unterſtützung und die Beſchaffung der erforderlichen Mittel werden durch die Landesgeſetzgebung (vgl. z. B. das preußiſche Armenpflegegeſetz vom 8. März 1871) geregelt, welche auch darüber Beſtimmungen zu treffen hat, in welchen Fällen und in welcher Weiſe den Ortsarmenverbänden von den Landarmenverbänden oder von andern Stellen eine Beihilfe zu gewähren iſt, ſowie darüber, ob und inwiefern ſich die Landarmenverbände der Ortsarmenverbände als ihrer Organe behufs der öffentlichen Unterſtützung Hilfsbedürftiger bedienen dürfen. Was die Unterſtützung ſelbſt anbelangt, ſo iſt zu dieſer zunächſt derjenige Ortsarmenverband verpflichtet, in deſſen Bezirk ſich der Hilfsbedürftige bei dem Eintritt der Hilfsbedürftigkeit

befindet, vorbehaltlich des Anſpruchs auf
Erſtattung der Koſten und auf Übernahme
des Hilfsbedürftigen gegen den hierzu
verpflichteten Armenverband. Zu dieſer
Erſtattung und Übernahme iſt aber derjenige Ortsarmenverband, in welchem der
Unterſtützte den U. hat, verpflichtet. Wenn
jedoch Perſonen, welche im Geſindedienſt
ſtehen, Geſellen, Gewerbsgehilfen oder
Lehrlinge, an dem Ort ihres Dienſtverhältniſſes erkranken, ſo hat der Ortsarmenverband des Dienſtorts die Verpflichtung, den Erkrankten die erforderliche Kur
und Verpflegung zu gewähren. Ein Anſpruch auf Erſtattung der dadurch verur-
ſachten Koſten erwächſt in ſolchen Fällen
nur dann und inſoweit, als die Krankenpflege über den Zeitraum von ſechs Wochen
hinaus fortgeſetzt wurde. Hat der Unterſtützte innerhalb eines beſtimmten Ortsarmenverbands einen U. nicht, wie dies
z. B. bei Vagabunden regelmäßig der
Fall iſt, ſo iſt zur Unterſtützung desſelben
derjenige Landarmenverband verpflichtet,
in deſſen Bezirk ſich jener bei Eintritt der
Hilfsbedürftigkeit befand, oder, falls er in
hilfsbedürftigem Zuſtand aus einer Straf-,
Kranken-, Bewahr- oder Heilanſtalt entlaſſen wurde, derjenige Landarmenverband, aus welchem ſeine Einlieferung in
die Anſtalt erfolgte.

Der U. wird aber begründet: 1) durch
Aufenthalt, 2) durch Verehelichung, 3)
durch Abſtammung. Durch Aufenthalt inſofern, als derjenige, welcher innerhalb eines
Ortsarmenverbands nach zurückgelegtem
24. Lebensjahr zwei Jahre lang ununterbrochen ſeinen gewöhnlichen Aufenthalt gehabt hat, dadurch in demſelben den U. erwirbt. Ferner teilt die Ehefrau vom Zeitpunkt der Eheſchließung ab den U. des Mannes; endlich teilen die ehelichen Kinder den
U. des Vaters, uneheliche denjenigen der
Mutter. Entſtehen über die Verpflichtung
zur Unterſtützung hilfsbedürftiger Perſonen zwiſchen verſchiedenen Armenverbänden Streitigkeiten, ſo kommt es, was das
Verfahren anbetrifft, darauf an, ob die ſtrei-
tenden Teile ein und demſelben Bundesſtaat
oder ob ſie verſchiedenen Staaten angehören. Im erſtern Fall ſind die Landesgeſetze des betreffenden Staats maßgebend,

während für Differenzen zwiſchen den
Armenverbänden verſchiedener Staaten
in dem Geſetz vom 6. Juni 1870 beſondere Vorſchriften in Anſehung des Verfahrens gegeben ſind. Auch in dieſem
Fall wird nämlich zunächſt von den nach
Maßgabe der Landesgeſetzgebung kompetenten Behörden verhandelt und entſchie-
den, und zwar im Verwaltungsweg und
durch diejenige Behörde, welche dem
in Anſpruch genommenen Armenverband
vorgeſetzt iſt. Dieſe Behörden können
Unterſuchungen an Ort und Stelle veranlaſſen, Zeugen und Sachverſtändige
laden und eidlich vernehmen und überhaupt den angetretenen Beweis in vollem
Umfang erheben. Gegen die durch ſchriftlichen, mit Gründen zu verſehenden Beſchluß zu gebende Entſcheidung findet nur
Berufung an das Bundesamt für das
Heimatsweſen ſtatt. Letzteres iſt eine
ſtändige und kollegiale Behörde mit dem
Sitz in Berlin, beſtehend aus einem Vor-
ſitzenden und mindeſtens vier Mitgliedern,
welche auf Vorſchlag des Bundesrats vom
Kaiſer auf Lebenszeit ernannt werden.
Zu der Beſchlußfaſſung ſind mindeſtens
drei Mitglieder zuzuziehen. Die Berufung iſt binnen einer Präkluſivfriſt von
14 Tagen, von der Behändigung der angefochtenen Entſcheidung an gerechnet, bei
derjenigen Behörde, gegen deren Entſcheidung ſie gerichtet iſt, ſchriftlich anzumelden. Der Gegenpartei ſteht das Recht zu
einer binnen vier Wochen nach der Behändigung einzureichenden ſchriftlichen Gegen-
ausführung zu. Die Entſcheidung des
Bundesamts erfolgt gebührenfrei in öffentlicher Sitzung nach erfolgter Ladung
und Anhörung der Parteien; gegen die
Entſcheidung iſt ein weiteres Rechtsmittel
nicht zuläſſig. Vgl. Stolp, Das deutſche
Reichsgeſetz über den U. (1871); Arnold,
Freizügigkeit und U. (1872); Eger, Das
Reichsgeſetz über den U. (1875). Die
Entſcheidungen des Bundesamts für das
Heimatsweſen werden geſammelt und her-
ausgegeben von Wohlers (1873 ff.).

Unterſuchungshaft (Unterſu-
chungsarreſt), ſ. Haft.

Unterſuchungsprozeß, ſ. Anklageprozeß.

Untersuchungsrecht, s. Durchsuchungsrecht.

Untersuchungsrichter, derjenige Richterbeamte, welcher zur Führung der Voruntersuchung, wo eine solche erforderlich, bestellt ist. Nach dem deutschen Gerichtsverfassungsgesetz (§§ 60, 64, 72) ist bei jedem Landgericht mindestens ein U. und zwar jeweilig auf die Dauer eines Jahrs zu ernennen. Die Bestellung erfolgt durch die Landesjustizverwaltung. Der U., welcher bei einem Verbrechen oder Vergehen die Voruntersuchung geführt hat, darf in dieser Untersuchungssache nicht Mitglied des erkennenden Gerichts sein, auch nicht bei einer außerhalb der Hauptverhandlung erfolgenden Entscheidung der Strafkammer mitwirken. Vgl. Deutsche Strafprozeßordnung, § 23.

Unterthan (lat. Subditus), im allgemeinen jeder, welcher einer bestimmten Staatsgewalt unterworfen ist. In diesem Sinn ist auch der Fremde oder Ausländer, welcher sich in einem Staate, dem er nicht angehört, aufhält, U. der Regierung dieses Staats. Denn die Gesetze des Staats finden auch auf den Ausländer, welcher sich innerhalb des Staatsgebiets zeitweilig aufhält (subditus temporarius), Anwendung, wofern er nicht, wie die Gesandten fremder Mächte, des Rechts der Exterritorialität (s. b.) genießt. Diejenigen Fremden insbesondere, welche im Inland Grundbesitz haben, werden Landsassen (subditi reales, Forensen) genannt. Sie sind den inländischen Gesetzen jedenfalls, insoweit diese sich auf den Grundbesitz beziehen, oder insoweit sie ausdrücklich auf die Forensen mit ausgedehnt sind, unterworfen. Im engern und eigentlichen Sinn versteht man aber unter Unterthanen, gerade im Gegensatz zu den Fremden oder Ausländern, die Angehörigen eines gewissen Staats, die zur der Staatsgewalt in einem dauernden Verhältnis persönlicher Unterwerfung stehen (Inländer, Staatsangehörige, Volksgenossen, Regierte). Die Unterthanenschaft ist hier gleichbedeutend mit dem Heimatsrecht (s. b.). Diese eigentlichen Unterthanen sind natürlich, ebenso wie der Fremde, der sich innerhalb des Staatsgebiets aufhält, der Staatsgewalt unterworfen, und ebenso genießt nach modernem Völkerrecht der Fremde gleichwie der Inländer den Schutz des Staats und seiner Gesetze. Aber gleichwohl besteht zwischen beiden doch ein wesentlicher Unterschied, welcher sich in besondern Pflichten, aber auch in besondern Rechten des Unterthanen zeigt. Denn der U. hat nicht bloß im Inland, sondern auch im Ausland einen Anspruch auf den Schutz seines heimatlichen Staats, wie z. B. die deutsche Reichsverfassung (Art. 3) ausdrücklich erklärt: »Dem Ausland gegenüber haben alle Deutschen gleichmäßig Anspruch auf den Schutz des Reichs«. Außerdem hat aber der Inländer auch ein Recht auf den dauernden Aufenthalt im Heimatstaat; er kann nicht, wie der Fremde, ausgewiesen und ebensowenig, selbst wegen eines im Ausland begangenen Verbrechens, an eine ausländische Regierung ausgeliefert werden. Ferner garantieren die Staatsverfassungen der Neuzeit dem Inländer regelmäßig gewisse Urrechte oder Grundrechte (s. b.), wie: die Unverletzlichkeit der Person, der Wohnung und der Papiere (Briefgeheimnis), die Freiheit der persönlichen und der wirtschaftlichen Bewegung (Freizügigkeit, Gewerbefreiheit, Auswanderungsfreiheit, Verehelichungsfreiheit), die Unverletzlichkeit des Eigentums, abgesehen von Fällen des Staatsnotrechts, die Preßfreiheit, Bekenntnisfreiheit und das Beschwerde- und Petitionsrecht. Endlich steht den Unterthanen auch der Anspruch auf öffentliche Unterstützung im Fall der Verarmung zu. Auf der andern Seite ist aber der U. nicht nur, ebenso wie der Fremde, der Staatsregierung und ihren Organen gegenüber zu gesetzlichem Gehorsam verpflichtet, sondern es sind ihm auch geg n den heimatlichen Staat besondere Pflichten auferlegt, wie die Pflicht zum Militärdienst, zu Kriegs- und Militärleistungen, zur Entrichtung gewisser Abgaben, zur Übernahme bestimmter öffentlicher Ämter und zur Leistung gewisser Gemeindedienste.

Die Unterthanenschaft ist aber ferner die Voraussetzung des Staatsbürgerrechts, d. h. des Rechts der Teilnahme an ben eigentlichen politischen Rechten und insbesondere an den Wahlen der Volksvertreter in dem modernen Repräsentativstaat. Der Genuß dieses Staatsbürgerrechts ist, abgesehen von dem Erfordernis der Untherthaneneigenschaft, zunächst durch männliches Geschlecht und durch Volljährigkeit bedingt. Die politischen Rechte stehen den Frauen und ebenso den körperlich und geistig noch nicht zur Reife gelangten Männern nicht zu. In letzterer Beziehung ist nur in manchen Staaten die politische Volljährigkeit mit der bürgerlichen in übereinstimmender Weise normiert, so in England, Frankreich und Nordamerika mit dem 21. Lebensjahr. In andern Staaten dagegen, wie im Deutschen Reich und in einzelnen deutschen Staaten, aber auch in Italien und Spanien, beginnt die politische Großjährigkeit später als die bürgerliche, nämlich erst mit dem 25., in Österreich sogar erst mit dem 26. Lebensjahr, während in einzelnen Schweizer Kantonen das politische Stimmrecht früher als die bürgerliche Volljährigkeit, nämlich schon mit 20 Jahren, eintritt. Außerdem setzt das Staatsbürgerrecht aber auch den Vollgenuß der bürgerlichen Ehrenrechte sowie volle Dispositionsbefugnis voraus, daher Bevormundete, wie Geisteskranke oder Verschwender, Sträflinge und im Konkurs- oder Fallitzustand befindliche Personen oder solche, welche eine öffentliche Armenunterstützung beziehen, des Staatsbürgerrechts nicht teilhaftig sind. Ein weiteres Erfordernis dagegen, welches in den christlichen Staaten bis in die neuere Zeit hinein aufgestellt ward, nämlich christliches Glaubensbekenntnis, ist durch neuere Gesetze in den meisten Staaten beseitigt, so insbesondere durch das norddeutsche Bundes- (Reichs-) Gesetz vom 3. Juli 1869, wonach alle noch bestehenden, aus der Verschiedenheit des religiösen Bekenntnisses hergeleiteten Beschränkungen der bürgerlichen und staatsbürgerlichen Rechte für aufgehoben erklärt sind. Übrigens wird die Ausübung des aktiven Wahlrechts auch in manchen Verfassungsurkunden von einer gewissen vermögensrechtlichen Selbständigkeit abhängig gemacht, während andre neuerdings das

allgemeine Stimmrecht (s. b.) adoptiert haben. Für das Deutsche Reich aber ist schließlich noch darauf hinzuweisen, daß hier ein doppeltes Unterthanenverhältnis, die Staatsangehörigkeit im Einzelstaat und zugleich die Reichsangehörigkeit, besteht, und daß die Reichsangehörigen vermöge des sogen. Bundesindigenats (s. b.) im Verhältnis zu einander nicht als Ausländer, wenn sie auch verschiedenen Einzelstaaten angehören, sondern vielmehr als die Bürger eines gemeinsamen Staats und die Genossen eines gemeinsamen Vaterlands erscheinen.

Unterthaneneid, s. Huldigung.

Untreue, im strafrechtlichen Sinn die absichtliche Verletzung einer Rechtsverbindlichkeit, welche sich zugleich als Verletzung besondern Vertrauens darstellt. In diesem Sinn straft das deutsche Reichsstrafgesetzbuch (§ 266) die von Bevollmächtigten, Vormündern, obrigkeitlich oder letztwillig bestellten Verwalter fremden Vermögens, Feldmessern, Maklern, Güterbestätigern und andern im Dienste des öffentlichen Vertrauens stehenden Personen verübte U. mit Gefängnis bis zu 5 Jahren und nach Befinden mit Verlust der bürgerlichen Ehrenrechte. Daneben kann, wenn die U. begangen wurde, um sich oder einem andern einen Vermögensvorteil zu verschaffen, auch noch auf Geldstrafe bis zu 3000 Mk. erkannt werden. Die von einem öffentlichen Beamten verschuldete U. wird als Amtsverbrechen (s. b.) bestraft.

Unvordenkliche Verjährung (Immemorialverjährung), Rechtsvermutung, daß ein über Menschengedenken hinaus bestehender Rechtszustand irgendwann und irgendwie auch rechtsgültig begründet worden sei; namentlich an den unvordenklichen Besitz geknüpft.

Unzuchtsverbrechen (Unzuchtsdelikte, Sittlichkeitsverbrechen, Fleischesverbrechen), strafbare Handlungen, welche mit einer rechtswidrigen Befriedigung des Geschlechtstriebs in Verbindung stehen. Dazu gehören: Blutschande (Inzest), d. h. Beischlaf zwischen Verwandten auf- und absteigender Linie (Aszendenten und Deszendenten), zwischen Geschwistern und zwischen Verschwägerten auf= und absteigender Linie (Schwiegereltern und Schwiegerkindern). Notzucht (**stuprum violentum**), Nötigung einer Frauensperson zur Duldung des außerehelichen Beischlafs durch Gewalt oder Drohung mit gegenwärtiger Gefahr für Leib oder Leben. Verleitung einer Frauensperson zur Gestattung des Beischlafs durch Vorspiegelung einer Trauung oder durch Erregung oder Benutzung eines andern Irrtums, in welchem sie den Beischlaf für einen ehelichen hielt. (Die Bestrafung tritt nach dem deutschen Strafgesetzbuch in dem letztgedachten Fall nur auf Antrag ein.) Schändung (**stuprum non voluntarium nec violentum**), außerehelicher Beischlaf mit einer geisteskranken oder einer in willen= oder bewußtlosem Zustand befindlichen Frauensperson, wird als Notzucht bestraft, wenn der Thäter die Frauensperson absichtlich in diesen Zustand versetzte. Mädchenschändung, Verführung eines unbescholtenen Mädchens, welches das 16. Lebensjahr noch nicht vollendet hat, zum Beischlaf. (Die Verfolgung tritt hier nach dem deutschen Strafgesetzbuch nur auf Antrag der Eltern oder des Vormunds der Verführten ein.) Unzüchtige Handlungen, welche Vormünder mit ihren Pflegebefohlenen, Eltern mit ihren Kindern, Geistliche, Lehrer und Erzieher mit ihren minderjährigen Schülern oder Zöglingen, Beamte mit Personen, gegen welche sie eine Untersuchung zu führen haben, oder welche ihrer Obhut anvertraut sind, Beamte, Ärzte oder andre Medizinalpersonen, welche in Gefängnissen oder in öffentlichen Anstalten beschäftigt sind, mit den hier aufgenommenen Personen vornehmen; unzüchtige Handlungen, welche mit Gewalt an einer Frauensperson vorgenommen werden, oder zu deren Duldung dieselbe durch Drohung mit gegenwärtiger Gefahr für Leib und Leben genötigt wird, und unzüchtige Handlungen mit Personen unter 14 Jahren. Widernatürliche Unzucht, sei es, daß sie zwischen Personen männlichen Geschlechts (Päderastie) oder von Menschen mit Tieren begangen wird (Sodomie). Verletzung der Schamhaftigkeit durch unzüchtige Handlungen, durch die ein öffentliches Ärgernis gegeben wird, sowie durch unzüchtige Schriften, Abbildungen oder Darstellungen, die verkauft, verteilt oder sonst verbreitet, oder an Orten, welche dem Publikum zugänglich sind, ausgestellt oder angeschlagen werden.

Außerdem zählt das deutsche Reichsstrafgesetzbuch noch die Bigamie oder Doppelehe zu den U., d. h. das Eingehen einer neuen Ehe seitens eines Ehegatten, bevor die Ehe desselben aufgelöst oder für ungültig oder nichtig erklärt ist. Ebenso wird eine unverheiratete Person wegen Bigamie bestraft, wenn sie mit einem Ehegatten eine Ehe eingeht, obgleich sie weiß, daß letzterer verheiratet ist. Auch der Ehebruch wird von dem Reichsstrafgesetzbuch als U. behandelt. Hierunter ist die wissentliche Verletzung einer bestehenden Ehe durch den außerehelichen Beischlaf solcher Personen zu verstehen, von denen wenigstens die eine verheiratet ist. Sind beide Personen verheiratet, so spricht man von einem Doppelehebruch, während, wenn nur eine Person verheiratet, ein einfacher Ehebruch begangen ist. Die Bestrafung des Ehebruchs (Gefängnis bis zu 6 Monaten) tritt jedoch nur auf Antrag des verletzten Ehegatten ein und zwar nur unter der Voraussetzung, daß eben wegen des Ehebruchs die Ehe geschieden worden ist.

Endlich wird noch die Kuppelei unter den U. des Reichsstrafgesetzbuchs mit aufgeführt. Hierunter ist das gewohnheitsmäßige oder eigennützige Gelegenheitsschaffen zur Unzucht zu verstehen, welches mit Gefängnisstrafe bis zu 5 Jahren bedroht ist. Auch kann auf Verlust der bürgerlichen Ehrenrechte sowie auf Zulässigkeit von Polizeiaufsicht erkannt werden. Mit Zuchthausstrafe aber wird die (schwere) Kuppelei bestraft, wenn sie hinterlistigerweise oder von Eltern, Geistlichen, Lehrern oder Erziehern an deren Kindern oder Pflegebefohlenen verübt wird. Außerehelicher Beischlaf oder gewerbsmäßige Unzucht ist an und für sich nach dem Reichsstrafgesetzbuch nicht mehr kriminell strafbar; letzteres bedroht nur diejenigen Weibspersonen, welche wegen gewerbsmäßiger Unzucht einer polizeilichen Aufsicht unterstellt sind, mit Haft bis zu 6 Wochen, wenn sie ben in dieser Hinsicht zur Sicherung der Gesundheit, der öffentlichen Ordnung und des öffentlichen Anstands erlassenen polizeilichen Vorschriften zuwiderhandeln; desgleichen solche Frauenzimmer, welche, ohne einer solchen Aufsicht unterstellt zu sein, gewerbsmäßig Unzucht treiben. Vgl. Deutsches Reichsstrafgesetzbuch, §§ 171—184, 361, Nr. 6.

Unzurechnungsfähigkeit, s. Zurechnung.

Urheberrecht (Autorrecht, sogen. geistiges ob. litterarisches Eigentum), das Recht, über die Veröffentlichung und Vervielfältigung eines Produkts der Wissenschaft oder Kunst ausschließlich zu verfügen. In Deutschland wurden durch Beschlüsse des vormaligen deutschen Bundestags zuerst allgemeine Maßregeln gegen den Nachdruck, d. h. die mechanische Vervielfältigung eines Schriftwerks ohne Genehmigung des Berechtigten, veranlaßt, bis die Gesetzgebung des Norddeutschen Bundes und des nunmehrigen Deutschen Reichs in wirksamer und umfassender Weise das U. überhaupt unter den Schutz des Gesetzes stellte. Das Bundes= (Reichs=) Gesetz vom 11. Juni 1870 normiert das U. an Schriftwerken, Abbildungen, musikalischen Kompositionen und dramatischen Werken, welche es gegen Nachdruck und resp. gegen unbefugte öffentliche Aufführung schützt. Durch Gesetz vom 9. Jan. 1876 wird auch das U. an Werken der bildenden Künste und durch Gesetz vom 10. Jan. 1876 das U. an Photographien gewahrt. Ein weiteres Gesetz vom 11. Jan. 1876 behandelt das U. an Mustern und Modellen. Die Schutzfrist besteht nach den Gesetzen vom 11. Juni 1870 und 9. Jan. 1876 in der Lebenszeit des Autors und einem weitern Zeitraum von 30 Jahren. Anonyme und pseudonyme sowie die von Universitäten, Akademien und sonstigen juristischen Personen, öffentlichen Unterrichtsanstalten und Gesellschaften herausgegebenen Werke werden 30 Jahre lang nach ihrem Erscheinen, posthume Werke 30 Jahre lang nach dem Tode des Urhebers geschützt. Bei Photographien ist die Schutzfrist eine fünfjährige. Dem Urheber eines Musters oder Modells

wird der Schutz gegen Nachbildung (Musterschutz) nur dann gewährt, wenn er dasselbe zur Eintragung in das bei der zuständigen Gerichtsbehörde zu führende Musterregister angemeldet und bei dieser ein Exemplar niedergelegt hat. Die Schutzfrist ist hier eine ein= bis dreijährige nach der Wahl des Urhebers (Gebühr: 1 Mk. pro Jahr). Sie kann bis auf höchstens 15 Jahre verlängert werden (Gebühr für jedes weitere Jahr bis zum 10. Jahr inkl. 2 Mk., von 11—15 Jahren 3 Mk.). Das U. geht auf die Erben des Urhebers über und kann durch Vertrag oder letztwillige Verfügung ganz oder teilweise auf andere übertragen werden; es geht bei Porträten und Porträtbüsten von selbst auf den Besteller über. Auf die Baukunst findet die Gesetzgebung über das U. keine Anwendung. Folgen einer Beeinträchtigung des Urheberrechts sind: Entschädigungspflicht, Konfiskation, Geldstrafe, die im Unvermögensfall in Gefängnis umgewandelt wird. Für den Schutz von technischen Erfindungen sorgt die Patentgesetzgebung (s. Patent). Vgl. Klostermann, Das U. an Schrift= und Kunstwerken (1876).

Urkunde (lat. Documentum, Instrumentum), im weitern Sinn jeder äußere Gegenstand, durch welchen eine Thatsache bewiesen werden soll, also auch z. B. ein Zeuge oder ein Sachverständiger; im engern Sinn aber ein lebloser Gegenstand, dessen Beschaffenheit die Einwirkung einer menschlichen Thätigkeit erkennen und daraus auf die Art und Weise dieser Thätigkeit schließen läßt. Hiernach gehören also nicht nur geschriebene oder gedruckte Aufsätze, welche man im engsten Sinn als Urkunden bezeichnet, sondern auch Grenzzeichen, Münzen, Denkmäler, Bilder 2c. zu den Urkunden. Man unterscheidet dabei zwischen öffentlichen und zwischen Privaturkunden. Erstere sind solche, welche von einer öffentlichen Behörde innerhalb der Grenzen ihrer Amtsbefugnis oder von einer mit öffentlichem Glauben versehenen Person, insbesondere von einem Notar, innerhalb des dieser Person zugewiesenen Geschäftskreises in der vorgeschriebenen Form aufgenommen sind. Urkunden, welche nach Form und Inhalt sich

als öffentliche darstellen, haben die Ver=
mutung der Echtheit für sich, d. h. sie gel=
ten im Rechtsstreit so lange als echt, bis
das Gegenteil vom Beweisgegner darge=
than ist. Nach der deutschen Zivilprozeß=
ordnung (§ 402) kann jedoch das Ge=
richt auch von Amts wegen, wenn es die
Echtheit einer öffentlichen U. für zweifel=
haft hält, die Behörde oder die Person,
von welcher die U. errichtet sein soll, zur
Erklärung über die Echtheit veranlassen.
Privaturkunden dagegen, d. h. solche
Urkunden, die von Privatpersonen ausge=
stellt sind, haben nur dann die Vermutung
der Echtheit für sich, wenn die Echtheit
der darunter ersichtlichen Namensunter=
schrift feststeht, oder wenn das unter der U.
befindliche Handzeichen einer des Schrei=
bens unkundigen Person gerichtlich oder
notariell beglaubigt ist. Außerdem muß
die Echtheit einer Privaturkunde, welche
vom Beweisgegner nicht anerkannt wird,
von dem Beweisführer bewiesen werden,
was z. B. durch Eideszuschiebung oder
auch durch Schriftvergleichung (s. d.) ge=
schehen kann. Öffentliche Urkunden liefern
in der Regel den vollen Beweis der darin
beurkundeten Thatsachen. Privaturkun=
den dagegen liefern nur dafür vollen Be=
weis, daß die in denselben enthaltenen
Erklärungen von den Ausstellern abge=
geben sind. Befindet sich eine U. in den
Händen des Prozeßgegners, so kann der
Beweisführer von diesem die Herausgabe
(Edition) der U. verlangen. Aus Urkun=
den, welche von einem deutschen Gericht
oder von einem deutschen Notar innerhalb
der Grenzen seiner Amtsbefugnisse in der
vorgeschriebenen Form aufgenommen sind,
kann nach der deutschen Zivilprozeßord=
nung (§ 702), sofern die U. über einen
Anspruch errichtet ist, welcher die Zahlung
einer bestimmten Geldsumme oder die
Leistung einer bestimmten Quantität an=
drer vertretbarer Sachen oder Wertpa=
piere zum Gegenstand hat, die sofortige
Zwangsvollstreckung stattfinden, wofern
sich der Schuldner in der U. ebendieser
Zwangsvollstreckung unterworfen hat.
Ferner kann ein Anspruch, welcher die
Zahlung einer bestimmten Geldsumme
oder die Leistung einer bestimmten Quan=

tität andrer vertretbarer Sachen oder
Wertpapiere zum Gegenstand hat, im Ur=
kundenprozeß geltend gemacht werden,
wenn die sämtlichen zur Begründung des
Anspruchs erforderlichen Thatsachen durch
Urkunden bewiesen werden. Dieser Ur=
kundenprozeß (Erekutivprozeß) charak=
terisiert sich als ein summarisches Prozeß=
verfahren, in welchem das erteilte Urteil
stets als vorläufig vollstreckbar zu erklären
ist. Als Beweismittel sind in diesem Pro=
zeß für die Echtheit oder Unechtheit einer
Urkunde sowie für andre als die zur Be=
gründung des klägerischen Anspruchs er=
forderlichen Thatsachen nur Urkunden und
Eideszuschiebung gestattet. Verloren ge=
gangene Urkunden können im Weg der
Amortisation (s. d.) oder des Aufgebots=
verfahrens für ungültig erklärt werden.
Vgl. Deutsche Zivilprozeßordnung, §§
308 ff., 555 ff., 648, 702; Briegleb,
Einleitung in die Theorie der summari=
schen Prozesse (1859).

Urkundenfälschung, das Verbrechen
desjenigen, welcher in rechtswidriger Ab=
sicht eine inländische oder ausländische öf=
fentliche Urkunde oder eine solche Privat=
urkunde, welche zum Beweis von Rechten
und Rechtsverhältnissen von Erheblichkeit
ist, verfälscht oder fälschlich anfertigt und
von derselben zum Zweck einer Täuschung
Gebrauch macht (deutsches Strafgesetz=
buch, § 267), wird mit Gefängnis von
1 Tag bis zu 5 Jahren bestraft. Wird die
U. in der Absicht begangen, sich oder einem
andern einen Vermögensvorteil zu ver=
schaffen oder einem andern Schaden zuzu=
fügen, so tritt Zuchthausstrafe ein. Der U.
gleich werden mehrere ähnliche Delikte be=
straft (uneigentliche Urkundenfäl=
schungen), wie der wissentliche Gebrauch
einer falschen oder gefälschten Urkunde zum
Zweck der Täuschung, die Vernichtung,
Unterdrückung und Beschädigung von Ur=
kunden zum Zweck der Benachteiligung
andrer, Fälschungshandlungen in Bezug
auf Stempelpapier u. dgl. Vgl. Reichs=
strafgesetzbuch, §§ 267—280.

Urkundenprozeß, s. Urkunde.
Urkundspersonen, die zur Beurkun=
dung gewisser Thatsachen amtlich bestell=
ten und innerhalb ihrer Berufssphäre mit

öffentlichem Glauben (publica fides) aus=
gestatteten Personen, wie Standesbeamte
und Notare.

Urlaub (Beurlaubung), die zeit=
weilige und nur vorübergehende Entbin=
dung von gewissen dienstlichen Funktio=
nen. Über die Dauer des Urlaubs, welcher
Beamten verwilligt werden kann, und
über die Stelle, welche ihn erteilt, bestehen
regelmäßig besondere Dienstvorschriften.
Zum Eintritt in den Reichstag bedürfen
Beamte nach der Reichsverfassung (Art.
21) keines Urlaubs. Ebendasselbe gilt
nach verschiedenen Verfassungsurkunden
für den Eintritt von Beamten in die Land=
tage der betreffenden Staaten, so z. B. in
Preußen, Bayern und Württemberg, wäh=
rend in andern Staaten das Gegenteil
der Fall ist, z. B. im Königreich Sachsen.
Mitglieder einer Kammer können auf kür=
zere Zeit von dem Präsidenten derselben
beurlaubt werden; für die Erteilung eines
längern Urlaubs ist dagegen regelmäßig
die Zustimmung der ständischen Körper=
schaft selbst erforderlich. So kann nach
der Geschäftsordnung des deutschen Reichs=
tags (§ 63) der Präsident bis zur Dauer
von 8 Tagen U. bewilligen; für eine län=
gere Zeit kann dies nur der Reichstag;
Urlaubsgesuche auf unbestimmte Zeit sind
unstatthaft. Für die deutschen Reichsbeam=
ten ist das Urlaubswesen durch Verord=
nung vom 2. Nov. 1874 (Reichsgesetzblatt,
S. 129) geregelt. Eine Verkürzung des
Gehalts tritt nur ausnahmsweise bei be=
sonders langem U. ein. Unteroffiziere und
gemeine Soldaten erhalten ebenfalls bei
kürzerm U. ihre Löhnung fort, während
sie bei längerer Beurlaubung nur Marsch=
verpflegungsgelder oder Verpflegung bis
zur Ankunft in der Heimat zu beanspruchen
haben. In allen Staaten kommen Mi=
litärbeurlaubungen (Urlaubssystem)
der Ersparnis wegen regelmäßig zu ge=
wissen Zeiten in größerm Umfang vor.

Urliste, Verzeichnis derjenigen Perso=
nen, welche in einer Gemeinde wohnhaft
und zur Bekleidung des Amtes eines Schöf=
fen oder eines Geschwornen tauglich sind.
Nach dem deutschen Gerichtsverfassungs=
gesetz (§§ 36 ff., 85) soll die U. für die
Auswahl der Schöffen auch zugleich als U.

für die Auswahl der zum Schwurgericht
(f. d.) zu berufenden Geschwornen dienen.

Urrechte, die dem Menschen angebor=
nen und unveräußerlichen sogen. Men=
schenrechte (f. Grundrechte).

Ursprungscertifikate, amtliche Zeug=
nisse zur Bescheinigung dafür, daß eine
Ware in einem gewissen Land oder Ort ver=
fertigt worden, um dadurch freie Einfuhr
oder Verminderung des Zolles zu erzielen.

Uruguay (Republica oriental del U.),
südamerikan. Freistaat, 186,920 qkm mit
440,000 Einw.; Hauptstadt: Montevi=
deo mit 91,167 Einw. Die Entstehung des
Freistaats datiert vom 25. Aug. 1825, an
welchem Tag bei in der Stadt La Floriba
versammelten Deputierten die Unabhän=
gigkeit des Landes von Spanien prokla=
mierten. Nachdem dann zwischen Buenos
Ayres, wozu U. als Bestandteil dieses ehe=
maligen spanischen Vizekönigreichs gehört
hatte, und Brasilien 27. Aug. 1828 ein
Anerkennungsvertrag zustande gekommen
war, wurde U. als selbständige Republik
anerkannt. Die Verfassungsurkunde der=
selben batiert vom 10. Sept. 1829. An
der Spitze des Staatswesens steht ein je
auf 4 Jahre gewählter, aber nach Ablauf
der Wahlperiode wieder wählbarer Prä=
sident als Inhaber der Exekutivgewalt.
Die gesetzgebende Gewalt wird von einem
Senat, bestehend aus 9 Mitgliedern, und
von einer Deputiertenkammer ausgeübt.
An der Spitze der Staatsverwaltung
stehen die Minister des Äußern, des In=
nern (zugleich für Justiz, Ackerbau, öf=
fentlichen Unterricht und Kultus), der
Finanzen und des Kriegs und der Ma=
rine. Das Staatsgebiet ist in 13 De=
partements eingeteilt. Die Rechtspflege
wird durch Richter und Geschworne aus=
geübt. Der Code Napoléon ist als Gesetz=
buch eingeführt. Die Armee besteht aus
5 Bataillonen (zusammen 1664 Mann)
Infanterie, 1 Regiment (232 Mann)
Kavallerie, 1 Regiment (294 Mann) Ar=
tillerie und 20,000 Mann Nationalgar=
den. Die Staatseinnahmen waren pro
1876 auf 8,470,608 Pesos (1 Peso na=
cionale = 4 Mk. 20 Pf.) veranschlagt,
darunter 5,612,117 Pesos Einnahme aus
den Zöllen. Die Staatsschuld belief sich

1879 auf 47,611,485, der Betrag des aus=
gegebenen Papiergelds auf 6,055,062 Pe=
sos. Die Flagge besteht aus vier horizon=
talen blauen Streifen in weißem Feld mit
einer silbernen Sonne. Vgl. Francken=
berg, Darstellung der politischen Verhält=
nisse der Republik U. (1866); »Résumé
statistique pour l'exposition universelle de Paris par la direction de statistique de la république U.« (1878);
Mulhall, Handbook of the River
Plate republics (1878).

Urwahl, die Wahl von Wahlmän=
nern durch die aktiv Wahlberechtigten
(Urwähler), auf welche dann die Wahl
der Abgeordneten selbst durch die Wahl=
männer folgt. Diese sogen. indirekte
Wahl war früher in den konstitutionellen
Staaten allgemein üblich, sie ist es noch
z. B. bei den Wahlen für das preußische
Abgeordnetenhaus. Jetzt ist vielfach an
ihre Stelle, z. B. bei den Wahlen für den
deutschen Reichstag, die direkte Wahl
(s. Wahl) getreten.

Urwähler, s. Urwahl.

Usance (franz., spr. üsangß), hergebrachte
Gewohnheit, namentlich im Gegensatz zur
Gesetzesvorschrift eine im Handelsverkehr
von dem Kaufmannsstand beobachtete Ge=
wohnheit (Handelsgebrauch), welche
nötigenfalls durch kaufmännisches Gut=
achten (Parere) festzustellen ist.

Usualinterpretation (lat.), s. Inter=
pretieren.

Usucapio (lat.), Ersitzung, erwerbende
Verjährung; daher usukapieren, das
Eigentum einer Sache durch längern Be=
sitz derselben erwerben.

Usurpieren (lat.), sich des Besitzes einer
Sache bemächtigen, daher Usurpation,
die Anmaßung des Besitzes, einer Befug=
nis, besonders der öffentlichen Gewalt. Es
ist dies insbesondere eine Bezeichnung für
die gewaltsame Verdrängung des legiti=
men Herrschers, für den Umsturz der bis=
herigen Verfassung und auch wohl für die
Unterdrückung der Selbständigkeit eines
Staats. Ist ein Usurpator in der That
in den Besitz der Staatsgewalt gelangt,
so muß der nachmals etwa restaurierte
rechtmäßige Landesherr die von jenem vor=
genommenen Regierungshandlungen in
ihren thatsächlichen und rechtlichen Folgen
anerkennen, indem die Nichtbefolgung die=
ses Grundsatzes zu offenbaren Unbillig=
keiten führen würde.

Usus (lat.), Gebrauch, Herkommen.

Ususfructus (lat.), Nießbrauch.

Utilitarismus (neulat., Nützlich=
keitstheorie), die von dem britischen
Rechtsgelehrten Jeremias Bentham (gest.
1832) aufgestellte Theorie, wonach es als
Grundsatz der Moral und der Staatsver=
waltung hingestellt wird, der größtmög=
lichen Anzahl von Menschen den größt=
möglichen Nutzen zu verschaffen.

Uti possidetis (lat., »wie ihr besitzt«),
Bezeichnung für den Besitzstand und im
römischen Recht für eine Besitzklage (in=
terdictum u. p.); neuerdings ein beim
Abschluß eines Waffenstillstands zur Be=
zeichnung des militärischen Besitzstands
gebräuchlicher Ausdruck.

Utriusque juris doctor (lat.), Dok=
tor beider Rechte, des römischen und des
kanonischen Rechts nämlich.

V.

Vaccination (neulat.), s. Impf=
zwang.

Vagabund (Vagant, lat.), Landstrei=
cher; vagabundieren (vagieren), sich
als solcher umhertreiben.

Vasall, Lehnsmann (s. Lehen).

Va.ermord (lat. Parricidium), im
weitern Sinne nicht nur der an dem eignen

Vater begangene Mord, sondern s. v. w.
Verwandtenmord überhaupt (s. Mord).

Vatikan (lat.), die Residenz des Papstes
in Rom, an die Peterskirche angebaut;
daher oft zur Bezeichnung der päpstlichen
Macht gebraucht.

Velleitäten (lat.=franz.), Gelüste; na=
mentlich im politischen Leben oftmals zur

Bezeichnung eines bloßen Wollen ohne Ernst und ohne Energie gebraucht.

Venezuela (»Klein=Venedig«, Vereinigte Staaten von V.), Föderativrepublik in Südamerika am Antillenmeer, welche 20 Freistaaten, 3 Territorien und ein sogen. Bundesland (District foderal) umfaßt; 1,137,615 qkm mit 1,784,197 Einw. (meist Mulatten und Zambos); ca. 24,000 Fremde, darunter viele Deutsche. Hauptstadt: Carácas (48,897 Einw.). Zunächst unter spanischer Herrschaft (von Karl V. dem Augsburger Bankhaus Welser verpfändet), erklärte das Land 5. Juli 1811 seine Unabhängigkeit und schloß sich 1819 der Föderativrepublik Kolumbien (f. b.) an, welche sich 17. Nov. 1831 in die drei Freistaaten V., Neugranada und Ecuador auflöste. Bis 1863 war V. eine in Provinzen eingeteilte Republik, in welchem Jahr der Staat durch den Sieg der Föderalisten über die Unitarier in einen Bundesstaat umgewandelt ward, dessen Verfassung 22. März 1864 festgestellt und publiziert wurde. Dieselbe ist 27. Mai 1874 revidiert und erneuert worden, nachdem die Unitarier, welche 1868 über die Föderalisten gesiegt hatten, wiederum aus der Regierung verdrängt worden waren. An der Spitze des Bundes steht der auf zwei Jahre gewählte Präsident, welcher mit den Ministern (für Inneres und Justiz, für Äußeres, für die Finanzen, für Krieg und Marine, für öffentliche Arbeiten und für den Staatskredit) die Exekutivgewalt ausübt. Die gesetzgebende Gewalt steht der Volksvertretung zu, bestehend aus dem Kongreß und dem Abgeordnetenhaus. Die herrschende Religion ist die katholische; ein Erzbischof residiert zu Carácas. Ebendaselbst besteht ein oberstes Bundesgericht, dessen Präsident, solange der Präsident der Republik noch nicht gewählt ist, in der Zwischenzeit die Funktionen des letztern wahrzunehmen hat. Die Einzelstaaten haben selbständige Regierung und Rechtspflege und ebenso selbständige Legislative. Die Einnahmen des Föderativstaats waren für das Etatsjahr 1880—81 auf 4,680,000, die Ausgaben auf 4,448,000 Venezolanos (à 4 Mark) veranschlagt.

Die Armee beträgt ca. 12,000 Mann; die Kriegsflotte besteht aus zwei kleinen Dampfern und zwei armierten Schonern mit 8 Geschützen. Ein deutscher Geschäftsträger residiert zu Carácas. Deutsche Konsulate bestehen zu Ciubab Bolivar und zu Carácas. Die Flagge ist gelb, blau und rot.

Venia aetätis (lat., »Nachsicht des Alters«), Großjährigkeitserklärung (f. Alter).

Verbal (lat.), f. Real.

Verbalinjurie (lat.), f. Beleidigung.

Verbalnote, im biplomatischen Verkehr Note einer Regierung an ihren Gesandten, welche, bloß zum Vorlesen bestimmt, mehr den Charakter einer konfidentiellen Mitteilung an das jenseitige Kabinett trägt.

Verbannung (lat. Relegatio), im Altertum als Strafe und als politische Maßregel üblich (f. Exil); heutzutage noch in Form der Deportation (f. b.) und der Ausweisung (f. b.) vorkommend.

Verbesserungsantrag, f. Abänderungsvorschläge.

Verbrechen (lat. Crimen, Delictum; Delikt), widerrechtliche, mit öffentlicher Strafe bedrohte Handlung. Die Einteilung der V. nach ihrer Schwere und Strafbarkeit in V., Vergehen und Übertretungen ist besonders für den Strafprozeß (f. b.) von Wichtigkeit.

Verbringung, f. Deportation.

Verdikt (lat.), Wahrspruch der Geschwornen, f. Schwurgericht.

Veredelungsverkehr, die zollfreie Überführung von Gegenständen über die Zollgrenze zum Zweck der Bearbeitung und Verarbeitung mit der Bestimmung der Rücksendung in vervollkommnetem (veredeltem) Zustand. Der V. ist namentlich für die Tertilindustrie Deutschlands und Österreichs von großer Bedeutung und spielt ebendarum in der deutsch-österreichischen Handelspolitik eine wichtige Rolle.

Verein (Association, Koalition), die auf die Dauer berechnete freiwillige Verbindung mehrerer Personen zu einem bestimmten Zweck; Vereinsrecht (Recht der freien Association), die Befugnis der Staatsbürger, sich zu bestimmten geſetzlich erlaubten Zwecken zu vereinigen und zu verbinden. Mit dieſem Recht ſteht das Verſammlungsrecht in unmittelbarem Zuſammenhang, d. h. das Recht der Staatsbürger, ſich friedlich zu beſtimmten Zwecken zuſammenzufinden zur gemeinſamen Erörterung beſtimmter Angelegenheiten. Das freie Vereins- und Verſammlungsrecht iſt ein Ausfluß der perſönlichen Freiheit der Staatsbürger, welches nur inſoweit Beſchränkungen durch die Staatsgewalt unterliegt, als es die Rückſicht auf die Erhaltung des Staats und auf die Erhaltung der ſtaatlichen Ordnung unbedingt erheiſcht. Zudem hat der Staat an der Entwickelung des Vereinsweſens, welche für das Wohl des Volks von der höchſten Bedeutung iſt, das lebhafteſte Intereſſe, zumal da die Vereine vielfach ſich Aufgaben ſtellen, welche mit den Zwecken des Staats in unmittelbarer Verbindung ſtehen und die Erfüllung der Aufgaben des Staats dem letztern erleichtern. Man denke nur z. B. an die landwirtſchaftlichen Vereine, welche die ſtaatliche Fürſorge für die Hebung der Landwirtſchaft ganz weſentlich unterſtützen, an die in volkswirtſchaftlicher Hinſicht ſo unendlich wichtigen deutſchen Genoſſenſchaften, an die Kriegervereine, welche für die Erhaltung des Nationalbewußtſeins im Volk von entſchiedener Bedeutung ſind, und an die Turnvereine, deren Wichtigkeit für die Wehrkraft der Nation nicht zu unterſchätzen iſt. Während nun nach franzöſiſchem Recht, welches zur Zeit auch noch in Elſaß-Lothringen gilt, alle Vereine von mehr als 20 Perſonen einer obrigkeitlichen Genehmigung bedürfen, iſt eine ſolche in Deutſchland für Vereine, welche keine politiſchen Zwecke verfolgen, regelmäßig nicht erforderlich. Auf der andern Seite aber ein B. nur dadurch zum Vermögensſubjekt, d. h. er erlangt nur dadurch Rechtsperſönlichkeit oder korporative Rechte, daß er vom Staat als ſolcher anerkannt wird, ſei es auf Grund eines allgemeinen Rechtsſatzes, ſei es auf Grund eines beſondern Staatsakts, welcher einem beſtimmten einzelnen B. die Korporationsrechte verleiht und ihn dadurch zu einer Korporation macht.

Eine ſolche Korporation unterſcheidet ſich von dem ſtaatlich nicht anerkannten B. dadurch, daß ſie durch ihre Vorſtände im öffentlichen Leben und namentlich vor Gericht in rechtsgültiger Weiſe vertreten wird, und daß ſie auf ihren Namen Vermögen erwerben und Schulden kontrahieren kann. Die Rechtsperſönlichkeit aber wird dem B., wie geſagt, entweder durch allgemeine Rechtsvorſchrift oder durch beſondere ſtaatliche Verleihung beigelegt. Im erſtern Fall erklärt das Geſetz, daß gewiſſe Vereine, welche beſtimmte Zwecke verfolgen und gewiſſe geſetzlich vorgeſchriebene Bedingungen erfüllen, als Korporationen anerkannt ſind. Dies iſt nach dem deutſchen Genoſſenſchaftsrecht in Anſehung von eingetragenen Erwerbs- und Wirtſchaftsgenoſſenſchaften der Fall (ſ. Genoſſenſchaften), ebenſo bei eingetragenen Aktiengeſellſchaften, welche nach dem deutſchen Bundes- (Reichs-) Geſetz vom 11. Juni 1870 der ſtaatlichen Genehmigung nicht mehr bedürfen. Andre Vereine dagegen müſſen, wofern ſie als Korporation auftreten wollen, ausdrücklich um die ſtaatliche Genehmigung nachſuchen, mögen ſie wirtſchaftliche, geſellige, künſtleriſche, wiſſenſchaftliche oder ſonſtige Zwecke verfolgen. Sie ſind aber auch regelmäßig keinerlei geſetzlichen Beſchränkungen unterworfen. Anders verhält es ſich dagegen mit den politiſchen Vereinen, welche jetzt, wo das öffentliche Leben ein viel regeres iſt als früher, von großer Bedeutung für Staat und ſtaatliches Leben ſind. Auf dieſem wichtigen Gebiet iſt das Recht der Vereinsfreiheit in Deutſchland erſt ſeit 1848 zur Geltung gelangt. Ein Bundesbeſchluß vom 5. Juli 1832 hatte alle politiſchen Vereine ſchlechthin verboten und die Abhaltung von Volksverſammlungen einfach von der Genehmigung der ſtaatlichen Organe abhängig gemacht. Nach dem Vorgang Frankreichs machte ſich aber ſeit 1848 eine entgegengeſetzte Strömung geltend; die damals verabfaßten deutſchen Grundrechte ſtatuierten das freie Vereins- und Verſammlungsrecht, und obgleich ein weiterer Bundesbeſchluß vom 13. Juli 1854 dies Recht thatſächlich in ſeiner praktischen Verwirklichung wiederum von dem Ermessen der einzelnen Bundesregierungen abhängig zu machen suchte, war und blieb dasselbe doch in den seit 1848 zustande gekommenen Verfassungsurkunden ausdrücklich anerkannt. Zudem wurde das Vereins- und Versammlungsrecht in vielen einzelnen deutschen Staaten durch besondere Gesetze geordnet, so in Preußen durch Gesetz vom 11. März 1850, eingeführt in den neuen Provinzen durch Verordnung vom 25. Juni 1867 und in Lauenburg durch Gesetz vom 28. Juni 1876; in Bayern durch Gesetz vom 26. Febr. 1850, in Sachsen durch Gesetz vom 22. Nov. 1850, in Württemberg durch Gesetz vom 2. April 1848, in Baden durch Gesetz vom 21. Nov. 1867 und in Hessen-Darmstadt durch Verordnung vom 2. Okt. 1850. Die wichtigsten Bestimmungen dieser Gesetze sind folgende: »Politische Vereine, d. h. Vereine, welche sich mit der Erörterung öffentlicher Angelegenheiten beschäftigen, müssen Statuten und Vorsteher haben, welche, zumeist ebenso wie die Mitglieder, der Behörde anzuzeigen sind. Ausgeschlossen ist die Aufnahme von Frauen, Schülern und Lehrlingen, nach den meisten Gesetzen überhaupt von minderjährigen Personen, und nach dem Reichsmilitärgesetz vom 2. Mai 1874 auch von Militärpersonen. Ein politischer V. soll ferner nur als örtlicher V. gebuldet werden und darf daher nicht mit andern politischen Vereinen in Verbindung treten.

Was die Versammlungen anbetrifft, so ist zwischen Vereinsversammlungen, d. h. solchen, an denen nur Mitglieder des Vereins teilnehmen, und öffentlichen Versammlungen zu unterscheiden. Für solche Vereinsversammlungen, für welche Ort und Zeit statutenmäßig oder durch Vereinsbeschluß feststehen, ist eine vorgängige Anzeige bei der Obrigkeit nicht erforderlich; dagegen müssen öffentliche Versammlungen (Volksversammlungen) regelmäßig eine bestimmte Zeit, meist 24 Stunden, zuvor bei der zuständigen Polizeibehörde angemeldet werden, die so berechtigt wie verpflichtet ist, die Versammlung zu verbieten, wenn Gefahr für das öffentliche Wohl oder für die öffentliche Sicherheit dabei obwaltet. Die Polizei darf auch zu jeder Versammlung Beamte oder andre Bevollmächtigte abordnen. Der Vertreter der Polizeibehörde kann die Versammlung auflösen, wenn Gesetzwidrigkeiten darin vorkommen. Bei einer solchen Auflösung haben sich alle Anwesenden sogleich zu entfernen. Militärpersonen dürfen nach dem deutschen Militärgesetz an derartigen Versammlungen überhaupt nicht teilnehmen. Besondere Bestimmungen bestehen nach einzelnen Gesetzgebungen für Versammlungen unter freiem Himmel, denen öffentliche Aufzüge gleichstehen. Alle Versammlungen dürfen nur unbewaffnet stattfinden. Der Art. 4 der deutschen Reichsverfassung hat das Vereinswesen in den Kompetenzkreis der Reichsgesetzgebung gezogen; gleichwohl fehlt es leider zur Zeit noch an einem Vereinsgesetz für das Reich, durch welches dieser wichtige Gegenstand in einheitlicher Weise normiert würde. Doch ist für die nichtpolitischen Erwerbs- und Wirtschaftsgenossenschaften die Regelung dieser Branche des Vereinswesens im Weg der Reichsgesetzgebung bereits erfolgt. Das Reichswahlgesetz gestattet auch die Bildung von Vereinen zum Betrieb der den Reichstag betreffenden Wahlangelegenheiten. Besondere Beschränkungen sind endlich durch das deutsche Sozialistengesetz vom 21. Okt. 1878, dessen Gültigkeitsdauer durch das Reichsgesetz vom 31. Mai 1880 bis zum 30. Sept. 1884 verlängert worden ist, statuiert worden. Vgl. Gierke, Das deutsche Genossenschaftsrecht (1868—73, 2 Bde.); v. Stein, Verwaltungslehre, Teil 1, Abt. 1, III (2. Aufl. 1860).

Vereinigte Staaten von Kolumbien, s. Kolumbien.

Vereinigte Staaten von La Plata, Argentinische Republik.

Vereinigte Staaten von Nordamerika (United States of America, Nordamerikanische Union), Bundesstaat, welcher das ganze nordamerikanische Festland zwischen den britischen Besitzungen im Norden und Mexiko im Süden umfaßt; 9,333,655 qkm mit (1880) 50,152,595 Einw. (s. nachstehende Übersicht). Das Land zerfällt in folgende 38 Staaten mit dem unabhängigen Bundesbiſtrikt Columbia, in welchem die Bundeshauptſtadt Waſhington gelegen iſt, und 10 Territorien, d. h. ſolchen Gebieten, welche die zur Aufnahme in den Staatsverband erforderliche Einwohnerzahl noch nicht beſitzen:

Staaten und Territorien (* ehemalige Sklavenſtaaten)	Ein- wohner (1. Juni 1880)	Repräſentanten im Kongreß	Kongreſſe der Einzelſtaaten	
			Sena- toren[1]	Reprä- ſentan- ten[1]
Staaten:				
*Alabama . . .	1 262 794	8	33 (4)	100 (2)
*Arkanſas . .	802 564	4	31 (4)	93 (2)
Colorado . . .	194 649	1	13 (1)	26 (1)
Connecticut . .	622 683	4	21 (1)	241 (1)
*Delaware . .	146 654	1	9 (2)	21 (2)
*Florida . . .	267 351	2	24 (4)	52 (2)
*Georgia . . .	1 539 048	9	44 (4)	175 (2)
Illinois . . .	3 078 669	19	51 (4)	173 (2)
Indiana . . .	1 978 362	13	50 (2)	100 (2)
Iowa	1 624 620	9	50 (4)	100 (2)
Kalifornien . .	864 686	4	40 (4)	80 (2)
Kanſas	995 966	3	33 (2)	107 (1)
*Kentucky . . .	1 648 708	10	38 (4)	100 (2)
*Louiſiana . . .	940 103	6	36 (4)	111 (2)
Maine	648 945	5	31 (1)	149 (1)
*Maryland . .	934 632	6	26 (4)	85 (2)
Maſſachuſetts .	1 783 012	11	40 (1)	240 (1)
Michigan . . .	1 636 331	9	32 (2)	100 (2)
Minneſota . .	780 806	3	41 (2)	106 (1)
*Miſſiſſippi . .	1 131 592	6	34 (4)	112 (2)
*Miſſouri . . .	2 168 804	13	33 (4)	131 (2)
Nebraska . . .	452 433	1	13 (2)	39 (2)
Nevada	62 265	1	25 (4)	50 (2)
New Hampſhire.	346 984	3	12 (1)	348 (1)
New Jerſey . .	1 130 892	7	21 (8)	60 (1)
New York . .	5 083 810	33	32 (2)	128 (1)
*Nordcarolina .	1 400 047	8	50 (2)	118 (2)
Ohio	3 198 239	20	36 (2)	105 (2)
Oregon . . .	174 767	1	30 (4)	60 (2)
Pennſylvanien .	4 282 786	27	50 (4)	201 (2)
Rhode-Island .	276 528	2	36 (4)	72 (1)
*Südcarolina . .	995 622	5	33 (4)	124 (2)
*Tenneſſee . . .	1 542 463	10	25 (2)	75 (2)
*Texas	1 592 574	6	30 (4)	90 (2)
Vermont . . .	332 286	3	30 (2)	236 (2)
*Virginien . . .	1 512 806	9	42 (4)	132 (2)
*Weſtvirginien .	618 443	3	24 (2)	65 (1)
Wisconſin . . .	1 315 480	9	33 (2)	100 (1)
Zuſammen:	49 369 595	293	—	—

[1] Die in Parentheſe () beigefügten Zahlen bedeuten die Amtsdauer der Senatoren und Repräſentanten.

Territorien:	Einw. (1. Juni 1880)
Alaska	27 500
Arizona	40 441
Columbiabiſtrikt	177 638
Dakota	135 180
Idaho	32 611
Montana	39 157
New Mexico	118 430
Utah	143 906
Waſhington	75 120
Wyoming	20 788
Indianergebiet	10 000
Zuſammen:	820 791

Während die Bevölkerung 1790: 3,929,827 Einw. betrug, iſt dieſelbe infolge der großartigen Einwanderung in dieſem Jahrhundert ungemein raſch geſtiegen:

Jahr	Einwohner	Zunahme	Proz.
1830	12 866 020	3 227 889	34
1840	17 069 453	4 203 433	33
1850	23 191 876	6 122 423	36
1860	31 443 321	8 251 455	36
1870	38 925 598	7 482 277	24
1880	50 152 595	11 226 961	30

Die Zahl der Einwanderer mit Einſchluß derjenigen, welche ihren dauernden Aufenthalt in den Vereinigten Staaten zu nehmen nicht beabſichtigten, betrug:

1872:	498 823	1876:	224 860
1873:	483 459	1877:	190 361
1874:	325 913	1878:	227 161
1875:	259 339	1879:	322 971

Die Zahl der eigentlichen Einwanderer belief ſich in der Zeit von 1820—78 auf 9,968,115. Unter den 322,971 Ankömmlingen des Jahrs 1879 befanden ſich 250,565 Einwanderer, welche ſich nach der Nationalität folgendermaßen verteilten:

Großbritannien	78 424	Europa . . .	184 211
Deutſchland .	43 531	Britiſch-Amerika . . .	53 267
Frankreich . .	4 121		
Schweden und		Weſtindien . .	1 318
Norwegen .	26 147	Mexiko . . .	550
Schweiz . . .	3 884	Zentral-Amerika . . .	27
Holland . . .	1 199		
Dänemark . .	3 532	Südamerika . .	90
Spanien u. Portugal . .	1 110	China	9 189
		Japan . . .	7
Italien	9 042	Auſtralien . .	1 038
Belgien . . .	753	Andre Länder .	834
Öſterr.-Ungarn	7 777	Auf der See geboren . . .	34
Rußland . .	4 679		
übriges Europa	62	Insgeſamt: 250 565
Zuſammen: 184 211			

Nach der Farbe wurden unter der Bevölkerung von 1870 unterschieden: 33,592,245 Weiße (86,s Proz.), 4,886,387 Farbige (meist Neger, ca. ¹/₈ Mulatten), 324,266 Indianer, darunter 25,731 zivilisierte, und 63,254 Chinesen. Die Sklaverei (s. b.) ist seit 31. Jan. 1864 aufgehoben. Es besteht vollständige Religionsfreiheit. Nahezu 60 verschiedene Kirchen und Sekten sind innerhalb der Union vertreten. Die Zahl der Katholiken wurde 1830 auf 450,000, 1840 auf 900,000, 1850 auf 1,233,000, 1860 auf 4½ Mill. und 1867 auf 5 Mill. geschätzt. Es bestehen 11 Erzbistümer (Baltimore, Boston, Cincinnati, San Francisco, St. Louis, Milwaukee, Oregon, New Orleans, New York, Philadelphia und Richmond) und 50 Bistümer. Dazu kommen etwa 6 Mill. Methodisten, 3 Mill. Baptisten, über 2 Mill. Presbyterianer, ca. 2 Mill. Anglikaner, 120,000 Juden ꝛc.

Staatsverfassung. Die Unabhängigkeitserklärung von zunächst 13 Kolonien gegenüber dem englischen Mutterland erfolgte 4. Juli 1776. Im Frieden zu Versailles 3. Sept. 1783 wurde die Unabhängigkeit der Vereinigten Staaten von England anerkannt. Die 17. Sept. 1787 beschlossene Konstitution bildet noch jetzt die Grundlage der nordamerikanischen Verfassung. Sie ist 15mal Abänderungen unterworfen worden, zuletzt 30. März 1870, als man den ehemaligen Sklaven Stimmrecht verlieh. Die Vereinigten Staaten von Nordamerika bilden einen Bundesstaat, welcher sich aus (38) Einzelstaaten zusammensetzt, die, soweit nicht die Gesamtverfassung beschränkend einwirkt, souverän sind und ihre eigne Staatsverwaltung haben. Die Einzelstaaten haben innerhalb ihrer Zuständigkeit ihre eigne Gesetzgebung, Rechtspflege und Verwaltung; sie haben eine besondere demokratische Verfassung und eine nach dem Zweikammersystem geordnete Volksvertretung (Kongreß). Die Erekutivgewalt dieser Einzelstaaten ist jeweilig einem Gouverneur übertragen. Für den gemeinsamen Staat ist eine besondere Staatsgewalt konstruiert, und zwar ordnet die Konstitution eine gesetzgebende,

eine erekutive und eine richterliche Gewalt an. Die Gesetzgebung ist Sache des Kongresses der Vereinigten Staaten. Der Kongreß muß sich wenigstens einmal im Jahr versammeln; er tritt, wenn nicht anderweit bestimmt wird, am ersten Montag im Dezember zusammen und zwar am Sitz der Bundesregierung. Der Kongreß setzt sich aus dem Senat und aus dem Haus der Repräsentanten zusammen. Zum Senat entsendet jeder Staat ohne Rücksicht auf seine Größe zwei Senatoren, welche von der Legislatur des betreffenden Staats auf sechs Jahre gewählt werden. Alle zwei Jahre wird ein Drittel des Senats, welcher im ganzen aus 86 Mitgliedern besteht, neu gewählt. Um Senator werden zu können, muß man 30 Jahre alt, 9 Jahre Bürger der Union und zur Zeit der Wahl Einwohner desjenigen Staats sein, von welchem man gewählt wird. Der Präsident des Senats ist zugleich Vizepräsident der Union. Er ist nicht stimmberechtigt, ausgenommen bei Stimmengleichheit, in welchem Fall seine Stimme den Ausschlag gibt. Das Repräsentantenhaus besteht aus 293 Mitgliedern, welche von den einzelnen Staaten in allgemeinen Wahlen auf zwei Jahre gewählt werden. Die Territorien sind durch Delegierte vertreten, welche nur beratende, keine beschließende Stimme haben. Um zum Repräsentanten gewählt werden zu können, muß man 25 Jahre alt, 7 Jahre Bürger der Vereinigten Staaten gewesen und zur Zeit der Wahl in dem betreffenden Staat ansässig sein. Senatoren und Repräsentanten erhalten außer der Vergütung der Reisekosten 20,000 Mk. Jahresgehalt. Kein Mitglied des Senats oder des Repräsentantenhauses darf während der Dauer seines Mandats von der Unionsregierung zu einem Staatsamt berufen werden, welches in dieser Zeit neu errichtet oder höher dotiert worden ist; auch kann kein Beamter der Unionsregierung zugleich Mitglied einer von jenen beiden Körperschaften sein. Der Präsident der Union hat den von dem Kongreß beschlossenen Gesetzen gegenüber, welche durch übereinstimmenden Mehrheitsbeschluß der beiden Kammern zustande

38*

kommen, ein suspensives Veto; er kann den Gesetzentwurf genehmigen oder mit seinen etwaigen Einwendungen an das= jenige Haus, von welchem er ausging, zu= rücksenden. Stimmen aber alsdann in beiden Häusern je zwei Drittel der Mit= glieder für den Entwurf, so erhält der= selbe gleichwohl Gesetzeskraft. Was den Kompetenzkreis des Kongresses anbetrifft, so steht ihm das Recht zu, Abgaben, Ge= fälle, Steuern und Zölle aufzuerlegen; für die Landesverteidigung wird von ihm Fürsorge getragen; Anleihen bedürfen seiner Genehmigung; das Münz=, Maß= und Gewichts=, das Patentwesen wie auch das Postwesen sind der Zuständig= keit des Kongresses unterstellt, ebenso die Gesetzgebung über die Naturalisation, die Regelung des Handels und die Entschei= dung über Krieg und Frieden. Die Union garantiert jedem Einzelstaat die republi= kanische Staatsform und schützt dieselbe gegen feindlichen Einfall wie gegen ein= heimische Angriffe auf Ansuchen der Le= gislatur oder der vollziehenden Gewalt des bestrafenden Staats. Die vollziehende Ge= walt in dem Gesamtbundesstaat ist dem Präsidenten übertragen, welcher auf vier Jahre gewählt wird und wieder wähl= bar ist. Die Präsidentenwahl erfolgt durch Wahlmänner, welche von den stimmfähi= gen Bürgern der einzelnen Staaten ge= wählt werden. Ihre Zahl beläuft sich so hoch wie die Zahl der Senatoren und der Repräsentanten zusammengenommen, welche der betreffende Staat in den Kon= greß der Union entsendet. Die Wahlmän= ner haben den Präsidenten und Vizeprä= sidenten zu wählen. Das Wahlergebnis wird von den Einzelstaaten dem Präsi= denten des Senats mitgeteilt, welcher in öffentlicher Sitzung beider Häuser die Wahl= urkunden öffnet und die Stimmen zählt. Hat sich eine absolute Mehrheit nicht her= ausgestellt, so wählt das Repräsentanten= haus durch Stimmzettel den Präsiden= ten aus benjenigen drei Kandidaten aus, welche die meisten Stimmen haben. Bei dieser Wahl hat die Repräsentation eines jeden Staats nur eine Stimme. Hat sich für den Vizepräsidenten keine absolute Mehrheit ergeben, so wählt ihn der Se=

nat aus den beiden Kandidaten, welche die meisten Stimmen erhalten haben. Prä= sident und Vizepräsident müssen minde= stens 35 Jahre alt und geborne Bürger der Vereinigten Staaten sein. Der Präsident bewohnt als Amtswohnung das »weiße Haus« in Washington; er bezieht 50,000 Dollar und der Vizepräsident 10,000 Doll. Jahresgehalt. Der Präsident ist zu= gleich höchster Befehlshaber der Land= und Seemacht. Die von ihm ausgehenden Er= nennungen von Beamten bedürfen der Be= stätigung des Senats. Dem Präsidenten steht das Kabinett zur Seite, bestehend aus den fünf Staatssekretären für Aus= wärtiges, für den Schatz, das Innere, den Krieg und für die Marine, aus dem Generalpostmeister (Postmaster gene= ral) und dem Generalstaatsanwalt (Attor= ney general).

Gerichtsverfassung. Neben den Ge= richten der Einzelstaaten bestehen beson= dere Unionsgerichte, deren Mitglieder vom Präsidenten auf Lebenszeit ernannt und nur durch den Kongreß angeklagt und ihrer Stellen entsetzt werden können. Die rich= terliche Gewalt der Union erstreckt sich auf alle Gegenstände, welche unter die Gesetz= gebung der Vereinigten Staaten fallen, auf Streitigkeiten verschiedener Staaten untereinander, Prozesse eines Einzelstaats mit der Union, Streitigkeiten zwischen Bürgern verschiedener Staaten, Rechts= fälle, welche die Admiralität und die See= gerichtsbarkeit betreffen, 2c. Ein oberster Gerichtshof (Supreme court), aus neun Richtern bestehend, tritt alljährlich in Washington zu Gerichtssitzungen zu= sammen. Die zweite Instanz bilden die Kreisgerichte (Circuit-courts). Die Vereinigten Staaten sind nämlich in neun Gerichtskreise eingeteilt, und in jedem der= selben wird jährlich zweimal ein Kreisge= richt abgehalten. Der Distrikt Columbia bildet einen besondern Gerichtskreis. Als unterste Instanz der Unionsgerichtsbarkeit fungieren die Bezirksgerichte (District- courts), deren in jedem Staat mindestens eins besteht. Sie werden von dem Bezirks= richter allein abgehalten, welchem ein Staatsanwalt und ein Vereinigte Staa= ten=Marschall zur Seite stehen. Neben biesen Unionsgerichten ist noch ein mit fünf Richtern besetzter besonderer Beschwerdehof (Court of claims) in Washington vorhanden, welcher über Ansprüche und Beschwerden gegen die Regierung entscheidet. Finanzen. Nach dem Etat für das Finanzjahr 1880—81 waren die Einnahmen der Vereinigten Staaten auf 288 Mill. Doll. (à 4,198 Mk.) veranschlagt, bie Ausgaben auf 238,269,138 Doll. In der Einnahme waren unter anderm bie Zölle mit 152, bie innern Steuern mit 116 Mill. Doll. in Rechnung gestellt. Die Exigenz des Kriegsministeriums beträgt 38,876,829 Doll., biejenige bes Marinedepartements 14,884,148 Doll., während für ben Zivildienst, einschließlich ber öffentlichen Arbeiten ꝛc., 60,233,905 Doll. in ben Etat eingestellt sind. Die Staatsschuld belief sich 1. Juli 1879 auf einen Effektivbetrag von 1,996,414,965 Doll., ausschließlich einer für bie Pacificeisenbahn kontrahierten Schuld, beren Zinsen in Papiergeld zu zahlen sind, und welche 1. Juli 1877: 64,623,512 Doll. betrug. Kriegswesen. Die reguläre Armee (25 Regimenter Infanterie, 10 Regimenter Kavallerie, 5 Regimenter Artillerie, 1 Bataillon Genietruppen ꝛc.) hat einen gesetzlichen Effektivbestand von 2153 Offizieren und 25,000 Mann. Sie bildet ben Kern, um welchen sich im Kriegsfall bie Miliztruppen ber Einzelstaaten formieren sollen. Für bie Miliz gilt nämlich ber Regel nach jeder waffenfähige Bürger vom 18.—45. Jahr als dienstpflichtig. Die Heeresergänzung ber regulären Armee erfolgt durch Anwerbung auf je fünf Jahre. Kriegsmarine. Die Zahl ber sämtlichen Kriegsschiffe betrug 1879: 138 mit 1053 Kanonen, barunter 24 Panzerschiffe und 59 Schraubendampfer. Die Flagge ber Vereinigten Staaten besteht aus sieben roten und sechs weißen horizontalen, miteinander abwechselnden Streifen, in ber obern Ecke ein kleines Karree mit so viel weißen, zu einem großen Stern vereinigten Sternchen (»Sternenbanner«), als bie Union Staaten zählt. Das Wappen ber Union ist ein schwarzer Abler, welcher in ber einen Klaue ein Bündel Pfeile, in ber andern einen Olzweig hält. Die Brust bes Ablers wird durch einen in zwei

Felder geteilten Schild gebildet, bessen oberes Feld blau ist, während bas untere silberne Feld sechs senkrechte Balken durchschneiden. Der Abler hält im Schnabel ein Band mit ber Inschrift: »E Pluribus Unum«; er ist von 13 weißen Sternen, ber Zahl ber ersten Staaten ber Union, umgeben. Vgl. Ratzel, Die Vereinigten Staaten von Norbamerika (1878—80, 2 Bbe.); Schlief, Die Verfassung ber norbamerikanischen Union (1880); »American Almanac« (1830); »Statistical abstract of the United States« (1880); v. Holst, Verfassung und Demokratie ber Vereinigten Staaten von Norbamerika (1873); Derselbe, Verfassungsgeschichte ber Vereinigten Staaten (Bb. 1, 1878); Bancroft, History of the United States (beutsch, 1847—74, 10 Bbe.); Laboulaye, Geschichte ber Vereinigten Staaten (a. b. Franz. 1870, 3 Bbe.); Kapp, Geschichte ber deutschen Einwanderung in bie Vereinigten Staaten (1868); Derselbe, Aus und über Amerika (1876, 2 Bbe.).

Vereinsrecht, s. Verein.

Verfallzeit, s. Wechsel.

Verfassung, Staatsform, überhaupt bie Organisation eines Gemeinwesens, wie man benn z. B. von ber Gemeindeverfassung, Kreisverfassung u. bgl. spricht. Insbesondere wird bie landständische V. hierunter verstanden; auch bezeichnet man mit V. bie Verfassungsurkunde (Konstitution), in welcher bie gesetzlichen Normen hierüber enthalten sind (s. Staat, S. 546 ff.).

Verfassungseid, bie feierliche Versicherung bes Souveräns, baß er ber Verfassung und ben Gesetzen bes Landes gemäß regieren werde, und zwar wird nach manchen Verfassungen, z. B. nach ber preußischen, ein eibliches Gelöbnis bes Monarchen in Gegenwart ber Kammern verlangt, während nach andern Verfassungsurkunben bie eibliche Versicherung in einem Patent genügt und noch andre Konstitutionen eine solche Zusicherung in einer Urkunde bei bem fürstlichen Worte bes Souveräns verlangen. In manchen Staaten ist eine bem V. analoge Versicherung auch in ben Verpflichtungseib ber Staatsbiener, mitunter auch in den allgemeinen Huldigungseid der Staatsbürger überhaupt mit aufgenommen.

Verfassungsrecht, s. Staatsrecht.

Vergehen, s. Strafprozeß.

Vergiftung, s. Körperverletzung.

Verhaftung, s. Haft.

Verifizieren (lat.), durch Prüfung eines Sachverhalts dessen Richtigkeit darthun; auch s. v. w. eichen (s. b.).

Verjährung, das Erlöschen von Rechten durch Nichtausübung derselben (erlöschende V.) sowie der Erwerb von Rechten seitens eines Nichteigentümers durch einen eine bestimmte Reihe von Jahren fortgesetzten Besitz (erwerbende V. oder Ersitzung). Die Klagverjährung tritt nach gemeinem Recht regelmäßig nach 30 Jahren ein, doch haben Partikulargesetze.vielfach kürzere Verjährungsfristen eingeführt. So verjähren z. B. nach preußischem Recht Forderungen der Fabrikanten, Kaufleute, Krämer, Handwerker ꝛc. für Waren und Arbeiten in 2 Jahren. Wechselklagen gegen den Arrestanten verjähren nach der deutschen Wechselordnung in 3 Jahren, Regreßansprüche gegen den Aussteller des Wechsels und gegen Vormänner in kürzerer Frist und zwar, wenn der Wechsel in Europa zahlbar, in der Regel in 3 Monaten. Nach dem deutschen Handelsgesetzbuch verjähren Klagen des Käufers gegen den Verkäufer wegen Mängel der Ware binnen 6 Monaten von der Lieferung an; Ansprüche an den Spediteur und Frachtführer binnen einem Jahr; Klagen aus Versicherungen und Forderungen an einen Gesellschafter aus Ansprüchen gegen eine Handelsgesellschaft in 5 Jahren; Klagen gegen einen Genossenschafter aus Ansprüchen gegen die Genossenschaft verjähren nach dem deutschen Genossenschaftsgesetz in 2 Jahren. Ersitzung findet bei beweglichen Sachen in 3, bei unbeweglichen in 10, Abwesenden gegenüber in 20 Jahren statt. Unvordenkliche V. oder Immemorialverjährung tritt bei einem Besitzstand ein, dessen Anfang über Menschengedenken hinausliegt. Im Strafrecht findet sowohl V. der Strafverfolgung als auch V. der Strafvollstreckung (der erkannten Strafe)

statt; so verjähren z. B. nach dem deutschen Strafgesetzbuch Todesstrafe und lebenslängliche Freiheitsstrafe in 30 Jahren; die Strafverfolgung bei Verbrechen, die mit solcher Strafe bedroht sind, verjährt in 20 Jahren. Vgl. Reichsstrafgesetzbuch, §§ 66—72.

Verklarung, die vom Schiffer und der Mannschaft vor einer Behörde abgelegte, eventuell beeidigte Aussage über die Ereignisse auf einer Reise. Grundlage derselben ist das Schiffsjournal (Logbuch). Eine V. ist erforderlich, wenn dem Schiff ein Unfall passiert ist, um die Ansprüche des Reeders (s. b.), des Versicherers, resp. die Schuld des Schiffers oder der Mannschaft feststellen zu können.

Verkümmerung, s. Arrest.

Verletzte Richterpflicht, s. Beugung des Rechts aus Parteilichkeit.

Verleumdung, s. Beleidigung.

Verlust der bürgerlichen Ehrenrechte, s. Ehrenrechte.

Vermächtnisnehmer, s. Fideikommiß.

Vermögen, im volkswirtschaftlichen Sinn die Summe der einer Person zustehenden Güter; in der Rechtswissenschaft wird das Vermögensrecht als eine Unterabteilung des Privatrechts dem Personenrecht gegenübergestellt und in Sachenrecht, Recht der Forderungen (Obligationenrecht) und Erbrecht eingeteilt. Vermögensstrafe, s. Strafe.

Verordnung, im Gegensatz zum Gesetz eine allgemeine staatliche Anordnung, welche ohne Mitwirkung der Volksvertretung lediglich von Organen der Regierung ausgeht. Die Verordnungen dienen namentlich dazu, um zum Zweck der Ausführung der Gesetze die nötigen Bestimmungen zu treffen (Ausführungsverordnungen). Solche Verordnungen werden namentlich auf dem Gebiet der Verwaltung erlassen, um die Organe der letztern mit Instruktion darüber zu versehen, in welcher Weise und in welchem Sinn sie ein Gesetz zur Ausführung bringen sollen (Reglements, Instruktionen, Verwaltungsverordnungen). Manche Verordnungen haben aber auch den Charakter allgemein verbindlicher Rechtsnor-

men für alle Staatsangehörigen. Man
hat für dieſe Kategorie den Namen »Rechts=
verordnungen« vorgeſchlagen. Derartige
Verordnungen können aber nur erlaſſen
werden, wenn und ſoweit der Monarch
oder die Staatsbehörden durch das Geſetz
dazu ermächtigt ſind. Dies gilt auch für
die Verordnungen, welche im Deutſchen
Reich und für dasſelbe erlaſſen werden
ſollen. Das Verordnungsrecht kann
nämlich hier von dem Kaiſer, vom Bundes=
rat, vom Reichskanzler oder von gewiſſen
andern Reichsbehörden ausgeübt werden.
Die Stelle, von welcher im gegebenen Fall
die Ausführungsverordnungen erlaſſen
werden ſollen, wird regelmäßig in dem
betreffenden Reichsgeſetz ſelbſt bezeichnet.
Es kommt aber auch vor, daß die einzelnen
Landesregierungen mit dem Erlaß der nö=
tigen Verordnungen betraut werden. Von
beſonderer Wichtigkeit ſind in den Einzel=
ſtaaten die Polizeiverordnungen, die
jedoch einen mehr lokalen Charakter haben,
indem den Orts= und Bezirkspolizeibehör=
den vielfach in einem gewiſſen Umfang das
Recht eingeräumt iſt, orts= und bezirks=
polizeiliche Verordnungen zu erlaſſen und
ihre Nichtbefolgung mit beſtimmten Stra=
fen, namentlich mit Geldſtrafen, zu be=
legen. Endlich enthalten viele Verfaſſungs=
urkunden auch die Beſtimmung, wonach
die Regierung in Zeiten, wo der Land=
tag nicht verſammelt iſt, ſogen. Notver=
ordnungen für beſonders dringende
Fälle erlaſſen darf. Eine ſolche V. hat
den Charakter eines proviſoriſchen Ge=
ſetzes. Jedenfalls ſind aber dieſe Notver=
ordnungen den Kammern bei ihrem näch=
ſten Zuſammentreten vorzulegen, und
falls die Zuſtimmung der Stände nicht
erfolgt, die V. alſo nicht zum Geſetz er=
hoben wird, iſt dieſelbe wiederum außer
Kraft zu ſetzen. Vgl. außer den Lehrbüchern
des Staatsrechts: Gneiſt, Verwaltung,
Juſtiz, Rechtsweg ꝛc. (1869).

Verſammlung, ſ. Verein.
Verſicherungsprämie, ſ. Prämie.
Verſicherungsweſen. Derjenige Ver=
trag, vermöge deſſen der eine Kontrahent
(Verſicherer) dem andern (Verſicher=
ten, Verſi erungsnehmer) gegen
eine dem erſtern zu entrichtende Gebühr

(Prämie) den Schaden zu erſetzen ver=
ſpricht, welcher ihn aus einer beſtimmten
Gefahr treffen ſollte, wird Verſicherung
genannt. Die dem Verſicherten zur Be=
urkundung dieſes Vertrags vom Verſicherer
ausgeſtellte Urkunde heißt Police. Regel=
mäßig werden derartige Verſicherungen
von beſondern Verſicherungsanſtal=
ten und Verſicherungsgeſellſchaf=
ten übernommen. Diejenige Kategorie
der letztern, bei welcher eine größere An=
zahl von Perſonen zuſammentritt und
ſich durch Vertrag verpflichtet, den für den
Einzelnen aus der beſtimmten Gefahr
entſtehenden Schaden gemeinſchaftlich zu
tragen, bezeichnet man als die Gegen=
ſeitigkeitsgeſellſchaften. Bei dieſen
beſteht regelmäßig die Einrichtung, daß
jedes Mitglied einen beſtimmten Beitrag
unter der Bedingung bezahlt, daß die nach
Deckung der Schäden und der ſonſtigen
Geſchäftskoſten verbleibenden Überſchüſſe
den Mitgliedern in Form einer Dividende
zurückgegeben, während umgekehrt die
letztern auch zur Zahlung von Nachſchüſ=
ſen herangezogen werden, wofern ſich ein
Defizit ergeben ſollte. Die Verſiche=
rungsaktiengeſellſchaften dagegen
ſind regelmäßig ſo eingerichtet, daß der
Verſicherte eine feſte Prämie zu entrichten
hat. Die Aktionäre ſchießen das Aktien=
kapital zuſammen, welches den Verſiche=
rungsnehmern für die Erfüllung der ihnen
gegenüber eingegangenen Verpflichtungen
haftet. Der am Ende des Geſchäftsjahrs
ſich ergebende Reingewinn fließt alsdann
als Dividende den Aktionären zu, und
ein etwaiges Defizit iſt aus dem Reſerve=
fonds oder aus dem ſonſtigen Vermögen
der Geſellſchaft zu decken. Übrigens kom=
men auf dem Gebiet der Lebensverſiche=
rung reine Aktiengeſellſchaften nur noch
ſelten vor, indem die meiſten Verſicherungs=
aktiengeſellſchaften, wenigſtens der Lebens=
verſicherungen, ihren Verſicherten einen
Anteil am Reingewinn gewähren. Unter
Lebensverſicherung im engern Sinn
verſteht man die Verſicherung einer Summe,
welche beim Tode der verſicherten Perſon
fällig wird. Es kommen jedoch auch Ver=
ſicherungen »auf den Erlebensfall« (Ren=
tenverſicherung, Ausſteuerverſicherung ꝛc.)

vor, bei welchen das Verſicherungskapital oder eine Jahresrente fällig wird, wenn der Verſicherte einen beſtimmten Termin erlebt, wie z. B. bei der Kaiser Wilhelms= Spende (ſ. b.). Die erſte Lebensverſiche= rungsgeſellſchaft wurde 1705 zu London gegründet. Die älteſten deutſchen Geſell= ſchaften dieſer Art ſind: die Lübecker, Go= thaer und Leipziger. Nächſt der See= verſicherung iſt die Feuerverſiche= rung die älteſte Art der Verſicherungen. Spuren davon finden ſich in Deutſchland ſchon zu Ende des 16. Jahrh., und in England iſt die erſte derartige Geſellſchaft 1666 gegründet worden. Für Feuerver= ſicherung beſtehen übrigens auch öffentliche Anſtalten. Außerdem iſt der Hagel=, der Hypotheken=, der Kredit= und der Invaliditätsverſicherung zu ge= denken. In die letztgedachte Kategorie gehören die zahlreichen Knappſchafts=, Eiſenbahn=, Beamten=, Arbeiterpenſions= kaſſen ꝛc. Auch die Transportverſiche= rung (See=, Fluß=, Eiſenbahn=, Poſtver= ſicherung ꝛc.) iſt von großer Wichtigkeit für den öffentlichen Verkehr. Bei der See=, Transport= und Feuerverſicherung insbe= ſondere ſpielt auch die Rückverſiche= rung eine wichtige Rolle, deren Weſen darin beſteht, daß der Verſicherer eine übernommene Verſicherung einem andern Verſicherer ganz oder teilweiſe über= trägt und ſich für den Fall, daß er ſeinem Verſicherungsnehmer für einen Schaden aufkommen muß, ſeinerſeits an dem Rückverſicherer ſchadlos hält.

Vielfach erörtert iſt neuerdings die Un= fallverſicherung, und namentlich das Arbeiterunfallverſicherungsgeſetz des Fürſten Bismarck, welches er 1881 dem Reichstag vorlegte, hat zahlreiche Pe= titionen und Erklärungen ſowie eine ganze Broſchürenlitteratur hervorgerufen. Über keinen Gegenſtand iſt ſeit langer Zeit in der Preſſe ſo viel diskutiert worden wie über dieſen. Nach der Regierungsvorlage ſollten nämlich alle in Bergwerken, Sali= nen, Aufbereitungsanſtalten, Brüchen und Gruben, auf Werften, in Anlagen für Bauarbeiten (Bauhöfen), in Fabriken und Hüttenwerken beſchäftigten Arbeiter ſowie diejenigen Betriebsbeamten, deren Jahres=

arbeitsverdienſt an Lohn oder Gehalt nicht über 2000 Mk. beträgt, gegen die Folgen der beim Betrieb ſich ereignenden Unfälle verſichert werden. Die Arbeiter der Land= und Forſtwirtſchaft ſowie die Eiſenbahn= bedienſteten ſollten dabei nicht berückſich= tigt werden. Für jene Kategorien von Arbeitern aber ſollte der Verſicherungs= zwang eintreten. Der Reichskanzler wollte dieſe Verſicherung bei einer allgemeinen Reichsverſicherungsanſtalt in Berlin be= wirkt haben; die Mehrheit des Reichstags, namentlich das Zentrum, entſchied ſich jedoch für= Landesverſicherungsanſtalten und gab dieſem partikulariſtiſchen Stand= punkt durch die Beſtimmung Ausdruck: »Jeder Bundesſtaat hat eine für ſeine Rechnung zu verwaltende Landesverſiche= rungsanſtalt zu errichten, bei welcher die Verſicherung für alle innerhalb desſelben belegenen Betriebe, ſoweit nicht dieſes Ge= ſetz Ausnahmen zuläßt, ſtattfindet; für mehrere Bundesſtaaten kann eine gemein= ſame Landesanſtalt errichtet werden«.

Außerdem wurde von der Reichsregie= rung das Verſicherungsmonopol verlangt, d. h. neben der ſtaatlichen Ver= ſicherung ſollten Unfallverſicherungen bei Privatanſtalten nicht geſtattet ſein, wäh= rend der Reichstag wenigſtens eine genoſ= ſenſchaftliche Verſicherung durch die Be= triebsunternehmer und durch Invaliden= (Knappſchafts=) Kaſſen ſtatuieren wollte. Die Verſicherungsprämie betreffend, ſo ſollten dieſelbe nach der Regierungsvorlage 1) für diejenigen Verſicherten, deren Jah= resarbeitsverdienſt 750 Mk. und weniger betrage, zu ²/₃ der Unternehmer, zu ¹/₃ das Reich, 2) bei einem jährlichen Ver= dienſt von 750—1000 Mk. zu ²/₃ der Unternehmer und zu ¹/₃ der Verſicherte, 3) bei einem jährlichen Verdienſt von über 1000 Mk. zur Hälfte der Unternehmer und zur andern Hälfte der Verſicherte be= zahlen. Allein der unter 1) gedachte Reichs= zuſchuß erregte die erheblichſten Bedenken, indem man denſelben ganz mit Recht als eine Art Almoſen bezeichnete und einer ſolchen Gabe an eine beſtimmte Klaſſe von Staatsangehörigen jede Berechtigung abſprach. Die konſervativ=klerikale Ma= jorität des Reichstags nahm endlich den

Vorschlag der Kommission des letztern an: »Die Versicherungsprämie ist zu ²/₃ vom Betriebsunternehmer, zu ¹/₃ vom Versicherten aufzubringen«. Diese Belastung der Arbeiter trotz des Versicherungszwangs, die Ablehnung der Reichsanstalt und das Versicherungsmonopol waren es besonders, welche die Liberalen bewogen, gegen das Gesetz zu stimmen, zumal da der Staatssozialismus, welcher damit inauguriert werden sollte, die erheblichsten Bedenken erregen mußte und es vielen als weit richtiger erschien, statt dessen lieber das Haftpflichtgesetz einer verbessernden Revision zu unterziehen. Das Gesetz ist zwar von der Mehrheit des Reichstags angenommen worden, allein das Zustandekommen desselben ist gleichwohl sehr fraglich, da der Fürst Bismarck zwar bereit war, die Reichsanstalt fallen zu lassen, eine Belastung des Arbeiters aber für völlig unzulässig erklärte. Vgl. die Handbücher des Versicherungswesens von Masius (1846), Schmidt (1871), Gallus (1874), Lemcke (1874); Wieganb, Die Lebensversicherung (2. Aufl. 1867); Karup, Handbuch der Lebensversicherung (1874); Brentano, Die Arbeiterversicherung gemäß dem heutigen Recht (1877); Derselbe, Der Arbeiterversicherungszwang (1881).

Verstaatlichung der Eisenbahnen, s. Eisenbahnen.

Verstrickung, s. Freiheitsstrafe.

Verstümmelung (lat. Mutilatio), diejenige Körperverletzung, infolge deren ein Glied verloren geht. Selbstverstümmelung zu dem Zweck, sich dadurch dem Militärdienst zu entziehen, wird nach dem deutschen Reichsstrafgesetzbuch (§ 142) mit Gefängnis bis zu 5 Jahren und nicht unter einem Jahr bestraft; auch kann auf Verlust der bürgerlichen Ehrenrechte erkannt werden. Denjenigen, welcher einen andern auf dessen Verlangen zur Erfüllung der Wehrpflicht untauglich macht, trifft dieselbe Strafe. Vgl. Deutsches Militärstrafgesetzbuch, § 81.

Versuch eines Verbrechens oder Vergehens (lat. Conatus, Konat) liegt dann vor, wenn der Entschluß, ein Verbrechen oder Vergehen zu verüben, durch Handlungen, welche einen Anfang der Ausführung des Verbrechens oder Vergehens enthalten, bethätigt, das beabsichtigte Verbrechen oder Vergehen selbst aber nicht zur Ausführung gekommen ist. Der V. wird nach dem deutschen Reichsstrafgesetzbuch bei eigentlichen Verbrechen (s. b.) stets, bei Vergehen nur in denjenigen Fällen bestraft, in welchen dies das Gesetz ausdrücklich bestimmt. Das versuchte Verbrechen oder Vergehen ist milder zu bestrafen als das vollendete. Bei Übertretungen ist der Versuch überhaupt nicht strafbar. Auch bleibt der Versuch als solcher straflos, wenn der Thäter die Ausführung der beabsichtigten Handlung aufgegeben hat, ohne daß er an dieser Ausführung durch Umstände gehindert worden ist, welche von seinem Willen unabhängig waren, oder wenn er zu einer Zeit, zu welcher die Handlung noch nicht entdeckt war, den Eintritt des zur Vollendung des Verbrechens gehörigen Erfolgs durch eigne Thätigkeit abgewendet hat. Vgl. Deutsches Strafgesetzbuch, §§ 43 bis 46; Bar, Zur Lehre vom Versuch und Teilnahme am Verbrechen (1859).

Vertagen, die Beschlußfassung aussetzen, vom altdeutschen »tagen«, d. h. Gericht halten; wird jetzt hauptsächlich von den Ständeversammlungen und ähnlichen Korporationen gesagt, wenn deren Beratungen auf einige Zeit ausgesetzt werden. Das Recht der Vertagung steht regelmäßig dem Staatsoberhaupt, dem deutschen Reichstag gegenüber dem Kaiser, zu. Die meisten Verfassungen und so auch die deutsche Reichsverfassung (Art. 26) enthalten aber die Bestimmung, daß die Vertagung während derselben Session nicht wiederholt und ohne Zustimmung der Kammer einen bestimmten Zeitraum, nach der deutschen Reichsverfassung 30 Tage, nicht übersteigen darf. Durch eine solche Vertagung wird die Kontinuität der Verhandlungen nicht unterbrochen; die Kammer bleibt in ihrer alten Konstituierung, Vorstand und Kommissionen dauern fort, und die Arbeiten werden bei dem Wiederbeginn der Sitzungen einfach wieder aufgenommen. Anders beim Schluß des Parlaments. Hier ist für die wieder zusammentretende parlamentarische Körperschaft eine anderweite

Konstituierung erforderlich, eine Neuwahl der Kommissionen und ein erneutes Einbringen etwaiger Vorlagen und etwaiger Anträge, die in der vorigen Sitzung nicht zur endgültigen Beratung kamen (sogen. Diskontinuität der Sitzungsperioden). Aber auch die von den Kammern selbst ausgehende Unterbrechung der Sitzungen auf bestimmte Zeit, die Abbrechung der Verhandlungen an dem einen Tag, um sie an einem andern wieder aufzunehmen, wird als Vertagung bezeichnet. Nach der Geschäftsordnung des deutschen Reichstags (§ 53) bedarf ein solcher Vertagungsantrag der Unterstützung von 30 Mitgliedern. Wenn solche erfolgt, so wird alsbald ohne weitere Motivierung des Antrags und ohne Diskussion über denselben abgestimmt. Wird der Antrag auf Vertagung von der Majorität angenommen, so wird die Beratung des betreffenden Gegenstands abgebrochen, um an einem andern Tag wieder aufgenommen und fortgesetzt zu werden.

Vertrauensvotum, s. Botum.

Vertretbare Sachen, s. Fungible Sachen.

Veruntreuung, s. Unterschlagung.

Verwahrung, s. Haft.

Verwaltung (Administration), zunächst Bezeichnung für die Staatsverwaltung überhaupt, d. h. für die Ausübung der staatlichen Regierungsgewalt (Exekutivgewalt, Exekutive, vollziehende Gewalt), im Gegensatz zur Gesetzgebung und zur Rechtspflege (Justiz). Hiernach fallen also die V. der auswärtigen Staatsangelegenheiten (politische Regierung), das Heerwesen, die Staats- oder Finanzwirtschaft, die Anstellung der Beamten und die Überwachung ihrer Amtsführung (welche man, insoweit es sich dabei um Justizbeamte handelt, als Justizverwaltung zu bezeichnen pflegt) sowie die innere V. mit unter diesen Begriff, während man im engern Sinn mit V. nur die innere V. bezeichnet, welche Lorenz v. Stein als »die Verwendung der Macht und der Mittel des Staats für die Förderung des Einzelnen in seinen individuellen Lebensverhältnissen« definiert. In den Kreis dieser

innern Verwaltungsthätigkeit gehören aber insbesondere folgende Gegenstände: das Bevölkerungswesen (Paßwesen, Volkszählung, Beurkundung des Personenstands, Heimatswesen, Angelegenheiten der Staatsangehörigkeit), ferner die V. des geistigen Lebens (Pflegschafts-, Bildungswesen), namentlich das Volksschulwesen und die V. der Preßangelegenheiten, dann das ganze Gebiet der Polizei (s. b.), sodann die V. des wirtschaftlichen Lebens, wohin die Ablösung von Grundlasten, Separationen, Expropriationen, die Angelegenheiten des Wasserrechts, das Versicherungs-, Verkehrs-, Maß-, Gewichts- und Geldwesen, ferner die V. einzelner wirtschaftlicher Unternehmungen gehören, wie Landwirtschaft, Fabrik- und Gewerbewesen, Berg-, Jagd-, Forst- und Fischereiwesen, endlich die V. des gesellschaftlichen Lebens, des Familien-, Gesinde-, Armen- und Vereinswesens. Auch der Ausdruck Verwaltungslehre wird regelmäßig mit Rücksicht auf jenen engern Begriff von V. gebraucht, und ebenso versteht man unter Verwaltungsrecht vorzugsweise diejenigen Rechtsnormen, welche sich auf die Ausübung der Regierungsgewalt in Sachen der innern V. beziehen. Namentlich im Gegensatz zu den Justizsachen, die infolge der Trennung der Justiz von der V. von den Gerichtsbehörden zu erledigen sind, werden die Angelegenheiten der innern V. Verwaltungssachen (Administrativsachen) genannt, welche vor die Verwaltungsbehörden (Gemeindebehörden, Landrat, Regierungspräsident, Oberpräsident u. a.) gehören. Zu beachten ist aber, daß gewisse Rechtssachen, welche nur mittelbar das öffentliche Interesse berühren und im Grund als Privatrechtsstreitigkeiten und ebendarum als Justizsachen erscheinen, aus Zweckmäßigkeitsgründen den Gerichtsbehörden entzogen und an die Verwaltungsbehörden zur Verhandlung und Entscheidung verwiesen sind, wie z. B. Streitigkeiten zwischen Gesinde und Dienstherrschaft oder zwischen Lehrling und Lehrherrn. Man bezeichnet diese Angelegenheiten als administrativ-kontentiöse Sachen und die entsprechende Thätigkeit

der Behörden als Verwaltungsrechts=
pflege (Administrativjustiz). Um
aber nicht nur für solche Privatrechtsstrei=
tigkeiten, sondern auch für Fragen des
öffentlichen Rechts, die prinzipiell von den
Verwaltungsbehörden zu entscheiden sind,
die Garantien richterlicher Unabhängig=
keit u.s.w die Vorteile unbefangener richter=
licher Prüfung zu gewähren, sind in
neuerer Zeit für die Verwaltungspflege
überhaupt besondere Verwaltungs=
gerichte (in Preußen z. B. Bezirksver=
waltungsgerichte und das Oberverwal=
tungsgericht) geschaffen worden, so in
Preußen durch das Gesetz vom 3. Juli
1875, betreffend die Verfassung der Ver=
waltungsgerichte und das Verwaltungs=
streitverfahren, und durch das für den
Geltungsbereich der Provinzialordnung
vom 29. Juni 1875 erlassene Gesetz vom
26. Juli 1876, betreffend die Zuständig=
keit der Verwaltungsbehörden und der
Verwaltungsgerichtsbehörden. Übrigens
ist die moderne Verwaltungsgesetzgebung
bemüht, die staatliche V. vielfach durch die
Selbstverwaltung der Kommunalverbände
zu ersetzen (s. Selbstverwaltung).
Vgl. Stein, Verwaltungslehre (1865
bis 1868, 7 Teile); Derselbe, Handbuch
der Verwaltungslehre (2. Aufl. 1876);
Gneist, V., Justiz, Rechtsweg c. (1869);
Rösler, Lehrbuch des deutschen Verwal=
tungsrechts (1872 ff.); Pfizer, Reform
der Verwaltungsrechtspflege (1873); K.
J. Schmidt, Die Grundlagen der Ver=
waltungsrechtspflege (1878); Meißner,
Handbuch für Verwaltungsbeamte (1878).

Verwaltungsrat, s. Aufsichtsrat.

Verwaltungsverordnung, s. Ver=
ordnung.

Verwandtenmord, s. Mord.

Verweis, die Erklärung, daß die Hand=
lungsweise bessern, bem der W. gegeben
wird, eine fehlerhafte, ungesetzliche gewe=
sen sei, wogegen Zurechtweisung (Rek=
tifizierung, Rektifikation) die Er=
klärung ausdrückt, daß der andre von
einer irrigen Ansicht ausgegangen sei.
Der V. kommt namentlich als Diszipli=
narstrafmittel, dagegen als öffentliche
Strafe nur ausnahmsweise und zwar
nach dem deutschen Strafgesetzbuch (§ 57)
insbesondere nur bei jugendlichen Perso=
nen unter 18 Jahren und nur bei beson=
ders leichten Vergehen und Übertretungen,
welche von solchen verübt wurden, zur
Anwendung.

Verweisungsbeschluß, s. Straf=
prozeß.

Veterinärpolizei, s. v. w. Tiergesund=
heitspolizei (s. Gesundheitspolizei).

Veto (lat., »ich verbiete«), die Befug=
nis, durch Widerspruch einen Beschluß zu
entkräften und somit die Ausführung des=
selben zu hindern. Ist damit das Er=
gebnis eines Beschlusses gänzlich beseitigt,
so ist das V. ein unbedingtes oder abso=
lutes; kann aber durch Einlegung des
V. ein Beschluß in seinen Folgen nur
aufgeschoben, bei gleichmäßiger Wieder=
holung aber später nicht abgelehnt wer=
den, so ist es ein bedingtes oder suspen=
sives V. In der römischen Republik
hatte jeder Volkstribun das Recht, durch
sein V. die Beschlüsse des Senats für un=
gültig zu erklären. Im ehemaligen Kö=
nigreich Polen ward das zuerst 1652 ge=
gebene Beispiel durch ein Gesetz als ein
beständiges Recht festgestellt, daß auf dem
Reichstag ein einzelner Landbote durch
seinen Widerspruch (»Nie poz walam«,
»ich erlaube es nicht«) die von den übrigen
Mitgliedern genehmigten Beschlüsse un=
gültig machen konnte. Im frühern
Deutschen Reich hatte der Kaiser den Be=
schlüssen des Reichstags gegenüber ein
absolutes V., während nach der gegen=
wärtigen Reichsverfassung die Gesetze
durch den übereinstimmenden Mehrheits=
beschluß des Bundesrats und des Reichs=
tags zustande kommen, ohne daß dem
Kaiser als solchem auch nur ein suspen=
sives V. zustände, wie dies im Interesse
der Machtstellung des Kaisers neuerdings
vielfach gewünscht wird. Steht doch auch
dem Präsidenten der nordamerikanischen
Union ein suspensives V. zu, und sollte
ein solches doch auch nach der Reichsver=
fassung von 1849 dem deutschen Kaiser
eingeräumt werden. In England steht
der Krone verfassungsmäßig, wenn auch
nur selten geübt, das Recht des absoluten
V. zu, für welches die höfliche Formel
»Le roi s'avisera« gebräuchlich ist.

Vidi (lat., »ich habe gesehen«) dient, mit Namensunterschrift oder Namenssignatur versehen (in der Abkürzung Vid.), als schriftliches Bekenntnis über die erfolgte Mitteilung und Einsicht einer Schrift. Vidimus hingegen ist die beweisende Erklärung eines öffentlichen Beamten unter einer Abschrift darüber, daß dieselbe mit dem Original gleichlautend sei; daher Vidimierung, wofür andre Fibemierung, abgeleitet von in fidem, d. h. beglaubigt, schreiben. Stammverwandt mit V. und Vidimus ist das Wort Visum (s. Visierung) auf Reisepässen.

Vidimieren (lat.), mit dem »Vidi« (s. d.) versehen.

Viehseuche, s. Rinderpest.

Viehseuchengesetz, s. Gesundheitspolizei.

Viehsterben, s. Rinderpest.

Vigilante-Fall, s. Durchsuchungsrecht.

Vikar (lat.), der Stellvertreter eines Beamten im Dienst, so: kaiserliche Vikare, im Mittelalter die Statthalter in den italienischen Städten; Reichsvikare, in Deutschland die nach dem Tod eines Kaisers bis zur Wahl eines neuen das Amt des Kaisers verwaltenden Fürsten; Vikare des Papstes (Großvikare) müssen Kardinäle sein; Vikare des Stifts, des Kapitels, der Domherren, an Stiftskirchen die an der Stelle der Domherren Fungierenden; apostolischer V. (vicarius apostolicus), der Stellvertreter des Papstes da, wo kein Bischof seinen Sitz hat.

Virilstimme, die Befugnis eines Einzelnen, als solcher seine Meinung abzugeben und in einer Stimmenzählung für sich gerechnet zu werden; namentlich im Gegensatz zur Kuriatstimme (s. d.).

Visierung (lat.), die Einschrift des Visum (vgl. Vidi), Zeichen, daß man etwas gesehen hat, auf einen Paß oder in ein Arbeits- oder Gesindebuch geschrieben oder gestempelt.

Visitationsrecht, im Völkerrecht s. v. w. Durchsuchungsrecht (s. d.); auch das dem Staatsoberhaupt zustehende Recht der Oberaufsicht über die Amtsführung der Behörden, insbesondere der Gerichte.

Visum (lat.), s. Vidi und Visierung.

Visum repertum (lat., Fundschein, Fundbericht), der auf amtliche Veranlassung verfaßte Bericht eines Arztes über die bei einer medizinischen Untersuchung, besonders einer Totenschau (s. d.), gefundenen Resultate nebst den darauf gegründeten Schlußfolgerungen.

Vize... (lat., »anstatt«), in Verbindung mit Amtstiteln zur Bezeichnung eines Stellvertreters gebräuchlich, z. B. Vizekanzler, Vizekönig, Vizepräsident ꝛc. Jemandes vices wahrnehmen, heißt im Staatsleben als Vertreter eines Beamten fungieren.

Vizinalbahnen, s. Sekundärbahnen.

Volk (lat. Populus), die Gesamtheit der unter einer gemeinsamen Staatsregierung vereinigten Angehörigen eines bestimmten Staats (s. Nation); dann die große Menge der bürgerlichen Gesellschaft im Gegensatz zu der durch politische Stellung, Reichtum und Bildung hervorragenden Aristokratie, in welcher Beziehung man auch von Volksbildung und Volksunterricht spricht; in noch engerm Sinn die sogen. arbeitenden Klassen gegenüber der politischen Aristokratie, den Besitzern und industriellen Unternehmern; endlich wohl auch Bezeichnung der rohen, ungebildeten Menge, des Pöbels.

Völkerrecht (lat. Jus gentium, internationales Recht, Droit des gens, Law of nations, Diritto internazionale), der Inbegriff der Rechtsgrundsätze, welche im Verkehr souveräner Staaten untereinander Geltung beanspruchen. Insoweit diese Normen lediglich aus der Natur der wechselseitigen Verhältnisse der Staaten überhaupt gefolgert werden, also lediglich auf subjektive rechtsphilosophische Anschauung zurückzuführen sind, spricht man von allgemeinem oder philosophischem V., während man diejenigen Rechtsgrundsätze, welche auf ausdrücklichem oder stillschweigendem Übereinkommen bestimmter einzelner Staaten beruhen, als praktisches oder positives V. bezeichnet. Praktisches europäisches V. insbesondere werden diejenigen Rechtsregeln genannt, welche die Staaten und zwar zunächst die christlichen Staaten der europäischen Völkerschaften sowie der von ihnen beherrschten und kolonisierten Länder andrer Weltteile verpflichten. Seit dem Pariser Frieden von 1856 ist auch die Türkei in das sogen. europäische Konzert mit aufgenommen, während die nordamerikanische Union sich nicht unbedingt an jene Normen bindet und namentlich den Abmachungen der europäischen Staaten über die Kaperei (s. d.) nicht beigetreten ist. Was die Quellen des positiven Völkerrechts anbelangt, so beruhen dieselben zunächst auf den von einzelnen Staaten miteinander abgeschlossenen Staatsverträgen, dann auf dem Herkommen oder der völkerrechtlichen Gewohnheit. Die Hauptverträge, welche hier in Frage kommen, sind: der Westfälische Friede von 1648, der Friede von Utrecht von 1713, die Wiener Kongreßakte vom 9. Juli 1815, die sogen. Heilige Allianz vom 25. Sept. 1815, das Aachener Konferenzprotokoll vom 24. Mai 1818, der Pariser Friede vom 30. März 1856, die Genfer Konvention vom 22. Aug. 1864, welche das Elend der Kriegführung, namentlich für Verwundete, zu mildern sucht, die Petersburger Konvention vom 11. Dez. 1868 über die Unzulässigkeit des Gebrauchs explosiver Geschosse aus Handfeuerwaffen und der Berliner Friede vom 13. Juli 1878. Auch die Handels- und Schiffahrtsverträge sowie die internationalen Post- und Telegraphenverträge der Neuzeit gehören hierher. Insofern aber, als es in Ansehung der völkerrechtlichen Normen an einer gemeinsamen richterlichen Autorität fehlt, welche deren Erzwingbarkeit garantierte, ist dem V. allerdings nicht mit Unrecht der Charakter eines eigentlichen Rechts abgesprochen worden; die praktische Anwendbarkeit des Völkerrechts hängt eben zumeist von den Machtverhältnissen der beteiligten Staaten ab. Um so beachtenswerter ist es daher, daß man in neuerer Zeit wiederholt in Streitigkeiten völkerrechtlicher Natur die Entscheidung eines Schiedsgerichts angerufen hat (s. Schiedsrichter). Auch wird eine Kodifikation des Völkerrechts angestrebt, welche schon von Bentham angeregt und zu der neuerdings von Bluntschli in seinem Werk »Das moderne V. der zivilisierten Staaten, als Rechtsbuch dargestellt« (3. Aufl. 1878) ein wertvoller Beitrag geliefert worden ist.

In neuerer Zeit hat namentlich das Institut für V. (Institut de droit international) sich um die Förderung des internationalen Rechts große Verdienste erworben. Es ist dies eine unabhängige internationale Gesellschaft, welche in diesem Sinn vorzugsweise durch Konferenzen von Rechtsgelehrten und Publizisten verschiedener Länder zu wirken sucht. Alljährlich findet eine Sitzung statt, an welcher die wirklichen Mitglieder (membres effectifs), deren Zahl jetzt 60 beträgt, mit Stimmrecht teilnehmen. Ebenso groß kann die Zahl der sogen. Associés sein, welchen nur eine beratende Stimme zusteht. Zu solchen Mitarbeitern sollen namentlich Männer berufen werden, welche Spezialkenntnisse dem Institut nützlich sein können. Die Versammlungen werden in der »Revue de droit international« und auszugsweise im »Annuaire« des Instituts veröffentlicht. Von besonderer Wichtigkeit war namentlich der 1880 in Oxford abgehaltene Kongreß, auf welchem unter anderm ein von Gustav Moynier in Genf, dem Präsidenten der Internationalen Gesellschaft zur Pflege im Feld verwundeter Krieger, ausgearbeitetes Handbüchlein des Kriegsrechts vorgelegt und für geeignet befunden ward, den dabei interessierten Regierungen zu beliebiger Benutzung bei dem Erlaß ihrer kriegsrechtlichen Normen unterbreitet zu werden. Nicht zu verwechseln mit dem Institut für V. ist der Verein für Reform und Kodifikation des Völkerrechts (Association de droit international oder Association pour la réforme et la codification de droit des gens). Dies ist ebenfalls eine Gesellschaft von Rechtsgelehrten, Staatsmännern, Publizisten und Geschäftsleuten, welche, verschiedenen Ländern angehörig, sich alle jährlich einmal zusammenfinden. Diese Körperschaft hat sich namentlich um das internationale Privatrecht und zwar insbesondere um das Seerecht große Verdienste erworben. Seinem Inhalt nach zerfällt das V. in öffentliches V., d. h. das

Recht unabhängiger Staaten in ihrem Verkehr als Staaten, und das interna= tionale Privatrecht, worunter man die Rechtsgrundsätze versteht, nach welchen bei der Kollision der Gesetze verschiedener Staaten in Bezug auf Rechtsverhältnisse ihrer Unterthanen zu verfahren ist. Zu dem öffentlichen oder eigentlichen V. ge= hören insbesondere die Normen über Un= abhängigkeit, Gleichheit und Selbsterhal= tung der einzelnen Staaten, ferner das Recht der völkerrechtlichen Ehre, das Ver= trags= und Gesandtschaftsrecht, die Grund= sätze über die Staatsvertretung nach außen, über Krieg und Frieden, über das Recht der Neutralen und über das internationale Seewesen (s. Seerecht). Die wissenschaft= liche Bearbeitung des Völkerrechts beginnt mit Grotius, welcher 1617 sein berühm= tes Werk »De jure belli ac pacis« (deutsch von Kirchmann, 1871, 2 Bde.) schrieb. Ihm folgten: Hobbes, Pufendorf, Moser, Klüber und Zachariä, unter den Neuern Heffter und Bluntschli, der Eng= länder Phillimore und der Amerikaner Wheaton. Vgl. Heffter, Europäisches V. (6. Aufl. 1873); Oppenheim, Sy= stem des Völkerrechts (2. Aufl. 1866); Wheaton, Elements of international law (8. Aufl. 1866); Bulmerincq, Praxis, Theorie und Kodifikation des Völ= kerrechts (1874); v. Bar, Internationa= les Privat= und Strafrecht (1866).

Volksherrschaft, s. Republik.

Volkspartei, s. Liberal.

Volkssouveränität, s. Republik.

Volksversammlung, s. Verein.

Volksvertretung, die Teilnahme der Regierten an den wichtigsten Regierungs= handlungen, namentlich an der Gesetzge= bung durch gewählte Vertreter (s. Wahl); auch Bezeichnung für diese Vertreter (Volksvertreter, Abgeordnete, Deputierte, Landstände, Repräsentanten) selbst. Die V. ist für das moderne Staatsleben von der größten Wichtigkeit und zwar sowohl in der repräsentativen Demokratie (s. d.) als in der konstitutionellen Monarchie (s. d.). Dabei ist der Gegensatz zwischen der heutigen repräsentativen (parlamentari= schen) und der frühern ständischen Mon= archie besonders hervorzuheben, indem

in der letztern das Volk nur nach gewissen Ständen vertreten war, welche ihre Stan= desinteressen wahrzunehmen hatten, wäh= rend die moderne V. das Volk in seiner Gesamtheit repräsentiert, wie z. B. die deutsche Reichsverfassung von den Reichs= tagsabgeordneten sagt: »Die Mitglieder des Reichstags sind Vertreter des gesamten Volks und an Aufträge und Instruktionen nicht gebunden«. Gleichwohl ist für die V. der frühere Name »Landstände« (Land= tag) immer noch gebräuchlich. Für die größern Staaten besteht nach dem Vor= gang Englands (Ober= und Unterhaus) die Einteilung in die Erste und Zweite Kammer (z. B. in Preußen Herrenhaus und Abgeordnetenhaus), während in klei= nern Staaten nur eine »Volksrepräsenta= tion« (Ein= u. Zweikammersystem) vorhanden ist. Die Erste Kammer setzt sich aus Mitgliedern zusammen, welche teils vermöge erblichen Rechts zur Mitgliedschaft berufen, teils von der Krone ernannt sind. Nur ein gewisser Teil der Mitglieder wird in manchen Staaten von bestimmten Körperschaften aus den Kreisen der Re= gierten gewählt. Die Erste Kammer soll auf diese Weise einen mehr stetigen, die Zweite einen mehr beweglichen Charakter bekommen. Die Erste Kammer ist für das konservative, die Zweite mehr für das libe= rale Element geschaffen. Über die Volks= vertretungen der einzelnen Staaten vgl. die betreffenden Artikel (z. B. Preußen, Frankreich ꝛc.) und den Art. »Reichstag«.

Volkswirtschaftslehre (National= oder politische Ökonomie), die Lehre vom Sein und Seinsollen der Volks= und Staatswirtschaft, d. h. die Wissenschaft, welche die Regeln und Gesetze zu erforschen sucht, nach denen sich das wirtschaftliche Leben der Völker, insbesondere die Pro= duktion, Verteilung und Konsumtion der Produkte, welche dem Menschen notwen= dig, nützlich oder angenehm sind, oder die einen Tauschwert repräsentieren, auf den verschiedenen Kulturstufen entwickelt; eine auf Erfahrung beruhende Wissenschaft und erst in der neuern Zeit systematisch aus= gebildet. Aufgestellt wurden besonders drei Systeme: das Handels= oder Merkan= tilsystem, welches den Volkswohlstand

als das Produkt weiſer Regierungsmaß=
regeln betrachtete und namentlich auf
ſtaatlichen Schutz der nationalen Arbeit
bedacht war; das phyſiokratiſche oder
öfonomiſtiſche Syſtem, welches den
Landbau als die Quelle alles National=
reichtums betrachtete, und das Indu=
ſtrieſyſtem Adam Smiths, welches in
der menſchlichen Arbeit die Quelle aller
Güter ſieht und gleichmäßige Beförderung
der Induſtrie, der Arbeit, des Handels
und der Bodenbearbeitung von ſeiten des
Staats empfiehlt, den letztern aber nicht
in die Produktion und Konſumtion ein=
greifen und ſie regeln laſſen will, vielmehr
dabei von dem Prinzip der Gewerbe= und
Handelsfreiheit (ſ. d.) ausgeht. Letzteres
Syſtem, längere Zeit hindurch das herr=
ſchende, iſt neuerdings vom ſchutzzöllneri=
ſchen Standpunkt aus vielfach angegriffen
worden, namentlich vom Verein für
Sozialpolitik (Kathederſozialiſten),
während der volkswirtſchaftliche
Kongreß (Präſident: Karl Braun) den
freihändleriſchen Standpunkt der ſogen.
Mancheſterpartei vertritt. Nachdem
aber der Fürſt Bismarck ſich zu ſchutzzöll=
neriſchen Grundſätzen bekehrt hatte, folg=
ten ihm die Scharen ſeiner Anhänger in
das ſchutzzöllneriſche Lager, und der Zoll=
tarif von 1879 beſiegelte den vorläufi=
gen Sieg des Schutzzolls über den Frei=
handel in Deutſchland (ſ. Zoll). Vgl.
Birnbaum, Volkswirtſchaftliches Lexi=
fon (1881, vorliegender Sammlung:
»Meyers Fachlerifa« angehörend); die
Lehrbücher der V. von Wagner und
Naſſe (2. Aufl. 1879 ff.), Roſcher
(Bd. 1: »Grundlagen der Nationalöfo=
nomie«, 14. Aufl. 1879; Bd. 2: »Natio=
nalöfonomie des Acerbaus«, 7. Aufl.
1873; Bd. 3: »Nationalöfonomie des Han=
dels und der Gewerbfleißes«, 1881), Wirth
(1855—73, 4 Bde.); fürzere von Man=
gold (2. Aufl. 1873), Schober (2. Aufl.
1872), Kaufmann (1880), Richter
(1881) u. a. Zeitſchriften: »Deutſches
Handelsblatt«, »Arbeiterfreund«, verſchie=
dene »Korreſpondenzen«, Hildebrands
»Jahrbücher für Nationalöfonomie und
Statiſtik«, »Zeitſchrift für Staatswiſſen=
ſchaft«, »Zeitſchrift für deutſche Volkswirt=

ſchaft« u. a. Vgl. Roſcher, Geſchichte der
Nationalöfonomik in Deutſchland (1874);
Mor. Meyer, Die neuere Nationalöfo=
nomie in ihren Hauptrichtungen (2. Aufl.
1880).

Volkswirtſchaftsrat, ein für die Be=
gutachtung wirtſchaftlicher Geſetze und
Verordnungen, welche wichtigere wirt=
ſchaftliche Intereſſen von Handel, Gewerbe,
Land= und Forſtwirtſchaft betreffen, in
Preußen 17. Nov. 1880 ins Leben gerufe=
nes Kollegium. Der V. hat namentlich
auch zu allen auf den Erlaß von Reichs=
geſetzen und Reichsverordnungen bezüg=
lichen Anträgen Preußens im Bundesrat,
ſoweit ſie für das gedachte wirtſchaftliche
Gebiet von Bedeutung ſind, ſeine beratende
Stimme abzugeben. Der V. beſteht aus
75 auf die Dauer von fünf Jahren jeweilig
Zuſammenberufenen. Von dieſen werden
45 durch die Miniſter der öffentlichen Ar=
beiten, für Handel und Gewerbe und für
Landwirtſchaft berufen. Es werden näm=
lich je 30 Perſonen von den Vertretern
des Handels, der Induſtrie und der Land=
wirtſchaft, im ganzen alſo 90 Perſonen,
der Regierung präſentiert, und aus dieſen
werden je 15 Mitglieder für Handel, Ge=
werbe und Land= und Forſtwirtſchaft aus=
gewählt. Dazu kommen noch 30 von den
Miniſtern unmittelbar berufene Mitglie=
der, von denen mindeſtens 15 dem Hand=
werker= und dem Arbeiterſtand angehören
müſſen. Der V. zerfällt in die drei Sek=
tionen für Handel, Gewerbe und Land=
und Forſtwirtſchaft, und jede Sektion wählt
wiederum aus ihrer Mitte einen Ausſchuß
(Sektionsausſchuß), welcher aus fünf
Mitgliedern beſteht. Die 15 Mitglieder
der Sektionsausſchüſſe bilden dann mit
weitern 10 von den oben bezeichneten Mi=
niſtern zuſammen den permanenten
Ausſchuß des Volkswirtſchaftsrats. Den
Vorſitz im V., in den Sektionen und den
Ausſchüſſen führt einer jener Miniſter
oder ein von dieſen als Vertreter beſtellter
Beamter. Iſt nun auch das Beſtreben der
Regierung, ſich ſachverſtändigen Beirat in
wirtſchaftlichen Fragen zu erholen, nur
zu billigen, ſo würde doch eine aus freier
Entſchließung der beteiligten Kreiſe her=
vorgehende Begutachtung an Stelle einer

Interessenvertretung unter dem Einfluß
der Regierung vorzuziehen sein, ganz abgesehen davon, daß der V. in seiner jetzigen
Form das Ansehen des Parlaments zu
schmälern geeignet ist. Immerhin wird
aber erst abzuwarten sein, ob und inwieweit sich die Institution bewährt. Übrigens ist die Ausdehnung der letztern auf
das Reich in Aussicht genommen.

Volkszählung, die periodische amtliche
Feststellung der Bevölkerungszahl eines
Landes. Bei der großen Bedeutung der
Volkszählungen für die Feststellung der
Wehr- und Steuerkraft eines Staats und
der Beziehungen zwischen dem Stande der
Bevölkerung und ihrer Bewegung (Geburten, Trauungen, Todesfälle, Aus-
und Einwanderung) widmen die Statistik
und die Staatsverwaltung in den einzelnen Kulturländern den Volkszählungen
in neuerer Zeit die größte Aufmerksamkeit,
und die Technik u. Methodik der V. ist mehr
und mehr ausgebildet und vervollkomm-
net worden. Die dringend wünschenswerte
Übereinstimmung in dem Volkszählungs-
verfahren zwischen den einzelnen Staaten
ist namentlich auf den statistischen Kon-
gressen (s. Statistik) angestrebt, und
auf dem achten statistischen Kongreß in
St. Petersburg (1872) ist bereits ein internationales Programm für die Volkszählungen aufgestellt worden, welches freilich
noch nicht allenthalben zur Ausführung
und Durchführung gekommen ist. Namentlich soll die V. in den verschiedenen
Staaten soweit als möglich an einem einzigen Tag vorgenommen werden oder die
Aufnahme sich doch auf einen bestimmten
Tag und eine bestimmte Stunde beziehen.
Die Volkszählungen sind zum mindesten
einmal innerhalb eines Jahrzehnts und
zwar in den Jahren, deren Endzahl die
Zahl 10 oder deren Vielfaches ist, vorzunehmen. Die letzten und nächsten Volkszählungen der wichtigsten Staaten fallen
auf folgende Zeitpunkte:

I. Europa.

Belgien 1846, 1856, 1866, 1876, 31. Dez. 1886 (?)
(der jetzige Zustand der amtlichen Statistik macht
die Einhaltung des Termins fraglich).
Dänemark 1840, 1845, 1855, 1860, 1870, 1. Febr.
1880.

Deutsches Reich 1871, 1875, 1. Dez. 1880.
Frankreich 1821—66 alle 5 Jahre, 1872, 1876,
1881.
Griechenland 1838, 1842 1851, 1860, 1870,
Anfang 1879.
Großbritannien 1801, alle 10 Jahre, 3. April
1881.
Italien 1861, 1871, 31. Dez. 1881.
Niederlande 1829, alle 10 Jahre, 1. Dez. 1869
(die Zählung, welche 1. Dez. 1879 hätte er-
folgen sollen, unterblieb).
Norwegen 1815, alle 10 Jahre, 31. Dez. 1875.
Österreich-Ungarn 1850—51, 1857, 1869, 31.
Dez. 1880.
Portugal 1863, 1. Jan. 1878.
Rumänien 1859—60—?
Rußland, Seelenrevisionen für 1858, 1867,
1870—?
Schweden 1750—1875 je fünfjährige Übersichten,
31. Dez. 1880 (Summarien aus den Parochial-
registern).
Schweiz 1850, 1860, 1870, 1. Dez. 1880.
Serbien 1860, Dezember 1874 (..—. ?).
Spanien 1857, 1860, 31. Dez. 1877.

II. Amerika und andre außereuropäische Länder.

Britische Kolonien in Amerika und Austra-
lien zumeist 1851, 1861, 1871, 1881.
Vereinigte Staaten von Nordamerika seit
1790 alle 10 Jahre, Juni 1880.
Brasilien 1872 (?).
Algerien 1856, 1861, 1866, 1872, 1876.
Britisch-Indien 1869—72.
Japan 1874.

Die wesentlichen Erhebungen der V.
sollen sich nach dem Petersburger Programm auf folgende Momente beziehen:
Vor- und Zuname; Geschlecht; Alter;
Verhältnis zum Haupte der Familie oder
des Hausstands; Zivilstand; Beruf oder
Beschäftigung; Religionsbekenntnis; im
gewöhnlichen Verkehr gesprochene Sprache;
Kenntnis des Lesens und Schreibens;
Herkunft, Geburtsort und Staatsangehörigkeit; Wohnort und Ort des Aufenthalts
am Zählungstag (ob dauernd anwesend oder vorübergehend anwesend, resp. abwesend); Blind-
heit, Taubheit, Blödsinn, Kretinismus
und Geisteskrankheit. Zur Vermeidung
von Mißverständnissen und Doppelzäh-
lungen ist zu unterscheiden: 1) die fak-
tische oder ortsanwesende Bevölkerung
(Population de fait ou présente);
2) die Wohnbevölkerung (Population
de séjour habituel ou domiciliée),

b. h. die ortsanwesende Bevölkerung mit Hinzurechnung der im Moment der Zählung nur vorübergehend Abwesenden und Abrechnung der nur vorübergehend Anwesenden; 3) die einheimische Bevölkerung (Population de droit), b. h. diejenige, welche im Zählungsort das Heimatsrecht besitzt. Vgl. Engel, Die Methoden der B. (1861); Körösi, Projet d'un recensement du monde (1881); Behm und Wagner, Die Bevölkerung der Erde (seit 1872, bis jetzt 6 Bde.).

Volljährigkeit, s. Alter.

Vollziehende Gewalt (Exekutivgewalt, Exekution), die Staatsgewalt, insofern sie mit der eigentlichen Staatsregierung befaßt ist, also die verwaltende Thätigkeit der Staatsgewalt im Gegensatz zur richterlichen und zur gesetzgebenden (vgl. Verwaltung).

Vorläufige Festnahme, s. Haft.

Vormundschaft (Tutel, Kuratel), Schutzgewalt über hilfsbedürftige Personen (Mündel, Pupillen) durch einen obrigkeitlich bestellten Beistand (Vormund, Tutor, Kurator). Die B. zerfällt in die Altersvormundschaft, B. über minderjährige Personen (in Deutschland unter 21 Jahren), welche nicht in väterlicher Gewalt stehen, und die Zustandsvormundschaft über Geisteskranke, notorische Verschwender, sogen. bresthafte Personen, wie Blinde, Taubstumme, welche ihre Angelegenheiten nicht selbst besorgen können. Auch kommen bloße Vermögenskuratelen vor, z. B. über das Vermögen eines Abwesenden, eines Verschollenen ꝛc. Das Vormundschaftswesen steht unter staatlicher Oberaufsicht, welche regelmäßig durch die zuständige Gerichtsbehörde (Obervormundschaft) ausgeübt wird; doch fungieren als Obervormundschaftsbehörde zuweilen auch besondere Behörden, wie Pupillenämter, Pupillenräte, Pupillenkollegien. Vgl. Kraut, Die B. (1835—59, 3 Bde.); Christiani, Das Amt des Vormunds (2. Aufl. 1876); Dernburg Vormundschaftsrecht der preußischen Monarchie (2. Aufl. 1876).

Vorsitz, s. Präsidium.

Voruntersuchung (Vorverfahren), im Strafprozeß das Stadium der schriftlichen und protokollarischen Vorerörterungen im Gegensatz zur mündlichen und öffentlichen Hauptverhandlung (Hauptverfahren). Die B. hat den Zweck, das Untersuchungsmaterial zu sammeln und die gegen den Angeschuldigten vorliegenden Verdachtsgründe so klar zu stellen, daß Entschließung darüber gefaßt werden kann, ob gegen denselben Anklage zu erheben und das Hauptverfahren zu eröffnen sei oder nicht. Nach der deutschen Strafprozeßordnung findet bei sogen. Übertretungen und den sonst vor die Amtsgerichte verwiesenen geringfügigen Strafsachen eine B. überhaupt nicht, bei den vor die Landgerichte gehörigen Verbrechen und Vergehen dagegen nur dann statt, wenn dies von der Staatsanwaltschaft oder vom Angeschuldigten beantragt wird. Bei den von den Schwurgerichten abzuurteilenden schweren Verbrechen aber ist die B. obligatorisch. Dasselbe gilt von denjenigen Verbrechen, welche in erster Instanz vom Reichsgericht abzuurteilen sind. Zur Führung der B. ist ein besonderer Untersuchungsrichter bei jedem Landgericht zu bestellen, doch kann die Führung derselben oder die Vornahme einzelner Untersuchungshandlungen auch einem Amtsrichter übertragen werden. Vgl. Deutsche Strafprozeßordnung, §§ 176—195.

Votum (lat.), eigentlich s. v. w. Gelübde, dann Gutachten, namentlich ein in einer beratenden Versammlung abgegebenes Urteil. Das V. ist entweder mitentscheidend (V. decisivum) oder bloß gutachtlich (V. consultativum), oder es gibt bei Stimmengleichheit (Vota paria) den Ausschlag (V. decisivum in specie), was regelmäßig von dem V. des Vorsitzenden gilt. Vertrauens- oder Mißtrauensvotum heißt das von einem Landtag oder einer sonstigen Körperschaft abgegebene Urteil, welches kundgibt, ob man zu einer bestimmten Person Vertrauen oder Mißtrauen hege. Votieren, abstimmen, durch Abstimmung erklären, verwilligen.

W.

Wachtmeister, s. Feldwebel.

Waffenrecht (Waffen= und Wehr=hoheit, Militärgewalt, lat. Jus armorum), das Recht, eine stehende bewaffnete Macht zu unterhalten, ist ein ausschließliches Hoheitsrecht des Staatsoberhaupts und als solches im modernen Staatsrecht allgemein anerkannt. Außerdem versteht man unter W. das Recht, Waffen zu tragen (port d'armes), welches früher jedem Freien zustand, jetzt aber vielfach polizeilichen Beschränkungen unterliegt. Namentlich gestatten die Vereinsgesetze Volksversammlungen regelmäßig nur unbewaffneten Personen.

Waffenruhe, s. Waffenstillstand.

Waffenstillstand, Vertrag zwischen kriegführenden Teilen wegen Unterbrechung der Feindseligkeiten auf eine bestimmte Zeit oder bis zu erfolgender Aufkündigung. Ist der W. ein allgemeiner, welcher für alle Arten von Feindseligkeiten auf dem ganzen Kriegsschauplatz gelten soll, so kann er nur von den kriegführenden Regierungen geschlossen werden; hat er dagegen nur für gewisse Truppenteile, Gegenden und Linien Geltung, so wird er von den obersten Befehlshabern abgeschlossen. Die von beiden Teilen während des Waffenstillstands oder einer teilweisen kurzen Waffenruhe einzunehmenden Stellungen werden gewöhnlich durch eine Demarkationslinie getrennt. Häufig wird auch nur auf wenige Stunden ein W. geschlossen und zwar behufs der Beerdigung der Toten, Fortschaffung der Verwundeten, Auswechselung der Gefangenen sowie während des Parlamentierens. Der W. ist für die kontrahierenden Teile mit dem verabredeten Anfangspunkt verbindlich, für Einzelne dagegen nur erst von dem Zeitpunkt erhaltener Kenntnis an. Ein Bruch des Waffenstillstands gilt als Verletzung des Völkerrechts. Ein allgemeiner W. ist gewöhnlich Vorläufer des Friedens. Früher sind Waffenstillstände selbst auf eine Reihe von Jahren geschlossen worden; namentlich die Türken schlossen aus religiösen Gründen mit den Christen nur Waffenstillstände auf 20 — 30 Jahre, keinen Frieden.

Wahl, die Art und Weise, wie die zur Vertretung einer Körperschaft (Verein, Gemeinde, Kreis, Volk ꝛc.) bestimmten Personen berufen werden. Im Vereinswesen richtet sich eine derartige W. regelmäßig nach den Vereinsstatuten, während für die Gemeinde=, Kirchen=, Landtagswahlen u. dgl. gesetzliche Bestimmungen maßgebend sind. Die W. der Volksvertreter ist entweder eine unmittelbare (direkte) durch die Wahlberechtigten (Wähler) selbst, wie in England, Nordamerika, Frankreich, Belgien, Italien, in den meisten schweizerischen Kantonen und bei den Wahlen zum deutschen Reichstag, oder eine mittelbare (indirekte) W. Bei dieser letztern wählen nämlich die Wahlberechtigten (Urwähler) zunächst durch sogen. Wahlmänner, durch welche sodann erst die W. der Abgeordneten selbst erfolgt, so in Spanien, Preußen, Bayern und in vielen deutschen Einzelstaaten. Die Befugnis zum Wählen (sogen. aktives Wahlrecht) und die Fähigkeit, gewählt werden zu können (sogen. passives Wahlrecht), sowie das zu beobachtende Wahlverfahren (Wahlmodus) sind durch besondere Wahlgesetze (Wahlordnung, Wahlreglement) festgestellt, so z. B. durch die preußische Verordnung vom 30. Mai 1849, welche auch für die neupreußischen Gebietsteile gilt, für die Wahlen zum preußischen Abgeordnetenhaus, durch das bayrische Gesetz vom 4. Juni 1848, das sächsische Gesetz vom 26. März 1868 ꝛc. Für das Deutsche Reich sind die für die Reichstagswahlen maßgebenden Bestimmungen in dem Bundes= (Reichs=) Gesetz vom 31. Mai 1869 (Bundesgesetzblatt, S. 145 ff.) und in dem Wahlreglement vom 28. Mai 1870 (Bundesgesetzblatt, S. 275) ff.) enthalten.

Bezüglich dieser Wahlgesetzgebungen im allgemeinen sind verschiedene Wahlsysteme zu unterscheiden. Zunächst finden sich nämlich noch Spuren des früher in Deutschland allgemein üblichen ständi=

ſchen Syſtems, wonach einzelne beſtimmte
Stände ihre jeweiligen Vertreter (Land=
ſtände) wählten, welch letztere alſo nicht
Vertreter der Geſamtheit der Staatsbür=
ger, ſondern nur ihres ſpeziellen Standes
waren. Die meiſten modernen Staatsver=
faſſungen haben jedoch dieſen Standpunkt
verlaſſen und das Repräſentativſyſtem
adoptiert, wonach der Volksvertreter die
Geſamtheit des Volks repräſentiert. Aber
gleichwohl laſſen noch viele Wahlgeſetze bei
der W. der Abgeordneten für die Zweite
Kammer oder da, wo das Einkammer=
ſyſtem beſteht, der Landtagsabgeordneten
überhaupt nicht lediglich die Kopfzahl ent=
ſcheiden; ſie legen vielmehr einen gewiſſen
Steuerzenſus zu Grunde. So ſind z. B.
in Öſterreich diejenigen, welche gar keine
oder nur ganz geringe Steuern zahlen,
vom Wahlrecht gänzlich ausgeſchloſſen.
Das preußiſche Wahlgeſetz vom 30. Mai
1849 hat für die (indirekte) W. zum Ab=
geordnetenhaus ein Dreiklaſſenſyſtem
eingeführt. Hiernach zerfallen die Urwäh=
ler in Höchſt=, Mittel= und Niedrigſtbe=
ſteuerte, und jede dieſer drei Klaſſen hat
je ein Drittel der Wahlmänner zu wählen.
In England haben die Haushaltungsvor=
ſtände das Recht, an den Wahlen für das
Unterhaus teilzunehmen. Ebenſo iſt in die
Wahlgeſetze verſchiedener deutſcher Einzel=
ſtaaten das Erfordernis eines eignen Haus=
ſtands (Altenburg, Koburg=Gotha, Olden=
burg, Reuß ältere Linie) oder der Zahlung
direkter Staatsſteuern, überhaupt oder
in einem beſtimmten Betrag (Preußen,
Bayern, Heſſen, Sachſen u. a.), mit auf=
genommen. In Frankreich, in der Schweiz,
in manchen nordamerikaniſchen Staaten
und nun auch für die Wahlen zum deut=
ſchen Reichstag iſt dagegen das allgemeine,
gleiche, direkte Wahlrecht (allgemeines
Stimmrecht, Suffrage univerſel) ein=
geführt. Hiernach werden zur Ausübung
des aktiven Wahlrechts, abgeſehen von dem
allgemeinen Erfordernis des männlichen
Geſchlechts, nur die Staatsangehörigkeit,
Vollgenuß der bürgerlichen Ehrenrechte
und ein gewiſſes Lebensalter erfordert.
Schon die Frankfurter konſtituierende
Nationalverſammlung hatte nämlich nach
franzöſiſchem Muſter durch Geſetz vom 12.

April 1849, betreffend die Wahlen der Ab=
geordneten zum Volkshaus, das allgemeine
Stimmrecht einzuführen geſucht, indem
ſie beſtimmte, daß an dieſen Wahlen jeder
unbeſcholtene Deutſche, welcher das 25.
Lebensjahr zurückgelegt, teilzunehmen be=
fugt ſein ſolle. Freilich war dieſem Geſetz
eine praktiſche Verwirklichung nicht be=
ſchieden; es blieb jedoch das immer ent=
ſchiedener auftretende Verlangen nach Ein=
berufung einer deutſchen Geſamtvolksver=
tretung auf der Baſis des allgemeinen und
direkten Wahlrechts, und als nach den Er=
folgen des Jahrs 1866 der Norddeutſche
Bund errichtet ward, iſt dem Liberalismus
von ſeiten der verbündeten Regierungen
die Konzeſſion der Aufnahme des allge=
meinen Stimmrechts in die norddeutſche
Bundesverfaſſung vom 1. Juli 1867 ge=
macht worden. Auch die nunmehrige
Reichsverfaſſung (Art. 20) erklärt, daß
der Reichstag aus allgemeinen und direk=
ten Wahlen hervorzugehen habe, und das
nunmehr auch auf die ſüddeutſche Staaten=
gruppe ausgedehnte und zum Reichsgeſetz
erhobene norddeutſche Wahlgeſetz vom 31.
Mai 1869 enthält (§ 1) die jenem Frank=
furter Wahlgeſetz analoge Beſtimmung,
daß jeder (Nord=) Deutſche, welcher das 25.
Lebensjahr zurückgelegt hat, in dem Bun=
desſtaat, in welchem er ſeinen Wohnſitz
habe, Wähler für den Reichstag ſei. Eine
Ausnahme (Wahlgeſetz, § 3) findet nur
ſtatt für diejenigen, über deren Vermögen
Konkurs= oder Fallitzuſtand erklärt wor=
den iſt, für die unter Vormundſchaft oder
Kuratel ſtehenden Perſonen, für ſolche,
die eine Armenunterſtützung beziehen oder
im letzten der W. vorhergegangenen Jahr
bezogen haben, endlich auch für diejenigen,
welchen infolge rechtskräftigen Erkennt=
niſſes der Vollgenuß der ſtaatsbürgerlichen
Rechte entzogen iſt. Es ſind dies aber
ſämtlich Ausnahmen, welche bereits in dem
angezogenen Geſetz der Frankfurter Natio=
nalverſammlung aufgeſtellt worden wa=
ren. Dagegen iſt eine Abweichung von dem
letztern inſofern bemerkenswert, als nach
dem gegenwärtigen Wahlgeſetz (§ 2) für
Perſonen des Soldatenſtands, des Heers
und der Marine die aktive Wahlberechti=
gung ſo lange ruht, als dieſelben ſich bei

ben Fahnen befinden, eine Beschränkung, welche das Frankfurter Gesetz nicht enthielt, indem es vielmehr (§ 11) das Wahlrecht der Soldaten und Militärpersonen ausdrücklich statuierte. Endlich ist auch noch darauf hinzuweisen, daß bekanntlich als Gegengewicht für das allgemeine Stimmrecht von seiten der verbündeten Regierungen an der Diätenlosigkeit der Reichstagsabgeordneten festgehalten wird.

Die Erfordernisse der passiven Wahlfähigkeit sind in der Regel dieselben wie für die Ausübung des aktiven Wahlrechts. Das deutsche Reichswahlgesetz (§ 4) fügt für die Reichstagsabgeordneten noch die Bestimmung hinzu, daß der Kandidat einem deutschen Staat seit mindestens einem Jahr angehören muß. Nicht wählbar sind die Mitglieder des Bundesrats, wie denn auch in den deutschen Einzelstaaten der Grundsatz gilt, daß niemand gleichzeitig Mitglied der Ersten und Zweiten Kammer sein kann. In manchen Staaten, z. B. in Preußen, ist übrigens für die Abgeordneten ein höheres Lebensalter erforderlich, zumeist von 30 Jahren. Die W. von Beamten ist zwar in allen Staaten gestattet, abgesehen von einzelnen Ausnahmen, welche gewisse Beamtenkategorien betreffen, wie z. B. die aktiven Staatsminister, die nach sächsischem, und die Mitglieder der Oberrechnungskammer, die nach preußischem Recht nicht wählbar sind. Die Frage aber, ob die Beamten zur Annahme der W. einer dienstlichen Genehmigung und zum Eintritt in die Kammer des Urlaubs bedürfen, ist in den einzelnen Gesetzbüchern verschieden beantwortet. Nach der deutschen Reichsverfassung (Art. 21) bedürfen Beamte zum Eintritt in den Reichstag keines Urlaubs.

Fast alle Wahlgesetze erfordern für die Gültigkeit der W. die absolute Stimmenmehrheit aller im Wahlkreis abgegebenen Stimmen, d. h. der Wahlkandidat muß mehr als die Hälfte aller abgegebenen Stimmen auf sich vereinigen. Stellt sich bei einer W. eine absolute Stimmenmehrheit nicht heraus, so ist nur unter den beiden Kandidaten anderweit zu wählen, welche die meisten Stimmen im ersten Wahlgang erhalten hatten

(engere W., Stichwahl). Bei Stimmengleichheit entscheidet das Los. Der Zeitraum, für welchen die Abgeordneten verfassungsmäßig zu wählen sind, wird Wahlperiode (Legislaturperiode) genannt. Ihre Dauer ist für den deutschen Reichstag auf 3, für die deutschen Einzellandtage teils auf 6, teils auf 4, teils auf 3 Jahre festgesetzt. Erledigt sich ein Mandat vor Ablauf dieses Zeitraums, so ist für den Rest der Wahlperiode eine Nachwahl vorzunehmen, während für den Fall der Auflösung der Kammer zu einer Neuwahl sämtlicher Abgeordneten, wie nach Ablauf einer Legislaturperiode, also wiederum auf eine volle Wahlperiode, zu schreiten ist. In England und in einem großen Teil von Nordamerika ist die W. öffentlich und mündlich, im Deutschen Reich und in den meisten deutschen Einzelstaaten dagegen ist sie geheim. Der Wähler übergibt seinen Wahlzettel (Stimmzettel) so zusammengefaltet, daß der darauf verzeichnete Name verdeckt ist, und der Wahlzettel wird uneröffnet in das auf dem Wahltisch stehende Gefäß (Wahlurne) niedergelegt. Für jede Gemeinde ist eine Liste sämtlicher Wahlberechtigten (Wahlliste, Wählerliste) anzufertigen und zu jedermanns Einsicht öffentlich auszulegen. Zum Zweck der Reichstagswahlen zerfällt das deutsche Reichsgebiet in Wahlkreise, welch letztere wiederum zum Zweck der Abstimmung in Wahlbezirke zerfallen. Für jeden Wahlkreis wird ein Wahlkommissar und für jeden Wahlbezirk ein Wahlvorsteher ernannt. Die endgültige Wahlprüfung steht regelmäßig der betreffenden parlamentarischen Körperschaft selbst zu; nach der Geschäftsordnung des deutschen Reichstags besteht zu diesem Zweck eine besondere Wahlprüfungskommission (s. Reichstag).

Wahlvergehen, d. h. Übertretungen der Vorschriften, welche zum Schutz des Wahlrechts erlassen sind, insbesondere Beeinträchtigungen der Wahlfreiheit, werden strafrechtlich geahndet. Dahin gehören namentlich die sogen. Wahlbestechung und die Wahlfälschung. Letztere, d. h. die vorsätzliche Herbeiführung eines unrichtigen Ergebnisses der Wahlhandlung oder die Verfälschung eines Wahlergebnisses, wird, wenn sie von einer Person begangen wurde, die in einer öffentlichen Angelegenheit mit der Sammlung von Wahl= oder Stimmzetteln oder Wahlzeichen oder mit der Führung der Beurkundungsverhandlung beauftragt ist, nach dem deutschen Reichsstrafgesetzbuch (§ 108) mit einer Gefängnisstrafe von einer Woche bis zu drei Jahren bestraft. Wird die Handlung von jemand begangen, welchem eine derartige Funktion nicht oblag, so tritt Gefängnisstrafe von einem Tag bis zu zwei Jahren ein. Denjenigen aber, welcher in einer öffentlichen Angelegenheit eine Wahlstimme kauft oder verkauft, bedroht das deutsche Strafgesetzbuch (§ 109) mit Gefängnisstrafe von einem Monat bis zu zwei Jahren. Auch kann auf Verlust der bürgerlichen Ehrenrechte erkannt werden. Endlich soll derjenige, welcher einen Deutschen mit Gewalt oder durch Bedrohung mit einer strafbaren Handlung verhindert, in der Ausübung seiner staatsbürgerlichen Rechte zu wählen oder zu stimmen, mit Gefängnis nicht unter sechs Monaten oder mit Festungshaft bis zu fünf Jahren bestraft werden (Reichsstrafgesetzbuch, § 107). Vgl. Hare, Treatise on the election of representation (4. Aufl. 1873); Naville, Die Wahlreform in Europa und Amerika (a. b. Franz. von Wille, 1868); Waitz, Grundzüge der Politik (1862); Mohl, Staatsrecht, Völkerrecht und Politik, Bd. 1 (1860); Bluntschli, Politik (1876).

Wahlariftokratie, s. Demokratie.

Wahlbestechung, Vergehen desjenigen, welcher in öffentlichen Angelegenheiten eine Wahlstimme kauft oder verkauft; nach dem deutschen Reichsstrafgesetzbuch (§ 109) mit Gefängnisstrafe von einem Monat bis zu zwei Jahren bedroht.

Wähler, s. Wahl (S. 610).

Wahlkapitulation (lat. Capitulatio caesarea), im frühern Deutschen Reich ein seit Kaiser Karl V. (1519) bei jeder Kaiserwahl zwischen dem Kaiser und den Kurfürsten vereinbartes Reichsgrundgesetz, welches die Bedingungen, unter denen die Wahl erfolgte, und die Beschränkungen der kaiserlichen Machtvollkommenheit ent-

hielt. Die W. wurde nachmals bei jeder Kaiserwahl erneuert, denn wenn man sich auch 1711 über eine beständige W. geeinigt hatte, so waren doch jeweilige Zusätze üblich und zulässig.

Wahlmonarchie, s. Monarchie.

Wahlprüfungs = Kommission, s. Reichstag (S. 478).

Wahlrecht, s. Wahl (S. 610).

Wahlreich, im Gegensatz zum Erbreich dasjenige Reich, dessen Regierung dem Regenten nur für seine Person übertragen ist. Mit dem Tode des gewählten Regenten ist in dem W. der Thron erledigt. Solche Wahlreiche waren die Republik Polen und das ehemalige Deutsche Reich.

Wahlvergehen, s. Wahl (S. 612).

Wahrspruch, s. Schwurgericht.

Währung, der in einem Land gesetzlich eingeführte Münzfuß, d. h. die gesetzliche Bestimmung über den durch Gewicht und Feingehalt bedingten Wert der Münzen; denn das Verhältnis der Einheit dieses Münzfußes zur Gold= oder Silbergewichtseinheit an edlem Metall. Je nachdem nun die Hauptmasse des in einem Land umlaufenden Geldes in Gold= oder in Silbermünzen besteht, unterscheidet man zwischen Gold= und Silberwährung. Letztere ist in Rußland und Spanien die herrschende, während die Goldwährung neuerdings von Deutschland angenommen worden ist, nachdem sie bereits in Dänemark, Schweden, Großbritannien, Portugal und Nordamerika Geltung erlangt hatte. Österreich und Italien haben dem Namen nach ebenfalls Goldwährung, in Wirklichkeit aber Papierwährung. Frankreich, Belgien, die Niederlande und die Schweiz haben ein gemischtes System (Bimetallismus), d. h. Gold= und Silberwährung (Doppelwährung). Für die Einführung dieses letztern Systems wird gegenwärtig in Deutschland stark agitiert, doch spricht gegen dieselbe namentlich die leichte Verschiebbarkeit des Wertverhältnisses zwischen Gold und Silber. Dagegen ist Gold nicht nur ein bequemeres Zahlungsmittel, sondern auch in seinem Wert weniger den Verkehrsschwankungen unterworfen, und ebendies ist ein wichtiger Vorteil, da der allgemeine Wertmesser möglichst feststehen und möglichst wenig Veränderungen unterliegen soll. Die Reichsregierung hat allem Anschein nach in dieser Frage noch nicht definitiv Stellung genommen, und der Kampf hat überhaupt noch nicht zu einer völligen Klärung der Situation geführt. Vgl. Neuwirth, Der Kampf um die W. (1881).

Waiblinger, s. Ghibellinen.

Waldeck (W.-Pyrmont), Fürstentum und Bundesstaat des Deutschen Reichs, 1121 qkm, 56,548 Einw.; Haupt- und Residenzstadt: Arolsen mit 2476 Einw. Das Land besteht aus dem eigentlichen Fürstentum W. und dem Fürstentum Pyrmont. Letzteres bildet einen Kreis für sich, während W. in die drei Kreise der Twiste, des Eisenbergs und der Eder zerfällt. Die Staatsform ist die einer konstitutionellen Erbmonarchie, normiert durch die Verfassungsurkunde vom 17. Aug. 1852. An der Spitze des Staats steht der Fürst (»Durchlaucht«). Die Volksvertretung ist nach dem Einkammersystem organisiert, und zwar besteht der Landtag des Fürstentums aus 15 durch allgemeine, indirekte Wahl erwählten Abgeordneten, 12 aus dem Fürstentum W. und 3 aus dem Fürstentum Pyrmont. Die Schwierigkeit einer selbständigen Verwaltung des kleinen Staatswesens führte nach der Gründung des Norddeutschen Bundes zu einem Anschluß des Fürstentums an Preußen auf Grund eines Accessionsvertrags vom 18. Juli 1867, welcher 22. Okt. d. J. von den Landständen genehmigt wurde. Demzufolge behielt W. zwar eine selbständige Gesetzgebung, soweit von einer solchen nach der Reichsverfassung noch die Rede sein kann; die Staatsverwaltung aber ging 1. Jan. 1868 auf Preußen über, welches dieselbe durch einen Landesdirektor und die ihm unterstellten Behörden ausübt. Der Vertrag ist 1. Jan. 1878 auf zehn Jahre erneuert worden, indem dem Fürsten bei dieser Gelegenheit einige Opfer auferlegt wurden, welche der Umstand, daß derselbe die Domäneneinkünfte behalten hatte, und daß Preußen bis dahin zu den Verwaltungskosten nicht unbedeutende Zuschüsse leisten mußte, als geboten erscheinen ließ. Dem Fürsten sind das Begnadigungsrecht, die landesherrlichen Rechte in Ansehung der Gesetzgebung und das Kirchenregiment verblieben. Die Verwaltung der vier Kreise wird nach der Kreisordnung vom 16. Aug. 1855 von Kreisamtmännern wahrgenommen, welchen eine kommunale Kreisvertretung (Kreisvorstand) beigegeben ist. Was die Rechtspflege anbetrifft, so ist das Fürstentum W. dem Oberlandesgericht zu Kassel unterstellt; ebenso fungiert für die drei waldeckischen Amtsgerichte Arolsen, Korbach und Wilbungen das preußische Landgericht zu Kassel als Landgericht, während das Fürstentum Pyrmont mit dem Amtsgericht zu Pyrmont dem preußischen Oberlandesgericht zu Celle und dem Landgericht zu Hannover zugewiesen ist. Laut Militärkonvention vom 6. Aug. 1867, resp. 24. Nov. 1877 bilden die waldeckischen Truppen einen Bestandteil der königlich preußischen Armee, und zwar ist zur Aufnahme waldeckischer Wehrpflichtigen vorzugsweise das 3. hessische Infanterieregiment Nr. 83 bestimmt, welches dem 11. Armeekorps (Kassel) angehört. Übrigens bestand schon vor Gründung des Norddeutschen Bundes eine Militärkonvention mit Preußen. Finanzen. Die Staatseinnahme balancierte 1880 mit der Ausgabe in dem Betrag von 973,404 Mk., darunter 310,000 Mk. Zuschuß aus der preußischen Staatskasse. Die Staatsschulden beziffern sich pro 1. Mai 1881 für W. auf 2,198,700, für Pyrmont auf 271,800 Mk. Zum deutschen Bundesrat entsendet W. einen Bevollmächtigten und ebenso zum deutschen Reichstag einen Abgeordneten. Das Wappen von W. zeigt acht Felder, für W. mit einem schwarzen achtstrahligen Stern auf goldnem Grund, für Pyrmont mit einem roten Ankerkreuz in Silber, von einem Purpurmantel umgeben und mit dem Fürstenhut bedeckt.

Walzende Grundstücke, s. Dismembrieren.

Wandlungsfehler, s. Gewährsmängel.

Wappen (s. v. w. Waffen), die Abzeichen gewisser Familien, Vereine, Städte, Staaten und sonstiger Körperschaften, meist mit allerlei Emblemen gezierte Schilde. Vgl. die in den einzelnen Länderartikeln über die Staatswappen gegebenen Notizen.

Wappenrecht, s. Adel.

Warenzeichen, s. Markenschutz.

Wasserhoheit, das Oberaufsichtsrecht der Staatsgewalt über alle Nutzungen der öffentlichen Flüsse und Seen; daher das Recht, gewisse Ordnungen darüber vorzuschreiben, deren Beobachtung zu überwachen (Wasserpolizei) und zu verlangen, daß keine größere Anlage an einem Fluß ohne Anzeige bei der höhern Behörde und ohne deren Leitung gemacht werde.

Wechsel (franz. Lettre de change, engl. Bill of exchange) bezeichnet sowohl das Wechselversprechen als auch den Wechselbrief, d. h. eine Urkunde, wodurch der Aussteller (Trassant) sich zur Zahlung einer gewissen Summe zu einer bestimmten Zeit (Verfallzeit) an eine bestimmte Person (Remittent) entweder selbst verbindlich macht (Sola = oder trockner W., Eigenwechsel), oder einen Dritten (Trassat, Bezogenen) mit dieser Zahlung beauftragt (Tratte oder gezogener W.). Der Bezogene wird Acceptant, nachdem er den W. angenommen (acceptiert), d. h. sich zur Zahlung desselben durch einen Vermerk auf dem W. selbst (Accept) verpflichtet hat. Dies geschieht gewöhnlich dadurch, daß der Bezogene seinen Namen oder seine Firma auf die Vorderseite des Wechsels schreibt. Die über Verweigerung der Annahme oder der Zahlung eines Wechsels oder zur Beurkundung der Vermögensunsicherheit eines Bezogenen aufgenommene gerichtliche oder notarielle Urkunde heißt Wechselprotest. Die gesetzlichen Vorschriften, welche sich auf das Wechselgeschäft beziehen, bilden das Wechselrecht, einen wichtigen Bestandteil des Privatrechts. Für das Deutsche Reich ist das Wechselrecht durch die nunmehr zum Reichsgesetz erhobene allgemeine deutsche Wechselordnung vom 1. Mai 1849 nebst den sogen. Nürnberger Novellen von 1857 normiert. Diese ist auch in den cisleithanischen Ländern von Österreich-Ungarn in Kraft. Die formelle Kraft des Wechsels beruht auf dem Wechselprozeß, einem

summarischen Verfahren, welches dann eintritt, wenn im Urkundenprozeß Ansprüche aus Wechseln klagend geltend gemacht werden (vgl. deutsche Zivilprozeßordnung, §§ 555—567). Das früher übliche Erekutionsmittel des Wechselarrests (Wechselstrenge) ist nach dem Vorgang des englischen und französischen Rechts in Deutschland durch Bundes- (Reichs-) Gesetz vom 29. Mai 1868, in Österreich durch Gesetz vom 4. Mai 1868 beseitigt. Neuerdings sind Anläufe gegen die allgemeine Wechselfähigkeit (»Wechselfähig ist jeder, welcher sich durch Verträge verpflichten kann«) genommen worden; namentlich suchte ein Antrag des Grafen Wilhelm von Bismarck im Reichstag eine Beschränkung derselben in Ansehung von Handwerkern, Offizieren und Beamten herbeizuführen; doch fanden diese Bestrebungen wenig Anklang, und der deutsche Juristentag insbesondere hat sich gegen eine Einschränkung der allgemeinen Wechselfähigkeit ausgesprochen. Lehrbücher des Wechselrechts und Kommentare der allgemeinen deutschen Wechselordnung sind namentlich von Renaud, Wächter, Hartmann und Bernhardt herausgegeben.

Wechselstempelsteuer, im Deutschen Reich eine durch Reichsgesetz vom 4. Juni 1879 festgesetzte, für Rechnung des Reichs zu erhebende Abgabe von Wechseln. Diese Stempelabgabe, welche durch Aufkleben von Stempelmarken entrichtet wird, beträgt von einer Wechselsumme von 200 Mk. und weniger: 10 Pf., von 200—400 Mk.: 20 Pf., von 400—600 Mk.: 30 Pf., von 600—800 Mk.: 40 Pf. und von 800—1000 Mk.: 50 Pf. Von jedem fernern Tausend Mark der Wechselsumme sind 50 Pf. mehr zu entrichten, und zwar wird dabei jedes angefangene Tausend für voll gerechnet.

Wehrhoheit, s. Waffenrecht.

Wehrpflicht, die Verpflichtung zum Heeresdienst. An Stelle des frühern Werbesystems trat im vorigen Jahrhundert die Aushebung und Konskription der Unterthanen zum Militärdienst, und dem preußischen Staat gebührt das Verdienst, unter Ausschluß der Stellvertretung das Prinzip der allgemeinen W. zu Anfang dieses Jahrhunderts eingeführt zu haben, ein

System, welches jetzt für das Deutsche Reich adoptiert worden ist und auch in den meisten andern europäischen Staaten Eingang gefunden hat. Die deutsche Reichsverfassung (Art. 57) erklärt ausdrücklich: »Jeder Deutsche ist wehrpflichtig und kann sich in Ausübung dieser Pflicht nicht vertreten lassen«. Weiter ist im Art. 59 bestimmt, daß jeder wehrfähige Deutsche 7 Jahre lang, in der Regel vom vollendeten 20. bis zum beginnenden 28. Lebensjahr, dem stehenden Heer und zwar die ersten 3 Jahre bei den Fahnen, die letzten 4 Jahre in der Reserve und die folgenden 5 Jahre in der Landwehr angehören soll (s. Ersatzwesen). Neben dieser Dienstpflicht besteht die Landsturmpflicht (s. Landsturm). Die seemännische Bevölkerung des Reichs, einschließlich des Maschinenpersonals und der Schiffshandwerker, ist zwar vom Dienst im Landheer befreit, dagegen zum Dienst in der kaiserlichen Marine (s. b.) verpflichtet. Des nähern ist die W., von welcher nur die Mitglieder der regierenden und der mediatisierten Fürstenhäuser ausgenommen sind, durch das nunmehr auch auf die süddeutschen Staaten ausgedehnte Bundesgesetz vom 9. Nov. 1867, betreffend die Verpflichtung zum Kriegsdienst, durch das Reichsmilitärgesetz vom 2. Mai 1874 und die Novelle zu diesem vom 6. Mai 1880 normiert. Auf Grund dieser gesetzlichen Bestimmungen ist die deutsche Wehrordnung vom 28. Sept. 1875 (nebst Nachträgen) erlassen. Vgl. Schmidt, Die W. im Deutschen Reich (1877).

Wehrsteuer, Steuerprojekt des Fürsten Bismarck, wonach diejenigen, welche vom Dienst im Heer oder in der Marine ausgeschlossen oder ausgemustert, ferner diejenigen, welche der Ersatzreserve 1. oder 2. Klasse oder der Seewehr 2. Klasse überwiesen werden, und endlich diejenigen, welche vor erfüllter Dienstpflicht aus jedem Militärverhältnis ausscheiden, einer direkten Steuer unterworfen werden sollten. Die W. sollte nach der Regierungsvorlage jährlich 1—3 Proz. vom Einkommen des Steuerpflichtigen auf die Dauer von höchstens 12 Jahren betragen, abgesehen von einer jährlichen Kopfsteuer von

4 Mk. Allein dies Projekt, dessen Ertrag auf jährlich 16,090,000 Mk., für spätere Zeiten aber auf 19,680,000 Mk. veranschlagt wurde, fand bei keiner Partei des Reichstags rechten Beifall, namentlich um deswillen nicht, weil es der Auffassung, daß die allgemeine Wehrpflicht nicht nur eine Pflicht, sondern auch eine Ehre ist, zuwiderläuft.

Weihbischof, s. Bischof.

Welfen (Guelfen), deutsches Fürstengeschlecht, im Mittelalter in Deutschland besonders mächtig (Heinrich der Stolze, Heinrich der Löwe). Der Name (»junge Hunde«) soll dem Geschlecht durch einen Ahnen desselben, Isenbrand, Sohn des Grafen Warin von Altorf, welch letzterer ein Zeitgenosse Karls d. Gr. war, gegeben worden sein. Im Mittelalter war der Name W. zugleich eine Bezeichnung für die Gegner der kaiserlichen Partei (Waiblinger oder Ghibellinen); in Italien wurden namentlich die Anhänger des Papstes so bezeichnet. Zu dem welfischen Haus gehören die königliche und die herzogliche Linie des Hauses Braunschweig, von welchen die erstere in England, die letztere in Braunschweig regiert, während sie in Hannover 1866 depossediert ward. Die Hartnäckigkeit, mit welcher Georg V. von Hannover an seinen Thronrechten festhielt, indem er die sogen. Welfenlegion errichtete, führte zur Beschlagnahme des sogen. Welfenfonds (s. Hannover). W. werden jetzt vielfach die hannöverschen Partikularisten, welche die Wiederherstellung des Königreichs Hannover erstreben, genannt.

Weltpostverein, s. Post.

Wettin, sächs. Grafengeschlecht, welches im 10. Jahrh. zuerst vorkommt. Das Haus W. erhielt 1068 die Markgrafschaft Meißen, 1263 Thüringen und 1423 das Kurfürstentum Sachsen. Von ihm stammen die zur ernestinischen Linie des Hauses Sachsen gehörigen großherzoglich und herzoglich sächsischen Häuser und die albertinische Linie des Hauses Sachsen (s. b.) ab.

Whig, s. Tory.

Widersetzlichkeit (Widersetzung, Widerstand gegen die Staatsgewalt), derjenige Widerstand, welcher der

Obrigkeit bei einer Amtshandlung durch Gewalt oder Bedrohung mit ſolcher geleiſtet wird. Das deutſche Strafgeſetzbuch bedroht denjenigen, welcher einem Beamten, der zur Vollſtreckung von Geſetzen, Befehlen und Anordnungen der Verwaltungsbehörden oder von Urteilen und Verfügungen der Gerichte berufen iſt, in der rechtmäßigen Ausübung ſeines Amtes durch Gewalt oder durch Bedrohung mit Gewalt Widerſtand leiſtet oder einen ſolchen Beamten während der rechtmäßigen Ausübung ſeines Amtes thätlich angreift, mit Gefängnis von 14 Tagen bis zu 2 Jahren. Wer es unternimmt, durch Gewalt oder Drohung eine Behörde oder einen Beamten zur Vornahme oder Unterlaſſung einer Amtshandlung zu nötigen, wird mit Gefängnis von 3—5 Jahren beſtraft. Wird die That von mehreren verübt, ſo kommen die Strafbeſtimmungen über Auflauf (ſ. d.) und Aufruhr (ſ. d.) in Anwendung. Wer ferner öffentlich vor einer Menſchenmenge oder durch Verbreitung oder öffentlichen Anſchlag oder öffentliche Ausſtellung von Schriften oder andern Darſtellungen zum Ungehorſam gegen Geſetze oder rechtsgültige Verordnungen oder gegen die von der Obrigkeit innerhalb ihrer Zuſtändigkeit getroffenen Anordnungen auffordert, wird mit Geldſtrafe bis zu 600 Mk. oder mit Gefängnis bis zu 2 Jahren beſtraft. Gleiche Gefängnisſtrafe trifft denjenigen, welcher eine Perſon des Soldatenſtands auffordert oder anreizt, dem Befehl ſeines Obern nicht Gehorſam zu leiſten. Beſondere Strafvorſchriften beſtehen endlich in Anſehung der W. gegen Forſt- oder Jagdbeamte, Waldeigentümer, Forſt- und Jagdberechtigte oder deren Aufſeher, ferner für die Befreiung von Gefangenen und für Meuterei (ſ. d.) der Gefangenen. Vgl. Deutſches Reichsſtrafgeſetzbuch, §§ 110—122.

Wiederaufnahme des Verfahrens iſt nach modernem Strafprozeßrecht, obgleich ein rechtskräftiges verurteilendes oder freiſprechendes Erkenntnis vorliegt, ſowohl zu Gunſten als auch zu Ungunſten des Angeſchuldigten zuläſſig. Letzteres kann nach der deutſchen Strafprozeßordnung insbeſondere dann geſchehen, wenn der freigeſprochene Angeklagte nachträglich vor Gericht oder außergerichtlich ein glaubwürdiges Geſtändnis der ſtrafbaren Handlung ablegt. Zu Gunſten eines verurteilten Angeſchuldigten dagegen kann die W. erfolgen, wenn neue Thatſachen oder Beweismittel beigebracht werden, welche die Freiſprechung des Angeklagten oder doch in Anwendung eines milbern Strafgeſetzes eine geringere Beſtrafung desſelben zu begründen geeignet ſind, oder wenn ein zivilgerichtliches Urteil, auf welches das Strafurteil gegründet war, durch ein andres rechtskräftig gewordenes Urteil wieder aufgehoben iſt. Zu Gunſten wie zu Ungunſten des Angeſchuldigten findet ferner die W. ſtatt, wenn eine in der Hauptverhandlung gegen oder für den Angeſchuldigten als echt vorgebrachte Urkunde fälſchlich angefertigt oder verfälſcht war, wenn ein Zeuge oder Sachverſtändiger ſich durch Beeidigung eines gegen oder für den Angeklagten abgelegten Zeugniſſes oder abgegebenen Gutachtens einer Verletzung der Eidespflicht ſchuldig gemacht, oder endlich, wenn bei dem Urteil ein Richter, Geſchworner oder Schöffe mitgewirkt hat, welcher ſich in Beziehung auf die Sache einer Verletzung ſeiner Amtspflichten ſchuldig gemacht hatte. Im bürgerlichen Prozeß iſt eine W. im Weg der Nichtigkeitsklage oder im Weg der Wiedereinſetzung in den vorigen Stand (ſ. d.) möglich. Vgl. Deutſche Strafprozeßordnung, §§ 399—413; Zivilprozeßordnung, §§ 541—554.

Wiedereinſetzung in den vorigen Stand (Reſtitution, lat. Restitutio in integrum), die Wiederaufhebung eines nach den Grundſätzen des ſtrengen Rechts eingetretenen Nachteils aus Gründen der Billigkeit, insbeſondere wegen Minderjährigkeit, Abweſenheit, Irrtum ꝛc. Das moderne Recht hat die W. namentlich als Rechtsmittel für den Prozeß beibehalten, z. B. zur Beſeitigung der Rechtsnachteile, die durch die unverſchuldete Verſäumnis von Friſten und Terminen erwachſen ſind. Vgl. Deutſche Zivilprozeßordnung, §§ 208 ff., 541 ff.; Deutſche Strafprozeßordnung, §§ 44 ff., 234, 399 ff. S. Wiederaufnahme des Verfahrens.

Wiedernahme, s. Reprise.

Wiener Schlußakte, s. Deutscher Bund (S. 116).

Wilddiebstahl (Wildbieberei), die Beeinträchtigung fremder Jagd durch widerrechtliche Zueignung von jagdbaren Tieren. War das Wild bereits im Besitz des Jagdberechtigten oder sonst in das rechtmäßige Eigentum eines andern übergegangen, befand es sich z. B. in einem Gehege, in einer Parkanlage, so liegt kein W., sondern ein eigentlicher Diebstahl (s. b.) vor. Das deutsche Reichsstrafgesetzbuch bedroht denjenigen, welcher an Orten, an denen zu jagen er nicht berechtigt ist, die Jagd ausübt, mit Gefängnis bis zu 3 Monaten oder mit Geldstrafe bis zu 300 Mk. Während die strafrechtliche Verfolgung überhaupt früher nur auf Antrag des Jagdberechtigten eintrat, ist das Erfordernis des Antrags durch die Novelle zum Strafgesetzbuch (Gesetz vom 26. Febr. 1876) auf Angehörige des Jagdberechtigten beschränkt. Auch ist in diesem Fall die Zurücknahme des Antrags zulässig. Als straferhöhendes Moment wird es ferner bezeichnet, wenn dem Wild nicht mit Schießgewehr oder Hunden, sondern mit Schlingen, Netzen, Fallen oder andern Vorrichtungen nachgestellt, oder wenn das Vergehen während der gesetzlichen Schonzeit, in Wäldern, zur Nachtzeit oder gemeinschaftlich von mehreren begangen wird. Wird unberechtigtes Jagen gewerbsmäßig betrieben, so tritt ausschließlich Gefängnisstrafe und zwar von 3 Monaten bis zu 5 Jahren ein; auch kann in diesem Fall auf Verlust der bürgerlichen Ehrenrechte sowie auf Zulässigkeit von Polizeiaufsicht erkannt werden. Allgemein ist die Einziehung der Werkzeuge, mit denen das Jagdvergehen verübt wurde, angeordnet, gleichviel ob sie dem Verurteilten gehören oder nicht. Übrigens ist auch schon derjenige strafbar (Geldstrafe bis zu 60 Mk. oder Haft bis zu 14 Tagen), welcher ohne Genehmigung des Jagdberechtigten oder ohne sonstige Befugnis auf einem fremden Jagdgebiet außerhalb des öffentlichen, zum allgemeinen Gebrauch bestimmten Wegs, wenn auch nicht jagend, doch zur Jagd ausgerüstet betroffen wird. Vgl.

Reichsstrafgesetzbuch, §§ 292—295, 368 Nr. 10.

Wildfangsrecht, s. Fremdenrecht.

Wildfrevel, s. Jagdrecht.

Wilhelms-Spende, s. Kaiser Wilhelms-Spende.

Willkür (»Straßenpolizeiordnung«), s. Polizei.

Wirtschaftsreformer, s. Agrarier.

Wittelsbach, deutsches Fürstengeschlecht, welches 1180 von Friedrich Barbarossa mit dem Herzogtum Bayern beliehen ward, indem dasselbe Heinrich dem Löwen abgenommen und an Otto von W. vergeben wurde. Das Haus W. teilte sich 1294 in eine pfälzische und eine bayrische Linie, welch letztere 1623 die Kurwürde erlangte, aber 1777 ausstarb. Die pfälzische Linie hatte sich in mehrere Linien geteilt, welche aber bis auf die Linie Zweibrücken ausstarben, die noch jetzt Bayern beherrscht.

Wittum, s. Apanage.

Witwenjahr, s. v. w. Gnadenjahr (s. b.).

Witwenpension, s. Pension.

Wohlfahrtspolizei, s. Polizei (417).

Wohnort, s. Domizil.

Wollsack (engl. Woolsack), im Oberhaus des engl. Parlaments Bezeichnung für ein großes, viereckiges, mit rotem Tuch bedecktes Kissen ohne Rück- und Seitenlehne, welches dem Lord-Kanzler als Sitz dient. Auf dem W., der nach altem Herkommen als außerhalb des Hauses befindlich gedacht wird, nehmen auch die bei der Entscheidung gewisser Prozesse zur Abgabe ihres Gutachtens ins Oberhaus berufenen, aber nicht als Mitglieder desselben fungierenden und deshalb nicht stimmberechtigten Richter Platz sowie diejenigen Peers, welche sich der Abstimmung enthalten wollen.

Wrackgut, versunkene Schiffstrümmer oder sonstige Gegenstände, die vom Meeresgrund heraufgebracht werden (s. Seerecht).

Wucher, der unbillige und übermäßige Gewinn, den jemand aus der Benutzung seines Vermögens zieht; insbesondere Zinswucher, die Überschreitung des gesetzlich oder landesüblich festgestellten Maximums von Kapitalzinsen. In letzterer

Beziehung war es früher mit Strafe bedroht, mehr als 5 Proz. und im Handelsverkehr mehr als 6 Proz. Zinsen zu nehmen. Ein Bundes= (Reichs=) Gesetz vom 14. Nov. 1867 hat jedoch diese Wuchergesetze beseitigt. Neuerdings ist man freilich vielfach mit dem Wunsch nach Wiederherstellung der letztern hervorgetreten, ohne jedoch eine derartige Beschränkung des Zinsfußes durchzusetzen. Dagegen hat ein Gesetz, welches den W. mit Strafe bedroht, unterm 24. Mai 1880 für das Deutsche Reich Geltung erlangt. Dasselbe erklärt es für W. und bedroht es mit Gefängnisstrafe bis zu 6 Monaten und zugleich mit Geldstrafe bis zu 3000 Mk. (§ 302 a—d des Reichsstrafgesetzbuchs), wenn jemand unter Ausbeutung der Notlage, des Leichtsinns oder der Unerfahrenheit eines andern für ein Darlehen oder im Fall der Stundung einer Geldforderung sich oder einem Dritten Vermögensvorteile versprechen läßt, welche den üblichen Zinsfuß dergestalt überschreiten, daß nach den Umständen des Falles die Vermögensvorteile in auffälligem Mißverhältnis zu den Leistungen stehen. Auch kann in einem solchen Fall auf Verlust der bürgerlichen Ehrenrechte erkannt werden. Noch strengere Strafe tritt ein, wenn jemand sich oder einem Dritten die wucherlichen Vermögensvorteile verschleiert oder wechselmäßig oder unter Verpfändung der Ehre, auf Ehrenwort, eidlich oder unter ähnlichen Versicherungen oder Beteuerungen versprechen läßt, oder wenn der W. gewerbs= oder gewohnheitsmäßig betrieben wird. Die in einer solchen wucherischen Absicht abgeschlossenen Verträge sind nichtig. Ob nun das Gesetz von praktischer Wirkung sein wird, ist sehr fraglich, da es für den Richter außerordentlich schwer ist, für den einzelnen Fall festzustellen, ob die Merkmale des Wuchers wirklich begründet und vorhanden sind. Vgl. Endemann, Bedeutung der Wucherlehre (1866).

Wuchergesetze, s. Wucher.

Württemberg, Königreich und Bundesstaat des Deutschen Reichs, 19,504 qkm mit (1880) 1,970,132 zum überwiegenden Teil evangelischen Einwohnern.

Haupt= und Residenzstadt: Stuttgart mit 117,021 Einw.

	QKilom.	Einw.
Neckarkreis	3327	622858
Schwarzwaldkreis	4773	472646
Jagstkreis	5139	407479
Donaukreis	6265	467649
Zusammen:	19504	1970132

An der Spitze des Staatswesens, welches sich als eine konstitutionelle Erbmonarchie darstellt, steht der König, dessen Krone im Mannsstamm des Hauses W. nach der Linealerbfolge und dem Erstgeburtsrecht erblich ist. Nach dem Erlöschen des Mannsstamms succediert die weibliche Linie, doch tritt bei der Deszendenz des alsdann regierenden königlichen Hauses das Vorrecht des Mannsstamms wieder ein. Das ursprünglich gräfliche Haus W. führte seit 1495 den Herzogstitel, bis dasselbe 1803 für den Verlust seiner Besitzungen auf dem linken Rheinufer neben einer Entschädigung durch neun Reichsstädte und mehrere geistliche Territorien die Kurwürde erhielt. Durch den Anschluß an Napoleon I. erlangte das württembergische Haus 1. Jan. 1806 den Königstitel. Die Zivilliste des Königs beträgt dermalen 1,835,257 Mk., wozu noch 328,347 Mk. an Apanagen für die Mitglieder des königlichen Hauses kommen. Der König ist hinsichtlich der Gesetzgebung und der Besteuerung an die Zustimmung des Landtags gebunden. Nachdem nämlich 1805 die altständische Verfassung Württembergs beseitigt worden war, wurde an Stelle des absoluten Regiments, welches seitdem geführt worden, durch Verfassungsurkunde vom 25. Sept. 1819 eine konstitutionell=monarchische Verfassung gegeben, deren Normen jedoch durch spätere Gesetze vom 26. März 1868 und 23. Juni 1874 teilweise modifiziert worden sind. Der Versuch einer durchgreifenden Verfassungsveränderung nach 1848 war vergeblich. Die Volksvertretung setzt sich nach dem Zweikammersystem zusammen. Die Erste Kammer oder die Kammer der Standesherren besteht aus den Prinzen des königlichen Hauses, den Häuptern der fürstlichen und gräflichen Familien und den Vertretern der standesherrlichen Gemeinschaften, auf deren Besitzungen ehebem eine Reichs= oder Kreistagsstimme ruhte, endlich aus den vom König lebenslänglich oder erblich ernannten Mitgliedern, deren Zahl den britten Teil der übrigen Mitglieder nicht übersteigen darf. Zu erblichen Mitgliedern soll der König nur solche Gutsbesitzer aus dem standesherrlichen oder ritterschaftlichen Adel ernennen, die von einem mit Fideikommiß belegten Majoratsgut ein jährliches Einkommen von mindestens 6000 Fl. beziehen. Die Mitglieder der Zweiten Kammer gehen aus direkten Wahlen hervor (Gesetz vom 26. März 1868), und zwar werden 13 Mitglieder von dem ritterschaftlichen Adel, 6 von der protestantischen und 3 von der katholischen Geistlichkeit, 7 von den größern Städten und 63 von den Landbezirken gewählt. Dazu kommt noch ein Vertreter der Universität Tübingen. Die Wahlperiode ist eine sechsjährige.

Durch Vertrag mit dem Norddeutschen Bund vom 25. Nov. 1870 ist W. dem Deutschen Bund und nunmehrigen Deutschen Reich beigetreten. Dabei sind aber der Krone W. besondere Reservatrechte eingeräumt worden, nämlich folgende: Die Besteuerung des inländischen Branntweins und des inländischen Biers ist, ebenso wie für Baden und Bayern, der Landesgesetzgebung des Königreichs vorbehalten, und der Ertrag dieser Steuern fließt in die Landeskasse. Ferner ist die Verwaltung des Post= und Telegraphenwesens in W. ebenso wie in Bayern Landessache. Die Gesetzgebung des Reichs beschränkt sich in dieser Hinsicht der Krone W. gegenüber auf folgende Gegenstände: die Vorrechte der Post und der Telegraphie, die rechtlichen Verhältnisse dieser beiden Anstalten zum Publikum, die Portofreiheiten und das Posttarwesen, letzteres jedoch ausschließlich der reglementarischen und der Tarifbestimmungen für den internen Verkehr innerhalb Württembergs, und unter gleicher Beschränkung die Festellung der Gebühren für die telegraphische Korrespondenz. Ebenso steht dem Reich die Regelung des Post= und Telegraphenverkehrs mit dem Ausland zu, ausgenommen den eignen unmittelbaren Verkehr Württembergs

mit seinen dem Reich nicht angehörigen Nachbarstaaten nach Maßgabe des Art. 49 des Postvertrags vom 23. Nov. 1867. An den aus den übrigen Bundesstaaten zur Reichskasse fließenden Einnahmen des Post= und Telegraphenwesens hat W. ebensowenig wie Bayern Anteil. Endlich sind W. gewisse Sonderrechte in Ansehung des Militärwesens, allerdings nicht so weit gehende wie dem bayrischen Staat, eingeräumt. Nach der Militärkonvention mit Preußen vom 21.—25. Nov. 1870 sind nämlich die königlich württembergischen Truppen dem Oberbefehl des Königs von Preußen als des Bundesfeldherrn unterstellt; allein diese Truppen sollen ein in sich geschlossenes (das 13.) Armeekorps bilden, welches für die Dauer friedlicher Verhältnisse in seinem Verband und in seiner Gliederung erhalten bleiben und im eignen Land dislöziert werden soll; eine hiervon abweichende Anordnung des Bundesfeldherrn sowie die Dislözierung andrer deutscher Truppenteile in das Königreich W. soll in Friedenszeiten nur mit Zustimmung des Königs von W. erfolgen, sofern es sich nicht um Besetzung süd= oder westdeutscher Festungen handelt. Weiter ist das verfassungsmäßige Recht des Kaisers, den Höchstkommandierenden eines jeden Kontingents und alle Festungskommandanten zu ernennen, auch innerhalb des Bundesgebiets Festungen anzulegen, der württembergischen Staatsregierung gegenüber beschränkt. Die Ernennung des Höchstkommandierenden erfolgt vielmehr durch den König von W. nach vorgängiger Zustimmung des Kaisers, und über die Ernennung der Festungskommandanten und die Anlegung von Festungen innerhalb des Königreichs soll der Kaiser sich zuvor mit dem König von W. ins Benehmen setzen; ebenso, wenn er einen von ihm zu ernennenden Offizier aus dem württembergischen Armeekorps wählen will. Ferner soll zur Vermittelung der dienstlichen Beziehungen des württembergischen Armeekorps zu dem deutschen Bundesheer ein direkter Schriftenwechsel zwischen dem preußischen und württembergischen Kriegsministerium stattfinden. Endlich soll die württembergische Regierung jederzeit in dem Bun-

desausschuß für das Landheer und die
Festungen vertreten sein.

In den deutschen Reichstag entsendet
W. 17 Abgeordnete; zum Bundesrat kann
es 4 Vertreter abordnen, entsprechend der
Stimmenzahl, welche ihm in dieser Körper=
schaft zusteht.

An der Spitze der Staatsverwal=
tung steht das Staatsministerium,
welches sich aus den Ressortministern oder
den Chefs der einzelnen Ministerialdeparte=
ments zusammensetzt. Daneben besteht ein
Geheimer Rat, für welchen außer den
Ministern noch ordentliche u. außerordent=
liche Mitglieder vom König ernannt wer=
den. Dem Staatsministerium ist ein Ver=
waltungsgerichtshof unterstellt. Die
einzelnen Departements des Ministeriums
sind diejenigen für die Justiz, die auswär=
tigen Angelegenheiten, das Innere, das
Kirchen= und Schulwesen, das Kriegswesen
und die Finanzen. Die von dem erstge=
dachten Department wahrzunehmende
Justizverwaltung erstreckt sich auf das in
Stuttgart errichtete Oberlandesgericht, die
acht Landgerichte und die Amtsgerichte des
Königreichs (s. unten). Dem Ministerium
der auswärtigen Angelegenheiten sind die
Archivdirektion und die Generaldirektion
der Staatseisenbahnen und der Bodensee=
dampfschiffahrt, die Generaldirektion der
Posten und Telegraphen und der Rat der
Verkehrsanstalten unterstellt. Von dem De=
partement des Innern ressortieren die vier
Kreisregierungen, an deren Spitze
Präsidenten oder Direktoren stehen. Das
Land zerfällt zum Zweck der innern Ver=
waltung in die vier Kreise: Neckarkreis
(Hauptstadt: Ludwigsburg), Schwarzwald=
kreis (Reutlingen), Jagstkreis (Ellwangen)
u. Donaukreis (Ulm). Die Kreise zerfallen
wiederum in Oberamtsbezirke, welche
jeweilig unter einem Oberamtmann stehen.

I. Neckarkreis. Stuttgart (1. Stadtdirektion,
2. Oberamt), Ludwigsburg, Böblingen, Leonberg,
Baihingen, Maulbronn, Brackenheim, Besigheim,
Heilbronn, Neckarsulm, Weinsberg, Backnang,
Marbach, Waiblingen, Kannstadt, Eßlingen.

II. Schwarzwaldkreis. Reutlingen, Urach,
Nürtingen, Tübingen, Rottenburg, Horb, Herren=
berg, Kalw, Neuenbürg, Nagold, Freudenstadt,
Sulz, Obernborf, Rottweil, Tuttlingen, Spai=
chingen, Balingen.

III. Jagstkreis. Ellwangen, Neresheim, Hei=
benheim, Aalen, Gmünd, Welzheim, Schorndorf,
Gailborf, Hall, Öhringen, Künzelsau, Mergent=
heim, Gerabronn, Krailsheim.

IV. Donaukreis. Ulm, Blaubeuren, Ehin=
gen, Laupheim, Biberach, Leutkirch, Wangen,
Tettnang, Ravensburg, Waldsee, Saulgau, Ried=
lingen, Münsingen, Geislingen, Kirchheim, Göp=
pingen.

Justizorganisation. Nach der
neuen Gerichtsorganisation bestehen in
W. ein Oberlandesgericht zu Stuttgart
und die im nachstehenden bezeichneten acht
Landgerichte mit folgenden Amtsgerichts=
bezirken:

Ellwangen (Amtsgerichte: Aalen, Ellwangen,
Gmünd, Heidenheim, Neresheim, Schorndorf,
Welzheim);
Hall (Gailborf, Hall, Krailsheim, Künzelsau,
Langenburg, Mergentheim, Öhringen);
Heilbronn (Backnang, Besigheim, Brackenheim,
Heilbronn, Marbach, Maulbronn, Neckarsulm,
Baihingen, Weinsberg);
Ravensburg (Biberach, Leutkirch, Ravensburg,
Riedlingen, Saulgau, Tettnang, Waldsee,
Wangen);
Rottweil (Balingen, Freudenstadt, Horb, Obern=
dorf, Rottweil, Spaichingen, Sulz, Tuttlingen);
Stuttgart (Backnang, Eßlingen, Kannstatt,
Leonberg, Ludwigsburg, Stuttgart [Stadtdirek=
tionsbezirk], Stuttgart [Oberamtsbezirk], Waib=
lingen);
Tübingen (Herrenberg, Kalw, Nagold, Neuen=
bürg, Nürtingen, Reutlingen, Rottenburg, Tü=
bingen, Urach);
Ulm (Blaubeuren, Ehingen, Geislingen, Göp=
pingen, Kirchheim, Laupheim, Münsingen, Ulm).

Die Stadt Stuttgart bildet einen be=
sondern Verwaltungsbezirk, welcher einer
königlichen Stadtdirektion unterstellt ist.
Dem Oberamtmann ist eine Amtsver=
sammlung als Kommunalvertretung des
Bezirks beigegeben, welche aus Abgeord=
neten der Gemeinderäte besteht, welch
letztere an den einzelnen Gemeinden den
Gemeindevorständen (Schultheißen) als
beschließende Versammlungen zur Seite
stehen. Dem Ministerium des Innern
sind außerdem ein Medizinalkollegium,
eine Zentralstelle für Landwirtschaft und
Landeskultursachen, die Landgestütskom=
mission, das Oberbergamt, die Forst=
direktion und die Zentralstelle für Gewerbe
und Handel unterstellt. Für das Straßen=
und Wasserbauwesen und ebenso für das

Hochbauwesen bestehen besondere Abteilungen des Ministeriums, Abteilung des Innern. Von dem Ministerialdepartement der Finanzen ressortieren die Oberfinanzkammer unter Oberleitung des Departementschefs mit der Domänendirektion, der Forstdirektion und dem Bergrat als Abteilungen, ferner die Oberrechnungskammer, das Steuerkollegium, das statistisch-topographische Büreau und die Katasterkommission. Die uniert-protestantische Kirche steht unter dem königlichen Konsistorium zu Stuttgart, welch letzteres die Kirchen- und Schulgesetze handhabt. Bei der kirchlichen Gesetzgebung wirkt die Landessynode mit, deren Mitglieder teils vom König berufen (6), teils von der evangelisch-theologischen Fakultät der Landesuniversität Tübingen und von den 49 Diözesansynoden der Monarchie (51) gewählt werden. Das Land zerfällt nämlich in sechs evangelische Generalsuperintendenzen, deren Vorsteher den Titel »Prälaten« führen. Unter ihnen stehen die Dekane mit ihren Sprengeln. Für jeden Sprengel besteht eine Diözesansynode, welche sich aus den sämtlichen ordentlichen Geistlichen und ebenso vielen Kirchenältesten der Pfarrgemeinden zusammensetzt. Die innern Angelegenheiten der katholischen Kirche werden in W. von dem Landesbischof zu Rottenburg wahrgenommen, welcher der oberrheinischen Kirchenprovinz (Erzbistum Freiburg i. Br.) angehört. Die verfassungsmäßige Behörde, durch welche die der Staatsregierung zustehenden Rechte gegenüber der katholischen Kirche ausgeübt werden (Gesetz vom 30. Jan. 1862), ist der katholische Kirchenrat.

Finanzen. Die Staatseinnahmen des Königreichs waren für das Finanzjahr 1880—81 auf 49,958,401 Mk., die Ausgaben auf 53,674,593 Mk. veranschlagt, so daß ein Defizit von 3,716,192 Mk. zu erwarten stand, welches im Weg der Anleihe gedeckt werden sollte. Die Einnahme aus den direkten Steuern war hierbei auf 12,522,215, die aus den indirekten Steuern auf 10,745,255 Mk. veranschlagt. Der Ertrag aus den Verkehrsanstalten ist mit 14,301,600 und der aus den Domänen mit 6,885,409 Mk. eingestellt. In der Ausgabe kommt die Exigenz der Justiz mit 3,603,885 Mk., die der innern Verwaltung mit 4,790,641 Mk., die des Kirchen- und Schulwesens mit 8,091,397 Mk. und diejenige der Finanzen mit 3,066,228 Mk. in Rechnung.

Das württembergische Staatswappen ist der Länge nach geteilt und enthält rechts drei quer übereinander gestellte schwarze Hirschgeweihe auf goldnem Grund (wegen W.) und links drei schwarze Löwen übereinander ebenfalls auf Goldgrund (wegen Hohenstaufen und Schwaben). Auf dem Wappenschild ruht ein mit der Königskrone gezierter Ritterhelm; Schildhalter sind ein schwarzer Löwe und ein goldner Hirsch. Eine Bandschleife unter dem Schild zeigt die Devise: »Furchtlos und treu«. Die Landesfarben sind Rot und Schwarz.

Vgl. Mohl, Staatsrecht des Königreichs W. (2. Aufl. 1840); Fricker, Verfassungsurkunde für das Königreich W. (1865); »Das Königreich W.«, herausgeg. vom königl. statistisch-topographischen Büreau (1863); Staiger, Geschichte Württembergs (1875); Pleibel, Handbuch der Vaterlandskunde (2. Aufl. 1877).

Z.

Zählung des Hauses, s. Abstimmung.

Zählungsbefehl, s. Gericht.

Zähringen, Dorf im bad. Kreis Freiburg, bei welchem sich die Ruinen des alten Stammschlosses der Herzöge von Z. (Zähringer) befinden. Das großherzogliche Haus Baden (s. b.) stammt aus dem Geschlecht der Herzöge von Z. (Schwaben), indem der Herzogstitel später mit dem eines Markgrafen von Baden vertauscht ward; doch führen der Großherzog und die Prinzen des großherzoglichen Hauses noch jetzt den Titel »Herzog von Z.«

Zanzibar, s. Sansibar.

Zar (russ., franz. Schreibweise Czar oder Tsar, v. lat. Caesar), Herrschertitel bei den östlichen Slawen (Bulgaren, Serben, Russen). Der Großfürst Wladimir II. von Rußland (1113—25) war der erste, welcher den Titel Z. annahm, den seit Iwans II. Krönung (1547) alle russischen Herrscher führten. Peter I. vertauschte ihn 1712 mit dem Titel »Kaiser«; doch führen die Kaiser von Rußland noch jetzt von einzelnen Teilen des Reichs (Kasan, Astrachan, Sibirien, Taurische Chersones) den Titel Z., wie Alexander I. 1815 den eines Zaren von Polen annahm. Die Gemahlin des Zaren hieß Zariza und der Thronfolger Zarewitsch, jetzt Cesarewitsch, seine Gemahlin Cesarewna.

Zellensystem, s. Freiheitsstrafe.

Zensur (lat.), Prüfung, Prüfungszeugnis. Die sogen. Bücherzensur, d. h. die polizeiliche Einrichtung, wonach alle Bücher und sonstigen Drucksachen, insbesondere auch Zeitungen, vor ihrem Erscheinen von einem staatlich dazu berufenen Zensor geprüft werden mußten und nur nach dessen Zustimmung veröffentlicht werden durften, ist jetzt in den meisten Staaten der Preßfreiheit gewichen. Die Einführung der Z. erfolgte zumeist auf Anordnung der Päpste und wurde auch in Deutschland zuerst von den kirchlichen Behörden gehandhabt, bis sie dann auf staatliche Organe überging und im 18. Jahrh. fast in allen deutschen Ländern bestand. Die deutsche Bundesakte (Art. 18) sicherte zwar eine einheitliche Gesetzgebung über die Presse zu, welche auf dem Grundsatz der Preßfreiheit beruhen sollte; allein ein Bundesbeschluß vom 20. Sept. 1819 hielt für alle Zeitungen, Zeitschriften und Bücher bis zu 20 Bogen die Z. aufrecht, bis durch Bundesbeschluß vom 3. März 1848 die Z. definitiv beseitigt und die Preßfreiheit proklamiert ward. Andre Staaten, wie England (1694), Schweden (1809), Dänemark (1770) und Frankreich (1791, 1814, 1827), waren mit der Abschaffung der Z. schon früher vorgegangen. In Rußland besteht die Bücherzensur noch jetzt. Die Theaterzensur wird noch in den meisten Staaten gehandhabt.

Zensus (lat. Census), im alten Rom die in der Regel alle fünf Jahre vorgenommene Schätzung der römischen Bürger, daher man denn auch heutzutage von einem Z. spricht, insofern gewisse politische Rechte an den Nachweis eines bestimmten Vermögens geknüpft sind, wie sich z. B. in Preußen das Wahlrecht zum Abgeordnetenhaus nach einem gewissen Z. bestimmt, der nach der Steuer fixiert ist. Auch versteht man unter Z. zuweilen eine Volkszählung.

Zentner (v. lat. centum, »hundert«), in Deutschland, der Schweiz und Dänemark ein Handelsgewicht meist von 100 Pfd. Der deutsche Zollzentner hat jetzt 50 kg. Ein Z. (oder 100 Pfd.) neuen deutschen Handelsgewichts ist gleich 106,9 Pfd. alten Gewichts in Preußen, 89,286 Pfd. in Bayern, 89,28 Pfd. in Österreich und 107 Pfd. 3 Lot 1,3 Quentchen in Sachsen.

Zentral (lat.), im Mittelpunkt befindlich, nach dem Mittelpunkt hinwirkend; daher z. B. Zentralbehörde, diejenige Behörde, von der eine größere Anzahl von Behörden ressortiert, welche die einzelnen Zweige eines Teils der Verwaltung zu beschäftigen haben; Zentralgewalt, das gemeinsame Organ einer bundesstaatlichen Vereinigung mehrerer Staatskörper. Zentralisieren, auf einen bestimmten Mittelpunkt hinleiten, zusammenfassen, konzentrieren; Zentralisation, dasjenige System der Staatsverwaltung, bei welchem alle Funktionen möglichst in einem Haupt- und Mittelpunkt des Staatsganzen zusammengefaßt werden, alle Fäden thunlichst in einer Hand zusammenlaufen und die ganze Staatsthätigkeit von einem Haupt ausgeht, welches von einer Stelle aus das Ganze und das Einzelne leitet. Den Gegensatz bildet die Dezentralisation. Diese nimmt für die einzelnen Glieder, für die einzelnen Teile des Staatsganzen eine möglichste Selbständigkeit in Anspruch. Die größte Zentralisation fand in Frankreich unter Ludwig XIV. statt, welchem man nicht umsonst das bekannte Wort in den Mund legt: »Der Staat bin ich!« Die viel erörterte Frage aber, welchem von beiden Systemen der Vorzug zu geben sei, läßt sich schlechterdings nicht mit Ja oder Nein beantworten; vielmehr ist ein gesundes Staatsleben gerade durch die Wechselwirkung zwischen beiden Grundsätzen und durch eine harmonische Verbindung beider Systeme bedingt. So ist in der auswärtigen Politik sicherlich möglichste Zentralisation erforderlich; die Leitung der Staatsangelegenheiten, insofern sie sich auf den Verkehr mit fremden Staaten beziehen, muß eine einheitliche sein. Dasselbe gilt von der Militärverwaltung. Es erhöht die gesamte Streitkraft des Landes, wenn die einzelnen Streitkräfte möglichst in einer Hand konzentriert sind, wenn auch eine Dezentralisation bei der Zusammensetzung der einzelnen Heereskörper unvermeidlich und notwendig ist. Auch auf dem Gebiet der Gesetzgebung wird das Verlangen nach Zentralisation nicht mit Unrecht ausgesprochen. Die Zerrissenheit der deutschen Gesetzgebung, welche jetzt von dem neuen Reich mühsam beseitigt wird, ist auf die frühere Dezentralisation zurückzuführen, welche fast jedem Dorf, jeder Stadt, jeder Genossenschaft, jedem Territorium und jedem Landesteil ein besonderes Recht schuf. Gleichwohl darf aber auch das Prinzip der gesetzgeberischen Uniformität nicht auf die Spitze getrieben werden. Denn es gibt Stammeseigentümlichkeiten, geographische Eigenartigkeiten, besondere Lebensbedürfnisse einzelner Berufsklassen c., welche besondere Berücksichtigung verdienen. Vorzugsweise aber sind es das Gebiet der innern Verwaltung, das Gebiet der Polizei und der Kulturpflege, welche der Dezentralisation ein geeignetes Feld darbieten. Hier ist denn auch die moderne Gesetzgebung bemüht, dem Prinzip der Selbstverwaltung Rechnung zu tragen, indem sie staatliche Funktionen auf die Gemeinden und auf die Kommunalverbände überträgt, unbeschadet jedoch der einheitlichen Leitung des gesamten Staatsorganismus und insofern wiederum zentralisierend (s. Selbstverwaltung).

Zentralamerika (Mittelamerika), das schmale Verbindungsland zwischen Nordamerika und Südamerika, umfassend die fünf Freistaaten Costarica, Gua-

temala, Honduras, Nicaragua und San Salvador (s. die betreffenden Artikel), welche früher einen Staatenbund bildeten, jetzt aber selbständige Staaten sind. Außerdem gehören zu Z. Britisch-Honduras und Panamá, letzteres ein Mitglied der Vereinigten Staaten von Kolumbien (s. Kolumbien).

Zentrum (lat. Centrum), in der politischen Sprache die Gesamtheit derjenigen Mitglieder einer parlamentarischen Körperschaft, welche eine mittlere Parteistellung zwischen der Rechten und der Linken einnehmen und dies auch äußerlich durch die Wahl ihrer Plätze in der Mitte (»im Z.«) des Sitzungssaals andeuten. Im deutschen Reichstag und im preußischen Abgeordnetenhaus ist es zur Zeit die ultramontane oder klerikale Partei, welche sich diesen Namen beigelegt hat. Angeblich »für Wahrheit, Freiheit und Recht« wirkend, hat die Zentrumsfraktion mit großer Zähigkeit und Energie den Kampf für die päpstliche Machtstellung und für die möglichste Freiheit der katholischen Kirche gegenüber der staatlichen Autorität aufgenommen. Zur Erreichung dieses Zwecks hat sich die klerikale Partei mit altpreußischen Liberalen, wie den beiden Reichensperger und dem inzwischen verstorbenen Mallinckrodt, mit verschiedenen Geistlichen, wie mit dem Bischof v. Ketteler, Domkapitular Moufang, Pfarrer Westermayer u. a., mit hannöverschen Partikularisten, Windthorst an der Spitze, mit bayrischen Partikularisten, wie Jörg, mit unzufriedenen Beamten, wie mit dem in seinem Ehrgeiz gekränkten Savigny, zusammengethan; auch protestantische Welfen und Polen hielten sich zum Z. Durch ihr Eintreten für die vermeintlichen Rechte der Kirche gewann die Partei in dem katholischen Adel zahlreiche Anhänger, nicht minder aber auch im Volk durch demagogische Umtriebe, durch den Einfluß der Geistlichkeit und durch ihre von den sogen. Hetzkaplänen redigierte Presse. Solange der Fürst Bismarck eine liberale Politik verfolgte und mit der nationalliberalen Partei zusammen an dem gesetzgeberischen Ausbau des neuen Reichs arbeitete, verhielt sich das

Z. der Reichsregierung gegenüber entschieden oppositionell, so zwar, daß man die Anhänger desselben schlechthin als Reichsfeinde bezeichnete. Aber unbekümmert und unentwegt hielt die Partei in dem sogen. Kulturkampf aus, ermutigt durch die Kurie in Rom und durch die Bischöfe, und bei der Reichstagswahl vom 10. Jan. 1874 stieg die Zahl der Zentrumsfraktion auf 91 Mitglieder. Bei den Wahlen für das preußische Abgeordnetenhaus 1876 und für den Reichstag zu Anfang 1877 behauptete das Z. dank einer vorzüglichen Organisation seinen Besitzstand; ja, die nach den beiden Attentaten auf den deutschen Kaiser 1878 erfolgte Auflösung des Reichstags und die damals von der preußischen Staatsregierung begünstigte Agitation gegen die Nationalliberalen kamen zumeist dem Z. zu gute, dessen Mitgliederzahl auf 103 stieg. Hatte doch die ultramontane Partei, wenn es auf einen Wahlerfolg ankam, selbst ein Zusammengehen mit den Sozialdemokraten nicht verschmäht, wie in Mainz und im ersten Münchener Wahlkreis, wogegen sie umgekehrt in Offenbach und in Elberfeld die Sozialdemokraten unterstützt hatte. Dagegen brachte die Session von 1879 einen merkwürdigen Umschwung in der Taktik des Zentrums. Bereits im Sommer des vorhergehenden Jahrs hatte der päpstliche Nunzius Masella mit Bismarck in Kissingen Verhandlungen angeknüpft, welche eine Beendigung des Kulturkampfs bezweckten und welche allerdings zu keiner Beilegung desselben, wohl aber zu einer Annäherung geführt hatten. Das Z., in der Hoffnung auf einen günstigen Abschluß der Verhandlungen, ließ nunmehr dem Fürsten Bismarck seine Unterstützung in der von dem Reichskanzler inaugurierten Schutzzollpolitik und in den Bestrebungen desselben nach einer wirtschaftlichen Umgestaltung der deutschen Verhältnisse und ermöglichte so das Zustandekommen des neuen Zolltarifs. Die Entlassung Falks war der Preis dafür. Die Konservativen aber stimmten ihrerseits dem Franckensteinschen Antrag (des Zentrums) zu, wonach derjenige Ertrag der Zölle und der Tabaksteuer, welcher die Summe von

130 Mill. Mk. in einem Jahr übersteigen würde, den einzelnen Bundesstaaten nach Maßgabe der Bevölkerung, mit welcher sie zu den Matrikularbeiträgen herangezogen würden, zu überweisen sei, und so kamen das Tabaksteuergesetz und der Zolltarif ohne und gegen die Stimmen der Nationalliberalen, welche nun entbehrlich geworden waren, zustande. Die klerikalkonservative Koalition war schon zuvor durch die Wahl des Freiherrn v. Franckenstein zum ersten Vizepräsidenten des Reichstags besiegelt worden, während man bis dahin das Z. als reichsfeindlich von den Präsidentensitzen schlechthin ausgeschlossen hatte. Bei den Neuwahlen zum Abgeordnetenhaus im Herbst 1879 rüstete sich das Z. mit besonderm Eifer, um auch im Abgeordnetenhaus die Liberalen im Verein mit den Konservativen aus dem Feld zu schlagen und die Regierung zur Zurücknahme der Maigesetze zu zwingen. Durch die Unterstützung der Konservativen und durch die Konnivenz der Regierung gelang es denn auch dem Z., die Zahl seiner Sitze im preußischen Abgeordnetenhaus bis auf 95 zu bringen. Inzwischen hatten aber die im Herbst 1879 wieder aufgenommenen Verhandlungen mit der Kurie, die damals durch den Kardinal Jacobini vertreten war, wiederum zu keinem Resultat geführt. Das Z., welches sich für seine guten Dienste in der Zoll- und Steuerfrage schlecht belohnt sah, kehrte daher zu der frühern oppositionellen Stellung gegen die Regierung zurück, was dem Fürsten Bismarck Veranlassung gab, in der Reichstagssitzung vom 8. Mai 1880 dem Z. den Fehdehandschuh hinzuwerfen und die übrigen Parteien aufzufordern, ihm gegen das Z. beizustehen. Auch in der Nachsession des preußischen Abgeordnetenhauses im Sommer 1880 verhielt sich das Z. der Regierung gegenüber nach wie vor oppositionell, indem es sogar gegen das entgegenkommende Puttkamersche Gesetz stimmte, welches der Staatsregierung bei Handhabung der kirchenpolitischen Gesetze eine gewisse diskretionäre Gewalt einräumt. Die »würdige Zurückhaltung«, welche die Mitglieder des Zentrums bei der Kölner Dombaufeier im

40

Herbst 1880 beobachteten, hatte zubem eine Verstimmung des Fürsten Bismarck und eines Teils der Konservativen dem Z. gegenüber zur Folge, und so kam es, daß das Z. im preußischen Abgeordnetenhaus bei der Wahl des Präsidiums ausgeschlossen ward. In der Reichstagssession von 1881 dagegen wurde der Freiherr v. Franckenstein bank einer konservativklerikalen Allianz wieder zum ersten Vizepräsidenten gewählt, und das Z. nahm in der ganzen Session eine zuwartende Haltung ein, indem die Mitglieder desselben es klüglich vermieden, sich für oder gegen die Reformpläne des Fürsten Bismarck in entschiedener Weise zu engagieren. Der erklärte Führer des Zentrums ist der schlagfertige Ludwig Windthorst (Wahlkreis: Meppen, daher »die Perle von Meppen«), geb. 17. Jan. 1812, hannöverscher Staatsminister a. D., zuletzt Kronoberanwalt in Celle. Unter den hervorragendern Mitgliedern der Fraktion sind insbesondere Graf v. Ballestrem, Freiherr zu Franckenstein, Freiherr v. Heeremann-Zuydwyk, Freiherr v. Hertling, Majunke, Moufang, die beiden Reichensperger, Freiherr v. Schorlemer-Alst, Westermayer u. der Freiherr v. Zu-Rhein zu nennen. Das offizielle Organ der Partei ist die von Majunke redigierte »Germania«, seit 1. Jan. 1871 in Berlin erscheinend.

Zeremoniell (franz.), Inbegriff der bei gewissen feierlichen Handlungen zu beobachtenden Förmlichkeiten und Gebräuche (Zeremonien). Hierher gehört namentlich das Staats= und Hofzeremoniell, welches für Staatshandlungen und für das Hofleben maßgebend ist. Völkerrechtliches Z. wird das im Verkehr der Staatsregierungen untereinander übliche Z. genannt. Zeremonienmeister, Beamter, welcher über Beobachtung des Zeremoniells bei Hof zu wachen hat. Zeremonialien, diejenigen Angelegenheiten, welche sich auf das Z. beziehen. Vgl. Seezeremoniell.

Zerschlagung, s. Dismembrieren.

Zettelbanken, s. Bank.

Zeuge (lat. Testis), eine bei einer Rechtssache unbeteiligte Person, welche über Wahrnehmungen, die sie gemacht, aussagen (deponieren) soll. Erfolgt die Zuziehung von Zeugen zum Zweck der Beurkundung eines Rechtsakts, z. B. bei einer Testamentserrichtung, so spricht man von Instruments= oder Solennitätszeugen. Soll dagegen dem Richter über zweifelhafte Thatsachen durch Zeugenvernehmung Gewißheit verschafft werden, so werden die Zeugen Beweiszeugen genannt. In Ansehung der Beweiskraft der Zeugenaussagen unterschied die bisherige gemeinrechtliche Prozeßtheorie zwischen völlig glaubwürdigen (klassischen) und unglaubwürdigen Zeugen. Man bezeichnete nämlich gewisse Personen als schlechthin unfähig zur Ablegung eines Zeugnisses (testes naturaliter inhabiles), weil ihnen die Fähigkeit zur Wahrnehmung oder zur Mitteilung des Wahrgenommenen fehle, wie Kinder, Wahnsinnige, Stumme, Blinde und Taube. Im Gegensatz zu diesen wurden diejenigen Personen, welche zwar an und für sich nicht unfähig waren, die Wahrheit auszusagen, bei denen es jedoch ungewiß war, ob sie die Wahrheit sagen würden, als verdächtige Zeugen (testes suspecti per se) bezeichnet, wie z. B. Meineidige und Unmündige. Endlich kam noch die Kategorie derjenigen Zeugen hinzu, welche nur in bezug auf eine bestimmte Rechtssache als verdächtig erschienen, sei es, weil sie ein eignes Interesse an der Sache hatten, sei es wegen Verwandtschaft, wegen eines besondern Pflichtverhältnisses, wegen Freundschaft oder Feindschaft zu einer Partei. Zu den verdächtigen (nicht völlig glaubwürdigen, nicht einrebefreien) Zeugen in diesem Sinn gehörten namentlich Ehegatten und Verlobte. Die neue deutsche Justizgesetzgebung hat jedoch diesen Standpunkt aufgegeben. Sie gibt die Beurteilung der Glaubwürdigkeit eines Zeugen lediglich dem richterlichen Ermessen anheim.

Dabei ist im Prinzip die Zeugnispflicht als allgemeine und erzwingbare Bürgerpflicht anerkannt. Folgende Personen können jedoch das Zeugnis verweigern: der Verlobte einer Partei und im Strafprozeß der Verlobte des Beschuldigten; der Ehegatte einer Partei oder des Beschuldigten; derjenige, welcher mit einer Partei oder mit dem Angeschuldigten in gerader Linie verwandt, verschwägert oder durch Adoption verbunden oder in der Seitenlinie bis zum dritten Grad verwandt oder bis zum zweiten Grad verschwägert ist; Geistliche in Ansehung desjenigen, was ihnen bei der Ausübung der Seelsorge anvertraut ist. In bürgerlichen Rechtsstreitigkeiten sind außerdem zur Verweigerung des Zeugnisses Personen berechtigt, welchen kraft ihres Amtes, Standes oder Gewerbes Thatsachen anvertraut sind, deren Geheimhaltung durch die Natur derselben oder durch gesetzliche Vorschrift geboten ist, in betreff der Thatsachen, auf welche sich die Verpflichtung zur Verschwiegenheit bezieht. Außerdem kann in einem Zivilprozeß der Z. das Zeugnis verweigern über Fragen, deren Beantwortung dem Zeugen oder einem seiner Angehörigen einen unmittelbaren vermögensrechtlichen Schaden verursachen, oder deren Beantwortung ihm oder einem seiner Angehörigen zur Unehre gereichen oder die Gefahr strafrechtlicher Verfolgung zuziehen, oder über Fragen, welche der Z. nicht würde beantworten können, ohne ein Kunst- oder Gewerbegeheimnis zu offenbaren. Für den Strafprozeß sind ferner der Verteidiger des Angeschuldigten in Ansehung desjenigen, was ihm in dieser Eigenschaft, und ebenso Rechtsanwalte und Ärzte in Ansehung desjenigen, was ihnen bei Ausübung ihres Berufs anvertraut ist, zur Verweigerung des Zeugnisses berechtigt. Dieselben dürfen jedoch das Zeugnis nicht verweigern, wenn sie von der Verpflichtung zur Verschwiegenheit entbunden sind. Endlich kann im Strafprozeß jeder Z. die Auskunft auf solche Fragen verweigern, deren Beantwortung ihm selbst oder einem seiner Angehörigen die Gefahr strafgerichtlicher Verfolgung zuziehen würde.

Eine weitere Ausnahme von der allgemeinen Zeugnispflicht (Zeugniszwang) wollte der Reichstag zu gunsten des Redakteurs, des Verlegers, des Druckers und des Hilfspersonals der Presse für strafrechtliche Untersuchungen statuieren, in welchen der Redakteur einer periodischen Druckschrift wegen einer darin abgedruckten Zuschrift strafrechtlich verfolgt werden könnte. Dies scheiterte jedoch an dem Widerspruch der Bundesregierungen. Dabei ist jedoch zu berücksichtigen, daß nach § 54 der Strafprozeßordnung jeder Z. die Auskunft auf solche Fragen verweigern kann, deren Beantwortung ihm die Gefahr strafrechtlicher Verfolgung zuziehen würde. Nach dem Reichspreßgesetz (§ 20) ist nun für Handlungen, deren Strafbarkeit durch den Inhalt einer periodischen Druckschrift begründet wird, der verantwortliche Redakteur als Thäter zu bestrafen, wenn nicht durch besondere Umstände die Annahme seiner Thäterschaft ausgeschlossen wird. Nach jenem allgemeinen Grundsatz kann also der Redakteur das Zeugnis verweigern, wenn es sich darum handelt, durch seine Vernehmung zu ermitteln, wer eine in der fraglichen Druckschrift veröffentlichte Zuschrift eingesandt habe.

Die Zeugenvernehmung selbst beginnt damit, daß der Z. über Vor- und Zunamen, Alter, Religionsbekenntnis, Stand oder Gewerbe und Wohnort befragt wird. Erforderlichen Falls sind ihm Fragen über solche Umstände, welche seine Glaubwürdigkeit in der vorliegenden Sache betreffen, insbesondere über seine Beziehungen zu den Parteien, im Strafprozeß zu dem Beschuldigten oder Beschädigten, vorzulegen. Der Regel nach ist jeder Z. vor der Vernehmung mit dem Zeugeneid zu belegen; doch kann die Beeidigung auch aus besondern Gründen, namentlich wenn Bedenken gegen ihre Zulässigkeit obwalten, bis nach Abschluß der Vernehmung ausgesetzt bleiben. Der Zeugeneid geht dahin, »daß der Z. nach bestem Wissen die reine Wahrheit sagen (gesagt), nichts verschweigen (verschwiegen) und nichts hinzusetzen werde (hinzugesetzt habe)«. Unbeeidigt sind zu vernehmen: Personen, welche zur Zeit der Vernehmung das 16. Lebensjahr noch nicht vollendet oder wegen mangelnder Verstandesreife oder wegen Verstandesschwäche von dem Wesen und der Bedeutung des Eides keine genügende Vorstellung haben; die wegen Meineids Verurteilten; Personen, welche hinsichtlich der den Gegenstand einer strafrechtlichen Untersuchung bildenden That als Teilnehmer,

Begünſtiger oder Hehler verdächtig oder bereits verurteilt ſind; Perſonen, welche bei dem Ausgang eines Rechtsſtreits unmittelbar beteiligt ſind; endlich in bürgerlichen Rechtsſtreitigkeiten die meiſten Perſonen, welche das Zeugnis an und für ſich verweigern könnten, von dieſer Befugnis aber keinen Gebrauch gemacht haben. Die Entſchädigung, welche Zeugen für die zu ihrer Vernehmung erforderliche Zeitverſäumnis zu beanſpruchen haben, iſt durch Reichsgeſetz normiert. Vgl. die Gebührenordnung für Zeugen und Sachverſtändige vom 30. Juni 1878 (Reichsgeſetzblatt, S. 173 ff.); Deutſche Strafprozeßordnung, §§ 48 ff.; Zivilprozeßordnung, §§ 338 ff.; H. B. Oppenheim, Die Preſſe und der Zeugniszwang (in der »Gegenwart« 1877, Nr. 14); Dochow, Der Zeugniszwang (1878).

Zinſen, Vergütung für die Benutzung eines einem andern angehörigen ſtehenden (Miet-, Pachtzins) oder umlaufenden, zumal Geldkapitals (Intereſſen, Z. im engern Sinn). Der Maßſtab, nach welchem die Z. eines Kapitals berechnet werden, heißt Zinsfuß, der gewöhnlich in Prozenten ausgedrückt wird, und deſſen Höhe, mit Rückſicht auf den Grad der Sicherheit, Angebot und Nachfrage beſtimmen. Vertragsmäßige Z. (Konventionalzinſen) ſind nach Aufhebung der Wuchergeſetze rückſichtlich der Höhe an keine Beſchränkung gebunden; doch iſt das Nehmen von Zinſeszinſen (Anatozismus), abgeſehen vom Handelsverkehr, regelmäßig noch unterſagt. Geſetzliche Z. (Legalzinſen), insbeſondere Verzugszinſen, ſind entweder im Geſetz ausdrücklich fixiert, ſo die handelsrechtlichen 6 Proz., oder es werden landesübliche Z., meiſt 5 Proz., berechnet.

Zinsleiſte, ſ. Koupon.

Zinsrente, ſ. Rente.

Zinswucher, ſ. Wucher.

Zirkularnote, ſ. Note.

Zirkulieren (lat.), im Umlauf befindlich ſein, ein namentlich von einem Runderlaß (Zirkular) gebräuchlicher Ausdruck; Zirkularbepeſche, eine diplomatiſche Mitteilung (Zirkularnote) an die ſämtlichen Regierungen oder doch an

einen Teil derſelben, bei welchen ein Kabinett vertreten iſt.

Zitieren (lat.), laden; Zitation, Ladung, namentlich gerichtliche Ladung; Ediktalzitation, Ladung in öffentlichen Blättern und durch öffentlichen Anſchlag; Realzitation, Vorführung des auf mündliche oder ſchriftliche Ladung nicht Erſchienenen vor die zuſtändige Behörde.

Zivil (lat.), den Bürgerſtand betreffend, bürgerlich, im Gegenſatz zu militäriſch, daher man von dem Z., der Geſamtheit der Zivilſten, d. h. der Angehörigen des Bürgerſtands (Zivilſtands), im Gegenſatz zum Militär, von Zivilbeamten, Zivilgerichtsbarkeit, Zivilingenieuren, Zivilgouverneuren ꝛc. im Gegenſatz zu Militärbeamten, Militärgerichtsbarkeit, Militäringenieuren oder Ingenieuroffizieren, Militärgouverneuren zu ſprechen pflegt, vom Zivilkabinett des Monarchen im Gegenſatz zum Militärkabinett, von der Ziviluniform im Gegenſatz zur militäriſchen Uniform ꝛc. Ziviletat iſt derjenige Teil des Budgets, welcher den Staatshaushalt, abgeſehen von den Militärausgaben und von der Hofhaltung des Monarchen, anbetrifft; ihm ſtehen die Zivilliſte (ſ. b.) und der Militäretat gegenüber. Endlich gebraucht man den Ausdruck z. auch im Gegenſatz zu kriminal, daher Zivilrecht (ſ. b.) im Gegenſatz zum Kriminalrecht, Zivilprozeß (ſ. b.) im Gegenſatz zum Kriminal- oder Strafprozeß. Zivilkammer, Zivilſenat, diejenigen Abteilungen eines Kollegialgerichts, welche in bürgerlichen Rechtsſtreitigkeiten zu entſcheiden haben (ſ. Gericht). — In einem andern Sinn iſt der Ausdruck z. gleichbedeutend mit human, gebildet, billig, daher man von zivilifieren in dem Sinn von bilben und von Zivilifation gleichbedeutend mit Kultur ſpricht und unter zivilifierten Staaten die Kulturſtaaten verſteht.

Zivilbergung, ſ. Bergelohn.

Zivilehe, ſ. Ehe.

Zivilliſte, die geſetzlich beſtimmte Jahresrente, welche ein Monarch zu ſeinem ſtandesgemäßen Unterhalt, namentlich auch zur Beſtreitung der Koſten ſeiner Hofhaltung, bezieht. Dieselbe ist entweder für alle Zeiten festgesetzt, oder sie wird auf die Lebenszeit des Fürsten oder auf eine jeweilige Finanzperiode mit den Ständen vereinbart. Ohne Bewilligung der Stände ist eine Erhöhung derselben nicht zulässig.

Zivilprozeß (lat.), Inbegriff der Rechtsgrundsätze über das Verfahren, um bürgerliche Rechtsansprüche zur gerichtlichen Anerkennung und zur rechtlichen Wirksamkeit zu bringen (Zivilprozeßrecht, Zivilprozeßtheorie); dann dies Verfahren selbst im allgemeinen (Verfahren in bürgerlichen Rechtsstreitigkeiten, Prozeßverfahren) oder in einem einzelnen gegebenen Fall, d. h. in einem bestimmten bürgerlichen Rechtsstreit; Zivilprozeßordnung, ausführliches Gesetz, wodurch das gerichtliche Verfahren in bürgerlichen Rechtsstreitigkeiten geordnet ist. Den Gegensatz zum Z. bildet zunächst der Straf- oder Kriminalprozeß, und dieser Gegensatz beruht in folgendem: Es ist die Hauptaufgabe des Staats, die Angehörigen des letztern in ihren Rechten zu schützen. Zu diesem Zweck muß einmal die gesetzgebende Gewalt des Staats thätig sein, welche die Rechte und Pflichten der Einzelnen im Verhältnis zu einander und im Verhältnis zur Gesamtheit feststellt und regelt. Es muß aber auch außerdem dafür Sorge getragen werden, daß jede Verletzung der bestehenden Rechtsordnung möglichst vermieden und daß der Rechtszustand des Staats und seiner Angehörigen thunlichst aufrecht erhalten werde. Jede Rechtsverletzung charakterisiert sich als ein relatives oder als ein absolutes Unrecht, d. h. sie erscheint als Rechtsverletzung, weil sie das besonders begründete Recht eines Einzelnen nicht respektiert, oder sie erscheint an und für sich als eine Verletzung der staatlichen Rechtsordnung überhaupt, als eine widerrechtliche Erhebung des Einzelwillens über den staatlichen Gesamtwillen, als ein strafbares Unrecht. Der Schuldner, welcher mir eine Summe Geldes, die er mir aus einem Rechtsgeschäft, das ich mit ihm abschloß, schuldet, nicht rechtzeitig gewährt, verletzt meine Privatrechtssphäre, und es ist meinem Ermessen anheimgestellt, ob ich ihn deshalb verklagen und zur Erfüllung seiner Verbindlichkeit anhalten will oder nicht. Der Dieb dagegen, welcher mir eine Summe Geldes entwendet, verletzt dadurch die staatliche Rechtsordnung überhaupt, und ebendarum läßt der Staat zur Sühne des begangenen Unrechts und zur Sanktion und Wiederherstellung der verletzten Rechtsordnung die Bestrafung des Verbrechers eintreten. Der Strafrichter hat es also mit der Untersuchung von Verbrechen zu thun, während der Zivilrichter oder Prozeßrichter über Privatansprüche im bürgerlichen Prozeßverfahren rechtlich Entscheidung fällt. Aber damit allein ist das Gebiet des Zivilprozesses noch nicht völlig aengegrenzt. Es ist vielmehr dem streitigen Gerichtsverfahren auch noch dasjenige Gebiet der Rechtspflege entgegenzustellen, auf welchem zwischen den beteiligten Personen ein Streit nicht obwaltet, und in dem die richterliche Thätigkeit mehr aus dem Grund eintritt, um Rechte zu sichern und Rechtsverhältnisse klarzustellen und zu schützen. Es ist dies das Gebiet der sogen. freiwilligen Gerichtsbarkeit, wohin z. B. das gerichtliche Hypothekenwesen, das Grundbuchwesen, die Verlautbarung gewisser Verträge, das Vormundschaftswesen u. dgl. gehören. Endlich ist aber der Umstand, daß im Z. nur Privatrechtsfragen zum Austrag und zur Entscheidung kommen, auch um deswillen zu betonen, weil hierin der Unterschied zwischen der streitigen Rechtspflege und der sogen. Verwaltungsrechtspflege begründet ist. Gegenstand des Zivilprozesses können nämlich nur Privatrechtssachen sein, d. h. Rechtsansprüche, bei welchen ein öffentliches Interesse nicht konkurriert, die vielmehr dem Gebiet des bürgerlichen Rechts (Zivilrechts) entnommen sind, auf welchem der Einzelne seinen Mitmenschen als Einzelnen gegenübersteht. Kommen dagegen auf dem Gebiet des öffentlichen Rechts, bei welchem es sich um die Interessen der Gesamtheit des Staats oder staatlicher Korporationen handelt, und in welchem nicht nur Rechts-, sondern auch Zweckmäßigkeitsfragen in Anbetracht kommen, Streitigkeiten vor so haben die Verwaltungsbehörben zu entscheiden, so z. B. über die Anlegung und Benutzung einer öffent=lichen Straße u. dgl. Zu beachten ist je=boch, daß ausnahmsweise aus Zweck=mäßigkeitsgründen mitunter auch gewisse Privatrechtsstreitigkeiten vor die Verwal=tungsbehörben verwiesen sind, wie z. B. Gewerbestreitigkeiten zwischen Lehrherren und Lehrlingen, Gesindestreitigkeiten ꝛc. Es sind dies die sogen. Verwaltungsrechts=streitigkeiten im engern Sinn (sogen. Verwaltungs= oder Administrativ=justiz). Aber wenn auch nach dem bisher Ausgeführten das Privatrecht das eigent=liche Gebiet des Zivilprozesses ist, so er=scheint doch auch bei solchen streitigen Pri=vatrechtssachen der Staat in gewisser Hin=sicht als mitbeteiligt. Denn es ist mit einem geordneten Staatswesen schlechter=bings unverträglich, daß in berartigen Fällen der Verletzte auf seine Selbsthilfe angewiesen wäre, welche einerseits oft=mals nicht ausreichend sein und anderseits nicht selten zu weit gehen und ebendarum die staatliche Ordnung selbst gefährben würde. Darum gehören solche Ansprüche vor den von Staats wegen bestellten Rich=ter, und barum müssen auch das Verfah=ren, in welchem über berartige Ansprüche entschieden wird, und die Art und Weise, wie auf Grund des Richterspruchs schließ=lich die zwangsweise Geltendmachung des Rechtsanspruchs erfolgen soll, durch das Gesetz ein für allemal festgestellt sein.

Was aber nun die Rechtsgrundsätze über das Zivilprozeßverfahren speziell i n Deutschland anbetrifft, so war bis vor kurzem gerade auf diesem wichtigen Gebiet, welches bie Rechtsverhältnisse jedes Einzel=nen berührt, eine Rechtseinheit durchaus nicht vorhanden. Es bestand vielmehr bis 1. Okt. 1879 der Gegensatz zwischen ge=meinem deutschen Z. und bem par=tikulären ober besondern Z. einzel=ner beutscher Staaten. Grundlage des ge=meinen beutschen Zivilprozesses, der früher in Deutschland allgemein üblich war und auf gemeinrechtlichen Quellen beruhte, waren das römische und das kanonische Recht. An die Stelle des einheimischen mündlichen Verfahrens vor Schöffen aus bem Laienstand trat nämlich vom 13.

Jahrh. ab allmählich ber bei den geistlichen Gerichten ausgebilbete schriftliche Z., und bie Rechtsprechung gelangte mehr unb mehr in die Hände rechtsgelehrter Richter, burch beren Einfluß und Einwirkung die frem=ben Prozeßnormen noch schneller und leich=ter als bas fremde Privatrecht in Deutsch=land Eingang fanden. Zur Vollendung aber kam dies Prozeßverfahren burch die Anwendung und weitere Ausbildung bei ben Reichsgerichten, bis endlich die Reichs=gesetzgebung diesen burch die Praxis ge=regelten Prozeßzustand sanktionierte und verschiedene auf den Z. bezügliche Reichs=gesetze, wenn auch keine vollständige Reichs=zivilprozeßordnung hinzufügte, so na=mentlich: bie Reichskammergerichtsord=nung von 1495, zuletzt erneuert und ver=vollständigt 1555, den Deputationsabschied von 1600 und ben jüngsten Reichsabschied von 1654. Diese Gesetze hatten jedoch zu=nächst nur bas Verfahren bei den Reichs=gerichten zum Gegenstand. Bei den Lan=besgerichten bilbete sich im Anschluß an jenes Verfahren burch den Gerichtsge=brauch in den einzelnen Territorien der Landesprozeß aus, für welchen der Reichs=prozeß als subsidiäre Rechtsquelle betrach=tet wurde. Namentlich war unter biesen Landesprozessen der sächsische Z. von besonderer Bedeutung. Die neuere Zeit brachte bann vielfach an Stelle der frühern einzelnen Gesetze über verschiedene Teile des Prozeßrechts umfassende Zivilprozeß=ordnungen, so namentlich in Preußen bie allgemeine Gerichtsordnung von 1795, wo=ran sich bann Gesetze von 1833, 1846 unb 1849 über bas Prozeßverfahren und über bie Gerichtsorganisation anschlossen; bann bie braunschweigische Prozeßordnung vom 19. März 1850, bie hannöversche vom 8. Nov. 1850, bie oldenburgische vom 2. Nov. 1857, bie badische vom 18. März 1864, bie württembergische vom 3. April 1868 unb bie bayrische von 1869, welch letztere sich im wesentlichen an bas fran=zösische Prozeßrecht anlehnte. Überhaupt ist das französische Recht auf die moderne beutsche Zivilprozeßgesetzgebung von be=sonberm Einfluß gewesen, ja der franzö=sische Code de procédure civile von 1806 hatte sich sogar in Rheinpreußen und in

Rheinheſſen bis in die neueſte Zeit in prak=
tiſcher Geltung behauptet. Dieſe Zerriſſen=
heit des Rechtszuſtands auf dem zivilpro=
zeſſualiſchen Gebiet hatte aber ſchon zur
Zeit des vormaligen Deutſchen Bundes
zu einem Beſchluß des Bundestags Ver=
anlaſſung gegeben, wonach in Hannover
ein 1866 veröffentlichter Entwurf zu einer
allgemeinen deutſchen Zivilprozeßordnung
ausgearbeitet ward. Allein die zu Hanno=
ver tagende Kommiſſion war von Preußen
nicht mitbeſchickt worden, vielmehr wurde
in Berlin ein »Entwurf einer Prozeßord=
nung in bürgerlichen Rechtsſtreitigkeiten
für den preußiſchen Staat« aufgeſtellt. Nach
der inzwiſchen erfolgten Gründung des
Norddeutſchen Bundes aber wurde auf
Grund des Art. 4 der Bundesverfaſſung,
welcher das gerichtliche Verfahren in den
Kompetenzkreis der Bundesgeſetzgebung
hineinzog, unter Berückſichtigung des han=
növerſchen und des preußiſchen Entwurfs
der »Entwurf einer Prozeßordnung in
bürgerlichen Rechtsſtreitigkeiten für den
Norddeutſchen Bund« ausgearbeitet. Nach
der Errichtung des neuen Deutſchen Reichs
beſchloß endlich der Bundesrat behufs de=
finitiver Feſtſtellung eines deutſchen Zivil=
prozeßentwurfs die Einſetzung einer aus
zehn Mitgliedern gebildeten Kommiſſion,
welche unter dem Vorſitz des preußiſchen
Juſtizminiſters Leonhardt zuſammentrat
und ihre Arbeiten 7. März 1872 ab=
ſchloß. Der Entwurf der deutſchen Zivil=
prozeßordnung aber ward von dem Reichs=
tag ſamt den Entwürfen einer deutſchen
Strafprozeßordnung und eines deutſchen
Gerichtsverfaſſungsgeſetzes einer beſondern
Kommiſſion von 28 Mitgliedern (der
ſogen. Juſtizkommiſſion) überwieſen,
bis dann im Herbſt 1876 der Entwurf
vor das Plenum des Reichstags gelangte,
welches ihn faſt mit Stimmeneinhelligkeit
annahm. Die Publikation der nunmehri=
gen deutſchen Zivilprozeßordnung erfolgte
30. Jan. 1877. Sie trat 1. Okt. 1879
gleichzeitig mit der Strafprozeßordnung,
dem Gerichtsverfaſſungsgeſetz und mit der
Konkursordnung in Kraft. Zur vollſtän=
digen Normierung des deutſchen gericht=
lichen Verfahrens in einheitlicher Weiſe
waren noch das Gerichtskoſtengeſetz vom

18. Juni 1878, die Gebührenordnung für
Gerichtsvollzieher vom 24. Juni 1878, die
Gebührenordnung für Zeugen und Sach=
verſtändige vom 30. Juni 1878, die deutſche
Rechtsanwaltsordnung vom 1. Juli 1878
und die Gebührenordnung für Rechtsan=
walte vom 7. Juli 1879 hinzugekommen.
Auf dieſe Weiſe iſt denn auf dem wichti=
gen Gebiet des Zivilprozeßrechts die lang=
erſehnte Rechtseinheit in Deutſchland her=
geſtellt.

Bezüglich der leitenden Grundſätze,
welche das deutſche Verfahren in bürger=
lichen Rechtsſtreitigkeiten gegenwärtig be=
herrſchen, iſt zunächſt an das gemein=
rechtliche Verbot der ſogen. Kabi=
nettsjuſtiz und an das Prinzip der
richterlichen Unabhängigkeit zu
erinnern, Grundſätze, welche ſchon zur
Zeit des frühern Deutſchen Reichs reichs=
geſetzlich anerkannt und in allen deut=
ſchen Staaten verfaſſungsmäßig gewähr=
leiſtet ſind. Die Richter und die Recht=
ſprechung ſind hiernach von einer Be=
einfluſſung durch die Regierungsgewalt
völlig unabhängig geſtellt. Nicht nur, daß
der Regent in einer ſtreitigen Rechtsſache
nicht etwa ſelbſt und unmittelbar entſchei=
den und in den Gang des Verfahrens ein=
greifen darf, ſondern die Unterſuchung und
Entſcheidung einer Zivilprozeßſache ſoll
auch unter keinen Umſtänden dem zuſtän=
digen Gericht entzogen und etwa einer
Verwaltungsbehörde übertragen werden.
Ebenſowenig darf die Rechtshilfe verwei=
gert oder verzögert werden. In letzterer
Hinſicht iſt auch in der deutſchen Reichs=
verfaſſung (Art. 77) vorgeſehen, daß, wenn
in einem Bundesſtaat der Fall einer Ju=
ſtizverweigerung eintritt und auf geſetz=
lichem Weg ausreichende Hilfe nicht er=
langt werden kann, es dem Bundesrat
obliegen ſoll, erwieſene, nach der Verfaſ=
ſung und den beſtehenden Geſetzen des be=
treffenden Bundesſtaats zu beurteilende
Beſchwerden über verweigerte oder ge=
hemmte Rechtspflege anzunehmen und dar=
auf die gerichtliche Hilfe bei der Bundes=
regierung, die zu der Beſchwerde Anlaß
gegeben hat, zu bewirken. Auch iſt in dem
deutſchen Gerichtsverfaſſungsgeſetz (Art. 1)
der Grundſatz obenan geſtellt: »Die rich=

terliche Gewalt wird durch unabhängige, nur dem Gesetz unterworfene Gerichte ausgeübt«. Damit hängt auch die vollständige Trennung der Justiz und der Verwaltung zusammen, welche jetzt in ganz Deutschland durchgeführt ist, indem allenthalben für die Justiz- und für die Verwaltungssachen besondere Behörden eingesetzt sind.

Um aber die Unparteilichkeit und die Gründlichkeit der richterlichen Entscheidung noch mehr zu sichern, hat die moderne Gesetzgebung das Prinzip der richterlichen Entscheidung durch Kollegialgerichte mehr und mehr zur Anwendung gebracht. Freilich ist damit ein größerer Zeit- u. Kostenaufwand und auch eine größere Umständlichkeit des Verfahrens verknüpft, und ebendies läßt es als gerechtfertigt erscheinen, wenn in geringfügigen und besonders dringlichen Fällen auch noch im modernen Prozeßverfahren die Entscheidung durch Einzelrichter (Amtsrichter) erfolgt (s. Gericht). Gelangt jedoch eine einzelrichterliche Sache im Weg der Berufung an das Obergericht, so erfolgt hier stets die Entscheidung durch ein kollegialisch besetztes Gericht, so daß also auch für jene Sache die Möglichkeit einer eingehenden Prüfung durch ein Richterkollegium gegeben ist. Es ist nämlich ein schon im römischen Recht anerkannter Grundsatz, daß es den streitenden Teilen gestattet sein muß, gegen richterliche Entscheidungen, durch welche sie sich beschwert fühlen, »zu appellieren«, d. h. bei einem höhern Richter Beschwerde zu führen und eine nochmalige Prüfung und Entscheidung ihrer Sache herbeizuführen. Die deutsche Bundesakte von 1815 nun garantierte den Bundesangehörigen das Recht der drei Instanzen. Allein so zweckmäßig die Einrichtung des Instanzenzugs auch im Interesse der Unparteilichkeit und der Gründlichkeit der richterlichen Entscheidung sein mag, so liegt doch darin die Gefahr der Verschleppung und der Verteurung der Prozesse, und ebendarum hat man es sich neuerdings angelegen sein lassen, das Berufungsrecht auf ein gewisses Maß zurückzuführen und einzuschränken. Nach der deutschen Zivilprozeßordnung

insbesondere ist gegen die Endurteile der Amtsgerichte, deren Kompetenz, soweit es sich um vermögensrechtliche Ansprüche handelt, bis zum Betrag von 300 Mk. reicht, Berufung an das zuständige Landgericht und gegen Endurteile der Landgerichte in erster Instanz Berufung an das zuständige Oberlandesgericht zulässig. Gegen sonstige beschwerende Verfügungen ist in der Regel Beschwerde an das Berufungsgericht nachgelassen. Die dritte Instanz, das Reichsgericht oder der höchste Landesgerichtshof, aber kann nur bei landgerichtlichen Sachen angerufen werden und zwar mit dem Rechtsmittel der Revision, welches gegen die in der Berufungsinstanz von den Oberlandesgerichten erlassenen Entscheidungen gegeben ist, wofern es sich um die angebliche Verletzung einer Rechtsnorm durch das angefochtene Erkenntnis handelt, und wofern bei Rechtsstreitigkeiten über vermögensrechtliche Ansprüche der Wert des Beschwerdegegenstands den Betrag von 1500 Mk. übersteigt.

Im übrigen ist der gemeinrechtliche Grundsatz des wechselseitigen Gehörs (Audiatur et altera pars) auch in der neuen deutschen Zivilprozeßordnung allenthalben zur konsequenten Aus- und Durchführung gebracht. Das Gericht darf nämlich nie auf einseitiges Vorbringen einer Partei eine Entscheidung zu Ungunsten der andern treffen, wofern nicht der letztern Gelegenheit zur Verteidigung gegeben war. Ferner ist auch die sogen. Verhandlungsmaxime beibehalten, d. h. der Grundsatz, wonach das Gericht bei seinen Entscheidungen an die Vorträge und Anträge der Parteien gebunden ist. Nur diejenigen Thatsachen und Beweismittel dürfen, abgesehen von Ehe- und Entmündigungssachen, vom Gericht berücksichtigt werden, welche von den Parteien selbst vorgebracht sind, und auf welche sich die Parteien selbst in ihren Vorträgen berufen haben. Keiner Partei soll mehr zugesprochen werden, als sie selbst verlangte; nur zur Tragung der Prozeßkosten kann eine Partei verurteilt werden, auch ohne daß die Gegenpartei ausdrücklich darauf angetragen hat. Auch hat der Richter das Recht, durch Fragen in den mündlichen

Verhanblungen barauf hinzuwirken, baß unklare Anträge erläutert, ungenügende Angaben der geltenb gemachten Thatsachen ergänzt unb die Beweismittel bezeichnet, überhaupt alle für die Feststellung des Sachverhältnisses erheblichen Erklärungen abgegeben werden.

Hervorzuheben ist ferner das Prinzip der Mündlichkeit und der Unmittelbarkeit der Verhanblung, welches den neuen beutschen Z. völlig beherrscht. Freilich ist dies nicht so zu verstehen, als ob in dem modernen Prozeßverfahren gar keine schriftlichen Aufzeichnungen vorkämen. Der Schwerpunkt des Verfahrens liegt aber allerbings in der mündlichen Verhanblung, und die schriftlich zu rebigierenden Entscheidungen des Gerichts sollen sich nicht auf die Prozeßschriften der Parteien allein oder doch hauptsächlich, sondern vielmehr in erster Linie auf die mündliche Rede und Gegenrede der Parteien in der gerichtlichen Verhandlung stützen. Die Schriftsätze der Parteien, welche namentlich im landgerichtlichen Verfahren zwischen denselben gewechselt werden, haben zumeist einen vorbereitenden Zweck mit Rücksicht auf die nachfolgende mündliche Verhanblung, wenn auch einzelne Prozeßschriften, wie namentlich die Klage selbst, die bei Gericht eingereicht wird, von wesentlicher Bedeutung sind. Übrigens kann die Klage im amtsgerichtlichen Verfahren auch mündlich zu Protokoll des Gerichtsschreibers erklärt werden. Wichtig ist ferner der Grundsatz des unmittelbaren Prozeßbetriebs durch die Parteien. Hiernach geschehen nämlich, wenigstens der Regel nach, Labungen, Zustellungen und sonstige prozessualische Maßregeln nicht mehr, wie früher, durch das Gericht, sondern vielmehr unmittelbar durch die Parteien selbst mittels der von ihnen beauftragten Gerichtsvollzieher oder, insofern es sich um Labungen unb um die Zustellung von Schriftsätzen handelt, auch durch die Post. Endlich ist aber auch der Grundsatz der Öffentlichkeit des Verfahrens besonders hervorzuheben. Die mündliche Verhandlung vor dem erkennenden Gericht sowie die Verkündung der gerichtlichen Urteile

und Beschlüsse geschehen öffentlich. Ausgeschlossen ist die Öffentlichkeit, wenn es sich um sogen. Entmündigungssachen, b. h. um die Bevormundung einer Person wegen Geisteskrankheit, handelt. Ebenso ist die Öffentlichkeit in Ehesachen auf Antrag einer Partei auszuschließen, und sie kann überhaupt in jeder Sache für die Verhandlung, nicht aber für Verkündung des Urteils durch Gerichtsbeschluß ausgeschlossen werben, wenn sie nach dem Ermessen des Gerichts mit Gefahr für die öffentliche Orbnung oder für die Sittlichkeit verbunden sein würde.

Was das Verfahren im einzelnen anbetrifft, so ist wiederum zwischen dem ordentlichen (regelmäßigen) Prozeßverfahren und den besondern Arten des Verfahrens zu unterscheiden. Das ordentliche Verfahren aber ist vor dem Landgericht ein umständlicheres als vor dem Amtsgericht im einzelrichterlichen Verfahren. Für das Verfahren vor den Landgerichten und allen Gerichten höherer Instanz besteht der sogen. Anwaltszwang, b. h. jede Partei muß sich durch einen bei dem Prozeßgericht zugelassenen Rechtsanwalt vertreten lassen, wenn sie nicht selbst zu den Rechtsanwalten gehört (Anwaltsprozeß). Für diejenigen Rechtsstreitigkeiten (Parteiprozesse) dagegen, welche vor den Amtsgerichten verhandelt werden, besteht kein Anwaltszwang. Besondere Arten des Verfahrens sind: der Urkunden- und Wechselprozeß, das Mahnverfahren (s. b.), das Verfahren in Ehesachen, in Entmündigungssachen und das vorbereitende Verfahren in Rechnungssachen, Auseinandersetzungen und ähnlichen Prozessen. In ausführlicher Weise ist ferner die gerichtliche Zwangsvollstreckung (s. b.) in der neuen Prozeßordnung normirt bis auf die Vorschriften über die gerichtliche Hilfsvollstreckung in das unbewegliche Vermögen, welche der Landesgesetzgebung der einzelnen Staaten überlassen sinb. Dagegen enthält die Reichszivilprozeßordnung ausführliche Vorschriften über das Aufgebots- oder Ebiktalverfahren und über das schiedsrichterliche Verfahren. Vgl. Fitting, Der Reichszivilprozeß (4. Aufl. 1879); Gaupp, Die Zivilprozeßordnung für das Deutsche Reich (1880); Meyer, Anleitung zur Prozeßpraxis nach der Zivilprozeßordnung vom 30. Jan. 1877 (1879); Puchelt, Die Zivilprozeßordnung für das Deutsche Reich (1879, 2 Bde.); Ausgaben und Kommentare der Zivilprozeßordnung von Sarwey, Schelling, Seuffert, Struckmann und Koch, Wilmowski und Levy, Zimmermann u. a.; populäre Bearbeitungen des deutschen Zivilprozeßrechts von Bender, Feige, Fuchs, Helbig, Menz, Rapp u. a.

Zivilrecht (bürgerliches Recht), s. v. w. Privatrecht, b. h. dasjenige Recht, welches die Lebensverhältnisse der Menschen untereinander insoweit normiert, als der Mensch als Einzelner seinen Mitmenschen als Einzelnen gegenübersteht (s. Recht); im engern Sinn wird namentlich das auf römisch-rechtlichen Satzungen beruhende Privatrecht so genannt; Zivilist, ein Kenner oder Lehrer dieses Rechtszweigs.

Zivilstand, s. Personenstand.

Zivilversorgungsschein, die Bescheinigung, welche Militärpersonen (Militäranwärtern) behufs Erlangung einer Zivildienststellung ausgestellt wird. Im Deutschen Reich erhalten Invaliden diesen Schein, wenn sie sich gut geführt haben. Die Ganzinvaliden erhalten ihn neben der Pension, den Halbinvaliden wird er nach ihrer Wahl an Stelle der Pension verliehen, wenn sie mindestens zwölf Jahre gedient haben. Unteroffiziere, die nicht als Invaliden versorgungsberechtigt sind, erlangen durch zwölfjährigen aktiven Dienst bei fortgesetzter guter Führung den Anspruch auf den Zivilversorgungsschein. Vgl. Reichsgesetz vom 27. Juni 1871, betreffend die Pensionierung und Versorgung der Militärpersonen rc., §§ 58 und 75; Abänderungsgesetz dazu vom 4. April 1874, § 10.

Zoll, Abgabe, welche auf die Ein-, Durch- oder Ausfuhr von Waren gelegt ist. Ist für die in ein Land eingeführten Waren ein Z. zu entrichten, so spricht man von einem Eingangszoll; sind dagegen die Waren, welche aus einem Land ausgeführt werden, mit einem Z. belegt, so wird dieser als Ausfuhrzoll bezeichnet. Dergleichen Ausfuhrzölle sind jetzt fast überall beseitigt, da es ja im Interesse jedes Staats liegt, daß seine Angehörigen möglichst viel und möglichst ungehindert exportieren. Nur für gewisse Rohstoffe, deren die heimische Industrie notwendig bedarf, kann ein Ausfuhrzoll zum Zweck der Beschränkung des Exports derselben unter Umständen als gerechtfertigt erscheinen. Es besteht im Gegenteil heutzutage vielfach das sogen. Rückzollsystem, wonach man den für Waren, die man aus dem Ausland bezog, entrichteten Z. als sogen. Rückzoll (engl. drawback) ganz oder teilweise erstattet bekommt, wenn man die verzollte Ware wiederum ins Ausland gehen läßt. Ist für durchgehende Waren ein Z. zu entrichten, so wird von einem Durchgangs- (Ausgangs-, Transit-) Zoll gesprochen. Der sogen. Unterscheidungszoll, welchen man neuerdings in Vorschlag gebracht, mit dem man Waren belegen will, die nicht direkt aus dem Ursprungsland importiert werden, hat wenig Anklang gefunden (s. Entrepot). Ein Ausgleichungszoll wird für die Einfuhr solcher Erzeugnisse erhoben, bei welchen hinsichtlich der Besteuerung noch eine Verschiedenheit der Gesetzgebung unter mehreren zu einem gemeinschaftlichen Zollsystem vereinigten Staaten besteht. Differentialzölle sind ermäßigte Zollansätze für Waren, die aus einem Land eingeführt werden, wo die Erzeugnisse des den Z. erhebenden Landes ebenfalls gewisse Zollbegünstigungen genießen (Differentialzollsystem). Die dabei besonders günstig gestellten Staaten werden »meistbegünstigte« genannt. Sind bei der Auferlegung eines Zolles lediglich finanzielle Rücksichten entscheidend, ist er mit andern Worten nur als eine Einnahmequelle des Staats anzusehen, wie z. B. der Petroleumzoll, so wird derselbe als Finanzzoll bezeichnet. Den Gegensatz dazu bildet der Schutzzoll, d. h. ein Eingangszoll auf Gegenstände, welche im Inland produziert werden, der durch seine Höhe den inländischen Industriezweig, welcher mit dem ausländischen angeblich nicht zu konkurrieren vermag, schützen soll (Prohibitivzoll). Wird eine derartige Maßregel von dem Nachbarstaat mit der Auferlegung gleicher oder ähnlicher Zölle erwidert, so spricht man von Retorsionszöllen. Es kann dies unter Umständen zu einem sogen. Zollkrieg und zu sogen. Kampfzöllen führen. Die Zollverhältnisse der einzelnen Staaten im wechselseitigen Verkehr sind vielfach durch Handelsverträge geordnet. Ein besonderes Zollkartell enthält alsdann regelmäßig die bezüglich des wechselseitigen Zollschutzes an der Zollgrenze getroffenen Vereinbarungen. Der Zollschutz wird durch eine militärisch organisierte Mannschaft (Grenzaufseher, Zollwächter, Douaniers) wahrgenommen. Die Einrichtungen und Vorschriften, welche zur sichern Erhebung der Zollabgaben für notwendig erachtet werden, sind im Zollgesetz (Zollordnung) enthalten. Der Zolltarif ist eine klassifizierte Zusammenstellung der zu verzollenden Gegenstände mit Angabe der von denselben im einzelnen zu erhebenden Zollsätze, welche entweder nach dem Preis der Waren (ad valorem) in Prozenten oder nach der Stückzahl oder nach Maß und Gewicht erhoben werden. Für das Deutsche Reich ist 1879 ein neuer Zolltarif erlassen worden, welcher auf dem Gebiet des Zollwesens einen vollständigen Umschwung herbeigeführt hat. Die frühere preußische Zollpolitik, wie sie auf den Deutschen Zollverein übergegangen war, bewegte sich wesentlich auf dem Boden des Finanzzollsystems und näherte sich demjenigen der Handelsfreiheit (s. b.). Es war bis in die neueste Zeit die herrschende Ansicht, daß der Schutzzoll nur einzelnen Großindustriellen Vorteile gewähre, daß er die Konsumenten in unbilliger Weise belaste, und daß er auch im finanziellen Interesse nicht zu billigen sei, da der Schutzzoll, je mehr er schützt, desto weniger einbringt. Auch der Fürst Bismarck war früher ein Gegner des Schutzzolls, bis er sich in seinem Brief an den Bundesrat vom 15. Dez. 1878 (sogen. Dezemberbrief) zu dem System des Schutzzolls bekannte. Dadurch wurde die Partei der Schutzzöllner (Protektionisten) in Deutschland wesentlich gestärkt, indem dieselbe nunmehr »den Schutz der natio-

nalen Arbeit« auf ihre Fahnen schrieb und einen Wettlauf der Interessenten nach Schutzzöllen eröffnete. In dieser Hinsicht haben sich namentlich die Angehörigen der Eisenindustrie hervorgethan. Die Agrarier (s. b.) wurden durch die Getreidezölle (s. b.) und durch deren Erhöhung gewonnen, und der neue Zolltarif kam mit Hilfe des Zentrums durch die Annahme des Franckensteinschen Antrags (s. b.) zustande. Besondere Bedenken erregen außer den Getreidezöllen namentlich der Petroleumzoll (s. b.), die Zölle auf Speck, Schmalz und Butter, die Viehzölle und andre auf notwendige Nahrungs- und Gebrauchsmittel gelegte Zölle. Die Zollpolitik des Fürsten Bismarck hat deshalb vielfache Angriffe erfahren, doch läßt sich das letzte Wort über diese Politik, welche mit der Vorliebe des Kanzlers für das indirekte Steuersystem zusammenhängt (s. Steuern), zur Zeit noch nicht sprechen, da der Tarif noch zu kurze Zeit in Kraft ist und die Folgen desselben auf dem wirtschaftlichen Gebiet sich augenblicklich noch nicht voll und ganz übersehen lassen.

Das Deutsche Reich bildet ein gemeinschaftliches Zollgebiet, umgeben von einer gemeinsamen Zollgrenze. Die Hansestädte Bremen und Hamburg sind als Freihäfen außerhalb dieser Grenze zu belassen, so lange, bis sie ihren Einschluß in dieselbe beantragen (Art. 34 der Reichsverfassung). Auch ist ein dem Zweck entsprechender Bezirk ihres oder des umliegenden Gebiets (Freihafengebiet) von der Zollgrenze auszuschließen. Die Aufhebung oder doch die Beschränkung dieser Freihafenstellung ist jedoch vom Fürsten Bismarck in Angriff genommen. Übrigens umfaßt das Zollgebiet des Deutschen Reichs auch noch das Großherzogtum Luxemburg und die dem bayrischen Zollsystem angeschlossene österreichische Gemeinde Jungholz. Nach dem Franckensteinschen Antrag wird derjenige Betrag der Jahreseinnahme aus den Zöllen und aus der Tabaksteuer, welcher die Summe von 130 Mill. Mk. übersteigt, den einzelnen Bundesstaaten nach Maßgabe der Bevölkerung, mit welcher sie zu den Matrikularbeiträgen herangezogen werden, überwiesen. 1880—81 waren die Reichseinnahmen aus den Zöllen mit 166,851,000 Mk. etatiſiert, während ſie pro 1881—82 auf 188,250,000 Mk. veranſchlagt ſind. Vgl. Lehr, Schutzzoll und Freihandel (1877); Bertram, Zolltarif vom 15. Juli 1879 (1880).

Zollparlament, ſ. Zollverein.

Zollpolitik, ſ. Politik.

Zolltarif, ſ. Tarif.

Zollverein, Deutſcher, die zwiſchen mehreren deutſchen Staaten, zunächſt unter Anſchluß an Preußen, zuſtandegekommene Vereinigung, wonach im weſentlichen unter Zugrundelegung des preußiſchen Zollſyſtems im Innern des Vereinsgebiets alle Zollſchranken wegfielen, an deſſen Grenzen aber Zölle für gemeinſame Rechnung erhoben und nach der Einwohnerzahl unter die einzelnen Vereinsſtaaten verteilt wurden. Derſelbe trat nach Auflöſung verſchiedener gegen Preußen gerichteter Zollverbände unter einzelnen deutſchen Staaten 1. Jan. 1834 ins Leben, zunächſt auf die Dauer von acht Jahren. Er umfaßte damals 18 deutſche Staaten. Es traten noch bei: 1835 Heſſen-Homburg, Baden und Naſſau, 1836 Frankfurt, 1838 Waldeck, 1842 Braunſchweig, Lippe und Luxemburg, 1851 und 1852 Hannover und Oldenburg. Während der Vertragsperiode 1854—65 gehörten dem Z. ſämtliche deutſchen Staaten, mit Ausnahme Öſterreichs, der beiden Mecklenburg und der Hanſeſtädte, an. Der letzte Zollvereinsvertrag datiert vom 16. Mai 1865 und ſollte vom 1. Jan. 1866 bis Ende 1877 laufen, ward aber durch die Ereigniſſe von 1866 beſeitigt. Auf andern Grundlagen beruhte der 8. Juli 1867 zwiſchen dem Norddeutſchen Bund, als einem einheitlichen Zollgebiet, einerſeits und Bayern, Württemberg, Baden und Heſſen anderſeits auf zwölf Jahre abgeſchloſſene Zollvereinsvertrag. Die Organe des neuen Zollvereins waren der Zollbundesrat, beſtehend aus einem Kollegium von Abgeſandten (Beamten) der einzelnen Zollvereinsregierungen, in welchem Preußen den Vorſitz führte, und das Zollparlament, die Verſammlung der Volksabgeordneten des Zollvereins, welche an der Zollvereinsgeſetzgebung ver-

faſſungsmäßigen Anteil nahm. Beide Faktoren brachten das Vereinszollgeſetz vom 1. Juli 1869 zuſtande, welches mit 1. Jan. 1870 in Wirkſamkeit getreten iſt. Daſſelbe enthält in 21 Abſchnitten eine überſichtliche Zuſammenſtellung aller für die Zollabfertigung, Zollerhebung und Zollkontrolle ſowie für die Beſtrafung der Zollvergehen gültigen Beſtimmungen. Der Z. ſelbſt erlangte mit der Gründung des Deutſchen Reichs inſofern ſeinen Abſchluß, als nach der Reichsverfaſſung vom 16. April 1871, Art. 33, Deutſchland ein einheitliches Zoll- und Handelsgebiet mit gemeinſchaftlicher Zollgrenze und mit Bremen und Hamburg als Freihäfen bildet. Die Geſetzgebung über das geſamte Zollweſen iſt Reichsſache (ſ. Zoll). Vgl. Dittmar, Der Deutſche Z. (2. Aufl. 1867—1868, 2 Bde.); Weber, Der Deutſche Z., Geſchichte (2. Aufl. 1871).

Zuchthausſtrafe, die härteſte Freiheitsſtrafe, iſt nach dem deutſchen Strafgeſetzbuch (§§ 14 ff.) entweder lebenslänglich oder zeitlich (1—15 Jahre), wird in einer beſondern Strafanſtalt verbüßt und iſt mit Zwangsarbeit verbunden. Sie zieht die dauernde Unfähigkeit zum Dienſt im Reichsheer und in der Reichsmarine ſowie die dauernde Unfähigkeit zur Bekleidung öffentlicher Ämter nach ſich. Die Z. kann ganz oder teilweiſe in Einzelhaft vollzogen werden. Bei längern Zuchthausſtrafen kann von dem ſogen. Beurlaubungsſyſtem Gebrauch gemacht werden. Hiernach kann nämlich ein Verurteilter, nachdem er drei Viertel der Z. verbüßt und ſich während dieſer Zeit gut geführt hat, mit ſeiner Zuſtimmung vorläufig entlaſſen werden. Dieſe vorläufige Entlaſſung, welche durch die oberſte Juſtizaufſichtsbehörde verfügt wird, kann jedoch bei ſchlechter Führung des Entlaſſenen, oder wenn derſelbe den ihm bei der Entlaſſung auferlegten Verpflichtungen zuwiderhandelt, von jener Behörde widerrufen werden. Vgl. Freiheitsſtrafe.

Zuckerſteuer, Abgabe, welche im Deutſchen Reich von dem aus Rüben und andern inländiſchen Erzeugniſſen dargeſtellten Zucker und Sirup zu gunſten der Reichskaſſe erhoben wird. Nach dem Bunbes = (Reichs =) Geſetz vom 26. Juni 1869, betreffend die Beſteuerung des Zuckers, wird die Steuer vom inländiſchen Rüben= zucker mit 80 Pf. vom Zollzentner der zur Zuckerbereitung beſtimmten rohen Rüben erhoben. Neben dieſer Z. beſteht ein Ein= gangszoll, welcher vom ausländiſchen Zucker und Sirup erhoben wird. Der Zolltarif von 1879, welcher die Sätze des Geſetzes vom 26. Juni 1869 in dieſer Hinſicht nicht abgeändert hat, belegt den raffinierten Zucker mit 30 Mk., den Rohzucker mit 24 Mk. und den Sirup mit 15 Mk. Eingangszoll pro 100 kg. Vgl. v. Aufſeß, Die Zölle und Verbrauchs= ſteuern des Deutſchen Reichs (in Hirths »Annalen des Deutſchen Reichs« 1873, S. 117 ff.).

Zunft, ſ. Gewerbegeſetzgebung.

Zurechnung (lat. Imputatio), das Ur= teil über das Verhältnis einer Thatſache zu ihrem Urheber oder der Ausſpruch, daß ir= gend eine Perſon als Urſache einer That betrachtet werden müſſe. Die Z. ſetzt vor= aus nicht allein Zurechnungsfähig= keit (imputabilitas) des Handelnden, d. h. Volleinſicht der ſtrafrechtlichen Ver= antwortlichkeit, ſondern auch Zurechen= barkeit der Handlung, d. h. eine derar= tige Beſchaffenheit des Geſchehenen, daß das letztere auf den freien Willen einer Perſon als die Urſache des Erfolgs zurück= zuführen iſt. Die Negation der Zurech= nungsfähigkeit iſt die Unzurechnungs= fähigkeit. Das deutſche Reichsſtrafge= ſetzbuch nimmt letztere dann als vorhanden an, wenn jemand zur Zeit der Begehung einer ſonſt ſtrafbaren Handlung ſich in einem Zuſtand von Bewußtloſigkeit oder krankhafter Störung der Geiſtesthätigkeit befand, durch welchen ſeine freie Willens= beſtimmung ausgeſchloſſen war. Außer= dem iſt das Kindesalter wegen der ihm mangelnden Einſicht in das Strafbare ſeiner Handlungen von ſtrafrechtlicher Verantwortlichkeit frei. Das öſterreichiſche Strafgeſetzbuch ſetzt hier das vollendete 14., das deutſche Reichsſtrafgeſetzbuch das 12. Lebensjahr als Altersgrenze feſt. Der Lebensabſchnitt zwiſchen dem vollendeten 12. und dem vollendeten 18. Lebensjahr aber bildet nach dem deutſchen Strafgeſetz=

buch inſofern eine Zwiſchenſtufe, als der Angeſchuldigte in dieſem Alter freizuſpre= chen iſt, wenn er bei Begehung der That die zur Erkenntnis ihrer Strafbarkeit er= forderliche Einſicht nicht beſaß. Im ent= gegengeſetzten Fall iſt das jugendliche Alter ein Strafmilderungsgrund. Endlich er= klärt das Reichsſtrafgeſetzbuch auch Taub= ſtumme dann für ſtraffrei, wenn ſie die zur Erkenntnis der Strafbarkeit einer von ihnen begangenen Handlung erforderliche Einſicht nicht beſitzen. Dagegen hat das deutſche Strafgeſetzbuch den Standpunkt der gemeinrechtlichen Doktrin verlaſſen, welche den Zuſtand des höchſten Affekts für ein Moment der Unzurechnungsfähigkeit erachtete. Der Affekt kann wohl unter Umſtänden, wie z. B. beim Totſchlag, ein Strafminderungsgrund ſein; er kann auch als Grund einer krankhaften Störung der Geiſtesthätigkeit oder der Bewußtloſigkeit in Frage kommen; aber einen ſelbſtändi= gen Grund zur Ausſchließung der Zurech= nungsfähigkeit kann derſelbe nicht abgeben, da die Beherrſchung der Leidenſchaften als eine ſittliche Pflicht aufzufaſſen iſt. Aus= ſchluß der Zurechenbarkeit, alſo Straflo= ſigkeit einer zurechnungsfähigen Perſon wegen einer an ſich ſtrafbaren Handlung, tritt nach dem Reichsſtrafgeſetzbuch dann ein, wenn der Thäter durch unwiderſteh= liche Gewalt oder durch eine Drohung, welche mit einer gegenwärtigen, auf andre Weiſe nicht abwendbaren Gefahr für Leib oder Leben ſeiner ſelbſt oder eines Ange= hörigen verbunden war, zu der Handlung genötigt worden iſt, und ebenſo, wenn er ſich im Zuſtand der Notwehr (ſ. d.) oder des Notſtands (ſ. b.) befunden hat. End= lich kann auch ein thatſächlicher Irrtum oder ein Nichtwiſſen einen Strafaus= ſchließungsgrund abgeben, inſofern näm= lich, als, wenn jemand bei Begehung einer ſtrafbaren Handlung das Vorhandenſein von Thatumſtänden nicht kannte, welche zum geſetzlichen Thatbeſtand gehören oder die Strafbarkeit erhöhen, ihm dieſe Um= ſtände nicht zuzurechnen ſind. Unkenntnis des Strafgeſetzes (Rechtsirrtum) iſt da= gegen kein Strafausſchließungsgrund. Vgl. Deutſches Reichsſtrafgeſetzbuch, §§ 51 ff.; Casper, Handbuch der gericht=

lichen Medizin (5. Aufl. 1871); Krafft=
Ebing, Grundzüge der Kriminalpsycho=
logie (1872); Hoppe, Die Zurechnungs=
fähigkeit (1877).

Zurechtweisung, s. Verweis.

Zusammenlegung der Grundstücke,
s. Separation.

Zuständigkeit, s. Kompetenz.

Zustandsvormundschaft, s. Vor=
mundschaft.

Zwangsanleihe, s. Anleihe.

Zwangsdienst, Bezeichnung für Dienst=
leistungen, deren Verrichtung auf Grund
allgemeiner oder besonderer Verpflichtung
gefordert und erzwungen werden kann.
In die erste Kategorie gehören die als
Ausfluß der allgemeinen Bürgerpflicht er=
scheinende Wehrpflicht und die Verpflich=
tung zu Kriegsleistungen, während unter
den auf besonderer zivilrechtlicher Verpflich=
tung beruhenden Zwangsdienstleistungen
namentlich die Fronen hervorzuheben sind.

Zwangsenteignung s. Expro=
priation.

Zwangskasse, s. Hilfskassen.

Zwangsstrafe, s. Strafe.

Zwangsvollstreckung (Hilfsvoll=
streckung, Exekution), die zwangs=
weise Ausführung einer behördlichen An=
ordnung, insbesondere eines Richter=
spruchs. Für das Deutsche Reich ist die
gerichtliche Z. in bürgerlichen Rechtsstrei=
tigkeiten nunmehr durch die deutsche Zivil=
prozeßordnung (§§ 644 ff.) in einheitlicher
Weise normiert; nur die Z. in das unbe=
wegliche Vermögen richtet sich nach den
Landesgesetzen. Die Pfändung einer be=
weglichen, körperlichen Sache erfolgt durch
den Gerichtsvollzieher (s. Pfändung),
während die gerichtlichen Handlungen,
welche die Z. in Forderungen und andre
Vermögensrechte zum Gegenstand haben,
Sache des Vollstreckungsgerichts
sind. Vollstreckungsgericht ist der Regel
nach das Amtsgericht, bei welchem der
Schuldner seinen allgemeinen Gerichts=
stand hat. Für die Z. in ein Grundstück
ist das Amtsgericht zuständig, in dessen
Bezirk das Grundstück gelegen ist. Hat
der Schuldner nicht eine bestimmte Geld=
summe zu leisten, sondern eine sonstige
bewegliche Sache oder eine Quantität be=

weglicher Sachen herauszugeben, so sind
ihm dieselben durch den Gerichtsvollzieher
wegzunehmen. Handelt es sich um die
Herausgabe einer unbeweglichen Sache,
so hat der Gerichtsvollzieher den Schuld=
ner aus dem Besitz zu setzen und den
Gläubiger in den Besitz einzuweisen. Soll
der Schuldner eine Handlung vornehmen,
und ist dieselbe derartig, daß ihre Vor=
nahme auch durch einen dritten vorge=
nommen werden kann, so ist der Gläu=
biger von dem Prozeßgericht erster Instanz
auf Antrag zu ermächtigen, auf Kosten
des Schuldners die Handlung vornehmen
zu lassen. Kann die Handlung aber durch
einen dritten nicht vorgenommen werden,
so ist der Schuldner durch Geldstrafen bis
zum Gesamtbetrag von 1500 Mk. oder
durch Haft zur Vornahme jener Handlung
anzuhalten, eine Bestimmung, die jedoch
dann nicht zur Anwendung kommt, wenn
es sich um die Eingehung einer Ehe han=
delt, und im Fall der Verurteilung zur
Herstellung des ehelichen Lebens nur in=
soweit, als die Landesgesetze die Erzwin=
gung der Herstellung des ehelichen Lebens
für zulässig erklären. Handelt es sich um
die Unterlassung einer Handlung, so ist
der Schuldner von dem Prozeßgericht erster
Instanz wegen etwaiger Zuwiderhand=
lungen zu einer Geldstrafe bis zu 1500
Mk. oder zu Haft bis zu 6 Monaten zu
verurteilen. Das Maß der Gesamtstrafe
darf jedoch 2 Jahre Haft nicht überstei=
gen. Übrigens kann in solchen Fällen
der Gläubiger auch Feststellung seines
rechtlichen Interesses durch Richterspruch
im Wege gerichtlicher Klage verlangen.
Ist der Schuldner zur Abgabe einer
Willenserklärung verurteilt, so gilt diese
Erklärung als abgegeben, sobald das Ur=
teil die Rechtskraft erlangt hat. Die Z.
findet auf Grund rechtskräftiger Endur=
teile statt. Es können aber auch noch nicht
rechtskräftige Urteile für vorläufig voll=
streckbar erklärt werden, z. B. Streitigkeiten
zwischen Vermietern und Mietern; manche
Urteile sind sogar ohne besondern Antrag
für vorläufig vollstreckbar zu erklären, z. B.
Urteile, die im Urkunden= oder Wechsel=
prozeß erlassen werden. Die Z. erfolgt auf
Grund einer mit der Vollstreckungsklau=

sel versehenen Ausfertigung des Urteils (vollstreckbare Ausfertigung), welche von dem Gerichtsschreiber des betreffenden Gerichts erteilt wird. Die Vollstreckungsklausel (»Vorstehende Ausfertigung wird dem N. N. zum Zweck der Z. erteilt«) ist der Ausfertigung des Urteils am Schluß beizufügen, von dem Gerichtsschreiber zu unterschreiben und mit dem Gerichtssiegel zu versehen. Außer auf Grund rechtskräftiger oder für vorläufig vollstreckbar erklärter Urteile findet die Z. auch aus gerichtlichen Vergleichen, ferner aus Vollstreckungsbefehlen, welche auf Grund eines Zahlungsbefehls erlassen sind (s. Mahnverfahren), und aus Urkunden statt, welche von einem deutschen Gericht oder von einem deutschen Notar innerhalb der Grenzen seiner Amtsbefugnisse in der vorgeschriebenen Form aufgenommen sind, sofern die Urkunde über einen Anspruch errichtet ist, welcher die Zahlung einer bestimmten Geldsumme oder die Leistung einer bestimmten Quantität andrer vertretbarer Sachen oder Wertpapiere zum Gegenstand hat, und der Schuldner sich in der Urkunde der sofortigen Z. unterworfen hat. Was die zwangsweise Vollstreckung von Strafurteilen anbetrifft, so richtet sich dieselbe nach den Landesgesetzen, indem der Erlaß eines Strafvollzugsgesetzes für das Deutsche Reich zwar in Aussicht genommen, aber noch nicht erfolgt ist.

Zweigbahnen, s. Sekundärbahnen.

Zweikammersystem, s. Einkammersystem.

Zweikampf (Duell), ein zwischen zwei Gegnern nach bestimmten Regeln stattfindender Kampf mit tödlichen Waffen zur Austragung eines Ehrenhandels, wird nach dem deutschen Reichsstrafgesetzbuch (§§ 201 ff.) mit Festungshaft bestraft, ebenso die Herausforderung dazu und die Annahme einer solchen. Auch die Kartellträger, welche den Auftrag zu einer Herausforderung übernehmen und ausrichten, sind strafbar, es sei denn, daß sie ernstlich bemüht gewesen, den Z. zu verhindern. Sekundanten und die zum Z. zugezogenen Zeugen, Ärzte und Wundärzte sind straflos.

Zwischenreich, s. Interregnum.